中共太原市委党史研究室（太原市地方志研究室）编

2021

山西出版传媒集团
三晋出版社

图书在版编目（CIP）数据

太原年鉴. 2021 / 中共太原市委党史研究室（太原市地方志研究室）编. -- 太原：三晋出版社，2021.10
ISBN 978-7-5457-2350-2

Ⅰ. ①太… Ⅱ. ①中… Ⅲ. ①太原—2021—年鉴
Ⅳ. ① Z522.51

中国版本图书馆 CIP 数据核字（2021）第 215889 号

太原年鉴（2021）

编　　者：中共太原市委党史研究室（太原市地方志研究室）
责任编辑：张仲伟

出 版 者：山西出版传媒集团
三晋出版社（山西古籍出版社有限责任公司）
地　　址：太原市建设南路 21 号
电　　话：0351-4956036（总编室）
0351-4922203（印制部）
网　　址：http://www.sjcbs.cn

经 销 者：新华书店
承 印 者：山西基因包装印刷科技股份有限公司

开　　本：880mm × 1230mm　1/16
印　　张：33.25　插页 30
字　　数：1260 千字
印　　数：1-1500 册
版　　次：2021 年 12 月　第 1 版
印　　次：2021 年 12 月　第 1 次印刷
书　　号：ISBN 978-7-5457-2350-2
定　　价：380.00 元

ISBN 978-7-5457-2350-2
9 787545 723502 >

如有印装质量问题，请与本社发行部联系　电话：0351-4922268

太原市地方志编纂委员会

《太原年鉴》编纂人员

办公地址： 太原市杏花岭区府西街30号

办公电话： 0351—4030228　　4942581

邮　　编： 030002

电子信箱： tynj4942581@163.com

微信公众号：

史志太原

延伸阅读：

太原年鉴（2021）

山西省测绘地理信息院编制　　审图号：晋 AS（2021）009 号

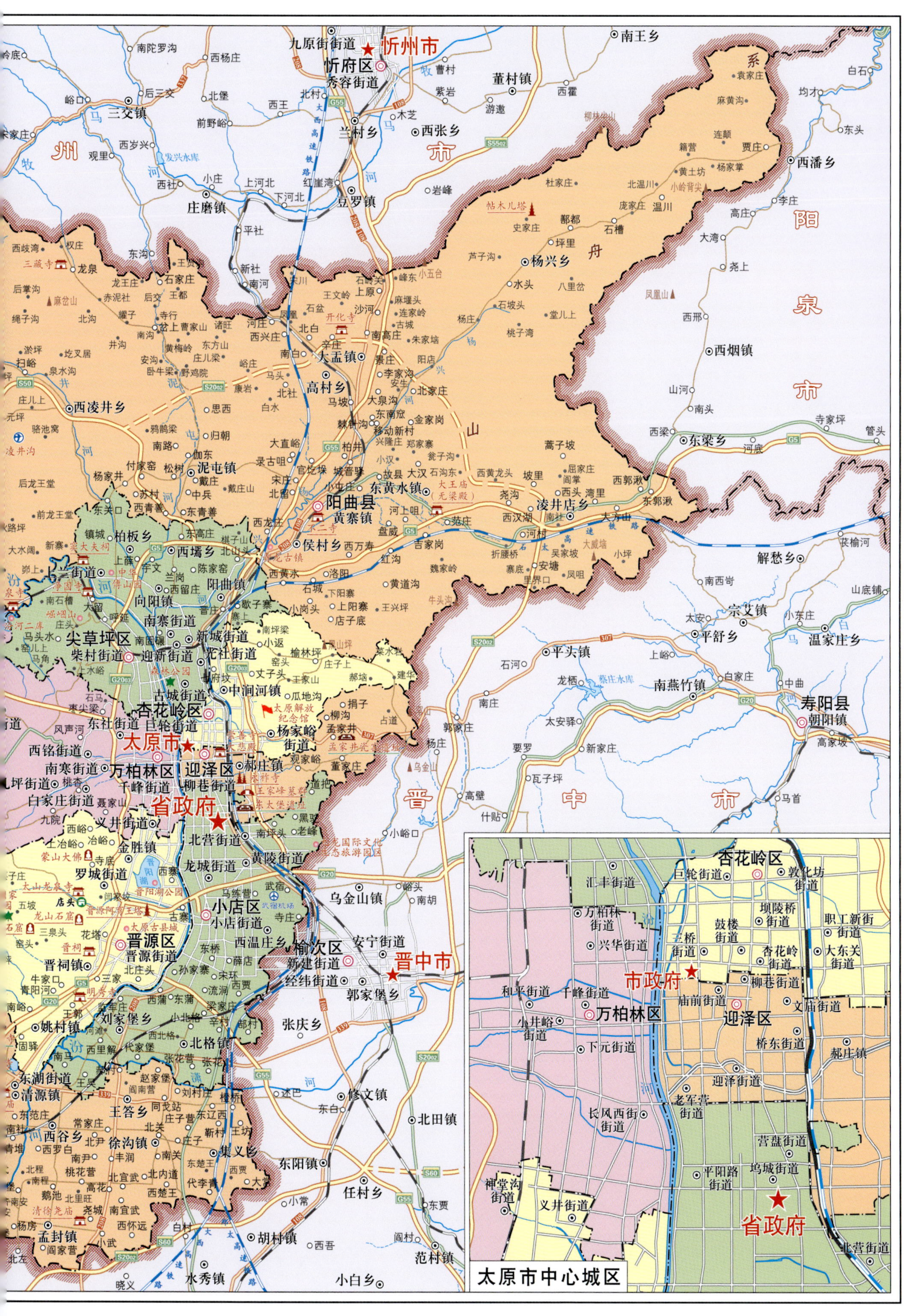

忻州市
忻府区
阳泉市
阳曲县
太原市
杏花岭区
万柏林区
迎泽区
省政府
尖草坪区
晋源区
小店区
晋中市
榆次区
寿阳县
朝阳镇
太原市中心城区
市政府

2020数字太原 DIGITAL TAIYUAN

综　合

地区生产总值	4153.25 亿元
第一产业	32.24 亿元
第二产业	1504.19 亿元
工业	1071.53 亿元
建筑业	432.66 亿元
第三产业	2616.82 亿元

人　口

常住人口	530.41 万人
男性	272.20 万人
女性	258.21 万人

能　源

一次能源	2963.28 万吨
二次能源	4220.32 万吨
洗煤产量	2934.50 万吨
焦炭产量	1039.35 万吨
全社会用电量	294.02 亿千瓦时

物　价

城镇居民消费价格总指数	102.60
食品烟酒	107.60
衣着	101.10
居住	99.60
生活用品及服务	100.50
交通和通信	95.80
教育文化和娱乐	102.10
医疗保健	107.40
其他用品和服务	100.50
服务项目类价格总指数	102.10

社会从业人员和劳动报酬

社会从业人员	261.23 万人
第一产业	25.68 万人
第二产业	62.34 万人
第三产业	173.21 万人
城镇非私营单位在岗职工年平均工资	88650 元

固定资产投资总额

固定资产投资额	1493.45 亿元
全社会新增固定资产	299.45 亿元

人民生活

城镇居民家庭人均可支配收入	38329 元
城镇居民家庭人均消费性支出	20559 元
农村常住居民人均可支配收入	19655 元
农村住户人均生活消费支出	13969 元

农业经济

农林牧渔业总产值	67.24 亿元
农业产值	34.57 亿元
林业产值	11.20 亿元
牧业产值	16.88 亿元
渔业产值	0.39 亿元
农作物播种面积	8.23 万公顷
粮食面积	6.35 万公顷
粮食产量	24.53 万吨

工　业

工业企业总产值（按 1990 年不变价格）	3416.69 亿元

重工业总产值	3239.80 亿元
轻工业总产值	176.90 亿元
原煤产量	4133.44 万吨
发电量	324.06 亿千瓦时
生铁产量	963.64 万吨
粗钢产量	1285.77 万吨
钢材产量	1234.09 万吨
水泥产量	744.79 万吨

社会消费及投资

社会消费品零售总额	1655.11 亿元
外商直接投资	1.02 亿美元

建筑业

建筑业生产总值	432.66 亿元
建筑业生产总值指数	102.30
建筑材料价格指数	100.60
建筑业用电量	6.01 亿千瓦时

住宿、餐饮业和旅游

住宿、餐饮业营业额	465916.50 万元
住宿业客房数	15570 间
住宿业、餐饮业总餐位数	157408 位
国内旅游人数	3593.50 万人次
海外旅游人数	5434 万人次

财政　金融

一般公共预算收入	378.44 亿元
一般公共预算支出	647.34 亿元
居民储蓄存款余额	4581.44 亿元

交通运输

太原地区铁路货运量	4125.93 万吨
太原地区铁路客运量	1822.31 万人次
公路通车里程	7243.08 千米

邮电通信业

邮电业务总额	652.09 亿元
固定电话用户	67.72 万户
移动电话户数	911.71 万户
宽带用户	241.78 万户

教育　科技

学校数	807 所
普通高等学校	45 所
中等技术教育	32 所
普通中学	221 所
小学	445 所
在校学生数	125.47 万人
专任教师数	72225 人
毕业生数	298478 人
获得国家科技进步奖	6 项
发明专利授权量	2258 件

文化　体育　卫生　环保

群艺文化馆数	12 个
公共图书馆数	12 个
广播电视台数	6 个
体育彩票发行额	71.73 万元
卫生机构数	6025 个
医院	164 个
卫生机构床位数	43166 张
医院	41821 张
卫生技术人员	66540 人
医院	47725 人

（太原市统计局）

汾河晚渡

2020 年 7 月 21 日，中共太原市委十一届九次全体会议召开

2020 年，山西转型综改示范区俯瞰

2020 年，太钢不锈钢精密带钢有限公司研制成功厚度为 0.015 毫米的“手撕钢”。图为“手撕钢”生产车间

2020 年 4 月，太原不锈钢产业园区更名为太原中北高新技术产业开发区。图为园区俯瞰

2020 年 4 月 11 日，阳曲县现代农业产业示范区管委会与宁波汉联企业管理有限公司、中科文化科技发展（常州）有限公司等企业达成 180 亿元的合作项目。图为阳曲县现代农业产业园区俯瞰

2020 年 6 月 11 日，古交岔口风电场投入使用

2020 年 8 月，清徐精细化工循环产业园项目投产

2020 年 3 月 26 日，山西国新天江制药中药配方颗粒生产车间

2020 年 8 月，太原食品街夜景

2020 年 9 月 30 日，解放路竣工通车

2020 年 12 月 12 日，郑太高铁通车

2020 年 12 月 23 日，太原制造地铁车辆成功下线

地铁缉虎营站

2020 年 12 月 26 日，太原地铁 2 号线开通。图为太原地铁开化寺站内景

地铁单程票

2020年6月23日，东山旅游公路通车，至此太原东西山旅游公路全线贯通，全长229.50千米

2020 年 10 月 25 日，摄乐公园开园

2020 年，太原市一体推进治山、治水、治气、治城。图为晋阳湖全貌

沙生植物馆

2020 年 12 月 31 日，太原植物园正式开园。图为植物园全景

园艺小镇

四季花卉馆

通达桥

2020 年，太原市统筹推进山水林田湖草一体治理。图为汾河景区

2020 年 10 月 11 日至 16 日，2020 第二届环太原国际公路自行车赛在太原举行

2020 年 10 月 1 日晚，迎泽大街周围建筑物流光溢彩，让整个城市洋溢着节日气氛

2020 年 6 月 25 日，市民欢庆“我们的节日”，在太原市水上运动中心举行龙舟赛

2020 年 6 月 14 日，晋阳古城二号基址首次对外开放。图为基地外景

娄烦县张家庄村大棚蔬菜种植基地

2020年，太原市贯彻落实习近平总书记在决战决胜脱贫攻坚座谈会上的重要讲话精神，进一步推进脱贫攻坚战，至年底，阳曲县、娄烦县高质量摘帽，全市160个贫困村全部退出，55992名贫困人口脱贫

全国旅游重点村——娄烦县河北村

阳曲县西郭湫村大棚种植基地

阳曲县光伏产业扶贫项目

娄烦县静游镇石槽新村易地搬迁扶贫项目

娄烦县马铃薯种植基地

阳曲县羊驼养殖基地

2020年1月22日，太原市确诊首例新冠患者。3月1日，太原市第20例新冠患者（最后一例）治愈出院。至此，太原市实现了确诊病例和疑似病例“双清零”，医务人员零感染的目标。其间，太原市派出6批次147名医护工作者驰援湖北

2020 年 3 月 19 日，省城人民欢迎援鄂医疗队凯旋

2020 年 2 月 19 日，太原市第四人民医院医护人员抢救新冠患者

2020 年 4 月 4 日上午 10 时，省城人民自发在五一广场向抗击新冠肺炎疫情斗争中牺牲的烈士和逝世同胞表示深切哀悼

编 辑 说 明

一、《太原年鉴》是中共太原市委、太原市人民政府主办，中共太原市委党史研究室（太原市地方志研究室）编纂的市级年度资料性文献。创刊于1989年，《太原年鉴（2021）》为第31部。《太原年鉴（2021）》全面、客观、系统地记载太原境内自然、政治、经济、文化、社会和生态建设等各个领域的基本情况，反映年度重要事项与发展变化。

二、《太原年鉴》坚持以马克思列宁主义、毛泽东思想、邓小平理论、“三个代表”重要思想、科学发展观、习近平新时代中国特色社会主义思想为指导，坚持辩证唯物主义和历史唯物主义的立场、观点、方法。

三、《太原年鉴（2021）》记述时限为2020年1月1日至12月31日，专文下延至2021年。

四、《太原年鉴（2021）》采用分类编排法，以类目、分目、条目组成主体部分，个别分目增加了次分目。全书共37个类目、211个分目、63个次分目和1684个条目，随文插图300余幅，统计表37页。

五、《太原年鉴（2021）》框架在保持相对稳定的基础上，突出年度特点，增设专文，设置脱贫攻坚、新型冠状病毒疫情防控两个专题。

六、《太原年鉴（2021）》涉及的数据由各行业、各部门提供，由于统计口径不同，如有数据不一致，以太原市统计局公开发布的统计数据为准。凡计量单位，原则上采用法定单位，个别遵从习惯。

七、《太原年鉴（2021）》稿件由太原市各党、政、军机关和企事业单位撰写，并经撰稿单位领导审核。图片除署名外的由太原日报社、太原市扶贫开发办公室、山西转型综改示范区管委会提供。

总目

General Catalogue

comprehensive table of contents

特　载

专　文

大事记

脱贫攻坚

综　述

组织领导

精准施策

人口发展

民族　宗教

国民经济和社会发展

机构设置和负责人名录

中国共产党太原市委员会

综　述

市委重要会议

太原市人民政府

综　述

重要政事

政府重要会议

政务工作

行政审批

政务服务

政府采购

外事侨务

信　访

中国人民政治协商会议太原市委员会

综　述

政协重要会议

政治协商与参政议政

专门委员会工作

中国共产党太原市纪律检查委员会 太原市监察委员会

民主党派　工商联

群众团体

共青团太原市委员会

太原市妇女联合会

太原市文学艺术界联合会

太原市科学技术协会

太原市归国华侨联合会

太原市残疾人联合会

太原市慈善总会

太原市红十字会

太原市法学会

太原市关工委

法　治

政法委及综治工作

军　事

太原警备区

武警山西总队太原支队

人民防空

经济管理

宏观经济管理

土地资源管理

国有资产管理

财　政

税　务

建筑业

综　述

企业选介

商贸服务业

综　述

国内贸易

粮食流通

供销合作

对外贸易

电子商务

通　信

教　育

综　述

基础教育

学校选介

中等教育

高等教育

科学技术

科技管理

气象服务

地震监测

大数据应用

文　化

综　述

大众传媒

文化场馆

社会科学研究

卫生健康

综　述

妇幼保健

老年健康

公共卫生

体　育

综　述

群众体育

竞技体育

体育设施

体育产业

社会生活

综　述

劳动就业

社会保障

民政事务

优抚安置

社区建设

社会救助

社会福利

附　录

文　献

法规选登

调研报告

国民经济和社会发展统计资料

蹚出新路子　书写新篇章

——习近平总书记山西考察纪实

巍巍太行，绵绵吕梁，群山叠翠，汾河荡漾。

在决胜全面建成小康社会、决战脱贫攻坚的关键时刻，习近平总书记来到山西，进农村、访农户、看企业、察改革，就统筹推进常态化疫情防控和经济社会发展工作、巩固脱贫攻坚成果进行调研。

这是习近平总书记时隔3年再次到山西考察调研。他深情地说："到中央工作后，我一直关注着山西。"

他对山西这些年来在脱贫攻坚、转型发展、综合改革、生态保护、民生事业、管党治党等方面取得的成绩给予肯定，勉励山西百尺竿头更进一步，在高质量转型发展上迈出更大步伐，努力蹚出一条转型发展的新路子，乘势而上书写山西践行新时代中国特色社会主义的新篇章。

"忘忧草，脱贫宝"

"总书记，再过一个月这地里的黄花就到了盛花期，到时候一片金黄，可喜兴了！"

温暖的阳光洒在广袤的田野上，大同市云州区有机黄花标准化种植基地里的黄花苗已经长到尺把高，向着天空伸展开绿油油的叶子。

习近平总书记站在田间，望着眼前这一片希望的田野，脸上露出欣慰的笑容。

11 日下午，习近平总书记抵达山西考察调研，首站来到大同。他强调，乡亲们脱贫后，我最关心的是如何巩固脱贫、防止返贫，确保乡亲们持续增收致富。一下车，总书记就直奔田间，深入了解当地黄花产业发展情况。

黄花又名萱草、忘忧草，既能食用，也能药用。大同黄花种植有 600 多年历史，近年来大力发展标准化、规模化种植，种植面积达到 26 万亩，年产值达 9 亿元，带动了 1.5 万多户贫困户脱贫致富。正如古话所讲：“莫道农家无宝玉，遍地黄花是金针。”

村民们正在地里除草、松土，看到总书记来了，兴奋地围拢过来，高声向总书记问好。

习近平同大家攀谈起来：土地是不是流转了？一亩地能给多少钱？加上做工，一年下来能赚多少钱？

大家告诉总书记，土地流转后每亩地一年收入 500 元，在这里做工一天还能赚 150 元。这些年，在龙头企业、合作社引领下，黄花产量品质稳定，销路和价格也有保障，去年带动贫困户户均收入 1 万多元。

“原来不敢多种，现在基地办了加工厂，烘干、加工、储藏、销售都不愁了，黄花越种越多，收入也越来越多。”村民们兴奋地说。

听了大家的“致富经”，习近平十分高兴：“我上个月去了陕西秦岭山区的一个村叫金米村，那里种木耳形成了产业化，我称赞他们是‘小木耳大产业’。你们这里也是‘小黄花大产业’，很有发展前途。”

他叮嘱当地干部，一定要保护好、发展好黄花这个产业，让它成为乡亲们致富的一个好门路，变成群众的“致富花”。“共产党人就要为民办事、为民造福，要扎扎实实为老百姓办实事办好事，为官一任、造福一方。”

在大同，黄花相关产品已经形成系列。黄花产品展厅里，黄花干、黄花酱、黄花饼、黄花制作的化妆品等各色产品琳琅满目。通过深加工，延长产业链，提升综合效益，当地老百姓走出了一条幸福路。展厅墙上贴着“忘忧草，脱贫宝”标语，生动诠释了黄花种植给乡亲们带来的好处。

习近平细致察看黄花产品，感慨地说：“就是要立足本地实际，大力发展特色产业，把大同黄花做成全国知名品牌，让乡亲们富而忘忧。”

12 日下午，山西省委主要负责同志向总书记汇报了他们“将产业发展贯穿脱贫攻坚、全面小康和乡村振兴全过程”的发展思路。

习近平强调：“山西山多地多、地貌多元、气候多样，这种独特的资源禀赋决定了山西农业的出路在于‘特’和‘优’。要深入推进农业供给侧结构性改革，提高农业综合效益和竞争力。”

“更好日子还在后头呢”

离黄花种植基地不远的西坪镇坊城新村，是一个易地扶贫搬迁村，近年来依靠易地扶贫搬迁和产业扶贫实现了稳定脱贫。

一排排白墙飞檐的平房小院，透出晋北传统民居的特色，朴素大方，整齐有致。

沿着宽敞整洁的水泥路，习近平总书记走进新村。

村党支部书记刘世贵告诉总书记，从 2018 年起，原大坊城村和西咀村的 210 户村民从世代居住的坡梁薄地、盐碱地上的土窑洞陆续搬到这里，乡亲们的生活发生了巨大变化。

走进村民白高山家，院子里种的蔬菜瓜果吸引了总书记的目光。

“这是西葫芦，这是黄瓜，这些西红柿已经开始挂果了，那两棵是苹果树。”白高山如数家珍。

“这些果菜够你们一家吃了。”总书记笑着说。

从客厅到厨房，从卧室到卫生间，习近平总书记看得十分详细。午后的阳光洒进小院，房间里更显明亮。吊顶、白墙、地砖，冰箱、彩电、燃气灶，与过去的土窑洞相比天壤之别。

白高山拿出一张老照片给总书记看，那是他搬进新村之前住了 40 多年的土窑洞。

习近平接过照片仔细端详，问道：“现在这房子住进来花了多少钱？”白高山告诉总书记，去年在政府的支持下，只花了 1 万元就住进了新房。

“搬出来后家里主要做什么？收入怎么样？”习近平接着问。

白高山的儿子白利军告诉总书记，搬到新村后，他在政府资助下上了职业培训学校，当起了电焊工，去年收入 4 万多元。

“现在外村姑娘都愿意往这嫁了吧？”总书记笑着问。

“可不是！如今生活好了，人家也愿意来了。儿子原来一直打光棍，去年找到了媳妇，今年我们老两口抱上了孙子。”白高山笑得合不拢嘴，“盖房子，娶媳妇，这是我们庄户人家一辈子的大事。我们打心底感谢共产党！”

“共产党就是为老百姓谋幸福的，现在不但不收提留、不收税、不收费、不交粮，还给困难乡亲送医送药、建房子、教技术、找致富门路。”望着幸福的一家人，习近平问道，“你们往后还有什么打算？”

“就是希望日子越过越好。”白高山说。

“一定会越过越好！更好日子还在后头呢！”总书记的话引来满屋欢笑声。

在 12 日下午举行的汇报会上，习近平总书记肯定了山西省实施易地扶贫搬迁取得的成效。他指出："山西脱贫攻坚取得了决定性成就，58 个贫困县全部摘帽，但仍有 2 万多贫困人口没有脱贫，有 12 万多存在返贫风险的已脱贫人口和致贫风险的边缘人口。要做好这些贫困人口脱贫工作，巩固和拓展产业就业扶贫成果，做好易地扶贫搬迁后续扶持，强化返贫监测预警和动态帮扶，推动脱贫攻坚和乡村振兴有机衔接。"

"让一泓清水入黄河"

初夏时节，汾河水势初涨、碧波荡漾。

汾河太原城区晋阳桥段，去年刚刚通车的晋阳桥横跨碧水之上，桥上车流不息，汾河两岸绿意正浓。

12 日中午，习近平总书记来到这里，考察汾河流域生态修复和城市环境建设情况。

汾河，黄河第二大支流，山西的母亲河。2000 多年前，古人就在这里留下"泛楼船兮济汾河，横中流兮扬素波"的优美诗句。然而，一个时期以来，由于流域内矿产过度开发，生态遭到极大破坏，汾河水质受到严重污染，一些河段甚至出现断流。

2017 年 6 月，习近平总书记在山西考察时就强调："一定要高度重视汾河的生态环境保护，让这条山西的母亲河水量丰起来、水质好起来、风光美起来。"他要求山西从转变经济发展方式、环境污染综合治理、自然生态保护修复、资源节约集约利用、完善生态文明制度体系等方面采取超常举措，全方位、全地域、全过程开展生态环境保护。

将近 3 年过去了，山西是否拿出了"超常举措"？效果又如何？

站在汾河岸边，习近平总书记结合展板听取太原市汾河及"九河"综合治理、流域生态修复等情况介绍。

"九河"，是指汾河在太原市区的 9 条主要支流，曾因生产生活污水直排河道而沦为臭水沟。围绕提升汾河水质、改善城市生态环境，近年来太原市实施了"九河"综合治理工程，控污、增湿、清淤、绿岸、调水"五策并举"。

太原市有关负责同志详细汇报："我们严格流域节水，重点对大型灌区进行节水改造，对流域的 13 个超采区进行治理，地下水位已连续 10 年回升；汾河入黄口水质去年底稳定退出劣Ⅴ类；通过生态景观建设，九河水系南北两岸绿化带从无到有，扩宽至 15 米。"

听到汾河逐步实现了"水量丰起来、水质好起来、风光美起来"，总书记频频点头："真是沧桑巨变！太原自古就有'锦绣太原城，三面环山，一水中分'的美誉，如今锦绣太原的美景正在变为现实。"他指出，治理汾河，不仅关系山西生态环境保护和经济发展，也关系太原乃至山西历史文化传承。

汾河两岸，天朗气清，和风习习，远处的西山清晰可见。水面上，一些皮划艇运动员驾驶着红色小船疾驰而过。

总书记沿汾河东岸步行察看，不时驻足凝望："过去都是忙着搞'路桥隧、铁公机'，现在县一级都很注重城市的绿色改造，这是一个可喜的变化。城市建设水平体现了一个城市的经济实力、治理理念、市民素质，要坚持不懈抓下去。"

他在听取山西省委和省政府工作汇报时强调："要切实保护好、治理好汾河，再现古晋阳汾河晚渡的美景，让一泓清水入黄河。"

山西考察期间，习近平总书记多次谈及绿色发展的重要性："你们这里是华北水塔，京津冀的水源涵养地，是三北防护林的重要组成部分，是拱卫京津冀和黄河生态安全的重要屏障。"

他特别强调要弘扬"右玉精神"："各级领导干部要有功成不必在我、功成必定有我的境界，不要搞急功近利的政绩工程，多做一些功在当代、利在长远、惠及子孙的事情。"

"努力蹚出一条转型发展的新路来"

山西是我国第一产煤大省、重要的能源重化工基地，为国家发展作出了重要贡献，但产业单一、结构不合理问题也十分突出，转型发展任务十分紧迫、十分艰巨。

新时代，党中央赋予山西建设国家资源型经济转型综合配套改革试验区的重大任务。山西成为全国第一个全省域、全方位、系统性的国家资源型经济转型综合配套改革试验区。2017年6月，习近平总书记来到山西考察，希望山西"用好这一机遇，真正走出一条产业优、质量高、效益好、可持续的发展新路"。2019年5月，总书记主持召开中央全面深化改革委员会第八次会议，审议通过了《关于在山西开展能源革命综合改革试点的意见》，支持山西通过综合改革试点，争当全国能源革命排头兵。

改革创新、转型发展进展如何？12日上午，习近平总书记来到山西转型综合改革示范区政务服务中心进行调研。"这项改革是我2009年在山西调研时提出的课题。这件事，我始终很关注。"

展厅里浓缩了山西"凤凰涅槃"的不凡历程：体制机制改革、科学规划布局、改善营商环境、培育现代产业体系……一项项"硬核"科技成果，直观地展示了示范区培育新兴产业集群取得的新进展。总书记看得十分仔细。

"山西曾一煤独大，兴于煤也困于煤，经济结构过于单一，对自然生态破坏严重，也一度对政治生态造成恶劣影响，教训十分深刻。"习近平总书记语重心长地说，"对山西来说，转型发展既有紧迫感，更要有长远的战略谋划，不能等到资源枯竭了再来搞转型。”

习近平总书记对山西寄予厚望，“路子对了，就要坚持走下去，久久为功，不要反复、不要折腾。希望山西在转型发展上率先蹚出一条新路来。”

太钢不锈钢精密带钢有限公司的车间里，齿轮飞转，机器轰鸣。习近平总书记深入企业，实地察看转型发展的案例。

光亮机组前，习近平总书记驻足凝望，一条条薄如纸页的亮银色箔材，正随着开卷机向高温退火炉里缓缓传送。

正在生产的是一种超薄精密不锈带钢，厚度仅为0.02毫米，相当于普通A4纸的1/4，可以轻易撕开，被形象地称为“手撕钢”。从“高大上”的航天航空、高端电子、新能源领域，到眼下时兴的折叠屏手机里都有它的身影。

“我们花了3年时间，经过700多次试验，总算研制成功，目前在世界上属于领先水平。”公司负责人自豪地说。

习近平拿起一片“手撕钢”仔细察看，用手指轻轻扭折了一下，不禁称赞：“工艺确实好，就像锡纸一样薄，百炼钢做成了绕指柔。”

太钢不锈钢精密带钢有限公司依靠“手撕钢”这一拳头产品取得快速发展，也折射出山西创新驱动、转型发展的深刻意义。

“太钢是山西乃至全国在钢铁制造领域一个很重要的企业，对山西经济结构调整优化和转型发展具有重要作用。”在生产车间门口，习近平总书记同围拢过来的职工代表亲切交流，“希望你们再接再厉，在高端制造业科技创新上不断勇攀高峰，在支撑先进制造业方面迈出新的更大步伐。”

近几年来，在中央政策支持下，山西战略性新兴产业、高技术产业增加值的增速已快于规模以上工业，非煤工业、制造业的增速已快于煤炭工业，产业结构、能源结构逐步优化，山西实施能源革命综合改革试点和建设国家资源型经济转型综合配套改革试验区的巨大效应正逐步显现。

习近平总书记在听取山西省委和省政府工作汇报时再次强调：“山西要落实好能源革命综合改革试点要求，持续推动产业结构调整优化，实施一批变革性、牵引性、标志性举措，从根本上摒弃粗放型发展方式。”

山西，一个曾经为煤所困的省份，正在描绘一幅新时代转型发展、绿色发展、高质量发展的美丽画卷！

（新华社太原5月13日电）

《人民日报》2020年5月14日01版

牢记领袖殷殷嘱托 全方位推进高质量发展 全面再现“锦绣太原城”盛景

——在中国共产党太原市第十二次代表大会上的报告

（2021 年 9 月 26 日）

中共山西省委常委 太原市委书记 罗清宇

同志们：

现在我代表中国共产党太原市第十一届委员会向大会作报告。

中国共产党太原市第十二次代表大会，是在“两个一百年”奋斗目标历史交汇期召开的一次十分重要的会议。大会的主题是：高举习近平新时代中国特色社会主义思想伟大旗帜，牢记领袖嘱托、践行初心使命，全方位推进高质量发展，在转型发展上率先蹚出一条新路，全面再现“锦绣太原城”盛景。

一、过去五年工作的回顾

市第十一次党代会以来的五年，是我们坚定沿着习近平总书记指引的金光大道砥砺前行、开拓进取的五年。习近平总书记两次亲临山西视察、深入太原调研，殷殷嘱托再现“锦绣太原城”盛景，这是党的领袖对太原这座城市的巨大关怀，是对 530 万太原人民的深情厚爱，为全市上下奋进新时代提供了精神动力和力量源泉，在我市发展史上具有重要里程碑意义。

五年来，十一届市委始终高举习近平新时代中国特色社会主义思想伟大旗帜，坚决贯彻习近平总书记视察山西重要讲话重要指示精神，认真落实党中央及省委决策部署，完整准确全面贯彻新发展理念，积极主动融入新发展格局，增强“四个意识”、坚定“四个自信”、做到“两个维护”，把方向、管大局、作决策、保落实，强化政治担当，扛起历史责任，发扬斗争精神，加强政治建设，优化政治生态，先后召开 12 次全会，分别就学习贯彻党的十九大精神、贯彻落实习近平总书记视察山西重要讲话重要指示、推动全面从严治党向纵深发展、制定“十四五”规划等重大问题作出部署，以全球全国视野和战略眼光，审视谋划太原发展的方位、站位和定位，提出谱写文明开放富裕美丽太原新篇章的奋斗目标，确立并实施工业强市、人才兴市、环境立市、创新驱动、军民融合、城市“双修”、乡村振兴等重大战略，团结带领全市广大干部群众攻坚克难、真抓实干，圆满完成市第十一次党代会确定的各项目标任务。

“两个维护”坚定坚决。坚持把学懂弄通做实习近平新时代中国特色社会主义思想作为重大政治任务，落实“第一议题”制度，跟进学习、融会贯通、坚决贯彻，做到了思想上拥戴、政治上维护、行动上落实。坚持把习近平总书记视察山西重要讲话重要指示作为统领全市工作的总纲，专题学习研讨，召开全会部署，制定实施方案和行动计划，提出 15

个方面360条落实举措，确保重要讲话重要指示精神落地生根、开花结果。坚持把习近平总书记重要批示作为党内政治要件，对娄烦农村改厕、古交下石沟村采煤沉陷搬迁问题专题研究、实地督导，确保全面整改到位，切实把“两个维护”体现到具体行动上、落实到实际工作中。

转型发展提速升级。全面加强对经济工作的领导，成立市委财经委员会，围绕破解结构性、体制性、素质性矛盾，锻长板、补短板，强化要素保障和政策供给，建立市级领导对接产业项目、坐班协调例会、联系企业商会制度，开展观摩督导，多措并举推进资源型经济转型。坚定不移实施工业强市战略，明确高端装备制造、新材料、信息技术产业三大主攻方向，发展壮大新兴产业，改造提升传统产业，以太钢高端碳纤维、长城智能制造为代表的一批新兴产业项目建成投产，以清徐精细化工循环产业园为代表的一批传统产业新型化企业集群强劲崛起，以太原锅炉为代表的一批老企业重新焕发活力，战略性新兴产业、高技术制造业对工业增长的贡献率接近40%。坚持把推动服务业提质增效摆在战略位置，以华润万象城、公元时代城等城市综合体为引领的大型商圈格局基本形成，中海国际、信达中心等商业楼宇入驻企业万余家，我市入选全国物流枢纽建设和智慧物流配送示范城市，连锁便利化发展指数位居全国前列，荣获“中国最具竞争力会展城市”称号。依托省城大市场、大资源，深化农业供给侧结构性改革，大力发展都市现代农业，形成南部城郊农业、北部有机旱作特色农业新格局，“阳曲小米”等6个产品获国家地理标志认证。这五年，全市经济发展方式加速转变，产业结构持续优化，发展韧性明显增强，高质量转型发展呈现强劲态势，2020年地区生产总值达到4153亿元，在全省的首位度由“十二五”末的22.5%提高到23.5%，今年预计可突破4800亿元。

发展动能更加强劲。坚持把创新放在转型发展全局的核心地位，抓住“政策、投入、平台、人才、机制”等关键要素，大力实施创新驱动、人才兴市战略，全力构建区域创新体系。加大政策供给和资金投入，制定出台《关于科技创新推动转型升级的若干意见》及一系列配套政策，连续四年每年安排35亿元专项资金，支持科技创新、人才引进和工业转型升级。加快建设多层次创新平台，中科院山西先进计算中心等一批国字号创新载体落地运行，国科大太原能源材料学院加快建设，山西智创城、太原同创谷等双创载体多点布局。强化企业创新主体地位，高新技术企业由626家增加到2132家，科技型中小企业由321家增加到8726家，手撕钢、笔尖钢等核心技术攻关实现重大突破。实施人才新政、建设人才公寓，各类人才及家属10万余人落户太原。2018年获批建设国家可持续发展议程创新示范区，2020年获批国家知识产权运营服务体系建设重点城市。这五年，我们在科技创新方面的投入力度前所未有，各类创新要素加速汇聚，科技企业数量井喷式增长，创新创业活力充分迸发，一流创新生态正在形成。

城市品质大幅提升。坚持和加强对城市工作的领导，成立市委城市工作委员会，大力实施城市“双修”战略，按照“优化布局、拓展空间，完善功能、提升能级，强化管理、塑造形象”的思路，推进城市有机更新、扩容提质。充分发挥规划引领作用，立足更好融入京津冀协同发展、服务雄安新区建设和支撑带动山西中部城市群崛起，谋划形成太原都市区南北双擎驱动、一体发展的战略格局。加快构建现代化综合交通体系，地铁2号线开通运营，东二环竣工通车，滨河东西路南延、南中环东延等道路建成投用，晋阳桥、摄乐桥等跨河大桥连通两岸，183公里的“九河”快速路实现中心城区与东西山的快速通达，75公里的滨河自行车道成为靓丽名片，获批全国公交都市创建示范城市。完善城市配套服务功能，建成开通5G基站5000余座，新建改造供热管网1307公里、供水管网783公里、供气管网5041公里，汾东污水处理厂、清徐餐厨垃圾处理厂等项目建成投用。坚持保历史、保格局、保文化、保风貌，以五一路、解放路为代表的街道片区恢复传统肌理，承载城市记忆的五一广场、钟楼街重现历史风貌，汾河晚渡、双塔凌霄等古晋阳八景风华正在重塑，植物园、摄乐公园等一大批公园建成开放。全力创建全国文明城市，城中村、棚户区改造持续推进，2835个老旧小区、975条街巷旧貌换新颜，农村“厕所革命”、“六乱”整治成效显现，“爱省会、建太原、树形象”成为全市人民的广泛共识和自觉行动。全国第七次人口普查，太原人口达到530万，10年净增110万，占全省人口的比重由11.8%提升到15.2%。这五年，太原的发展框架进一步拉大，综合承载力明显提升，城市管理更加科学高效，人居环境持续改善，城乡面貌日新月异，一座宜居宜业的现代化城市正展现在世人面前。

生态治理成效显著。坚决扛起生态文明建设的政治责任，建机制、强监管、严追责，全方位、全地域、全过程开展生态环境保护。确立空气质量改善优先原则，实施清洁供暖改造、企业超低排放改造等重大举措，太原彻底告别散煤采暖历史，建成区生活垃圾实现全焚烧，市区空气综合污染指数显著下降。持续推进东西北山生态修复，累计修复山体590万平方米，完成各类营造林188万亩，230公里的东西山旅游公路全线贯通，形成森林公园环城的景观格局，荣获“全国绿化模范城市”称号，“西山治理”成为可持续发展样本向全国、全球推介。牢记习近平总书记让汾河“水量丰起来、水质好起来、风光美起来”的嘱托，实施汾河生态修复治理三期、四期工程，形成43公里生态景观长廊，晋阳湖公园一期建成开放，“九河”综合治理全面完成，建成区黑臭水体实现“长制久清”，汾河太原段国考断面全面消除劣Ⅴ类水体。这五年，“两山”理论在太原得到生动实践，生态环境持续优化，蓝天白云、绿水青山汇聚成美丽太原的动人景致。习近平总书记视察我市时，对汾河沿岸生态环境的沧桑巨变表示欣慰，这是对太原人民的巨大鼓舞和鞭策，必将激励我们把太原建设得更加美丽、更加宜人。

民生福祉持续改善。坚持以人民为中心的发展思想，全心全意为民办事、为民造福，财政支出八成以上投入民生领域，不断满足人民群众对美好生活的新期盼。坚决打赢打好脱贫攻坚战，阳曲县、娄烦县高质量摘帽，建档立卡贫困人口全部脱贫。千方百计稳就业促增收，城镇累计新增就业47.65万人，城镇登记失业率控制在4%以内，城镇居民人均可支配收入达到38329元，农村居民人均可支配收入达到19655元，教师工资和环卫工人工资大幅增加，社区工作者平均收入达到中部省会城市领先水平。促进基本公共服务优质均衡发展，新改扩建中小学校58所，新增优质学位10.4万个，普惠性幼儿园覆盖率达到93.7%，公办小学免费托管服务惠及28万个家庭；市中心医院、市人民医院、市妇幼保健院等新院区投入使用，千人拥有床位数达到8.82张；居民养老、医疗、失业等保险基本实现全覆盖，5次提高城乡低保和特困人员供养标准，城乡低保人均补差水平、高龄老人津贴标准居中部省会城市前列，社区居家养老服务走在全国前列，“爱心奶”工程覆盖特困群体2.5万余人。健全完善退役军人服务保障体系，建成退役军人服务中心（站）1525个。把解决不动产登记遗留问题作为重大民生工程，完成16万余套“有房无证”住房产权登记办理，获批国家住房租赁试点城市。五年的实践充分证明，只要用心用情用力做好民生工作，实实在在地造福人民，就能得到人民群众的信任、拥护和支持。

疫情防控有力有效。坚持人民至上、生命至上，以对党和人民高度负责的态度，积极应对突如其来的新冠肺炎疫情，听从习近平总书记指挥，按照党中央及省委部署，强化组织领导，先后召开86次市疫情防控工作领导小组会议，统筹疫情防控和经济社会发展，压实各方责任，强化精准施策，筑牢“外防输入、内防反弹”坚实防线，实现确诊病例零病亡、医护人员零感染。坚决扛起首都“护城河”政治责任，守好进京防线，未发生一例高风险人员离并进京。坚决扛起省会担当，市第四人民医院担负集中救治全省重症和危重症患者主战责任，为全省疫情防控大局作出了突出贡献。坚持联防联控、群防群控、严防严控，广大医务人员救死扶伤，党员干部冲锋在前，人民群众广泛参与，法人单位各尽其责，以太原一域的战略成效有力印证了中国共产党领导和中国特色社会主义制度的无比优越性。实践证明，有习近平总书记的英明领导，有全市人民的团结奋斗，就没有克服不了的困难，我们的事业就无往而不胜。

改革开放不断深化。坚持把改革作为关键一招，健全党政主要负责同志抓改革领导机制，召开全面深化改革委员会会议55次，圆满完成党中央及省委重大改革部署424项、自主创新改革178项。全力支持综改示范区建设，积极做好规划调整、土地征拆、社会事务管理等工作，赋予市县行政管理事权1182项，综改示范区荣获“国家高新技术产业化基地”“中国最具投资价值开发区”等称号。聚力打造一流营商环境，开发区“承诺制+标准地+全代办”改革全面铺开，“一枚印章管审批”顺利实施，90%以上政务服务事项实现“一网通办”，“获得信贷”“劳动力市场监管”两项营商环境指标居全国前列，全市累计新增市场主体32万户，为各类市场主体减税973亿元。市、县两级事权与财权支出责任进一步明确，市属经营性国有资产实现集中统一监管，农村集体产权制度、县域医疗卫生一体化、城市基层党建等改革成为全国标杆。太原国际邮件互换局（交换站）建成运营，跨境电子商务综合试验区加快建设，获批二手车出口试点城市，外贸进出口总额年均增长12.8%。全市改革呈现出全面发力、多点突破、蹄疾步稳、纵深推进的良好局面，全方位对外开放格局加速形成。

文化建设成果丰硕。牢牢把握意识形态工作领导权，坚持和发展社会主义先进文化，以正确舆论凝心聚力，以先进文化塑造灵魂，以优秀作品鼓舞斗志，全面提升市民文化素质和文化自信。社会主义核心价值观深入人心，庆祝新中国成立70周年、建党100周年活动隆重热烈，新时代文明实践中心试点建设取得成功并不断拓展，“马克思书房”全国首创，“时代新人说”品牌走向全国。文化传播力和影响力全面增强，县级融媒体中心全部建成运营，晋剧《于成龙》《傅山进京》等文艺精品叫响全国，太原古县城、华夏历史文明传承园等建成开放，晋祠、太山等文物景区提档升级，天龙山佛首回归在海内外引起强烈反响。太原国际马拉松、国际公路自行车等赛事形成品牌，第二届全国青年运动会成功举办，太原的“新形象”改变了多方来客脑海中的“老印象”，为全省争了光、添了彩。

社会大局和谐稳定。坚持总体国家安全观，扎实推进市域社会治理现代化试点，着力化解各类矛盾风险，全力维护省城安全稳定。深入推进法治太原建设，办事依法、遇事找法、解决问题用法、化解矛盾靠法的法治良序基本形成。坚持和发展新时代“枫桥经验”，加强源头预防治理，开展积案专项攻坚，全市信访秩序平稳可控。创新推动“全科网格”试点，配备网格员近万名，实现为民服务“零距离”。持续推进平安省城建设，“雪亮工程”应用稳居全国第一方阵，刑事警情、治安警情大幅下降。深入开展扫黑除恶专项斗争，打掉黑恶势力犯罪团伙172个。政法队伍教育整顿取得扎实成效，执法司法公信力进一步提升。开展“深刻汲取教训，全面提升安全生产工作水平”集中教育整顿暨专项整治，安全生产形势持续好转。民意调查显示，目前是太原社会治安最好的时期。

民主政治不断完善。坚持中国特色社会主义民主政治道路，支持人大围绕转型发展、环境保护、城市管理、社会治理等重点领域谋划和推进立法、监督等工作，制定出台海绵城市建设管理、大气污染防治、城乡社区治理促进条例等一批引领性法规。支持政协围绕大团结大联合主题，凝心聚力、服务大局，政治协商、民主监督、参政议政水平不断提高。全面加强新形势下统战工作，多党合作事业健康发展，民族宗教、外事侨务、港澳和对台工作取得新进展。工会、共青团、妇联等群团组织作用有效发挥，基层群众自治制度不断完善。人口老龄、慈善、残疾人保障和关心下一代工作全面发展，气象、防震减灾、人防、档案、地方志等工作取得新成绩。国防动员、军民共建活动扎实开展，实现全国双拥模范城“九连冠”。

党的建设持续加强。牢记习近平总书记“代价不能白付，教训必须汲取”的谆谆教诲，全面贯彻新时代党的建设总要求，坚决落实管党治党政治责任。出台《关于加强党内政治文化建设的实施意见》《太原市干部政治素质考察评价办法（试行）》，本届市委巡察实现全覆盖。深入推进“两学一做”学习教育、“不忘初心、牢记使命”主题教育，推动党内教育从关键少数向广大党员拓展，从集中性教育向经常性教育延伸，党员干部理想信念更加坚定。扎实开展党史学习教育，推出中国共产党太原历史展览，挖掘利用八路军太原办事处旧址等资源，赓续红色血脉、汲取奋进力量，引导党员干部学史明理、学史增信、学史崇德、学史力行，凝聚起全社会学党史、感党恩、听党话、永远跟党走的思想共识。强化基层党建引领，加大村（社区）、“两新组织”党组织书记选派力度，高标准建成党群服务中心900余个，“两新组织”党组织覆盖率达到90%以上，被中组部确定为城市基层党建示范市。树正选人用人导向，圆满完成县乡领导班子换届，一大批人岗相适、年富力强的优秀干部走上重要岗位。出台激励干部担当作为、合理容错“两个办法”，选树1200名担当作为干部。完善党委统一领导、全面覆盖、权威高效的监督体系，一体推进不敢腐不能腐不想腐，持之以恒纠治“四风”，查处各类腐败案件8031件、“四风”问题1299个。这五年，全面从严治党不断向纵深推进，政治生态持续向好，广大党员干部的思想观念和精神面貌发生深刻变化，干事创业氛围更加浓厚。

同志们，过去的五年，是我市综合实力提升最快的时期，是城乡面貌变化最大的时期，是人民群众得实惠最多最直接的时期。这些成绩的取得，根本在于习近平新时代中国特色社会主义思想的科学指引，是省委坚强领导的结果，是市委团结带领全市各级党组织、广大党员干部和人民群众奋力拼搏的结果，也是各民主党派、各人民团体、各族各界人士积极参与，驻并解放军和武警官兵鼎力支持的结果。在此，我代表中共太原市第十一届委员会，向全市广大干部群众和所有关心支持太原改革发展稳定的社会各界人士表示衷心的感谢，并致以崇高的敬意！

成绩来之不易，感悟尤为深刻。只要我们坚决做到“两个维护”，不折不扣贯彻党中央及省委决策部署，发挥好各级党组织的领导核心作用，各项工作就能始终沿着正确的方向前进；只要我们不断从习近平新时代中国特色社会主义思想中汲取真理力量、思想力量、实践力量，用党的创新理论指导实践、推动工作，就一定能够战胜前进道路上的各种艰难险阻；只要我们崇尚创新、注重协调、倡导绿色、厚植开放、推进共享，完整准确全面贯彻新发展理念，就一定能够在新发展格局中行稳致远；只要我们坚持以人民为中心的发展思想，始终做到发展为了人民、发展依靠人民、发展成果由人民共享，就一定能够创造出经得起历史、实践和人民检验的业绩；只要我们坚持党要管党、全面从严治党，把各级党组织建设得更加坚强有力，就一定能够凝聚起奋进新征程的磅礴力量。

在充分肯定成绩的同时，必须清醒地看到，我们的工作还存在许多不足，面临不少困难和挑战。常委会自身建设还有差距，领导方式和水平还需进一步提高；发展不平衡不充分特别是不充分的问题依然突出，工业经济还不强不大，服务业质量还不高不优，市场主体还偏少偏弱，破解结构性、体制性、素质性矛盾任重道远；引领性改革亮点不多，市场化意识不强，营商环境仍需进一步优化，生态环境质量改善还需持续加力；民生领域仍有不少短板，教育、医疗、养老、住房等公共服务水平与市民期盼还有差距；党的建设方面还存在不少薄弱环节，“四风”隐形变异和腐败现象时有发生。对于这些问题，我们必须高度重视，认真加以解决。

二、沿着习近平总书记指引的方向奋勇前进，全面再现“锦绣太原城”盛景

习近平总书记嘱托我们：“坚持治山、治水、治气、治城一体推进，持续用力，再现‘锦绣太原城’的盛景，不断增强太原的吸引力、影响力，增强太原人民的获得感、幸福感、安全感。”这是对太原全方位高质量发展的把脉定向和殷切期待，是我们转型发展蹚新路的行动指南和根本遵循。

再现“锦绣太原城”盛景涉及物质文明、政治文明、精神文明、社会文明、生态文明建设的方方面面，体现了统筹推进“五位一体”总体布局的根本要求，是全面建设社会主义现代化国家在太原的生动实践。我们必须把全面再现“锦绣太原城”盛景作为不懈追求和为之奋斗的美好愿景，以此凝聚力量，以此振奋民心，以此激发干劲。

全面再现“锦绣太原城”盛景，就是要实现产业兴旺、经济发达。太原曾是我国历史上重要的商贸都会和近代工业的发祥地之一，也是新中国重点建设的老工业基地，为推进我国工业化进程作出了巨大贡献。新时代新征程中，我们必须完整准确全面贯彻新发展理念，坚定不移沿着习近平总书记指明的转型发展“四条路径”，调整产业结构、转变发展方式，着力构建多元支撑的现代产业体系，不断提升经济实力和竞争力，为全面再现“锦绣太原城”盛景奠定坚实物质基础。

全面再现“锦绣太原城”盛景，就是要实现文化兴盛、魅力彰显。太原是一座有着2500多年建城史的国家历史文化名城，又是一座具有光荣革命传统的英雄城市，文化底蕴深厚，红色基因赓续，是“锦绣太原城”的根脉所在、魅力所系。我们要坚定文化自信，坚持社会主义核心价值观引领作用，弘扬优秀传统文化，传承革命文化，发展先进文化，让太原成为具有独特文化魅力的城市，为全面再现“锦绣太原城”盛景凝聚精神力量。

全面再现“锦绣太原城”盛景，就是要实现生态良好、美丽宜居。环境就是民生，青山就是美丽，蓝天也是幸福。太原四季分明、气候宜人，三山环抱、一水中分，这是大自然给予的恩赐。我们要牢固树立绿水青山就是金山银山的理念，治山、治水、治气、治城一体推进，持续用力，重现“水上西山如挂屏，郁郁苍苍三十里”的美景，推动人与自然和谐共生，让绿色成为“锦绣太原城”盛景的鲜明“底色”。

全面再现“锦绣太原城”盛景，就是要实现社会和谐、人民幸福。和谐幸福是人民群众对美好生活的目标追求。我们要顺应人民群众的新期盼新需求，多谋民生之利、多解民生之忧，在发展中补齐民生短板，增进民生福祉，让改革发展成果更多更公平惠及全体市民，让和谐幸福成为“锦绣太原城”盛景的靓丽名片。

全面再现“锦绣太原城”盛景，就是要实现民主法治、政治清明。民主法治、政治清明是我国民主政治建设的题中应有之义。我们要坚持走中国特色社会主义政治发展道路，努力营造彰显公平正义的民主法治环境，广泛团结一切可以团结的力量，汇聚起全方位推进高质量发展的磅礴伟力，为全面再现“锦绣太原城”盛景提供坚强政治保证和法治保障。

未来五年，是全面再现“锦绣太原城”盛景的关键时期。从发展大势看，世界百年未有之大变局加速演变，新冠肺炎疫情大流行影响深远，但和平与发展仍是时代主题；我国经济保持长期向好态势，新发展格局正在加快构建，新发展动能正在加速形成。从政策机遇看，“一带一路”、京津冀协同发展、中部地区高质量发展、黄河流域生态保护和高质量发展等国家战略深入推进，国家资源型经济转型综合配套改革试验区和能源革命综合改革试点两块“金字招牌”作用显现，山西中部城市群建设以及省委把太原都市区打造成全省核心引擎等重大决策部署，为我们加快发展带来许多有利条件。从现实基础看，习近平总书记视察山西重要讲话重要指示和对太原的殷殷嘱托，极大地鼓舞了全市人民奋进新时代、启航新征程的斗志和勇气。“十三五”时期我市全面建成小康社会的丰硕成果，为转型发展蹚新路、振兴崛起展雄风奠定了坚实基础。虽然前进的道路并不平坦，但我们坚信，有习近平总书记的领航掌舵，有省委的坚强领导，有全市共产党员的艰苦奋斗、无私奉献，有社会各界和广大人民群众和衷共济、奋力拼搏，一定能够在新时代创造无愧于党、无愧于人民的新业绩！

今后五年工作的指导思想是：高举习近平新时代中国特色社会主义思想伟大旗帜，全面贯彻党的十九大和十九届二中、三中、四中、五中全会精神，深入贯彻习近平总书记视察山西重要讲话重要指示精神，统筹推进“五位一体”总体布局、协调推进“四个全面”战略布局，立足新发展阶段，完整准确全面贯彻新发展理念，紧抓构建新发展格局机遇，坚持稳中求进工作总基调，以全方位推进高质量发展为主题，以深化供给侧结构性改革为主线，以国家资源型经济转型综合配套改革试验区建设为统领，以改革创新为根本动力，以满足人民日益增长的美好生活需要为根本目的，着力构建多元支撑的现代产业体系，一体推进治山、治水、治气、治城，加快推进市域治理体系和治理能力现代化，推动全面从严治党向纵深发展，率先蹚出转型发展新路，全面再现“锦绣太原城”盛景。

今后五年工作的主要目标是：

——经济实力明显增强。经济总量向万亿元迈进，人均地区生产总值达到2万美元以上，战略性新兴产业规模和竞争力实现新跨越，多元支撑、特色鲜明的现代产业体系基本形成，在全国省会城市的排位稳步前移。

——创新活力明显释放。国家可持续发展议程创新示范区建设取得积极进展，规上工业企业研发活动保持全覆盖，国家级、省级创新平台实现倍增，高新技术企业达到4500家，在新基建、新技术、新材料、新装备、新产品、新业态上实现重大突破。

——城市能级明显提升。建成区面积突破500平方公里，立体化交通体系更加完善，综合承载力大幅提高，太忻经济带建设取得实质性突破，“山水拥城、一核两翼、片区突破、多点成网”的城市发展格局全面构建，在山西中部城市群的核心引领和辐射带动作用充分凸显。

——环境质量明显好转。绿色生产生活方式基本形成，单位地区生产总值能耗下降17%，主要污染物排放量持续减少，森林覆盖率达到30%，汾河流域治理取得重大进展，天蓝地净山绿水清成为新常态。

——文化软实力明显提高。社会主义核心价值观深入人心，公共文化服务体系更加健全，文化遗产保护与文旅产业融合发展，历史文化名城特色充分彰显。

——民生福祉明显改善。居民收入水平与经济发展同步增长，城乡居民收入差距持续缩小，优质均衡的公共服务保障体系基本形成，法治太原、平安太原建设卓有成效，市域治理现代化走在全国前列，共同富裕迈出坚实步伐，人民生活更加殷实安康。

——党的建设全面加强。各级党组织的领导核心作用充分发挥，管党治党责任体系更加健全，干部队伍作风素质更加过硬，一体推进不敢腐、不能腐、不想腐的长效机制更加完善，风清气正的政治生态进一步巩固。

一个时代有一个时代的使命，一代人有一代人的担当。全面再现“锦绣太原城”盛景，是习近平总书记的殷殷嘱托，是时代赋予我们的使命，也是我们义不容辞的责任。全市各级党组织和广大共产党员一定要胸怀“两个大局”，牢记“国之大者”，坚定信心、抢抓机遇，担当作为、砥砺前行，在全方位推进高质量发展中加快太原转型崛起，向习近平总书记和党中央、向省委、向全市人民交出一份满意的“答卷”！

三、加快转型升级步伐，构建具有竞争力的现代产业体系

坚持把发展的着力点放在实体经济上，大中小并举、新老旧并重、多成分齐抓，优存量、扩增量、调结构、上水平，全力打造在全国有重要影响力的新型工业城市。

做强做优工业经济。坚定不移实施工业强市战略，培育发展一批优势产业链和产业集群，推动工业产值向万亿级规模迈进。依托富士康、中国长城等企业，大力发展电子信息产品制造、新一代半导体、软件开发等产业，打造千亿级信息技术产业集群。依托太重、中车、晋西等企业，大力发展轨道交通装备、重型装备、新能源汽车、通用航空装备等产业，打造一批百亿级高端装备制造产业集群。依托太钢、中电科、凯赛生物等企业，大力发展先进金属材料、新型化工材料、碳基新材料、生物基材料等产业，打造千亿级新材料产业集群。依托清徐精细化工循环产业园，大力发展现代煤化工、氢能开发利用、节能环保等产业，打造千亿级绿色能源产业集群。依托太原酒厂、清徐醋业等，大力发展酿造、食品加工、生物医药等产业，打造一批百亿级消费品产业集群。同时，通过引入新技术、新模式，改造提升传统产业，提高产业基础高级化、产业链现代化水平，让“老锅灶”做出更多“新饭”来。

大力推进服务业提质增效。牢牢把握扩大内需这一战略基点，推动生产性服务业向专业化和价值链高端延伸，生活性服务业向高品质多样化升级。以满足多元化消费需求为导向，提升钟楼街、亲贤街、长风商务区等重点商圈和特色街区服务功能，布局建设一批新的消费集聚区，打造具有三晋特色的区域消费中心；以高端、高效、便捷为方向，发展智慧物流、保税物流、冷链物流、快递物流，加快推进国家物流枢纽城市建设，打造引领中部、服务全国的现代物流中心；以发展产业金融、创新金融、普惠金融为重点，提升综合金融服务功能，推进汾河金融城、晋阳金融城等金融集聚区建设，打造全国重要的区域金融中心；以研发设计、科技服务、会展服务等为重点，建设一批楼宇总部经济示范区，打造全国知名的总部经济中心。加快提升健康养老、文化旅游、体育休闲等服务业发展水平，推动平台经济、共享经济、体验经济、数字经济等新业态新模式规范健康发展。

强化产业发展载体支撑。树牢“项目是第一支撑”的鲜明导向，充分发挥开发区主阵地的引擎作用，滚动实施“三个一批”，推动产业转型项目接续落地。以基础设施建设为先导，以发展先进制造业和推动产城融合为核心，全力推进太忻经济带建设，全面提升太原都市区产业发展能级。持续抓好市场主体培育，做强骨干企业，做优中小企业，扶持一批产业链配套企业，力争到“十四五”末全市规模以上工业企业达到3000家以上。

太原产业转型升级已进入快车道，并呈现出强劲态势。我们要顺势而为、乘势而上，加速赶超、强势崛起，重振老工业基地雄风。

四、深入实施创新驱动战略，打造一流创新生态

坚持把创新作为引领发展的第一动力，以建设国家可持续发展议程创新示范区为引领，培育创新主体，集聚创新人才，完善创新体系，为全面再现“锦绣太原城”盛景打造强大引擎。

强化科技创新力量。实施科技创新平台建设行动，加快建设太原科创驱动中心，集中布局一批国家级、省级重点实验室和工程技术研究中心，在优势技术领域集中突破一批关键共性技术和前沿引领技术。实施高新技术企业培育行动，支持行业龙头企业联合高校、科研院所共建产业技术创新战

略联盟，培育一批科技领军企业和专精特新“小巨人”企业，打造一批品牌双创载体。

建设创新人才高地。实施更加开放的人才引进计划，靶向引进培育一批转型发展急需的“高精尖缺”技术人才和管理人才。实施更加有效的人才培养工程，调整优化高校学科和专业设置，推广企业高校双导师模式，培育一批“晋阳工匠”“并州英才”，激活留住用好本土人才。提供更加优质的人才服务保障，高标准推进人才公寓建设，出台更有吸引力的户籍、就业、住房等人才新政，让各类人才心无旁骛在并创新创业。

完善科技创新体制机制。改进重大科技项目组织管理方式，实行“揭榜挂帅”等制度，推进科研经费“包干制”，赋予科研院所和科研人员更大自主权。充分发挥科技创新、人才发展等专项资金牵引作用，积极发展天使基金、创投、风投等融资工具，推动科技与金融深度融合。加快国家知识产权运营服务体系重点城市建设，打通知识产权创造、保护、运营、管理、服务全链条。

五、高品质推进城市建设，引领山西中部城市群一体化发展

坚持人民城市人民建、人民城市为人民，统筹规划、建设、管理三大环节，优化生产、生活、生态三大布局，营造山水城人和谐共处、历史文化与现代文明相得益彰的都市风貌。

优化城市空间布局。高标准编制国土空间规划，完善提升太原都市区规划，加快推动太原—晋中一体化和太忻经济带高质量发展，打造引领山西中部城市群发展的核心引擎。优化城市布局形态，推动城市发展空间向南北延伸、向东西拓展。东部加快完善路网体系和配套设施，打造集教育、科技、人文、生态于一体的发展活力带；南部推动城市空间集约高效利用，打造低碳、智慧商务新区和新兴产业发展高地；西部巩固扩大生态修复成果，重点发展文旅休闲、康养娱乐、绿色能源等产业；北部依托依山傍水和科教资源优势，推动产业格局重塑和生态空间拓展，打造高质量发展的重要增长极和动力源。开展汾河两岸、历史风貌、轨道站点等六类 22 个重点片区规划建设，形成功能合理、生活便捷、生产高效的特色片区。

实施城市更新行动。健全城市设计实施机制，延续城市文脉，建设品牌性地段、景观、片区，促进建筑物、天际线、色彩和环境更加协调优美，打造城市客厅，塑造特色风貌。优化市域综合交通体系，调整完善城市快速路、主干路、次干路和支路布局，轨道交通 1 号线建成运营，3 号线开工建设。持续推进公交都市建设，优化城市慢行系统，提高绿色出行分担率。完善水、电、气、热等市政基础设施，系统推进海绵城市、韧性城市建设。加快过街天桥、公共停车泊位、公厕等公共设施建设，稳步推进城中村、棚户区改造，基本完成 3000 余个老旧小区改造任务。加大公园绿地建设力度，创建国家生态园林城市。

提升城市治理水平。创新城市管理体制机制，推进城市管理科学化智能化精细化，创建全国文明城市。深化综合行政执法体制改革，推动管理重心下移、管理权责下放。持续引深“九乱”和“两下两进两拆”整治，深入开展“三清五治”专项行动，建立系统完备的垃圾分类处理体系，全面改善城乡人居环境。推进新型智慧城市试点建设，提升城市数字化治理效能。

深入推进新型城镇化。加强以县城为重点的城镇化建设，统筹县城建设和园区发展，持续完善基础设施和公共服务，引导和推动人口向县城集中、产业向园区聚集。发展一批国家级、省级、市级重点城镇，打造徐沟、姚村、大盂、泥屯等产城融合城镇新组团。建立健全城乡基础设施规划建设管护一体化机制，推动重要市政公用设施向中心城区外围、县城周边和中心镇延伸。

六、加强生态文明建设，加快建设美丽太原

牢固树立绿水青山就是金山银山的理念，统筹山水林田湖草系统治理，一体推进治山、治水、治气、治城，再造“山如黛染、水似碧玉、蓝天常在、城入画屏”的锦绣美景。

全域治山筑牢生态屏障。以创建国家森林城市为抓手，持续开展大规模国土绿化行动，形成百万亩森林围城的绿色生态系统。全面实施绿色矿山建设，深入开展东西山及古交采煤沉陷区综合治理，分类分级实施山体破坏面生态修复。依托东西山绿色生态资源，适度布局发展生态康养、文旅休闲等产业，构筑山城一体发展新格局。

系统治水打造整体水系。完成汾河中游百公里示范区太原段建设，形成岸绿水清、点线辉映、人水相亲的城市生态带、品质带、文化带、形象带；持续开展晋阳湖生态保护与修复，实施“九河”上游生态治理，高质量打造“一湖点睛、一水中分、九河环绕”的水韵景致。加大娄烦水源地生态保护力度，推动建设滹沱河引水入并第二水源地工程。实行最严格水资源管理制度，加强地下水超采治理，强化湿地保护，推进晋祠、兰村泉水复流。加快城市雨污分流改造，推进城镇污水管网全覆盖，实现污水全收集全处理。加快建设节水型城市，提高水资源综合利用水平，再生水回用率达到 25% 以上。

强力治气守护蓝天白云。严格落实“1+30”区域联防联控机制，统一预警、协同减排。加大科技治气力度，建成全市环境数据分析中心，打造环境监控智能化一体化平台。持续在“治污、控煤、管车、降尘”上下功夫，加快推进工业

结构和布局调整，巩固拓展“禁煤区”成果，推动运输结构绿色更替，深入开展挥发性有机物综合治理，努力降低细颗粒物和臭氧浓度，基本消除重污染天气。

以“双碳”目标引领绿色发展。大力实施能源消耗总量和强度“双控”行动，先立后破，统筹有序做好碳达峰、碳中和工作。推广应用先进智慧与清洁能源技术，推进光伏、氢能等新能源开发利用，探索实施超低能耗、近零能耗示范工程，在城市南部、北部谋划建设超超临界热电联产项目。加强白色垃圾污染治理和大宗固废综合利用，创建国家无废城市。大力发展绿色消费，推动形成绿色低碳生活新时尚。

山水形胜、人杰地灵、古今交融，名都自古并州。我们有决心、有能力通过不懈奋斗，让现代化的太原披上锦绣盛装，向世人展示其自然之美、人文之美和现代之美。

七、全面推进乡村振兴，加快农业农村现代化

坚持把乡村振兴作为事关高质量发展全局的大事来抓，推动农业高质高效、农村宜居宜业、农民富裕富足，走出一条具有太原特色的农业农村现代化发展之路。

实施农业“特”“优”战略。落实最严格的耕地保护制度，加快推进高标准农田建设，打好稳粮保供“组合拳”。因地制宜发展都市农业，推动南部城郊、北部有机旱作等现代农业产业园建设。搭建好农业技术、农产品销售、金融服务三大平台，提高农业服务保障水平。推动农村一二三产深度融合，丰富文旅休闲等经济业态，培育壮大农产品精深加工十大产业集群，推动山西老陈醋香飘全国、走向世界。

开展乡村建设行动。因地制宜推进“多规合一”实用性村庄规划编制，开展农村人居环境整治提升五年行动，实施乡村基础设施提质改善和危房改造工程，深入推进“厕所革命”，加强农村生活垃圾和生活污水治理，整治农村“六乱”，推动农村人居环境整治示范廊道和美丽宜居示范村建设。引导文化、教育、医疗卫生等资源向农村倾斜，推进城乡公共服务一体化。实施乡风文明培育活动，提高乡村善治水平。

全面深化农业农村改革。落实第二轮土地承包到期后再延长30年政策，完善农村承包地“三权分置”办法。加快培育新型农民和农业经营主体，发展多种形式农业适度规模经营，壮大农村新型集体经济。健全城乡统一的建设用地市场，积极推进农村集体经营性建设用地入市。健全防止返贫动态监测和帮扶机制，切实做好易地扶贫搬迁后续帮扶，不断巩固拓展脱贫攻坚成果，让脱贫群众过上更加富足更加美好的生活。

八、推动文化大发展大繁荣，全面建设文化强市

文化是城市的灵魂。我们要以高度的文化自信，加强城市文化建设，繁荣发展文化事业和文旅产业，提升文化软实力，为各项事业发展提供强大精神支撑。

守牢意识形态阵地。严格落实意识形态工作责任制，大力弘扬社会主义核心价值观，实施“百家基地、红色太原”爱国主义教育工程，推动理想信念教育常态化制度化。加强新时代公民道德和未成年人思想道德建设，深入开展“时代新人”主题活动。坚持正确舆论导向，推动传统媒体与新兴媒体融合发展，加强传播能力建设，讲好太原故事。健全网络综合治理体系，营造清朗网络空间。

繁荣发展文化事业。健全现代公共文化服务体系，全面繁荣新闻出版、广播影视、文学艺术事业，扩大优质文化产品供给。健全“名家、名作、名品”工作机制，不断推出讴歌并州儿女奋进新时代的精品力作。加快建设丁果仙大剧院、市民艺术中心、广电中心，规划建设文化街区、社区书房、公园文化长廊，形成“15分钟文化圈”。加强文化和自然遗产系统性保护，推进晋阳古城遗址保护和汾河国家文化公园建设。持续实施“百馆兴体”工程，创建全民运动健身模范市，提升重大体育赛事影响力和国际化水平。

做强做优文旅产业。以晋祠—天龙山创建国家5A级景区为牵引，构建贯通西山、汾河、晋阳古城和太原府城四大板块的“山—河—城”整体景观体系，做强“唐风晋韵·锦绣太原”文旅品牌，打造国家全域旅游示范区。加快国家文旅消费试点城市建设，以钟楼街、太原古县城、华夏历史文明传承园等为重点，打造一批旅游休闲街区和文旅消费集聚区。充分发挥东西山旅游公路串联服务功能，统筹开发吃、住、行、游、购、娱旅游要素，推进文化与旅游、体育、科技、金融、信息等产业融合发展，打造国际知名的文旅休闲目的地。

太原厚重的历史，承载着灿烂的晋阳文明，荟萃了三晋文化的精髓，在迈向伟大复兴的征程中，优秀传统文化与现代文明的交相辉映，必将绽放出生生不息的时代光芒，铸就“锦绣太原城”的精神魂魄！

九、推进高水平改革开放，主动服务和融入新发展格局

坚持把改革开放作为全方位高质量发展的关键一招，持续深化转型综合配套改革，不断提高对外开放水平，在服务和融入新发展格局上展现更大作为。

抓好事关全局的重大改革。主动承接好知识产权运营服务、农村宅基地、产教融合等国家和省级改革试点任务，创造更多“太原模式”。以推动“四个革命、一个合作”为重点，深入推进能源革命综合改革。以完善国有资产管理体制、优化国有经济布局和结构调整为重点，深化国有企业改革。以

服务实体经济为重点，深化财政金融体制改革，强化预算约束和绩效管理，引导支持农商行创新发展。以服务和保障民生为重点，深化教育、卫生、住房、养老等领域改革。

持续打造一流营商环境。按照“三无”“三可”要求，全面深化“放管服”改革，巩固“一枚印章管审批”成果，大力推行“承诺制+标准地+全代办”改革。加强社会信用体系建设，健全信用承诺和守信联合激励、失信联合惩戒制度。健全完善民营经济工作机制，全面构建亲清新型政商关系，依法保护民营企业和企业家合法权益，毫不动摇鼓励支持民营经济健康发展。

拓展对外开放的广度和深度。深度融入“一带一路”建设，主动承接京津冀等地区产业转移，强化与黄河流域、中部地区城市间的区域合作。优化“岸港网”布局，用好各类开放平台，鼓励扩大产品和服务出口。以大交通促进大开放，推进武宿机场三期、太绥客运专线等重大交通基础设施建设，完成西北二环高速公路建设。持续办好太原国际通用航空博览会等重要展会，提升太原的影响力和知名度。

十、坚持以人民为中心的发展思想，打造幸福之城

在发展中保障和改善民生，是我们一切工作的出发点和落脚点。要抓住人民最关心最直接最现实的利益问题，尽力而为、量力而行，一件接着一件办，一年接着一年干，使人民群众的获得感、幸福感、安全感更加充实、更有保障、更可持续。

着力提高就业质量和收入水平。深入实施全民技能提升工程，健全覆盖全劳动周期、全工种门类的职业技能培训体系，建设一批先进制造业和现代服务业实训基地。加强就业公共服务体系建设，重点抓好高校毕业生、农民工、退役军人、城镇困难人员等群体就业创业工作。深化收入分配制度改革，健全工资合理增长机制，探索按要素分配的有效形式，在高质量发展中稳步推进共同富裕。

办好人民满意的教育。推动学前教育普惠发展，新建公办幼儿园100所、新增学位2万个。推动义务教育优质均衡发展，新改扩建中小学校30所，新增优质学位2万个。完善职业教育和培训体系，推动高中教育多元特色发展，提升高等院校办学水平，国科大太原能源材料学院明年建成招生。大力发展智慧教育，办好继续教育、特殊教育、老年教育，构建全民终身学习体系。全面落实义务教育“双减”政策，促进学生全面发展和健康成长。

深入实施健康太原行动。牢固树立大健康大卫生理念，持续推进“百院兴医”“人才强卫”工程，全方位全周期保障省城人民健康。深化医疗、医保、医药联动改革，加强分级诊疗体系建设，积极发展医疗联合体。推动优质医疗资源扩容和均衡布局，加快区域医疗卫生中心建设，完成市第四人民医院改扩建、市第三人民医院迁建等工程。健全疾病预防控制体系，完善突发公共卫生事件监测预警处置机制，毫不放松抓好常态化疫情防控。推进中医药传承创新发展，提升中医药医疗服务能力。加强食品药品监管，筑牢公共卫生安全屏障。深入开展爱国卫生运动，创建国家卫生城市。

健全多层次社会保障体系。全面实施全民参保计划，实现中小微企业、灵活就业人员、农民工等重点群体全覆盖。以“一老一小”为重点完善人口服务体系，大力发展养老托幼服务，增加居家、社区、机构等医养结合服务供给，推动三孩生育政策落地。做好国家住房租赁试点工作，扩大保障性住房和保障性租赁住房供给。建立健全分层分类的社会兜底救助体系，切实保障妇女、未成年人和残疾人合法权益。

坚决筑牢安全底线。全面落实总体国家安全观，统筹发展和安全两件大事，加强安全风险预警、防控机制和能力建设，着力抓好政治、经济、网络等重点领域安全工作，有效防范化解金融、房地产、宗教等领域风险。常态化开展扫黑除恶斗争，依法严厉打击各类违法犯罪活动，建设更高水平的平安太原。健全完善安全生产长效机制，坚决遏制重特大安全事故发生。加强应急救援指挥体系、救灾物资保障体系和应急综合应用平台建设，全面提高突发公共事件防范处置和防灾救灾减灾能力。

人民对美好生活的向往就是我们的奋斗目标。我们要坚持把人民群众的“小事”当作自己的大事，在群众操心事、烦心事、揪心事上持续用力，让全市人民过上更有品质、更有尊严、更加美好、更加幸福的生活！

十一、加强民主法治建设，发展社会主义政治文明

坚定不移走中国特色社会主义政治发展道路，坚持党的领导、人民当家作主、依法治国有机统一，巩固和发展生动活泼、安定团结的政治局面。

发展社会主义民主。坚持和完善人民代表大会制度，支持和保障人大及其常委会依法履行职责，扎实推进科学立法、民主立法、依法立法，加强和改进对“一府一委两院”的监督，更好发挥根本政治制度保障人民当家作主的优势和作用。加强和改进人民政协工作，充分发挥协商民主重要渠道和专门协商机构作用，围绕全方位高质量发展谋划协商内容，丰富协商形式，实现建言资政和凝聚共识双向发力。

巩固和发展爱国统一战线。健全统一战线工作制度体系，促进多党合作事业健康发展，做好民族和宗教工作，加强民营经济、党外知识分子和新的社会阶层人士统战工作，凝聚港澳同胞、台湾同胞、海外侨胞力量，发挥工会、共青团、妇联等人民团体作用，最大限度凝聚全社会推进改革发展、

维护社会和谐稳定的共识和力量。加强国防教育和建设，健全国防动员体系，深化拓展全国双拥模范城创建成果。

全面建设法治太原。深入贯彻习近平法治思想，落实依法治国基本方略，加强重点领域立法，充分发挥地方性法规在促进经济社会发展中的重要作用。开展法治政府建设示范创建活动，实施政府权责清单管理，严格规范公正文明执法。推进执法司法责任体系改革和建设，提升执法司法质效和公信力。深入开展“八五”普法，增强全民法治观念。加快推进市域社会治理现代化，完善“综治中心＋网格化＋信息化”治理体系，加强重大决策社会稳定风险评估，强化预防和化解社会矛盾机制建设，构建共建共治共享治理新格局。

十二、大力弘扬伟大建党精神，全面加强党的建设

打铁必须自身硬。我们要增强全面从严治党永远在路上的政治自觉，继续推进新时代党的建设新的伟大工程，把各级党组织建设得更加坚强有力，为全面再现“锦绣太原城”盛景提供坚强政治保证。

旗帜鲜明加强政治建设。坚持把做到“两个维护”作为最高政治原则和根本政治规矩，不断提升政治判断力、政治领悟力、政治执行力，始终在思想上政治上行动上同以习近平同志为核心的党中央保持高度一致。把贯彻落实习近平总书记重要指示批示作为加强政治监督的首要内容，确保党中央决策部署和省委工作要求在太原不折不扣贯彻落实。严格执行新形势下党内政治生活的若干准则，完善和落实民主集中制的各项制度，增强党内政治生活的政治性、时代性、原则性、战斗性，坚决防止“七个有之”，切实做到“五个必须”。加强党内政治文化建设，推动形成清清爽爽的同志关系、规规矩矩的上下级关系、干干净净的工作关系。

坚持不懈强化理论武装。自觉用党的创新理论武装头脑、凝心铸魂，引导广大党员干部真正成为习近平新时代中国特色社会主义思想的坚定信仰者、忠诚实践者。坚持“第一议题”制度，充分发挥中心组学习、“三会一课”等作用，持续办好读书班，分级分类抓好干部教育培训，切实在学懂弄通做实上下功夫。深入学习习近平总书记“七一”重要讲话精神，深入开展党史学习教育，常态化开展“两学一做”学习教育、“不忘初心、牢记使命”主题教育，引导广大党员干部不断坚定理想信念，始终做到对党忠诚。

全力打造高素质干部队伍。坚持新时代好干部标准，把政治标准放在首位，选优配强各级领导班子特别是党政正职，大力培养选拔优秀年轻干部，统筹做好女干部、少数民族干部和党外干部的培养使用。聚焦高素质专业化干部队伍建设要求，实施实战化专业能力提升工程，增强干部适应全方位推进高质量发展要求的能力。认真细致做好离退休干部工作。坚持严管厚爱相结合，健全干部考核评价机制，改进政绩考核办法。坚持党管人才原则，全方位做好人才培养、引进、使用工作，把各方面优秀人才聚集到太原改革发展的实践中来。

全面夯实基层基础。以提升组织力为重点，突出政治功能，严密党的组织体系，着力提升基层治理效能。深化城市基层党建示范市建设，完善党建引领基层治理和“书记领题”项目化工作机制，建强市、区、街道、社区一贯到底的“动力主轴”。加强农村党支部标准化规范化建设，选优配强“第一书记”和驻村工作队，提升基层“带头人”能力素质，打造一批党建引领乡村振兴示范点。统筹推进机关、国有企业、“两新组织”党建工作，推动“两个覆盖”有形有效。加强党员教育、管理和监督，发挥好党员先锋模范作用。

持之以恒正风肃纪。始终保持同人民群众的血肉联系，认真严肃对待群众反映强烈的问题，坚决纠正损害群众利益的行为。严格落实中央八项规定精神及省实施办法、市实施细则，大力整治“四风”隐形变异问题，持续整治形式主义、官僚主义，不断为基层松绑减负。坚持把纪律和规矩挺在前面，重点强化政治纪律和组织纪律，带动廉洁纪律、群众纪律、工作纪律、生活纪律严起来。深化运用“四种形态”，抓早抓小、防微杜渐。深入开展党的优良传统和作风教育，完善作风建设长效机制，以优良作风振奋精神、激发斗志、树立形象、赢得民心。

深入推进反腐败斗争。以反腐败永远在路上的坚韧和执着，一体推进不敢腐、不能腐、不想腐，不断取得更多制度性成果和更大治理成效。坚持无禁区、全覆盖、零容忍，坚持重遏制、强高压、长震慑，聚焦重点领域、关键环节和群众身边腐败问题，坚决查处不收敛不收手的腐败分子，最大限度遏制腐败增量。深化标本兼治，做实以案促改、以案促治，深挖制度根源、机制缺失、管理漏洞，完善权力监督制度和执纪执法体系。深化政治巡察和成果运用，强化对“一把手”和领导班子的监督，促进各类监督贯通融合。加强警示教育，大力弘扬廉政文化，让党员干部知敬畏、存戒惧、守底线，持续营造风清气正的良好政治生态。

全市各级党组织和广大党员要强化关键在党、关键在人的意识，切实肩负起历史赋予的神圣使命，对党忠诚、为党尽职，敢于斗争、敢于胜利，不辜负党和人民的期望和重托。

同志们，蓝图无限美好，目标催人奋进。让我们更加紧密地团结在以习近平同志为核心的党中央周围，在省委的坚强领导下，不忘初心、继续前行，奋力谱写全面建设社会主义现代化国家太原篇章，为全面再现“锦绣太原城”盛景努力奋斗！

政府工作报告

——在太原市第十四届人民代表大会第六次会议上

（2021 年 2 月 23 日）

太原市人民政府代市长　张新伟

一、“十三五”时期及 2020 年工作回顾

“十三五”时期是全面建成小康社会决胜阶段，是我市发展进程中极不寻常的五年。习近平总书记两次视察山西，发表重要讲话作出重要指示，为我省、我市发展指明了前进方向，提供了根本遵循。五年来，在市委的坚强领导下，全市上下坚持以习近平新时代中国特色社会主义思想为指导，全面贯彻党的十九大和十九届二中、三中、四中、五中全会精神，深入学习贯彻习近平总书记视察山西重要讲话重要指示，按照省委“四为四高两同步”总体思路和要求，围绕谱写文明开放富裕美丽太原新篇章，积极作为、奋力拼搏，“十三五”期间全市经济社会发展取得了巨大成就。

一是综合实力全面增强。“十三五”时期，地区生产总值年均增长 6.6%，总量迈上 4000 亿元台阶，在全省占比由 22.5% 提高到 23.5%。人均地区生产总值在全国省会城市排名由“十二五”末第 18 位上升到第 15 位。固定资产投资年均增长 10.6%，一般公共预算收入年均增长 6.7%。

二是产业结构不断优化。先进装备制造、新材料、信息技术等新兴产业规模不断扩大，战略性新兴产业增加值年均增长 9.7%。现代服务业提质增效，获批设立国家跨境电子商务综合试验区，入选首批国家物流枢纽建设名单，华润万象城、华宇百花谷等城市综合体投入运营，晋祠、太山等景区提档升级。都市现代农业加速发展，南部城郊农业、北部有机旱作特色农业格局正在形成。

三是发展动力更加强劲。深入实施创新驱动发展战略，连续三年投入 10 亿元科技专项资金、10 亿元人才发展资金，新增 10 亿元工业转型升级资金、5 亿元新动能发展资金，支持各类主体创新创业。国家先进计算产业创新中心山西基地、国科大太原能源材料学院等重大创新平台开工建设，山西智创城、太原同创谷等双创载体重点布局，科技型中小企业从 2017 年的 321 家增加到 8726 家，高新技术企业从 2015 年的 380 家增加到 2132 家，全市创新资源加快汇聚。

四是改革开放深入推进。开发区“三化三制”改革向纵深推进，综改区主阵地主引擎作用进一步发挥。国有企业“三供一业”分离移交任务基本完成，“集团化办学”等教育改革扎实推进，县乡医疗机构一体化改革、农村集体产权制度改革经验在全国推广。获批全国二手车出口业务试点城市。成功举办“二青会”、国际马拉松赛、国际公路自行车赛等重要赛事，以及中国（太原）人工智能大会、尧城（太原）国际通用航空飞行大会等重大活动，太原知名度、影响力进一步提升。

五是城市基础设施加快建设。城中村、棚户区、老旧小区改造稳步推进，城市热源厂、污水处理厂、综合管廊等一批基础设施建成投运。迎泽公园完成提质改造，晋阳湖公园一期建成开放，汾河治理美化工程延展至 35 千米，“九河”治理全面完成，建成区黑臭水体实现“长制久清”。郑太高铁、太原铁路枢纽西南环线建成投用，太原南站高铁枢纽功能全面提升。通达桥、晋阳桥、迎宾桥以及滨河东西路南延、晋阳大道等建成通车。

六是脱贫攻坚取得决定性胜利。全面落实精准方略，阳曲县、娄烦县高质量摘帽，160 个贫困村全部退出，55992 名贫困人口全部达到脱贫标准，易地扶贫搬迁集中安置入住率、产业就业保障率、旧村腾退拆除率、土地复垦复绿率均达到 100%。深入开展“百村示范、千村整治”工程，农村人居环境持续美化。

七是人民群众幸福感持续提升。省城生态环境质量显著改善，公交车、出租车新能源化改造基本完成，全市空气质量综合污染指数由 2015 年的 6.44 下降至 2020 年的 5.91。扎实推进“九乱”整治和“两下两进两拆”专项整治，文明城市创建成效明显。教育、卫生、文化等公共事业加快推进，城乡居民收入同步提升，养老、医疗、失业等保险基本实现全覆盖。

刚刚过去的 2020 年是极不平凡的一年，面对突如其来的新冠肺炎疫情，我们坚决贯彻习近平总书记视察山西重要讲话重要指示和党中央决策部署，在省委、省政府和市委的坚强领导下，牢牢把握疫情防控主动权，保持战略定力，克服重重困难，实现了经济稳步向好、转型态势强劲、社会和谐稳定。

（一）统筹疫情防控和经济社会发展取得良好成绩。坚持人民至上、生命至上，扎实做好“外防输入、内防反弹”各环节工作，实现确诊病例零病亡、医护人员零感染“双零”目标。6批147名医护人员驰援湖北，累计完成42架国际航班8476人的转运、隔离、检测任务。率先在全省建成进口冷冻肉品和水产品集中监管总仓，阻断冷链渠道传播风险。全市单日最大核酸检测能力达到27万人份。市第四人民医院、市防控办等8个先进集体、263名先进个人分别受到党中央及省委表彰。千方百计稳定经济社会运行，及时出台恢复经济秩序、扶持小微企业等政策措施，发放两轮政府消费券，全年新增减税降费108.22亿元，帮助企业保经营、渡难关，有力对冲疫情带来的不利影响。全市经济增速逐季加快，全年地区生产总值实现4153.25亿元，增长2.6%，高于全国平均水平。

（二）科技创新迈出坚实步伐，创新生态夯基垒台工作扎实推进。国家可持续发展议程创新示范区建设得到科技部充分肯定，省级及以上重点实验室、工程技术研究中心分别达到80个、78个。获批国家知识产权运营服务体系建设重点城市。荣获国家、省科学技术奖170项。在全国42所一流大学建立“太原市学子归巢工作站”，启动建设人才公寓711套，引进高层次专业人才2000余名。太原技术转移促进中心获批国家技术转移人才培养基地。

（三）转型发展态势强劲，现代产业体系正在形成。大力推动战略性新兴产业，长城“智能云”工厂下线创造太原速度，清徐精细化工循环产业园部分投产，山西合成生物产业园、山西直升机研发生产基地、长城电源研发制造基地等项目加快推进，中车本地化生产地铁车辆下线，实现“太原地铁太原造”。出台《太原市加快现代服务业发展的政策意见》，清控、服装城等7个园区入选省级现代服务业集聚区。水塔醋业、紫林醋业、六味斋等三家企业入选农业产业化国家重点龙头企业。

（四）“四治”一体全面推进，城市生态环境明显提升。实施大规模国土绿化彩化财化行动，《太原市国家森林城市总体规划（2020—2035）》通过国家林草局专家评审，天龙山、太山等山体380公顷破坏面复绿治理全部完工。统筹推进“五水同治”，汾东、城南、阳光等污水处理厂增量扩容技改工程完工投用，汾河流域国考太原段全面消除劣V类水体，实现“一泓清水入汾河”。坚持空气质量改善优先原则，完成太钢、美锦等11户企业超低排放改造，实施绕城高速公路过境货车分流管控。持续完善城市功能，东二环高速公路建成通车，解放路改造、南中环东延等27项道路工程竣工通车，全长229.5千米的环城旅游公路全线贯通。建成开通5G基站4293座，5G网络建设进入全国第一方阵。倾力打造“玫瑰之城、浪漫之都”，栽植各类花卉200余万株。植物园、动物园、摄乐公园、狄仁杰文化公园、晋商博物院等一批公园景点建成开放。

（五）民生事业不断进步，民生福祉不断改善。深入推进“人人持证、技能社会”建设，完成职业技能培训8.14万人。扩大优质教育覆盖面，普惠幼儿园覆盖率达到93.7%，市外国语学校、市第二外国语学校新校区投入使用，新增优质学位7200个。加强卫生服务体系建设，每千人拥有医疗床位8.82张，高于全国平均水平。社区居家养老服务走在全国前列，荣获第三批“全国智慧健康养老示范基地”称号。推动文化事业繁荣发展，晋剧《傅山进京》入选文旅部“庆祝中国共产党成立100周年舞台艺术精品创作工程”重点扶持作品。扎实做好困难群众救助帮扶工作，向特殊困难群体2.5万人发放“爱心奶”。太原警备区新闻宣传工作受到中央军委国防动员部表彰。成功实现全国“双拥”模范城“九连冠”。

2020年9月30日，太原市解放路改造竣工通车

（六）推动最严整治最严监管，安全生产和社会稳定形势逐步好转。统筹推进安全生产专项整治三年行动、全国安全发展示范城市和“三零”单位创建。扎实开展“深刻汲取教训，全面提升安全生产工作水平”集中教育整顿暨专项整治，聚焦煤矿、危化品、道路交通等18个重点行业领域和人员密集场所，全面排查整治安全隐患，全市各类生产安全亡人事故减少13起，死亡人数减

少1人，分别下降22.81%和1.61%。扫黑除恶专项斗争整体战果显著，全年刑事类警情同比下降14.7%，“两抢一盗”类警情同比下降29.2%。

（七）政府职能持续转变，营商环境不断优化。加强法治政府建设，依法接受人大及其常委会监督，自觉接受政协民主监督，办理人大代表建议277件、政协提案501件。机关事务集中统一管理体制改革成效明显。持续深化“放管服效”改革，“一枚印章管审批”全面推开，创新推行“7×24小时自助办+周末不打烊”服务，90%以上政务服务事项实现“一窗通办”，新增市场主体9.2万户。与黄河流域省会城市协作开展企业登记跨省通办，打造开办企业“线下一天、线上秒批、跨省通办”太原效率。

各位代表，一年来，面对新冠肺炎疫情的严重冲击，面对国内外风险挑战明显上升的复杂局面，取得这样的成绩来之不易。这是习近平新时代中国特色社会主义思想科学指引、生动实践的结果，是省委、省政府和市委坚强领导、科学决策的结果，是市人大、市政协监督支持、群策群力的结果，也是全市人民齐心协力、拼搏奋斗的结果。在此，我代表市人民政府，向全市人民，向各民主党派、工商联和无党派人士，向各位人大代表、政协委员，向驻并部队、公安干警和中央、省驻并单位，向所有关心支持太原改革发展的各界朋友，特别是向奋战在抗击新冠肺炎疫情一线的广大医务工作者和基层工作人员，表示崇高的敬意和衷心的感谢！

在肯定成绩的同时，我们也清醒地认识到，我市发展仍然面临着一些困难和挑战，主要表现为：发展不平衡不充分的问题仍然比较突出，转型发展步伐还不够快，创新生态建设还需持续发力，产业生态基础仍然存在差距，省会城市引领辐射作用不强、首位度还需提升，基本公共服务均等化还有大量工作要做，生态环境质量改善依然任重道远，营商环境还需进一步优化等。对此，我们将高度重视，采取有力措施，切实加以解决。

二、“十四五”时期经济社会发展的指导思想和目标任务

“十四五”时期是进入新发展阶段和我市率先实现转型出雏型的关键时期。要确保实现转型出雏型重要阶段性战略目标，必须坚持高举习近平新时代中国特色社会主义思想伟大旗帜，深入贯彻党的十九大和十九届二中、三中、四中、五中全会精神，全面贯彻党的基本理论、基本路线、基本方略，统筹推进“五位一体”总体布局，协调推进“四个全面”战略布局，坚持以习近平总书记视察山西重要讲话重要指示为根本遵循，准确把握新发展阶段，深入贯彻新发展理念，积极融入新发展格局，按照省委“四为四高两同步”总体思路和要求，坚持稳中求进工作总基调，以推动高质量发展为主题，以深化供给侧结构性改革为主线，以国家资源型经济转型综合配套改革试验区和国家可持续发展议程创新示范区建设为统领，以改革创新为根本动力，以满足人民日益增长的美好生活需要为根本目的，统筹发展和安全，不断在“六新”上取得突破，着力构建多元支撑的现代产业体系，一体推进治山、治水、治气、治城，加快推进市域治理体系和治理能力现代化，打造具有国际影响力的国家区域中心城市，向着再现“锦绣太原城”盛景目标奋力迈进。

到“十四五”末，我市经济社会发展要实现以下主要目标：

一是率先在全省实现经济转型出雏型，经济总量奋力向万亿元规模迈进，人均地区生产总值达到2万美元以上，规模以上工业企业数量向3000家目标奋进。

二是国家可持续发展议程创新示范区建设取得重大突破，国家级创新平台实现倍增，高新技术企业达到4500家，城市创新活力显著提升。

三是国家区域中心城市影响力显著增强，太原都市区一体化发展取得重大突破，太原在世界城市网络体系中的节点地位明显提升。

四是综改先行区开放新高地建设取得明显成效，营商环境主要指标跨入全国前列，开放型经济水平不断提高。

五是天蓝地绿水清成为新常态，生态文明制度体系和绿色生产生活方式基本形成，城乡生态系统走上良性发展轨道。

六是历史文化名城特色充分彰显，文化遗产保护与新型文化产业融合发展，人民群众精神文化生活日益丰富。

七是高品质幸福之城建设实现长足进步，城镇居民人均可支配收入力争达到6万元，农村居民人均可支配收入力争突破3万元，多层次社会保障体系更加健全。

八是市域治理现代化走在全国前列，“三零”单位创建目标任务全面完成，安全发展能力大幅提升。

“十四五”规划《纲要（草案）》已印发各位代表。这里对重点任务作简要报告。

（一）突出科技创新核心地位，建设创新太原。五年投入100亿元，大力培育战略科技力量，建强用好重点实验室，全面提升企业技术创新能力，加快建设创新人才高地，完善科技创新体制机制，坚决打赢“六新”攻坚战，用一流成果为高质量转型发展注入强劲动能。

（二）发展壮大现代产业体系，构建实力太原。坚持基础产业、新兴产业、未来产业“三业”并举，全力打造四个

千亿级支柱产业链，培育壮大四个百亿级特色产业链。坚持消费与投资双轮驱动，优化生产性、生活性服务业供给，聚力推进城市商圈提质发展，做好文旅、文创、文艺融合文章，为构建现代产业体系提供有力支撑。

（三）坚持“四治”一体推进，再现锦绣太原。全力实施城市更新行动，高标准推进城市规划、建设、管理，深入推进新型城镇化，加快构建内捷外畅的现代综合交通网络，统筹推进山水林田湖草系统治理，全面改善省城生态环境质量，营造山水城和谐共处、历史文化与现代文明相得益彰的都市风貌，打造具有国际影响力的国家区域中心城市。

（四）书写乡村振兴时代画卷，塑造美丽太原。深入实施乡村振兴战略，做优做精都市现代农业，大力实施乡村建设行动，全面深化农村改革，推动农业高质高效、乡村宜居宜业、农民富裕富足，打造望得见山、看得见水、记得住乡愁的幸福家园。

（五）全面深化转型综合改革，创造活力太原。把改革开放作为实现高质量转型发展的关键一招，深入推进能源革命综合改革试点，协同推进重点领域改革，全方位融入国家区域发展战略，建设高水平开放型经济新体制，努力打造一流营商环境，使一切有利于社会生产力发展的力量源泉充分涌流。

（六）积极回应人民群众关切，筑就幸福太原。坚持以人民为中心，补短板、提质量、促均等，用心用情用力解决一批群众“急难愁盼”问题，实施促进就业创业保障性工程、教育高质量发展五大工程、卫生健康四大工程，健全多层次社会保障体系，促进发展成果全民共享，不断提升公共服务水平。

（七）持续推进治理能力现代化，打造平安太原。以法治政府、数字政府建设为牵引，加强和创新社会治理，构建系统融合、开放共治、包容协商、保障有力的高效能治理体系，全面提升安全发展能力，更好维护政治安全、社会安定、人民安宁。

三、2021年工作安排

今年是我国现代化建设进程中具有特殊重要性的一年，是我市全面实施“十四五”规划、推动转型出雏型的开局之年。做好今年工作，必须坚持以习近平新时代中国特色社会主义思想为指导，落实中央经济工作会议精神，按照省委、市委全会暨经济工作会议部署，聚焦“六新”突破，立足新发展阶段，贯彻新发展理念，融入新发展格局，在率先转型发展蹚新路中彰显省会担当，努力实现高质量高速度发展，确保“十四五”转型出雏型开好局、起好步。

统筹考虑各方面因素，今年主要预期指标是：地区生产总值增长8%～8.5%，规模以上工业增加值增长7.5%左右，固定资产投资增长10%，社会消费品零售总额增长10%，一般公共预算收入增长6%，城乡居民人均可支配收入分别增长8%和8%以上，居民消费价格涨幅控制在3%左右，城镇新增就业8.5万人，城镇登记失业率控制在4.5%以内。约束性指标要不折不扣完成省下达任务。

各位代表，要实现上述发展目标，我们必须坚持高举旗帜、坚决维护核心，把“两个维护”融入血脉、注入灵魂，在省委、省政府和市委的坚强领导下，同心同德、步调一致，不断拓展党的建设和各项事业新局面。坚持正确方向、勇攀时代高峰，坚定不移沿着习近平总书记指引的金光大道阔步前行，唱响“转型发展蹚新路”最强音，努力再现“锦绣太原城”盛景。坚持人民至上、践行群众路线，从根本宗旨上把握新发展理念，把保障和改善民生作为一切工作的出发点和落脚点。坚持解放思想、锐意改革创新，以改革开路，以创新破题，强化系统观念、辩证思维、创新意识，在谋划上先人一步、在举措上快人一拍，以钉钉子精神全力推动“十四五”转型出雏型，迈好第一步、见到新气象。

我们要深入学习贯彻习近平总书记关于抓落实的重要论述，强化“抓落实的关键是要有解决方案”的要求，从讲政治的高度抓落实、统筹发展和安全抓落实、围绕项目抓落实、紧盯目标抓落实、坚持结果导向抓落实、强化治理能力提升抓落实，确保党中央国务院、省委省政府和市委各项决策部署落地见效。

我们要坚持干字当头、勇于攻坚克难，切实强化“一切为了转型、一切服务转型”的使命担当，以抢跑的速度、争夺的勇气、精进的姿态，奋力书写无愧于时代、无愧于人民、无愧于历史的华彩篇章！

今年，要重点抓好以下工作。

（一）以“拓荒牛”精神打造一流创新生态，科技自立自强太原要有新担当

坚持把创新放在全市转型发展全局的核心位置，按照“四个面向”要求，围绕实现高水平自立自强深化改革，全力推动一流创新生态建设，提升省会城市创新活力和核心竞争力，是今年要抓的基础性、全局性、战略性工程。

我们要聚焦“六新”抓创新。紧跟国家战略需求布局新基建，年底5G基站达到5000座以上，加快大数据中心、数据平台等信息基础设施建设，谋划大科学装置建设。紧追科技创新步伐狠抓新技术，围绕高质量转型发展特别是产业链创新链，凝炼百项一流课题，推进重点项目攻关“揭榜挂帅”，加快攻克重要领域“卡脖子”技术，有效突破产业瓶颈，牢

牢把握创新发展主动权。紧贴转型发展进程做强新材料，聚焦碳基新材料、半导体新材料、合成生物新材料、特种金属材料等领域前瞻布局创新链，促进新材料迭代创新，努力建设一流国家级研发基地。紧盯制造业提质升级研发新装备，重点支持高效电机、轨道交通、智能煤机等领域新装备建设，推动装备制造向技术自动化、产品智能化、设备成套化、产业集群化发展。紧扣市场需求做大新产品，鼓励手撕钢、笔尖钢、高性能碳纤维等特色产品发展壮大，加快科技含量高、市场占有率高的新产品研发制造。紧抓新形势新机遇抢跑新业态，加速发展智能制造，推进智慧城市建设，加强智慧政务、智慧交通、智慧物流、智慧教育、智慧医疗等应用领域建设。

聚焦“强主体”抓创新。组建创新联合体，鼓励龙头企业整合产业链上下游，与高校、院所开展协同研发、融通创新，促进产学研深度融合。支持企业加大研发投入，持续推动规上工业企业研发活动全覆盖、上水平。鼓励建立一批新型研发机构，强化政策引导保障，注重激励约束并举，调动社会各方参与。依托重点企业和科研院所，集中建设一批开放型科技成果转化中试基地，推动优秀科技成果在太原落地转化。梯次培育企业创新主体，聚焦产业发展需求，重点培育高科技领军企业100家、高新技术企业1000家、科技型中小企业10000家。

聚焦“建平台”抓创新。高标准建设第一实验室，争取建成首个山西省实验室，努力实现国家实验室在我省布局零的突破。谋划建设煤矿智能化技术等国家级重点实验室。加快培育建设太钢“高端硅钢材料”、太原理工大学“先进成形与智能装备”等5个省级重点实验室和太锅“循环流化床燃烧与控制”、科达自控“矿山特种机器人”等5个省级制造业技术创新中心。打造一批高质量创新创业共同体，加快推动智创城等双创载体建设。

聚焦“创机制”抓创新。坚决破除影响和制约科技核心竞争力提升的体制机制障碍。要加大力度落实改革举措，推进科研经费包干制改革，赋予创新领军人才更大的技术路线决定权和经费使用权，为科研人员松绑减负。要推动科技金融紧密融合，设立科技金融专项资金和国家科技成果转化基金太原子基金，引导金融投资机构为科技型企业创新提供全生命周期金融支持。要加速科技成果转移转化，完善成果转化中介服务体系，建立科技成果转化收益分配和股权激励机制，加强知识产权保护和运营服务体系建设，充分调动科研人员转化科技成果的积极性和创造性。

聚焦“汇英才”抓创新。突出政策引导，出台更有吸引力的户籍、就业、科研等人才政策，引进10名顶级人才、100名高层次领军人才、急需紧缺人才，培育选拔使用1000名本土人才，集聚10000名人才后备军。建立激励机制，探索建立科技人才分类评价体系，推动资源向人才集聚、平台向人才开放、资金向人才倾斜。强化服务保障，以专班化机制为高层次人才提供“一对一”精准服务，年内完成人才公寓一期工程建设，切实解决好各类人才住房、子女就学、家属就业、医疗保障等问题。我们将以最大诚意、最佳环境、最优服务，让各类人才在并州大地落地扎根、茁壮成长、绽放精彩！

（二）坚定不移实施工业强市战略，构建现代产业体系太原要有新速度

实施传统产业基础再造工程。要抓龙头强带动。以中国宝武与太钢集团联合重组为新起点，全力支持太钢发展，巩固太钢全球不锈钢领军企业地位，努力打造不锈钢航母。支持太重、西山煤电、中车太原机车等企业运用新技术新装备新工艺进行全方位、全角度、全链条改造，让传统产业“老树发新枝”。要抓基地增活力。加快推动山西电机研发制造基地、太原工具厂生产线改造升级、太锅集团构建热电能源供应全产业链、太原酒厂搬迁改造、孔雀油墨厂自动化生产线等项目建设，重新焕发老工业基地风采。

实施新兴产业强引擎工程。信创产业要重点推动长城计算机和电源研发制造基地、山西信创产业园、国科晋云高端整机智能制造等项目建设，打造全国领先的信创产业集群，冲击千亿级产业规模。半导体产业要重点推动中电科碳化硅基地扩建、弘大芯源高功率器件等项目建设，打造高端半导体材料和器件产业集聚区。大数据产业要重点推动大地紫晶新基建大数据共享平台、百度云计算中心等项目建设，创建国家级超算中心，为发展工业互联网奠定坚实产业基础。新材料产业要重点推动山西合成生物产业园、太钢高端碳纤维三期、太原晟旭超高功率石墨电极等项目建设，打造国际知名、国内领先的生物基新材料、碳基新材料、新型化工材料产业集群。先进装备制造业要重点推动山西智能装备产业园、山西煤机智能装备制造等项目建设，全力支持太原富士康做大做强，打造“太原智造”新名片。通用航空产业要重点推动山西直升机研发生产基地、禧佑源航空科技再制造基地等项目建设，为建设通航强市再添引擎。

实施未来产业先手棋工程。人工智能领域，要依托华为、百度、科大讯飞、阿里云等龙头企业，推动建立创新中心，加速产业化应用。生物技术领域，重点依托合成生物技术，支持在生物材料、生物燃料、生物医药等多个领域的研发应用。集成电路领域，重点支持碳基集成电路、第四代半导体等新技术研发。我们还将紧盯全球未来产业发展趋势和国家战略导向，超前布局、把握先机，谋划实施一批具有前瞻性、战略性的重大项目，培育产业发展梯队，推动产业换代升级。

（三）加快发展现代服务业，建设品牌强市太原要有新动作

推动生产性服务业提质。发挥服务业集聚区功能，聚焦长风商务区、晋阳湖片区、汾东新区，建设布局合理、特色鲜明的现代服务业集聚带。鼓励盘活老旧楼宇资源，为总部经济、金融保险、科技教育等高端现代服务业释放发展空间。推动先进制造业与现代服务业深度融合，为全市有意愿技改的规上工业企业提供智能化“一对一”改造方案。推进综改区国家级先进制造业和现代服务业融合发展试点。加快发展现代物流产业，建设全国领先的大宗商品智慧物流供应链管理平台，依托传化、中鲁、快成等物流龙头企业，打造服务全省、承接国内、辐射“一带一路”沿线地区的产业集群。

扩大生活性服务业供给。提升重点商圈和特色街区服务功能，抓住国家培育建设国际消费中心城市机遇，加快远大购物、新城吾悦、苏宁广场等城市综合体项目建设，构建多层次消费平台。打造消费新地标，加快发展晋阳湖夜经济+假日经济带，打造“满意消费在太原”品牌。钟楼街改造7月完工，打造千年商脉、钟鸣并州的特色国际名街。

做强文化旅游支柱产业。擦亮“唐风晋韵·锦绣太原”金色名片，当好“黄河、长城、太行”三大旅游板块的核心节点，在“游山西·读历史”中讲好太原故事，推进国家文化和旅游消费试点城市建设，叫响西山生态文化旅游、汾河历史文化、千年府城文旅“三大品牌”，打造“全域旅游”太原样板。推进重点景区建设，启动晋阳古城遗址公园建设，加快锦绣山庄康养小镇建设，太原古县城、华夏历史文明传承园5月对外开放。高标准推进太山和青龙古镇申报4A级景区。以天龙山佛首回归为契机，推进晋祠—天龙山5A级大景区创建工作。

加快服务业数字化转型。大力发展在线教育、远程办公、直播带货等新消费模式。加强与京东、字节跳动等国内知名平台的战略合作，培育壮大全球蛙、贡天下、乐村淘等本土电商骨干企业。抓住跨境电子商务综合试验区建设机遇，推动武宿综保区二期尽快封关运行，打造集进出口产品展示、仓储物流加工配送、线上推介和网络直播于一体的跨境电商孵化园，加快形成线上线下融合的跨境电商生态圈。

（四）持续激发市场活力和内生动力，深化改革开放太原要有新举措

推动重点领域改革攻坚。国企改革方面，要深入实施国企改革三年行动，以国资国企资产资本化、资本证券化、监管数智化为目标，加快169户市属国有企业脱钩改革及整合重组，积极稳妥推进混合所有制改革，深化企业内部“三项制度”改革，全面优化升级产业结构，提升创新能力、竞争力和综合实力，引导企业降成本、提质量、增效益。金融体制改革方面，要加快农信社太原城区联社改制步伐，组建太原农商行。财税体制改革方面，要严格政府债务管理，强化预算约束和绩效管理，提升财政资源配置效率和资金使用效益。同时，要加快推进社会救助综合改革试点，深化国防动员体制改革，持续推进农村集体产权制度改革，扎实做好清徐宅基地制度改革试点工作。

推动开发区创新发展。支持综改区筹建国际合作园区、申建国家级新区，在发展规模、速度、质量和效益上作出示范。中北高新区要发挥科教优势，打造集设计、研发、制造于一体的高端产业集聚区。清徐开发区要持续推进精细化工循环产业园建设，在做大产业集群、延伸产业链条上取得突破。西山示范区要围绕发展观光旅游、健康养老等产业，谋划和建设一批特色项目。阳曲示范区要围绕种养加、产供销一体化发展，走出一条有机旱作农业产业化、规模化、市场化的路子。每个开发区都要绘制各具特色的产业链全景图，主动联系对接优势企业开展专业招商。要提前启动建设标准地、标准厂房，采取市场化方式盘活存量闲置土地，有效解决“项目等地”问题，力争全市开发区签约项目增长30%以上。

推动市场主体做大做强。以政策扶持推动企业发展“加速度”，全面对标发达地区企业准入、诉求办理、普惠金融等各类政策举措，研究制定“最优”政策包，支持各类企业加快发展。以超常举措推动“小升规”工作上水平，建立中小微企业基础信息库，找准切入点，抓住关键点，精准施策、精准发力，全年力争新办小微企业1万户，净增规上工业企业240户以上。

推动更高水平对外开放。加大招引力度，深度融入“一带一路”、黄河流域生态保护和高质量发展战略，精准对接京津冀、长三角、粤港澳大湾区，紧盯世界和国内500强企业布局，主动承接产业转移，加快引进一批头部企业和优势企业。创新体制机制，复制推广前海自贸区制度创新经验，促进太原国际邮件互换局扩容提质，做好二手车出口试点工作，加快构建更高水平开放型经济新体制。用好开放平台，积极参与“进博会”“厦洽会”等活动，办好“中博会”、太原能源低碳发展论坛、晋阳湖峰会、人工智能大会、尧城国际通用航空飞行大会，打造内陆地区对外开放新高地。

（五）以“老黄牛”精神一体推进“四治”，城市更新行动太原要有新提升

以精准定位绘好发展蓝图。高标准编制国土空间规划，统筹生产、生活、生态三大空间布局，全面提升在全省的经济首位度、功能首位度、开放首位度、品质首位度。北部老城重点突出补短板、育新机。按照区域协同、产城融合、生态优先、城乡一体的发展思路，以雄忻高铁加快建设为契机，

深度融入京津冀协同发展国家战略，改造升级108国道，建设太原至忻州城市快速通道，打造太忻科技创新走廊。积极推动火工区、二电厂搬迁，为城市发展腾出空间。规划建设生态湿地公园，沿东西北山布局一批特色小镇，努力打造创新发展新高地、高品质生活宜居地、城市更新试验区，形成全市高质量发展的重要增长极和新的动力源。中部府城重点提升城市品质。坚持保文化、留历史、延文脉，优化城市设计，加强风貌管控，"五一"前完成南宫改造，国庆节前完成五一广场改造，年内完成拱极门—东三道巷府城文道改造，全面彰显国家历史文化名城魅力。南部新城重点实施太原都市区一体化发展行动。推进综改区会展中心、会议中心、文化中心、金融中心、商务中心"五大中心"建设。实施坞城南路（南中环街—通达街）快速化改造，启动化章街西延（汾东南路—滨河东路）工程，加快建设马练营路北延（中心街—龙城大街）工程，完善太榆交界区域路网，促进太原、晋中基础设施互联、创新平台共建、产业发展融通、生态环境共治、公共服务共享，引领带动太原都市区加速崛起。

以工匠精神推进城市建设。完善交通体系。全力支持武宿机场三期改扩建工程，做好周边配套路网建设。加快高铁东环线前期工作，推进地铁1号线建设，3号线、R1号磁浮线争取早日开工。推进西北二环、古交—娄烦—方山、阳曲大盂—盂县等高速公路建设，加快迎泽大街东延、千峰路南延、泥向线等道路建设，上半年建成滨河自行车专用道。推进市政重点工程建设。启动市委党校和太原广播电视台迁建工程，年内完成双塔公园、龙城公园、汾河四期工程，推进晋阳湖公园二期、海洋公园等重点项目建设。推进海绵城市建设，开工建设20万吨西山地表水厂等项目，不断增强城市发展韧性。

以绣花功夫提升精细化管理水平。以创建全国文明城市为抓手，持续深化"九乱"整治和"两下两进两拆"专项整治。引入社会资本参与停车设施建设运营，全年新增停车泊位1万个以上，加快解决"停车难"问题。打通一批断头路，畅通道路微循环，提升市民出行便利度。以科技赋能城市治理，加快建设综合管理服务平台，推动城市运行"一网统管"，打造全省数字治城样板间。

各位代表，人民城市人民建、人民城市为人民。必须把以人民为中心贯穿于城市建设全过程各方面，真正把城市建设成为支撑和带动高质量发展、高水平崛起的强大引擎！

（六）加快农业农村现代化建设，推进乡村振兴太原要有新局面

牢牢守住粮食安全底线。落实好"藏粮于地、藏粮于技"战略，扭住种子和耕地两个要害，加强高标准农田建设，确保完成粮食播种面积95.3万亩、产量5亿斤目标任务。推进农产品市场和冷链物流建设，加强物资调配和市场供应，确保"菜篮子""米袋子"数量充足、价格稳定。

推动巩固拓展脱贫攻坚成果同乡村振兴有效衔接。继续执行"四个不摘"，对现有帮扶政策逐项分类优化调整，推动超常规举措向常态化帮扶转变。加强不稳定户和边缘易致贫户监测预警，筑牢返贫致贫防线。推进高水平"两不愁、三保障"，持续推动脱贫群众稳定增收，有效衔接乡村振兴战略，实现城乡区域协调发展水平明显增强。

大力发展都市现代农业。实施"特""优"兴农行动。培育万亩有机旱作农业生产基地，布局千亩有机旱作农业科研示范基地，加快推进设施蔬菜生产基地建设，推动规模健康养殖提质增效，壮大十大农产品精深加工产业集群，推动更多优质农产品进入中高端消费市场。实施品牌强农行动。加快"三品一标"认证，做优"阳曲小米""娄烦山药蛋""清徐葡萄"等区域特色公共品牌。支持清徐特色食品产业集聚区建设，做强醋产业，做优醋品牌，做大醋基地，推动以清徐醋产业为代表的山西老陈醋走向全国、走向世界。建设太原药茶旗舰店，打造迎泽区药茶一条街。实施产业富农行动。发展汾东休闲农业、晋祠稻花香等乡村产业，打造一批特色新型农家乐及民宿集聚区，把休闲农业和乡村旅游建设成农民致富的大产业。

加快美丽乡村建设。编制"多规合一"的实用性村庄规划，积极推进"四好农村路"建设，因地制宜推进农村改厕、生活垃圾处理和污水处理，补齐农村基础设施短板，推动乡村干净整洁便利、有颜有序有品，打造20个新时代美丽宜居示范村升级版。

（七）推动形成绿色生产生活方式，改善生态环境太原要有新突破

以更大力度"降碳"。推动煤炭消费减量替代。围绕碳达峰、碳中和目标，深入开展能源革命综合改革试点，谋划建设一批氢能、光伏、生物质等新能源项目，持续降低能源消耗强度。因地制宜推进"三县一市"清洁供暖改造，覆盖率达到90%以上。加快调整运输结构。重点煤矿全部接入铁路专线，钢铁、电力、焦化等重点企业接入比例达到80%以上。推动城市配送车辆逐步新能源化。建成区新增公交车、环卫车全部采购新能源车辆，现存车辆年内全部更新。营造绿色低碳社会风尚。全面禁止生产、销售和使用一次性塑料制品，推行垃圾分类和减量化、资源化，加快厨余垃圾处理中心、医废处置中心等项目建设。

以更严举措"治污"。大气污染防治方面，以科技治气为抓手，推进工业炉窑和挥发性有机物综合治理，加快风神轮胎、东山石灰石矿搬迁，有效降低PM2.5和臭氧浓度，严格落实"1+30"区域大气污染联防联控机制，全面改善大气

质量。水污染防治方面，实施汾河上游段保护与修复工程，启动龙城、杨家堡污水处理厂增量技改工程，开工建设北郊污水处理厂改扩建工程，年内完成晋阳污水处理厂二期工程，持续推进城市污水截流、雨污分流改造，巩固黑臭水体治理成效。土壤污染防治方面，稳步实施受污染耕地、建设用地污染地块治理与修复，加大工业固废资源综合利用，持续提升危废处置水平。

以更高标准“增绿”。加快创建国家森林城市步伐，分类分级实施山体破坏面生态修复，加快西山工矿废弃地综合整治，全力推动东西山30处环城森林公园提档升级，完成营造林46万亩，筑牢绿色生态屏障。加快创建国家生态园林城市步伐，各城区均衡配置一批游园绿地，完成虎峪河西延、九院沙河西延、化章街、大运路等配套绿化工程，年底新增绿地3000亩。

（八）全力解决群众“急难愁盼”问题，增进民生福祉太原要有新成效

坚持就业优先战略。深入推进“人人持证、技能社会”全民技能提升工程，完成培训5万人以上，进一步提高考证持证覆盖面。办好第二届职业技能大赛。突出做好高校毕业生、退役军人、农民工、城镇困难人员等重点群体就业工作，促进“零就业”家庭动态清零。

办好人民满意教育。大力发展3岁以下婴幼儿托育服务。完善普惠性学前教育，各城区新建公办园不少于3所，各县（市）不少于2所。优化中小学校布局，推动城乡义务教育一体化改革发展。推进普通高中多元特色发展，打造一批航空航天、人工智能等特色示范学校。加快卫校新校区、旅游职业学院改扩建、城市职业学院实训楼等项目建设，提高职业教育人才培养质量。加快推进国科大太原能源材料学院建设，确保2022年建成招生。年底前完成市属中小学校校长职级制改革，完善教师优待办法，营造崇文重教、尊师重道良好氛围。

加快建设健康太原。夯实医疗卫生基础条件，推动优质医疗资源扩容和区域均衡布局，加快市第三人民医院迁建、市第四人民医院改扩建等项目建设进度，推进市中心医院等5所医院信息化建设。持续推进县域综合医改，全面推开公立医院薪酬制度改革，深化三医联动改革，推进医保支付方式改革，促进药价实质性降低。全面启动国家卫生城市创建，深入实施“百院兴医”“人才强卫”“中医药振兴”工程，全方位全周期保障群众健康。

持续改善居住条件。坚持“房子是用来住的，不是用来炒的”定位，控价格、稳市场，促进房地产市场平稳健康发展。扎实开展国家住房租赁试点工作，全年筹集4万套房源，培育11家专业化住房租赁企业，积极探索建立“租购同权”制度。启动10个城中村、3个棚户区改造，完成老旧小区改造700个以上，同步推进既有住宅加装电梯、既有建筑节能改造，努力实现从“住有所居”向“住有宜居”转变。

强化公共文化供给。围绕庆祝建党100周年开展好各项文化活动。办好首届晋剧艺术节，推出一批文艺精品。每周举办百场各类文艺展演、学术报告活动，继续免费送戏下乡1000场。加快丁果仙大剧院、市民艺术中心建设。逐步开放新修缮的圆通寺、亨升久旧址等府城文物遗存，打造群众身边博物馆。建设城市书房，更好满足群众阅读需求。申报创建“东亚文化之都”。实施“百馆兴体”工程，启动国家篮球（太原）训练基地、市体育训练基地、市水上训练基地等项目前期工作，继续办好太原国际马拉松赛、环太原国际公路自行车赛等品牌赛事，积极创建全民运动健身模范市。

加大社会保障力度。持续完善养老服务体系，六城区各打造一所高标准、示范性、引领性的养老服务中心，全市社区养老服务设施覆盖率达到70%以上。推进城乡老年人日间照料中心提档升级，为老年人提供更多生活便利。推进民政重点工程建设，市社会（儿童）福利院、市老年福利院、市光荣院年内具备使用条件。争创全国“双拥”模范城“十连冠”。进一步提高低保和特困人员补助标准，把民生底线兜牢兜实。

做好安全稳定工作。严格落实安全生产责任制，坚持“三管三必须”原则，形成齐抓共管的强大合力。深化安全生产专项整治三年行动，全领域、全覆盖、全方位排查整治安全隐患，坚决杜绝重特大事故，努力减少一般性事故。强化安全生产专业力量培训，抓好应急救援综合实训基地、物资储备基地等重点工程建设，新增应急避难场所157处186万平方米，不断夯实安全生产基础，全面提升本质安全水平。持续推进“三零”单位创建，加强信访法治化建设，提升矛盾风险多元化解能力。以做好全国市域社会治理现代化试点工作为抓手，坚持不懈推动平安太原建设，建立常态化开展扫黑除恶制度机制，严厉打击各类违法犯罪活动，健全完善立体化信息化社会治安防控体系，强化网络空间治理，坚决维护公共安全和社会安宁。

各位代表，习近平总书记指出，民生是人民幸福之基、社会和谐之本。要把办好民生实事作为政府工作的头等大事来抓，切实解决好与百姓生活息息相关的难题。今年重点围绕以下方面：解决10个最拥堵的医院、学校周边“停车难”问题；开通地铁站点直达综改区、武宿机场、太原南站、中北大学、中北高新区等7条公交线路；采购45辆救护车及配套车载设备，增设重症监护床位128张，进一步提升重大传染病救治能力；采取托管方式，建设10所康乐幼儿园分园，扩大优质公办学前教育供给；简化校车审批手续，保障

学生出行安全；开展“校校有食堂”行动；新建改造社区食堂140个；继续解决不动产登记历史遗留问题，完成不动产登记5万套；建立残疾人意外伤害保险制度，实现残疾人群体全覆盖；继续向特殊困难群体发放“爱心奶”；启动新建消防站点31个；新建二类以上公厕150个，等等。我们将持续解决群众“急难愁盼”问题，让人民群众得到更多看得见、摸得着的实惠，努力在更高层次上保障和改善民生！

（九）坚决筑牢疫情防控屏障，守护人民健康太原要有新作为

精准精细管控。坚持“面上放开、点上精准、关口内置、闭环管理”工作策略，毫不松懈抓好“外防输入、内防反弹”各项工作，突出抓好农村地区疫情防控，从严做好国际航班经停分流、入境货物和冷链食品检验检疫消杀等工作。加强医疗机构、商场超市、住宿餐饮、“三站一场”等重点区域防控。精准落实核酸检测、隔离医学观察、健康监测等措施，坚决防止疫情出现新燃点。

坚持平战结合。持续加强核酸检测、流行病学调查能力建设，加强一线防疫人员个人防护，加快推进新冠疫苗接种，充足储备防疫物资和生活物资，为维护人民生命安全和身体健康提供坚实保障。教育引导广大群众加强自我防范，养成良好卫生习惯，培育健康生活方式。

完善疾控体系。坚持“防、控、治、研”四位一体，加强市、县疾控机构和公共卫生人才队伍建设，提升基层传染病防控能力。完善传染病疫情和突发公共卫生事件监测系统，提高实时分析、集中研判、预测预警能力。健全医防协同机制，强化各级医疗机构公共卫生职责，推动医防机构人员通、信息通、资源通。

（十）以“孺子牛”精神建设人民满意的服务型政府，转变政府职能太原要有新形象

强化政治引领。深入学习贯彻习近平新时代中国特色社会主义思想、习近平总书记视察山西重要讲话重要指示，扎实开展党史学习教育，不断增强“四个意识”，坚定“四个自信”，做到“两个维护”。立足“两个大局”，心怀“国之大者”，持之以恒加强思想淬炼、政治历练、实践锻炼、专业训练，不断提高政治判断力、政治领悟力、政治执行力。

严格依法行政。贯彻习近平法治思想，坚持用法治思维、法治方式深化改革、推动发展、化解矛盾。深化综合执法体制改革，实行政府权责清单管理制度，严格落实重大行政决策制度，提高行政职权运行的规范化水平。全面推进政务公开，严格执行人大及其常委会决议决定，认真听取人大代表、政协委员建议意见，听取民主党派、工商联、无党派人士和各人民团体意见，听取社会公众和企业意见，自觉接受人大、政协、社会、舆论监督，让权力在阳光下运行。

优化营商环境。完善市级一体化在线服务平台，全面推行“不见面”办事，实现95%以上政务服务“一网通办”“最多跑一次”。继续推进“一枚印章管审批”，实行“政府统一服务+承诺制”改革模式，全面推行企业投资项目政府统一服务，最大限度便利企业。推出不少于100项“一件事一次办”集成服务高频事项，实现“自助办”“就近办”“全城通办”。拓展部门联合“双随机、一公开”监管，结合企业信用风险分级管理，对新产业新业态实行包容审慎监管。

加强廉政建设。落实党风廉政建设主体责任和“一岗双责”，贯彻中央八项规定及其实施细则精神。坚决反对和整治一切形式主义、官僚主义。自觉接受巡视、审计监督。突出国资国企改革、项目资金审批、公共资源交易等重点领域，一体推进不敢腐、不能腐、不想腐，营造风清气正的良好政治生态。坚持厉行节约，政府带头过紧日子，不该花的钱一分不花。

狠抓工作落实。坚持把党的全面领导落实到政府工作各领域各方面各环节，健全“明责、履责、督责、追责”闭环落实机制，以任务化、项目化、工程化、方案化、清单化方式狠抓落实，形成团结奋进抓落实的工作格局，确保党中央国务院、省委省政府和市委各项决策部署落到实处，经得起检验和核实。

各位代表，新的征程已经开启，唯有奋斗才能赢得未来。让我们更加紧密地团结在以习近平同志为核心的党中央周围，高举习近平新时代中国特色社会主义思想伟大旗帜，按照省委、省政府决策部署，在市委的坚强领导下，以开局就是决战、起步就是冲刺的劲头，齐心协力，真抓实干，确保“十四五”开好局、起好步，在更高层次更高水平上谱写新时代中国特色社会主义太原篇章，以优异成绩庆祝中国共产党成立100周年！

改革创新添动力　转型发展谱新篇
——“十三五”期间太原市经济社会发展成就

一、经济总量不断扩大，综合实力全面增强

五年来，全市上下坚持稳中求进工作总基调，经济总量扩大、增速稳定，就业物价基本平稳，多数经济指标的首位度提升，综合实力进一步增强。

经济总量逐年增加，年均增速运行在中高速区间。从经济总量看，“十三五”时期，全市地区生产总值（GDP）跨越3000亿元、4000亿元两个关口，2017年达到3287.34亿元，2019年达到4016.19亿元，2020年尽管受到新冠肺炎疫情的影响，GDP仍实现增加，达到4153.25亿元。五年累计增加1489.49亿元，累计增加量达到历次五年计划时期最多，年均增加297.90亿元。从经济增速看，“十三五”前四年GDP年均增速达到7.6%，2018年达到峰值增长9.2%，2020年仍保持增长态势，五年累计增长37.7%，年均增长6.6%，年均增速分别高于全国（5.7%）、全省（5.4%）0.9和1.2个百分点。从人均水平看，2017—2019年人均GDP分别突破7万元、8万元和9万元，2019年达到90421元，比2015年（61821元）增加28600元，“十三五”前四年累计增长30.1%，年均增长6.8%。

就业扩大、物价温和，宏观经济总体运行良好。2019年末，全市全社会从业人员达到250.49万人，比2015年净增27.74万人，增长12.5%，年均增长3.0%。“十三五”时期，年均新增就业人数超过9.5万人，城镇登记失业率保持在3.5%以内，由2015年的3.4%下降至2020年的3.17%。居民消费价格年均上涨2.0%，比“十二五”时期（2011—2015年）的年均涨幅（2.6%）回落0.6个百分点，低于全国年均涨幅（2.2%）0.2个百分点，略高于全省年均涨幅（1.9%）0.1个百分点。综合来看，即使2020年全市经济社会受到新冠肺炎疫情的重大影响，但“十三五”时期6.6%的经济年均增长率、2.0%的平均通胀率和3.5%以内的城镇登记失业率说明宏观经济总体运行良好。

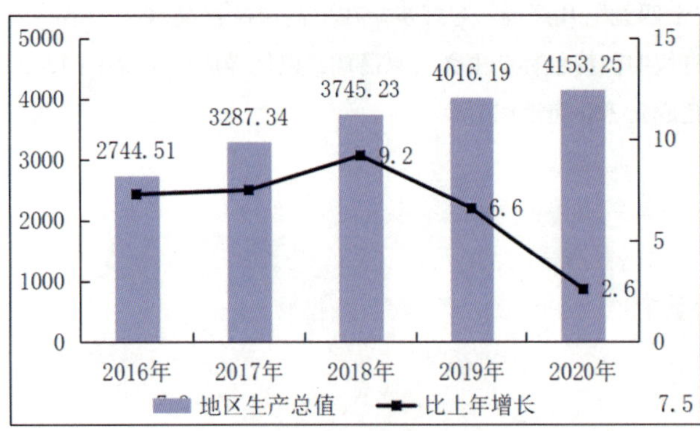

图1　“十三五”时期太原市地区生产总值比较图

2015年、2020年太原主要经济社会指标占全省比重表

指标名称	太原占全省比重（%）	
	2015年	2020年
地区生产总值	22.5	23.5
第一产业增加值	4.7	3.4
第二产业增加值	19.5	19.6
第三产业增加值	24.7	29.0
固定资产投资	14.7	20.4
社会消费品零售总额	25.6	24.5
进出口总额	72.6	80.5
一般公共预算收入	16.7	16.5
一般公共预算支出	12.3	12.7

多数主要经济指标首位度提升，省会城市的带动辐射作用进一步增强。2020年与2015年比较，地区生产总值、第二产业增加值、第三产业增加值、固定资产投资、进出口总额、一般公共预算支出等主要经济指标，太原占全省的比重都有不同程度的提升。从中部省会城市看，2020年太原地区生产总值首位度（23.5%）高于郑州（21.8%）、南昌（22.4%），居第4位，比2015年提升1位。纵向和横向对比都说明太原作为省会城市的辐射和带动作用进一步增强。

二、转型升级持续推进　经济结构不断优化

五年来，全市上下坚持发展是第一要务，树立五大发展理念，着力优化产业结构，现代农业稳步发展、工业发展提质增效、现代服务业快速发展，经济结构不断优化，转型升级成效明显。

服务业较快发展，产业结构持续优化。2020年，全市第三产业（服务业）增加值2616.82亿元，比2015年增加978.17亿元，“十三五”时期年均增加195.63亿元，占GDP年均增量的65.7%，比“十二五”时期（135.54亿元）增加60.09亿元；累计增长37.1%，年均增长6.5%；占GDP的比重由2015年的61.5%提高到63.0%，对经济发展有着重要的支撑带动作用。现代服务业集聚态势加速形成，获批设立国家跨境电子商务综合试验区，入选首批国家物流枢纽建设名单，以华润万象城、华宇百花谷等城市综合体为引领的大型

商圈格局基本形成，连锁便利化发展指数位居全国前列。

非传统产业支撑明显，工业转型成效显现。“十三五”时期，规模以上工业中非传统产业增加值累计增长 65.8%，年均增长 10.6%，年均增速高出全市规模以上工业增加值（6.9%）3.7 个百分点，高出传统产业增加值（3.8%）6.8 个百分点；占规模以上工业增加值的平均比重达到 56.5%，是支撑全市工业增长的主要力量。工业产品结构趋向优化，2020 年与 2015 年比较，原煤、焦炭等初级产品仅保持微速增长，累计增速分别为 3.6% 和 1.0%；设备类产品则实现大幅增长，金属轧制设备、采矿专用设备、起重机分别增长 4.6 倍、1.3 倍和 1 倍，2020 年电子计算机整机从无到有，达到 13.11 万台。

农业基础进一步夯实，现代农业稳步发展。“十三五”时期，全市农林牧渔业总产值年均水平达到 57.44 亿元，年均产值比“十二五”时期（53.54 亿元）增加 3.90 亿元，其中 2020 年达到历史新高 63.50 亿元；年均增长 2.9%，年均增速高出“十二五”时期（2.5%）0.4 个百分点。现代农业稳步发展，主要农作物单产提高，粮食单产由 2015 年的 3653 千克 / 公顷提高到 2020 年的 3863 千克 / 公顷，其中小麦单产由 4906 千克 / 公顷提高到 5218 千克 / 公顷，蔬菜单产由 5.12 万千克 / 公顷提高到 5.42 万千克 / 公顷，全市南部城郊农业、北部有机旱作特色农业格局正在形成。2020 年，水塔醋业、紫林醋业、六味斋等三家企业入选农业产业化国家重点龙头企业。

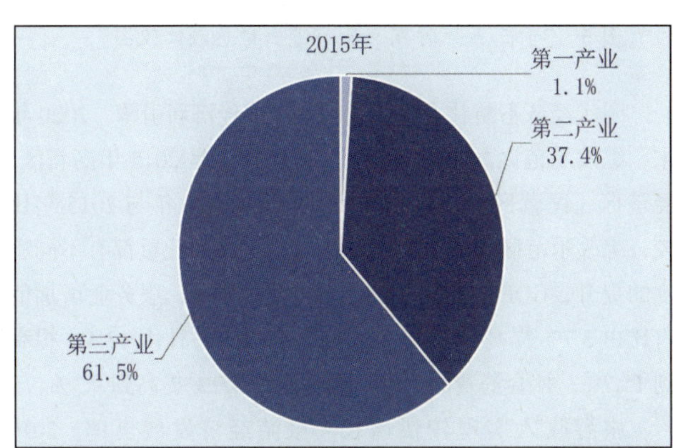

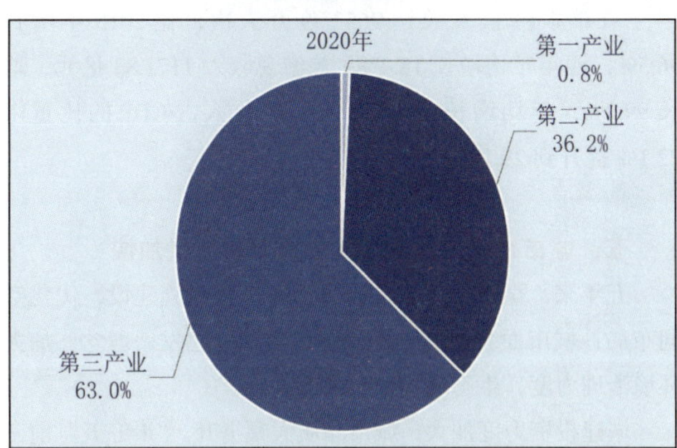

图 2　2015 年、2020 年，太原市三次产业增加值占地区生产总值比重比较图

城镇化率逐年提高，助推产业结构调整。2020 年全国第七次人口普查太原市 530.41 万人，城镇化率为 89.06%，比 2015 年末（84.40%）提高 4.66 个百分点。城镇人口的增加带动了投资和消费需求，“十三五”时期固定资产投资年均增长 10.6%，“十三五”前四年社会消费品零售总额年均增长 7.0%，年均增速均高于同期 GDP。

三、实施创新驱动战略　发展动力更加强劲

五年来，全市上下实施创新驱动战略，新产业、新业态、新商业发展迅猛，民营经济发展活跃，企业研发投入力度加大，创新成果不断涌现，经济发展的动力和活力进一步增强。

新经济发展势头良好，发展动能加快转换。从投资流向看，2018 年以来，工业技改项目投资大幅增长，三年年均增长 52.9%，高出同期固定资产投资（15.7%）37.2 个百分点。制造业投资占工业投资比重保持在 60% 以上，2020 年达到高点 67.7%，三年年均增长 63.6%，高出同期固定资产投资 47.9 个百分点。从工业发展看，“十三五”时期，太钢高端碳纤维、长城智能制造基地、中电科碳化硅、清徐精细化工循环产业园等重大转型项目建成投产，装备制造业成为工业增长的主导行业，年均增长 14.7%，年均增速高出规模以上工业增加值（6.9%）7.8 个百分点。2017 年以来，高技术制造业、战略性新兴产业也保持较快增长走势，年均分别增长 12.6% 和 9.7%，分别高出同期规模以上工业增加值（6.8%）5.8 和 2.9 个百分点。从消费业态看，网络销售愈加旺盛。2020 年，限额以上企业通过公共网络实现的商品零售额 85.52 亿元，比 2015 年增加 76.17 亿元，五年累计增长 5.4 倍，年均增长 45.1%，年均增速高出社会消费品零售总额（4.2%）40.9 个百分点。

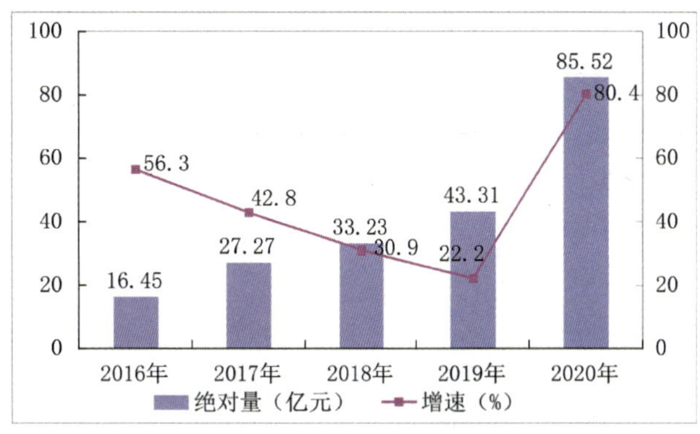

图 3　“十三五”时期太原市网络销售比较图

民营经济发展活跃，经济发展活力增强。“十三五”时期，非公有制企业增加值累计增长 73.5%，年均增长 11.6%，年均增速分别高出国有控股企业增加值（4.3%）、规模以上工业增加值（6.9%）7.3、4.7 个百分点。民间投资从 2018 年开

始发力，连续两年增速超过20%，2020年也增长17.2%，五年累计增长70.3%，年均增长11.2%，年均增速分别高出国有投资（9.7%）、固定资产投资（10.6%）1.5、0.6个百分点。2019年，民营经济增加值占GDP比重达到38.5%。

企业创新意愿加强，研发投入力度加大。2019年末，全市研究与开发机构数达到422个，比2015年末（335个）增加87个。其中，高校、企业研究与开发机构分别达到137、135个，分别比2015年末增加40和74个，而政府部门研究与开发机构则减少27个。机构中科技活动人员由13653人增加到16479人，研究与试验发展支出由73.23亿元增加到84.17亿元。

创新资源不断聚集，创新成果不断涌现。2020年，全市技术市场共登记技术合同2519项，比2015年（1422）增加1097项，成交金额157.7亿元，是2015年的近3倍。拥有国家级技术中心17家，省级技术中心117家。截至年末，累计建成省级及以上重点实验室80个、省级工程技术研究中心78个、省级及以上科技企业孵化器30个、省级及以上众创空间135家，拥有院士工作站74个。年末累计认定高新技术企业2137家。在全国42所一流大学建立“太原市学子归巢工作站”，启动建设人才公寓711套，引进高层次专业人才2000余名。太原技术转移促进中心获批国家技术转移人才培养基地。全年发明专利授权量2258件，有效发明专利拥有量11163件。

单位：件

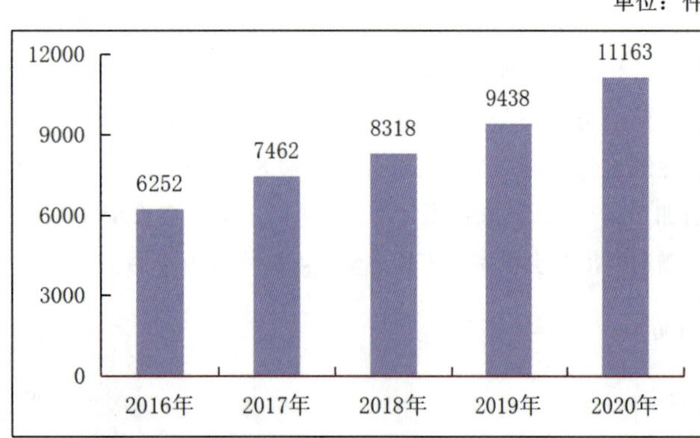

图4 “十三五”时期太原市有效发明专利拥有量比较图

四、改革开放深入推进　园区经济不断壮大

五年来，全市上下继续推进全面深化改革，“放管服效”改革取得实质性进展，对外贸易量质齐升，综改示范区引领力度加大，旅游经济蓬勃发展，改革开放取得重大突破。

持续深化“放管服效”改革，有力支撑实体经济发展。“十三五”时期，营业执照实现“三十证合一”，企业开办时间压缩至5个工作日。“一枚印章管审批”全面推开，创新推行“7×24小时自助办+周末不打烊”服务，90%以上政务服务事项实现“一窗通办”，与黄河流域省会城市协作开展企业登记跨省通办，打造开办企业“线下一天、线上秒批、跨省通办”太原效率。2020年，新登记市场主体91533户，日均新登记企业369户，年末市场主体总数达51.98万户。

对外贸易规模不断扩大，贸易结构更趋优化。“十三五”时期，全市对外贸易规模不断扩大，特别是近三年进出口总额均超过1000亿元，由2015年的663.52亿元增加到2020年的1211.47亿元，占全省比重已超过八成；五年累计增长82.6%，年均增长12.8%，年均增速分别高出全国（5.5%）、全省（10.5%）7.3和2.3个百分点，高出“十二五”时期（6.2%）6.6个百分点。其中，出口总额达到年均增长12.1%，进口总额年均增长13.9%。进出口贸易结构双双优化，高水平对外贸易呈现新格局。2020年与2015年比较，出口总额中机电产品占比由68.6%提升到87.4%，高新技术产品占比由57.3%提升到81.3%；进口总额中机电产品占比由63.8%提升到70.9%，高新技术产品占比由50.6%提升到58.4%。

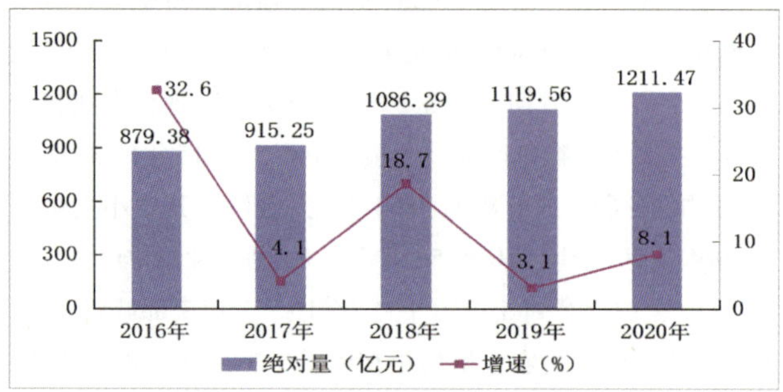

图5 “十三五”时期太原市进出口总额比较图

园区经济不断壮大，综改示范区成经济新引擎。2020年末，综改示范区共有入区企业18737家，是2015年高新区、经济区、民营区（5544家）的3.4倍。2020年与2015年比较，综改示范区多数主要经济指标占全市的比重都有不同程度的提升，GDP占比由11.3%提高到13.4%，服务业增加值占比由3.7%提高到6.1%，固定资产投资占比由12.3%提高到15.7%，社会消费品零售总额占比由5.9%提高到9.3%。

旅游收入实现较快增长，旅游经济发展迅速。2019年，来并旅游总人数达9652.39万人次，比2015年增长96.5%，四年年均增长18.4%；旅游总收入1171.83亿元，增长99.2%，年均增长18.8%；旅游总收入占GDP的比重由22.1%提升到29.2%。

五、城市建设力度加大　生态建设步伐加快

五年来，全市上下大力推进城市基础设施建设，优化空间布局，城市面貌焕然一新；坚持贯彻绿色发展理念，加大环境治理力度，生态环境明显改善。

城建投资力度加大，城市品质大幅提升。“十三五”前三年，全市城市基础设施投资保持了年均35.1%的增长，尽管后两年速度放缓，但五年年均增速仍达到16.3%，高于固定资

产投资（10.6%）5.7 个百分点。城市建设力度的加大，极大改变了城市的面貌：武宿国际机场跨入全国大型繁忙机场行列，太原南站高铁枢纽功能全面提升，东二环高速公路建成通车，地铁 2 号线开通运营，通达桥、晋阳桥、摄乐桥等跨河大桥及滨河东西路南延、晋阳大道等快速路系统高效互通，全长 229.5 千米的环城旅游公路成为城市靓丽名片，太原全面进入地铁时代和全域立体交通时代；汾河治理美化工程延展至 35 千米，"九河"治理全面完成，建成区黑臭水体实现"长制久清"，"一湖点睛、一水中分、九河环绕"的水韵龙城格局加速构建；城中村、棚户区、老旧小区改造稳步推进，城市热源厂、污水处理厂、综合管廊等一批基础设施建成投运。

绿化水平不断提高，环境质量明显改善。"十三五"时期，迎泽公园、晋阳湖公园一期、滨河体育公园、植物园、动物园、狄仁杰文化公园、晋商博物院等一批公园景点建成开放。2020 年，全市共有综合性公园 53 个，比 2015 年增加 16 个；专类公园 12 个，增加 1 个；带状公园 7 个，增加 2 个；街头游园 309 个，增加 100 个；社区游园 58 个，增加 15 个；街旁绿地 260 块，增加 114 个。建成区绿化覆盖面积 15840 公顷，增加 1900 公顷；园林绿地面积 14004 公顷，增加 1740 公顷；公园绿地面积 4716 公顷，增加 786 公顷。建成区绿化覆盖率 44.0%，提高 3.0 个百分点；绿地率 38.9%，提高 2.1 个百分点。城市绿化水平的提高，公交车、出租车新能源化改造的基本完成，使得城市空气质量明显改善，市区全年空气质量二级以上天数 224 天，PM2.5 达标 290 天，比 2015 年增加 37 天，空气质量综合指数 5.91，比 2015 年明显下降。

六、社会事业统筹发展　民生保障能力提高

五年来，全市上下统筹发展教育、文化、卫生、体育等社会事业，千方百计增加居民收入，坚决打好脱贫攻坚战，民生保障水平稳步提升，人民的幸福感、获得感进一步提升。

教文卫体齐头并进，社会事业全面进步。2020 年与 2015 年比较，全市学校数由 1432 个增加到 1583 个，教职工数由 99962 人增加到 111570 人，在校学生数由 127.22 万人增加到 137.25 万人。其中，幼儿园、小学分别增加 136 和 29 个。影剧院增加 23 个，改扩建后的太原市图书馆跻身全国一流图书馆行列，对青龙古镇、太原古县城、太山景区、天龙山景区、双塔景区等进行保护性改造提升。晋剧《傅山进京》入选文旅部"庆祝中国共产党成立 100 周年舞台艺术精品创作工程"重点扶持作品。卫生机构增加 309 个，医疗床位增加 6406 张，医生增加 5453 人。2020 年，每千人拥有医疗床位 8.82 张，高于全国平均水平。社区居家养老服务走在全国前列，荣获第三批"全国智慧健康养老示范基地"称号。基本公共卫生服务项目绩效评价全国第七并蝉联全省第一。疫情防控期间，实现确诊病例零病亡、医护人员零感染"双零"目标。6 批 147 名医护人员驰援湖北，累计完成 42 架国际航班 8476 人的转运、隔离、检测任务。市第四人民医院、市防控办等 8 个先进集体、263 名先进个人分别受到党中央及省委表彰。"太原国际马拉松赛、龙城龙舟赛、篮球城市、汾河体育健身长廊"已成为有影响力的城市体育名片，成功举办"二青会"。

民生保障力度加大，脱贫攻坚取得胜利。"十三五"时期，一般公共预算收支双双增长，可支配财力的增强进一步保障了财政支出特别是民生支出的力度。一般公共预算收入五年年均增长 6.7%，一般公共预算支出年均增长 9.0%，高出一般公共预算收入 2.3 个百分点，高出全省（8.3%）0.7 个百分点。财政支出中，民生支出的占比保持在八成左右，由 2015 年的 346.64 亿元增加到 2020 年的 508.87 亿元，年均增长 8.0%。2020 年是脱贫攻坚的决胜年，全市全面落实精准方略，阳曲县、娄烦县高质量摘帽，160 个贫困村全部退出，55992 名贫困人口全部达到脱贫标准，易地扶贫搬迁集中安置入住率、产业就业保障率、旧村腾退拆除率、土地复垦复绿率均达到 100%。

单位：元

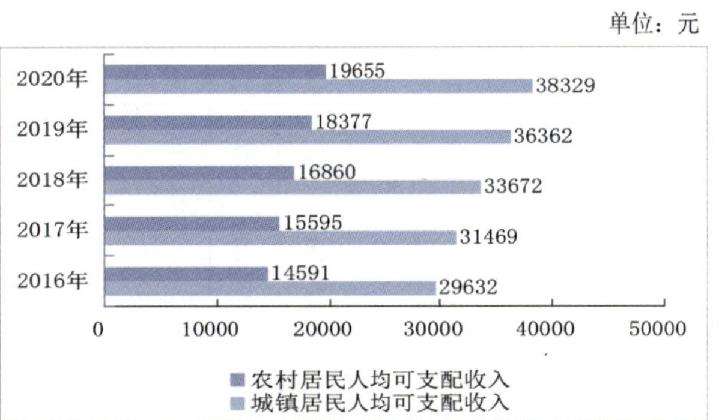

图 6　"十三五"时期太原市城乡居民收入比较图

居民收入持续增长，生活质量显著提升。"十三五"时期，居民人均可支配收入由 2015 年的 25408 元提高到 2020 年的 35473 元，年均增长 6.9%。按常住地分，城镇居民人均可支配收入由 27727 元提高到 38329 元，年均增长 6.7%；农村居民人均可支配收入由 13626 元提高到 19655 元，年均增长 7.6%，城乡居民收入年均增速均跑赢同期 GDP，且城乡收入差距进一步缩小，城乡居民收入比由 2.03∶1 缩小至 1.95∶1。同时，城乡居民消费结构升级步伐加快，基本生活类消费占比下降，发展型消费占比提升。在居民消费支出中，食品、衣着和生活用品支出占比，城镇居民由 39.9% 下降到 2019 年的 35.6%，农村居民由 38.8% 下降到 38.1%；教育文化娱乐、医疗保健、交通和通信支出占比，城镇居民由 35.6% 提升至 37.3%，农村居民由 32.3% 提升至 36.4%。

“十三五”时期太原市主要经济指标一览表

指　标	单位	2015 年	2016 年		2017 年		2018 年		2019 年		2020 年		“十三五”时期	
		绝对量	绝对量	增速（%）	绝对量	增速（%）	绝对量	增速（%）	绝对量	增速（%）	绝对量	增速（%）	累计增速（%）	平均增速（%）
地区生产总值（GDP）	亿元	2663.76	2744.51	7.3	3287.34	7.5	3745.23	9.2	4016.19	6.6	4153.25	2.6	37.8	6.6
第一产业增加值	亿元	29.51	29.96	2.8	30.25	2.9	29.28	0.0	30.13	2.3	32.24	3.7	12.2	2.3
第二产业增加值	亿元	995.59	1010.05	7.9	1269.08	7.2	1401.37	10.3	1518.64	5.9	1504.19	3.0	39.2	6.8
第三产业增加值	亿元	1638.65	1704.51	7.0	1988.00	7.7	2314.59	8.7	2467.42	7.1	2616.82	2.3	37.2	6.5
规模以上工业增加值	亿元	—	—	7.0	—	9.0	—	10.8	—	4.5	—	3.2	39.4	6.9
固定资产投资	亿元	—	—	0.1	—	6.8	—	26.2	—	10.2	—	11.3	65.5	10.6
社会消费品零售总额	亿元	1352.30	1442.28	6.7	1527.17	5.9	1641.31	7.5	1769.01	7.8	1655.11	-6.4	22.6	4.2
一般公共预算收入	亿元	274.24	282.69	3.1	311.85	10.3	373.23	19.7	386.62	3.6	378.44	-2.1	38.1	6.7
外贸进出口总额	亿元	663.52	879.38	32.6	915.25	4.1	1086.29	18.7	1119.56	3.1	1211.47	8.1	82.6	12.8
出口总额	亿元	409.79	549.71	34.1	572.16	4.1	663.25	15.9	651.72	-1.7	724.71	11.2	76.9	12.1
居民消费价格指数（CPI）	%	100.4	101.2	1.2	101.8	1.8	101.8	1.8	102.7	2.7	102.6	2.6	10.5	2.0
城镇常住居民人均可支配收入	元	27727	29632	6.9	31469	6.2	33672	7.0	36362	8.0	38329	5.4	38.3	6.7
农村常住居民人均可支配收入	元	13626	14591	7.1	15595	6.9	16860	8.1	18377	9.0	19655	7.0	44.3	7.6

1月

1日

太原市“一枚印章管审批”启动活动举行。市行政审批服务管理局划转行政审批事项260项，实现“一窗受理、一站办结”“进一个门、办所有事”。省委常委、市委书记罗清宇出席并宣布全面启动实施。

△山西长城国产PK体系整机在太原下线。

△太原市城乡低保标准统一提高50元，提标后全市城市低保标准统一为每人每月700元，六城区农村低保标准为每人每月700元，三县一市农村低保标准为每人每月580元。这是太原市自1997年实行城市低保制度后第25次提标。

△《太原市交通失信行为联合惩戒办法》施行，共8章、44条，对太原市实行交通失信行为联合惩戒的管理体系、评价制度、惩戒制度、容错和监督机制等方面做出具体规定。

△太原反诈骗专号“96110”开通。

2日

太原市小店区刘家堡乡入选全国乡村治理示范乡镇，晋源区晋源街道赵家山村、阳曲县黄寨镇录古咀村入选全国乡村治理示范村。

3日

中共太原市委十一届八次全体会议暨经济工作会议召开。会议由市委常委会主持，罗清宇报告工作并讲话。李晓波作安排部署。出席会议的市委委员40人，候补委员6人。会议总结2019年全市经济工作，分析当前经济形势，全面部署2020年经济工作。

△太原市入选全国智慧健康养老示范基地，万柏林区万柏林街道获得全国智慧健康养老示范街道称号。

4日

太原市风景园林协会成立，是全省首家地市风景园林协会。

6日

太原市命名晋太平等50户家庭为“绿色文明家庭”，康宝明等103人为第九届“环保好市民”，杨乐怡等30人为“魅力环保小卫士”，董香香等9人为“环保好妈妈”。

7日

中国科学院大学太原能源材料学院奠基活动在太原举行。该学院由中国科学院大学、太原市人民政府、中国科学院山西煤炭化学研究所和中北大学联合共建，是中科院第一所有地方高校参与的四方共建学院。

9日

太原市2019年度院士工作站和“千人计划”专家工作站授牌会议召开。大会为太原重型机械集团有限公司等5家院士工作站和山西锦波生物医药股份有限公司等5家“千人计划”专家工作站授牌。

11日

中共太原市委“不忘初心、牢记使命”主题教育领导小组办公室、巡回指导组工作总结会议召开。

△太原市人民政府金融工作办公室争取省级奖补资金，为太原市25家企业落实省级奖补资金共计500余万元，居全省各市首位。

13日

《太原日报》报道，晋源区检察院新媒体应用入围全国二十强。该院申请注册的“静芳工作室”微信公众号，为涉罪未成年人提供学习平台。

19日

太原市“青春兴并·学子归巢”座谈会举行。近200名海内外山西籍学子参加。市委副书记李新春出席并讲话。

21日

太原市疫情防控工作领导小组第一次会议召开，罗清宇主持。会议专题研究部署太原市新型冠状病毒感染的肺炎疫情防控工作。

22日

国家卫生健康委员会确认山西省首例新型冠状病毒感染的肺炎确诊病例。患者于1月20日到山西白求恩医院就诊后确诊，21日转至太原市第四人民医院隔离治疗。

△太原市召开新型冠状病毒感染的肺炎疫情防控工作会，部署防控工作。成立疫情应对处置领导小组，抽调市疾控中心15名专业技术骨干组成疾病预防控制专家组，抽调呼吸、重症医学、院感等16名专家组成临床专家组。指定市第四人民医院为太原市定点医院。

23日

太原市卫生健康委员会公布省城34家发热门诊，确定市第四人民医院为省、市医疗救治定点医院。

24日

太原市卫生健康委员会印发关于实行新型冠状病毒感染的肺炎日报告和零报告制度的通知，明确从1月26日起实行。

26日

太原市4所三级以上医院的6名医护人员，随同山西省第一批医疗队驰援湖北。至2月22日，太原市共派出6批147名医护人员驰援湖北。

△太原海关在口岸启动出入境人员健康申报制度。

27日

太原市新型冠状病毒感染的肺炎疫情防控工作领导小组办公室发布第1号通告，各县（市、区）政府、综改区同时进入重大突发公共卫生事件一级响应状态。

28日

国务院应对新型冠状病毒感染的肺炎疫情联防联控机制督导组到并督导检查。

29日

太原市疫情防控办发布第5号通告，根据省疫情防控领导小组统一安排，太原市10县（市、区）指定11个集中隔离点，为不具备家庭隔离条件或外出入并人员进行集中隔离。

△山西省首例新型冠状病毒感染的肺炎患者出院。

△太原市教育局面向全市中小学生开始启动在线教学。2月1日起，组织高三等毕业年级开展在线教学。2月10日起，组织其他年级开展在线教学。至7月10日，太原市50万名中小学生和老师们线上开课。

30日

太原市新型冠状病毒感染的肺炎产科儿科专业医疗救治专家组和救治梯队成立。由96名产科医护人员、72名儿科医护人员组成的救治梯队参与定点医院儿童和孕产妇患者救治。

△太原市12个高速公路出入口临时封闭。

31日

太原药业有限公司、山西立业制药复工，全力生产抗疫急需药品。

2月

1日

太原市各公园暂停广场舞等聚集类活动。

3日

国务院联防联控机制工作领导组到太原武宿国际机场督导检查机场疫情防控工作。

4日

太原市心理防疫平台上线，市民可通过“志愿太原”微信公众号发起服务申请，专业志愿者通过后台提供相应服务。

7日

太原市政府出台《关于应对新冠肺炎疫情支持中小微企业发展的意见》。

10日

太原市确定市第四人民医院、市中心医院为疑似和确诊新冠肺炎孕产妇救治定点医院。

11日

太原市新冠肺炎疫情地图上线。

15日

西山煤电有11座矿井复工复产，日均原煤产量约11万吨。

17日

山西建筑产业现代化（潇河）园区复工。

△太原市范围内高校开启春季学期“在线教学”模式。

△太原市零售药店暂停销售发热咳嗽药品。

18日

太原市抽调825名机关干部，组成8支突击队，下沉区县社区疫情防控一线和规上企业帮助工作。

△杏花岭区消协获“2018—2019年度全国消协组织先进集体”称号。

19日

太原市规模以上工业企业已开工复工217户，已开工复工企业完成产值占全市工业总产值的92%。

20日

太原科技大学举办2020届毕业生春季网络视频招聘双选会。来自全国的277家单位提供岗位1015个，3300余名学生参与招聘求职。

21日

太原市第四人民医院成为山西医科大学附属医院，名称为山西医科大学附属肺科医院。至此，山西医科大学直属附属医院达13所。

23日

太原武宿国际机场陆续恢复部分航线。

24日

太原市突发公共卫生事件应急响应级别调整为二级。

△太原公交全面推行实名乘车，确保所有乘客出行轨迹可追溯。

25日

太原市新型冠状病毒肺炎疫情防控工作领导小组办公室发布第53号通告，要求凡进入公共场所的人员，均需戴口罩，出示“健康码”，接受体温检测，如实登记个人信息。

27日

市档案馆面向社会公开征集战“疫”档案。全年接受31家单位（个人）捐赠档案资料529件。

28日

《山西省新冠肺炎防治分区分级管理划定结果公告》发布，太原市古交市、清徐县、阳曲县、娄烦县为低风险区；

太原市小店区、迎泽区、杏花岭区、尖草坪区、万柏林区、晋源区为中风险区，各县区实施动态管理和差异化精准防控措施。

3月

2日

太原市首例涉疫刑事案件宣判。由迎泽区人民检察院提起公诉，被告人常某伟犯诈骗罪，被判处有期徒刑二年、并处罚金1万元。

3日

“太原发布”微信公众号正式上线。

8日

太原市小店区、迎泽区、杏花岭区、尖草坪区、万柏林区、晋源区由中风险区调整为低风险区。

16日

太原市“智慧矿山安全生产数据融合应用试点示范项目”等5个项目入选国家大数据试点。

23日

太原市第一批支援湖北的6名医护人员凯旋返并。

24日

TZ400自升式钻井平台升降试验在太重滨海基地顺利完成。

25日

太原市2.60万名高三学生开学复课。5月11日，全市中学非毕业年级学生全面复课。18日，全市近15万名小学高年级段学生复课开学。

31日

太原市举行首批高技能人才实训基地、技能大师工作室授牌仪式。

4月

2日

中北大学与山西百信信息技术有限公司签署全面合作协议，共同致力推动信息技术应用创新产业发展。

3日

太原市城市工作（建设项目）推进会议召开。会议通报2020年太原市城市规划建设管理重点工作，强调提升城市规划设计水平，合理优化城市生产、生活、生态空间，加快推进高速公路、城市道路和地铁建设，加快污水处理厂、公共停车位、公交专用道、公共厕所等设施建设，加大棚户区和老旧小区改造力度，提升城市管理信息化、智慧化水平。

4日

太原市群众自发参与全国性哀悼活动，五一广场下半旗表达对在抗击新冠肺炎疫情斗争中牺牲烈士和逝世同胞的深切哀悼。

△太原市民兵远程灭火分队共进行两次灭火作业，完成驰援四川凉山灭火任务。

12日

太原西北二环高速项目沿线的虎山隧道、骆驼山隧道、牛金山隧道三条隧道全线开工，其均为长度超过3千米的特长隧道。

15日

杏花岭分局巨轮派出所、万柏林分局长风派出所、尖草坪分局汇丰派出所、小店分局王村派出所、晋源分局义井派出所被命名为“枫桥式公安派出所”。

17日

太原晋源区智创基地揭牌、入驻项目签约、人才公寓启用活动在青运村举行。

△省城建南汽车站48条线路全部恢复运营。

18日

太原市“三零”单位创建工作动员部署大会召开，罗清宇出席会议并讲话。

△太原市决战决胜文明城市创建暨蓝天保卫战动员部署大会召开。

21日

由太原市总工会主办的“当好主人翁·建功新时代·谱写新篇章”主题劳动和技能竞赛首场展示活动在太原重型机械集团有限公司举行。

24日

太原市统计局和国家统计局太原调查队联合召开2020年一季度经济运行情况新闻发布会。受疫情影响，太原市首季地区生产总值下降6.70%。

27日

太原市第四人民医院首次投入使用方舱CT，专门用于新冠肺炎患者的筛查和诊断，避免交叉感染的发生。

28日

太钢集团不锈钢“手撕钢”创新研发团队和山西医科大学第一医院神经内科护士长、主管护师唐珊入选第24届“中国青年五四奖章”。

30日

“活力太原·乐购晋阳”消费暖心活动首轮30.80万张政府消费券开始发放。此次活动至6月30日结束，分8轮开展，市民共得到约6亿元的消费福利。

5月

4日

太原首个专业性绿废处理基地——太原市园林绿废生态科创基地在尖草坪区建成，占地面积2000平方米。

6日

太原工业互联网平台上线试运行。

7日

太原市召开第七次全国人口普查领导小组全体会议暨全市人口普查工作视频会议。

△山西医科大学第一医院精神卫生科心身疾病和老年心理新病区启用，诊疗范围主要包括老年期各类精神障碍患者的住院综合治疗及出院后的长期治疗与康复指导，神经症性、应激相关的及躯体形式的障碍，伴有生理紊乱及躯体因素的行为综合征，各类心理问题引发的情绪及行为问题。

8日

山西环保医院项目、山西生态国防城项目落户古交市科技园区。其中，山西环保医院项目总投资1.50亿元，山西生态国防城项目总投资30亿元。

10 日

“太原市 2020 年全国城市节约用水宣传周”系列活动全面开启。

12 日

习近平总书记在山西太原考察调研，先后到山西转型综合改革示范区政务服务中心、太钢不锈钢精密带钢有限公司、汾河太原城区晋阳桥段，了解传统制造业转型升级、企业复工复产、生态环保和污染防治等情况。

13 日

太原市创建全国文明城市决战决胜工作领导小组会议暨“爱国卫生季”活动推进会议召开。市委副书记、市创城决战决胜工作领导小组组长李新春出席会议并讲话，市委常委、宣传部部长、市创城决战决胜工作领导小组副组长杨继承主持会议。

21 日

市委、市政府召开工业高质量发展座谈会。会议通报全市 1—4 月工业经济运行情况。太原钢铁（集团）有限公司、富士康（太原）科技工业园等 11 家企业负责人，分别汇报企业总体运行情况以及克服疫情影响、实现高质量发展的工作举措。

22 日

娄烦县第二届乡村文化旅游节开幕。

27 日

太原市召开老旧片区提质改造现场推进会。罗清宇、李晓波带队到旱西关南二条片区、老军营小区、漪汾苑小区和解放路及钟楼街片区检查督导并作再动员再部署。

28 日

罗清宇到中国长城智能制造（山西）基地、京丰铁路电务器材制造有限公司调研产业项目。

6 月

4 日

中车永济电机与太钢不锈钢股份有限公司签署 2020 年战略合作协议。

△山西医科大学第二医院住院综合服务中心投入使用，该中心以信息化技术平台为依托，将患者就诊、住院预约、住院前准备、检查结果 4 项住院流程整合到一起，实现一站式集中服务，使患者住院治疗更为方便快捷。

5 日

太原市“绿色创建”系列活动启动，倡导绿色生活，传播绿色理念，引导绿色消费。

8 日

太原市举行宣传文化名家工作室揭牌仪式，来自社科理论、新闻出版、文学艺术、广播影视、文物保护、新媒体与文化创意界的韩艳萍、张晨强、董豪、柴洪涛、谢涛、王灏玮、王爱忠、蒋姝、吴军、常卫东、常一民、苗振洁等 12 人入选首批宣传文化名家工作室领衔人。

9 日

太原工人文化宫开始大修改造。太原工人文化宫始建于 1956 年，1958 年 5 月竣工投入使用，是山西省唯一保存完整的仿苏式建筑。

11 日

太钢高端焊接材料试制成功，太钢形成完整的镍基合金焊接材料研发和生产能力。

△太原市第四批市级非物质文化遗产代表性传承人命名和颁证仪式举行。“麝香牛黄丸秘方和制作技艺”非遗项目传承人马里贵、“古法手斫古琴技艺”非遗项目传承人张浩、“常氏中医正骨技艺”非遗项目传承人常邵保等 80 人入选。

12 日

太原获批国家知识产权运营服务体系建设重点城市。

13 日

清徐县入围全国县城新型城镇化建设示范名单。

△晋阳古城遗址二号建筑基址首次对外开放。该遗址发掘揭露面积约 7000 平方米，是一处从北齐到唐五代时期的大型建筑基址。

16 日

太原龙投集团获国际主体信用“投资级”评级。这是山西省首家获得国际评级“投资级”的企业，并获穆迪和惠誉双高质量“投资级”评级。

17 日

晋源区举行先进制造产业园入园企业集中签约授牌仪式，35 家企业入驻园区。

18 日

太原东山古墓发现大型西汉墓园遗址。遗址位于太原市迎泽区郝庄街道店坡社区西，在一座编号为悦龙台 M6“甲”字形陪葬墓中，出土有琴、瑟、漆奁盒、简牍等各类重要文物 66 件（组）。

20 日

太原康恒生活垃圾焚烧发电厂正式投入使用，这是山西省最大规模的垃圾焚烧发电厂。

22 日

清徐县城北体育公园开园，这是山西省首个县级体育公园。

23 日

2016—2018 年度赵树理文学奖颁奖仪式在太原举行。赵树理文学奖是山西省最高荣誉的文学奖项，每 3 年评选一次。本届赵树理文学奖设立 12 个奖项，共有 22 部作品和个人获奖。

25 日至 7 月 5 日

太原首届云上房博会召开。新建商品房成交量 1580 套，成交面积约 188394 平方米，成交金额近 20 亿元。

29 日

太原市宪法宣传教育基地被命名为全省第二批“法治宣传教育基地”。该教育基地位于市图书馆北侧港澳中心，是山西省第一家建设完成的综合性宪法宣传教育基地。

30 日

太原市 1 区 3 县 1 市位列中央宣传部、财政部、文化和旅游部、国家文物局公布的第二批革命文物保护利用片区名单。其中，晋源区、清徐县、娄烦县、古交市列入晋绥片区，太原市阳曲县列入晋察冀片区。

同月

太原市完成182个行政村合并工作。

7月

3日

11时10分，太原卫星发射中心用长征四号乙运载火箭成功发射高分辨率多模综合成像卫星。该卫星是具备亚米级分辨率的民用光学遥感卫星，可实现多种成像模式切换。任务还搭载发射“西柏坡号”青少年科普卫星，主要用于青少年航天科普教育推广。

5日

省委常委、市委书记罗清宇，省政协副主席、市委副书记、市长李晓波与太原理工大学党委书记郑强，太原理工大学校长、中国工程院院士黄庆学一行举行工作座谈。

8日

太原市召开全市决胜全国文明城市实现城乡文明大提升工作会议。

9日

太原市被列入全国“快递进村”试点城市。

△太原环晋再生能源有限公司试运行。这是太原市的又一座垃圾焚烧发电厂，由晋西集团和上海环境集团合资成立。项目位于综改示范区阳曲产业园区，占地面积6.53公顷，总投资7.95亿元，每日可处理生活垃圾1800吨。

10日

省委书记楼阳生到太原市中北高新技术产业开发区，出席山西长城计算机系统有限公司“智能云”工厂网信产品下线仪式，与中国电子信息产业集团党组书记、董事长芮晓武共同见证中国电子与山西省各方合作签约，调研信创产业发展情况。

14日

太原市决战完胜脱贫攻坚誓师大会召开。罗清宇主持并讲话，李晓波作具体部署。

16日

太原市的蒙牛乳业（太原）公司、太原酒厂、水塔醋业、紫林醋业、老陈醋集团、宁化府益源庆醋业、九牛牧业、六味斋实业、太原亚明管道技术公司等9家企业成为省级龙头企业。

△阳曲县入选商务部2020年电子商务进农村综合示范县。

△太原首开至义乌航线。

21日

中共太原市委十一届九次全体会议召开。

22日

生态环境部公布2020年6月京津冀大气污染传输通道“2+26”城市降尘监测结果，太原市降尘量10.20吨/平方千米，下降幅度在“2+26”城市中排名第一。

23日

太原市入围“东亚文化之都”候选城市。

27日

太原境内的大秦铁路股份有限公司、山西太钢不锈钢股份有限公司、山煤国际能源集团股份有限公司、山西西山煤电股份有限公司、阳泉煤业（集团）股份有限公司、山西潞安环保能源开发股份有限公司、永泰能源股份有限公司、阳煤化工股份有限公司、跨境通宝电子商务股份有限公司上榜2020年《财富》中国500强。

30日

太原集中供热阳曲热源项目开工建设。该项目位于阳曲县工业园区，由市热力集团投资建设，是全国最大的清洁燃煤热源厂，太原市2020年实施的重点工程，总投资23.90亿元，预计工期2年。

31日

太原市退役军人公共法律服务站成立。

8月

7日

由中国海关总署主办的《中国海关》杂志发布2019年中国外贸百强城市名单，太原市跻身中国外贸百强城市，以70分的成绩位列全国第80位。

13日

太原市税务局上线山西税务指挥中心综合服务管理平台。

15日

“共产党人的光辉榜样——刘少奇”图片展在山西国民师范旧址开展。

18日

太原市委组织部、太原市民政局联合出台《太原市社区工作者管理办法（试行）》，规定每个社区的社区工作者不超过17人。

20日

武宿国际机场三期改扩建启动。此项目占用小店区土地498.20公顷，涉及西温庄乡北王名、南王名、武宿、高中、寺庄、西温庄6个社区。

△阳曲县成为全国农村垃圾处理示范县。

24日

清徐精细化工循环产业园项目主体投产。

28日

太原市知识产权局挂牌成立。

29日

全国人大常委会委员、全国人大民族委员会副主任委员肖怀远带领全国人大专题调研组到并，对太原市民族团结进步创建工作开展情况进行专题调研。

30日

太焦高铁接入太原南站，太焦高铁线路主体施工全部完成。

9月

1日

太原市创建国家森林城市动员大会召开。罗清宇主持并讲话，李晓波作安排部署。

△《太原市博物馆促进条例》施行。该条例于2020年7月31日经山西省第十三届人民代表大会常务委员会第十九次会议批准。《条例》明确国

有博物馆和非国有博物馆依法享有同等法律地位。

△《关于太原市既有住宅加装电梯工作的实施意见》施行，有效期5年。

△山西国民师范旧址革命活动纪念馆入选第三批国家级抗战纪念设施、遗址名录。

2日

太原市阳曲县黄寨镇上安村、娄烦县天池店乡河北村成为第二批全国旅游重点村。

3日

清徐县东湖公园、清泉湖公园开园，为清徐县城新增绿化面积近10万平方米。

4日

太原武宿综合保税区（二期）通过验收。这是山西省首个、也是唯一综合保税区建设通过验收。验收成功后，武宿综保区二期规划范围面积扩大0.70平方千米，调整后的范围为：东至马练营西路，南至一号路，西至大昌路，北至太原重工轨道交通设备有限公司北界线。

7日

《太原武宿国际机场总体规划（2020年版）》获批复，规划明确机场近远期发展目标、建设步骤和建设内容。

8日

太原市3名先进个人（范梦柏、郭建娥、李满生）、2个先进集体（太原市第四人民医院党委、小店区平阳路街道亲贤社区党委）在全国抗击新冠肺炎疫情表彰大会上受到表彰。

9日

滨河自行车专用道工程开工，计划年底建成。该工程北起柴村桥，南至迎宾桥以南2千米，总长度66千米，分为河东、河西两部分，骑行道净宽5米，双向通行。

10日

珠海—连云港—太原航线开通。

11日

太原市政府新闻办举行发布会公布，2020年太原市剩余的218户、546名贫困人口全部达到脱贫标准，实现清零。脱贫攻坚以来，全市累计脱贫160个村、20021户、55704人。

19日

“晋情来消费”太原站首轮发放1400万元消费券。该活动至12月31日结束，分15轮进行。

△太原西山旅游公路龙山段全线贯通，从晋祠镇西镇村通往龙山景区停车场的道路也于9月11日最后铺油完成。由此，太原龙山旅游公路全线贯通。

20日至26日

2020年太原马拉松线上赛开赛。比赛分为欢乐跑、标准跑和忠粉跑，每个项目均设全程马拉松、半程马拉松、10公里及5公里四个组别。线上赛不拘泥于参赛选手所在城市和国家、地区，比赛日期内，选手登录官方小程序，完成报名组别的对应公里数或上传跑步轨迹，即算成功完赛。

21日

太原理工大学本科生院、求实学院、宗复学院揭牌。

24日

杭州至太原开通货运航线。

25日

太原市人才公寓奠基暨全市新投运项目观摩活动举行。高标准建设人才公寓是太原市强化人才服务保障的重要举措，分南北两个区域建设，规划建设1313套，总建筑面积21万平方米，投资10.19亿元，计划于2021年建成投用。

27日

太原市5G产业技术联盟、工业互联网产业技术联盟成立。

28日

晋阳湖·首届集成电路和软件业峰会在太原举办，省委书记楼阳生出席峰会并在开幕式上致辞，市领导罗清宇、李晓波出席有关活动。

△太原市全面推行医保电子凭证，市民凭医保电子凭证二维码，可享受医保业务办理、医保账户查询、医保就诊和购药支付等各类在线医疗保障服务，可在全国跨区域办理有关医保业务。

29日

晋祠公园晋文公祠展馆开馆。晋文公祠为仿汉代高台式祠庙建筑风格，由入口前导区和祠庙祭祀区两部分组成。推出“晋国故事展”，图文并茂介绍晋国和晋文公的有关故事。

29日至10月2日

2020尧城（太原）国际通用航空飞行大会暨中国（太原）无人机发展高峰论坛在山西体育中心举行，主题为“科创赋能 智汇太原”，由太原市人民政府、山西省发展和改革委员会、山西省体育局联合主办，由华舰体育控股集团有限公司、迪奥普科技有限公司、珠海市无人系统协会联合承办。

30日

太原市解放路改造竣工通车，全长约8千米，是太原市第一条集地面道路交通和地下轨道交通同步推进的综合性改造工程。

10月

1日

太原市迎泽区小山岩村台骀山景区冰灯雪雕馆发生火灾。现场共搜救出28人，其中13人遇难，15人受伤。

△太原植物园开放。太原植物园坐落于太原市晋源区太山山脚下，是太原第一个生态植物园。占地面积180多公顷，打造月季园、珍稀植物园、棕地恢复示范园等28个专类园。园内景观分为科学实验区、入口管理区、植物科学分类区、植物科学应用区及植物进化展示区五大功能区域。

7日

太原市安全生产工作会议召开，李晓波讲话。会议传达国务院安委办关于台骀山景区“10·1”火灾事故的通报、省长林武在全省安全生产工作会议上的讲话精神、10月6日国务院安委会约谈会议精神和国务院督查组专题汇报会精神，通报全市安全生产工作情况，并就下一步工作提出要求。

9日

太原市发布2020年首个重污染天气橙色预警。

10日

太原市与全省同步举行开发区2020年第二期项目集中签约开工投产“三个一批”活动。太原市签约项目42个，总投资564亿；开工项目24个，总投资134.70亿元；投产项目22个，总投资31.40亿元。

11日至16日

2020第二届环太原国际公路自行车赛开赛，赛事以“骑游山西·畅读历史”为主题，分为太原东山赛段、吕梁黄河一号赛段、朔州右玉赛段、大同长城赛段、阳泉太行山赛段、太原西山赛段6个赛段，总赛程近600千米。

12日

阳曲县入选全国农产品“互联网+”试点县名单。

14日

阿里云创新中心（太原）落地晋源区，开启山西数字经济发展新时代。该项目总投资达4000万元，由山西时代网创孵化器有限公司负责运营。通过整合阿里巴巴在金融、电商、大数据技术、云计算等方面的优势资源，为入驻企业提供全方位、多元化的阿里生态支持，推进互联网、5G等相关产业的集聚发展。

15日

太原市发出首张“证照分离”许可证。太原市作为全省“证照分离”改革工作试点地区率先试行，于9月底开始，市审批局负责审批的建筑业企业资质、公共场所卫生许可等7个事项，按照“证照分离”改革告知承诺制办理。对企业自愿作出承诺并按照要求提交材料达到行政许可条件的，经形式审查后当场作出审批决定。

17日

太原邮件处理中心工程奠基开工。该中心位于小店区大运路以东、八号线以南、大运东路以西、八号线南街以北，总建筑规划面积16.80万平方米，总投资7.50亿元。

18日

中国绿化基金会将“蚂蚁森林”合作造林项目900万元投向阳曲，计划栽植苗木30万株。

19日

太原综合金融服务平台上线。平台采用线上线下相结合的金融服务模式，促成企业与金融机构双向选择、自主对接。

20日

2020中国（太原）国际能源产业博览会在太原煤炭交易中心开幕，以“能源革命、国际合作、绿色发展”为主题。

△“文物赋彩小康，奏响文明华章”文创博览会、高端论坛暨全国重点文物保护单位（部分）第三十届学术研讨会开幕。

△太原市再次获得“全国双拥模范城”称号，实现全国“双拥”模范城“九连冠”。

23日

“致敬最可爱的人——纪念中国人民志愿军抗美援朝出国作战70周年图片展”在太原市南肖墙关帝庙城市记忆馆开展。

△西山煤气化焦化二厂停产。西山煤气化焦化二厂位于古交市马兰镇，2003年开工建设，2010年投产，设计年生产焦炭60万吨。停产后每年可减少二氧化硫排放51.66吨，氮氧化物258.30吨，颗粒物34.04吨。

24日

太原市十四届人大常委会第三十五次会议举行。会议决定任命张新伟为太原市副市长，决定张新伟代理太原市市长。

25日

太原机场开通“并沪公交快线”。航班由每天8个往返航班增加到9个，时刻从早上6：30至晚上7：00。

26日

太原东二环高速通车运营。全长33.199千米，概算投资39.098亿元。此后，从东北、东南、西南方向过境太原的车辆，将不必进入市区通行，距离更短，省时省钱，分流减轻绕城高速公路的通行压力。

27日

太原市留学人员服务（南部）工作站成立。

29日

万柏林区智慧城市综合管理服务平台获评“全国新监管典型示范案例”。

31日

2020中国（太原）人工智能大会在中国（太原）煤炭交易中心举办。省委书记楼阳生巡馆并在开幕式上致辞。大会主题为“聚焦‘六新’蹚新路、项目为王促转型”，会期2天，签约项目21个。

11月

1日

太原市第七次全国人口普查开始。

△太原市137万余户居民全部用上天然气。

6日

太原市龙城发展投资集团有限公司与奥的斯电梯（中国）有限公司签订战略合作协议。

8日

东峰路南延、南中环东延、中心街东延、龙城大街东延集中竣工通车。四项工程总投资33亿元，全长12.91千米，为双向6至10车道，构成太原市与晋中市的快速通达主干道。

△太原市进口冷冻带鱼制品外包装检出一份阳性，全市立即启动冷链食品疫情防控应急预案，全部封存涉及该批次的所有冷冻带鱼，运输车辆及驾驶员通报当地实施管控，对产品及环境进行全面消杀，对密切接触者全部进行集中隔离，同步开展核酸检测，所有相关人员核酸检测结果均为阴性。

△第六届中国国际煤炭清洁高效利用展览会在太原煤炭交易中心开幕，为期3天。展会以生态环境、煤炭加工、清洁高效利用等方面作为重点，设置多

个分论坛。

△太原市选手任沿舟在2020年全国射箭冠军赛中夺得第一名。

10日

学习贯彻党的十九届五中全会精神中央宣讲团报告会在太原举行。中央宣讲团成员、中央农办主任、农业农村部部长韩长赋作宣讲报告。

11日

太原市召开庆祝第二十一个中国记者节暨抗击新冠疫情宣传座谈会，表彰第十八届“十佳”新闻工作者、2019年度优秀新闻工作者、2019年度优秀新闻工作先进单位及第二十九届（2019年度）太原新闻奖和2020年度太原抗击新冠肺炎疫情优秀新闻作品的获奖者。

13日

“智创未来，才汇山西”——2020中国未来独角兽高峰论坛在中国（太原）煤炭交易中心举行。复旦大学特聘教授、中国金融四十人论坛学术顾问、重庆市原市长黄奇帆作主旨演讲。

17日

中共太原市委宣传部被中宣部授予2020年基层理论宣讲先进集体称号。

20日

圆通快递山西总部奠基仪式在晋源区举行。该项目位于姚村镇，占地面积15.80公顷，总投资10.80亿元。

22日

2020年“才聚三晋，晋展其才”人才宣传服务月暨太原市人才补贴发放活动在并举行，罗清宇出席活动并向人才代表发放补贴。

23日

张新伟在娄烦县督导检查脱贫攻坚和山水林田湖草生态保护修复工作。

24日

太原市首个妇儿急救站——太原市急救中心省妇幼急救分站开站。该站人员资质、医疗设备、车辆配置、基础建设等方面达到建设标准，有站长1名、急救人员12名，可确保3人一班24小时待命。将对危重孕产妇、危重儿童和新生儿急救等对时间要求高的疾病救治发挥关键作用。

25日至28日

2021年煤钢焦中长期合同洽谈衔接会在太原召开。

26日

太原市河西农产品公司、太原市裕吉经贸发展公司、五龙口海鲜农贸市场、山西屯汇农产品市场、山西维客家族农业科技公司、山西美特好连锁超市股份公司、太原果品茶叶副食总公司等7家市场（公司）上榜省级公益农产品市场。

27日

太原市王慧军等29人被授予省五一劳动奖章，太原市第四人民医院等6个单位被授予省五一劳动奖状，山西太钢不锈钢股份有限公司不锈冷轧厂连轧作业区等11个集体被授予省工人先锋号。

28日

晋源区在太原市聚焦“六新”招商引资推介会暨长三角区域合作对接会上做招商引资推介，并与中国科学院等离子体物理研究所签订微波等离子体项目合作协议。

29日

娄烦县、阳曲县获评省产业扶贫示范县。阳曲县侯村乡店子底村、黄寨镇南留南村、泥屯镇思西村和娄烦县天池店乡兑集沟村、娄烦镇向阳村获评“五有”产业扶贫示范村。

△跆拳道、空手道国家队训练基地落户太原的山西体育中心，此为这两支国字号体育运动队在北京之外挂牌的第一家训练基地。

12月

1日

狄仁杰文化公园开放，该园位于太原市小店区狄村街以北，唐槐东巷以西，占地面积1.73公顷。公园围绕狄母手植的约1300年的古槐，以“唐风晋韵，锦绣龙城”为形象定位，建设狄梁公祠、狄公故居等展陈建筑，展示狄仁杰勤政为民、清正廉洁、执法公正的卓越功绩，弘扬中华传统忠、孝、廉文化。

2日

由退役军人事务部人事司司长何新红带队的调研组一行到山西老兵之家人力资源有限公司、迎泽区退役军人服务中心、迎泽区老军营街道退役军人服务站，慰问太原市优秀退役军人代表，调研退役军人事务工作及“三基”建设情况。

△太原市红十字血液中心更名为太原市血液中心并挂牌。

3日

第十四届中国城市建设投融资论坛在并举办，由龙城发展投资集团等单位承办，为期3天，以“大变局、大挑战、大转型——产融赋能城投行业高质量转型提升”为主题。

4日

太原市首个党员教育实训基地在清徐县六味斋工业园成立。

6日

中共中央政治局委员、中宣部部长黄坤明到太原迎泽区老军营街道新南二社区等地调研。

8日

太原市普通高中新课程新教材实施国家级示范区建设工作推进会召开。

△太原市小店区、迎泽区、杏花岭区、万柏林区、晋源区、清徐县入选全国第三批节水型社会建设达标县（区）名单。

11日

山西大学生物医学研究院吴长新博士工作站落户太原市第四人民医院。

△国网山西电力博士创新工作站在太原市揭牌。

12日

郑太高铁开通活动在太原、晋中、长治、晋城四地同步举行，标志着晋东南地区的出省高铁大通道开通运营。

13日

太古供热项目获得国家优质工程金奖。这是全国市政供热工程第一个“国优金奖”，也是山西建设工程第一个“国优金奖”。

15日

太原市河西农产品有限公司、蓝顿旭美食品有限公司、山西水塔醋业股份有限公司、太原六味斋实业有限公司、山西紫林醋业股份有限公司、山西九牛农业开发有限公司等6家公司成为国家重点龙头企业。

16日

榆次—太原公交专线开通，起始点为晋中公交南场—山西白求恩医院。

17日

太原市清徐红薯和阳曲小米入选全国乡村特色产品名单，清徐县孟封饼入选乡村特色食品。

18日

全省首家、全国第三家7.65米顶装焦炉在清徐县美锦能源华盛化工投产。

22日

《太原市节水行动实施方案》发布，明确实行最严格水资源管理，对已达到或超过取用水总量控制指标的县区，暂停审批其行政区域内建设项目新增取水。

23日

太原地铁车辆在太原中车轨道交通装备有限公司下线。

△太钢不锈发布公告称，控股股东太钢集团完成51%股权工商变更登记。变更后，中国宝武持有太钢集团51%股权，成为太钢集团控股股东。

24日

太原市山西民居砖雕、太原传统剪纸、老陈醋酿制技艺（美和居老陈醋酿制技艺）、六味斋酱肉传统制作技艺、傅山药膳八珍汤、传统面食制作技艺（剔尖面和莜面栲栳栳传统制作技艺）、清徐炼白葡萄酒酿制技艺、乾和祥茉莉花茶融萃（拼配）技艺、古建筑模型制作技艺、补肾通督汤制作技艺和疼痛中医内治法等11个项目入选山西省首批传统工艺振兴目录。

25日

太原武宿国际机场飞行区西区滑行道改扩建工程开工，是山西太原飞机维修拆解基地、太原武宿国际机场三期改扩建工程的重要配套项目，设计概算约1.12亿元。

26日

太原地铁2号线一期开通仪式在太原大南门地铁站举行。太原地铁2号线是太原市贯通南北的交通主动脉，全线南起小店西桥站，北至尖草坪站，连接中心城区和山西转型综改示范区，全长23.65千米，设23座车站，总投资208.64亿元。线路采用全自动运行，最高速度80千米/小时。

△“太原兵工厂”文化产业园项目签约大会举行。杏花岭区政府、山西北方机械控股有限公司、中兵勘察设计研究院有限公司签订三方战略合作协议。

△由市森林公安分局原创的微电影《守护》获全国一等奖。

28日

东中环北延工程全线贯通。该工程南起东中环与北中环连接处，北至丈子头连接线，全长4.40千米，红线宽40至50米，主路双向6车道。贯通后，市区东北部又增加一条南北向交通主干道。

△晋商博物院对外开放暨《天下晋商》专题展开展。晋商博物院集文物古建、园林景观、展览展示于一体，总占地面积约10万平方米，建筑面积约3万平方米，展览面积约1.80万平方米，收藏有12万余件与晋商相关的账册、器物、文献、汇票、地契、钱币等史料和实物，涵盖政治经济、军事商贸、文化习俗等方面。

29日

由太原重工股份有限公司作为第一完成单位申报的“重型卧式铝挤压成套装备关键技术研发及工程应用”项目，获本年度中国机械工业科技进步一等奖。

30日

清徐县获“中国醋都”称号。

31日

位于清徐县的山西美锦煤焦化、梗阳实业、亚鑫煤焦化的所有焦炉全部停止装煤，并逐步清空焦炉，完成关停。至此，太原市炭化室高度4.30米及清洁型热回收焦炉全部停产封炉。

（赵志英）

综　述

【概况】 2020年，太原市委、市政府深入学习贯彻习近平总书记关于扶贫工作的重要论述和视察山西重要讲话重要指示，落实党中央、省委关于决战决胜脱贫攻坚的决策部署，聚焦脱贫攻坚、乡村振兴，强化政治责任、使命担当，健全工作机制，完善政策举措，咬定目标，笃定前行，娄烦、阳曲两个贫困县全部摘帽，160个贫困村全部退出，现行标准下55992名农村贫困人口全部脱贫。

（郭勇智）

【脱贫攻坚工作宣传】 2020年，太原市制订《太原市脱贫攻坚收官总结宣传方案》和《"感恩新时代、奋进你我他"主题活动方案》。以"10·17"国家扶贫日为契机，围绕"决战完胜在今朝"主题，精心组织开展一系列活动。省委脱贫攻坚第一督导组组长郭新民，市脱贫攻坚领导小组副组长、市委常委、组织部部长赵忠保在"10·17"国家扶贫日在省展览馆、美特好超市兴华店和阳曲县参加相关活动。举办市脱贫攻坚成就图片展，收集整理100余幅决策部署、领导调研、"两不愁、三保障"及娄烦、阳曲两县脱贫成效图片和资料，多角度、全方位展示脱贫攻坚首战首胜、连战连胜、再战再胜、决战决胜的风雨历程。组织全市驻村干部集中观看扶贫电影《一个不落》，营造"10·17"国家扶贫日和脱贫攻坚决战完胜、圆满收官的浓厚氛围。在太原电视台经济生活频道推出《小康路上的她》系列专题片，讲述8位奋战在脱贫一线的女扶贫干部、企业家、驻村干部和脱贫妇女脱贫致富的动人故事，以榜样力量引领和激励广大妇女坚定不移听党话、感党恩、跟党走，为坚决打赢脱贫攻坚战贡献"半边天"力量。各级媒体对脱贫攻坚成果进行223次报道，其中中央媒体55次、省级刊物58次、市级媒体110次。

（郭勇智）

【脱贫攻坚"六个精准"】 2020年，太原市严格按照"六个精准"开展脱贫攻坚各项工作。

扶贫对象精准。坚持"应纳尽纳、应退尽退"原则，执行贫困人口识别、退出程序，开展"账实不符"问题清零行动，通过驻村工作队线下信息采集，行业部门线上数据比对，精准识别建档立卡贫困人口数据信息，确保扶贫对象精准。

项目立项精准。根据国务院扶贫办《关于完善县级脱贫攻坚项目库建设的指导意见》要求，严格执行村申报、乡审核、县审定的申报程序，所有使用扶贫资金的项目必须经县脱贫领导小组会

2020年，太原市开展脱贫攻坚收官总结宣传活动　（市扶贫办供图）

议研究议定，对成熟扶贫项目进行梳理入库，加强扶贫项目论证和储备。严格执行“三个联合”，即财政、扶贫和主管部门联合审批、联合验收、联合监管，强化扶贫项目精细管理、科学管理。

资金使用精准。完善扶贫资金使用管理办法，落实《关于调整贫困县统筹整合使用财政资金“负面清单”的通知》，制订《统筹整合使用财政资金推进精准扶贫实施方案》，提高统筹整合资金使用精准度和效益。

帮扶措施精准。按照“一村一策”“一户一法”要求，通过精准对象、找准贫根、对准症结、开准处方，为剩余未脱贫215户、541人量身定做具有针对性、有效性、持续性的个性化、差异化帮扶措施，实现到村到户措施精准。

因村派人精准。选优配强160个贫困村第一书记，153个驻村帮扶单位派驻327名驻村帮扶干部深入脱贫攻坚一线定点帮扶，抽调8905名党员干部结对帮扶，城六区、综改区、中北高新区共派出70余名干部对娄烦、阳曲两县17个乡镇开展对口帮扶。

脱贫成效精准。开展脱贫人口“回头看”工作，逐条逐项完善脱贫人口历年帮扶措施和收支信息，对照“一收入、两不愁、三保障”标准，严格履行脱贫退出程序，对建档立卡脱贫村、脱贫户实行摘帽不摘政策，跟进帮扶政策措施，提升脱贫巩固成效。（郭勇智）

【脱贫目标清零】2020年，太原市持续强化“交总账”“军令状”意识，制订出台《关于“抗疫情、保增收、防返贫”十条措施》《关于巩固拓展脱贫攻坚成果有效衔接乡村振兴的实施方案》等文件，为巩固拓展脱贫攻坚成果、全面推进乡村振兴提供政策支撑，特别是对剩余215户、541人贫困人口，采取“一户一案”“一人一策”方式，制订《剩余贫困人口帮扶措施清单》，提出具体帮扶清单和措施举措，实现剩余贫困人口全部清零。（郭勇智）

2020年，太原市驻村帮扶单位党员干部开展入户走访工作　（市扶贫办供图）

【致贫返贫监测】2020年，太原市按照《关于建立防止返贫监测和帮扶机制的实施办法》文件要求，将796户、1803人脱贫不稳定户，550户、1050人边缘易致贫户纳入建档立卡常态化管理范围，加强监测预警、定期核查、动态保障，提前采取针对性帮扶措施，持续跟进“回头看”“回头帮”，未发生致贫返贫情况。（郭勇智）

组织领导

【脱贫攻坚责任落实】2020年，山西省委常委、太原市委书记罗清宇履行脱贫攻坚第一责任人职责，坚持以脱贫攻坚统揽经济社会发展全局，统筹做好进度安排、项目落地、资金使用、人力调配、推进实施等工作，推动责任、政策、工作“三落实”。市委副书记、市长张新伟把打好打赢脱贫攻坚战作为最大的政治责任、最大的民生工程，尽非常之责，用非常之策，举非常之力，全力推进脱贫攻坚决战完胜。市委副书记李新春抓全抓总，深入县乡村基层一线调研交流，分析研判、运筹帷幄、指导工作。市委常委、组织部部长赵忠保狠抓农村基层党组织建设，建立健全抓党建促脱贫攻坚长效机制，强化驻村帮扶力量，选优配强干部充实攻坚队伍，组建“督战队”确保收官质量。市四大班子领导80多次深入娄烦、阳曲脱贫攻坚一线，带头落实“两包三到”帮扶机制，采取“四不两直”方式实地督导检查，推动各项工作落实落细。（郭勇智）

【脱贫攻坚会议推进】2020年，太原市委、市政府坚持以习近平总书记关于扶贫工作重要论述和两次视察山西重要讲话重要指示精神为根本遵循，贯彻落实党中央和省委决策部署，始终把脱贫攻坚工作作为首要任务、第一民生工程，坚持以脱贫攻坚统揽经济社会发展全局，强化攻坚态势。市委常委会、市政府常务会多次专题学习贯彻习近平总书记关于扶贫工作重要论述和视察山西重要讲话重要指示精神，研究部署脱贫攻坚工作。市脱贫攻坚领导小组30余次召开部署会、推进会、协调会、约谈会、“面对面”交办会，及时解决工作中遇到的困难和问题。实行专项扶贫双组长制，管行业就管扶贫，确保中央和省委决策部署条条落实、件件落地、事事见效。（郭勇智）

【驻村帮扶督战】2020年，太原市组建市驻村帮扶工作“督战队”，按照“厘清责、盯紧人、瞄准事、问好效”的思路，采取“四不两直”方式，通过座谈了解、会议推动、现场会诊、入户核查、实地查看等形式，组织娄烦、阳曲两个分队深入娄烦县、阳曲县17个乡镇的160个村开展36轮“拉网式”实地督战，对通报和督战函涉及49个帮扶单位的105个问题跟踪督办，实施清单管理，确保清仓见底、彻底清零。调整不符合要求的53名第一书记和工作队员，召回5名不胜任第一书记，对11名驻村干部作出处理，督促市四大班子领导和152家市直单位“一把手”下沉走访帮扶村，帮助解决实际问题，督战工作得到省委组织部肯定，《组工信息》《中国组织人事报》《山西信息》《党建研究》对督战工作做法成效作刊载。（郭勇智）

【驻村帮扶队伍建设】 2020年，太原市以党建促攻坚，深入开展村情民意走访、基础工作巩固、政策举措落实、资金项目盘点、内生动力提升、作风问题整治“六大行动”，160名第一书记、73名城区（开发区）对口帮扶队员、327名市级扶贫队员、8905名市级机关党员干部、314名乡镇包村干部构建起“五位一体”帮扶格局，形成多方发力、广泛参与、积极协作、全程支持的大扶贫格局。开展“城区包乡、单位包村”对口帮扶，城六区、综改示范区、中北高新区按照不低于本级财政一般预算收入的1%投入帮扶资金，对口帮扶娄烦、阳曲15个乡镇，蹚出一条以城带乡、城乡一体、良性互动帮扶发展新路子。组建古交市岔口乡革命老区村驻村帮扶工作队，采取“组团＋包片”的方式帮扶12个革命老区村，加强革命老区驻村帮扶工作。开展驻村帮扶“十个清零”行动，驻村工作队累计走访贫困户38061次，排查发现问题1330个，并全部解决，群众满意度达99%以上。

（郭勇智）

【扶贫队伍保障】 2020年，太原市加大“抓乡促村”力度，选派26名优秀年轻干部到乡镇党委书记、乡镇长、党委副书记等吃劲岗位任职锻炼。坚持兜底摸排、按需选派、应派尽派，选派169名机关事业单位干部到141个村担任党组织书记等，其中为22个贫困村选派党组织书记22名，提升农村基层党组织政治功能和组织力。制订《太原市脱贫攻坚因公殉职工作的实施方案》，成立脱贫攻坚因公殉职人员家属抚恤工作协调小组，明确各成员单位的职责、申报程序、评定认定要求。为驻村帮扶工作队第一书记、工作队员办理人身意外险和体检，解决工作队后顾之忧，激发和调动干事创业激情。通过集中学习、网上培训、以会代训等方式，组织党政领导、部门行业、扶贫系统、驻村帮扶、贫困村“两委”五类干部培训26次，培训人员6000余人次，促进广大扶贫干部了解扶贫政策、熟悉业务知识、掌握工作方法，为脱贫成效巩固提升与实施乡村振兴战略有机衔接提供有力人才支撑。激励表彰脱贫攻坚一线干部，7名干部分别获得全省脱贫攻坚奋进奖、贡献奖、奉献奖、创新奖，获奖人数为历年最高；3个市直部门、6名驻村队员、3名第一书记、1个扶贫集体和3名扶贫干部分别获全省干部驻村帮扶工作模范单位、模范队员、模范第一书记、先进集体和先进工作者称号。1名扶贫系统干部、2名第一书记、2名工作队员被评为市级表现突出干部。

（郭勇智）

【扶贫工作作风建设】 2020年，太原市把整治扶贫领域形式主义、官僚主义作为重要政治任务，从讲政治的高度审视，从思想和利益根源上破解顽疾。将脱贫攻坚工作中的形式主义、官僚主义问题作为深化扶贫领域腐败和作风问题专项治理重要内容，深入查找表态多调门高、行动少落实差，以会议贯彻会议、以文件贯彻文件，不切实际编材料、填报表、搞检查；调查研究不深入、盲目决策，扶持对象、措施到户不精准，“垒大户”“堆盆景”“刷白墙”搞形象工程；弄虚作假，搞数字脱贫、虚假脱贫，贫困村、贫困户虚假“摘帽”；第一书记、驻村帮扶干部“挂名走读”人到心不到，工作得过且过，责任心不强等问题，以过硬作风保障脱贫攻坚决战完胜。

（郭勇智）

2020年，阳曲县全免费住宿制首邑学校师生表演花样课间操（市扶贫办供图）

精准施策

【危房改造】 2020年，太原市将新排查出63户符合农村危房改造政策的贫困危房农户，全部纳入危房改造任务范围，不落一户、不漏一人。组织开展建档立卡贫困户住房安全鉴定认定全覆盖，逐户排查、逐户认定，100%完成18350户建档立卡贫困户住房安全性认定工作，实现农村危房“静态清零”，改善农村贫困人口居住条件，农民群众祖祖辈辈的安居梦想得以实现，人民群众生命财产安全得到保障。（郭勇智）

【饮水安全】 2020年，太原市深入开展脱贫攻坚农村饮水安全问题排查，投资2075万元，完成28处工程，2万人受益，娄烦、阳曲两县农村饮水安全达到100%，超过全省平均水平5个百分点，位居全省前列。出台《太原市农村饮水工程运行管理改革实施方案》，明确农村供水工程运行管理目标、任务和改革模式。全市贫困人口饮水安全问题得到全面解决，生活饮用水条件得到显著改善，取水方便程度、水量需求和水质保障率得到保障。 （郭勇智）

2020年的阳曲县光伏扶贫项目 （太原日报社供图）

【易地搬迁】 2020年，太原市以“一方水土养不好一方人”的35个深度贫困自然村为重点，采取精准识别对象、新区安置配套、旧村拆除复垦、生态修复整治、产业就业保障和社区治理跟进“六环联动”办法，推进整村搬迁，统筹解决“人钱地房树村稳”7个问题，圆满完成2829户、7241人搬迁任务。按照搬得出、稳得住、有就业、逐步能致富的总体要求，强化后续扶持，市、县两级先后出台《太原市关于做好易地扶贫搬迁后续扶持工作的实施方案》《娄烦县易地扶贫搬迁后续产业发展实施方案》《阳曲县易地扶贫搬迁后续帮扶工作方案》，从产业发展、就业保障、社区治理、社会融入等方面，提出切实可行的具体扶持措施。全市20个集中安置点各项基础设施和公共服务完善、社区基层治理组织健全，实际入住率、产业就业保障率、腾退拆除率、复垦复绿率、不动产颁证率均达100%。 （郭勇智）

2020年的娄烦县城易地扶贫搬迁集中安置点 （市扶贫办供图）

【教育扶贫】 2020年，太原市印发《2020年教育扶贫行动计划的任务》《关于进一步加强控辍保学台账管理健全控辍保学工作机制的通知》等文件，为教育扶贫提供政策支持和保障。春季学期，根据全市教育教学工作安排，指导娄烦、阳曲两县在克服疫情影响、做好线上教学基础上，通过视频、专题会议等形式，就社会关注的适龄残疾儿童少年送教入户等工作进行细致安排部署，建立不定期查访制度，对残疾学生开展送教上门服务，确保适龄儿童少年不失学、不辍学。娄烦县投资1.30亿元建成第三实验学校，招收466名学生，其中建档立卡贫困户家庭子女124人，占比26.60%。阳曲县全免费寄宿制首邑学校，在校生570人，均为全县10个乡镇50多个行政村的贫困、留守儿童和零散教学点学生，其中建档立卡贫困学生295人，占比51.80%。实施“特岗教师”计划，招聘30人，为娄烦、阳曲两县农村学校补充紧缺教师。推动农村教师待遇提高，落实乡村教师每人每月不低于300元生活补助政策。 （郭勇智）

【健康扶贫】 2020年，太原市出台《太原市健康扶贫工程“三个一批”行动计划实施方案的通知》《太原市农村贫困人口大病专项救治工作方案（试行）》等文件，为方便贫困人口看病就医、加强基层公共卫生服务、提升基层医疗机构服务能力等方面提供有力政策支撑。大病集中救治病种从25种增加到38种，救治贫困患者1489人，救治2301人次。娄烦、阳曲两县慢病签约服务和“双签约”服务均做到应签尽签。18所乡镇卫生院按照《山西省基本医疗有保障工作标准》，业务用房、科室设置、人员配备、设备配备、基本药物配备全部达到标准。255所村卫生室全部达到山西省基本医疗有保障工作标准。县域内定点医疗机构全面实现“先诊疗后付费”和“一站式”结算，贫困群众住院个人自付比例控制在10%以内。贫困人口参加医疗保险率达100%，政策报销比例达到92%以上。贫困地区县乡村三级医疗卫生服务网络逐步健全，优质医疗资源不断下沉，服务能力持续提升，贫困人口医疗费用负担继续减轻，群众获得感、满意度不断提升。（郭勇智）

2020年，农村贫困劳动人口在娄烦县扶贫车间工作（市扶贫办供图）

【产业扶贫】 2020年，太原市娄烦县、阳曲县确定的279个产业扶贫项目全部完工，涉及特色种养、乡村旅游、光伏电站、农产品加工等领域，通过“订单收购＋分红”等多种利益联结模式，带动2.50万名贫困人口增收。58座光伏电站惠及娄烦、阳曲两县258个村集体，其中贫困村160个，光伏收益共计9198.92万元，带动23267名贫困人口实现增收，人均增收近3000元，因地制宜设置护林员、护路员、保洁员、护理员、村务管理等公益岗21524个，发放岗位工资7329.76万元、奖励补助1548.06万元，剩余资金用于缴纳税费、光伏运行维护管理。（郭勇智）

【就业扶贫】 2020年，太原市组织开展“就业援助月”“民营企业招聘月”“春风行动”脱贫攻坚就业援助月招聘活动，由古交市对娄烦县，杏花岭区、尖草坪区对阳曲县对口帮扶，征集118家单位、10408个岗位进行定向招聘。在娄烦、阳曲两县设置短期驻村劳动保障联络员岗位，按每村招聘2名的标准，共招聘536名，其中阳曲县246名，娄烦县290名。建立健全就业服务体系，打通就业服务“最后一公里”。

2020年，太原市出台《关于应对疫情决战完胜脱贫攻坚进一步加强就业扶贫的工作方案》等鼓励贫困劳动力务工就业的扶持政策。组织开展“春风行动”助力脱贫攻坚线上招聘月活动，在网络平台提供1万余个就业岗位。逐户摸清贫困劳动力就业需求，点对点帮助群众务工就业，解决23237名贫困劳动力务工就业问题，比上年的17209人增加6028人，同比增长35%，位列全省第一。落实省政府应对疫情支持中小企业共渡难关10项举措，提出克服疫情影响促进就业增收28条举措，在优化审批服务、加大金融扶持、减轻企业负担、加大奖补力度等方面建立“一对一”帮扶机制，助推带贫企业健康发展。14家省、市、县三级扶贫龙头企业、9家农民专业合作社全部复工复产，扶贫车间由年初的2家增加到22家，吸纳建档立卡贫困户就业1304人，辐射带动贫困人口5230户、10798人，户均增收近3000元。（郭勇智）

【生态扶贫】 2020年，太原市娄烦、阳曲两县共实施营造林任务20.69万亩，工程采取议标方式，由合作社承建带动贫困户增收。其中：阳曲县63家合作社吸纳造林贫困社员320户，户均增收6960元；娄烦县65家扶贫攻坚造林专业合作社带动贫困社员1500余人，人均增收1.20万元。立足新一轮退耕还林成果巩固，及时兑现退耕贫困户补助资金2009.57万元，带动3255户贫困户。其中：阳曲县贫困户退耕补助发放3.17万元，带动74户贫困户，户均增收428.40元；娄烦县贫困户退耕补助发放2006.40万元，带动3181户贫困户，户均增收6300元。抓好护林员管理和工资兑现工作，两县有天保工程管护员

2020年，阳曲县举办农副产品进社区活动（市扶贫办供图）

1031名，其中建档立卡贫困户661人，占比达64%，发放管护劳务费379.70万元，人均管护劳务费5744元。

（郭勇智）

【小额信贷扶贫】 2020年，太原市出台《太原市关于进一步推动扶贫小额信贷规范发展和风险处置的若干措施》等指导性文件，主动协调对接，宣传金融扶贫政策，推动扶贫贷款增量扩面，发放、收回、贴息、补偿、逾期催缴等各项工作，扶贫小额信贷健康良性发展、成效明显，成为贫困县助力贫困群众发展生产、促进增收脱贫致富的重要举措，8737户贫困户借助贷款发展了种植、养殖、农产品加工等各类产业，户均增收7595.08元。全年发放贷款5992.70万元，涉及贫困户1284户，完成总任务量2500万元的240%，位列全省第一。

（郭勇智）

【消费扶贫】 2020年，中共太原市委提出“精心组织‘五进九销’扶贫活动，在全省率先启动‘助力农民增收、惠及市民餐桌’名特优农产品展销活动，为广大市民提供优质、优价、新鲜的农产品，让农民群众过上更加美好的生活”的要求，8月至10月间，每周六、日轮流组织10县（市、区）举办本地名特优农产品“助力农民增收，惠及市民餐桌”展销活动，110家龙头企业、合作社的330多种优质农产品在省展览馆

2020年5月13日，太原警备区在扶贫点娄烦县康家沟村开展扶贫项目启动仪式暨政策、文化、医疗“三下乡”活动 （市扶贫办供图）

集中展示展销，参与市民达到18万人次，签订采购意向合同240万元，现场销售额达500万元以上。制定印发《太原市脱贫攻坚领导小组办公室关于开展2020年全市消费扶贫月活动的通知》，出台《太原市消费扶贫专柜专区专馆建设实施方案》，市政府专门召开会议对消费扶贫“三专一平台”建设进行安排部署，建成400个专柜、23个专区和2个专馆。成功举办娄烦、阳曲、清徐三县农产品产销对接活动和“消费扶贫暨名特优农产品产销对接活动”，签订农产品采购意向合同1.50亿元，网络平台观看人数、访问线上店铺人数超千万人次，销售额超百万元。“10·17”国家扶贫日期间，组织市直各帮扶单位、城区“对口帮扶”单位、个人，通过“以购代捐”“已买代帮”“熟人销售”等方式帮助销售娄烦、阳曲两县农产品，累计帮销农产品403吨、价值330.10万元，购买农产品117.50吨、价值116.30万元。

（郭勇智）

【交通扶贫】 2020年，太原市以交通强国试点任务为契机，高标准、高质量、高品质推动农村公路建设，制订印发《2020年交通扶贫工作计划》，下达贫困县“四好”农村路建设项目49个，建设里程221千米，争取省级补助资金2833万元。娄烦县142个建制村、阳曲县123个建制村已全部实现通硬化路和通客车，通硬化率和通客车率达到100%。以“3+1”模式拓展旅游公路建设新格局，完成旅游公路建设273千米，完成投资23.50亿元。 （郭勇智）

【兜底保障】 太原市连续五次大幅提高农村低保标准，2020年达到580元/月，年标准6960元。特困人员供养按照低保标准1.30倍计算，提标后月标准为754元，年标准为9048元。对796户、1803人脱贫不稳定户开展排查，将符合条件的434户、603人纳入低保保障范围。13户、13人纳入特困供养范围。83户、201人临时救助政策全覆盖。对

2020年，阳曲县开展劳动技能培训 （市扶贫办供图）

550户、1050人边缘易致贫户逐户排查，将符合条件的219户、307人纳入低保保障范围。32户、32人纳入特困供养范围。85户、158人临时救助政策全覆盖。（郭勇智）

【内生动力提升】2020年，太原市坚持扶贫同扶志、扶智、扶德相结合，娄烦、阳曲两县行政村全部实现“脱贫讲堂”“周末学堂”“乡村振兴学校”全覆盖，累计开展各类活动2600次，参与人数突破15万人次。阳曲县开设“周末学堂”，邀请各级领导干部和技术专家讲政治、讲政策、讲形势、讲法律、讲技能，群众参与人数超过12000人次。娄烦县精选优秀第一书记、驻村队员、自主脱贫示范户组建宣讲团，到乡村开展宣讲58场，激发脱贫群众勤劳致富内生动力。（郭勇智）

社会参与

【市政协助力脱贫攻坚】2020年，太原市政协开展驻村帮扶工作，细化帮扶举措，发展产业扶贫，巩固脱贫成果。召开大力发展产业扶贫助力决战决胜脱贫攻坚协商座谈会，围绕发展都市现代农业、打造扶贫项目品牌、建立纾贫解困长效机制等方面协商议政，农业农村、财政、商务等部门负责人现场与委员互动交流。围绕“培育农产品加工龙头企业及联合体，推进农业高质量发展”等开展调研协商，推动农业供给侧结构性改革，做精做强都市农业，促进农产品精深加工，努力推动脱贫攻坚和乡村振兴有机衔接。配合省政协开展“推进农产品物流体系建设”省、市、县三级政协联动调研，围绕农产品市场经营模式创新、物流基础设施建设等方面提出意见建议。（刘　蓉）

2020年的娄烦县光伏扶贫项目　（太原日报社供图）

【组织部门脱贫攻坚督战】2020年，中共太原市委组织部从市干部驻村帮扶工作领导小组成员单位抽调12名业务精湛、作风过硬的干部组成督战队，聚焦国考省考、专项巡视等反馈的7大类109条问题，深入娄烦县、阳曲县160个贫困村开展29轮实地督战，解决问题105个，调整42个驻村工作队的53名配备不规范队员，问责19人。（李玲玉）

【财政助力脱贫攻坚】2020年，太原市财政局推进脱贫攻坚与乡村振兴战略，下达乡村振兴战略资金3.15亿元。推动贫困县资金整合，支持产业扶贫，巩固提升脱贫攻坚成果。加强扶贫资金监管力度，构建扶贫资金动态监控平台，提高资金管理水平。（张　洋）

2020年，太原市驻村帮扶干部走访贫困户　（市扶贫办供图）

【园林助力脱贫攻坚】2020年，太原市园林局制订脱贫攻坚工作计划，推进“十个清零”攻坚行动，做好脱贫攻坚“两不愁、三保障”工作。疫情期间筹集84消毒液500千克、医用口罩700个送到南峪村，帮助解决防疫物资紧缺问题。提供约6600平方米石材用于红色项目配套设施建设。做好扶贫产业香菇种植基地周边环境治理工作。帮助村民销售60吨土豆等农副产品，组织购买总价40.30万元经过认定的扶贫产品。对被帮扶人进行“信息核查”，全村建档立卡的贫困户55户188人全部脱贫。（孙李苗　张小宇　贺建荣）

【网络扶贫行动】2020年，太原市委

网信办立足职能优势，联合市工信局制订完善《2020年全市网络扶贫行动计划》，发挥统筹协调作用，深入实施网络覆盖工程、农村电商工程、网络扶智工程、信息服务工程、网络公益工程，选树网络扶贫典型案例4个。在太原新闻网开设《决胜全面小康、决战脱贫攻坚》专题，组织全市网评员开展脱贫攻坚网络宣传引导工作，为决战决胜脱贫攻坚营造浓厚的网上舆论氛围。

（马　婕）

【国网供电助力脱贫攻坚】 2020年，国网太原供电公司完成2项娄烦县农网改造升级工程，配合完成盐市崖村100千瓦村级光伏电站及配套并网工程项目实施。常态化开展光伏扶贫电站电网侧异常治理，推进光伏扶贫电站电费结算和补贴转付，确保电站稳定收益。开展定点扶贫村农产品“直播带货”促销，完成消费扶贫142.85万元、扶贫捐赠20.60万元。（涂志康　董雪轩　张媛）

【群团组织助力脱贫攻坚】 2020年，共青团太原市委员会开展“暖冬行动”，筹集资金6万余元帮助贫困青少年200余人，“圆梦龙城”助学行动筹款13万元，帮助26名贫困家庭大学新生实现大学梦。培育乡村振兴青年力量，扶持农村青年创业基地10家，发放创业扶持基金10万元。（王羿舒）

2020年的阳曲县安塘新村易地搬迁扶贫项目　（市扶贫办供图）

【供销合作助力脱贫攻坚】 2020年，太原市供销合作社联合社发挥供销社在农村商品流通中的传统优势，开展电商扶贫、消费扶贫，组织电商培训100余人次，农村电商网点实现全覆盖。实施农业社会化惠农工程，为农民提供耕、种、管、收、加一体化服务，截至年底，全系统农资销售4.10万吨。巩固对口扶贫村阳曲县大盂镇移动新村脱贫成果，开展“情系贫困户，送肥助春播”活动，为该村63户贫困户送去4吨优质化肥。组织全系统为该村捐建爱心超市。结对帮扶责任人入村400余人次开展慰问、走访。（孙胜利　李丹）

2020年，太原市“助力农民增收，惠及市民餐桌”名特优农产品展销会　（市扶贫办供图）

【金融行业服务脱贫攻坚】 2020年，农发行山西分行投放扶贫贷款91亿元，扶贫贷款投放实现全省36个国定贫困县全覆盖，年末扶贫贷款余额208亿元，居全省金融系统前列。聚焦全省10个深度贫困县，实施差异化信贷政策，行领导分片包干挂牌督战，投放贷款14.80亿元。聚焦产业扶贫、“三保障”、易地扶贫搬迁后续扶持等重点领域，出台专门政策，开展专项行动。对接全省贫困村提升工程、教育扶贫、健康扶贫等项目，开展支持“三保障”专项行动，全年投放贷款12亿元，助力补齐脱贫攻坚短板弱项。与省发改委、扶贫办建立易地扶贫搬迁后续扶持沟通协调机制，全年投放贷款17亿元，支持易地扶贫搬迁安置区配套基础设施建设和产业发展，助力“搬得出、稳得住、能脱贫”。推进“万企帮万村”精准扶贫行动，累计支持企业达143户，取得明显成效。加大消费扶贫力度，直接购买和帮助销售贫困地区农产品219万元。

2020年，华夏银行太原分行推进金融扶贫，将扶贫与扶德、扶智、扶志相结合，在3个驻村工作组的努力下，全年对2个县、469户、1398人进行驻村定点帮扶，建档立卡贫困户131户、447人。累计投入帮扶资金26万元用于发展产业扶贫项目、帮扶村基础设施建设和“文化下乡”等方面活动。全年累计投放扶贫小额贷款1013.50万元，截至年底扶贫小额贷款余额为2070.26万元、支持建档立卡贫困户421户。

2020年，晋商银行股份有限公司开展驻村帮扶，通过结对帮扶、物资捐赠、消费扶贫等形式，引领贫困群众激发内生动力，全力决胜“十个清零”百日攻坚活动。挂牌成立晋商德孝银行，丰富村民业余文化活动，提升贫困村村民精神生活品质。筹措资金，培育特色产业，建设扶贫超市，发展文化旅游，构建增收致富长效机制。精准扶贫贷款提前超额完成年度任务目标，精准扶贫贷款余额24.29亿元，较年初净增9.59亿元，扶贫小额信贷全年累计投放1.17亿元，完成全年任务的131.46%。

2020年，农行山西分行以落实中央脱贫攻坚专项巡视“回头看”整改为主线，聚焦全省36个国贫县、18个挂牌督战县和10个深度贫困县，加大信贷、财务、薪酬、人员、渠道等倾斜力度，确保脱贫攻坚收官决战决胜。截至年底，精准扶贫贷款增加18.46亿元，增长33.89%。国定贫困县贷款增加28.62亿元，增长12.56%。精准扶贫贷款、扶贫重点县贷款投放全部实现监管达标。累放扶贫小额贷款2.98亿元，计划完成率115.72%，连续四年超额完成政府下达任务。

2020年，中国人保财险山西省分公司聚焦产业扶贫，开展保险精准扶贫。开发扶贫产品64个，其中价格指数、综合类创新产品达到14个，其中价格收入类保险产品10个，综合类产品4个。探索“保险＋期货”，推广与新湖期货、中粮期货开展的业务合作，陆续在太原市等多地开展玉米和苹果期货价格保险，对接政府，创新开展模式，多方出资减轻贫困户保费负担，为贫困户增收提供保障。开展光伏扶贫保险，精准定制全周期、多责任保障方案，确保电站平稳运行。创新产品和承保模式，家庭分布式光伏项目以县、乡为单元，采用家庭财产险的承保方式实行风险保障，对远离居住区的集中式大型光伏电站，采取财产综合险进行承保。实现全省57个贫困县的扶贫光伏保险全覆盖，为全省提供120亿元的保险保障，有效保障全省村级扶贫光伏电站的资产。贯彻落实“三保险三救助”扶贫政策，通过“保险＋健康”筑牢因病致贫返贫堤坝。扶贫保险覆盖52个县，累计签单保费10.02亿元，覆盖贫困人口1291.91万人次，提供风险保障54227亿元，赔款支出12.81亿元，受益贫困户88.63万人次。（孙　帆）

2020年的阳曲县鄗都新村全景　（太原日报社供图）

新型冠状病毒疫情防控

Prevention and control of the outbreak of COVID-19

综 述

【概况】 2020年，太原市坚持把打好打赢疫情防控作为增强“四个意识”、坚定“四个自信”、做到“两个维护”的具体行动，坚决贯彻习近平总书记重要讲话重要指示批示精神，全面落实“坚定信心、同舟共济、科学防治、精准施策”总要求，严格执行省委“双返双防”（返程返岗、防输入防扩散）“三线作战”（警戒线、保障线、生命线）“四环联动”（防、控、治、研）等战略举措，强化统筹调度，压实工作责任，采取过硬举措，用30天时间消除本土新发病例，全面遏制疫情传播，用39天时间实现本土病例清零，牢牢守住疫情防控阵地。 （宋晨曦）

【党建引领】 2020年，太原市发挥基层党组织战斗堡垒作用和党员先锋模范作用，市委组织部出台《进一步激励广大党员干部顽强战斗坚决抗击疫情的七条措施》，综合采取“火线”使用、考核奖励、党费保障、关心关爱等措施，激励广大党员干部担当作为、冲锋在前。对在疫情防控一线表现突出医务人员、公安民警、社区工作者、基层干部，火线发展党员58名。市直机关抽调的825名干部组成由市管干部任队长的8支突击队，下沉424个社区、1025个企业开展工作，解决各类问题11744个。响应党中央号召，市四大班子领导带头，全市22.75万名党员捐款3199.43万元。 （宋晨曦）

【疫情防控体系】 2020年，太原市坚持把疫情防控作为重大政治任务，成立市委、市政府主要领导任“双组长”的市疫情防控领导小组，成立1个指挥部，下设综合协调、医疗救治、疫情防控、后勤保障、交通场站应对、农贸市场及流通监管、宣传和舆论引导、社会治安和交通保障、复工复产、外事工作等13个工作组，全面推动工作落实。各县（市、区）相应成立疫情防控领导小组，建立健全工作机制，全市上下形成联防联控、统一高效防控体系。 （宋晨曦）

【疫情防控统筹调度】 2020年，太原市建立市级调度例会制度，以视频方式连线各县（市、区），共召开71次领导小组会议，作出1000余次批示，及时传达学习习近平总书记重要讲话重要指示批示精神以及省委调度工作部署，统筹指挥全市疫情防控工作。建立并落实疫情和工作措施“日报告、零报告”制度，突出工作指导及时性和有效性。市委办

2020年2月14日，太原市市场监督管理局成立临时党支部，保障市第四人民医院供餐安全 （市卫健委供图）

公室、市政府办公室印发《关于进一步做好新型冠状病毒感染的肺炎疫情防控工作的通知》《关于进一步加强当前疫情防控工作的通知》等文件，根据疫情防控阶段性特征作出针对性安排部署。

（宋晨曦）

【疫情防控督导检查】2020年，太原市委、市政府主要领导深入定点医院、农村社区、集贸市场、交通卡口和项目工地等防控一线督导检查，现场办公研究解决问题。建立市领导包联指导县（市、区）疫情防控、包联帮扶企业项目等工作机制，36名市级领导带头下沉一线，督导检查疫情防控和复工复产情况，包联帮扶402个重点企业、142个重大产业项目、102个重点工程，10县（市、区）领导干部包联帮扶2241个企业项目，研究解决问题1393个。全市各级各部门各单位自觉把抓好疫情防控作为守初心、担使命具体体现，落实市防疫工作领导小组安排部署，做到抓牢防控不松劲、强化保障不懈怠、推动发展不停步，全市上下形成步调一致、众志成城，协调联动、合力抗疫良好局面。

（宋晨曦）

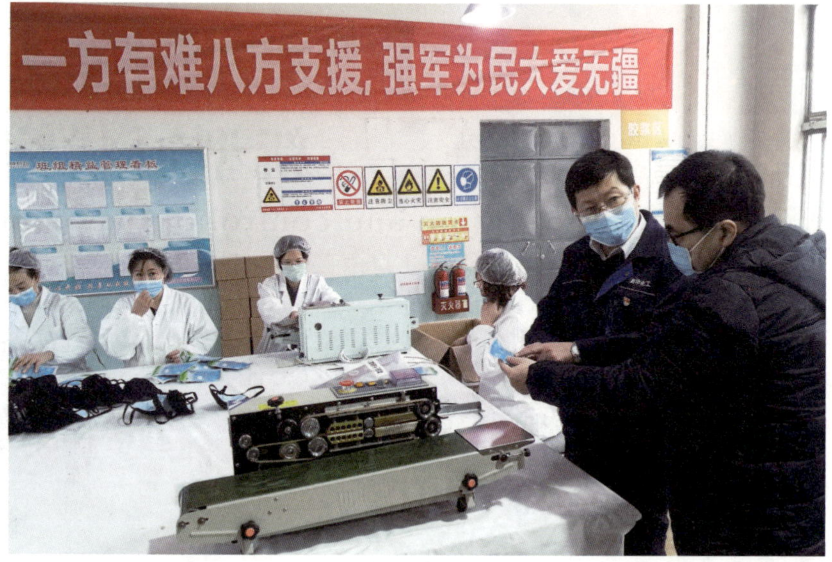

2020年1月，新华化工公司、白鸽服装公司加紧生产防护口罩，缓解疫情防控物资紧缺问题（市卫健委供图）

【新冠患者救治保障】2020年，太原市医保局强化"五个保障"，4次向全市35所设置发热门诊的医疗机构预付资金3070万元，累计结算确诊和疑似新冠患者74人次，涉及费用141.26万元，医保支付111.89万元。确保患者不因费用问题影响就医，确保收治医院不因支付政策影响救治。（杨　星）

【医务人员关爱】2020年，太原市委、市政府主要领导多次到医疗救治、流行病学调查、实验室检测等防控一线，看望慰问医护人员，以最高规格、最高礼遇迎接支援湖北医疗队队员凯旋。市委、市政府认真落实习近平总书记关心关爱广大医务人员的重要指示精神，制订印发《关于保护关心爱护疫情防控一线医务人员若干措施》，明确职称评聘、薪酬待遇、表彰奖励、子女就学、城市礼遇等10方面举措，并在第3个中国医师节之际，发出《致全市广大医师及医务工作者的慰问信》。截至年底，累计为13所医疗卫生机构核增绩效工资2988.23万元，为1491名一线医务人员发放临时性补助879.40万元、卫生防疫津贴139.10万元，为45名援鄂医务人员增发两倍工资89.39万元，为76人实行高级职称评审免试，为186名一线医护人员安排集中休养，安排600万元慰问1494名一线医务人员，推荐参评全国先进集体2个、先进个人3名，省级先进集体6个、先进个人107名。

（宋晨曦）

2020年7月，太原市市场监督管理局针对疫情防控要求开展专项检查（市卫健委供图）

【疫情防控物资保障】2020年，太原市发展和改革委员会制订疫情防控期间医药和物资保障组工作方案，抽调精干力量组成4个工作组保障物资供应和市场稳定，共采购普通医用口罩63.12万个，非医用口罩3.20万个等医药防护物品和消杀用品。依托美团平台，采取线上预约的方式，以每支1元的惠民价格面向城乡居民发售非医用一次性防护口罩150万支，缓解居民购买口罩

难的问题。（杜新娟）

【防疫物资调配】 2020年，太原市加强防控经费保障，中央和省给予大力支持，市、县两级加大财政资金保障。截至年底，累计投入疫情防控经费6.61亿元，其中，中央补助3.37亿元、省补助0.62亿元、市级补助1.23亿元、县级补助1.39亿元。引导鼓励社会捐赠，组织引导、鼓励支持社会力量参与疫情防控。全市非公经济领域、各民主党派、宗教界、无党派人士、党外知识分子、新社会阶层人士捐款捐物，助力疫情防控。科学保障防疫物资，统筹市属各医院供应渠道，发动11家医药经销企业调配一批。拓宽货源联系范围，紧急采购一批。挖掘市内企业自身潜力，支持推动白鸽服装厂、新华化工、罗塞塔石、山西医用高分子制品等本地企业转产口罩生产，上马7条生产线加紧生产一批。通过红十字会等渠道接受捐助一批，全力做好医用和防护物资储备，优先保障抗击疫情第一线。（宋晨曦）

【疫情防控宣传引导】 2020年，太原市保持大力度、高频次宣传，通过广播、电视、报纸、网络等媒体，“两微一端”、宣传栏、宣传册、各类显示屏等形式，增强市民自我保护意识和防范能力。加强正面宣传引导，定期召开新闻发布会，宣传解读党中央及省委、市委关于应对疫情、帮扶企业、保障民生政策举措，宣传先进典型和感人事迹，营造强信心、暖人心、聚民心良好环境氛围。中央电视台、人民日报、新华网、人民网、山西日报等中央及省级媒体报道太原市疫情防控和复工复产复学等消息1923条。（宋晨曦）

【疫情防控宣传】 2020年，《太原日报》《太原晚报》、全媒体指挥中心按照“十个要”（即“站位要高、视角要全、响应要快、挖掘要深、表达要准、频次要密、内容要新、形式要活、影响要广、效果要好”）要求，开设《坚定信心、打赢疫情阻击战》《双战双胜在基层》等专栏，采写综述《坚决夺取疫情防控和经济社会发展“双战双胜”》等优秀稿件，选树先进典型，推广先进做法，推出8个版《最美白衣天使》特刊。截至6月底，集团累计刊发相关稿件6万余篇。抖音视频《要小心了，病毒会伪装！》单条播放量破1.29亿次，原创微信稿件《山西17例确诊病例明显好转！“山西经验”效果良好！专家预防药方来了》阅读量达100万次，H5《众志成城，抗击疫情！在太原我承诺》转发量17万人次。太原晚报微信公众号10月22日推出头条消息《“我家孩子刚从日本回来，请大家做好防护”“十一单元”微信群提示温暖邻里》及短评《理解源于公德》后，受到国内各级各类媒体广泛关注，经人民日报官方今日头条账号“人民日报”转发，阅读量1.50亿次。（刘卫萍）

【公共卫生基础设施建设】 2020年，太原市抢抓新基建“窗口期”，以市第四人民医院成为山西医科大学附属肺科医院为契机，按照省级重点医院标准实施改扩建，同步加快市公共卫生中心、生物安全防护三级实验室（P3实验室）、市第三人民医院建设，加紧补齐基础设施和公共卫生服务短板。通过扩容改造、合作共建等方式，推动10县（市、区）全部具备核酸检测能力，市域范围内检测机构达到33所，单日检测量提升至4万份。加快《太原市院前急救条例》立法进程，统筹推进救援队伍、洗消站点建设和负压救护车配备等工作，提高院前急救转运能力和效率。（宋晨曦）

【新冠课题研究】 2020年，太原市整合医、教、研力量，争取省部级医学科研立项20项，4个课题被确定为省级新冠肺炎科研项目，13个项目入选省卫健委科研课题计划，推荐参评山西省医学科技创新人才8名、创新团队3个、重点实验室4个、重点科研项目8个。（宋晨曦）

【公共卫生体系建设】 2020年，太原市按照省委要求，在市、县两级成立公共卫生健康委员会，健全完善统一领导指挥有力、反应灵敏决策支持、协调贯通运转高效领导指挥体系。围绕“十四五”规划，谋划制订《关于加强公共卫生体系建设的实施方案》，从建立集中统一高效的公共卫生应急指挥体系、改革疾病预防控制体系、加强重大疫情救治能力建设、健全重大疾病医疗保险和救助制度、健全公共卫生应急物

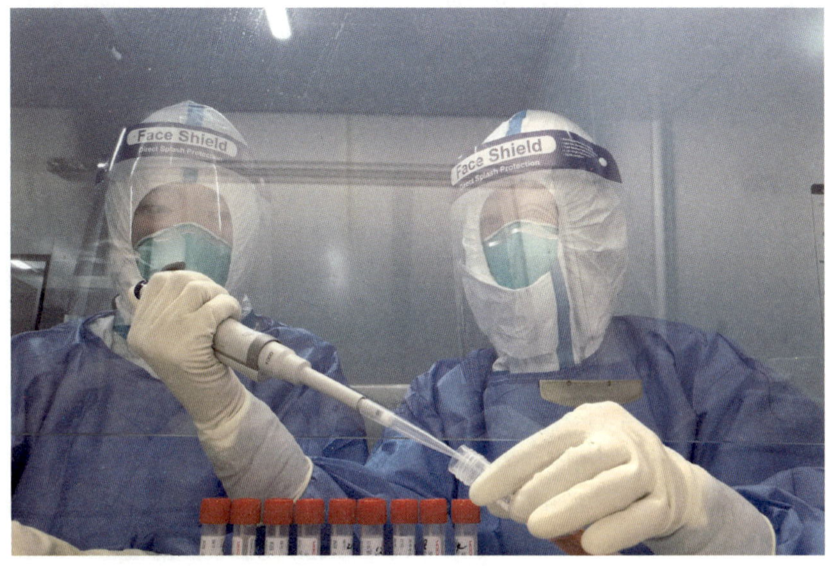

2020年，太原海关所属山西国际旅行卫生保健中心医学综合实验室对入境旅客的鼻咽拭子进行新型冠状病毒核酸检测（市卫健委供图）

2020 年 1 月，太原市一线民警和工作人员在东社高速防疫检查站执勤查控

（市卫健委供图）

资保障体系等方面，提出公共卫生体系建设“太原方案”，保障人民身体健康和生命安全。（宋晨曦）

【市场供应保障】2020 年，太原市坚持旬研判、旬平衡，周计划、日调度，加强市场供需和价格监测，29 家农产品加工企业、9 家大型批发市场和 13 家大型超市 2068 个网点运行有序、供应充足、价格平稳，日均销售蔬菜 1500 吨、粮食 100 吨，满足市民生活需求。连锁超市、批发市场、餐饮协会和电商平台通过不同方式，加大对本地农产品的直购直销力度，本地自产的肉、蛋、菜、奶应销尽销。开展“一元爱心菜”进社区等惠民行动，为市民提供平价蔬菜。（宋晨曦）

【秋冬季疫情防控】2020 年，太原市制订秋冬季疫情防控方案，明确 6 方面 17 条具体举措。坚持人物同防，周密做好境外入并和国内中高风险地区返（抵）并人员闭环管理，严控冷链食品和物流输入风险。加强监测预警，规范发热门诊建设，高效运行多点触发机制，提高实时分析、集中研判的能力。划小单元、划准区域，动态调整风险等级，做好隔离、救治准备，严密精准实施管控。坚持多病共防，针对秋冬季疾病特点，开展针对全人群的健康宣教和健康促进工作，开展爱国卫生运动，防范疫情叠加风险。以核酸检测为核心扩大预防，加强市属二级以上医院和县级疾控中心 PCR 实验室建设，统筹社会检测力量，借鉴先进经验，实施重点人群单检、一般人群混检，大幅提升检测能力和效率。组建专业流调、消毒消杀、核酸检测和医疗救治“四支队伍”，建立公共卫生应急物资保障工作机制，做好人员、床位、设备、物资等应急准备，医疗卫生机构至少按 1 个月用量储备，跟进开展大排查、大培训、大演练，确保关键时刻拉得出、用得上、战得胜。（宋晨曦）

【群众自发参与全国性哀悼活动】2020 年 4 月 4 日清晨，五一广场国旗升起后下半旗，太原市市民向在抗击新冠肺炎疫情中牺牲的烈士和逝世同胞深切哀悼。上午 10 时，汽车、火车鸣笛，防空警报鸣响。上千名群众从四面八方来到五一广场，面向国旗、庄严肃立，低头默哀 3 分钟。市公安局部分特警、巡警，以及 37 位龙城铁骑整齐划一站立在警车以及摩托车旁，脱帽致敬、按响警笛。道路上公交车、出租车、私家车主动停靠路边，按响喇叭。一时间，警报声、鸣笛声响彻城市上空。在全市车站、公共场所等处，很多市民都在同一时间自发向在抗击新冠肺炎疫情中牺牲的烈士和逝世同胞默哀。（宋晨曦）

防疫措施

【严防疫情输入】2020 年太原市疫情防控一级响应启动后，实施立体化防控，严守入并防线，在交通枢纽、市界出入口、乡界村界等部位设卡 2800 余处，封闭 12 个高速口，日均排查车辆 6 万余台，排查人员 15 万余人，守牢“第一道防线”。分区分级响应之后，按照“面上放开、点上精准、闭环管理、精准施策”的工作方略，统筹加强社区防控，开展网格化、地毯式人员摸排。密

2020 年 2 月，太原市公安局交警支队民警和工作人员在长风东高速口执勤查控

（市卫健委供图）

2020年，太原铁路南站工作人员对进出站旅客进行体温监测，严防疫情传播（市卫健委供图）

切关注国内外疫情动态，紧盯湖北、黑龙江、吉林、北京、新疆、大连等地聚集性疫情，升级管控重点地区返（抵）并人员，逐一建立台账，逐一核验健康码、行程码和核酸检测阴性证明，坚决把疫情风险挡在大门之外。全市未发生关联性疫情。境外疫情蔓延以来，太原市印发《关于加强境外入并人员管理的通告》，公安推送信息、县区全面排查、社区落地管控，做到信息共享、闭环转运、隔离管控、核酸检测、动态摸排、台账管理、宣传教育、人文关怀“八个到位”。加大农贸海鲜市场风险排查，检测各类市场管理从业人员、冷冻肉品、包装及环境样本等。制订《太原市农贸市场商场超市及餐饮服务业常态化疫情防控工作导则》《太原市冷链食品新冠病毒监测工作方案》，开展疫情风险排查、环境卫生整治、消毒消杀处置等精准防控举措，严防新冠肺炎疫情输入。加强监测和信息报告，以县为单位对进口肉类产品全部实施检验检疫，严控疫情经海鲜肉类冷链输入风险。

（宋晨曦）

【严防疫情扩散】 2020年，太原市前移防控关口，疫情防控初期，关停2421家公共活动场所、240个宗教活动场所，取消群众聚集性活动、取缔活禽交易，全封闭式管理16个公安监管场所、62所养老机构、7个军休所以及儿童福利院，最大限度减少人员流动。向社会公布省城34家发热门诊名单，规范16项工作流程，强化“哨点”作用，并暂停所有零售药店发热、咳嗽药品销售。将核酸检测作为及早发现病例、精准控制传染源的有效手段，深入挖潜提升检测能力，开展存量清底、增量清零行动，累计检测86.57万人，做到重点人群应检尽检、一般人群愿检尽检，确保疫情早发现、早诊断、早报告、早隔离、早治疗和就地处置。紧扣国务院联防联控机制关于常态化防控20条指导意见和省里13项工作任务，制订“四后”防控预案，针对性地完善防控措施，坚持“一企一策”“一工地一预案”“一校一方案两预案三专班”要求，有序推动复工复产复学。特别是抽调卫生监督、疾病防控、院感专家组建专项督查组，先后多轮次深入景区、酒店、商超、市场、机场等重点场所，医院、工地、企业、看守所、福利院、养老院等重点单位，对人员排查管控、防疫措施落实、院感防控措施等进行明察暗访，累计服务指导43869户次。强化宣传引导，保持大力度、高频次宣传，通过广播、电视、报纸、网络等媒体，增强市民自我保护意识和防范能力。发挥爱国卫生运动优势，开展“爱国卫生季”“三清五治”专项行动，推进城乡环境整治，成立省城健康科普巡讲团，200余名专家紧扣疫情防控制作推出25期网络直播，倡导形成文明健康生活方式。（宋晨曦）

【严防聚集性疫情】 2020年，太原市按照“乙类传染病、甲类管理”要求，市委办公室、市政府办公室印发《关于严防发生聚集性疫情的通知》，紧盯重点场所、重点部位、重点人群管控，严防集聚性规模性疫情发生。强化公共场所管控，自重大突发公共卫生事件一级响应启动以来，全市2421家公共活动场所、240个宗教活动场所全部关停，

2020年2月，太原市第三人民医院援鄂医疗队队员在湖北武汉光谷方舱医院开展医疗救治工作（市卫健委供图）

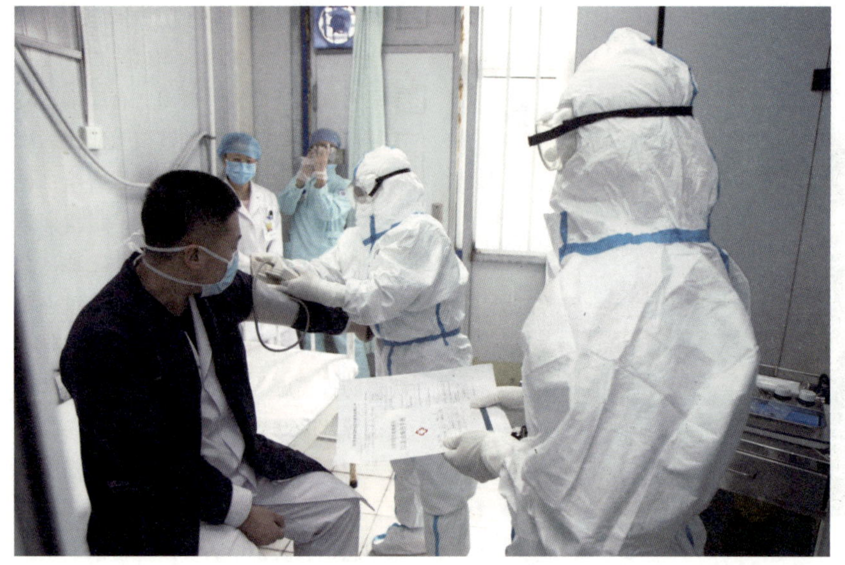

2020 年 9 月 29 日，太原市第三人民医院开展新冠肺炎疫情防控医疗救治应急演练（市卫健委供图）

各类群众聚集性活动全部取消，所有线下培训机构活动一律暂停。开展野生动物专项检查，对全市商场、酒店、集贸市场全面检查，落实管控措施。强化特殊场所管控。对市属 16 个公安监管场所、62 所养老机构、7 个军休所以及儿童福利机构开展全面排查，实行全封闭管理。强化交通领域管控，发布《关于调整和暂停市区城市公共交通和道路客运运营的通告》，暂停客运和网约出租车运营，巡游出租车单双号运营，公交车分早中晚高峰运行，趟次减少 60%，实行实名乘车制。设置 208 个消毒点，35 处体温检测点，严格落实通风、消毒等各项措施。（宋晨曦）

【严守进京防线】2020 年，太原市落实京津冀联防联控机制，印发《关于守好北京护城河严格疫情期间进京管理的通知》，制订 7 项管理措施，严格落实进京审批管理，人防物防技防并重，未发生一例高风险人员离并进京，实现疫情风险"零输出"。把承担国际航班经停入境防控作为重大政治任务，建立市领导带班制度，坚持一航班一团队闭环转运、一航班一城区集中隔离、一人一案一救治组精准治疗，统筹市、区两级力量，严把入境、筛查、转运、隔离、诊治"五个关口"，科学周密做好确诊、疑似、无症状、发热人员"四类人员"排查管控，落实"五个一律"（一律实施点对点转运、一律集中隔离、一律进行核酸检测、一律落实闭环管理措施、一律提供人文关怀和暖心服务）措施，累计管理经停入境国际航班 42 班次，航班入境人员 8642 人，未发生境外输入关联疫情。制定印发《国际航班经停太原入境管理服务导则》，从接机准备、人员转运、医学观察、医疗救治等 13 个环节规范流程和标准。（宋晨曦）

疫病治疗

【医疗救治】2020 年，太原市发挥市第四人民医院主阵地作用，优化配置医疗资源，科学组织救治力量，利用中医药优势，周密部署院感防控，尽锐出战、精心救治。对重症、危重症采取"一人一小组、一日一会诊"救治模式，普通型采取"一人一案"，对密切接触者提前加强中医药预防性干预，做到收治病例全治愈、出院患者"零转阳"，经过 13 天努力，成功治愈 84 岁高龄危重患者，实现"双零"目标。（宋晨曦）

【疫病救治力量调配】2020 年，太原市在市第四人民医院设置负压病房 62 间 123 张床位，集中收治确诊病例和无症状感染者。扩充市中心医院汾东院区救治病房，疑似等其他人员收治病房可达 151 间。抽调呼吸、重症医学、院感等技术骨干组建专家队伍，指导开展诊断救治。抽调 720 名经验丰富的医护人员组成三个梯队（第一梯队 120 人，第二、第三梯队各 300 人），按需进驻定点医院全力应对救治高峰。统筹应急状态下医疗卫生机构动员响应、区域联动、人员调集，增设市妇幼保健院长风

2020 年 2 月 20 日，太原市第三人民医院为支援湖北医疗队的 11 名医护人员出征送行（市卫健委供图）

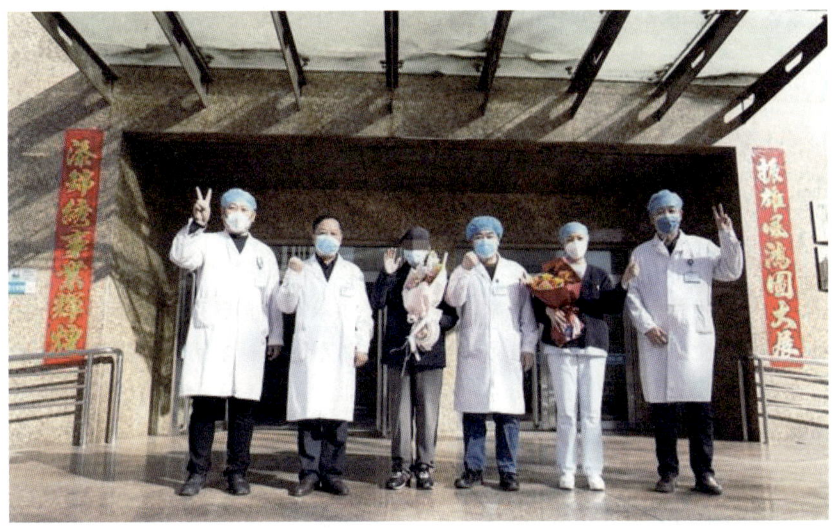

2020 年 3 月 1 日，太原市第 20 例（2020 年最后一例）新冠肺炎确诊病例从市第四人民医院治愈出院（市卫健委供图）

院区为市级后备定点医院，古交市中心医院和清徐县、阳曲县、娄烦县人民医院为县级定点医院，按总床位数的 10% 改造隔离救治病床，按隔离病床的 10% 设置重症负压病床，逐步健全分级、分层、分流重大疫情救治机制。指定市急救中心为定点转运机构，负责确诊、疑似病例“点对点”转运。（宋晨曦）

【驰援湖北】 2020 年，太原市先后派出 6 批次、33 所医疗卫生机构、147 名医务工作者驰援湖北，共抗新冠肺炎疫情。首批支援湖北医疗队于 1 月 26 日出发，4 所医院派出 2 名医师、4 名护士共 6 名医务人员，分别到达仙桃市人民医院、天门市中医医院。第二批于 2 月 9 日出发，27 所医院派出 7 名医师、21 名护士共 28 名医务人员，到达武汉硚口武体方舱医院。第三批于 2 月 15 日出发，29 所医院派出 10 名医师、20 名护士共 30 名医务人员，到达武汉光谷方舱医院。第四批于 2 月 16 日出发，8 所医院派出 10 名医师，到达武汉市优抚医院。第五批于 2 月 20 日出发，9 所医院派出 20 名医师、40 名护士共 60 名医务人员，到达武汉大学中南医院重症病房。第六批于 2 月 22 日出发，11 所医院派出 12 名影像科医务人员（4 名医师、8 名技师），到达武汉光谷方舱和武汉汉阳体校方舱。1 名市疾控中心公共卫生人员于 2 月 18 日随山西省第十一批支援湖北医疗队出发，到达仙桃市疾控中心。147 名医务人员涵盖重症医学科、呼吸科、医院感染等 10 余个专业，组成一支职称包括初、中、高三级，年龄结构覆盖老、中、青三代的高素质、高学历、能战善战的医护队伍，为抗击疫情做出巨大贡献。（宋晨曦）

【新冠肺炎病例清零】 2020 年 3 月 1 日上午 9 点 30 分，太原市第 20 例新冠肺炎确诊病例从市第四人民医院治愈出院，医护人员为 77 岁的康复患者聂某举行简短的欢送仪式。该患者在 17 天的时间里，省、市医疗救治专家组按照《新型冠状病毒感染的肺炎诊疗方案（试行第六版）》科学施策、精准治疗、悉心照护，患者体温恢复正常 3 天以上，呼吸道病原核酸检测阴性，全血核酸检测阴性。符合《诊疗方案》出院标准，经专家组评估，可以出院。从 1 月 22 日山西首例新冠肺炎病例确诊，到 3 月 1 日，太原市第 20 例新冠肺炎患者出院，经过一个多月的抗击疫情，太原市已确诊的 20 名新冠肺炎患者全部治愈出院，实现确诊病例和疑似病例“双清零”，医务人员零感染。太原市新冠肺炎疫情防控工作取得初步胜利。（宋晨曦）

复工复产复学

【政策扶持】 2020 年，太原市落实省委“四为四高两同步”总体思路和要求，制订国民经济以及社会发展计划和财政预算，召开全市项目建设推进会、脱贫攻坚推进会等全市性视频会议，部署全市经济社会发展和党的建设各项工作，加大政策供给。出台《关于应对新型冠状病毒感染肺炎疫情支持中小微企业发展的意见》《关于抗疫情、保增收、防返贫十项措施》等，在工业生产、项目建设、市场消费、农业生产等方面强化补损措施。制定疫情期间企业复产增

2020 年 3 月 18 日，太原市工信局举办复工复产政策宣讲会，科学有序推进企业复工复产（市卫健委供图）

效奖励办法，对增产增效规上企业给予一季度20万至300万元、上半年30万至500万元奖励。出台疫情期间土地出让金分期缴纳、城市配套费延期缴纳、调整预售许可、阶段性缓缴住房公积金等政策，推动房地产市场平稳发展。强化援企稳岗。减免中小微企业疫情期间租金、管理费、物业费，切实减轻企业负担。加大金融支持，协调22家银行为1310家企业发放贷款536亿元。“点对点”“一站式”包车直达运输，解决企业用工瓶颈问题。决战脱贫攻坚。建立贫困劳动力就业需求台账，征集门槛低、待遇高、离家近118家单位1.05万个岗位组织转移就业，对全市31036名建档立卡贫困劳动力实行分类就业。激励招工中介，对实现就业的人员和相关中介机构分别给予1000元奖励。

（宋晨曦）

【复工复产推进】 2020年，太原市印发《关于科学有序加快推进各类市场主体复工复产的若干措施》，提出10项具体措施，县区、部门设立工作专班，点对点服务，解决原料供应、员工招聘、防疫物资保障等具体困难。市场主体加快复工。全市规上工业企业应复尽复，5个开发区783家四上企业全部复产。外资外贸企业开工316家，开工率97.80%。限额以上批发零售业企业开工769户，开工率89.10%。农业企业开工240户，开工率98.77%，生活秩序有序恢复。蔬菜批发市场、大型超市以及连锁便利店2000余个门店全部正常经营。29家大型商场（5000平方米以上）开业28家。全市4754户餐饮单位开业。晋祠等32个A级景区对外开放。交通运输正常运营。5个长途汽车站全部正常运行，恢复省际客运班线2条、市际客运班线72条、县级客运班线2条。全市公交恢复运行，单日客运最高达38.60万人次。3月23日起，解除巡游出租汽车、网约出租汽车单双号运营管控措施。

晋商银行股份有限公司优化线上线下金融服务渠道，提供手机银行、网上银行、微信银行等24小时线上服务，与“健康山西”平台合作开展线上义诊，多渠道满足广大客户金融服务需求。支持企业复工复产，多措并举加大信贷投放力度，开通绿色审批通道，为受疫情影响的企业提供授信支持386亿元，确保相关企业经营周转正常。出台支持中小企业共渡难关8项举措，通过加大贷款投放力度、返还部分存量贷款利息、降低新增贷款利率等方式，降低中小微企业融资成本，为中小微企业提供超过2亿元让利返还，办理展期或调整还款计划涉及贷款金额2.90亿元，为61户小企业客户延期还本1.46亿元，为45户小企业客户办理延迟付息共计141.70万元，累计投放支小再贷款23.42亿元，为小微企业和个体工商户累计发放贷款1138户、107.05亿元，普惠型小微企业贷款余额达到67.43亿元，较年初增长47.27%。

（宋晨曦　闫慧）

【政协助推复工复产】 2020年，太原市政协开展干部包联帮扶企业项目行动，动员和号召各级政协组织和广大政协委员聚焦复工复产、投资消费、扶持中小微企业发展等重点工作，献计出力。开展加快推进全市餐饮业复工复产等专题调研。召开包联帮扶企业项目协商推进会，邀请有关政府职能部门，面对面听取包联帮扶企业面临的问题和困难，开展政银企协商对话，集中推动问题解决。走访85户重点企业、33个重点工程项目、21个重大产业项目160多次，帮助协调解决问题90个，有效地推动复工复产和项目建设。（刘　荟）

【税务助力复工复产】 2020年，太原市税务局将减税降费与疫情防控紧密结合，组织税务干部赴全市重点企业参与联防联控和复工复产，宣传辅导税收优惠政策，确保企业及时足额享受国家减税红利。加强部门协作，与房地、邮政等部门联合制发《关于应对新型冠状病毒感染肺炎疫情支持中小微企业发展的意见》《关于做好邮政快递业疫情防控期间减税政策的通知》等系列措施。利用税收大数据优势主动收集企业复工复产需求，为企业提供原材料、人力资源、物流融资等方面的信息支持，为困难企业筛选提供2942户（次）的信息支持，协助供求双方实现有效购销13笔，金额932万余元。创新开展“服务少数民族企业、助推复工复产”税收宣传活动，以“忘不掉的老味道”为主题，推出7场直播活动，为宁化府、老鼠窟、六味斋等老字号企业搭建线上宣传销售平台，直播期间视频播放量200余万次，观看人数800余万人次，促进企业销量增加，加快推进复工复产。（郭天文）

【群团助力复工复产】 2020年，太原市总工会组织线上招聘活动，提供就业信息8.50万个，涉及多个行业100余个工种，实现就业或达成就业意向6.70万人。开展助力企业恢复生产大走访活动，制定和印发《关于做好新型冠状病毒感染肺炎疫情防控期间稳定劳动关系支持企业复工复产的通知》《关于在支持企业安全有序复工复产中充分发挥工会组织积极作用的实施意见》，向企业发放《企业复工复产疫情防控工作指南》和《新冠肺炎防控知识读本》1万余册，为39家直属基层工会捐助双氧水2.10吨。（李　璟）

【县区复工复产】 2020年，万柏林区面对新冠肺炎疫情冲击和复杂严峻的市场环境，聚焦地区重点行业、企业，一对一精准服务，帮助企业纾困解难，对冲疫情带来的不利影响。区财政投入2000万元，启动为期3个月的“金秋消费季，嗨购万柏林”主题活动，拉动汽车、餐饮、零售等消费超2亿元，促进经济复苏回补和潜力释放，市场活力动力持续增强。（梁文青）

【复学保障】 2020年，太原市全面落

实省委“十个到位”要求，成立高三开学工作保障领导小组，印发《太原市普通高中学校高三年级开学准备工作方案》，每校配备健康监测、物资保障、安全保卫三个工作专班进驻值守，保障师生身体健康和校园安全。坚持“一校一方案”“一校两预案”“一校三专班”，压实校长主体责任和县区属地责任，全市79所高三年级学校全部制订复学方案，学校教职员工全部到位，师生信息全部核查。564个教学班划为913个班级，6916间学生宿舍、2982间教职工宿舍分散住宿。334名防疫、安保和物资保障专班人员值守保障，按照每人日均一个口罩、每班一支测温枪标准，储备口罩21万只、测温枪1539个，所有公办学校安装门式测温仪。3月22日全部完成逐校验收，3月25日顺利开学。6月2日，小学低段、特教学校、校外培训机构全部开学。（宋晨曦）

社会防控

【财政系统疫情防控】2020年，太原市财政局坚决贯彻落实中央和省、市决策部署，建立急事急办、特事特办资金应急保障机制，加强资金集中统一调度，加快资金拨付使用，累计投入新冠肺炎疫情防控防治经费5.70亿元，支持疫情防控工作，确保人民群众不因担心费用问题而不敢就诊，确保各医疗机构不因资金问题而影响医疗救治和疫情防控。发挥第四人民医院、市中心医院等主阵地作用，实现确诊病例零死亡、医护人员零感染“双零”目标。围绕减轻患者救治费用负担、提高疫情防控人员待遇、保障医疗防控物资供应等方面出台实施一系列财税政策。加大财政投入力度，推动重大疫情防控救治体系和应急物资保障体系建设，着力补齐公共卫生和医疗基础设施建设短板。下达资金1.14亿元，支持核酸检测基地建设、进口冷冻肉品和水产品监管总仓投运，阻断冷链渠道传播风险。支持企业纾困发展，出台《太原市工业转型升级发展资金疫情期间规上企业复产增效奖励办法》，拨付奖励资金1.10亿元，惠及228户企业，保障疫情防控工作有序开展和企业复工复产。（张 洋）

【公安系统疫情防控】2020年，太原市公安局全面加强卡口防控和到并人员跟踪。启动进出治安卡口65个，盘查车辆65万余辆、人员近110万，确保全市4361名密切接触者、32624名居家隔离人员妥善稳控，未发生脱离医院治疗和在医院滋事事件。全面加强物流和境外人员隔离管控。投入警力6990人次，完成中转航班33架次、7729人防控稳控任务。配合转运疑似人员569人，隔离人员6517人，防止境外疫情蔓延。打击各类涉疫违法犯罪活动，破各类涉疫案件128起、查处233人。快速核查打击散布涉疫不实信息等行为，刑事拘留1人，行政拘留7人，教育训诫96人，发布辟谣信息20余条。

2020年，太原市交警支队设置疫情防控卡口54个，配合检查引导车辆150万辆（次）。在12个疫情防控卡口安装车辆号牌自动识别系统，在3个区所有卡口安装识别二维码电子登录系统，通行效率明显提高。在高速收费站卡口设置绿色通道，确保疫情防控物资运输车辆和其他应急车辆优先检测通行。复工复产期间，专门制作“新冠病毒肺炎”疫情防控运输车辆专用通行证，各大队累计走访重点企业1327个（次），为企业办理新冠病毒肺炎疫情防控运输车辆专用通行证6817张。完成5次山西援鄂医疗队返晋交通安保特勤任务，出动警力1830人次、摩托车1397台次、警力215辆次，护送大巴车102辆、医护人员1526人。完成38次“入境进京国际航班分流”交通安保工作任务，包括勤务组织、线路保卫、医院和隔离酒店（宾馆）周边道路交通管控，共有旅客和机组人员10868人，其中疑似人员1292人、隔离观察9348人、飞离太原608人。其间，出动警车167辆次、警力391人次，勤务时间512.90小时。制订《后勤保障处参与处置突发性公共卫生事件工作预案》《全力做好支队机关疫情防控工作的措施》等相关工作措施，为一线执勤民警、辅警提供坚强有力的后勤保障。发放KN95口罩18590个、医用一次性口罩32540个、防护服9577套、护目镜923副、医用橡胶手套7550副、红外线测温仪62台、紫外线灯车4台、手动喷雾器25台、浓缩消毒液120桶、普通消毒液440瓶。全市22个交警卡口工作人员人均一套防护装备（防护服、护目镜和防护手套等），

2020年，太原市公安局全警动员组织开展疫情防控工作（市卫健委供图）

确保一线作战人员安心投入到疫情防控工作中。

（刘春生　董莉　陈永维　李欣）

【市场监督疫情防控】 2020年，太原市市场监督管理局检查生产流通、打击囤积居奇、办理投诉举报、维护群众利益、全力平抑物价，从严从快查处各领域违法行为。全省首家建成运行进口冷冻肉品和水产品集中监管总仓，做好冷链食品进口、运输、贮存、销售等各环节工作，坚决守住“冷链输入”关口。在专利申请、标准服务、计量校准、认证检验检测等方面推出惠企助企举措，鼓励支持指导药械、服装等企业加快生产线改造升级，提高防疫物资产能。严把防护服、医用口罩等重点防疫产品质量关，稳固防疫斗争后方。开展多层次多轮次禁售退烧药品管控排查，防止反弹。公开曝光一批涉疫违法典型案件，形成有效震慑。

（王小鑫）

【教育系统疫情防控】 2020年，太原市教育系统延迟开学期间，在全省率先实施“在家上课”行动计划，覆盖725所学校、50余万名师生。针对初三、高三毕业年级开设太原名师空中课堂，230余名优秀教师录制课程250余节。投入560万元为市属学校安装测温门72个。建立“一校三专班”工作机制，为每所学校配备防疫人员专班、安全专班、物资保障专班3个专班，确定定点联系医院，建立包联责任制，为学校配齐口罩、消杀物品等防疫物资，常态化帮助学校做好疫情防控和应急处置工作。3月25日至6月2日，按学段、年级错时错峰有序组织春季学期六轮开学。组织召开返校前疫情防控专题部署培训，各校制订“一方案两预案”，严格落实“十个到位”要求，由属地逐校逐项验收合格后有序开学。开学后实施动态闭环管理，做好防控知识普及教育和学生心理健康教育，上好开学第一课，实现线上线下教程有效衔接。暑期坚持师生员工动向、健康状况每日一报，筑牢疫情防控防线。9月秋季学期如期平稳开学，60余万名学生开学复课，全面恢复正常教育教学秩序。（姜倩倩）

【文旅部门疫情防控】 2020年，太原市文化和旅游局落实“外防输入、内防扩散”要求，强化动态监管，取消或延期公共文化活动341场次，取消旅游团队2220个2.30万人，星级饭店客房退订7516人，餐饮退订6.30万位，全行业未发生聚集性感染。印发《加快现代服务业发展政策意见实施细则》，为旅行社暂退质量保证金6536万元，实现文旅行业疫情防控和复工复业统筹推进。

（吴　鹏）

【交通系统疫情防控】 2020年1月29日起，太原公共交通控股（集团）有限公司按照太原市统一部署，全面调整运营工作，坚持一线一策、视情调度，综合运力下调65%，在保障基本出行的同时，控制车厢满载率在30%以下，有力阻击疫情传播。4月，分阶段恢复运力至100%，同步对接院校、企业，精准助力全面复工复产。主动对接确诊或疑似病例的流调信息，第一时间核实和反馈车辆班次以及人员信息，落实应急预案，阻断传播途径。

2020年，中国铁路太原局集团有限公司出台“五强化、五防止”措施，发挥“防输入、防输出”铁路屏障，安全输送服务旅客1762万人，完成“两会”代表、委员安全运送、国外入境返晋和京返人员无缝交接等工作，保持“零传播”“零感染”。做好抗疫物资运输，为支援湖北开设运输绿色通道，完成4批次105名支援湖北医护人员输送、3批次75名医护人员经铁路中转乘机，以及支援湖北9批次1638件防疫物资、31批次3104吨生产物资等运送任务。保障近1.60万名学生、1466名务工人员按时复课、安全复工，完成197万吨民用物资、25488万吨能源物资的及时运输，确保太郑高铁建设等省重点项目复工复产。

2020年，山西航空产业集团成立防控领导小组，制订工作方案、落实防控举措，3次调整应急响应等级。在所辖机场设置测温点27个，率先在全省实现旅客、员工体温检测全覆盖。全年累计完成9.70万架次，880.20万名进出港旅客的体温筛查工作。转运高风险旅客2065名。投入597.27万元为员工完善防护措施。疫情防控管理有力有序，做到国内防疫“零差错”、涉外防疫“零失误”、员工防疫“零感染”。完成42架次国际航班经停太原入境保障工作。保障14批共1452名援鄂医疗队员、12033吨防疫物资运送任务。开拓北京、天津、上海航线市场，开通“并沪公交快线”。最大限度恢复航线航班，新增、加密各重点城市、京津冀、珠三角、长三角等复工复产需求迫切相关城市航线25条。协调多家航空公司提供包机定制服务，保障4架复工复产客运包机。落实帮扶政策，支持成员企业以及相关联的中小企业共渡难关，共减免房租、特许经营费、停场起降费等共计2897万元。（郭志栋　燕保全　张芮）

【企事业单位疫情防控】 市图书馆。2020年，太原市图书馆根据疫情防控要求，实行预约入馆，规范入馆流程，加强馆内及读者餐厅防疫管控。严格按照疫情筹备采购并按时发放防护物资，严格按照要求执行各区域消毒，将疫情防控消毒落实到位，保障全馆疫情防控工作，确保读者和职工的安全。制作“共战‘疫’不孤‘读’，为武汉加油！”的读者证抖音视频爱心活动，倡导馆员节约、有效利用防护用品，把节约出来的防护用品向身处疫情中心的图书馆提供援助。为武汉图书馆捐赠防护口罩1000个，防护手套1000双。向恩施州图书馆进行第一批温暖援助，捐赠体温枪2枝、口罩300个、手套500双、雨衣200件。

太原六味斋实业有限公司。2020年，

太原六味斋实业有限公司主动部署安排落实防控要求，年初下发《关于防控新型冠状病毒感染肺炎实施方案》及应急预案，成立疫情防控工作领导小组。按照疫情防控工作要求，采购近百万元的口罩、酒精、测温仪等防控物资。根据疫情形势的变化，安排指导公司和员工积极应对，全力做好疫情防控工作。根据复工复产决策部署，坚持一手抓疫情防控，一手抓生产经营，加强与街办、社区、市场监管等部门的沟通，想方设法积极复工复产。疫情期间，积极联系银行贷款，为全体员工发放生活费600余万元，交通补贴10余万元，解除员工居家期间没有收入来源的困境，实现“零”降薪、“零”裁员。

电信山西分公司。2020年，电信山西分公司为各级党政军、卫健委、定点医院、发热门诊、隔离区等关键单位开通、扩容专线电路和高速宽带145条，提供应急指挥电话46部，客户专线免停数量289条，出动客户工程师1592人，处理故障1140处，重保专线电路372条。针对606处重保区域进行24小时实时网络支撑服务，确保疫情联防联控期间415所定点医院、发热门诊及隔离点网络畅通，现场主动巡检次数106次。为电信用户提供全业务免停机服务（欠费不停机），保障1803万用户（手机、宽带、电视、固话）信息通信顺畅，围绕政府指挥体系、媒体单位、医疗机构、重要政府单位等294家单位，建立7×24快速高效响应机制。快速制订IDC业务承接方案，及时有效满足阿里、腾讯等客户的紧急需求，累计支撑IDC客户带宽需求1300G，出动应急保障人员14419人次，车辆6267台次，油机209台次，巡检一级干线20769千米，二级干线71151千米，排查及整改隐患1522处。发挥信息技术优势，将大数据、5G技术、云计算、天翼云会议、来电名片、云堤、热成像测温、天翼大喇叭等“新武器”投入到实战中，助力疫情防控和复工复产。为各级政府、企业及疫情防治医疗机构等6162家单位、26774个用户开通天翼云会议功能，并免费提供5G高清视频云会议17797次，开通云堤154个，为281家单位16512人开通来电名片业务。部署远程医疗系统及系列信息化应用，结合中国电信优质的云网优势和大数据技术，提供远程医疗系统、新冠病毒肺炎疫情监测平台、新冠病毒肺炎疫情排查App和新冠病毒肺炎疫情自我申报和疫情线索上报系统。推出线上教育宽带服务保障计划，保障“停课不停学”。布局完成6400核云资源能力的搭建，快速上线云课堂产品，保证师生按时开课，为384所中小学、27.50万名师生提供优质在线云课堂服务。为保证线上教学的网络质量，为广大师生提供500M宽带免费体验服务，累计向3.30万名师生提供高品质宽带服务。

山西联通公司。2020年，山西联通公司进行名单制重保区域2G、3G、4G基站健康度管控、网络质量监控、故障跟踪和通报。编制各业务区专业网管重保基站专项告警监控面板的设置指导手册，指导各市平稳有序开展工作。搜集区域相关信息，并上传客服支撑系统，做好客服投诉支撑工作。建立钉钉群内重保区域网络覆盖及容量等资源需求沟通渠道，协调主设备厂家及时配置LICENSE等资源。运用大数据监控分析，做好数据安全和账号实名制工作。对大数据平台账号分权分域，实名制管控，通过10010、1006558887向社会各界民众发送防疫、抗疫信息数亿条。建立省、市联动机制，每日通报疫情重保区域网络质量情况，保障重保区域移动网络质量。重点监控疫情重保区域1223个基站、3728个小区，重保区域未发生一次基站断站。重保区域网络负荷平稳，累计新增带内扩容13个小区。

山西移动公司。2020年，山西移动公司组建215支党员突击队、50支青年突击队，设立341个党员先锋岗，全力做好通信保障、服务保障、防控保障。全天候保障重点区域网络畅通，第一时间搭建省内、晋鄂远程会诊系统，为1758名援鄂医护人员和滞留湖北的3.40万名客户提供免停机服务，发送疫情公益短信17.40亿条，提供行程大数据查询338.60万人次，云课堂助力“停课不停学”，5G+体温监测等应用助力社会各界疫情防控和复工复产。

（张建荣　毛晓敏　林谦　孙帆）

【开发区疫情防控】 2020年，太原中北高新技术产业开发区落实“九到位”“两确保”防控措施，支持和组织推动各类生产企业复工复产，夺取疫情防控和经济社会发展双胜利。完善细化《太原不锈钢产业园区生产企业、在建项目领导干部包联表》，开展分管领导定期检查、包联领导每日巡查、包联部门专人蹲点、纪检部门随机抽检的纵向工作模式，保证包联企业卡口管控到位，促进企业复工复产。累计排查企业73家，人员3321人，监督检查49次，发现问题31个，全部整改到位。点对点、面对面，助力企业应对疫情复工复产，为太原锅炉集团争取4000万元锅炉生产订单，助推企业健康发展。通过召开现场调度会，为日德泰兴协调贷款担保1000万元资金，解决资金难题，提振辖区企业共克时艰的信心和决心。

（郭　微）

市情概览

A General Introduction of Taiyuan

自然理地

【位置　面积】太原市位于山西省中部、晋中盆地北部地区，地理坐标为北纬37°27′～38°25′，东经111°30′～113°09′。北、东、西三面群山巍峙，北靠系舟山、云中山，东据太行，西依吕梁，南接晋中平原，汾水自北向南纵贯全境。古昔有“襟四塞之要冲，控五原之都邑”之称誉。太原市东、东北与榆次区、寿阳县、盂县为邻，南与交城县、文水县、祁县、太谷县接壤，西、西北与岚县、方山县毗连，北与静乐县、忻府区、定襄县交界。

太原市轮廓呈簸箕形。最北端为阳曲县天翅垴，最南端为清徐县韩武堡，东端为阳曲县贾庄，西端为娄烦县大村沟。东西宽114.25千米，南北长107千米，周长约560千米。总面积6988平方千米，约占山西省总面积的4.50%。

（太原年鉴编辑部）

【地质　地貌】地质。太原地处山西断隆中部，位于吕梁断拱、大宁台陷、五台台拱、沁水台陷的交汇处，新生代晋中断陷盆地的北端，包括西山凹陷的大部。区内构造较为简单，构造线大体呈北东—南西向，盖层向东或东南缓倾斜。其中西山凹陷赋存有西山煤田，是山西省六大煤田之一。境内出露地层有中太古界前五台系，上太古界五台系，中元古界长城系，古生界寒武系、奥陶系、石炭系、二叠系，中生界三叠系，新生界第三系及第四系。岩浆岩有太古代、元古代及中生代三期。

地貌。太原市东、西、北三面群山合抱，中南部为汾河河谷平原，整个地势北高南低。地貌类型可分为山地、丘陵、平原、盆地、谷地五种。山地4528平方千米，占总面积的64.80%；丘陵904平方千米，占12.94%；平原1093平方千米，占15.64%；盆地279平方千米，占3.99%；谷地184平方千米，占2.63%。境内地势起伏较大，高低悬殊，位于境西北娄烦县的赫赫岩山主峰，海拔2708米，为全市最高峰；位于清徐县西青堆的汾河漫滩，海拔760米，为全市最低处，高差1948米。

（太原年鉴编辑部）

【气候】太原市地处大陆内部，属于暖温带大陆性季风气候，冬寒夏热、春秋短促、昼夜温差大、降水少且集中。冬季受西伯利亚冷气团控制，夏季受东南海洋湿热气团影响。随着季节的推移，两大气团在太原交互进退、此消彼长，发生着规律性的周期更替，形成冬季干冷漫长，夏季湿热多雨，春季升温急剧，秋季降温迅速，春秋两季短暂多风，干湿季节分明的气候特点。年平均太阳总辐射量为每平方米4927.90兆焦耳，全年日照总时数为2285小时～2587小时，年平均降水量390毫米～423毫米，气温8.10℃～11℃，积温2375℃～3121℃，地面温度10.50℃～13.40℃，风速为每秒1.40米～2.20米，地面气压887.10百帕～927.80百帕，相对湿度为54%～58.20%，蒸发量为1459毫米～1991毫米。无霜期153～178天。

（太原年鉴编辑部）

【土地资源】太原市土地利用总面积为691246公顷。其中耕地116598公顷，占利用土地总面积的16.90%；园地18101公顷，占2.60%；林地278073公顷，占40.20%；草地168062公顷，占24.30%；城镇村及工矿用地64659公顷，占9.40%；交通运输用地13779公顷，占2%；水域及水利设施用地16467公顷，占2.40%；其他土地15507公顷，占2.20%。

（太原年鉴编辑部）

【矿产资源】太原矿产资源丰富，主要有铁、锰、铜、铝、铅、锌等金属矿和煤、硫黄、石膏、钒、硝石、耐火黏土、石英、石灰石、白云石、石美砂等非金属矿。在矿物资源中以煤蕴藏最丰，铁矿次之，石膏居三。山西以盛产煤而有“煤海”之称。太原处在“煤海”中部，地质上称太原的煤藏为“太原系煤”，基础储量居全省第四位，是山西煤炭资源的主要组成部分。太原系煤不仅储量丰富，而且煤种齐全，焦煤、肥煤、瘦煤、贫煤、气煤、无烟煤应有尽有。市域含煤面积1368平方千米，占全市土地总面积的19.58%。已探明储量主要分布在太原市东、西山及古交市、阳曲县、清徐县、娄烦县境内。分属沁水、西山、宁武三大煤田，东山、阳曲、西山、古交、清交、龙泉六大矿区。据2008年年底《山西省矿产资源储量简表》，太原市累计查明煤炭储量186.77亿吨，保有资源储量172.24亿吨，其中基础储量105.54亿吨，占全省的10.18%。太原煤炭资源具有含煤面积较广，储量丰富，煤种齐全，煤质优良；构造简单，倾角平缓；大部分地区瓦斯含量低，含煤地层及煤层稳定，埋藏较浅，利于开采等特点。

（太原年鉴编辑部）

【水资源】 汾河由北向南纵贯全市，其间有大小几十条支流汇入，流域面积6331平方千米，占全市流域总面积的90.60%；依阳曲县轿顶山、文昌山、水头岭、两岭山一线以北温川河、乌河和泥屯镇岔上北部及高村乡西北部区域属海河水系滹沱河流域。流域面积657平方千米，占全市流域总面积的9.40%。太原市的水资源总量包括河川径流量3.09亿立方米和地下水资源量5.66亿立方米，扣除地表水和地下水相互转化的重复计算水量2.15亿立方米，共计水资源总量6.60亿立方米/年。

（太原年鉴编辑部）

【植物资源】 据调查，太原市有维管束高等植物140科、658属、1347种。其中，蕨类植物13科、15属、25种，种子植物127科、643属、1322种，具有植物资源丰富、植物起源古老、单种属植物较多等特点。（太原年鉴编辑部）

【动物资源】 据调查，太原野生动物资源，有鸟纲16目、37科、173种，其中国家一级保护鸟类4种，国家二级保护鸟类27种、中日保护候鸟80种、山西省重点保护鸟类8种；哺乳纲6目、17科、42种，其中国家一级保护兽类1种、国家二级保护兽类5种、山西省重点保护兽类3种；爬行纲动物3目、4科、8种；两栖纲1目、2科、5种；鱼纲2目、4科、21种；甲壳纲动物1目、2科、2种；昆虫纲13目、70科、177种；蛛形纲2目、3科、10种。

（太原年鉴编辑部）

历史文化

【建置沿革】 太原简称“并”，古称晋阳、并州。国家级历史文化名城，全国园林城市。古交遗址、东六度西遗址、石千峰遗址等证明，旧石器时代太原就有人类生息繁衍，义井遗址、思西遗址、都沟遗址等证实，新石器时代太原先民创造出辉煌灿烂的文化，东太堡文化遗址、“许坦型文化”遗址分别展现太原地区夏、商时期的文化。周景王四年（前541），晋国荀吴率兵北征，太原地区始入晋国版图。周敬王二十三年（前497）前，晋卿赵简子命董安于修筑晋阳城（今太原市晋源区古城营村一带），所以太原又称晋阳。周贞定王十六年（前453），晋卿智伯率韩、魏军队攻打并水灌晋阳城，反被赵襄子的谋士张孟谈以“唇亡齿寒”之喻，说服韩、魏与赵联合，大败智伯军，擒杀智伯，并三分其地，奠定“三家分晋”的基础。周威烈王二十三年（前403），周天子册封赵、韩、魏三家为侯，史称“三家分晋”，被认为是中国古代历史从春秋时代进入战国时代的重要标志之一。战国初期，晋阳为赵国都城，是赵国的政治、经济、文化、文化、军事中心。秦庄襄王三年（前247），秦国设立太原郡，为太原设郡之始。秦统一中国后，太原郡为全国36郡之一。西汉元封五年（前106），汉武帝分天下为13州刺史部治，并州刺史部为其中之一。这是太原简称“并”的渊源。东汉末年，匈奴南下，晋阳先后被后赵、前燕、前秦、西燕、后燕等政权交替占领，太原虽然处于各种政权的争夺之中，却也为民族融合和文化交流作出积极贡献。故而太原历史上也有“并州杂胡”一说。南北朝时，北魏、北齐以晋阳为下都、别都，“军国政务，皆出高氏，精兵宿将，咸萃晋阳，士马精强，远胜邺都”，史称晋阳为“霸府”。隋末，李渊父子起兵太原，攻克长安，建立唐朝。唐代，修筑晋阳的东城和“跨水联堞”的中城，晋阳（太原）城形成东城、西城、中城3座城，“周四十二里，东西十二里，南北八里三十二步，门二十四”。规模之大，气势之壮，为晋阳城的鼎盛时期。唐代以

2020年10月26日，太原市完成复建的古“晋阳八景”之一“汾河晚渡”景点向市民开放

（太原日报社供图）

太原为“北都”“北京”，与京都长安、东都洛阳并称“三京”。唐玄宗开元十一年（723），改并州大都督府为太原府，治所晋阳，领辖晋阳、阳曲等13县，为太原设府之始。五代十国时期，后唐、后晋、后汉、北汉等都以太原为国都或陪都，因此，在民间太原有“龙城”之称。宋太平兴国四年（979），赵光义率兵灭北汉，降太原府为并州，移州治所于榆次县。七年，又将治所迁至唐明镇，并在唐明镇新建太原城，“罗城周十里二百七十步”。嘉祐四年（1059），改并州为太原府。元代设太原路（后改为冀宁路），明代复称太原府，辖5州20县，并扩建太原城，城周二十四里。清时为太原府。宣统三年（1911）辛亥太原起义，推翻清王朝在太原的统治。明清时期太原为晋商都会。民国十年（1921）设太原市自治行政公所。民国十六年，设省辖太原市。1949年4月24日太原解放后，为山西省省会，是山西省的政治、经济、文化中心。

（太原年鉴编辑部）

【人文太原】 古代传说。《左传·昭公元年》载“台骀宣汾、洮，障大泽，以处太原”，台骀降服汾河黑龙，洪水退去，露出平坦的土地，人们给这块沃野起名“太原”，很久以后，这块“龙”的土地上逐渐形成城市，于是太原又有了“龙城”的说法。相传大禹治水，“打开灵石口，空出晋阳湖”“三过家门而不入”，太原是大禹治水的主要活动区域，有禹在太原北部系舟山停泊的传说。

历史人物。在漫长的中国古代历史上，晋阳山水孕育出众多彪炳史册的人物。有晋国立国创业的始祖和三晋文化的开创者唐叔虞，春秋古晋阳城的创建者董安于；有叱咤春秋之际政治舞台的赵国奠基人赵鞅，战国之初赵国第一代国君赵毋恤，北魏末东魏初的丞相高欢，后汉的创建者刘知远，北汉的开国皇帝刘崇；有享誉文坛的隋代史学家王劭，唐代著名诗人王翰、王之涣、白居易，唐代天文学家李淳风，宋代著名绘画史论家郭若虚，书画家王诜、米芾，元代著名散曲、杂剧作家乔吉，元明之际杰出的古典小说家罗贯中，明末清初思想家、书画家、医学家、文学家傅山，清代著名学者、考据学家阎若璩，画家、小说家刘璋；有身系国家安危的大臣西汉外交家常惠，唐代名相狄仁杰，明朝中叶重臣王琼；有驰骋战场的三国魏名将郭淮、王昶，西晋保卫晋阳的刘琨，家喻户晓的北宋杨家将……他们对国家的统一、社会的发展、民族的融合、边疆的开拓、生产水平的提高、科学技术的进步和思想文化的繁荣，都曾作出过重大贡献，或曾起过不同程度的积极作用。

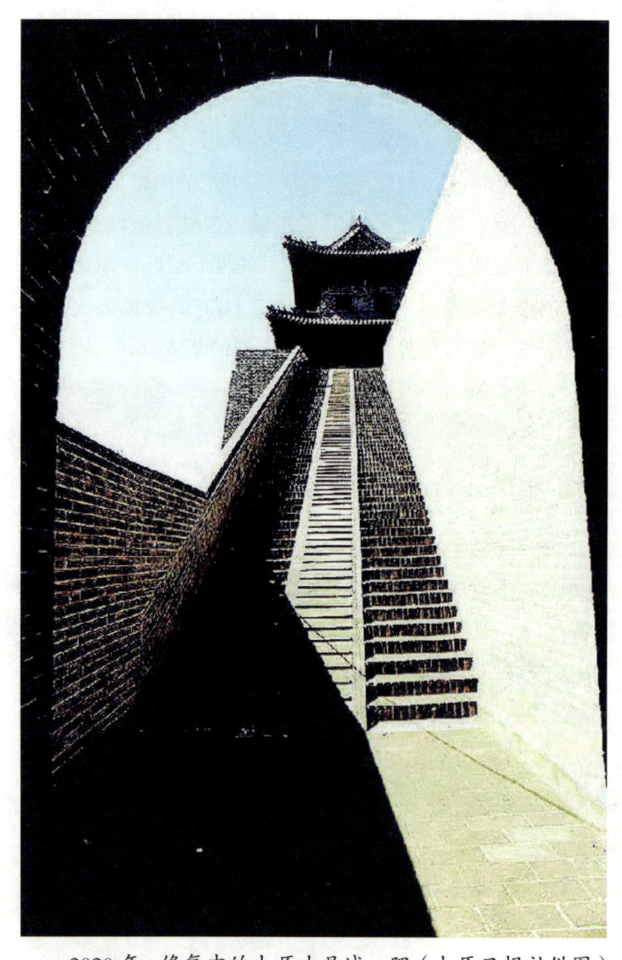
2020年，修复中的太原古县城一隅（太原日报社供图）

民间信仰。太原民间信仰众多，有大自然信仰，人神、俗神、鬼神和方术巫祝信仰等，充分体现在人们的生产生活中，如太原民间的各行各业大都有各自的行业祖师或行业神。财神是太原民间极为普遍的祭祀偶像，各行各业的工匠尤其是大小商贾对财神爷都毕恭毕敬，生怕在行为和语言上有所冒犯。太原民间历史上曾经奉黑虎财神和比干、陶朱公、五路财神等诸多财神。但是，众财神中最受太原百姓欢迎而久祀不衰的要数关羽，民间称为“关公”“关老爷”或“关帝”。太上老君是太原境内铁匠、烧砖瓦匠、金银匠以及焊匠、锡匠、制陶匠等作坊工匠崇奉的行业神。染织手工作坊的祖师爷是梅、葛二仙。杜康历来是酿酒作坊祭祀的酒神。民间造纸作坊把蔡伦尊为行业祖师爷。太原过去的醋坊历来敬奉三类神祇，即醋仙翁、水神和财神。境内民间还流行多神信仰的风俗，许多作坊除崇奉自己行业特有的祖师神之外，还尊奉多个其他神祇。

饮食文化。太原人的传统饮食习俗以面食为主，副食是蔬菜和少量的肉类。长期重主食、轻副食。太原面食品种丰富，制作精美，尤以煮食类面食为代表，有“河捞”“拨鱼儿”“抿圪蚪”“揪片”“削面”“拉面”“剔尖”“溜尖”“擀面”“擦尖”“圪垛儿”“蘸片子”“擦圪蚪”“抿尖”“圪搓搓”“包皮面”“煮疙瘩”，等等。民间有“一面百样吃”和“七十二样家常饭”的说法。太原面食是山西饮食文化中的一枝奇葩，面食花样之多和制作之精，实令外地人称奇。

红色文化。太原是一座有着光荣革命传统的红色城市。新民主主义革命时期，太原最早点燃三晋革命的星星之火，是五四运动响应地、山西党团策源地、红军东征路经地、抗战文化传播地、抗日民族统一战线实践地、华北解放攻坚地、民主建政典范地。太原红色文化随着五四运动之后马克思主义的传播而出现，随着党在太原推动和实践抗日民族统一战线而形成，随着各解放区干部和中外专家支持太原工业建设而壮大，随着内陆省会日趋开放而发展。在太原解放和建设的历程中，一批批共产党人和先烈、众多普通先进劳动者为了城市的发展和繁荣，为了人民的幸福和自由，不怕牺牲，以身许国，谱写一曲曲道德之歌，树立一座座精神丰碑，由此使得太原红色文化承载了爱国主义、集体主义、为人民服务等基本道德规范，传承了艰苦奋斗、勤俭创业等传统美德，体现了勇于担当、修身自律等道德准则。

太原作为有着光荣传统的英雄城市，在革命、建设和改革的历史进程中形成众多承载党的历史、革命传统、革命精神的纪念地和标志物，留下大量值得永久保存的红色文化遗址。国民师范革命活动旧址纪念馆、太原解放纪念馆、高君宇故居纪念馆、彭真生平暨中共太原支部旧址（省立一中旧址）等4个遗址为全国爱国主义教育基地，彭真生平暨中共太原支部旧址（省立一中旧址）、高君宇故居等2个遗址为全国重点文物保护单位，国民师范革命活动旧址纪念馆、太原解放纪念馆、高君宇故居纪念馆等列入全国百家红色旅游景点景区。

方言。作为山西方言的典型代表，太原方言具有山西方言的一般特征。比如，在语音方面保留着古汉语的入声；在词汇中残存有中古时期的“切脚语”；在句法上选择疑问句使用频率很高。就整个太原地区的方言来看，内部也存在着较大的差异，城区及近郊与清徐、阳曲、古交、娄烦等远郊县市区区别明显。特别是娄烦方言，由于娄烦地处深山区，交通和经济开发较其他县区迟滞，

高君宇故居　　（太原日报社供图）

因而其方言早期状态保存更好，是极珍贵的研究资料。20世纪中叶以后，随着普通话的推广和与省内外、国内外交流的日趋广泛和频繁，太原市城市居民的成分早已打破地域的局限。而城市居民所使用的语言，也逐渐地弱化方言特点而日益与普通话趋同。这方面表现最明显的一点是“入声”字的变化：年龄在50岁以下的人，语言中入声字已经没有“阴入”与“阳入”的区别而统统发声为“阴入”。

民俗。约5000年前，太原先民定居汾河流域，大力发展农耕业，并逐渐形成太原人相对稳定的生活习俗。太原一直是中国北方游牧民族与中原农耕民族冲突与交融的接壤地带，是中国北方游牧文化与中原农耕文化相互渗透的走廊与通道。太原民情风俗因此具有同于中原而异于中原、同于北陲而异于北陲的地方特色，这种地方特色又在不同的历史时期表现出质的传承和形的变异。周秦之际，太原受中原影响日增，农牧经济和商贸文化迅速发展，民风重义轻生、豪爽悲怆。汉至魏晋，太原人民经历一次次战火乃至民族大迁徙的洗礼，陶冶成刚劲不屈、吃苦尚俭的民情民风。北朝迄唐五代，太原人才辈出，群雄相继，民风尚武善战，尤重耕读，无战勤于耕牧，有战呼之即出。尤其是唐代，太原境内民间风习开始向多元化演进，既保留着浓厚深重的农耕文明印记，又逐渐融入都市商贸的文化基因；既保留着古朴纯粹的乡村民风，又逐渐具有城镇文化的色彩；既保留着以汉民族为主的文化传统，又兼容吸收北方游牧民族的文化元素。宋及金元，随着太原“龙城”辉煌的逝去，古城晋阳的毁灭，民风由开放张扬转向寡言内敛，虽然府南数县风气尚鸷，但绝大部分地区“民不诪张，士不挟党，大夫不凌贱市公”构成太原当时的风尚特点。明清时期，在太原广大城乡中，重商善贾之风甚炽，弃仕从商，劝业者众。尤以晋中商人创立票号为标志，将晋商事业推向顶峰。此际，太原鸷悍尚武之风一扫而光，民风“巧于思敏，寡于言语”，争而不讼，敦而不华，崇尚节俭，轻仕途而重技艺。关公信仰由晋中商贾推崇而广及民间，成为忠义、诚信、护法、纳财以及保佑平安的多功能神祇。质朴节俭之习，礼让不讼之俗，在太原蔚然成风。清末、民国时期，太原省城房舍宅第虽壮，但饮食极简；家资富庶者颇多，使用多不浪奢。有钱之家尚且如此，而一般市民农家更是以节俭为美德，以勤劳为楷模，铢积寸累，俭朴持家，已成

市风。中华人民共和国成立以后，尤其是改革开放以来，经济、文化交往和人口迁徙日益频繁，太原民俗受南北东西各地域文化的影响，变化十分显著，城市习俗呈现从未有过的变革移易，许多传统习俗渐渐被新的生活方式替代。

重点文物。太原是人类活动较早的地区之一，留存有大量人类文明的实物见证。至2020年，太原市有全国重点文物保护单位38处。全国最大的祠堂式古典园林晋祠，中国古代雕塑艺术的典范天龙山石窟，全国最大的道教石窟龙山石窟，中国乃至亚洲最古老的石质燃灯塔童子寺燃灯塔，以及太原文庙、纯阳宫、清真古寺、山西大学堂旧址、督军府旧址等，是太原不可移动文物的典型代表。太原馆藏文物也十分丰富，以出土文物及传世书画、瓷器和革命文物为大宗。出土文物中，以北齐文物最具特色，数量大，类别多，在全省北朝文物中占有重要地位。晋祠博物馆馆藏傅山书画作品为太原馆藏文物重要品类，也是全国重要的傅山作品保存地之一，“晋公千古一快”草书四条屏、东海乔松图等皆为珍品；馆藏元代龙泉窑瓜棱罐、明永乐梅瓶等为瓷器中的精品。

非物质文化遗产。太原文化底蕴丰厚，民风淳朴，独具三晋文化特色的非物质文化遗产极为丰富。国家级非物质文化遗产有：中医养生（药膳八珍汤）、清徐徐沟背铁棍、清徐彩门、风火流星、郭杜林晋式月饼制作技艺、晋祠庙会、晋剧、莲花落、琉璃烧制技艺、六味斋酱肉传统制作技艺、老陈醋酿造技艺（美和居）、传统面食制作技艺（龙须拉面和刀削面制作技艺、抿尖面和猫耳朵制作技艺）、清徐老陈醋酿制技艺、太原锣鼓、砖雕（山西民居砖雕）。此外，还有拔花花、狄仁杰传说、二鬼摔跤、傅山传说故事等省级非物质文化遗产和打岗、高村鼓坊、晋祠大米种植技艺、晋商诚信文化等市级非物质文化遗产。（太原年鉴编辑部）

行政区划

【概况】1972年，太原市辖南城区、北城区、河西区、南郊区、北郊区、古交工矿区（1988年改为古交市）、清徐县、阳曲县、娄烦县。1997年，撤销南城区、北城区、河西区、南郊区、北郊区，改设小店区、迎泽区、杏花岭区、尖草坪区、万柏林区、晋源区。2020年，太原市辖10个县（市、区）、53个街道、52个乡镇、743个社区、636个行政村、1341个自然村。（太原年鉴编辑部）

2020年太原市行政区划一览表

表1 单位：个

指　标	街　道	社　区	乡政府	镇政府	建制村	自然村
总　计	53	743	31	21	636	1341
小店区	7	136	2	1	29	33
迎泽区	6	101		1	10	21
杏花岭区	10	120	2		20	36
尖草坪区	9	77	3	2	55	85
万柏林区	14	121	1		15	16
晋源区	3	49		3	57	92
清徐县		31	5	4	139	190
阳曲县		29	6	4	98	328
娄烦县		11	5	3	105	187
古交市	4	53	7	3	108	353
综改示范区		15				

【行政区划调整】2020年，太原市小店区同意小店街道孙家寨村、杜家寨村，西温庄乡南王名村、北王名村、寺庄村撤村建居。北营街道西家四村并入道把社区，建立道把社区居民委员会，居委会驻道把社区。刘家堡乡河滩村并入刘家堡村，建立刘家堡村民委员会，村委会驻刘家堡村。北格镇西北格村并入北格村，建立北格村民委员会，村委会驻北格村。北格镇南浦村并入西蒲村，建立西蒲村民委员会，村委会驻西蒲村。

太原市迎泽区将董家庄村、小山沟村、小山岩村合并，合并后村名为董家庄村，村委会设在董家庄村。里麻地沟村、外麻地沟村、大窑垴村并入郝庄社区。东祁家山村、西祁家山村、占道村合并，合并后村名为东祁家山村，村委会设在东祁家山村。撤销小山岩村、小山沟村、里麻地沟村、外麻地沟村、大窑垴村、占道村、西祁家山村7个村民委员会。

太原市杏花岭区将石柱沟村与金儿树村合并成立伞儿树村，新的村民服务场所位于原伞儿树村村民委员会。山庄头村与河里头村合并成立山河村，新的村民服务场所位于原河里头村村民委员会。西岭村、下岭村、王家山村合并成立王家岭村，新的村民服务场所暂位于原下岭村村民委员会。南坪梁村与麦坪村合并成立麦坪村，新的村民服务场所位于原麦坪村村民委员会。窑头村与庄子上村合并，成立窑庄村，新的村民服务场所位于原窑头村村民委员会。前李家山村、后李家山村、野鸡庄村合并，成立李家庄村，新的村民服务场所位于原后李家山村村民委员会。

太原市尖草坪区撤销下槐村村民委员会、柏崖头村村民委员会，并入杨家村村民委员会。撤销东墕村村民委员会、中墕村村民委员会，并入西墕村村民委员会。撤销棋子山村村民委员会、河底村村民委员会、新兴村村民委员会、司徒洼村村民委员会，并入阳曲村村民委员会。撤销寨上村村民委员会，并入西岗村村民委员会。撤销沟南村村民委员会，并入皇后园村村民委员会。撤销马头水乡下水峪村村民委员会、上水峪村村民委员会、甘草茆村村民委员会、马头水村村民委员会，设立马头水新村村民委员会。撤销马头水乡马角村村民委员会、银角村村民委员会、窑儿上村村民委员会、珍珠茆村村民委员会、马吉掌村村民委员会、梁背后村村民委员会，设立六合村村民委员会。撤销马头水乡南石槽村村民委员会、北石槽村村民委员会、庄头村村民委员会、横岭村村民委员会，设立多福村村民委员会。撤销南固碾村村民委员会，设立南固碾社区居民委员会。成立南寨街道新华西社区居民委员会、古城街道龙康新苑社区居民委员会、古城街道御景湾社区居民委员会、柴村街道万科小镇社区居民委员会。

太原市万柏林区成立赞城社区居民委员会、百合居民委员会、长兴北街社区居民委员会、玉园北社区居民委员会、玉园南社区居民委员会、滨体社区居民委员会。撤销杜儿坪街道小虎峪村民委员会、西铭街道南峪村民委员会、王封乡下辖的15个居民委员会、化客头街道下辖的九龙城市社区和9个居民委员会。新成立王封乡九一和九二社区居民委员会、化客头街道九三和九四社区居民委员会。成立纺织街社区居民委员会。撤销杜儿坪街道虎峪社区，并入煤源社区。撤销白家庄街道新胜社区，并入官地社区。

太原市晋源区将周家庄村并入北河下村，赵家山、箱子村并入晋阳堡村。杏坪村、蚕石村并入黄楼村，槐树村、圪垯村并入南峪村。王家坟、闫家坟两村合并，村名为太原市晋源区罗城街道阳兴村。成立金胜镇青运社区居民委员会。

太原市清徐县将清源镇大峪、猫儿梁村合并到清源镇北营村，合并后村名为北营村，村委会设在北营村。东于镇崔家山村、南岭村、花塔村、刘家峁村四个村自愿组合为西梁村，村委会设在原崔家山村。六段地村、黑岔村、赵家山村、太平庄村、申家山五个村自愿组合为中梁村，村委会设在原赵家山村。闫庄村、洛池渠村、果子园村、大旺村四个村自愿组合为东梁村，村委会设在原闫庄村。口儿村合并到马家坡村，合并后村名为马家坡村，村委会设在马家坡村。新立村合并到方山村，合并后村名为方山村委会设在方山村。柳杜乡西宁安村合并到柳社村，合并后村名为柳杜村，村委会设在柳杜村。孟封镇南东社村与北社村合并，合并后村名为东社村，村委会设在原北东社村。南程村与北程村合并，合并后村名为程村，村委会设在原北程村。车南安村与齐南安村合并，合并后村名为南安村，村委会设在原齐南安村。北里旺村与南里旺村合并，合并后村名为里旺村，村委会设在原南里旺村。禅房村合并到杨房村，合并后村名为杨房村，村委会设在杨房村。王答乡闫家营村合并到王答村，合并后村名为王答村，村委会设在王答村。集义乡东楚王村与史家社村合并，合并后村名为史家社村，村委会设在史家社村。东贾村与西贾村合并，合并后村名为贾村，村委会设在原西贾村。姚家堡村与贾村堡村合并，合并后村名为贾姚新村，村委会设在原贾村堡村。清源镇上固驿村合并到北营村，合并后村名为北营村。撤销油房堡村民委员会，设立油房堡社区居民委员会，撤销贾兆村民委员会，设立贾兆社区居民委员会。徐沟镇撤销西北坊村村民委员会，设立西北坊社区居民委员会。撤销北部村村民委员会，设立北部社区居民委员会。撤销刘村庄村民委员会，设立刘村庄社区居民委员会。成立清源镇清营社区居民委员会、马峪乡西城社区居民委员会。

太原市阳曲县黄寨镇黄寨村、中社村、北郑村、北塔地村、南郑村、大屯庄村、小屯庄村、莎沟村、柏井村、城晋驿村、小牛站村等11个行政村"村改居"。东黄水镇盘威村、水泉沟村"村改居"。侯村乡侯村村、赵庄村、桥沟村、西万寿村、青龙村等5个行政村"村改居"。泥屯镇赤泥社、权庄村并入龙泉村委会，耀子村并入岔上村委会，高村乡王文岭村并入辛庄村委会，杨兴乡杨家掌村并入温川村委会，北小店乡神堂沟村并入北小店村委会，箭杆村并入六固村委会。

太原市娄烦县娄烦镇杜家岭村、红

2020年，阳曲县北小店乡神堂沟村并入北小店村。图为北小店村全貌

（太原日报社供图）

崖头村并入四家坪村，合并后村名为四家坪村，村委办公地点为原四家坪村村委会；席岭村并入向阳村，合并后村名为向阳村，村委办公地点为原向阳村村委会；我家村与凤凰村合并，合并后村名为新凤凰村，村委办公地点为原我家村村委会；第二足村与白道村合并，合并后村名为华新村，村委办公地点为原白道村村委会；小泉沟村、任家沟村撤销并入新成立的康宁社区，居委会办公地址暂定为县城南区御景苑小区；成立文源社区居民委员会，位于县城南区，所辖区域范围为东至娄烦县城市排水服务有限公司（原污水处理厂），西至娄家庄村东界（大沟渠），南至外环路，北至滨河南路，社区居委会办公地址暂定为县城南区阳光水岸西区；成立康宁社区居民委员会，位于县城南区，所辖区域范围为东至娄家庄桥娄家庄村西界，西至八一路，南至外环路，北至滨河南路，社区居委会办公地址暂定为县城南区御景苑小区；成立永祥社区居民委员会，位于县城东区，所辖区域范围为东至迎宾路，西至三元村安置楼巷，南至滨河北路，北至三元村界，社区居委会办公地址暂定为县城东区瑞泽苑小区。静游镇井子村、半沟村、新庄子村、山庄头村并入河杨树底村，合并后村名为河杨树底村，村委办公地点为原河杨树底村村委会；秦家崖村并入常庄村，合并后村名为常庄村，村委办公地点为原常庄村村委会；阳坡村并入石槽村成立石槽社区（农村社区），居委会办公地点为原石槽、阳坡村移民新村村委会；曼咀岩村并入西六度村，合并后村名为西六度村，村委办公地点为原西六度村村委会；成立石槽社区居民委员会（农村社区），阳坡村并入石槽村成立石槽社区，两个村民委员会统一整合改建为石槽社区居民委员会，办公地点为原石槽村、阳坡村移民新村村委会。杜交曲镇新建村并入下石家庄村，合并后村名为下石家庄村，村委办公地点为原下石家庄村村委会；强家庄村并入策马村，合并后村名为策马村，村委办公地点为原策马村村委会；庄儿上村并入杜交曲村，合并后村名为杜交曲村，村委办公地点为原杜交曲村村委会；银洞咀村、庆山村合并成立银庆社区（农村社区），居委会办公地点为县城南区御景苑小区；常里岩村、小河沟村合并成立常河社区（农村社区），居委会办公地点为县城南区御景苑小区；成立银庆社区居民委员会（农村社区），银洞咀村与庆山村合并成立银庆社区，两个村民委员会统一整合改建为银庆社区居民委员会，居委会办公地点为县城南区御景苑小区；马家庄乡新城村、武家梁村、寺沟自然村撤销并入新成立的平安社区，居委会办公地址为县城西区尖山占地安置小区。天池店乡窑儿上村并入南岔村，合并后村名为南岔村，村委办公地点为原南岔村村委会；大娄则村并入兑集沟村，合并后村名为兑集沟村，村委办公地点为原兑集沟村村委会；上冶南村与下冶南村合并，合并后村名为冶南村，村委办公地点为原下冶南村村委会；西舍沟村与东沟塔村合并，合并后村名为沟岔村，村委办公地点为天池店乡农村土窑洞改造集中安置点（圪垛村）；石家岩村并入白家滩村，合并后村名为白家滩村，村委办公地点为原白家滩村村委会；鹰落沟村并入韩家沟村，合并后村名为韩家沟村，村委办公地点为原韩家沟村村委会。米峪镇乡晋阳掌村并入岔儿上村，合并后村名为岔儿上村，村委办公地点为原岔儿上村村委会；青阳沟村、娄儿上村并入石峪村，合并后村名为石峪村，村委办公地点为原石峪村村委会；窑庄村并入白刁岭村，合并后村名为白刁岭村，村委办公地点为原白刁岭村村委会。盖家庄乡寺明庄村并入王光塔村，合并后村名为光明村，村委办公地点为原王光塔村村委会；新窑村并入盖家庄村，合并后村名为盖家庄村，村委办公地点为原盖家庄

2020 年太原市县（市、区）和乡镇（街道）一览表

表 2

县级	乡级
小店区	北格镇、刘家堡乡、西温庄乡、坞城街道、营盘街道、北营街道、平阳路街道、黄陵街道、小店街道、龙城街道
迎泽区	郝庄镇、迎泽街道、桥东街道、文庙街道、柳巷街道、老军营街道、庙前街道
杏花岭区	中涧河乡、小返乡、三桥街道、敦化坊街道、巨轮街道、涧河街道、鼓楼街道、杏花岭街道、坝陵桥街道、大东关街道、职工新街街道、杨家峪街道
尖草坪区	向阳镇、阳曲镇、马头水乡、柏板乡、西墕乡、汇丰街道、古城街道、柴村街道、迎新街街道、南寨街道、上兰街道、新城街道、光社街道、尖草坪街道
万柏林区	王封乡、化客头街道、东社街道、千峰街道、下元街道、和平街道、万柏林街道、兴华街道、南寒街道、杜儿坪街道、白家庄街道、长风西街街道、小井峪街道、西铭街道、神堂沟街道
晋源区	金胜镇、晋祠镇、姚村镇、义井街道、罗城街道、晋源街道
古交市	河口镇、镇城底镇、马兰镇、阁上乡、嘉乐泉乡、梭峪乡、岔口乡、常安乡、原相乡、邢家社乡、东曲街道、西曲街道、桃园街道、屯兰街道
清徐县	清源镇、徐沟镇、东于镇、孟封镇、马峪乡、柳杜乡、西谷乡、王答乡、集义乡
阳曲县	黄寨镇、大盂镇、东黄水镇、泥屯镇、高村乡、侯村乡、凌井店乡、西凌井乡、北小店乡、杨兴乡
娄烦县	娄烦镇、静游镇、杜交曲镇、庙湾乡、马家庄乡、盖家庄乡、米峪镇乡、天池店乡

村村委会；孔家峪村并入择石村，合并后村名为择石村，村委办公地点为原择石村村委会。庙湾乡神足底村、窑儿上村并入双井村，合并后村名为双井村，村委办公地点为原双井村村委会；上庙湾村并入庙湾村，合并后村名为庙湾村，村委办公地点为原庙湾村村委会。

太原市古交市镇城底镇西岩村并入台盘村，马兰镇南家山村并入七佛沟村，河口镇小南坪村并入大南坪村，东曲街道马连岩村并入神堂岩村，岔口乡石相沟村并入岔口村，阁上乡西岔村并入狮子村，常安乡张山圪垛村并入辛庄村，梭峪乡九龙塔村并入炉峪口村。

山西转型综合改革示范区唐槐产业园区成立5个城市社区，实际成立农牧场、鼎新、坤泽3个城市社区。学府产业园区新增中环社区。

（太原年鉴编辑部）

人口发展

【人口总量与分布】 2020年，太原市常住人口为5304061人，与2010年第六次全国人口普查的4201591人相比，10年间增加1102470人，增长26.24%，年平均增长率2.36%。全市有家庭户1851328户，集体户194878户，家庭户人口为4535515人，集体户人口为768546人。平均每个家庭户人口为2.45人，比2010年第六次全国人口普查的2.83人减少0.38人。全市常住人口中，居住在城镇的人口为4723657人，占89.06%。居住在乡村的人口为580404人，占10.94%。与2010年第六次全国人口普查相比，城镇人口增加1255671人，乡村人口减少153201人，城镇人口比重上升6.52个百分点。普查登记全市各县（市、区）人口分布如表3。

（刘建程）

2020年太原市各县（市、区）常住人口统计表

表3 单位：人、%

地　区	人口数	比重
全　市	5304061	100.00
小店区	1357242	25.59
迎泽区	594238	11.20
杏花岭区	779479	14.70
尖草坪区	530499	10.00
万柏林区	951238	17.93
晋源区	316445	5.97
清徐县	344472	6.49
阳曲县	128483	2.42
娄烦县	91208	1.72
古交市	210757	3.97

【人口构成】 2020年，太原市常住人口中，男性人口为2722001人，占51.32%。女性人口为2582060人，占48.68%。总人口性别比（以女性为100，男性对女性的比例）由2010年第六次全国人口普查的104.97上升为105.42。

全市常住人口中，0—14岁人口为824735人，占15.55%，15—59岁人口为3624825人，占68.34%，60岁及以上人口为854501人，占16.11%，其中65岁及以上人口为564480人，占10.64%。与2010年第六次全国人口普查相比，0—14岁人口的比重上升2.06个百分点，15—59岁人口比重下降7.06个百分点，60岁及以上人口比重上升5个百分点，65岁及以上人口比重上升2.71个百分点。

全市常住人口中，拥有大学（指大专及以上）文化程度的人口为1636900人，拥有高中（含中专）文化程度的人口为976922人，拥有初中文化程度的人口为1540492人，拥有小学文化程度的人口为749112人（以上各种受教育程度的人包括各类学校的毕业生、肄业生和在校生）。与2010年第六次全国人口普查相比，每10万人中拥有大学文化程度的由23528人上升为30861人，拥有高中文化程度的由20566人下降为18418人，拥有初中文化程度的由33839人下降为29044人，拥有小学文化程度的由15059人下降为14123人。与2010年第六次全国人口普查相比，全市常住人口中，15岁及以上人口的平均受教育年限由11.10年上升至11.84年。

全市常住人口中，文盲人口（15岁及以上不识字的人）为41986人，与2010年第六次全国人口普查相比，文盲人口减少25533人，文盲率由1.61%下降为0.79%，下降0.82个百分点。

（刘建程）

【流动人口】 2020年，太原市常住人口中，人户分离人口为3003980人，其中，市辖区内人户分离人口为927452人，流动人口为2076528人。流动人口中，省内流动人口为1520267人，其中，省内市外流入1187642人，省外流入人口为556261人。（刘建程）

民族　宗教

【民族】 太原市是一个多民族散杂而居的城市。据2010年人口普查统计，全市有46个民族，其中少数民族45个，2.40万人，占全市总人口的0.57%。在少数民族中，回族最多（11725人），其次是满族（5685人），蒙古族（1660人）。

（太原年鉴编辑部）

【宗教】 太原市宗教历史悠久，有佛教、道教、伊斯兰教、天主教、基督教。东汉建安年间（196—220）兴建的普光寺，是太原市现存最早的佛寺。北魏时道教兴起，唐代道教、佛教达到鼎盛时期。唐朝中叶伊斯兰教传入太原，现存的清真古寺据说建于唐代。明崇祯七年（1634），比利时耶稣会士金尼格到太原建堂，设立会口，传播天主教。清光绪三年（1877），英国传教士李提摩太在太原设立基督教浸礼会，传播基督教。

（太原年鉴编辑部）

国民经济和社会发展

【概况】2020年，太原市实现地区生产总值4153.25亿元，比上年增长3.41%。其中：第一产业增加值32.24亿元，增长3.70%；第二产业增加值1504.19亿元，增长3%；第三产业增加值2616.82亿元，增长2.30%。

三次产业比重为0.80%、36.20%、63%，分别拉动经济增长0.03、1.15和1.42个百分点。

居民消费价格比上年上涨2.60%。其中：食品烟酒价格上涨7.60%，医疗保健价格上涨7.40%，教育文化和娱乐价格上涨2.10%，衣着价格上涨1.10%，其他用品和服务价格上涨0.50%，生活用品及服务价格上涨0.50%，居住价格下降0.40%，交通和通信价格下降4.20%。

城镇新增就业8.35万人。4.15万名城镇失业人员实现再就业，其中就业困难人员再就业0.61万人。年末城镇登记失业率3.17%。

规模以上工业中，战略性新兴产业增加值增长4.70%，占全市规模以上工业增加值的比重为22.10%，其中：新一代信息技术产业增长10.80%，新能源产业增长9.90%，生物产业增长6%。高技术制造业增加值增长15.30%，占比为15.10%。规模以上服务业中，互联网和相关服务业营业收入增长20.60%，快递服务业营业收入增长33.30%。限额以上批发零售业企业通过互联网实现商品零售额85.52亿元，增长80.40%。

截至年末，阳曲县、娄烦县高质量摘帽，160个贫困村全部退出，55992名贫困人口全部达到脱贫标准，易地扶贫搬迁集中安置入住率、产业就业保障率、旧村腾退拆除率、土地复垦复绿率均达到100%。

（刘建程）

【农业】2020年，太原市农作物种植面积82260公顷。粮食种植面积63500公顷。其中：夏粮种植面积70公顷，秋粮种植面积63430公顷。蔬菜种植面积12270公顷。药材种植面积1180公顷。

年末生猪存栏13.02万头，生猪出栏18.06万头。猪牛羊禽肉产量2.49万吨，禽蛋产量3.09万吨，牛奶产量6.45万吨。水产品养殖面积1.16千公顷，水产品产量2805吨。

年末全市农业机械总动力51.10万千瓦。全年农用化肥施用量（折纯）22396吨。

（刘建程）

【工业和建筑业】2020年，太原市规模以上工业增加值比上年增长3.20%。其中：采矿业增加值增长3.70%，占全市规模以上工业增加值的比重为18.60%；制造业增加值增长3%，占比为71.30%；电力、热力、燃气及水的生产和供应业增加值增长3.90%，占比为10.10%。

非传统产业增加值增长6%，占全市规模以上工业增加值的比重为50.60%，其中：装备制造业增加值增长8%，占比为27.70%。传统产业增加值增长0.50%，占比为49.40%。

规模以上工业企业实现营业收入3568.70亿元，下降1.60%。利税总额214.35亿元，增长5.40%。利润总额99.93亿元，增长17%。

全市全年具有建筑业资质等级的总承包和专业承包建筑业企业总产值3411.93亿元，增长7.80%。建筑业企业房屋建筑施工面积12783.41万平方米，竣工面积3159.55万平方米。

（刘建程）

【能源】2020年，太原市规模以上工业企业一次能源生产折标准煤2963.28万吨，比上年增长16%，其中：原煤产量4133.44万吨，增长12.10%。二次能源生产折标准煤4220.32万吨，增长2.70%，其中：洗煤产量2934.50万吨，增长5.70%；焦炭产量1039.35万吨，下降7.50%；发电量324.06亿千瓦时，增长0.70%。

年全社会用电量294.02亿千瓦时，增长2.10%。其中：农林牧渔业用电量2.06亿千瓦时，下降11.30%；工业用电量（含电厂自用电）177.91亿千瓦时，增长1.70%，其中：占工业用电量69.40%的煤炭、炼焦、化工、建材、冶金、电力等高耗能行业用电量123.47亿千瓦时，增长2%；建筑业用电量6.01

2020年太原市主要农产品产量统计表

表4

产品名称	产量（吨）	比2019年增长（%）
粮　食	245320	9.4
其中：夏　粮	354	11.9
秋　粮	244966	9.4
其中：小　麦	354	11.9
玉　米	157067	11.0
马铃薯	32393	85.5
油　料	1506	−38.2
蔬菜及食用菌	665436	3.9
水　果	76600	−6.0
药　材	6419	−3.8

亿千瓦时，下降 3.50%；第三产业用电量 57.26 亿千瓦时，下降 1.70%；城乡居民生活用电量 46.39 亿千瓦时，增长 6.20%。（刘建程）

【服务业】 2020 年，太原市非营利性服务业增加值 874.63 亿元，占全市服务业增加值的比重为 33.40%，比上年增长 4.80%；金融业增加值 461.98 亿元，占比为 17.70%，增长 2.60%；批发零售和住宿餐饮业增加值 450.03 亿元，占比为 17.20%，下降 2.10%；营利性服务业增加值 346.75 亿元，占比为 13.30%，增长 2.10%；房地产业增加值 288.31 亿元，占比为 11%，增长 4.20%；交通运输、仓储和邮政业增加值 193.16 亿元，占比为 7.40%，增长 1.10%。规模以上服务业企业营业收入 817.13 亿元，下降 3.90%。（刘建程）

【交通运输和邮电】 2020 年，太原市公路线路里程累计达到 7243 千米，其中高速公路 293 千米。公路密度 103.60 千米 / 百平方千米。太原地区铁路客运量 1822.31 万人次，下降 41.10%；铁路货运量 4125.93 万吨，增长 6.20%。航空客运量 901.32 万人次，下降 35.60%；航空货运量 5.08 万吨，下降 11.90%。

年末全市民用汽车保有量 179.44 万辆，比上年末增长 6.60%，其中：私人汽车 158.53 万辆，增长 6.40%。年末轿车保有量 108.45 万辆，增长 5.40%，其中：私人轿车 100.15 万辆，增长 5.50%。本年新注册汽车 14.16 万辆，下降 3.30%，其中：新注册轿车 6.90 万辆，下降 9%。

全年邮政行业业务总量 57.20 亿元，比上年增长 34.60%，其中：快递服务企业业务量 22621.27 万件，增长 58.70%；电信业务总量 594.89 亿元，增长 27.20%。年末市话到达 51.35 万户。农话到达 1.04 万户。移动电话用户 911.71 万户，其中：4G 移动电话用户为 618.11 万户，5G 移动电话用户为

2020 年太原市规模以上工业增加值分类表

表 5

指　标	比 2019 年增长（%）
规模以上工业	3.2
其中：轻工业	4.3
重工业	3.1
其中：国有控股企业	2.3
其中：国有企业	–6.8
集体企业	–24.4
股份合作企业	17.4
股份制企业	2.6
外商及港澳台商投资企业	8.3
其他经济类型企业	–21.7

2020 年太原市规模以上工业十大行业增加值统计表

表 6

行　业	比 2019 年增长（%）
钢铁行业	–0.7
煤炭开采和洗选业	4.5
通信及计算机设备制造业	15.0
电力、热力生产和供应业	3.3
炼焦行业	–3.5
烟草制品业	1.8
交通运输设备制造业	2.5
食品制造业	5.0
专用设备制造业	9.0
燃气生产和供应业	6.9

2020 年太原市规模以上工业企业主要产品产量统计表

表 7

产品名称	单位	产量	比 2019 年增长（%）
生　铁	万吨	963.64	–6.7
粗　钢	万吨	1285.77	–1.7
不锈钢	万吨	418.84	0.3
钢　材	万吨	1234.08	–1.6
水　泥	万吨	712.79	17.2
橡胶轮胎外胎	万条	77.83	–5.2
采矿设备	万吨	11.14	14.5
金属轧制设备	万吨	1.67	–33.2
起重机	万吨	4.39	14.3
移动通信手持机	万台	2261.35	21.4
电子计算机整机	万台	13.11	上年同期为 0
车　轮	万吨	17.48	17.3
卷　烟	亿支	151.1	–1.2
食　醋	万吨	37.49	–2.9
白　酒（折 65 度）	千升	16153	19.8
碳酸饮料	万吨	19.20	–1.7

180.12 万户。计算机互联网宽带用户 241.78 万户。（刘建程）

【固定资产投资】2020 年，太原市固定资产投资比上年增长 11.30%。其中：央属项目投资下降 20.20%，地方项目投资增长 20.10%，其他项目投资增长 10%。

分产业看，第一产业投资增长 14.70%，第二产业投资增长 40.10%，第三产业投资增长 4.80%。工业投资增长 39.50%，其中：采矿业投资下降 3.30%，制造业投资增长 54.40%，电力、热力、燃气及水的生产和供应业投资增长 22.90%。城市基础设施建设投资增长 4.20%。

分经济类型看，国有投资增长 5.50%；非国有投资增长 17.20%，其中：民间投资增长 17.20%。

全年在建固定资产投资项目 1085 个。其中：5 亿元以上项目 186 个，完成投资增长 42.60%；10 亿元以上项目 99 个，完成投资增长 53.20%。

全年房地产开发投资 715.32 亿元，增长 2.40%。其中：住宅投资 564.61 亿元，增长 4.90%；商业营业用房投资 45.22 亿元，下降 4.90%。全年商品房竣工面积 342.14 万平方米，商品房销售额 841.72 亿元。（刘建程）

【国内贸易】2020 年，太原市社会消费品零售总额 1655.11 亿元，比上年下降 6.40%。其中：城镇社会消费品零售总额 1574.51 亿元，下降 6.40 %；乡村社会消费品零售总额 80.60 亿元，下降 7.10%。

限额以上消费品零售额 849.81 亿元，比上年下降 5.90%，占全市社会消费品零售总额的比重为 51.34%；限额以下消费品零售额 805.30 亿元，下降 7.70%，占比为 48.66%。

全年新登记市场主体 91533 户，日均新登记企业 369 户，年末市场主体总数达 51.98 万户。（刘建程）

【对外经济】2020 年，太原市外贸进出口总额 1211.47 亿元，比上年增长 8.10%。其中：出口额 724.71 亿元，增长 11.20%；进口额 486.76 亿元，增长 3.80%。

出口商品中，不锈钢材、机电产品分别为 60.64 亿元、633.27 亿元，占出口额的 95.80%。煤炭、焦炭、金属镁分别为 1.64 亿元、0.97 亿元、4.41 亿元，占出口额的 1%。

全年新设立外商投资企业 39 家。实际利用外商直接投资额 1.02 亿美元，增长 5%。（刘建程）

【财政金融】2020 年，太原市一般公共预算收入 378.44 亿元，比上年下降 2.10%，其中：税收收入 285.25 亿元，下降 5.50%；非税收入 93.18 亿元，增长 9.80%。

全年一般公共预算支出 647.35 亿元，比上年增长 6%。其中教育、卫生健康、社会保障和就业、住房保障、交通运输、节能环保、城乡社区等民生支出 508.87 亿元，增长 4.60%。

年末全市金融机构本外币各项存款余额 14587.57 亿元，比年初增长 11.20%；本外币各项贷款余额 15079.90 亿元，增长 7.20%。人民币各项存款余额 14212.47 亿元，增长 12.20%，其中：住户存款余额 5896.93 亿元，增长 12.30%；人民币各项贷款余额 14823.04 亿元，增长 8.10%。人民币贷款中，中长期贷款余额 10741.84 亿元，增长 8.30%；短期贷款余额 3047.92 亿元，增长 5.80%。

年末上市公司 18 家，其中：主板 15 家，中小板 2 家，创业板 1 家。“新三板”挂牌企业 48 家。

全年原保险保费收入 264.06 亿元，增长 6.70%。其中：寿险业务保费收入 144.68 亿元，增长 5.40%；健康险业务保费收入 39.19 亿元，增长 16.10%；意外伤害险业务保费收入 7.70 亿元，增长 10.90%；财产险业务保费收入 72.50 亿元，增长 4.40%。

支付各类赔款及给付 86.31 亿元，增长 24.50%。其中：寿险业务给付 33.18 亿元，增长 36.10%；健康险业务赔款及给付 10.57 亿元，增长 14.30%；意外伤害险业务赔款 2.08 亿元，增长 14.60%；财产险业务赔款 40.48 亿元，增长 19.40%。（刘建程）

【城市建设】2020 年，太原市完成解放路改造、龙城大街东延、东峰路南延等 23 项主次干道建设及钟楼片区、府城文道等 44 条小街巷改造；开工建设汾河四期水利工程、滨河自行车专道；地铁 2 号线一期工程实现通车试运行，1 号线一期工程启动实施。全年改造老旧小区（片区）333 个，建筑面积 950.70 万平方米，新增公共停车泊位 1.70 万余个。城中村改造拆除旧村建筑面积 68.14 万平方米，开工安置房 8580 套。新增绿色建筑 387.65 万平方米，新建应用可再生能源的建筑 206.67 万平方米，完成装配式建筑 309.46 万平方米。村镇建设完成危房改造 63 户，实现农村危房“静态清零”。完成 7 个院落保

2020 年太原市社会消费品零售总额一览表

表 8

指　标	零售额（亿元）	比 2019 年增长（%）
社会消费品零售总额	1655.11	-6.4
分地域：城镇	1574.51	-6.4
其中：城区	1225.53	-5.7
乡村	80.60	-7.1
限额以上消费品零售额	849.81	-5.9
限额以下消费品零售额	805.30	-7.7

2020年太原市限额以上批发零售业商品零售类值统计表

表9

指　标	零售额（亿元）	比2019年增长（%）
汽车类	291.03	-5.0
石油及制品类	63.14	-16.3
文化办公用品类	5.14	-2.5
通信器材类	6.69	-1.8
家用电器和音像器材类	98.58	9.4
中西药品类	52.55	14.2
建筑及装潢材料类	1.53	-1.6
日用品类	23.15	3.8
家具类	0.87	-42.9
粮油、食品、饮料、烟酒类	100.41	-9.4
服装类	69.67	-16.6
化妆品类	17.99	-11.8
金银珠宝类	13.21	-24.5

2020年太原市外贸进出口总额统计表

表10

指　标	绝对数（亿元）	比2019年增长（%）
进出口总额	1211.47	8.1
出口额	724.71	11.2
其中：一般贸易	123.94	22.8
加工贸易	557.02	4.2
其中：机电产品	633.27	20.5
高新技术产品	589.27	21.1
其中：国有企业	74.53	-37.3
外商投资企业	554.40	16.3
进口额	486.76	3.8
其中：一般贸易	160.33	8.8
加工贸易	281.07	-11.9
其中：机电产品	345.11	15.0
高新技术产品	284.51	8.1
其中：国有企业	135.44	-15.3
外商投资企业	288.93	-1.5

注：高新技术产品和机电产品分类有交叉。

护性修缮、4个中国传统村落挂牌、2个传统村落数字博物馆建设、4个传统村落规划编制，启动晋源区程家峪村传统村落保护项目建设。

全市全年燃气供应量12.28亿立方米。集中供热面积扩网866万平方米。城市公交运营车辆保有量4142辆。公交运营线路长度4750千米，年客运量2.19亿人次。公共自行车服务点1285个，累计投放自行车4.10万辆。

太原植物园、摄乐公园、迎新公园、狄仁杰文化公园、汾河晚渡建成开放，双塔公园、五一广场改造、龙城公园正在建设。实施九院沙河西延、虎峪河西延、东中环北延配套绿化和百街小巷绿化工程。高品质恢复地铁2号线沿线绿化。全市共有综合性公园53个，专类公园12个，带状公园7个，街头游园309个，社区游园58个，街旁绿地260块。建成区绿化覆盖面积达到15840公顷，园林绿地14004公顷，公园绿地面积4716公顷，建成区绿化覆盖率44%，绿地率38.90%。（刘建程）

【教育和科学技术】 2020年，太原市共有普通高等院校45所（其中高职院校22所），成人高等学校7所，中等职业教育学校48所，普通高中90所，普通初中131所，小学445所，幼儿园776所。

全市学前三年毛入园率97.70%；小学、初中巩固率均达到国家标准；高中阶段毛入学率98%。高考一本、二本达线率和录取率在全省稳居前列。

全年技术市场共登记技术合同2519项，成交金额157.70亿元。拥有国家级技术中心17家，省级技术中心117家。截至年末，累计建成省级及以上重点实验室80个、省级工程技术研究中心78个、省级及以上科技企业孵化器30个、省级及以上众创空间135家，拥有院士工作站74个。年末累计认定高新技术企业2137家。获批国家知识产权运营服务体系建设重点城市。荣获国家、省科学技术奖170项。2020年度冶金科学技术奖太钢6个项目上榜，其中：3个项目获一等奖，3个项目获三等奖。全年发明专利授权量2258件，有效发明专利拥有量11163件。（刘建程）

【文化、卫生和体育】 2020年，太原市共有各类专业院团及具备规模的民营艺术表演团体21个。群艺文化馆12个，博物馆19个。公共图书馆12个，馆藏图书659.09万册。广播人口覆盖率100%，电视人口覆盖率100%。新创排演晋剧《迎新街》，创作脱贫攻坚现代戏《圪梁梁上》、影视作品《蝙蝠的忏悔》等各类题材剧本共计12部，创作歌曲、摄影、美术等作品21部。完成中国首批地方戏像音像工程晋剧《烂柯山下》的录制工作。组织编纂图书《太原秧歌》《太原民间故事—旅游景区系列专辑》。组织开展抗疫文艺作品的征集、评选、整理并编纂成册。晋剧《傅山进京》获文旅部“庆祝中国共产党成立100周年舞台艺术精品创作工程”——“百年百部”传统精品复排计划重点扶持作品。年末列入国家级非物质文化遗产保护项目17项、省级保护项目83项、市级保护项目195项。

全市全年接待海内外游客3594.04万人次，比上年下降62.80%。其中：国内游客3593.50万人次，下降62.70%；海外游客0.54万人次，下降97.90%。海外游客中：外国游客0.38万人次，香港同胞0.08万人次，澳门同胞0.02万人次，台湾同胞0.06万人次。全年旅游总收入354.69亿元，下降69.70%。其中：国内旅游收入354.61亿元，下降69.50%；旅游外汇收入106.84万美元，下降99.10%。

年末，共有卫生机构3100个（不含村卫生室），医疗床位43166张。各类卫生技术人员66539人，其中：执业（包括执业助理）医师25498人，注册护士32142人。获批实施“信用+综合监管”和“3岁以下婴幼儿照护服务”两个国家级试点城市，基本公共卫生服务项目绩效评价全国第七并蝉联全省第一。疫情防控期间，8个集体、263人受到全国、全省表彰，市第四人民医院被评为“全国抗击新冠肺炎疫情先进集体”和“全国先进基层党组织”，市防控办被评为“山西省抗击新冠肺炎疫情先进集体”。

全年太原市运动员在全国大赛中，获得23枚金牌、9枚银牌、18枚铜牌，51个第四至第八名。成功举办2020年环太原国际公路自行车赛，成为疫情后国内首场大型公路自行车专业赛事；成功举办太原马拉松赛，成为疫情后首场“双金”马拉松赛事；圆满完成山西省冠军赛、锦标赛参赛办赛任务。全年销售中国体育彩票7.17亿元，居全省第一。

（刘建程）

【人民生活和社会保障】 2020年，太原市居民人均可支配收入35473元，比上年增长5.70%。按常住地分，城镇居民人均可支配收入38329元，增长5.40%，城镇居民人均消费支出20559元，下降3.50%；农村居民人均可支配收入19655元，增长7%，农村居民人均消费支出13969元，增长5.60%。城乡居民收入比为1.95∶1，比上年缩小0.03个百分点。

全市企业职工参加养老保险（不含离退休人员）113.38万人，参加基本医疗保险378.52万人，参加失业保险109.75万人，参加工伤保险131.92万人，参加生育保险116.46万人。年末城市低保覆盖人口2.06万人，农村低保覆盖人口3.69万人，3722人纳入农村五保供养，全年发放最低保障资金4亿元。年内新建城乡日间照料中心14个，社区养老服务中心7个。（刘建程）

【环境保护和安全生产】 2020年，太原市区全年空气质量二级以上天数224天，全年PM2.5达标290天，空气质量综合指数5.91。集中式饮用水水源地水质达标率保持100%，地表水国家和省考核断面水质优良比例55.60%。市区区域环境噪声年均值53分贝、交通噪声年均值66.80分贝。

全市全年平均气温10.3℃，降水量511.60毫米。全社会用水量8.14亿立方米，其中：生活用水3.13亿立方米，农业灌溉用水1.53亿立方米，工业生产用水2.68亿立方米，生态用水0.80亿立方米。

全市全年共发生各类生产安全亡人事故起数比上年下降23.70%。（刘建程）

2020年，太原市加强生态治理。图为汾河景区通达桥段 （太原日报社供图）

机构设置和负责人名录

中共太原市委员会

省委常委、市委书记　罗清宇
副书记、市长　李晓波＊
副书记、代市长　张新伟
副书记　李新春
常委、纪委书记、监委主任　周计伟
常委、政法委书记　魏　民
常委、娄烦县委书记　薛东晓
常委、副市长　王立刚
常委、组织部部长　赵忠保
常委、秘书长、统战部部长　刘　鹓
常委、警备区司令员　王志校
常委、宣传部部长　杨继承

太原市人大常委会

党组书记、主任　张明星
党组副书记、副主任　张建刚
党组成员、副主任　郭治明、李增锁
党组成员、副主任、市总工会主席　张　磊
党组成员、副主任　高　波、冯原平
一级巡视员　刘　斌＊　王爱萍（女）＊　郭建发＊
党组成员、秘书长　李发平

太原市人民政府

党组书记、市长　李晓波＊
党组书记、代市长　张新伟
党组副书记、副市长　王立刚
副市长　王爱琴（女）＊　焦斌龙
党组成员、副市长、一级巡视员　张齐山
党组成员、副市长　卢秋生　车建华　葛波蔚　马润生＊
党组成员、秘书长　薛维柱

政协太原市委员会

党组书记、主席　张明星＊　操学诚
党组副书记、副主席　郝宝清
副主席　马培生　李俊林　陈继光　任　磊＊
党组成员、副主席　王建堂＊　刘建中
一级巡视员　冯　霞（女）　陈远新＊
原副主席　雷学东
党组成员、秘书长　薛建明

中共太原市纪律检查委员会、太原市监察委员会

市纪委常务副书记、监委副主任、二级巡视员　杨万生＊
市纪委副书记、监委副主任、一级调研员　杨天玉
市纪委副书记、监委副主任　魏福臣
市纪委常委（正处长级）、市纪委监委秘书长　秦　琦＊
市监委委员（正处长级）　常继德
市纪委常委、市委巡察办主任　孔崇明
市纪委常委、监委委员、二级调研员　杨　昆＊　张巨保
刘忠勇
市纪委常委、秘书长　郑　林
市纪委常委　李卫国
市监委委员、二级调研员　田保平
市纪委监委三级调研员　康建丰＊

太原市中级人民法院

党组书记、院长、审判委员会委员、一级高级法官　侯晓东＊
党组书记、代院长、审判委员会委员　于昌明
党组副书记、常务副院长、审判委员会委员、
三级高级法官　段培林
党组成员、副院长、审判委员会委员、
二级高级法官　任有会＊
党组成员、副院长、审判委员会委员、
三级高级法官　王利生＊
党组成员、市纪委监委驻市中级人民法院纪检监察组组长、
三级调研员　赵文江＊、马　强
党组成员、副院长、审判委员会委员、
四级高级法官　周雪松、李雄飞
党组成员、政治部主任、三级调研员　吕征平
党组成员、审判委员会委员、二级调研员　王效林
审判委员会专职委员、审判委员会委员、
三级高级法官　王润树
审判委员会专职委员、审判委员会委员、
四级高级法官　韩利民
二级调研员　刘三娃＊
三级调研员　陈荣克　张建农
四级调研员　蔡淑兰（女）

太原市人民检察院

党组书记、检察长、检察委员会委员、
　一级高级检察官　宁建新
党组成员、副检察长、检察委员会委员、
　二级高级检察官　江　晨
党组成员、常务副检察长、检察委员会委员、
　三级高级检察官　李南明
党组成员、检察委员会专职委员、
　三级高级检察官　任　萍（女）
党组成员、市纪委监委驻市人民检察院纪检监察组组长、
　二级巡视员　尚阿涛＊
党组成员、副检察长、检察委员会委员、
　三级高级检察官　韩少峰
党组成员、市纪委监委驻市人民检察院纪检监察组组长、
　三级调研员　赵文江
党组成员、政治部主任　金长城
党组成员、二级调研员　祝积岐
副检察长、检察委员会委员、三级高级检察官　路效国
副检察长、三级高级检察官　王金华
检察委员会专职委员、二级高级检察官　王宏亮
三级调研员　马　江　董立新　贾旭民（女）
三级高级警长　訾红专＊　白　林

市委工作机关和派出机构

市委办公室

副秘书长、二级巡视员　齐宏明
副秘书长（兼）、市委国家安全委员会办公室专职副主任、
　一级调研员　李　锦（女）
副秘书长（兼）、市信访局党组书记、局长　赵宏亮＊
　张　麒
副秘书长（兼）、市委政策研究室主任　张农寿＊　郭仲毅
副秘书长、市直属机关事务管理局　雷世昌＊
副秘书长、三级调研员　牛　亮　李跃文　魏源巍
市纪委监委驻市委办公室纪检监察组组长、
　二级调研员　武晓英（女）
市委督查专员（副处长级）　王　慧（女）　高光辉　孟春雷
　赵海亮
二级巡视员　王栋梁
二级调研员　孙玉文　赵德学
三级调研员　韩志刚
四级调研员　谢　洋

市委组织部

常务副部长、一级调研员　康建斌
副部长（兼）、二级巡视员　王富旺＊　郝明俐（女）＊
副部长、市委党建办主任　高义元＊　白进联（女）
副部长、一级调研员　王振军
副部长、市公务员局局长（兼）、三级调研员　赵　俭＊
副部长、三级调研员　雷学义＊　刘　斌
市纪委监委驻市委组织部纪检监察组组长、
　二级调研员　郭　昕
部务委员　张爱琴（女）
市委考核办副主任、二级调研员　李俊英（女）
市委人才工作领导小组办公室主任、三级调研员　王文生
市非公经济组织和社会组织工委书记　杨红梅（女）
一级调研员　高保民
二级调研员　李云竹
三级调研员　吴宇平＊
四级调研员　李永强＊

市委宣传部

常务副部长、一级调研员　胡建林
副部长（兼）、市文明办公室主任　李　蓉（女）
副部长（兼）、市文明办公室主任、二级巡视员　詹玉梅（女）＊
副部长、市新闻出版局局长（兼）、三级调研员　马竣敏
副部长、市政府新闻办公室主任（兼）、三级调研员　边素庭
市纪委监委驻市委宣传部纪检组组长　李　富
二级巡视员　戴耀生
二级调研员　侯晋娟（女）　刘建光＊　宋建国
四级调研员　郝少杰＊　强岱生

市委统战部

常务副部长、一级调研员　张树明
副部长（兼）、市工商业联合会党组书记　窦力奋
副部长、市民族宗教事务局局长　宋晓丽（女）
市纪委监委驻市委统战部纪检监察组组长、
　三级调研员　叶兴发＊
市纪委监委驻市委统战部纪检监察组组长　韩宏儒
副部长、二级调研员　边军红
副部长、三级调研员　吴一兵
二级巡视员　许　强
二级调研员　张志宏
四级调研员　曹爱玲（女）

市委政法委员会

常务副书记、市法学会党组书记、常务副会长、
　一级调研员　张守斌＊

常务副书记、市法学会党组书记、常务副会长、秘书长　秦　琦
副书记、一级调研员　朱天晓*
副书记、市法学会党组成员、专职副会长兼秘书长　吕静英（女）*
副书记（正县级）　白晋虎
副书记（兼）、市委国安办专职副主任　李　锦（女）*
政治部主任　王一飞
市法学会党组成员、专职副会长　汪志宏
市法学会党组成员、专职副秘书长、三级调研员　冯少华（女）
二级调研员　周茂玉*　周英伦*
三级调研员　王红娟（女）*
四级调研员　吴俊耀

市委政策研究室

主任　张农寿*　郭仲毅
副主任　郭小娟（女）　王海云　贾林春
三级调研员　吴新德　王红进（女）

市委网络安全和信息化委员会办公室（市互联网信息办公室）

主任　刘晓斌
副主任　武润林　贺旭宏
四级调研员　张　锐

市委机构编制委员会办公室

主任、二级巡视员　郑旭东
副主任、三级调研员　吕玉刚　王　琳（女）
二级调研员　冯寅卯

市委台湾工作办公室

主任、一级调研员　李志民
副主任、二级调研员　黄定发
副主任　郭建平
二级调研员　贾时钟*　张升万　刘　凯

市直属机关工委

常务副书记　高义元
副书记、二级调研员　崔雪岭
副书记　张　彬（女）
工委委员、纪工委书记　张立军
工委委员、一级调研员　薛玉军
二级巡视员　孙锁刚
二级调研员　郭　炳　王世斌
三级调研员　童　滢（女）

市委巡察工作办公室

主任　孔崇明
副主任　邢莉蓉（女）　曹亚明
市委巡察组正处级巡察专员　贾津生　贾毅倩（女）　李日东
市委巡察组副处级巡察专员、三级调研员　郝全成　张维宏　焦保平
市委巡察组副处级巡察专员　田旭红　郭志坤　薄天山
一级调研员　阎生华*
四级调研员　骆军强

市直属机关事务管理局

局长、一级调研员　雷世昌
副局长、二级调研员　李高儒
副局长　刘　铭
四级调研员　王　宁

市委老干部局

局长、二级巡视员　郝明俐（女）*
局长、市委离退休干部工作委员会书记（兼）　赵　静（女）
副局长、三级调研员　曹　宇
副局长、市委离退休干部工作委员会副书记（兼）　张　莹（女）
二级调研员　侯丽芬（女）　安建斌
三级调研员　倪明利　张晋英（女）

市精神文明建设指导委员会办公室

主任　李　蓉（女）
副主任、二级调研员　谷兰杰
副主任　魏　欣
二级巡视员　詹玉梅（女）
四级调研员　陈志强

市委党校（太原行政学院、太原国防教育学院、太原社会主义学院）

常务副校长　孙劲松
副校（院）长、一级调研员　王晓东　王宝进
教育长　邓翠香（女）
副校（院）长　张晓平
副校（院）长、三级调研员　刘纪平*
三级调研员　郭红栓　杨志梅（女）

市委党史研究室（市地方志研究室）

主任、一级调研员　杨云龙
副主任、三级调研员　陈向荣　张彩丽（女）
副主任　任文忠
二级调研员　宋忠庆
三级调研员　薛红宣

市档案馆

馆长、一级调研员　宋建平
副馆长、二级调研员　赵国清
副馆长、三级调研员　冯　刚
副馆长　郝舶程

市委直属事业单位

太原日报社

党委书记、董事长、社长、太报传媒公司董事长　宋立纲
副书记、董事、总编辑　杨　松
党委委员、董事、副社长　张向明
党委委员、副社长　赵安林
副总编辑　董　豪　徐大为

太原广播电视台

党组书记、台长（总裁）　陈晓红（女）*　李建国
党委副书记、总编辑　姬发军*
党委委员、副台长（副总裁）　王俊伟　申根成*

太原社会科学院（市政府发展研究中心、市社会科学界联合会）

党组书记、院长（主任）　王耀武
党组成员、副院长（副主任）　张　明*　张晨强
党组成员、副院长（副主任）、三级调研员　王志仙（女）　张五堂
一级调研员　任德胜

市委讲师团（市对外宣传中心）

团长（主任）　肖善才
二级调研员　张云雁（女）

市人大及其常委会工作机构

市人大常委会办公室

党组成员、秘书长、机关党组书记、一级调研员　李发平
市纪委监委驻市人大常委会机关纪检监察组组长、机关党组成员、二级调研员　杨琳岚（女）
副秘书长、机关党组成员　罗　辉　史瑞泉
副秘书长　段建忠*　闫建伟
二级巡视员　赵雁萍
二级调研员　王小明*　刘国伟*　景德奎*　彭生全　袁洪建
四级调研员　何柱喜

市人大法制委员会

主任委员、一级调研员　孟凡政
副主任委员　车晓蓓（女）　庞　娟（女）*

市人大监察和司法委员会

主任委员、二级巡视员　李晓伟
副主任委员　李　平（女）　万瑞红（女）

市人大财政经济委员会

主任委员、一级调研员　朱永平
副主任委员　冯　健　胡燕君（女）

市人大教育科学文化卫生委员会

主任委员　王培仁
副主任委员、三级调研员　刘　婧（女）
副主任委员　尚　瑛（女）

市人大城市建设环境资源保护委员会

主任委员、二级巡视员　孟小勇
副主任委员、三级调研员　冯利峰
副主任委员　李　嘉（女）

市人大农业与农村委员会

主任委员、二级巡视员　王　瑾*
主任委员　段建忠
副主任委员、三级调研员　张一平
副主任委员　郭海斌

市人大人事代表委员会

主任委员、二级巡视员　赵雁萍（女）*
主任委员　朱　蓉（女）
副主任委员　王敏慧（女）　段忠东
副主任委员（兼）　康建斌

市人大社会建设委员会（市人大常委会民宗侨务外事工委）

主任委员（主任）、一级调研员　邢德谦
副主任委员（副主任）　石　钧（女）

市人大常委会研究室

主任　栗继东
副主任、三级调研员　孙　安
副主任　郑　静（女）

市人大常委会信访局

局长、一级调研员　张志佩
副局长　彭德军

市政府工作部门

市政府办公室

党组成员、秘书长、机关党组书记、办公室主任、一级调研员　薛维柱
副秘书长（正县级）、机关党组成员、一级调研员　常跃平
市纪委监委驻市政府办公室纪检监察组组长、机关党组成员、三级调研员　张国栋
副秘书长、机关党组成员、三级调研员　牛　亮*　师旭东*　张　耀　刘　飞　陈爱军　崔疆红（女）
副秘书长、机关党组成员　潘　侠*　裴　涛
市政府督查专员　陈湘铭
二级调研员　胡琦伟　毋青松*

三级调研员　桂荣伶（女）　吴良俊＊
四级调研员　李中明

市发展和改革委员会

党组书记、主任、二级巡视员　阴海锁＊
党组书记、主任、一级调研员　何爱萍（女）
党组成员、副主任、三级调研员　卫建业＊
党组成员、副主任、一级调研员　王晓东
党组成员、市纪委监委驻市发改委纪检监察组组长、二级调研员　郭润喜
党组成员、副主任、二级调研员　侯维国　岑　杰
党组成员、副主任、三级调研员　李殿彪　张美霞（女）
党组成员、二级调研员　王世忠　赵爱忠　张权斌＊　董韵雷
党组成员、三级调研员　李春瑞
二级调研员　王振宇　崔效荣　倪福田
四级调研员　赵春生　郭绍华　吴宪松

市教育局（中共太原市委教育工作委员会）

工委书记、局长　梁宏宇
工委专职副书记（正处长级）　王建功
工委委员、副局长　王树红
工委委员、市纪委监委驻市教育局纪检监察组组长、三级调研员　王霁红　王临庆（女）＊
工委委员、副局长、三级调研员　苏建伟　尹　骏
一级调研员　赵长虹
二级调研员　刘耀禹
三级调研员　沈庆伟（女）
四级调研员　刘坤生　荆俊杰

市科学技术局

党组书记、局长、一级调研员　庞　虹（女）
党组成员、副局长、二级调研员　张兴民
党组成员、副局长、三级调研员　徐　华（女）
党组成员、副局长　田宝华
党组成员、二级调研员　李保现
党组成员、三级调研员　张浩明
二级调研员　樊怀林
四级调研员　陈培忠

市工业和信息化局（中共太原市委工业和信息化工作委员会）

工委书记、局长、一级调研员　崔俊林
工委副书记、三级调研员　罗鸿飞
工委委员、市中小企业发展促进中心主任　李崇斗
工委委员、副局长　刘书林
工委委员、副局长、三级调研员　王　镭
工委委员、副局长、二级调研员　杨灵生　吴光昭
工委委员、市纪委监委驻市工信局纪检监察组组长　张学刚
工委委员、二级调研员　谢禄雪　李建忠
工委委员、三级调研员　胡春耕
二级巡视员　薛新福
二级调研员　原云生＊

市公安局

常务副局长、党委副书记、一级调研员　韩迷中
党委委员、副局长、一级高级警长　常丹飞　薛晓峰
党委委员、政治部主任、一级高级警长　王振军
党委委员、副局长、市公安局交警支队支队长、党委书记、一级高级警长　秦书伟＊
党委委员、副局长、市公安局交警支队支队长、党委书记、二级高级警长　续卫东
党委委员、副局长、万柏林分局局长、二级高级警长、万柏林区副区长　高乃勇＊
党委委员、副局长、三级高级警长　魏　毅　宋文广
党委委员、市纪委监委驻市公安局纪检监察组组长、三级调研员　张秀明
党委委员、监督部部长、副督察长（兼）、二级调研员　马子龙
二级巡视员　武　润＊　白安平
二级警务专员　吕建国　褚培岗
二级调研员　康文智＊　张王宏
二级高级警长　冯　力（女）
四级高级警长　薄新燕（女）
四级调研员　马俊程

市民政局

党组书记、局长、一级调研员　李亚江
党组成员、市纪委监委驻市民政局纪检监察组组长、二级调研员　李栓英（女）
党组成员、副局长、二级调研员　王　龙
党组成员、副局长、三级调研员　续鲜珍（女）
党组成员、二级调研员　张　仪＊
党组成员、市社区工作服务中心主任　夏同杰
二级调研员、市非公经济组织和社会组织工委副书记（兼）　张世明
四级调研员　刘竹芳（女）

市司法局

党组书记、局长、市强制隔离戒毒所第一政委、一级调研员　张　彤
党组成员、市纪委监委驻市司法局纪检监察组组长、二级调研员　张　军＊
党组成员、市纪委监委驻市司法局

纪检监察组组长　张文娟（女）
党组成员、副局长、三级调研员　程　莉（女）
党组成员、副局长　禹　强　刘　强
党组成员、政治部主任　王建勇
二级调研员　温建国*

市财政局

党组书记、局长、一级调研员　王国柱
党组成员、副局长、二级调研员　王清雨　张艳红（女）
党组成员、市纪委监委驻市财政局纪检监察组组长、二级调研员　成晓平（女）*
党组成员、市纪委监委驻市财政局纪检监察组组长、三级调研员　彭新贵
副局长、三级调研员　张文玲（女）
党组成员、四级调研员　张洪斌
一级调研员　阎保丰*

市人力资源和社会保障局

党组书记、局长、二级巡视员　王富旺*
党组书记、局长、一级调研员　陈晓红（女）
党组成员、副局长、一级调研员　赵　军
党组成员、副局长、三级调研员　张晓林　韩武雁
党组成员、市纪委监委驻市人社局纪检监察组组长、三级调研员　周永乐
党组成员、二级调研员　欧阳湘晋*　李保亮
党组成员、三级调研员　秦崇年
党组成员、市高级技工学校校长　李德彪
二级调研员　郭雪梅（女）
四级调研员　段晓宇　姚　远

市住房和城乡建设局（中共太原市委住房和城乡建设工作委员会）

工委书记、局长　邵社教
工委副书记、三级调研员　傅　立
工委委员、副局长、一级调研员　王清河
工委委员、副局长、二级调研员　梁晓岗　石永明
工委委员、市纪委监委驻市住建局纪检监察组组长、二级调研员　孙建祁
工委委员、副局长、三级调研员　白　皓
工委委员、二级调研员　强力军*　李学昌　张晋生
一级调研员　胡丽丽（女）*　崔学锋*
二级调研员　陈志强
三级调研员　汪　艳（女）　白　宏

市城乡管理局（中共太原市委城乡管理工作委员会）

工委书记、局长、二级巡视员　张　利*
工委书记、局长　张建伟
工委副书记、三级调研员　武卫华
工委委员、市市容环境卫生中心主任　张耀东*
工委委员、副局长、二级调研员　段　洪　张　红（女）　张志杰　孙玉锋　段耀辉
工委委员、市纪委监委驻市城乡管理局纪检监察组组长、二级调研员　李跃强*
工委委员、副局长、三级调研员　时中瑛　刘芝茂
工委委员、市纪委监委驻市城乡管理局纪检监察组组长　刘欢迎
工委委员、二级调研员　王保定　蒙晓禄
工委委员、三级调研员　雷生贤　赵有仁
二级调研员　耿炤宇
三级调研员　杨俊栓　王小春　牛岩皓

市交通运输局

党组书记、局长、一级调研员　张晓军
党组成员、副局长、二级调研员　张则福
党组成员、副局长、三级调研员　高海林
党组成员、市国防动员交通战备办主任　梅玉光
党组成员、副局长　张智弘　董　刚（兼）
党组成员、市纪委监委驻市交通运输局纪检监察组组长、二级调研员　任晓艳
党组成员、二级调研员　张海萍（女）*
党组成员、三级调研员　孟永红（女）
党组成员　任选平
二级调研员　尚跃峰*　王　剑　姜原祯*
三级调研员　董　菁（女）

市水务局

党组书记、局长、二级巡视员　王守清*
党组书记、局长　赵生魁
党组成员、副局长、三级调研员　张怀玉
党组成员、二级调研员　王家亮　侯俊林

市农业农村局

党组书记、局长、二级巡视员　康宝林*
党组书记、局长、一级调研员　王素红（女）
党组成员、市农业机械发展中心（市脱贫攻坚服务中心）主任　李凤梅（女）
党组成员、副局长、二级调研员　南红卫（女）
党组成员、副局长、三级调研员　郭树生　郭志鸿（女）　陈晋忠*
党组成员、市纪委监委驻市农业农村局纪检监察组组长、三级调研员　滕悦茹（女）
党组成员、二级调研员　巩天奎　武济顺　孙德武　王　峰
二级调研员　李贵军

四级调研员　关晋钢

市商务局

党组书记、局长、一级调研员　高屹城
党组成员、副局长、一级调研员　张国清
党组成员、副局长、三级调研员　王之峰
党组成员、市纪委监委驻市商务局纪检监察组组长、三级调研员　王霁红 *
党组成员、一级调研员　梁世斌
党组成员、四级调研员　张宏玉 *
二级调研员　高庆霞（女）

市文化和旅游局

党组书记、二级巡视员　齐宏明 *
党组副书记、局长　姚晓蓉（女）*
党组书记、局长　师旭东
党组成员、副局长、三级调研员　张广亮　安俊跃
党组成员、副局长、二级调研员　李红星
党组成员、副局长、三级调研员　董晓英（女）
副局长、二级调研员　芦国庆（女）
党组成员、副局长　王少华
党组成员、市纪委监委驻市文化和旅游局纪检监察组组长　于全红
党组成员、一级调研员　宁克强
党组成员、三级调研员　胡彦清　张建斌
二级巡视员　李元红 *
一级调研员　程晋生 *
二级调研员　曹永明 *　安仰谊 *
三级调研员　郭桂红（女）

市卫健委（中共太原市委卫生健康委员会工作委员会）

工委书记、主任、二级巡视员　宫殿元
工委专职副书记、三级调研员　蒋亚南（女）
工委委员、副主任、三级调研员　孙慧生　王建平　赵宏英（女）
工委委员、二级调研员　张　泽
二级调研员　黄建宏
工委委员、市纪委监委驻市卫生健康委员会纪检监察组组长　李　彬
二级调研员　安鲜萍（女）*　米跃亮
三级调研员　张永杰
原老龄委副主任　于　兰（女）*

市退役军人事务局

党组书记、局长、一级调研员　崔　燕（女）
党组成员、副局长、三级调研员　杨宏林　陈胜军
党组成员、市退役军人服务中心主任　王　强
二级调研员　程顺安
四级调研员　白海鸿

市应急管理局

党委书记、局长、一级调研员　刘剑明
党委委员、市防震减灾中心主任、一级调研员　高二虎
党委委员、副局长、二级调研员　张爱文　李亚瑾　吴国岗
党委委员、副局长、三级调研员　张永宽　郭志强　张　峰
党委委员、政治部主任、二级调研员　徐国强
党委委员、三级调研员　夏玉林　赵永强　李东峰
二级调研员　王双斗 *

市审计局

党组书记、局长　刘军华 *
党组书记、局长、二级巡视员　闫晓红（女）
党组成员、副局长、二级调研员　李振忠
党组成员、副局长、三级调研员　杨　玲（女）*　何　茜（女）*
党组成员、副局长　李东山　邢丽琳（女，挂职）
党组成员、总审计师、三级调研员　元继光 *
党组成员、总审计师　张喜玲（女）
党组成员、二级巡视员　李贵生 *
二级调研员　曹燕金　朱力佳（女）
四级调研员　马晋达　殷节花（女）　韵贞香（女）　刘剑勇

市政府外事办公室

党组书记、主任、一级调研员　李　波
党组成员、副主任、二级调研员　尉　韬（女）　李　岩
党组成员、三级调研员　刘勤儿

市政府国有资产监督管理委员会

党委书记　卢秋生（兼）
党委副书记、主任、一级调研员　张宝军
党委专职副书记、一级调研员　刘晓黎（女）
党委委员、市纪委监委驻市国资委纪检监察组组长、三级调研员　刘建国
党委委员、副主任、三级调研员　席艳强
党委委员、副主任　郭学恒
党委委员、二级调研员　孟永宁
二级调研员　韩东来　阎树亮

市市场监督管理局

党组书记、局长、二级巡视员　郭德魁
党组成员、副局长、一级调研员　张效良
党组成员、副局长、三级调研员　孙乃俊　赵　勇　任建国　连　波　李文军　李红旺
党组成员、市纪委监委驻市市场监督管理局纪检监察组组长、三级调研员　李卯生

党组成员、二级调研员　李友芬（女）　段新民　高俊常　赵　伟

党组成员　王晋生

一级调研员　郝震宇

二级调研员　赵丽萍（女）

三级调研员　孔韦宝、武旭龙

不锈钢产业园区分局党组书记、局长、三级调研员　崔星梅（女）

不锈钢产业园区分局副县级领导干部　关宝清

市体育局

党组书记、局长、二级巡视员　高　波 *

党组书记、局长　梁　勇

党组成员、副局长、二级调研员　裴红霞（女）　李永昌　何文平

党组成员、二级巡视员　孟广昭 *

党组成员、二级调研员　毕宗敏

市统计局

党组书记、局长　何爱萍 *　卫建业

党组成员、副局长、二级调研员　戴陆寿　岳国平　梁永昭

党组成员、二级调研员　王振军

党组成员、三级调研员　马亚晓

市医疗保障局

党组书记、局长　郝淑贞（女）

党组成员、副局长　强培东 *

党组成员、副局长、三级调研员　范　利

四级调研员　武润德　周　峰

市行政审批服务管理局

党组书记、局长、一级调研员　郑文明

党组成员、市公共资源交易中心（市政府采购中心）主任　叶　奋

党组成员、副局长、三级调研员　杨迎旭

党组成员、副局长　尹　强

党组成员、一级调研员　贺福锁

党组成员、市政务服务中心主任、三级调研员　王锁柱

二级调研员　郑润林

四级调研员　蒋俊强

市信访局

市委副秘书长（兼）、党组书记、局长　赵宏亮 *　张　麒

党组成员、副局长、二级调研员　雷治平

党组成员、副局长　李卫斌

党组成员、二级调研员　曹昶民　董建平

市政府金融工作办公室

党组书记、主任　孙　炜

党组成员、副主任、三级调研员　元继光　李　丽（女）

四级调研员　吉志民

市能源局

党组书记、局长、一级调研员　张晓峰

党组成员、副局长　孙忠国　刘瑞峰

党组成员、二级调研员　席金生　郭树林

一级调研员　李春生 *

二级调研员　曹玉田

三级调研员　刘建平

市文物局

党组书记　刘玉伟

局长　于振龙

党组成员、副局长、三级调研员　曹维明

党组成员、副局长、二级调研员　冀晓峰

党组成员、二级调研员　秦建军

党组成员、三级调研员　谷立新　吴春明

市人民防空办公室

党组书记、主任　冀克平 *

党组书记、主任、一级调研员　马雪峰

党组成员、副主任、二级调研员　崔　嵬

党组成员、副主任　张志强

副主任　令狐小静（女）

党组成员、二级调研员　陈　海

党组成员、四级调研员　聂守跃

市房产管理局

党组书记　王东立

党组副书记、局长、一级调研员　姜　波 *

党组成员、局长　邓大亮

副局长、二级调研员　强建林

党组成员、副局长　耿国胜、张屹东

党组成员、二级调研员　钱国栋、赵　义 *

党组成员、三级调研员　李玉东

二级调研员　刘　朋

市园林局

党组书记、局长　赵学军 *

党组书记、局长、一级调研员　赵宏亮

党组成员、副局长、二级调研员　田双保　李定生

党组成员、副局长、三级调研员　郝建忠

党组成员、市纪委监委驻市园林局纪检监察组组长、三级调研员　窦凤明

党组成员、一级调研员　张世隆

党组成员、二级调研员　许济民 *

党组成员、三级调研员　张跃虎

市促进外来投资局

党组书记、局长　薛建明＊　潘　侠

党组成员、副局长　任　瑛（女）＊　史春梅（女）　王　彤

市大数据应用局

党组书记、局长　孙　泉＊　杨敦勤

党组成员、副局长　吴文利　李跃文＊

市政府直属事业单位

市供销合作社联合社

党组书记、主任、一级调研员　刘照升

党组成员、监事会主任　郎学军（女）

党组成员、副主任、二级调研员　武怀诚

党组成员、副主任、三级调研员　白　威

党组成员、副主任　李亚晋（女）

二级调研员　高　伟

市城镇集体工业联合社

党组书记、主任　张俊杰＊　强培东

副主任、三级调研员　张国宏

党组成员、副主任　涂　超　李勇彪

二级调研员　吴同义　裴志红

市住房公积金管理中心

党组书记、主任　王晋章

党组成员、副主任　黄火平　刘建红　相似锦

副主任　武卫东

市晋剧艺术研究院

院长　宋建国＊

院长　谢　涛（女）

副院长　武凌云　冯素荣　张艳春（女）

市汾河景区管理委员会

主任　张平国

党支部书记　蔡小林

副主任　苏广同　张　东＊　王海霞（女）　张　立

市政协工作机构

市政协办公室

党组成员、秘书长、机关党组书记、一级调研员　刘建中＊　薛建明

市纪委监委驻市政协机关纪检监察组组长、机关党组成员、三级调研员　刘越凤（女）

副秘书长、机关党组成员、二级调研员　齐春林

副秘书长、机关党组成员　王淑娟（女）　李　毅　丁利春＊

二级调研员　安　捷　王秀丽（女）

市政协提案委员会

主任、一级调研员　张志强

副主任、三级调研员　王静芸（女）

副主任　幸笛枫（女）

市政协文化文史和学习委员会

主任、一级调研员　岳骁骏（女）

副主任、三级调研员　杜海柱

市政协港澳台侨和外事委员会

副主任　贾　环（女）　贺引钏（女）

市政协经济委员会

主任、一级调研员　霍凤鸣

副主任、三级调研员　王永红（女）

副主任　王昕云

市政协人口资源环境和城乡建设委员会

主任、一级调研员　张振国＊

副主任　马　莉（女）　任勇恒

市政协教科卫体委员会

主任、一级调研员　畅志刚

副主任、三级调研员　王贵斌

市政协社会和法制委员会

主任　张瑞峰

副主任　曹晓冬　侯伟英（女）

市政协民族宗教委员会

主任、一级调研员　吕大成

副主任　刘　辉　贾月有

市政协农业和农村委员会

主任、一级调研员　吴玲玲（女）

副主任　田久东

市政协研究室

主任、二级巡视员　胡祖泉＊

主任、一级调研员　张俊杰

副主任　王文斌　张丽珍（女）

群众团体

市总工会

党组副书记、常务副主席、二级巡视员　冯润春＊

党组副书记、常务副主席　薛之东

党组成员、副主席、三级调研员　樊小高

党组成员、副主席兼经费审查委员会主任　康卫青（女）

党组成员、副主席　汪　伦　曹　剑（女）

党组成员、二级调研员　韩铁柱＊

党组成员、四级调研员　黄小飞

二级调研员　薛　跃

三级调研员　张永亮

四级调研员　邹　江

共青团太原市委员会

书记　杜志强＊　赵志远

副书记、三级调研员　李　琦（女）＊　王朝伟

副书记　郝晓军（女）　张晋松＊

少工委主任　许　超

市妇女联合会

党组书记、主席、一级调研员　李　颖（女）

党组成员、副主席、三级调研员　米丽萍（女）

党组成员、副主席　冀风华（女）　田　华（女）　白　洁（女）

二级调研员　康一萍（女）

四级调研员　王国华（女）

市工商联合会

党组书记　窦力奋

主席、一级调研员　郭太林

党组成员、副主席、三级调研员　白建红（女）　王书颖（女）

党组成员、二级调研员　张增辉

二级调研员　乔瑞生

市归国华侨联合会

党组书记、一级调研员　赵　静（女）＊

党组书记　吕静英（女）

党组副书记、主席、一级调研员　魏建庭

党组成员、副主席、二级调研员　郑　勇

党组成员、三级调研员　白劲松

四级调研员　张连发

市文学艺术界联合会

党组书记、主席候选人　祁向东

党组成员、副主席候选人、二级调研员　王宏伟　韩喜登

党组成员、副主席候选人　韩　莹（女）　靳海燕（女）

二级巡视员　张体仁

市残疾人联合会

党组书记　赵　俭

理事长、二级巡视员　高金虎

党组成员、副理事长、三级调研员　闫继华（女）　刘勇刚

党组成员、副理事长　陈勇兵

党组成员　贺秀斌

二级调研员　薛晓峰

市科学技术协会

党组书记、二级巡视员　郭晋龙＊

党组书记　马彦明

主席、民盟市委会主委、一级调研员　阎美蓉（女）

党组成员、副主席、二级调研员　李　相　张文华（女）

党组成员、副主席、三级调研员　尹效军

党组成员、二级调研员　杨　波

市贸促会

党组书记、会长、一级调研员　郭海燕（女）

党组成员、副会长　刘勇刚＊　曹忠建

二级调研员　王军威

党组成员、四级调研员　李占才

市红十字会

党组书记、一级调研员　姚晓蓉（女）

专职副会长　李东山＊

党组成员、专职副会长人选　桂育红

党组成员、三级调研员　吴兰成

太原市政府驻外办事处

北京联络处主任　杜淑婵（女）

上海联络处主任　郭晋强

其他单位

太原市党纪宣传教育中心

主任　王　勤（女）

太原市纪委监委查询中心

主任　张海波

太原市关心下一代工作委员会办公室

主任、三级调研员　张爱生

太原市委信息化中心（太原市委社情民意中心）

主任　姚　洪

太原市委组织部党员教育中心（太原市委组织部党建研究所）

主任（所长）　杨　虹（女）

太原市人才发展中心

主任　王　强＊　赵世丽（女）

太原市思想政治工作研究会

会长人选　王怀福

太原市市级机关后勤保障中心

主任　张韶文

太原市老年大学

校长　韩东辉

太原市公安局交通警察支队

党委书记、支队长、一级高级警长　秦书伟＊

党委书记、支队长、二级高级警长　续卫东

党委副书记、政委、二级高级警长　张文宾
党委委员、副支队长、二级高级警长　刘茂林
党委委员、副支队长、三级高级警长　岳富民　张　琼　梁国宏　张　将
党委委员、副支队长、四级高级警长　高文晋　李建军
党委委员、纪检书记、四级高级警长　刘学民
党委委员、政治处主任、三级高级警长　蒋亚南（女）*
党委委员、政治处主任、四级高级警长　王素丽（女）
党委委员、二级高级警长　姜　涛
党委委员、四级高级警长　常士勇
二级高级警长　王吉胜 *　王瑞敏
三级高级警长　陈增云
四级高级警长　李立军　贾改花（女）　刘新民
警务技术四级主任　孙　斌

市公安局特警支队

支队长、一级高级警长　王建炜
政委、二级高级警长　何荣芳（女）
副支队长、四级高级警长　张建兴　陈忠斌　刘晖滨　王文利　张拴成
副支队长、警务技术三级主任　李保林
副支队长、三级高级警长　张　虹（女）
副支队长　王凤花（女）
二级高级警长　唐　力　闫建光　孙新民
警务技术二级主任　时怀玉

山西省太原市公证处

主任　陈秀峰

太原市政协社情民意研究中心

主任　王海华

太原市中级人民法院诉讼服务中心

主任　田　宇

太原市中级人民法院司法技术中心

主任　张　剑

太原市人民检察院技术鉴定中心

主任　田和军

太原工人文化宫（市职工活动中心）

主任　李　雅

太原市总工会职工服务中心

主任　李润果（女）

太原市总工会干部学校

校长　张全民

太原市青少年宫（太原市青少年活动中心）

主任　马　斌
副主任　刘银河　姚为民　程俊生

太原文学院

院长　张守耀（女）*　刘照华
副院长　赵少琳 *

太原教育电视台

党支部副书记、台长　贾天理 *
党支部委员、副台长、总工程师　赵　原

太原市粮食交易服务中心

主任　尹继虎

太原市粮食技工学校

党支部书记、校长　冯学亮

太原技术转移促进中心

主任　李国忠
副主任　梁　飞

太原市中小企业发展促进中心

主任　李崇斗
副主任　房保富　王晋昌 *　李建军　蔺志新

太原双塔革命公墓

主任　唐文波

太原市救助站

站长　郭宏伟

太原市社区工作服务中心

主任　夏同杰

太原市儿童福利院（太原孤残儿童特殊教育学校、市社会福利院）

党组织书记　王　珉
院长　张毅敏

太原市社会福利精神康宁医院

院长　王　玲（女）

太原市慈善职业技术学校

副校长　任原生　刘　杰　赵　清（女）

太原市永安园

主任　张红飞

太原市龙山墓园

主任　靳昌茂

太原市财政科学研究所

所长　马丽敏（女）

太原市财政国库支付中心

主任　宁　捷
二级调研员　郭晓英（女）

太原市公共就业服务中心（市人力资源市场）

主任　刘建军

太原市人事考试中心

主任　张国华

太原市劳动保障监察综合行政执法队

队长　秦　勇

太原市高级技工学校

校长、党总支副书记　李德彪

党总支书记、副校长　徐雪梅（女）

党总支委员、副校长　张　宏*　张建农

太原市市政公用工程质量安全站（市轨道交通建设服务中心）

站长（主任）　谢耀岗

太原市建设工程质量安全站（市工程建设标准定额站）

站长　郭　轶

太原市绿色建筑与海绵城市发展中心

主任　高云龙

太原市城乡基础设施建设中心（市城乡建设档案馆）

主任（馆长）　杜建文

太原市城乡规划设计研究院

院长　胡纯杰

党支部书记　武　辉

副院长　卫长乐　史一东

总工程师　邢超文

太原市建筑设计研究院

院长　蒲　净

党总支书记　上官安星

副院长　赵清晨　张　晨

总建筑师　严　平

党总支副书记　梁向宏

总工程师　单建春

太原市政工程设计研究院

院长　毕晓东

党委书记　曹京哲

副院长　梁俊峰　宋殿科　栗江鹏

总工程师　刘丽娟（女）

太原市市容环境卫生中心

主任　张耀东*

副主任　尤爱聪*　王建红

太原市城乡管理综合行政执法队

队长　李世军

太原市市政公共设施建设管理中心

主任　刘志猛

太原市市政公用事业管理中心

主任　傅子俊

太原市城市排水管理中心

主任　杨晓峰

太原市城市照明管理中心

主任　尹爱军

太原市交通运输发展中心（市轨道交通运营中心）

主任　尚跃峰

太原市交通运输综合行政执法队

队长　尤爱聪

太原市河湖管理中心（市水旱灾害防御中心）

主任　周新春

太原市水资源管理保护中心

主任　陈拉才

太原市水利勘测设计院

院长　韩建忠*

太原生态工程学校（市农业广播电视学校）

党组织书记　夏双秀

校长　陈晋忠

太原市农业机械发展中心（市脱贫攻坚服务中心）

主任　李凤梅（女）

太原市文化旅游事业发展中心（市文化馆）

主任（馆长）　宋　萍（女）

太原美术馆（太原画院）

馆长（院长）　殷卫东

太原市图书馆

党支部委员、馆长　郭欣萍（女）

党支部书记　赵晋明

太原文化艺术学校

党支部副书记、校长　张朝阳

党支部书记　王小东

副校长　赵尚明　牛丽娟（女）　杨永兰（女）

太原市军队离退休干部第一休养所

党组织书记　韩秀清

所长　耿开文

太原市军队离退休干部第二休养所

党组织书记　邓　彪

所长　贾静艳（女）

太原市军队离退休干部第三休养所

党组织书记　韩秀春

所长　关丽霞（女）

太原市退役军人服务中心

主任　王　强

太原市防震减灾中心

主任　张晓峰

副主任、二级调研员　邓子平

副主任　张全荣

二级调研员　续　渊（女）

三级调研员　师　菁（女）　王晓东

太原市应急管理综合行政执法队

队长、二级调研员　许小刚

太原市矿山救护大队（市应急管理信息调度指挥中心）

队长（主任）　王建强

政委　王永灵

太原市国企改革发展研究和促进中心

主任　李永杰

太原市消费者协会

秘书长　卞传志

太原市体育工作队

党支部书记、队长　朱　渊

太原市体育运动学校

党总支副书记、校长　高建生

总支委员、副校长　刘贵福　王　勇

太原市重点少年体育学校（市第二十三中学校）

党支部书记、校长　杨建军

副校长　郭银香（女）

太原市第二少年体育学校

党支部书记　史秋生

太原市第三少年体育学校

党支部委员、校长　冯瑞卿

太原市公共资源交易中心

主任　叶　奋

太原市政务服务中心

主任　王锁柱

太原市信访服务中心

主任　田贵清

太原市房产租赁管理服务中心

主任　郄新明

太原市房产交易服务中心

主任　牛焕德＊　阎继萍（女）

太原市招生考试管理中心

市委教育工委委员、市招生考试
管理中心党支部书记、主任　赵晓红

太原市教研科研中心

党支部副书记、主任　赵学昌

太原市教育现代化中心（太原市电化教育馆）

主任（馆长）　毕俊卿

太原市学生发展中心（太原市语言文字测试中心）

主任　周玉强

原太原市招生考试管理中心

副主任　王毅敏　陈志明

党支部委员、二级调研员　王泽红

原太原市教研科研中心

党支部委员、副主任　钱学锋（女）　解腊梅（女）

原太原市劳动技术教育中心（太原市大学生资助管理中心）

党支部书记、主任　康建清（女）

原太原市卫生局卫生监督所

党委副书记、所长　李跃光

党委书记、副所长　段朝军

党委委员、副所长　金雪龙　刘世保

原太原市红十字血液中心（太原市输血技术研究所）

党委书记　许　虹（女）

原太原市慈善职业技术培训中心

副主任　何　中　成旭波

原太原市经济建设投资公司（市高速铁路投资有限公司）

党组书记、总经理　李同立＊　高建军

党组成员、副总经理　王晓东　刘元林　高志敏　陈迎光
张　丽（女）＊

党组成员、财务总监　宁振华

原太原市国有资产经营公司（市工商业国资监管办公室）

党委书记、董事长　崔俊林＊

党委副书记、副董事长、总经理　李德明

党委副书记、三级调研员　张润玲（女）

党委委员、董事、副总经理、二级调研员　张　援　张裕林

原太原市城市建设国有资产经营公司

党委书记、董事长　澹台宏亚

党委委员、副总经理　张春贵　李　宏

董事、财务总监　李　博（女）

董事、总工程师　韩　柏

原太原市粮食市场监督稽查队

队长　霍　英＊

原太原市电子研究设计院

党支部副书记、院长　韩红远

原太原市塑料研究所

所长　武六旺

原太原市高新技术创业服务中心

主任　宁慧青（女）

原太原市社会救助管理中心

主任　张宏伟

原太原市永安殡仪馆

主任　张文义

原太原市福利彩票发行中心

主任　班　兵

原太原市福利生产管理中心

主任　林雅琴（女）

原太原市龙山殡仪馆

主任　郭永红

原太原市殡葬管理中心

主任　梁志强

原太原市预算评审中心

主任　吕红梅（女）

原山西中财投资评审中心

副主任　段健彪

原太原市建设项目投资评审中心

主任　郭永东

原太原市人才交流服务中心

主任　葛世杰

副主任　苗　丁　刘　坚　李荣爱（女）

原太原市职业培训技术指导中心

主任　雷学文

原太原市就业指导中心

主任　张子儒*

副主任　李建平　孙建伟

原太原市企业养老保险管理服务中心

主任　李宏毅

副主任　刘耀轩　汤奇伟

原太原市失业保险管理服务中心

主任　宁迫青

原太原市城乡养老保险管理服务中心

主任　李永贵

原太原市建筑工程招标投标中心

副主任　黄富国　孟　涛*

原太原市城市给水工程建设处

副处长　郝俊芳（女）王旭波

原太原市城中村改造建设管理中心

主任　夏宝良

副主任　秦李林　冀丽君（女）

总工程师　申怒涛

原太原市市政公用工程质量监督站

党支部书记　柴增定

副站长　辛俊红　杜红燕（女）

原太原市市政建设开发中心

主任　桑树根*

副主任　牛　凯　李　钧

原太原市海绵城市建设中心

主任　杨瑞锋

原太原市住宅保障中心

主任　杨迎春*　郭秉刚

原太原市长风商务区管理中心

主任　孙玉泉*　张秀生

原太原市城乡建设档案馆

副馆长　徐鸿斌　王战林

原太原市市政公共设施管理处

党委书记　郝晓华（女）

副处长、工会主席　段俊玉*

副处长　邢晚祥　郝旭青　于文哲　朱建军　武志高

原太原市城市照明管理处

副处长　张俊虎　李胜奎　屈　健　袁晋峰

原太原市排水管理处

副处长　潘会友　任秀林　王小如（女）张建臣　宋正光

原太原市市政公用设施建设中心

主任　王小平（女）

原太原市政池渠设施管理处

处长　冯建文

原太原市数字化城乡管理指挥中心

主任　王海滨

原太原市供水节水管理中心

副主任　谷太华　张　敏

原太原市供热管理中心

主任　李新茂

原太原市城市排水监测站

站长　赵平法

党支部书记　宋　威

原太原市汽车客运管理办公室

党委副书记、主任　任选平

党委副书记　马少峰

副主任　贺雪梅（女）

党委委员、副主任　王晓光　冯志林

原太原市轨道交通运营中心

主任　牛宏伟

原太原市公路事业发展中心

主任　周纪平

原太原市水资源管理中心

主任　陈　杰

原太原市水利勘测设计院

院长　韩建忠*

原太原市晋祠泉域水资管理处

处长　赵惠滨

原太原市水土保持监测中心

站长　梁计萍（女）

原太原市农业机械发展中心

副主任　卫　华　王凯明　王新德

三级调研员　王三保

二级调研员　李瑞春＊

原太原市农产品质量安全检测中心

主任　冯桂平（女）＊

原太原市农业科学研究院

院长　程　升＊

原太原生态工程学校

党委副书记、校长　张　明＊

党委委员、副校长　马根全＊　李晋萍（女）

原太原市农业广播电视学校

党支部书记、校长　王与蜀

原太原市商务经济信息研究所

所长　路　晶

原太原市群众艺术馆

馆长　常　峰＊

原太原市文化市场行政综合执法大队

党支部书记　董贵江＊

原太原画院

副院长　孟旭耀

原太原市军用饮食供应站

站长　焦建平

原太原市军队离退休干部第一休养所

所长　吕捍军

党委书记　刘树茂

原太原市军队离退休干部第二休养所

所长　赵正平

原太原市军队离退休干部第三休养所

党委书记　耿开文

原太原市军队离退休干部第四休养所

所长　王宏杰＊

原太原市军队离退休干部第六休养所

党委书记　李嘉瑞（女）

所长　张德勇＊

原太原市军队离退休干部第七休养所

所长　刘海霞

原太原市煤炭安全纠察支队

支队长　黄　强

原太原市防汛抗旱指挥部办公室

主任、三级调研员　张秀生＊

主任　董成刚

原太原市个体劳动者协会

秘书长　薛风香（女）

原太原市民营企业协会

秘书长　郭志强

原太原市市场监督管理局信息与宣传教育中心

主任　尹福顺

原太原市质量技术监督局稽查分局

局长　王晋生

原太原市标准计量质检院

院长　侯鹏翔

原太原市食品药品稽查队

队长　王军生

政委　郭晓敏（女）

原太原市食品药品检验所

党总支书记　闫安明＊

原太原市体育科学研究所

党支部书记、所长　李殿林

原太原市农村社会经济调查队

队长　阎瑞玲（女）

原太原市信访服务中心

副主任　李　琰（女）

原太原市节能监察支队

副支队长　兰瑞明

总工程师　杨　青（女）

原太原市晋祠博物馆

党支部委员、馆长　王新生

党支部书记　郝教信

原太原市晋祠公园

党支部书记、主任　李继东

原太原市文物考古研究所

所长　周富年

原太原市天龙山石窟博物馆

党支部书记、馆长　于　灏

原太原市双塔博物馆

党支部书记、馆长　冀美俊（女）

原太原市人防工程管理中心

主任　张晋萍（女）

原太原市公共租赁住房保障中心

副主任　孔利民　郭天顺　罗荣取

原太原市公房租赁管理中心

副主任　张松华　郝丽华（女）

原太原市迎泽公园管理处

主任　王　洪

原太原市龙潭公园管理处

主任　张保平

原太原市文瀛公园管理处

主任　郭润明

原太原动物园管理处

主任　杨引亮

原太原市晋阳湖管理处

主任　孟晋平

原太原市园林植物研究中心

主任　石红旗

原太原市委信息化中心

主任（正处级）　杨志忠

原太原市新闻中心

主任　荆　峰

原太原市委讲师团

副团长　师建中　张智生

原太原市老干部活动中心

主任　王瑞珍（女）＊［现任太原市老干部服务中心（太原市老干部活动中心）主任］

原太原市机关事务管理中心

主任　张旺喜

原太原市经济信息中心

副主任　董爱荣（女）

总经济师　王雪梅（女）

工会主席　刘定荣

原山西省太原市城北公证处

主任（正县级）　张丽宏

原山西省太原市城南公证处

党支部书记、副主任（正县级）　燕翠萍（女）

原山西省太原市城西公证处

副主任　阎晓梅（女）　张晋德

原太原工会机关服务中心

主任　张树新

原太原市广播电视传输网络管理中心

副主任　陈　强　汤永商

原太原市政府驻广州办事处

主任　李　刚

原太原市政府驻青岛办事处

副主任　周　雷

原太原市政府驻厦门办事处

副主任　朱　华

原太原市人大常委会机关服务中心

主任　张靖武

原太原工人文化宫

党总支书记　王云鸿

原太原市工会职工服务中心

主任　常彦忠

原太原职工大学

副校长　王全福

原太原市社会科普中心

主任　崔素娟（女）＊（现任太原市科普中心主任，保留副县待遇）

市管企业单位

太原并州饭店有限责任公司

党委书记、董事长、总经理　王中华

副总经理　杜　坚　郭瑞萍（女）

太原市龙城发展投资有限公司

党委书记、董事长　刘鹏飞

党委副书记、总经理　郭志强

副总经理　谭晋生

党委委员、纪委书记　杨冬林

副总经理　孟　琦

党委委员、副总经理　张建军　黄贵荣

党委委员、总会计师　刘丽萍（女）

太原市公共交通控股（集团）有限公司

党委书记、董事长　周　齐

党委副书记、副董事长、总经理　郝铭生

党委副书记　翟奇伟（女）

党委委员、董事、工会主席　贾　珊（女）

党委委员、副总经理　于　军

董事（兼）　李　博（女）

董事、副总经理　李文胜

党委委员、纪委书记　乔晓梅＊

副总经理　孟建华　霍雁朝

董事、总会计师　籍建伟（女）

党委委员、纪委书记　张卫兵

太原物产集团有限公司

党委书记、董事长、总经理　贾学敏

党委委员、工会主席　王东明

董事　王文庆
总会计师　周鲁静（女）
原党委书记、副董事长　宋雪峰

太原龙城电影发展（集团）有限公司

党委书记　贾学敏
党委委员、财务总监　刘培宏

太原市供水集团有限公司

党委书记、董事长　杨怀军
党委副书记、副董事长、总经理　武建刚
党委副书记　付华伟
党委委员、副总经理　商　杰　王仲强
党委委员、董事、副总经理　贾洪钢
党委委员、总经济师　陈　莘
党委委员、董事、总工程师　周　茜（女）
党委委员、董事、工会主席　武　洁（女）
党委委员、总会计师　邓　军（女）
党委委员　霍长平
党委委员、纪委书记　陈　雷
原党委副书记、总经理、董事　宋尚孝

太原市饮食服务集团有限公司

党委书记、董事长　王中华
党委委员、常务副总经理　原满红
党委委员、副总经理　袁晋江
党委委员、纪委书记　孟先成

太原市轨道交通发展有限公司

党委书记、董事长　白晓平
党委副书记、总经理　刘建文
党委副书记、副总经理　曹宏伟
党委委员、总规划师　王凤莲（女）
党委委员、副总经理　樊日广　李旭东　刘宏伟
党委委员、纪委书记　牛晋龙
党委委员、副总经理　梁　波

太原市热力集团有限公司

党委书记、董事长　张建伟＊
党委书记、董事长、总经理　李建刚
党委副书记、监事会主席　王建宏
副经理　王又星　吴建琪　李双奎
纪委书记　王春夯
副经理、总会计师　李小忠
工会主席　贾桂芬（女）
总工程师　樊　敏
经理助理　王林文

院　校

太原学院

党委书记　韩保清　李大公＊
党委副书记、院长　郭丕斌　张瑞君＊
党委副书记　马皖东　康晓红（女）
党委委员、纪委书记　李晓谦　张正书＊
副院长　徐秋琴（女）＊　荆在京＊
党委委员、副院长　郑其芳　孙华东　柴　达
党委委员、组织部部长　耿　威

太原城市职业技术学院

党委书记　张　勇＊
党委副书记、院长　杨志家
党委副书记　刘洪海
党委委员、副院长　李树人　谢振芳　王蒙田
党委委员、纪委书记　吕东来
党委委员　周茂玉

太原旅游职业学院

党委书记　白玉明
党委副书记、院长　谢玉辉　马兆兴＊
党委副书记　王　蓉（女）
党委委员、纪委书记　耿越平
党委委员、副院长　耿寅杰　张立芳＊　韩一武

太原幼儿师范高等专科学校

党委书记　陆克祥
党委副书记、校长　范永丽（女）
党委副书记　刘香功
党委委员、纪委书记　郭勇柱
副校长　杨建福
党委委员、副校长　李咏梅（女）
党委委员、工会主席　王星星（女）

太原广播电视大学

党总支书记　白宏武
党总支副书记、校长　时耐敏
党总支委员、副校长　徐松山＊　郭建勇　景建明

太原市财贸学校

党总支副书记、校长　张学锋
党总支书记　王秀峰（女）
党总支副书记　王彦飞
党总支委员、副校长　李保林　郭改莲（女）

太原市卫生学校

校长　郜宏漪（女）

党委书记　蔡世臣　韩根浒＊

党委委员、副校长　郝文斌＊　王　宇（女）　闫卫民

太原广播电视中等专业学校

党总支副书记、校长　贾志宏

党总支书记　翟海录

党总支委员、副校长　韩红兰（女）　郭超愚

太原市财政金融学校

党委副书记、校长　栾桂秋（女）

党委书记　张建明

党委副书记　王建秀（女）

党委委员、副校长　张　健＊　冀承红（女）　张　新（女）

党委委员、纪检书记　薛存喜

党委委员、工会主席　孟中华

太原市交通学校

党总支副书记、校长　郭雪梅（女）＊

党委副书记、校长　黄胜勇

党总支书记　张晋林＊

党委书记　刘纪平

党委委员、副校长　张　健

副校长　王淑梅（女）＊

党委委员、副校长　汤德宝

太原市第二中学校

党总支副书记、校长　马新生

党总支书记　王　军

党总支委员、副校长　张　良　李志红（女）

太原市成成中学校

党委副书记、校长　聂惠娟（女）

党委书记　季　禾

党委副书记　牛燕斌

党委委员、纪检书记　米建华（女）

党委委员、副校长　张万才　赵红军（女）　刘　琦（女）

党委委员、工会主席　杨　勇

太原市第四中学校

党总支副书记、校长　杨翠云（女）

党总支书记　蔡世臣＊

党总支委员、副校长　赵忠牛　韩树威

太原市第五中学校

党委副书记、校长　杨向东

党委书记　曲向平

党委副书记　刘志强

党委委员、副校长　王　娟（女）　李　杰　王凤龙

党委委员、纪检书记　王　蓉（女）

太原市进山中学校

党委副书记、校长　吴裕民＊

党委书记　苏建民

党委委员、副校长　张寅生　郭志红（女）　周建华

党委委员、纪检书记　乔晓梅（女）

党委委员、工会主席　赵维尚

党委副书记　郎雁荣（女）

太原市第十一中学校

党总支副书记、校长　樊晓东

党总支书记　陈东胜

党总支委员、副校长　张海滨　马梅样（女）

太原市第十二中学校

党委副书记、校长　冯国雷

党委书记　陈卫华

党委委员、副校长　柴有茂　王布宁　刘　君（女）

党委委员、纪检书记　柴燕杰

副校长　姚永峰

党委委员、工会主席　杨泽明

太原市第十三中学校

党总支副书记、校长　王怀敬

党总支书记　齐越峰

党总支委员、副校长　张建军

太原市第十五中学校

党委副书记、校长　林　玮（女）

党委书记　银　军

党委委员、纪委书记　胡海红（女）

党委委员、副校长　李　煌　贾晓琴（女）

党委委员、工会主席　张　云

太原市第十六中学校

党委副书记、校长　吕向群（女）

党委书记　王宝林

党委委员、副校长　文　凯　陈　平

党委委员、工会主席　王维良

太原市第十八中学校

党委副书记、校长　雷　晟

党委书记　张　枢

党委委员、副校长　陈　晨（女）　许昀丽（女）　贾俊峰

党委委员、工会主席　郭玉萍（女）

太原市第十九中学校

党总支副书记、校长　张代军

党总支书记　畅建保

党总支委员、副校长　刘宏晋

副校长　贾文英（女）

太原市第二十中学校

党总支副书记、校长　弓建茂

党总支书记　宋鸿明

党总支委员、副校长　光　巨　刘乐义

太原市第二十一中学校

党总支副书记、校长　孟引变（女）

党总支书记　马燕芹（女）

党总支委员、副校长　汪劲峰　邵会健

太原市第二十二中学校

副校长　李云飞　贾雄雷

太原市第二十四中学校

党总支副书记、校长　许　丽（女）

党总支书记　田志伟

党总支委员、副校长　白玉宝　王　涛

太原市育英中学校

党总支副书记、校长　黄步选

党总支书记　许继生

党总支副书记　张吉峰＊

党委副书记　齐向星（女）

党总支委员、副校长　边保军

党委委员、副校长　赵良杰

太原市第二十七中学校

党总支副书记、校长　史建如

党总支书记　吴长绪

党总支委员、副校长　阎卫东　靳明保

太原市第二十九中学校

党总支副书记、校长　李　明（女）＊

党总支书记　翟福平＊

党总支书记、校长　翟福平

党总支委员、副校长　沈庆东　梁美红（女）

太原市第三十中学校

党总支副书记、校长　郭力山

党总支书记　李军生

党总支委员、副校长　郭素卿（女）　郭俊明

太原市综合高级中学校

党总支副书记、校长　杜利平

党总支书记　孟金陵（女）

党总支委员、副校长　吕新华（女）

太原市外语科技实验中学

党总支副书记、校长　付红燕（女）

党总支书记　杨旭宏

党总支委员、副校长　梁变然（女）　王卫东

太原市第四十八中学校

党委副书记、校长　王更生

党委书记　郭明思（女）

党委副书记　李素华（女）＊

党委委员、副校长　田巧丽（女）　潘国礼　尹永志

党委委员、纪委书记　李建军

党委委员、工会主席　张喜新

太原市第四十九中学校

党总支副书记、校长　王爱武（女）

党总支书记　阎茂珍

党总支委员、副校长　张银龙　温国荣

太原市第五十二中学校

党总支副书记、校长　崔同喜

党总支书记　郭振江

党总支委员、副校长　靳　翔　光彦强

太原市第五十三中学校

党支部副书记、校长　张卫民

党支部书记　郭玉玲（女）

党支部委员、副校长　王本进　弓　英（女）

太原市第五十五中学校

党委副书记、校长　唐丽达（女）

党委书记　闫文龙

党委委员、副校长　张吉峰　刘吉明　张万平＊

太原市第五十六中学校

党委副书记、校长　郭　涛

党委书记　李春青（女）

党委委员、副校长　程书永　颉全宁

太原市第五十八中学校

党总支副书记　戴震宇（女）＊

党总支委员、副校长　张云峰

副校长　张劭英

太原市第五十九中学校

党总支副书记、校长　程全顺

党总支书记　李延茂

党总支委员、副校长　刘国华　郭志红（女）＊

太原市第六十中学校

党支部副书记、校长　史瑞霞（女）

党支部书记　舒增满

副校长　刘美蓉（女）

党支部委员、副校长　武锡盛

太原市第六十一中学校

党总支副书记、校长　张立平（女）

党总支书记　刘会强

党总支委员、副校长　李宝成　吴莉萍（女）

太原市第六十二中学校

党总支副书记、校长　王秀中

党总支书记　何振庆

党总支委员、副校长　张雅新　裴建勋

太原市第六十三中学校

党委副书记、校长　李大军

党委书记　张兴凤（女）

党委委员、副校长　王旺民　邢雪梅（女）

太原市第六十四中学校

党支部副书记、校长　陈育红

党支部书记　任新明

党支部委员、副校长　王惠山　王云霞（女）

太原市第六十五中学校

党总支副书记、校长　景　涛

党总支书记　马宝峰

党总支委员、副校长　李志德＊　武宏平

太原市第六十六中学校

党支部副书记、校长　刘　薇（女）

党支部书记　李朝晖

党支部委员、副校长　王志隆　李海波

太原市第六十七中学校

党支部副书记、校长　黄胜勇＊

党支部书记　孙琪华

党支部委员、副校长　马保全　孟文军

太原市外国语学校

党委副书记、校长　武翻旺

党委书记　姚培吉

党委副书记　吕　政

党委委员、副校长　冯　娟（女）　刘伟波

党委委员、纪检书记　袁万银

党委委员、工会主席　周荣钧

太原市实验中学校

党委副书记、校长　孔韦忠

党委书记　周延青

党委委员、副校长　刘凤兰（女）　麻耀东

党委委员、纪检书记　姚澍民

党委委员、工会主席　董贵成

太原市第二实验中学校

党委副书记、校长　田文华（女）　陈文斌＊

党委书记　温贵宝

党委委员、副校长　田文华（女）＊　洪天喜

党委委员、工会主席　王健民

太原市第三实验中学校

党总支副书记、校长　常宝成

党总支书记　曹吉明

党总支委员、副校长　田瑞民　兰进徐　杨学新

太原市第四实验中学校

党委副书记、校长　杜效林

党委书记　安彩虹（女）

党委委员、副校长　侯少龙　王　刚

太原市第五实验中学校

党总支副书记、校长　姚世敏＊

党总支书记　褚永生＊

党总支书记、校长　褚永生

党总支委员、副校长　郝永胜、杨文宏

太原市聋人学校

党支部副书记、校长　付晋蔚

党支部书记　张爱忠

太原市盲童学校

党支部副书记、校长　赵　谨

党支部书记　张　媛（女）

太原市明德学校

党支部副书记、校长　韩书林

党支部书记　赵陆生

党支部委员、副校长　陈新民

太原市中小学生综合实践学校（太原市中小学生示范性综合实践基地）

党总支书记　姚　昕

党总支委员、副主任　牛晋涛

太原市第二实验小学校

党支部副书记、校长　徐艳红（女）

党支部书记　朱香玲（女）

太原市第三实验小学校

党支部副书记、校长　史春元

党支部书记　刘红军（女）

太原市第四实验小学校

党支部副书记、校长　聂三敏（女）

党支部书记　武宇红（女）

太原市第五实验小学校

党支部副书记、校长　李国强

党支部书记　王萍萍（女）

太原市育杰幼儿园

党支部书记、园长　徐晓梅（女）

太原市育蕾幼儿园

党支部书记、园长　张晓红

太原市育红幼儿园
党支部书记、园长　张伟宏（女）
太原市育英幼儿园
党支部书记、园长　王　林（女）

卫生医疗机构

太原市中心医院（太原市心血管病研究所、太原市中心医院集团总院）
党委书记　赵永生
党委委员、院长　李新华
党委委员、副院长　薛伟珍（女）*
副院长　王计良*
党委委员、总会计师　韩　宏（女）
党委委员、副院长　刘师伟（女，挂职）
太原市人民医院
党委书记　郝俊彪
党委委员、院长　裴伟俭
党委委员、副院长　马玉林、赵鸿凌（女）
党委委员、纪检书记　赵　敏（女）
太原市第二人民医院
党委书记　董钰柱　韩秀春*
党委副书记、院长　徐计宏*
副院长　李羚萍（女）　赵丽芹（女）
党委委员、副院长　杨玲萍（女）
党委委员、纪检书记　岳瑞芝（女）
太原市第三人民医院（太原市传染病医院、太原市肝病研究所）
党委书记　李晋保
党委副书记、院长　马建中　陈　刚*
党委副书记　刘　刚*
党委委员、副院长　张青平　周　宏
党委委员、纪检书记　张　虹（女）*
太原市第四人民医院（山西医科大学附属肺科医院、太原市结核病医院）
党委书记　郭永芳（女）
党委副书记、院长　董永康
党委委员、工会主席　吴　丰
党委委员、副院长　董钰柱*
党委委员、纪检书记　张　燕（女）
太原市精神病医院（太原市第五人民医院）
党委书记　贾艳焕（女）
党委副书记、院长　王斌红　任笑异*
党委委员、副院长　路　兵*　王斌红*
党委委员、工会主席　张生才
太原市妇幼保健院（太原市妇幼保健计划生育服务中心、太原市妇女儿童医院、太原市第六人民医院）
党委书记　刘秀萍（女）
党委副书记、院长　郭进升
党委委员、副院长　张国强　邓　洋　郑艳梅（女）
党委委员、纪检书记　杨胜辉
党委委员、工会主席　张　燕（女）
太原市第八人民医院（太原市老年病医院）
党委书记　薛伟珍（女）　孟庆禾*
党委副书记、院长　王宝迎
太原市中医医院（太原市中医院研究所）
党委书记　贾金霞（女）
党委副书记、院长　郭江泽
党委委员、副院长　刘克勤　赵　伟
党委副书记、纪检书记　李尉红（女）
党委委员、工会主席　王　岚（女）
太原市急救中心（太原市第九人民医院、太原市紧急医疗救援中心）
党委副书记、主任（院长）　唐新宇
党委书记　程要红（女）
太原市疾病预防控制中心（市结核病防治所、市职业病防治所、市艾滋病性病监测中心）
党委书记、主任　徐计宏
党委副书记、主任　孟德权*
党委书记　杨丛明*
党委委员、工会主席　李茂栋*
党委委员、副主任　李　宏　郭建娥（女）
党委委员、纪检书记　钱月红（女）
太原市卫生健康综合行政执法队
队长　王万金
太原市血液中心（市输血技术研究所）
主任（所长）　白　林
太原市老龄健康事业服务中心
主任、三级调研员　于　兰（女）

县（市、区）

小店区
中共小店区委
书记　刘振华
副书记、区长　李卫平*　袁尔铭
副书记　王成周

副书记　安小刚（墩苗）
常委、副区长　杜小灵＊　张力维
常委、纪委书记、监委主任　霍存柱
常委、宣传部部长　张志中
常委、统战部部长　梁根会
常委、组织部部长　白进联（女）＊　王黄林（女）
常委、政法委书记　王成周＊　荣杰峰
常委　盛维华
常委、人武部政委　周继全

小店区人大常委会

主任　王建文
副主任　李林福＊　侯继保　李伟仙（女）　高　峰　李春涛

小店区政府

副书记、区长　李卫平＊　袁尔铭
常委、副区长　杜小灵＊　张力维
副区长　宋毅方　荣杰峰＊　师中军　段燕临　张俊兵＊
郭国权　姚卫民
副区长、公安小店分局局长　王晓光

政协小店区常委会

主席　李恩星
副主席　弓连中＊　郭丽霞（女）　温喜昌　宋　力
范月卿（女）

小店区法院

院长　王成万

小店区检察院

检察长　孙中杰

迎泽区

中共迎泽区委

书记　冯原平＊　李　慧（女）
副书记、区长　李　慧（女）＊　赵学军
副书记　李鸿林＊　王国栋
常委、纪委书记、监委主任　尹达恒
常委、宣传部部长　张　军（女）
常委、区委办主任　薛　凯
常委、统战部部长　闫晓琴（女）
常委、副区长　王国栋＊　刘爱国
常委、政法委书记　岳旭强
常委、组织部部长　刘　斌＊　霍晓勇
常委、人武部政委　闫海军
常委　杜志强　苏国清（墩苗）

迎泽区人大常委会

主任　张　霞（女）
副主任　韩石俊（女）　尹晓平　秦宇星　孟晋忠

迎泽区政府

副书记、区长　李　慧（女）＊　赵学军
常委、副区长　王国栋＊　刘爱国
副区长　杨永生　薛　凯＊　岳旭强＊　周靖华＊　闫俊力
陈文生　张渊学
副区长、公安迎泽分局局长　周立志

政协迎泽区常委会

主席　赵树文
副主席　赵利军＊　王晓燕（女）　裴存锁　王素云（女）
王孝兵

迎泽区法院

院长　田志勇

迎泽区检察院

检察长　陈加林

杏花岭区

中共杏花岭区委

书记　李文权
副书记、区长　侯　森
副书记　梁　勇＊　李福贵
常委、纪委书记、监委主任　王富强＊　李秀斌
常委、副区长　卫向东
常委、区委办主任　王同化
常委、宣传部部长　赵联庆
常委、组织部部长　郭俊明
常委、政法委书记　杜志坚
常委、人武部部长　孟祥乐
常委　张　喆（墩苗）　杨俊国（墩苗）

杏花岭区人大常委会

主任　程有录
副主任　白　亮　连会银　张荣义（女）　安江锋

杏花岭区政府

副书记、区长　侯　森
常委、副区长　卫向东
副区长　张青贵　张　喆＊　李　琦（女）　张玉和　冯立君
副区长、公安杏花岭分局局长　魏鲁培

政协杏花岭区常委会

主席　施国立＊　王富强
副主席　张立亚　韩富存　薛萍萍（女）　张毓民

杏花岭区法院

院长　王晋斌

杏花岭区检察院

检察长　孙向荣

尖草坪区

中共尖草坪区委

书记　卢俊峰

副书记、区长　田文浩

副书记　曹　炬

常委、统战部部长　任同珍（女）

常委、副区长　康国奇

常委、纪委书记、监委主任　尹浩瑞

常委、组织部部长　赵建春

常委、人武部政委　王国权＊　刘　中

常委、宣传部部长　祁向东＊　王丽芬（女）

常委、政法委书记　张俊兵

常委　张晋松（墩苗）

尖草坪区人大常委会

主任　金林平

副主任　牛东全＊　马高明　史金俏（女）　李　刚

尖草坪区政府

副书记、区长　田文浩

常委、副区长　康国奇

副区长　高三生　侯　岳　王丽芬（女）＊　杜秋梅（女）　白　冰

副区长、公安尖草坪分局局长　王晋涛

政协尖草坪区常委会

主席　王春龙

副主席　胡福明＊　王毅仁　殷守逵　郑庆华

尖草坪区法院

院长　张福平

尖草坪区检察院

检察长　张晋东

万柏林区

中共万柏林区委

书记　杨俊民

副书记、区长　袁尔铭＊

副书记　梁雅俊（女）　李博雅（女，墩苗）

常委、统战部部长　岳元春

常委、纪委书记、监委主任　刘贵江

常委、人武部政委　刘仍雁

常委、组织部部长　常　青

常委、区委办主任　刘爱国＊　梁红根

常委、副区长　李　蓉（女）＊　陈俊峰

常委、宣传部部长　赵晓红（女）＊　张小军

常委、政法委书记　杨宏林＊　周靖华

常委　杨　光（墩苗）　刘志军（墩苗）

万柏林区人大常委会

主任　张振鹏

副主任　刘团圆　孔一龙　李石宏　王立学

万柏林区政府

副书记、区长　袁尔铭＊

常委、副区长　李　蓉（女）＊　陈俊峰

副区长　高建军＊　梁红根＊　陈俊峰＊　李宏文　丁利春　韩　宇

副区长、公安万柏林分局局长　高乃勇＊　闫玉斌

政协万柏林区常委会

主席　马金安

副主席　阎全鲁　王跃礼　王宝同＊　鲁宝栋　阴　燚

万柏林区法院

院长　王文皓

万柏林区检察院

检察长　郭　刚

晋源区

中共晋源区委

书记　杨继承＊　李永强

副书记、区长　李永强＊　张农寿

副书记　李福贵＊　姬发军

常委、组织部部长　霍晓勇＊　张吉祥

常委、政法委书记　相　辉

常委、纪委书记、监委主任　陈　晋

常委、区委办主任　李茂生

常委、副区长　钮宝林

常委、宣传部部长、统战部部长　姜保牛＊　温志勇

常委、人武部部长　冯新华

常委、副区长　刘　晚（女，墩苗）

常委　李全林（墩苗）

晋源区人大常委会

主任　张奇峰

副主任　荣春贵＊　江金魁＊　张　仕　师　超　范永生　张小鹏

晋源区政府

副书记、区长　李永强＊　张农寿

常委、副区长　钮宝林

副区长　温志勇＊　朱永军　刘爱民　杜俊霞（女）　靳　睿

副区长、公安晋源分局局长　曹　挺

政协晋源区常委会

主席　董云飞

副主席　田　瑞　靳玉琴（女）　黄　巨　贺建国

晋源区法院

院长　王　晋

晋源区检察院

检察长　李晓燕（女）

古交市

中共古交市委

书记　翟永清＊　李卫平

副书记、市长　刘锦春（女）

副书记　张　麒＊　杨建忠

常委、人武部部长　许　军

常委、统战部部长　李宏刚＊　弓梅梅（女）

常委、副市长　马彦明＊　邢武晓

常委、政法委书记　邢武晓＊　李宏刚

常委、宣传部部长　赵晋胜

常委、纪委书记、监委主任　丁晋峰

常委、组织部部长　张吉祥＊　李永强

常委、副市长　杜国名（墩苗）

常委　崔燕波（墩苗）

古交市人大常委会

主任　张　刚

副主任　班春芳（女）　康香香（女）　贾保国　李宜坷（女）

古交市政府

副书记、市长　刘锦春（女）

常委、副市长　马彦明＊　邢武晓

副市长　弓梅梅（女）＊　闫　伟＊　王家林＊　李永强　李勇存　闫文光　张　敏

副市长、古交市公安局局长　闫玉斌＊　王治国

政协古交市常委会

主席　程顺旺

副主席　赵晓霞（女）　李秀峰（女）　王家林　张宏印

古交市法院

院长　张东杰

古交市检察院

检察长　蔡东海

清徐县

中共清徐县委

书记　王琳玉＊　王剑峰

副书记、县长　王剑峰＊　孙　泉

副书记　赵生魁＊　雷学义　张娅妮（女，墩苗）

常委、宣传部部长　吴英志

常委、政法委书记　陈晓勇

常委、组织部部长　王黄林（女）＊　吴宇平

常委、人武部政委　郑泽海

常委、统战部部长　杨兴海

常委、副县长　李凤梅（女）＊　岳兔立

常委、纪委书记、监委主任　李秀斌＊　马志杰

常委　肖　晖（墩苗）

清徐县人大常委会

主任　张晋涛

副主任　梁宝贵　李树明　李年贵　武威飚

清徐县政府

副书记、县长　王剑峰＊　孙　泉

常委、副县长　李凤梅（女）＊　岳兔立

副县长　岳兔立＊　武晓俊＊　赵四顺　牛建忠　董笑龙　刘紫霞

副县长、县公安局局长　刘金亮

政协清徐县常委会

主席　杨保恒

副主席　赵宗虎＊　王献国　王小鹏　靳秀发　张永健

清徐县法院

院长　银威威

清徐县检察院

检察长　赵正斌

阳曲县

中共阳曲县委

书记　裴耀军

副书记、县长　李京京

副书记　杨　昆　薛文静（女，墩苗）

副书记、统战部部长　李建国＊

常委、宣传部部长　王志勇

常委、副县长　于文成

常委、组织部部长　陈向琰（女）

常委、纪委书记、监委主任　徐剑平

常委、政法委书记　张小军＊　武晓俊

常委、人武部部长　刘　中＊　赵成波

阳曲县人大常委会

主任　韩　勇＊

副主任　赵虎牛　裴云峰　张　峥（女）刘　麒

阳曲县政府

副书记、县长　李京京

常委、副县长　于文成

副县长　孙晋生＊　刘　冬（女）王庆丰　周　飞

副县长、县公安局局长　王树仁

政协阳曲县常委会

主席　白　洪

副主席　裴润兰（女）马润明　王秀生　边志勇

阳曲县法院

院长　杨效熙

阳曲县检察院

检察长　李卓英

娄烦县

中共娄烦县委

市委常委、县委书记　薛东晓

副书记、县长　李树忠

副书记　郝虎生

副书记、副县长　郝虎生＊

常委、政法委书记　郭建生

常委、组织部部长　岳志强

常委、副县长　闫　伟

常委、纪委书记、监委主任　陈　铮

常委、宣传部部长、统战部部长　章晓煜（女）＊　任　瑛（女）

常委、人武部部长　梁云刚＊　李德英

常委、副县长　武　鹏（墩苗）

娄烦县人大常委会

主任　冯永魁

副主任　白巨明＊　梁俊杰　段润义　李贵书　武玉琴（女）

娄烦县政府

副书记、县长　李树忠

副书记、副县长　郝虎生＊

常委、副县长　闫　伟

副县长　李永强＊　席艳强＊　李亚晋（女）＊　庞　娟（女）
张万生　马文杰　杨　泰

副县长、县公安局局长　王晓光＊　田志凯

政协娄烦县常委会

主席　武润生

副主席　马存海　侯尚德　雷爱婵（女）　武玉琴（女）＊
蔡慧杰

娄烦县法院

院长　王玉文

娄烦县检察院

检察长　赵冰峰

中北高新技术产业开发区

党工委书记　卢俊峰（兼）

党工委副书记、管委会主任　杨敦勤＊　杜小灵

党工委副书记、管委会副主任　许　涛

党工委委员、管委会副主任　许　涛＊　郭宏强＊
艾冬景（女）　郝少杰

党工委委员、纪检监察工委书记　韩涛峰

党工委委员　张　健　王志义

太原西山生态文化旅游示范区

党工委书记、管委会主任　王建廷

党工委副书记　郭宏强

党工委委员、纪检监察工委书记　王　峰

党工委委员、管委会副主任　李润敖　常建强

清徐经济开发区

党工委书记　王剑峰（兼）＊　孙　泉

党工委副书记、管委会主任　邢蕴武

党工委委员、管委会副主任　董笑龙＊　孟　涛　王国庆

党工委委员、纪检监察工委书记　陈　晋

阳曲现代农业产业示范区

党工委书记、管委会主任　李京京（兼）

党工委副书记、管委会常务副主任　常红勤

党工委委员、纪检监察工委书记　冀晓军

党工委委员、管委会副主任　银军军　王向正

备注：姓名后标注＊表示年内退休或者调离岗位。

（市委组织部供稿）

综　述

【概况】 2020年，中共太原市委高举习近平新时代中国特色社会主义思想伟大旗帜，全面贯彻中共十九大和十九届二中、三中、四中、五中全会精神，深入学习贯彻习近平总书记视察山西重要讲话重要指示，按照省委“四为四高两同步”总体思路和要求，统筹推进“五位一体”总体布局，协调推进“四个全面”战略布局，坚持稳中求进工作总基调，坚持新发展理念，扎实做好“六稳”工作，全面落实“六保”任务，加快推动“六新”突破，全市党的建设和党的事业取得新进展新成效。　（崔建高）

【党的建设】 2020年，中共太原市委持续强化理论武装，理论学习中心组学习38次，重温习近平总书记“三篇光辉文献”，专题学习《习近平谈治国理政》第三卷。举办市管领导干部集中轮训，分20期培训市管领导干部1974人。开展基层宣讲4600余场，受众近70万人次。开展“三重温、学四史”学习教育，“不忘初心、牢记使命”主题教育成果不断巩固深化。对表紧跟领袖嘱托，召开市委十一届九次全会，制订出台《关于贯彻落实习近平总书记视察山西重要讲话重要指示在转型发展上率先蹚出一条新路来的行动计划》，明确8个方面204条具体任务并全面开展督导检查。

全面落实新时代党的建设总要求，强化党建“第一责任”，引领保障发展“第一要务”。坚决扛起主体责任，制订《市委常委班子落实全面从严治党主体责任清单》，开展抓基层党建工作述职评议考核，督促责任落实。完成第六轮、第七轮巡察，启动第八轮巡察，实现本届市委巡察全覆盖，发现共性问题609个，问题线索117个，问责党组织26个、党员干部166人。夯实基层基础，出台提升非公经济和社会组织党组织“两个覆盖”质量的十条措施。选派246名机关事业单位干部到村（社区）和民办学校、医院任职。建成党群服务中心900余个。整顿软弱涣散基层党组织144个。出台《太原市直机关党支部规范化建设标准》，市直机关80%的党支部达到规范化建设标准。打造过硬干部队伍，精准选派52名年轻干部到县、乡“墩苗”任职，选拔23名乡镇（街道）书记到省直和市直单位担任副处级领导职务，全年调整干部26批721人次，评选担当作为表现突出干部400名。推进正风反腐，紧盯“关键少数”，一体推进不敢腐、不能腐、不想腐，对6名市管领导干部进行纪律审查和监察调查。全市纪检监察机关立案1912件，处分1813人。深入开展领导干部违规在社团兼职问题专项治理、逾期贷款清欠清收等专项行动，清理领导干部违规兼职196人，累计清收68.74亿元，居全省第一。查处违反中央八项规定精神问题161个，通报曝光典型案例55起。精准运用“四种形态”，处理党员干部6627人次。坚决反对形式主义和官僚主义，对文件、会议保持刚性约束，规范督查检查考核，整治多头重复填表报数、评比表彰占用精力等突出问题，切实为基层减负，广大干部作风更加务实，干事创业环境更加优化。　（崔建高）

【思想政治宣传】 2020年，中共太原市委守牢意识形态阵地，落实意识形态工作责任制，召开市委意识形态工作领导小组会议8次。加强公民道德建设，深化爱国主义教育。深耕“时代新人说”工作品牌，全年举办1000余场、受众6万余人。正确引导网络舆情，全年处置各类舆情400余起，获得中宣部表彰的基层理论宣讲先进集体、舆情信息工作先进单位十连冠。强化正确舆论导向，举办庆祝建党99周年、纪念中国人民抗日战争暨世界反法西斯战争胜利75周年、纪念中国人民志愿军抗美援朝入朝作战70周年系列活动，开展“强信心、暖人心、聚民心”抗疫主题宣传。中央及省级媒体刊播涉并正面新闻报道

2万余条。（崔建高）

【民主法治建设】 2020年，中共太原市委坚持党的领导、人民当家作主、依法治国有机统一，坚定不移走中国特色社会主义政治发展道路。加强党对立法工作的领导，立改废地方性法规11件，支持市人大及其常委会依法监督法律法规实施情况和“一府一委两院”工作情况，支持依法作出重大事项决议决定和选举任免。推动288件人大代表议案高质量办理。发挥政协协商民主重要渠道和专门协商机构作用，出台《关于新时代加强和改进人民政协工作不断开创全市政协事业发展新局面的实施意见》，526件协商提案全部高质量办理，探索新时代协商民主形式和载体，协商议政质量和效能不断提升。推进新形势下统战工作，召开6次党外代表人士双月座谈会，加强信教群众聚居村党组织建设，推动“四进”活动提档升级。深入推进党外人士、海外统战、新的社会阶层人士统战工作。推进党管武装工作，组织开展国防动员军地联合指挥演练和民兵防汛综合演练，加快完善国防动员体系建设，实现全国“双拥”模范城“九连冠”。

深入践行总体国家安全观，确保省城社会大局和谐稳定。全面提升依法治市水平，落实中央全面依法治国工作会议精神，对各级党政主要负责人履行推进法治建设第一责任定责、明责、落责、考责，开展全面依法治市暨法治政府建设专项督察。发挥法律顾问、公职律师作用，以法治思维和法治方式深化改革、推动发展、化解矛盾、维护稳定。深化扫黑除恶专项斗争，精准把握专项斗争临近收官的阶段性特点，深入推进重点行业领域专项整治，全年打掉黑恶势力犯罪团伙28个，破获刑事案件1223起，目标逃犯全部清零。维护社会大局稳定，深入开展“三零”单位创建，深入排查化解各类安全风险隐患。弘扬新时代“枫桥经验”，做好信访稳定工作，信访总量、进京集体访、赴省集体访人次分别下降29.45%、83.08%、51.53%。严厉打击各类违法犯罪活动，“两抢一盗”类警情同比下降29.20%，人民群众的安全感得到增强。（崔建高）

【改革创新】 2020年，中共太原市委统筹推进改革开放和创新驱动，全面营造创新转型发展的良好生态。大力推进改革攻坚，承接国家和省改革试点任务49项，谋划推进11个方面99项重点改革任务。加快推进国家可持续发展议程创新示范区建设，出台《关于加快开发区改革创新推进高质量发展的实施意见》，制约开发区发展的难题逐步破解。经营类事业单位改革完成，县管校聘、局管校聘、招生考试制度等改革稳步推进，市属国有企业厂办大集体改革全部完成。全国深化农村集体产权制度改革工作会议在太原市召开，太原改革经验在全国推广。高起点扩大对外开放，融入“一带一路”等倡议，举办2020中国（太原）人工智能大会，签约优质项目64个，投资总额602.20亿元。推进太原跨境电商综合试验区建设。全面深化“放管服效”改革，减少审批事项56个、审批环节423个。多层次打造创新生态，太原技术转移促进中心获批第二批国家技术转移人才培养基地，填补山西省空白。引进高层次专业人才2000余人。获得国家、省科学技术奖170项，在全省率先实现规上工业企业研发全覆盖。国科大太原能源材料学院建设加快推进。推动工会、共青团、妇联等群团组织深化改革。（崔建高）

【“十四五”规划制定】 2020年，中共太原市委科学描绘发展蓝图，成立起草组，开门问策、集思广益，通过调查研究、召开多领域座谈会，广泛征求意见建议，科学制定《中共太原市委关于制定国民经济和社会发展第十四个五年规划和二〇三五年远景目标的建议》，对2035年远景目标作出定性展望，科学描绘太原市“十四五”发展蓝图。（崔建高）

【生态建设】 2020年，中共太原市委牢记习近平总书记嘱托，坚持治山、治水、治气、治城一体推进，加快再现“锦绣太原城”盛景，不断增强太原的吸引力和影响力。坚持全域治山，以创建国家森林城市为抓手，全力打造“一核、两脉、三圈、四极”森林城市格局。实施东西北山森林提档、绿化彩化财化建设、城郊森林公园功能提升三大工程，全年完成营造林29047公顷，全市绿化覆盖率、绿地率分别达到44%、38.90%，人均公园绿地面积12.25平方米。坚持系统治水，强化“五水同治”，推进汾河四期治理工程，恢复城区段湿地生态系统。编制晋阳湖生态保护与修复规划，实施晋祠泉域水资源保护。推进城市雨污分流、截污纳管，生活污水日处理能力达到125万吨，实现建成区污水全收集全处理。汾河水库出口和上兰断面保持Ⅱ类水质，汾河流域国考太原段全面消除劣Ⅴ类水体。坚持强力治气，坚持空气质量改善优先原则，“控煤、治污、管车、降尘”多措并举，开展夏季臭氧治理和“秋冬防”大气污染防治攻坚行动，实施农村清洁供暖改造11385户，关停9户企业4.30米以下焦炉产能912万吨。全年环境空气综合污染指数同比下降7.50%，市区优良天数224天，增加24天，优良率为61.20%。坚持综合治城，加快编制《太原市国土空间总体规划》，全域规划、一张蓝图、多规共循的空间管控体系基本形成。地铁2号线一期开通运营，西北二环高速公路等项目有序推进，钟楼街片区、五一广场改造加快实施，解放路改造、南中环东延等27项道路工程竣工通车。大力实施“两下两进两拆”，深入开展“九乱”整治，完成老旧小区提质改造333个，既有建筑节能改造534.60万平方米，增加公共停车泊位1.70万余个，植物园、动物园、汾河晚渡等一批公园景点建成开放。（崔建高）

【经济建设】2020年，中共太原市委深入践行新发展理念，全力推动经济高质量转型发展。加强党对经济工作的领导，落实市级领导包联帮扶企业项目等制度，组织开展3次项目观摩活动，全力转变发展方式，持续优化产业结构。全市地区生产总值（GDP）4153.25亿元，增长2.60%。城乡居民人均可支配收入分别增长5.40%、7%。规上工业增加值增长3.20%，固定资产投资增长11.30%，疫情之下的太原经济稳步回升、稳定增长。构建现代产业体系，推动传统产业改造提升、新兴产业培育壮大，长城“智能云”工厂下线创造太原速度，清徐精细化工循环产业园建设项目陆续投产，太钢高端碳纤维三期、大地紫晶等重大产业项目加快推进。出台《太原市加快现代服务业发展的政策意见》，发放两轮政府消费券7497.72万元、汽车消费补贴1.93亿元，新增入统服务业企业216家。深化农业供给侧结构性改革，加快建设南部城郊农业示范区、北部有机旱作特色农业示范区，紫林醋业、东湖老陈醋集团成为全省产业集群重点企业。聚焦聚力加快项目建设，深入开展“三个一批”活动，按照“一企一策、分类实施”原则，全过程全方位督导推进项目建设。全市省级重点工程项目47项、市级重点工程项目140项，全年累计完成投资545亿元，完成率143%，一批具有全局性、战略性、引领性的大项目好项目引进落地、投产达效。（崔建高）

【社会事业】2020年，太原市推进发展文化事业，晋祠—天龙山景区创建国家5A级旅游景区、晋商博物院建成开放。出台《关于建立“名家、名作、名品”工作机制繁荣社会主义文艺的实施意见》，文艺精品力作不断推出。举办2020太原国际马拉松赛、2020第二届环太原国际公路自行车赛等国际赛事。太原市入选“东亚文化之都”2021年候选城市。（崔建高）

【民生保障】2020年，中共太原市委坚持以人民为中心的发展思想，扎实做好民生改善各项工作。巩固拓展脱贫攻坚成果，聚焦“两不愁、三保障”，落实“四不摘”要求，全面落实精准方略，出台《关于“抗疫情、保增收、防返贫”十条措施》等政策，投资5.35亿元新上279个扶贫项目，转移就业贫困劳动力2.32万人。娄烦县、阳曲县被评为全省产业扶贫示范区。推进乡村振兴，坚持把乡村振兴战略作为新时代“三农”工作总抓手，推动乡村振兴与脱贫攻坚有效衔接，全年创建省级改善农村人居环境示范村43个，完成32个农村生活污水处理设施及配套管网建设，农村无害化卫生厕所普及率达到86%，位居全省第一。办好民生实事，出台就业稳岗政策120个，完成职业技能提升培训8.14万人，全市新增城镇就业8.35万人，城镇登记失业率控制在3.17%。健全完善社保服务体系，普惠幼儿园覆盖率达到90%。推动市第三人民医院迁建、市第四人民医院扩容提质。开展不动产“处遗”工作，全年完成不动产首次登记任务10.28万套。强化安全生产，开展“深刻汲取教训，全面提升安全生产工作水平”集中教育整顿暨专项整治，累计检查企业单位12.96万家，排查一般隐患5.58万条，整改5.10万条。全市各类生产安全亡人事故减少14起，下降23.70%，安全生产工作基础得到夯实。（崔建高）

市委重要会议

【中共太原市委十一届八次全体会议暨经济工作会议】2020年1月3日在太原召开。出席会议的有市委委员40人，候补委员6人。会议由市委常委会主持。省委常委、市委书记罗清宇受市委常委会委托向全会报告工作并讲话。省政协副主席、市委副书记、市长李晓波作安排部署。会议坚持以习近平新时代中国特色社会主义思想为指导，深入贯彻习近平总书记“三篇光辉文献”精神，全面贯彻中央、省委经济工作会议精神，总结2019年全市经济工作，分析当前经济形势，全面部署2020年经济工作。（太原年鉴编辑部）

【太原市“不忘初心、牢记使命”主题教育总结大会】2020年1月10日，太原市“不忘初心、牢记使命”主题教育总结大会在太原召开。省委常委、市委书记、市委主题教育领导小组组长罗清宇出席并讲话，强调要认真学习贯彻习近平总书记在主题教育总结大会上的重要讲话精神，不断深化党的自我革命，坚持常抓不懈，巩固深化成果，始终把“不忘初心、牢记使命”作为党的建设的永恒课题和全体党员干部的终身课题，在新的起点上、新的征程中不断奋勇前进。省政协副主席、市委副书记、市长李晓波出席，省委主题教育第1巡回指导组组长郭立出席并讲话。市委常委、组织部部长、市委主题教育领导小组副组长赵忠保主持会议。省委主题教育第1巡回指导组成员；市委常委，市人大常委会、市政府、市政协负责人，市法检两长；市委主题教育领导小组成员单位主要负责人；市直各部门（开发区）主要负责人；各县（市、区）党政主要负责人、副书记、组织部部长；市委主题教育巡回指导组组长，市委主题教育领导小组办公室负责人等参加会议。（太原年鉴编辑部）

【太原市“三零”单位创建工作动员部署大会】2020年4月18日，以电视电话会议形式在太原召开。省委常委、市委书记罗清宇出席会议并讲话。省政协副主席、市委副书记、市长李晓波主持会议。市委常委、政法委书记魏民作安排部署。市委常委，市人大常委会党组书记、市政协党组书记，副市长，市法院、市检察院负责人在主会场参加，各县（市、区）、转型综改示范区设分会场。罗清宇强调要深入学习贯彻习近平总书记关于社会治理的重要论

述和党的十九届四中全会精神，按照省委“四为四高两同步”总体思路和要求，认真落实全省“三零”单位创建工作动员部署大会精神，提升基层社会治理能力，建设更高水平平安太原。（王　婷）

【太原市决战决胜文明城市创建暨蓝天保卫战动员部署大会】 2020年4月18日，以电视电话会议形式在太原召开。省委常委、市委书记罗清宇出席并讲话。省政协副主席、市委副书记、市长李晓波主持会议，并对打赢蓝天保卫战作出部署。省委副秘书长宋惠民代表省直机关讲话。市委副书记李新春部署2020年文明城市创建工作，副市长卢秋生通报2019年环境空气质量状况、2019—2020年“秋冬防”空气质量目标完成情况。省直工委副书记魏爱军，市委常委，市人大常委会党组书记、市政协党组书记，副市长，市法院、市检察院负责同志在主会场参加，各县（市、区）、转型综改示范区设分会场。罗清宇强调要深入贯彻习近平生态文明思想和习近平总书记关于加强精神文明建设的重要论述，落实省委“四为四高两同步”总体思路和要求，坚定信心、一鼓作气，靶向攻坚、奋力冲刺，确保太原市创建全国文明城市取得成功，蓝天保卫战各项工作再上新台阶。（王　婷）

【太原市决战完胜脱贫攻坚誓师大会】 2020年7月14日，以电视电话会议形式在太原召开，娄烦县、阳曲县设分会场。省委常委、市委书记罗清宇主持并讲话，省政协副主席、市委副书记、市长李晓波作具体部署。省委脱贫攻坚第一督导组组长郭新民应邀出席。市委副书记李新春传达省委书记楼阳生对全省巩固脱贫成果现场推进会的批示和全省巩固脱贫成果现场推进会议精神。市领导张明星、王立刚、赵忠保、刘鹓、车建华在主会场参加，薛东晓在娄烦县分会场参加。罗清宇强调要深入学习贯彻习近平总书记在决战决胜脱贫攻坚座谈会上的重要讲话精神和视察山西重要讲话重要指示，按照省委“四为四高两同步”总体思路和要求，落实省委十一届十次全会、全省巩固脱贫成果现场推进会精神，坚决打赢打好脱贫攻坚战，与全国全省一道全面建成小康社会。（王　婷）

【中共太原市委十一届九次全体会议】 2020年7月21日在太原召开。出席全会的有市委委员33人，市委候补委员6人。市纪委常委和有关方面负责人列席会议。太原市出席党的十九大代表、部分省市第十一次党代会基层代表也列席会议。全会由市委常委会主持。省委常委、市委书记罗清宇代表市委常委会讲话。全会审议通过《中共太原市委关于贯彻落实习近平总书记视察山西重要讲话重要指示在转型发展上率先蹚出一条新路来的行动计划》，确定8个方面204条具体任务。（太原年鉴编辑部）

【太原市创建国家森林城市动员大会】 2020年9月1日，以电视电话会形式在太原召开。省委常委、市委书记罗清宇主持并讲话，省政协副主席、市委副书记、市长李晓波作安排部署，省林业和草原局局长张云龙到会指导，市领导李新春、刘鹓、张齐山参加。市创建国家森林城市领导小组成员单位主要负责人在主会场参加，各县（市、区）党政负责人、分管负责人，相关单位主要负责人，各乡镇、街办主要负责人，重点村主要负责人在分会场参加。罗清宇强调要深入贯彻习近平生态文明思想，牢固树立绿水青山就是金山银山的理念，按照省委“四为四高两同步”总体思路和要求，明确目标、压实责任，努力推动太原创新、绿色、高质量发展，再现“锦绣太原城”的盛景。（王　婷）

【太原市重点工作部署会】 2020年10月10日在太原召开。省委常委、市委书记罗清宇主持并讲话，省政协副主席、市委副书记、市长李晓波作工作部署。市委常委，市人大常委会、市政协主要负责人，副市长，各县（市、区）、开发区和市直有关部门主要负责人，部分市属企业主要负责人参加会议。传达学习省委第四十四次专题会议暨省疫情防控工作领导小组会议精神，听取全市疫情防控、经济运行、环境保护、社会稳定等工作情况汇报，对重点工作进行安排部署，强调要深入贯彻习近平总书记视察山西重要讲话重要指示，认真落实党中央及省委决策部署，提振信心、凝聚力量，强化作风、落实责任，奋力冲刺全年各项目标任务。（王　婷）

【市委常委会议】 2020年1月15日，太原市十一届市委召开第144次常委会。学习贯彻习近平总书记关于扶贫工作的重要论述，审议《关于省委脱贫攻坚第一巡视组对太原市脱贫攻坚工作巡视反馈问题的整改方案》。省委常委、市委书记罗清宇主持。省政协副主席、市委副书记、市长李晓波和市委常委同志坚持以习近平新时代中国特色社会主义思想为指导，深入学习近年来习近平总书记主持召开的有关脱贫攻坚座谈会精神和《习近平扶贫论述摘编》，联系工作实际，谈认识体会，讲思路打算，进一步表明打赢脱贫攻坚战、决胜全面小康的态度决心。

1月19日，太原市十一届市委召开第145次常委会。传达省十三届人大三次会议和省政协十二届三次会议精神。听取市人大常委会党组、市政府党组、市政协党组、市中院党组、市检察院党组2019年度工作汇报。审议《关于办好新时代人民满意教育的若干意见》《关于全面深化新时代教师队伍建设改革的实施意见》。省委常委、市委书记罗清宇主持会议。

1月22日，太原市十一届市委召开第146次常委会。传达十九届中央纪委四次全会和省纪委十一届六次全会精神。听取2019年全市纪检监察工作情况汇报。安排部署近期重点工作。省委常委、市委书记罗清宇主持会议。

2月4日，太原市十一届市委召开第148次常委会。传达学习习近平总书记在中央政治局常务委员会会议上的重要讲话精神，安排部署当前有关工作。省委常委、市委书记罗清宇主持会议。

2月14日，太原市十一届市委召开第149次常委会。审议《中共太原市委常委会2020年工作要点》，研究太原市生态环境保护和安全生产工作，听取全市脱贫攻坚暨春耕备耕、规上工业企业复工复产情况的汇报。省委常委、市委书记罗清宇主持会议。

2月21日，太原市十一届市委召开第150次常委会。传达学习2月12日习近平总书记在中央政治局常委会会议上的重要讲话精神。讨论拟提请市十四届人大五次会议审议的《政府工作报告》《关于太原市2019年国民经济和社会发展计划执行情况与2020年国民经济和社会发展计划（草案）的报告》《关于太原市2019年全市和市本级预算执行情况与2020年全市和市本级预算（草案）的报告》。审议《中共太原市委全面深化改革委员会2020年重大改革项目及责任分工》。省委常委、市委书记罗清宇主持会议。

3月6日，太原市十一届市委召开第152次常委会。传达学习习近平总书记在3月4日中共中央政治局常务委员会会议上的重要讲话精神。传达全国、全省统战部长会议和中央及省委政法工作会议精神，研究太原市贯彻落实意见。审议《太原市人大常委会2020年工作计划》《中共太原市委关于2019年落实意识形态工作责任制情况和2020年意识形态工作计划的报告》《太原市人民政府2020年度重大行政决策事项目录》。省委常委、市委书记罗清宇主持会议。

3月21日，太原市十一届市委召开第153次常委会。传达学习习近平总书记在3月18日中共中央政治局常务委员会会议上的重要讲话精神。传达全国、全省党校校长会议精神，研究太原市贯彻落实意见。审议《太原市2020年政党协商计划》《中共太原市委理论学习中心组2020年学习计划》《关于深化扶贫领域腐败和作风问题专项治理的工作方案》。安排部署全市护林防火工作。省委常委、市委书记罗清宇主持会议。

3月26日，太原市十一届市委召开第154次常委会。传达全国及全省组织部长、老干部局长会议精神，全国、全省宣传部长会议精神，全省信访工作会议精神，研究太原市贯彻落实意见。审议《太原市推进山西中部盆地城市群一体化发展规划（2020—2030年）》《太原市推进山西中部盆地城市群一体化发展2020年行动计划》《各县（市、区）相对集中行政许可权改革实施方案》《关于进一步改进公益广告宣传工作的实施意见》。省委常委、市委书记罗清宇主持会议。

4月2日，太原市十一届市委召开第155次常委会。传达学习习近平总书记对四川西昌市经久乡森林火灾作出的重要指示精神。审议《太原市创建全国市域社会治理现代化试点市任务指标分解的意见》《太原市博物馆促进条例（草案修改稿）》。省委常委、市委书记罗清宇主持会议。

4月11日，太原市十一届市委召开第156次常委会。传达学习中央全面依法治国委员会第三次会议和省委全面依法治省委员会第三次会议精神，听取2019年全面依法治市工作情况汇报，安排部署下一步工作。传达学习全国、全省网信办主任会议精神，研究太原市贯彻落实意见。审议《太原市机关事务管理办法》《太原市以数字政府建设为牵引进一步优化营商环境实施方案》。省委常委、市委书记罗清宇主持会议。

4月17日，太原市十一届市委召开第157次常委会。传达全省“三零”单位创建工作动员部署大会精神，审议《关于开展“零上访零事故零案件”村（社区）、企业、单位创建工作的实施方案》。听取市十四届人大五次会议、市政协十三届四次会议筹备工作情况汇报，审议会议相关材料。省委常委、市委书记罗清宇主持会议。

5月16日，太原市十一届市委召开第160次常委会。传达中央、全省对台工作会议精神，研究太原市贯彻落实意见。审议《太原市贯彻落实全省科学技术大会精神工作方案》《关于统筹新冠肺炎疫情防控扎实推进“三农”领域重点工作确保如期实现全面小康的实施意见》《2020年太原市养老服务工作行动计划》《政协太原市委员会2020年度协商计划》。听取全市2020年一季度安全生产、市级领导包联帮扶企业项目工作情况汇报。省委常委、市委书记罗清宇主持会议。

5月20日，太原市十一届市委召开第161次常委会。传达学习2020年全国、全省“扫黄打非”工作会议精神，研究太原市贯彻落实意见。审议《中共太原市委关于建立“名家、名作、名品”工作机制繁荣发展社会主义文艺的实施意见》。省委常委、市委书记罗清宇主持会议。

5月28日，太原市十一届市委召开第162次常委会。审议《中共太原市委关于深入学习贯彻习近平总书记视察山西重要讲话重要指示的任务分解》。传达学习习近平总书记对审计工作的重要指示，全国审计工作会议、省委审计委员会第三次会议及全省选派机关事业单位干部到村担任党组织书记工作推进会精神，研究太原市贯彻落实意见。审议《中共太原市委党建工作领导小组2020年工作要点》。省委常委、市委书记罗清宇主持会议。

6月11日，太原市十一届市委召开第164次常委会。审议《关于加快开发区改革创新推进高质量发展的实施意见》。省委常委、市委书记罗清宇主持。

6月23日，太原市十一届市委召开第166次常委会。审议《太原市直机关

"四级书记"抓党建责任清单》《太原市直机关党支部规范化建设标准》《关于在太原市直机关党组织中深入开展模范机关创建活动的实施方案》和《关于学前教育深化改革规范发展的实施意见》。省委常委、市委书记罗清宇主持会议。

7月15日，太原市十一届市委召开第169次常委会。传达学习习近平总书记在中央政治局第二十一次集体学习时的重要讲话精神。学习贯彻习近平总书记关于统计工作重要讲话指示批示精神和《关于深化统计管理体制改革提高统计数据真实性的意见》《统计违纪违法责任人处分处理建议办法》，研究太原市贯彻落实意见。传达7月10日省委书记楼阳生主持召开的全省市委书记、市长专题会议精神，安排部署太原市贯彻落实工作。省委常委、市委书记罗清宇主持会议。

7月17日，太原市十一届市委召开第170次常委会。听取中国科学院大学太原能源材料学院推进情况汇报。审议《太原市创建国家森林城市三年行动实施方案》《太原市统筹推进自然资源资产产权制度改革实施方案》。研究中共太原市委十一届九次全体会议筹备工作。省委常委、市委书记罗清宇主持会议。

8月7日，太原市十一届市委召开第173次常委会。传达学习7月30日中央政治局会议精神，安排部署太原市贯彻落实工作。传达学习《习近平谈治国理政》第三卷出版座谈会精神，审议《〈习近平谈治国理政〉第三卷发行学习宣传工作方案》。审议《太原市转型项目建设2020年行动方案》《太原市贯彻落实〈新时代公民道德建设实施纲要〉的实施方案》。省委常委、市委书记罗清宇主持会议。

8月24日，太原市十一届市委召开第174次常委会。传达贯彻全省审计工作会议精神，审议《关于太原市2019年度市本级预算执行和其他财政收支的审计工作报告》。听取市级领导包联项目工作情况、全市文物保护工作情况的汇报。审议《太原市城市绿化条例（修订草案修改稿）》《太原市残疾人联合会改革实施方案》。省委常委、市委书记罗清宇主持会议。

9月3日，太原市十一届市委召开第175次常委会。审议《太原市贯彻落实国家统计局统计督察反馈意见整改方案》。省委常委、市委书记罗清宇主持会议。

9月11日，太原市十一届市委召开第176次常委会。听取关于贯彻落实习近平总书记"坚持治山治水治气治城一体推进再现'锦绣太原城'盛景"重要指示工作情况的汇报，审议《太原市全面从严治党宣传教育工作方案》。省委常委、市委书记罗清宇主持会议。

9月18日，太原市十一届市委召开第177次常委会。学习贯彻习近平总书记在纪念中国人民抗日战争暨世界反法西斯战争胜利75周年座谈会上的重要讲话精神。学习贯彻习近平总书记在全国抗击新冠肺炎疫情表彰大会上的重要讲话精神。审议《太原市秋冬季新冠肺炎疫情防控工作实施方案》《太原市关于推行"全科网络"服务管理工作的实施意见》《太原市线缆下地三年攻坚行动方案（2020—2022）》。省委常委、市委书记罗清宇主持会议。

9月21日，太原市十一届市委召开第178次常委会。传达生态环境部对太原市环保工作要求，安排部署太原市秋冬季大气污染防治工作。审议《太原市贯彻落实〈新时代爱国主义教育实施纲要〉实施方案》。省委常委、市委书记罗清宇主持会议。

10月13日，太原市十一届市委召开第179次常委会。传达学习习近平总书记在2020年秋季学期中央党校（国家行政学院）中青年干部培训班开班式上的重要讲话精神。传达学习中组部、省委组织部深入学习贯彻习近平总书记重要讲话精神，贯彻落实新时代党的组织路线电视电话会议精神、中共中央办公厅《关于巩固深化"不忘初心、牢记使命"主题教育成果的意见》精神，研究太原市贯彻落实意见。听取关于2020年冬季供热准备工作情况的汇报。省委常委、市委书记罗清宇主持会议。

10月24日，太原市十一届市委召开第181次常委会。听取前三季度全市经济、安全生产、生态环境保护、社会稳定、意识形态领域形势分析汇报，研究部署下一步工作。听取太原市"十四五"规划编制情况汇报。审议《太原市医疗急救服务条例（草案修改稿）》《太原市人民代表大会常务委员会关于修改〈太原市城市供水管理办法〉等五件地方性法规的决定（草案修改稿）》《太原市红十字会改革实施方案（送审稿）》。省委常委、市委书记罗清宇主持会议。

11月10日，太原市十一届市委召开第184次常委会。传达学习习近平总书记在中共十九届五中全会上的重要讲话和关于中央政治局工作的报告，审议太原市《党的十九届五中全会精神宣传工作方案》。传达学习十九届中央第六轮巡视工作动员部署会精神，研究太原市贯彻落实意见。传达学习省委书记楼阳生在全省抗击新冠肺炎疫情表彰大会上的讲话精神，安排部署疫情防控工作。传达学习全省各民主党派加强自身建设座谈会、全省侨务工作推进会精神，研究太原市贯彻落实意见。听取"深刻汲取教训，全面提升全市安全生产水平"集中教育整顿暨专项整治和18个专项整治工作进展情况汇报，研究部署下一步工作。审议《太原市大气环境管理责任量化评价办法》。省委常委、市委书记罗清宇主持会议。

11月20日，太原市十一届市委召开第185次常委会。传达《生态环境部等17个单位关于印发〈京津冀及周边地区、汾渭平原2020—2021年秋冬季大气污染综合治理攻坚行动方案〉的通知》精神，研究太原市贯彻落实意见。通报太原市全国文明城市创建工作情况，安排部署下一步创建工作。省委常委、市委书记罗清宇主持会议。

12月4日，太原市十一届市委召开第187次常委会。传达学习中央全面依法治国工作会议精神，重温习近平总书记视察山西时关于治山、治水、治气、治城“四治”一体推进的重要指示，传达学习栗战书同志在山西考察工作讲话精神和第二十六次全国地方立法工作座谈会精神，研究太原市贯彻落实意见。审议通过《太原市委专家智库管理办法》《太原市贯彻落实国务院安委办对山西安全生产专项督查反馈意见整改方案》《关于全面推行林长制的实施意见》，听取2020年经济社会发展指标完成情况汇报，安排部署下一步工作。省委常委、市委书记罗清宇主持会议。

12月11日，太原市十一届市委召开第188次常委会。传达学习黄坤明同志在山西考察工作讲话精神，研究太原市贯彻落实意见。审议通过《太原市贯彻落实〈中国共产党农村工作条例〉实施意见》。听取2020年度全市全面深化改革工作情况汇报。省委常委、市委书记罗清宇主持会议。

12月21日，太原市十一届市委召开第190次常委会。传达学习中央经济工作会议精神和12月19日省委常委会（扩大）会议有关精神，安排部署太原市贯彻落实工作。听取深刻汲取临汾“8·29”事故教训，深入推进太原市城乡房屋安全隐患排查整治工作的情况汇报。审议通过《太原市深化改革加强食品安全工作实施方案》《太原市党政领导干部食品安全工作责任清单》《关于强化知识产权保护的实施意见》。省委常委、市委书记罗清宇主持会议。

12月30日，太原市十一届市委召开第191次常委会，传达学习省委十一届十一次全会暨省委经济工作会议精神，安排部署太原市贯彻落实工作。审议通过《太原市2020年意识形态工作情况汇报》《太原市教育管理体制改革试点工作方案》。省委常委、市委书记罗清宇主持会议。（太原年鉴编辑部）

综合协调

【统筹落实】2020年，中共太原市委办公室承办中央、省委来文来电500余件，各类请示报告900余件，逐件提出拟办意见。办理市委领导批示件9000余件，收发各级各类文件1100余件，办文的质量和效率得到提高。健全完善应急值班机制，编发《值班快报》671期，妥善协调处置各类值班要情近700件，以会代训、以案示警，全面提升全市党委系统值班值守和应急处置能力水平。

（高旭刚）

【以文辅政】2020年，中共太原市委办公室坚持严细实标准，采取以会代训方式，提升全市办公室系统和市委办公室工作水平。全年组织起草市委十一届八次、九次全会，市委常委会会议等各类高质量文稿300余篇，做好市委“十四五”规划建议起草工作。严格文稿审核工作和党内法规制度建设，制发各类文件209件、函件43件，合格率100%，向省委报备规范性文件41件，高质量完成市委党内规范性文件第二次集中清理工作，实现文件数量只减不增。

（高旭刚）

【会务组织】2020年，中共太原市委办公室配合做好习近平总书记视察期间视察点选取、路线选定、资料准备、安全保障等服务保障工作。组织市疫情防控工作领导小组会议69次，配合做好台骀山景区“10·1”火灾事故应急救援、善后处置等工作。统筹完成市委全会2次、市委常委会50次、书记专题会议56次，全市性会议下降27%，组织开展11次重点工作观摩督导活动，承办市委主要领导调研71次、会见37次。

（高旭刚）

【社情民意】2020年，中共太原市委办公室发挥社情民意“连心桥”作用，践行网上群众路线，办理网民给省委书记、市委书记留言3519条，办结3026条，回复率达86%，推动解决一批事关群众急难愁盼的民生问题，获得人民网网民留言办理工作“民心汇聚单位”称号。（高旭刚）

【信息服务】2020年，中共太原市委办公室坚持第一手情况、第一道研判、第一时间报送，全年编发《太原信息》普刊、调研226期，上报中办及省办600余篇，被《山西信息·报中办刊》等省级信息刊物采用256篇，信息报送质量不断提高。（高旭刚）

【督查督办】2020年，中共太原市委办公室加强和改进新形势下督查考核工作，坚持能减尽减原则，制订出台《太原市2020年度市级督查检查考核工作计划》，把为基层减负落到实处。紧盯贯彻习近平总书记视察山西重要讲话重要指示，牵头组建5个督查组，深入10个县（市、区）、5个开发区、56个市直各有关单位进行督导检查，确保条条落实、件件落地、事事见效。对习近平总书记重要批示涉及太原市事项开展“回头看”，推动娄烦县农村改厕成效巩固提升，古交市下石沟村采煤沉陷区居民搬迁任务全部清零。做好省委重大决策督查工作，明确责任、细化举措，完成省委“13710”督办任务21项。督办落实市委书记批示和交办事项200余件、市委常委会会议定事项141项，党群系统政协提案32件。对项目推进、开发区建设、文明城市创建、大气污染防治等21项重点工作开展专项督查，有效推动落实。坚持全市疫情防控工作情况日汇总日报告，涉及重点人员摸排情况等7项内容共108期，为有序推进复工复产复市复学提供重要决策依据。（高旭刚）

组　织

【概况】2020年，中共太原市委组织部坚持以习近平新时代中国特色社会主义思想为指导，深入学习贯彻习近平总书记视察山西重要讲话重要指示和“三

篇光辉文献”，落实全国、全省组织部长会议精神和市委部署，紧扣“四为四高两同步”总体思路和要求，全力抓好党的政治建设、科学理论武装、组织体系建设、执政骨干队伍和人才队伍建设、组织制度建设，不断推动党的建设和组织工作高质量发展，为决胜全面建成小康社会、决战完胜脱贫攻坚、打赢新冠肺炎疫情防控阻击战、率先实现高质量转型发展提供坚强组织保证。

（李玲玉）

【思想政治建设】 2020年，中共太原市委组织部坚持读原著、学原文、悟原理，市、县两级举办学习贯彻习近平新时代中国特色社会主义思想读书班15期，培训党员干部752人。在全省率先开展市管领导干部学习贯彻中共十九届四中全会精神暨习近平总书记视察山西重要讲话重要指示集中轮训，实现市管领导干部全覆盖。坚持把学习习近平新时代中国特色社会主义思想作为主体班次主修课必修课，课程比重达到50%以上，教育引导党员、干部持续在学懂弄通做实上下功夫。专门印发通知，研究制订教育培训方案，第一时间谋划开展集中轮训，在全市迅速掀起学习宣传贯彻中共十九届五中全会精神热潮。（李玲玉）

【“不忘初心、牢记使命”主题教育】 2020年，中共太原市委组织部坚决贯彻党中央巩固深化“不忘初心、牢记使命”主题教育成果部署，第一时间成立主题教育制度落实机构，制定出台党委（党组）“第一议题”学习制度，研究制订巩固深化主题教育成果《行动计划》，同步提出全链条闭环式6项工作措施。率先开展“三重温、学四史”学习教育，组织2万余名干部参加在线专题学习，全市近75%党员通过图片展、家书诵读会、知识竞赛等形式参与学习教育，强化“一句誓言、一生作答”自觉，切实用务实制度、政治自觉、实绩实效巩固拓展主题教育成果。（李玲玉）

【干部选用】 2020年，中共太原市委组织部落实好干部标准，突出重品德、重才干、重担当、重实绩、重公认用人导向，严把政治关、廉洁关、素质能力关，选拔愿干事、真干事、干成事优秀领导干部，全年调整干部26批715人次，其中提拔150人。争取省委组织部支持，从37所“双一流”高校中招录88名定向选调生到市直单位工作，49名非定向选调生到乡镇（街道）一线工作，为干部队伍建设注入源头活水。启动面向国有企业、高等院校、科研院所公开选调科级职位公务员，面向全国为10个县（市、区）选调170名公务员，充实基层公务员队伍力量。（李玲玉）

【干部实战实训】 2020年，中共太原市委组织部分两批选派52名年轻干部到县、乡“墩苗”任职，特别是择优选派20名“90后”选调生到乡镇（街道）任职，选拔21名乡镇（街道）书记到省直、市直单位交流任职。围绕学习贯彻五中全会精神、助推中小微企业发展，专门召开“墩苗”干部座谈会，制订《关于做好县乡“墩苗”干部培养管理使用的八条措施》，做深做细做实跟踪培养管理工作。突出实战化导向，针对干部知识空白、经验盲区、能力弱项，举办9期专业化能力提升培训班，培训干部1135人，提升领导干部治理能力和治理水平。（李玲玉）

【干部监督管理】 2020年，中共太原市委组织部在干部日常监督管理和举报核查中，批评教育66人、函询63人、诫勉16人、免职1人。严格执行干部选拔任用“凡提四必”，听取纪检监察机关意见804人次，征求市委政法委、市卫健委意见85人次。开展干部个人有关事项报告专项整治，对填报不一致248人逐一谈话，如实报告率84%，较上年提高17.50个百分点。配合做好省委对巡视期间选人用人专项检查工作，对27个市直单位开展选人用人专项检查，督促整改问题357条。（李玲玉）

【干部考核评价】 2020年，中共太原市委组织部贯彻中央组织部《关于改进推动高质量发展的政绩考核的通知》，出台《太原市高质量发展综合绩效评价与考核办法（试行）》，建立适应高质量发展的政绩考核指标体系。开展日常近距离考核，集中3个月时间实地走访54个村（社区）及企业，面对面访谈331人，对全市重点工作推进情况、考核指标进展情况、领导班子运行情况及领导干部履职情况进行全面了解和掌握。聚焦三大攻坚战最前沿、转型发展

2020年9月25日，太原市人才公寓项目奠基（市委组织部供图）

中共太原市委

主战场、抗击疫情第一线，评选出担当作为表现突出干部400名，在物质奖励基础上，为406名公务员颁发奖章，为2387名公务员颁发证书，持续强化正向激励。（李玲玉）

【城市基层党建】2020年，中共太原市委组织部深化街道管理体制改革，推动“六项权力”下放到位，实现“三倾斜一下沉”，街道、社区工作经费分别达120万元、34.50万元。推进社区工作者职业体系建设，出台《加强社区工作者职业薪酬体系建设的实施意见》《太原市社区工作者管理办法（试行）》，建立“三岗四十级”岗位等级绩效薪酬制度，打通职业发展“天花板”，全市5400余名社区工作者月平均收入（应发）达到4802元。出台《关于加强物业行业党建提升城市基层治理水平的若干措施（试行）》，全面推行“双向进入、交叉任职”，制定“龙城红色物业”工作标准，选树一批“红色物业”加强示范引领。召开全市城市基层治理工作推进会，成立城市基层治理实训基地，加快推动党建引领城市基层治理高质量发展。（李玲玉）

【“两新”组织党建】2020年，中共太原市委组织部制订《关于全面提升非公经济组织和社会组织“两个覆盖”工作质量的十条措施》，新建“两新”组织党组织800余个，非公经济组织和社会组织覆盖率分别提升到92%和90%。从机关、事业单位为28所民办学校和10所民办医院选派党组织书记，选派党建指导员1000余名，指导5000多家“两新”组织抓好党建。为单独组建非公经济组织党组织保障2000元至6000元经费，为市级行业党委保障1万元至3万元经费，打造盛科楼宇党委、万象城党支部、六味斋党委、精细化工园区党委等8个示范点，全省“两新”组织党建工作暨“三晋先锋”App推广应用现场推进会召开，与会同志现场观摩“两新”组织示范点党建工作。（李玲玉）

【农村基层党建】2020年，中共太原市委组织部常态化整顿软弱涣散村党组织，强化“4个1”措施，81个软弱涣散村党组织全部通过评估验收、实现晋位升级。坚持兜底摸排、按需选派、应派尽派，选派196名机关事业单位干部到村（社区）任党组织书记等职务，着力破解“无人可选、有人难选”难题。发展壮大村级集体经济，全市行政村集体经济年收入全部达到5万元以上，开展农村“带头人”队伍优化提升集中行动，对村“两委”主干进行集中分析研判，确定不适宜延期任职253人，回引储备农村后备力量2512人，实现“一肩挑”309人，占比47%。整建制下派4个班子及12名党组织书记到信教群众聚居村帮助指导工作，保障35个村党建经费全部达到30万元以上，推进党群服务中心提档升级，切实增强信教群众聚居村党组织的凝聚力和战斗力。（李玲玉）

【人才强市战略】2020年，中共太原市委组织部深化人才发展体制机制改革，设立太原新时代人民教育基金，出台支持新材料产业高质量发展相关政策，编发《太原市人才发展体制机制改革政策汇编》，形成“1+X”人才政策体系。推动政策落地，将省委党校、山西农业大学、其他高校非全日制硕士研究生、企业医疗机构纳入人才政策范围，修订《高层次人才子女就读中小学实施办法》，强化人才政策含金量和吸引力。

聚焦“基层一线、转型综改、社会民生”三大领域，一次性引进2003名博士硕士研究生。在国内42所一流高校建立太原市学子归巢工作站。为太原学院等4所市属高校各下拨1000万元引进人才专项基金，支持高校自主招聘急需紧缺人才。开展长三角地区高校人才引进暨选调生政策宣介活动，赴厦洽会、进博会、北大、清华宣传招才引智政策。组织同济大学等高校青年学子到并暑期实践。自人才新政实施以来，全市共引进人才及家属8.78万余人，其中博士生667人，硕士生8716人，本科生32330人。

举办“弘扬爱国奋斗精神、建功立业新时代”主题研修班，加强政治吸纳和政治引领。实施“三高三重三优”工程，评选教育、医疗、宣传等5个领域136个名师名医名家工作室，通过“师带徒”方式培育人才433名。举办首届“人人持证、技能社会”职业技能大赛、“聚才聚智激活力 创业创新促转型”青

2020年11月13日，全省“两新”组织党建暨“三晋先锋”App推广应用现场推进会在太原召开（市委组织部供图）

年人才创新创业大赛。设立山西青年人才驿站，举行创新、创造、创业“三创”推进活动。

落实省委组织部部署，同步启动人才宣传服务月，开展6大类66项人才宣传服务活动，举办“才聚三晋、晋展其才”宣传服务月暨人才补贴发放仪式，为23559人发放人才补贴（助）3.53亿元。推行“一枚印章管审批”，提档13个“一站式”服务人才窗口绿色通道。举办“拴心留人”大型人才回家、建家、安家联谊活动2期。开发太原·晋源人才公寓360套，启动市级一期711套人才公寓建设，打造招贤纳士、近悦远来人才生态。（李玲玉）

宣　传

【概况】 2020年，中共太原市委宣传部以习近平新时代中国特色社会主义思想为指导，全面贯彻落实中共十九大和十九届二中、三中、四中、五中全会精神，深入贯彻落实习近平总书记视察山西重要讲话重要指示，坚决贯彻落实省委、市委重大决策部署，以党的政治建设为统领，增强“四个意识”，坚定“四个自信”，做到“两个维护”，自觉担负“举旗帜、聚民心、育新人、兴文化、展形象”使命任务，围绕中心、服务大局，统一思想、凝聚力量，为谱写文明、开放、富裕、美丽太原新篇章提供强大舆论支持和精神力量。（张林琪）

【思想建设】 2020年，中共太原市委宣传部坚持把学用习近平新时代中国特色社会主义思想作为重要任务，服务市委理论学习中心组学习研讨38次。协助市委落实常委会第一议题制度，以党的创新理论武装头脑、指导实践、推动工作。推动《习近平谈治国理政》第三卷发行近22万册，走在全省前列。为县处级以上党委（党组）中心组成员配发《论党的宣传思想工作》读本1200余册。落实印发《太原市党委（党组）理论学习中心组学习考核评价实施办法（试行）》，对各县（市、区）委、市直各工（党）委理论学习中心组开展巡听旁听，加强对全市各级党委（党组）理论学习的指导管理，以关键少数示范引领全市党员干部群众学用新思想，不断往深里走、往心里走、往实里走。（张林琪）

【理论建设】 2020年，中共太原市委宣传部发挥山西省中国特色社会主义理论太原市委宣传部研究基地作用，在《党建》《山西日报》等刊发理论文章。聚焦推进高质量转型发展主题确定9大研究课题和《习近平谈治国理政》第三卷10个研究选题，为学习宣传党的创新理论提供理论支撑。召开省城社科理论界学习贯彻五中全会精神座谈会，为加快推动高质量转型发展提供精神动力。（张林琪）

【意识形态工作】 2020年，中共太原市委宣传部履行市委意识形态工作领导小组办公室、市意识形态领域形势分析研判小组办公室职责，调整充实领导机构。提请市委意识形态工作领导小组召开6次专门会议，听取意识形态工作情况汇报，研究全市意识形态领域重点工作。

落实责任制情况纳入市委巡察工作，完成十一届市委第七、第八轮巡察31个单位党委（党组）的专项检查。印发《太原市意识形态领域形势分析研判机制》，制定《中共太原市委宣传部2020年意识形态工作考核办法》，举办2020年太原市意识形态工作专业能力提升培训班。

印发《关于进一步改进公益广告宣传工作的实施意见（试行）》，建立全市公益广告宣传工作领导小组，形成以市委宣传部牵头统领全市公益广告宣传工作的联席会议制度，解决公益广告宣传突出问题。完成宣传文化系统事业单位改革。启动太原日报社、太原广播电视台综合改革。

建好用好“网民有话说”网络问政平台，发展网评员1295人。开展“清朗”“净网”、网络安全巡查等专项行动，全年处置信息2000余条，申请关停网站1575家，删除微信公众号违规登载信息18条，约谈自媒体2家，查堵政治性有害出版物5次，协查工作3次，守牢网络意识形态安全护防线。

在中宣部组织的全面建成小康社会调研活动中，配合省委宣传部围绕能源重化工基地省会城市转型发展课题，组织完成对全市转型发展和生态文明建设调研工作，撰写20个村的调研报告。（张林琪）

【基层宣讲】 2020年，中共太原市委宣传部探索菜单式、分众化宣讲新路径，推动党的创新理论进机关、进企业、进社区、进学校。围绕学习贯彻习近平总书记视察山西重要讲话重要指示、中共十九届五中全会精神、《习近平谈治国理政》第三卷，统筹组织开展市级领导带头深入基层和群众面对面宣讲、市委讲师团集中宣讲，“学用最新教材、感悟真理伟力”进基层宣讲、“时代新人说”特色宣讲、青年讲师团“紧跟党走、逐梦青春”专题宣讲、“锦绣姐姐”大宣讲等，全年开展基层宣讲近6000场，受众近100万人次。（张林琪）

【“学习强国”平台推广】 2020年，中共太原市委宣传部举办庆祝“学习强国”学习平台上线一周年宣传推广活动，利用社会宣传平台对山西学习平台进行形象宣传，开展“学习强国”山西学习平台进社区、进校园、主题党日、知识竞赛等推广活动。建立“学习强国”山西学习平台太原通讯站，推动太原学习平台建设工作，平台用户注册使用数、参与度和日人均积分等各项指标进入全省前列。（张林琪）

【时代新人主题活动】 2020年，中共太原市委宣传部深入实施时代新人培养计划，开展“时代新人说——平凡的力量”大型讲述活动第三季，评选出123名时代新人优秀宣讲者。定期发布最美时代新人榜，140名一线劳动者（群体）成为最美时代新人。组织开展“时代新人说——逆行者的光芒”“时代新人说——决战脱贫攻坚”“时代新人说——牢记领袖殷殷嘱托”“时代新人说——我们走在大路上”讲述活动等。《选树最美时代新人、汇聚最强奋斗力量》参加中宣部新时代公民道德建设创新案例评选。（张林琪）

【宣传舆论引导】2020年，中共太原市委宣传部印发《太原市关于树立全媒体观念，提升宣传舆论传播力引导力影响力公信力的实施意见》，召开属地短视频达人座谈会、“新媒体、正能量”宣传工作推进会。推动太原日报社、太原广播电视台媒体融合发展，团结引导孵化一批网络大V、网红，围绕重大节庆、重要纪念日等时间节点，推出站位高、导向正、形式新的“爆款”融媒体作品。县级融媒体中心建设提档升级，三县一市县级融媒体中心基本建成。以“太原发布”为中心的融媒体传播矩阵搭建完善，形成主流舆论传播强势。

开设“重温‘三篇光辉文献’，重整行装继续征程”“牢记嘱托、乘势而上——深入学习宣传贯彻落实习近平总书记视察山西重要讲话重要指示”等19个重要专题专栏，宣传全市在加快高质量转型发展中的新面貌、新成效、新形象。建立新闻宣传旬调度制度，召开新闻宣传专题会议、新闻宣传旬调度会议26次，举办新闻发布会48场，及时准确发布权威信息，协调处置突发性新闻事件和批评性采访报道6起。

组织太原日报社开展向中央驻并单位及省级机关、事业单位、省属大型国有企业赠阅《太原日报》活动，扩大党报覆盖面，体现省会党媒服务大局、政治担当，争取中央驻并单位及省级机关事业单位、省属大型国有企业对太原的支持，以赠报为媒，凝聚最广泛力量做好省城宣传工作。组织指导太原广播电视台收复有线电视网络用户失地，用户规模由34万回升至55万，改进提升“醋柳”App产品，推进实施电视高清化改造，加强与三大通信运营商沟通合作，构建5G传播新模式，打通太原电视节目网络传输渠道，拓展传播空间，服务疫情防控和民生需求，在抗疫重要时段免费开通194套电视节目，激活沉淀用户17000余户。

发挥全市300余个政务新媒体、100余个属地自媒体、60余个“网络大V”作用，围绕全市重大活动、重要会议、重点工作开展专项网评，组织核心网络评论员在网上发帖和跟帖54万篇（条），转发推送中央、省、市重点稿件1700余条，阅读量超150万人次。开辟“龙城e评”版块，建立正能量作品“稿池”，及时搜集、研判、编辑、报送互联网信息5452期。建立涉并负面舆情日报告制度，强化涉并负面舆情管控。

出台《中共太原市委关于加强和改进新时代对外宣传工作的实施意见》，引深中央、境外、省级媒体合作，强化太原英文网站建设，开设专题专版、推出专题采访、开展摄影大赛等。制作《锦绣太原城》宣传片、《锦绣太原》形象片，制作推出《锦绣太原城》画册。召开重大主题宣传工作座谈会，结合全市中心工作、重点项目建设组织集中采访活动15次，协助新华社等中央媒体专题采访20余次。（张林琪）

【文化产业发展】2020年，中共太原市委宣传部制订《太原市推进中华优秀传统文化传承发展工程2020年度工作计划》，以市委名义印发《关于建立“名家、名作、名品”工作机制、繁荣发展社会主义文艺的实施意见》。开展疫情防控、脱贫攻坚、红色革命、传统文化等题材作品创作。推出《最美是你》省城抗击疫情特别节目，创作抗疫题材作品40余部。组织创作的320多幅书画摄影精品入展走向我们的小康生活书法美术摄影展。创作电影《如梦晋阳》在平遥国际电影节首映，入围第4届平遥国际电影展和第12届澳门国际电影节。晋剧《起凤街》、歌曲《山河知道》获山西省第十二届精神文明建设“五个一工程”奖，《傅山进京》获庆祝中国共产党成立100周年舞台艺术精品创作工程重点扶持作品。

组织开展《同心筑梦幸福年》——2020年太原市春节团拜会文艺演出、“美丽城市幸福年——2020太原市春节联欢晚会”等节日文化活动，统筹安排2020年省城国庆中秋基层群众文体活动。组织开展走向我们的小康生活文化惠民演出和免费送戏下乡、送戏进景区、送戏进校园、送戏进军营等惠民活动。组织推荐的太重鼓乐艺术团《龙城战鼓》、市总工会合唱团获2020年山西省十大群众文化活动一等奖。推进农家书屋和全民阅读，完成农家书屋更新804个，更新出版物77978册，组织开展2020“新时代乡村阅读季”“我的书屋我的梦”农村少年儿童阅读实践等系列活动，依托马克思书房、时代新人之家等场所，举办各类阅读主题活动，推进建设新时代城市书房，开展“书香飘溢公园、阅享锦绣太原”公益行动。

开展文化产业摸底调研，强化文化产业专项资金扶持项目绩效评价。收到市级专项资金申报项目115个，省级专项资金申报项目27个。组织召开太原市文化和旅游企业振兴发展推进会，建立部班子成员包联重点文化企业机制。完成全市宣传思想文化系统重大项目摸底统计，按照个转企、小转规、规转股、股上市的文化产业发展思路，选择调研38家国有文化企业及35家重点民营文化企业，形成《太原市部分国有文化企业情况报告》。（张林琪）

【“扫黄打非”工作】2020年，中共太原市委宣传部建立健全“扫黄打非”工作联席会议制度，出台《太原市“扫黄打非”工作实施方案》《太原市“扫黄打非”行政执法工作协调联动机制（试行）》等10余项制度。开展五大专项行动，开展“绿书签”七进主题宣介活动20场，受众达上万人次。组织协调创作“扫黄打非”宣传节目。“扫黄打非”基层站点实现100%全覆盖，富力华庭社区、槐园社区被评为全国“扫黄打非”进基层示范点，新建路小学、金胜社区、光社街道、新阳东街社区被评为全省“扫黄打非”进基层示范点、示范标兵。专题部署全市涉未成年人网站摸排工作，开展“4·26”版权宣传周、打击网络侵权盗版“剑网2020”专项行动。加强印刷发行业管理、印刷发行企业巡查检查和内部资料管理，组织创作、设计、编印新闻出版法规宣传系列漫画折页并免费发放1万余份，做好全市连续性内部资料的审读工作，完成全市印刷发行企业的年度核验报告及换证工作。（张林琪）

【宣传队伍建设】 2020年，中共太原市委宣传部学习贯彻落实《中国共产党宣传工作条例》，制订《中共太原市委宣传部理论中心组2020年学习计划》《市委宣传部关于开展“三重温、学四史”学习教育的实施方案》《市委宣传部关于深入学习宣传贯彻十九届五中全会精神的实施方案》，印发《关于调整市委宣传思想工作领导小组成员的通知》《市委宣传思想工作领导小组工作规则》。中心组全年集中学习32次，召开部务会31次，召开全市宣传部长会议，围绕全市重点工作细化全市宣传思想工作重点任务，制作分解表、绘制作战图，做到任务明确，责任到人。严格落实党风廉政建设责任制，召开市直宣传思想文化系统全面从严治党暨党风廉政建设工作会议，制订《中共太原市委宣传部落实全面从严治党的责任清单》《机关党委书记落实全面从严治党第一责任人清单》《部班子成员落实全面从严治党“一岗双责”责任清单》，印发《市委宣传部关于加强党的建设、争做“三个表率”、争创“模范机关”的实施方案》。

健全党内政治生活和“三会一课”制度，落实党委（党组）第一议题与理论学习中心组学习相结合制度，跟进学习习近平总书记重要讲话和指示批示精神。按照市委第七轮巡察要求，成立市委宣传部巡察整改工作领导小组，对照巡察反馈的11个问题29项内容，制订《市委宣传部对市委第二巡查组巡察反馈意见的整改方案》和整改“三清单”，对照问题制订85项整改措施，明确整改时限和要求。召开巡察整改专题民主生活会，发挥“关键少数”的示范引领作用，聚焦存在问题，以敢抓敢管、敢于碰硬的鲜明态度和坚决措施，逐条逐项整改落实。组织开展争做“三个表率”、争创模范机关活动和“三零单位”“节约型机关”创建。打造“书香机关·学习型组织”，开展“共沐书香、正心修身”读书活动，分享165篇。开设“大家讲堂”6次。上交疫情防控特殊党费3.86万元，组织“慈善一日捐”0.52万元。

深入学习习近平法治思想，贯彻落实中央和省、市委关于法治建设的重大决策部署，运用法治思维、法治方式推进工作、化解矛盾。制定《中共太原市委宣传部部务会明确事项督办制度》《中共太原市委宣传部常委部长批示件督办制度》《中共太原市委宣传部涉密计算机保密管理制度》等一系列规章制度，汇编成《中共太原市委宣传部规范机关工作的相关规定》，促进干部职工学法用法，依法行政。在部机关中心组（扩大）学习会上专题学习民法典，组织部机关全体人员参加民法典公开课学习和测试。完成市委依法治市办交办的各项工作任务，充分运用户外大屏、公交车尾LED屏等社会宣传阵地，开展“七五”普法、“12·4”宪法宣传周等社会宣传，参与全面依法治市暨法治政府建设督察，完成“七五”普法验收。

起草《太原市宣传思想文化系统干部人才教育培训规划（2021—2023）》，落实《全市宣传思想战线开展增强“脚力、眼力、脑力、笔力”教育实践工作方案》，增强市直宣传系统“四力”建设。制定并执行《中共太原市委宣传部机关工作人员行为规范》《中共太原市委宣传部公务员平时考核工作方案（试行）》，加强纪律约束，强化规矩意识。选派4名干部下沉基层抗疫一线，加强年轻干部能力培养和锻炼，组织部机关及直属单位人员参加各类培训班，举办太原市宣传系统重要业务岗位负责人、组工干部、党务干部培训班。抓好“学习强国”“山西干部在线”“三晋先锋”日常学习，锤炼党员干部忠诚干净担当的政治品格。（张林琪）

统一战线

【概况】 2020年，中共太原市委统一战线工作部深入学习贯彻习近平新时代中国特色社会主义思想和中共十九届五中全会精神，把握大团结大联合主题，围绕市委中心工作，发挥统一战线重要法宝作用，开展“六大行动”，凝心聚力谋发展、团结合作促和谐，全市统一战线呈现团结合作、开拓进取的良好局面。（李慧慧）

【思想政治建设】 2020年，中共太原市委统一战线工作部坚持把学习贯彻中共十九届五中全会精神与学习贯彻习近平总书记关于加强和改进统一战线工作的重要思想相结合，与学习贯彻习近平总书记视察山西重要讲话重要指示相结合，在全市统一战线开展21场宣讲，分领域开展主题鲜明、内容丰富的主题教育活动，全市统一战线“四个意识”更加牢固，“四个自信”更加坚定，“两个维护”更加坚决。（李慧慧）

【政党协商】 2020年，中共太原市委统一战线工作部贯彻落实中央关于参政

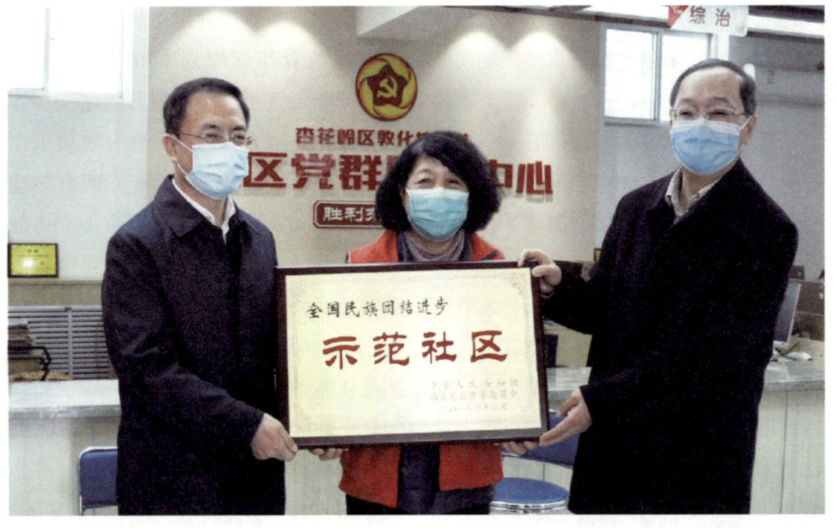

2020年3月10日，省、市领导为获得“全国民族团结进步示范社区”称号的胜利东街社区授牌（市委统战部供图）

党建设的有关文件精神，协助市委制订年度政党协商计划，召开6次党外代表人士双月座谈会，党外人士围绕政府工作报告等议题全年提出150余条意见建议，其中90%得到采纳落实。在各民主党派中开展“四比四促”活动，组织开展专题调研，形成18篇调研报告，编发10期建言，政党协商更加务实高效。（李慧慧）

【民族宗教工作】2020年，中共太原市委统一战线工作部推进信教群众聚居村党组织建设，全市信教群众聚居村党组织战斗力、凝聚力增强。推进“四进”活动提档升级，印发《太原市宗教团体、宗教活动场所国旗升挂制度》，完成市天主教“一会一区”、市基督教“两会”换届工作，7个集体、8名个人获全省民族团结进步模范集体和个人奖，民族宗教领域安全稳定。（李慧慧）

【民营经济统战工作】2020年，中共太原市委统一战线工作部出台《太原市促进工商联所属商会改革和发展的实施办法（试行）》，建立民营经济统战工作协调机制，设立市民营企业发展问题投诉处理办公室。坚持并完善市领导联系企业、政企对话等制度，为民营企业办实事，解难题，创优发展环境。编辑完成《太原市支持民营经济发展政策汇编》，组织开展各类政策宣讲，加强与市直有关部门对接，增强民营企业发展信心。（李慧慧）

【新的社会阶层人士统战工作】2020年，中共太原市委统一战线工作部推进太原市作为“新的社会阶层人士实践创新城市”的建设，打造综改示范区实践创新基地，建立完善18项工作制度，引导新社会阶层人士创建众创空间，协调相关部门支持新社会阶层人士发展，促进科技成果转化。指导全市98家省级活动站点，结合各自实际，开展爱心慰问、法律咨询、公益服务等活动，召开全市新社会阶层人士统战工作实践创新现场推进会，现场观摩示范站点。（李慧慧）

【海外统战和侨务】2020年，中共太原市委统一战线工作部建立“四侨”联动机制，新增新西兰等海外侨务工作联络站点，组织涉侨企业参加第三届“进博会”，对阿凡达机器人科技公司等侨企实行挂牌服务。成立市涉侨法律援助工作站，创建6个归侨侨眷再就业基地。（李慧慧）

【党外代表人士队伍建设】2020年，中共太原市委统一战线工作部建立市管党外领导干部、正科级党外干部人才库、民主党派代表人士和海外人才信息库，夯实党外代表人士队伍建设人才基础，开展实地走访，积极掌握、深入挖掘党外人士先进事迹，在太原日报、太原发布等新闻媒体宣传报道，树立党外人士良好形象。（李慧慧）

巡察

【概况】2020年，太原市、县两级巡察机构深入学习贯彻习近平新时代中国特色社会主义思想、中共十九大和十九届二中、三中、四中、五中全会精神，学习贯彻习近平总书记视察山西重要讲话重要指示，贯彻落实党中央和省委关于巡视巡察新部署新要求，履行政治责任，

2020年5月15日，中共太原市委统战部召开专题会议，传达学习习近平总书记视察山西重要讲话重要指示（市委统战部供图）

开展政治巡察，推动整改落实，狠抓规范化建设，各项工作取得新进展新成效。

2020年，太原市委巡察机构完成市委第六轮、第七轮常规巡察和脱贫攻坚专项巡察及“回头看”，10县（市、区）委开展2至3轮巡察。市、县两级完成巡察共发现管党治党方面问题3771个、违纪违法问题线索585件。纪检监察机关处置巡察移交问题线索402件，立案87件，党纪政务处分78人，移送司法机关1人。（郭丰远）

【巡视巡察全覆盖】 2020年，太原市委巡察机构完成2轮、对31个市管单位党组织常规巡察。10月，启动市委第八轮巡察，对市人大、政协机关等17个单位党组织开展常规巡察，十一届市委巡察全覆盖任务全面完成。各县（市、区）委完成巡察直属党组织181个。推进对村（社区）延伸巡察，巡察632个村级党组织，对村（社区）巡察总体覆盖率99.70%。开展脱贫攻坚专项巡察和“回头看”，于5月6日至15日，依托已组建的市委第七轮巡察6个巡察组，对市脱贫攻坚领导小组中14个成员单位开展脱贫攻坚专项巡察或“回头看”。（郭丰远）

【专项联动巡察监督】 2020年，太原市委第七轮对市公安局等单位党组织开展常规巡察，采取“区力量、市统筹”方式，从6城区抽调36名巡察人员，按照回避制度混合编组，组建6个城区巡察组，与市委第一巡察组巡察市公安局上下联动，对六城区公安分局开展巡察，上下同向发力，提升监督质效。按照省委第八轮巡视部署要求，市委派出专项巡察组，于9月至12月，与省委第一、第二巡视组巡视市委上下联动，重点围绕“治山治水治气治城一体推进”情况、4个开发（示范）区招商引资项目建设情况，以及粮食安全工作情况等方面，对巡视组指派需要深入基层了解的问题进行专项联动检查。（郭丰远）

【巡察机构建设】 2020年，中共太原市委巡察办公室与市编办沟通协调，重新调整修改市纪委监委机关“三定方案”，落实“巡察办为党委工作机构，设在同级党的纪律检查委员会”要求。对标省委巡视办处室设置和责任分工，调整优化市委巡察办内设科室职责和人员分工。对“一长两员库”进行调整补充，新的市级“一长两员库”人数达230人。市、县两级“一长两员库”人数达到1000余人。从纪检监察、组织人事、财政审计等部门抽调196名优秀业务干部参加市委第七轮和第八轮巡察。每轮巡察前组织开展巡前集中学习，两次邀请省委巡视办、组领导对200余名巡察人员进行业务辅导。编印《太原市委巡察工作指导手册》等500余册学习资料供巡察干部学习参考。选派5名县级巡察办主任参加全国市县巡察办主任提级培训班。选派市委巡察机构3名干部参加省委巡视、抽调县（市、区）36名巡察干部参加市委巡察以干代训，提升巡察队伍业务水平。严格落实巡察后评估机制，选取16个被巡察单位对巡察组巡察期间工作情况进行评估，推动巡察组依规依纪依法开展工作。（郭丰远）

【巡察机制优化】 2020年，中共太原市委巡察办公室新出台《巡察机构与相关部门协作联动工作机制（试行）》《市委巡察组考评办法》等6项制度，对巡察工作规则等7项规定进行修订。对各巡察组270余卷档案进行审核规范。向各县（市、区）印发《关于县（市、区）巡察机构规范化建设整改的通知》，对巡察机构建设和工作开展进行统一规范。各县（市、区）委巡察办制定或修订制度规定169项，全面推动巡察工作制度化、规范化。及时将上级巡视制度文件、本级巡察制度文件和领导讲话下发至各巡察组和县（市、区）巡察机构参考。对市委各巡察组巡察报告进行审核把关，确保巡察报告质量。市委巡察办成立3个考核考评组，对各巡察组工作绩效进行综合考核和量化评分。与市纪委干部监督室组成调研组，对第七轮巡察期间市委各巡察组工作情况进行专题调研，对发现问题进行分析，提出建议。组织对各县（市、区）巡察向村（社区）延伸全覆盖情况进行专题调研督导，组织召开全市巡察工作座谈会，促进互相借鉴、共同提高。（郭丰远）

【巡视巡察专项整改】 2020年，中共太原市委巡察办公室按照省委巡视工作领导小组关于巡察工作专项检查反馈意见整改工作部署和要求，经市委常委会研究，制订《省委巡视专项检查整改工作方案》，细化64条整改措施，逐条明确整改目标、整改时限、牵头领导、责任单位和责任人，推动各级各有关部门明责尽责。市委书记罗清宇专门深入万柏林区和市委巡察机构，听取情况汇报，对重点问题整改进行指导督办。市委巡察工作领导小组召集市委编办、市委巡察办、市审计局和10县（市、区）委巡察工作领导小组组长和巡察办主任，对抓实抓好专项检查整改落实作出具体安排、提出明确要求。对反馈问题集中的迎泽、尖草坪、晋源3个城区党委书记，巡察机构人员编制配备缓慢的杏花岭区党委书记，以及对村（社区）延伸巡察进展缓慢的尖草坪、古交、娄烦3个地区党委书记和巡察工作领导小组组长进行约谈，传导责任压力。召开市委巡察问题线索集中移交会，对做好问题线索处置和巡察整改日常监督提出具体要求。派出检查组两次深入10县（市、区），对整改情况进行专项监督检查，推动整改落实。（郭丰远）

政策研究

【概况】 2020年，中共太原市委政研室坚持以习近平新时代中国特色社会主义思想为指导，认真落实中央、省委和市委决策部署，围绕市委中心工作和全

市发展大局，强化以文辅政、加强改革协调，提升决策服务水平，发挥参谋助手作用。（刘昌作）

【以文辅政】2020年，中共太原市委政研室把提升文字水平、服务市委工作大局作为政策研究工作的出发点和落脚点，全年累计起草各类文稿、调研报告200余篇、150余万字，推动中央、省委和市委重大战略部署和重点工作任务落地落实。

做好文稿服务，服务重要会议，参与起草市委十一届八次全会暨经济工作会、市委十一届九次全会、市纪委五次全会、全市教育高质量发展大会、"不忘初心、牢记使命"主题教育总结大会等全市重大会议主要领导讲话。完成交办任务，参与起草市委贯彻落实省委十一届十次全会的情况报告，省委第一、第四巡视组巡视太原情况汇报，政治监督专项汇报，市委主要领导全面从严治党责任清单等重大文稿。落实重点工作，参与起草市委重点项目观摩材料以及市委领导在全省"1+30"大气污染防治会议谈参、在全市青年创业大赛上的讲话、在全省"两新"组织党建推进会上的致辞等有关文稿。（刘昌作）

【调查研究】2020年，中共太原市委政研室聚焦统筹推进疫情防控和经济社会发展，形成《关于推进复工复产政策落实的情况报告》《关于太原市部分企业疫情防控和复工复产的调研报告》。针对城市功能布局，围绕绕城高速功能调整、驻并军工企业面临的问题，形成《关于太原绕城高速市政化对省城大气环境质量影响的调研报告》《关于推进驻并军工企业火工区搬迁的调研报告》。围绕率先蹚出转型发展新路，形成《关于太原加快"六新"突破的专题调研报告》。（刘昌作）

【改革事项统筹推进】2020年，中共太原市委政研室谋划改革创新，做好统筹协调，开展督查调研，加强宣传推广，当好市委深改委、市综改委的参谋助手，推动落实各项改革任务。作为市党政机构改革领导小组办公室成员单位，编发领导小组会议纪要和机构改革有关文件。

按照改革事项项目化管理机制，推进"项目化、清单式"管理，建立《市委书记、市长亲自抓的重大改革台账》等三级七类改革台账。实行"三张清单"制度，对照省委、省政府重大改革方案，对接改革任务，出台配套改革方案，印发《改革任务交办单》26个、《改革任务催办单》8个。召开省考指标任务推进协调会，推动改革任务落实。推行"互联网+改革"，建立全面深化改革信息化管理平台，对平台运行进行专门业务培训。全市11个方面99项重点改革任务有序有力推进。

聚焦全面深化改革重点领域，坚持"三督三察"，开展省考深改指标任务、相对集中行政许可权改革、跨境电子商务综合试验区、5G建设、年度重大改革方案出台情况等专项调研和督察，发挥督察利剑作用，推进任务落实。形成《关于全面深化改革省考指标推进落实情况的督查调研报告》《太原市相对行政许可权改革调研报告》《关于中国（太原）跨境电子商务综合试验区建设的调研报告》《关于2020年度改革方案制定出台情况报告》等多篇报告，供市委决策参考。

宣传中央、省委和市委的决策部署及全市改革推进情况、经验做法，编发《太原改革信息》29期，其中《太原市积极深化"一统两化三服务"改革，构建机关事务管理工作新格局》等11篇稿件被《山西改革信息》刊用。在《太原日报》开设"新时代改革先锋"专栏，刊发《水清岸绿不是梦——太原持续推进水生态综合治理提升居民幸福感》等5篇改革报道。编写的《山西省太原市："西山模式"铸就转型发展"金字招牌"》在《中国城市报》刊发，《在转型发展上率先蹚出一条新路来》在《中国改革报》刊发。起草《综改十年太原奋进之路》，在《小康》杂志刊发。（刘昌作）

网信工作

【概况】中共太原市委网络安全和信息化委员会办公室（以下简称中共太原市委网信办）是中共太原市委网络安全和信息化委员会的办事机构，承担其日常工作，为市委工作机关，挂太原市互联网信息办公室牌子，具有政府行政管理职能，负责统筹协调网上意识形态管理、网络安全管理和信息化工作。

（马　婕）

【基础设施建设】2020年，中共太原市委网信办推进IPv6规模部署，加快互联网信息基础设施升级，推进市属网站、应用、终端全面支持IPv6。开展网站IPv6升级改造情况摸底调查，梳理登记政务网站81个，列入改造清单76个。截至年底，改造完成46个，完成率60.50%。（马　婕）

【网络阵地建设】2020年，中共太原市委网信办印发《太原市关于树立全媒体观念 提升宣传舆论传播引导力影响力公信力的实施意见》，建立太原市融媒体协同平台，形成正能量宣传矩阵，构建统一指挥、共同发声、互通信息的融媒体宣传机制。围绕习近平总书记视察山西重要讲话重要指示、中共十九届五中全会、省委十一届十次全会和市委十一届九次全会精神等重点工作，强化显政，转发推送中央、省、市重点稿件1700余条，阅读量超150万人次。

（马　婕）

【网络内容建设】2020年，中共太原市委网信办建立正能量"稿池"，收集300余篇网络原创作品，出台《新媒体宣传评优奖励办法》，按季度评选网络正能量宣传优秀作品，开通锦绣太原我的家抖音话题等，提升新媒体生产优质内容能力。策划推出《共克时艰，太原战"疫"》《太原力量》《太原只是按了暂停键》等抗击疫情宣传片。《太原只是按了暂停键》被人民网、新浪、今日头条、腾讯等新闻网站和重要商业网站转发，播放量1100多万次，抖音话题战胜疫情太原在行动总播放量超2.60亿次。（马 婕）

【网络舆论引导】 2020年，中共太原市委网信办推进全市网络评论队伍体系化建设，印发《太原市网络评论队伍建设实施办法》，构建“核心网评员＋基础网评员＋行业网评员”模式，核心网评员和基础网评员达1300余人。全年印发网评任务3560余次，完成评论54.32万余条。组织撰写网评文章，向上级网信部门投稿453篇，被采纳270篇。在“网信太原”微信公众号开设《龙城e评》栏目，刊载原创网评文章80余篇，保持正能量作品长流水、不断线，讲好太原故事、树好太原形象。（马 婕）

【互联网群众工作】 2020年，中共太原市委网信办创新互联网时代群众工作机制，搭建集咨询服务、投诉举报、汇集民智为一体的“网民有话说”网络问政平台，引导广大网民建言献策、集思广益、群策群力，营造良好的舆论环境、网络环境、营商环境。平台从9月开始进入试运行，11月正式上线，坚持网民留言办理工作“四个精准”（问题受理要精准，处置落实要精准，跟踪督办要精准，留言回复要精准）。采用“13710”督办机制，对热点、难点问题形成专报呈市委领导批办。截至年底，收到网民留言和意见建议等1653条，解决回复1097条，待办结556条。（马 婕）

【网络意识形态斗争】 2020年，中共太原市委网信办坚持对属地2万余个网站开展常态化巡查，坚决管控负面有害信息。全年跟踪报送舆情24次，管控处置舆情52次，删除微信公众号违规登载信息18条，查办违规备案主体36个，关闭政治类有害信息网站1个，有效防范化解网络风险，掌控网络意识形态主导权。（马 婕）

【依法管网治网】 2020年，中共太原市委网信办推动互联网应急指挥平台建设，加强突发网上舆情监控、预警、报告和处置工作，出台《太原市集中整治商业平台和“自媒体”账号突出问题，进一步规范网络传播秩序实施方案》，开展网络直播行业专项整治和规范管理、加强“自媒体”基础管理、“清朗”、打击网络侵权盗版“剑网2020”等专项治理行动，排查梳理网站24644家，申请关停具有明确违法违规的博彩类、色情类、游戏类等网站1575家，处置违法违规信息198条，处置违法违规微信公号1个，约谈自媒体4家。（马 婕）

【网信产业发展】 2020年，中共太原市委网信办抢抓信息化发展机遇，发挥太原市在信创安全领域形成的先发优势，召集20余家全国网信一流企业，赴中北高新区实地考察调研，筹备建设太原网信产业园，引入西安康奈网络科技有限公司落地注册，带动更多网信企业发展和孵化，打造数字产业与人工智能、区块链、金融科技等新兴产业融合发展产业集群。（马 婕）

【网络安全防范】 2020年，中共太原市委网信办组织开展“网络安全为人民，网络安全靠人民”为主题的国家网络安全宣传周活动，采取应急演练、网络宣传、户外宣传、在线答题等形式，举办校园日、电信日、法治日、金融日、个人信息保护日等主题日活动。开展网络安全专题培训1次、网络安全宣讲9次，宣传习近平总书记对网络安全工作“四个坚持”的重要指示，覆盖26.20万人次。建立太原市网络安全检查、网络安全信息通报和网络安全远程巡查机制，常态化开展网络安全远程巡查。对188个信息系统、网站和关键信息基础设施开展网络安全巡查2次，发现漏洞并成功渗透26个信息系统、网站，印发《太原网络安全信息通报》54期，涉及网络安全漏洞61个。结合全市“深刻汲取教训，全面提升安全生产工作水平”集中教育整顿暨专项整治工作部署，坚持“三必管”原则，制订《市直机关及重点企业暨关键信息基础设施网络安全检查工作实施方案》，在全市抽取25个信息系统进行现场检查评估，及时发现风险隐患，督促整改存在问题，确保关键信息基础设施网络安全运行。建立网络安全事件应急响应队伍，加强网络安全应急响应。

印发《关于进一步加强全市联防联控和复工复产中数据安全与个人信息保护工作的通知》《关于梳理信息惠民政务App相关情况的通知》，开展属地政务网站、App梳理工作，登记政务网站、App 81个，备案各类信息惠民政务App共9款，强化网络安全防护措施，确保数据安全和个人信息安全。（马 婕）

【网信队伍建设】 2020年，中共太原市委网信办筹备组建网络安全和信息化专家智库，筛选拟入库专家20位参与网络安全和信息化工作。组织全市网络安全和信息化干部人才队伍培训工作。为市委组织部、杏花岭区、农业银行等市直单位、县（市、区）和企事业单位开展培训授课共13次。举办全市网络综合治理能力提升专题培训、区块链专题培训、网络宣传和网络评论工作培训等全市范围网络安全和信息化干部相关培训班4次，培训人数650人。（马 婕）

台港澳事务

【概况】 2020年，中共太原市委台湾工作办公室（以下简称中共太原市委台办）贯彻落实中央、省委、市委对台工作决策部署，统筹推进疫情防控和经济社会发展中的涉台工作，不断深化并台经济文化等各领域交流合作，为贯彻“一国两制”方针，推进祖国统一进程，服务发展进行不懈努力。（郝乐乐）

【并台交流合作】2020年春节期间，中共太原市委台办组织开展“迎新春、送温暖”爱心活动，对20名困难台胞台属进行慰问，向台属传达党的对台工作方针政策，送上党和政府的关怀。8月，在全市台胞台属中开展“叙骨肉亲情、促心灵契合”主题征文活动，充分体现“两岸一家亲”、期盼统一的浓浓情谊。中秋、国庆等节期间，组织全市60余名台属代表开展迎中秋、庆国庆、盼团圆联谊活动，鼓励台胞台属为并台交流合作，实现祖国统一多做贡献。11月，接待东莞台商子弟学校194名师生组成的中原文化之旅参访团参访，该校每年组织学生到并参访交流，让更多台湾青少年走进太原，了解经济社会发展成就和深厚的文化底蕴，增进认同。接待中国国民党中央委员等高层人士，做好团结争取工作，努力团结岛内统派和友我人士，广交深交朋友，争取中间团体人士，巩固反“独”促统力量，共同遏制“台独”分裂活动。疫情期间，在全市台胞台属中开展防疫宣传，为因疫情滞留太原市的台胞提供工作岗位，解决生活困难。（郝乐乐）

2020年，中共太原市委台办向宏全食品包装（太原）有限公司捐赠抗疫物资
（市委台办供图）

【并港澳交流合作】2020年10月，中共太原市委台办接待香港公共行政学院常务副院长许诗濛一行，就并港两地公务人员培训交流、组织香港青少年学生回大陆开展爱国主义教育等事宜进行探讨，以期加强沟通合作，为促进并港两地经济、文化等交流合作作出贡献。12月，接待香港特别行政区驻武汉经济贸易办事处一行，并就民生民情、城市发展与加强并港交流合作开展座谈。（郝乐乐）

【并台经济融合发展】2020年，中共太原市委台办加大对台资企业的调研，全年走访台资企业10余次，主动了解企业经营发展情况，为台港澳同胞在并创业、投资、发展出谋划策，提供有针对性的服务。7月8日，陪同省委常委、市委书记罗清宇等领导深入富士康（太原）工业园区调研，并与企业负责人召开座谈会，罗清宇强调要深入学习贯彻习近平总书记视察山西重要讲话重要指示，全面落实省委十一届十次全会精神，落细落地政策支持，做优做强服务保障，推动企业在高质量转型发展中不断发挥主体作用。

贯彻落实中央“惠台31条”“惠台26条”“惠台11条”措施以及《中华人民共和国台湾同胞投资保护法》，全年妥善处理台资企业旺旺集团企业仓库复工审批、山西汇翔汽车维修有限公司拆迁补偿、太原中都雷克萨斯汽车4S店注册登记、台湾经贸交流中心及配套住宅项目土地挂牌等问题，帮助台胞更换驾驶证，协调解决台胞子女入学、中考报名等问题，为台港澳同胞和企业扎根太原营造良好环境，全年新注册台资企业3家。（郝乐乐）

2020年，中共太原市委台办向富士康（太原）工业园区捐赠抗疫物资
（市委台办供图）

【文化交流宣传】2020年，中共太原市委台办完成“2020唐风晋韵看龙城——台湾记者三晋行”线上采访活动。会同市委宣传部、市文物局、晋源

区政府、太原电视台等相关单位以宣传太原文化历史和发展成就为主题，将晋祠博物馆、省博物馆等视频宣传资料和太原市经济社会发展、生态环境治理、山西古建筑博物馆、晋商博物院、醋文化园、蒙山风景区、山西青铜博物馆等文字图片宣传资料入岛宣传，高质量完成对台宣传任务。与市委党校联合举办全市台海形势报告会，对当前台海形势作专题报告，各县（市、区）台港澳办约100人参加报告会。（郝乐乐）

机构编制

【党政机构改革】 2020年，中共太原市委机构编制委员会办公室按照机构改革精神，成立市委公共卫生健康委员会，提高全市应对重大突发公共卫生事件的能力水平。单独设置市委审计委员会办公室秘书科，全面负责市委审计委员会办公室日常事务。对照省纪委监委机关职责和内设机构名称、职责，调整优化市纪委监委机关机构编制设置、市委巡察办内设机构职责。在市委组织部加挂市委“两新”组织党工委牌子。配合市卫健委报批太原市第四人民医院（太原市结核病医院）增挂山西医科大学附属肺科医院牌子。加强市、县两级林业部门防灭火工作力量，核增编制直接充实到相应职能科室和县级相应部门。通过更名成立太原市公安局公共交通安全保卫分局、成立太原市公安医院、设立站前派出所、为国内安全保卫大队加挂牌子等举措，提升公安服务群众能力。在党政机构改革中单设文物局基础上，对文物保护机构增加内设机构、充实行政编制，整合组建正处级市文物保护研究院。（李　瑾）

【事业单位改革】 2020年，太原市市级事业单位改革基本完成，县级事业单位改革启动，行政类事业单位行政职能全部剥离，经营类事业单位完成扫尾，公益类事业单位不断强化，完成后勤、检验检疫和培训专项改革。聚焦部门主责主业，立足整体性重塑，科学制订改革方案。撤并“小散弱”事业单位，跨部门整合不同领域和行业中职能相近、同一类型的事业单位。立足省会城市定位，保障经济社会发展，精简涉改事业单位机构总数和编制总量。核定教职工基本编制和校医编制外，分类核定由市教育局统筹管理补充编制、服务偏远地区的附加编制和用于教育发展周转编制5471名。通过市级“减上补下”共为10县（市、区）补充增加编制1391名。（李　瑾）

【基层治理体制改革】 2020年，中共太原市委机构编制委员会办公室落实省委《关于深化乡镇（街道）机构改革推进基层整合审批服务执法力量的实施意见》要求，在乡镇增设事业单位党群服务中心，推进乡镇（街道）权责清单制订工作。明确县级纪委监委派驻法院、检察院、公安局纪检监察组设置，指导县（市、区）及时调整正科级巡察专员编制。更名开发区纪工委为纪检监察工委，调整增加专项编制，增设专职副书记，增强全市开发区纪检监察工作力量。以机关内设（分局）挂牌形式，规范设置市生态环境局等开发区派出机构，解决人员编制不足和派驻管理迫切的问题。在完成中北高新区管委会更名基础上，调整增加工作机构，推进产学研协同发展。针对西山示范区管委会运行中发现问题，提出具体职责划分意见，理顺职能权限。（李　瑾）

【机构编制资源配置】 2020年，中共太原市委机构编制委员会办公室参与研究制定引进人才政策，会同组织、人社、财政等部门研究出台《太原市事业单位引进高层次人才管理暂行办法》《2020年太原市引进高层次专业人才实施方案》等。抓住事业单位改革契机，盘活闲置沉淀机构编制资源，针对各县（市、区）经济发展不平衡带来用编需求差异和先天编制不均衡实际，破解“空编不用”和“无编可用”结构性矛盾，加大跨区协调划转编制力度，协调各县（市、区）动态统筹用编，通过跨区域统筹实现编制资源绩效相协、均衡匹配。在建立市级人才引进编制周转池基础上，结合启动县级事业单位改革，为10县（市、区）建立编制周转库，通过减上补下为县（市、区）编制周转库充实编制，核增专项教育周转池编制，全年办理高层次人才引进用编1200余名，完成高层次人才引进相关工作。简化引才用编程序，对于引进高层次人才办理用编，实施即来即办，为人才引进提供便捷高效编制管理服务。对于高等院校和公立医院使用空编引进具有博士学位和副高以上职称高层次人才，由高校自主办理相关手续后到机构编制部门进行备案，并纳入机构编制实名制管理。

按照市委、市政府专项部署，解决全市退役士兵安置历史遗留问题，保障退役士兵权益。采取即来即办方式，全年办理军转干部入编58名、退役士兵入编15名、随军随调家属14名。为赴湖北支援疫情防控的编外医疗人员，开辟系统空编内可直接考核聘为事业编制人员“政策通道”。推动中小学教师“局管校聘”“县管校聘”管理改革。各县（市、区）根据市委编办、市教育局、市人社局、市财政局联合印发的《太原市人民政府办公室关于全面推进义务教育教师县管校聘管理改革工作的实施意见》，结合不同学段学生规模变化、学校布局结构调整等情况，在校与校之间对编制总量进行分配和调整，及时在机构编制实名制系统中更新。印发《关于核定太原市教育局所属公办中小学教职工编制总量的通知》，对全市中小学教职工编制进行重新核定。在标准核定教师编制基础上，除根据中央和省有关规定核定基本编制和校医编制外，挖掘教育系统机构编制资源潜力，完善教育系统编制管理机制，侧重考虑教育教学质量提升和未来教育事业发展、偏远地区，规模较小村小学、教学点，新建、改扩建学校，女教师生育及人才引进，助力教育扶贫等情况，为市、县两级明确教职工附加编制和周转编制，促进中小学教师编制资源科学配置、合理流动，规范中小学编制管理。（李　瑾）

【事业单位登记管理】 2020年，中共太原市委机构编制委员会办公室落实国家事业单位登记管理局《关于新型冠状病毒疫情防控期间登记赋码工作的通知》和山西省事业单位登记管理局《关于新型冠状病毒疫情防控期间登记赋码工作有关事项的通知》精神，对全市优化事业单位登记管理服务工作进行规范。事业单位年度报告期限由1月1日至3月31日调整为1月1日至2020年5月30日。实行一个"窗口"集中服务，加强窗口的规范化建设，设置办事指引，制作登记事项"明白卡"等服务手册。工作制度、审批流程等上墙公开，及时为办事人员答疑解惑，解决问题。实现全事项、全流程网上办理。受理审核时限从法定期限压缩为1个工作日。申请材料齐全有效且符合法定形式登记申请均实行即时办结，当场发证，即时办结率达100%以上。机关群团赋码发证（换证）实现当日办结。精简优化申办要件。建立"双公示"长效机制，每周第一个工作日，在"太原事业单位在线"网站公示核准登记事项和行政处罚信息，同步推送至"市信用信息平台"。出台《关于试行市直事业单位法人简易注销登记有关事项的通知》，简化注销流程及纸质材料。全年办理设立登记18件，变更登记482件，注销登记22件，证书废止后重新申领11件，机关群团《统一社会信用代码证书》初领、变更77件。（李　瑾）

【中文域名管理】 2020年，中共太原市委机构编制委员会办公室按照年度目标任务，结合党政机构改革、深化事业单位改革等各项重点改革任务，开展党政机关、事业单位网上名称清理规范工作。督促全市各单位提高思想认识，指导各单位熟练掌握域名注册使用流程，保障网上名称清理规范工作取得实效。将网上名称清理规范工作和事业单位年度公示工作相结合，通过摸底市级党政机关、事业单位中文域名注册情况，建立《政务和公益中文域名变更情况明细台账》，督促各单位及时变更注册名称、主要负责人、联系方式、证件类型、证件代码、网站建设情况等信息，对发现问题，要求各单位及时纠正，限期整改。（李　瑾）

市直机关党建

【概况】 2020年，中共太原市直机关工作委员会坚持以习近平新时代中国特色社会主义思想为指导，深入学习贯彻中共十九大和十九届二中、三中、四中、五中全会精神，认真学习习近平总书记视察山西重要讲话重要指示和"7·9"重要讲话精神，按照省委"四为四高两同步"总体思路和要求，紧扣围绕中心、建设队伍、服务群众三大职责，以党的政治建设为统领，深入开展争当"三个表率"、创建模范机关活动，推动机关党建工作走在前、作表率，为加快高质量转型发展提供坚强政治保证。（连　伟）

【政治建设】 2020年，中共太原市直机关工作委员会认真贯彻《中共中央关于加强党的政治建设的意见》，结合市直机关的行业属性和岗位要求，打造政治站位高、纪律作风严、治理能力强、服务群众优、推动发展好的"五型"模范机关。出台《关于在市直机关党组织中深入开展争当"三个表率"创建"模范机关"活动的实施方案》，通过召开动员部署会、加大督促指导、实地观摩等方式强力推进，全市80%以上市直机关党组织实现创建目标，市直机关党建质量和治理效能明显提升。

发挥党建服务保障作用，教育引导市直机关各级党组织和广大党员干部建强组织、立足岗位、担当作为、干事创业。在疫情防控中，865名党员干部组成抗疫突击队，下沉基层和社区一线参与疫情防控，推动企业复工复产。31521名市直机关党员捐款463万元助力疫情防控。从市直工委代市委管理的党费中下拨134.70万元用于慰问和支持一线员工。在脱贫攻坚战中，发挥市直机关党员干部在驻村帮扶和督战队中的骨干作用，助力脱贫攻坚。

严格执行《关于新形势下党内政治生活的若干准则》，认真落实"三会一课"、民主评议党员和党员领导干部以普通党员身份参加双重组织生活等制度。围绕"强化政治机关意识，带头做到三个表率"这一主题，市直属机关（单位）党组织书记讲党课130场。巩

2020年，市直机关党内重要法规知识竞赛决赛颁奖仪式　（市直工委供图）

固深化“不忘初心、牢记使命”主题教育成果，通过开展重温党章、入党誓词、入党志愿书以及党员过“政治生日”等方式，丰富和拓展主题党日的形式和内容。贯彻《党委（党组）落实全面从严治党主体责任规定》，印发《太原市直机关“四级书记”抓党建责任清单》，明确工委书记、党组（党委）书记、直属机关（单位）党组织书记及所属基层党支部书记的责任，做到明责、履责、尽责、问责的全责任全链条。（连　伟）

2020年4月5日，省城群众春季全民健身活动启动仪式　（市直工委供图）

【思想建设】 2020年，中共太原市直机关工作委员会坚持“第一议题”制度，印发《关于2020年市直机关中心组暨干部理论学习的安排意见》，规范和完善中心组学习，全市中心组学习共计1450次。

按照市委统一部署，开展“三重温、学四史”活动，为党员干部发放《习近平谈治国理政》第三卷3万余册。学习贯彻《中国共产党党和国家机关基层组织工作条例》《中国共产党支部工作条例（试行）》和《中国共产党基层组织选举工作条例》等，以深入学、答题学、竞赛学、持续学为主要形式，组织开展党内法规学习活动和党内法规知识竞赛活动，市直工委直属的64个机关党组织组队参赛，占机关党组织总数的75%。

组织开展学习贯彻习近平总书记视察山西重要讲话重要指示专题宣讲25场，《习近平谈治国理政》第三卷专题宣讲64场，举办市直机关学习贯彻中共十九届五中全会精神专题宣讲活动。（连　伟）

【组织建设】 2020年，中共太原市直机关工作委员会制定印发《太原市直机关党支部规范化建设标准》，对党支部规范化建设从6个方面22条作出具体规定，推动市直机关80%的党支部达到规范化建设标准。开展市直机关软弱涣散基层党组织集中整顿工作，对摸排出的15个全部整顿转化。

全年调整党组织隶属关系6个，组建机关党总支2个、行业党委1个，督促指导18个直属党组织进行换届，调整新任直属党组织书记、副书记、专职副书记35人，机关纪委书记、委员25人。举办市直机关党务干部培训班，邀请省直机关工委副书记余国琦和省直机关工委组织部5名业务骨干进行授课指导，提升机关党务干部的业务素质和履职能力。

出台《关于进一步加强和改进党费收缴、使用和管理工作的通知》，明确党费收缴要求，规范党费使用内容，细化党费管理措施，指导督促直属机关党组织开设党费专户，把党费管理好、使用好。完成市委组织部委托市审计局对市直工委管理党费的审计工作，安排直属党组织开展党费收缴使用管理自查自纠，督促指导17个直属党组织开展审计问题整改。从市直工委管理党费中划拨126.50万元，对1164名生活困难党员、老党员进行走访慰问。全年拨付671.84万元党费用于支持基层党组织开展党建活动。

开展市直机关党组织书记抓基层党建述职评议考核工作，选树综改区税务局、市统计局、市档案馆3个示范典型，市住建局、市司法局、市科技局、市统计局、综改示范区税务局、市档案馆6个先进典型。（连　伟）

【作风建设】 2020年，中共太原市直机关工作委员会落实中央和省委、市委为基层减负的要求，深入整治形式主义、官僚主义，纠治“四风”、转变作风，全年查处违反中央八项规定精神案件6件6人。

开展纪律法治教育和廉政警示教育，推动市直机关党员干部知敬畏、存戒惧、守底线。坚持执纪必严、违纪必究，运用“四种形态”，严格落实“三个区分开来”，在市直机关营造激浊扬清、干事创业的良好氛围。

强化对权力运行的制约和监督，严肃查处违纪违法案件，始终保持惩治腐败高压态势，一体推进不敢腐、不能腐、不想腐。对顶风违纪行为从严惩治，全年共审理违纪违法案件49件58人。

（连　伟）

【精神文明建设】 2020年，中共太原市直机关工作委员会参与创建全国文明城市活动，组织市直机关5000余名志愿者开展文明交通志愿服务活动，制作宣传展板130余块，发放宣传资料6000余份，发挥机关党建助推精神文明建设的牵引作用，安排市直机关272个文明单位、1.20万名党员干部当好“五员”，到250个社区中的700余个小区助力“创城”。（连　伟）

【统战群团工作】 2020年，中共太原市直机关工作委员会贯彻《中国共产党统一战线工作条例（试行）》，完成民主党派干部、党外干部、海外晋人和各级机关党组织配备统战委员摸底统计。发挥工会维护职工权益职能，为12个市直单位的14名大病困难职工筹措帮扶送温暖资金10万元。组织1300名职工开展省城春季全民健身活动，丰富机关职工业余生活。慰问文明交通安全出行志愿者、交警、环卫工人等1000余人，发放慰问金81566元。开展省、市劳模和晋阳工匠、工人先锋号等称号人选的推荐工作，营造创先争优的浓厚氛围。（连 伟）

机关事务管理

【办公用房管理】 2020年，太原市直属机关事务管理局加强顶层设计，超前谋划、统筹推进，印发《太原市机关事务管理办法》，建立机关事务工作机制。以不动产权属集中统一管理为突破口，启动全市党政机关事业单位不动产权属统一登记工作，完成全市689个行政事业单位、471万平方米不动产数据摸底和证件移交工作，集中办理权属过户登记。对全市689个行政事业单位共计1769幢房屋、236万平方米进行全覆盖检查排查，并制订分类整改、加强监督的整改措施，建立长效机制，确保办公用房安全。（孟 飞）

【公务接待】 2020年，太原市直属机关事务管理局组织开展党政机关、招商引资及专家学者到并考察团接待工作，全年接待141批次、10900人次，突出接待工作在城市宣传中的辅政作用。采用政府OA办公系统，简化工作流程，实现第一时间、第一现场高效接待服务。（孟 飞）

【公务用车管理】 2020年，太原市直属机关事务管理局完善全市201辆公务用车集中管理职能，优化现有“一个机构，两个平台，统一管理，分类使用”管理模式。采用社会化购买服务方式，形成以自我保障为主、租赁方式为辅的公务用车集中调度模式。以优质高效的服务，保障四大班子及市直部门公务用车需求，以及省委巡视组驻并期间、“汲取教训提高安全生产专班”用车保障。（孟 飞）

【公共机构节能】 2020年，太原市直属机关事务管理局以集中办公区为试点，推广太阳能光伏发电、智慧能源监测、互联网+垃圾分类等节能项目。以点带面形成辐射效应，全市建立91家公共机构协同节能工作机制。借力全国“46城”垃圾分类工作，利用大数据技术，建立垃圾分类投放行为定量监管的“太原模式”，完成首个集中办公区国家节约型公共机构示范单位创建工作。（孟 飞）

【机关保障服务】 2020年，太原市直属机关事务管理局主动对接服务需求，推动机关事务管理工作从经验管理向科学管理转变、从被动服务向主动服务转变、从粗放保障向高效服务保障转变，完成望景路、新建路、五一路、房地大厦4个集中办公区（约7万平方米，入驻1200人）接管及环境升级改造工作，新建市直机关新录人员集体公寓（共180床位，入住80人）。（孟 飞）

老干部工作

【老干部思想政治建设】 2020年，中共太原市委老干部局成立中共太原市委离退休干部工作委员会，把握老干部工作的政治属性，精心筛选理想信念坚定、政治理论水平高的离退休干部成立“不忘初心、红色引擎”宣讲团，结合宣讲报告会、情况通报会、理论培训班等方式，进单位、进社区、进学校、进基层宣讲中共十九届五中全会精神，在全市离退休干部中兴起学习热潮，引导广大离退休干部不断增强“四个意识”，坚定“四个自信”，做到“两个维护”。通过组织收看山西老干部大讲堂网上讲座、参加“砥砺初心使命、助力全面小康”学习竞赛活动、发放学习资料、发出《不忘初心保本色，桑榆晚霞添新彩》倡议书等，号召全市离退休干部党支部、离退休干部参与到转型发展蹚新路的进程中来，确保离退休干部离岗不离党、退休不褪色。以党的建设向基层延伸为导向，增强离退休干部党组织政治功能和党务干部的专业能力。为全市离退休干部党组织发放工作经费112万元，组织离退休干部党组织书记示范培训班，选拔20名政治素质高、工作能力强、服务意识强的离退休支部书记到非公企业担任党建指导员，协助非公企业加强党的建设。把老干部工作制度优势转化为基层治理效能，推动离退休干部党建更好地融入城市基层党建和基层治理大格局。（王旭东）

【老干部信息化建设】 2020年，中共太原市委老干部局探索太原市离退休干部管理服务信息化数据平台与离退休干部党建、生活深度融合的新路子，实现全市离退休干部体检医院分配、名单上报、结果录入、统计分析、微课堂链接、“孝信通”健康监护等功能。开通网上老年大学直播课和官方抖音账号，以全新方式讲述太原老干部新故事，展现太原老干部工作新气象，传递太原转型发展正能量。（王旭东）

【老干部规范化管理】 2020年，中共太原市委老干部局落实“万千百十”工程，成立市级老同志临时党支部，出台《中共太原市委老干部局领导包片督导联系工作制度》，每名班子成员对口包联2个县（市、区）及10余个市直单位，完善“一县（市、区）一策、一事一策”工作机制，切实打造“一县（市、区）一品”具有并州特色的老干部工作品牌。（王旭东）

【老干部精准化服务】 2020年，中共太原市委老干部局以“舒心、安心、暖心、放心”为宗旨，统筹市民政局、市卫健委、市人民医院等多方资源，完

成水西公寓全部住户的适老化改造工程，推进市离退休干部康养中心等暖心工程。联合山西省党史研究院、市文联等单位，采访抗战前参加革命的离休干部。开展重阳节、纪念抗日战争胜利75周年系列慰问活动，全市全年慰问离退休干部5.20万人次，特别是救助机关事业单位困难离退休干部和企业县（处）级退休干部502人、抗日战争前参加革命的老干部428人。（王旭东）

【老干部参观调研】2020年，中共太原市委老干部局开展一月一调研活动，先后赴市博物馆参观天龙山石窟数字复原展、赴清徐调研工业产业转型发展、赴太原市植物园参观，配合省委老干部局组织省级老干部参观晋商博物院，收集意见建议20余条，全年报送《老干部之声》23期，畅通下情上达渠道，发挥市级老干部的政治优势、经验优势、威望优势。（王旭东）

【老干部文体活动】2020年，中共太原市委老干部局坚持小环境大阵地的原则，把第八届市离退休干部文体艺术节分为乐学、乐为、乐游、乐动、乐享5大板块搬上“云端”，与太原电视台、醋柳直播合作，14万余人次线上线下观看文体节优秀节目展演，全年组织老同志参加线上线下演出比赛50余场。

（王旭东）

【老干部志愿服务】2020年，中共太原市委老干部局指导杨贵山学雷锋教育基地志愿者服务站等16个离退休干部志愿者服务工作指导站、7个退役军人服务站、246支老年志愿服务团队和19个艺术团，在全市开展“银龄创城”、文化下乡惠民演出等活动，提升志愿服务品牌的影响力和推动力。（王旭东）

精神文明建设

【概况】2020年，太原市文明办坚持以习近平新时代中国特色社会主义思想为指导，深入贯彻习近平总书记视察山西重要讲话重要指示，全面贯彻落实中共十九大和十九届二中、三中、四中、五中全会精神，省委十一届十次全会和市委十一届九次全会精神，紧扣决胜全面建成小康社会、决战脱贫攻坚，围绕全面打赢新冠疫情防控的阻击战，培养担当民族复兴大任的时代新人，弘扬共筑美好生活梦想的时代新风，实施公民道德建设工程，推进“五大创建”，完成全年各项工作任务。（张颐纯）

【文明实践中心试点建设】2020年，太原市文明办推进新时代文明实践中心试点建设，坚持高起点谋划，在中央试点晋源区、省级试点清徐县的基础上，确定其他8个县（市、区）为市级试点，明确各试点县（市、区）实行市委领导和市委宣传部部务会成员挂点指导工作机制，全年市委挂点领导指导新时代文明实践中心、所、站建设25次。打造地方特色试点，投入资金2000余万元，完成10个中心、43个所、426个站的试点建设，组建志愿服务队伍1566支，打造品牌志愿服务项目130余个，注册志愿者19.20万名，开展各类服务群众的志愿服务活动13000余场。（张颐纯）

【全国文明城市创建】2020年是第六届全国文明城市创建周期的第三年，是“强基固本、全力冲刺”的关键之年。太原市坚持将创建全国文明城市作为贯彻落实习近平新时代中国特色社会主义思想和习近平总书记视察山西重要讲话重要指示的具体实践，提升城市治理体系和治理能力现代化的有力抓手，塑造城市形象、增强城市综合竞争力的重要举措，举全市之力、行非常之举，推进各项创建工作。持续深化整治，落实生活垃圾分类管理、禁止公共场所随地吐痰等方面的地方法规，集中开展“垃圾清零”“三清五治”专项行动，对剩余147条背街小巷和521个老旧小区继续进行整治改造，整治工作接近尾声。严格对标体系达标，对全市39项3600余个实地点位进行三次模拟测评。高标准做好网上资料申报工作，最终上传中央文明办正式发文43份，说明报告177份，图片资料797张，数据表格19个，征求省级主管部门意见37个。营造浓厚氛围，启动太原市优秀公益广告（景观小品）作品征集活动，完善“文明亮剑随手拍（丑拍App）”系统机制，组织多部门联合执法，营造浓厚的文明创建氛围。强化督查通报，组建11个检查组开展22次检查，对“创城”重点工作开展情况进行打分排队，并在《太原日报》进行公开通报，促进“创城”工作深入推进。经过中央文明办组织的全国文明城市测评，太原市取得22年“创城”以来最好成绩。

（张颐纯）

【文明单位评选】2020年，太原市文明办修订完善《太原市文明单位测评体系》，印发《关于太原市文明单位开展抗击疫情“排头兵”活动的实施方案》《关于在全市文明单位、文明社区开展爱国卫生运动的倡议书》《关于太原市文明单位与社区（村）结对共建的实施意见》等，促进广大机关企事业单位践行文明单位社会责任，带动提升城市文明程度。协助做好省级文明单位复查、整改工作，完成第六届全国文明单位推荐申报工作，推荐第六届全国文明单位31个。以市委、市政府名义表彰2018—2019年度市级文明单位（标兵）858个。（张颐纯）

【文明村镇评选】2020年，太原市文明办出台《太原市关于提升乡村德治水平的实施方案》《太原市实施乡村振兴战略星级文明户创评工作实施方案》，印发《关于开展“坚决革除婚丧陈规陋习、大力倡导文明新风”活动的通知》等，推进移风易俗，厚植良好家风、淳朴民风、文明乡风。配合省文明办完成2018—2019年度省级文明村镇、文明家庭核查工作，对2018—2019年度文明村镇、文明家庭申报工作进行整理补充，并制订《太原市文明村镇测评细则》，推进文明村镇创建工作，提升乡村文明程度。超额完成实施乡村振兴战略实绩考核工作，县级以上文明乡镇下达的指标数、县级以上文明村下达的指标数等4项指标均超额完成省文明办下达的任务指标。（张颐纯）

【文明家庭评选】2020年，太原市文明办与市妇联联合印发《关于组织开展2018—2019年度太原市文明家庭评选活动的通知》，规范文明家庭评选活动程序，严格评选标准。完成137家候选家庭申报资料汇总，组织召开评审会，评出2018—2019年度市级文明家庭111户。制作《家庭家风》系列节目和举办2020太原好家风大型特别节目。

（张颐纯）

【文明校园建设】2020年，太原市文明办配合省文明办完成全国文明校园检查验收工作，在第二届“全国文明校园”测评中，省实验学校和市实验学校获得“全国文明校园”称号。组织市第十二中学校和市公园路小学开展全国文明校园风采网络宣传活动，市第十二中学校宣传内容在中国文明网进行展播。组织全市大中小学生利用多种形式观看网上演唱演出、名家讲堂等“美育云端课堂”，助推文明校园建设。（张颐纯）

【文明志愿服务】2020年，太原市文明办组织开展疫情防控志愿服务，在太原文明网上刊发《太原市文明办号召广大志愿者、志愿服务组织积极有序参与疫情防控》倡议书，全市近30万名志愿者开展志愿活动2210次，服务时长为48.57万小时。实施抗击疫情志愿服务项目，组织爱心车队免费接送医护人员，组织专业志愿者对相关人员开展心理援助等。协调“志愿城市·太原”基金向湖北武汉捐赠救护车1辆，向湖北孝感捐赠血气分析仪1台、呼吸机3台，向太原市捐赠救护车1辆、超低容量雾化器13台。

开展学雷锋志愿服务先进典型评选活动，杨志珍获“全国疫情防控最美志愿者”称号。在全市评选出6类75个志愿服务先进典型。亲贤社区获全国学雷锋志愿服务“四个100”最美志愿服务社区称号。完成山西省第二批学雷锋志愿服务站点验收工作，对全市第二批学雷锋志愿服务100个站点进行验收，并向省文明办报送11个省级学雷锋志愿服务示范站点相关材料。（张颐纯）

【未成年人思想道德建设】2020年，太原市文明办深化“扣好人生第一粒扣子”主题教育实践活动，全年向社会发布66名2018—2019年度新时代太原好少年和63名2020年度新时代太原好少年事迹，并择优选出4人作为新时代山西好少年推荐对象。开展各类主题活动，在全市中小学校普遍开展“迎七一、童心向党”歌咏活动，开展2020年“小手拉大手、众志成城抗疫情”优秀童谣征集推广传唱活动等，组织2020年未成年人网络春晚活动。提升乡村学校少年宫建设质量，对乡村学校少年宫进行考核评估，确保乡村学校少年宫建设常态长效，造福广大少年儿童。（张颐纯）

【社会主义核心价值观宣传教育】2020年，太原市文明办把培育和践行社会主义核心价值观作为精神文明建设的根本任务，弘扬真善美、传播正能量，推进公益广告宣传，制作“文明健康、有你有我”系列公益广告，提升市民文明素质。推进社会主义核心价值观主题公园建设，将五一广场、汾河公园作为重点建设公园（广场），让社会主义核心价值观融入社会生活。结合疫情防控形势，组织开展“我们的节日”系列主题活动，印发《太原市关于深入开展2020年“我们的节日”主题活动的通知》《太原市在清明节期间广泛开展“我们的节日”主题活动工作方案》等，弘扬中华民族优秀传统文化，培育文明健康绿色节日新风。（张颐纯）

【公民道德建设】2020年，太原市文明办贯彻落实《新时代公民道德建设实施纲要》，起草《太原市贯彻落实〈新时代公民道德建设实施纲要〉的实施方案》，以市委、市政府名义印发全市。做好道德模范和身边好人推荐工作，确定10人为“第八届山西道德模范”推荐对象，其中3人获得第八届山西道德模范称号，2人获第八届山西道德模范提名奖，全年选出35位太原市“身边好人”，6人获“山西好人”称号，2人获“中国好人”称号。组织开展道德模范进基层巡讲活动和帮扶道德模范工作，发挥榜样感召人、影响人、带动人的重要作用。市政府为259名获得市级以上荣誉的道德模范和身边好人提供一张公交卡、一次免费体检和旅游一卡通。

（张颐纯）

【弘扬良好社会风尚】2020年，太原市文明办推进诚信建设制度化，与市发改委联合开展“6·14”信用记录关爱日主题宣传活动。印发《关于建立诚信建设“红黑榜”名单报送发布制度的通知》《关于将社会信用体系建设纳入市级文明单位测评考核的通知》等，明确各单位开展诚信建设重点任务和考核办法。推进文明旅游活动，召开两次文明旅游联席会议，对文明旅游工作进行安排，推动文明旅游工作常态化机制化。推进“文明餐桌”行动，贯彻落实习近平总书记关于制止餐饮浪费行为重要指示精神，将“倡导文明新风、制止餐饮浪费”纳入群众性精神文明创建活动中，出台《太原市关于倡导文明新风、全面开展制止餐饮浪费行为的工作方案》等相关文件，通过向“外卖骑手”发放倡议书、制作刊播公益广告、开通太原广播电视台新闻对话系列栏目等特色活动，践行“文明餐桌”理念。（张颐纯）

【网络文明建设】2020年，太原市文明办以重大节日和事件为宣传节点，利用网站头版文明创建、龙城聚焦、志愿服务等栏目，做好精神文明建设宣传工作。太原文明网编辑、整理、发稿创建信息2000余条。结合疫情防控，及时制作刊播21个公益宣传视频。结合《太原市文明行为促进条例》《山西省禁止公共场所随地吐痰的规定》等法规，围绕随地吐痰、文明观影、垃圾分类、文明交通等主题策划10个拍摄脚本内容，并邀请身边好人作为文明行为代言人参与其中，宣传文明礼仪。与抖音合作，联合策划“节约粮食、光盘你我”主题活动，打通线上线下流量，设置光盘行动打卡计划、文明用餐有你有我、对餐饮浪费行为说不、勤俭节约我们在行动4个话题进行全渠道宣传。（张颐纯）

党校教育

【教学培训】2020年，中共太原市委党校第9期学习贯彻习近平新时代中国特色社会主义思想读书班，培训学员47人，学制23天。第46期中青年干部培训班，培训学员53人，学制53天。第9期青年干部培训班，培训学员46人，学制84天。下半年，第10期学习贯彻习近平新时代中国特色社会主义思想读书班，培训学员49人，学制23天。第47期中青年干部培训班，培训学员49人，学制53天。第10期青年干部培训班，培训学员50人，学制84天。全年培训学员294人。

联合市人大、市委组织部、市委宣传部、市委统战部、市政法委、市国资委、市卫健委、市民政局等单位开展培训，共同举办学习贯彻党的十九届四中全会精神集中轮训14期，培训学员1190人。市委党校青年教师教学能力提升，培训学员21人。市卫健工委年度发展对象培训班，培训学员110人。定向选调生入职培训班（见面会），培训学员160人。市卫健工委“履行使命任务，做好宣传工作，加强公立医院党的建设，推进新时代公立医院改革发展”培训班，培训学员110人。市服务保障体系建设重点工作业务培训暨现场观摩推进会2期，培训学员170人。第十四届人大代表履职学习班，培训学员107人。宣传文化人才政治理论培训班，培训学员70人。宗教界爱国主义教育暨安全管理培训，培训学员70人。第2期国家安全系统干部培训班，培训学员100人。社会组织党组织书记示范培训班，培训学员90人。市政协委员讲堂，培训学员160人。市国资委2020年度基层党组织书记集中轮训2期，培训学员520人。全年累计举办30期27个班次短期培训，培训学员2878人。举办4期公务员任职培训班，培训学员134人，完成各类培训任务，发挥党校培训党的各级领导干部的主渠道作用。（霍永刚）

【教学科研】2020年，中共太原市委党校发表论文49篇，其中，国家级2篇，省级13篇，市级34篇。全年开展校级合作课题23项，校级课题10项，校级创新课题6项，市级以上课题25项。其中校级39项各类课题全部完成，市级以上课题按招标单位要求推进。科研统筹工作，组织县（市、区）党校开展合作课题，召开立项推进会，最终立项23项，县（市、区）两级党校研究合作加强。决策咨询方面，先后呈报7份决策咨询报告。党校《学报》以马克思主义基础理论和党的建设等栏目为重点，提升稿件质量和学术影响，全年完成6期，编发132篇，96万余字。完成年度期刊核验工作，全刊被知网全文录入，刊物与全国20余家省市党校和高校等学术单位形成交流机制。《领导参阅》紧跟市委、市政府重要决策，围绕习近平总书记视察山西、疫情防控、高质量转型、“十四五”规划等主题，编辑出版15期，为市领导和有关部门提供决策参考资料。（霍永刚）

【党性教育】2020年，中共太原市委党校注重加强党的理论教育，开设习近平新时代中国特色社会主义思想等内容专题辅导，让党的重大精神进入党校课堂。坚持把马克思主义经典导读作为重要课程，在主体班新开设《〈共产党宣言〉导读》等课程。注重加强党性锻炼，组织学员到牛驼寨烈士陵园、支前纪念馆等地接受革命传统教育，提升学员党性修养，提高规矩纪律意识。开展打造党性教育精品线路和精品课程工作，在前期考察调研指导基础上，有25个党性教育课程进入中期评审环节。（霍永刚）

【课程体系完善】2020年，中共太原市委党校以《习近平新时代中国特色社会主义课程体系》为蓝本，在教师自由组合基础上，成立“习近平新时代中国特色社会主义经济思想”“习近平新时代中国特色社会主义法治思想”和“习近平新时代中国特色社会主义政治建设重要论述”“习近平新时代中国特色社会主义文化思想重要论述”以及“三篇光辉文献”“社会主义五百年”等12个项目教学组。1月立项，3月审定提纲。项目组成员讨论提纲，商量讲稿。所有项目小组成员都在教研室、教研部试讲。12月开始进行结项，专门聘请省委党校教师把关、评判。（霍永刚）

【教学方式创新】2020年，中共太原市委党校创新教学方式，支持、提升“案例教学”，组建“关于提高中青年干部舆论引导能力”和“关于提高中青年干部处置突发事件能力”两个案例教学团队，鼓励支持教师参加中央党校和省委党校案例教学培训，支持、满足各团队外聘记者、外聘专业技术人员等所需条件。规范、提升“行动学习”，经过多次沟通、协商，组织部干教处将领导干部上讲台纳入行动学习社会调研，提供企业、农村、社区等几十个调研地点，并由相关单位领导讲解。（霍永刚）

【教风学风建设】2020年，中共太原市委党校通过引导和制度约束，加强教学、教务、学员管理三方面队伍建设，为提高干部教育培训水平提供坚强组织保证。在教风建设上，执行《中共太原市委党校关于教师外出讲学的有关规定》，牢记“党校姓党”原则，坚持“学术探索无禁区，党校讲坛有纪律”要求，在党信党，在党言党，在党爱党。在学风建设上，每次开班典礼后都要强调学习要求、培训纪律、考核规定，并由学员部组织学习中组部《关于在干部教育培训中进一步加强学员管理的有关规定》，让学员了解和掌握听课、自学、讨论、党性分析等方面任务，严格学员请假事项和程序，所有学员请假不得超过总学时数1/7，严格学员考试、测试、社会调研等过程纪律。各培训部室牢固树立“严格管理、热情服务”的理念，执行各项培训工作纪律，确保各类培训活动严肃性。严肃培训纪律为学员提供优质热情服务，努力使学员能够有一个良好学习环境，能够静下心来听课读书思考问题，提升培训效果。（霍永刚）

【科研方向定位】2020年，中共太原市委党校强化科研基础作用和有力支撑，做好提高教学质量、推进党的理论创新以及为党委和政府决策提供咨询参考等方面服务工作。适应中国特色社会主义事业发展面临新形势新任务，聚焦习近平新时代中国特色社会主义思想，聚焦市委、市政府重大战略部署和中心工作，聚焦社会热点难点问题开展理论和对策性研究。重视各级各类课题申报、研究和管理工作，加强对课题的选题、申报、论证、研究、结项全过程管理。全校教研人员市级以上课题结项15项，其中2项为省哲学社会科学规划办、省社科联课题。（霍永刚）

【创新工程实施】2020年，中共太原市委党校在全省市级党校中第一家实施创新工程，实现教学、科研、决策咨询和管理等各方面体制机制创新。出台创新工程系列文件，包括《创新工程实施方案》《创新团队管理办法》《教学创新管理办法》《科研创新管理办法》《决策咨询创新管理办法》《专家评审委员会条例》《专项资金使用与管理办法》等，为创新工程的实施提供制度遵循。创新工程以创新团队为主体，打破原有部门体制和身份限制，吸纳包括分校教职工在内的广大教师和管理人员、青干班学员，累计100余人次，激发教职工创新创造活力，为创新工程实施提供力量保障。以创新项目为载体推进创新工程，确定教学、科研、决策咨询项目30个，其中教学创新项目9个、科研创新项目6个、决策咨询项目15个。（霍永刚）

【决策咨询工作】2020年，中共太原市委党校发挥党校系统整体优势，推进市委党校和各分校决策咨询工作，与人民论坛区域发展部、省委党校决策咨询部、太原警备区、市市场监督管理局、市农业农村局、市疾控中心、晋源区委党校、万柏林区委党校、主体班学员及党校有关部室人员，共同开展调研活动和理论研讨，形成研究合力。研究制定年度决策咨询项目指南，明确决策咨询研究方向。贯彻落实《中共太原市委党校创新工程实施方案（试行）》，制定《中共太原市委党校创新工程决策咨询创新管理办法（试行）》，通过规范课题设立程序、实施动态管理等措施，提升党校智库建设和决策咨询研究水平，调动教职工参与决策咨询工作积极性。全年修订呈报7份决策咨询报告，其中决策咨询报告《“小切口”带来“大转变”——古交市委开展“大帮扶、大走访、大服务”活动的做法与启示》被《前进》杂志、《山西日报》理论版和《学习强国》山西版转载刊发。7份决策咨询报告内容涉及经济、民生、国防及某一领域先进做法，课题组人员组成形式多样，内容紧紧围绕党委政府关注的理论现实问题、社会关注的重点热点难点问题，提出专业化、建设性、确实管用政策建议。（霍永刚）

史志编研

【概况】2020年，中共太原市委党史研究室（太原市地方志研究室）坚持以习近平新时代中国特色社会主义思想为指导，深入贯彻中共十九大和十九届二中、三中、四中、五中全会精神，深刻领悟和践行习近平总书记关于学习党史国史的重要论述、习近平总书记视察山西重要讲话重要指示和“三篇光辉文献”，落实省委十一届十次全会和市委十一届九次全会精神，牢牢把握“党史姓党”“方志为党”政治方向，始终坚持党建引领，推进党史和地方志等各方面工作取得一定成绩。

（太原年鉴编辑部）

【史志研究】2020年，中共太原市委党史研究室（太原市地方志研究室）围绕商业街钟楼街改造、城市改造、商业发展、街巷村庄名称由来、疫情防控史料、宗教文化在太原境内形成的佛教活动和建筑等专题进行深入研究，撰写《钟楼街——老太原老字号发源地》《与大唐名相狄仁杰有关的街巷、公园及传说》《浅析赶集、庙会习俗》等多篇论文。

（太原年鉴编辑部）

【史志编纂】2020年，中共太原市委党史研究室（太原市地方志研究室）启动《太原红色文化丛书》资料征集和编撰工作。编撰完成《太原1949》，全书100万字。编撰完成《晋绥八分区历史长编》。编辑完成《太原市抗击新冠肺炎疫情实录》。编纂出版《执政太原日记（2019）》。编纂出版《太原年鉴（2020）》，全书126万字，随文插图200余幅。对现存各类地情简志资料进行整理，编纂《太原地情简志》，对有关内容修改完善，支持各有关单位在机构改革中编纂本单位志，留住单位历史和记忆。（太原年鉴编辑部）

【志鉴“两全目标”任务完成】2020年，太原市地方志工作贯彻落实国务院、山西省地方志事业发展规划纲要和《太原市地方志事业发展规划（2016—2020年）》，推进实现修志编鉴“两全目标”。修志方面：《太原市志（1978—2011）》于2017年12月出版，全书635万字。截至年底，第二轮《小店区志》《晋源区志》《娄烦县志》出版，其余7部县区志通过省委党史研究院终审，进入出版阶段。编鉴方面：太原市及县区综合年鉴坚持一年一鉴，公开出版。《太原年鉴（2020）》于12月出版发行，全书126万字。截至年底，2020年版《杏花岭年鉴》《迎泽年鉴》《尖草坪年鉴》《万柏林年鉴》出版，其余6部县区年鉴进入出版阶段。至此，太原市、县两级志鉴全覆盖，实现“两全目标”。（太原年鉴编辑部）

【红色资源挖掘】2020年，中共太原市委党史研究室（太原市地方志研究室）贯彻落实习近平总书记视察山西关于“充分挖掘和利用丰富多彩的历史文化、红色文化资源加强文化建设，开展社会主义核心价值观宣传教育，挖掘优秀传统文化，引导广大干部群众提升道德情操、树立良好风尚、增强文化自信”的重要指示，与市委网信办联合举办“纪念中国人民志愿军抗美援朝出国作战70周年”网上答题活动。向市委和市直有关部门提供不可移动革命文物名录、第三批国家级抗战纪念设施、遗址和著名抗日英烈、英雄群体资料、东西山旅游公路沿线革命设施概况、老一辈革命家在平民中学的历史史实和相关资料、历史文化名城保护规划编制中所需抗战遗址相关资料，向省委党史研究院报送近年新发现、新评定、新建设革命旧址和纪念场馆等。（太原年鉴编辑部）

【史志成果转化】2020年，中共太原市委党史研究室（太原市地方志研究室）各业务科室人员坚持每季度至少形成一篇史实准确、可读性强的通俗史志文章。利用信息化手段，严格史志书籍上线公布工作，将党史方志精品图书、志鉴电子版上传至太原数字史志馆。截至年底，完成5本党史书籍电子化上线工作，发挥数字史志馆传播优秀党史方志文化作用。（太原年鉴编辑部）

【史志文化传播】2020年，太原市委党史研究室（太原市地方志研究室）结合“三重温、学四史”学习教育，组织选派党史干部为山西臻兴律师事务所、市退役军人事务局、市医保局、市大数据局、市直机关事务管理局、市消防支队城北大队、市龙投集团、尖草坪区钢东社区、阳曲县东北街社区、阳曲县北小店村、桃园派出所等单位进行宣讲，普及党史知识，推动党史学习教育进基层。4月30日、5月13日、6月11日分别为桃园派出所、城北大队、山西臻兴律师事务所赠送史志图书。与全国各省会、副省级城市、山西省11个地市图书馆、方志馆及史志单位交换年鉴，共赠阅500余册。6月5日，向市四大班子机关赠送《太原年鉴（2019）》145册。（太原年鉴编辑部）

2020年12月10日，中共太原市委党史研究室召开全市史志系统学习党的十九届五中全会精神暨史志业务工作会（太原年鉴编辑部供图）

档　案

【概况】2020年，太原市档案馆以习近平新时代中国特色社会主义思想为指导，全面学习贯彻中共十九大和十九届二中、三中、四中、五中全会精神及习近平总书记视察山西重要讲话重要指示，按照省委、市委关于转型发展蹚新路的重大决策部署，围绕全市中心大局，以巡察整改为契机，明确档案馆事业发展的政治定位和历史方位，加强档案资源、利用、安全、治理体系建设，加快提升档案治理能力和服务水平，推动档案馆事业高质量发展，为全市档案事业“十三五”规划圆满收官和建设文明、开放、富裕、美丽太原贡献力量。（王元亮）

【档案体制机制改革】2020年6月20日，中华人民共和国第十三届全国人民代表大会常务委员会第十九次会议表决通过新修订的《中华人民共和国档案法》，明确规定“坚持中国共产党对档案工作的领导”，健全档案工作统一领导、分级管理的体制机制。太原市档案馆由市政府序列调整为市委序列，核定编制40名，完成两次机构改革任务，全面建立党管档案的工作体制。市委确定由市委常委、市委秘书长刘鹓主管市档案局和分管市档案馆工作，市委考核办将档案专项考核纳入全市年度目标责任制考核内容，市疫情防控办、市脱贫办将市档案馆纳入重大活动和突发事件档案工作成员单位，档案工作机制更加顺畅有力。市领导高度重视档案工作，省委常委、市委书记罗清宇对市档案馆荣获全国档案系统先进集体荣誉称号作出批示，市委秘书长11次批示档案馆工作，充分肯定市档案馆的工作成绩和有益做法。（王元亮）

【档案资源建设】2020年，太原市档案馆坚持以民生档案、机构改革档案和重大活动档案为重点，接收二青会太原市执委会、“不忘初心、牢记使命”主题教育活动办公室、原市宗教局、市住房公积金管理中心等14个单位档案共8万卷（件）。向社会广泛征集各类书刊、书画、照片等93种598卷（件、册）。完成馆藏1万余张珍贵电子照片、514册重要历史资料的规范整理，馆藏内容得到充实。加强重大活动和突发事件档案的进馆前指导，先后赴市脱贫办、市疫情防控办沟通指导脱贫攻坚和疫情防控档案的收集归档、规范整理工作，留存市委、市政府团结带领全市人民进行伟大斗争、创造历史伟业的历史见证。

（王元亮）

【档案资源管理】2020年，太原市档案馆、市档案局印发《太原市档案馆移交与接收档案工作规范（试行）》，修订《太原市档案馆档案资料征集、接收进馆工作制度》，明确提出档案移交、接收与征集工作的各项业务标准和规范流程，实现与新修订档案法的无缝衔接，从源头上确保档案资源的规范生成与安全流转。严格按照规定程序开展档案征集工作，通过拟征集档案的初审、内部评审、专家价值鉴定、反馈协商、达成意向，直至提交馆务会审定，年内征集进馆《红旗》杂志、《政治补充教材》等10种549册档案资料。（王元亮）

【档案服务中心大局】2020年，太原市档案馆主动服务改革大局，立足档案馆职责定位，深入总结评估“十三五”规划完成情况，科学谋划“十四五”规划，制订出台《关于贯彻落实习近平总书记视察山西重要讲话重要指示在档案馆事业转型发展上率先蹚出一条新路来的工作方案》，以7个方面19条举措，勾勒出档案工作深度融入全市中心大局和服务保障转型综改发展的明晰路径。编印《抗击“非典”中的太原行动——太原“非典”疫情档案汇编》《档案参阅——70年前，梁思成先生对第一个太原都市规划的几点意见》，为全市疫情防控和美丽太原建设提供重要决策参考，发布战“疫”档案征集公告被省政府官方微博转发，接受31家单位（个人）捐赠档案资料529件，公开征集脱贫攻坚档案，接收市住建委副总工程师、驻村工作队队长范利平打赢脱贫攻坚战驻村日志。指导接收八河治理工程档案。深挖太原工业记忆，编撰《太原老工业图典》，为再现“锦绣太原城”盛景贡献档案智慧价值力量。（王元亮）

【档案信息化建设】2020年，太原市档案馆推进传统载体档案的数字化工作，优先完成民生档案在内的全文扫描录入馆藏档案文件级目录200余万条（幅），累计馆藏数字化1000余万条（幅）。加大数字化档案和电子档案接收力度，接收“二青会”太原市执委会、消防支队、企改办等单位电子档案10207卷（件）、数据量390.5G。加快推进电子档案归档工作，参与太原市一体化在线政务服务平台建设，参与制订《太原市政务服务电子文件归档管理技术规范》《太原市政务服务电子文件管理办法》，为全市电子档案生成归档交接明确制度遵循。配合做好全省唯一一家市级国家数字档案室建设试点单位——太原市规划自然资源局国家试点工作，探索数字档案馆（室）建设。

（王元亮）

【档案便民惠民服务】2020年，太原市档案馆优化便民措施，改善便民惠民服务环境，建强学雷锋志愿服务站。实现省内地市级以上国家综合档案馆民生档案跨馆利用服务全覆盖，扩展异地查档服务范围，与杭州市、成都市、福州市档案馆签署异地查档跨馆利用协议，与济南市档案馆签订《黄河流域城市档案馆战略合作机制协议书》及《黄河流域城市档案馆民生档案馆跨馆利用服务工作协议书》，推动档案利用服务全面升级。全市接待353个单位,3512人次，答复电话查询574次，对外调卷2471卷，开具证明1368份，复印5642页，获赠锦旗2面，服务成效显著。

（王元亮）

【档案开发利用】2020年，太原市档案馆深入开发利用档案，全面启动《抗日战争档案汇编·日军侵华机构太原行政文件辑录》和《太原吴家堡村地契历史档案》两项国家项目，完成1200余件日文档案和1200件地契档案的筛选处理、翻译整理、编辑设计等工作，2类4册编辑任务完成。联合媒体推出“融媒体音影像志——《珍档记忆 锦绣太原》”读档文化节目，围绕3个主题深度解读档案100余篇，推出25期读档节目，推介馆藏珍档，共享城市记忆。创优爱国主义教育基地，通过建立讲解员激励机制，规范提高讲解质量，招募19名志愿者讲解员，重新设计宣传资料，整体提升基地形象和服务水平，全年接待1800余人次参观。（王元亮）

【档案安全体系建设】2020年，太原市档案馆压实工作责任，严格落实《关于进一步加强档案安全工作的实施意见》，适应机构改革变化，全面建立党委领导、档案主管部门依法监管、各部门各单位全面负责的档案安全工作机制，各部门各单位主要负责人全面负责、其他领导分管负责、档案业务人员直接负责的档案安全责任体系和覆盖档案人员、馆库、实体、信息总体安全的档案安全管理制度体系，重新修订档案安全工作相关制度和应急预案，将档案

2020年6月9日，太原市档案馆开展“6·9”国际档案日活动

（市档案馆供图）

安全列入全市档案专项考核重要指标内容，要求各级各类档案馆（室）每季度及重要时间节点必须组织档案安全检查，排查风险隐患，督促问题整改，严肃追责问责，扎稳档案安全的人防基础。全年日封库检查198次，组织专项安全检查7次，严格落实安全监控“全天候”“无死角”。加强档案消防安全知识培训和实战演练，提升档案安全工作管理及突发事件处置能力。做好档案查阅利用、档案数字化、档案鉴定、档案移交接收等档案流转过程的档案安全，其中档案全文数字化扫描、档案鉴定调归卷18260卷，档案进馆8万余件卷，未发生任何事故。加大重点档案抢救工作力度，全年修复破损档案165张，档案原件得到保护。（王元亮）

【新修订档案法宣传】 2020年，太原市档案局把学习贯彻新修订档案法作为落实习近平总书记关于做好新时代档案工作重要指示精神和党中央决策部署及扩大档案工作影响，凸显档案价值作用、增强社会档案意识、提升档案部门形象的重要抓手，发动全市各级各部门开展重点突出、形式多样的学习宣传工作。全市档案系统集中学习，认识新修订档案法重要意义，把握档案法精神实质，牢记“档案工作姓党”，履行“为党管档、为国守史、为民服务”神圣职责。市档案局转发《关于宣传贯彻中华人民共和国档案法的通知》，要求全市各级各部门提高政治站位、强化组织领导、提升贯彻实效，启动相关工作，将各单位学习宣传贯彻新修订档案法纳入全市档案专项考核工作内容，压实工作责任。将学习贯彻落实新修订档案法作为当前普法工作重点，以“6·9”国际档案日、“12·4”全国法制宣传日为契机，组织各县（市、区）、市档案馆等单位面向社会、面向群众，开展系列宣传服务活动。（武佳玲）

【档案工作服务试点】 2020年，太原市为全国档案工作服务农村基层社会治理试点市。太原市档案局研究解决试点中重点难点，县区委办（档案局）加强业务指导、人员培训，乡镇党委切实履行监督指导职能，试点村落实试点方案，通过加强村级档案室建设，制订合理档案目录清单，建立安全防范机制，推进各项试点任务。（武佳玲）

【档案调查统计】 2020年，太原市档案局根据国家档案局、省档案局关于档案事业调查统计工作通知精神，印发《太原市2019年度档案事业调查统计工作的通知》，就统计年报重要性及填报范围、填报内容、报送时间和具体填报工作注意事项等作出明确规定。在具体填报过程中，通过现场解答、电话咨询、网上交流等多种方式与各单位档案员进行沟通交流、答疑解惑，保证统计数据严肃性和权威性。为按时保质完成年报统计工作，对每个单位填报统计数据进行初审录入、系统审核和最终复核等，通过比对上一年数据，对其逻辑性、准确性和合理性分析判断，对和上年数据有出入或数据不合理单位逐一沟通和回访，并要求相关单位再次校核数据，准确上报。共统计全市各级各部门、国有企业及大专院校569个单位，统计数量和质量比上年有明显提高。（武佳玲）

【档案人才队伍建设】 2020年，太原市档案局印发《太原市档案人才队伍建设实施方案》，从全市各级各部门选拔70余名忠于职守、遵纪守法、具备相应专业知识和技能的档案专业人才，为全市档案事业科学发展提供人才保证。组织开展档案系列初、中级职称评审，调动广大从业人员积极性，全市14人取得档案馆员专业技术职称，79人取得档案助理馆员专业技术职称，为档案事业发展储备人才。（武佳玲）

【疫情防控档案征集】 2020年，太原市档案局对《太原市新冠肺炎疫情防控档案工作实施方案》中文件材料收集归档、整理移交要求提出建议及修改意见。对接市疫情防控领导小组综合办公室及卫生健康、发展改革、应急管理等重点部门，摸排掌握疫情防控文件材料形成情况，指导做好档案收集、整理工作。全市各级档案行政管理部门和国家综合档案馆配合本级疫情防控办做好疫情防控档案政策解读、业务培训和督导检查等工作，确保疫情防控档案规范整理、安全保管。（武佳玲）

太原市人民代表大会常务委员会

Standing Committee of Taiyuan Municipal People's Congress

综　述

【概况】 2020年，太原市人民代表大会常务委员会（以下简称太原市人大常委会）坚持以习近平新时代中国特色社会主义思想为指导，全面贯彻中共十九大和十九届二中、三中、四中、五中全会精神，按照省委“四为四高两同步”总体思路和要求，围绕市委重大决策部署，强化使命担当，依法履职尽责，在确保全面建成小康社会，实现“十三五”规划目标，奋力谱写文明、开放、富裕、美丽太原新篇章中作出人大贡献。依法行使立法权、监督权、决定权、任免权，召开常委会会议10次、主任会议18次。审议地方性法规草案13件，其中制定和修改地方性法规3件、打包修改5件、废止3件、初次审议法规2件。听取审议专项工作报告18项，组织专题询问1次、满意度测评1次，开展执法检查、视察调研50次，作出决议决定10件。向市委请示报告重大事项、重要工作67件次。任免国家机关工作人员98人次，组织宪法宣誓29人次。（崔　佳）

【党建工作】 2020年，太原市人大常委会遵循新时代党的建设总要求，围绕常委会中心工作，严格落实市直机关党建工作“四级四岗”责任清单，推动机关党的建设高质量发展。制定印发2020年机关党的工作要点，列出机关党组、各党支部落实全面从严治党主体责任清单，压紧压实从严治党主体责任。组织召开机关党建暨党风廉政建设工作推进会，作出4个方面14项工作安排，推动党建工作与业务工作同谋划、同部署、同推进、同落实。配合做好政治巡察，对巡察组指出的机关党建方面的短板弱项和问题不足，主动认账，立行立改，即知即改，真改实改，确保整改实效，建立长效机制。落实意识形态责任制，抓好太原人大杂志、太原人大网站等意识形态阵地建设，定期开展意识形态分析研判。开展“三重温、学四史”学习教育，有计划、有针对性地对党员领导干部进行经常性教育培训，强化政治教育和政治训练。深入开展争当“三个表率”创建“模范机关”活动，创建“五型机关”“三零单位”。推动机关基层党组织全面进步全面过硬。履行党风廉政建设责任制，组织有关领导干部填写违规入股企业承诺书，主动查找廉政风险点，营造机关风清气正的政治生态。（崔　佳）

人大重要会议

【市人大代表会议】 2020年4月27日至29日太原市第十四届人大第五次会议召开。会议应出席市人大代表353人。会议主席团成员共计20人。列席192人，20名公民旁听大会。大会采取“主会场+分会场”视频会议方式举行，共召开4次全体会议，5次主席团会议。

大会议程共7项：听取和审议太原市人民政府工作报告；审查和批准太原市人民政府关于太原市2019年国民经济和社会发展计划执行情况与2020年国民经济和社会发展计划（草案）的报告，批准太原市2020年国民经济和社会发展计划；审查和批准太原市人民政府关于太原市2019年全市和市本级预算执行情况与2020年全市和市本级预算（草案）的报告，批准太原市2020年市本级预算；听取和审议太原市人民代表大会常务委员会工作报告；听取和审议太原市中级人民法院工作报告；听取和审议太原市人民检察院工作报告，选举及其他事项。（崔　佳）

【市人大常委会会议】 2020年，太原市第十四届人大召开常委会会议11次。

第二十八次会议。2月27日在太原召开。会议应出席组成人员40人，实出席38人。会议议程共6项。

会议听取市人民政府关于环境保护工作情况的报告。听取市人民政府关于2019年度法治政府建设情况的报告。听取市人大常委会关于《太原市人民代

表大会常务委员会关于统筹推进新冠肺炎疫情防控和经济社会发展工作的决定（草案）》起草情况的说明。听取市十四届人民代表大会常务委员会代表资格审查委员会关于个别代表的代表资格的报告。书面审议《太原市人民代表大会常务委员会关于接受李吉山辞去太原市监察委员会主任职务的决定（草案）》。听取市人大常委会主任会议关于周计伟任职的议案、关于人事任命的议案，听取市人民政府关于人事任免事项的提请报告及市人大人事代表委员会关于人事任免事项提请报告的审议报告，拟任命人员作表态发言并与常委会组成人员见面。

会议表决通过《太原市人民代表大会常务委员会关于统筹推进新冠肺炎疫情防控和经济社会发展工作的决定》、市十四届人民代表大会常务委员会代表资格审查委员会关于个别代表的代表资格的报告、《太原市人民代表大会常务委员会关于接受李吉山辞去市监察委员会主任职务请求的决定》和人事任免名单，并向通过任命人员颁发任命书、举行宪法宣誓仪式。

第二十九次会议。4月2日在太原召开。会议应出席组成人员40人，实出席33人。

会议听取市人民政府关于人事任免事项的提请报告。书面听取市人大常委会主任会议关于人事任命的议案。听取市人大人事代表委员会关于人事任免事项提请报告的审议报告，拟任命人员作表态发言并与常委会组成人员见面。会议表决通过人事任免名单，向通过任命人员颁发任命书并举行宪法宣誓仪式。

第三十次会议。4月21日在太原召开。会议应出席组成人员40人，实出席37人。会议议程共13项。

会议听取市人大法制委员会关于《太原市博物馆促进条例（草案）》审议结果的报告。听取市人民政府关于提请审议《太原市城市绿化条例（修订草案）》的起草说明。听取市人大城市建设环境资源保护委员会关于《太原市城市绿化条例（修订草案）》审议意见的报告。听取市人大常委会办公室关于《太原市人民代表大会常务委员会关于太原市第十四届人民代表大会第五次会议召开时间的决定（草案）》的说明。听取市人大常委会办公室关于太原市第十四届人民代表大会第五次会议筹备工作情况的报告。听取太原市第十四届人民代表大会常务委员会代表资格审查委员会关于个别代表的代表资格的审查报告。书面审议太原市第十四届人民代表大会第五次会议议程（草案）。书面审议太原市第十四届人民代表大会第五次会议主席团和秘书长名单（草案）。书面审议太原市第十四届人民代表大会第五次会议议案审查委员会组成人员名单（草案）。书面审议太原市第十四届人民代表大会第五次会议列席人员名单（草案）。书面审议太原市人民代表大会常务委员会工作报告稿。书面审议《太原市人民代表大会常务委员会关于接受刘斌、王爱萍、郭建发辞去太原市人民代表大会常务委员会副主任职务请求的决定（草案）》。书面审议《太原市人民代表大会常务委员会关于接受王瑾、赵雁萍辞职请求的决定（草案）》。会议还听取市人民政府关于人事任免事项的提请报告、书面听取市人大常委会主任会议关于人事免职的议案、听取市人大人事代表委员会关于人事任免事项提请报告的审议报告、拟任命人员作表态发言并与常委会组成人员见面。

会议表决通过《太原市博物馆促进条例》，太原市人民代表大会常务委员会关于太原市第十四届人民代表大会第五次会议召开时间的决定，太原市第十四届人民代表大会第五次会议议程（草案）和主席团、秘书长名单（草案）、议案审查委员会组成人员名单（草案）、列席人员名单（草案），太原市人民代表大会常务委员会工作报告稿，人事任免名单，并向通过任命人员颁发任命书、举行宪法宣誓。表决通过太原市第十四届人民代表大会常务委员会代表资格审查委员会关于个别代表的代表资格的审查报告、《太原市人民代表大会常务委员会关于接受王瑾、赵雁萍辞职请求的决定》、《太原市人民代表大会常务委员会关于接受刘斌、王爱萍、郭建发辞去太原市人民代表大会常务委员会副主任职务请求的决定》。

第三十一次会议。6月23日在太原召开。会议应出席组成人员40人，实出席32人。会议议程共6项。

会议听取市人民政府关于《太原市院前医疗急救服务条例（草案）》的起草说明。听取市人大教育科学文化卫生委员会关于《太原市院前医疗急救服务条例（草案）》审议意见的报告。听取市人大法制委员会关于《太原市人民代表大会常务委员会关于废止〈太原市城镇企业职工失业保险条例〉等三件地方性法规的决定（草案）》的说明。听取市人民政府关于贯彻实施《中华人民共和国道路交通安全法》情况的报告。听取市人民政府关于2019年度国有资产管理情况的综合报告、关于2019年度行政事业性国有资产管理情况的专项报告。听取关于调整市十四届人大常委会代表资格审查委员会组成人员议案的说明。会议还听取市人民政府关于人事任职事项的提请报告、市中级人民法院关于人事任免事项的提请报告、市人大人事代表委员会关于人事任免事项的审议报告、拟任命人员作表态发言并与常委会组成人员见面。

会议表决通过《太原市人民代表大会常务委员会关于废止〈太原市城镇企业职工失业保险条例〉等三件地方性法规的决定（草案）》、市十四届人大常委会代表资格审查委员会组成人员名单、人事任免名单，新任命人员在接受任命书后，进行宪法宣誓。

第三十二次会议。7月20日在太原召开。会议应出席组成人员40人，实出席35人。

会议听取市人民政府关于人事任免

2020年2月17日，市人大常委会领导在小店区调研指导疫情防控和企业复工复产工作（市人大常委会办公室供图）

事项的提请报告。听取市人大人事代表委员会关于人事任免事项的审议报告。拟任命人员作表态发言。会议表决通过人事任免名单。新任命人员在接受任命书后，进行宪法宣誓。

第三十三次会议。8月25日在太原召开。会议应出席组成人员40人，实出席39人。会议议程共11项。

会议听取市人大法制委员会关于《太原市城市绿化条例（修订草案）》审议结果的报告、关于《太原市人民代表大会常务委员会关于修改〈太原市城市供水管理办法〉等五件地方性法规的决定（草案）》的说明，听取市中级人民法院关于执行工作情况的报告，听取市人民政府关于太原市2020年国民经济和社会发展计划上半年执行情况的报告、关于太原市2019年市本级财政决算（草案）及2020年上半年全市和市本级预算执行情况的报告、关于太原市2019年度市本级预算执行和其他财政收支的审计工作报告、关于2020年市本级预算调整方案（草案）的报告、关于进一步改革和完善疾病预防控制体系工作情况的报告和关于科学编制《太原市国土空间规划》、突出完善主体功能区规划情况的报告，听取市人大常委会执法检查组关于检查《中华人民共和国水污染防治法》《山西省水污染防治条例》贯彻实施情况的报告。会议还听取市人大常委会主任会议关于人事免职的议案、市人民政府关于人事任免事项的提请报告、市监察委员会关于人事免职的提请报告、市中级人民法院关于人事任免事项的提请报告、市人大人事代表委员会关于人事任免事项提请报告的审议报告、拟任命人员表态发言并与常委会组成人员见面。

会议表决通过《太原市城市绿化条例（修订草案）》。通过《太原市人民代表大会常务委员会关于批准2019年太原市本级财政决算的决议（草案）》《太原市人民代表大会常务委员会关于批准2020年太原市本级预算调整方案的决议（草案）》和人事任免名单。新任命人员在接受任命书后，进行宪法宣誓。

第三十四次会议。9月23日在太原召开。会议应出席组成人员40人，实出席31人。会议议程共3项。

会议书面审议《太原市人民代表大会常务委员会关于接受侯晓东辞去太原市中级人民法院院长职务请求的决定（草案）》，听取市人大常委会代表资格审查委员会关于个别代表的代表资格的审查报告。市人大常委会副主任张磊宣读《太原市人民代表大会常务委员会主任会议关于人事任免的议案》。拟任命人员作表态发言。

会议表决通过《太原市人民代表大会常务委员会关于接受侯晓东辞去太原市中级人民法院院长职务请求的决定》《太原市第十四届人民代表大会常务委员会代表资格审查委员会关于个别代表的代表资格的审查报告》和人事任免名单。新任命人员在接受任命书后，进行宪法宣誓。

第三十五次会议。10月24日在太原召开。会议应出席组成人员40人，实出席32人。会议议程共2项。

会议书面审议《太原市人民代表大会常务委员会关于接受李晓波辞去太原市市长职务请求的决定（草案）》。市人大常委会副主任张磊宣读《太原市人民代表大会常务委员会主任会议关于张新伟任职的议案》。拟任命人员作表态发言。

会议表决通过《太原市人民代表大会常务委员会关于接受李晓波辞去太原市市长职务请求的决定》和人事任命名单。新任命人员在接受任命书后，进行宪法宣誓。

第三十六次会议。10月28日在太原召开。会议应出席组成人员40人，实出席31人。会议议程共11项。

会议听取市人大法制委员会关于《太原市院前医疗急救服务条例（草案）》审议结果的报告、关于《太原市人民代表大会常务委员会关于修改〈太原市城市供水管理办法〉等五件地方性法规的决定（草案）》审议结果的报告。听取市人大常委会办公室关于《太原市人民代表大会常务委员会议事规则修正案（草案）》的说明。听取市人大社会建设委员会关于《太原市城乡社区治理条例（草案）》审议意见的报告。听取市人民政府关于《太原市城乡社区治理条例（草案）》的起草说明、关于公园建设情况的报告、关于推进非物质文化遗产保护和传承工作情况的报告、关于太原市实施乡村振兴战略扎实推进乡村环境整

治和农村饮水安全工作情况的报告、关于餐饮业安全生产监管工作情况的报告。听取市十四届人民代表大会常务委员会代表资格审查委员会关于个别代表的代表资格的报告。听取市中级人民法院关于人事免职的提请报告。听取市人大人事代表委员会关于人事免职提请报告的审议报告、关于《太原市人大常委会主任会议关于提请补选山西省第十三届人民代表大会代表的议案》的说明。

29日，召开联组会议。市人大常委会副主任郭治明主持。会上，市人大常委会组成人员对市人民政府关于公园建设情况开展专题询问，市规划和自然资源局、市生态环境局、市住建局、市审批服务管理局、市园林局相关负责人分别应询。

会议表决通过《太原市医疗急救服务条例》、关于修改《太原市城市供水管理办法》等五件地方性法规的决定，报请省人大常委会批准通过后实施。会议通过关于修改《太原市人民代表大会常务委员会议事规则》的决定、关于个别代表的代表资格的报告、人事免职名单、市十四届人大常委会第三十六次会议选举办法和补选省人大代表监票人名单。通过无记名投票方式，补选省第十三届人民代表大会代表，报请省人大常委会确认代表资格。

第三十七次会议。12月11日在太原召开。会议应出席组成人员40人，实出席30人。会议议程共2项。

会议听取市人民政府关于2020年市本级预算调整方案（草案）的报告。听取市中级人民法院关于人事免职的提请报告和市人大人事代表委员会关于人事免职提请报告的审议报告。

会议表决通过《太原市人民代表大会常务委员会关于批准2020年市本级预算调整方案的决议》，通过人事免职名单。

第三十八次会议。12月29日在太原召开。会议应出席组成人员40人，实出席32人。会议议程共9项。

会议听取市人民政府关于《太原市旅游条例（修订草案）》的起草说明、关于贯彻落实国务院《优化营商环境条例》《山西省优化营商环境条例》情况的报告、关于太原市2019年度市本级预算执行和其他财政收支的审计结果整改情况的报告、关于市十四届人大五次会议代表提出的建议批评和意见办理情况的报告。听取市人大常委会民族宗教侨务外事工作委员会关于《太原市旅游条例（修订草案）》研究意见的报告、法制委员会关于市人大常委会规范性文件备案审查工作情况的报告。书面听取市人大财政经济委员会关于市十四届人大五次会议主席团交付的第5001号议案审议结果的报告，教育科学文化卫生委员会关于市十四届人大五次会议主席团交付的第5003、5004、5005号议案审议结果的报告，民族宗教侨务外事工作委员会关于市十四届人大五次会议主席团交付的第5002号议案处理情况的报告。听取市监察委员会关于人事免职的提请报告，市中级人民法院关于人事任免的提请报告，市人民检察院关于人事任免的提请报告，市人大人事代表委员会关于人事任免提请报告的审议报告，拟任命人员与常委会组成人员见面。

会议对市人民政府关于贯彻落实国务院《优化营商环境条例》《山西省优化营商环境条例》情况的报告进行满意度测评，测评结果为满意。会议表决通过市人民政府关于市十四届人大五次会议代表建议批评和意见办理情况的报告。市人大财政经济委员会、教育科学文化卫生委员会、民族宗教侨务外事工作委员会关于市十四届人大五次会议主席团交付的各项议案审议结果的报告。经表决，会议还通过人事任免名单，张明星向通过任命人员颁发任命书并作总结讲话。（崔　佳）

立法工作

【制定和修改法规】 2020年，太原市人大常委会审议地方性法规草案13件，其中制定和修改地方性法规3件、打包修改5件、废止3件、初次审议法规2件。制定《太原市博物馆促进条例》《太原市医疗急救服务条例》，初审《太原市城市社区社会治理条例》，全面修改《太原市城市绿化条例》。对《太原市城市供水管理办法》《太原市城市节约用水条例》《太原市发展新型墙体材料条例》《太原市养老机构条例》《太原市雷电灾害防御条例》等5件地方性法规进

2020年7月31日，市人大常委会领导在迎泽区青年东街棚户区改造工地调研
（市人大常委会办公室供图）

行打包修改。开展《太原市城镇企业职工失业保险条例》等三件地方性法规的废止工作与野生动物保护地方性法规等规范性文件的清理工作。（崔　佳）

【太原市博物馆促进条例施行】2020年4月21日，太原市第十四届人民代表大会常务委员会第三十次会议通过《太原市博物馆促进条例》。同年7月31日，山西省第十三届人民代表大会常务委员会第十九次会议批准《太原市博物馆促进条例》，该《条例》共4章（总则、促进和保障、管理与服务、法律责任）37条，明确国有博物馆和非国有博物馆依法享有同等法律地位，是全国第二部博物馆领域地方性法规，自2020年9月1日起施行。（太原年鉴编辑部）

【太原市医疗急救服务条例出台】2020年10月29日，太原市第十四届人民代表大会常务委员会第三十六次会议通过《太原市医疗急救服务条例》。同年11月27日，山西省第十三届人民代表大会常务委员会第二十一次会议批准《太原市医疗急救服务条例》，该《条例》共6章（总则、体系建设、服务管理、服务保障、法律责任、附则）55条，自2021年1月1日起施行。

（太原年鉴编辑部）

人大监督

【"一府两院"工作报告审议】2020年，太原市人大常委会审议市政府及其部门、市中级人民法院、市人民检察院的工作报告18项。（崔　佳）

【规范性文件备案审查】2020年，太原市人大常委会审查市政府规范性文件38件，分别是：《太原市人民政府办公室关于印发太原市扶持农业产业化龙头企业发展政策的通知》《太原市人民政府办公室关于印发太原市推进职业技能提升培训实施方案的通知》《太原市人民政府办公室关于加快生猪产业规模健康绿色发展的实施意见》《太原市人民政府关于印发太原市金融支持实体经济行动计划（2020—2025年）的通知》《太原市人民政府办公室关于太原市加快现代服务业发展的政策意见》《太原市人民政府关于规范互联网租赁自行车发展的实施意见》《太原市人民政府办公室关于印发太原市促进外来投资财政奖补办法的通知》《太原市人民政府关于印发太原市人民政府立法联系点管理办法的通知》《太原市人民政府办公室关于印发太原市行政调解办法的通知》《太原市人民政府办公室关于印发太原市实施新增工业用地"标准地"改革试行方案的通知》《太原市人民政府办公室关于促进3岁以下婴幼儿照护服务发展的实施意见》《太原市人民政府办公室关于印发太原市新建商品房预售资金监管实施细则（试行）的通知》《太原市人民政府关于印发太原市节水行动实施方案的通知》《太原市人民政府办公室关于印发太原市大数据应用平台项目建设管理试行办法的通知》《太原市人民政府关于在城镇范围内全面征收生活垃圾处理费的通知》《太原市人民政府办公室关于推进养老服务发展的实施意见》《太原市公共自行车管理办法》《太原市社会用字管理办法》《古交市人民代表大会常务委员会议事规则》《古交市人民代表大会常务委员会专题询问办法》《古交市人民代表大会常务委员会人事任免办法（修订稿）》《古交市人民代表大会常务委员会执法调研办法》《古交市人民代表大会常务委员会专项工作报告满意度测评办法》《古交市人民代表大会常务委员会关于优秀人大代表建议评选和建议办理单位评议的办法》《古交市人民代表大会常务委员会审议意见办理办法》《古交市人大常委会关于进一步规范乡镇（街道）人大工作和建设的指导意见》《古交市人大代表联络站基本规范》《太原市迎泽区人民代表大会常务委员会议事规则》《太原市小店区人民代表大会常务委员会议事规则》《太原市杏花岭区人民代表大会常务委员会议事规则》《太原市尖草坪区人民代表大会议事规则（试行）》《太原市晋源区人大常委会议事规则》《娄烦县人民代表大会常务委员会议事规则》《清徐县人民代表大会常务委员会讨论决定重大事项的规定》《清徐县人民代表大会常务委员会监督工作办法》《清徐县人民代表大会常务委员会关于废止〈清徐县人民代表大会常务委员会关于开展个案监督的实施办法〉〈清徐县人民代表大会常务委员会关于国家机关工作人员述职评议办法〉的决

2020年10月22日，省十三届人大代表团在太原专题调研重点工程项目进展情况（市人大常委会办公室供图）

定》《清徐县人民代表大会常务委员会议事规则》《太原市万柏林区第四届人民代表大会常务委员会议事规则》《古交市人民代表大会常务委员会议事规则修正案（暂行）》。（崔　佳）

【执法检查】 2020年，太原市人大常委会开展野生动物保护执法检查，发现有关短板弱项，推动法规落实到位。开展水污染防治“一法一条例”执法检查，组织实地检查和随机抽查，推动政府加强综合治理，解决突出问题。对省人大2019年汾河流域生态修复与保护条例执法检查时反馈的有关问题进行回头看，深入查找问题，推进整改落实。开展土壤污染防治“一法一条例”执法检查，重点对农用地和建设用地安全利用、土壤污染风险管控和修复等情况进行检查监督。全国人大常委会在中华环保世纪行中总结太原市的典型经验，进行宣传报道。（崔　佳）

代表工作

【代表议案建议办理】 2020年，太原市十四届人大五次会议及闭会期间，市人大代表共提出5件议案和288件建议。市人大常委会确定重点督办建议16件，实施“五办联动”工作机制，加强督办协调，狠抓过程督办，通过专题调研、专题视察、座谈汇报、对口督办和现场督办等形式加大办理力度。“一府一委两院”及有关方面高度重视，精心办理，截至年底，涉及事项已经落实和正在落实的占96.50%，建议办理情况总体良好。（崔　佳）

【代表履职程序保障】 2020年，太原市人大常委会组织104名市人大代表在市委党校进行集中培训，到重点工程一线视察调研，增强培训实效，提高履职能力。组织省、市两级142名人大代表视察清徐精细化工循环产业园、太原植物园、华夏历史文明传承园、解放路改造工地、地铁二号线等重点工程项目，感受太原巨大变化，提出宝贵意见建议。（崔　佳）

【代表与群众联系】 2020年，太原市人大常委会以代表工作落实年为抓手，引深“向申纪兰学习，做人民好代表”活动，强化“我是我，我又不是我”的代表意识，充分发挥代表的主体作用。全市4739名五级人大代表进入518个联络站点，宣传政策、了解民情、化解问题、服务群众，使联络站点成为联系群众的连心桥。召开“发挥站点作用，助创‘三零’单位”推进会，总结推广杏花岭区、晋源区等县（市、区）的经验，充分发挥人大代表的宣传员、调解员、监督员作用，引深“三零”单位创建，助推平安太原建设。（崔　佳）

人事任免

【市人大常委会工作机构人员任免】 2020年，太原市第十四届人大常委会第二十八次会议任命闫建伟为市人大常委会副秘书长，万瑞红为市人大监察和司法委员会副主任委员，郭海斌为市人大农业与农村委员会副主任委员，段忠东为市人大人事代表委员会副主任委员，郑静为市人大常委会研究室副主任。

第二十九次会议任命尚瑛为市人大教育科学文化卫生委员会副主任委员，王敏慧为市人大人事代表委员会副主任委员。

第三十次会议接受刘斌、王爱萍、郭建发辞去市人大常委会副主任职务。接受王瑾辞去市第十四届人民代表大会常务委员会委员、农业与农村委员会主任委员职务，赵雁萍辞去市第十四届人民代表大会常务委员会委员、人事代表委员会主任委员职务，常委会代表资格审查委员会副主任委员彭生全的市人大农业与农村委员会副主任委员职务，免去段建忠的市人大常委会副秘书长职务。

第三十三次会议免去庞娟的市人大法制委员会副主任委员职务。（崔　佳）

【市政府部门人员任免】 2020年，太原市第十四届人大常委会第二十八次会议决定任命张建伟为市城乡管理局局长，王素红为市农业农村局局长，闫晓红为市审计局局长，马雪峰为市人防办主任；决定免去张利的市城乡管理局局长职务，康宝林的市农业农村局局长职务，刘军华的市审计局局长职务，冀克平的市人防办主任职务。

第二十九次会议决定任命焦斌龙为太原市副市长。决定免去王爱琴的太原市副市长职务。决定任命张麒为市信访

2020年10月27日，市人大常委会领导带领调研组赴杨家峪享堂社区调研“三零”单位创建情况

（市人大常委会办公室供图）

2020 年 12 月 18 日，市人大常委会领导调研武宿海关优化营商环境工作

（市人大常委会办公室供图）

局局长，邓大亮为市房产管理局局长，赵宏亮为市园林局局长，潘侠为市促进外来投资局局长。决定免去赵宏亮的市信访局局长职务，姜波的市房产管理局局长职务，赵学军的市园林局局长职务，薛建明的市促进外来投资局局长职务，孙泉的市大数据应用局局长职务。

第三十次会议决定任命何爱萍为市发展和改革委员会主任，崔俊林为市工业和信息化局局长，陈晓红为市人力资源和社会保障局局长，赵生魁为市水务局局长，梁勇为市体育局局长，杨敦勤为市大数据应用局局长。决定免去阴海锁的市发展和改革委员会主任职务，薛新福的市工业和信息化局局长职务，王富旺的市人力资源和社会保障局局长职务，王守清的市水务局局长职务，高波的市体育局局长职务，何爱萍的市统计局局长职务。

第三十一次会议决定任命卫建业为市统计局局长。

第三十二次会议决定任命葛波蔚为太原市副市长、市公安局局长，决定免去马润生的太原市副市长、市公安局局长职务。

第三十三次会议决定任命师旭东为市文化和旅游局局长，决定免去姚晓蓉的市文化和旅游局局长职务。

第三十五次会议决定任命张新伟为太原市副市长，决定代理市长。

（崔　佳）

【纪委监委人员任免】 2020 年，太原市第十四届人大常委会第二十八次会议任命周计伟为市监察委员会副主任，决定代理主任，接受李吉山辞去市监察委员会主任。

第三十三次会议免去杨昆的市监察委员会委员职务。

第三十八次会议免去杨万生的市监察委员会副主任职务。（崔　佳）

【法院检察院人员任免】 2020 年，太原市第十四届人大常委会第三十一次会议任命张顺军为刑事审判第一庭庭长，王文皓为刑事审判第一庭庭长。免去张顺军的刑事审判第三副庭庭长职务，樊宏峰的少年法庭副庭长职务，刘三娃的审判员职务，张国华的审判员职务，郭雄心的审判员职务。

第三十三次会议任命张顺军、张康为山西省太原市中级人民法院审判委员会委员，免去王文皓的山西省太原市中级人民法院审判委员会委员、审判员职务，免去郭立新的山西省太原市中级人民法院审判委员会委员职务。

第三十四次会议接受侯晓东辞去山西省太原市中级人民法院院长职务，任命于昌明为山西省太原市中级人民法院副院长、审判委员会委员、审判员，决定代理院长。免去任有会、王利生的山西省太原市中级人民法院副院长、审判委员会委员、审判员职务。

第三十六次会议免去曹轶群的山西省太原市中级人民法院民事审判第三庭副庭长、审判员职务。

第三十七次会议免去梁锡文、刘补年、赵文林的山西省太原市中级人民法院审判员职务。

第三十八次会议任命董超格、郑志海、李静、袁强、李清、刘英斌、王艳、张榕麟、郭建忠、张宏为山西省太原市中级人民法院审判员。免去郭更生的山西省太原市中级人民法院审判委员会委员职务，刘涛的山西省太原市中级人民法院民事审判第二庭副庭长、审判员职务，刘平则的山西省太原市中级人民法院民事审判第四庭副庭长、审判员职务，免去李瑞明、李国虎、杨小民的山西省太原市中级人民法院审判员职务。任命张新成为山西省太原市人民检察院检察委员会委员，免去尚阿涛的山西省太原市人民检察院检察委员会委员职务，免去刘桂英、韩建军、姚卫华、连海香、苏智淙的山西省太原市人民检察院检察员职务。（崔　佳）

太原市人民政府

People's Government of Taiyuan Municipal

综　述

【概况】 2020年，太原市以习近平新时代中国特色社会主义思想为指导，全面贯彻中共十九大和十九届二中、三中、四中、五中全会精神，学习贯彻习近平总书记视察山西重要讲话重要指示，按照省委“四为四高两同步”总体思路和要求，围绕谱写文明、开放、富裕、美丽太原新篇章，积极作为、奋力拼搏。“十三五”时期，太原市地区生产总值年均增长6.60%，总量达4000亿元，在全省占比由22.50%提高到23.50%。人均地区生产总值在全国省会城市排名由“十二五”末第18位上升到第15位。固定资产投资年均增长10.60%，一般公共预算收入年均增长6.70%。（杨筱云）

【产业结构调整】 至2020年底，太原市先进装备制造、新材料、信息技术等新兴产业规模扩大，战略性新兴产业增加值年均增长9.70%。现代服务业提质增效，获批设立国家跨境电子商务综合试验区，入选首批国家物流枢纽建设名单，华润万象城、华宇百花谷等城市综合体投入运营，晋祠、太山等景区提档升级。都市现代农业加速发展，南部城郊农业、北部有机旱作特色农业格局逐步形成。（杨筱云）

【创新驱动发展】 “十三五”时期，太原市深入实施创新驱动发展战略，连续三年投入科技专项资金10亿元、人才发展资金10亿元，新增工业转型升级资金10亿元、新动能发展资金5亿元，支持各类主体创新创业。国家先进计算产业创新中心山西基地、国科大太原能源材料学院等重大创新平台开工建设，山西智创城、太原同创谷等双创载体重点布局，科技型中小企业从2017年的321家增加到8726家，高新技术企业从2015年的380家增加到2132家，全市创新资源加快汇聚。（杨筱云）

【改革开放深化】 “十三五”时期，太原市的开发区“三化三制”改革向纵深推进，综改区发挥出主阵地主引擎作用。国有企业“三供一业”分离移交任务基本完成，集团化办学等教育改革扎实推进，县乡医疗机构一体化改革、农村集体产权制度改革经验在全国推广。获批全国二手车出口业务试点城市。成功举办二青会、国际马拉松赛、国际公路自行车赛等重要赛事，以及中国（太原）人工智能大会、尧城（太原）国际通用航空飞行大会等重大活动，太原知名度、影响力得到提升。（杨筱云）

【基础设施建设】 “十三五”时期，太原市城中村、棚户区、老旧小区改造稳步推进，城市热源厂、污水处理厂、综合管廊等一批基础设施建成投运。迎泽公园完成提质改造，晋阳湖公园一期建成开放，汾河治理美化工程延展至35千米，“九河”治理全面完成，建成区黑臭水体实现“长制久清”。郑太高铁、太原铁路枢纽西南环线建成并投入使用，太原南站高铁枢纽功能全面提升。通达桥、晋阳桥、迎宾桥以及滨河东西路南延、晋阳大道等建成通车。（杨筱云）

【生态建设与社会事业】 “十三五”时期，太原市生态环境质量显著改善，公交车、出租车新能源化改造基本完成，全市空气质量综合污染指数由2015年的6.44下降至2020年的5.91。推进“九乱”整治和“两下两进两拆”专项整治，文明城市创建成效明显。教育、卫生、文化等公共事业加快推进，城乡居民收入同步提升，养老、医疗、失业等保险基本实现全覆盖。推动文化事业繁荣发展，晋剧《傅山进京》入选文旅部“庆祝中国共产党成立100周年舞台艺术精品创作工程”重点扶持作品。（杨筱云）

【科技创新】 2020年，太原市国家可持续发展议程创新示范区建设得到科技部肯定，省级及以上重点实验室、工程技术研究中心分别达80个、78个。获批国家知识产权运营服务体系建设重点城市。获国家、省科学技术奖170项。在全国42所一流大学建立太原市学子归巢工作站，启动建设人才公寓711套，引进高层次专业人才2000余名。太原技术转移促进中心获批国家技术转移人才培养基地。（杨筱云）

【转型发展】 2020年，太原市推动战略性新兴产业，长城“智能云”工厂下线创造太原速度，清徐精细化工循环产业园部分投产，山西合成生物产业园、山西直升机研发生产基地、长城电源研发制造基地等项目加快推进，中车本地化生产地铁车辆下线，实现太原地铁太原造。出台《太原市加快现代服务业发展的政策意见》，清控、服装城等7个园区入选省级现代服务业集聚区。水塔醋业、紫林醋业、六味斋等3家企业入选农业产业化国家重点龙头企业。（杨筱云）

【城市品质提升】 2020年，太原市实施大规模国土绿化彩化财化行动，《太原市国家森林城市总体规划（2020—2035）》通过国家林草局专家评审，天龙山、太山等山体380公顷破坏面复绿治理全部完工。推进“五水同治”，汾东、城南、阳光等污水处理厂增量扩容技改工程完工投用，汾河流域国考太原段全面消除劣V类水体，实现“一泓清水入汾河”。坚持空气质量改善优先原则，完成太钢、美锦等11户企业超低排放改造，实施绕城高速公路过境货车分流管控。完善城市功能，东二环高速公路建成通车，解放路改造、南中环东延等27项道路工程竣工通车，全长229.50千米环城旅游公路全线贯通。建成开通5G基站4293座，5G网络建设进入全国第一方阵。打造“玫瑰之城、浪漫之都”，栽植各类花卉200余万株。植物园、摄乐公园、狄仁杰文化公园、晋商博物院等一批公园景点建成开放。（杨筱云）

【民生保障】 2020年，太原市推进人人持证、技能社会建设，完成职业技能培训8.14万人。扩大优质教育覆盖面，普惠幼儿园覆盖率达到93.70%，市外国语学校、市第二外国语学校新校区投入使用，新增优质学位7200个。加强卫生服务体系建设，每千人拥有医疗床位8.82张，高于全国平均水平。社区居家养老服务走在全国前列，获第三批全国智慧健康养老示范基地称号。做好困难群众救助帮扶工作，向特殊困难群体2.50万人发放“爱心奶”。太原警备区新闻宣传工作受到中央军委国防动员部表彰。太原市成功实现全国双拥模范城“九连冠”。（杨筱云）

2020年的汾河湿地公园（太原日报社供图）

【安全生产】 2020年，太原市推进安全生产专项整治三年行动、全国安全发展示范城市和“三零”单位创建。开展“深刻汲取教训，全面提升安全生产工作水平”集中教育整顿暨专项整治，聚焦煤矿、危化品、道路交通等18个重点行业领域和人员密集场所，全面排查整治安全隐患，全市各类生产安全亡人事故减少13起，死亡人数减少1人，分别下降22.81%和1.61%。扫黑除恶专项斗争整体战果显著，全年刑事类警情同比下降14.70%，“两抢一盗”类警情同比下降29.20%。（杨筱云）

【营商环境优化】 2020年，太原市加强法治政府建设，依法接受人大及其常委会监督，自觉接受政协民主监督，办理人大代表建议277件、政协提案501件。机关事务集中统一管理体制改革成效明显。深化“放管服效”改革，“一枚印章管审批”全面推开，创新推行“7×24小时自助办+周末不打烊”服务，90%以上政务服务事项实现“一窗通办”，新增市场主体9.20万户。与黄河流域省会城市协作开展企业登记跨省通办，打造开办企业线下一天、线上秒批、跨省通办的太原效率。（杨筱云）

重要政事

【农业产业化龙头企业扶持】 2020年，太原市贯彻落实实施乡村振兴战略，加大农业产业化龙头企业（以下简称农业龙头企业）扶持力度，制定出台《太原市扶持农业产业化龙头企业发展政策》。加大对农业龙头企业新改扩建项目的支持。投资额在2亿元以上（没有获得省农业龙头企业自建项目奖补）的企业每个奖补800万元。投资额在1亿元至2亿元的企业每个奖补500万元。培育创建农业产业化联合体。每年培育创建一定数量农业产业化联合体，由市财政给每个农业产业化联合体奖补30万元。提升农业龙头企业科技研发水平，市科技创新资金对通过认定的高新技术企业的农业龙头企业给予10万元奖励，对建成国家级、省级、市级农业科技园区的农业龙头企业，分别给予200万元、100万元和50万元奖励。加大农业龙头企业品牌培育力度，对首次取得中国质量奖、提名奖和山西省质量奖、提名奖的农业龙头企业，在享受已有奖励额度的基础上，由市财政、省财政分别各给予品牌培育补助200万元、100万元和50万元、25万元。鼓励高学历人才到农业龙头企业工作，在农业龙头企业就业的高校毕业生，可按规定享受生活补助、租房补贴、学费补贴、购房补贴等人才补助（贴）政策。鼓励农业龙头企业进军太原市场，对在主板、中小板、创业板和科创板上市企业奖励500万元，将所融资金70%投资于太原市的农业龙头企业，奖励金额提高到1000万元。支持农业龙头企业进行技术改造，市级技改资金每年安排不少于1000万元。加大农业龙头企业贷款贴息扶持力度，鼓励民间资金在以农业为主的县（市、区）发起设立小额贷款公司，注册资本放宽至不低于1500万元。（杨筱云）

【实体经济金融支持】 2020年，太原市制订出台《太原市金融支持实体经济行动计划（2020—2025年）》，由市金融办牵头筹建综合金融服务平台，形成企业和金融机构之间信息交流对接机制，发挥“互联网＋金融”服务模式作用，实现金融资源在实体经济中的有效配置。由市财政资产管理中心发起设立国有控股的企业征信公司，实现与政府各有关部门、涉及企业生产经营相关单位数据对接，建设地方企业征信系统，对平台企业信用信息经授权后采集，建成企业信用信息动态数据库。以数据库信息为基础，在建立分析模型的基础上，为金融机构提供企业的金融画像。分批推动银行、证券公司和保险公司等金融机构建立金融创新服务中心专营机构。由市金融办牵头，联合人行太原中心支行、山西银保监局、山西证监局根据企业金融服务需求特征，制定金融创新服务中心设立标准，形成综合金融服务机制。发挥财政资金杠杆作用，建立多领域、多层次、立体化地方金融体系，完善地方金融监管服务，促进金融业带动区域经济转型升级。激发企业运用资本工具的意愿和需求，推动企业对接资本市场优质资源，利用多层次资本市场融资发展，实现资源优化配置，快速发展壮大。发挥地方法人金融机构总部优势，根据企业不同阶段发展特点，结合自身业务特点和优势，因地制宜创新产品和服务，助力创新驱动发展。

（杨筱云）

【外来投资促进】 2020年，太原市制定出台《太原市促进外来投资财政奖补办法》，从1月1日起，实施的先进装备制造业、新材料产业、新一代信息技术、绿色能源产业等主导产业方向，轨道交通、新能源汽车、通用航空、煤机智能制造、煤基碳材料、生物基新材料、化工新材料等重点产业集群项目，新引进总投资1亿元以上的工业项目投产后，亩均实际固定资产投资超过350万元，且亩均年度营业收入超过500万元的给予100万元一次性落户奖励。军民融合产业项目自项目开工建设之日起，连续三年给予不高于项目年度所需仪器购置、实验材料购置等资金20%补助。单年上限200万元，三年补助总额不超过500万元。除配套产业基金项目外，经评定，按照合同约定期限开工并建设完成的固定资产投资额在1亿元以上的重点产业项目，给予项目单位实际完成固定资产投资额5‰奖励。奖励上限100万元。总部经济奖补政策，新引进世界500强企业、中央企业（一级子公司以上）、中国500强企业（一级子公司以上）、中国民营500强企业（一级子公司以上）、上年度营业收入超过50亿美元的跨国公司在太原设立企业总部，经行业主管部门认定后，实缴注册资本不低于1000万美元（或者等值人民币）的给予一次性落户奖励。自认定为总部企业之日起第一个完整年度销售额达到5亿元的给予100万元奖励，达到10亿元的给予200万元奖励，达到20亿元的给予400万元奖励。后两个完整年度销售额实现同比增长5%以上的按前述梯次分别给予50万元—200万元奖励。社会化招商奖补政策，引进投资总额1亿元以上项目的引荐人，自项目开工建设之日起，连续三年按实际完成固定资产投资的5‰予以资金奖励。单年奖励上限为10万元，三年奖励总额上限为30万元。引进世界500强企业外商直接投资项目的引荐人，除按第十四条标准予以奖励外，每个项目另予20万元引荐奖励。办引进总部经济企业的引荐人，按企业投产之日起12个月对市县两级财政贡献额的10%给予一次性奖励。奖励上限为30万元。

（杨筱云）

【推进夜间经济繁荣】 2020年，太原市制订出台《太原市繁荣夜间经济促进消费增长实施方案》。构建夜间经济集聚区，在网点合理规划、市容环境管理、准入门槛放宽、经营成本降低等方面，完善相关配套政策措施。以城乡便民消费服务中心为基础，首批在城六区选择设置6至7个网点，对网点精细化设计，分类分区经营，有序设置，稳步推进。营业时间原则上为18：00至24：00。打造夜间消费新风尚。支持品牌连锁企业、便利店24小时营业。鼓励商场、购物中心延长营业时间，在店庆日、节假日期间开展“不打烊”等晚间促销活动。推出“深夜食堂”，在商圈和生活圈区域建设特色餐饮街区。鼓励有条件的博物馆、美术馆、图书馆、体育运动场所延长开放时间，举办文创市集、非遗展演等夜间文化活动。畅通消费者投诉渠道，完善消费维权机制，依法打击制售假冒伪劣和商业欺诈行为，维护经营秩序，优化消费环境，保障食品卫生安全。完善夜间标识体系、景观小品、休闲设施、环卫设施、体育健身、公共通信等配套设施建设。夜市运营管理主体制定夜市管理规定，在登记备案、设施保障、区域设置、经营标志、经营时段、卫生管理等方面标准统一。加强夜间风险防控工作，提高安全保障水平，简化安保审批手续，做好疫情防控和医疗卫生保障工作，建立夜间经济活动风险评估机制，制订应急预案并组织演练。（杨筱云）

【知识产权保护】 2020年，太原市制定出台《太原市知识产权运营服务体系建设实施方案（2020—2023年）》。建立健全知识产权引领产业发展工作机制。将专利导航纳入政府制订产业发展规划、引进高新技术产业化项目、招商引资等重大事项决策过程。落实国家专利密集型产业统计标准，将专利密集型产业增加值纳入知识产权统计监测体系。制定专利密集型产品认定管理办法，围绕省重点发展的14个产业和领域开展专利密集型产品认定试点，建立专利密集型产品清单。实施商标品牌推进工程和地理标志运用促进工程。支持创新主体提高知识产权运用能力。推动创新主体高质量开展知识产权管理体系贯标认证，累计新增知识产权管理体系贯标认证企事业单位200余家。建立市级知识产权优势示范企业培育创建机制，支持1至2所高校创建国家知识产权试点示范高校。实施中小微企业知识产权托管工程，专业知识产权托管服务累计覆盖中小微企业1500余家。落实国家知识产权局加快高校院所"沉睡专利"转化工作部署，累计支持100余家中小企业转化高校院所专利技术。开展知识产权质押融资服务，政府与银行、保险、担保、评估等机构共同设立知识产权质押融资风险补偿基金。创新知识产权特色金融服务，丰富质押物范围，推动商业银行开展专利、商标、版权等知识产权单独或混合质押。开展知识产权证券化工作，探索园区知识产权质押融资集合授信，在产业集聚优势明显的综改示范区高水平建设1个知识产权服务业集聚区，吸引30余家各类知识产权服务机构入驻，建设太原知识产权运营服务平台和3至5家产业知识产权运营中心，扶持培育20个专业化、市场化、综合型知识产权服务机构。实施知识产权服务人才培育工程，鼓励知识产权服务机构吸纳就业。（杨筱云）

政府重要会议

【太原市召开第七次全国人口普查领导小组全体会议暨全市人口普查工作视频会议】 2020年5月7日在太原召开。会议的主要任务是统一思想、提高站位，安排部署全市第七次全国人口普查工作；齐心协力、协同配合，高标准、高质量依法确保普查工作顺利开展；研究确定《太原市第七次全国人口普查工作方案》。市第七次全国人口普查领导小组组长、市委常委、常务副市长王立刚出席会议并讲话，领导小组全体成员单位参会。各县（市、区）、综改示范区第七次全国人口普查领导小组全体成员、各乡镇（街道）主要负责同志在分会场参会。（王　婷）

【太原市蓝天保卫战百日攻坚动员部署会召开】 2020年6月19日在太原召开。市委常委、政法委书记魏民出席。副市长、市公安局局长马润生主持。会前，魏民一行前往东社高速口联合整治点、康培冶峪渣土填埋场、天一道路救援服务站调研相关工作，详细了解柴油货车等中重型载货车联合治理情况及渣土扬尘治理措施。会议重点对太原市中重型载货车专项整治行动情况进行通报。（王　婷）

【太原市安全生产工作会议】 2020年10月7日在太原召开。省政协副主席、市委副书记、市长李晓波讲话。市委常委、常务副市长王立刚主持。副市长焦斌龙、张齐山、卢秋生、车建华、葛波蔚，市安委会成员单位，各县（市、区）政府，综改示范区、中北高新区、西山生态示范区管委会负责人等参加。会议传达国务院安委办关于台骀山景区"10·1"火灾事故的通报、省长林武在全省安全生产工作会议上的讲话精神、10月6日国务院安委会约谈会议精神和国务院督查组专题汇报会精神，通报全市安全生产工作情况，并就下一步工作提出要求。（王　婷）

【市政府常务会议】 2020年，太原市人民政府共召开26次常务会议。

市政府第1次常务会议。2020年1月20日，市长李晓波主持召开，传达学习中央农村工作、全国扶贫开发工作、全国畜牧业工作、省委农村工作暨脱贫攻坚工作和全省基础教育工作会议精神，安排部署太原市贯彻落实意见。听取生态环境保护工作、汾河流域消除劣Ⅴ类水体工作、稳就业工作、国有企业职工家属区"三供一业"分离移交工作、市级政府投资建设项目初步安排、2019年全市安全生产工作情况及2020年工作建议汇报。审议并原则通过《太原市"人人持证、技能社会"职业技能提升行动实施方案》。

市政府第2次常务会议。2020年2月20日，市长李晓波主持召开，研究讨论《政府工作报告》，审议并原则通过《关于太原市2019年国民经济和社会发展计划执行情况与2020年国民经济和社会发展计划（草案）的报告》《关于太原市2019年全市和市本级预算执行情况与2020年全市和市本级预算（草案）的报告》《太原市政府2020年度重大行政决策事项目录》《太原市生态环境机构监测监察执法垂直管理制度改革实施方案》。听取全市一季度项目开复工、全市规模以上工业企业复工复产、全市教育系统疫情防控工作及太原市疫情防控期间复工复产安全生产情况汇报。

市政府第3次常务会议。2020年3月17日，市长李晓波主持召开，听取《市工业转型升级发展资金支持山西太钢不锈钢股份有限公司中厚板生产线智能化升级改造项目情况汇报》。审议并原则通过《太原市打赢蓝天保卫战2020年决战计划》《太原市2020年环境空气质量改善奖惩办法（试行）》《太原市2020年度降尘奖惩办法（试行）》《太原市推进山西中部盆地城市群一体化发展规划（2020—2030年）》《太原市推进山西中部盆地城市群一体化发展2020年行动计划》《各县（市、区）相对集中行政许可权改革实施方案》《关于授权西山示范区部分市级行政职权事项清单》《太原市以数字政府建设为牵引进一步优化营商环境实施方案》《太原市公共自行车管理办法（草案）》《关于规范互联网租赁自行车发展的意见》。

市政府第5次常务会议。2020年4月16日，市长李晓波主持召开，传达学习全省科学技术大会精神，安排部署太原市贯彻落实意见。研究《关于提高2020年我市城乡低保标准的请示》，审议并原则通过《关于统筹新冠肺炎疫情防控扎实推进“三农”领域重点工作确保如期实现全面小康的实施意见》《太原市疫情期间农业中小生产企业复工复产奖励办法》《太原市整合建立统一规范公共资源交易平台实施意见》《太原市城市绿化条例（修订草案）》《拟确认太原市市本级行政执法主体名单》《关于促进外来投资的财政奖补办法》。

市政府第6次常务会议。2020年4月20日，市长李晓波主持召开，听取全市2020年一季度安全生产工作及2019年安全生产和消防目标责任考核情况、全市农村集体产权制度改革进展情况、省级开发区考核指标体系的汇报，安排部署太原市相关工作。

市政府第7次常务会议。2020年4月27日，市长李晓波主持召开，审议并原则通过《太原市“活力太原·乐购晋阳”消费暖心活动方案》《2020年太原市养老服务工作行动计划》《太原市人民政府立法联系点管理办法（草案）》。

市政府第8次常务会议。2020年5月9日，市长李晓波主持召开，研究《关于减免全市企业和个体经营者城市生活垃圾处理费的请示》，审议并原则通过《关于省对市2020年度高质量发展综合绩效和营商环境考核指标目标任务分解表》《太原市防范和处置非法集资工作方案》《关于加快推进农产品精深加工十大产业集群发展的实施意见》。

市政府第9次常务会议。2020年5月22日，市长李晓波主持召开，听取温南社断面消除劣Ⅴ类水体工作情况汇报，审议并原则通过《太原市汾河流域生态景观规划（2020—2035）》《关于支持中北高新技术产业开发区发展“飞地经济”的意见》《关于发挥行政机关依法有效化解社会矛盾纠纷推进法治政府建设的意见》《关于进一步加强行政调解工作的意见》《太原市行政调解办法（草案）》《关于学前教育深化改革规范发展的实施意见》《太原市煤矿分级分类安全监管监察实施细则》。

市政府第10次常务会议。2020年6月4日，市长李晓波主持召开，听取太原市生活垃圾分类工作推进情况、富士康（太原）科技工业园申请市政府第二阶段专项招募政策的汇报，审议并原则通过《太原市重大行政决策程序实施细则（草案）》《2020年太原市创建生态园林城市实施方案》。

市政府第11次常务会议。2020年6月24日，市长李晓波主持召开，听取医疗废弃物处置工作、稳就业保就业工作，各开发区近期重点工作进展情况汇报。研究《太原市2020年第二批科学技术项目资金计划》，审议并原则通过《关于统筹推进自然资源资产产权制度改革实施方案》《〈太原市国土空间总体规划（2020—2035）〉编制工作及三条控制线划定方案》《太原市创建国家森林城市三年行动实施方案》《山西合成生物产业生态园总体发展规划（2020—2030）》《关于建立健全太原市城区非居民用水超定额累进加价制度的实施方案》。

市政府第12次常务会议。2020年7月13日，市长李晓波主持召开，传达学习习近平总书记关于统计工作重要讲话重要指示批示精神和《防范和惩治统计造假弄虚作假重要文件选编》，安排部署太原市贯彻落实意见。听取未成年人思想道德建设工作情况汇报，审议并原则通过《太原市转型项目建设2020年行动方案》《太原市政府质量奖管理办法》《关于加强和规范事中事后监管的实施方案》《关于成立全市安全生产专项整治三年行动工作专班的通知》《太原市人民政府 中国电子系统技术有限公司战略合作框架协议》。研究《关于对共建安全可靠科研攻关与技术应用示范基地给予资金支持的请示》。

市政府第14次常务会议。2020年7月30日，市长李晓波主持召开，研究《关于调整本市产整车消费补贴政策的请示》，审议并原则通过《关于开展“证照分离”改革全覆盖试点工作实施方案》《太原市2020年冬季农村地区清洁煤取暖实施方案》《太原市行政执法投诉举报规定》《太原市非法集资举报奖励办法》。

市政府第15次常务会议。2020年8月18日，市长李晓波主持召开，开展《优化营商环境条例》专题讲座，听取全市上半年消防安全形势分析研判报告。审议并原则通过《太原市营商环境考核办法》《太原市实施新增工业用地“标准地”改革试行方案》《民营经济（中小企业）发展专项资金管理办法》《太原市贯彻落实国家统计局督察反馈意见整改的实施方案》《太原市人民政府 中国人民财产保险股份有限公司山西省分公司战略合作协议》《太原机场三期改扩建项目有关事宜》。

市政府第16次常务会议。2020年9月17日，市长李晓波主持召开，听取太原市2020年大气污染防治工作和关于注资“山西国科晋云信息产业有限公司”相关事宜情况汇报。审议并原则通过《国科大太原能源材料学院建设项目决策草案》《太原市大数据应用平台项目建设管理办法》《太原市新建商品房预售资金监管实施细则（试行）》《太原市“晋情来消费”消费券投放工作方案》《太原市新一轮汽车消费促进工作方案》。研究《太原市2020年第三批科学技术项目资金计划》《太原市2020年第四批科学技术项目资金计划》。

市政府第17次常务会议。2020年9月25日，市长李晓波主持召开，听取太原市贯彻落实副总理刘鹤批示精神的情况报告，审议并原则通过《太原市2020—2021年秋冬季大气污染综合治理攻坚行动方案》《太原市淘汰落后焦化产能奖励办法》《太原市关于中央财政支持住房租赁市场发展试点实施方案》《太原市文旅体惠民卡和“晋情来消费”文旅体消费券发放实施方案》《太原市社会用字管理办法（修订草案）》。

市政府第18次常务会议。2020年10月23日，市长李晓波主持召开，审议并原则通过《太原市城乡社区治理条例（草案）》《太原市乡级行政区划调整工作实施方案》《关于促进3岁以下婴幼儿照护服务发展的实施方案》《关于在太原市城镇范围内全面征收生活垃圾处理费的通知》。听取关于使用城乡居民医保基金补偿2018年大病保险亏损相关情况、国家自然资源督察反馈问题整改情况、全市开发区前三季度重点工作进展情况汇报。

市政府第19次常务会议。2020年10月30日，代市长张新伟主持召开，听取2020中国（太原）人工智能大会筹备情况汇报，审议并原则通过《2020中国（太原）人工智能大会签约项目协议》《首届中俄青年创新创业与创意大赛2020年合作协议》。

市政府第20次常务会议。2020年11月6日，代市长张新伟主持召开，审议并原则通过《太原市大气污染管理责任量化评价细则（送审稿）》，研究《太原市人民政府与中国能源建设集团西北建设投资有限公司、中网天富基金管理股份有限公司备忘录》签署事宜。

市政府第21次常务会议。2020年11月14日，代市长张新伟主持召开，传达国务院安委办对山西省开展安全生产专项督查反馈情况视频会议精神及相关会议精神，贯彻落实省生态环境厅秋冬防调度例会有关工作安排。审议并原则通过《关于燃料电池汽车示范城市群申报工作有关事宜》《关于全面推行林长制的实施意见》《太原市节水行动实施方案》《关于将“太原绕城高速公路过境货车分流管控”事项列入〈2020年度太原市重大行政决策事项目录〉的请示》《关于申报全省县域医疗卫生一体化改革示范市、县事宜》。研究太原市疫情防控工作，听取2020年省对太原市高质量发展综合绩效考核指标和“十三五”规划主要目标进展情况汇报，提出贯彻落实意见。

市政府第22次常务会议。2020年11月19日，代市长张新伟主持召开，传达学习《山西省建立以国家公园为主体的自然保护地体系实施方案》精神，研究太原市贯彻落实意见。审议并原则通过《太原市深化国企国资改革三年行动方案（2020—2022年）》《太原市卡式居住证更新换代、升级改造加载公交卡社会服务功能的决策草案》《关于太原市城区农村信用合作联社改制情况的报告》《2021年太原市地方性法规立法计划项目建议》和《2021年太原市政府规章立法计划项目》。

市政府第23次常务会议。2020年11月27日，代市长张新伟主持召开，审议并原则通过《太原市绕城高速公路过境货车分流管控决策草案》《关于太原市本级2020年预算调整方案的报告》《太原市轨道交通2号线票制票价方案》。

市政府第24次常务会议。2020年12月8日，代市长张新伟主持召开，开展《习近平法治思想解读》专题讲座，传达全省殡葬基础设施建设推进会会议精神，研究太原市贯彻落实意见。审议并原则通过《太原市旅游条例（修订草案）》《市党政机关与所办企业脱钩改革的通知》《太原市绿色出行创建行动方案（2020—2022）》。

市政府第25次常务会议。2020年12月17日，代市长张新伟主持召开，研究食品安全和安全生产有关工作，并听取各位副市长安全生产工作情况汇报。审议并原则通过《关于强化知识产权保护的实施意见》《太原市人民政府、中国长城科技集团股份有限公司关于中国长城电源业务落地项目合作协议》《太原市人民政府、上海喆航航空科技有限公司山西直升机研发生产基地项目战略合作协议》。

市政府第26次常务会议。2020年12月31日，代市长张新伟主持召开，听取全市教育工作情况汇报，审议并原则通过《太原市高质量发展综合绩效评价与考核办法（试行）》《关于推进养老服务发展的实施意见》《太原市第七批市级非物质文化遗产代表性项目名录》。

（王　婷）

政务工作

【政务服务】 2020年，太原市政府办公室围绕贯彻落实省委“四为四高两同步”总体思路和要求，围绕市委、市政府中心工作，提升文会辅政、综合协调、信息参谋、督促落实和服务保障能力，推进省市决策部署落实见效。组织召开政府系统贯彻落实省市主要领导批示精神提高办文质量和效率安排部署会，开展文稿质量提升专题培训，截至12月20日，办理请示报告9085件，来文来电1942件，机要文件、明传电报892件。以市政府、市政府办公室名义发至县以下文件165件，完成“只减不增”目标，以市政府名义报省政府文件44件，以市政府党组名义报市委文件83件。优化会议组织，建立重大会议活动会前分析研判制度，高标准完成市政府常务会、党组会、电视电话会等会议118次，牵头主办、综合保障2020第六届中国国际煤炭清洁高效利用展览会、尧城（太原）国际通用航空飞行大会、山西省工美交易博览会、晋阳湖首届集成电路和软件业峰会等重大活动60余次。整理形成档案11064卷（件）。（薄　菲）

【以文辅政】 2020年，太原市政府办公室坚持把文稿工作作为服务决策的重要途径，强化精品意识，高标准完成政府工作报告、经济工作会议、秋冬季大气污染治理攻坚行动推进会、转型出雏形开局之年工作谋划等各类政策性、指导性文稿130余篇、90余万字，促进相关工作开展和落实。采编经济发展、城乡建设、环境保护、民生事业、社会管理等政务信息9000余条，编发《并政信息》100期，国办采用上报信息35条、省政府办公厅《简报信息》刊用45条。（薄　菲）

【督查督办】 2020年，太原市政府办公室强化"13710"信息督办力度，受理省政府"13710"督办事项212项、完结177项，市级督办系统下达任务898项，分解督办国家、省、市政府工作报告涉及太原市重点任务656项、国务院互联网+督查平台交办事项51项以及审计署、审计厅发现问题135项，各类问题得到有效推进解决。加大对市委常委会、市政府常务会议定事项和市领导重要指示批示督办力度，保障政令畅通和重大决策部署贯彻落实。办理市人大常委会对市政府相关报告的审议意见落实情况13件，办理市政协建议1件，办理省人大代表建议34件、省政协提案51件，市人大代表建议277件、市政协提案501件，办复率100%。（薄　菲）

【民生服务】 2020年，太原市政府办公室发挥网络听民声、解民忧、强监管作用，为市场主体和人民群众解决实际困难和问题。受理市长信箱和人民网留言1.80万件，被人民网评为2020年人民网网民留言办理民心汇聚单位，市长信箱被评为2020年政府网站政民互动精品栏目奖，在全国6000个参评城市和部门中名列前茅。32条政务服务热线整合率达100%。12345热线省市共建成效明显，受理市民来电104万件，办结率99.50%，市民满意率95%。（薄　菲）

【政务信息化】 2020年，太原市政府办公室加强政府部门网站集约化管理，完成40个集约化网站安全保障、技术平台和规范标准的域名设置。完成116台信创单机、22台打印机和14套保密单机、保密红黑打印机国产化替代，安可云服务器环境搭建基本完成，市政务协同办公系统适配完善及一体化整合平台搭建完成，推进业务系统适配工作。开展网络检测维护220余次，通过"太原护网2020"网络攻防实战演习。政务云平台实现市级34个单位348个业务系统上云，上云率全省领先。保障国家、省、市各类视频会议260次。"我的太原"App获2020年互联网+政务服务创新应用App。发挥政府网站第一信息公开平台作用，发布各类信息14056条，日均访问量1.20万余人次，保障公民"知情权"。受理依申请信息公开164件，办结率100%，获2020年政府网站信息公开精品栏目奖，2020政府网站绩效评估位列省会城市第8位。（薄　菲）

行政审批

【机构改革】 2020年9月，根据《中共太原市委机构编制委员会关于印发太原市行政审批服务管理局所属事业单位改革实施意见的通知》，太原市公共资源交易中心（太原市政府采购中心）整合太原市建筑工程招标投标中心、太原市建设工程交易中心、太原市产权交易中心，成立太原市公共资源交易中心，涉改调整转隶人员69人。（文雪皓）

【审批制度改革】 2020年，太原市实现"一枚印章管审批"。1月1日，市县两级相对集中行政许可权改革同步启动，着重将与企业和群众生产生活密切相关的投资项目线、市场准入线、社会民生片"两线一片"事项集中到市县两级审批服务管理局统一行使、统筹服务，封存原审批部门审批专用章，启用审批服务管理局审批专用章，实现"一枚印章管审批"。持续推动简政放权。取消下放市县两级行政职权19项，授权西山示范区行政职权259项、中北高新区3项，实现政务服务事项"四级四

2020年7月29日，太原市行政审批服务管理局开展诚信建设活动周宣传活动（市行政审批服务管理局供图）

同”（“四级”为国家、省、市、县，“四同”指事项名称、事项编码、事项类型、设定依据相同），市级九大类3405项行政职权全部上网公开，让办事群众一单在手、一目了然。深度开展“五减三化”改革（减事项、减环节、减材料、减时限、减跑动，标准化、规范化、精细化）。将260个事项整合为204个，减少审批事项56个，压减率21.50%。取消现场勘查环节130余个，减少审批环节423个，压减率51%。减少申报材料近2000项，压减率55%。承诺时限在法定时限基础上平均压减65%。审批服务事项全程可网办率达83.90%。实现审批业务“无缝”承接、群众办事“无感”衔接，企业和群众便利度、获得感显著提升。相关做法被省政府列为先进典型在全省通报表扬。试点推行“证照分离”改革。对所有531项涉企经营许可事项实行全覆盖清单管理，深入推进取消审批、审批改为备案、实行告知承诺、优化审批“四扇门”改革，一体推进“照后减证”“多证合一”，全面落实“非禁即入”要求。创新实施投资项目建设“承诺制+模拟审批”改革。深化企业投资项目承诺制，一般工程建设项目审批从立项到竣工验收总耗时压缩至70个工作日。探索建立开办企业太原模式。与黄河流域省会城市协作开展企业登记跨省通办，建设太原商事登记智能审批系统，打造开办企业“线下一天、线上秒批、跨省通办”太原效率。同年全市新开办企业91533户，实现疫情影响下逆势大幅增长。（文雪皓）

2020年9月28日，太原市行政审批服务管理局开展“文明创城，有我助力”志愿服务活动（市行政审批服务管理局供图）

【行政审批服务】2020年，太原市行政审批服务管理局纵深推进一网通办。完成一体化政务服务平台与工程建设项目审批、市场主体登记等业务系统互联对接，实现统一身份认证，统一信息认证、统一数据共享、统一审管衔接，全过程、全链条重塑再造线上审批流程，依申请行政权力事项和公共服务事项达到四级网办深度，市级可网办比例达92%。全面推行“一窗通办”。市县两级政务大厅全部建立前台综合受理、后台分类审批、综合窗口出件工作模式，实现全市政务服务事项90%以上一窗通办。全面实施“信易批”服务。信用良好的申请人身份证明、第三方报告、前置审批结果、资格资质等材料全部适用“信易批”绿色通道快捷服务，对守信申请人开展无偿代办、免费邮寄、免费停车、代领证等激励措施。疫情期间，开辟绿色通道，容缺受理，加急办、立即办，助力全市疫情防控和复工复产。推广“套餐式”场景服务。印发《关于在全市政务服务领域推行“套餐式”主题服务的通知》，组织确定事项、编制指南、明确流程，在市县两级推出300余项“套餐式”主题服务，受到群众普遍好评。推行“7×24小时自助办+周末不打烊”服务。在市县两级政务服务大厅开辟自助办理服务区，归集公安、不动产、房产、养老、医疗等自助服务设施，实现任意时间均可自助办理。以企业注册、不动产登记、社保、医保、出入境证件等依申请办理的社会民生类事项为重点，推行周末“不打烊”延时服务，打通上班没空办、下班没处办的堵点痛点。整合建立统一规范的公共资源交易平台。跨部门整合重组市公共资源交易

2020年10月12日，太原市行政审批服务管理局全面推行“不打烊”政务服务（市行政审批服务管理局供图）

中心，建成覆盖工程招投标、政府采购、产权交易等领域的全市统一公共资源交易平台体系，实现一个平台管交易。

（文雪皓）

【数字政府建设】 2020年，太原市行政审批服务管理局制订实施《推进全市政务服务“一网通办”工作方案》，结合重点改革工作，充分借助信息化手段数字赋能，对集中划转事项所涉及的16个部建系统、15个省建系统以及3个市建系统摸底清查，完成与工程建设项目审批管理、省市场主体登记等系统对接，做到统一身份认证、统一信息认证、统一数据共享、统一审管衔接。疫情期间实行“线上办、不见面”为主的业务办理方式，获得广大企业和群众的好评。持续优化升级一体化在线政务服务平台网上申报、中介服务、电子证照等功能，推动平台成为全市统一的政务服务总门户，实现信息同源、一次认证、全网通办。行政审批管理平台全年推送12507条审批监管信息，实现审批与监管有效衔接。统筹推进“数字政府”建设。制订《太原市加快数字政府建设实施方案》，完善数据资源体系、服务应用体系、安全保障体系，高标准打造“数字政府”出雏形。

（文雪皓）

【营商环境优化】 2020年，太原市、县两级推动成立优化营商环境工作领导小组，营商环境建设组织领导得到加强。实施“1+21+10”营商环境优化行动［“1”是市委市政府研究制定《太原市以数字政府建设为牵引进一步优化营商环境实施方案》，确定营商环境建设的总体目标和重点任务；“21”是围绕营商环境评价一级指标和重点二级指标，相关单位出台实施21个单项指标便利化改革行动计划；“10”是各县（市、区）出台实施区域优化营商环境方案］，形成市县一体、条块联动、整体推进、协同高效的营商环境建设总体格局。注重攻坚突破、典型引领、以点带面，针对获得信贷等指标需要协调上级或条管单位的实际，组织召开协调会，细化分解任务、建立协调机制，推动指标优化任务顺利开展，取得显著成效。将营商环境建设纳入年度目标任务考核，制定出台《太原市营商环境考核办法》，以考促改、以考促优，促进营商环境持续优化。与市政府督查室密切协作，将优化营商环境任务和单项指标便利化改革任务列入“13710”台账多次督办，跟踪到底，销号清零。在市、县两级政府门户网站建立优化营商环境专栏，举行太原市打造“数字太原、宜商太原”新闻发布会，在太原广播电视台开设《牢记嘱托、乘势而上，太原打造最优营商环境》专栏，制作18个指标宣传片和重点改革专题宣传片，逐项报道解读营商环境各项指标便利化改革情况，在全市营造人人都是营商环境、处处体现营商环境的浓厚氛围。建立“填报团队+后方支援团队”保障机制，召集18项评价指标牵头单位和配合单位，逐项研究评价指标改进提升和填报技巧，集中力量定点突破，全量准备印证材料，全面体现亮点、展现优点。

（文雪皓）

政务服务

【概况】 2020年，太原市政务服务中心搭建工程建设项目审批、社会事务审批、企业登记注册、不动产转移抵押、公安便民、社会保障、税务征缴等7大服务平台，依托市级一体化在线政务服务平台，开展“互联网+政务服务”工作。分类推行政务服务“前台综合受理、后台分类审批、综合窗口出件”的“一窗通办”工作模式。截至年底，太原市政务服务中心入驻49家单位（含水电气热、银行、邮政等），其中窗口单位24家，设置窗口434个，集中办理市级行政审批、公共服务事项773项，日接待群众10000余人。

（李方圆）

【政务服务监督管理】 2020年，太原市政务服务中心按照省级要求，印发出台《太原市政务服务“好差评”评价办法（试行）》，制定“好差评”工作制度、“好差评”监督考核管理办法等。在“太原政务”微信公众号办事服务—服务评价栏目中增设“窗口服务一次一评”“办件服务一事一评”。在大厅显著位置公布政务服务“好差评”评价二维码，统一制作摆放窗口工作人员“好差评”台卡。规范大厅内窗口服务行为，每日四次巡查，公布投诉举报电话，设置现场投诉受理室，设置投诉举报信箱，实时反馈。定期组织对全体入驻窗口单位开

2020年，太原市政务服务中心志愿者为来访群众提供咨询服务

（市政务服务中心供图）

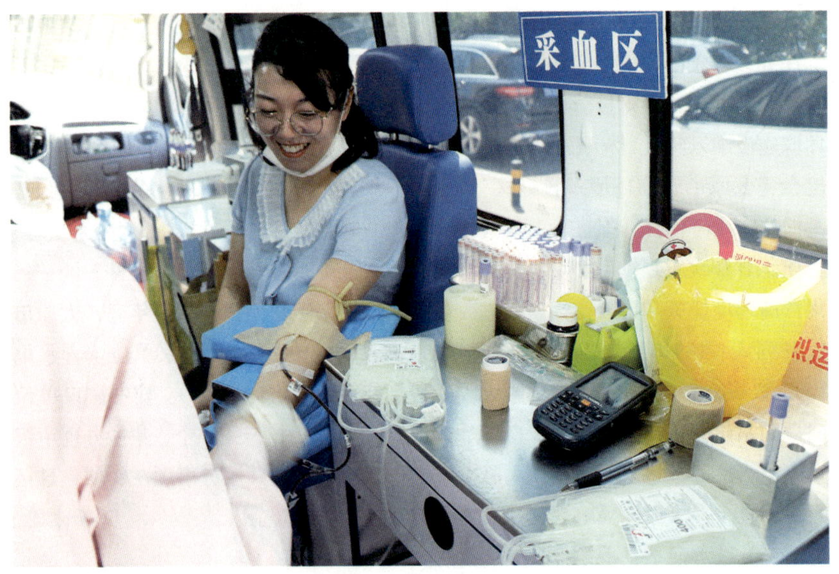

2020 年 9 月 1 日，太原市政务服务中心组织开展义务献血志愿服务活动

（市政务服务中心供图）

展周通报、月评比、季考核。全年承办国家政务服务投诉与留言转办督办 79 条，编发周通报 35 期，处理现场投诉 58 次，约谈窗口负责人、整建制单位负责人 10 次，处理违反窗口服务规范 327 人次，通报回原派驻单位 11 次，报送纪委派驻纪检组 1 次，因严重违纪责令退出中心 6 人次。全年评选出优秀窗口 103 个，文明窗口 73 个，优秀工作人员 516 名，收到群众、投资者送来的锦旗表扬信 97 件。（李方圆）

【审批服务效能提升】 2020 年，太原市政务服务中心制定印发《太原市政务服务中心“一窗受理”工作管理细则（试行）》，按照前台综合受理、后台分类审批、综合窗口出件的工作模式，合理调整优化窗口布局，设置企业登记注册、工程建设项目审批、社会事务审批、不动产登记（交易）四类综合服务窗口，建立一窗收件、按责转办、一窗出件、评价反馈的闭环流程。规范审批服务行为，加强综合服务窗口工作人员培训考核，确保窗口工作人员业务能力和服务水平提升。依托一体化在线政务服务平台，对标杭州公共服务事项清单，梳理太原市公共服务事项 771 项，涉及部门 49 家，其中办事指南类 315 项（进驻大厅 155 项，进驻比例 49%）、通知公告类 40 项、常见问题类 27 项、服务链接类 97 项、普通信息类 219 项、单位名录类 30 项、场馆信息类 7 项、政策文件类 36 项。按照政务服务事项“四级四同”要求，梳理完成县（市、区）公共服务事项。（李方圆）

【营商环境指标评价】 2020 年，太原市政务服务中心按照 2020 年国家营商环境评价工作部署，作为营商环境政务服务指标填报牵头单位，梳理总结本指标好经验好做法，包括制度机制、改革举措、具体做法、已出台文件、主要成效等，特别是围绕应对疫情影响，以更优营商环境助力企业纾困发展，贯彻落实《优化营商环境条例》等方面，以评促改立行立改的工作原则，总结提炼系列经验做法。在定期组织填报人员培训的基础上，历经半个月的准备，阅研评价提纲，逐条逐项对照梳理，准备各项填报文件资料（发文发函）352 份、清单数据 34 份、图像截图 100 余份、案例模板 10 份、提纲外备用资料 100 余份，于 9 月 24 日赴呼和浩特市参加现场填报，组织市委网信办、市政府便民办、市政府督查室等协同配合，完成营商环境政务服务指标评价任务。（李方圆）

【电子政务服务保障】 2020 年，太原市政务服务中心推进完善各类系统维护保障工作，加强服务器监控和日常维护备份，保障数据安全。日常定期对各类软件系统进行管理维护工作累计 5000 余次，信息化保障支撑窗口及后台办公区域调整 30 次，同步保障条屏信息、叫号设备、叫号信发显示设备、区域地图、办事指南及相应标志标牌调整。升级网上预约服务系统，市民可通过“太原政务”微信公众号分事项、分时段进行业务预约办理，实现网上预约即到即办，无须排队等候。完成互动导视系统

2020 年疫情期间，太原市政务服务中心对服务大厅进行全面消杀

（市政务服务中心供图）

V5.0 升级，实现“周末预约”界面事项自动切换、微信二维码提示服务等。完成电子沙盘、互动导视 V4.0 升级，修改完善“办事指南”“区域地图”“中心简介”“排队查询”等模块功能。全新升级“太原政务”微信公众号，开发和完善“周末预约”功能，实现大厅内信息发布设备与一体化政务平台数据同源。实现“好差评”评价系统与地上龙城智讯停车系统联通，引导群众完成服务评价后，享受免费停车一小时优惠。（李方圆）

【便民服务创新】 2020 年，太原市政务服务中心制订印发《关于全面推行政务服务“不打烊”实施方案》，推行窗口服务“周末不打烊”，打通群众“上班没空办、下班没处办”堵点痛点。推行 7×24 小时“自助服务”，开辟“自助办理”服务区，统一归集公安、不动产、房产、养老、医疗等自助服务设施，实现任意时间高频热点事项“自助办”。创新推出多项便民举措，实施企业注册免费刻章改革，简化办事申报资料，取消群众办事所需要提交复印材料。在各入口处摆放“办事该找谁”指引牌，增派咨询引导人员，为办事企业群众提供咨询、引导、帮办等服务。上线精准叫号服务，通过大数据分析和业务办理平均时长相结合方式，动态预估叫号办理时间，微信实时推送精准叫号时间，缩短办事群众在大厅停留等待时间。设立智慧政务自助服务区、政府信息公开查询区，配置“一网通办”自助设备，为群众提供免费下载打印、网上申报服务，并安排专人帮办、代办，推出免费邮寄、延时服务、预约服务、上门服务等，提升群众办件速度。（李方圆）

政府采购

【概况】 2020 年，太原市公共资源交易中心按照《太原市人民政府办公室关于太原市公共资源交易平台整合共享的实施意见》《中共太原市委机构编制委员会关于印发〈太原市行政审批服务管理局所属事业单位改革实施意见〉的通知》安排部署，完成公共资源交易平台整合、机构整合工作，推进公共资源交易工作换挡提速两个重点，为打造一流营商环境、实现高质量发展作出贡献。（冯尔姝）

【机构改革】 2020 年 9 月，根据《中共太原市委机构编制委员会关于印发太原市行政审批服务管理局所属事业单位改革实施意见的通知》，太原市公共资源交易中心（太原市政府采购中心）更名为太原市公共资源交易中心，太原市建筑工程招标投标中心、太原市建设工程交易中心、太原市产权交易中心成建制跨部门整合至太原市公共资源交易中心。（冯尔姝）

【采购金额与项目】 2020 年，太原市公共资源交易中心执行采购预算总额 27.26 亿元，成交金额 24.01 亿元，节约资金 3.25 亿元，节约率 12%，同比上升 7.23%。组织各种采购方式项目 474 宗，其中公开招标方式项目占比 75.53%，较上年增长 33 个百分点，公开招标主导地位凸显。465 家企业获得中标（成交）资格，其中小微企业占比、外地企业占比稳步提升，中小企业扶持政策得到落实，各项工作保持稳中有进良好态势。（冯尔姝）

【建筑工程招投标】 2020 年，太原市公共资源交易中心完成工程建设项目招标投标 722 个，中标价 575.07 亿元。其中，房建 236.68 亿元，市政 101.35 亿元，轨道交通 230.74 亿元，园林 6.24 亿元，装饰 0.06 亿元，公开招标率 100%。政府投资项目中标价 412.56 亿元，拦标价 413.09 亿元，节约资金 0.53 亿元，节约率 0.13%。（冯尔姝）

【国有产权交易】 2020 年，太原市公共资源交易中心挂牌项目 11 宗，成交项目 5 宗，成交金额 9894.70 万元，最高增值率 319.31%（挂牌价 102 万元，成交价 427.70 万元）。项目涵盖实物资产处置、房屋租赁、公车处置等，较上年成交总额增加 5665.21 万元。（冯尔姝）

【公共资源交易平台建设】 2020 年，太原市公共资源交易中心建设完成以门户网站为市场主体服务枢纽，交易平台、服务平台为进场项目交易活动网上办理平台体系，实现覆盖工程建设项目招投标、政府采购、国有产权交易等领域项目全类型，从招标到投标、开标、评标、定标、合同、履约验收全闭

2020 年，太原市公共资源交易中心组织参观“捍卫国家政治安全成果展”（市公共资源交易中心供图）

环的全流程电子化、智能化交易的总体目标。建立全市统一公共资源交易平台，对各区（县）进行一对一技术服务、系统培训、程序部署，各区（县）政府采购交易项目，通过市公共资源交易平台完成招投标业务。交易系统实现互联互通，外延“财政政采监督管理系统”、“电子卖场”、各行业主管部门门户网站，贯通“山西省公共资源交易平台”“中国山西政府采购网”“全国招标投标公共服务平台”的“交易一张网”，纵向与省公共资源交易平台全面贯通，实现市、县（市、区）平台一体化，实现全流程电子化、全环节留痕可追溯。

（冯尔姝）

【政府采购模式改变】 2020年，太原市公共资源交易中心为最大限度减少人员聚集，推进政府采购“不见面交易”系统开发与调试工作。3月10日，“不见面交易”系统上线试运行，货物、服务、工程项目公开招标、邀请招标、竞争性谈判、竞争性磋商、单一来源、询价采购等方式实现全流程在线办理，实现“人工跑”向“网络跑”转变。建筑工程招投标、政府采购两大领域实现不见面交易、远程异地评审。通过在线登记信息方式，进入系统开展交易活动市场主体共3392家。

（冯尔姝）

外事侨务

【涉外管理】 2020年，太原市外事办在《太原日报》及其微信公众号上发布春节出境游提醒通稿。及时了解相关国家入境措施，对上报的因公出国（境）团组进行梳理，原则上暂缓或取消出访。应对涉外突发事件，妥善处理涉嫌酒后驾车追尾和因诈骗罪被批捕等2起涉外案件。协助处理乌干达2名非法居留人员的遣送和13名肯尼亚“三非”人员遣送回国等2起涉外事件。

（冯启仁）

【对外交往】 2020年，太原市外事办组织企业参加第三届进口博览会，协助企业及时进行核酸检测，帮助其与参展商进行咨询、了解、对接及洽谈，并达成采购意向。10月20日，应邀出席主题为“现代城市实现可持续发展目标”的金砖国家友好城市暨地方政府合作论坛，贯彻落实省委“四为四高两同步”总体思路和要求，扩大对外合作渠道，推进外事多领域多层次务实合作。

（冯启仁）

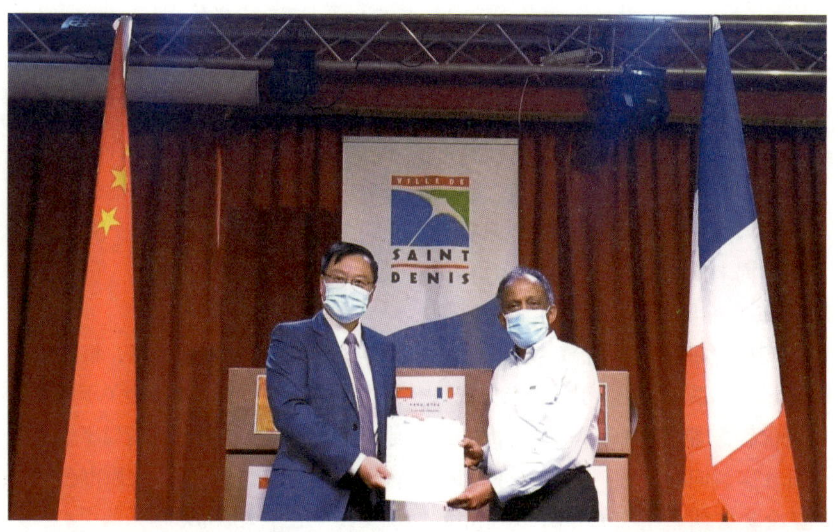

2020年5月29日，太原市向圣但尼市捐赠防疫物资 （市外事办供图）

【外事接待】 2020年，太原市外事办接待泰国驻华大使阿塔育·习萨目一行5人访问，先后参观长风商务区、太原美术馆、山西省图书馆等场馆，在山西大剧院外观看灯光秀，步行参观跻汾桥。

塔吉克斯坦驻华副大使穆哈默德·叶尕穆佐达到市外事办进行礼节性拜会，共商友城合作发展。他对胡占德市目前的发展情况以及区位优势进行介绍，并提议太原市和胡占德市牵头组织中塔国际姐妹城市论坛。双方就可能达成的合作领域进行深入探讨，对在经济、旅游、文化演出、教育等领域组织姐妹城市论坛的机遇进行交流。

（冯启仁）

【外事活动】 2020年，太原市外事办通过现场宣讲、发放宣传册等方式，赴学校、社区开展领事保护宣传活动。由中国人民对外友好协会、联合国儿童基金会驻华办事处主办，山西省人民政府外事办公室、山西省人民对外友好协会、太原市人民政府外事办公室承办的“重绘明日梦想·点亮儿童未来”世界儿童日纪念活动于11月20日在太原市长风商务区举行。修订编撰《太原市国际友好城市概览》。

（冯启仁）

信　访

【机构改革】 2020年，太原市信访局按照省、市机构改革相关要求，对所属事业单位进行改革，完成下属2个事业单位机构改革工作。其中，市人民信访服务中心，副处级，核定编制16人，领导职数1正2副。市人民信访接待中心，正科级，核定编制10人，领导职数1正1副，均为公益一类事业单位。选拔任用市信访服务中心3名正科级领导干部，确保改革过程中思想不乱、工作不断、队伍不散、干劲不减。

（陈美琴）

【信访矛盾排解】 2020年，太原市信访局在全市开展矛盾纠纷大排查、大化解工作，即矛盾纠纷大排查、大化解“百日攻坚”活动。由市委、市政府主要领导牵头，采取常委包县（市、区）、分管领导包领域，明确分工，压实责任，推动化解。成立市矛盾纠纷大排查、大化解领导组，组长由市委常委、政法委书记担任。各县（市、区）制订工作方案，由党政主要领导牵头负责，亲自抓落实，推动信访问题解决。对省信访工作联席会议办公室交办的信访事项认真梳理，交办责任单位237件，化解217件，化解率92%。（陈美琴）

【信访重点攻坚】 2020年，太原市信访局开展“四个重点”信访矛盾化解攻坚行动，出台《太原市2020年“四个重点”信访矛盾化解攻坚战暨疑难信访事项化解工作计划》《太原市关于开展“四个重点”信访矛盾化解攻坚战暨重点领域信访问题专项治理实施方案》，制订全年“四个重点”信访矛盾化解攻坚战及疑难信访化解工作目标任务，提出信访工作“四个一百”工作目标，即逐月交办各责任单位的100件挂牌督办重点信访事项摘牌率要达到90%以上，完成对100件疑难复杂信访问题协调研判工作，开展100次重点信访事项听证，确保10县（市、区）100个新时代枫桥经验示范村（社区）、20个示范街道（乡镇）创建全部达标。把督查督办工作作为推动重点信访问题解决主要抓手，采取点对点会商、面对面督办、一对一约谈等方式，创新督查方式，建立常态化、动态化督查机制，制订《2020年局领导包联县（市、区）、市直重点部门开展督导调研工作实施方案（试行）》《关于2020年暑期信访工作督导方案》，全年对县（市、区）、综改示范区开展8轮督查。强化制度机制建设，推进信访制度改革，制定出台《太原市信访事项复查复核工作实施办法》《关于处置“三跨三分离”信访事项的工作规则（试行）》《太原市群体性上访事件应急预案》，层层压实责任，全力推进信访事项化解。国家信访局交办信访事项化解率为93%。省信访局交办信访事项化解率为89%。市信访工作联席会议办公室交办信访事项化解率为88%。（陈美琴）

2020年，太原市信访局赴阳曲县西庄烈士陵园开展“践行领袖嘱托，缅怀革命先烈”主题党日活动（市信访局供图）

【信访积案化解】 2020年，太原市信访局出台《太原市信访工作联席会议关于开展集中治理重复信访、化解信访积案专项工作实施方案》，成立集中治理重复信访、化解信访积案专项工作领导组，召开全市专项工作动员会，对中央和省交办重复信访事项，全部交办至责任单位，并现场与小店区等13家单位签订专项工作责任书。市信访工作联席会议办公室印发《关于规范办理集中治理重复信访、化解信访积案专项工作相关事宜的通知》，明确办理标准及工作模式。建立完善“4+2”分类台账和周简报、月调度、月通报、季点评、年考核等工作机制，推进集中治理重复信访、化解信访积案专项工作规范化建设。开展“清老户、治复访”专项行动，局班子成员认领包案26名信访老户问题，7名信访老户问题得到解决。国家、省交办重复信访事项化解率达到33%。（陈美琴）

【信访业务创新】 2020年，太原市信访局在全市开展信访业务创新年活动，市信访工作联席会议办公室制订出台《太原市信访问题“控新”工作方案》《全市网上信访工作化解办理时限专项攻坚方案》，在坚持好“5334”转交时限规定基础上，推行每天“即来即转”不过夜的“日日清”制度，压缩信访事项流转时间，并提出控新案件必须在15日内流程办结，“控新”件及时受理率和按期答复率均为100%。加大网上信访事项办理规范化力度，对网上信访工作15项目标任务进行细化分解，加强信访信息化建设应用，及时提醒、催办，“四率”水平大幅提升。全市信访工作机构及时受理率99.15%。有权处理机关及时受理率97.42%，信访事项按期答复率98.4%。信访工作机构群众满意率97.79%。有权处理机关群众满意率94.93%。信访工作机构群众参评率87.3%。有权处理机关群众参评率78.67%。（陈美琴）

综 述

【思想政治建设】 2020年，太原市政协完善党组会议制度，建立和坚持党组会议第一议题制度，坚持党组理论学习中心组学习制度。召开党组会议24次，党组理论中心组学习18次，重点及时跟进和深入学习中共十九届五中全会精神、《习近平谈治国理政》第三卷、习近平总书记视察山西重要讲话重要指示、"三篇光辉文献"、关于统筹推进新冠肺炎疫情防控和经济社会发展工作有关重要讲话精神、关于加强和改进人民政协工作重要思想等，着力在学懂弄通做实上下功夫，夯实团结奋斗的共同思想政治基础。赴右玉干部学院，举办市政协委员履职能力提升培训班，通过专题报告、分组讨论、拓展教学等多种形式，提升委员履职能力。创新"委员讲堂"形式，邀请省城知名专家学者做专题讲座，协调市委宣传部、市委党校等，录制专题学习视频，线上线下相结合，提升学习实效。（刘 蓉）

【党对政协工作领导】 中共太原市委出台《关于新时代加强和改进人民政协工作不断开创全市政协事业发展新局面的实施意见》，加强党对政协工作全面领导。市政协党组发挥把方向、管大局、保落实重要作用，落实中央《关于加强党的政治建设的意见》《关于加强和维护党中央集中统一领导的若干规定》和省委、市委重大决策部署，把坚持党的领导贯穿到政协全部工作之中，执行重大问题请示报告制度，全面加强党组自身建设，提高党组工作的制度化、规范化、程序化水平，确保中央大政方针和省委、市委决策部署在政协落实到位。（刘 蓉）

政协重要会议

【市政协全委会议】 2020年4月27日至28日，中国人民政治协商会议第十三届山西省太原市委员会第四次会议召开。会议采取"主会场+分会场"视频会议方式举行。大会应到委员349名，开幕实到委员328名，闭幕实到委员312名，符合规定人数。

市政协委员聚焦中心工作、着眼民生热点，紧扣全面建成小康社会目标任务，围绕打造具有国际影响力的全国区域中心城市、建设文明开放富裕美丽太原建言献策。市政协十三届四次会议共收到大会发言材料43份。

大会共收到提案557件。其中，各民主党派、工商联集体提案110件，委员提案447件。根据《政协太原市委员会提案工作条例》有关规定，经审查，立案489件，占提案总数的87.79%。作为意见和建议的68件，占提案总数的12.21%。

会议通过政协第十三届太原市委员会第四次会议关于政协太原市委员会常务委员会工作报告的决议、政协第十三届太原市委员会提案委员会关于市政协十三届四次会议提案审查情况的报告、政协第十三届太原市委员会第四次会议政治决议。（刘 蓉）

【市政协常委会议】 2020年，太原市政协召开5次常委会议。

第十四次常委会议。2020年4月20日举行。会议审议通过关于召开政协第十三届太原市委员会第四次会议的决定及议程（草案）和日程（草案），政协第十三届太原市委员会第四次会议全体会议执行主席及主持人、秘书长、副秘书长和工作机构负责人，委员编组及召集人名单，市政协常委会工作报告（草案）和提案工作情况报告（草案）和有关人事事项。

第十五次常委会议。4月26日举行第一次会议。会议审议政协第十三届太原市委员会第四次会议选举办法（草案），审议通过候选人建议名单，审议总监票人、监票人名单（草案）。4月27日举行第二次会议，市政协副主席王建堂主持。会议通过市政协十三届四次

会议选举办法，通过主席、副主席、秘书长候选人名单，通过市政协十三届四次会议总监票人、监票人名单。会议还审议通过政协第十三届太原市委员会第四次会议关于常务委员会工作报告的决议（草案）、政协第十三届太原市委员会提案委员会关于市政协十三届四次会议提案审查情况的报告（草案）、政协第十三届太原市委员会第四次会议政治决议（草案）。

第十六次常委会议。7月24日举行。会议审议通过《政协太原市委员会常务委员会学习贯彻习近平总书记视察山西重要讲话重要指示、全面落实中共太原市委十一届九次全会精神的决议》和有关人事事项。邀请北京第二外国语学院首都文化与旅游研究院执行院长厉新建、中青旅联科总经理葛磊作专题辅导。

第十七次常委会议。9月29日举行。会议深入学习贯彻习近平总书记视察山西重要讲话重要指示，围绕“加强汾河（太原段）生态环境治理和历史文化传承”开展常委会协商议政，并审议通过关于加强汾河（太原段）生态环境治理和历史文化传承专题调研的报告、政协太原市委员会优秀提案评选工作实施办法和有关人事事项。

第十八次常委会议。12月15日召开。会议听取市委办公室、市政府办公室关于市政协十三届四次会议以来提案办理情况的通报，审议通过太原市政协关于学习贯彻中国共产党第十九届中央委员会第五次全体会议精神的决议、关于加快推进太原发展人工智能产业的建议、太原市政协委员履职考核办法（试行），听取各专委会、社情民意研究中心2020年度工作汇报，审议通过有关人事事项。（刘　蓉）

政治协商与参政议政

【助力高质量转型发展】 2020年，太原市政协组织开展“大力加强科技创新，在‘六新’上取得突破”协商活动，委托民主党派和工商联各领一个课题，开展考察调研，召开“六新”调研座谈推进会，组织开展主席会议协商，在“六新”产业培育、科技研发、人才培养、政策支持、产学研一体化等方面，精准提供“他山之石”。组织开展加快推进发展人工智能产业重点协商活动，7次调研市人工智能和信创产业，学习借鉴先进经验和做法，召开常委会议开展专题议政，从强化顶层设计、优化组织保障、厚植项目储备、培育领军企业等方面提出意见建议。围绕“落实支持民营企业经济发展政策、推动民营经济高质量发展”开展专题调研。助力项目引进，与科大讯飞、新松机器人自动化有限公司和中信重工开诚智能装备有限公司进行项目对接，初步达成合作意向。推动召开中国（太原）人工智能大会，50余位相关领域专家学者，40余家行业领军企业参会，助力搭建合作研究、开发应用、技术交流和招商引资高端平台，大会成功签约21个招商引资项目，为高质量转型发展贡献政协智慧和力量。（刘　蓉）

【助推文旅事业】 2020年，太原市政协将“大力推动晋祠——天龙山国家AAAAA级旅游景区创建，加快太原西山生态文化旅游示范区建设，努力打造践行‘两山’理论示范区”和“加强汾河（太原段）生态环境治理和历史文化传承”作为年度协商计划常委会议题，发挥民主党派、政协专门委员会、政协智库作用，先后7次组织政协委员开展调研视察，通过召开专题议政性常委会、品牌提升座谈会、专题协商座谈会等形式，邀请知名文旅专家、政协智库成员、相关政协委员等反复协商、深入协商，提出把西山生态文化旅游示范区建设放到山西乃至全国大视野、大格局中谋划，重点打造西山、汾河、府城、青龙古镇文旅品牌等建议，受到各界好评。主动对接中青旅、驴妈妈等知名文旅企业，引进和培育市场主体，助推打响西山生态文化旅游品牌。发挥政协文史资料“存史、资政、团结、育人”社会功能，编辑出版《锦绣太原城》一书，为宣传推介提供翔实鲜活史料。组织开展《太原市旅游条例》立法协商，围绕旅游业的定位、促进旅游业发展措施、旅游资源保护与开发利用等方面提出92条修改建议，为推进文旅融合发展贡献政协智慧。（刘　蓉）

【助解民生问题】 2020年，太原市政协牢记习近平总书记“人民对美好生活的向往就是我们的奋斗目标”的教诲，顺应人民群众对美好生活新期待，紧扣生态环保、食品安全、公共卫生、社会治理、城市建设等民生重点议题，深入调研，协商议政，献计出力。围绕“推进社区服务和管理标准化、智能化建设”“推进城市基础设施建设中排水设施建设”“加强食品安全监管、提升全市食品安全治理能力”“改革完善疾病预防控制体系、提高应对突发重大公共卫生事件防控救治能力和水平”“加强我市清真食品生产和消费市场监管”等民生议题，深入调研，协商议政，推动民生保障各项政策措施落地落实。（刘　蓉）

专门委员会工作

【提案委员会】 2020年市政协十三届四次会议以来，提案委员会征集提案613件（提交大会提案557件、平时提案56件），经审查立案526件，其中，经济建设方面138件、政治建设方面40件、文化建设方面63件、社会建设方面249件、生态建设方面36件。作来信或转社情民意处理87件，立案率85.81%。4月28日，遴选12件重点提案，经主席会议审定，作为市政协年度重点提案进行重点督办。重点提案内容涵盖领域面广，涉及城市管理、生态治理、文旅融合、民营经济、人才强市、医保月控、公筷行动、文明城市创建等方面。对遴选出重点提案进行分析、汇总、整理，以报告形式上报市委、市政府，引起有关领导高度重视。会同有关专门委员会结合市政协年度协商课题，组织提案人及相关政协委员，在牵头副主席带领下，以调研、座谈等不同形式对每一件重点提案都进行督办。开展重点提案视察调研、协商座谈20余次，参加100余人次，形成意见建议72条。（刘　蓉）

【文化文史和学习委员会】 2020年，文化文史和学习委员会加强委员集中培训工作，坚持用习近平新时代中国特色社会主义思想教育引导政协委员，落实“懂政协、会协商、善议政”要求，提升委员履职能力。10月9日至12日，在右玉干部学院举办市政协委员履职能力提升培训班。11月12日，举办第八期委员讲堂，邀请市政协委员、市委党校副校长王晓东解读中共十九届五中全会精神。编印《太原市政协委员履职能力提升培训班》学习资料，为委员征订《人民政协报》《山西政协报》等学习资料。编辑、出版《锦绣太原城》。通过组织协商座谈、情况通报、对口部门活动，为委员搭建平台增进共识、促进团结。加强与县区政协联系，形成《关于做好新时代政协工作专题调研的报告》。（刘　蓉）

【港澳台侨和外事委员会】 2020年，港澳台侨和外事委员会发动所联系界别委员，聚焦疫情防控献策献力。委员们以捐款捐物、开通心理健康热线讲座、开通空中课堂等不同方式投身防疫工作。侨联界别发挥自身优势，组织海外华人社团捐赠各类抗疫防护物资。联合捐款采购3500件隔离服、200只护目镜、20000只医用防护手套等抗疫医疗物资。所属海归协会成员为市第四人民医院捐款6万元。英国华人青年人才交流协会，为驰援家乡捐赠300套一级防护服、250个N95口罩，累计组织和协助山西籍海内外侨企侨胞捐赠达到1600万余元物资。物资定向捐赠给山大一院、山大二院、白求恩医院、市第四人民医院、市中心医院、市第二人民医院等有关单位，缓解一线防护物资不足的紧张态势。联系界别中企业家委员，沟通了解，促进企业复工复产。6月，《关于大力加强科技创新，在新基建、新技术、新材料、新装备、新产品、新业态上取得突破的建议》被增补为年度重点协商课题后，组织调研组，开展专题调研，外出学习考察，召开座谈会推进课题实施，并通过集中调研、分组调研等方式，提出合理化意见和建议，编印《“六新”调研报告汇编》，通过市政协十三届四十六次主席会议。会后形成建议案报市委、市政府，为科学决策提供参考。（刘　蓉）

【经济委员会】 2020年，经济委员会实地调研江南大酒店、海外海集团、山西大夏草原食品有限公司等，针对餐饮企业资金紧缺、有关部门服务意识有待强化、销售平台费用高等问题，从抓落实、重细节，在强化服务意识上下功夫，抓防控、重卫生，在提振居民消费信心上下功夫，抓品牌、重特色，在企业转型发展上下功夫向政府建言献策。根据市政协年度协商计划安排，市政协经济委、市工商联组织部分政协委员，就《关于落实支持民营经济发展政策，推动民营经济高质量发展的建议》进行调研。《加快推进太原发展人工智能产业》是市政协常委会议政课题，课题组从7月开始，历时4个多月，听取汇报、实地调研、举行座谈，广泛征求制约人工智能产业发展的意见和建议。（刘　蓉）

【人资环城委员会】 2020年，人资环城委员会加大排水设施和污水处理设施建设力度，实施黑臭水体治理和河道、池渠清淤，城市污水基本实现全收集全处理，建成区内黑臭水体基本消除，道路积水和易涝点治理成效明显。6月，与部分政协委员对推进城市基础设施建设中排水设施建设工作进行专题调研视察，赴虎峪河道路快速化改造及综合治理工程工地、市晋原综合管廊建设管理有限公司、汾东污水处理厂等地详细了解城市排水防涝设施、污水收集处理设施等建设情况。7月，到市排水管理处、市市政管理处座谈城市排水设施建设重点问题，核实数据、协调推进建议落实等。调研组在调研报告中对近年来在排水设施建设方面取得的成绩给予肯定。8月，市政协召开第四十三次主席会议，研究审议《关于推进城市基础设施建设中排水设施建设的建议》，审议后形成《关于推进城市基础设施建设中排水设施建设的建议案》咨送市委、市政府协商办理。（刘　蓉）

【教科卫体委员会】 2020年，教科卫体委员会确定“改革完善疾病预防控制体系，提高应对突发公共卫生事件能力”为协商课题，并成立由副主席牵头、教科卫体委和民进市委会共同领题、部分政协委员和智库专家学者参加课题组，形成《太原市政协关于“改革完善疾病预防控制体系，提高应对突发重大公共卫生事件防控救治能力和水平”调研报告》。“加强食品安全监管，提升食品安全治理能力”的调研课题组在集中听取市市场监督管理局等市食品安全成员单位汇报基础上，召集县（市、区）市场监督管理局和食品生产、销售、经营、食品消费等市场主体代表交流座谈，深入六味斋实业有限公司、山西紫林醋业股份有限公司等企业视察调研，向食品生产经营和消费者等人群发放调查问卷了解社情民意，赴宁波、淮安、郑州等地考察学习，9月16日组织召开专题议政会协商，形成《关于加强食品安全监管 提升我市食品安全治理能力的建议》。（刘　蓉）

【社会和法制委员会】 2020年，社会和法制委员会确定市政协改革事项为《太原市旅游条例（修订草案）》立法协

商议题，制订立法协商工作方案。建立并按时报送《市直部门主要负责同志抓改革台账》及改革工作联络表。7月1日，市政协提案委、社法委组织部分市政协委员，对《关于加强全市公共自行车、共享单车规范管理的建议》和《关于加大全市公共自行车、共享单车管理力度的建议》研讨。结合地方立法工作需要，在组织开展《太原市旅游条例》修订工作调研和赴四川成都、贵州贵阳两地考察调研，形成关于修订《太原市旅游条例》学习考察报告。市人大和市政协开展立法协商以来，对物业管理、大气污染防治、道路交通安全、博物馆促进条例等4件法规进行协商，取得成效。组织法律顾问、智库成员、政协委员对《太原市红十字会条例征求意见稿》《关于推进市域社会治理现代化的实施意见》等10余项法律法规提出修改意见。

（刘　蓉）

【民族宗教委员会】 2020年，民族宗教委员会深入到罗克佳华等全市18个重点企业、重要产业化项目和市重点工程，调研指导复工复产，包联帮扶企业、项目工地协调解决各类具体问题32个，深入企业、项目工程21次，受到企业和项目负责人的欢迎。“关于进一步加强全市清真食品生产和消费市场监管”调研议题，通过实地调研、召开座谈等方式，提出“进一步加强政府监管，确保清真食品行业规范有序发展、强化行业自律，落实好清真食品安全主体责任、加强社会监督，建立健全社会监督体系”等意见建议，并形成调研报告。就“做好新时代人民政协工作”开展实地调研，召开座谈会，梳理征求意见建议10条。与省政协民宗委就省、市宗教中国化议题进行专项视察调研。到蒙山大佛、太山龙泉寺庙进行专题调研视察，并就坚持宗教中国化问题进行详细了解，提交有关调研报告。（刘　蓉）

【农业和农村工作委员会】 2020年，农业和农村工作委员会联合民革市委会、民盟市委会就“培育农产品加工龙头企业及联合体，推进农业高质量发展”的情况进行视察和协商。从5月到11月，制订协商视察调研工作方案，召开工作部署会议，成立课题组，赴省综改区、小店区、尖草坪区、阳曲县视察调研，赴驻马店市国际农产品加工产业园等地进行考察学习，撰写调研报告提交主席会议审议，完成课题工作任务。配合市政协组织召开大力发展产业扶贫助力决战完胜脱贫攻坚协商座谈会。联合文化文史和学习委员会围绕加快太原西山生态文化旅游示范区建设课题开展视察和协商。（刘　蓉）

【社情民意研究中心】 2020年，社情民意研究中心重新修订《反映社情民意信息实施细则》，优化工作流程，提升工作质量，层层把关，紧编快报，坚持推进社情民意信息工作建言献策的制度规范化，组织编辑《2019年度社情民意信息精品选编》。中心共收集社情民意信息3830篇，经审核筛选、编辑修改，上报省政协1050篇，报送市领导156篇。收到市领导批示信息60篇，市级部门反馈27篇（期）。根据省政协三季度信息采用情况通报，经中心编报的信息被全国政协采用25篇、省政协采用239篇，省领导批示6篇、省直部门反馈2篇。（刘　蓉）

重要活动

【西山生态文化旅游品牌提升座谈会】 2020年4月2日，太原市政协党组书记操学诚主持召开太原西山生态文化旅游品牌提升座谈会，联合国世界旅游组织（UNWTO）专家、德安杰环球顾问集团董事长贾云峰和中国旅游协会旅游营销分会副会长、中青旅联科总经理葛磊等文旅专家团队出席，市文旅局、市文物局、西山生态文化旅游示范区、晋源区以及市政协文史和学习委、农业农村委等负责人参加会议。会前，专家团队赴双塔寺公园、二四七晋造工业园区、青龙古镇、方特欢乐世界、太化工业园、明太原县城、晋祠、天龙山、太山、蒙山等地，实地察看西山文化旅游资源、文旅项目建设和晋祠—天龙山AAAAA级旅游景区创建等情况。（刘　蓉）

【提案暨重点提案交办会】 2020年6月4日，太原市政协提案暨重点提案交办会召开，交办市政协十三届四次会议召开后收到的提案，安排部署提案办理工作。市政协主席操学诚出席并讲话，市委常委、常务副市长王立刚应邀出席，市政协副主席郝宝清、陈继光参加。市政协十三届四次会议以来，收到提案600件，立案516件。提案内容涉及转型综改、项目建设、科技创新、三大攻坚战、文旅融合、扶持民营经济发展、民生保障、全国文明城市创建等诸多方面，其中重点提案12件。

（刘　蓉）

【食品安全专题议政会】 2020年9月16日，太原市政协召开“加强食品安全监管提升食品安全治理能力”专题议政会。副市长焦斌龙，市政协副主席郝宝清、李俊林参加。市政协将“加强食品安全监管，提升我市食品安全治理能力”调研课题纳入年度协商计划，组织部分政协委员、智库专家和食安办成员单位成立课题组，深入太原六味斋实业有限公司、山西紫林醋业股份有限公司、美特好清徐仓储物流中心等地调研，并赴宁波、淮安、郑州等地考察学习，最终形成相关调研报告。（刘　蓉）

【中国（太原）人工智能大会筹备会】 2020年10月26日，太原市政协召开中国（太原）人工智能大会筹备工作会，通报大会前期筹备情况，安排部署有关工作。市政协把推动人工智能产业发展作为常委会重点议题，赴北京、唐山、沈阳、西安等地开展专题调研、项目对接等工作，为大会召开做准备。

（刘　蓉）

综 述

【概况】 2020年，中共太原市委深入学习贯彻习近平新时代中国特色社会主义思想，全面贯彻落实习近平总书记视察山西重要讲话重要指示，坚决扛起扛好管党治党政治责任，严格执行《党委（党组）落实全面从严治党主体责任规定》和省委实施细则，制定《中共太原市委关于一体推进不敢腐不能腐不想腐的实施意见》，推动全面从严治党不断走向纵深、政治生态更加风清气正、干事创业氛围日益浓厚，推动太原各项事业取得新成就。太原市纪委监委带领全市各级纪检监察机关，增强“四个意识”、坚定“四个自信”、做到“两个维护”，忠实履行党章和宪法赋予的职责，充分发挥监督保障执行和促进完善发展作用，把纪检监察工作与党中央和省委、市委决策部署科学、具体地结合起来，更好融入市域发展和各项治理，持续深化全面从严治党、党风廉政建设和反腐败斗争，推动纪检监察工作高质量发展。（饶文波）

【纪检监察体制改革】 2020年，中共太原市纪委监委深化纪检监察体制改革，纪检监察工作规范化法治化水平进一步提升。强化对标对表意识，一体推动落实纪检监察体制改革各项任务，围绕领导体制机制、业务工作、日常管理、机关党建、干部行为五大规范化法治化体系构建，完成制度流程93项，指导县级纪委监委建立制度流程343项，做到纪律监督、监察监督、派驻监督、巡察监督贯通衔接，推动完善党和国家监督体系。推进市管企业、学校纪检监察体制改革，稳步扩大改革范围和成效。坚持抓规范先从市纪委常委会的规范抓起，细化议事规则，制定领导班子成员联系分管下级纪检监察机构制度。突出履行职能职责的精准性，抓好监督执纪执法全流程各环节规范，建立市纪委监委机关信访处置、线索管理、专项监督、处分执行和工作督办“五环联动”机制，实现工作闭环运行。充分发挥派驻监督的“探头”“前哨”作用，细化派驻纪检监察组监督执纪执法工作办法，着力提升监督质效。强化基层监督在社会治理中的直接保障、完善格局、提升效能作用，出台乡镇（街道）纪检监察连片协作区和村社纪检监察联络员两个指导意见，打通监督“最后一公里”、提升发现解决群众“家门口”问题的能力水平。（饶文波）

【纪检监察队伍建设】 2020年，中共太原市纪委监委加强自身建设，在锻造纪检监察铁军上狠下功夫。市纪委常委会带头加强自身建设，严格执行民主集中制，坚持和完善集体学习制度，建立“不忘初心、牢记使命”长效机制。强化党建引领，市纪委监委机关成立11个党总支，下设53个党支部，在审查调查和巡察一线成立13个临时党支部，夯实党建基础，建强战斗堡垒。拓宽选人用人视野，加强干部交流，激发纪检监察干部队伍活力。抓好全员培训，制定《本土专家试讲》《每月一测》等制度，靶向开展监督检查、审查调查、审理等九大板块业务培训，组织各类专题培训班53期、培训干部6899人次。加强对纪检监察干部的监督管理，制定机关工作人员办事和行为规范等一系列制度，把“八小时”内外贯通起来，有效防治不作为、乱作为和“灯下黑”。全市共处置纪检监察干部问题线索79件，谈话函询38件，组织处理21人，给予党纪政务处分7人。（饶文波）

【机构改革】 2020年，中共太原市纪委监委推进机构改革工作。改革后，市纪委监委机关设26个内设机构，即：办公室、组织部、宣传部、政策法规研究室、党风政风监督室、信访室、案件监督管理室、第一监督检查室至第七监督检查室、第八审查调查室至第十四审查调查室、案件审理室、纪检监察干部监督室、综合室、离退休人员工作室、机关党委。直属事业单位2个：查询中

心、党纪宣传教育中心。派出纪检监察工委3个，派驻纪检监察组27个。（饶文波）

纪委监委重要会议

【市纪委十一届五次全会】 2020年2月19日，中国共产党太原市第十一届纪律检查委员会第五次全体会议举行。出席全会的市纪委委员30人，列席33人。省委常委、市委书记罗清宇出席会议并讲话。市委常委，市人大常委会、市政府、市政协负责人，市中级人民法院院长，市人民检察院检察长出席会议，有关方面负责人参加会议。全会由市纪律检查委员会常务委员会主持。

全会深入贯彻习近平总书记在十九届中央纪委四次全会上的重要讲话及全会精神，深入贯彻省委十一届八次、九次全会精神及“四为四高两同步”总体思路和要求，落实省纪委十一届六次全会和市委十一届八次全会精神，回顾总结2019年全市纪检监察工作，研究部署2020年任务，审议通过周计伟代表市纪委常委会所作的《牢记初心使命，强化权力监督，以全面从严治党新成效护航同步全面小康》工作报告。全会认真学习领会省委常委、市委书记罗清宇的讲话精神。（饶文波）

【省委第一巡视组巡视太原市动员会】 2020年9月2日，省委第一巡视组巡视太原市动员会召开。省委常委、省纪委书记、省监委主任、省委巡视工作领导小组组长王拥军，省委第一巡视组组长孙兴武，省委巡视办副主任郝点亮，省委第一巡视组副组长张鲜苹、杨佩玉，省纪委监委、省委第一巡视组相关负责人出席会议。会上，孙兴武通报巡视任务并做工作安排，王拥军作动员讲话。会议以电视电话会议形式举行。参加会议的有：市委常委，市人大常委会、市政府、市政协负责人，市法院党组负责人、市检察院党组主要负责人。列席会议的有：市人大常委会、市政协一级巡视员，市纪委监委、市委组织部班子成员，市委巡察办主任和巡察组组长。山西转型综改示范区及各开发区主要负责人，市直各部门、各县（市、区）委、市管企业、大专院校主要负责人。省委常委、市委书记罗清宇主持会议并作表态发言。省政协副主席、市委副书记、市长李晓波参加。（饶文波）

【太原市委第八轮巡察工作动员部署会】 2020年10月13日，太原市委第八轮巡察工作动员部署会召开，宣布市委巡察组组长授权、任务分工和巡察工作方案。本轮巡察市委共派出6个巡察组，对17个单位党组织开展常规巡察。市委常委、市委巡察工作领导小组组长周计伟作动员讲话，市委常委、市委巡察工作领导小组副组长赵忠保主持会议。会议强调，市委巡察组要对标对表中央和省委巡视工作，把实事求是、精准科学、依规依纪依法贯穿巡察工作全过程，发扬斗争精神，增强斗争本领，认真履职尽责，严格纪律要求，做到打铁必须自身硬。被巡察党组织要积极配合、主动接受巡察，对指出的问题立行立改、真改实改。相关配合单位要与巡察机构密切协作、形成合力，确保本轮巡察顺利推进、取得实效。市委巡察工作领导小组成员和巡察组、巡察办全体干部，被巡察单位总联络员和相关单位有关人员参加会议。会后，市委巡察办对参加本轮巡察的全体工作人员进行集中培训。（饶文波）

【第一届特约监察员座谈会】 2020年11月20日，太原市监察委员会召开第一届特约监察员座谈会，启动2020年度“特约监察员在行动”领题信息调研活动，专题研究《太原市监察委员会2020年度“特约监察员在行动”领题信息调研工作方案》，各位特约监察员发表意见。会后，22名特约监察员分成7个组，分赴选题所涉及的县（市、区）和市直单位开展领题信息调研活动，调研成果形成信息专报向省纪委监委和市委报送。（饶文波）

纪律监察

【政治巡察】 2020年，中共太原市纪委监委用好用精巡察利剑，政治巡察标本兼治作用充分彰显。积极配合支持省委巡视，与省委巡视组上下联动，围绕治山治水治气治城一体推进、开发区招商引资、粮食安全等三个方面开展专项

2020年1月13日，太原市纪委监委机关召开“不忘初心、牢记使命”主题教育总结大会（市纪委监委供图）

巡察。推动省委巡视整改任务落实，市委常委会研究制订整改方案，细化整改措施和责任分工。市委巡察工作领导小组加强督促指导，约谈反馈问题集中、工作进展缓慢的县（市、区）委书记，成立市委巡察保障中心，建设驻点巡察固定场所，切实推动整改到位。坚持有形覆盖和有效覆盖相统一，组织开展第七轮、第八轮常规巡察，其间穿插开展脱贫攻坚专项巡察及“回头看”，发现面上问题519个、问题线索131件，十一届市委巡察全覆盖任务全面完成。构建上下联动巡察工作格局，压实县（市、区）党委主体责任，县（市、区）巡察总体覆盖率91.50%，对村（社区）延伸巡察总体覆盖率99.70%。深化巡察整改和成果运用，加强巡察机构与相关部门、派驻机构的协调配合，规范情况通报、问题移交、成果运用、整改监督等衔接程序，把整改融入日常，发挥巡察推动改革、促进发展的作用。

（饶文波）

【政治监督】 2020年，中共太原市纪委监委坚持学懂弄通做实党的创新理论，加强政治监督。始终把学习贯彻习近平新时代中国特色社会主义思想作为首要政治任务，深入学习中共十九届四中、五中全会精神，系统学习《习近平谈治国理政》第三卷，贯通学习习近平总书记视察山西重要讲话重要指示，学深悟透蕴含其中的立场观点方法，不断增强“两个维护”的自觉性坚定性。把落实习近平总书记重要批示指示精神和党中央重大决策部署以及省委“四为四高两同步”总体思路和要求贯穿政治监督全过程各环节，出台指导意见，保持常态长效，做到党中央决策部署到哪里，政治监督就跟进到哪里。围绕统筹疫情防控和经济社会发展，做好“六稳”（稳就业、稳金融、稳外贸、稳外资、稳投资、稳预期工作）、“六保”（保居民就业、保基本民生、保市场主体、保粮食能源安全、保产业链供应链稳定、保基层运转）、“六新”（新基建、新技术、新材料、新装备、新产品、新业态）工作，落实复工复产复市复学政策措施等开展日常监督、专项监督，通过发函督办、提出纪检监察建议、开展“回头看”，督促解决问题3172个，保障疫情防控和经济社会发展取得双胜利。聚焦决胜全面小康、决战脱贫攻坚，协助市委制订工作方案，深化扶贫领域腐败和作风问题专项治理，查处相关问题20个，批评教育帮助和处理46人，其中给予党纪政务处分35人。对农村乱占耕地建房、采煤沉陷区治理、冒名顶替上大学等加强监督执纪执法，集中开展安全生产领域、人防系统专项治理，确保党中央政令畅通、令行禁止。保障金融领域改革，推动清收地方银行不良贷款本息68.74亿元，清收总额居全省第一。坚持激励与约束并重，认真落实“三个区分开来”，问责党组织26个、党员领导干部166人，为2名受到不实举报干部澄清正名，对12名疫情防控中有轻微过失干部容错纠错。严把选人用人和评优评先政治关、廉洁关，对1864人次进行廉政审查，对27人次提出暂缓或否定性意见。全市处分存在违反政治纪律行为38人。

（饶文波）

2020年5月13日，太原市监委召开第一届特约监察员聘请会议

（市纪委监委供图）

【“三不”一体推进】 2020年，太原市纪委监委坚持高压惩腐、系统治腐、源头防腐，向“三不”（不敢腐、不能腐、不想腐）一体推进战略目标迈进。协助市委反腐败领导小组发挥职能作用，召开领导小组会议9次，研究议定反腐败工作事项17件，确定10项重点课题由领导小组负责人牵头调研，从实践中提炼经验、总结规律、指导工作。协助市委就抓好“关键少数”案件查办工作约谈10个县（市、区）委书记，层层压实责任，提升治理腐败效能。坚持严的主基调，部署开展查办案件“百日会战”，针对性强化“不敢腐”震慑工作措施，切实对“关键少数”腐败问题出重拳、动真格，连续查办一批严重违纪违法案件，领导指导县级纪委监委对11名县（市、区）管干部立案审查调查并采取留置措施，在全市形成强大震慑，4人主动投案，50多人主动交代问题。加大国企领域监督执纪执法力度，深挖彻查靠企吃企、设租寻租、关联交易等突出问题，严肃查处华电福新能源股份有限公司、中铁十二局集团两起涉案金额均超过亿元的“小官巨贪”典型案件。全市纪检监察机关立案1912件，给予党纪政务处分1813人，移送司法机关57人。精准运用党的政策和策略，全市运用“四种形态”批评教育帮助和处理

2020年6月9日，太原市纪委监委与太原市检察院共同开展“尽职责心系百姓，献热血抗击疫情”活动　　（市纪委监委供图）

6227人次，第一、二、三、四种形态分别占比70.20%、23.30%、3.50%、3.00%。强化以案促改、以案促教，针对案发单位的共性问题、工作短板，制发纪检监察建议书35份，督促建章立制、规范权力运行，着力推动治理体系和治理能力建设。深入挖掘太原市历史文化中的廉洁基因，建立狄仁杰文化公园廉政教育基地。摄制警示教育片《伪装者的谢幕》《失衡与失守》，综合运用观看警示教育片、阅读违纪违法人员《忏悔录》、召开宣布处分决定暨警示教育会议等多种方式，开展警示教育2700余场次，做到查处一案、警示一片。　（饶文波）

【纠治“四风”】 2020年，太原市纪委监委落实中央八项规定精神，对“四风”顽瘴痼疾出硬招实招。对照山西省落实中央八项规定精神正负面清单加强监督检查，把监督融入日常、做在经常，坚决防止老问题复燃、新问题萌发、小问题坐大。贯通日常监督和节点监督，深挖细查公款吃喝、私车公养、滥发津补贴等奢靡享乐问题，全市查处161起，批评教育帮助和处理307人，其中给予党纪政务处分191人，通报曝光典型案例47起。紧盯“居民小区隐蔽吃喝”这一监管盲区、滋生腐败的温床，联合公安、市场监管等职能部门，在全市范围内全面排查、精准打击，查处党员干部在隐蔽场所违规吃喝30人，督促取缔非法经营场所7处。开展领导干部违规在社团兼职问题专项治理，全市清理领导干部违规兼职196人，清退违规取酬39人272.75万元、违规占用办公用房688平方米。查处漏报、瞒报兼职事项等违纪违法问题23件，处理县处级以上干部17人。督促相关监管单位建制度、补短板，有效遏制利用社团掩护的隐性腐败。深入整治形式主义、官僚主义，着力在破解监督难、甄别难、取证难上创新举措，推动整治取得实效，全市查处形式主义、官僚主义问题67起，批评教育帮助和处理93人，其中给予党纪政务处分65人。针对基层填写疫情防控报表过多和多头报送问题，督促精简82.10%，切实为基层减负。

（饶文波）

【群众身边腐败问题整治】 2020年，太原市纪委监委坚持整治群众身边腐败问题，让群众的获得感幸福感安全感更多更实在。始终坚持人民至上理念，聚焦群众反映强烈的难点痛点焦点、最急最忧最盼问题，让人民群众切实感受到正风反腐就在身边。全市查处群众身边腐败问题429件，批评教育帮助和处理758人，其中给予党纪政务处分447人。依靠群众开展监督工作，认真贯彻落实《纪检监察机关处理检举控告工作规则》，畅通信访举报渠道，规范信访举报受理处置，全市各级纪检监察机关共受理检举控告7768件次，其中初次举报2724件次。强化“打伞破网”，深入开展“两个一律复核”（对查处黑恶势力但未见其背后保护伞的一律进一步复核，对查处黑恶势力未倒查主体责任和监管责任的一律复核）工作，查处涉黑涉恶腐败和“保护伞”问题21个，批评教育帮助和处理142人，涉黑案件全部查出“保护伞”并给予严肃处理；对涉黑涉恶案件做到纪检监察建议书应发尽发，及时督促案发单位剖根源、补短板，确保“行业清源”行动取得实效。针对套骗医保基金问题开展专项整治，建立线索通报、联合督查、协作整改机制，组织监督检查87次，批评教育帮助和处理29人；督促医保部门对全市医保定点医药机构监督检查实现全覆盖，解除医保服务2家、暂停医保服务4家，累计追回医保基金6838.74万元。省纪委监委肯定太原市整治成效，向全省纪检监察系统转发太原市的经验。

（饶文波）

民革太原市委员会

【思想政治建设】 2020年，民革太原市委会把强化政治理论学习放在首位，印发学习宣传贯彻中共十九届五中全会精神的实施方案，学习贯彻习近平总书记视察山西重要讲话重要指示。坚持系统学习习近平总书记关于新冠肺炎疫情防控和经济社会发展重要讲话和指示批示精神以及在庆祝深圳经济特区建立40周年、浦东开发开放30周年大会上的重要讲话精神，学习贯彻省委十一届十次全会、市委十一届九次全会精神。引深“不忘合作初心、继续携手前进”主题教育活动，提高思想政治教育实效。组织全市民革党员开展《民革前辈与新中国》《民革与新中国的建立》“我读两本书”活动，组织撰写心得体会，推进学习型支部建设。组织党员开展“同呼吸、共命运”抗击疫情主题作品征集活动，收到绘画作品6幅。在纪念抗日战争胜利75周年之际，组织基层支部采取瞻仰抗日战争纪念碑、纪念馆、观看电影《八佰》等形式，开展爱国主义教育。组织机关干部和基层支部骨干党员赴甘肃、陕西两地开展“观故居，走多党合作之路”活动，学习民革前辈与中国共产党亲密合作的优良传统。发挥市委会“微信公众号”“太原民革网站”“民革之声抖音”三大宣传教育平台和《太原民革》《学习》月刊、“民革党员之家”“民革大讲堂”四大宣传教育阵地功能作用，传播新思想、新理论、新精神，挖掘新亮点，展现新作为，讲好民革故事。（岳　佳）

2020年7月30日，民革太原市委会开展“八一”双拥慰问活动（民革太原市委会供图）

【组织建设】 2020年，民革太原市委会坚持讲政治、重团结、干实事有机统一，发挥好“关键少数”作用，加强“五种能力”建设。共发展新党员60人，高层次人才占全年发展党员总数的31.70%，净增长率为4.60%。截至年底，市委会共有党员1203人，其中，有民革特色的544人，占45.20%。博士7人，硕士76人，本科以上学历756人，占62.80%。正高级职称11人，占0.90%，副高级职称98人，占8.10%，中级以上职称473人，占39.30%。（岳　佳）

【参政议政】 2020年“两会”期间，民革太原市委会向市政协大会提交集体提案22件，市政协全会联组发言和大会发言6篇。《将医保年度总控分解为月季控制管理的建议》被市政协列为年度重点提案。

参加中共太原市委组织的双月座谈会，围绕《政府工作报告（征求意见稿）》、全市工业强市和高质量转型发展工作情况、全市重点工程建设情况等议题建言献策。按照市委统战部重点调研课题安排，深入调研，完成打造西北生态旅游圈、加快智慧交通建设等三个课题。

按照市政协年度协商计划安排，组织骨干党员赴上海、常州围绕碳基新材料助力产业发展展开专题调研，形成《关于推进晋祠、天龙山5A景区创建工作的建议》《打造碳基新材料创新产业园激发活力推进高质量发展》等一批调研报告。对接市科技局、农业农村局等部门，围绕推进农业高质量发展、汾河太原段生态治理和保护、加强社区综合服务设施标准化建设等重大课题开展调研20余次。

2020年7月31日，民革太原市委会与双拥共建单位开展庆端午节活动

（民革太原市委会供图）

做好社情民意信息的收集编撰和报送工作，全年收集社情民意信息425篇，向民革山西省委会、太原市政协报送213篇。全年被民革山西省委会以及省、市政协等部门采用96篇信息。此外，报送统战信息90余篇。（岳　佳）

【社会服务】2020年，民革太原市委会学习贯彻习近平总书记关于做好疫情防控工作的重要指示批示精神，向驻地社区、双拥单位、基层支部发放防疫物资。全市民革党员累计捐款33万余元，捐赠各类物资价值51万余元。

深入基层了解协调民革党员创办的76家企业复工复产面临困难和问题，组织开展“春风行动”，对娄烦县235名外出务工人员进行“一对一”就业指导，帮助解决外出务工人员复工就业和企业复工复产用工短缺问题。

落实市委统战部助力攻坚深度贫困“百千百”工程要求，组织民革企业家对接阳曲县、娄烦县13名贫困生开展捐资助学和智力扶贫。组织带领农业专家深入娄烦县天池店乡、阳曲县北小店乡实地调研6次，谋划特色农业产业布局，助力乡村振兴。

完成民革中央脱贫攻坚工作要求，组织开展“纳货出山·消费扶贫”——纳雍高山茶暨农特产品推介会（太原）和“我为扶贫下一单”活动，购买贫困地区农产品26.70万余元。

2020年，民革太原市委会承办“纳货出山·消费扶贫”——纳雍高山茶暨农特产品推介会

（民革太原市委会供图）

开展“博爱·牵手”关爱困难党员活动，走访慰问困难党员，带去民革中央主席万鄂湘署名的慰问信和民革中央、中山博爱基金会慰问金1万元。组织基层支部和中山品牌团队分赴古交市、娄烦县等地开展支教助学、送医下乡、文艺下乡和志愿者服务等活动，献爱心送温暖。（岳　佳）

【促进祖国统一】2020年，民革太原市委会落实民革中央祖国统一工作“三个坚持”指导方针，坚决遏制“台独”分裂势力，推动祖统工作深入开展。参加民革中央组织的祖统工作专题报告会。组织召开基层支部台情报告会，通过线上线下学习的模式，组织全市民革党员学习中共中央对台工作方针政策和民革中央领导人的讲话精神，增强广大民革党员促进祖国和平统一的信心和决心。赴忻州市忻口战役遗址和代县阳明堡飞机场遗址开展“长城与抗战”专题调研，促进台湾与山西的经济文化交流、加强山西抗战遗址保护、收集整理抗战老兵史料、开展山西抗战文化研学等方面座谈交流。组织各基层支部和祖统委委员开展“叙骨肉亲情、促心灵契合”主题征文活动，收到征文23篇。组织市台胞台属联谊会的民革党员理事

参加“迎中秋、庆国庆、盼团圆”中秋联谊会，坚定两岸一家亲的理念。组织市海联会民革党员理事参加市统战系统港澳台侨界“听党话、跟党走、迎国庆”爱国主义教育活动。组织党员参加全省民革“两岸一家亲、迎新送春联”活动，促进并台两岸文化交流。（岳 佳）

民盟太原市委员会

【思想政治建设】 2020年，民盟太原市委会不定期组织召开专题政治学习会议，充分利用主委办公会、常委会、机关例会等工作会议进行政治学习。集中学习习近平新时代中国特色社会主义思想，习近平总书记视察山西重要讲话重要指示，以及中共十九届五中全会和中央、省、市重要会议精神。学习贯彻《中共中央关于加强中国特色社会主义参政党建设的意见》《民主党派代表人士队伍建设规划（2018—2027年）》《各民主党派中央关于新时代组织发展工作座谈会纪要》三个文件精神等。（孟秀君）

【思想教育宣传】 2020年，民盟太原市委会围绕全国抗疫斗争取得重大战略成果，开展由上至下、覆盖全市基层组织和广大盟员的逐级谈心谈话工作，使全市盟员充分认识艰苦卓绝的抗疫斗争所诠释的中国精神、中国力量、中国担当，夯实多党合作的思想基础。出台《民盟太原市委员会深入学习宣讲中共十九届五中全会工作方案》，成立6个全会精神宣讲团，深入73个基层组织为广大盟员宣讲全会重要内容，使全市盟员对《中共中央关于制定国民经济和社会发展第十四个五年规划和二〇三五年远景目标的建议》内容深入理解、准确把握，增强“四个意识”，坚定“四个自信”，做到“两个维护”。收集编发重点宣传信息160余条，被国家级新闻媒体网站采用26条，省级新闻媒体网站采用37条。通过微信公众号、智能盟务OA系统、钉钉主页等发布宣传信息320余条，编印《太原民盟》杂志4期，广大盟员主动撰写并分享盟务工作日志343篇，民盟太原美术研究院、民盟太原新风诗社、民盟艺术团等文化艺术团体，组织动员盟员艺术家为打赢新冠肺炎疫情阻击战加油助力。（孟秀君）

【组织队伍建设】 2020年，民盟太原市委会组织发展注重主体界别领域，优化非主体界别结构，吸收政治素质强、年纪轻、潜力大的人才入盟，大力发展代表性人士。新发展盟员25人，中上层人士18人，占72%，高等教育2人，占8%，文化艺术9人，占36%。科学技术7人，占28%。成立青年工作委员会，为45岁以下后备干部的健康成长搭建平台。建立500人人才库，为发挥民盟界别优势提供智力保障。表彰基层组织42个，“抗疫先进盟员”59名，“优秀盟员”133名，以树立先进典型教育、鼓舞广大盟员。集中培训骨干盟员150人，推荐1人参加民盟中央组织的代表人士后备干部培养。（孟秀君）

2020年8月，民盟太原市委会机关干部职工参加文明交通志愿者活动

（民盟太原市委会供图）

【参政议政】 2020年，民盟太原市委会践行习近平总书记对民主党派提出的“四新”“三好”新要求，组织民盟太原市第十二届青年工作委员会委员、参政议政骨干成员以及部分新盟员共150余人，在山西省社会主义学院举办增强参政党使命提升新时代履职能力培训班。根据民盟省委、市政协调研任务安排，围绕省、市社会经济发展中心工作，组织骨干盟员和相关专家组成重点课题调研小组，以“文旅融合”“‘六新’突破”“产业转型”“农村产业发展”等课题为主，开展调研活动，向民盟省委、市政协撰写提交多篇高质量调研报告。上报省、市政协多篇集体提案，被市政协立案13篇，省政协立案6篇，为社会经济发展贡献民盟力量。（孟秀君）

【社情民意】 2020年，民盟太原市委会召开民盟太原市委会参政议政骨干培训会，制定《民盟太原市第十二届委员会常委、委员、基层支部主委参政履职工作考核办法》。建立盟员个人和基层支部社情民意信息积分排名制度，每周进行更新通报。修订《民盟太原市委会社情民意信息工作报酬标准》，适度提高高层级采用的报酬标准，引导信息工作由“增量”向“提质”转变。报送社情民意稿件至盟省委409篇、市政协392篇、市委统战部298篇。（孟秀君）

【社会服务】 2020年，民盟太原市委

2020年，民盟太原市委会开展消费扶贫活动　（民盟太原市委会供图）

会发挥界别优势，动员基层组织，深入农村、学校、社区开展义诊、慰问、支教、爱心捐助老品牌等社会服务工作20多次。致力脱贫攻坚，发布《民盟太原市委会消费扶贫活动倡议书》动员全市盟员开展消费扶贫活动，购买中阳县木耳1200千克。落实省、市委统战部“百千百”帮扶工作，召开专题会议安排部署，建立专门联系人制度，多次走访慰问，为阳曲县13名贫困在校生捐款捐物14万余元，为完成学业提供有力保障。（孟秀君）

民建太原市委员会

【思想政治建设】 2020年，民建太原市委会坚持周二学习日制度，全年集中开展政治理论学习27次。采取请进来、送出去的方式广泛开展会员学习培训，邀请中央社会主义学院和太原科技大学的专家学者为会员开展多党合作理论、民法典等方面的专题培训。举行庆祝民建成立75周年纪念大会暨2020年健步行活动，回顾中国民主建国会同中国共产党通力合作，投身建立新中国、建设新中国、探索改革路、实现中国梦的伟大实践。在太原晋商博物馆建立民建太原市委会教育基地，将民建优良传统与晋商文化相结合，团结、引导、教育全市民建会员传承晋商精神。开展国防教育主题参观，组织会员参观《致敬最可爱的人——纪念中国人民志愿军抗美援朝出国作战70周年图片展》，弘扬伟大的抗美援朝精神。打造宣传阵地，办好“民建太原市委会”公众号，充分发挥公众号及时便捷、受众面广、传播速度快的特点，及时报道市委会各项工作、宣传典型会员、弘扬社会新风尚。截至年底，公众号累计关注人数达1027人次，发布信息186条，点击量近3万次。《并州民建》发行4期3000余册，优化栏目设置，紧扣各项主题活动设置报道专栏，开设《疫情防控专栏》《机关建设·双拥先进、文明单位专栏》《学习贯彻中共十九届五中全会精神专栏》，宣传民建新作为，展现会员新面貌。（郝亚婷）

【组织建设】 2020年，民建太原市委会完善基层组织制度建设，分别指导10个支部建设会员之家，评选出首批8个魅力支部，提升基层组织建设的标准化和规范化水平。严格组织发展程序，贯彻执行《各民主党派中央关于新时代组织发展工作座谈会纪要》等组织发展政策规定，注重发展质量，规范工作流程，举办2期会员入会前培训班，2期新会员座谈会，为新会员颁发会员证并举行入会宣誓仪式，增强政治认同。全年发展会员55人，净发展率3.90%。截至年底，全市共有会员1291人，经济界会员占81%，企业界会员占24%，新社会阶层人士占4.30%，科级以上会员占7.10%。（郝亚婷）

【参政议政】 2020年，民建太原市委会坚持以新发展理念指导实践，围绕工业固废综合利用、发展循环经济、文旅协同发展、科技创新平台建设、企业品牌建设、老城区改造、“六新”突破、双循环战略和廉政建设等专题在双月座谈会上建言18条。围绕新基建中加快5G和工业互联网发展、太原市全域旅游发展等议题在市政协议政协商会上献策。增强履职联动性，在上年度调研课

2020年4月13日，民建太原市委会到太原市第二人民医院慰问

（民建太原市委会供图）

2020年10月23日，民建太原市委会组织老会员到杏花岭区南肖墙关帝庙城市记忆馆参观致敬最可爱的人——纪念中国人民志愿军抗美援朝出国作战70周年图片展　　（民建太原市委会供图）

题、社情民意及专门征集的基础上提炼19件组织提案报送市政协，立案15件。（郝亚婷）

【专题调研】 2020年，民建太原市委会围绕新基建、固废综合利用等分别赴青岛市、深圳市、朔州市等地开展实地调研。新基建、全域旅游、民营经济、食品安全、生态环境、工程建设审批、服务业等方面的18个课题通过结题评审，其中17个课题转化为社情民意报送有关部门，带动建言献策出成效。市直四支部赴汾河一坝调研推进汾河流域生态修复治理工作。迎泽区一支部赴中国人民银行太原支行调研疫情下金融机构扶持中小微企业发展情况。晋源区支部赴晋源区工匠孵化园对木艺产业进行调研等。（郝亚婷）

【社情民意信息工作】 2020年，民建太原市委会以信息化推进履职现代化，定期采用“钉钉”直播的形式开展“现场+线上”社情民意信息培训，提高会员的撰写能力和水平。围绕抓“六稳”、促“六保”、拓“六新”，通过社情民意小组微信群展开讨论，融合线上线下，使参政议政骨干能随时随地提出微建议，开展微协商。全年收到社情民意信息413篇，上报省民建、市政协、市委统战部、市委社情民意办公室等374篇，报送全国政协30篇，全国政协每日社情采纳4篇，民建中央采纳3篇，省政协转送4篇，市领导批示7篇，市政协单篇采纳133篇、综合采纳2篇，转送11篇，市级部门反馈1篇。（郝亚婷）

【社会服务】 2020年，民建太原市委会制订疫情防控工作方案，成立领导小组，发布倡议书。制作调查问卷并编印发放相关政策汇编，了解会员企业运营受疫情影响程度，帮助企业用好用足政策。深入60余家会员企业开展入企帮扶，助力会员企业复工复产。将入企收集到的企业发展困难，政策落实中存在的问题进行汇总整理，形成调研报告报送市委统战部，并在双月座谈会等场合提出建议和措施。围绕入企调研中发现的问题共报送社情民意信息30余条。慰问会员中的医务工作者，及时跟进宣传报道等工作。全市民建会员438人，累计捐款捐物86万余元，撰写相关社情民意164篇，多名会员企业家为租户减免租金累计1000余万元，22名医务人员扎根医疗一线，10余名会员坚守基层岗位。（郝亚婷）

民进太原市委员会

【思想政治建设】 2020年，民进太原市委员会强化思想政治建设，组织召开九届常委会暨理论学习中心组学习4次，学习习近平总书记视察山西重要讲话重要指示和中共十九届五中全会、民进十四届四中全会和全省各民主党派加强自身建设座谈会等精神。市委会领导与基层支部班子成员、基层支部主委与支部班子成员之间开展思想政治谈心谈话活动。以民进成立75周年为契机，开展“初心”教育。组织召开向马恩正学习专题报告会，科企支部等基层组织赴吉县开展重走马老扶贫之路活动。对

2020年9月，民建太原市委会志愿服务队在鼓楼街道府东社区开展创建全国文明城市活动　　（民建太原市委会供图）

会史资料进行整理，筹备编撰《太原民进发展简史》。组织开展“庆祝中国民主促进会成立75周年”“民进情缘”“我为转型综改做贡献”“战疫情，太原民进在行动”主题征文活动，收到征文117篇。开通“太原民进”抖音号，推广“太原民进”微信公众号。全年编辑印制《太原民进》会刊2期、《太原民进工作简报》12期，发布微信公众号63期，发布工作信息308篇，报刊网站采用140篇，其中《民主》2篇、《团结报》4篇、《山西政协报》8篇、《太原日报》4篇、民进中央官网29条、团结网10条、山西民进网52条。（郭　潮）

【参政议政】 2020年，民进太原市委员会围绕履职能力年度工作主题，制订《2020年履职能力建设主题年实施方案》，召开履职能力建设主题年工作推进会，完善议政调研机制，探索建立调研课题申报立项制度，为基层支部购置《参政议政实务集》《参政议政用语集》等书籍，提高广大会员参政议政意识和能力。按照“兴趣入手参加调研，做优本职工作培养行家，行家里面出专家，专家里面出成果”的参政议政思路，牢固树立质量意识和精品意识，加大课题调研力度和频次，参与市政协“大力推动文化旅游业融合化、品牌化发展，加快晋祠、天龙山AAAAA级旅游景区创建工作，努力打造国家全域旅游示范区”“社区服务和管理标准化、智能化建设，助推社区治理创新”和“大力加强科技创新，在新基建、新技术、新材料、新装备、新产品、新业态上取得突破的建议”等课题调研活动，完成民进山西省委会会展业体制机制改革、社区居家养老、中职教育校企合作和线上线下教育融合等4个调研课题和市委统战部现代服务业发展、工业遗产保护与文化运作、乡村旅游发展等3个调研课题，培育高质量参政议政成果。全年收到参政议政稿件552篇，上报信息317篇。《关于将传染病例医疗临床信息纳入中国疾病预防控制信息系统的建议》《关于对居家学习的学生开展网上体育教学活动的建议》被全国政协采用，民进中央采用6篇，省政协采用14篇。在市“两会”期间，向市政协全会提交19篇集体提案。（郭　潮）

【社会服务】 2020年，民进太原市委员会组织民进名师讲学团成员在晋源区实验中学进行高考考前辅导3次。市直综合二支部、文企支部、教育联合支部等基层组织开展“助力创城·书香社会”图书捐赠微公益活动。参加教育部组织四川省凉山彝族自治州越西县北城小学支教活动，赴贵州金沙县长坝镇中学参加民进山西省委会“同心·彩虹行动”送教活动。参加化二建医院抗疫医疗队赴尼日利亚开展国际医疗援助。推动全市统一战线助力脱贫攻坚“百千百”工程，为娄烦县静游镇9名大学生扶贫助学3.60万元，市中心医院支部、太原学院一支部、文企支部赴静乐县石家沟村、汾阳市见喜村开展义诊活动，法律综合支部、教育联合支部等基层组织赴古交市嘉乐泉学校开展“家校共育”结对帮扶捐赠活动，晋源区二支部开展“衣旧情深、爱满暖冬”捐赠活动。组织民进开明画院开展“春联万家”七进活动，进街道办事处、进会员之家、进政协机关、进偏远农村、进文旅景区、进培训学校、进军区兵营，书写春联4600余幅、福字5000余张。（郭　潮）

农工党太原市委员会

【思想政治建设】 2020年，农工党太原市委员会把学习贯彻习近平新时代中国特色社会主义思想、中共十九届五中全会精神作为首要政治任务。领导班子成员发挥引领作用，先学一步，深学一层，活学活用。发挥主委会议、常委会议、全委会议等平台作用，以思想建设为核心，以制度约束，加强政治理论学习，引导全市农工党党员充分认识在中国共产党领导下中国发展取得的伟大成就，增强“四个意识”，坚定“四个自信”，做到“两个维护”，始终在思想上、政治上、行动上同以习近平同志为核心的中共中央保持高度一致，同中国共产党站在一起，想在一起，干在一起。发挥“一网一微一刊”宣传教育阵地作用，宣扬正能量，讲好农工好故事。

举办庆祝中国农工民主党成立90周年座谈会。开展“我和我的组织”口述党史活动，开展庆祝中国农工民主党成立90周年征文活动，引导广大党员学习农工党与中国共产党亲密合作光荣历史，继承和发扬农工党“爱国”“革命”“奉献”优良传统，总结多党合作宝贵经验，搞好政治交接，在重温历史中铭记合作初心，在弘扬传统中深化政治共识。（赵晋春）

【政治协商】 2020年，农工党太原市委员会在中共太原市委、市政府召开的党外人士双月座谈会、情况通报会上，就坚持和完善中国特色社会主义制度、推进国家治理体系和治理能力现代化、经济工作、工业强市、政府工作报告等重大议题，发表协商意见和建议。

（赵晋春）

【参政议政】 2020年，农工党太原市委员会围绕转型综改、工业强市、5G建设、公共卫生、科技创新等重大部署参政议政、建言献策，向市政协十三届四次会议提出集体提案11件、个人提案30余件，其中，《关于整合资源全力打造文化旅游支柱产业的建议》被列为市政协重点提案，《关于西山生态修复治理中金融支持的困境和建议》做大会发言。（赵晋春）

【调查研究】 2020年，农工党太原市委员会召开调研立项座谈会，完成调研报告9篇，其中4篇调研报告被农工山西省委立项，《调整行政区划，加快推进中部盆地城市群一体化的调研报告》

被省委会评为优秀调研报告。聚焦习近平总书记提出“六新”，围绕省委书记楼阳生在党外人士座谈会上提出的14项重点调研课题，形成《立足本地状况，夯实基础产业，大力发展新装备》调研报告，提交市政协，受到市委和市政府肯定。（赵晋春）

【社情民意】 2020年，农工党太原市委员会征集社情民意和统战信息220余篇，其中编辑、修改、整理、报送140篇，农工中央采用1篇、省政协采用4篇、农工省委采用16篇、市政协采用19篇。（赵晋春）

【社会服务】 2020年，农工党太原市委员会承担社会责任，弘扬助人为乐、无私奉献精神，在教育扶贫、健康扶贫等方面发力，助推脱贫攻坚。5月28日，农工党太原市直七支部和古交总支在太原市晋善国学幼儿学举行捐资助村活动，为红崖头村捐助智能黑板13块、课桌60套、饮水机1台及书本若干套。在尖草坪区柏板乡卫生院开展送健康义诊活动两次。8月28日，组织党员赴东窑村开展义诊帮扶工作，赠送100余套毛巾及衣服。为娄烦县5名贫困大学生和阳曲县3名贫困学生救助助学金2.40万元。开展消费扶贫活动，购买中阳县木耳1088千克，价值87000元。助力疫情防控，捐款84440元，捐助物资价值97100元。（赵晋春）

九三学社太原市委员会

【组织建设】 2020年，九三学社太原市委员会组织发展工作坚持“三为主”方针，根据中央《各民主党派中央关于新时代组织发展工作座谈会纪要》中“年净增率不超过4%”的要求，全年择优发展新社员13名，全部为研究生学历，其中，高级职称2名，中级职称11名。截至年底，全市有社员361名，主体界别占到78.60%。（白 洋）

【参政议政】 2020年，九三学社太原市委员会在市政协十三届四次全会上，提交17篇团体提案。其中，提案《强化新型智库建设，助力工业高质量发展》做大会发言，提案《做好我市“新基建”产业布局的建议》作联组会发言，并在《山西政协报》上专题刊登。《关于加强全市技能人才队伍建设的建议》被列为重点督办提案，市政协进行专题调研，并进行座谈交流。

根据太原市委十一届六次全会工作部署，启动《晋祠—天龙山景区创建国家AAAAA级旅游景区工作方案》。九三学社太原市委员会组织调研组开展晋祠、天龙山创建AAAAA景区系列调研，完成《晋祠—天龙山创建国家AAAAA级景区调研报告》，提交市政协。围绕“六新”课题，赴南京、无锡、杭州等地调研，形成《以智能制造技术提升为突破口推动科技创新环境建设调研报告》，在市政协主席会议会上建言献策。

围绕省委书记楼阳生给各党派的调研课题，结合中医药发展情况，形成《太原市中药材产业发展调研报告》。围绕康养产业，形成《加大政策扶持力度，促进康养产业与乡村振兴战略深度融合调研报告》，提交社省委。向社省委提交6篇高质量省政协团体提案。（白 洋）

【政治协商】 2020年，九三学社太原市委员会组织课题组多次调研，完成《增强全市传统产业生命力，加快推进科技创新平台建设》《如何进一步推进全民义务植树、从创新机制、完善政策扶持上加快国土绿化步伐》《关于对医疗废物、废水科学合理处置的调研》三个重点课题调研和撰写任务。

在市委六次双月座谈会上，围绕《市政府工作报告（征求意见稿）》、工业强市高质量转型发展工作情况、重点工程建设情况、经济运行、巩固提升脱贫攻坚成果、党风廉政建设和反腐败工作等中心议题积极调研，提出建议意见20余条，多条建议被采纳。

参与立法建设，为《太原市城市绿化条例（修订草案）》《太原市院前医疗急救服务条例（草案）》《太原市城市供水管理办法》《太原市城市节约用水条例》《太原市发展新型墙体材料条例》《太原市养老机构条例》《太原市雷电灾害防御条例》《太原市旅游条例（立法协商稿）》等法律法规提出30余条修改意见。（白 洋）

【民主监督】 2020年，九三学社太原

2020年10月，九三学社太原市委会举办纪念建社75周年活动

（九三学社太原市委会供图）

市委员会各级人大代表履行代表义务，发挥代表作用，各级政协委员参加政协组织学习、考察和民主评议活动，履行政协委员责任和义务。担任政府部门特约监督员和纪检监督员社员，以高度政治责任感和使命感，在行风评议中关注民生、敢于直言、勇做诤友，发挥九三学社民主监督职责。与两家对口协商单位（市科技局和市卫健委）联系交流，了解两家单位的工作情况，并征求对领导班子及班子成员意见。（白　洋）

【主题教育实践活动】2020年，九三学社太原市委员会开展各类主题教育活动。为纪念九三学社创建75周年和中国人民抗日战争暨世界人民反法西斯战争胜利75周年，举办建社75周年主题征文活动，征集到征文50余篇。采取线上线下相结合的作答方式，举办社章社史知识竞答活动，回顾九三历史，憧憬九三未来。组织社员观看爱国电影《八佰》，学习先烈们百折不挠、勇往直前的精神。（白　洋）

太原市工商业联合会

【思想政治教育】2020年，太原市工商业联合会通过开展培训、举办宣讲会以及名家名企讲座等方式，突出对民营企业家的思想引导，成立太原市青年企业家教育实践基地，召开青年企业家“代际传承”座谈会。组织召开5场宣讲会，解读中共十九届五中全会和《习近平谈治国理政》精神，加强民营经济人士思想政治工作。号召全市企业家和商会组织为抗击疫情做贡献，市民营企业和商会组织捐款捐物达5300余万元，彰显出企业家的责任和担当。（李维秀）

【参政议政】2020年，太原市工商业联合会围绕市委、市政府实施工业强市战略、支持民营经济发展、深化文明城市创建等中心工作，向市政协报送团体提案、大会发言和社情民意40余件。《关于加快推进我市中小微企业改制上市的建议》等2件团体提案被列为市政协重点提案，《关于积极发展服务型制造的建议》等3件团体提案被省工商联采用，报省政协。17件社情民意被市政协采用，2件被省政协采用，1件报全国政协，3件被市领导批示，转市财政局、市统计局等多部门联合办理，均得到相关部门反馈。（李维秀）

【调查研究】2020年，太原市工商业联合会配合全国工商联、省工商联开展疫情防控、民营企业复工复产稳产情况、民营经济运行情况等线上调查30余次，实地走访复工复产企业20余家，为党委、政府了解企业情况提供大量有效信息。围绕太原市“六新”产业、民营经济政策落实等事关全市发展大局中心工作，赴省外调研3次，在市内召开数次企业家座谈会，实地走访商会和民营企业21家，发放企业建言卡100余张，收回意见建议160余条，形成《关于加快民营经济发展系列决策部署贯彻落实情况的视察报告》等调研报告6篇。（李维秀）

【企业服务】2020年，太原市工商业联合会为企业送政策，与市科技局等部门共同举办5场惠企政策宣讲解读会，培训科技型企业500多家，编印《支持民营企业发展政策汇编》和《疫情防控解困政策摘编》，发放到企业和商会中。深化服务平台，与相关部门对接联动，召开“智慧城市”数字经济、农民工劳务欠薪问题等专题政企对话会3次。深化与市检察院合作，在市工商联正式挂牌检察院联络室，为民企提供法律服务。搭建银企对接平台，联合金融机构举办两次银企对接会，助力解决中小微企业融资难题。深化校企合作，与山西财经大学工商管理学院合作签约，开启校企合作。阳曲县工商联联合科技局现场帮助企业解决科研攻关难题，推动30家企业进入国家科技型中小企业库，20多家民营企业被培育成为高新技术企业。（李维秀）

【招商引资】2020年，太原市工商业联合会发挥以商招商优势，加大商会和企业以商招商培训和政策解读力度，提升商会和企业以商招商意识和能力。深入调查研究，了解商会和企业在以商招商过程中的需求、问题和建议，邀请市促投局负责人就政策问题与企业家们进行座谈交流。组织商会和企业参加各类经贸交流会，赴外地考察调研，加强与外地商会和企业交流合作，宣传太原招商引资政策，为以商招商奠定基础。

（李维秀）

【民企发展问题投诉处理】2020年，太原市工商联根据市委、市政府关于《太原市民营企业发展问题投诉处理办法》文件要求，成立民营企业发展问题投诉处理办公室，并与相关部门建立联络机制，集中受理民营企业反映的供暖、欠薪、拆迁等问题，通过转办、交办各区政府、人社局、司法局等多部门联合协调处理，推动问题协调解决。与市司法局联合印发《关于建立太原市民营经济领域纠纷调处工作机制的通知》，为民营企业发展问题投诉处理办公室协调处理投诉事项提供条件。（李维秀）

太原市总工会

【职工文化活动】 2020年，太原市总工会开展以“战疫情、聚合力、助发展”为主题的线上文艺展演活动，征集微视频作品150余个，展示全市职工在抗击疫情、复工复产和推动发展中的感人故事。开展第三季“阅读悦美”网上读书活动，得到广大职工积极响应。举办全市职工“健身抗疫·幸福龙城”健身操和啦啦操比赛、“职工嘉年华、快乐嗨翻天”、职工趣味运动会等线下系列活动。建设“职工书屋”380多个，总面积近20万平方米，有期刊4000种、图书4万余册，有5万余名职工申请为读书会员。（李　璟）

【困难职工帮扶】 2020年，太原市总工会落实工会组织包联困难企业、工会干部包联困难职工“双包”联系制度，实行“挂图作战”，逐户“对账销号”，确保进度和成效。按照全国总工会和省总工会要求，用足用好各类帮扶资金，先后为在档困难职工发放中央、省财政专项帮扶资金370万元，对深度困难职工每户每半年增发2000元疫情生活补贴。配合全国总工会第三方评估机构完成对城市困难职工解困脱困工作成效评估，评估结果为全省最优。向困难职工家庭发放“爱心奶”19万余份，组织在档困难职工和相对困难家庭开展“烟头革命”，解困脱困133户。（李　璟）

【转型职业技能竞赛】 2020年，太原市总工会在全市组织开展百万职工聚焦“六新”助力转型职业技能竞赛，1014个单位、89.67万人次参与竞赛。竞赛涵盖全市重点行业、重点工程、重点项目等16个领域、56个行业、136个项目。涵盖48个“六新”工种，突出5G网络、物联、装备、智能制造等多种新型产业，在职工中形成广泛影响。（李　璟）

【劳模评选表彰】 2020年，太原市总工会完成各级劳模推荐评选工作，推选全国劳动模范7名、省五一劳动奖状6个、劳动奖章29名、省工人先锋号11个。市模范单位（集体）80个。召开全市劳模表彰暨第三届“晋阳工匠”命名大会，市委、市政府对全市150名劳动模范、100名“晋阳工匠”、30名市特级劳模和120个工人先锋号进行表彰和命名，奖励710万元，激发全市职工创新创造热情。建设职工创新工作室，对20个创新工作室和20个优秀创新工作室进行命名，分别给予3万元创建奖励。2个工作室被全国总工会授予全国级创新工作室、8个工作室被省总工会授予省级创新工作室，促进技术进步、孵化创新人才示范引领和骨干带头作用得到增强。（李　璟）

【就业技能培训】 2020年，太原市总工会按照“服务供给侧改革，推动创新劳动，提升职工素质”工作方针，投入170万元，开展转岗分流职工和剩余劳动力技能培训。采取“工会+企业”集中办班模式，坚持理论与实践、专家授课与工匠传技相结合，在中车、大众、西山煤电、市政等企业办班16期，对3395名职工按需求、分批次实施订单式培训。为家政行业培训农民工、下岗职工1100人，提升创业创新内生动力。（李　璟）

【关心关爱职工活动】 2020年，太原市总工会投入900余万元开展两节“送温暖”活动，慰问一线职工1.60万人次。“安康伴我行·清凉度一夏”活动投入资金310余万元，由单一慰问活动，扩展到为一线职工“送关爱、送法律、送文化、送健康、送文明、送安全”的“六送”套餐。扩大“金秋助学”范围，为在档困难职工子女中的普通高中学生全额减免在校住宿费用。中秋、国庆两节期间投入15余万元，组织“五送”进工地活动，慰问农民工3000余人。（李　璟）

【职工维权服务】 2020年，太原市总工会开展送法到基层活动，服务职工3万余人次。开展“尊法守法·携手筑梦”

服务农民工公益服务。加强对法律援助工作站及受聘律师管理。建立15个劳动争议调解室，组织集体合同与工资集体协商月活动，家政服务行业开展集体协商。开展“安康杯”竞赛活动，覆盖企业3000多家，参赛职工近百万人。开展应急救援技能实训、知识竞赛、“送安全送健康”、先进经验观摩等“服务基层、促进安全生产”系列活动。

（李　璟）

【公益项目建设】 2020年，太原市总工会投入2.35亿元实施太原工人文化宫大修改造工程，投入8400余万元实施太原工人俱乐部重建工程，投入960万元实施市工会职工服务中心改造项目，投入600余万元实施“智慧工会”建设项目。全市各级工会以加强对职工人文关怀和心理健康服务为重点，建成136家“妈咪小屋”、148家“爱心驿站”和4家“暖心服务站”，为户外工作者和特殊人群提供贴心服务，在高德等网络地图开启“一键导航”功能，方便职工群众查找使用。（李　璟）

【基层工会组织建设】 2020年，太原市总工会印发《太原市基层工会组织建设专项攻坚行动实施方案》，全市各级工会广泛动员，集中时间、集中力量进行大走访、大排查、大作战，以货车司机、家政服务员、保安员等8大群体为主要对象，推进实地实体型法人单位建会入会工作，全年新组建百人以上企业工会125个，完成百人以上企业全部建会目标。新建工会组织1654个，是上年的4倍。新发展会员8.70万人，是上年的2.50倍。（李　璟）

共青团太原市委员会

【组织建设】 2020年，共青团太原市委员会在全市4131个团支部中开展对标定级工作，加强和提升团的基层组织建设。拓展对“两新”组织工作覆盖，在98个“两新”单位建立团组织128个。建立学社衔接流动团员团支部104个，接转团员57363人。推进青年之家建设，申报标准性青年之家8家，示范性青年之家4家，打造1家“青年之家”为市级旗舰店，承担资源整合和项目统筹职能，带动全市“青年之家”运转，全市87家“青年之家”开展线上线下活动512场，服务青少年15725人次。

坚持总量控制，强化编号管理，全年计划发展团员9010名，各级团组织按照名额分配严格发展团员，按照德智体美劳全面发展要求，建立综合评价标准，把有家国情怀的优秀青年吸纳进团的组织。部分中学结合工作实际出台《入团标准要求》，制定“八个一”及“推优入团”基本要求，规范入团程序、提高团员准入门槛。全市初、高中阶段毕业班团学比例分别为5.43%、41.53%。

（王羿舒）

2020年2月25日，太原市总工会向市税务局赠送防疫物资并表示慰问

（市总工会供图）

【青少年理想信念教育】 2020年，共青团太原市委员会紧抓五四青年节、抗战胜利75周年、抗美援朝出国作战70周年等重要节日节点，开展仪式教育及制度自信教育，激发广大青年爱国热情。动员全市各级团组织开展“绽放战‘疫’青春·坚定制度自信”“红色耀三晋·青年永传承”主题宣传教育活动320余场，覆盖团员青年8万余名。培育践行社会主义核心价值观，开展太原市向上向善好青年推选活动，选树150名来自各行业、各领域的优秀青年典型，为团员青年树立学习榜样。

（王羿舒）

【青少年成长服务】 2020年，共青团太原市委员会加强预防青少年违法犯罪专项组建设，成立由22家单位组成的市委平安建设预防青少年违法犯罪专项组，明确预防青少年犯罪工作总体方向、目标要求和具体任务，为多措并举合力推进预防青少年犯罪工作提供制度保障。打造“12355”青少年公共服务台，“12355”热线共受理咨询1393次。强化青少年政治参与，深化共青团与人大代表、政协委员面对面活动，举办面对面活动4次，反映青少年利益诉求。深化未成年人司法保护综合服务，指派维权专员作为合适成年人到场参与讯问198次，参与涉罪未成年人帮教矫治28件，参与涉罪未成年人社会调查11次，参与未成年被害人救助6件。服务新兴领域青年，建立“青春驿站”65家，直接联系青年社会组织61家，累计联系新兴领域青年320人，开展“青春伴飞”公益课堂4场，为新兴领域青年和青年社会组织提供更贴心的服务。

（王羿舒）

【青年就业创业服务】 2020年，共青团太原市委员会组织大中专院校开展“千校万岗”建档立卡毕业生就业帮扶行动，累计帮扶70名建档立卡家庭毕业生实现就业。通过抖音、快手、微信直播平台，举办线上招聘41场，点击量430万次，提供就业岗位近万个。搭建支持青年创新创业创造服务平台，举办第六届太原青年创业创新大赛，争取市人才资金500万元奖励大赛获奖项目，吸引全国402个项目、1000余名参赛者报名参赛，选拔优秀项目40个，聘任创业导师90名，命名“太原青年创业基地”11家。 （王羿舒）

【网络舆论引导】 2020年，“青春太原”新媒体平台粉丝总数100余万人，发布推送信息2500余条，阅读转发点赞量200余万次，发布短视频600余条，总浏览量3682.50余万人次。开展直播活动70场次，吸引600万余人次观看。

（王羿舒）

【助力人才兴市】 2020年，共青团太原市委员会开展学子归巢青年学子座谈会，宣传发展新政策、新形势。在42所一流大学中建立太原市学子归巢工作站，线上累计辐射4544名青年学子。建成2个青年人才驿站，推动生活保障、就业帮助、创业帮扶、城市融入、跟踪培养等五方面十二项服务措施落地，吸引青年学子到并创业就业兴业。

（王羿舒）

太原市妇女联合会

【概况】 2020年，太原市妇女联合会（以下简称太原市妇联）以习近平新时代中国特色社会主义思想为指导，全面贯彻中共十九大和十九届二中、三中、四中、五中全会精神，贯彻落实习近平总书记视察山西重要讲话重要指示，按照省委“四为四高两同步”总体思路和要求、市委创新转型发展战略部署，坚持党建带妇建，发挥“联”的优势，做实“家”字文章，在思想引领上高举旗帜，在服务大局服务妇女上勇挑重担，在妇联改革上持续深化，多项工作走在全省前列。 （符晓伟）

2020年1月3日，太原市妇联启动“把爱带回家·巾帼暖人心”温情行动

（市妇联供图）

【公益宣传活动】 2020年，太原市妇联响应人才兴市战略，联合市人才办等举办单身男女主题联谊人才专场13场，精准服务1500余人，达成交往意向200余对，帮助广大人才回家、建家、安家。

1月2日，市妇联在家风家教实践基地——中华傅山园举办“把爱带回家”双百万寒假特别行动。市妇联、市教育局、市民政局、市公安局、市司法局、市妇儿工委办、团市委七部门相关活动负责人，以及中北大学青年志愿者、巾帼志愿者、骑行协会各类志愿者、学生代表共计500人参与活动。

1月3日，市妇联响应全国妇联等七个部门共同开展“把爱带回家”双百万寒假特别行动，在迎泽街办举行“把爱带回家·巾帼暖人心”温情行动启动仪式。为1210名困难群众送去新年祝福，发放近36万元的慰问品。

9月8日，市妇联“巾帼助学·铸人筑梦”贫困大学生资助仪式在清控创新基地举行，60余名巾帼助学学子汇聚一堂。累计资助388人，救助金450万元。

10月23日，市妇联、杏花岭区妇联和三桥派出所在龙潭公园联合开展以“筑牢安全防线，建设平安家庭”“预防电信网络诈骗，助力文明城市创建”为主题的宣传活动。向群众宣传家庭用电、用气等安全知识，发放安全生产和预防电信网络诈骗宣传资料，共发放各类安全知识手册、折页、倡议书和预防电信网络诈骗等宣传资料1200余份，解答群众咨询50余人次。 （符晓伟）

【妇联工作调研】 2020年3月24日至4月10日，太原市妇联开展“送奖到基层，调研访妇情”活动，为17个获年度“巾帼文明岗”“巾帼建功标兵”的先进集体和个人送去牌匾、证书并表示祝贺、慰问，对疫情防控、春耕备耕、复工复产、难点堵点等情况进行调研。

（符晓伟）

【妇联职业培训】 2020年8月25日，太原市基层妇联维权干部业务知识培训班在杏花岭区委党校开班开课，培训采取线上线下相结合的形式进行。

（符晓伟）

【志愿服务】 2020年3月4日，太原市妇联启动“把爱带回家”结对志愿服务工作，印发结对方案和工作制度。重点关注复工复产后留守儿童和困境儿童的身心健康，首批有39位志愿者对接78组留守、困境儿童家庭，分四组开展为期8个月的心理支持、学习支持。

3月12日，深入山西华辰高科农业观光有限公司调研指导复工复产工作，宣传关于复工复产的政策措施和复工复产防疫知识，引导基地科学有序复工复产。市妇联微信公众号设立“居家防疫、网上学技”专题，推送农业生产发展、创业就业和健康生活等课程，帮助妇女学知识、强技能，为复工复产积蓄力量、提升能力。为帮助广大女性在疫情期间足不出户，就能通过手机、网络平台找到合适工作岗位，市妇联举办“春风送岗 职等你来”招聘活动5期，在微信公众号上定期发布招聘信息，助力复工复产女性网上就业。（符晓伟）

【主题联谊活动】 2020年6月1日至6月2日，太原市妇联机关干部分四组到10县（市、区）开展“六一”慰问活动。6月8日，市妇联携手中国妇基会、省妇儿基金会联合开展“感恩生命、守望未来”儿童健康成长“家校平安”公益项目，在尖草坪区第三中学校启动。

9月12日，市妇联、市教育局联合举办单身男女主题寻爱行动——教师专场在湖滨国际大酒店户外平台开场，200名单身男女联谊相约。

10月31日，市妇联、市委人才办、山西转型综合改革示范区团工委联合主办的主题联谊活动人才专场第二场开场，180名单身男女联谊相约。（符晓伟）

【双拥共建活动】 2020年7月，太原市妇联联合市退役军人事务局、太原警备区政治工作处开展太原市最美军嫂、最美爱国拥军家庭推选活动，经过层层推选，评审公示，推选出一大批热爱祖国、情系国防的最美军嫂和最美爱国拥军家庭。“八一”期间，市妇联在官方微信公众号设立《最美军嫂风采展》《爱家故事会》等栏目，宣传展示各条战线上军属支持国防、热爱工作、无私奉献、夫妻和睦、家庭美满的良好形象。

7月24日，市妇联举办国防教育专题讲座，增强妇联干部对国际国内形势的认识。7月30日，市妇联组织广场舞队伍“真爱舞蹈团”深入驻并部队慰问演出，与战士们欢聚一堂，共迎“八一”建军节。8月2日，市妇联主办，市婚姻家庭建设协会协办的首场军地联谊活动举行，150名单身男女参加。9月9日，慰问入伍新兵仪式在市民兵训练基地举行，市妇联向入伍新兵赠送慰问品，总价值7万元。（符晓伟）

【就业服务】 2020年2月26日，太原市妇女联合会启动2020“春风行动”女性专场网络招聘活动，为广大妇女搭建特殊时期的求职就业平台，实现用工企业和女性求职者的精准对接。（符晓伟）

太原市文学艺术界联合会

【概况】 2020年，太原市文学艺术界联合会（简称太原市文联）学习贯彻习近平总书记视察山西重要讲话重要指示、贯彻落实中共十九届五中全会、省委十一届十次全会和市委十一届九次全会精神，按照省委“四为四高两同步”总体思路和要求，团结带领全市广大文艺工作者，坚持以人民为中心的创作导向，开展精心打造品牌活动，不断推出精品佳作，促进文化交流，建设一流文艺队伍，推动太原文艺事业的繁荣发展。（李增明）

【文学艺术活动】 2020年，太原市文联贯彻落实中宣部“我们的中国梦·文化进万家”活动安排部署，组织文艺志愿者走进中华傅山园、市妇幼保健院、省军区太原第二离职干部休养所和阳曲县北小店村开展文艺志愿活动。

1月至4月，市文联组织创作抗击新冠疫情文艺作品1673件（组），在太原文艺网发布24期抗击疫情主题书法、美术、摄影微展，在太原新闻网发布7期书法、美术、摄影微展。

6月，市文联、太原广播电视台和中共清徐县委、县政府主办，市作协、市朗诵演播协会、清徐县委宣传部、清徐县文联承办，太原舞蹈团、市视协、市音协协办，在六味斋云梦坞文化产业园举办“诗约春天”歌吟新时代朗诵音乐会，音乐会围绕抗击疫情、全面建成小康社会、乡村振兴战略和脱贫攻坚战四大主题，分为雨过天晴、春暖花开、幸福小康、美好生活和尾声五个部分，展现省城人民战疫情、奔小康、兴文化、建家园的高昂斗志和向上向善的精神风貌。

7月，市委宣传部、市总工会、市退役军人事务局、市文联、太原文学院主办，市曲协、市音协、市舞协承办，在武警太原支队举办迎“八一”双拥慰问演出。

8月，市文联组织文学、书法、美

2020年6月，太原市文联在六味斋云梦坞文化产业园举办“诗约春天”歌吟新时代朗诵音乐会 （市文联供图）

2020年8月，太原市文联组织“文明太原、创城有我”文艺志愿服务小分队巡演 （市文联供图）

术、摄影等门类艺术家，开展“走向我们的小康生活”文艺采风体验活动，创作书画摄影作品2700余幅（件），其中320余幅（件）优秀作品结集成册，并在迎泽公园晋商博物馆举办书法、美术、摄影展。

9月，市文联围绕“文明太原、创城有我”主题，深入农村、社区、军营、企业、工地等基层一线，组织44场文艺志愿服务小分队巡演，提高太原市创建全国文明城市的知晓率、支持率和参与率。

11月，市文联主办，市民协、市锣鼓协会承办，在山西省戏曲职业学院华夏剧场举办“鼓舞龙城·决胜小康”民间文艺鼓乐惠民专场演出，以文艺形式与广大市民群众同心协力共筑幸福小康路。

12月，市文联主办，市曲协承办，在太原市青年宫演艺中心举办省城第八届曲苑迎春晚会。

春节、七夕、中秋、重阳等传统节日期间，市文联组织文艺志愿者赴中华傅山园、新店社区、中正天街、省军区太原第二离职干部休养所开展以“我们的节日”为主题的文艺志愿服务活动。

（李增明）

【文艺创作研究】 2020年6月至9月，太原市文联组织20位作家深入娄烦县、阳曲县的22个村（企），创作22篇脱贫攻坚题材纪实文学作品。10月，以增刊形式在《都市》刊发。12月，作品结集《小康路上》，由山西经济出版社出版。《太原文学史》古代部分和现当代部分写作任务全部完成，古代部分提交北岳文艺出版社出版。

8月，太原文学院集体编辑、张守耀主编的《〈都市〉六十年优秀小说选》由北岳文艺出版社出版，编选1959年至2019年间的32篇在《太原文艺》《城市文学》（《都市》的前身）以及《都市》刊发的长篇小说（节选）和中短篇小说，从不同侧面展现各个时期的城市生活风貌和普通人的精神世界。

11月，太原文学院在晋学苑连续第12年举办名刊名家对话太原作家座谈会，特邀《收获》资深编辑王继军、《广州文艺》编辑部主任陈崇正、《长江文艺》选刊版副主编兼编辑部主任鄢莉，与太原作家面对面交流，参会人员达70余人。

12月，太原文学院与山西省作协联合主办中长篇小说创作研修班，邀请中国社会科学院研究生院教授、中国当代文学研究会会长白烨，中国作家协会主席团委员、茅盾文学奖获得者柳建伟等专家学者与省城作家面对面交流，参会人员200余人次。

12月，太原文学院承办山西省第二届儿童文学创作研修班，邀请陕西师范大学人文社会科学高等研究院特聘研究员、北京师范大学文学院二级教授、博士生导师王泉根和中国寓言文学研究会副会长、儿童文学作家、诗人、评论家安武林作题为《儿童文学的十个关键词》《我与儿童文学》的专题讲座。

同年，太原文学院举办“写作课——一篇小说的诞生”系列创作研讨论坛，围绕长篇小说《丧家犬》产生过程、小说灵感、素材来源、视角结构、语言节奏、人物设置等，邀请主讲嘉宾马拉、杨遥、陈克海、浦歌、李苇子、杨凤喜、张敦、贾若瑄、钟小骏等交流研讨。太原文学院连续9次在钉钉平台举办山西大学生网络改稿会开放式直播授课，挖掘有潜质的青年作者，参会人

2020年11月，太原市文联在华夏剧场举办“鼓舞龙城·决胜小康”民间文艺鼓乐惠民专场演出 （市文联供图）

2020年12月，太原市文联在市青年宫演艺中心举办省城第八届“曲苑迎春”晚会　（市文联供图）

员1000余人次。遴选扶持太原作家杨光伟创作的长篇科幻小说《乱序人生》（暂定名）出版。

同年，市文联组织中国古典舞蹈作品赏析、古代蒙学的现实意义等7场线上线下文学艺术大讲堂活动。《都市》杂志增设《山西纪实文学四十年》专栏，开设《春林聊长篇》专栏，出版《儿童文学作品专辑》《山西作家散文专辑》《高校学生文学作品专号》，推出《“幸福小康路”纪实文学作品》《锦绣太原》增刊，集中刊发抗疫作品及公益广告，《都市》装帧设计获得第十七届山西设计奖一等奖，实现山西设计奖六连冠。　（李增明）

【文艺类获奖情况】 2020年，蒋韵创作的中篇小说《我们的娜塔莎》，首发于《收获》杂志，获得“松山湖·《十月》年度中篇小说榜”上榜佳作（2020）。长篇小说《你好，安娜》入选深圳读书月年度十大好书。苏二花中篇小说《社火》获赵树理文学奖。蒋殊长篇纪实文学《沁源1942》获得中国散文学会年度大奖。崔昕平《中国少儿科幻的“当代”观察》获得首届少儿科幻星云奖科幻评论银奖。手指小说《问李军亮好》获得首届汾酒杯《山西文学》双年奖。山西省脱贫办“我所经历的脱贫攻坚故事”征集展示展播活动，孟中获得文字类二等奖，高璟获得三等奖，蒋殊、苏二花获得优秀奖。市文联获山西省作家协会2020年度文学创作成绩奖。

晋剧《傅山进京》获文化部“庆祝中国共产党成立100周年舞台艺术精品创作工程”“百年百部”传统精品复排计划重点扶持作品。著名晋剧表演艺术家谢涛获得中国艺术研究院主办的2019年度张庚戏曲学术提名表演艺术奖，当选第九届中国戏剧家协会副主席。

徐劲松《黄河水天上来》获黄河风情全国摄影作品展一等奖。樊丽勇作品《快乐皮影戏》获笑声里的中国摄影大赛一等奖。李兰平作品《目》入选第三届珠海国际摄影展自由组作品。

赵爱萍编导排练的《中国民歌联唱》节目获得2020年未成年人网络春晚三等奖。樊瑛获第十五届三晋之春优秀指挥奖。姚修刚作词的歌曲《好想见到你》获山西省第十二届精神文明建设“五个一工程”优秀作品奖，歌曲《采一篮秋天做嫁妆》《邻居老张》获得省音协“决胜全面小康，决战脱贫攻坚”主题歌曲征集活动优秀作品。

首届中国恒美花都杯全国书法大展，徐寅获一等奖、韩海兵获三等奖，市书法协会被中国书法家协会授予2020年书法进万家先进集体称号。

第十一届中国曲艺牡丹奖评选，王灏玮（艺名王名乐）表演太原莲花落《机不可失》获得新人奖。

王宏伟编剧的微电影《渡人》获中宣部第四届社会主义核心价值观主题微电影征集展播活动15分钟类优秀作品三等奖。　（李增明）

太原市科学技术协会

【机构改革】 2020年，中共太原市委机构编制委员会印发《关于印发太原市科学技术协会所属事业单位改革实施意见的通知》，太原市科协事业单位数量由4个减少为2个，整合市社会科普中

2020年11月13日，太原市科协在太原市航空运动学校举办全市科普信息员交流学习活动　（市科协供图）

2020 年 9 月 19 日，太原市科协在山西艺术职业学院举办“太原市全国科普日主场活动”。图为科普音乐剧剧照（市科协供图）

心、市青少年科普中心、市科普服务中心 3 个事业单位，组建太原市科普中心。保留市创新发展服务中心（太原院士专家服务中心），更名为太原市科技创新服务中心（太原院士专家服务中心）。（任铁强）

【科普宣传】 2020 年，太原市科学技术协会与太原电视台、太原广播电视台、太原日报社签订合作协议，共同办好《科普中国太原行》栏目。撰写科协工作信息，向中国科协和省科协报送。重视科协网站和微信公众号建设，全年发布各类信息 800 余条。编印《太原科协》期刊 6 期，记录科协系统重点工作情况，宣传前沿科技成果和科普知识，免费发放社会各界阅读。（任铁强）

【科普形式创新】 2020 年，太原市科学技术协会举办“玩转科普”系列网络直播活动，利用抖音、快手、映客等自媒体平台，以互联网 + 科普的形式，利用网络直播带领群众走进科普 e 站、科普教育基地、农村科普示范基地等科普阵地，传播科学知识，推介科普场所，推广“科普中国”App，推动科普知识在生活中流行。举办直播活动 12 期，每期围绕一个重点科普内容，将网络直播与科学普及相结合，增加科普活动传播力、吸引力和互动性，“玩转科普”成为市科协品牌科普活动，直接参与人数达到 100 万余人。（任铁强）

【科普能力建设】 2020 年，太原市科学技术协会采取多种方式，将科普 e 站建设与基层党群（政务）服务中心、社区综合性文化服务中心等公共活动阵地和设施相结合，将科普中国内容资源有效融入。安排基层科普行动计划经费 20 万元支持全市科普 e 站设备维护、人员培训和活动开展，推进科普 e 站提质增效。推进“3+1”建设，带动卫生、教育、农业等各领域基层一线科技工作者进入科协组织、参与科协工作，扩大基层科协组织覆盖和工作覆盖，整体合力得到提升。打造科普品牌，深入企业、机关、党群服务中心、社区等举办科普大讲堂、科普讲堂进社区活动，全年举办 8 场，线上线下受众人数超过 4 万余人。开展全民终身学习活动周相关活动，举办 6 场不同内容、不同受众群体报告会，参与人数 2 万多人。（任铁强）

【科普日系列活动】 2020 年，太原市科学技术协会现场演出原创科普音乐剧《科技给予我们的》，并全程进行直播，观看人数达到 10.98 万人次。举办线上科普中国推广活动，受众人数达到 70 余万人次。举办科普画廊联展，在 15 个公园 320 个科普橱窗中集中展出全国科普日专题科普内容。在华宇百花谷举办第二届“中国梦航天梦”航空航天科普展。全市各县（市、区）、科普示范社区、科普教育基地、农村示范基地、科学素质领导组成员单位，结合各自资源优势和行业特点，针对重点人群精准开展科普活动。科普日期间，共举办线上活动 15 场，展览展示 76 项，科普讲座 50 余场，展出科普展板 1200 余个，科普宣传栏（板报橱窗）500 余个，发放科普书籍（资料）16 万份，参与群众 20 万余人。（任铁强）

【群众性技术创新活动】 2020 年，太

2020 年 12 月 4 日，太原市科协在西海子公园开展“12·4”国家宪法日普法宣传活动（市科协供图）

原市科学技术协会组织各企业科协开展“讲理想、比贡献”活动，为企业科技工作者搭建科技创新平台，完成“讲、比”项目立项1205项，合理化建议32853条，实施23155条。开展“金桥工程”立项申报工作，促进科技成果转化，5个被省科协立项。在山西综改示范区举办知识产权巡讲活动。在重点企业开展科技信息应用推广宣讲工作。深入西山煤电、晋西集团等企业举办创新方法推广应用宣讲和重点培训5场，帮助科技人员提升创新思维能力。

（任铁强）

【全民科学素质建设】 2020年，太原市科学技术协会发挥全民科学素质领导小组办公室职能作用，协调组织27个成员单位和各县区纲要办，各有侧重地开展科普活动。组织各县区纲要办配合做好中国公民科学素质调查工作，编印发放《公民科学素质自测》和《公民科学素质百问百答》宣传册。各成员单位通过咨询、展览、报告会、培训观摩、竞赛等活动，扩大科普受众覆盖面，逐步形成“党委领导、政府推动、部门协作、全民参与”工作格局，公民科学素质公共服务能力明显提升，公民科学素质建设推进机制逐步完善。在中国科协公布的第十一次中国公民科学素质抽样调查结果中，太原市公民具备科学素质的比例达到11.50%，超过全国10.56%总体水平。（任铁强）

【青少年科技教育活动】 2020年，太原市科学技术协会开展第35届太原市青少年科技创新大赛，收到全市中小学生参赛作品2719项，并推荐优秀作品参加全省大赛获得优异成绩。发挥科普校园e站平台作用，开展校园科普e站平台线上系列活动。开展科学与健康系列科普讲座进校园活动，全年举办27场。开展青少年科普剧展演活动，组织8个科普剧在科普日期间进行展演。

（任铁强）

【院士专家工作站建设】 2020年，太原市科学技术协会发挥高端人才在企业项目研发、人才培养、成果转化等方面作用，推动企业技术创新能力提升，新建院士工作站1个，国家重大人才工程专家工作站2个。加强对建站企业规范管理，对《太原市院士专家工作站建设管理实施细则》进行修订完善。与市委人才办沟通对接，推动与在并院士等高层次人才定期对接机制建立，发挥桥梁纽带作用，做好跟进服务。开展建站满3年院士站考核奖补工作，推动院士工作站发挥作用。在严格考核基础上，对按照协议仍与院士进行实质性合作，并经院士确认的21个企业给予相应政策支持。（任铁强）

【科技学会服务平台对接】 2020年，太原市科学技术协会推动开展“科创中国”科技经济融合服务工作，与发改委、工信局、科技局等有关部门联合，为企业搭建产学研用交流平台。在企业打造科技经济融合服务样板间，提出轨道交通装备、煤机装备等高端装备制造领域技术需求，对接国家级、省级相关领域专家，帮助企业开展科技攻关。组织开展信息技术应用创新产业需求对接会，邀请中国电子学会专家团深入企业调研座谈，帮助企业与专家直接对接，解决企业技术需求。建立国家级学会服务站2个，省级学会服务站3个，促进科技成果转化和科技人才培养。开展学术交流工作，主办新冠肺炎学术交流会、超声医学学术会议等多场学术交流活动，组织市属各学会根据各自专业和行业特点，开展各类形式学术活动50余场，促进学术学科交流和发展。（任铁强）

太原市归国华侨联合会

【侨情调研】 2020年，太原市归国华侨联合会赴各县（市、区）集中开展基层调研活动，围绕侨商侨企在并发展情况进行摸底，广泛收集企业对当前减税降负、优化营商环境等方面的意见建议，通过建言献策渠道积极为侨呼吁。针对海归回乡创业和涉侨企业复工复产问题，为60余家涉侨企业组织2次专题政策解读会，集中讲解省、市在金融扶持、税费减免等方面的政策，助力企业共渡难关。（魏建峰）

【基层为侨服务】 2020年，太原市归国华侨联合会坚持示范引领，用足用好省侨联的支持资金，打造一批各具特色的侨胞之家品牌，提升基层侨联组织活力。小店区利用环宇星火科技咨询公司“侨胞之家”整合资源，搭建创业孵化平台，帮助海归留学生和新侨实现创业梦想。迎泽区与侨企对接，在山西国际会议中心建立“侨胞之家”工作站和活动站。杏花岭区依托“侨胞之家”举办道德文化、书法绘画等系列活动，丰富侨界群众的精神文化生活。万柏林区在社区“侨胞之家”开辟归侨侨眷联谊联络、志愿服务的阵地，组织一系列侨界群众喜闻乐见的文化交流活动。晋源区利用扶持资金改善南一巷二社区“侨胞之家”的功能环境。古交市把民俗记忆馆“侨胞之家”作为服务侨界群众的窗口，开展家风家教公益讲堂、“九九重阳节”晋剧票友进社区活动。旅院侨联完成基层侨联信用赋码工作，解决长期困扰基层侨联组织“身份证”问题，为规范化发展奠定基础。（魏建峰）

【新侨创新创业】 2020年，太原市归国华侨联合会以新侨创新创业基地建设作为服务创新驱动发展战略、团结凝聚新侨人才有效载体，全市获批基地10家，通过资源共享、优势互补，在吸引海归人才、服务新侨创新创业发展方面发挥作用。携手市科协，共同举办“科技创新、与侨同行”观摩交流活动，省城海归人员、侨企代表等50余人参加，通过聆听讲座，交流经验、实地观摩，激发新侨海归们创新创业热情。市侨青委组织30名各行业领域青年企业家参加“以侨促转、服务基层——山西侨界社团走进长治”活动，促成药茶推广、中外教育交流等方面的合作。清徐县关注留学生海归群体，建立人才库，组织留学生海归代表参加各类活动，搭建交流学习平台。（魏建峰）

【侨联招商引资】 2020年，太原市归国华侨联合会主动靠前服务，组织药茶生产海归企业赴晋城市与同行业侨企考察交流合作。收集招商引资、招才引智政策，印制发放《太原市招商引资政策文件汇编》和《太原市投资要素和政策摘编》300套，增强招商引资工作的导向性。在省侨联主办的山西省侨界社团服务转型综改暨太原市小店区招商引资推介活动中，组织20余家涉侨企业参加，为企业凝聚行业资源、找寻合作商机提供平台。（魏建峰）

【归侨侨眷帮扶】 2020年，太原市归国华侨联合会传递党和政府对归侨侨眷的关心关爱，摸清底数、找准对象，针对困难归侨侨眷、急重病归侨侨眷、“三侨生”等服务对象，组织全市侨联系统干部开展走访慰问，覆盖全市10个县（市、区），发放慰问金7.08万元。拓展归侨侨眷就业渠道，选择6家具有一定规模和就业接纳能力，能够满足归侨侨眷就业需求的涉侨企业作为归侨侨眷再就业基地，帮助困难归侨侨眷解决就业和再就业问题。组织市侨青委、市海归协会、侨胞之家企业代表赴娄烦县扶贫村开展以产销对接、劳务输出、技能培训为主要内容的帮扶工作。（魏建峰）

【优化维护侨益机制】 2020年，太原市归国华侨联合会为18家重点联系侨属（涉侨）企业实行挂牌服务，帮助侨属（涉侨）企业落实惠企政策。加强维权队伍建设，召开法律顾问委员会筹备会议，吸纳法律界优秀资源，做好归侨侨眷和海外侨胞在国内产生各类纠纷的协调工作，提供优质法律服务。以归侨侨眷权益保护法颁布30周年为契机，加强对归侨侨眷的法治宣传教育，聘请法律顾问开展法律“进企业、进侨团、进社区、进高校”系列活动，为归侨侨眷、涉侨企业、海归团体等提供专题讲座、法律咨询服务，受众300余人。在“12·4”国家宪法日宣传周举办侨法宣传活动，为侨界群众发放《侨法宣传手册》和《涉侨知识手册》400余套。（魏建峰）

【海外联谊】 2020年，太原市归国华侨联合会发挥海外侨务联络站作用，完善联络站点信息及海外代表信息，根据履职情况进行补充调换。推荐省内药茶生产企业与海外开展项目合作。联合团市委、市人才办开展“青春兴并·学子归巢”活动，为假期归国的留学生解读太原招才引智政策，引导参与家乡建设。助力华侨冬奥冰雪博物馆建设，募集捐款3.29万元。开展海外晋人摸底，重点采集海外华侨华人、留学生信息1698人，涵盖48个国家和地区，对促进构建内陆地区对外开放新高地具有重要意义。（魏建峰）

【侨界文化交流】 2020年，太原市归国华侨联合会征集反映侨界抗疫图片、宣传报道等相关文献资料和实物200余件，由山西博物院、市图书馆永久留存。发挥高校侨联、侨胞之家、中国华侨国际文化交流基地作用，组织4期6个班“亲情中华·为你讲故事”网上夏令营，吸引来自荷兰、西班牙、英国等10个国家282名海外华裔青少年参营。通过民乐、手工等课程让海外华裔青少年感悟中华文化之“美”，扎紧中华文化之“根”。组织市博物馆、晋祠博物馆申报获批中国华侨国际文化交流基地。启动山西博物院“无边界教室”教育项目和“抗疫见证物线上展示”活动，参与承办省侨联“侨架文化桥，合作促共赢”国际文化交流联盟理事会活动。中秋、国庆两节之际，邀请省、市四侨部门和海外侨胞代表，省城归侨侨眷、涉侨团体、基层侨联、侨胞之家单位代表，侨界人大代表、政协委员400余人观看影片《夺冠》。（魏建峰）

太原市残疾人联合会

【残联改革】 2020年，太原市残疾人联合会统筹推进直属事业单位改革，机构数量精简60%，人员编制精简40%。通过改革，市残联建立残疾人访视制度，对40户贫困残疾人家庭进行访视。成立龙城心之旅志愿者联盟，开展心理服务活动。加强信访维权工作，办结上级部门转交网上信访及“12345”政府热线61件。全市社区残疾人专职委员待遇由每人每月650元提高到700元。阳曲县残疾人康复中心和综合服务中心项目加快建设。全市有办证残疾人89879人，累计有31015名残疾人办理助残乘车卡。（郝嘉艳）

【残疾人民生保障】 2020年，太原市残疾人联合会为7966名困难残疾人发放疫情基本生活保障补助金177.50万元，为189家安置残疾人就业和残疾人自主创业的单位发放补助金133.10万元，为40家康复机构和盲人按摩机构发放补助金52万元，保障疫情期间困难残疾人就业稳定和基本生活。出台《太原市2020年贫困残疾人扶贫行动计划》，完成上级反馈的21个贫困残疾人脱贫攻坚问题整改，完成率100%。对300名农村贫困残疾人进行实用技术培训。对360户贫困重度残疾人家庭进行无障碍改造。实施农村基层党组织助残扶贫工程，对96名贫困残疾人进行有效帮扶。建档立卡贫困残疾人基本辅助器具适配率达100%。全市参加城乡居民养老保险残疾人58643人，其中享受政府代缴费的17300人。参加城乡居民医疗保险残疾人54871人，其中享受政府代缴费的34871人。全市有16043名城乡残疾人享受最低生活保障。（郝嘉艳）

【残疾人就业工程】 2020年，太原市

残疾人联合会创建残疾人就业基地、扶贫基地和盲人按摩示范店共40家，完成率114.20%。创建残疾人自主创业工商户94家，完成率313.30%。安置残疾人就业554人，完成率554%。免费培训残疾人310人，完成率310%。带动城镇新增残疾人就业1147人，完成率122.02%。全市残疾人高校毕业生就业率74.70%。（郝嘉艳）

【民生实事项目】2020年，太原市残疾人联合会有残疾预防重点干预和残疾儿童抢救性康复民生实事项目任务5910名，完成6120名，完成率103.55%。其中，儿童残疾阳性筛查及诊断服务项目完成288名，完成率115.20%。疑似残疾人残疾评定服务项目完成5025名，完成率101.52%。残疾儿童抢救性康复项目完成807名，完成率113.66%。（郝嘉艳）

【文体宣传活动】2020年，太原市残疾人联合会对87名建档立卡贫困残疾人每人慰问500元。对30个盲人按摩店各资助1000元。各级残联开展聋人节、盲人节、残疾人文化周、健身周、特奥日、“五个一”文化进家庭等活动。新闻媒体共刊发（播出）残疾人事业宣传稿件210篇（条），太原电视台新闻频道手语节目播出41期，太原广播电台《为爱发声》和《我想听你说》专题节目播出69期，太原电视台经济生活频道《爱与你同行》专题节目5月30日开播。（郝嘉艳）

太原市慈善总会

【慈善募捐】2020年，太原市慈善总会通过开展“疫情防控专项募捐”“中华慈善日”等活动，募集款物和项目费用924.64万元。其中，捐款327.59万元、捐物10.45万元、项目费用586.60万元。（蔺芳）

【慈善救助】2020年，太原市慈善总会支出款物714.49万元。其中，助医支出137.04万元，助学支出6.20万元，助困支出19.59万元，助残支出0.30万元，拥军优属支出5万元，定向洪灾支出11.20万元，定向武汉疫情防控支出82.64万元，慰问抗疫一线医护人员支出82.80万元。为村“两委”干部办理疫情保险支出114.75万元。为结肠癌、直肠癌患者发放爱必妥药品168盒，救助23人次，药品价值78.92万元。为5名儿童发放“思而赞”药品72支，价值165.60万元，物资救助支出10.45万元。（蔺芳）

【“送温暖、献爱心”慈善救助活动】2020年，太原市慈善总会联合市民政局印发《关于开展2020年“送温暖、献爱心”慈善救助活动的通知》，元旦、春节之际，在全市开展“慈善促和谐、温暖送万家”活动。安排慈善款物536.92万元，重点开展9项救助活动。困难粮油救助，支出20万元，对1000户困难群众给予粮油救助，支出3万元对关爱学校贫困学生予以粮油救助，支出2万元对100名困难环卫职工予以粮油救助。困难职工救助，支出50万元对市直机关、捐款企事业单位和福利企业困难职工予以救助。大病助医救助，支出30万元对企事业单位和困难家庭大病患者予以救助。“关爱血友病”项目救助，支出30万元对贫困家庭身患中、重度血友病患者予以救助。贫困学子救助，开展慈善圆梦助学等项目，支出8万元，对孤儿大学生给予救助。慈善医疗救助，开展慈善肝病救助项目、不孕不育救助项目等助医活动，对贫困人群进行医疗救助，费用100万元。扶贫救助，安排50万元善款，由市直机关各捐款单位定向用于扶贫点贫困人群救助。（蔺芳）

太原市红十字会

【机构改革】2020年，太原市红十字会根据《太原市红十字会改革实施方案》，编制增加人员、健全完善机构。增设监事会，履行对理事会、执委会的监督职能，健全理事会决策、执委会执行、监事会监督工作机制，完善红十字治理结构，优化机构设置。12月2日，在全省红十字系统传达学习中共十九届五中全会精神和改革推进会议上，作为改革先进典型进行经验介绍。（张梦）

【急救设备配置】2020年，太原市红十字会在人流密集公共场所配置急救设备500台。AED是省政府年度10件民生实事项目之一，市红十字会承担全省约40%的任务，共在社区卫

2020年5月8日，太原市红十字会在省商业供销职工医院举办世界红十字日主题宣传活动（市红十字会供图）

生、交通枢纽、公园、文化场馆、党群及政务服务中心等167个公共场所配置197台AED，高质量完成场所人员（CPR+AED）8学时+实操考核培训4677人次。太原市成为全国首家在地铁所有站点投放配置AED的城市，被今日头条等30余家主流媒体相继报道。

（张　梦）

【应急救护】 2020年，太原市红十字会坚持质量至上，紧扣提质、增效、扩面的质控要求，打造红十字“救在身边”品牌，高质量超额完成省红十字会下达的年度任务指标，位列全省第一。全市完成红十字救护员取证培训5825人，完成省下达任务（4000人）的145.62%，普及性教育总人数56939人次，完成省下达任务（20000人次）的284.69%，其中，应急演练、亲子讲座、专题讲座等普及性讲座102期（场）19461人次，主题宣传活动等37478人次。

（张　梦）

【主题宣传活动】 2020年，太原市红十字会加强宣传报道，提升红十字在民众中的知晓率、影响力。9月12日，世界急救日主题宣传活动，采取网络直播方式，直播观看达17万人次。11月18日，山西体育中心游泳馆一名游泳者突发心搏骤停成功获救事例，成为实事项目首例成功抢救心搏骤停的案例。12月15日，地铁2号线集中安放AED活动，实现23个地铁站点AED配置全覆盖，走在全国同行业前列。

（张　梦）

2020年4月1日，太原市红十字会在天龙山仙居园举办太原市第九个遗体捐献纪念日公益活动　（市红十字会供图）

【救助服务】 2020年，太原市红十字会按照《中华人民共和国慈善法》《中华人民共和国红十字会法》，协调市民政局、市行政审批局，依法申领《公募资格证》，为拓宽红十字募捐渠道提供保障，为实现“互联网+”募捐打下基础。关爱困难群众，实施救助活动，全年投入50万元，救助困难群体2500户。开展博爱送万家、博爱助学等慰问活动，给全市困难家庭和困难大学生送去党和政府的关爱和温暖。开展博爱助医活动，做好中国红十字会基金会天使项目相关审核上报救助工作。小天使（救助白血病患儿）上报21人，实施救助10人共计30万元。天使阳光（救助先心病患儿）上报并实施救助3人共计9万元。

（张　梦）

【造血干细胞和遗体捐献】 2020年，太原市红十字会推进造血干细胞和遗体捐献工作，完成14例造血干细胞捐献，创造全年捐献人数新高，累计捐献人数80例，占全省总数的三分之一以上。承担遗体捐献宣传、咨询、登记、见证等工作，全年新登记101人次，实现遗体捐献18例（16例遗体，2例角膜），历年累计登记1092人次、实现217例。

（张　梦）

2020年9月11日，太原市红十字会联合虹桥小学开展“学校+社区”项目地震演练和急救日主题宣传活动　（市红十字会供图）

太原市法学会

【法治专题研讨】 2020年，太原市法学会开展以“太原市市域社会治理现代化研究”为主题的法治专题研讨活动。组织政法干警和法学院校专家教授，发挥法学会会员身在一线、根植基层优势，加强法学研究与法律实务交流互

动，从不同角度提出问题解决办法，为化解社会矛盾、维护和谐稳定、推进法治建设提供服务保障。（黄　敏）

【法治宣传教育】 2020年，太原市法学会开展法治宣传活动，以“百名法学家百场报告会”“法治文化基层行”两大活动为抓手，创新形式、拓宽载体，整合优质法律资源和主流媒体，推动法治宣传水平再上新台阶。从全市优秀青年法治志愿者和青年律师中选取主讲人，联系对接太原电视台法制频道，围绕疫情防控引发劳动就业、合同违约、刑事犯罪等广大人民群众关心的法律问题，以访谈对话形式宣介讲授答疑释惑，录制推出三期《疫情防控常见法律问题讲析》特别节目，为全社会战“疫”提供法律助力，为百姓解决疫情引发的民生问题提供法律服务。与省青年法律工作者协会、省教育学会校园法治委员会、市关工委等合作，牵头组织20场以“法律护航、健康成长”为主题的法治太原系列公益宣讲活动，在全市各中小学巡回开展宣讲，为呵护青少年健康成长、培树青少年法律思维法治意识、在全社会营造浓厚法治氛围做出贡献。（黄　敏）

【法治服务平台建设】 2020年，太原市法学会在县区整合法学专家、政法干警、执法干部、律师和社会人士等资源力量，嵌入式地开展县、乡、村三级法律服务平台建设。以基层综治中心或司法所为依托，延伸法律服务触角，实现全市村（社区）全覆盖。以杏花岭区为试点引领，创造典型性经验，构筑区域性模式，以示范效应推动全市三级法律服务平台建设。（黄　敏）

【新媒体法治宣导】 2020年，太原市法学会贯彻省法学会要求，探索法学会舆论导控有效载体和运行机制，搭建“一网一微”新媒体平台，在太原长安网开设“法学研究”栏目，开通“太原法学”微信公众号，夯实网络宣传阵地，把控法学工作主流声音和正能量。（黄　敏）

【法学人才队伍建设】 2020年，太原市法学会在推动市、县两级政法部门广泛发展会员基础上，注重在行政执法以及经济、科技、文化、宣传等社会各界从事法律研究、法律服务工作的专业人才中发展会员。截至年底，注册会员2038人，团体会员7个。较上年增加145人，新增团体会员2个。从法学院校和政法实务部门遴选政治过硬、业务能力强的专家教授78人，建立法学法律人才专家库，参与重大问题研究论证、建言献策，增强党政决策合法性和法治服务满意度。（黄　敏）

太原市关工委

【主题教育读书活动】 2020年，太原市各级关工委组织辖区青少年开展线上诵读、演讲、征文等丰富多彩的活动。7月9日，举行“中华魂”（爱我中华）主题教育活动线上演讲比赛，选拔5名优秀选手参加全国比赛。万柏林区关工委和区教育局共同举办“中华魂”（科技托起强国梦）主题教育读书演讲活动，53所中小学、87名学生、74名辅导员参加。清徐县关工委和县教科局、县青少年活动中心密切配合，以校为单位，组织6所学校、2000余名师生参观“流动科技馆”，增强对科技的认识。（张爱生）

【拜访英模专家活动】 2020年，太原市各级关工委依托具有典型性、示范性、代表性的红色文化遗址，利用节假日、纪念日、活动课等，组织辖区青少年寻访了解在红色遗址上曾经发生的革命事迹和英烈代表，并邀请“五老”、党史专家学者、专业人员讲述遗址背后的感人故事和英烈事迹。市关工委创新活动方式和载体，通过在线视频报告会形式，了解为祖国和家乡建设作出的贡献以及在抗击新冠肺炎中医护人员的感人故事。晋源区关工委组织“五老”到校园开展红色教育宣讲23场，参加人数500人次，组织“五老”在家编写革命传统教育教材。古交市关工委组织该市十二中、十三小各50名中小学生赴爱国主义教育基地——古交市档案馆进行参观学习，接受传承红色基因教育。（张爱生）

【安全教育和书画网络展】 2020年，太原市关工委将每年一届的太原市关心下一代安全教育展调整展出形式，改为安全教育网络展。收集展出800余幅图片和120多个案例，涵盖孩子成长的各阶段和各领域安全注意事项，全面介绍新冠肺炎病毒的特征和危害，重点宣传常态化防控疫情的知识和措施。第九届中国·太原“关工杯”人说山西好风光少儿美术作品大展赛也改为网络美术展，全市青少年踊跃参与。（张爱生）

【青少年爱国主义教育】 2020年，太原市关工委组织动员老同志倾听主流媒体、主渠道声音，不信谣、不传谣，撰写文章、诗歌，创作微信小段子等，宣传党中央、习近平总书记关心人民生命安全、身体健康，传播科学防疫知识，歌颂抗疫前线先进人物感人事迹。老同志们创作的作品在关工委微信群里广为传播，受到全社会瞩目。市关工委“五老”撰写的《致老同志的一封信》《神州万里红旗飘》《阳光总在风雨后》等文章深受大家欢迎。举办“向最美逆行者致敬征文比赛”“居家书法绘画展”和以“健康运动、共抗疫情”为主题的线上运动会等活动。线上活动中，学生们以诗歌、作文、书法、绘画等形式讴歌中国共产党的伟大、社会主义制度的优越、最美逆行者的献身精神，增强广大学生爱党爱国情怀。（张爱生）

政法委及综治工作

【概况】 2020年，中共太原市委政法委员会坚持以习近平新时代中国特色社会主义思想为指导，深入贯彻中共十九大和十九届二中、三中、四中、五中全会精神，贯彻落实习近平总书记“三篇光辉文献”和对政法工作重要指示精神，增强“四个意识”、坚定“四个自信”、做到“两个维护”。坚决贯彻落实中央、省委、市委决策部署要求，坚持党对政法工作的绝对领导，坚持以人民为中心的发展思想，坚持稳中求进工作总基调，围绕“四为四高两同步”总体思路和要求，以维护国家政治安全和社会稳定、引深扫黑除恶专项斗争、开展“三零”创建、推进市域社会治理现代化试点、深化政法领域改革、加快智能化建设、强化执法司法监督和队伍教育整顿为切入点，推进政法工作制度创新、能力提升，推进政法工作现代化，努力建设更高水平的平安太原、法治太原，为经济高质量发展、打造具有国际影响力的全国区域中心城市创造安全的政治环境、稳定的社会环境、公正的法治环境、优质的服务环境。　（贾瑞卿）

【政法综合配套改革】 2020年，中共太原市委政法委员会围绕司法责任制落地见效，创新完善执法办案机制，推行阳光司法、文明执法。坚持以审判为中心，深化刑事诉讼制度改革，推广认罪认罚从宽制度。以学习宣传保障民法典实施为抓手，开展“诉源治理”，推动小店区、迎泽区等基层院建立起速裁队伍，实现繁简分流、快慢分道。统筹推动员额法官、检察官遴选，完成法官入额54人，检察官入额13人。协调落实经费保障，通过政府购买第三方服务790余人，实现“员额法官+法律事务助理+书记员”审理模式全覆盖。推动公安辅警改革，完成全市6000余名辅警人员摸底、考核工作。　（桑建微）

【政法监督体制改革】 2020年，中共太原市委政法委员会以政治督察为引领，推动执法检查、执法巡查、案件评查、纪律作风督察“五查（察）联动”，引深更新执法司法理念、改进执法司法作风专项活动。配合省委政法委对市中级人民法院进行政治督察和专项执法巡查。组织对全市涉黑涉恶案件逐案执法检查，对改变定性的涉黑恶案件进行专项评查，确保每一起案件经得起法律和历史的检验。围绕执行攻坚，对省交办的19件涉党政机关未结执行案件全部督办执结到位，执行金额2079.50万元。　（桑建微）

【放管服效改革】 2020年，中共太原市委政法委员会着眼于恢复正常经济社会秩序和复工复产，尽可能帮助企业渡过难关。推动简政放权，加强诉讼服务体系建设，总结推广“网上办”“掌上办”“刷脸办”等经验做法，构建“一站式服务”，努力实现“最多跑一次”，确保人民群众办事更便捷、企业办事更舒心。加快推动公共法律服务体系建设，全面推开“法治诊所”，统筹建立起12个县级、106个乡级调解中心，培育出一批群众满意的品牌调解室，实现“一村一法律顾问”全覆盖，打通服务群众的“最后一公里”。　（桑建微）

【涉疫违法犯罪处置】 2020年，中共太原市委政法委员会坚持不懈抓好疫情防控工作，紧盯涉疫违法犯罪，全面落实推动24小时网上监控巡查，全市共发现各类涉疫舆情5万余条，主动发布辟谣信息20余条。强化医院等重点区域安保维稳，严惩扰乱社会秩序、非法经营等各类涉疫情违法犯罪，共立刑事案件121起，完成45架7729人进京国际航班经停太原的安保工作。开展涉疫情矛盾纠纷排查专项行动，组织网格员入户排查20万余人次，精准核查稳控密切接触者4361名，对因疫情影响造成的婚姻家庭、邻里纠纷及时化解，推动企业复工复产，严防个人极端事件发生。

（贾瑞卿）

【扫黑除恶专项行动】 2020年，中共太原市委政法委员会围绕三年总目标，精准把握专项斗争临近收官阶段性特点，全面深化“六清”任务、谋划“六建”机制，推进重点行业领域专项整治。扫黑除恶三年行动全市共打掉黑恶势力犯罪团伙172个。其中，黑社会性质犯罪组织20个，恶势力犯罪集团51个，恶势力犯罪团伙101个。抓获犯罪嫌疑人1568人，依法查封冻结涉案资产17亿元，依法对中央督办的重大影响案件及时宣判，治安形势持续向好，三年扫黑除恶专项斗争圆满收官。　（贾瑞卿）

【专项打击行动】 2020年，中共太原市委政法委员会紧盯群众反映强烈的突出问题，开展打击“黄赌毒”“盗抢骗”等违法犯罪专项行动。全市刑事警情、“两抢一盗”警情、八类主要案件都有所下降。推动文明交通综合治理，集中排查人车路企等源头隐患，处罚各类交通违法284.90万起，排查运输企业隐患378个，治理8类隐患车辆17258辆。强化行业监管，紧盯影响安全的危爆物品，引深“缉枪治爆”专项行动，查处涉枪涉爆案件7起，查处烟花爆竹案件27起，收缴枪支22支、子弹67868发，消除安全隐患，确保不流失、不炸响。

（桑建微）

【政法智能化建设】 2020年，中共太原市委政法委员会坚持改革和创新，高质量推进政法智能化建设。推进全市政法跨部门大数据办案平台建设，推动“206”系统与办案平台的有机衔接、深度应用，加强区域、系统智能联动，解决信息不通、数据不接的问题。全市公安机关同步上传“206”系统案件22885件，批注25504件。检察机关接收案件5203件，批注3554件。法院系统接收案件3285件，结案2302件，基本实现公检法办案单位数据融合、标准统一，办案质效提档升级。　（贾瑞卿）

【政法队伍建设】 2020年，中共太原市委政法委员会突出实战导向，主动适应新时代政法工作新任务、新要求，贯彻落实《关于新形势下加强政法队伍建设的意见》，参加省委政法委组织的干部轮训，推进新时代政法干警政治轮训，分三次（批）对全市乡镇（街道）政法委员进行政治轮训，培训干警500余人次。开展扫黑除恶、反邪教等专项业务培训，加强思想淬炼、政治历练、实践锻炼、专业训练，增强斗争本领。创新培训形式，探索开展培训“线上模式”，依托综治视联网平台，组织全市政法委员、网格员线上培训，提升履职尽责业务水平。　（贾瑞卿）

公　安

·综　述·

【概况】 2020年，太原市公安机关贯彻落实习近平总书记在全国公安工作会议上的重要讲话、视察山西重要讲话重要指示，做好维护政治安全社会稳定、打击违法犯罪、服务人民群众各项工作，全市公安工作取得重大进步，22项工作走在全省前列。强化对重点单位和目标安全防护，守牢“坚决防止发生重大暴恐案事件”安全底线，完成重大活动和各类大型群众活动安保工作55项124场次，开展“扫黑除恶”“秋冬会战2020”等系列专项行动，强化执法监督，实施大数据战略，大数据技术创新成果反哺基层一线民警实战应用格局初步形成。　（刘春生　董莉）

【政治建警】 2020年，太原市公安局推进忠诚教育体系建设，建立“第一议题”学习制度。制定出台《太原市公安局党委巡察工作实施细则》，设立2个巡察组对党委（党组）教育整顿工作开展巡察。开展战时主题思想政治工作，6部抗疫纪实微视频被“学习强国”App发布，引起强烈反响。坚持全面从严管党治警，落实《党委（党组）全面治党主体责任规定》，签订《履职责任清单》。对市委巡察组指出的87项问题全面认责认账，整改完成81项，整改率93%。推进“坚持政治建警全面从严治警”教育整顿，制订400余项督查清单，组建11支专项督导小组开展专项督导。加强干部队伍建设，突出正确用人导向，完善干部选拔任用机制，全年调整晋升职务职级1883人。强化年轻干部岗位历练和挂职锻炼，机关到基层任职、挂职124人，选调基层民警25人到机关工作。推动家警共建，加强对民警“八小时之外”监督管理。推进全警能力素质提升，开展各类练兵1650余场次，组织全市民警开展武器使用训练和考核，培养350余名涵盖各警种、部门的教官，制作8部精品课程、162部微课程。全年开展各类心理健康辅导150余次，辅导民（辅）警2.1万余人次。启动战时表彰，对在抗疫工作表现突出的87个集体和273个人进行表彰奖励，选树2个单位在全国公安抗击疫情表彰中分别记集体一、二等功，2个单位分别被评为“全国禁毒工作先进集体”和全国公安机关执法示范单位，5个派出所命名为全省首批“枫桥式公安派出所”，11个单位、70名干警在全省公安机关抗击新冠肺炎疫情成绩突出受到表扬。

（刘春生　董莉）

【执法标准体系建设】 2020年，太原市公安局优化执法服务保障，编发涉疫法律、法规及司法解释等14件，为疫情期间执法办案提供精准法律依据。推进行政案件快速办理，指导基层单位快办案件15747起。狠抓执法重点监督效能，制定《执法约谈工作制度》，对执法不力甚至出现重大执法问题单位责任人进行约谈。严格落实重大、敏感案件上提审核把关制度，审核各类案件151起。提升执法信息化建设水平，推进执法平台深度应用和执法场所建设应用，建立万柏林、迎泽分局等8个执法办案管理中心，建立759人专职管理队伍，确保办案场所安全规范使用。贴合实战

2020年2月10日，太原市公安局杏花岭分局民警为晋安三号院14号楼居民送生活必需品（市公安局供图）

需求强化执法培训，组织全局民警开展在线法律学习。将取得高级执法资格的265名民警纳入人才库管理。举办全市公安机关法治大培训725期，18998人次参训。（刘春生　董莉）

·治安管理·

【公共安全管理】2020年，太原市公安局推进“三零”单位创建工作，全市建成义务巡逻队1960支、兼职治安巡逻队2503支，基本实现群防群治队伍小区（村庄）全覆盖。全市“零案件”企事业单位达标率为98.61%。开展隐患排查整治，部署开展安全隐患排查整治专项行动，检查各类场所、单位8547家次。推进交通管理“减量控大”八大提升工程，排查重点道路交通运输企业2305家，治理八类隐患车辆“三率”20138辆。全年交通事故死亡191人，同比下降25.97%。推进“缉枪治爆”专项行动，加强剧毒和危爆物品常态化监管，全面清查、收缴非法民爆危化物品，消除一大批安全隐患。全年查处涉枪涉爆案件7起、烟花爆竹案件26起。（刘春生　董莉）

【大数据建设应用】2020年，太原市公安局优化工作机制，完成全局大数据平台门户登记权限开通和相关平台授权，建成全国领先的市级公安大数据中心，形成强大计算能力、海量数据资源、高度信息共享、智能应用服务、警务运行支撑、严密安全保障的“六大体系”框架。构建公安基础传输主干网，为公安大数据大规模应用奠定坚实基础。强化实战应用，完成部级大数据平台、省级大数据业务平台、市级大数据综合实战应用工作平台。（刘春生　董莉）

【警务服务】2020年，太原市公安局构建省城审批服务新模式，整合多警种审批事项，实现“一枚印章管审批”。推行服务升级，实现192项审批业务网上办理，225项“最多跑一次”，让群众有更多更直接更实在获得感。优化省城营商环境，推出疫情期间服务民生15条措施，企业开办时间压缩至三日，公章刻制实现当日可取，为企业提供零距离、心贴心的优质服务。提升出入境服务管理水平，统筹做好疫情防控和窗口服务工作，批准公民因私出国（境）30462人次，网约办证量10351人次。（刘春生　董莉）

·打击犯罪·

【专项行动整治】2020年，太原市公安局开展“扫黑除恶”“秋冬会战2020”等系列专项行动，破获各类刑事案件7480起，抓获犯罪嫌疑人6503人，刑事警情同比下降13.90%，治安警情同比下降18.60%，“两抢一盗”警情同比下降29.70%，八类主要案件同比下降24.70%，命案数同比下降42.90%，治安形势持续向好。（刘春生　董莉）

【案件侦破】2020年，太原市公安局开展扫黑除恶专项斗争，在连续两年严打整治基础上，打掉黑恶势力团伙24个，破案149起，抓获犯罪嫌疑人212名。命案侦破工作方面，20起现行命案全部告破，破本地命案积案25起、

2020年2月，太原市公安局全警动员组织开展疫情防控工作（市公安局供图）

外地命案积案1起。打击电信网络诈骗犯罪，截至11月，破本地案件929起，同比上年上升84.70%，返还资金1673万元，是上年全年总额的490%，有效守护省城百姓的“钱袋子”。打击“盗抢骗”犯罪，坚持“打团伙、破串案”，破案2093起，其中跨区域团伙案件59串477起，有效提升规模打击、全链条打击效能。追逃缉捕，深度运用大数据，抓获历年网上逃犯2442名，较上年同期上升16.30%。打击民族资产解冻类诈骗犯罪，破获案件8起，其中，部督目标案件2起，省督案件3起。打击文物犯罪，破获案件23起，追缴涉案文物1603件，其中一级文物9件，二级文物3件，三级文物22件。打击食药环犯罪，办理各类食药环案件273起，涉案总价值8.20亿元。打击经济犯罪，破获案件383起，挽回直接经济损失40.45亿元。打击毒品犯罪，破获案件226起，抓获犯罪嫌疑人284人，缴获毒品46.40千克，追缴涉毒资产514万元，收戒人员1115人。打击涉黄涉赌违法犯罪，破获涉赌刑事案件130起，抓获违法犯罪嫌疑人259人，查处涉黄涉赌治安案件1133起，抓获3051人。刑事技术应用，指纹比中盗抢现案1193案655人，DNA比中盗抢现案1121条524人，利用人脸图像抓获盗抢现案嫌疑人568人。（刘春生　董莉）

·交通管理·

【概况】2020年，太原市交警支队查处各类交通违法401.69万起，较上年同期下降26.68%。其中，现场处罚106.18万起，同比上年下降23.40%。非现场处罚295.51万起，同比上年下降27.79%。涉酒违法8292起（其中，饮酒6828起、同比上年下降12.547%，醉酒1464起、同比上年上升16.93%），同比上年9059起（其中：饮酒7807起、醉酒1252起）下降8.47%。违法停车142.52万起，同比上年（171.77万起）下降18.91%。中重型货车违法查处20.84万起，同比上年下降5.36%。（陈永维）

【文明交通综合治理】2020年，太原市交警支队完成901条小街巷交通综合治理任务，打造新通巷、金刚里、汇丰、桃园等25个示范片区，总结出“路长制”“街巷管家”“一日两巡查”等一批管用好用制度，实现主城区背街小巷交通环境质的飞跃。完善升级200个“创城”精品路口，并将车窗抛物、翻越护栏、行人闯红灯等不文明交通违法行为纳入处罚范围严查严管，搭建完成并上线运行市级信用信息共享平台，实行警保联勤、学员体验式教学、志愿者服务等勤务模式，路口秩序管理水平明显提高，路面通行秩序明显好转，群众文明出行意识明显提升，礼让行人成为习惯，文明驾驶深入人心。全年处罚各类交通违法348.06万起。其中：饮酒驾驶违法6435起，较上年同期下降9.80%；醉酒驾驶违法1330起，较上年同期上升15.05%；查处涉牌涉证违法2.70万余起，较去年同期上升32.60%。（许　鹏）

【交通法规保障】2020年，太原市交警支队修改完善《太原市停车场管理办法（草案）》，规范全市停车场规划建设管理活动，保障城市交通协调发展。制定出台《太原市交通失信行为联合惩戒办法》，依托山西公安智慧交通管理平台，对行人、机动车驾驶人、非机动车驾驶人开展交通失信评分评级。针对实施处罚、行政强制等工作中存在的问题，修订完善《太原市电动自行车管理条例》《太原市道路交通管理条例》等地方性法规配套工作规范及《关于加强互联网租赁自行车秩序管理的意见》等指导意见，为提升社会治理能力，提升交通管理水平提供法治保障。（许　鹏）

【交通设施建设】2020年，太原市交警支队推动建成3座跨汾河大桥、5条城市快速路、17条城市主干道、64座过街天桥，新开公交线路12条，规划设置滨河东西路、汾河公园沿线50余处出入口。施画交通标线16.30万平方米，安装交通标志720套，安装交通护栏200余套，人脸识别行人闯红灯抓拍系统覆盖全市45个路口。

全年施划交通标线66.60万平方米，安装交通标志2530余套、交通护栏57千米。建成并投入使用信号灯路口119处，安装交通监控设备645套。人脸识别行人闯红灯抓拍系统覆盖全市52个路口，滨河东西路56个点位的匝道流量灯安装全面完成，新增高点监控29处、违停抓拍设备90套。协调规划、

2020年，太原市交警支队开展警务实战技能培训　（市交警支队供图）

市政、园林部门新增19处人行天桥，整改150处人行横道不畅通问题。实施公交优先战略，设置200千米的公交专用道，在全市范围内协调交通局设置出租车停靠点218处。为解决全市主干道乱停车现象突出的问题，在主干道施划禁停黄线，提高城市整体通行效率和城市形象。挖掘道路资源，新增机动车停车位1.60万余个。本着按需原则施划非机动车停车位，规范非机动车停放。（许鹏　何洁　王艳）

2020年，太原市交警支队开展礼仪队列训练（市交警支队供图）

【交通安保任务】 2020年，太原市交警支队完成省（市）两会、各类等级勤务、2020环太原自行车赛、2020国际马拉松赛、2020尧城（太原）国际通用航空飞行大会等大型交通安保工作。完成各级各类勤务624（起）次，其中交通引导及线路保障409(起)次，场地202（起）次。其中等级勤务14（起）次（一级2次、二级1次、三级11次）。（高丽珍）

【交通安全宣传】 2020年12月2日是第九个全国交通安全日，太原交警开展丰富多样的活动。FM880山西交通广播、FM107太原交通广播、太原交警之声抖音。太原交警“双微”平台联合走进交警支队进行线上直播，采用现场音视频直播的形式，通过典型案例分析，向广大群众普及道路交通安全知识。随后秩序、车管、事故等业务部门负责人走进省交通广播直播间，就群众关心问题进行解答。各大队结合辖区实际，依托楼宇外墙灯光秀、走进客运站、学校、社区等平台，组织多场活动，向每一位交通参与者传递交通安全意识、树立文明交通理念，共同营造安全、文明、有序、和谐的道路交通环境。（樊迎新）

【车辆与驾驶人管理】 2020年，太原市机动车保有量1836202辆，驾驶人保有量1987795人，机动车业务办结量1524817笔，驾驶证业务受理量449358笔，驾驶人考试量834057人次。互联网平台业务办理量66674笔，八类重点车隐患处理21991辆，六类社会代办机构专网办理总业务量225993笔，机动车登记服务站65家。有机动车检验机构43家，总业务量671971笔。

2020年，太原市交警支队走进校园开展安全教育宣传活动（市交警支队供图）

截至年底，车管处重点车辆三率均达到总队要求。“两客一危”“营转非”三率均为100%，校车检验率98.84%，报废率、违法处理率均为100%，重货检验率95.45%，报废率98.42%，违法处理率91.09%，重挂检验率97.78%，报废率97.92%，违法处理率100%，农村面包车检验率99.95%，报废率97.05%。全年治理隐患车辆21991辆。其中，因未检验处理20248辆：公路客运690辆、旅游客运986辆、危化品运输车1462辆、校车1124辆、营转非355辆、重货5648辆、重挂2811辆、农村面包车7172辆。因未报废处理1213辆：危化品运输车30辆、营转非64辆、重货719辆、重挂309辆、农村面包车91辆。因违法未处理530辆：公路客运31辆、旅游客运129辆、危化品运输车78辆、营转非10辆、重货282辆。（高鹏飞）

【互联网交通便民服务】 2020年，太原市交警支队按照省交管局全省公安交警道路交通事故预防“减量控大”要求，对G108、G208、G307、S104、S215、S217、S219、S314、S316等9条国省道与吕梁、忻州、晋中等地相交的12处路段重点道路市际点位的卡口、视频进行联网接入。截至年底，共计建设18处市际卡口，重点点位卡口及视频联网得到保障。

10月16日，太原市发布全市范围内每日限行20%车辆通告，为解决部分市民特殊出行需求，最大限度方便群众，减少对生产生活秩序影响，市委市政府研究推出“网上预约出行”服务。10月17日，太原市公安局交通警察支队接到启用“预约出行”项目工作任务，10月18日完成软件开发、测试。10月19日正式启用，10月22日完成新版本开发并上线，注册用户共计997525户，绑定车辆共计1045160辆，出行共计6973618次。（谢徐宁）

2020年，太原市交警支队执行路面交通管控任务（市交警支队供图）

【智慧交通管理建设】 2020年，太原市交警支队在主要路口施划地方特色红色行人等待区、设置行人闯红灯人脸识别系统50余套、设置行人二次过街安全岛，增设人行横道灯指示行人分段过街，提高行人过街安全性和舒适性。在全市主要路口四个方向50米范围内设置人非、机非隔离护栏，规范行人通过路口通道，提高行人安全性，减少机非混行现象，保障非机动车等候、通行空间，明确路权。在主要路口内施划非机动车导向标线、禁驶区、进口分道线、机动车导向线等，优化交通流线，合理分配通行权利。

太原综改大队协调管委会相关部门，在太原学院西门、太原旅游学院东门、新力惠中学校东门、维刚中学南门、山西工商学院东门及富士康南三门6个地点加装智能语音喊话系统6套（违停球加音响），通过自动抓拍黄线违停及人工干预相结合的方式，满足接送孩子家长及出租车临时停车需求，杜绝因车辆长时间停靠，造成通行秩序混乱、交通拥堵等问题，取得良好管理效果。（王艳　杨杰）

2020年4月4日上午10时，太原市交警支队参加对抗击新冠肺炎疫情斗争牺牲烈士和逝世同胞的哀悼活动（市交警支队供图）

【交通信息化建设】 2020年，太原市交警支队依托山西公安智慧交通管理平台进行“人、车、路、环境”隐患风险排查，开展动态风险等级相关评价，并对隐患车辆进行分级分类监管查控。实现对122事故报警人员、事故车辆治安画像、交通画像，实现对全市在途车辆的车辆画像，实现从拥堵、事故、违法、警力等方面进行道路画像。建设太原市交通信用信息管理平台，实现对全市行人、机动车驾驶人、非机动车驾驶人等行为人的交通失信评分评级，针对不同等级失信人员进行不同形式教育惩戒。（左洁麓）

【交通事故处理】 2020年，太原市发生适用一般程序处理道路交通事故1814起，造成212人死亡，1932人受伤，财产损失362.97万元，同比事故起数增加337起、上升22.82%，死亡人数减少62人、下降22.63%，受伤人数增加404人、上升26.44%，财产损失减少49.68万元、下降12.04%。发生适用简易程序处理的道路交通事故57619起，造成11465人受轻微伤，直接财产损失1757.79万元。同比事故起数减少4291起、下降6.93%。发生逃逸事故76起，其中，死亡逃逸事故12起、伤人逃逸事故51起、财产损失逃逸事故13起，侦破率为100.00%。发生1起一次死亡3人的较大交通事故，造成3人死亡、1人受伤。同比事故起数下降50%，死亡人数下降50%。（陈　瑶）

【交通事故社会救助】 2020年，太原市道路交通事故社会救助基金管理联席会议办公室本着“一切为了人民，以人民为中心”的工作理念，各成员单位之间有效沟通、通力合作、依法履职，简化流程，高效运作，最大限度对道路交通事故伤者给予救助。全市交通事故社会救助基金垫付551笔，垫付救助金额1804.90万余元。市道路交通社会救助基金真正让事故伤者免于因交通事故救助不及时而致死、致残、致困，将党和政府的温暖关怀体现在具体救助工作中，为维护省城社会和谐稳定起到积极作用。（陈　瑶）

【警医合作机制】 2020年，太原市道路交通事故社会救助基金管理联席会议办公室授牌并公布山西省白求恩医院、山西省人民医院、山西医科大学第一医院等17家医院为道路交通事故重伤员无差别急救绿色通道医院，达到全市范围内全覆盖。建立太原市道路交通事故重伤员救治医疗专家库，首批名单中有专家47名，无差别地为交通事故重伤员提供“预担保、快抢救、后付费”的高效急救诊疗服务，提高交通事故救治成功率。交警支队在全省率先完成对列入山西省道路交通事故重伤员无差别绿色通道的17家医院安装交通事故重伤员绿色通道医院指路标志。（陈　瑶）

检　察

【概况】 2020年，太原市检察院以习近平新时代中国特色社会主义思想为指导，以高度的政治自觉、法治自觉和检察自觉忠实履行法律监督职责，各项检察工作取得新成效。

全市检察机关受理审查逮捕案件2844件4410人、审查起诉案件5822件8141人，依法批捕3880人、起诉6035人。办理刑事监督案件2343件。办理民事、行政监督案件570件，立案办理公益诉讼案件779件。（李爱军）

【刑事诉讼监督】 2020年，太原市检察机关贯彻双赢、多赢、共赢理念，加强驻公安执法办案中心检察室建设，强化提前介入，引导侦查取证，同向发力提高办案质效。监督侦查机关立案73件、撤案76件，纠正漏捕漏诉278人、追诉漏罪265件。对认为确有错误的刑事裁判提出抗诉91件，监督审判活动违法63件，两级院检察长列席同级法院审委会55次。细化与纪委监委的工作衔接配合，提前介入49件，起诉63人。履行诉讼活动中发现的司法人员职务犯罪侦查职责，调查核实12件，立案查处1件。加强刑事执行检察，对看守所全面推开巡回检察。（李爱军）

【民事行政诉讼监督】 2020年，太原市检察院力求精准监督，对认为确有错误的生效民事、行政裁判提出或提请抗诉89件，发出再审检察建议8件，再审改判率96%。与相关执法司法机关建立虚假诉讼联合防范和查处机制，发挥民事裁判智慧监督系统大数据支撑作用，有效拓宽线索收集渠道，办理虚假诉讼监督案件17件。市检察院通过再审检察建议，监督纠正1起案值1300余万元的虚假诉讼。综合运用监督纠正、释法说理等方式，有效发挥行政检察“一手托两家”的作用，实质性化解行政争议案件44件。依法不支持监督申请147件，同步做好释法说理工作，引导当事人服判息诉。（李爱军）

【公益诉讼监督】 2020年，太原市检察院坚持把诉前实现维护公益目的作为最佳司法状态，提出诉前检察建议340件，其中生态环境和资源保护领域276件、食品药品安全领域35件、国有财产保护和国有土地使用权出让领域11件。稳妥探索办理公共安全、文物和文化遗产保护等新领域公益损害案153件。采取行政公益诉讼案件事实确认书办案新模式，办理案件116件，该做法被最高检《公益诉讼办案规则》采纳。科技保障公益诉讼办案走在全省前列，建成全省首个公益诉讼食药环快速检测实验室，为办案提供技术协助100余件次。（李爱军）

【扫黑除恶专项斗争】 2020年，太原市检察院共对涉黑涉恶犯罪批捕1328人，起诉1348人，起诉率96%，对犯罪分子形成有力震慑，全市八类主要刑事案件下降22%。严格把握法律政策界限，对41人改变黑恶定性，纠正漏捕漏诉218人。推动黑财清底，监督扣押、冻结、追缴涉案财物近3亿元，对涉黑

2020年，太原市交警支队在太原解放纪念馆开展主题党日活动

（市交警支队供图）

2020 年 5 月 8 日，太原市检察院“学雷锋志愿服务队”开展为民服务活动

（市检察院供图）

在逃人员、死亡人员依法监督启动违法所得没收程序。推动伞网清除，深挖彻查，移送保护伞线索 198 条。推动行业清源，长效常治，向重点行业主管部门提出检察建议 258 份。（李爱军）

【经济领域检察监督】 2020 年，太原市检察院围绕市委一切为了转型、一切服务转型决策部署，出台服务保障转型发展蹚新路 56 项工作举措。在综改示范区、市工商联挂牌成立检察服务站和检察联络室，服务创新驱动战略，严惩侵犯知识产权犯罪，批捕 96 人，起诉 129 人。阳曲县检察院发挥检察服务站职能作用，通过与相关部门协调沟通，及时解封企业被冻结账户，确保企业生产经营在应诉期间正常运行。严厉打击破坏市场经济秩序犯罪，批捕 456 人，起诉 621 人。统筹打击犯罪、化解风险、维护稳定各项工作，与金融机构建立防范金融风险协助机制，开展守住钱袋子、护好幸福家等预防金融犯罪宣传活动。依法批捕非法吸收公众存款、集资诈骗犯罪 134 人，起诉 204 人，配合其他机关追赃挽损 15.30 亿元。（李爱军）

【法治化营商环境营造】 2020 年，太原市检察院秉承平等保护原则，开展护航民企发展主题检察开放日，主动对接企业法治需求。针对案件久侦不结的问题，开展涉民企刑事挂案专项清理活动，努力让企业家卸下诉讼包袱。开展涉民企刑事强制措施专项监督活动。坚持少捕慎诉慎押，对企业合法经营中出现的失误给予更多理解和包容，依法对 15 名涉案民企负责人作出不诉决定。对涉民企民事案件提出抗诉 24 件。

（李爱军）

【民生领域检察监督】 2020 年，太原市检察院严惩危害国家安全、公共安全与电信网络诈骗等犯罪，批捕 910 人，起诉 2096 人。严惩故意杀人、抢劫、绑架等严重暴力犯罪，批捕 461 人，起诉 579 人。落实市委安全工作部署要求，针对居民私拉乱接电源为电动车充电和小区、商场、学校等公共场所违法占用消防通道问题，开展安全领域公益诉讼专项活动，办理案件 57 件，减少群众身边安全隐患。开展食品药品领域“四个最严”专项行动，批捕 24 人，起诉 43 人。办理自动售水机、肉类检验公益诉讼案件 43 件，守护人民群众“食品安全”。（李爱军）

【生态环境资源领域检察监督】 2020 年，太原市检察院严厉打击破坏环境资源类犯罪，起诉 82 人，办理生态环境资源保护领域公益诉讼案件 583 件，通过办案督促修复被毁林地等 315 亩、清理被污染水域 192 亩、清除违法堆放垃圾 21 万余吨。推进“防治黄河水污染、助力高质量发展”等专项行动，助推汾河水污染治理如期达标，办理汾河流域水质超标行政公益诉讼系列案，作为典型案例上报最高检。针对北沙河河道因道路建设致使不符合行洪标准的情形，及时提出检察建议，进行整改。

（李爱军）

【特殊群体权益检察监督】 2020 年，太原市检察机关办理涉及劳资纠纷、补贴救助等民事、行政申请监督案件，支持办理农民工讨薪案件 75 件，追回薪资 100 余万元。清徐县检察院办理的劳动合同纠纷支持起诉案，入选全省检察机关“支持农民工起诉、助力脱贫攻坚”十大典型案例。开展司法救助助力脱贫攻坚，为因案致贫返贫等困难群体 114 人发放救助金 110 余万元。迎泽区检察院办理的救助案入选全国十佳国家司法救助案例。探索赡养老人类公益诉讼案件办理，为补充养老保险立法提供实践案例。（李爱军）

【社会综合治理】 2020 年，太原市检察院开展“三零”单位创建活动，抓社会稳定风险防范，推行司法办案、风险评估、矛盾化解一体推进机制，办理各类信访、申诉案件 2804 件。全面落实群众来信件件有回复要求，均在 7 日内进行程序性回复、3 个月内进行办理过程或结果答复，全市涉检重复信访案件同比下降 28%。运用和解、调解等手段息诉 361 件。当好党委政府法治参谋，制发社会治理类检察建议 193 份。发挥公开听证听民意、化积案、促公正作用，开展案件公开听证 56 次，举行全省检察机关首次互联网直播公开听证会。（李爱军）

【未成年人司法保护】 2020 年，太原市检察机关严厉打击侵害未成年人犯罪，批捕 92 人，起诉 119 人。坚持教

育感化挽救方针，对涉罪未成年人依法不捕49人，附条件不诉45人。强化未成年被害人关爱救助工作，推动强制报告制度落实，办理全省首例侵害未成年人强制报告案件。171名检察官担任法治副校长，开展法治进校园活动345场次。娄烦县检察院建立帮教、预防、宣传等多功能的未成年人法治教育基地，晋源区检察院“静芳工作室”经验做法被《人民日报》刊发。（李爱军）

【教育挽救矫正】 2020年，太原市检察院减轻检察环节当事人诉累，“案—件比”由上年的1.52降至1.13，处于全国最低位，减少约2200多个办案环节，努力让每一起案件进入检察环节后一次性办结。适用认罪认罚从宽制度5936人，适用比例87.50%，促进犯罪嫌疑人真诚悔罪，努力修复社会关系。针对危险驾驶犯罪占刑事案件32.30%、成为数量最多犯罪种类的现状，贯彻宽严相济、谦抑慎刑司法理念，统一司法标准，对情节轻微的不起诉364人，占22.40%。（李爱军）

【检察队伍建设】 2020年，太原市检察院自觉将政治建设与检察业务深度融合，加强机关党的建设，组织“助力转型、检察同行”等主题党日活动，开展多种形式的集中学习、讨论交流和微党课评比竞赛活动，引导干警自觉践行党的根本宗旨。对照省检察院巡视整改“回头看”反馈意见。强化政治巡察工作，实现对基层检察院巡察全覆盖。发挥班子引领作用，两级院领导带头办理重大疑难复杂案件770件。（李爱军）

法　院

【概况】 2020年，太原市两级人民法院根据年度实际情况，严格按照有关互联网庭审操作流程，提前联系当事人下载、测试、预约开庭软件，逐步加大云间网上庭审系统的使用力度，各项审判执行工作安全有序进行。受理各类案件97007件，结案93755件，结案率96.65%，员额法官人均结案242.26件。市中级人民法院受理各类案件14409件，结案13699件，结案率95.07%，员额法官人均结案135.63件。（张晓华）

【刑事审判】 2020年，太原市两级法院全面加强刑事审判工作，坚持宽严相济的刑事政策，确保罚当其罪。坚持罪刑法定、疑罪从无原则，确保无罪人不受法律追究。全年审理刑事案件6773件，审结6525件，审结率96.34%。市中级人民法院审理2108件，审结2067件，审结率98.06%。全市法院判处10年以上有期徒刑刑罚的424案627人，重刑率7.65%。

依法惩处危害国家安全、危害群众生命财产和社会治安犯罪。将维护国家安全作为一项重要政治任务来抓，审理该类案件2件。审理危害公共安全类案件1685件，审结1667件。市中级人民法院指导基层法院审理组织和利用邪教组织犯罪案5件，二审审理5件。

严厉打击涉疫情案件。成立涉疫情案件指导工作领导小组，审理妨害新冠疫情防控案件13件，全部一审服判，无一上诉。

依法惩处破坏市场经济秩序犯罪。审理集资诈骗、合同诈骗、走私、非法吸收公众存款等破坏金融管理秩序罪案件208件，审结186件。妥善审理“晋商贷”等一批在全国范围内，引起社会广泛关注的有较强影响力的案件。

依法严惩贪污、贿赂等职务犯罪。审理贪污贿赂、渎职、职务侵占、挪用资金等案件114件，审结94件。

（张晓华）

【民商事审判】 2020年，太原市两级法院坚持以人民为中心，满足人民群众不断增长的司法需求，贯彻新发展理念，弘扬社会主义核心价值观，依法服务高质量转型发展，营造公平公正法治环境。全市法院审理民商事案件51018件，审结49278件，审结率96.59%。市中级人民法院受理民商事案件9169件，审结8654件，审结率94.38%。

传统民事案件。全市法院审理婚姻家庭、继承类纠纷案件4644件，审结4571件。

涉民生案件。全年审理买卖合同、确认合同、建设用地合同、建设工程合同、房地产开发经营合同以及服务、医疗、电信、教育合同等涉民生类合同纠纷案件31235件，审结30143件。妥善处理因征收大量农村集体用地而产生的征地拆迁纠纷，保护失地农民的合法权益不受侵害，审理土地承包经营权纠纷类案件88件。

金融纠纷案件。以维护金融秩序，服务实体经济为出发点和落脚点，依法审理金融案件。落实金融机构法务专员联席会议制度，审结金融借款、银行卡、信用卡及储蓄存款纠纷案件952件。妥善审理证券虚假陈述责任纠纷系列案件，市中级人民法院多名员额法官先后同庭审理宣判37起和143起证券虚假陈述责任纠纷案件，及时保护投资者合法权益。

涉地方银行纠纷案件。为贯彻省委、省政府提出的“四为四高两同步”战略部署，支持地方金融及相关企业转型发展，市中级人民法院统一安排部署。全市法院审理涉地方银行纠纷案件49件，审结46件，为支持地方金融及相关企业转型发展，配合全省经济发展做出努力。

破产、企业改制案件。合理运用重整、和解、破产清算制度，妥善处理企业破产案件。审理旧存破产及清算案件65件，新受理破产清算类案件35件，审结9件。受理破产类案件数较上年同期增长40%。构建“僵尸企业”快速审理机制，两级法院受理“僵尸企业”破产案件17件，破产审查类案件10件，破产案件7件，“僵尸企业”全部破产“出清”。

知识产权案件。主动适应新形势，服务创新驱动发展，提升知识产权“三

审合一”（知识产权民事、刑事、行政案件三合一审判）的能力和水平。市中级人民法院审理各类涉知识产权类民刑案件569件（民事案件558件，刑事案件11件）。

环境资源类案件。成立环境资源、生态旅游巡回法庭。达到以案释法，普法宣传的目的，倡导从自身做起，共建美丽太原，提升人民群众的环保意识和维权意识，让绿水青山就是金山银山的理念内化于心，外践于行。 （张晓华）

【行政审判】 2020年，太原市两级法院受理各类行政诉讼案件1520件，审结1500件，结案率95.85%。

纠正违法行政行为。全年受理起诉省级机关为被告的案件177件，占比20.70%。受理起诉市级机关为被告的案件193件，占比22.57%，卫健、住建、市场监督、自然资源、保险管理、人力资源和社会保障、公安、交警等部门案件占比较多。一审判决行政机关败诉案件118件，败诉率13.33%。其中判决行政机关依法履行法定职责的13件，判决撤销行政行为的65件，判决确认行政行为违法40件。

支持依法行政。支持行政机关依法行政，全年审结行政非诉审查案件164件，其中裁定准予执行132件，裁定不予执行（含驳回申请）15件，撤回申请5件，终结3件，其他9件。裁定准予执行率80.49%。市中级人民法院审结行政诉讼一审案件中，裁定不予立案1件，裁定驳回起诉103件，占比49.76%，撤诉及按撤诉处理22件，占比10.63%。

落实行政机关负责人出庭应诉制度。推进行政首长出庭应诉制度，采取印发出庭通知书、召开联席会议、个案电话联系等多种形式，确保行政机关负责人出庭应诉制度落实。与太原市司法局、阳泉市中级人民法院联合印发《太原市行政机关负责人出庭应诉工作规定》，对推动行政机关负责人出庭应诉制度落实，规范行政应诉工作做出详细规定，促进行政机关负责人出庭应诉率提升。全市法院开庭审理案件732件，行政机关负责人出庭296件，“四类案件”（涉及群体性纠纷，可能影响社会稳定的；疑难、复杂且在社会上有重大影响的；与本院或者上级法院的类案判决可能发生冲突的；有关单位或者个人反映法官有违法审判行为的案件）要求行政机关负责人必须出庭的达到100%。

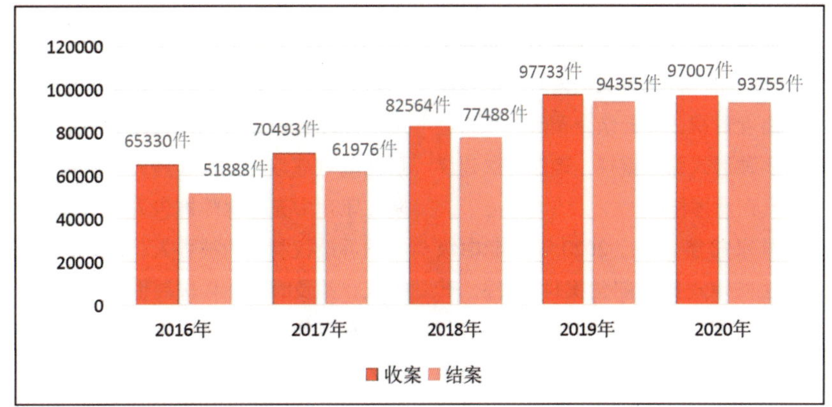

图7 太原市两级人民法院2016年—2020年各类案件收结案情况比较图

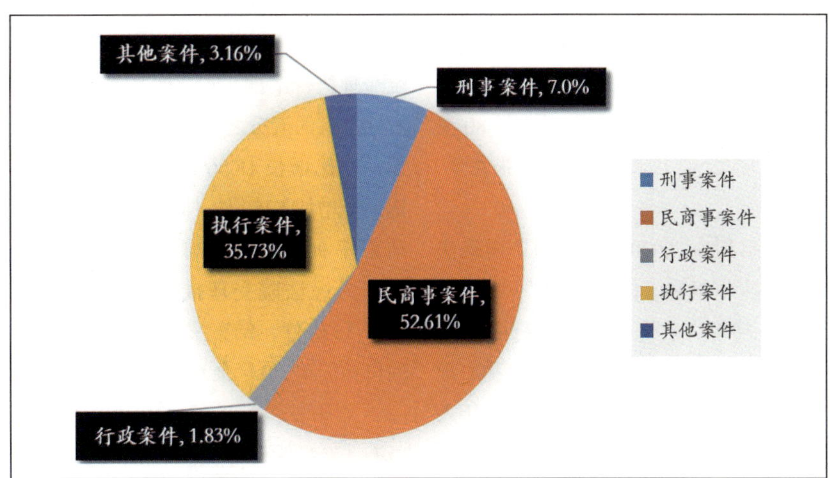

图8 2020年太原市两级人民法院受理各类案件占比情况比较图

2020年太原市两级人民法院人均结案全省排名表

表11

全省排名	法院	收案	已结	结案率	员额数	人均结案
1	小店	19820	19298	97.37%	49	393.84
2	迎泽	15809	15814	93.85%	43	367.77
3	杏花岭	13483	13231	98.13%	39	339.26
5	万柏林	11619	11419	98.28%	38	300.5
12	清徐	4966	4899	98.65%	20	244.95
15	尖草坪	5348	5102	95.40%	22	231.97
24	晋源	4749	4588	96.61%	24	191.17
56	市中院	14409	13699	95.07	101	135.63
71	古交	2451	2412	98.41%	20	120.60
79	阳曲	2077	2082	99.76%	18	115.39
97	娄烦	1230	1216	98.86%	13	93.54

发布《行政审判白皮书》。针对2019年行政审判中发现行政机关在执法中存在的事实认定不清、超越职权、程序违法、不履行法定职责、履职不规范、举证不力、不举证等问题，全市两级法院对12个案件发送司法建议书，但均未反馈落实情况，司法建议书没有真正发挥其作用，行政机关仍未对司法建议给予高度重视，需要结合调研、联席会议等多种形式引起重视，确保司法建议书能真正发挥作用。

国家赔偿案件。2020年，市中级人民法院审理国家赔偿案件16件，其中法赔案件11件，均驳回赔偿申请，委赔案件5件，赔偿1件，驳回赔偿申请4件，结案率100%。基层法院受理国家赔偿案件3件，1件驳回赔偿申请，2件不予赔偿。全市法院办理司法救助案件15件，救助24人，依法为各类困难群众提供司法救助资金累计达80余万元。（张晓华）

【综合审判】 2020年，太原市两级法院推进少年审判工作。延伸“少刑”社会服务功能，对在校学生进行心理疏导，开展对在校学生的法制教育和心理咨询辅导。全年受理一二审涉未成年人刑事案件40件68人，审结38件63人。其中受理侵害未成年人案件19件29人，审结19件29人。受理未成年人犯罪案件21件39人，审结19件34人。

涉军维权工作。两级法院审结涉军案件一审71件，二审34件，均得到妥善彻底处理。做好“送法进军营”工作，就官兵们普遍关心的涉婚姻、经济纠纷、财产、遗产、不动产等法律问题，进行重点法律知识讲解和现场互动答疑。

涉外工作。市中级人民法院指导基层法院审理涉外案件3件，要求基层法院在审理中充分保障被告人享有法定的各项诉讼权利，为被告人聘请翻译、辩护人，并及时将案件进展上报省高院外事办和市外事局，协助做好辩护人所属国大使馆的会见工作，避免外交纠纷，树立国家良好司法形象。（张晓华）

【审判执行】 2020年，太原市两级法院受理执行案件34649件，占全省执行案件总量的五分之一，比上年增加4963件，同比增长18.56%；结案33457件，比上年增加5260件，同比增长24.90%，结案率96.56%，人均结案458件。市中级人民法院受理执行案件1487件，结案1375件，结案率为92.47%。执行到位标的47.70亿余元。（张晓华）

【审判监督管理】 2020年，太原市中级人民法院强化监督手段，制定《太原市中级人民法院案件监督管理办法》，在案件监督管理中以“五四工作法”（即对判前五类案件进行三级监督和对判后四类案件进行质量评查）为抓手，全面落实司法责任制。坚持一审尽责，二审担当的理念，要求一审查清事实，不能上交矛盾，二审树立应维则维、当改则改、能调则调、能改不发的裁判思维。在案件审理中贯彻有序放权与有效监督相统一的审判监督理念。

2020年4月28日，太原市中级人民法院利用网上庭审系统开庭审理案件
（市中院供图）

严惩虚假诉讼。坚决纠正侵害案外人合法权益，扰乱正常审判秩序，损害司法权威和司法公信力，对经济社会健康发展带来负面影响的虚假诉讼。在全市法院范围内长期开展严守审判纪律、严惩虚假诉讼、优化诉讼生态工作。充分发挥审判监督职能，两级法院纠正第一批11起虚假诉讼案件，撤销涉案的所有民事判决，对6名自然人罚款22万元、3家公司罚款50万元，涉嫌犯罪线索移送公安机关。

规范案件评查检查。制订《开展案件评查检查工作实施方案（试行）》。实行“一案双查”，遵循实事求是、有错必纠、上下联动、确保效果、预防保护、查处惩戒，分工负责、协同配合的工作原则。重点评查涉及信访案件，上级法院和部门通报的案件，发回重审、改判案件和生效案件发还、改判案件，人民群众反映强烈和在本地有重大影响的案件，收到群众举报和纪检监察机构反映问题线索的案件以及专项重点评查案件。（张晓华）

【司法公正监督】 2020年，太原市中级人民法院始终把自觉接受人大、检察机关和社会各界监督作为公正司法的重要保障，广泛听取意见建议，及时办理建议提案，以监督促公正，提升司法公信力。省、市“两会”召开前夕，市中级人民法院领导会同各基层法院院长通过座谈、走访、联系沟通等方式，征询代表们意见建议。落实人大联络员制度，通过电话微信联络、到代表工作单位等多种形式收集代表、委员对法院工

2020年4月17日，万柏林区人民法院公开开庭审理案件，并在中国庭审公开网同步全程直播　（市中院供图）

作的意见和建议，汇总整理意见、建议24类50条，分别交办到10个基层法院和市中级人民法院13个部门限期完成答复。组织邀请人大代表、政协委员、民营企业家代表16人次参加省委政法委对市中级人民法院的督察巡查座谈会、旁听案件庭审7次22人。收到省人大、省高院、市人大等转来的督办案件22件，全部答复。收到政协委员提案2件并组织协调办理、答复。

（张晓华）

【扫黑除恶专项斗争】 2020年，太原市中级人民法院抓住“案件清结，黑财清底”的工作重点，打响“审判执行百日攻坚战”“案件清洁”审判攻坚战和“黑财清底”执行攻坚战。专项斗争开展以来，两级法院审理黑恶犯罪案件151件1170人，其中涉黑案件18件，涉恶案件133件，完成省高院要求的“10月底前受理的二审案件于12月25日前全部审结”的“清结”目标。

（张晓华）

【立案信访】 2020年，太原市两级法院坚持以人民为中心，推进“一站式”多元解纷和优化诉讼服务体系建设。加强“诉源治理”，通过多元解纷平台迎泽法院向司法局推送调解案件84件，向公安局推送纠纷信息98件，从源头上减少诉讼增量。畅通多元解纷渠道，利用视频调解室有针对性地对一审案件开展在线调解工作，让当事人足不出户就可以享受优质司法服务。创新诉讼服务方式，对诉讼费交费通知单形式进行改革。改革后的诉讼费交退费通知五联单增加通知当事人退费相关内容，当事人在立案时一并填写退费账号，胜诉后由承办法院负责办理退费，无须再到法院申请，实现当事人交退费只跑一次的“太原法院模式”。构建科学高效的诉讼分流机制，建立以案件类型、特点、繁简程度为依据的分流模式，对诉讼标的在500万以下、法律关系明晰、争议不大的二审民事案件开展速裁工作，市中级人民法院速裁案件均在一个月内审结。

（张晓华）

【干警队伍建设】 2020年，太原市两级法院创新工作理念，以“大家想、大家说、大家干”为依托，广泛听取干警意见建议，全面提升干警大局观念，夯实为民情怀，激发创业精神。围绕“四高一提升”（高质效审执、高品质服务、高水平管理、高素能建设，提升司法公信力），在争当“素能建设的领头雁、审判质效的排头兵”上做足文章。严格选任晋升程序，提任3名中层正职，分批完成34名综合管理类公务员和7名司法警察执法勤务职级择优晋升。组织干部培训，开展“订单式”培训，依托全市法院内网和视频会议系统，把专家“请进来”，18名审判业务专家进行“专家公开授课”。规范书记员等级评定制度，按照等级要求评定书记员绩效和工资标准，实现聘用制书记员岗位动态优化管理，对不符合工作要求的2名聘用制书记员退回劳务派遣公司，提升书记员工作的积极性和职业归属感、认同感，形成良性竞争机制。　（张晓华）

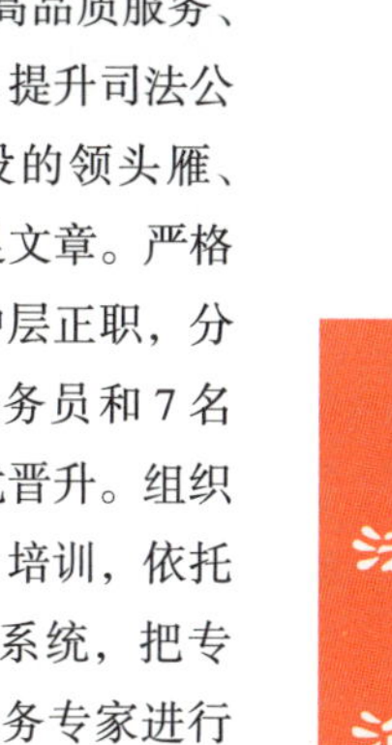

【党的建设】 2020年，太原市中级人民法院落实“三个规定”，印发《山西省太原市中级人民法院关于开展落实〈领导干部干预司法活动、插手具体案件处理的记录、通报和责任追究规定〉〈司法机关内部人员过问案件的记录和

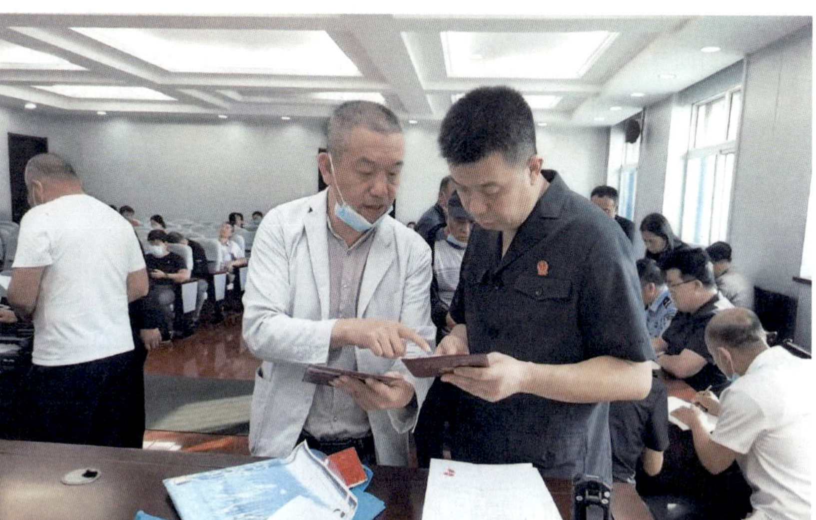

2020年，晋源区人民法院执行局对欠付执行款项采取集中划扣行动

（市中院供图）

2020年8月18日，太原市中级人民法院举行“党员示范岗”揭牌授牌仪式
（市中院供图）

责任追究规定〉〈关于进一步规范司法人员与当事人、律师、特殊关系人、中介组织接触交往行为的若干规定〉情况专项整治活动的实施方案》。分析“三个规定”落实中找出的不守法、以案谋私等突出问题，查找漏洞，补齐短板，健全完善防止干预过问案件的制度体系，铲除请托和以案谋私等庸俗文化滋生蔓延的土壤。

规范处置问题线索，收到各类反映材料、问题线索676件，其中市纪委监委转办388件，自收232件，省高院转办56件。通过每月集体研判处置，直接了结16件、谈话函询15件、立案2件，初核9件，转阅处631件，办结663件，正在处置10件，待处置3件。紧盯关键时间节点，持之以恒纠正“四风”，在春节、中秋节等重大节日前，向全市法院干警发送廉政短信6000余条。抓好违纪干部的处分执行，全市两级法院有16名同志受到党纪政纪处分，开展“案件剖析、举一反三、汲取教训，引以为戒”民主生活会，达到以身边事教育身边人的目的。（张晓华）

司法行政

【概况】 2020年，太原市司法局以履行市委全面依法治市委员会办公室职责为统领，统筹行政立法、行政执法、刑事执行、公共法律服务为主要内容的职能体系优化协同高效运转，研究谋划法治建设实施方案，开展宪法学习宣传教育活动，推进科学立法，加强法治政府建设和法治社会建设，推进司法行政改革，打造过硬司法行政队伍，发挥全系统在全面依法治市中的职能作用。

（郭东辉）

【依法治市】 2020年，太原市司法局履行市委依法治市办职能。健全完善党委领导法治建设体制机制，提请召开市委全面依法治市委员会会议。提请印发《中共太原市委全面依法治市委员会2020年工作要点》，部署38项工作任务。起草制订《太原市党政主要负责人履行推进法治建设第一责任人职责2020年度工作清单》，建立全市党政主要负责人履职清单制度。协调指导4个协调小组和各县（市、区）研究落实工作，明确任务、层层落地时间较上年提前3个月以上。

提升依法治市工作水平。推动地方立法，颁布《太原市依法行政规定》，在全省首家通过以法令形式保障政府依法全面履职。提请印发《关于充分发挥法治功能，依法做好新型冠状病毒感染肺炎疫情防控相关工作的通知》，从立法、执法、司法、守法各环节推动全面依法防控。提请出台《太原市行政执法争议协调制度》《关于进一步加强行政调解工作的意见》，指导全市开展行政调解工作。印发《关于进一步落实行政机关负责人出庭应诉制度的通知》，提请出台《关于行政诉讼败诉案件行政复议纠错案件实行过错责任追究与容错免责工作的意见》。推动出台《太原市重大行政决策程序实施细则》，制订市政府年度重大行政决策事项目录，依法严格履行决策程序。（郭东辉）

【法治政府建设】 2020年，太原市司法局制订《太原市法治政府建设2020年工作任务分解清单》，明确39个牵头部门143项具体任务，构建党政主要负责人、分管领导、党政机关工作人员三级闭环责任体系。实行工作交办、催办、督办制度，先后5次开展工作督办，涉及18个单位。加强法治政府建设示范创建，召开工作培训会，指导各部门强化举措，提升创建水平。对照法治政府建设示范标准，组织各县（市、区）和市直各相关部门完善制度、补齐短板、突出重点，多项工作走在全省前列。

（郭东辉）

【行政立法体制机制建设】 2020年，太原市政府印发《太原市人民政府立法联系点管理办法》，在全市范围内设立20个立法联系点，促进基层群众直接参与政府立法工作。加强重点领域立法，全年审核修改新立地方性法规5件，打包修改地方性法规5件，组织起草审核市政府规章3件。完善行政规范性文件备案审查和重大行政决策程序。全年前置审查各类文件244件，备案审查各县（市、区）及市政府各部门规范性文件33件，向省政府、市人大报备市政府及其办公室制发的规范性文件14件，切实做到有件必审、有件必备、有错必纠。

（郭东辉）

【行政执法能力建设】 2020年，太原市司法局全面启动全市10个领域综合行政执法队伍行政执法事项清单合法性审查。落实行政执法“三项制度”。将落实“三项制度”情况纳入法治政府建设目标责任考核体系，强化对各行政执法部门督促落实。建立行政执法争议协调机制。制定《太原市行政执法争议协调制度》，加强行政执法争议协调工作。规范行政裁决工作。建立司法行政机关与同级人民法院协调联动制度。提升行政应诉能力，全年收到以市政府为被告的行政应诉案件 87 件，判决裁定 64 件，胜诉率为 80%。（郭东辉）

2020 年 5 月 14 日，省司法厅在市司法鉴定机构调研（市司法局供图）

【刑事执行职能履行】 2020 年，太原市司法局在全省率先设立完成市、县两级社区矫正管理局。加强社区矫正工作，严格落实《中华人民共和国社区矫正法》，加强监督管理、教育矫治、救助帮扶制度建设，努力构建新时代社区矫正工作新格局。（郭东辉）

【公共法律服务体系建设】 2020 年，太原市司法局推进三大平台集约化建设，深化公共法律服务，提高公共法律服务知晓率、首选率、满意率。发挥太原市公共法律服务中心、太原市民营企业公共法律服务中心平台作用，加快整合资源，推动建设覆盖全业务、全时空的法律服务网络。创新开展公共法律服务工作，与市退役军人事务局沟通，开展设立太原市退役军人公共法律服务站、太原市司法局退役军人服务站等工作，推动全市退役军人法律事务工作走上快车道。（郭东辉）

【法律咨询便民工程】 2020 年，太原市 10 个县级公共法律服务中心、107 个乡级公共法律服务工作站，组织专业法律服务团队，为人民群众提供家门口的免费法律服务。全市共受理咨询 5.60 万余件，完成全年目标任务 4.40 万件的 128.98%，满意率 99.90%，超额完成全年目标任务。（郭东辉）

【法律服务保障】 2020 年，太原市司法局主动对接市疫情防控领导小组提供专业法律服务，组织律师团队制定《关于应对新型冠状病毒感染的肺炎疫情支持中小企业共渡难关的政策意见》。刊印《2020 年防控新型冠状病毒感染的肺炎疫情工作文件汇编》发放到企业及相关部门。组织开展疫情防控期间中小微企业“法治体检”专项活动，通过 7 项举措保障中小微企业平稳发展。（郭东辉）

2020 年 6 月 9 日，省司法厅领导在市城南公证处调研指导工作（市司法局供图）

【矛盾纠纷排查化解】 2020 年，太原市司法局坚持和发展“枫桥经验”，结合疫情防控后期和疫情后社会矛盾纠纷特点，开展“防风险、保平安、促发展”矛盾纠纷排查化解活动，各类人民调解组织排查化解纠纷线索 5229 条。构建人民调解、行政调解、司法调解“三调联动”机制。推动市委依法治市委员会印发《关于进一步加强行政调解工作的意见》、市政府办公室印发《太原市行政调解办法》，推进调解、仲裁、行政裁决、行政复议、诉讼等有机衔接。在全省首创建立行政调解司法确认制度，和市中级人民法院联合印发《关于加强行政调解与司法调解衔接工作的意见》，建立健全行政调解与司法调解衔接机制。推动市政府办公室制定《关于发挥行政机关依法有效化解社会矛盾纠纷职能作用推进法治政府建设的意见》，坚持运用法治思维和法治方式应对各种局面，加强社会矛盾纠纷化解。贯彻落实习近平总书记“坚持把非诉讼纠纷解决机制挺在前面”指示精神，创新建立太原市非诉讼服务中心，统筹人民调解、行政调解、行政裁决、行政复议、律师调解、公证、仲裁、法律援助等资源，发挥化解社会矛盾纠纷减压阀作用。7月13日，万柏林区人民法院速裁团队进驻中心，迈出全市非诉讼解决纠纷、开展诉调对接的关键性一步，在全国率先创新发展司法行政非诉讼纠纷与法院速裁合作服务百姓民生的新举措、新方式。（郭东辉）

【普法与依法治理】 2020年，太原市司法局加强宪法学习宣传，推进“谁执法谁普法”普法责任制落实，做好“七五”普法总结验收考核工作。推进法治文化阵地建设，确定命名市禁毒教育基地等6个单位为太原市法治宣传教育基地。加强法治乡村建设，推进乡村振兴战略，推荐全国民主法治示范村（社区）5个，创建省级民主法治示范村（社区）29个、市级民主法治示范村（社区）32个。聘请专家开展太原市法治乡村建设项目专项律师服务，为各村（社区）编印《法治乡村“两委”行权制度汇编》2000册，指导基层工作，助力法治社会建设。（郭东辉）

【公证、仲裁和法律援助】 2020年，太原市公证机构办理各类公证事项13.41万件。太原仲裁委员会受理案件2113件。法律援助中心接待现场咨询群众26724人次，受理刑事法律援助案件2927件、民事法律援助案件2875件、行政法律援助案件6件。（郭东辉）

【司法所建设】 2020年，太原市司法局推进司法所建设，与市委组织部、市编办、市财政局、市人社局联合印发《关于加强新时代司法所建设工作的实施方案》，为基层开展工作提供政策支持，加强司法所人员配备。开展司法所“雪亮”行动，打造好司法行政系统前沿阵地。开展司法所“精品工程”专项活动，选树30个“高标准”司法所。（郭东辉）

法律援助

【概况】 2020年，太原市法律援助中心接待群众现场咨询26724人次，受理刑事法律援助案件2927件，民事法律援助案件2875件，行政法律援助案件6件，“12348”热线服务电话29852人次，值班律师提供法律帮助4458件，协助办理认罪认罚4458件。（李彦昭）

【案件受理与指派】 2020年，太原市法律援助中心拓展新办案方式，借助信息化技术，配合法检两院开展刑事诉讼各项工作，发送指派通知等书面文本，指派律师开展线上法律援助工作。疫情期间，为保证法律援助工作顺利开展，减少工作期间人员接触，通过和公检法、看守所等办案机关及律师事务所、承办律师等多方联系沟通，采取远程提讯方式在城区检察院开展人追认罚工作，在线办案，保证法律援助案件办案质量。（李彦昭）

2020年，太原市法律援助中心为外来务工人员提供法律服务（市法律援助中心供图）

【“12348”热线平台建设】 2020年1月，“12348”公共法律服务热线平台坚持24小时全时空服务，为广大群众提供优质、精准法律服务。“12348”公共法律服务热线平台继续保持群众满意度90%以上，电话总数为全省热线话务量的47%。（李彦昭）

【微信和微博平台建设】 2020年，太原市法律援助中心改版微信公众平台，实现在线法律咨询、在线申请援助、网络普法宣传等功能全覆盖。微信平台律师咨询接待群众630余人、回复咨询数量2300余次。在“微服务大厅”核心服务板块中，为群众申请法律援助提供援助范围和申请流程示意、相关表格下载、法律援助预申请等功能，群众足不出户就可以了解自己是否符合申请援助的条件、查询如何申请和提交预申请。微信公众平台以《法院案例》《普法一刻》《新法速递》《一点资讯》等栏目为依托，更新普法教育内容，以群众关心的一些热点问题为引子，推动法律知识学习。

市法律援助中心官方微博开通后，发布民生关注法律问题、社会热点和中心动态新闻1570余条，有关注者10万名。“太原法援12348”话题达到近2300万的阅读量，形成独有的法律援助品牌和话题，让更多群众了解到市法律援助中心和“12348”公共法律服务法律援助热线。（李彦昭）

【刑事案件律师辩护全覆盖】 2020年，根据太原市中级人民法院、太原市铁路运输中级人民法院、太原市司法局联合印发的《太原市刑事案件律师辩护全覆盖工作实施细则（试行）》要求，市法律援助中心在案件受理、指派过程中，针对刑事案件律师辩护全覆盖工作开展过程中存在的困难，与市中级人民法院、太原铁路运输中级人民法院进行沟通，注重加强刑事法律援助工作，保障司法人权作用。对市中级人民法院、太原铁路运输中级人民法院送达的刑事法律援助案件做到百分之百受理、指派，保障刑事诉讼被告人的合法权利。

（李彦昭）

2020年，太原市法律援助中心开展送法进军营活动　（市法律援助中心供图）

【法律援助案件质量评估】 2020年，太原市法律援助中心加强法律援助案件质量监管工作。8月，成立案件质量评查工作领导组，收到各县区报送的44本刑事法律援助案卷。组建高质量评估团队，评估专家从太原市具有较高专业素质和职业道德修养，且有5年以上执业经历的律所主任或高级合伙人中产生。对参与评估的专家进行培训，解读评估标准指南，就刑事法律援助案件同行评估标准等细则进行认真学习，演示评估操作，明确评估要求和纪律。

（李彦昭）

【农民工权益保障】 2020年，太原市法律援助中心对农民工请求支付劳动报酬、工伤赔偿等特殊案件的当事人，申请法律援助时不审查经济困难标准，最大限度保障经济困难公民合法权益，做好法律援助工作。按照省、市两级关于做好治理拖欠农民工工资的工作要求，对市、县两级农民工法律援助工作开展“回头看”，落实、上报相关工作，并按要求在劳动争议调解仲裁机构或劳动监察机构设立法律援助窗口。按要求组织4名工作人员参加《保障农民工工资支付条例》线上培训，并按照要求，完成听课及考试。线上培训内容从《条例》制定情况和法律释义两个层面入手，让参训人员准确理解和把握立法背景、目的、原则和有关具体内容，使参训人员做到融会贯通、学以致用，为维护农民工合法权益提供更多法律支撑。

（李彦昭）

【“法援惠民生”品牌建设】 2020年，太原市法律援助中心根据省司法厅文件要求，就开展“法援惠民生”品牌建设、加强特殊群体法律援助工作进行安排部署。与尖草坪区法律援助中心深入一线，前往太原一建集团怡和天润园南区项目部与中铁十二局集团上兰村棚户区改造项目部进行走访宣传，向承建企业与农民工讲解法律援助范围、申请流程等，为企业与企业之间、企业与员工之间、员工与员工之间的矛盾纠纷化解提供更好解决途径。（李彦昭）

【法援宣传服务活动】 2020年，太原市法律援助中心多次组织志愿者在社区、校园等场所进行普法宣讲、法律咨询活动，定期设计并发放专门针对妇女、未成年人、老年人、残疾人等特殊群体的常见法律问题法律教育系列宣传手册，以及纸巾、雨伞、购物袋等平常百姓较常用的物品，全年发放宣传资料8000余份。在妇女节、助残日、“12·4”宪法宣传日等重要节点，组织律师、基层法律服务工作者等法律援助志愿者队伍，联合妇联、残联等职能部门，开展法律援助宣传活动，开展“法律援助进军营”活动，向部队官兵赠送法律援助宣传资料，宣传军人军属法律援助政策。

市、县两级法律援助机构以“法援惠民生、助力农民工”活动为契机，通过设置法律咨询台、悬挂条幅、发放宣传资料、发放宣传慰问品以及解答法律咨询等多种形式开展宣传，向广大农民工现场宣讲劳动法、劳动合同法、法律援助条例等法律法规，并对农民工普遍关心的如何签订劳动合同、如何追讨被拖欠的工资、遭遇工伤如何维权、如何申请法律援助等相关问题进行详细解答，为农民工提供及时精准法律服务。

结合12月国际志愿者日，市法律援助中心设立的中北大学工作站重点以便民利民志愿服务活动为主要内容开展工作。工作站志愿者在学校内部进行普法宣传，向来往群众发放宪法知识宣传页、讲解相关法律知识，提供法律问题咨询，答疑解惑，发放带有市法援中心的联系方式的针线包、雨具等便民物品，讲解法律援助受理范围和申请方式，为群众提供法律帮助。（李彦昭）

太原警备区

【概况】 2020年，太原市警备区坚持以习近平新时代中国特色社会主义思想为指导，深入贯彻习近平强军思想，坚定“当全省窗口、走全国前列”奋斗目标，以打造省军区系统“攻坚主力、创新高地、形象窗口、放心单位”为牵引，推进疫情防控和重点工作，强化旗帜引领，大抓练兵备战，注重改革创新，持续正风肃纪，完成各项年度任务，高质量发展迈出坚实步伐。

（景春勇　秦学敏）

【思想政治建设】 2020年，太原市警备区始终用习近平新时代中国特色社会主义思想和习近平强军思想铸魂育人，严格落实党委中心组理论学习制度，14次跟进学习中共十九届五中全会精神、《习近平谈治国理政》第三卷和习近平总书记最新重要讲话、重要指示，灵活运用强军讲堂，组织10名团以上领导干部上台授课。坚持把学习习近平主席重要讲话作为党委常委会第一议题，把传达上级文件作为每周周一交班首要大事，及时教育部队、统一思想和行动。坚持把军委主席负责制学习教育、疫情防控专题教育和形势战备教育纳入两项主题教育融合落实，挂牌建立习近平强军思想学习实践基地。走开走活军地共教共育路子，开展向全国拥政爱民模范裴占飞学习实践活动，推动学思践悟走深走实，全区官兵在重要关头、重大考验面前交出合格答卷。指导小店区、万柏林区、晋源区人武部先行探索民兵战斗精神培育路子，阳曲县人武部深入挖掘保护支前历史文化，宣扬传承新时代支前精神，召开经验交流会在全区推广。高度关注意识形态领域斗争，及时开展政策纪律、党史军史和经常性思想教育，全区保持高度集中统一。

（景春勇　秦学敏）

【练兵备战】 2020年，太原市警备区党委6次专题议战议训，研究备战打仗重要问题，把70%以上表彰奖励投向军事斗争准备，立起大抓练兵备战鲜明导向。开展应对强敌作战问题研究，制订《应对强敌专项准备措施》和配套方案。围绕战时国防动员和城市防护防卫行动，研究形成军地联合指挥机构“实名制”编组规范，组织市、县两级开展军地联合指挥演练和“使命课题演练月”活动，解决指挥员指挥流程不规范、辖区潜力不精准等问题。指导清徐县人武部先行探索健全军地联合应急机制。面对防汛抗洪严峻形势，区分5个课题，组织民兵队伍、携带新质装备，开展民兵防汛救援行动演练。开展学生军训和军事职业教育工作。推进按纲施训，轮训基干民兵，组织专武干部、教练员集训比武，宣扬表彰20名精武标兵。组织杏花岭区民兵远程灭火分队先后赴五台山、榆社、

2020年6月22日，太原警备区召开年度专武干部集训比武考核总结表彰大会

（太原警备区供图）

大同、四川凉山跨区执行山林灭火任务。（景春勇　秦学敏）

【国防动员】2020年，太原市警备区紧贴支援保障作战实际需要，深化民兵调整改革，编实基干民兵，组建“四类重要力量”“9·22”专项任务分队，新质力量比例达39.80%。迎接军委国防动员部“十三五”时期民兵调整改革“回头看”检验评估。推进国防动员专项需求对接，采集基础潜力数据，迎接中部战区、省军区重点潜力实地勘察。高标准落实征兵工作，设置征兵宣传服务站，制定征兵体检8条刚性规定，完成义务兵、女兵和直招士官征集任务，大学生征集比例达到85%。（景春勇　秦学敏）

【基层人民武装建设】2020年，太原市警备区贯彻省军区抓建基层“一个措施、三个规范”和“四个秩序”试点观摩会议精神，依托万柏林区人武部召开“能级管、量化评”安全管理责任制暨“四个秩序”规范现场观摩会，提升正规化管理水平。军地联合出台《加强新时代基层人民武装工作实施办法》《太原市加强基干民兵预建党组织建设规范》，结合整组开展“规范化、常态化、精细化”建设达标活动。（景春勇　秦学敏）

【应急应战任务】2020年3月19日，山西省忻州市五台县台怀镇境内突发森林火灾。20日，太原警备区接山西省军区命令，带领警备区前指和杏花岭区民兵远程灭火连，火速赶赴五台山灭火前线，对指定区域进行射击，发射灭火弹20发，有效扑灭明火，为完成五台山山火扑救任务发挥关键作用。3月21日和5月1日，根据省军区命令，组织民兵应急分队赶赴榆社、大同执行山林灭火任务。4月2日至11日，太原警备区机关前指和民兵远程灭火连远赴四川凉山执行灭火救援任务，行程4400余千米，历时10天，先后对北侧火线进行两次灭火作业，发射灭火弹50发，有效控制火势蔓延。（李　凯）

2020年9月19日，太原警备区组织开展“奋进新时代，聚力强军梦”第20个全民国防教育日主题宣传活动（太原警备区供图）

【专武干部集训】2020年5月至6月，太原市警备区组织全区专武干部在民兵训练基地开展集中训练考核。参训队员完成军事理论、轻武器实弹射击、识图用图、动员分析计算、应急应战任务、军事体育6个科目训练。集训结束时，组织专武干部比武考核。（李　凯）

【民兵基地化轮训备勤】2020年5月至11月，太原市警备区推进按纲施训，在民兵训练基地组织所属人武部轮训基干民兵。制定印发《疫情常态化防控基干民兵基地化轮训组织实施办法》和《训练方案计划》，战建处全程参与指导训练，各人武部严格落实防疫要求，组织所有参训人员进行核酸检测，加强管理，严密组训，完成民兵入队、共同基础、专业和任务行动四个课题训练考核。（李　凯）

【国防知识竞赛活动】2020年9月17日，太原警备区在山西艺术职业学院华夏剧场举行“奋进新时代·聚力强军梦”国防知识竞赛决赛，6支初赛晋级队伍经过激烈角逐，最终迎泽区代表队获一等奖，小店区、万柏林区代表队获二等奖，晋源区、阳曲县、古交市代表队获三等奖。为确保竞赛活动公平公正，太原警备区、市国防教育办公室委托市委党校国防教育教研室围绕习近平主席关于国防建设重要论述、《中华人民共和国国防教育法》《山西省实施〈国防教育法〉办法》《全民国防教育大纲》、山西省重大革命历史事件等方面建立知识题库下发基层学习，答题顺序和竞赛题目全部由选手现场随机抽取，并设置仲裁组对有争议的情况现场评判。（马彦博）

【国防教育日宣传活动】2020年9月19日是第20个全民国防教育日。为宣传国防法规，普及国防知识，强化国防观念，纪念中国人民抗日战争暨世界反法西斯战争胜利75周年和中国人民志愿军抗美援朝出国作战70周年，太原警备区、市国防教育办公室在龙潭公园举办“奋进新时代·聚力强军梦”国防教育日广场宣传活动。各县（市、区）人武部、基干民兵、学生代表、社会群众等700余人参与。通过设置宣传展板、展示阳曲县支前文化、发放宣传资料、举办文艺演出、进行国防知识竞答等多种形式普及国防知识，弘扬爱国主义精神，广泛动员全社会关心国防、支持国防，汇聚强军兴军正能量。（郭晓东）

【报废武器销毁】2020年9月，太原市警备区根据省军区工作安排，组织动用民兵70余人，协调太钢集团有限公司和地方公安交警、特种装备运输等力

2020年4月2日，太原警备区组织民兵远程灭火连赴四川凉山执行森林灭火任务　（太原警备区供图）

量，高标准完成警备区和其他军分区报废武器销毁任务。　（贾国强）

【军地联合指挥演练】 2020年11月24日至12月29日，太原警备区推进实战实训，围绕防空作战、重要目标防护、森林灭火、防汛救援、矿难救援、抗震救灾、反恐维稳、网络信息攻防、防敌特渗透破坏、战时快速动员等应急应战课题，给10个县（市、区）人武部下发研究任务，每周安排两个单位进行实案化实兵化专攻精练。人武部协调县（市、区）政府办、消防救援中队、应急管理局等10多单位组成联合指挥部进行方案推演。每次演练结束后抽点各人武部主官围绕演练课题和导调文书，对演练过程组织实施、临机处置和实兵动用等情况现场点评互评，两级军地联合指挥部进行检讨式复盘总结。通过一个多月课题演练，查找不足、总结经验，提升后备力量在执行应急应战任务中的能力水平。　（李　凯）

【军用住房清理整治】 2020年，太原市警备区保障处按照年度工作部署，推进停偿工作和住房清理整治。牵头协调组织驻并部队停偿首批移交项目遗留问题处理，建立军地企三方工作专班，对14个遗留停偿问题，逐项目、逐问题研究解决，按时完成任务。对5套超面积住房、7套多占多购住房进行清理整治，追缴欠缴房款48.30万元。　（贾国强）

【新闻宣传】 2020年，太原市警备区围绕主责主业加强新闻宣传，全年在中央级、省级媒体共刊播稿件150篇，《国防教育广角》播出51期，展示警备区形象作为。以迎接军委国防动员部安全大检查为契机，从严加强部队日常管理，坚持每季度分析1次安全形势，先后4个波次检查督导、排查隐患，对全区所有入网计算机和“网穹一号”终端防护系统进行核查，强化安全保密意识，全区保持安全稳定良好态势。

（景春勇　秦学敏）

武警山西总队太原支队

【火灾救援任务】 2020年3月，武警山西总队向太原支队下达驰援山林火灾救援命令。受领任务后，太原支队迅速启动应急响应机制，参战官兵携带各类装备向火场摩托化开进，经过4天3夜连续奋斗，成功扑灭火情60余公顷，完成战斗任务。　（何晨光）

【军民共建】 2020年7月，武警山西总队太原支队进一步宣扬军人家庭和广大军嫂模范事迹，弘扬时代精神和中华民族的传统美德，激发广大官兵和广大军属“爱家庭、爱部队，促和谐、树新风”的光荣感和责任感，组织举办首届“好军属”颁奖典礼。

11月，太原支队举行“十大典型”颁奖典礼。经过各级推荐、支队遴选，评选出岗位建功、精武强能、担当有为、敬业奉献4个类型10名先进典型。

（何晨光）

【武警队伍建设】 2020年7月，武警山西总队太原支队为正规部队秩序，提升部队建设内涵，召开“四个秩序”规范会。通过现场演示、实地观摩、图册规范、答疑解惑、讨论交流等方式，对执勤战备、训练、工作、生活和后勤建设等方面进行规范，推动支队正规化建设再上新台阶。　（何晨光）

人民防空

【新型监管体制构建】 2020年，太原市人民防空办公室结合相对集中行政审批权改革，规范建立“双随机、一公开”监管机制，对123项建设项目进行监督检查。探索建立人防建筑市场“红黑”名单认定制度、联合惩戒及信用修复和退出机制，用诚实守信构筑人防工程建设管理基石。与市发改委研究起草《关于对人防工程建设单位和个人严重失信实施联合惩戒的合作备忘录》，推进人防领域失信行为联合惩戒平台建设。结合相对集中行政审批权改革，与市审批局签订《审管衔接备忘录》，联合制订《民用建筑人防工程面积计算规则》，建立双向反馈机制。从市审批局接收人防工程《设计条件》114项并纳入监管，联合修订《防空地下室质量监督报告》，联合验收人防工程48项，易地建设费征收9955万元。落实行政执法要求，制定《太原市人防办行政执法公示办法》《太原市人防办行政执法全过程记录办法》《太原市人防办重大行政执法决定法制审核办法》三项制度，并在市政府网站予以公布。开展行政执法人员执法业务培训2期，采取多种形式，强化各级领导干部和工作人员的法治思维和执法能力。（高鹏　许亚飞）

【跨区拉动协同演练】2020年8月，太原市人民防空办公室组织机关、人防信息保障中心和部分县区，参加省人防办组织的“砺兵—2020”跨区拉动协同演练。赴忻州市与大同市、朔州市共同签订跨区机动协同保障协议，并组织联训联演活动。10月，配合西安市人防办进行跨区拉动支援保障演练，到晋城市前进指挥所进行互联互通训练，完善指挥通信保障协同制度。（高鹏　许亚飞）

2020年，太原市人防战备保障中心揭牌　（市人防办供图）

【人防工程安全生产】2020年3月，太原市人民防空办公室开展人防工程“安全生产专项整治”“零事故”创建工作。成立早期人防工程春季普查领导组、防汛抢险救灾工作领导小组。对胜利街主干道早期公共人防工程封填维修、回填检测项目进行竣工验收。在全市范围内开展为期三个月的人防工程安全隐患排查专项行动，加大早期人防工程安全隐患排查治理。主要领导及相关工作人员实地查看安全隐患问题，现场研究确定解决方案，确保市委对生产安全的要求落实落细、责任到人。通过早期人防工程春季普查，摸清工程现状，进行详细记录，建立台账，为后期做好汛期安全防范工作和消防安全工作，编制应急预案，组织应急演练，提供数据支撑。累计派出检查组185个、484人次，排查早期人防工程、平战结合人防工程、出租库房582处，排查一般隐患8项，整改到位7项。（高鹏　许亚飞）

【人防服务民生】2020年5月，太原市人民防空办公室采取主动上门服务的方式，为省公安厅、中信银行太原分行等机关、企业解决长期久拖未决事宜。与市审批局、市不动产登记中心等部门联合召开关于附建人防工程竣工验收事宜的专题协调会，形成《专题协调会纪要》，解决居民不动产权得不到及时保障的问题。拟订《防空地下室建设项目质量监督服务指南》，使企业办理业务更加便捷、高效。为群众解难题，建立市民回访制度，处理“12345”政府热线反映问题65起，处理“12319”城建热线反映问题11起，赢得了广大群众的满意和认可。（高鹏　许亚飞）

【防空警报管理】2020年4月4日，太原市人民防空办公室为表达对抗击新冠肺炎疫情斗争牺牲烈士和逝世同胞的深切哀悼，10时准时鸣响全市防空警报，缅怀逝者，致敬英雄。在“9·18”警报试鸣日，派出防空警报车5辆，并组织全市防空警报统一鸣放，完成试鸣任务，人民群众的国防意识得到加强。（高鹏　许亚飞）

2020年，太原市人防办开展志愿者服务活动　（市人防办供图）

【人防队伍建设】2020年，太原市人民防空办公室印发《太原市人防办2020年度训练工作计划》，合理调整训练时间和训练内容。由办领导带队各县（市、区）人防主管部门主要负责人参加省办在右玉干部学院组织的准军事化集训。机关业务科室参加市国防动员委员会组织的国防动员演练与武乡太行干部学院组织全省第二期准军事集训。组织全体工作人员进行为期一周的“准军事化”集训，指导指挥信息保障中心业务训练，加强组织纪律性，提升“准军事化”素质。（高鹏　许亚飞）

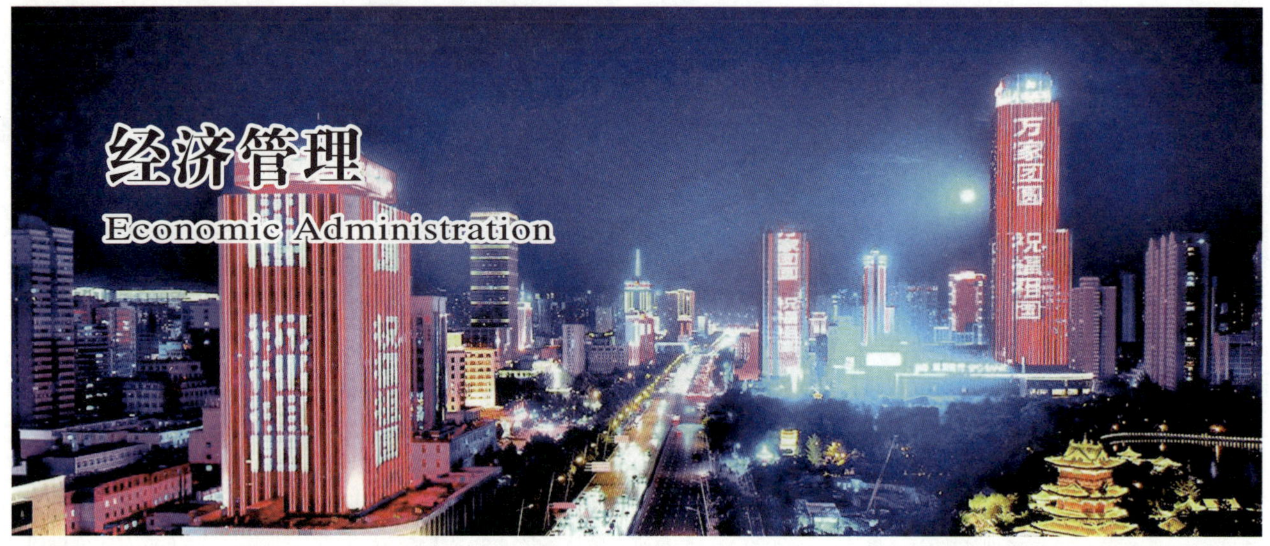

经济管理

宏观经济管理

【经济运行调度】 2020年，太原市发展和改革委员会履行综合经济管理职能，编制和组织实施国民经济和社会发展计划。按照国家、省、市统筹疫情防控和经济社会发展各项部署，发挥牵头抓总、统筹协调作用，抓牢抓实经济运行调度，调整经济增长工作目标，将地区生产总值增速分解到三次产业、核算指标上，落实到市直有关部门和县（市、区）、开发区（园区）。增加会商研判和调度的频次，经济运行调度由每月一次调整为每周一次，及时形成经济形势分析报告，将疫情对经济的影响降到最低。全市经济运行逐季改善，逐步恢复常态，全市地区生产总值（GDP）4153.25亿元，增长2.60%。（杜新娟）

【"十四五"规划编制】 2020年，太原市发展和改革委员会开展"十四五"规划编制工作，从前期课题研究、经济社会发展基本思路、重点专项规划、县（市、区）规划编制、重大项目谋划等多方位组织全市开展"十四五"规划研究工作，成立"十四五"规划编制工作领导小组和专项规划领导小组，选取22个重大课题开展课题研究，并形成较为成熟的研究成果。牵头负责服务业、新基建、新业态等9个专项规划编制，全市41个专项规划形成初步成果。开展开门编规划活动，在太原新闻网、太原日报等平台刊登"十四五"规划意见征集公告，收到各类意见建议50多条。开展太原市"十四五"时期经济社会发展思路研究，形成"十四五"规划《建议（初稿）》，规划《纲要》编制工作形成初步成果，"十四五"储备项目1105个，总投资2.75万亿元。（杜新娟）

【转型项目建设】 2020年，太原市发展和改革委员会坚持高位推动，30位市级领导包联599项建设项目，实行全程式包联帮扶，协调帮助解决从签约、落地、建设、投产等各个环节的问题和困难。实行市党政领导对接服务转型项目坐班及协调例会制度，每周抽出半天时间深入一线，解决项目推进过程中的痛点、难点、堵点，为转型项目建设保驾护航。将转型项目建设年主要指标纳入全市年度综合考核，实行月通报、季汇报、年交账制度，全方位多举措推动任务落实，督导项目建设。全市纳入省级项目库项目876项，总投资8553.10亿元，年度计划投资1360.50亿元，开复工868项，开复工率99.10%，转型项目建设主要指标完成情况在全省名列前茅。推进省市重点工程项目，完成投资567.89亿元，完成率148.74%，开复工率97.80%。公共交通布局日趋完善，太郑高铁开通，太焦铁路征地、外部环境整治和沿线三电管线完成迁改。（杜新娟）

【固定资产投资】 2020年，太原市发展和改革委员会编制建设项目计划，分解下达投资任务，督促县区开展工作，每月19日和25日进行投资预判，针对预判情况，召开协调会，特别是对于已完成投资而因为各种因素没有入统项目，各部门各司其职，信息共享，形成合力，合规合法完善入统手续，确保项目应统尽统、统必合规。全市固定资产投资完成1493.45亿元，增长11.30%，增速全省第一。紧盯国家产业政策、投资方向和重点，主动对接争取资金支持，争取中央和省资金4.60亿元，专项债券额度78.30亿元。疫情期间，监测调度助推项目复工复产，精准传导"再贷款""再贴现"优惠利率政策，为太原市疫情防控重点企业发放优惠利率贷款4.10亿元。（杜新娟）

【区域经济协调发展】 2020年，太原市发展和改革委员会融入国家黄河流域生态保护和高质量发展战略，组织水务、住建、环保、工信、文旅等部门共同研究，提出黄河流域生态保护和高质量发展重大政策诉求和项目申请纳入国家和省规划，多次专程赴省发展改革委对接，最终争取到汾河流域综合治理、合成生物产业园、晋阳古城国家考古遗址公园等项目纳入省规划。坚持高站位，增强开放意识，打开思路，拓宽视野，开展《太原市黄河流域生态保护和高质量发展规划》《太原市“十四五”融入国家区域协调发展战略规划》编制工作。（杜新娟）

【工业产业发展】 2020年，太原市中北高新开发区特色产业集聚区（先进金属材料）和晋源区特色产业集聚区（装配式建筑材料）入选全省第二批工业特色产业集聚区试点，有3家省级工业特色产业集聚区试点。争取山西昕锦盛园区开发有限公司太原市清徐特色产业集聚区服务平台建设项目获得896万元山西省产业集聚区专项资金支持。统筹老工业城市调整改造工作，组织编写《太原市推动老工业城市工业遗产保护利用打造“生活秀带”工作方案》，编制《太原市推动老工业城市制造业竞争优势重构工作方案》，推动建立老工业城市经济社会发展指标数据库，组织万柏林区开展《太原市万柏林和平老工业区搬迁改造实施方案（2013—2020年）》执行情况自评估工作。（杜新娟）

【现代服务业发展】 2020年，太原市发展和改革委员会协调组织市相关部门，将12项服务业增加值核算指标、“其他营利性服务业营业收入”指标涉及的323家企业分解到市直各责任部门，统筹协调做好行业运行实时监测工作，全市服务业增加值完成2616.82亿元，增长2.30%。推动现代服务业提质增效，制订有效应对疫情促进服务业稳定增长的若干措施，针对性地提出包括价格、税费、金融、物资保障、稳就业等帮扶措施。重视政策引领，强化联动合力，出台加快现代服务业发展的政策意见及实施细则，清控科技服务集聚区、太原服装城集团服装批发零售集聚区等7个园区获批省级现代服务业集聚区试点，并获得800万元省级资金支持。（杜新娟）

【大众创业万众创新】 2020年，太原市发展和改革委员会营造大众创新创业环境和氛围，激发市场主体活力，发挥优质项目双创带动作用，在全市范围内征集大众创业万众创新项目，更好地助力企业创新创业，推动创新创业高质量发展。根据省发展改革委有关要求，结合产业转型需求，开展山西智创城布局建设工作，山西（太原）数字经济科创产业园项目获省发展改革委备案山西智创城NO.8，为打造一流创新生态，培育壮大经济发展新动能起到推动作用。聚焦“六新”，降低创新创业门槛，激发创新创业活力，带动社会就业，组织开展省级双创示范基地双创建设项目征集申报工作，通过认真审核和筛选，共向省发展改革委推荐33个省级双创示范基地双创建设项目。（杜新娟）

【招商引资】 2020年，太原市发展和改革委员会编制印发《太原市招商引资产业指导目录（2020年版）》。建立太原市利用境外贷款、外商投资、境外投资工作台账，申请外国政府和金融组织贷款。推进企业境外发债及境外投资工作，备案市龙投公司发行外债20亿美元、太原国有投资公司发行外债2亿美元、省工业设备安装公司境外投资项目。参与中国第三届进口博览会等大型活动的企业项目组织工作。（杜新娟）

【重点领域与关键环节改革】 2020年，太原市发展和改革委员会落实全面深化改革任务，对牵头负责的12项重大改革任务和4项省级改革试点实施项目化管理，定期调度、全力推进、重点突破。建立并定期上报市委书记抓改革台账（月报）、发改委主要领导抓改革台账（季报）、改革试点台账（季报），全面及时反映改革进展情况、取得的效果和存在的问题。牵头推动全市培训疗养机构改革，组织全市党政机关、民主党派、人民团体、直属国有企事业（共123家）报送相关情况，统计汇总形成全市培训疗养机构基本情况，编制完成《太原市市级培训类事业单位专项改革实施意见》，明确改革方向和重点任务，指导推进改革。（杜新娟）

【市场准入负面清单制度】 2020年，太原市发展和改革委员会按照“全国一张清单”的管理模式，推动落实市场准入负面清单制度，放宽市场准入门槛。与市商务局联合印发关于贯彻落实《国家发展改革委·商务部〈市场准入负面清单（2019年版）〉》的通知，要求各县（市、区）、开发区、市直相关部门细化工作举措，严格遵照执行，全面落实到位。及时在门户网站发布《市场准入清单（2019年版）》，做到相关信息公开透明，提高各类市场主体对负面清单的知晓度和关注度。（杜新娟）

【能源革命综合改革试点】 2020年，太原市发展和改革委员会制定印发《关于做好2020年太原市能源革命综合改革试点工作的通知》，设立工作台账，定期召开任务推进会，开展机制体制改革研究，协调13个部门全力推进确定的46项重点任务，实现全市能源革命综合改革系统推进、一体落实、接续发展。全市能源革命综合改革总体效果不断显现，能源消费方式得到改善，生态环境质量持续好转，能源科技创新策源能力提升，能源全产业链初现规模，能源合作继续加强。国科大太原能源材料学院、煤成气增储上产、太原市北一区能源互联网综合示范项目、西山煤电马兰矿等煤矿智能综采改造建设、中电投古交岔口一期风电等重大引领项目推进顺利，取得阶段性成果。（杜新娟）

【社会信用体系建设】 2020年，太原市发展和改革委员会作为全市社会信用体系建设牵头部门，发挥统筹协调、组织推进作用，年初制订印发太原市社会信用体系建设重点工作任务、工作考核指标、重点单位工作任务清单等，明确各相关单位及各县（市、区）的工作任务。将信用工作纳入市政府督查工作事项和市文明单位考核指标，完善信用信息共享平台功能，增设“信用承诺”“信用修复”“疫情防控”“全国信易贷平台太原站”等版块，推进信用信息共享平台数据对接共享。在行政审批、金融监管、项目投资、政府采购、招标投标等领域落实开展信用承诺应用和信用信息查询，引导企业关注信用建设，强化用信意识，“信易贷”“信易批”“信易阅”“信易医”等“信易+”工作取得进展。组织“6·14”信用记录关爱日“信用让生活更美好”主题宣传活动，在多个媒体发布《创文明城市、建诚信太原》倡议书，营造诚信宣传氛围。（杜新娟）

【产教融合型试点城市建设】2020年，太原市发展和改革委员会加强产教融合实训基地建设，为古交市职教中心产教融合型实训基地建设项目申请中央预算内资金支持1931万元。申报省级大型产教融合实训基地，收集实训基地建设项目7个。培育产教融合型企业，将《山西省产教融合型试点企业建设培育工作方案》《山西省产教融合型试点企业建设培育遴选标准》和《山西省产教融合型试点企业建设培育专家评审工作制度》在网站发布，扩大宣传范围，太原市培育产教融合型企业11家，在全省排名第二位。（杜新娟）

【尧城（太原）国家通用航空飞行大会】2020年9月29日至10月2日，太原市人民政府、省发展改革委、省体育局主办2020尧城（太原）国际通用航空飞行大会在清徐县尧城机场举办。飞行大会由市发展改革委代表市政府负责具体筹备工作。2月开始，市发展改革委参加各类会议39次，飞行大会期间每日活动结束后组织召开碰头会，总结当日活动情况，现场研究解决具体问题，做到不留隐患。按照“南有珠海、北有尧城”展会规格要求，争分夺秒，为大会顺利举办提供坚强有力保障。

（杜新娟）

【采煤沉陷区治理】2020年，太原市发展和改革委员会全力推进采煤沉陷区综合治理工作。全市采煤沉陷区搬迁安置任务20895户中，集中新建安置的8415户，项目全部竣工，达到入住条件。货币补偿安置的12480户，全面发放到位。（杜新娟）

【天然气保障供应】2020年，太原市发展和改革委员会督促各城燃企业、燃气电厂做好供气协议签订工作，共签订合同量15.40亿立方米。指导各城燃企业通过购买上游增量气、天然气竞拍、采购LNG等方式落实气源缺口，落实政府3天储气能力2400万立方米，督促市城乡管理局推进城燃企业5%储气能力落实工作，召开落实储气任务约谈会，9家城燃企业和上游直供企业共落实储气能力6869.85万立方米。

（杜新娟）

2020年9月29日，2020尧城（太原）国际通用航空飞行大会在清徐尧城机场开幕　（市发改委供图）

【社会足球场地建设】2020年，太原市发展和改革委员会落实国家社会足球场地建设专项行动，制订《太原市社会足球场地建设专项行动规划》，编制《太原市社会足球场建设台账》，组织开展实地督导、政府约谈、按月调度、交叉检查，如期完成省定72块建设任务，全市共建成80块社会足球场，完成率达111%。（杜新娟）

【安全生产监督检查】2020年，太原市发展和改革委员会树立安全生产红线意识，夯实统筹发展和安全的理论根基，推动党政同责、一岗双责、齐抓共管、三必管的安全生产责任体系的落实。全年组织开展15个专项检查和整治，发现并整改一般安全隐患问题127个。坚持“三必管”原则，全力推进“三零”单位创建，确保安全稳定。

（杜新娟）

【对口援疆】2020年，太原市发展和改革委员会安排部署对口援疆工作，精准对接受援地实际需求，制订下达《太原市2020年对口援疆工作计划》。规范援疆经费使用和管理，与市财政局联合制订印发《太原市对口援疆经费使用管理暂行办法》。组织卫生系统选派7名专家赴六师五家渠市开展医疗卫生帮扶，并接收7名受援地医务人员到并培训学习，帮助受援地提高医疗卫生水平。给予受援地4个团镇基础民生项目补助资金139万元。（杜新娟）

土地资源管理

【概况】2020年，太原市规划和自然

资源局以“对标一流、塑造一流”思路夯实自然资源基础工作。开展“国土三调”，数据成果顺利通过国家核查。完成城区基准地价成果更新。建设太原市国土三维数据采集建模项目，更新城区150平方千米1 ∶ 500地形图，打造自然资源“一张图”管理平台，申请建设国家级示范档案室。《太原市现代测量控制基准建设及似大地水准面精化项目》获中国地理信息产业协会2020地理信息产业优秀工程银奖。局机关因节能减排工作被评为全国节约型公共机构示范单位。（杨　莹）

【综合改革】2020年，太原市规划和自然资源局承接落实国家、省、市6项改革任务，细化实化11项具体任务。推进能源革命综合改革工作，按照《太原市煤层气增储上产行动计划（2020—2022年）》，落实全市煤层气增储上产相关工作。开展“标准地”改革试点，推出两块新增工业用地（共计15.50公顷）实施“标准”出让。推进自然资源资产产权制度改革，出台市级实施方案。“林长制”改革全面展开，印发实施方案。推进林业产业发展改革，新申报产业项目5个，涉及面积2086.67公顷，资金2036.50万元。强化林业科技转化运用，山西省优良白榆、旱柳品系选择研究试验项目被评为省林业和草原局十大优秀科技创新项目。契合省、市行政审批制度改革大局，接入省厅三级联审平台，压缩优化业务流程，减少申报材料，更新办事指南，方便企业和群众办事。（杨　莹）

【不动产管理】2020年，太原市规划和自然资源局加快解决全市“有房无证”问题，克服压力、集中攻坚、科学施策，集中制定一系列补充政策，解决一批群众诉求强烈不动产登记问题。不动产登记窗口推行“马上办”“一次办”“网上办”“联合办”“就近办”的“组合拳”，打造“智慧不动产登记”，3天取证成为常态，部分业务实现1天领证。全年完成“处遗”首次登记10.34万套。（杨　莹）

【自然资源保护管理】2020年，太原市规划和自然资源局加强耕地数量、质量、生态三位一体保护，落实耕地保护目标责任。三调全市耕地面积162.53万亩，划定永久基本农田130.51万亩，守住全市耕地保护红线。开展土地整治项目，报备入库新增耕地指标3308亩，累计补充耕地21个批次9769.45亩，补充粮食产能4746.50吨，为建设项目占用留足空间。开展土地矿产卫片执法、规划管理执法和林业执法“三类”执法。完成耕地“非农化”行为摸排自查。开展废弃矿井专项整治行动，排查废弃关闭矿井618处。开展大棚房问题专项清理整治，全部整改到位。做好“两下、两进、两拆”城市风貌专项整治，拆除违建600处13.06万平方米，拆除擎天柱广告123个。实施露天矿山企业综合整治，整改问题51个。推进土地例行督察、森林督察问题整改，国家下达78个森林督察问题图斑查处到位并销号76个。中央环保督察涉及的5个问题全部清零销号。开展“烂尾楼”排查工作，推进实施违建别墅问题排查整治，全部通过省级核销并上报国家。发挥野生动物保护职能，全年救助野生动物110余起（只）。（杨　莹）

【易地交易与复垦复绿】2020年，太原市规划和自然资源局联动实施土地、林业扶贫政策，推动精准扶贫、精准脱贫，娄烦、阳曲两县新申报3个批次692.86亩增减挂钩易地交易项目，可增加收入1亿元。率先完成全市易地扶贫搬迁旧房拆除复垦任务，旧房腾退完成率、拆除完成率、复垦复绿完成率均达100%。完成城乡建设用地增减挂钩逾期项目清零任务，实现高标准农田整治“双清零”。（杨　莹）

【重点项目建设】2020年，太原市规划和自然资源局对重点项目、重大工程实施挂图作战，确保及时、高效办理。推动国科大太原能源材料学院、人才公寓、春光锻造、植物园、宝能等一批重大招商引资项目、民生项目落地。批准出台《关于做好疫情防控期间建设用地保障工作促进经济平稳发展的若干措施》《关于保持房地产市场平稳发展的若干意见》，减轻企业资金压力，帮助企业复工复产。通过强化新增土地储备、激活消化闲置低效用地，增加土地市场有效供给，保障市场供求，全年签订收储协议69份、面积1213公顷，报批建设用地840公顷，消化“批而未供”土地720公顷，实现供地326宗面积946.67公顷，完成土地收益501.12亿元。（杨　莹）

国有资产管理

【概况】2020年，太原市人民政府国有资产监督管理委员会（以下简称太原市国资委）直接监管国有独资、控股及参股企业纳入企业财务快报统计140户（国资委直管企业21户，脱钩改革企业119户）。截至年末，资产总额891.35亿元，负债总额651.24亿元，所有者权益总额240.10亿元，营业收入190.65亿元，工业总产值55.28亿元，上交税费总额7.61亿元。（周倩卉）

【机构改革】2020年，中共太原市委机构编制委员会印发《关于太原市人民政府国有资产监督管理委员会所属事业单位改革实施意见的通知》，将太原市国有资产经营公司（太原市工商业国资监管办公室）由市政府直属事业单位调整隶属为市国资委所属事业单位，保留并更名为太原市国企改革发展研究和促进中心。太原市城市建设国有资产经营公司、太原市龙城新区开发建设投资中心（龙城新区开发建设指挥部办公室）由市政府直属事业单位调整隶属为市国资委所属事业单位，太原市国有资产经营公司就业服务中心、太原市国有资产物业管理中心由市国有资产经营公司所属事业单位调整隶属为市国资委所属事业单位，以上4个单位整合，组建太原市国资委国有资产服务中心。太原市国有资产经营公司老干部管理中心由市国有资产经营公司所属事业单位调整隶属为市国资委所属事业单位，与市国资委所属事业单位太原市国资委老干部管理中心整合，组建太原市国资委老干部服务中心。根据市级公共资源交易类事业单位专项改革关于“整合建立统一规范的公共资源交易平台”的精神，将太原市产权交易中心成建制跨部门整合至市审批服务管理局所属太原市公共资源交易中心。根据市级培训类事业单位专项改革关于“对同时承担其他支持保障职能的培训机构，纳入本部门所属事业单位改革统筹考虑或跨部门整合至相关事业单位”的原则，市国有资产经营公司所属太原市商贸培训中心调整隶属为市国资委所属事业单位，暂予封存。太原市经济建设投资公司由市政府直属事业单位调整隶属为市国资委所属事业单位后予以撤销，核销事业单位法人，人员分流至太原市高速铁路投资有限公司，涉及债权债务、资产由太原市经济建设投资有限公司承接。

10月23日，根据《中共太原市委机构编制委员会关于整合设置太原市工业系统离退休人员管理机构的批复》，撤销太原市工业系统离退休人员管理办公室和太原市冶金离退休人员管理处、太原市轻工离退休人员管理处、太原市机械离退休人员管理处、太原市纺织离退休人员管理处、太原市电子离退休人员管理处、建材离退处。将太原市工业系统离退休人员管理办公室及其6个离退休人员管理处14名行政编制划入市国资委机关，核销其全部领导职数。成立离退休人员综合管理办公室和离退休人员工作一科、二科、三科，为市国资委内设机构。核定可及领导职数4正2副。调整后，市国资委机关行政编制总额为70名，科级领导职数18正14副。（周倩卉）

【国企国资改革】 2020年，太原市国资委在“1+27”国企改革政策体系基础上，出台《太原市深化国企国资改革三年行动方案（2020—2022年）》，明确国企国资改革的38项具体改革任务、改革目标、改革举措，以目标导向引领企业加快发展。同年，完成212户县（市、区）国有企业公司制改革，有效制衡公司法人治理结构，加速形成灵活高效的市场化经营机制。（周倩卉）

【国资监管体制改革】 2020年，太原市国资委加快推进党政机关与所办企业脱钩改革，推进国资监管大数据平台建设。依据《太原市党政机关与所办企业脱钩改革实施方案》，将86户党政机关所办企业和经营性事业单位转企后的企业，统一纳入国资监管体系，实现市属经营性国有资产集中统一监管。按照省国资委要求，完成数字模块建设和数据录入工作。（周倩卉）

【国资集中统一监管】 2020年，太原市国资委按照直接移交、依法退出、委托监管的原则，完成党政机关、事业单位所属130户企业脱钩改革，基本形成国资集中统一监管体系。（周倩卉）

【混合所有制经济发展】 2020年，太原市国资委坚持因业施策、因企施策、有进有退的原则，推进监管企业进行混改。同央企合作，狮头集团同中国建材联合水泥公司进行战略合作，推动技术创新。东山煤电集团同北京四季大通集团合作，建设太原煤炭工业影视文化旅游小镇。同省企合作，市国有资本投资运营集团出资5000万元，参股山西国科晋云信息产业公司，推动信息产业发展。推进校企合作，锅炉集团与清华大学、锦地裕成公司与中科院高能物理研究所合作成立创新研发平台，发挥产学研融合作用，企业科技创新和经营模式创新能力提高。（周倩卉）

【国有企业历史遗留问题解决】 2020年，太原市国资委完成8家中央下放破产企业和1家中央下放企业移交任务、中央财政补助资金清算，驻并中央、省属国有企业职工家属区分离移交维修改造年度工作任务全部完成。接收国企退休人员33.64万人，全部完成移交接收任务并形成常态接收机制，任务完成量和完成率均居全省第一。依法依规完成69户厂办大集体改革任务，推动厂办大集体成为产权清晰、自负盈亏的法人实体和市场主体。通过破产清算、盘活脱困、关闭注销，实现85户“僵尸企业”市场化出清，防范化解企业债务风险，优化产业结构和社会资源配置，助推国有经济提质增效。（周倩卉）

【国企重点项目建设】 2020年，太原市属国有企业重点项目中，完成田和集团新建生产配送中心项目、预冷车间项目、锅炉集团第三代超低排放循环流化床技术开发项目、东煤集团五龙煤业矿井改造项目、保安公司款箱寄存库项目、狮头集团水泥窑纯低温余热发电、晋东小商品钢结构停车场项目等7个项目。太原酒厂整体搬迁转型升级、建设酿造小镇项目，太原孔雀油墨搬迁改造、转型升级项目，田和集团进口冷冻肉品和水产品集中监管总仓项目，东煤集团棚户区改造地下立体车库项目等4个续建项目按进度要求有序推进。

（周倩卉）

【国企科研成果】 山西电机制造有限公司是中国电器工业协会中小型电机分会会员，全国旋转电机标准化委员会会员，建有省级企业技术中心。2014年电机公司实施整体搬迁改造，装备技术水平大幅提升，并加大新品研发和技术创新投入，在高效电机绕组设计、通风散热与转子制造工艺等技术领域取得突破。完成YE3、YE4系列高效电机分别达到国家2级和1级能效，均通过中国质量认证中心（CQC）的节能产品认证。2019年，电机公司YE4系列高效电机作为行业产学研合作项目《基于典型负载和工况匹配的电机系统节能技术与产品开发》的核心产品，获得中国机械工业科技进步一等奖。YE4系列高效电机技术领先，节能效果显著，切合国家节能减排政策需求，被列为山西省能源革命重点推广产品，进入山西省财政厅、山西省工信厅联合推荐的节能产品名录。2020年，该系列电动机入选工信部第五批绿色设计产品名单，进入国家工业节能技术装备推荐目录，被评为“能效之星”产品。（周倩卉）

财　政

【概况】 2020年，太原市财政局贯彻落实习近平总书记视察山西重要讲话重要指示和党中央、国务院决策部署，按照省委“四为四高两同步”总体思路和要求，坚持稳中求进总基调，贯彻新发展理念，做好“六稳”工作，落实“六保”任务，推动“六新”突破，落实好财政政策，推进转型发展和民生改善，规范财政收支管理，深化财税体制改革，财政运行逐季好转，预算执行好于预期，为推动全市经济恢复和社会大局稳定发挥作用。（张　洋）

【财政稳定运行】 2020年，太原市受多重因素影响，财政收入出现大幅减收，财政收支矛盾异常突出。全市一般公共预算收入从5月开始降幅逐月收窄，收入逐月好转，全年完成好于预期，低于全省平均降幅0.1个百分点。压减非刚性、非重点项目支出，严控一般性支出，压缩“三公”经费。对可暂缓实施或不再开展的项目支出，及时清理调整压缩，加大预算安排与结转结余资金统筹力度。争取相关政策资金支持，集中有限财力，用好用足减税降费、产业扶持等政策，抓住中央增加财政赤字规模、发行抗疫特别国债等政策窗口期、机遇期，最大限度争取上级财政支持。争取新增政府债券122.07亿元，占全省发行新增政府债券12%。争取抗疫特别国债资金21.56亿元，按照政策要求将资金下达到县区，实行严格台账管理，实时监控资金使用，确保用于县级“三保”和抗疫相关支出等特殊用途。（张　洋）

【助力经济转型发展】 2020年，太原市财政局聚焦“六新”发展，强化项目带动，安排科技创新资金和人才发展资金，支持创新主体高效联动、创新资源高效配置、科技成果迅速转化，全省投入力度最大。分配下达科技创新资金7.66亿元，重点支持长城智能制造、百信自主安全计算机等科技攻关项目、院士工作站和国家级科研实验室建设。支持与中科院、同济大学等科研院校深度合作，重点支持国科大太原能源材料学院等项目落地建设。全面落实人才兴市战略，推进人才公寓建设，加大高层次人才引进支持力度，重奖100名“晋阳工匠”。坚持把转型项目建设作为硬任务、硬指标、硬抓手，深化供给侧结构性改革。围绕先进装备制造、新材料合成加工、信息技术、新能源等主导产业，扶持煤焦冶电等传统产业改造升级，促进产业迈向价值链高端。下达资金3.50亿元重点支持长城电源、国科晋云智能制造基地、中科曙光等信创产业项目落地建设。落实落细各项减税降费政策，分析受疫情影响较大行业税收变化情况，全市新增减税35.02亿元，减免缓缴各类社保费73.20亿元，有效减轻中小微企业、个体工商户和困难行业企业税费负担。加强与银行助保贷业务合作，为249户中小微企业提供贷款融资5.78亿元，支持民营企业、中小企业复工复产。

2019年、2020年太原市一般公共预算收入统计表

表12　　　　单位：万元

指　标	2020	2019
一般公共预算收入	3784351	3866164
一、税收收入	2852543	3017703
增值税	1094962	1046504
企业所得税	318614	393830
个人所得税	97928	90565
资源税	75195	87943
城市维护建设税	222516	233880
房产税	157598	139286
印花税	104429	95536
城镇土地使用税	45336	51212
土地增值税	279444	372712
车船税	79403	70040
耕地占用税	33783	16601
契税	337828	412085
环境保护税	5507	7509
二、非税收入	931808	848461
专项收入	538454	358479
行政事业性收费收入	92526	96566
罚没收入	96271	109395
国有资本经营收入	54	
国有资源（资产）有偿使用收入	133162	137608
其他收入	71341	146413

注：增值税含2019年12月31日太原市地方金库增值税与其他税收收入之和。

2019 年、2020 年太原市一般公共预算支出统计表

表 13　　　　单位：万元

指　标	2020	2019
一般公共预算支出	6473448	6105530
一般公共服务支出	638221	564032
公共安全支出	353440	391053
教育支出	915507	830649
科学技术支出	348265	232044
文化旅游体育与传媒支出	102863	194868
社会保障和就业支出	865345	754262
卫生健康支出	418462	365549
节能环保支出	236198	170401
城乡社区支出	1182019	1492823
农林水支出	326569	316761
交通运输支出	448431	229285
资源勘探工业信息等支出	216968	164560
商业服务业等支出	39100	33690
金融支出	1840	400
自然资源海洋气象等支出	49498	32469
住房保障支出	145343	201230
粮油物资储备支出	11141	8672
灾害防治及应急管理支出	52425	38344
其他支出	36493	17096
债务付息支出	84680	67342
债务发行费用支出	640	

下达专项资金支持发放两轮政府消费券 1.41 亿元、汽车消费补贴 1.50 亿元，有效拉动社会消费需求。（张　洋）

【财政保障改善民生】 2020 年，太原市财政局把保就业作为重中之重，下达就业创业资金 4.49 亿元，支持重点群体就业工作，统筹就业补助资金、失业保险基金、小额贷款贴息等政策，落实落细失业人员帮扶措施。加大学前教育投入力度，下达资金 7.27 亿元支持巩固完善学前和义务教育经费保障机制，建立普惠性幼儿园财政补助制度，扩大优质教育覆盖面。推进公立医院改革，加快医院重点项目建设，完善城乡医疗救助体系。基本公共卫生服务财政补助标准从人均 55 元提高到 69 元。城乡低保生活保障标准每人每月提高 50 元。将受疫情影响的困难群众纳入低保、特困人员供养等政策保障援助范围，阶段性提高物价临时补贴标准。推进社会救助兜底工作，支持社会救助、社会福利、慈善事业、优抚安置等工作。下达资金 6.40 亿元支持棚户区改造、廉租住房回购及低收入家庭住房租赁补贴。成功入选第二批中央财政支持住房租赁市场发展试点城市，将连续 3 年获得中央财政支持资金共 24 亿元。下达资金 4.21 亿元重点支持晋商博物院开放及太山、天龙山文物保护项目建设。下达资金 1.80 亿元支持公共文化服务体系建设，实施“三馆一站”免费开放、农村电影放映等文化惠民工程。（张　洋）

【财政预算管理改革】 2020 年，太原市财政局推动出台医疗、教育、科技、交通领域市级与县（市、区）财政事权和支出责任划分改革实施方案。开展全市预算管理一体化建设，全面提升预算管理信息化水平。修订《太原市市直行政事业单位劳务派遣预算标准（试行）》，规范市直行政事业单位劳务派遣支出预算管理，建立健全财政支出标准体系建设。加强预算绩效管理，健全绩效指标和标准体系，扩大重点绩效评价范围，加强评价结果应用，加快构建全方位、全过程、全覆盖的预算绩效管理体系。在全省率先出台《政府购买服务实施办法》，促进政府职能转变，改善公共服务供给。（张　洋）

【防范化解政府债务风险】 2020 年，太原市财政局统筹地方政府债券使用管理和风险防控，坚持“资金跟着项目走”，将政府债券资金主要用于医院学校建设、老旧小区改造、电动公交车购置等社会事业类基本建设项目和城市基础设施建设。健全政府债务风险化解和应急处置机制，稳妥有序化解存量债务，加强隐性债务风险管理，降低政府债务风险。（张　洋）

税　务

【概况】 2020 年，国家税务总局太原市税务局（以下简称太原市税务局）统筹推进疫情防控和经济社会发展，开展减税降费工作，服务太原经济社会高质量发展。全年税务部门累计组织入库各项收入 752.35 亿元，同比增长 0.40%，增收 2.98 亿元。在完成的税收收入中，市县地方级收入累计完成 239.41 亿元，完成市委、市政府确定的一般预算收入任务。市税务局被评为全国扫黑除恶专项斗争先进单位。（郭天文）

【税费征收】 2020 年，太原市税务局发挥职能作用，防止和制止收“过头税费”，查处违反组织收入原则行为。落实上级决策部署，坚决不搞大规模清欠、大面积行业检查，不给企业增加负担。测算减税降费对收入的影响，主动向各级党委、政府和人大汇报好、算清账，推动地方收入预算安排与经济税

2020 年 6 月 8 日至 9 日，太原市税务局举办迎七一“我心向党”党的知识竞赛

（市税务局供图）

源、减税降费规模等相适应。定期召开税收分析会，研判税收形势，加强对全市重点行业、重点税源企业、重点项目动态监控，走访重点企业了解复工复产情况，掌握全市税源基本状况和发展趋势。建立市、县两级联动的“每周一报”动态监测分析机制，累计向上级税务部门和党委政府报送税收分析报告 115 篇。组织专家团队服务国企改革，降低企业涉税风险。组建个税工作专班，完成首次个税综合所得年度汇算工作。开展管户清查，清理漏征漏管户，下达税收风险应对和稽查查补入库任务，最大程度减少税款流失，全面完成税费征收工作。（郭天文）

【减税降费】 2020 年，太原市税务局把落实减税降费政策作为一项重大政治任务，聚焦各类市场主体，落细落实 30 多项减税降费优惠政策及上年延续政策，确保各项政策直达市场主体，充分释放税收优惠政策红利，支撑企业复工复产、经济快速恢复。建立重点企业联系制度和复工复产问题快速响应机制，开展纳税人需求调查 4 期，发放调查问卷 8368 份，跟踪服务重点制造企业 619 户，包联帮扶省级重点工程项目 21 个，市级重点工程项目 102 个，市级重大产业项目 98 个。累计为全市各经济类型纳税人减免各项税收 211.11 亿元，促进全市疫情防控和经济恢复发展。（郭天文）

【税收法治】 2020 年，太原市税务局把依法治税作为税收工作的生命线，围绕习近平总书记法治思想，加强党委对依法治税工作领导，做到依法治税重大问题集体研究、重大决策法制审核，确保法治建设与税收工作同部署、同落实。在全市系统全面推行“三项制度”，组织编制市、县、所三级权责清单并集中对外公布，通过办税大厅、微信公众号等平台，公开各类涉税事项的执法依据、监督举报方式等，涉及权责事项 8 类 137 项，公开一般行政处罚等执法信息 7 类 12 万余条。（郭天文）

【税务稽查】 2020 年，太原市税务局保持对涉税违法犯罪高压态势，发挥稽查震慑效应，全年检查 1635 户，查补入库 5.90 亿元，位列全省第一，将 547 户走逃失联、虚开发票企业列入“黑名单”实施联合惩戒，实现精准打击，维护公平公正的税收法治环境。风险部门全年完成各类风险应对任务 207 批次 4.68 万余户次，接收跨区域风险管理任务 114 项，查补入库税款 9.06 亿元。开展扫黑除恶专项斗争，紧扣 3 年为期总目标，核实各级扫黑办和公安机关推送线索 100 条，核实办结率达 86%，摸排涉税违法犯罪线索 8 户并向公安机关移送，查补税款 4671 万元，滞纳金 247 万元，罚款 2099 万元，有力打击涉税违法犯罪活动。（郭天文）

【税收征管】 2020 年，太原市税务局推进办税便利化改革和税收管理员制度改革，实现固定管户向分类分级管户转变。为新办企业提供办税套餐式服务，针对跨区涉税事项“老大难”问题实行预缴申报“一表集成”，减少 2 个办税

2020 年 9 月 25 日，太原市劳动竞赛委员会、市总工会、市税务局联合举办百万职工聚焦“六新”助力转型职业技能竞赛“税苑杯”稽查业务比赛

（市税务局供图）

环节、34项填报内容。对受疫情影响未能完成申报的纳税人，补办延期申报手续，不加收滞纳金、不行政处罚、不认定非正常户、不调整纳税信用评价。为各类企业办理延期缴纳税款10.40亿元，缓解企业资金压力。深化简政放权，对税务证明事项进行集中清理，对行政审批行为进行全面自查。推进新征管规范落地，精简同质化流程业务事项50%，精简纳税人、缴费人报送的资料48%，精简纸质表证单书26%。优化电子税务局，实现主要涉税事项网上办理。

（郭天文）

【税务服务】2020年，太原市税务局优化税收营商环境，拓宽服务手段，打造“12366”纳税服务热线、微信公众号等互融互动税收宣传格局，开设“e税讲堂”“青团税吧”等线上直播培训。加大与金融机构合作，建立税务评信、政府增信、银行授信、企业诚信的特色银税互动机制，推出税易贷等8款纳税信用贷款产品，为7636户小微企业提供贷款42.22亿元。深化税邮合作，将网上申领、邮政配送发票范围扩大到全市所有信用等级的纳税人，为8.50万户次纳税人配送各类发票565.45万余份。推进增值税专用发票电子化改革，降低办税缴费成本，优化电子税务局，打通车辆购置税“全程网上办”、清税证明网上“一站式”办理等业务，推广“非接触式”办税缴费，全年各申报期网上申报率达99%以上。（郭天文）

【税务教育】2020年，太原市税务局高度重视干部队伍教育培训，通过网络平台、微信群、微课等方式，做到疫情防控和教育培训两不误，先后组织开展税苑杯岗位大练兵业务大比武、数字人事“两测”培训等活动。（郭天文）

【税务党建】2020年，太原市税务局完善新“纵合横通强党建”机制制度体系。深化党建工作包片联系制，完善意见建议征求机制，及时了解掌握基层联系点单位党建工作情况，抓实“下抓两级、抓深一层”工作机制。修订《中共国家税务总局太原市税务局委员会工作规则》，健全完善党委议事、决策程序。制订下发全面从严治党主体责任清单和监督责任清单、《党建工作领导小组及其办公室工作规则（试行）》等制度性文件，把落实“两个责任”与税收工作同部署、同落实、同检查、同考核。建立约谈提醒、听取汇报、督导检查、绩效考核四位一体压力传导机制，深化党建工作包片联系制，组织开展基层党组织书记抓党建述职评议、党委书记履行党建“第一责任人”集体谈话、落实主体责任集体谈话和纪检组长约谈工作，累计开展各类约谈27次，约谈280余人次，倒逼责任落实。加强党委对“三重一大”事项的管理，全年召开党委会60期，研究“三重一大”事项261项。严格落实重大问题请示报告、个人有关事项报告、“三会一课”和党员领导干部双重组织生活等基本制度，推行“1+20+1”党支部工作法，完善“三基建设”，开展创建“让党中央放心、让人民群众满意”模范机关和“四强”党支部活动，加强组织建设。建设党群之家，开展“我心向党”知识竞赛等系列活动，营造向上向善工作氛围。

（郭天文）

2020年12月4日，太原市税务局举行“12·4”国家宪法日宣誓活动

（市税务局供图）

统　计

·市级统计·

【统计改革】2020年，太原市统计局加强统计规范化运行长效机制，制定《专业统计数据质量全过程控制及全员责任制实施细则》，完善“采集、处理、报送、审核”全程全员全域数据质量保障机制。制定《部门数据服务管理规范》，先后120余次向相关部门提供上千笔各种数据和分析服务。落实安全生产部署教育整顿和安全隐患排查工作，推进电子档案建设，制定《安全管理制度》《综合办公制度》等系列管理制度，提高机关工作效能。

推进地区生产总值统一核算，印发《太原市地区生产总值统一核算改革方案》，优化工作机制，完善核算方法，夯实基础数据，对县区季度GDP进行统一核算，提高地区生产总值统一核算水平。

推进事业单位改革，对所属事业单位进行整体重塑、功能再造，成立调查监测中心、普查中心、数据管理中心，事业单位布局更加符合统计事业科学发展需要。（刘建程）

【人口普查】2020年，太原市统计局完成普查准备、正式登记、质量抽查等各个环节工作。全市10个县（市、区）和综改示范区、106个乡镇（街道）、1531个村（社区）及驻地主要大中型企业和大专中院校全部组建普查机构。建立包括市级成员单位和10个县（市、区）、综改示范区的联络员工作制度，推动各项工作的开展。全市各县（市、区）及综改示范区全部落实普查工作经费，普查物资全面发放，市级“两员”补助全部到位。与公安、卫健、人社、民政等部门密切配合，形成合力，为普查工作开展打下坚实的组织保障。营造宣传氛围，与宣传部联合印发《宣传工作方案》，指导全市普查宣传工作，发挥新媒体和传统媒体作用，为普查顺利开展营造良好舆论氛围。（刘建程）

【企业项目入统】2020年，太原市统计局聚焦新业态，深入城市商业综合体开展专题调研，摸排基本情况，解析企业经济效益流向，协助市政府组织统计工作协调推进会9次，促消费工作专班例会15次，指导达限企业完善入统手续，确保合法合规、应统尽统。聚焦精准服务做好“四上企业”（规模以上工业企业、资质等级建筑业企业、限额以上批零住餐企业、国家重点服务业企业）及投资项目入统工作。把握好集团企业拆分入库关、调查单位入库申报关、临界企业达标监测关、退库企业达标再报关、入库企业（项目）“一企一档”核查关，强化对“小升规”（小微企业升级为规模以上企业）、“限下升限上”企业的监测，及时准确核查入库单位相关资料，做到“应统尽统、统必合规”，为“争先进位”工作夯实基础。全年新增入统“四上企业”及投资项目1790个，其中“四上企业”1169个，投资项目621个。（刘建程）

【统计规范化建设】2020年，太原市统计局健全县、乡两级统计机构，完成全市10个县（市、区）、106个乡（镇、街道）统计基础工作规范化建设达标验收。巩固完善首席统计员制度，建立乡镇统计人员变动情况台账，推进联网直报单位规范化建设，推动企业项目“一企一档”全覆盖，数据核查台账、问题记录台账全覆盖。

强化部门统计规范化建设，以基本单位名录库建设为抓手，完善部门向统计机构提供行政记录的机制。开展清理违规文件、违规做法专项行动，对县（市、区）、开发区和相关部门涉及违反统计法精神文件和做法进行全面清理。打造太原市部门统计人员培训与测评平台，组织专业师资开展培训，设计专门的测评试题开展测评，覆盖约40个市直部门，参加培训测评的部门统计人员约300人，在全市基层基础建设中打响品牌。（刘建程）

【统计执法】2020年，太原市统计系统领导带头、全员参与，参加统计执法资格考试，全系统通过国家统计局统计执法资格考试31人。积极统筹，动态更新，建立执法人员信息库和违法案件信息库。健全统计违纪违法行为举报受理制度，建立统计违纪违法线索的受理、核实、处理台账，严格如实记录所有举报线索核实处理过程。

建立市、县两级联动执法的工作机制，动真碰硬查处统计违法行为，按照“双随机”抽查办法检查单位127家，查处统计违法案件7起，警告统计违法企业4家。开展2020年度统计行政处罚案卷评查和统计违法案件查处情况回头看，杜绝“有案不查”“查而不处”“处理不到位”的问题。规范统计行为、杜绝数据造假，实现统计数据“源头清楚、流转干净、出口准确”三大目标，为统计数据准确反映全市高质量发展提供法治保障。（刘建程）

【统计服务】2020年，太原市统计局紧扣疫情防控和经济社会发展双战双胜，开展高质量统计服务。编印《抗疫情经济监测专报》33期，坚持发挥统计监测作用，做好企业复工复产监测工作，及时了解全市1588户批发零售、住宿餐饮及服务业企业的复工复产情况，形成企业复工复产日报，为市委、市政府打赢疫情防控阻击战和统筹推进经济社会发展提供统计支撑。

从“全行业、长周期、多角度、精确定位、精准分析”五个维度着手，对宏观经济、产业结构、市场主体、新旧动能转换、开发区改革创新等领域数据进行深入分析研究。强化对指标运行的监测调度，做好高质量发展综合绩效考核，推进开发区统计改革、协调推进脱贫攻坚调查、创新开展民营经济统计监测。聚焦推动经济高质量发展，打造《领导参阅》《统计报告》《经济运行监测》等拳头产品，精准监测分析经济运行情况。聚焦转型为纲引领工业强市，强化重点企业、重点行业、重点集群、重点产业链统计监测分析服务，实现工业统计服务工业强市战略的全覆盖。聚焦项目为王扩大有效投资，把握规律特点、强化分类施策，强化固定资产投资统计监测，为全市项目建设的扎实推进提供有力支撑，特别是对2018、2019年的投资制度改革进行细项的补充和完善，将房地产开发投资中的进项税金及附加纳入投资额的计算，以《疑难解答》的文件形式通知全市房地产开发企业遵照执行，得到国家统计局和省统计局的认可。（刘建程）

【统计宣传与培训】2020年，太原市统计局通过与太原日报、太原广播电视台对接拓展延伸统计宣传工作，营造支持统计工作的良好氛围。利用太原统计微信公众号、政府和统计信息网站、新闻发布会等平台，组织开展有针对性的创新宣传活动。创作《统计人话人普》系列原创作品，《打卡七人普、有我有Young》、太原统计微信公众平台分别获得全市2020年四季度网上正能量宣传优秀融媒体作品和十佳优秀账号。推动统计巡讲和统计培训全覆盖。全力打造“全科专家”，全局所有专业科室全员出动，围绕统计理论、业务知识，先后组织各种巡讲、培训48场，参与培训人员3768人次，有效推动统计知识走出去，推进全市统计工作的开展。（刘建程）

【统计督察整改】2020年，太原市委、市政府高度重视统计督察整改工作。市委常委会议、市政府常务会议分别专题学习习近平总书记关于统计工作重要讲话指示批示精神和《关于深化统计管理体制改革提高统计数据真实性的意见》《统计违纪违法责任人处分处理建议办法》。市委、市政府印发《太原市贯彻落实国家统计局统计督察反馈意见整改方案》，在全市范围内全面铺开整改落实工作。市统计局专题组织督察整改推进会、统计工作推进会，在全省率先制订全市统计系统整改方案，推进74项具体举措落地见效，扛起防范和惩治统计造假、弄虚作假政治责任。对督察反馈问题，逐个问题"挂号"、逐项内容"销号"，做到彻底整改。各项整改工作全部收官，立行立改的整改事项完成，长期整改事项建立长效机制。（刘建程）

· 国家统计 ·

【脱贫攻坚普查】2020年，国家统计局太原调查队牵头成立普查领导小组及办公室，科学编制工作经费预算，确保市级普查经费足额拨付到位，督促娄烦县、阳曲县落实普查资金。召开清查摸底培训会议，组织开展现场清查摸底，整理生成普查底册，确保普查对象不重不漏、普查底册准确无误、证明材料完整齐备。集合多部门力量，分批次对派驻普查工作组近400余人开展培训。组建统计、水利、教育、扶贫、卫生等部门专家组成的团队分赴娄烦县、阳曲县进行现场督导。创新制作《各类访问方式签字模板》，在全省进行推广。分层级组织多部门开展数据联审，保障普查进度及数据质量。（高悦怡）

【粮食畜牧业统计调查归口管理】2020年，国家统计局太原调查队开展粮食、畜牧业统计调查数据归口管理工作，加强与市统计局及县区统计局沟通协作，关注主要畜禽养殖、粮食生产形势等，将抽样调查与全面调查相结合，夯实实地调研和部门沟通，确保调查数据客观真实反映农业农村经济发展形势。（高悦怡）

【住户调查样本轮换与两个价格基期轮换】2020年，国家统计局太原调查队高标准完成住户调查样本轮换工作。9月，太原市42个社区落实样本户工作全部完成。通过建立E记账线上培训、优秀记账户"现身说法"、老记账户"1+N"结对帮扶机制，保障新旧记账户记账高质量衔接。推进两个价格基期轮换，组织业务骨干深入一线开展调查研究，进行权数联网直报数据催报、审核和验收工作，为高效有序推进基期轮换工作夯实基础。（高悦怡）

【数据发布解读】2020年，国家统计局太原调查队通过经济运行情况新闻发布会、统计门户网站和微信公众号，做好两个收入三个价格等重点民生数据的信息发布工作，为社会公众提供及时便利数据服务及解读信息。按季召开重要数据会审及经济形势分析会，以居民收支、居民消费价格、工业生产者价格和房地产价格等主要调查数据为重点，以情况解读、简要分析、直观图表等为主要内容，采取专报方式，在国家数据反馈后，编发《太原调查队主要数据专报》，送达市委、市政府主要领导，为领导研判全市经济形势和指导工作提供可靠依据。（高悦怡）

【专题调查研究】2020年，国家统计局太原调查队加强精细化管理，强化责任落实，提升精准服务水平，做到准确把握经济发展脉搏，紧贴政府、百姓需求，紧盯社会关注焦点、热点，把准信息写作方向，开展多主题调研，向社会各界提供"接地气、有深度"经济信息服务。利用微信群、"问卷星"等App开展线上调查，线上调查41项，其中关于疫情调查27项。完成各类专题调研52次，编写经济信息分析221篇，省级以上采用192篇次、市两办采用68篇次。（高悦怡）

【统计法制建设】2020年，国家统计局太原调查队按照依法统计、依法治统总体部署，结合统计调查中心工作，强化统计监督，净化统计环境，维护统计调查工作秩序。在把控法治工作精准度上下功夫，从讲政治高度深刻阐述统计造假、弄虚作假危害性，把依法治统作为常态重点工作，明确各科室负责人遏制统计造假的政治责任。制定《太原调查队全员统计法制学习培训制度》《太原调查队统计普法宣传工作制度》《太原调查队统计执法检查制度》等制度，通过明确工作职责、规范执法流程，细化责任追究规定，量化处罚裁量标准，将法治学习、普法宣传、执法检查等工作做细、做实，取得实效。在加大懂法用法深度上下功夫，坚持内外发力，提升干部职工统计法治理论水平。创新工作方法，利用各专业分批次年报会或视频年报会及入户、访企机会，通过微信群、QQ群等工作平台，对调查对象进行统计法治知识宣传培训。制订《太原调查队2020年度统计执法检查工作方案》，促进统计执法工作与统计调查业务紧密结合，落实执法检查对象和统计执法人员"双随机"制度，针对20家调查样本企业开展执法检查，明确告知应履行的报送义务、享有权利及违反统计法应承担的法律责任，将法律用在事前，增强企业提供统计数据的自觉性。（高悦怡）

审计监督

【概况】2020年，太原市审计局依法履行审计监督职责，进行常态化"经济体检"工作，开展审计项目44个，查出主要问题金额193.64亿元，发现非金额计量问题352个，审计期间整改金额14.07亿元，提出审计建议186条，移送事项32件，各类审计报告批示21篇。
（常洁　郝学慧）

【机构调整】2020年，太原市审计局经中共太原市委机构编制委员会办公室批准，撤销市审计局山西转型综合改革示范区分局，成立综改区审计科，为市审计局的派出机构，依法经授权或委托，负责山西转型综合改革示范区内的审计工作。市审计局单独设置市委审计委员会办公室秘书科，为内设机构，负责处理市委审计委员会办公室日常事务。
（常洁　郝学慧）

【重大政策落实跟踪审计】2020年，太原市审计局重点关注防范化解重大风险、精准扶贫、污染防治、乡村振兴、减税降费、清理拖欠民营企业中小企业账款、深化“放管服效”改革、加快新旧动能转换和科技创新等政策落实情况。全年抽查单位326个、项目557个，促进财政资金统筹使用和加快拨付26.73亿元，促进清理拖欠民营企业账款或清退违规收费2.27亿元，推进项目实施67个，完善配套政策、建立健全制度13项，整改问题61个、涉及资金30.27亿元，保障重大政策措施落地见效。（常洁　郝学慧）

【财政审计】2020年，太原市审计局运用大数据分析首次实现90个市级一级预算单位的审计全覆盖，组织实施预算执行和决算草案审计，重点揭示预算执行进度、资金绩效、“三公”经费、往来账款、资产处置等方面存在的突出问题，查出违规及管理不规范金额134亿元，提出审计建议35条。
（常洁　郝学慧）

2020年5月，太原市审计局审计人员现场了解“煤改气”“煤改电”清洁取暖改造项目实施和运行情况（市审计局供图）

【专项审计调查】2020年，太原市审计局对市本级及10个县（市、区）应对新冠肺炎疫情防控资金和捐赠款物开展专项审计，查出管理不规范金额1.32亿元。对审计提出的建议，各单位（部门）高度重视、边审边改，为促进新冠疫情防控资金物资规范高效使用提供有力保障。开展娄烦县、阳曲县上年度扶贫审计，发现问题金额17.45亿元，推动11个产业扶贫项目投入运营、收回逾期小额贷款207.99万元、完善制度10项、完成易地搬迁拆旧复垦任务614.60亩。开展扶贫审计查出问题整改情况“回头看”，汇总形成整改清单。对全市清洁取暖专项资金进行审计，查出问题金额23.06亿元，促进下达财政资金4.88亿元、归还原资金渠道5312.83万元。（常洁　郝学慧）

2020年5月，太原市审计局审计人员实地查看仓储点粮食储备情况及粮食物流产业园区重点工程项目进展情况（市审计局供图）

【经济责任审计】2020年，太原市审计局出台《太原市市管领导干部经济责任审计对象分类管理办法》等制度、规范12项。开展18名领导干部经济责任审计和4名领导干部自然资源资产离任（任中）审计，查出主要问题金额29.25亿元，提出审计建议28条，促进领导干部依法行政、履职尽责、干净干事。
（常洁　郝学慧）

【大数据审计应用】2020年，太原市审计局以电子数据分析方式开展对全市90个一级预算单位上年度预算执行情况审计，通过比对分析财政部门数据、

2020年11月，太原市审计局审计人员实地查看矿区破坏面生态修复情况

（市审计局供图）

部门单位财务数据及部分业务数据，揭示宏观性、普遍性、倾向性问题，按照集中分析、分散核查、系统研究的信息化审计思路，通过分组编写数据分析模型、初步讨论验证、修正完善，形成模型编写的“闭环”。对产生审计疑点进行有针对性的延伸核实，根据核实结果对模型进行多次修正完善，取得良好效果，首次应用大数据审计方式实现对全市一级预算单位审计全覆盖。

（常洁　郝学慧）

市场监督管理

【概况】2020年，太原市市场监督管理局贯彻习近平总书记视察山西重要讲话重要指示精神，围绕高质量转型发展主线，构建现代化市场监管体系，统一思想、凝聚力量，为推动率先转型出雏形贡献市场监管力量、展现市场监管作为。始终把食品、药品、特种设备、产品质量“四大安全”监管放在首位，严格落实“四个最严”要求，出台《太原市深化改革加强食品安全工作实施方案》和《太原市党政领导干部食品安全工作责任清单》。全市市场监管系统共实施行政处罚1613宗，罚没款2846万元，完成食品、药品、医疗器械、化妆品和产品质量抽检21827批次。（王小鑫）

【营商环境优化】2020年，太原市市场监督管理局构建优化营商环境长效机制，印发《太原市优化营商环境（市场监管）便利化改革行动计划》《2020年促进民营经济高质量发展行动计划》《优化食品连锁企业营商环境的实施方案（试行）》等文件，推行食品连锁企业“五统一”集中统一监管，将六味斋、唐久、今度、九牛和岭峥5家连锁企业389家直营门店，纳入首批集中统一监管试点名录。优化市场准入和企业发展环境。牵头开展存量政策清理工作，46个市直部门及有关单位清理政策措施141件，各县（市、区）废止文件23件，从政策措施上为企业准入和发展扫清障碍。实施公平竞争审查全覆盖，推进“自我监督＋刚性约束”公平竞争审查备案特色模式，市级备案各类政策措施189份，各县（市、区）备案文件73份。开展重点领域反不正当竞争执法，减轻企业负担，激发市场活力。（王小鑫）

【综合执法】2020年，太原市市场监督管理局发挥“双打”统筹协调作用，加强协调配合，提升综合执法效能，加大侵权假冒行为惩戒力度。推进行政执法与刑事司法有效衔接，发挥“行”“刑”衔接联动作用，涉刑案件移送率较上年显著提升。加强执法机制建设，健全各项工作制度，探索符合执法体制改革后各项工作制度和措施，落实行政执法公示制度、执法全过程记录制度。开展综合执法案件督查督办、案件线索核查、线索转办、信息上报、宣传公示等制度，规范执法稽查。（王小鑫）

【市场秩序监管】2020年，太原市市场监督管理局按照全覆盖、常态化目标要求，牵头协调全市22个市直相关部门、10个县（市、区）及中北高新区开展市场监管领域部门联合双随机抽查103次（其中市本级24次，各县区79次），抽取企业338户，组织指导市、县两级市场监管部门开展系统内各类双随机抽查80次，抽取企业13643户，出动执法人员2.80万余人次。推进涉企信息归集和信用监管工作。归集全市市场主体各类信息51.90万条，协助司法冻结公示126户、司法锁定100户，信用监管锁定9户，协助其他业务部门锁定18户，将5359户未年报企业及失联企业列入经营异常名录，让失信企业“一处违法、处处受限”。对已经履行法定义务、社会危害度较低的1649户异常名录企业、12户严重违法失信企业实施信用修复。加强涉企收费和教育、医疗等领域价格监管。加强涉及民生重点领域行政事业性收费监督检查指导。加强生活必需品、防疫物资、疫苗接种、核酸检测等服务价格收费监管及其他市场行为价格监管。优化工作机制，增强电商领域协同监管合力。突出问题导向，清理整治侵权仿冒汾酒专项行动。加强沟通配合，开展“网剑”专项行动。探索网络交易“智慧监管”工作方法。推进先进技术设备和软件在网络监管中的运用，扩大数据监管覆盖面，拓展消费者投诉渠道，形成“智慧监管＋企业自治”的社会共治格局。加强药品、保健食品、医疗、房地产等重点领域广告监管，严厉打击事关人民生命健康和财产安全虚假违法广告，强化案例曝光和警示提示，维护良好广告

市场秩序。（王小鑫）

【消费者维权】2020年，太原市市场监督管理局推动12315消费者申诉举报热线与市政府12345便民服务热线对接，畅通消费投诉渠道，全年接听消费者来电18.50万件，受理办结率达100%。督促经营主体诚信经营，保障产品和消费者安全。加大合同示范文本推行力度，开展重点行业领域合同格式条款专项整治工作。严厉打击利用合同格式条款消费侵权、合同违法、合同欺诈等行为。加强拍卖行业、文物商店的监督管理。指导各县（市、区）局开展所有动产抵押登记信息电子化整理、补录工作，确保在时间节点内按时完成动产抵押登记职责划转相关工作。（王小鑫）

2020年8月28日，太原市知识产权局挂牌成立（市市场监管局供图）

【标准化改革】2020年，太原市市场监督管理局开展标准化良好行为创建，制定修订企业标准104项。推动太重国家级高端装备制造业（重型机械）标准化试点建设工作。尖草坪区参与推进太钢编制的国家标准《GB/T 33959-2017钢筋混凝土用不锈钢钢筋》。晋源区制定晋祠大米地方标准，建设晋祠大米农业标准化示范区。提高社会管理和公共服务领域地方标准研制水平，重点围绕营商环境改善、政务服务等方面制定地方标准。推进省级有机旱作农业标准化示范区建设，促进有机旱作农业发展。对发布10项地方标准进行常规性监督检查。对新发布企业标准和团体标准开展“双随机一公开”检查。（王小鑫）

【质量监督管理】2020年，太原市市场监督管理局重新修订《太原市政府质量奖管理办法》，协调筹备第二届政府质量奖评选工作。连续5年编制完成《太原市质量状况分析报告》，为政府决策提供参考。聚焦重点任务，在能源、装备制造、文化旅游等重点领域，推动质量提升取得新进展，提升质量水平、质量层次和品牌影响力。全面了解公共服务质量状况，查找突出问题和质量短板，引导提升公共服务质量水平，根据国家市场总局《服务质量监测技术指南》要求，开展公共服务质量满意度调查，推动公共服务质量提升，针对性改进公共服务质量。（王小鑫）

2020年9月1日，太原市市场监督管理局慰问抗日战争时期参加革命工作的老干部（市市场监管局供图）

【知识产权保护】2020年，太原市获批国家知识产权运营服务体系建设重点城市，获中央财政支持1.50亿元。太原市市场监督管理局以市委、市政府名义出台《太原市关于强化知识产权保护的实施意见》。加强知识产权创新激励工作，全市有效发明专利拥有量11163件，占全省的67.77%。每万人发明专利拥有量达25.02件，在全国省会城市中排名靠前，专利申请量、专利授权量等指标在全省“领跑”。实施知识产权强农工程，挖掘培育地理标志，打造地理标志名片。阳曲县将“阳曲小米”地理标志运用促进工作纳入年度县重点项目工程，成功注册“阳曲小米”国家地理标志商标。太原市制定印发促进知识产权发展的政策措施，高标准建设知识产权运营服务平台。突出知识产权高质量创造导向，重点加大对后续转化运用、行

2020年7月29日，太原市市场监督管理局开展迎“八一”双拥慰问活动

（市市场监管局供图）

政保护和公共服务支持，提高创新主体知识产权管理能力。推动建立财政资助科研项目专利信息披露制度，推动中央企业知识产权高质量发展。推进中小企业知识产权战略推进工程和国家知识产权试点示范高校建设。优化知识产权贯标工作，推广知识产权管理体系。完善知识产权转化运用机制。健全知识产权评估体系，改进知识产权归属制度，完善知识产权价值评估机制和标准。健全完善便民利民知识产权公共服务体系，整合知识产权公共服务资源，完善公共服务网络，拓宽公共服务领域，加强综合性知识产权公共服务，创建技术与创新支持中心和高校国家知识产权信息服务中心。（王小鑫）

【食品安全监管】2020年，太原市市场监督管理局制订出台《太原市食品安全突发事件应急预案》，推进国家食品安全示范城市创建工作。开展食品生产安全源头治理，督促食品生产企业落实质量安全主体责任。重点抓好乳制品、白酒、肉及肉制品、食醋生产等重点品种、重点领域专项整治。落实进口冷冻食品疫情防控工作，严格落实冷链食品“专仓库、专人员、专通道、专工具、专台账、专消杀”要求，确保进口冷冻食品监管总仓规范运行，坚决防范冷链食品疫情输入风险。建立以风险管理为核心的精准靶向监管体系，水塔、九牛、六味斋、太原酒厂等高风险企业实现二维码信息追溯管理。筹备建设食品综合治理监管平台和“两品一械”智慧监管平台。以农村、城乡接合部为重点区域，以农村小食品店、集贸市场为重点单位，开展农村假冒伪劣食品整治，加强农村假冒伪劣食品问题治理，打击生产经营假冒伪劣食品违法违规等行为，保障公平竞争的市场秩序。以规范餐饮食品安全为切入点，依托明厨亮灶基础，建立以“领导舱”为龙头、全程追溯为核心、社会共治为主线的无缝化、现代化管理平台。以“智慧监管+共治体现”建设为基础，全面规范餐饮食品安全日常巡查、专项检查、抽检（抽样及检测）、信息发布等重大监管行为。

（王小鑫）

【药品安全监管】2020年，太原市市场监督管理局重点开展药品零售企业合规性检查、疾控机构及疫苗接种单位全覆盖检查、医疗机构购进储存药品检查、药品流通领域专项检查。加强全市麻醉药品、精神药品和药品类易制毒化学品监督管理。贯彻落实《医疗器械监督管理条例》，深化医疗器械监管改革创新，推进医疗器械质量监管，加强监管体系和监管能力建设，保障人民群众用械安全有效，服务促进医疗器械产业高质量发展。推动《化妆品监督管理条例》及配套文件贯彻实施，加强化妆品日常监管，提升化妆品监管能力。发挥监督抽检工作在药品、化妆品、医疗器械监管中技术支撑作用，坚持问题导向，及时发现安全隐患，关注群众反映的热点焦点问题，结合监管实际，制订药品、医疗器械、化妆品抽检工作实施方案并组织实施。（王小鑫）

【特种设备安全监管】2020年，太原市市场监督管理局开展各类专项整治50余项，排查安全风险隐患，完善隐患排查治理体系。开展安全隐患大排查大整治，排查隐患780余条，全部完成整改，取缔8家企业，停业整顿1家。开展电梯安全抽查检查工作，对全市电梯的使用情况、维保情况、检验情况进行抽查检查，聘请相关专家进行风险研判，提升电梯安全质量水平。推进“物联网+监管”工作，以“95009”电梯智慧监管平台为基础，以电梯责任保险为抓手，推行电梯维保无纸化办公，促进电梯按需维保，为精准监管提供清晰数据依据，增强监管有效性。全省首家建成网络监管电子取证系统，升级完善电梯物联网、气瓶安全信息化系统和特种设备信息化管理与服务云平台。推动双重预防机制建设，针对压力管道元件生产单位、起重机械生产单位等领域开展风险分析，组织开展电梯制动器、起重机械限位装置等专项整治，进行电站锅炉范围内管道、快开门压力容器和气瓶专项治理“回头看”，巩固专项治理成果。

（王小鑫）

【产品质量安全监管】2020年，太原市市场监督管理局完成生态环境治理工作，完成车用汽柴油、尿素、清洁能源抽检任务，全市在营加油站抽检覆盖率100%。按时完成塑料污染治理工作。开展服务乡村振兴活动，加大农村工业产品、消费品、食品相关产品监督检查及抽检力度，开展农资产品、农用地膜等涉农产品专项整治。加强重要工业产品监督检查，“双随机一公开”

（在监管过程中随机抽取检查对象，随机选派执法检查人员，抽查情况及查处结果及时向社会公开）监督检查覆盖率 30% 以上。加大本地区重点产品抽检力度，增加抽检品种和频次，加大不合格产品处理力度，全年未发生重大工业产品质量事故。探索开展网络商品监督抽检工作。（王小鑫）

【经济发展服务】 2020 年，太原市市场监督管理局稳妥有序放开经营，实施应对疫情支持市场主体复工复产、服务经济社会发展 4 方面 20 条措施，制订出台各类工作方案 40 余份，细化落实措施 160 余条。引导市场主体科学编制复工复产方案，促进疫情后经济快速恢复。（王小鑫）

物价管理

【保供稳价】 2020 年，太原市发展和改革委员会落实价格调控措施，牵头组织农业、商务部门，细化工作措施，明确工作责任，完善保障机制，做好重要民生商品工作。对接大型农副产品经营企业了解货源组织、物流运输、价格运行和购物秩序等情况，保障"菜篮子"生产供应和价格基本稳定。按照扩面、提质、增效工作思路，加大平价商店惠民力度，发挥稳价惠民作用。执行物价联动机制，按月完成价格临时补贴发放工作，累计发放 105 万人次、3678.65 万元，保障困难群众基本生活不因物价上涨而降低。居民消费价格平均涨幅为 2.60%，在年度调控目标（约 3.50%）范围内。（杜新娟）

【民生价格管理】 2020 年，太原市发展和改革委员会出台《殡葬服务收费管理暂行办法》，制定太原市轨道交通 2 号线一期工程票制票价，建立健全城区非居民用水超定额累进加价制度，在全市城镇范围内建立生活垃圾处理费收费机制。规范景区门票管理，按照管理权限和程序，为动物园和青龙古镇制定庙会期间临时价格，为晋商博物院、太山景区、太原植物园制定临时门票价格，为太原植物园和晋阳湖公园制定游览车收费标准。（杜新娟）

【轨道交通二号线票制票价】 2020 年，太原市轨道交通 2 号线一期工程作为全省第一条轨道交通线路，也是一项公益性事业，票制票价关系到居民生活切身利益，关系到轨道交通长远发展，关系到经济发展竞争力的提升。在票制票价制定工作中，市发展改革委会同市财政局、市交通局等有关部门坚持以人民为中心的发展理念，以人民满意为目的，以可持续发展为支撑，严格按照《政府制定价格行为规则》要求和政府管建设管发展、企业管运营管服务、乘客受益承担的总体思路，遵循公益优先、可持续发展、比价合理、递远递减、统筹线网的原则，经过价格调查、成本调查、听取社会意见、专家论证、价格听证、风险评估、合法性审查、集体审议等定价程序，制定太原市轨道交通 2 号线票制票价。

票制：里程分段计价票制。票价：起步价 2 元可乘坐 5 千米，3 元可乘坐 10 千米、4 元可乘坐 15 千米、5 元可乘坐 21 千米、6 元可乘坐 27 千米，6 元以上每增加 1 元可乘坐 7 千米，2 号线一期全程最高票价 6 元。优惠政策：持地铁卡刷卡实行 9 折优惠。65 周岁及以上老人、现役军人、烈士遗属等抚恤优抚对象人群、残疾人，凭本人有效证件免费乘车。每名成年人可以免费携带 1 名身高不足 1.30 米的儿童乘车，超过 1 名的按超过人数购票，实行 5 折优惠。太原市学生（包括本市小学、初中、普通高中、普通中专、职业中专、职业高中、除技师学院的技工学校）凭有效证件办理学生卡和身高 1.30 米以上的学龄前儿童实行 5 折优惠。（杜新娟）

投资管理

【概况】 2020 年，太原市促进外来投资局以习近平新时代中国特色社会主义思想为指导，深入贯彻习近平总书记视察山西重要讲话重要指示及"三篇光辉文献"精神，全面落实省委"四为四高两同步"总体思路和要求，落实市委各项决策部署，聚焦"六新"突破，通过狠抓产业招商、突出开发区和县（市、区）承载、优化政策供给、强化部门联动、创新机制方法、构建招商大格局，强存量、拓增量、高质量，奋力推进优质项目招引。（高文武）

2020 年 5 月 28 日，太原市促进外来投资局在中国兵器集团山西北方机械制造有限公司开展国防教育活动（市促进外来投资局供图）

【招商引资】2020年，太原市纳入山西省招商引资“13710”系统签约项目177个，计划总投资3416.60亿元，完成年度目标任务的143.70%。当年签约当年开工项目147个，开工率83.10%，高于目标任务53.10个百分点。开工项目计划总投资1734.60亿元，完成年度目标任务的241.90%。全市招商引资形成固定资产投资项目到位资金421.80亿元，完成年度目标任务的237%。非固定资产投资项目到位资金49亿元，完成年度目标任务的272.20%。各项指标年度综合排名全省第一。（高文武）

【签约项目】2020年，太原市促进外来投资局签约产业类项目数量占比73.50%，产业类项目投资额占比65.20%。产业类项目中，高端装备制造业项目26个，计划总投资345.60亿元。新材料产业项目9个，计划总投资294.20亿元。新一代信息技术产业项目12个，计划总投资157.90亿元。新能源产业项目4个，计划总投资57亿元。生物产业项目17个，计划总投资402.50亿元。现代农业项目6个，计划总投资27.80亿元。文化旅游产业项目8个，计划总投资358亿元。商贸物流项目4个，计划总投资32.80亿元。商务服务业项目5个，计划总投资423.50亿元。康养项目1个，计划总投资1.50亿元。签约项目中，计划投资额10亿元以上项目69个，占比39%，计划总投资3181.90亿元。计划投资额1至10亿元项目54个，占比30.50%，计划总投资218亿元。计划投资额1亿元以下项目54个，占比30.50%，计划总投资16.60亿元。（高文武）

【产业项目投资】2020年，太原市促进外来投资局建立招商引资项目“三个一批”（项目签约一批、开工一批、投产一批）工作台账，清单管理、滚动推进。加强招商引资分析调度，挂图作战、每月通报、动态跟进，激励全市各县（市、区）、开发区形成赶超态势。市县、开发区主要领导带队招商87次。各县（市、区）、开发区包装谋划招商引资项目101个，计划总投资2511.50亿元。在谈项目104个，计划总投资2791.70亿元。签约项目177个，计划总投资3416.60亿元，同比增长18.60%，创历史新高。其中，10亿元以上项目69个，新签约项目平均投资规模19.30亿元。围绕全局性、基础性、战略性、牵引性强的项目强化“双招双引”（招商引资、招才引智），推进建链强链补链延链，全年招商项目中产业项目占比73.50%，新增开工产业项目计划投资额913.50亿元，同比增长100.70%。中科院物理研究所微波等离子体研发生产、中电科二所智能制造产业、锑化物第四代半导体（山西）研究院、喆航直升机研发生产基地、京东（山西）数字经济产业园、中德（太原）产业合作生态园等项目成功签约。凯赛生物产业园、中国长城智能制造（山西）基地、国科大太原能源材料学院、山西大地紫晶新基建大数据共享平台绿色光存储产业园、京东山西订单生产中心及智能制造生产中心、太原国际会展金融科创城等项目落地开工投产。（高文武）

【招商引资政策赋能】2020年，太原市促进外来投资局发挥市委、市政府10亿元工业转型升级资金、10亿元人才发展资金、10亿元科技专项资金和5亿元新动能发展资金激励引导作用，为企业提高核心竞争力聚势赋能。出台《太原市促进外来投资财政奖补办法》，对主导产业及重点产业集群最高奖励500万元，总部经济最高奖励600万元，社会化招商最高奖励50万元，重大项目“一事一议”“一企一策”，强化政策引导激励作用。动态跟进各县（市、区）、开发区用地、水电气暖、标准化厂房、楼宇等要素信息更新，建立健全招商引资载体资源库。动态梳理国家、省、市招商引资和产业促进政策，更新招商引资政策资源库。持续跟进战略性新兴产业电价、“承诺制”、“标准地”、“飞地经济”、产业基金等政策创新应用，打造投资发展价值高地。（高文武）

【优化招商服务】2020年，太原市促进外来投资局建立市、县两级招商引资“5+1”专班，发挥规划和自然资源、行政审批、促进外来投资、法制等部门的要素支撑保障作用和行业主管部门专业优势，合力为项目招引、签约落地、开工投产提供一条龙、全周期、保姆式保障服务。第一时间为企业和项目牵线搭桥，第一时间协调对接各方，第一时间推动和跟进问题有效解决。年产100万台整机的长城智能制造基地4个月建成投产，阿里云创新中心40天签约落地。（高文武）

【区域招商合作】2020年，太原市促进外来投资局承接优势产业、优质项目梯度转移，融入“一带一路”建设、京津冀协同发展、长三角一体化、粤港澳大湾区建设等国家战略，与厦门签署《促进友好交往全面深化合作协议》。借助重点平台，深化合作洽谈，晋阳湖峰会、厦洽会、进博会、能博会、人工智能大会成功签约人工智能、智能制造、新材料、数字经济、高端服务业等“六新”优势优质项目64个，投资总额602.20亿元。推进线上线下融合招商，开展“招商集结号、线上推介厅”微信公众号集中推介，制作招商引资推介片，会同县（市、区）、开发区组织精准招商推介16场，讲好太原故事，拓展交流合作。走出去赴京津冀、长三角、珠三角等开展小分队精准招商，深化与省、市驻外机构、群团组织、商协会、校友会等的联动，在北京、上海、青海、深圳、厦门等地设立招商引资联络部，拓展招商渠道和项目来源，共建招商新格局，扩大以商招商、平台招商、以情招商。（高文武）

太原海关

【机构改革】 2020年，太原海关健全完善各隶属海关党委工作制度，明确职责和管理权限。贯彻落实海关缉私部门管理体制调整重大决策部署，12月30日缉私局党组织关系整体转入山西省公安厅直属机关党委。太原海关所属11个隶属海关全部挂牌运行。（孙　帆）

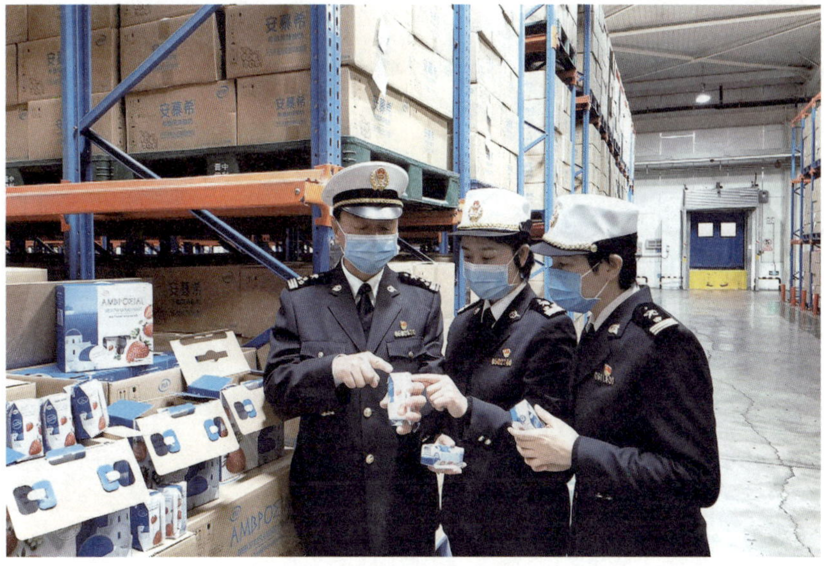
2020年3月，太原海关查检山西省首批出口乳制品（太原海关供图）

【业务领域改革】 2020年，太原海关支持高质量转型发展，推进业务领域改革攻坚。用改革思维谋划和推动工作，推进全国海关通关一体化改革。落实《海关全面深化业务改革2020框架方案》，探索内陆海关“两步申报”改革模式，适用范围覆盖全省企业，相比非“两步申报”整体通关时长压缩60%。“两段准入”改革平稳衔接，11月被纳入海关总署第三批“两段准入”信息化试点海关范围，11月27日首票“两段准入”报关单在太原机场海关放行结关。“两区优化”改革取得新进展，简化业务核准手续，推广企业自主备案、自定周期、自主核报、自主缴税。国际贸易“单一窗口”主要业务应用率保持100%，通关无纸化、汇总征税、验估模式等改革覆盖面逐步扩大。（孙　帆）

【通关监管】 2020年，太原海关坚持严密监管、审慎监管，确保实际监管到位。坚持依法征管，确保应收尽收，坚决不征“过头税”。全年征收税款27.35亿元，同比下降2.88%。足额追缴山西新泰钢铁有限公司2016年欠缴的5021万元滞纳金。监管进出口货运量985.23万吨，同比下降28.10%，货值34.80亿美元，同比增长2.40%。巩固卫生检疫境外、口岸、境内三道防线。组织开展进口食品“国门守护”行动，出口食品生产企业备案核准实施“审批改为备案”。开展口岸应急处置、传染病防控应急演练，规范临开及新增航空口岸卫生监督工作，加强对入境监测体检、预防接种工作监督管理。保障国门生物安全，落实口岸检疫查验措施，提升动植物检疫工作水平。全年截获禁止进境物227批，检出不合格货物39批。优化商品质量安全监管，推进大宗资源性商品检验监管模式改革，严格落实危化品100%检验要求，加强进出口消费品检验监管。（孙　帆）

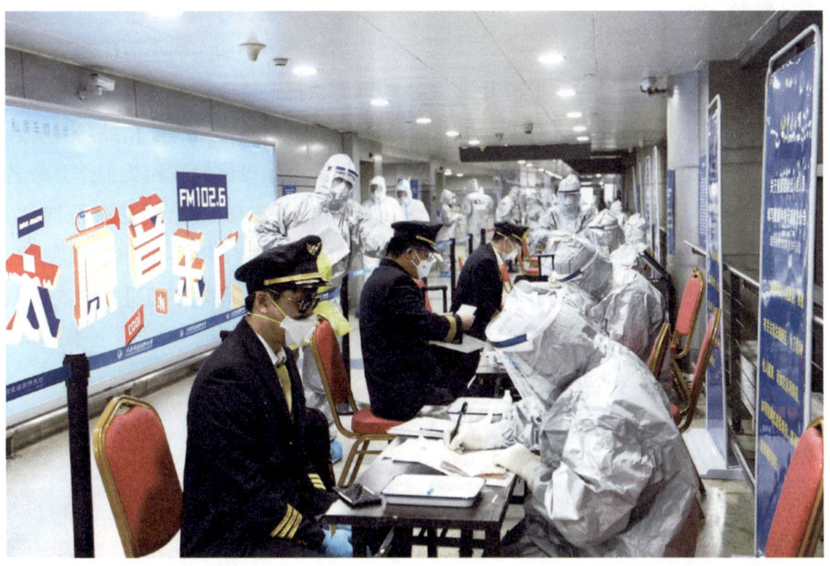

2020年3月21日，太原海关对首架北京入境分流航班进行新冠肺炎疫情防控，图为开展机组人员流行病学调查（太原海关供图）

【依法行政】 2020年，太原海关编制完善《业务操作手册》，推进业务执法岗位设置工作，解决关检业务融合中制度、职责和操作流程中暴露出的问题，确定执法岗位174个，规范各类工作依据1744个，编制完成操作指引76项。开展规章制度“立改废”工作，制定规章制度20项、修订16项、废止1项。落实行政执法公示、执法全过程记录、重大执法决定法制审核等3项制度要求，制定完善各项实施细则。加强公职律师队伍建设，开展年度考核。强化经济责任审计，完成5个事业单位、3个隶属海关的现场审计。组织全员开展《中华人民共和国民法典》学习活动，开展公职律师民法典宣讲和“以案

2020 年 3 月 21 日，太原海关对首架北京入境分流航班进行新冠肺炎疫情防控，图为转运新冠肺炎病毒检测鼻咽拭子样品　（太原海关供图）

释法”旁听庭审活动，增强全员学习宣传贯彻的政治自觉、思想自觉和行动自觉。组织开展年度内控评价工作。

（孙　帆）

【打击走私】 2020 年，太原海关与各成员单位密切协作、依法履职，联合开展多次专项整治行动，遏制各类走私犯罪活动。全年立案侦办走私犯罪案件 11 起，案值 1714.86 万元，涉税 661.16 万元，立案调查行政违规案件 89 起，案值 3214.73 万元，涉税 61.90 万元。

（孙　帆）

【海关支持对外开放】 2020 年，太原海关加大政策帮扶力度，支持企业恢复生产经营、走出困境。制订并落实应对疫情影响促进外贸稳增长的 10 方面 20 条措施、支持中欧班列发展的 6 方面 16 条措施，以及支持太原武宿综合保税区发展的 4 方面 12 条措施。提升对外开放平台能级。助力武宿综保区完成二期整改验收，全年区内进出口总值 92.89 亿元，在全国有进出口统计数据的 97 个综合保税区中排 43 名，武宿综保区水果、冰鲜水产品指定监管场所通过预验收，向海关总署申请验收。支持保税物流中心（B 型）发展，助力发挥平台功能，进出口 2119 万美元。成立工作专班，支持太原跨境电商综合试验区建设，12 月 31 日，武宿综保区“一般出口 9610”模式正式启动，填补跨境电商零售出口贸易功能空白。服务“南果中粮北肉”出口平台和“东药材西干果”商贸平台建设，打造“晋”字品牌，多种特色食品农产品实现出口“零”突破。支持国际邮件互换局（交换站）扩容升级项目，监管进出境邮递物品 257.50 万件。支持中欧班列常态化运行，监管中欧班列 182 列。　（孙　帆）

【口岸营商环境优化】 2020 年，太原海关巩固压缩货物整体通关时间成效，关区进出口货物整体通关时间分别为 37.46 小时、2.30 小时，提前完成国务院相关要求。深化“减证便民”，推进“注销便利化”“多证合一”等改革，进出口环节需验核的监管证件由 86 种精简到 41 种。推进行政审批制度改革，落实海关行政审批事项“一网通办”，办结行政审批 437 批，网上办理率 99.30%。为企业减免税款 1.26 亿元，增长 13.80%。全面推广原产地签证智能审核，签发原产地证书 16012 份，企业享受税收优惠 2307.45 万美元。

（孙　帆）

【科技创新】 2020 年，太原海关制定实施《全面推进科技兴关的实施意见》，发挥科学技术委员会和网信工作领导小组作用，加强科技人才队伍能力建设，统筹科技资源，提高科技创新能力和供给能力。牵头制定 2 项新冠肺炎相关地方标准。技术中心发明的食品检测用检测台获得国家知识产权局实用新型专利。开展实验室扩项评审，取得防疫物资领域 CNAS 能力验证合格证书，认可范围达 6762 个检测项目。增配核酸提取仪、螺旋 CT 机等仪器设备，保健中心日核酸检测能力由最初 90 人份提升到 400 人份。开展加强海关业务数据安全专项行动，清查在用署级关级系统 150 个，清理各类授权 389 个，清理问题隐患 4 类 6 项，全部整改完毕。注重科技人才培养，向总署科技委、科技评估专家库推荐优秀人才，工作人员有 4 名入选总署科技委分专业技术委员会专家库、10 名入选海关科技评估专家库。

（孙　帆）

【精品海关建设】 2020 年，太原海关坚持小而严、小而实、小而优、小而新的理念，打造素质精良、执法精准、服务精心、管理精细的内陆精品海关。开展精品海关建设成效年相关工作，命名 10 个精品科室和 15 个精品示范岗位。推动 46 项成效年精品工作全面见效，关区各项工作向高效率迈进，向高标准靠拢，向高质量转变。　（孙　帆）

山西转型综合改革示范区

【概况】 山西转型综合改革示范区于2017年2月25日组建成立，由太原都市区内的4个国家级开发区（太原高新技术产业开发区、太原经济技术开发区、太原武宿综合保税区、晋中经济技术开发区）、3个省级开发区（太原工业园区、榆次工业园区、山西科技创新城）以及山西大学城整合组建而成，并向南、向北建立扩展区，总规划面积约600平方千米。

山西转型综合改革示范区管理委员会为山西省政府派出机构，正厅级建制，委托太原市政府管理。中国共产党山西转型综合改革示范区工作委员会为中共山西省委派出机构，委托中共太原市委管理，与示范区管委会合署办公。示范区管委会（示范区党工委）设立12个工作机构、所属21个事业单位。

2020年，山西转型综合改革示范区实现地区生产总值557.85亿元，同比增长6.30%。实现规模以上工业增加值179.98亿元，同比增长5.60%。全社会固定资产投资完成234.77亿元，同比增长5.57%。其中，工业投资完成152.97亿元，同比增长31.14%。社会消费品零售总额154.25亿元，同比增长18.50%。一般公共预算收入完成44.07亿元，同比增长20.30%。商务部、科技部2019年对国家级经开区和高新区的年度考核评价显示，全国218家国家级经开区中，山西转型综合改革示范区综合排名第31位。全国169家国家高新区中，山西转型综合改革示范区综合排名第96位，其中火炬营业收入3009亿元，进入全国优秀行列。（孙　帆）

【招商引资】 2020年，山西转型综合改革示范区创新服务方式，建立“专员+专班+专家”招商引资新体系，强化示范区“7+1+N”招商机制运行。改变过去项目招引工作由招商部门和招商专员单一对接，各职能部门根据项目进度“按需服务”的工作方式。将项目入区涉及的国土、规划、环保、审批、统计、项目促进等服务职能重点“前置”，在重点环节对“专员”和项目单位进行常态化指导，及时解决项目入区存在的问题，推动在项目实施过程少走弯路，力争实现“签约即进场、拿地即开工”。

创新招商模式，以补链强链为目标，围绕电子信息产业引进中电科三代半导体碳化硅产业基地、中科潞安半导体深紫外光电产业基地项目等。注重顶层式招商，瞄准领军企业引进中煤科工集团全国智慧矿山创新基地、煤粉锅炉智能供热中心、矿用胶轮运输装备安全准入分析验证实验室项目和掘进装备安全准入分析验证实验室项目。开展股权式招商，引进东旭集团年产720万片第6代OLED载板玻璃生产线和1200万片3D盖板玻璃生产线项目。

开展“网上招商”，在示范区官网建立开通“招商专栏”，利用“互联网+”，强化招商引资宣传和服务工作。通过网上招商模式，有效储备上百个有意向投资的中小企业工业项目以及初创类、科研类项目，支撑项目高质量持续引进。加强与专业机构的合作，组建内外结合的高效招商组织，注重培养高素质的招商人员，提供专业系统的招商引资服务，从专业化、系统化、市场化的角度，引导招商引资工作的创新升级。组织编制产业招商地图工作，打造招商引资“三个一”，即一个网站、一个产业招商地图、一条热线。制订产业发展路线图，建立招商对象目录库和总部企业项目库。

全年签约项目数量236个，投资额1056.97亿元，当年签约项目开工率为62.71%，“六新”项目占比92.80%，重大项目39个，投资强度688.56万元/亩。（孙　帆）

【产业项目推进】 2020年，山西转型综合改革示范区滚动推进四期“三个一批”活动，累计推进项目260个，总投资1249亿元，年产值约2181亿元。签约160个，签约率100%。开工项目171个，开工率73%。投产项目69个，投产率27%。其中“六新”项目239个，占比92%。山西合成生物产业生态园和人源胶原蛋白产业园为全省“换道领跑”的两个战略性支撑项目。山西合成生物产业生态园加快建设，年产4万吨生物法癸二酸项目即将投产，年产50万吨生物基聚酰胺纤维等17个下游项目加快落地。与奇瑞、宁德时代、国电投对接合作，拓展合成生物新材料在汽车、新能源等领域应用。人源化胶原蛋白产业园即将投产。抗冠状病毒新药EK1进入1期临床。Ⅲ型胶原蛋冻干纤维完成临床试验，12月报国家药监局审批。山西省网络货运数字产业园项目入驻几十家企业，百亿级智能终端制造产业项目引进深圳30多家智能终端整机生产企业，上海道得光优新能源新材料产业园项目等一批投资大、带动性强的好项目加快落地建设。全年新增企业7086家，其中“六新”企业1194家，累计在册企业18737家。新培育小升规企业43家，超出目标任务72%。新认定国家级专精特新“小巨人”企业11家、省级15家。有5家主板上市公司，30家新三板挂牌企业，“晋兴板”挂牌企业94家。（孙　帆）

【营商环境创优】2020年，山西转型综合改革示范区围绕构建全生命周期“六最”营商环境，制定《“一网通办”管理办法》《行政审批专用章使用管理制度》《“一网通办”政务服务“好差评”工作制度》，配合办事指南、审批清单两个手册，搭建“一网通办”“不见面”审批体系。通过并联环节同步推进、前置事项“承诺”简化的工作方式，最大限度压缩审批关键线路时间，以“先入手、早谋划、全程帮”的工作思路，主动为项目单位提供政策研判、审批协调、项目谋划等多方位的审批服务。（孙　帆）

【融合模式创新】2020年，山西转型综合改革示范区深化产城融合，完成“五大中心”（会展中心、会议中心、文化中心、金融中心、商务中心）概念性城市设计方案、项目建设方案的编制工作。加快科技金融融合发展，制定金融“30”条，汾河金融城、晋阳金融城两个“金融集聚区”正式授牌，设立六新产业专项基金等，中信银行太原分行、中信证券、中煤财险公司等多家股权投资企业、银行、保险机构入驻。示范区入选国家第二批产融合作试点城市。（孙　帆）

【绿色发展】2020年，山西转型综合改革示范区强化规划引领，依托比较优势和产业基础，因地制宜确定发展重点和主导产业。加强统筹协调，根据示范区的发展阶段不断修订完善差别化、针对性的促进政策，避免低水平重复建设和同质竞争。严格资源节约和环境准入门槛，科学地制定入区项目投资强度、土地利用率、建筑容积率、节能减排降碳等约束性指标要求，并建立健全相应的评价、考核和奖惩制度。（孙　帆）

【跨境商务】2020年，山西转型综合改革示范区发挥武宿综保区在中国（太原）跨境电子商务综合试验区建设中的核心功能作用，推动跨境电商“1210”模式、“9610”模式业务开展。全年实现进出口值59.90亿元，同比增长108.90倍。成为疫情影响下全省经济增长的一大亮点，对全省外贸进出口起到重要推动作用。（孙　帆）

【安全监管】2020年，山西转型综合改革示范区加强对应急管理和安全生产工作的组织领导，集中学习习近平总书记关于应急管理重要论述3次，主持召开专题会议5次，开讲“安全课”1次，深入企业、园区调研检查安全生产20余次。统筹推进安全生产专项整治三年行动、“三零”单位创建和疫情防控工作，全区安全生产形势总体保持稳中向好态势。（孙　帆）

【科研成果与人才引进】2020年，山西转型综合改革示范区专利申请量2575件，专利授权量2122件，其中发明专利申请量658件，实用新型专利申请量1759件，实用新型专利授权量1803件，外观设计专利申请量158件，外观设计专利授权量160件。国际专利申请14件。引育上海凯赛刘修才博士、吴光辉院士和华为总工程师等60个一流科学家核心人才团队。（孙　帆）

【创新平台建设】2020年，山西转型综合改革示范区推进重大创新平台建设，全区有各类研发平台176家。其中，国家级研发平台14个，省级研发平台76个，新型研发机构23家。建成39个院士工作站、4个国家级重点实验室，以及京晋发展科创基地运营公司、京晋电子信息产业协同创新中心、山西—大湾区创新中心、长三角经济合作联络处。（孙　帆）

【示范基地建设】2020年，山西转型综合改革示范区打造“智创城”创新创业示范基地，引进清控科创、中关村智酷、浙江菜根等一流双创团队运营智创城NO.1、NO.2、NO.3。全年入驻企业300家，入驻率90%，产值50亿元，带动就业1.20万人。国家级留学人员创业园，通过科技部年度考核。国家智能制造高新技术产业化基地被科技部评定为国家高新技术产业化基地。（孙　帆）

太原中北高新技术产业开发区

【概况】2020年，太原不锈钢产业园区更名为太原中北高新技术产业开发区，明确新一代信息技术、新材料、智能制造三大主导产业方向。经济指标明显提高、政务服务环境不断提升、空间布局持续优化、基础设施建设提档升级。工业投资完成11.80亿元，同比增长138.40%。规上工业增加值完成20.30亿元，增速23.70%。转型项目完成投资9.20亿元，占工业投资比重为78%。

2020年，太原中北高新技术产业开发区办公楼

（太原中北高新技术产业开发区供图）

高新技术企业达到39家，增速30%。实际利用外资完成14.90万美元，实现“零”突破。“四上”企业数达到39家，增速85.70%。产出强度完成280万元/亩。一般预算公共收入完成3.73亿元，同比增长37.89%。（郭　微）

【项目建设】2020年，太原中北高新技术产业开发区围绕新一代信息技术、新材料、智能制造三大主导产业，签约项目15个，总投资148.50亿元。上海喆航直升机研发生产基地、清华大学能源互联网、利协石墨烯、国信幸福小镇、北斗智慧城等一批项目对接洽谈。抢抓全省举办首届“晋阳湖”集成电路与软件产业峰会契机，编制中北软件产业园项目规划建议书，明确研发孵化区+产业区4个区块建设布局，形成软件产业规划和发展思路。建立项目联席会议制度，定期研究解决影响项目落地困难问题，确保一批重点项目尽早签约落地、尽早建成投产。其中，总投资6.13亿元的上海喆航直升机项目完成1期选址。总投资5亿元科比特无人机项目有序推进。中国长城国产整机智能制造（山西）基地项目，从开工到建成投产用时不到4个月，为全省项目建设打造新标杆，定义新速度。（郭　微）

【营商环境优化】2020年，太原中北高新技术产业开发区坚持规划先行、突出重点、分步建设、项目推动的原则，完善高新区水电气路等基础设施。完成横河北街、钢园北路北段、钢园北路北段北延道路工程。协调帮助长城电子、信息化、国投等7个项目办理完成水电气接入事宜。通过精细化养护、加强修剪完成横河北街、钢园北路北段北延、阳兴南街等道路绿化养护及行道树栽植工作。按照有关规定和标准完成横河北街与阳兴南街交叉口东北角停车场建设。通过人工、机械清扫保洁相结合、无缝隙、全覆盖的模式，清扫保洁道路面积77.10万平方米。加强工程质量过程监管，全年对监管建设项目质量检查抽查37次，下发质量抽查记录31份，提出质量问题122条，整改率100%。加强人防监管，按照规范要求对人防项目主体施工节点进行抽检9次，下发质量抽查记录7份，提出质量问题21条，全部整改完毕。帮助30余家企业申请省、市科技资金2260余万元。帮助13家规上企业申报规上企业复产增效奖励460万元。帮助长城电子申报市工业转型升级发展专项资金8000万元。帮助中科曙光申报省级数字经济发展专项资金330万元。打造的2000平方米政务服务大厅投入使用，形成一枚印章管审批、一个窗口办业务、一套平台保运转的审批体制和前台综合受理、后台分类审批、综合窗口出件工作模式，实现政务服务事项100%“一窗通办”。（郭　微）

【安全生产】2020年，太原中北高新技术产业开发区出台《关于严格落实生产经营单位第一责任人和分管责任人责任清单》《关于进一步做好“两节”期间安全生产督查检查的通知》《关于开展安全大检查的通知》等系列文件，做到以严格督促检查倒逼企业主体责任落实，以“全覆盖、无死角”原则保证安全隐患排查到位，以严执法、零容忍态度保证安全隐患全部整改到位。累计检查企业1494家次，排查安全隐患4017

2020年，太原中北高新技术产业开发区生产车间

（太原中北高新技术产业开发区供图）

条，完成整改3029条。（郭　微）

【生态环境保护】2020年，太原中北高新技术产业开发区全面加强生态环境保护，严格落实环保工作“党政同责、一岗双责”。开展生态环境保护大排查大整治大提升专项行动，累计检查企业1620家次，限期整改问题868条。推进环境信访查处工作，处理群众举报、来信、来访案件21起，查处率100%、办结率100%、满意率100%。（郭　微）

西山生态文化旅游示范区

【概况】太原西山生态文化旅游示范区位于太原市西部，东起西环高速公路，西至城区界线，北起汾河二库，南至姚村，规划面积约483平方千米。示范区是市历史文化遗存重点区域，有晋祠、龙山石窟、天龙山石窟、龙泉寺、多福寺、净因寺、童子寺遗址及燃灯塔、开化寺旧址及连理塔等8处全国重点文物保护单位，占全市21%。森林覆盖率90%。

2020年，太原西山生态文化旅游示范区新建产业项目完成投资2.02亿元。固定资产完成投资29.10亿元，同比增长35.80%。森林覆盖率达38.50%。旅客过夜人次完成141.90万人，同比增长4.57%。年景区接待人次完成232.90万人，同比增长25%。（耿剑锋）

【招商引资】2020年，太原西山生态文化旅游示范区签约项目15个，总投资347.30亿元。纳入山西省招商引资“13710”系统签约项目5个，签约投资额111.30亿元，开工率80%。签约项目当年开工率和开工项目计划投资额在全市各县区中位列第三名。（耿剑锋）

【项目建设】2020年，太原西山生态文化旅游示范区成功签约项目13个，签约总投资额339亿元，其中开工4个，总投资额26亿元。新建4个亿元以上产业项目，其中，长风汉字文化体验园文旅项目总投资1.50亿元，占地面积70公顷。联众锦绣山庄康养项目总投资3亿元，占地面积6公顷。圪垛村文旅小镇建设项目总投资1.50亿元，占地面积17.19公顷。西山枫情城郊森林公园绿化项目总投资5.80亿元，占地面积66.67公顷，完成北头、赛庄、白道和化客头4个村庄土地流转工作，并进场实施绿化作业。（耿剑锋）

【生态治理】2020年，太原西山生态文化旅游示范区推进绿化治理、生态修复和生态治理模式创新，辖区内生态环境持续改善。城郊森林公园累计完成绿化面积266.67公顷，栽植乔木月40万株、灌木180万株（丛）、铺设草坪和种植花草组合15万平方米。实施玉泉山公园石槽沟废弃矿山生态治理示范工程、南山垃圾场治理工程和石马沟破坏面治理工程、国信城郊森林公园云顶田园高标准绿化工程等城郊森林公园绿化提档、生态修复工程，推进西山示范区前山可视范围破坏面治理工作。探索西山生态补偿办法，探讨“生态＋环境治理”“生态＋旅游观光”等多种“生态＋”治理模式，激励社会资本投入生态修复，推进示范区破坏面治理工作。（耿剑锋）

【基础设施建设】2020年，太原市启动太原西山生态文化旅游示范区北区绿化供水二期工程，总投资9000万元，主管线完成85%，支管线完成50%。启动通信全覆盖工程，通信基站总数达到157座，基本实现人员密集区域、交通干线、部分重点景区通信覆盖。（耿剑锋）

【景区改造升级】2020年，太原西山生态文化旅游示范区推动太山、天龙山等景区完成改造升级，推动晋祠—天龙山AAAAA级旅游景区、太山AAAA级景区和龙山AAA级景区创建工作。开发特色旅游资源，建设圪垛村文旅小镇、春风晋岭文旅康养小镇和长风汉字文化体验园文旅项目。（耿剑锋）

【景区宣传推广】2020年，太原西山生态文化旅游示范区加强品牌建设，天龙山石窟数字化推广与展示项目入选年度文化和旅游信息化发展典型案例。启动建立“游西山、读历史”移动平台，让游客“一部手机游西山”。通过“产业带动、项目牵引”推动特色产业集聚加速形成。形成以晋祠、天龙山、太山、蒙山等，以及长风汉字文化体验园、圪

2020年的太原西山生态文化旅游示范区旅游公路

（太原西山生态文化旅游示范区供图）

垯村文旅小镇为主线的文旅产业集聚。以锦绣山庄康养项目、中华中医药文化产业园为龙头的健康养生产业集群，以国际自行车赛道、大留村国家级健身步道、崛嵋山航空飞行营地、奥申城郊森林公园足球场等体育项目为主体的体育休闲产业集聚和以圪垛村、横岭村、九院新村、店头村等村落为载体的民宿集群等四大产业体系。（耿剑锋）

山西清徐经济开发区

【概况】 山西清徐经济开发区是经山西省政府批准成立的省级开发区，规划面积29.99平方千米。2017年9月太原市委办公厅、市政府办公厅印发《山西清徐经济开发区管理委员会（中国共产党山西清徐经济开发区工作委员会）主要职责、内设机构和人员编制规定》，12月党工委和管委会正式组建运行，为县政府派出机构，属正县级建制全额拨款事业单位，编制数33名。（孟美芬）

【招商引资】 2020年，山西清徐经济开发区开展招商项目洽谈70余次，储备项目50余项，签约项目14项，计划总投资162.78亿元，落地开工项目8项，开工率57.10%。主要领导分别赴上海、厦门、江苏、银川、常州等地就新能源、新材料等方面进行考察与洽谈，对接专业招商团队，按照招商地图、招商规划，开展委托招商。自主组织和参加省、市招商引资活动3次，通过参加太原市聚焦“六新”（厦门）招商引资推介会“一带一路”区域合作对接会，与珠海欧粤新能源控股集团有限公司就高清洁汽车新能源燃料产销一体化项目进行签约。在2020尧城（太原）国际通用航空飞行大会上，组织清徐精细化工循环产业园入驻企业，美锦、梗阳、亚鑫等3家企业对清徐精细化工循环产业园和园区产品进行推介。组织召开“清材清用”美钢产品推介会，助力本土品牌走出发展新路径。转变招商思路，聚焦“六新”重点领域，结合开发区产业发展方向开展双招双引，先后与山西山大科技园、太原理工大学煤化工研究院签订战略合作框架协议，推进科研招商。与晋商银行龙城直属行签订战略合作协议，进行金融合作招商。（孟美芬）

【产业发展】 截至2020年底，山西清徐经济开发区共有各类入区企业283家，规模以上工业企业36家，“四上”企业60家。工业投资完成92.34亿元，同比增长792.50%。规模以上工业增加值完成60.17亿元，同比增长11%。转型项目当年完成投资占工业投资比重完成100.20%。高新技术企业5家，同比增长25%。实际利用外资43.81万美元，同比增长2821%。进出口总额2.53亿元，同比增长2.30%。（孟美芬）

【“三制”“三化”改革】 2020年，山西清徐经济开发区领导班子任期制、人员岗位聘用制、绩效工资制顺利推进。7月，领导班子进行调整，1名副主任调任清徐县副县长，调入1名党工委委员、管委会副主任和1名党工委委员、纪工委书记，并对领导分工进行重新分配。年初重新修订《绩效考核办法》和《绩效工资办法》，并按照季度述职民主评议等方式进行全员考核。依托清徐经济开发区开发有限公司，采用EPC模式引进山东莱钢建设有限公司建设清开创新产业园—标准化厂房项目，与金融机构合作成功申报山西省政府专项债和国家开发银行政策性低息贷款4200万元，不仅盘活区内闲置土地，而且不依靠政府资金，解决标准化厂房建设融资难问题。推行专业人管专业事，聘用环保管家、安全管家，为园区提供专业服务。与河北协同水处理公司签订合同，委托运营园区工业污水厂，实现园区管理专业化。探索建立共享人才平台，拟通过管委会搭台，建立共享资源平台，有效解决企业人才不足和用人信息不畅等专业问题，助推开发区企业实现高质量发展。在精细化工循环产业园建设中，对标德国、日本先进煤化工技术，进行先进技术的推广和应用，引进国际技术与理念，推进精细化工向高端化、智能化、绿色化提升。通过太原晟宏炭材料有限公司引进利用外资340万元（港币），实现利用外资的大幅增长。（孟美芬）

【基础设施建设】 2020年，山西清徐经济开发区投资28.90亿元，组织实施开南路、开中路、开西路、清泉南路南延、307国道市政化改造、西关大街南延、清东街、园区220千伏、110千伏变电站等与开发区密切相关的市政基础设施建设及配套工程，开发区主干路网基本形成。为促进企业及项目能及时落地开发区，投资3.50亿元搭建清开创新产业园—标准化厂房，为项目提供“拎包就可入住、安装就可生产、呼叫就有人管”的一站式保姆服务平台。为缓解园区用水矛盾，通过清徐开发区开发有限公司与太原市再生水发展有限公司搭建供水平台，投资3.82亿元建设一级RO除盐水回用设施及配套主管网，为入园企业提供用水服务。为解决园区工业污水问题，投资5.80亿元建设泓博污水处理厂，成为国内首家焦化废水“零排放”示范，帮助企业解决污水排放难题。投资9亿元进行晋煤铁路物流专用改扩建工程，有效缓解公路运输压力，为园区绿色物流搭建平台。申报成为国家第五批增量配电业务改革试点，为企业享受电价优惠搭起服务平台。推动开发区智慧园区建设，推动实现开发区环保精确溯源、安全态势预测和交通疏导，提高园区安全水平、应急水平、环保水平、生产水平、服务水平。

（孟美芬）

【创新驱动】 2020年8月7日，山西清徐经济开发区通过省发改委推荐绿色产业示范基地申报，并成功上报国家发改委。9月7日，通过省发改委国家级县城产业转型升级示范园区专家论证会，成为全省唯一一家符合申报条件的

2020 年，清徐精细化工循环产业园区全景　（山西清徐经济开发区供图）

开发区并被推荐上报国家发改委。山西崇光冷凝供热设备有限公司、太原市三高能源发展有限公司、山西聆世科技有限公司完成高新技术认定，高新技术企业产值 16.09 亿元。共有好创空间、杰德众创空间、鸿泰康众创空间等 3 个众创空间，其中好创空间、杰德众创空间为省级众创空间，鸿泰康众创空间为市级众创空间。R&D 支出 9956 万元，增长速度为 11.20%。区内企业共有各项专利 167 项、其他知识产权 19 项、高新技术 7 项，拥有各类科研人员 161 人，区内规上工业企业 26 家，研发中心（技术试验）26 个，研发机构实现全覆盖。

（孟美芬）

阳曲现代农业产业示范区

【概况】 阳曲现代农业产业示范区位于阳曲县泥屯镇，规划面积 141.40 平方千米，区域内有 18 个行政村 24 个自然村，总人口 2.40 万人。核心区分南北两个片区，北片 8.63 平方千米，南片 5.80 平方千米，起步区面积 2.73 平方千米，规划面积 14.43 平方千米。示范区以优质小杂粮及设施蔬菜种植、农产品加工、乡村旅游为主导发展产业，以构建集生产、加工、科研、流通、休闲与服务为一体的现代农业生产体系，建设绿色、有机、无公害小杂粮和蔬菜的主要供给基地、都市近郊乡村休闲旅游基地为目标，促进农村经济和一、二、三产业融合发展。

（李鑫蕊）

【机构改革】 2020 年 8 月 6 日，阳曲县委编办根据市委编办《关于阳曲现代农业产业示范区管理委员会纪检监察机构调整和内设机构挂牌的批复》，将中共阳曲现代农业产业示范区纪律检查工作委员会更名为阳曲现代农业产业示范区纪检监察工作委员会，简称阳曲示范区纪检监察工委，并增设纪检监察工委专职副书记职数 1 名（正科级）。根据《山西省开发区条例》规定，阳曲现代农业产业示范区管委会在内设机构综合办公室（党工委办公室）加挂结算办公室牌子。根据《中共山西省委机构编制委员会印发〈关于规范开发区管理机构促进开发区创新发展的实施方案〉的通知》，明确阳曲现代农业产业示范区管理委员会为市政府派出机构，委托阳曲县委、县政府管理，中共阳曲现代农业产业示范区工作委员会由市委授权县委管理，与示范区管委会合署办公。

（李鑫蕊）

【经济指标】 2020 年，阳曲现代农业产业示范区新建产业投资累计完成 12566 万元。固定资产投资累计完成 51054 万元，增速 363.20%。农林牧渔总产值完成 4174 万元，增速 4.10%。农产品加工业与农业总产值比达到 1.70，农产品加工业产值完成 13618.98 万元。绿色有机农产品覆盖率 33.90%，绿色食品和有机农产品生产面积 1306.67 公顷，所有农产品生产面积 3851.88 公顷。示范区新建产业项目投资额占全县农业项目投资的 35%。示范区农产品加工业产值占全县规上农产品加工企业产值的 40.60%。

（李鑫蕊）

【招商引资】 2020 年，阳曲现代农业产业示范区成立招商引资领导小组，建立工作专班制。3 月 2 日，成功引进世界 500 强企业太平洋建设集团，签订《项目商务协议》及《商务补充协议》。示范区“走出去、请进来”，主要领导亲自带队前往江苏、安徽、甘肃、厦门等地外出招商，截至年底，示范区与百余家企业对接洽谈，签约项目 16 个，签订协议项目投资额 103 亿元。

（李鑫蕊）

【项目建设】 2020 年，阳曲现代农业产业示范区出台《关于突出“项目为王”加快推进项目建设行动方案》《示范区管委会领导干部包联项目工作制度》等文件，落实“一个项目、一名领导、一名负责人、一张推进图、一个结果”的“五个一”包联推进机制。万向二期、国信农业园、英诚信智慧农业园、迅盛养殖、优利康种猪繁育等 5 个新建产业项目实现当年立项、当年开工、当年入统，总投资额达 1.32 亿元。示范区现代农业产业科创中心项目和示范区核心区综合路网及土地平整项目，总投资约 2.69 亿元。

（李鑫蕊）

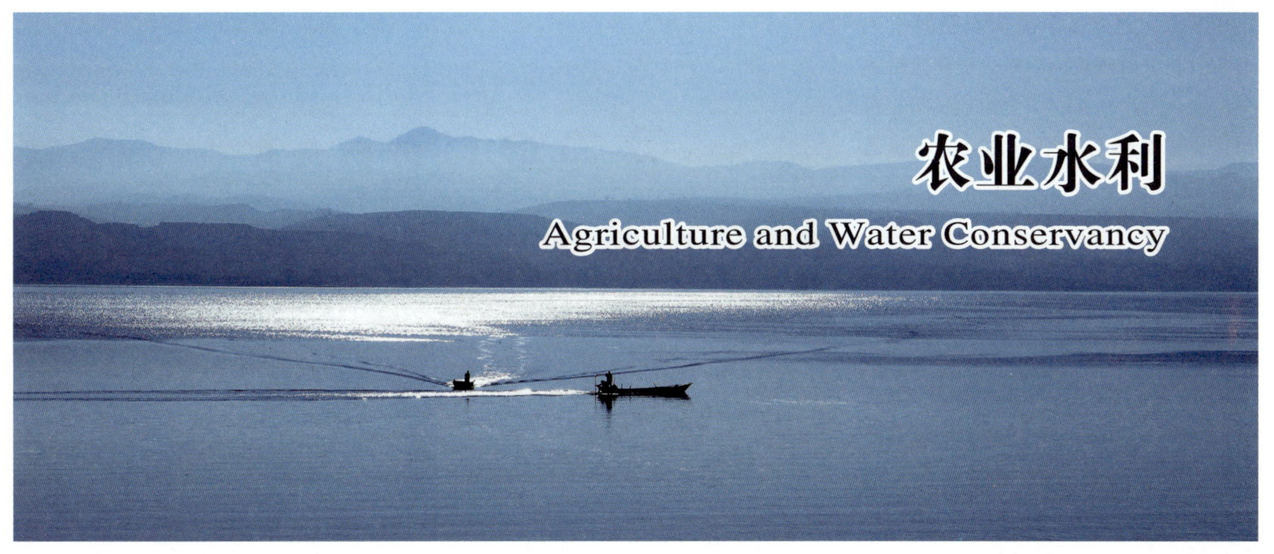

综　述

【概况】 2020年，太原市农业农村局以实施乡村振兴战略为总抓手，以推进农业供给侧结构调整为主线，以深化农村改革为动力，以改善农村人居环境为重点，保持农业增效、农村增美、农民增收的良好局面。全市第一产业增加值完成32.20亿元，增长3.70%，比全省高0.10个百分点。第一产业固定资产投资完成13.08亿元，增长14.70%。农村居民人均可支配收入19655元，增长7%，比城镇居民人均可支配收入高1.60个百分点。全市累计脱贫160个村20104户55992人，贫困人口实现全部清零。

（邵　琼）

【农村集体产权制度改革】 2020年，太原市杏花岭区和万柏林区作为省级农民股份权能试点单位，分项重点推进。杏花岭区出台《农民持有集体资产股份继承和有偿退出的实施方案》，对股份继续和转让进行探索。万柏林区探索村级债务化解，遏制债务增加势头，增加村级集体经济收入，两个试点单位均通过省级验收。晋源区与金融机构合作搭建农村承包地经营权和农民持有集体资产股权抵押贷款平台，通过农村产权公开市场交易，形成指导价格，在全市率先探索出“政经分离”模式。

8月21日，全国深化农村集体产权制度改革工作会议召开，农业农村部、省农业农村厅对太原市改革工作给予肯定。截至年底，全市确定集体经济组织成员身份数136.60万人，折股量化金额95.31亿元，累计分红8000余万元，实现“村民变股民，年年有分红”改革目标。

（邵琼　张新源）

【农业水肥控制】 2020年，太原市农业农村局推进化肥零增长行动，开展“三替代两培育一改进”行动，推进测土配方施肥技术，实现全市农用化肥用量连续五年负增长。开展有机肥替代化肥试点县建设项目，投资500万元，实施规模5000亩。推进新型农业经营主体施肥技术服务，为50余个园区提供技术指导、培训60余次，覆盖面积突破2万亩。推广旱作节水农业技术，推广水肥一体化技术7540亩，建设新型软体集雨水窖3450立方米，推广深松耕蓄水保墒技术4.10万亩。

（邵琼　任旭）

【农业废弃物资源化利用】 2020年，太原市有省级以上规模养殖场174家，配套建设粪污处理利用设施172家，全市规模养殖场畜禽粪污处理设施装备配套率98.85%。通过实施农作物秸秆饲料化、肥料化、能源化、原料化、基料化“五化工程”，全市秸秆综合利用率95%。推进废旧农膜回收工作，开展残膜机械化回收试点示范，试点规模

2020年的晋祠稻田　（市农业农村局供图）

2020年，娄烦县有机旱作示范实验区　（市农业农村局供图）

1.10万亩，建立5个废旧农膜回收网点，引进农用残膜捡拾机，提高捡拾效率，试点回收率95%。全市地膜回收率70.97%，棚膜回收率96.20%，农膜回收率82.77%。　（邵琼　任旭）

【病虫害防治】 2020年，太原市农业农村局启动全市23个虫情监测点，发布《植物病虫情报》17期，预报准确率达90%以上，科学预测指导病虫害防范。主要农作物病虫害绿色防控面积146.10万亩次，重大病虫统防统治面积85.10万亩次。设立性诱监测点、布放诱捕器、高空测报灯等设备，防控草地贪夜蛾等病虫害，小店区、晋源区和阳曲县发生病虫害问题得到及时处理。　（邵琼　任旭）

【农产品质量安全】 2020年，太原市农业农村局开展农产品质量安全定量检测3507个，完成目标任务的106%。部、省两级共抽检样品595批次，合格率97%以上，农业生产环节检测合格率100%。开展农资打假“春雷”行动和农产品质量安全专项整治“利剑”行动，打击制售假劣农资、违法违规用药和非法添加等行为，检查生产经营主体3766家次，抽检农药产品86样品，检测116项成分，立案31起，移送公安机关1起，办结26起，消除农产品质量安全生产隐患。坚持全市统一、属地管理、分步实施、重点突破、稳步推进的原则，在全市范围试行食用农产品合格证制度，240家生产主体实施合格证制度，累计开具合格证3.65万张，带证上市农产品1.14万吨。　（邵　琼）

【农业科技研究】 2020年，太原市农业农村局建设粮食绿色高产创建谷子百亩示范区15个，落实省级农作物新品种筛选展示项目，筛选展示品种98个，面积340亩。开展市级有机旱作农业农作物新品种新技术筛选，实施面积约1220亩，新品种新技术筛选展示10项。推广农业标准化生产技术，完成制（修）订9项地方标准，开展有机旱作农业技术规程的技术指导和培训工作，引导农业生产的规范化、标准化，提高农产品质量安全。　（邵琼　任旭）

2020年，蔬菜大棚室内设施实景　（市农业农村局供图）

【新农村建设】 2020年，太原市开展以“干干净净迎小康”为主题，以“三清一改”为重点，围绕整治乱搭乱建、乱堆乱放、乱扔乱倒“六乱”行为，打好村庄清洁春、夏、秋、冬四个战役。清理生活垃圾、河塘沟渠垃圾、畜禽粪污等积存垃圾166.50万余吨，清理“六乱”49.70万余处，清理残垣断壁4396处，还绿面积1.40万亩。全市638个村庄全部达到清洁村庄标准。推进农村户厕改造工作，通过健全工作机制、示范引领带动、完善奖补政策等方法措施，破解农村改厕成本高、冬季易上冻、使用不方便等难题。全市累计完成户厕改造69838座。全市农村厕所无害化普及率由35%提高到86%。坚持分类指导，突出地域特色，按照城郊融合型、产业带动型、生态提质型、特色保护型、移民搬迁型等不同特点和发展模式，打造12个市级美丽宜居示范村、改善农村人居环境示范村，6个农村人居环境整治示范片区，农村生产生活生态环境明显改善。　（邵琼　潘君艳）

种植业

【粮食生产】 2020年，太原市农业农村局扛起粮食安全重任，加大耕地地力保护补贴6515.24万元。推进农业保险提标、扩面、增品，娄烦县马铃薯保险实现全覆盖，古交市新增小杂粮险种，

2020 年太原市农作物播种面积统计表

表 14　　　　　　　　　　　　　　　　　　　　　　　　　　　　　　　单位：公顷

指　标	合计	小店区	迎泽区	杏花岭区	尖草坪区	万柏林区	晋源区	清徐县	阳曲县	娄烦县	古交市
农作物总播种面积	82264.3	6810.8	112.3	543.5	4094.5	290.0	2224.2	23643.1	25613.1	11031.7	7901.1
一、粮食作物	63497.0	2439.3	102.3	491.7	3354.3	266.0	1036.2	17071.6	22066.8	9668.5	7000.3
（一）夏收粮食	67.8	39.0	0.0	0.0	0.0	0.0	0.0	28.8	0.0	0.0	0.0
#冬小麦	67.8	39.0	0.0	0.0	0.0	0.0	0.0	28.8	0.0	0.0	0.0
（二）秋收粮食	63429.2	2400.3	102.3	491.7	3354.3	266.0	1036.2	17042.8	22066.8	9668.5	7000.3
（一）谷物	47796.2	2415.4	77.9	337.3	2850.9	156.9	895.4	16213.1	18708.7	3258.6	2882.2
1. 稻谷	202.7	18.8	0.0	0.0	8.6	0.0	175.3	0.0	0.0	0.0	0.0
2. 玉米	31906.5	1856.8	49.7	132.0	2213.4	107.3	638.7	12846.8	12216.0	928.9	917.0
3. 谷子	7364.2	46.0	11.3	39.6	287.1	36.9	12.3	53.2	5054.7	1051.6	771.6
4. 高粱	4919.6	454.8	4.1	9.7	202.9	4.3	69.1	3284.3	688.5	138.1	63.8
5. 秋杂谷物	3335.3	0.0	12.8	156.1	138.9	8.3	-0.1	0.0	749.5	1140.0	1129.9
#燕麦	431.5	0.0	0.0	9.2	1.4	1.4	0.0	0.0	0.0	333.8	85.7
荞麦	1851.6	0.0	10.7	134.9	84.8	0.1	0.0	0.0	408.7	708.9	503.5
6. 小麦	67.8	39.0	0.0	0.0	0.0	0.0	0.0	28.8	0.0	0.0	0.0
（二）豆类	6495.2	23.9	7.8	104.6	370.4	23.0	104.0	323.1	1622.3	1792.0	2124.1
1. 大豆	4669.4	23.9	3.6	101.9	368.4	19.9	102.1	320.8	1161.4	965.6	1602.0
2. 秋杂豆	1825.8	0.0	4.2	2.7	2.0	3.1	1.9	2.3	460.9	826.4	522.1
#绿豆	551.4	0.0	1.3	0.0	0.3	0.5	0.4	2.2	247.2	261.7	37.8
红小豆	1053.9	0.0	2.8	0.0	0.0	0.7	1.5	0.0	108.7	510.1	430.1
（三）薯类（折粮）	9205.7	0.0	16.6	49.9	133.0	86.3	36.9	535.4	1735.8	4618.0	1993.9
1. 马铃薯	8611.1	0.0	16.3	41.8	109.3	75.4	25.2	14.0	1717.4	4618.0	1993.7
2. 红薯	594.7	0.0	0.3	8.1	23.7	10.9	11.7	521.4	18.4	0.0	0.2
二、油料作物	865.1	92.5		2.7	67.3		47.7	86.1	84.3	352.2	132.3
1. 花　生	30.7						0.3	30.0	0.4		
2. 胡麻籽	203.5								27.9	104.4	71.2
3. 葵花籽	146.9	17.0		2.7	67.3		9.1	18.2	14.5	2.9	15.2
4. 其他油料	484.0	75.5					38.3	37.9	41.5	244.9	45.9
三、棉花	0.3							0.3			
四、中草药材	1179.2	29.0			10.9	3.7		9.7	259.2	652.4	214.3
五、蔬菜及食用菌	12266.3	1715.2	10.0	49.1	637.1	20.3	1090.6	6148.1	1897.0	224.5	474.4
六、瓜果类	171.6	14.6			19.6		11.4	57.8	31.3	26.9	10.0
#西瓜	36.0	3.9						3.7	13.3	10.8	4.3
甜瓜	94.9				17.3			51.4	11.7	10.8	3.7
七、其他农作物	4284.8	2520.2			5.3		38.3	269.5	1274.5	107.2	69.8
#青饲料	3604.6	2129.1					38.3	13.3	1274.5	104.4	45.0

2020 年太原市农作物产量统计表

表 15　　　　单位：吨

指　标	合计	小店区	迎泽区	杏花岭区	尖草坪区	万柏林区	晋源区	清徐县	阳曲县	娄烦县	古交市
一、粮食作物	245320.4	9796.5	117.6	999.5	12598.8	644.4	4711.5	79112.2	100397.9	22529.2	14412.8
（一）夏收粮食	353.9	196.6	0.0	0.0	0.0	0.0	0.0	157.3	0.0	0.0	0.0
#冬小麦	353.9	196.6	0.0	0.0	0.0	0.0	0.0	157.3	0.0	0.0	0.0
（二）秋收粮食	244966.5	9599.9	117.6	999.5	12598.8	644.4	4711.5	78954.9	100397.9	22529.2	14412.8
（一）谷物	198306.3	9734.2	96.9	732.3	11636.8	372.9	4300.7	76130.4	83126.0	6913.7	5262.4
1. 稻谷	1190.8	131.7	0.0	0.0	31.0	0.0	1028.1	0.0	0.0	0.0	0.0
2. 玉米	157066.7	7486.9	64.9	379.1	9997.1	280.0	2904.0	59561.7	70400.7	3335.6	2656.7
3. 谷子	13120.9	86.8	11.3	85.1	624.0	72.5	20.4	112.4	9842.9	979.8	1285.7
4. 高粱	21586.6	1832.2	5.7	29.0	661.7	5.5	348.1	16299.0	2140.8	217.0	47.6
5. 秋杂谷物	4987.4		15.0	239.1	323.0	14.9	0.1		741.6	2381.3	1272.4
#燕麦	897.2	0.0	0.0	37.7	4.0	2.0	0.0	0.0	0.0	681.3	172.2
荞麦	3225.4	0.0	12.4	183.9	246.0	0.2	0.0	0.0	588.2	1565.0	629.7
6. 小麦	353.9	196.6	0.0	0.0	0.0	0.0	0.0	157.3	0.0	0.0	0.0
（二）豆类	12452.1	62.3	7.9	158.5	829.6	37.3	228.5	861.9	5028.9	3372.8	1864.4
1. 大豆	9433.5	62.3	3.2	155.3	826.1	32.7	221.2	856.7	4300.3	1955.4	1020.5
2. 秋杂豆	3018.5	0.0	4.8	3.2	3.4	4.6	7.3	5.2	728.6	1417.4	843.9
#: 绿豆	1059.4	0.0	1.5	0.0	0.7	0.8	1.5	5.0	406.6	567.0	76.3
红小豆	1561.0	0.0	3.2	0.0	0.0	1.3	5.8	0.0	114.2	768.5	668.0
（三）薯类（折粮）	34562.0	0.0	12.8	108.7	132.5	234.2	182.3	2119.9	12243.0	12242.7	7286.0
1. 马铃薯	32392.5	0.0	12.7	97.5	112.9	221.7	140.8	48.7	12229.9	12242.7	7285.7
2. 红薯	2169.5	0.0	0.1	11.2	19.6	12.5	41.5	2071.2	13.1	0.0	0.3
二、油料作物	1506.4	374.8		2.7	136.7		10.2	194.4	120.9	458.5	208.2
1. 花　生	72.5						1.3	69.6	1.6		
2. 胡麻籽	369.1								55.6	203.5	110.0
3. 葵花籽	265.8	35.2		2.7	136.7		8.9	31.6	17.1	8.6	25.0
4. 其他油料	799.0	339.6						93.2	46.6	246.4	73.2
三、棉花	0.8							0.8			
四、中草药材	6419.3	217.4			20.5	3.2		117.9	2847.8	2424.0	788.5
五、蔬菜及食用菌	665436.3	89643.0	281.5	1881.7	40303.5	326.6	74716.3	340010.3	74256.9	12018.3	31998.2
六、瓜果类	4277.4	118.3			643.2		76.4	1586.0	443.7	1265.8	144.0
#西瓜	794.9	19.8						74.0	182.3	475.2	43.6
甜瓜	2729.4				572.7			1418.6	147.1	544.4	46.6

粮食生产抗风险能力得到提升，调动农民种粮积极性，完成粮食播种面积95万亩以上、产量24万吨以上目标任务。（邵　琼）

【种植结构调整】 2020年，太原市农业农村局统筹粮经饲种植比例，提升种植效益，综合运用灌溉与排水工程、田间道路综合治理改造，建设高标准农田2.91万亩。高质量创建娄烦县马铃薯和清徐县红薯2个省级有机旱作农业封闭示范片，9个市级有机旱作农业示范片6620亩。完成果园提质增效2万亩，发展新果园1000余亩，"清德铺红薯""首邑田园小米"被评为全国乡村特色产品，"清徐葡萄"获得市级区域农产品公用品牌称号。（邵　琼）

【蔬菜生产】 2020年，太原市农业农村局出台《关于促进蔬菜产业规模化标准化高效化发展的意见》和《关于加强设施蔬菜生产技术专业人员队伍建设的指导意见》等支持蔬菜产业发展一揽子政策，是全省唯一由市级保障支持设施蔬菜发展的地市。在利好政策的推动下，全市蔬菜播种面积18.40万亩，同比增长3.80%，产量66.54万吨，同比增长4%，其中设施蔬菜6.33万亩，产量22.46万吨，占到蔬菜播种面积和产量的三分之一。（邵　琼）

【有机旱作农业发展】 2020年，太原市农业农村局出台《太原市推进有机旱作农业发展工作计划》，实施有机旱作农业新品种新技术筛选展示1220亩，在古交市、娄烦县示范推广生物全降解地膜1万亩，推广娄烦县马铃薯起垄侧播镇压播种技术、晋祠水稻旱育秧技术、清徐县红薯起大垄一体化栽种技术等一系列现代有机旱作农业技术模式。（邵　琼）

畜牧业

【畜禽数量】 2020年，太原市生猪存栏13.02万头，出栏18.06万头，猪牛羊禽肉产量2.49万吨，禽蛋产量3.09万吨，牛奶产量6.45万吨。（邵　琼）

【畜禽养殖】 2020年，太原市农业农村局印发《太原市2020年生猪恢复生产发展项目的指导意见》，对能繁母猪、种公猪以及生猪养殖重点县给予财政奖补，新建14个年出栏5000头以上规模养殖场，20个改扩建项目有序推进，全市生猪产能恢复形势良好。在全省率先出台《太原市生鲜乳销售淡季补贴制度》，对9家奶牛养殖企业补贴资金73.30万元，稳定奶农预期收益，推进奶业持续健康发展。重点打造九牛奶牛、桦桂养羊、永丰禽业等龙头精品企业，10家养殖企业被评为农业农村部畜禽养殖标准化示范场。（邵　琼）

2020年，阳曲县改建后的标准化规模奶牛场　　（市农业农村局供图）

【畜牧园区建设】 2020年，太原市农业农村局鼓励大型畜牧企业通过联营等方式，向种植、加工、投入品、废弃物利用、休闲旅游等产业延伸，实现一二三产融合发展。指导阳曲县推广宝迪"仔猪放养"、桦桂"赠母还羔"、永丰"借鸡还蛋"等放养模式，发展特色家庭牧场，壮大阳曲羊驼、娄烦孔雀、古交林麝等特色养殖。（邵　琼）

【养殖粪污治理】 2020年，太原市农业农村局在全省率先出台财政支持政策，扶持规模化畜禽养殖企业实施粪污资源化利用项目，按照市县两级财政奖补50%的标准，配套粪污存储、收集、处理及利用等设施设备，打造源头控制、过程管理、末端利用等不同类型的粪污资源化利用模式。截至年底，全市166家规模养殖场全部配套建设粪污处理利用设施，畜禽粪污综合利用率达到85%以上。（邵　琼）

农业产业化

【农业产业集群发展】 2020年，太原市有农业产业化龙头企业145家，其中，国家级8家、省级37家，销售收入5000万元以上的企业有26家，亿元以上的企业18家。5家企业获得"中华老字号"称号，4家企业获得"非物质文化遗产"称号。全市农产品500万元以上农产品加工企业销售收入完成113亿元，增长20.20%。水塔、蓝顿旭美、六味斋、紫林醋业等成为农业产业化国家重点龙头企业，鸿新农产品和国禾天元入选省级示范联合体，不老泉葛根醋获得山西省功能农产品称号。（邵　琼）

【药茶产业培育】 2020年，太原市农业农村局把药茶产业作为产业集群发展重点，从药茶基地建设、加工、流通等方面快速推进药茶产业发展。市药茶领导小组与中华全国供销合作总社杭州茶叶研究院签订框架合作协议，为药茶产业发展提供技术研发支持。全市共有50余家从事药茶产业经营主体，其中原料种植的主要12家合作社和部分企业，8家企业18款茶产品获得省药茶产业联盟授权，推进药茶产业健康发展。

（邵 琼）

【农旅融合发展】2020年，太原市农业农村局依托东西两山和汾河生态文化资源优势，串点连线，扩线成片，打造南部田园风光、东部文旅康养、西北部山水人文、西部自然风光、北部黄土风情五条精品旅游路线，呈现出景点相连、特色彰显、休闲农业全域发展的格局。小店区王吴村获得中国美丽休闲乡村称号，阳曲县黄寨镇上安村和晋源区晋祠镇赤桥村、迎泽区郝庄镇董家庄村、古交市岔口乡关头村等7个村分别入选全省首批AAAA级和第二批AAA级乡村旅游示范村。杏花岭区采薇庄园、阳曲县桦桂农业园、万向田园综合体等三产融合项目，成为体验农活劳动、采摘瓜果蔬菜、品尝农家美食、了解乡村文化的好去处。成功举办农民丰收节系列节庆活动。全市休闲农业和乡村旅游规模经营主体发展到200个，年接待游客220万人次，年营业收入2亿元。

（邵 琼）

农业机械化

【概况】2020年，太原市农业机械发展中心统筹做好疫情防控和农机生产工作，落实粮食安全战略，优化农机装备结构，高效实施补贴政策，推进农机科技创新，强化服务体系建设，提升农机作业水平，狠抓重点项目实施，全面夯实安全基础，完成省、市下达的农机各项目标任务。同年，完成机械化肥深施74.80万亩，机械化铺膜28万亩。完成农机总动力51.17万千瓦，综合机械化率72.92%，玉米综合机械化率91.70%。分别完成玉米、马铃薯、谷子、高粱全程机械化作业面积49.41万亩、7.50万亩、9.60万亩、6.01万亩。完成农机深松整地9.69万亩，还田面积62.96万亩，秸秆转化量28万吨。新增农副产品加工机械76台，推广设施蔬菜机械化装备300台，完成新注册登记拖拉机299台，补贴农机具1448台（套），受益农户1070户。完成加工新装备新技术培训160人、新技术新机具培训180人、召开新技术新机具现场会7次。

（傅永东）

【农机购置补贴】2020年，太原市农业机械发展中心启动农机补贴工作，利用现代化信息技术，指导农户在家使用手机App、电话预约、错峰办理等方式，开展农机购置补贴办理。开展全方位机补工作宣传，通过培训、网络、挂图展板和基层宣讲等多种方式做好宣传，使机补政策深入人心。印发《关于疫情期间做好农机购置补贴工作的通知》等文件，全面指导、督促、监督补贴工作开展。深入县乡一线现场，开展机具核查核验和违规处理，抽查档案60余份，核查机具30台套，调查完成异常事件3件。制定完善《内部工作制度》《核验工作制度》《经营违规行为处理工作办法》等规章制度，公开公布信息程序和监督电话，保障农机补贴工作规范高效实施。

（傅永东）

【农机服务农业生产】2020年，太原市农业机械发展中心落实粮食安全战略，扩大机耕机播面积，分解落实责任任务，发挥农机主力军作用，确保全市粮食播种面积完成。落实“六保”要求，开展撂荒地复垦工作，开展粮食安全生产大调研，指导县区扩大粮食种植面积和撂荒地复垦工作，古交农机中心全年复垦撂荒地1万余亩。部署农机生产工作，印发《关于做好春季农机生产各项工作的通知》《关于切实做好秋季农机生产工作的通知》，举办农机生产培训班，汇总发布农机生产信息，组织指导农机生产。下沉一线开展服务，采取多种方式指导帮助农民机手检修调试机具，开展咨询指导服务，解决疑难问题，全年检修农机具8417台（件）。市中心和主要农业县区都组成农机检查督导和服务小组，深入田间场院指导帮助农机专业合作社、农机大户、农民机手开展工作。组织引导开展规模连片机耕、机播、机收等作业，发挥农机合作社、农机大户主力军作用，与农机项目相结合，扩大机械作业面积，加快作业进度，提高经济效益。农机深松整地项目采取整村整乡推进，运用“互联网+监管”，实现远程监测全覆盖。全市实施新一轮秸秆综合利用扶持政策，敞开机械补贴，鼓励应用绿色高效复式作业机械，完善秸秆机械化还田技术路线，主要农作物秸秆综合利用率95%。

（傅永东）

2020年，太原市农业机械发展中心开展残膜机械回收

（市农业机械发展中心供图）

2020年，太原市农业机械发展中心全面实现高粱机械化收获

（市农业机械发展中心供图）

【农机综合示范县创建】2020年，太原市农业机械发展中心争取省农机发展中心项目资金100万元，确定清徐县为率先实现农业机械化综合示范县，创建农机化综合示范县1个、乡1个、村2个。组织农机人员多次赴山西农谷和省市农业农机科技企业，对设施农业蔬菜全程机械化生产进行专门调研，听取专家和大户们意见，制订成县级项目总体规划和实施方案。将率先实现农业机械化综合示范县、乡、村建设任务有机融合，完善智慧农机网络平台与省平台数据完全对接，通过政策扶持、项目倾斜，推动示范乡村各项农机化指标提升。争取当地政府支持，清徐县将蔬菜生产机械列入县乡村振兴战略，重点扶持补助蔬菜生产农机具购置。常态化监督检查，做好项目建设过程中的声像、图片、文字等资料收集，建立大事记台账，对存在问题及时发现和整改，促进高质量高标准完成建设任务。（傅永东）

【农机新机具新技术推广】2020年，太原市农业机械发展中心制订出台《2020年农机推广工作要点》，将省、市目标任务分解到各县（市、区），将硬指标量化，软指标细化，做到任务、责任、人员三落实。引进先进适用机型进行推广示范，加强农机新技术推广示范点建设。利用省级资金在阳曲县、娄烦县丘陵山区开展马铃薯生产全程机械化提升示范区创建，在阳曲县实施创建果园机械化耕、管、收示范点，在古交市、娄烦县建设小杂粮加工点3个，利用市级资金在晋源区开展高效植保无人飞机引进推广试验示范，在阳曲县实施创建丘陵山区机械化提升示范区，在古交市开展谷子烘干和油料压榨建设，并全部完成。对承担项目县区农机部门和实施主体开展技术指导和督察检查，开展项目跟踪考核、绩效考评等工作。在清徐县、阳曲县、古交市、娄烦县、晋源区举办不同形式的农机新技术、新机具现场会7次，开展基层农机推广人员和农机操作手技术培训工作。（傅永东）

【农机社会化服务】2020年，太原市农业机械发展中心利用农闲季节，提升农机操作手和农机服务人员素质，开展农业农村冬季行动工作，全市培训农民、农机合作社人员和农机操作手600余人次。着眼农机社会化服务水平提升，重点培育、扶持一批农机合作社作为开展农机社会化服务示范主体，争取市财政资金21万元用于丘陵山区农机合作社机库棚建设，推动农机服务组织建设规范化、规模化、智能化发展。各县农机部门开展农机智能化设备安装，农机合作社内参加作业动力农机及配套农具购置安装智能化、精准化设备。开展服务能力建设补助，农机合作社在进行耕耙播收等农机作业项目时享受作业补助，鼓励农机作业补助资金用于农机合作社扩大再生产。推进资产收益扶贫试点，以“提质增效”为中心，规范管理、健全机制，争取更多整合资金用于农机合作社资产收益扶贫和农机作业补贴，提升试点合作社发展能力，带动贫困户脱贫。加强务农骨干农民教育培训，推动形成新型职业农民队伍，下达培训计划资金25万元，除阳曲县9万元资金被整合外，全年培育新型职业农民农机操作手160人。在阳曲县举办为期5天农机操作手暨无人机驾驶员培训选拔赛，参加第五届山西省农机操作手大赛暨首届山西省植保无人机大赛。（傅永东）

【农机安全生产】2020年，太原市农业机械发展中心开展农机安全生产专项检查、隐患排查、专项整治“打非治违”等活动。成立农机安全生产领导组，加大对重点区域、重点时段、重点人群开展安全执法检查，制止超速超载、无牌无证驾驶等违法行为，全市出动农机安全检查组8个，排查单位27个，排查出一般隐患4个，全部整改完成，保障全市农机安全生产形势健康稳定。开展变型拖拉机整治工作，印发《关于开展全市变型拖拉机违法载人专项整治工作的通知》，采取电话告知、公示和登报等方式，加大报废工作力度，全市在册变型拖拉机3848台，办理报废手续并录入全国变型拖拉机信息管理系统2916台，实现农机与交警部门之间信息共享。开展农机安全生产专项检查工作，市农机中心班子成员分别带队27人，深入县级农机部门进行安全生产工作督查检查，督导和排查现场20个，发现安全隐患和问题11个，整改11项。各县（市、区）农机部门主要领导带队深入农机作业一线等作业现场，进行安全生产检查，

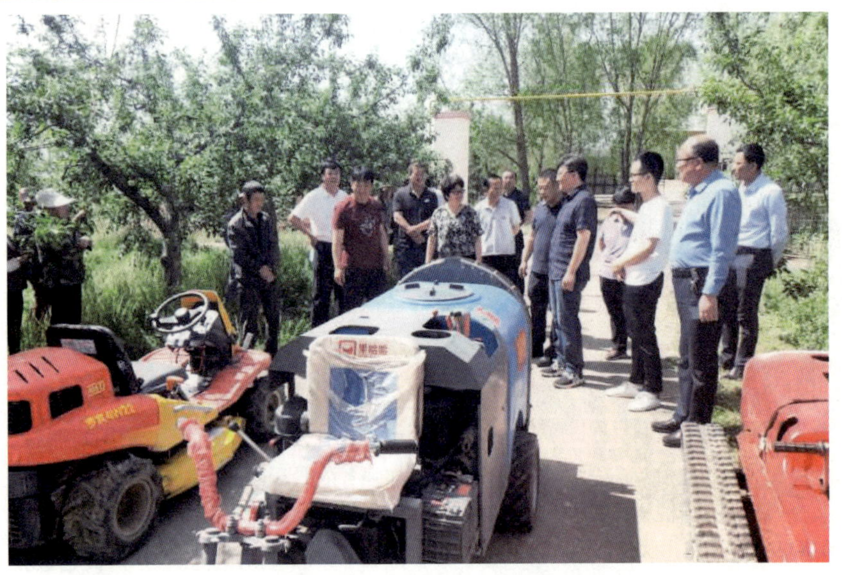

2020 年，太原市农业机械发展中心指导果园生产智能机械化工作

（市农业机械发展中心供图）

现场开展安全生产警示教育。出动检查组 15 个，参加检查人员 185 人，排查现场 93 家，排查出隐患 25 个，整改 25 个。全市各级农机部门人员深入农村集市、田间场院、农机经营维修网点和农机合作社等农机生产经营场所，开展督导检查，向广大农民群众及农机手进行农机安全法律法规和安全操作知识宣传，提高广大农机手安全生产知识和能力。市农机中心把清徐县创建“平安农机”示范县与创建省级农机化综合示范县、全国“安全生产月”活动等有机结合，对农机安全管理从事依据、流程、档案等方面重新优化简化，新建农机车辆、农机驾驶员电子管理台账，实现县、乡、村信息共享。截至年底，清徐县拖拉机、联合收割机上牌率、检验率和驾驶人持证率均达到 80% 以上，实现农机安全生产无事故。12 月 3 日至 4 日，在清徐县举办市农机安全技术检验规范、事故应急处置暨农机监理人员换证培训班，市、县、乡三级农机监理人员、县行政审批局、市农业综合执法队等单位 94 人参加培训。（傅永东）

林　业

【绿化造林】 2020 年，太原市规划和自然资源局落实“四治”一体推进要求，围绕治山见绿、治林见彩、治矿去疤、治灾去患，实施“山水林田湖草”一体化保护和修复，汾河中上游山水林田湖草生态保护修复 40 个太原试点项目全部开工建设。开展全市露天矿山综合整治，组织全市矿产企业创建绿色矿山，有 5 座达到省级绿色矿山标准。紧盯“绿化、彩化、财化”目标大规模开展造林绿化，28453 公顷的营造林任务全部完成，营造林质量大幅提升。创建国家森林城市高位推动，细化落地，召开全市动员大会，在各级政府、部门形成广泛共识，编制印发《三年行动方案》《建设总体规划》，统筹未来三年创森工作。（杨　莹）

【森林防火】 2020 年，太原市规划和自然资源局加强森林防火，落实网格化巡查，开展森林火灾隐患排查专项行动，完成“防火码”填报推广。全市发生小型森林火灾 1 起，因扑救及时，无人员伤亡，森林防火处于安全平稳状态。加强地质灾害防治，开展高陡边坡隐患排查，无死角、高密度检查，保障人民群众生命财产安全。投入财政资金 6000 余万元，建设市自然资源风险防控指挥中心，并购买防火装备。（杨　莹）

水　利

【概况】 2020 年，太原市水务局坚持以习近平新时代中国特色社会主义思想为指导，深入贯彻落实中共十九届五中全会精神和习近平总书记视察山西重要讲话重要指示，全面践行绿水青山就是金山银山的理念，按照省委“四为四高两同步”总体思路和要求、市委“全域治山、系统治水、强力治气、综合治城”部署要求，以建一流队伍、造一流工程、创一流业绩、树一流形象“四个一流”为目标，完成年度各项工作任务。

（赵文平）

【机构改革】 2020 年，太原市水务局整合市河道站（太原市河长制办公室工作处）、市水工程移民管理中心、市水政监察支队 3 个事业单位，组建太原市河湖管理中心，加挂太原市水旱灾害防御中心牌子。整合市水资源管理中心、市晋祠泉域水资源管理处、市兰村泉域水资源管理处 3 个事业单位，组建太原市水资源管理保护中心。整合市水土保持监测中心、市水资源动态监测站 2 个事业单位，组建市水利监测数据中心。整合市水利工程建设与质量安全站、市晋祠水利管理处 2 个事业单位，组建太原市水利工程质量与安全中心，加挂太原市晋祠供水管理中心牌子。整合市水土保持科学研究所、市水利科学研究所 2 个事业单位，组建太原市水利水保科学研究院。整合市水利技术推广服务站、市水利勘探凿井队（太原市抗旱服务队）2 个事业单位，组建太原市水利技术推广服务中心。撤销市水利建筑工程总队，人员（含离退休人员）及资产整合至太原市水利技术推广服务中心。（赵文平）

【水利规划编制】 2020 年，太原市水务局编制完成《太原市汾河流域生态景观规划》《晋阳湖生态保护与修复规划》，经省委、省政府批准印发实施。

编制完成《太原市防洪规划》《太原市水资源全域化配置方案》初稿。启动《太原市水利基础设施空间布局规划》《太原市地下水超载区治理实施方案》《太原市地下水监测规划》编制工作。

（赵文平）

【重点水利工程】 2020年，太榆退水渠改扩建工程一期工程投资4.58亿元，总长19.30千米，涉及3个乡镇15个村。完成渠道拓宽6.97千米，修建两岸渠堤14.80千米，新（改）建渠系建筑物26座，铺设抢险路2.26千米，新建潇河泵站1座，完成工程98%。人工湿地工程投资1.14亿元，在汾河干流支流入河口清徐段新改扩建4处人工湿地，占地面积66.80公顷，全部完工并投入运行，发挥缓洪分洪，改善盐碱湿地，净化水质作用。“两库”（汾河水库、汾河二库）改造及“九河”（汾河在太原市区的九条主要支流：北涧河、北沙河、南沙河、风峪河、冶峪河、虎峪河、玉门河、九院沙河、小东流河）上游生态治理工程，马庄、南坪头水库改造工程开工建设。“两库”工程实施后，年蓄水量可达到52.90万立方米，防洪标准均由30年一遇提高为100年一遇。南沙河、风峪河、虎峪河按计划开工，其余“六河”正在办理前期手续。“九河”工程实施后，年蓄水量达到1390万立方米，一次拦蓄洪水346.78万立方米，雨季新增水面242.86公顷，年拦沙量151.56万吨。汾河百公里中游示范区太原段治理工程总投资16.92亿元，完成投资4.95亿元，完成年度投资任务的90%。水源置换工程投资6600万元，实施尖草坪区柏板、西墕工农业水源置换工程和晋源区花卉小镇水源置换工程，完成全部任务95%。工程完工后可关闭自备井20眼，压采置换地下水开采量216万立方米，改善5000亩花卉产业园和2万亩农田灌溉条件。（赵文平）

【水资源管理】 2020年，太原市水务局水资源开发利用、用水效率和水功能区限制纳污“三条红线”考核指标全部完成。《太原市节水行动实施方案》经市政府批准印发实施。10县（市、区）县域节水型社会全面建成。第四季度浅层地下水超采区水位同比上升3.17米，在全国108个地市中排名第4位。协调汾河生态补水，配合省水利厅实行取用水计划调度，调水6.40亿立方米。跟踪统计汾河太原段各水文站流量，编写《汾河太原段生态流量周报》，提出具体分析建议。投资168.29万元，在汾河太原段新建2个水量自动监测站，实现对汾河河道流量实时监测、对水量变化随时观察。对超采区范围内水量、水位在线监控，严禁泉域重点保护区内开山采石、采矿，关停、搬迁一批高耗水、高污染企业，大幅度减少对岩溶地下水开采，涵养泉域地下水源。（赵文平）

【河湖长制完善】 2020年，太原市水务局健全完善市、县、乡、村四级河湖长责任体系，各级河湖长履行第一责任人责任，做到守河有责、护河有方、治河有效。对汾河太原段直接取水口进行全面摸排并实施有效监管。39条流域面积50平方千米以上河流、水面面积1平方千米以上湖泊的技术划界和公告工作全部完成。5条流域面积1000平方千米以上河流及水面面积1平方千米以上湖泊的岸线保护与利用规划编制工作全部完成。加强行政执法与刑事司法衔接，推进“河湖长＋检察长”工作机制，加大联动执法力度，处置河湖违法行为8起，构建部门联防联控、共治共管工作格局。开展“清四乱”（清理河道乱占、乱采、乱堆、乱建）和“治水监管百日行动”，对督察暗访、巡河发现、群众举报等问题真抓实改、动态清零。建成区20处黑臭水体整治全部通过住建部专家组评估审核，成为省内唯一一个建成区黑臭水体全部通过住建部“长制久清”评估审核的地市。汾河流域太原段国考断面全部退出劣Ⅴ类水质，所有考核断面水质全部达标。（赵文平）

【水旱灾害防御】 2020年，太原市水务局强化水旱灾害防御职责，明确各河道、水库、淤地坝等各项水工程以及各在建水利工程的主体责任人和巡查、监测及预警责任人并在网站进行公示。在阳曲县、古交市分别组织水旱灾害防御、淤地坝防汛演练，提升应急响应能力。对局系统安全工作进行全面排查检查，出动检查人数175人次，累计发现安全隐患和问题40个，整改率100%。

（赵文平）

【农村饮水安全】 2020年，太原市水务局争取资金2075万元，在娄烦县、阳曲县2个贫困县实施28处工程，受益人口达到2万人。开展脱贫攻坚农村饮水安全问题排查，对上级巡视巡查、督查、考核中发现的30个饮水安全问题全部清零。（赵文平）

【水库移民】 2020年，太原市水务局为21905人大中型水库移民发放直补资金1317.48万元，其中7178人建档立卡贫困户发放430.68万元。大中型水库移民人均纯收入达9533元。全年下达项目资金3847.10万元，安排30个项目，完成大中型水库移民后期扶持项目资金3839.20万元。（赵文平）

【依法治水】 2020年，太原市水务局组织起草《太原市晋阳湖生态保护与修复条例（草案）》，并列入市人大常委会立法计划。加强规范性文件管理，制定规范性文件2件，清理党内规范性文件1件。坚持重大决策合法性审查，全年审查各类合同和文件37件。组织法制宣传活动2次，宣传面达到200余人次。组织民法典专题讲座1期，培训70余人次。组织局中心组学法4次，学习法律法规4部。推行信用承诺制度，组织签订信用承诺书25份。加强事中事后监管，全年开展监管102次，监管80家，监管结果100%录入省“互联网＋监管”系统。（赵文平）

工业

综述

【概况】2020年，太原市工信局聚焦“六稳六保”，加大综合协调力度，多措并举推进工业经济趋稳向好。建立高效运行监测体系，坚持“每月双调度”，全年共召开22次工业经济运行会议。提高入企服务质量，保障生产要素供给，推进企业稳产增产。组织开展产销对接、供需对接活动，促进晋材晋用。全市规模以上工业增加值同比增长3.20%，高于全国平均水平，快于全市GDP增速。全市规模工业利税增速和利润增速两项指标均列全省第一。太原工业经济稳步回升、稳定增长、效益向好，对全市经济增长发挥重要拉动作用。（师秋娟）

【民营经济发展】2020年，太原市工信局全面落实促进民营经济发展的一系列政策，完善市级配套措施，抓好政策落实“最后一公里”。加强面向中小企业的公共服务，搭建1家国家级、15家市级中小微公共服务示范平台，为企业开展免费、低费服务。完善“小升规”和“专精特新”培育机制，新增129户“小升规”企业，共培育146户省级“专精特新”企业，25户省级和16户国家级专精特新“小巨人”企业。清理拖欠民营企业账款工作，无分歧欠款清偿比例100%，提前完成国务院应清尽清的目标要求。民间投资活力持续释放，全年完成投资762.40亿元，占全市的51%，对全市贡献率73.70%。全市民营企业达到19.60万余户，比上年增长26.30%。实现营业收入8715.20亿元，比上年增长5.60%。（师秋娟）

2020年6月30日，太原市工信局召开庆祝中国共产党成立99周年大会

（市工信局供图）

【现代产业体系构建】2020年，太原市工信局坚持以“项目为王”为导向，加快转型项目建设，在建项目531项，总投资2058亿元。山西合成生物产业园、钢科碳纤维三期、阿凡达机器人等重点项目全面开工。推进清徐精细化工循环产业园、太钢高端取向硅钢等重点项目建设，长城智能制造、碳化硅材料产业基地、潇河装配式建筑等重大项目投产，推进太钢中厚板智能化生产线、长城电源、直升机研发制造等标志性、引领性重大项目落地实施。工业投资增势强劲，全年完成343.30亿元，同比增长39.50%，增速全省第一，高于全省平均水平23.10个百分点。完成工业技改投资154.60亿元，增长39.30%。完成新兴产业投资192亿元，增长64.10%，工业投资结构得到优化，产业提质升级加快。（师秋娟）

【工业结构调整】2020年，太原市工信局狠抓产业结构调整，健全战略性新兴产业培育机制，围绕信息技术、装备

制造、新材料、绿色能源等主攻方向布局构建完整产业链，一批“含新量”“含绿量”“含金量”较高的新产品迅速占据国内外市场。战略性新兴产业增加值占全市规上工业企业增加值比重由15.50%上升到22%，以电子设备制造和高端装备制造为代表的装备制造业增加值占全市27.70%，对工业增长贡献率达到65.60%。非传统工业、非能源工业、高技术制造业对全市贡献率分别达到91%、71%、65%，成为拉动全市工业经济增长的主要动力，全市工业结构持续优化，转型升级步伐不断加快。

（师秋娟）

2020年10月，山西亚鑫集团太原市三兴煤炭气化有限公司举行60万吨4.30米焦炉关停仪式 （太原日报社供图）

【信息化建设】 2020年，太原市工信局抢抓“新基建”机遇，建成开通5G基站4293座。完成工业互联网平台一期建设，实现工业运行监测及项目申报管理等功能。工信云视频会议系统在全省率先实现省、市、县三级互联互通。建立全省首个煤机行业级5G+工业互联网平台，带动煤机行业产业链协同发展。长城智能云工厂投产创造太原速度，全国产化自主可控云平台——龙芯百台规模信创云平台（一期）上线运营，百信电子信息产业园、国科晋云高端整机智能制造基地等项目稳步推进，信创全产业生态体系初步构建。两化融合深入推进，累计22家企业通过国家两化融合管理体系评定，为产业数字化转型提供新动能。 （师秋娟）

【工业技术创新】 2020年，太原市工信局实施创新驱动战略，在全省率先实现规上工业企业研发活动全覆盖。支持企业加快建设技术中心，太航仪表被认定为国家企业技术中心，圣点世纪、嘉世达机器人等11户企业被认定为省级企业技术中心，狮头水泥、三合盛等94户企业申报市级企业技术中心。引导企业开展智能装备、智能生产线等智能化改造，三高能源、立业制药、晋西集团等7户企业被确定为省级智能制造试点示范。构建“政产学研金服用”良好创新生态，13家单位被认定为省工业和信息化领域产学研新型研发机构，69家单位被认定为省工业和信息化领域产学研新型研发机构培育单位。金山磁材牵头的山西省稀土永磁材料创新中心等3户企业申报省级制造业创新中心试点，太航仪表、中车机车2户企业申报企业知识产权运用试点。全市创新资源加快汇聚，引领支撑工业高质量发展的格局逐步形成。 （师秋娟）

2020年9月4日，太原市工信局举行市级中小企业公共服务示范平台授牌暨全市中小企业工作会议 （市工信局供图）

【绿色环保发展】 2020年，太原市工信局狠抓绿色发展，关停10户企业炭化室高度4.30米及以下焦炉和清洁型热回收焦炉产能912万吨，完成太钢、美锦等企业超低排放改造。配置新能源环卫车595辆，更新新能源公交车528台，全市新能源汽车推广保有量4.80万辆。开展绿色制造体系建设，创建5户国家级绿色工厂、1个国家级绿色示范园区，2户企业产品入选国家第五批绿色设计产品。推进工业大宗固废综合利用项目建设，全年利用量1100万吨。采取停产、限产、区间作业等手段实施企业错峰生产，有效控制工业污染物排放。

（师秋娟）

【企业资金扶持】 2020年，太原市工信局修订出台《太原市工业高质量发展资金使用管理暂行办法》，下达专项资金4.20亿元，撬动工业投资68亿元。

出台《转型升级发展专项资金项目事中事后管理服务工作方案》，提高财政资金使用效益，促进项目尽快投产达效。出台《太原市工业转型升级发展资金疫情期间规上企业复产增效奖励办法》，42户企业获得规模以上企业稳增长奖励，332户企业获得复产增效奖励。设立民营经济（中小企业）发展专项资金5000万元，同步出台资金管理办法，激发民营企业发展动力和活力。争取省级资金支持，51个项目获得2.50亿元省级技改支持资金，占全省拨付资金的23.20%。（师秋娟）

【工业发展规划编制】 2020年，太原市工信局注重规划引领，开展“十四五”时期全市工业高质量发展规划、新材料新装备新产品发展规划、民营经济发展规划等3个市级重点专项规划的编制工作，科学谋划全市工业高质量转型发展蓝图。围绕推进产业基础高级化、产业链水平现代化，制定推进战略性优势产业链发展指导意见。坚持改革为要，定方案、建台账、抓亮点、攻难点，全面完成部门承担的市级重大深化改革任务。开展全市工业企业、民爆行业和铁路无人看守道口安全风险隐患排查专项整治行动，开展安全生产大检查，夯实安全发展基础。（师秋娟）

【民营企业发展】 2020年，太原市工信局培育65户省级“专精特新”中小企业，10户企业被认定为省级“专精特新”“小巨人”企业，9户企业被国家工信部认定公示为2020年国家级“专精特新”“小巨人”企业。加强面向中小企业公共服务，搭建1家国家级、13家省级、15家市级中小微公共服务示范平台，为企业开展免费、低费服务。（师秋娟）

【产品自主创新】 2020年，太原市工信局加紧布局信创产业完整产业链，引进中国长城、中科曙光等企业计算机项目，形成以自主可控计算机整机制造、芯片、基础软件、网络与信息安全等为主导的特色化信创产品。构建物联网产业链，以5G为基础，通过北斗、圣点科技、嘉世达等项目建设，发展北斗导航、传感器、生物识别、红外探测器、制导控制器等系列产品，技术水平国内领先。开发前沿新材料，中电科山西碳化硅基地是国内最大的三代半导体材料生产基地。山西合成生物产业园区依托生物法长链二元酸、生物基戊二胺系列产品，发展国内一流的生物基新材料。中海油太原贵金属公司高效节能铂网催化剂达到国际先进水平，占据国内45%的市场。（师秋娟）

2019年、2020年太原市主要工业产品产量统计表

表16

指　标	单位	2020	2019
原煤	万吨	4133.44	3572.83
洗煤	万吨	2934.50	2611.94
#洗精煤（用于炼焦）	万吨	1879.43	1638.73
生铁	万吨	963.64	1032.35
粗钢	万吨	1285.77	1307.56
钢材	万吨	1234.09	1242.00
焦炭	万吨	1039.35	1123.38
水泥	万吨	744.79	638.29
机制纸及纸板	万吨	1.00	1.40
白酒（折65度，商品量）	千升	16153.76	12372.69
饮料酒	千升	151097	142595.36
食醋	万吨	37.49	39.11
乳制品	万吨	19.87	16.40
软饮料	万吨	27.16	30.08

注：原煤、洗煤、焦炭产量为规模以上工业企业数据

能源工业

【概况】 2020年，太原市能源局认真学习习近平新时代中国特色社会主义思想，中共十九大和十九届二中、三中、四中、五中全会精神，深刻领会习近平总书记视察山西重要讲话重要指示，按照省委“四为四高两同步”的总体思路和要求，认真履行做好“六稳”工作、全面落实“六保”任务、奋力推进“六新”中的工作职责和要求，以担当践行初心、以实绩诠释使命，全力推进能源领域各项重点工作，能源工作呈稳中有进发展态势。（刘林贵）

【能源产业完成情况】 2020年，太原市原煤产量4548.84万吨，增长22.23%。发电量308.84亿千瓦时，增长1.90%。煤层气（含瓦斯）抽采总量4.44亿立方米，增长3.44%，利用总量2.05亿立方米，增长1.05%。新能源装机容量102.44万千瓦，增长89.74%。（刘林贵）

【能源规划编制】 2020年，太原市能源局组织专家学者深入能源领域开展规划编制前期点对点、面对面的深度调研，掌握编制基础资料。采取定人定责、建立协商沟通机制的方式，定期和不定期与编制部门对接、会商，广泛征求意见和建议，推动煤、电、油气、新能源各领域专项规划做实、做细、做精。（刘林贵）

【项目建设】 2020年，太原市能源局

采取多样化管理措施，推进项目建设，以项目助力能源发展。实行领导干部包联帮扶能源企业项目工作制，深入企业项目一线，协调解决项目推进过程中存在的问题，加快项目建设进度。优化能源信息发布工作，实行企业复工复产日调度、周报告，完善能源运行分析月报，及时了解能源运行情况。对全市能源领域建设项目进行梳理，筛选出42个建设规模大、年内有望投产的重点项目，实行“清单式”管理，重点推进。全市有5座试运转煤矿完成竣工验收，7项电网工程项目具备送电条件，超额完成建设任务。（刘林贵）

【煤炭行业转型升级】 2020年，太原市能源局分析研究煤炭行业在促进能源绿色消费占据的重要位置，以煤炭清洁高效利用为突破口，推进煤炭行业健康发展。东曲矿、小回沟煤矿煤矸石返井试点建成投产。龙泉煤矿保水开采试点同期建成投产。马兰矿18509工作面、屯兰矿22301工作面两个智能工作面建成，达到智能化综采工作面设计要求。6座化解过剩产能煤矿通过省、市、县三级关闭验收，化解过剩产能234万吨/年，在全省率先完成60万吨/年以下煤矿退出和化解煤炭过剩产能目标任务。5座试运转煤矿竣工验收，有序释放煤矿产能750万吨/年。对西山发电有限公司和狮头水泥实施技术改造。完成“煤改电”10166户、“煤改气”1219户，为三县一市22756户配送清洁煤68268吨，累计年度煤炭消费减少83.46万吨。保留煤炭洗选企业约70个，对不符合条件的洗选企业取缔关闭，入洗能力控制在1.20亿吨/年以内。规范工程质量监督注册，制订《工程质量监督方案》，对青龙煤矿单位工程进行初步核定。严格工程质量认证，完成34个单位工程认证，通过认证26个。（刘林贵）

【电力体制改革】 2020年，太原市能源局推进电力体制改革工作，促进能源资源优化配置。逐步全面放开经营性领域电力用户参与市场交易，按照省能源局统一安排，全年完成电力直接交易主体申报工作4批，参与市场化交易客户3463户，交易电量102.03亿千瓦时，售电量占比47.02%，为用户让利4.69亿元。推进增量配电试点项目建设，协调各方解决试点项目推进过程中的困难和问题，推动增量配电业务试点项目有序建设，全市2个试点实现实体化运营，新增的3个增量配电业务改革试点实现有序推进。全市范围内重点推进以电代煤、以电代油、以电代气等技术应用，全力构建新型城乡居民终端电能消费市场，全市居民生活用电量完成46.39亿千瓦时，同比增加6.17%，占全社会用电量比重为17.56%。协调国网太原供电公司，为电力用户解决用电报装、增容过程中遇到的困难和问题，满足用户用电需求，累计为中国长城智能制造（山西）基地项目等10余家单位协调解决用电问题。指导供电公司全面实行10千伏及以上大中型企业客户“三省”服务，办电环节压减至4个以内。全面推广低压小微企业用户“三零”服务，办电环节压减至2个。打造新的服务模式，推进网上国网App等互联网渠道应用，全面提升电力服务体验。（刘林贵）

【煤成气开发利用】 2020年，太原市煤矿瓦斯抽采目标为3.50亿立方米，利用目标为1.20亿立方米。实际完成抽采量3.62亿立方米，利用量达到1.23亿立方米，分别占全年任务目标的103.31%和102.33%，超额完成省下达的全年任务指标。年初，市政府下达的煤成气（含煤矿瓦斯）抽采目标为4.30亿立方米，利用目标为2亿立方米。实际完成抽采量4.44亿立方米，利用量达到2.05亿立方米，分别占全年任务目标的103.26%和102.70%。（刘林贵）

【绿色能源发展】 2020年，太原市能源局中电投古交岔口4.80万千瓦风电项目、华润阳曲杨兴5万千瓦等风电项目建成并网，4个风电项目抓紧建设，全年风电装机容量达到32万千瓦。3个大型光伏地面电站总装机23万千瓦项目进展顺利并并网发电。投产3个垃圾电厂，完成并网13.40万千瓦，全市新能源装机容量将突破102万千瓦（含垃圾电厂），较上年增长89%。完成娄烦县30兆瓦集中式光伏扶贫电站和阳曲县高村乡10兆瓦集中式光伏扶贫电站验收评估。全年累计为企业争取中央和省补贴资金4367.78万元，有效缓解企业资金周转困难，推进煤成气增储上产工作。（刘林贵）

【节能“双控”】 2020年，太原市能源局压实责任，层层落实，强化能耗控制，实施双控行动。发挥能耗在线监测系统建设在节能大数据、节能产品、在线诊断和技术咨询等方面的作用，采取多样化工作措施，加大工作力度，全力做好年综合能耗5000吨标煤以上的重点用能单位加快在线监测系统接入端建设进度，并与省平台对接，实现数据上传稳定运行，与中国电信有限公司太原公司对接沟通，谋划市级平台建设，40家重点用能单位与省平台对接。与企业积极开展节能监察服务，现场对全市年综合能耗在1500吨标煤以上的重点用能单位落实节能制度、生产工艺流程、老旧机电设备淘汰情况进行检查，组织节能领域专家，对62家重点用能单位开展督查。在煤焦、火电、水泥、钢铁、电解铝等重点耗能行业和企业深入开展能效对标活动，帮助企业提质增效。与市统计局、工信局沟通对接，对煤炭、焦化、化工、水泥、冶金、电力等六大高耗能行业能源消费量进行统计、分析，收集整理部分规上企业年综合能耗数据，为用能权确权、有偿使用和交易工作提供数据支撑。（刘林贵）

【节能宣传周活动】 2020年，太原市能源局围绕“绿色发展、节能先行”活动主题，开展形式多样、区域特色明显的宣传活动，宣传和普及节能法律法规及相关节能知识。召开太原市重点用能单位淘汰落后设备实现提质增效推进会议，推动重点用能单位淘汰落后机电设备，用科技创新理念做好节能工作。分两期对100余名各县区节能管理部门相关人员、重点用能单位管理人员进行培训，组织开展素质提升。落实节能价格、税收优惠政策，落实居民用电、用气阶梯电价、供热计量收费制度。推广节能先进技术及节能产品，推行合同能源管理模式，加强综合能源管理。初步草拟《太原市用能权有偿使用和交易实施方案》，探索用能权有偿使用和交易工作。部署各项节能工作，加强工业、建筑、交通等各领域节能工作。（刘林贵）

【电力保供】2020年，太原市能源局协调西山煤电杜儿坪煤矿，合理组织生产，保障煤炭供应，解决太原二电厂、晋中瑞光电厂受疫情影响煤炭库存告急、煤源供应紧张问题。加强电煤储存监测，实时监控负荷需求，确保民生用电和定点医院、发热门诊、隔离酒店、医疗消杀企业、供水供气等152个疫情防控供电保障对象用电安全可靠。做好辖区发、供电企业电煤储存和发供电的监测，按照“一企一策”要求，对照煤矿月度产量，深入分析，优化生产布局和劳动组织，提高生产集约化程度，挖掘增产潜力，提高效率，科学增产，确保电力安全稳定运行。指导太原供电公司完成太原国际马拉松赛、环太原国际公路自行车赛和高考、中考、公务员考试等重大（重要）保电任务100余次，确保重大重要活动安全保电。（刘林贵）

【执法执纪】2020年，太原市能源局动态调整“双随机”监管工作的“两库一单一细则”，创新监管机制，规范日常监管行为，提高事中事后监管水平。按照“互联网+监管”清单和梳理的权责清单，制订随机抽查事项清单和行政执法检查清单，保证检查内容与清单相一致，推动双随机一公开常态化监管工作。对企业抽查后，在5个工作日内形成“双随机、一公开”抽查工作公示报告，在局机关门户网站上进行公示，接受群众监督。建立规范性文件制定与管理制度，明确规范性文件制定遵循的原则和合法性审核的内容，强化日常文件的印制管理，从起草到审核把关再到成文印制，形成环环相扣的闭环管理。（刘林贵）

【监督管理】2020年，太原市能源局完善安全监管行政执法公示、执法全过程记录、重大执法决定法制审核制度，规范行政处罚、行政检查等行为，依法依规加强事中事后安全监管，有序开展稽查监督。持续开展煤炭行业和电力行业安全集中整治，全力指导疫情防控期间油气管道建设保护工作，督促强化境内长输油气管道沿线巡查工作，两次赴山西燃气产业集团有限公司清徐清管站进行现场检查，提出具体改进意见。开展电力安全专项检查，组织做好重大节日等特殊时段电力安全检查工作，确保电力企业安全、稳定运行。组织和参与排查整治进行时专题活动、省城太原安全宣传咨询日活动、三晋安全行活动，以及第19个安全生产月活动，以活动推动依法行政工作，提升和促进本质安全。组织开展安全生产专项整治三年行动和“零事故”单位创建工作，通过常抓、抓长，推进安全生产工作常态化、制度化、规范化。落实市委开展安全生产集中教育整顿暨专项整治有关要求，改进安全生产检查方式，依法依规严查大检查过程中不落实的人和事，以常态常新的态势，统筹谋划能源行业三个月的集中教育整顿暨专项整治工作。邀请理工大学、省能监办教授、专家，对市、县两级能源管理部门以及全市电力企业开展电力安全生产大培训。依托省能源局学习平台，组织全市电力企业开展安全生产网络专题学习。组织全市电力企业开展企业全员安全大培训，培训实现全员、全覆盖。（刘林贵）

国有资产经营

【经济指标】2020年，太原市国企改革发展研究和促进中心所属4户规模以上工业企业一、二季度生产经营均不同程度受到新冠肺炎疫情影响，第三季度有所好转，经济出现明显反弹。公司系统4户规模以上工业企业完成工业总产值120766万元，同比增长11.28%。完成工业增加值33735万元，同比增长35.21%。实现销售收入99090万元，同比增长16.42%。实现利税12952万元，同比增长36.37%。（闫晨阳）

【机构改革】2020年，太原市国有资产经营公司行政职能划转太原市国资委，更名为太原市国企改革发展研究和促进中心，并于10月30日正式挂牌，由太原市政府直属事业单位变更为太原市国资委下属事业单位。（闫晨阳）

【国企改革】2020年，太原市国企改革发展研究和促进中心安排专人配合企改党建办，收集整理公司所属国有企业上年基本情况信息，更新数据库，为后续工作提供全面系统的数据信息。全面推进12户厂办大集体改革。除太原衬衫厂报法院裁定进入破产程序外，其他11户厂办大集体已完成改制，共计安置职工172人，安置费用3757.39万元拨付到位。做好僵尸企业处置工作，57户企业安置职工共634人，安置费用共计13368万元，全部拨付到位，圆满完成任务指标。加强国有企业退休人员社会化管理工作，系统企业移交人数25307人，移交完成率达95%。

同年，古交钢铁厂全面启动破产财产变价工作，7月9日依法处置古钢狐偃矿山破产资产，成功拍得3050.62万元，同步进行地面设施设备破产资产的处置工作。（闫晨阳）

【项目建设】2020年，太原酒厂和太原孔雀油墨有限公司两户企业搬迁改造项目全部完成年初计划。太原酒厂有限责任公司搬迁改造转型升级项目作为省、市、区三级重点转型建设项目，总投资5.30亿元，计划占地面积20公顷，建设工期3年。项目于2018年5月开工，已累计投入2.13亿元。洞藏酒库、制曲房等附属设施建设已全部完工，酿造用水打井竣工，酿酒、勾调、成装车间主体完工，成品车间基础开挖，2.93公顷退耕还林土地办理相关手续，新型生态工业企业初现雏形。

太原孔雀油墨有限公司搬迁改造转型升级项目在2019年完成项目设计、环评等前期工作，2020年3月全面进入土建施工阶段。项目选址省转型综改示范区阳曲产业园区（太原工业园区），占地面积5.81公顷，计划投资3亿元，建设工期2年。服务一号楼主体基本完工，服务二号楼地上建筑主体已进入二次浇筑，生产车间基础灰土填埋完毕，已完成进载测试，成品库房基础土方开挖。

（闫晨阳）

【安全生产】2020年，太原市国企改革发展研究和促进中心组织开展为期两个月的疫情防控安全生产复工复产专项督导检查。重点检查企业安全验收把关不严、风险防控措施不落实，隐患排查治理不到位等突出问题，始终保持系统疫情零增长的良好态势。6月，公司在全系统组织开展以“消除事故隐患，筑牢安全防线”为主题的安全生产月活动。组织企业开展消防安全知识培训、突发事故消防应急演练等多种形式的宣传教育活动。太原租赁集团、太原置业集团彻底解决过去市场内电动车充电存在电线私拉乱接隐患问题，安装符合用电规范的刷码充电桩；太原万柏林兴华菜市场对临街门面房进行装修改造，对底层空置多年的地下室进行加固维修，消除建筑坍塌事故的隐患。

10月3日，公司对山西电机、百批公司顶好市场、太原化工市场、锦荣房地产公司等企业假期安全生产情况和企业领导带班值班情况进行检查。制订安全风险隐患排查治理专项行动方案，确立专项行动领导组和4个检查小组，从10月8日开始对43户企业进行逐一检查，共检查企业92厂次，发现各类隐患196条，并全部整改。

截至年底，未发生生产安全、消防安全死亡责任事故，连续13年未发生死亡事故，公司安全生产形势持续稳定向好，企业安全生产工作水平得到全面提升。（闫晨阳）

中小型工业企业

【机构改革】2020年，根据《中共太原市委机构编制委员会关于印发太原市工业和信息化局所属事业单位改革实施意见的通知》，整合太原市中小企业发展促进中心和太原市清洁生产指导中心2个事业单位，组建太原市中小企业发展促进中心。改革后机构规格为正处级，公益一类事业单位。（周　睿）

【中小微企业融资】2020年，太原市中小企业发展促进中心同晋中银行太原分行、民生银行太原分行达成合作意向。在化解不良贷款风险方面，同邮储银行达成代偿协议，由助保贷第三方平台支付代偿资金并承担代偿资金不能回收的风险，化解在邮储银行质押的政府风险补偿铺底资金代偿风险，实现政府风险补偿铺底资金保值增值。市政府出台《关于应对新型冠状病毒感染肺炎疫情支持中小企业发展的意见》后，助保办协调光大银行太原分行、晋中银行太原分行开展“助保贷”融资创新业务。“助保贷”业务当年新增贷款249户5.59亿元，超额完成全年3亿元贷款目标，全市中小企业复工复产得到有力支持。

（周　睿）

【中小企业人才培训】2020年，太原市中小企业发展促进中心落实年度人才工作培养计划，加大全市中小企业从业人员培训力度，全年培训各类人才3800人。组织推荐37名中小企业董事长、总经理参加省小企业发展促进局清华大学、北京大学、浙江大学、上海交大研修班。提升中小微企业高层管理者整体素质，加强企业间沟通交流，为企业家树立国际视野、勇立市场前沿提供可能。落实省小企业促进局小微企业经营者素质培训精神，举办中小微企业各类管理人员专题培训，提升企业中层管理人员管理水平。10月，通过招标遴选9家培训机构，对全市3241名中小微企业各类管理人员和专业技能人员展开专题培训，包括财务管理、经营管理、信息技术、工业与智能制造、新经济新业态、农业与食品加工制造等方面。向省小企业发展促进局推荐195名民营企业专业技术人员参加工程师系列高级职称评审。开展民营企业中级职称评审工作，经企业报名、县区审核，4800人进入评审环节。

（周　睿）

【企业诚信管理体系建设】2020年，太原市中小企业发展促进中心为企业诚信“背书”，培育和助推中小微企业内生力量。6月，配合市发改委开展“6·14”信用记录关爱日主题宣传活动。7月，联合发改、工商、税务等六部门对全市近700家企业进行新一轮诚信认定，有624家进入诚信认定公示阶段，为全市诚信体系建设奠定基础。（周　睿）

【经济运行监测】2020年，太原市中小企业发展促进中心及时掌握全市规下工业企业存活率及用工情况，对化工、装备制造等十大行业的规下工业企业关停企业数、开工企业数、正常经营企业数及用工人数、企业存活率，做到每月一报。针对基层统计人员轮岗流动较大的现状，为提高统计人员基本能力，10至11月，对各县市区中小微企业统计人员进行统计及小升规企业专项培训，370余人次参加。通过对企业面对面操作流程培训，提高企业操作人员业务素质。（周　睿）

城镇集体工业

【概况】 2020年，太原市城镇集体工业联合社完成工艺美术公司、工艺美术厂、塑料工业公司、电子材料厂、工艺美术研究院5家国企改制。筹划组建国有、集体资本共同参与的大型混合所有制工艺美术集团，促进联社企业转型发展。做好“六稳”工作，落实“六保”工作，一手抓疫情防控，一手抓恢复经营，解决企业困难，克服疫情影响，砥砺前行。加强对系统集体资产的监督和管理，盘点固定资产，规范固定资产管理。所属企业全面开展清产核资和资产评估，保障资产不流失。分类监管，一企一策，对涉及企业重大资产处置的行为全程跟踪，对拆迁企业制定监管办法，对过渡安置费实行计划监管。

（全　强）

【工艺美术】 2020年，太原市城镇集体工业联合社申请工艺美术专项资金70万元，培育工艺美术人才、弘扬传统文化、展示太原形象。举办“庆祝建党99周年暨红色教育工美作品展”“回忆革命历史传承红色文化，纪念抗日战争胜利75周年图片展”传播红色文化，讲述中国故事。与太师三附小等8所学校签订工艺美术进校园合作协议，推动美育教育传承优秀文化。赴浙江丽水、福建泉州等市考察调研学习借鉴。举办市首届现代漆艺作品展暨漆艺振兴与发展研讨会，开展学术交流。参加首届山西工艺美术产品博览交易会、山西品牌中华行等大型展览会，推介工艺美术企业，数百件作品参展。正式开放工艺美术馆，接待群众观赏馆藏百余件工艺美术精品，宣传工艺美术。（全　强）

【安全生产】 2020年，太原市城镇集体工业联合社安排部署防控工作，宣传抗疫知识，采购防疫用品，建立疫情防控服务站，各单位、宿舍零感染，保证职工群众安全健康。组织安全培训、安全演练，提升职工安全意识和处置能力，更换安全设施设备，制订应急预案，强化事故预防能力。在全系统开展集中教育整顿专项整治行动，组织3次安全教育活动，2次应急演练，每周召开安全检查通报会，班子成员每日带队进行安全检查，对查出问题建立台账，追踪整改，建立长效机制，切实消除各类隐患，全年实现安全生产零事故。

（全　强）

【太原工艺美术馆开馆】 2020年7月1日，太原工艺美术馆正式开馆，并推出首个红色教育公益作品展。工艺美术大师们现场献艺，亮出自己的“绝活”。太原工艺美术馆建筑面积800平方米，馆内吸收汇集山西省主要工艺美术企业及省、市大量工艺美术大师的109件作品，囊括雕塑、金属、漆器、抽纱刺绣、编织、美术陶瓷等11大门类，成为太原市工艺美术传承发展创新的展示窗口。

（全　强）

2020年7月1日，太原市民参观红色教育工艺作品展

（市城镇集体工业联合社供图）

企业选介

·山西焦煤集团有限责任公司·

【概况】 山西焦煤集团有限责任公司（以下简称山西焦煤集团），总部位于太原市，下有西山煤电、汾西矿业、霍州煤电、山煤集团等30个子分公司和焦煤股份、山西焦化、山煤国际、南风化工4个A股上市公司，企业注册资本120亿元，资产总额5412亿元。

2020年，山西焦煤集团强化生产组织和内部管理，强基固本、提质增效，突出“以客户为中心”的营销理念，优化产品、创新服务，企业生产经营状况总体平稳有序，经济运行态势稳定向好。销售收入2100亿元，同比减少165亿元，降幅7.30%。利润58.20亿元，同比减少13.76亿元，降幅19.12%。原煤产量15592万吨，同比增加1027万吨，增幅7.10%。焦炭产量1014万吨，同比增加13万吨，增幅1.33%。发电量230亿度，同比增加9亿度，增幅4.10%。煤炭销量14180万吨，同比减少111万吨，降幅0.78%。资产负债率75.46%，较年初升高0.69个百分点。

（梁文青）

【资源企业重整】 2020年，山西焦煤集团与山煤集团联合重组，山西统配煤矿总公司改制入列新焦煤旗下，完成对上市公司西山煤电的更名、换届等工作，搭建起集团层面资源重整新平台——山西焦煤能源集团股份有限公司。推进内部资源重整，汾西矿业水峪

2020年，山西焦煤集团适用型人才培养基地焦煤教育培训基地揭牌运行

（山西焦煤集团供图）

矿、霍州煤电腾晖矿2座优质炼焦煤矿井成功装入上市公司，上市公司年产量增加520万吨、增幅近20%，年盈利能力增加7亿元、增幅30%以上。牵头国内9户炼焦煤领军企业召开焦煤品牌集群高层会议，与晋能控股就37座煤矿资产划转及管理权移交签署协议，为提升全省炼焦煤产业集中度，推动国内炼焦煤资源整合重组奠定基础。承办全国煤钢焦中长期合同洽谈衔接会，构建煤钢焦产业链新发展格局，推进煤炭上下游企业高质量发展，煤炭、焦炭订货量创历史新高。加快“腾笼换鸟”，推动资源、资产全面盘活，促进企业发展提档升级，全年上缴国有资本收益15亿元。 （梁文青）

【科研技术攻关】 2020年，山西焦煤集团加强重大技术攻关研究，发挥行业科技排头兵作用。承担国家“十三五”重大专项“山西焦煤西汾柳矿区多含气层煤层气抽采技术集成与示范”，项目各项研究内容全部完成。该项目对西汾柳矿区内煤层气的不同赋存、开采条件进行分析研究，对煤层气抽采技术进行升化提高，对先进抽采工艺进行推广应用，实现山西西汾柳矿区煤层气高效抽采与示范，在更高层次上支撑国家能源发展战略的实现。牵头承担山西省科技厅第二批揭榜项目“废弃矿山遗留资源及地下空间开发利用关键技术研究”，旨在实现废弃矿山遗留资源的能源化、资源化和功能化利用并预期建立先导工程，该项目纳入《山西能源革命综合改革试点行动方案》，是焦煤集团争当能源革命排头兵的坚实举措。承担“大口径内排渣深孔卸压定向钻机与钻抽一体化技术研发”“山西煤炭资源高效承压水上煤层保水开采技术与示范”两项山西省科技厅第三批揭榜项目，通过揭榜制引进国内外先进技术，带动集团技术创新水平提升。与太原理工大学合作开展山西省重点研发项目“遗留难采煤炭资源安全绿色高回收率开采关键技术研究与示范”，实现遗留难采煤炭资源绿色、安全、高效开采，提高资源回收率，降损减沉，推进“减”“优”“绿”。与太重煤机等合作开展山西省关键核心技术和共性技术研发攻关专项“煤矿数字化综采装备关键技术”，重点解决基于综采工作面生产过程虚拟现实、采煤机定姿定位、三机推进路径自适应控制等技术，在煤炭高效安全开采中发挥重要作用。 （梁文青）

【多元业务发展】 2020年，山西焦煤集团多元业务主要包括机电修造、建筑建材、民爆化工、多种经营各产业，有规模以上企业27家。截至年末，4个板块有在册职工18223人，资产总额251.95亿元，完成销售收入198.52亿元，与上年同期相比增加10.16亿元，同比增幅5.39%。实现利润1.09亿元，同比增加2.18亿元。 （梁文青）

【企业污染防治】 2020年，山西焦煤集团以重点区域、重点时段、重点领域、重点行业为重点，聚焦源头预防、推动全程管控，实施污染防治攻坚，投资10亿元实施重点环保节能工程70余项。大气污染防治方面，制订《落实山西省打赢蓝天保卫战2020年决战计划实施方案》，投资4亿元，完成焦化行业VOCs综合治理工程、矿井原煤堆场封闭工程、瓦斯发电脱硝工程等15项大气污染防治工程，烟粉尘、氮氧化物排

2020年，山西焦煤集团建设中的重点项目 （山西焦煤集团供图）

放总量同比分别下降9.80%、16.60%。水污染防治方面，开展工业废水深度治理攻坚，入河排污口规范整治，生活污水厂运行管理水平提升等专项工作，投资2亿元，完成西山镇城底矿井水深度治理、西山煤气化公司生活污水厂保温增效等21项污水提标改造项目，实现废水稳定达标排放，主要水污染物排放总量同比持续下降。固体废物污染防治方面，以矸石、粉煤灰为重点，开展生态综合治理和综合利用工作，投资1.70亿元完成19个矸石处置场地的生态综合治理工作等，投资2.20亿元建成全省矸石返井试点之一的东曲矿矸石井下充填工程并投入生产。建设山西焦煤集团能源云环保信息平台并成功上线运行，提高生态环境保护信息化水平。

（梁文青）

·西山煤电（集团）有限责任公司·

【概况】山西焦煤西山煤电（集团）有限责任公司（简称西山煤电），总部位于太原市万柏林区，隶属山西焦煤集团公司，是全国最大的炼焦煤生产基地和全国首批循环经济试点单位，旗下拥有42个二级生产经营单位，分布于4省（市）9地市20余县区。

西山煤电开采西山、河东、霍西三大煤田，资源总量达92亿吨，煤种有焦煤、肥煤、1/3焦煤、气煤、瘦煤、贫瘦煤等，其中焦煤、肥煤为世界稀缺资源，被誉为“世界瑰宝”。煤炭产品主要有炼焦精煤、喷吹煤、电精煤、筛混煤、焦炭等。西山煤电主要产业涉及煤炭、电力、焦炭化工、建筑建材等领域。

（梁文青）

【安全生产】2020年，西山煤电按照“大疫之年防范大事故”要求，实现安全“零”目标，轻伤率同比下降30%。本部7矿安全许可证、采矿证换发和斜沟矿“三证一照”办理圆满完成。扎实推进安全生产专项整治三年行动，探索形成“556”瓦斯治理新模式，强化“双预控”管理，完成年度30项挂牌督办隐患整改和22项安全重点工程，实现整改率、完成率两个100%。对标对表新焦煤安全理念和省内一流矿井，推广“学三元”11个提标项目，开展示范矿井、“点线面”建设，强化“四新”应用，7座一级安全生产标准化矿井成功保级，15座矿井被评为特级安全高效矿井，地面各板块全部实现行业达标。通过监督监察、记分考核、从严追究等措施，实现安全压力层层传导、安全责任逐级落实。坚守环保红线，争取政策扶持资金1.38亿元，煤炭板块全部淘汰燃煤锅炉，前山四矿矸石山生态恢复治理达到全省示范水平。

（梁文青）

2020年9月10日，西山煤电2020年重点建设项目——西铭矿多经公司排矸队场区封闭工程现场（西山煤电供图）

【智能绿色发展】2020年，西山煤电“一优三减”推进迅速，全年构建超百万吨大工作面13个，存量矿井的主运、变电、排水系统基本实现集中控制和无人值守，辅运连续改造提前两年完成目标。8座资源整合矿井实现“一井一面”、4座矿井实现“一井两面”，封闭采区4个，减少队伍3支，单班入井人数降到国家标准以下。“安全高效”计划落实，9支安全高效主力队组原煤产量占存量矿井产量的57.80%，先进产能达97%。光道矿竣工验收在即，东曲选煤厂TDS智能化改造工程顺利完成。成立智能化研究院，建成5个智能化工作面。大倾角盾构机最高月进尺541米，创造了单项全国第一。“110”工法、快采快掘等一批新技术、新工艺、新装备落户西山。东曲矿矸石回填、屯兰矿粉煤灰关键层充填技术，成为焦煤、全省绿色开采典范，“近距离煤层群瓦斯精准抽采”项目获中国煤炭工业协会科技进步一等奖，自主研发的瓦斯抽采新型管件管材、开关磁阻电机系统和选煤厂智能化技术亮相中国（泰山）国际装备技术展览会，与23家单位达成合作意向。

（梁文青）

【企业经营管理】2020年，西山煤电以保供“二台阶”、增产“两百万”为目标，优化生产组织、强化产销联动、跟踪服务市场、拓宽销售渠道，煤炭产销量创5年来最好水平。坚持“过紧日子”的思想，“三公”经费降幅明显，公务用车总费用同比下降34.50%，业务接待费下降55%，原煤成本、精煤成本近年来最低。推行精益化管理，采取编号管理、损坏赔偿、择优选型、量化考核等举措，提高大型设备的可靠性。严格物资供应商准入管理，选优汰劣，将证照全、质量优、信誉好的供应商引入西山。搭建合同信息化管理平台，合同质量、签订效率显著提升。推进扭亏脱困，7户企业实现摘帽。提倡对外创业创收，新增4座托管矿井、3座选煤厂。强化税费筹划，减免社保及节约税收3.70亿元。净资产收益率实现由负转正，归母净利润同比减亏9.50亿元。

（梁文青）

【企业改革发展】 2020年，西山煤电推进“三项制度”改革，转岗分流7214人，完成计划的119%，对外劳务输出1319人，解除157名违反劳动纪律人员的劳动合同。离退休人员社会化管理服务移交工作基本收尾。职工总医院和古交矿区总医院与新里程医院集团签约，完成改制重组。全年减少法人30户，压减成效明显。厂办大集体改革，最后1户待焦煤批复关闭注销，困扰企业多年的历史遗留问题得到妥善处理。混合所有制改革取得重大突破，金信公司开拓新疆市场，中招公司与霍州煤电联手做大“市场蛋糕”，西山煤电改革取得新成绩。（梁文青）

·国网太原供电公司·

【概况】 国网太原供电公司成立于1958年，是国网山西省电力公司的分公司，是国家电网公司大型供电企业之一，担负着太原市六区、三县、一市（迎泽区、杏花岭区、万柏林区、尖草坪区、小店区、晋源区，阳曲县、清徐县、娄烦县，古交市）供电任务，供电区域总面积6988平方千米，拥有固定资产222.20亿元，服务用户145.05万户。

2020年，国网太原供电公司完成发展总投入11.57亿元，其中固定资产投资10.66亿元。售电量216.98亿千瓦时，同比增长2.23%。营业收入93.97亿元，同比降低3.71%。内部利润2.65亿元，同比减少2.60亿元。资产总额124.65亿元，同比增长0.41%。全员劳动生产率396.49万元/（人·年），同比下降1.70%。综合线损率2.89%，同比增长0.05个百分点。无责任事故安全记录4499天。（涂志康　董雪轩　张媛）

【在线视频现场管控】 2020年，国网太原供电公司应用现场可视化系统，精准统计各类现场数量，实现六级以上电网风险、三级以上作业风险在线视频督查。严格执行现场作业规程，制作典型习惯性违章示例100条，逐项逐条明确习惯性违章的具体表现形式及处罚标准。应用指纹识别、定位轨迹等手段刚性约束到岗到位要求，各级人员到岗到位4079人次，查处违章634起。实行施工队伍、施工人员“双准入、双审核”，分包队伍、人员准入数量分别压减23%、39.70%。

（涂志康　董雪轩　张媛）

【设备运行维护】 2020年，国网太原供电公司推行输电线路“双准入、双监护”制度，实现220千伏线路固定点施工“零外破”。建设高压电缆专业精益化管理综合平台，完成晋阳南全省首条高压电缆智慧管廊建设。完成新店站主变轮换大修和小店、邢家社站主变限抗加装，220千伏变压器抗短路能力全省排名第一。完成15台主变消防改造、113个变电站消防维保检测，实现1千安以上和220千伏主变低压侧大电流开关柜全覆盖。完成170条高掉闸线路“一线一主一策略”综合整治，故障跳闸下降57.21%。

（涂志康　董雪轩　张媛）

【电网运行保障】 2020年，国网太原供电公司优化重点区域电网检修运行方式，消除六级以上电网风险，实现亲贤站主网检修配网不停电目标。系统梳理155个班组2093项现场应急处置方案，313处重点区域、1282个在线视频监测设备全面接入应急指挥中心。完成新冠疫情防控、省市两会等210项保电任务，成功应对490万千瓦冬季历史上最大负荷考验。高标准完成国网华北分部城市电网安全性评价专家查评工作。

（涂志康　董雪轩　张媛）

【电网规划建设】 2020年，国网太原供电公司完成太原“十四五”电网规划并纳入市国土空间规划。完成“十四五”配电网规划编制，储备资金54.19亿元。开展重点发展区域电网规划，满足潇河产业园区、阳曲产业园区、清徐精细化工循环园区用电需求。做好项目前期关键环节衔接，吴家堡输变电工程全省首次于开工前取得土地证。得到政府支持性意见9项、核准手续11项、规划意见及选址意见书13项。

（涂志康　董雪轩　张媛）

【电网重点工程】 2020年，国网太原供电公司紧扣政府及用户关切，突出重点工程特事特办，林区工程4个月投产送电，兴格、垃圾电厂送出工程分别提前计划7个月和6个月。破解电网建设协调难点，2项工程按期开工，10项工程提前启动，实现蒙西—晋中1000千伏交流特高压线路工程投产送电。

（涂志康　董雪轩　张媛）

【安全生产】 2020年，国网太原供电公司建立“六级安全第一责任人”体系，开展市县两级领导干部安全常规述职与专项述职，打造知责明责、履责尽责的安全生产保障体系。修订安全奖惩实施细则，重新核算安全奖惩分配系数，确保向设备多、风险大、指标好的单位倾斜。强化安全生产重奖重罚，累计奖励2033人次、1002.37万元，处罚340人次、152.56万元。（涂志康　董雪轩　张媛）

【服务城市建设】 2020年，国网太原供电公司落实线缆下地三年攻坚行动要求，实施架空线路改造98.20千米，拔除电杆1040基，改造老旧小区157个。冬季供暖前高效完成1.03万户“煤改电”建设任务。推进“两供一业”分离移交改造，公司90项工程全部竣工，驻并单位175项工程按期开工。完成新建住宅小区供电设施工程22项。配合解放路改造、地铁2号线施工等市政项目，完成54条线路迁改入地。

（涂志康　董雪轩　张媛）

【客户服务】2020年，国网太原供电公司固化业扩“绿色通道”为常态办电流程，实现客户办电由受理到送电“一站式”服务，满足客户高效快速接电需要。深化营配业务融合，市县两级实现网格化综合服务全覆盖。在城区试点“大网格”，融入政府社区网格，解决客户服务“最后一公里”问题。加大营业站所改造升级投资力度，完成11个城区营业厅和30个供电所改造，实施亲贤营业厅和建北营业厅“三型一化”改造。深化“网上国网”应用，因地制宜推行马上上线、线上服务，新装、增容业务线上办电率达92.30%。落实小微企业办电“三零”服务，报请政府出台低压涉电工程掘路告知承诺备案制，为小微企业节约资金1300万元。开辟防疫重点项目绿色通道，5小时完成太原市第四人民医院临时食堂送电，3天完成阳曲县两条口罩生产线送电。加大报修、投诉等服务顽疾治理，形成各级人员工单分析常态化制度化，报修及投诉数量在同期大幅下降的基础上再降16.90%和62.40%。深化精准到户停电分析，停电平均时长、万户平均停电户次分别降低49.10%、56%。加快预收电费清理，办理销户退预收1097笔、1723.06万元。

（涂志康　董雪轩　张媛）

·太原煤炭气化（集团）有限责任公司·

【概况】太原煤炭气化（集团）有限责任公司成立于1981年，由原煤炭工业部和山西省政府合营的国内首家煤炭综合利用大型企业。股权结构为：山西省国资委51%，中煤能源公司35.39%，中国信达公司11.15%，中国华融公司2.46%。2019年4月起，按照山西省燃气产业整合重组总体部署，以燃气资产向山西燃气集团增资，将所属燃气企业划归山西燃气集团管理。2020年12月11日，山西省国资委将太原煤气化51%股权无偿划转至山西省国资运营公司管理。

（李向高）

【生产经营】2020年，太原煤炭气化（集团）有限责任公司生产原煤产量832.05万吨，完成年度目标的114%，商品煤销量606.12万吨，完成年度目标的120%，营业总收入46.56亿元，完成年度目标的101%，全年亏损13.08亿元，剔除价差影响，控制在考核指标范围内，完成年计划任务指标。

（李向高）

【工法技术创新】2020年，太原煤炭气化（集团）有限责任公司加强国内外科技合作交流范围，引导和集成高等院校、科研机构、骨干企业等方面的科技资源，进行新产品和新技术的研究与开发，推进新技术示范项目的建设。围绕主导产业和支柱产业，开展技术攻关和研究，应用新技术、新工艺、新设备、新材料，开展“无煤柱110工法”、保水开采、充填开采等科技项目，提升资源开采水平，提高煤矿安全技术保障能力，促进相关科技成果转化，使科研、设计、生产、经营一体化，推动科技进步。

（李向高）

【企业经营管理】2020年，太原煤炭气化（集团）有限责任公司制订《强化管理年活动实施方案》，通过强化基础管理工作，重点抓好企业标准体系，加强组织管理，完善制度流程体系，提升基层基础管理水平。强化财务管理工作，重点抓好全面预算管理，提高资金管理水平，强化生产管理，做好采掘衔接工作，为煤矿达产上量创造条件。强化降本增效工作，重点抓好安全生产、机电管理、产品质量、销售管理等工作，实现全年生产任务指标。

（李向高）

【安全生产】2020年，太原煤炭气化（集团）有限责任公司贯彻落实《山西省加强煤矿安全生产工作特别规定》和《安全监察专员制度》等政策，按照山西省安全生产专项整治三年行动安排部署，制订《安全生产专项整治三年行动计划》，健全规范《太原煤气化集团公司生产安全事故隐患排查治理办法》《太原煤气化集团公司重大危险源预控管理办法》等10多项安全管理制度，完善风险分级管控、隐患排查治理、安全技术会诊等六大体系，构建安全生产长效机制。通过领导挂牌督导、安全包保检查、专业系统整治和全覆盖安全检查，强化安全生产主体责任落实。实施安全专项监察54项、专项检查19项，辨识安全风险99项，整改安全隐患12380项，对8家单位进行追责问责。华苑、神州、华胜煤矿稳步推进智能化建设，在部分硐室机房实现自动化控制和无人值守，安全保障能力提升。华苑煤矿列入全省分级分类安全监管A类矿井，华苑、龙泉、华胜、炉峪口、东河5座矿井被评为特级安全高效矿井。全年未发生安全生产事故，企业安全形势保持相对平稳。

（李向高）

【科研成果运用】2020年，太原煤炭气化（集团）有限责任公司科技研发项目共立项32项，计划投入资金13309万元，完成10项，科技投入8848万元。先后引进实施“无煤柱110工法”开采技术、保水开采、充填开采三个重点科技项目。其中，保水开采和充填开采被省能源局列入全省10座绿色开采矿井示范项目，并通过验收，起到重要示范和宣传作用。从实际效果来看，运用“无煤柱110工法”开采技术，增收煤柱资源2.70万吨，减少掘进巷道施工460米，实现创效1000万元，填补公司无煤柱开采工艺空白。保水开采技术，在保障工作面安全的同时，有效保护地下水资源，预计每年可累计节约排水、用水、污水处理各类费用1164万元，减免资源税4000万元。充填开采技术，增加利润2000万元，有效避免压覆资源浪费、缓解矿井采掘衔接紧张局面，创造优质的经济效益。在项目推进过程中，通过组织技术总结和成果上报，经中国煤炭工业协会组织的科技成果鉴定，保水开采和充填开采两个技术项目均被评为国际先进水平。（李向高）

·太原钢铁（集团）有限公司·

【概况】 2020年12月23日，太原钢铁（集团）有限公司（简称太钢集团）加入中国宝武，成为中国宝武不锈钢产业一体化运营的旗舰平台公司。全年生产精矿粉1292万吨，球团444万吨，焦炭307万吨，烧结矿925万吨，铁水770万吨，粗钢1069万吨（不锈钢419万吨），钢材988万吨（不锈材378万吨），实现销售收入786亿元，利润总额39亿元，上缴税金29亿元。在册员工38941人，在岗员工31474人。

（李志强 解利伟）

【企业体制改革】 2020年，太钢集团试点推行三年任期目标责任制和契约化管理，成立董监事管理办公室，规范派出董监事选派履职管理。厂办大集体改革全部完成。退休人员社会化管理有序推进，本部退休职工完成协议移交。山西太钢不锈钢精密带钢有限公司入选全国科改示范企业名单。太钢集团收回太钢集团岚县矿业有限公司全部股权，太钢集团岚县矿业有限公司由控股子公司变更为全资子公司。（杨雅芹）

【智慧制造】 2020年，太钢集团完成操作室智慧化集控现状调研、对标找差、岗位梳理、选址、方案策划工作。以智能装备应用为切入点，实施14台套工业机器人代人项目，打造生产现场少人化、无人化。完成供应链物流系统智能化升级改造、设备在线监测与预防性维护平台、电子采购、智慧物流平台等重点项目，推动新一代信息通信技术与钢铁工艺流程、操作技术及运营管理深度融合。（刘彦男）

【绿色发展】 2020年，太钢集团环保项目投资7.50亿元，包括：推进以无组织排放管理控制治理一体化为首的无组织排放治理项目，实现无组织排放有组织管控。推进以再生水回供汾河公园湿地项目为首的水系统优化提升项目，实现再生水向汾河公园景观供水。强化固体废物、土壤、噪声、辐射及碳排放管理，防范各类环境风险。（尚瑞年）

【节能减排】 2020年2月21日，太钢集团实施完成高炉煤气管道喷碱项目，降低煤气硫含量，减少氯根离子对管道的腐蚀，同步实现节水180吨/小时。4月8日，实施完成高炉均压煤气回收，消除装料过程高炉煤气放散对环境的污染并回收煤气。6月，首次在炼钢二厂转炉实现二氧化碳替代氩气炼钢，全年累计节约氩气496.70万立方米。9月，烧结环冷机在环冷轴流风机改离心风机的基础上，将环冷机密封由橡胶密封改为水密封，环冷余热回收水平由改造前57千克/吨提高至95千克/吨。10月5日，实施完成热干煤气项目，热风炉高炉煤气消耗较改造前节约3%。

（谢海运 段新虎）

【循环经济】 2020年6月，太钢集团再生水回供汾河公园湿地项目开工建设，全线采用压力管线，长度2895米。12月30日，建成投运，每日向汾河公园湿地补水5.80万吨，实现由工业排水向供城市生态补水转变。（谢海运）

【科技创新】 2020年，太钢集团连续9年被评为国家技术创新示范企业，通过全国知识产权优势企业复核。获得立项批复10项政府科技项目，负责“不锈钢冶炼渣、尘泥无害化处理及资源化利用关键技术及装备”“钢铁行业废水和城市污水协同深度净化与回用关键技术及示范”2项国家重点研发计划课题。6个项目获冶金科学技术奖，受理专利220件，其中发明专利136件，发明专利比例为61.80%。构建覆盖全员、全过程质量责任体系。“400系质量攻关”“碳钢表面条纹改善”“双相钢卷板钢质废品率”“不锈钢模铸管坯质量提升”“降低镍钢方坯黑带缺陷比率”“无取向硅钢孔洞”“模铸车轴钢生产系统稳定”7项质量问题攻关取得成效。

（张春亮 王冰 王静）

【工程建设】 2020年，太钢集团完成投资32.73亿元。包括炼铁厂三、六高炉均压煤气回收项目，于4月投运。炼钢二厂北区20万吨取向硅钢改造项目，于4月投运。型材厂电站锅炉用镍基耐热合金高技术产业化项目二期工程，于5月投运。不锈线材厂棒线材生产线智能化升级改造项目，于6月投运。尖山铁矿胶带排岩升段工程，于10月投运。

（贺晓君）

【转岗创业】 2020年，太钢集团建立创业站21个，140名员工转岗进入创业站，其中22名创业人员拓展4个外部创业项目，全年对外创效收入150万元。116名创业人员转岗进入保洁、绿化、值守看管等服务性岗位。380名员工进入太原市怡安居物业管理有限公司岗位工作，全年对外创收980万元。47名员工进入山西钢新实业有限公司的服务性岗位工作。（常晋爱）

【人才队伍建设】 2020年，太钢集团制定《关于对院校引进大学生实施补贴的有关规定》，设立引进人才专项基金，全年柔性引进2名院士、社会成熟人才10名，引进院校毕业生171名。推进职业技能测评，完善标准2014项，测评13189名员工，整体胜任率较上年提高0.10个百分点。打通太钢科学家、高级首席师发展路径，聘任太钢科学家1名、高级首席师2名。制定《太钢杰出科技贡献奖评选管理办法》，组织员工申领地方人才补助176人次，向国家、省（市）重大人才工程选拔推荐优秀人才39人次。太钢集团入选中华国际科学交流基金会工程科技人才贡献奖，3人入选享受国务院特殊津贴专家（高级技师），2人入选山西省“十四五”院士后备人选。创建山西省省级技能大师工作室1个。

举办管理技能提升培训、专业技术研修、操作人员职业技能认定前培训以及特种作业人员、特种设备作业人员取证、各层级安全取证等培训班共计464个，培训6665学时，培训员工34191人次。完成38个工种企业认定规范编制工作，开发与修订57个工种职业技能认定题库，具备对太钢集团所有职业（工种）开展职业技能认定的条件。申报并取得9个职业14个工种的社会化技能等级认定资质。全年职业技能等级认定69个工种，合格1027人，其中初级工219人、中级工535人、高级工142人、技师99人、高级技师32人。

（毛晓潭　马玉花）

【市场营销】2020年，太钢集团销售钢材986.90万吨，其中不锈钢378.40万吨。超纯铁素体、高碳马氏体、304系、清洁球用钢、冷藏箱行业用钢、镍基合金、汽车用钢、工程机械用钢、高牌号硅钢、纯铁、耐候钢等重点产品销量较上年增长。推进引领消费和500强及高端客户开发项目，优化改善销售结构。通过日产汽车认证并实现批量供货。实现比亚迪新能源汽车驱动电机用薄规格高牌号硅钢升级换代。省内中厚板市占率增长17%。核级不锈钢板中标“华龙一号”两台机组堆内构件订单，市占率100%。全年钢材出口69.60万吨，其中不锈钢48.30万吨，销往韩国、土耳其、中东、日本等国家或地区。（杨　莉）

·太原重型机械集团有限公司·

【概况】太原重型机械集团有限公司（以下简称太重集团），前身为太原重型机器厂，始建于1950年，是新中国自行设计建造的第一座重型机械制造企业。累计为国家重点建设项目提供2000余种、3万余台套装备产品。太重集团主要成员单位包括太原重工股份有限公司、太重集团煤机有限公司、太重集团榆次液压工业有限公司等。公司2005年进入中国制造业500强，2006年获“全国五一劳动奖状”，先后获得国家级发明奖4项、国家级成果奖26项、国家科技进步奖23项，创造460余项中国和世界第一，为新中国的建设、改革和发展，以及民族工业振兴做出重要贡献，被誉为国民经济的开路先锋。公司占地面积493万平方米，在岗员工9200余人，总资产560亿元。（董朝慧）

【企业生产经营】2020年，太重集团全年完成营业收入132.66亿元，同比增长5.70%（产品收入增长12.60亿元，增幅10.50%），其中海外业务收入13.10亿元，利润总额6392万元，为年计划的127.80%，同比增长10.60亿元，实现历史性的扭亏为盈，其他关键指标实现两位数的增长。（董朝慧）

【企业风险管控】2020年，太重集团稳妥处置合同纠纷，对现有合同存量中的问题全面梳理，对现存项目中停、缓建项目仔细甄别，通过协商、诉讼等渠道逐步消化解决，针对风电拉弹泡、苏尼特和襄矿乙二醇等历时8年之久的拖期项目，全力化解担保回购风险。紧抓政策窗口期，加快企业办社会职能实质性剥离，完成厂办大集体改革、退休人员社会化管理和太重榆液下属三户企业久拖未决的破产工作。坚持问题导向，全面封堵“跑冒滴漏”。对太重煤机、太重榆液、威利朗沃、天津滨海、风电业务、热加工业务等亏损板块制订扭亏止损措施。太原重工新能源公司采取强化生产管理、多渠道组织配套、引入投资者合作共建等一系列措施，多个项目如期并网发电，规避回购风险33亿元。天津滨海公司理顺管理模式与组织架构，热加工板块实现集中管理，一体化优势逐步显现。太重榆液、太重煤机通过内部公开招聘、引入职业经理人等方式，

2020年太重集团科技发展计划完成情况

表17

单位	新产品试制			产品开发			科研			技术进步			标准制（修）定			贯标			合计		
	立项	计划完成	实际完成	立项	计划完成	实际完成	立项	计划完成	实际完成	立项	计划完成	实际完成	立项	计划完成	实际完成	立项	计划完成	实际完成	立项	计划完成	实际完成
太原重工	25	21	13	49	42	29	108	99	78	75	75	61	20	20	20	13	13	12	290	270	213
太重煤机	3	3	2	9	9	6	1	1	1	4	4	2	1	1	0	0	0	0	18	18	11
山西煤机	4	4	4	10	10	8	1	0	0	15	15	15	1	1	9	2	2	2	33	32	38
太重榆液	1	1	1	8	8	5	2	2	0	5	5	5	5	5	5	5	5	5	26	26	21
集团合计	33	29	20	76	69	48	112	102	79	99	99	83	27	27	34	20	20	19	367	346	283

生产经营与公司治理焕发新活力。优化债务结构，通过短期变长期、表外变表内、高息变低息，新增银行授信115亿元，置换高息负债约85亿元，化解资金断裂风险。加快资本运作，太原重工非公开发行股票募资12.46亿元获得证监会批准，成为山西国企首单资本运作获批项目。转让股权资产引资，引入山西证券为太重榆液增资2亿元。转让太原重工轨道交通公司20%的股权，从太钢引资5.48亿元。公司全年争取各类政策支持资金7亿元，通过落实各项减税降费政策，共计减免税费6009万元。

（董朝慧）

【企业创新发展】 2020年，太重集团加快重点产品开发，完成7.30米顶装焦炉成套设备、塔式伸缩臂起重机、4600吨海上风电施工船、82MN单动短行程铝挤压机等项目开发，巩固公司行业优势地位。促进产品优化升级，着力打造“环保+”焦炉成套设备，环保技术达到国内领先水平。对WK-12C挖掘机的提升机构、回转结构等进行升级，提高可靠性和性价比。3.6兆瓦风电机组整机重量达到国内同类机型先进水平。对矿用挖掘机减速机的推压、提升装置等薄弱环节进行改进，提升产品可靠性。提高产品智能化，依托国家重点实验室开展无人操作大型矿用挖掘机项目研究，实现远程操作功能，开展小型挖掘机和大型旋回破碎机关键核心技术研究，替代进口，实现国产化。6.25米捣固焦炉智能化成套设备在国内率先完成开发，实现“有人值守、无人操作”。起重机逐步从单机智能向系统集成智能转变。开展风场数据分析技术研究，初步实现风场在线分析能力。产品服务云平台上线41台，初步具备为用户提供产品全生命周期管理服务的能力。重塑技术中心，打造公司可持续发展的创新中心、人才高地和科技智库，以矿山采掘装备及智能制造国家重点实验室建设为牵引，硬件完善与软件提升同步进行，建强科技队伍，加大科研投入，提升自主创新能力和产品制造实力。打通科技成果转化激励路径，成立无人操作大型矿用挖掘机等SBU团队，全面攻克“卡脖子”技术，从制度层面为创新驱动提供保障。集聚创新人才，倡导工作学习化、学习工作化的理念，成立培训中心，打造学习型团队。与浙江大学、重庆大学、太原理工大学等院校开展产学研合作交流，逐步拓展至国内外知名院校和科研机构，探讨建立深层次的产学研用合作平台。与综改示范区签订协议，依托德国CEC公司共建海外联合研发中心。成立上海研发中心，借助上海市政策及地域优势，吸引人才助力集团公司高质量转型发展。 （董朝慧）

【科研成果】 2020年，太重集团科技发展计划立项367项，完成283项。

（董朝慧）

【企业发明专利】 2020年，太重集团共计申请专利212项，其中发明专利127项。太原重工申请149项，其中发明专利98项。太重煤机申请14项，其中发明专利10项。山西煤机申请21项，其中发明专利8项。太重榆液申请28项，其中发明专利11项。太重集团授权专利共计161项，其中发明专利59项。太原重工授权专利116项，其中发明专利53项。太重煤机有限公司授权专利18项，其中发明专利4项。山西煤机授权专利16项，其中发明专利1项。太重榆液授权专利16项，其中发明专利1项。 （董朝慧）

· 中国船舶集团山西汾西重工有限责任公司 ·

【概况】 山西汾西重工有限责任公司（以下简称汾西重工）属于中国船舶集团有限公司，为“一五”期间国家156项重点建设工程项目。2020年，实现营业收入16.80亿元，同比增长17.50%，利润总额实现3090万元，同比增长0.19%。

（梁文青）

【企业改革】 2020年，汾西重工按照国资委、中国船舶相关要求，稳步推进企业改革。利用国资委“双百行动”综合改革试点契机，重点围绕混合所有制改革，完成热能工程事业部、汾西机电气体产业混合所有制改革，热能科技、皆利气体注册成立。无锡赛思亿和汾西电子定向增发股份，引入战略投资者，实施骨干员工持股。调整经营单位经营业绩考核办法，建立完善市场化经营机制。优化薪酬体系，完成职能部门竞聘上岗和改革单位富余人员安置。完成“三供一业”工程改造和职能移交，关闭幼儿园，完成退休人员社会化分离移交，职工医院移交工作接近尾声，企业办社会职能彻底剥离，为公司轻装上阵，集中资源做强主责主业打下坚实基础。

（梁文青）

2020年的汾西重工生产车间 （汾西重工供图）

【科技创新】2020年，汾西重工完成新产品、新工艺开发立项99项，申请专利168项，其中发明专利83项。被集团授予3项优秀发明专利，申报11项科技进步奖，其中基于大数据的数字化车间关键技术研究应用获得第四届全国设备管理与技术创新成果一等奖。公司首次申报的国家科技部科研项目“面向海洋装备智能制造创新方法研究与应用示范项目”被批准立项，申报的“船舶与海洋工程装备大数据产业融合应用试点示范项目”入选国家工信部大数据产业发展试点示范项目。（梁文青）

·中车太原机车车辆有限公司·

【概况】2020年，中车太原机车车辆有限公司厂区占地面积94.97万平方米，总建筑面积30.84万平方米，拥有各类设备3959台（套），资产总额41.84亿元，固定资产16.18亿元。设党群部门8个、行政管理部门28个、生产单位17个，分公司1个、合资公司2个。有在册职工2747人，在岗职工2038人，其中各类专业技术人员697人，高级及以上技术职称人员181人，技能操作人员1288人。全年实现销售收入21.40亿元，利润1.30亿元。（郭骏浩）

【生产运营】2020年，中车太原机车车辆有限公司交付检修直流机车68台、和谐机车25台，完成车辆新造1729辆、车辆检修4699辆，其中车辆属地修订单累计完成4家企业的566辆。

（郭骏浩）

【基建与技改】2020年，中车太原机车车辆有限公司新厂建设煤机装备一期（无轨胶轮车）建设项目、退城搬迁入园建厂技术改造项目一期建设工程、和谐型大功率电力机车检修建设项目（一期工程）、新型电力机车检修和提高工程车制造工艺水平技术改造项目等4个固定资产投资项目通过验收。实施完成总组装18米跨克诺尔钢结构制动厂房建设，转向架车间厂房地面标准轨道铺设，车辆系统货车车间可调式轨道（1676毫米宽轨）轨道铺设、内制动室防尘恒温工艺改造等基建工艺更新改造、大维修项目共计40余项。全年完成设备更新改造94台项，累计投入2249.96万元。加强能源管理，制定17类设备的耗能参数，对相关生产单位下达能源消耗控制指标，年度能源消耗费用同比下降10%。（郭骏浩）

【科技创新】2020年，中车太原机车车辆有限公司加大和谐车工艺技术研究，取得HXD3D型机车C6修维修许可，实现批量检修。完成HXD2B型机车C6修调研报告，编制HXD1D关键部位重要零部件明细。推进制动控制系统属地修，完成油压减振器、TGF60型列车供电柜等6类重要部件自主修。提升配套能力建设，完成轨道工程机械车体、转向架、作业平台及立柱的制造工艺技术研究及试制。承担参与铁路货车项目研发，开展石砟漏斗车使用性能提升技术研究，解决中门安全定量卸砟难题。与长江集团技术共享共建，开展车体耐腐蚀性能与车辆检修周期适应性研究，完成相关研究报告。完成印尼18吨轴重1067毫米轨距煤炭漏斗车研制，掌握横开门煤炭漏斗车底门开闭技术。完成太原地铁、深圳地铁轨道平车试制。全年累计申报专利56件，其中发明专利27件，海外专利3项，入选工信部工业企业知识产权运用试点名录。全年科技经费投入7512万元，技术投入比率超3.50%。（郭骏浩）

【质量管理】2020年，中车太原机车车辆有限公司完善质量管理体系，开展“中车Q”成熟度自评，加快“中车Q”质量管理标准落地实施。增强质量管控能力，开展对规对标及专项整治，质量损失同比降低66.37万元，机车、货车产品一次性交检合格率均较上年实现不同程度增长，全年未发生一般C类及以上质量责任事故，未发生批量质量问题。（郭骏浩）

【经营管理】2020年，中车太原机车车辆有限公司18项“提品质”专项对标指标中的15项优于上年同期，产品综合毛利率达到13.04%，资产负债率同比降至58.12%（剔除递延收益）。全年压缩可控费用2578.85万元。降低“两金”占用，遏制存货增量，强力清欠催收，应收账款、存货占用分别较上年减少2.62亿元、0.25亿元。扩大集采规模，优化管控方式，累计降低采购成本3356万元。盘活低效闲置资产，加强设备清查，完成31台闲置设备调剂，盘活固定资产951.86万元。（郭骏浩）

【人力资源管理】2020年，中车太原机车车辆有限公司在岗职工同比减少116人，总产值劳产率较上年提升12.95万元。加强高技能人才培养，贯通“双师型”人才发展通道，累计培养复合型人才5人。全年组织开展各类专题培训16次，参培人数达到1363人，人力资本质量水平持续提升。（郭骏浩）

【企业文化建设】2020年，中车太原机车车辆有限公司开展“辉煌五年、精彩太车”主题展示、主题网络答题竞赛等主题宣传系列活动，举办“弘扬中车之心，共唱中车之歌”司歌传唱、“盛迎中车五周年，共赏太车新风貌”主题开放日、“9·28”中车日升旗仪式等专项活动，凝聚“同一个中国中车、同一个长江集团”的文化共识，为企业文化落地提供支撑。解读公司“基业百年，革故鼎新，持续精进，追求卓越”的企业精神、“以人为本，创新驱动，强基固本，多元发展”的经营理念，利用多种形式进行落地推广，丰富公司文化体系。（郭骏浩）

综　述

【概况】 2020年，太原市具有建筑业资质等级的总承包和专业承包建筑业企业总产值3411.93亿元，同比增长7.80%。建筑业企业房屋建筑施工面积12783.41万平方米，竣工面积3159.55万平方米。（雷宏伟）

【建筑行业转型升级】 2020年，太原市住房和城乡建设局推进“六个一批”计划，培育工程总承包企业20家，全过程咨询服务企业10家，具备装配式、绿色建造能力企业30家，跨行业、跨专业发展企业20家，跨省承揽业务企业58家，引进3家优秀外埠企业成立子公司，实施联合重组企业5家。完成建筑业产值3411.93亿元，同比增长7.80%。房地产开发投资715.32亿元，同比增长2.40%。（雷宏伟）

【建筑市场监管】 2020年，太原市住房和城乡建设局开展“双随机、一公开”检查、企业动态考核和信用评价，营造公平有序、诚信守法的市场环境。严厉查处和持续打击转包、违法分包等行为，规范建筑市场秩序。处罚违法项目16个，通报批评违规项目25个。推行工程款支付保证担保，从源头上防范和遏制拖欠工程款。（雷宏伟）

【工程质量管理】 2020年，太原市住房和城乡建设局开展在监工程质量检查、玻璃幕墙工程项目专项检查，对涉疫集中隔离观察场所的建筑相关情况进行核实，开展“双随机”复查、质检机构整改情况复核，报建监督覆盖率、新开工项目质量责任承诺书签订率、一次竣工验收合格率、住宅工程分户验收率、竣工项目质量永久标牌设置率均为100%。（雷宏伟）

【建筑节能科技】 2020年，太原市住房和城乡建设局新增绿色建筑387.65万平方米，新增应用可再生能源新建建筑206.67万平方米，完成装配式建筑面积309.46万平方米，均完成省住建厅下达年度任务。采用PPP模式，推进既有居住建筑节能改造，开工631万平方米，完工534.60万平方米。申报科技成果登记项目12项、科技计划项目5项。（雷宏伟）

【安全生产】 2020年，太原市住房和城乡建设局严格落实“三管三必须”要求，建立健全安全生产责任和管理制度体系、隐患排查治理和风险防控体系。开展安全生产专项整治三年行动和“零事故”创建工作，全面压实“1+1+N”安全生产责任，开展“打非治违”、反“三违”行动，安全关口前移及时发现问题，及时督促整改。强化事故通报、警示、约谈和督办四项制度，健全安全生产承诺、不良信用记录和诚信“黑名单”等制度，营造“守信激励、失信惩戒”的信用环境。开展集体土地农村自建房、老旧小区改造、房屋和市政（轨道）工程施工、彩钢板建筑安全隐患排查整治，实行台账式管理和销号制落实，遏制生产安全事故。（雷宏伟）

企业选介

·中化二建集团公司·

【概况】 中国化学工程第二建设集团有限公司（以下简称中化二建）隶属于国务院国资委管理的中国化学工程股份有限公司，成立于1953年，由中国化学工程第二建设公司于2001年整体改制而来，注册资金20亿元，是国家石油化工建设的骨干企业之一。

2020年，中化二建有职工5896人。其中管理人员4189人，占职工总数的71.05%。技能人才1707人，占职工总数的28.95%。大专以上学历4436人，占职工总数的75.24%。高级职称601人（含正高51人），中级职称1423人，初级职称1353人，高级技师66人，技

2020 年，中化二建自主研发的“中华第一吊”（世界陆地起重量最大的起重机）——6400 吨液压复式起重机首次走出国门，成功吊装哈萨克斯坦国内最重设备——丙烷丙烯分离塔（中化二建供图）

师 227 人。注册建造师 623 证，注册造价工程师 119 证，勘察、岩土、安全、化工、结构等其他主要注册工程师 185 证。享受政府特殊津贴专家 11 人。实现营业收入 112.12 亿元，完成年度预算 110 亿元的 101.93%，同比增长 9.85%；实现利润 4.08 亿元；完成年度预算 4.03 亿元的 101.30%，同比增长 18.03%。完成新签合同额 175.92 亿元，完成年计划 155 亿元的 113.49%，同比增长 19.24%，其中国内新签合同额 136.64 亿元，境外新签合同额 39.28 亿元。（梁玉梅）

【工程管理】 2020 年 2 月，中化二建印发《2020 年“工程项目精细化管理提升年”工作方案》，组织召开推进会和现场观摩会，促进投标管理、项目策划、集中采购、分包管理、责任成本管理、二次经营等方面工作日趋规范。开展提质增效专项行动，以项目成本管理为核心，以集约管控、提升价值、降本增效为目的，推进精细化管理，全面提升企业核心竞争力。

全面梳理、细化完善三个体系制度和工作流程，完成体系外部审核认证工作。通过精细化管理检查与质量检查相结合的方式，加大对现场的监督和管控力度，提升企业高质量管理水平。加强质量员专项培训教育，满足现场人力需求，新取证人员 97 人，继续教育培训合格 592 人。（刘晓云）

【质量安全管理】 2020 年，中化二建深化安全生产精细化管理，全面梳理、修订公司特种设备体系文件，主编《安全质量培训教材》《工程项目现场员工行为安全指南》等，为安全质量管理发挥积极作用。强化职业健康安全、环境和质量管理体系管理，完成三个管理体系的外部审核。加强工程项目安全管控，在项目设置安全总监，对项目全过程进行合规性监督和专项工作监督，有效防范项目安全风险。开展安全三年集中整治活动，全面推进项目现场安全标准化建设，执行《工程项目现场安全防护设施标准》，规范项目现场安全生产标准化建设。应用信息化技术辅助项目安全管理，实现专业管理人员开展现场巡检、隐患闭环、作业人员安全信息扫码等功能，打造智慧安全。加强安全专项培训教育，“三类人员”取证和延期教育培训合格 763 人，集团（襄阳）体验式安全培训合格 30 人，注册安全工程师继续教育 31 人，QC 管理及工程创优培训 258 人。深入开展安全月活动，举办公司领导讲安全专题课、安全知识竞赛、“安你会”网上答题等一系列安全宣传活动，营造企业安全文化氛围。抓严抓实在建项目安全大检查和专项整治，抓好

2020 年，中化二建承建恒逸（文莱）800 万吨年原油 PMB 项目灵活焦化工艺装置是国家承建的首套、世界第七套灵活焦化装置（中化二建供图）

2020 年，中化二建承建的中国最大炼化一体化项目——浙江石化年产 4000 万吨一体化工程二期3# 乙烯装置　（中化二建供图）

项目起点建设，开展项目安全质量环境管理前期策划，系统合理地规划各项目标预控措施。加强事故应急管理，提高应急处置能力，组织安排在建项目针对性地开展 120 余次现场应急演练，保障应急准备及时有效。开展“六五环境日”宣传活动，推广先进施工技术，严控“三废”排放和噪声污染，确保生态环保工作运行良好。（王仙平）

【财务管理】 2020 年，中化二建全面施行新收入准则，成立以党政领导为首的业务预算管理委员会，统一领导公司年度预算的预测、编制、审核等，年度业务预算由多部门联动编制。根据项目所在国的不同金融以及税务环境，制订针对性收支筹划方案，防范境外资金收支风险。与渣打银行等国际信誉较好的外资银行开展合作，在境外设立账户，增强境外资金流动性和可操控性，降低外汇风险损失。

受中国化学工程集团有限公司财资部委托，组织开展中国化学集团的税务调查分析工作。积极组织，详细分工，从对各单位上报数据的整理、审核、汇总，了解和熟悉各单位业务类型与核算模式，进行各税种的税负分析，分析各单位税负高低原因，发现问题并提出解决问题的措施与建议，形成完整报告。分批对公司财务部主任、副主任及二级单位总会计师进行公开选拔聘用。

（马晓芳）

【物资集中采购管理】 2020 年，中化二建推广运用网上集采平台采购与线下视频开标采购方法，克服人员无法到场参加开标的困难，完成工程物资集中采购任务，控制采购成本。为加强设备材料管理，贯彻执行公司各项设备材料管理制度，编制《设备材料管理工作手册》，规范业务操作，提升业务人员的管理素质，实现标准化管理。（王景峰）

【市场经营】 2020 年，中化二建践行大市场、大经营、大项目、大业主、大客户五大经营理念，打造“一主多元”发展格局，实现从“做项目”向“做市场”转变，提高主辅责区域内市场占有率和利润率。

承建的国家重点工程浙江石化 4000 万吨 / 年炼化一体化项目（二期工程）、连云港石化有限公司 320 万吨 / 年轻烃综合加工利用项目等主体施工完毕，陆续竣工投产。兖矿榆林能化 50 万吨 / 年聚甲氧基二甲醚项目世界首台多喷嘴对置式半废锅气化炉一次投料成功。宁夏恒力生物新材料有限责任公司 5 万吨 / 年月桂二酸项目一次投料试车成功，并产出月桂二酸。中化二建在石化炼化项目、煤化工项目、精细化工项目上施工技术处于领先地位，并逐渐向多元化发展。

调整海外布局，坚持“一体两翼”发展战略，确立中东北非区域、南亚东南亚区域和综合区域的三大重点区域市场。完成埃及分公司注册、推进拉芳丹房建项目的执行，与伊拉克米桑油田系列项目形成互为倚重之势，形成中东北非市场在油气领域和房建基础设施领域的双向支持。践行五大经营理念，签署印尼火电项目合同，为东南亚市场再拓新业务领域，实现与文莱市场石化领域互相响应，扩大海外市场领域。

（张秀慧）

【施工技术提升】 2020 年，中化二建通过高新技术企业认定，《10 万吨 / 年电解镁工程成套施工技术》获 2019 年度山西省科技进步三等奖。《滑模装置拖带施工平台施工造粒塔喷淋层的施工工艺》获山西省专利三等奖。文莱灵活焦化创新技术团队获得中国化学 2020 年十大创新团队称号。确立超高乙烯装置丙烯塔内件安装技术研发、乙烯装置 4000 吨履带吊丙烯塔安装工艺技术研发等多个重点研发项目。

依托承揽工程项目进行技术研发和新技术应用，截至年底，公司拥有授权专利 231 项，省部级工法 94 项，国家级工法 8 项。省部级科技进步奖、技术创新奖 36 项。公司参编《超低温环境混凝土应用规范》《化工工程术语标准》等国家标准，已主编、参编国标、行标（团标）共计 11 项。公司重视科技成果推广和转化工作，以科技推广、经济激励等措施作为促进科技成果转化的重要途径，所有专利、工法等科技成果通过自行投资实施转化应用于工程实践，使科技成果转化在提高公司施工技术水平、提高项目经济收益、提高企业核心竞争力等方面发挥重要的作用。

（张建月）

·山西诚信市政建设有限公司·

【市政建设工程】 2020年，山西诚信市政建设有限公司完成产值13亿元，其中自建工程45项（17项跨年，28项本年度），完成8.10亿元。外埠工程完成4.90亿元。其中自建工程主要有：多福南街、多福北街、多福东路道路工程、纬三路道路改造工程、康宁街排水工程、长江南街道路工程、桃园四巷道排工程、创城养护工程、太航周边道路养护工程、市委南门环境综合整治工程、市城市轨道交通1号线一期工程市政公共设施改造工程施工一标段、南中环东延工程施工三标段、经园路建设工程、老军营小区（老旧小区）环境综合整治改建项目市政道路工程、西机路道路改造工程、汾东污水处理厂及配套管网一期工程、城南退水渠雨污分流工程、市国有企业移交市政管理道路大修工程、清徐环卫产业园区供水中心、郑村沟一号渠、市循环经济环卫产业示范基地（园区）基础设施市政配套路网工程、循环经济环卫产业示范基地（园区）基础设施市政配套雨水泵站、铁北周边道路养护、尖草坪区光社街办创建全国文明城市综合整治工程（二期）项目（第七标段）、胜利街缓洪池治理美化工程、北张退水渠整治工程施工第一标段、龙城南街、龙城北街建设工程施工二标段三标段、南十方街东延工程、晋阳街公园南侧荣军北街、东侧规划路道路改造工程、并州东街南三巷改造工程、二青会城市景观照明亮化美化（一期）工程线缆改造工程、北大街主变电站规划路建设工程、大运西路及唐槐西路建设工程。（赵　苡）

【安全生产施工】 2020年，山西诚信市政建设有限公司严格落实国家法律、法规及公司各项安全制度，组织安全专题培训，开展各种安全教育活动、文化活动，签订安全目标责任状和承诺书，加大对重大危险源排查、对常规危险源开展专项整治，强化日常安全巡视及检查，定期组织召开生产例会，编制各类安全工作方案、组织应急救援专项预案的演练等举措，强化安全管控，落实领导责任。全年在安全施工工作中投入400万元。（赵　苡）

【质量技术管理】 2020年，山西诚信市政建设有限公司在质量技术管理工作上采取“回头看”经验总结交流、施工现场观摩、成立质量管理QC小组、完善质量技术管理制度、开展技术比武、强化在建项目质量检查监督力度等措施，提高公司质量技术管理水平。按照ISO9001：2015版、ISO14001：2015新标准的要求，接受并通过质量、环境、职业健康安全管理体系监督审核。开展年度创优工作，参加中国市政协会QC小组成果和质量信得过班组建设成果发布会并获奖。与太原理工大学合作开展BIM技术（建筑信息模型建立）应用培训。企校培训开创本市城建系统BIM技术学习和应用先河，实现理论联系实际、培养人才新模式大胆尝试。组织31名中高级专业技术人员参与。（赵　苡）

【企业成本管理】 2020年，山西诚信市政建设有限公司在施工成本管理方面，通过抓住项目关键、控制前期投入、严把安全质量关三项举措进行控制。在管理成本方面，从夯实责任成本管理基础工作、创新劳务管理模式、实行成本月度考核制、控制和降低各级管理费开支四点入手进行控制，寻求最大程度成本节约。（赵　苡）

【项目施工管理】 2020年，山西诚信市政建设有限公司推行绿色环保施工，建设达标绿色文明工地，落实公司出台《施工现场绿色文明施工安全标准化》和《企业文化规范手册》要求，加强施工现场管理力度。按照“六个百分百”要求，防治扬尘污染，加强环保措施。全年在文明环保工作方面投入200万元。（赵　苡）

【人力资源管理】 2020年，山西诚信市政建设有限公司加强内部人力资源的流动与整合，优化团队结构，加强后备人才的培养。树立正确选人用人导向，按照标准和程序选拔任用干部。加强干部职工在职教育，全年完成培训104个课时，128人次，培训费用90050元。评聘取得初级专业技术职称人员4人，中级专业技术职称人员7人，高级专业技术职称人员1人；初级职业技术等级4人，中级职业技术等级9人，高级职业技术等级7人，技师1人。（赵　苡）

综　述

【营商环境改善】 2020年，太原市商务局宣传《中华人民共和国外商投资法》及实施条例，举办全市贯彻落实《外商投资法》培训会，让企业了解政策、掌握政策、用足政策，推动落实国家、省市稳外资支持政策。改善营商环境，实施外商投资法规文件“立改废”，使政策、举措更加明晰，提高审批效率，提升外商投资信心，保护外商合法权益。（路　晶）

【市场运行监测】 2020年，太原市商务局开展内贸流通统计监测，对73家样本企业，加大数据督报和审核力度，数据报送的时效性和准确性得到提升。开展黄金周市场监测，确定美特好超市、王府井、六味斋、芙蓉酒店等10户商贸服务企业为监测样本企业，重点对销售、热点、客流等情况，实行日统计、周分析，撰写运行分析报告，通过《太原日报》《太原晚报》等新闻媒体向社会发布。建立成品油市场监测制度，对中国石化太原公司、中国石油太原公司等成品油批发经营企业及重点零售经营企业的汽油、柴油、煤油月销售量、销售额、价格和月末库存量及与上年同期比较情况进行汇总分析，研究市场变化趋势、存在问题及应对措施，为各级领导决策提供依据。（路　晶）

【市场体系建设】 2020年，太原市商务局对肉菜追溯体系进行运行维护，全市40个试点环节（单位）向商务部中央平台报送追溯数据共计905269条。组织开展食品安全宣传及肉菜追溯体验活动2次，提升追溯体系的影响力。组织完成太原市重要产品追溯体系建设项目调研和咨询设计，《项目可行性报告》经局党组审议批准，并通过市行政审批局及市发改委专家评审。建设商务诚信体系，推广应用山西省商务诚信公共服务平台，累计有254家企业注册平台账号并认领信用评价报告，组织开展诚信兴商宣传月宣传活动2次。建设农产品流通体系，根据《山西省商务厅关于创建省级公益性农产品市场的通知》精神和要求，组织相关企业申报，经初步审核推荐和省商务厅专家评审，太原市河西农产品有限公司、太原市裕吉经贸发展有限公司等7家单位评为2020年度省级公益性农产品市场（零售）。全市“菜篮子”零售网点达7499个，覆盖全市1379个村（社区），社区平均零售网点5.44个。推进农超对接，按照太原市消费扶贫工作领导小组办公室关于印发《太原市消费扶贫专柜专区专馆建设实施方案》的通知，建立农产品批发市场、超市建设专区21个、消费扶贫智能专柜70个。（路　晶）

【流通秩序规范】 2020年，太原市商务局加强成品油市场监督管理，开展安全生产专项整治，重点对加油站经营主体资格、经营行为规范等进行监督检查，印发《太原市商务局关于成品油零售流通行业开展安全生产专项检查工作的通知》，组织全市245个加油站（油库）开展各种形式的安全培训，累计培训1718人次，组织市、县两级监管部门，协同应急、消防等安全专业管理部门，出动检查人员2000余人次，对全市加油站（油库）进行全覆盖排查，发现整改101项安全隐患，维护成品油市场安全平稳运行。牵头组织开展商务领域扫黑除恶专项斗争，精心谋划部署扫黑除恶专项斗争工作，强化行业监管，围绕“有黑扫黑、无黑除恶、无恶打霸、无霸治乱”的原则，坚持部门工作与扫黑除恶同部署同检查同落实，对全市商务领域重点行业企业进行线索摸排和工作督导，市场秩序得到规范。规范单用途预付卡备案管理，全市有21家规模型预付卡备案企业，会同市市场监管局开展“双随机、一公开”执法检查2次。完善汽车类商品流通管理，备案二手车市场1家，全市有二手车市场7家，入住商户计513家，二手车评估企业备案9家，全年二手车交易15万余辆，全

市有3家报废汽车回收拆解企业，全年报废机动车8268辆，其中国三柴油中、重型（挂）货车4543辆。（路　晶）

国内贸易

【社会消费品零售总额】 2020年，太原市社会消费品零售总额实现1655.10亿元，比上年1768.30亿元下降6.40%。按销售单位所在地分，城镇1574.50亿元，比上年1682.20亿元下降6.40%；乡村80.60亿元，比上年85.50亿元下降5.70%。按消费形态分，餐饮收入84.17亿元，比上年104.82亿元下降19.70%；商品零售1570.93亿元，比上年1664.14亿元下降5.60%。商品零售价格指数为100.50（以上年价格为100）。居民消费价格指数为102.60（以上年价格为100）。（路　晶）

【促进消费】 2020年，太原市商务局确定43家商超和18家餐饮企业的2000多个经营网点为保供骨干企业，构建现代物流、电子商务与生活必需品保障供应体系，推广网上下单结算、无接触配送等新零售，确保居民生活稳定。4月，开展惠企帮扶、损失评估、趋势分析等工作，实施首轮政府消费券促消费活动，促进企业复工和消费回升。太原市成立促消费工作专班，专班办公室设在市商务局。建立商务、统计、税务等多部门联动协作机制，实行周监测、周调度。在库企业全覆盖走访，新增限上贸易企业1100多家，山西京东明辉贸易有限公司完成注册入统。实施第二轮政府消费券促消费和汽车消费补贴，对提振消费信心、释放消费潜力发挥引导作用。（路　晶）

【流通节点城市建设】 2020年，太原市作为商务部确定的国家级流通节点城市，组织制定《流通领域现代供应链标准体系》省级地方标准，培育壮大穗华物流园、美特好、唐久、九州通、苏宁等一批商贸物流企业，有美特好、盛唐物流、云仓科技3个全国物流标准化重点推进企业，太原市城市配送协会成为全国物流标准化重点推进协会。研究制定物流行业地方标准，穗华物流园制定出台《区域物流综合体建设规范》《物流园区公共仓储运营规范》《物流园区仓卖运营规范》《城市共同配送服务规范》等4个物流行业地方标准，以星和宅配为代表的家居供应链制定并发布全国第一个定制、软体类家具物流团体标准即《家居物流管理与服务规范、第2部分：定制、软体家具》标准。

（路　晶）

【流通领域现代供应链体系建设试点】 2020年，太原市是商务部、财政部确定的18个流通领域现代供应链体系建设试点城市之一，为推进试点工作，经项目征集、三方评审，确定快消品、医药、家居等三个大类、4个供应链项目、14家试点企业，试点项目全部通过验收。制订《太原市流通领域现代供应链体系建设实施方案》，发布省级地方标准《流通领域供应链标准体系》。在推动供应链创新与应用试点方面，太钢不锈钢、太原煤炭交易中心从全国1359家企业中跻身266个试点企业行列。（路　晶）

【城乡高效配送示范城市建设】 太原市是商务部确定的全国首批20个城乡高效配送示范城市之一。2020年，为推进示范城市建设，出台制订《城乡高效配送示范工程实施方案》和《城乡高效配送骨干企业指导方案》，确定穗华物流园、美特好物流等5个企业为骨干企业。市商务局牵头联合市公安局、交通运输局、邮政管理局、供销合作社联合社共同制订《太原市城乡高效配送专项行动实施方案》，明确完善配送网络、创新配送模式、发展单元化配送3项重点工作任务，从完善城乡配送网络、优化城乡配送组织方式、提升城乡配送管理水平、强化城乡配送技术和标准应用、推动城乡配送绿色发展等5方面扎实推进城乡高效配送体系建设，示范工作得到商务部的肯定。（路　晶）

【电子商务建设】 2020年，太原市推进电子商务建设，建设电子商务综合示范县，娄烦县和阳曲县是国家电子商务综合示范县。实现电商基础设施建设基本全覆盖，建成娄烦县电子商务服务中心、阳曲县电商运营中心等两个县级运营服务中心。整合邮政、中通、圆通、申通、韵达5家快递物流企业开展快递物流配送服务，打通城乡物流配送最后一公里。建设村级服务站211个，其中阳曲县110个，娄烦县101个。全年线上线下农产品销售达到5000余万元。

（路　晶）

【老字号保护】 2020年，太原市商务局保护和传承具有传统文化和悠久历史的老字号品牌，增强老字号企业的品牌影响力和发展潜力，落实省商务厅《关于开展第二批“三晋老字号”认定工作的通知》要求，组织开展太原市第二批“三晋老字号”认定工作。对品牌创立50年以上，历史传承脉络清晰、拥有世代传承的独特产品、技艺，具有彰显中华民族优秀传统文化和鲜明的山西地域文化特征的企业，进行推荐上报。经企业申报、市级初审、省级专家评审、社会公示等程序，确定太原市第二批“三晋老字号”的企业5家，分别是：山西省晋宝斋艺术总公司、山西紫林醋业股份有限公司、太原市华泰厚服装店、山西顺天立大健康产业集团有限公司、太原市认一力餐饮管理有限公司。

（路　晶）

粮食流通

【粮油储备】 2020年，太原市发展和改革委员会与各县（市、区）、仓储企业签订《2020年安全储粮责任书》《落实应急成品粮油储备责任书》，压实粮食储备安全职责。修订出台《太原市市级储备粮管理暂行规定》，确保各级储备粮油数量真实、质量良好、储存安全、管理规范。组织召开全市落实“六保”任务保障粮食安全工作会议，增加应急成品粮储备，达到15天以上市场供应量的要求。粮食大清查74个问题全部销号整改完毕。（杜新娟）

【应急物资储备】2020年，太原市发展和改革委员会完成蔬菜1000万千克，冻猪肉1600吨的储备任务，增强冬春蔬菜和猪肉市场保供稳价能力，为应对突发事件、重大节日供应，平抑物价，维护社会稳定提供保障。申报中央财政支持应急保障体系建设资金项目，争取应急转产能力建设资金3450万元，争取医疗物资储备资金3100万元。

（杜新娟）

供销合作

【供销社综合改革】2020年，太原市供销合作社联合社债务本金2亿元，利息高达5亿元。债务金额大，时间跨度长，成因复杂，成为掣肘供销社改革发展的瓶颈。市委、市政府坚持问题导向，落实处理供销社历史遗留问题，支持供销社多渠道解决政策性和经营性财务挂账及金融债务，协调省供销社、省市财政、债权单位等部门和单位为供销社综合改革助力护航。

启动债务化解工作，成立化解历史债务工作领导组和工作部门，全面部署安排历史债务的化解工作，多次召开专题工作会议，研究制订化解历史债务的路径、方法和步骤。派出专人赴贵州、辽宁等地学习成功做法和先进经验。组织开展对全市供销社系统的历史债务摸底清查，并与市农业银行、山西信达资产管理公司等债权单位进行债务核对。市财政全力支持供销社的历史债务化解事宜，拨付资金389.29万元，将全市供销社系统58家企业在农行的历史金融债务实施整体打包，以7%予以回购，化解农行历史债务本息18086.89万元。为全面落实党中央、国务院关于防范化解债务风险的部署要求，稳妥化解政府债务存量，打好防范化解重大风险攻坚战，由市级财政拨付531万元，支持供销社解决长期以来未能解决的市级地方政策性挂账，为供销社综合改革宽路平途。

市供销社联合社所属单位主动解决历史金融债务，与债务单位对接化解企业经营风险，市粮油副食公司想方设法自筹资金343万元，化解信达资产管理公司1130万元，解除17600平方米土地，3320平方米房产的抵押风险，保障企业稳定发展。

全市供销社系统共化解历史金融债务42671.56万元，解决531万元地方政策性财务挂账问题，历史债务的化解工作取得重大成果。（孙胜利　李丹）

【全链条服务体系建设】2020年，太原市供销合作社联合社通过县生产资料公司、惠农服务站、庄稼医院，扩大农产品种管综合服务面积，帮助农民解决怎么种品质好的农产品问题。通过建设高村SC认证加工基地烘干、收储、加工、SC认证系列服务，帮助农民解决农产品品相好的问题。通过与山西传媒学院合作打造品牌孵化中心，解决特色农产品品牌价值问题。开通供销e家、天猫、淘宝、京东、贡天下等10多个主流电商平台，解决“酒香也要吆喝卖”的销售渠道问题。在太原高铁、飞机场和主要街区设立产品专柜，解决当场体验、线下销售问题。

与阿里巴巴、斑马会员等电商企业签订战略合作协议，入驻供销e家、省农芯乐公司、天猫、淘宝、天猫超市、1688、唯品会、淘乡甜、京东、斑马会员、贡天下、吕梁山货、拼多多、贝店、蜜芽等主流电商销售平台和店铺，拓展现代媒体直播和接入电商平台销售等方式，打通阳曲小米的多渠道上行通道。在太原的高铁站、飞机场和太原市主要街区设立产品专柜65个，在乡镇和行政村建设80个村级体验店，依托省供销社农芯乐电商平台开展质优价低工业品和生活用品配送，从而解决特色农产品的线下体验问题，丰富当地农民日用品供应。（孙胜利　李丹）

【特色农产品公共品牌打造】2020年，太原市构建阳曲县政府、太原市供销社、山西传媒学院、山西农淘网络科技有限公司四方战略合作，在农产品包装、设计、销售、品牌孵化多个领域开展广泛合作，聚集校政企多方资源共同

2020年6月23日，太原市供销合作社组织党员干部在山西国民师范旧址革命活动纪念馆开展“‘不忘初心、牢记使命’重温入党誓词、争做‘三强’模范机关践行者”主题党日暨廉政（爱国主义）教育活动　（市供销社供图）

打造“首邑田园”特色农产品公共品牌。邀请阳曲县委书记代言阳曲小米，参加阿里巴巴丰收购物节直播、央视一套焦点访谈《金秋时节庆丰收》节目专题采访，和阿里巴巴共同举办阿里巴巴“一县一业”阳曲示范项目启动暨“阳曲小米”地标区域特色农产品公共品牌发布会仪式等一系列电商销售和文化活动。多次开展网络直播活动销售，直播销售突破100万元。“阳曲小米”取得农业部地理标志与国家知识产权局地理商标。阳曲供销社研究出台一系列产品的使用管理办法，对“阳曲小米”实行产、供、销全产业链全方位的监管。

（孙胜利　李丹）

【安全生产】 2020年，太原市供销合作社联合社深入基层开展不间断拉网式排查，全系统累计出动检查组150余次500余人次，排查隐患73个，已整改71个。全年投入安全资金219.70万余元，累计培训450余人次，确保全年全系统无一例事故发生。（孙胜利　李丹）

【抗疫物资供应】 2020年，太原市供销合作社联合社发挥应急救灾物资储备保障作用，完成市疫情防控领导小组办公室交办的紧急调配抗击疫情物资棉大衣2000件的任务。下属南、北部果菜市场顶着疫情压力，始终保持开门营业，市场货源充足，物价稳定，为做好特殊时期的民生工作贡献力量。发挥农资供应主渠道作用，克服疫情不利影响，千方百计筹调货源，开通农资供应绿色通道，组织送货队伍，服务到田间地头，保证春耕备耕工作顺利进行。落实市委、市政府疫情期间减免房租政策，为社有资产民营企业承租户减免租金近200万元。（孙胜利　李丹）

对外贸易

【进出口总额】 2020年，太原市进出口总额完成1211.47亿元，比上年1119.56亿元增长8.10%。其中：出口总额724.71亿元，比上年的651.72亿元增长11.20%，占全省出口总额的82.60%；进口总额486.76亿元，比上年467.85亿元增长3.80%。（路　晶）

【外贸企业培育】 2020年，太原市商务局开展年度外贸企业孵化中心评审，有5个园区入围，全年录入省级外贸主体孵化数据库企业245家。企业主体数量稳步增长，一般贸易有进出口实绩企业数为763户，较上年度增长7户，从事跨境电商经营主体约1000余户，同比大幅增长。开展外贸空白县“破零”专项行动，外贸空白县全部清零。

（路　晶）

【外贸体系建设】 2020年，武宿综保区完成整改验收，通过海关总署委托太原海关组织正式验收，主要经济指标实现飞跃式发展，园区当年新增进出口59.88亿元，同比增长109倍，排名跻身全国中游行列。“一带一路”提速发展，以华远国际陆港集团为主体，多渠道整合省内外铁路、公路、水运、港口、邮政、航空、口岸、保税场所和区域资源，统筹推进物流通道、枢纽、园区和信息平台建设，全年开行中欧班列160列，与“一带一路”沿线国家进出口实现261.84亿元。拓展外贸产品领域，开展申报二手车出口试点城市工作，获批全国第二批试点城市。（路　晶）

【外商投资】 2020年，太原市新增外商投资企业39家，同比增长95.00%。合同外资5.10亿美元，同比增长125.20%。实际利用外资1.02亿美元，同比增长5%。同年，太原市商务局开展全市外资企业大拜访活动，及时掌握外资企业诉求，协调解决外资企业在生产经营中遇到的问题和困难，当好外资企业“娘家人”，使每一家外资企业都能享受到政府高效、便捷、优质的服务，让企业放心投资，安心发展。（路　晶）

电子商务

【跨境电子商务】 2020年，太原市商务局起草《山西省跨境电商综试区建设实施方案》，制订《太原市推进综试区建设工作计划》，与市财政局共同印发《加快推进跨境电子商务发展的实施意见》，出台《跨境电商发展专项资金管理办法》及《项目申报指南》。完善9610（跨境直邮进出口）、1210（保税进口零售）基础设施及数据平台建设。组织太原市跨境电商示范园区、示范企业的评审。全年跨境电商B2B、B2C业务进出口超3亿元，同比增长约30%。

（路　晶）

【线上线下展会】 2020年，太原市商务局组织96户（次）外贸企业参加

2020年10月15日至18日，太原市供销合作社参加第七届中国（山西）国际茶产业博览会　（市供销社供图）

“云端”举办的第127、128届线上广交会，使用网上展位354个。组织232家采购单位、881名采购商参加第三届进口博览会，展会期间达成意向采购金额2.15亿美元，同比增长37.80%，排名全省第一。与省综改示范区、市促进外来投资局协作举办两场招商推介及合作签约活动，签约29个项目，签约资金223.22亿元。（路　晶）

2020年9月14日上午8时51分，中国电信首个井下5G通信试验网络在上榆泉煤矿开通，井上、井下和远程5G视频连线（电信山西分公司供图）

通　信

·电信公司·

【电信云网融合发展】2020年，中国电信山西分公司（以下简称电信山西分公司）加快5G、物联网等通信网络基础设施和数据中心等算力基础设施的建设，加快“网是基础、云为核心、网随云动、云网一体”云网融合进程，通过云和网的协同实现基础能力的提供，支撑数据存储计算交换处理更加高效便捷，加速数字技术融合应用深度扩散，提升经济社会创新速度。在推进云网融合发展方面，实现核心IT系统云化，推进IT架构更新迭代。提升公有云服务能力，加快产品研发和推广，为客户提供更加丰富的云产品及服务。（孙　帆）

【电信5G网络应用】2020年，电信山西分公司以5G引领新基建，云网催生新发展，通过5G+智慧城市、5G+智慧矿山、5G+能耗管理、5G+创新应用，推进“云改数转”、赋能智慧经济发展、服务社会民生的实力。5G+智慧城市为客户打造能够实现人、物、生产、生活四个维度万物互联的平台，将消防系统、机房监控、能效管理、停车管理及智能照明灯等整合在一起，实现“一平台全掌握”的高效管理，政府及企业的工作效率提升。5G+智慧矿山通过“一网一云”与合作伙伴共同打造煤机工业互联网综合平台，打通煤机行业供应链上下游企业，实现人、设备、数据互联，突破“数据孤岛”瓶颈。5G+能耗管理以5G物联网、大数据可视化、云计算等为基础，携手合作伙伴通过能源监控、能源消费分析、能源计量设备管理等多种手段，打造智慧楼宇、智慧工厂、智慧能源等领域的智慧能源节能综合平台。（孙　帆）

2020年9月15日，中国电信5G+智慧煤炭产业“一云一网四应用”亮相第十九届2020太原煤炭（能源）工业技术与装备展览会（电信山西分公司供图）

【智慧旅游云平台】2020年9月18日，电信山西分公司中标山西省智慧旅游云平台（二期）云扩容暨混合云项目，该项目拟运用物联网、云计算、大数据、移动互联网等先进技术和理念，建设在旅游体验、产业发展、行政管理全域智慧旅游平台，实现文化和旅游物理资源和信息资源得到高度系统化整合和深度开发，并提供服务于公众、企业、政府等对象的智慧旅游解决方案。该项目采用“平台+云+网+应用”的服务模式为智慧旅游版块实现整体联动和全要素互动夯实基础。（孙　帆）

【电信远程柜台服务】2020年，电信山西公司解决用户不便外出办理业务，适应业务办理线上化的发展趋势，提升10000号线上服务能力，聚焦客户“急难愁盼”的问题推进“10000号远程柜台”创新服务模式。10000客服中心在提供语音服务、文字服务、直播服务、机器人服务基础上，于3月29日推出“10000号远程柜台”服务。“10000号远程柜台”作为线上客户服务创新方式，使在线渠道的方便快捷和柜台面对面沟通的服务场景有机融合，具备在线语音服务沟通、活体检测、人证比对、检验身份证等视频认证功能，既可保障客户信息安全，又便于客户在线办理业务，是线上线下协同营销服务的重要补充手段。（孙　帆）

· 联通公司 ·

【联通网络扩容发展】 2020年，中国联合网络通信有限公司山西省分公司（以下简称山西联通公司）VoLTE业务出现井喷式增长，在线用户数不到2个月增长150万户，对网络承载能力造成一定压力，多个网元出现负荷预警。公司经过30余次业务割接，1个月内完成核心网络设备HSS、ATS、S/I-CSCF等26个网元扩容，完成新建PSBC和PCRF4个网元入网，网络负荷处于正常范围，保障VoLTE业务发展。截至1月19日，VoLTE用户签约数为340万户，VoLTE用户占比排名全国第一。（孙　帆）

【联通“钉钉课堂”支撑服务】 2020年，山西联通公司通过大数据平台对钉钉直播课堂登录情况进行数据分析，对相关师生宽带用户优先升级提升。对没有网络的家庭免费安装宽带，并提供2个月免费服务。7×24小时在线服务，解决各类技术问题。联合钉钉教育、学习报社等举办“钉钉杯”网上直播优质课评选活动，为入选老师提供联通专属产品等奖品。截至3月11日，投入支撑教育行业的人员超过430人，部署、服务学校4142所，覆盖用户201.40万户，其中教师、家长190.10万户，约占教育行业师生总数的27.16%。钉钉直播课堂月度活跃用户127.70万户，每日活跃用户数接近140万户。每天直播课程超过3万个、直播时长超过43万小时。（孙　帆）

【联通千兆小区建设】 2020年，山西联通公司推进宽带网络提速升级，践行“双G双提”要求，支撑市场高质量快速发展。加快低速网络改造，推进住宅小区、商务楼宇等光纤到户建设工作，提升FTTH覆盖范围，光纤接入端口占比达97.40%。紧扣市场业务发展，推进OLT网络扁平化、超大宽带优化，部署城市10G PON局点439个，城市局点占比36.60%。覆盖小区1.10万个、住宅区域220万户。支撑客户需求，对市场线提出千兆小区试点需求，解决名单制千兆小区110个。（孙　帆）

【工业互联网平台合作】 2020年4月27日，太原联通与云镝智慧科技有限公司、太原市工业和信息化局签署共建太原市工业互联网平台合作协议，以打造信息技术、装备制造、新材料、绿色能源四大产业集群为重点。一期主要为政府提供工业经济运行监测平台、工业转型升级项目管理平台，覆盖全市1000家重点企业，实现地方政府对工业经济的可视化、可预测智能管理，为政府决策提供支撑。二期重点打造产业集群的工业互联网应用创新服务平台，为全产业链提供服务，提升企业工业互联网应用水平。该项目的签约是抢抓机遇贯彻落实国家和省发展工业互联网的重要举措，是工业经济转型升级的重要抓手和关键支撑。（孙　帆）

【联通首个5G SA站点开通】 2020年4月，山西联通公司经过一个月安装调测，完成2B核心网用户面网元与郑州大区中心控制面网元的联调任务，于4月27日23时15分在太原成功完成5G SA 2B物联网商用网数据业务首呼任务，下载速率达到1.5Gbps，上传速率为192Mbps，山西联通首个5G SA站点开通，为山西联通5G SA全面商用奠定坚实基础。中国联通5G SA 2B物联网使用标准的5GC组网方案，核心网元采用大区制建设方式，大区中心建设核心网控制面网元，各省建设核心网用户面网元。（孙　帆）

· 移动公司 ·

【移动5G网络发展】 2020年，中国移动通信集团山西有限公司（以下简称山西移动公司）5G网络建设综合进度跻身中国移动第一梯队，建设开通5G基站8894个，首批通过集团SA质量认证，全省城区、中部盆地城市群实现5G连续覆盖，所有县城实现5G覆

2020年，中国移动5G技术应用于吕梁鑫岩智慧煤矿的煤炭开采

（山西移动公司供图）

盖。5G 客户达到 443 万户，5G 客户渗透率 18.80%，集团排名第 7。5G 终端客户 254 万户，5G 终端客户份额 55%，集团排名第 13。5G 机套匹配率达到 57.60%，集团排名第 1。打造 2 个集团级龙头示范项目和 60 个省级特色项目，获中国移动 5G 示范先锋奖，5G 智慧矿山、智慧小区获工信部“绽放杯”一等奖、优秀奖。（孙 帆）

【技术创新能力提升】 2020 年，山西移动公司组建产品创新虚拟团队，建立健全产品创新机制和运营体系。发布极速、娱乐、智享、安全四大智慧家庭解决方案。输出 26 项 5G 行业创新应用，发布 8 个行业白皮书以及煤炭、制造、医疗、社区 4 项商业模式。5G 煤矿井下专网项目获 ICT 中国（2020）技术创新应用奖，申报国家专利 1 项。（孙 帆）

【移动网络结构优化】 2020 年，山西移动公司打造传输新网络，优化网络结构，完成县城以上区域 SPN 网络部署。开展小区攻坚、宽带品质提升大会战，县城以上区域 OLT 平台全部具备千兆扩容能力，行政村覆盖率达到 77%。推进 4G、5G 协同攻坚战，移动网络满意度持续保持领先优势。IDC 出口总带宽达到 14.60T，机架数量达到 5720 架。大视频体验优良率提升至 98.74%。（孙 帆）

邮 政

【概况】 中国邮政集团有限公司太原市分公司（原太原市邮政局）隶属于中国邮政集团有限公司山西省分公司，是网络型的社会公用服务企业，也是城市基础设施的重要组成部分。设有 6 个综合职能部门、3 个市场经营部门、4 个经营支撑部门，下辖 4 个县（市）邮政分公司、6 个区邮政分公司，有员工 1997 名。共有普邮投递道段 507 条、社区服务点 92 处，汽车大户投递段 56 条。邮政电子化网点 141 个，空白乡镇局所网点运营 11 个，代理储蓄网点 149 个，便民服务站注册数 1600 个。拥有北张国内电商、孙家寨电商两个园区，园区总面积 3.16 万平方米。全市邮政自有房屋面积 23.14 万平方米，租赁房屋面积为 4.90 万平方米。（王 飞）

2020 年，中国邮政太原市分公司举办太原市轨道交通 2 号线开通纪念邮资封、邮资明信片首发仪式（市邮政太原分公司供图）

【企业经营收入】 2020 年，中国邮政集团有限公司太原市分公司代理金融板块实现收入 53252 万元，完成省分预算 96.17%，同比增长 1.26%，收入占全省比重较上年下降 0.29%。寄递板块实现收入 15958 万元，完成省分公司预算 100.46%，同比增幅 -9.12%，收入占全省比重较上年下降 4.72%。文传板块实现收入 9544 万元，完成省分预算 100.48%，同比增幅 0.42%，收入占全省比重较上年下降 0.59%。渠道板块实现收入 2898 万元，完成省分公司预算 93.94%，同比增幅 1.22%，收入占全省比重较上年下降 1.63%。15 个总部协同项目全年实现收入 4557 万元，同比增长 43.98%，协同项目战略绩效考核得分排名全省第五位。

第四季度业务发展全面加速，金融跨赛一阶段净增储蓄余额 18.84 亿元，占全年净增储蓄余额 24.92 亿元的 75.60%，同比多增 14.85 亿元。新邮预订实现收入 1473.75 万元，完成省分公司下达目标 100.25%。报刊大收订流转额累计完成 13.33 亿元，完成省分公司下达目标 100.45%。（王 飞）

【绿色邮政建设】 2020 年，中国邮政集团有限公司太原市分公司在推进绿色邮政建设方面，电子面单使用率 99.49%，较上年提高 0.09%。使用新能源汽车 92 辆，占比达 25.41%。胶带瘦身、绿色包装箱使用等工作全面推广落实。（王 飞）

【防范金融风险】 2020 年，中国邮政集团有限公司太原市分公司在防范金融重大风险方面，开展信用卡专项排查，共计排查 1636 人，关注 111 人，对 7 名责任人进行问责。加强日常教育培训，促进员工风险防范意识持续增强，成功堵截电信诈骗等风险事件 9 起。（王 飞）

【企业服务管理】 2020 年，中国邮政集团有限公司太原市分公司推进普遍服务达标工程。加强普服管理，全面开展各类专项活动，建制村直接通邮率等八项指标全面达标，23 个代办网点改自营工作于 7 月全面完成。提升窗口规范服务，全省邮政用户满意度调查得分 95.30

2020年，中国邮政太原市分公司在清徐县廉政警示教育基地参观学习，接受廉政警示教育　　（市邮政太原分公司供图）

分，全省排名第二。妥善处理各类客户投诉，总工单处理量同比下降19.16%。（王　飞）

【企业管理优化】2020年，中国邮政集团有限公司太原市分公司在寄递“三网融合”（寄递业务揽投网、普邮网、同城网三网融合优化）方面，完成机构改革和人员融合，内设机构减少4个，人员分流181人。整合优化揽投部51个，实现速递和普邮段道的优化重组和统一作业。建设自提点685个，邮件卸载率达41.81%。“双十一”期间，在进口业务量大幅增长情况下，仅靠启动一级应急预案即实现生产作业平稳运行，未出现爆仓、积压等问题，“三网融合”成效突显。

金融“四合一”优化方面，压降高柜台席102个，压减人员208人，清退大堂、保安等外包人员120人。组建224人地推队伍主攻“双微业务”（“微邮付”和“微邮惠”的简称）拓展，“微邮付”累计发展商户33370户、绝对值全省排名第一，户均交易金额8.64万元、全省排名第一，拉动储蓄存款1.50亿元。组织208名个人客户经理开展技能大赛，提升人员专业素养。（王　飞）

【企业基础管理】2020年，中国邮政集团有限公司太原市分公司在财务管控上，传导省分营销费用政策，营销费用向线上获客、业务转型发展倾斜达211万元。多措并举减少集邮库存608万元。固定资产清查和股权清理工作顺利完成。落实减税降费相关工作，减免税费38万元。“三供一业”社会化移交工作基本完成。

在人力资源管控上，解决疫情期间外包人员“用工荒”问题，确保揽投队伍基本稳定和仓储中心生产正常运行。改善干部队伍结构，40岁以下年轻干部占比提高8%。合理管控外包成本，较年初预算节支608万元。申请抗疫社保减免政策，节省社保费用1363万元。（王　飞）

【企业收入共享】2020年，中国邮政集团有限公司太原市分公司实现企业发展成果与员工共享，员工收入平均增幅7%，高于企业收入增幅8%。落办三件实事，支出106.60万元。开展重大节日和生产旺季慰问活动，慰问人数达2957人次，发放慰问金（品）51.35万元。落实省政府和省总工会要求，向员工发放一次性消费券77.04万元。抗击疫情期间，为一线员工发放“带饭餐盒+保温包”，组织开展爱心理发活动，组织员工联系购买防疫物资，为打赢疫情防控阻击战助力加油。（王　飞）

快　递

【概况】2020年，太原市邮政快递行业业务收入（不包括邮政储蓄银行直接营业收入）累计完成38.42亿元，同比增长22.29%。业务总量累计完成57.20亿元，同比增长34.58%。快递业务量完成2.26亿件，同比增长58.67%。业务收入完成28.10亿元，同比增长34.74%。快件收投量6.27亿件，支撑零售交易额940.5亿元。（马　卓）

2020年4月24日，太原市邮政管理局在太原国际邮件互换局（交互站）调研　　（市邮政管理局供图）

2020年11月11日，中国快递协会在市邮政管理局调研快递专用三轮车“十统一”管理情况 （市邮政管理局供图）

【多产业融合发展】 2020年，太原市邮政管理局“快递+农产品”业务进展顺利，累计收寄小米、核桃、陈醋等各类农副产品200余万件。邮政企业服务农村电商发展和特色农产品外销成效显著，将阳曲“有机小米”确定为“一市一品”农特产品进城示范项目，阳曲小米线上销售额达264.72万元，带动电商快包业务量10.25万件，清徐陈醋实现销售收入194.79万元，带动电商快包业务量20.52万件，实现寄递收入28.97万元。召开“快递+老陈醋”项目建设座谈会，搭建制醋企业和快递企业协同发展平台。太原邮区中心局与太原通达总公司交邮合作项目运行平稳，利用长途客运底仓运输提升邮（快）件转运效率，有效整合邮运、客运、货运资源，实现双赢。顺丰速运、山西京东等企业推进同城配送、冷链等新业务开展，行业服务广度深度提升。 （马　卓）

【城乡末端配送网络建设】 2020年，太原市邮政管理局智能快件箱项目建设持续发力，推动智能快件箱、智能信包箱和快递综合服务场所建设项目纳入市政府年度重大行政决策事项目录，制订《关于推进太原市智能快件箱项目建设的实施方案》并经市政府常务会通过、与各相关部门联合印发。巩固建制村通邮成果，完善794个建制村的基础信息台账，实现建制村坐标信息采集、投递员安装建制村投递监测系统移动端App两个100%。通过召开快递进村邮快合作项目推进会、组织太原邮政分公司与中通、顺丰等12家省级快递企业签署邮快合作共建三级物流配送体系合作备忘录、鼓励快递企业进厂等形式，推动快递进村工作取得显著成效，全市794个建制村，顺丰初步建成全覆盖快递服务网络，其他主要品牌快递企业实现全市640个建制村快递投递服务覆盖，通达率达80.60%。 （马　卓）

【市场秩序规范管控】 2020年，太原市邮政管理局依法依规实施准入管理，严把行业入口关。加强违规经营整治力度，保障用户合法权益。严肃查处开设末端网点未按规定备案、擅自将快递业务委托未经许可的企业经营等严重扰乱市场经营秩序行为。组织开展快递末端服务违规收费清理整顿，杜绝快递末端违规收费问题发生。根据国家邮政局关于对快递公众满意度进行的调查结果显示，在被调查的全国50个城市排名中，太原市位列第五。 （马　卓）

【行业安全生产】 2020年，太原市邮政管理局印发《太原市寄递渠道安全管理领导小组2020年工作要点》，深化部门间务实合作，防范和遏制重特大事故和影响恶劣的案（事）件发生。制订全市邮政快递业安全生产集中教育整顿暨专项整治、持续推进全市寄递渠道安全生产集中检查强化风险隐患排查治理、邮政快递业深入开展零上访零事故零案件创建等工作方案，明确安全生产重点任务，系统压实企业主体责任。联合市公安局、国安局印发《关于推进省城寄递渠道安全治理能力现代化建设的若干措施》，完善行业安全联合监管体系。完善专项应急管理措施，推动行业应急

2020年12月22日，太原市邮政管理局联合市总工会开展关心关爱“快递小哥”慰问活动 （市邮政管理局供图）

处置能力提升，强化对企业运营风险的监控力度，及时回应基层网点关切，保持行业网络稳定运行。发挥行业作用，为省城平安建设、扫黄打非、禁毒、维稳等工作贡献力量。督促企业结合业务发展及时增配安检设备，推动行业安全管理人防技防能力提升。开展太原市邮政快递专用电动三轮车“一盔一带”安全守护专项行动，全面推行电动三轮车驾驶员佩戴头盔上岗制度，提升快递电动三轮车骑乘人员安全防护水平。加强邮政快递专用三轮车管理工作，整理规范三轮车信息累计6453条，完成车辆年检5285辆，督导企业更换老旧车辆339辆，联合纠察违规行为420起。

（马　卓）

【寄递渠道综合管理】 2020年，太原市邮政管理局组织召开全市寄递渠道安全管理领导小组工作会议，会同公安、国安等相关部门组织联合执法检查，保持高压态势及时查处企业违法违规行为，保障寄递渠道安全联合监管机制顺畅运行。建立寄递渠道安全属地联防联控机制，开展联合执法检查、随机抽检等工作，全年累计出动执法检查人员653人次，检查企业315家，排查一般安全隐患78起，下达责令改正通知书40份，行政约谈企业17家，行政处罚32家，处罚金额99.95万元，行业监管效能得到提升。

（马　卓）

【放管服效改革】 2020年，太原市邮政管理局严格企业许可、备案审批时限，按期受理企业许可、分支机构设立核查事项和末端网点备案事项，帮助企业完成大规模许可延期及新业态企业许可申领工作，配合省局完成“僵尸企业”注销。截至年底，全市共有快递许可企业45家，分支机构385个，备案末端网点1394个。强化普遍服务和特殊服务监督，推进邮政普遍服务达标情况监督检查，共检查80个普服网点、6个投递场所，下发责令改正通知书22份。开展邮票发行、巡视专用邮政信箱、机要通信和邮政专用标志车辆监督检查。配合国家局、省局完成全国、省内和同城信件、包裹时限测试，共审核83个普服局所备案材料，4个行政审批材料。全面推行警邮、税邮合作项目，分批分步有序推进警邮、邮税合作项目建设全覆盖，警邮合作在全市30个网点开办，税邮合作在全市111个网点开办，均覆盖6城区4县。

（马　卓）

【行业生态环保工作】 2020年，太原市邮政管理局实施升级版“9792”工程，实现全市寄递企业瘦身胶带封装比例达91.22%，电商快件不再二次包装达91%，循环中转袋使用率接近91%，电子面单使用率达96.66%，标准包装废弃物回收装置覆盖率突破65%。初步建成中通、万科、紫台店等18家绿色网点示范店，推进全市申通快递分拨中心等3家分拨中心绿色建设工程。开展新能源电动车推广工作，太原邮区中心局网运生产车辆50%以上使用新能源车辆。

（马　卓）

住宿饮食

【住宿业】 2020年，太原市有限额以上住宿业法人企业126个，客房数15570间、床位24785张，餐饮业营业面积266976平方米，餐位23415位，从业人员10045人，实现营业额145131万元。

（太原年鉴编辑部）

【餐饮业】 2020年，太原市有限额以上餐饮业法人企业231个，营业面积489967平方米，餐位数133933位，客房数4834间、床位数7840张，从业人员18048人，实现营业额320785万元。

（太原年鉴编辑部）

2020年太原市限额以上住宿业和餐饮业经营情况表

表18

指标名称		法人企业数（个）	从业人员期末人数（人）	营业额（万元）	客房数（间）	床位数（个）	餐位数（位）	年末餐饮营业面积（平方米）
总　计		357	28093	465916.5	20404	32625	157408	756943
一、住宿业		126	10045	145131.1	15570	24785	23415	266976
其中	旅游饭店	71	7462	106511.1	10322	16324	16779	182847
	一般旅馆	53	2542	37475.3	5008	8117	6536	73129
	其他住宿业	2	41	1144.7	240	344	100	11000
其中	五星	4	1975	26563.5	1339	1990	1590	37860
	四星	9	891	14044.0	1648	2784	3990	12291
	三星	17	1833	20134.9	2220	3688	4597	39111
	二星	4	137	1727.0	450	777	320	6550
	其他	92	5209	82661.7	9913	15546	12918	171164
二、餐饮业		231	18048	320785.4	4834	7840	133993	489967
其中	正餐服务	221	12218	215839.9	4834	7840	107778	429310
	快餐服务	4	5654	100771.3			18095	53937
	其他餐饮业	3	89	1502.8			8095	5510
其中	大型	2	5393	92710.0			16652	50852
	中型	25	5103	92187.7	1348	2084	27068	132565
	小型	173	7319	127952.9	2963	4958	86197	284736
	微型	31	233	7934.8	523	798	4076	21814
其中	城镇	231	18048	320785.4	4834	7840	133993	489967
	城区	197	16633	296372.7	4528	7253	120280	448709
	港商投资	1	1179	28036.7			5352	15302

会　展

【清徐县第二届年货节】 2020年1月18日至20日，清徐县第二届年货节在山西省展览馆举行，展示展销全县40余家企业的具有地方特色的农特产品。

年货节上商品品种繁多，有各色生鲜蔬果、年货礼盒，除清徐盛产的葡萄、梨、枸杞、芦笋、红薯等当地农产品外，还有老陈醋、葡萄酒、孟封饼、豆腐干、香油、元宵、灌肠等加工类农产品。山西水塔醋业股份有限公司、山西紫林醋业股份有限公司、太原六味斋实业有限公司等企业参与本次年货展销。

（梁文青）

【山西（太原）暖通展览会】 2020年8月14日至16日，山西（太原）暖通展览会在山西省展览馆举办。展览汇聚众多业内知名企业，涵盖空气源热泵、太阳能光伏、电地暖、锅炉、燃气采暖设备、发热线缆、壁挂炉等清洁供暖创新解决方案和产品。展会集展览展示、品牌宣传、产品推广、渠道拓展、市场调研、交流合作于一体，促进参展企业技术对接、成果转化和产品交易。

（梁文青）

【名特优农产品大型展销系列活动】 2020年8月29日至30日，“助力农民增收，惠及市民餐桌”太原市名特优农产品大型展销系列活动阳曲县和尖草坪区专场在山西省展览馆举行。阳曲县各乡镇多个企业和尖草坪区代表企业集中展示自身发展成果、农业资源、特色产业和名牌产品。

2020年9月28日至10月2日，山西省对口援疆地区特色农产品展销活动在山西省展览馆举办　（省展览馆供图）

9月5日至6日，清徐县和晋源区专场在山西省展览馆举行。清徐县和晋源区的40余家企业携百余种特色农产品亮相展会，以实惠的价格，为广大市民提供优质、优价、新鲜的农产品。

9月12日至14日，小店区和娄烦县专场在山西省展览馆举行。活动吸引41家专业合作社和企业参展，集中推介特色蔬菜瓜果、有机谷物、花卉、酒水、零食、肉蛋奶等各类优质特色农副产品和小吃美食。展销现场还有传统刺绣、剪纸、根雕等“非遗”项目展示。推介活动使小店区和娄烦县的优质农副产品“出村进城”，为农业企业搭建更加广阔的销售平台。

9月18日至20日，古交市、迎泽区、杏花岭区、万柏林区专场在山西省展览馆举行。“一市三区”近50家农业专业合作社和企业，130余种特色农产品和美食小吃参展，为广大市民提供丰富、优质、优价、新鲜的农产品。

（梁文青）

【第三届中国（太原）秋季茶产业博览会】 2020年9月18日至21日，第三届中国（太原）秋季茶产业博览会在山西省展览馆举办。本届茶博会有来自贵州、云南、福建、湖南、湖北、河南、安徽、四川、广西、浙江等10余个国内茶叶主产区省份的350余家茶企参展。大会展位达426个，展出产品涵盖茶叶、茶具、紫砂、陶瓷、工艺品、红木、书画等上万种精美产品。

（梁文青）

【中国（太原）畜牧产业展览会】 2020年10月29日至31日，中国（太原）畜牧产业展览会在山西省展览馆举办。展览主题为“新科技、新技术、新设备”，

2020年11月12日至14日，第十届山西省节能环保、低碳发展博览会在山西省展览馆举办　（省展览馆供图）

吸引来自全国各地的300余家知名企业及1.80万多名省内外的采购商汇聚太原。展出产品范围涵盖国内外各种畜禽商品、畜禽养殖、兽药、疫苗、饲料、畜牧生产、牧草业及深加工、畜牧科研成果、生物质能源、包装与运输等。（梁文青）

贸易促进

【营商平台建设】2020年，太原市贸促会利用全国贸促系统外商投资服务平台，与省贸促会、市促投局等部门对接，上报地方政策、地区发展、行业发展、重大项目等情况，宣传太原经济建设的政策成果，创新招商引资方式，将优化营商环境情况政策推送到国内外，提升项目推介的权威性。（佀　敏）

【组织参加数字展览】2020年，太原市贸促会组织企业参加由省贸促会主办的2020年山西品牌中华行数字展览。主题为“饮山西药茶，品百草精华”，全部由线上直播实现。研究新常态下数字展览对会展业发展促进作用的课题。组织3家企业参加山西品牌丝路行线上行（中东站）活动，运用5G、大数据和虚拟技术搭建“品牌行”线上平台，实现全天候、全方位、全景式提供数字资讯、数字展示和高强度撮合对接。（佀　敏）

【国际化经营合规排查】2020年，太原市贸促会联合中国贸促会法律事务部、山西省贸促会在山西省展览馆举办企业国际化经营合规风险排查（太原市专场）活动，组织100余家外贸企业到场参加。对“中资企业海外合规风险的新态势及风险排查服务流程”“中企合规管理体系建设的现状、挑战与应对”和“中企出口管制合规的现状、挑战与应对”等专题的10大领域、120个风险点进行全面体检。由专家团队出具国际化经营合规体检报告，指导企业应对国际贸易风险。（佀　敏）

【专业会展培训】2020年，太原市贸促会与厦门市联合举办会展产业链服务培训会，线下设立6个分会场，线上线下计5300余人参加培训。培训会不仅使从业人员专业化水平得到提升，而且为促进会展业与主体产业的融合发展，服务产业转型升级指出新的路径。（佀　敏）

【品牌展会】2020年10月29日，第十四届中国（太原）国际汽车展览会在煤炭交易中心举行，以“智联驾享、惠动龙城”为主题，展示低碳技术，向世界展示太原聚焦“六新”的新形象，展示太原推动产业兴城、绿色发展的信心、决心和成效。展会涵盖高端进口、合资汽车以及国产自主品牌70多家，600多款车型，现场销售额达5000万元。疫情期间，为帮助太原市会展业渡过难关，经严格评审，对第十九届2020太原煤炭（能源）工业技术与装备展会等13个重点会展项目、煤炭交易中心等3个场馆实施奖补，达128万元。（佀　敏）

【会展企业交流】2020年，太原市贸促会组织会展企业参加西安“2019中国城市会议展览业协会联盟年会”“豫晋陕会展行业联盟年会”“中国城市会展合作发展论坛”、南京“会展城市领军者高端座谈会”、第18届广州国际汽车展和国家贸促会、商务部、中国会展经济研究会举办的以“聚焦双循环战略、促进产业会展融合”为主题的2020厦门国际会展周，带动会展企业创新会展举办模式，指出发展新方向。出席“黄河流域会展业联盟筹备会议暨黄河流域会展业高质量发展论坛”，通过黄河流域会展业联盟《倡议书》《意向书》《工作机制》，加入黄河流域会展业联盟，扩大豫晋陕会展行业联盟的影响力和区域实力，整合黄河流域会展行业资源，加强信息共享及交流合作，共同促进会展业快速发展。（佀　敏）

2020年10月，鸿宾楼内部设施装修改造项目完工，图为鸿宾楼外貌

（饮食服务集团有限公司供图）

企业选介

·饮食服务公司·

【项目建设】2020年，太原市饮食服务集团有限公司推动高质量转型发展项目建设。上海饭店移址重建项目于4月7日搬迁完毕。鸿宾楼内部设施装修改造项目于10月完成。林香斋外立面恢复原貌项目于预定工期内完成。桃园饭店拆迁重建项目，集团公司于9月对太原迎春楼广东酒家实业有限公司名下一宗土地进行查封，市中院对桃园饭店与

2020年的并州饭店全景 （太原并州饭店供图）

太原迎春楼广东酒家实业有限公司合同纠纷一案进行财产保全。 （白　雪）

【厂办大集体改制】 2020年，太原市饮食服务集团有限公司根据市国资委的工作要求，全面完成下属2户厂办大集体的改制关闭、企业销户和职工安置工作。 （白　雪）

【老字号品牌合作】 2020年，清和元参加编撰《山西省老字号志》，并作为省老字号企业代表参加第三届中国国际进口博览会“中华老字号”展览。认一力餐饮管理公司与太原吉庆食品有限公司于1月签订为期两年的加盟合同。 （白　雪）

【职工权益保障】 2020年，太原市饮食服务集团有限公司坚持“以人为本”的发展理念，通过为职工做好事、解难题、办实事，切实维护职工的利益。4月，启动招录新职工工作，15人签订劳动合同，充实到公司系统各个岗位。增加职工工资、兑现绩效奖励，人均增资546元。全体在岗职工人均兑现绩效奖励2万元以上，使广大职工享受到从严治企、改革发展所带来的红利。 （白　雪）

【安全生产】 2020年，太原市饮食服务集团有限公司与基层企业签订《2020年安全生产目标责任书》，并于12月进行考核。先后成立、调整、充实安全委员会、安全生产工作领导小组，完善集团公司工作机构，优化系统内各企业、部门工作机制。围绕安全生产，建立健全安全生产例会、党政联席安全生产专题会议等制度。全年安全隐患整改资金投入30余万元，进行安全检查22次，检查出各类安全隐患35条，全部完成整改。 （白　雪）

·太原并州饭店·

【概况】 2020年，太原并州饭店实行转企改制，更名为太原并州饭店有限责任公司。转制后的并州饭店有限责任公司隶属于市政府办公室，下设22个部室，共有职工829人，承担太原市委、市政府公务接待、会议服务和向社会各界提供住宿、餐饮、会议、康体、健身的服务职能，拥有各类客房300间套，各种规格会议室、宴会厅、西餐厅、特色餐厅、包间等一应俱全，康体、SPA设施完备，是太原市社会各界会议商务、接待宴请、健身休闲的首选。全年实现经营收入7839万元。 （李　巍）

【转型发展】 2020年，太原并州饭店开展线上售卖，吸纳预售资金。设立社区便民服务站，以贴合市民需求的主食、熟食、加工半成品和平价蔬菜为主要商品，给社区百姓的生活带来便利。拓展团餐派送新业务，先后与13家学校、培训机构签订配送协议，日单餐供餐量达到2000余份，受到社会各界的普遍好评，饭店产品的影响力、美誉度提高。

并州饭店在服务上下功夫，借助金钥匙国际联盟平台，在全店开展金钥匙5C贯标服务，对于部职工尤其是经营一线职工就金钥匙服务哲学、5C服务所需的基本知识和各项工作的操作程序、技巧，酒店个性化服务等内容进行

2020年，太原并州饭店接待山西省第十一批援鄂返并医护人员 （太原并州饭店供图）

2020 年的六味斋食品工业园全景　　（太原六味斋实业有限公司供图）

全方位专题辅导培训，推动饭店管理及服务质量的全面提升。（李　巍）

【中央厨房项目】 2020 年，太原并州饭店经充分论证、市场调研，筹备以为社区食堂、学校食堂和机关企业单位食堂配套服务的中央厨房项目。中央厨房项目是较为成熟的餐饮工业化发展新模式，不仅能保障服务对象就餐需求，而且对提高区域内食品安全管理水平、减少餐厨垃圾环境污染都有着十分重要的引领示范作用，更是落实国家“十四五”规划和 2035 年远景目标“推动养老事业和养老产业协同发展，健全基本养老服务体系，发展普惠型养老服务”和“建设高质量教育体系”的重要举措。仅用一个月时间就完成太原并州饭店智慧央厨配送基地的建设。项目以日单餐 1 万份的生产能力和对 5G 信息平台的运用，成为太原市乃至华北地区最先进、智能化程度最高的中央厨房。

厨房各生产车间均按 10 万级 GMP 标准进行设计、建设和管理，实现从食材原材料采购到生产加工、再到安全配送全过程实时监控，成为可供全社会实时监测的明厨亮灶。厨房配置全自动米饭生产线、自动切菜机、毛刷清洗机、切丁机、切片机、单轴拌馅机、肉丝肉片机、揉面机、蒸包成型机、万能蒸烤箱等自动生产设备，为食品加工制作工业化生产创造条件。（李　巍）

·太原六味斋实业有限公司·

【党建基地建设】 2020 年，太原六味斋实业有限公司从抓好非公党建入手，着力构建“党建 + 工业 + 旅游”发展格局。建设党建公园、信念之路、党员宣誓区、初心广场、追梦长廊等学习阵地，对博物馆进行升级改造，打造将红色文化与党员干部党性教育、中小学研学实践、大学生实习实训相结合的“行走课堂”，成为全省最具特色的“党建 + 工业”“绿色 + 红色”，融党建、生态、学习于一体的党员教育实训基地。被清徐县委组织部、县委党校授予“党性教育教学点”。被太原市委组织部授予“太原市党员教育实训基地”，成为太原市首家党员教育实训基地。被山西省工商联授予“山西省非公企业和商协会组织党建教育示范基地”。（林　谦）

【食品研究院成立】 2020 年 10 月 22 日，太原理工大·六味斋食品研究院挂牌成立，打通高校研发与企业创新的通道，将高等院校的科技资源和科研能力转移到企业中，助力六味斋创新驱动发展战略的实施，成为增强六味斋经济发展的新动能。（林　谦）

【经营发展】 2020 年，太原六味斋实业有限公司非传统渠道的团餐、团购、晋西口完成全年任务，科技公司的电商收入同比增幅 41.12%。餐饮公司团餐部借助疫情期间培训学校开学之机对接订餐服务。科技公司凭借抖音、淘宝直播蓬勃发展。晋西口公司利用国家的扶贫政策搭载“公益中国”等平台以及代加工渠道，开拓自有销售渠道。食品公司团购部全力联系团购业务。旅游发展部开展户外烧烤业务，将六味斋打造成太原市的一个网红打卡地。（林　谦）

2020 年，太原六味斋食品工业园被太原市组织部授予太原市党员教育实训基地

（太原六味斋实业有限公司供图）

金融监管

·中国人民银行太原中心支行·

【货币政策调控运用】 2020年，中国人民银行太原中心支行贯彻落实稳健的货币政策，全力以赴支持防疫保供和复工复产。先后制订实施金融服务新冠肺炎疫情防控16条措施、金融支持疫情防控和复工复产35条措施、支持中小微外贸企业复工复产11条措施，组织全省各级人民银行和金融机构认真落实。推动3000亿元专项再贷款、5000亿元再贷款再贴现专用额度政策全面落地。全年向抗疫保供和复工复产领域提供156.40亿元低成本资金。开通支付清算、国库、现金、征信等绿色通道，为畅通疫情防控期间金融服务提供保障。召开全省人民银行系统、全省金融机构两个层面工作推进会，制订实施全省金融支持稳企业保就业工作方案，建立实施按日监测、按周督导、按月审核制度，加强对金融机构落实情况的督导。落实1万亿元再贷款再贴现政策，全省法人金融机构发放符合条件的贷款及贴现391.29亿元，加权平均利率4.13%，支持涉农、民营小微企业等市场主体5.13万户。推动两项直达实体经济的货币政策工具落地见效，向法人金融机构发放普惠小微企业信用贷款支持计划资金9.01亿元、普惠小微企业贷款延期奖励资金9623.37万元，撬动法人金融机构发放普惠小微信用贷款24.44亿元、惠及市场主体1万余户，办理普惠小微贷款本金延期115.28亿元、惠及经营主体6321户。组织开展“纾困惠企五大专项行动”，通过系列组合拳，推动2020年全省普惠小微企业新发放贷款首贷率达63%。

出台金融支持产业扶贫、易地扶贫搬迁后续扶持等实施意见，引导金融机构精准对接产业扶贫金融需求，做好易地扶贫搬迁后续扶持金融服务工作。年末，全省金融精准扶贫贷款余额987.60亿元，同比增长7.70%。其中，产业精准扶贫贷款余额506.30亿元，同比增长29.20%；易地扶贫搬迁贷款余额17.20亿元，累计服务超100万人（次），金融助力脱贫攻坚顺利收官。

制定金融支持能源革命综合改革试点、制造业中长期融资、“六新”发展促转型等指导意见，引导金融机构加大对经济转型发展的融资支持。探索绿色信贷抵押担保方式创新，会同环保部门修订排污权抵押贷款管理办法。与省、市相关部门联合举办2次大型银企对接会，授信金额485亿元。年末，全省转型综改领域各项贷款余额13254.24亿元，同比增长3.70%。（孙 帆）

【金融风险监测】 2020年，中国人民银行太原中心支行健全金融风险监测体系，从总体风险评估、分类型风险特征、机构个体风险三个维度对中小金融机构开展监测分析，全方位多角度识别风险。月度报告及时跟进风险热点变化，突出反映金融机构经营一线情况，部分案例被总行采用。按季完成大型企业、投保机构等重点领域风险监测及央行评级工作，掌握风险的边际变化。持续推进高风险机构风险化解专项行动，整理高风险机构情况和梳理风险特征，向政府发送风险提示函17份。参与地方法人金融机构改革方案制订，配合省委推动城商行改革化险和太原城区联社改制工作取得重大突破。

修订金融机构突发事件应急预案，调整打好防范化解重大金融风险攻坚战领导组，健全一把手负总责、相关部门各负其责的工作机制。突出抓好流动性监测、舆情及网点经营秩序监测、现金和资金清算保障等工作。检查指导相关市中心支行，约谈省信用联社负责人，督促做好风险应对。配合地方政府妥善处置某城商行集中取款事件，指导山西辖内6家机构及时化解集中取款苗头。先后开展全省存款保险集中宣传活动、“身边的银行暨存款保险”专题宣传活动，社会受众面和接受度不断提高，取得良好效果。

金融委办公室地方协调机制（山西省）落地实施，组织召开4次会议，通报风险信息，研判风险形势，形成工作意见和措施，督促重大金融风险攻坚战任务得到落实。加强金融监管协调，推动金融信息共享，协调做好金融消费者权益保护工作和金融生态环境建设。

（孙 帆）

【货币发行与管理】2020年，中国人民银行太原中心支行加强货币金银管理。全省金融机构现金收入18027亿元，支出18384亿元，现金净支出357亿元。加大反假货币力度，全年累计收缴假人民币577.87万元、6.65万张（枚），分别同比下降37%、38%。科学规划发行基金调拨格局，确立省域重点辐射库，建立区域安全押运圈。推进2020年新版5元纸币发行工作。建立疫情防控五确保工作机制，确保群众用上“放心钱”“卫生钱”。建立现金供应分级分类关注机制，有效应对金融风险突发事件。开展拒收现金专项整治工作，排查行业场景45个、各类线索164条，对4家单位和个体户作出经济处罚。发挥山西省反假货币工作联席会议作用，完善各项反假工作机制，实现对金融机构现金业务及从业人员检查监督无死角、无空白，集中组织开展跨区域联合反假行动，筑牢反假工作的防护墙，全面净化人民币流通环境。

（孙 帆）

【支付结算体系建设】2020年，山西省有65家银行网点加入现代化支付系统，全省各银行业金融机构通过人民银行现代化支付清算系统清算资金21381.56万笔、79.90万亿元，分别同比增长4.36%、4.99%。全省办理单位人民币结算账户开立263822户、撤销103007户、变更102349户。全省累计通过疫情防控“绿色通道”开立相关单位账户176户，保障防疫救助资金及时到位。落实降成本政策，全省银行、支付机构累计减免1876.54万元，减轻企业商户负担。

非现金支付业务量稳步增长，全省各发卡机构累计发卡19822万张，同比增长4.43%。特约商户35.04万户、同比下降28.23%，POS机、ATM机75.85万台、2.54万台，同比分别下降8.60%、3.42%。全省银行卡交易534007万笔，同比增长5.24%，金额148029亿元，同比下降1.04%。助力政府电子消费券发放活动，核销各类政府消费券4.79亿元，直接拉动消费达38亿元。

2020年10月19日，中国人民银行太原中心支行与太原市人民政府联合举办促“六新”项目融资对接会暨太原综合金融服务平台上线仪式

（中国人民银行太原中心支行供图）

全省建设农村金融综合服务站29005个，实现有条件行政村全覆盖。县域全部建成1至2个与扶贫产业、特色产业结合的特色示范服务站，支付业务助推脱贫攻坚发挥显著成效。全省累计办理助农取款业务465万笔，金额6.83亿元。办理农民工银行卡特色服务跨行交易业务2.32万笔、金额2565.48万元。

开展行政许可事项，加强账户全生命周期监管，打击治理跨境赌博资金链工作，深入开展打击治理电信网络新型违法犯罪专项行动和无证经营支付业务专项整治工作，推动支付结算监管实现精细化管理，持续优化支付服务环境。

（孙 帆）

【社会信用体系建设】2020年，山西省二代征信系统成功切换上线运行，为山西省120.89万户企业建立信用档案，提供企业征信系统查询14.01万次。指导全省银行类接入机构全部调整受疫情影响“四类人员”和相关企业逾期信用记录认定和报送规则，全年为2.79万个人、4066户企业调整信贷逾期记录，减免征信服务费用435.67万元。拓宽征信查询渠道，指导和推动7家商业银行开通网银、App查询服务，全省县域自助查询服务及查询机“聚合支付”功能实现全覆盖。牵头打造山西信用生态创新先导区，推动综改区政府采购平台与中征平台开展对接，实现政采贷全流程线上融资业务正式落地，促进征信与产业、金融深度融合。推进农村信用体系建设“百县千村”示范工程，以“整村授信”促乡村振兴，出台机制创新、平台搭建、模型设计、产品开发等相关措施，以信用赋能助力精准脱贫。推动社会信用体系建设“联合惩戒”向纵深发展，报送“信用山西”案例120余例，金融机构依据失信人名单取消35人贷款资格，起诉11人，暂停对1户企业授信额度，有效防范金融风险。

（孙 帆）

【反洗钱监管】2020年，中国人民银

2020年8月6日，中国人民银行太原中心支行组织召开省人民银行工作电视会议（中国人民银行太原中心支行供图）

行太原中心支行印发《关于修订〈山西省反洗钱行政处罚裁量基准实施细则〉的通知》，研究制定《义务机构反洗钱执法检查后续整改工作指引》，规范反洗钱行政处罚，实现对义务机构整改工作全流程监管。全年对25家机构开展执法检查，处罚金额944万元，提升反洗钱监管效能，提高义务机构对反洗钱工作的重视。对34家法人金融机构开展风险评估，加强对法人金融机构洗钱风险自评估工作的指导，开展对辖内法人机构的自评估业务培训。全省对837家义务机构进行分类评级，重点选取89家机构开展督导走访，对33家新设机构进行核验，夯实反洗钱基础工作。配合开展禁毒专项行动。与山西省禁毒委联合印发《山西省涉毒反洗钱工作规定（试行）》，向省公安厅禁毒总队移交线索19条，8条线索破案。做好涉恐融资工作，与省国家安全厅联合签订《关于联合建立跨境可疑交易反洗钱反恐怖融资监测预警实验室的合作协议》，搭建高效智能的跨境可疑交易行为监测和预警工作模式。（孙　帆）

【国库管理职责履行】2020年，山西省各级国库加强安全管理，规范高效办理各项业务。深化制度建设，制定《山西省国库会计管理基本规定实施细则》，为新时期国库会计业务奠定制度基础。推进国库会计标准化，结合国库会计管理现场检查工作，对申请达标的国库进行指导和评分，全省有7个中心支库和70个县支库通过国库会计业务标准化管理验收，市、县支库达标率分别为70%、72%。组织全省各级国库和代理支库113个单位开展TCBS应急备用系统应急演练，提高国库人员安全意识和应急处置水平。

高效办理疫情防控资金拨付，全省各级国库开辟“绿色通道”，简化审批手续，实行“随来、立审、即办”工作模式，确保各项防疫资金第一时间拨付到位，有力支持疫情防控和经济社会发展。组织国债发行与兑付，发行储蓄国债（凭证式）4期，金额40.91亿元，发行储蓄国债（电子式）4期，金额49.63亿元。推动区县国库集中支付电子化在全省各市上线，社会保险费全部实现由税务征收直缴入库，国库服务民生的触角延伸。加大对“非接触式”缴税的金融服务支持力度，严格按照“参数设置、联调测试、试点运行、推广上线”四个步骤，逐步推进云闪付、支付宝、微信等新型支付方式缴税业务上线，为缴款人提供便捷服务。（孙　帆）

【银行业保险业监管】2020年，山西银保监局贯彻落实《健全银行业保险业公司治理三年行动方案》，明确30项工作分工。支持配合中小银行保险机构加强和改进党的建设工作。开展城商行、农商银行、中煤财险公司治理评估，建立城商行“两会一层”履职档案，开展省联社、村镇银行主发起行履职评价。上线运行股权监管和关联交易系统，制定入股资金来源审查操作规范，强化股东承诺，建立股权管理不良记录，督促完善关联交易制度体系。提高股权管理水平，6家城商行、83家农商银行、70家村镇银行完成股权托管。

开展《推进普惠金融发展规划》实施总结评估，定期监测通报农村中小银行坚守定位情况，增强县域服务能力。联合12个部门印发《促进社会服务领域商业保险发展的实施意见》。拓展长期护理保险试点，商业健康保险保障同比增长66.70%。发展城乡居民大病保险，为40.80万人次赔付15.60亿元。引导金融资产管理公司加大不良资产收购处置力度，鼓励信托、金融租赁、消费金融、财务公司等发挥金融服务特色优势。

贯彻落实《中国银保监会关于推动银行业和保险业高质量发展的指导意见》，推进金融供给侧结构性改革。指导法人银行机构多渠道补充资本，实收资本增加80亿元。推进车险综合改革，确定示范型商车险产品费率备案标准和回溯监管标准，每年可为全省消费者减少保费支出25亿元。组织金融知识联合宣教等活动，参与文明城市创建，推动金融纠纷多元化解机制建设，办理消费者投诉，12378热线满意度99.32%。

（孙　帆）

【金融风险防控】2020年，山西银保监局密切关注疫情期间区域经济金融动向，制订防范化解金融风险攻坚战下一阶段工作实施方案。完善非现场监管工作机制，修订十大行业信贷风险统计制度，持续监测120户集团融资风险。应对不良贷款反弹，坚持“五个一批”处置不良贷款700亿元。修订城商行流动性风险应急预案，完善农信社流动性风险互助机制，指导村镇银行与主发起行签订流动性支持协议。排查满期给付与非正常退保风险，做好偿二代风险综合评级。开展资金流入房地产领域测算、房地产业务检查和信托业务排查。配合政府化解隐性债务，做好存量比对。

按照中国银保监会部署，做好有关机构接托管工作。推进城商行改革化险，配合制订报批方案，加强筹备指导，对过渡期市场准入、动态评级、处罚公开做出特殊安排，下大力气抓好不良处置和问题股东清理，全力推进合并重组，山西银行筹建工作取得重大进展。强化城商行监管责任和联动监管，建立与纪检监察机构沟通协调机制，开展季度风险排查。配合制订全省农信社深化改革实施方案，拓宽风险处置模式，批复12家农商银行开业、4家筹建，推动7家高风险农信社改制，启动太原城区联社改制工作。配合开展逾期贷款专项清欠清收"百日行动"，累计清收350亿元。

坚持风险导向，统筹现场检查自主立项40项，检查银行保险机构154家。完善案件处置工作制度，全面清理积案，开展专项排查，夯实案防基础，成功堵截各类风险事件539起，避免损失955万元。从严整治人身险市场销售误导顽疾，开展意外险专项检查和清理整顿。现场巡访保险中介机构，加强风险排查处置和人员管理。建立完善信访举报工作机制，开展重点信访维稳风险隐患排查和整治化解，推进"三零"单位创建。深化网络安全治理，组织网络安全宣传周活动，开展业务连续性和外包风险排查。推进网络借贷风险专项整治，做好核查清退工作。（孙　帆）

【资本市场融资】2020年，山西省资本市场融资保持稳中向好的发展态势，全年实现直接融资1680.33亿元，同比增长10.34%。其中，上市公司IPO融资8.27亿元，增发融资25.19亿元，配股融资38.05亿元，优先股融资10亿元，可转债融资321.44亿元，公司债融资634.50亿元，企业债融资24亿元，证券公司柜台市场融资153.77亿元，资产证券化（ABS）融资10.53亿元，私募股权、创投基金融资13.44亿元，地方政府债券融资424.32亿元，新三板挂牌公司定向增发融资4.91亿元，山西区域性股权市场融资11.91亿元。资本市场直接融资规模1680.33亿元，实现持续增长。（孙　帆）

【资本市场监管】2020年，山西证监局推动落实新证券法，围绕"科学、分类、重点、精准"要求，完善分类监管标准，改进完善非现场监管方式，紧扣关键少数和问题导向，加大监管力量投入，科学把握监管尺度，用好用足科技监管手段，有效发挥金融委办公室地方协调机制作用，切实提高日常监管适应性和有效性，确保实现"管得少、管得到、管得好"。全年开展各类现场检查44家次，检查对象涵盖各类市场主体，累计采取日常监管措施122件，采取行政监管措施5件。

落实稽查执法条线改革任务，优化查审协作领导机制，提升查审协作效率，探索建立稽查与日常监管在线索发现、风险隐患排查等方面的合作机制，形成全链条执法合力。全年累计主办案件9件（其中A类案件2件），案件类型涵盖内幕交易、新三板公司财务造假、期货公司违法、中介机构违法、证券投资咨询机构违法、证券从业人员违法等，办结6件（其中A类案件全部办结），协查案件7件。审理处罚案件6起，涉及主体16个，罚没款金额6712万元。持续保持高压态势，严厉打击非法证券期货活动，维护资本市场稳定运行。（孙　帆）

【投资者保护】2020年，山西证监局构建涵盖投保、宣传、教育、司法多领域的"大投保"协作机制，开展10期专题投教投保宣传活动，覆盖投资者和广大社会公众。建立信访举报快处机制，压实市场主体首要责任，做好"两会""国庆"等重大活动和敏感节点的信访工作，全年办理投诉举报203件，未发生超期、复议及闹访、群访等涉稳风险。发挥证券期货纠纷多元化解机制作用，成功调解纠纷51件，投资者获赔金额达235.78万元，有效维护投资者合法权益。（孙　帆）

【挂牌上市公司发展】截至2020年底，山西省有A股上市公司39家，本年度新增华翔股份、壶化股份2家上市公司，数量在全国排第21位，其中主板31家，中小板5家，创业板3家，国有控股上市公司22家（央企3家，省属18家，市属1家），民营上市公司17家。新三板挂牌公司84家，本年度新增4家、摘牌3家，数量在全国排第19位。上市公司总股本916.23亿股，同比增长16.36%。流通股本883.62亿股，同比增长16.95%；总市值（含限售）7685.62亿元，同比增长49.01%。流通市值7451.43亿元，同比增长51.10%。总市值在全国排第19位，在中部六省排第5位，全国排名比上年同期上升2位。上市公司平均市盈率为29.10倍，换手率为1.53%。截至2020年底，有拟上市公司15家，分别为阳光焦化、大禹生物、凝固力、尚风科技、晋商银行、兴高能源、水塔醋业、晋能清洁、大运汽车、紫林醋业、金度生活、精英数智、多尔晋泽、恒伦医疗、锦波生物，本年新增6家。（孙　帆）

【基金管理规模提升】2020年，山西证券管理10只公募基金，存续规模88.69亿元，分别是：货币基金43.11亿元，债券基金43.03亿元，股票基金0.54亿元，混合基金2.01亿元。省内在中国证券投资基金业协会登记的私募基金管理人65家，同比增长6.56%，在全国排名第25位，其中：私募股权、创业投资基金管理人55家，私募证券投资基金管理人10家，从注册地分布情况来看，主要集中在太原市，共43家，占比66.15%；其他市共22家，占比33.85%。登记的私募基金管理人正在运作的基金有136只，同比增长17.24%，涉及投资者586人，实缴规模298.84亿元，基金净值298.26亿元，同比增长28%。（孙 帆）

·太原市人民政府金融工作办公室·

【概况】2020年，太原市人民政府金融工作办公室坚持把党的政治建设摆在首位，统筹发展和安全，扎实工作，担当作为，为全市经济社会高质量发展作出贡献。截至年底，全市金融机构本外币贷款余额1.51万亿元，较年初增长7.35%，增量占全省新增总量40%。存贷比达到108%，信贷资金保持净流入。各保险机构全年提供风险保障26.83万亿元，同比增长54.11%，快于全省平均水平4.50个百分点。（杨 肖）

【金融服务体系建设】2020年3月，太原市出台《太原市金融支持实体经济行动计划（2020—2025年）》，推进建设包括综合金融服务平台、地方企业征信平台、金融创新服务中心在内的金融服务体系。

综合金融服务平台通过发布政策信息、金融产品信息和企业融资信息，依托大数据分析，促成企业与金融机构双向选择、自主对接，一期于10月19日正式上线。截至年底，平台注册用户数1261户，实名用户数1246户，企业用户数221户。线下太原金融综合服务大厅与人行、不动产中心、车管所、税务局等部门和部分金融机构达成进驻意向，建成后对接线上平台，为企业特别是民营中小微企业提供全链条、闭环式、一站式融资服务，破解首贷、续贷难题。

地方企业征信平台由太原企业征信服务有限公司建设运营，通过对企业信用信息的授权采集，打造多维度信用信息动态数据库，形成企业金融画像，为企业和金融机构提供增信支持和信用参考。机房硬件设施到位，软件系统搭建成功，通过国家信息系统安全等级保护三级备案，征信产品“生产线”铺设就绪。成立由市长任组长、43个相关部门为成员单位的企业征信工作领导小组，组织多轮征信工作推进会，为企业征信机构备案、数据资源整合、征信产品批量生产应用创造条件。

金融创新服务中心由金融机构设立，用于对接综合金融服务平台，为平台上的企业及项目提供个性化金融服务。10月19日，首批16家金融机构受牌设立金融创新服务中心，包括11家银行业金融机构、2家保险机构、3家融资担保机构，43款贷款产品上架平台。

截至年底，太原综合金融服务平台成功撮合35家企业37笔贷款业务，授信总额9262.03万元，放款总额7582.03万元，其中信用类业务23笔，占业务总笔数的62.16%，授信金额4139.27万元，占授信总金额的44.69%，金融服务体系建设取得阶段性成果，提前完成《行动计划》设定的目标任务。（杨 肖）

【信贷营商环境优化】2020年，太原市金融办实施《太原市优化营商环境获得信贷便利化改革行动计划》，推进获得信贷指标不断优化。9月，根据市行政审批服务管理局安排，牵头组织人行太原中心支行、山西银保监局、山西证监局、市发改委、市工信局、市税务局、市中院等部门参加营商环境获得信贷评价工作。现场评价收集整理资料1900余份，包含各类政策文件、数据信息、图片影像。（杨 肖）

【助力企业上市】2020年，太原市金融办出台《太原市资本市场建设“添翼行动”计划》，完善上市挂牌后备企业资源库建设，入库企业307家。推进资本市场县域工程落地实施，与山西股权交易中心签署战略合作协议，在万柏林区、小店区组织2场“晋兴板”集中挂牌活动，举办县域工程推进会、座谈会，发挥县区一线优势，发掘培育基层中小微企业。协调支持山西股权交易中心与厦门两岸股权交易中心签订《“鹭并通”战略合作协议》，推荐企业在厦门两岸股权交易中心开展路演，为企业提供跨省域的、更大范围的融资平台。

开展点对点精准服务，协调帮助恒伦医疗、锦波生物等企业扫清上市障碍，加快上市进程，上市在辅导企业5家。落实资本市场直接融资奖励资金2210万元，其中省级奖励资金1130万元，市级奖励资金1080万元，激发企业挂牌上市动力。企业直接融资额920.29亿元，占全省1674.13亿元的54.97%。截至年底，上市企业18家，“新三板”在板企业48家，“晋兴板”挂牌企业160家，2家企业向证券交易机构提交IPO申请。（杨 肖）

【金融服务乡村振兴】2020年，太原市金融办为1284户贫困户发放扶贫小额信贷5992.70万元，完成全年任务2500万元的240%。其中，阳曲县发放贷款2967.30万元，涉及贫困户636户，完成总任务量的247%；娄烦县发放贷款3025.40万元，涉及贫困户648户，完成总任务量的233%。发挥保险兜底惠农作用，在娄烦、阳曲两县开展农作物目标价格保险工作。推进“养殖保险+活体抵押贷款”试点工作，聚焦农户企业融资难题引导保险业务创新。

（杨 肖）

【金融稳定统筹指导】2020年，太原市金融办成立太原市金融稳定发展工作领导小组，17个相关部门为成员单位，健全金融稳定议事协调机构，金融稳定各项工作高位推进。完善金融风险防控机制，起草《太原市金融突发事件应急处置预案》，明确组织领导、风险等级、

风险监测、风险评估、风险防范、预警响应、后期处置、应急保障等方面内容。（杨　肖）

【非法集资处置】2020年，太原市金融办加强宣传教育，发挥融媒体作用，打造互联网平台“钱大妈”IP形象。在“守住钱袋子·护好幸福家”抖音话题挑战赛中，短视频获全国优秀奖。出台《太原市非法集资举报奖励办法》，加大线索摸排，全年发现涉嫌非法集资案件线索20余条，全部移交公安部门处理。强化信访维稳，做好释法析理、教育疏导、重点人员稳控，控制重点案件重要节点信访问题，一批省市重点案件、输入型案件处置有序推进。（杨　肖）

【网贷机构风险处置】2020年，太原市金融办根据全省工作部署，需取缔存量P2P机构24家，占全省总数的60%，其中僵尸机构12家，占全省总数的46%。取缔后停业机构12家，占全省总数的80%。市级集结7部门骨干组成工作专班，县级一对一建立工作机制，坚持“一企一策”谋划，“一企一专班”攻坚，释法析理做动员，深挖细查明底数，多措并举追资产，实现P2P风险彻底出清。（杨　肖）

【农信社改制】2020年，太原市金融办指导城区联社大力清收不良贷款。全年累计处置各类风险资产99.44亿元，实现不良出表69.20亿元。开展老股金处置，处置户数达到99.81%，处置金额达到96.33%，处置工作基本完成。协调推进房地确权、引资募股等工作。（杨　肖）

【金融机构管理】2020年，太原市金融办出台《太原市关于支持地方金融机构创新业务的监管试点方案》，鼓励创新业务。推动地方金融协会揭牌成立，加强行业自律。制订实施行业培训规划，提升业务能力。促进行业规范经营。落实“互联网+监管”，开展三类机构现场检查、年审评级等工作。全年约谈各类机构25家，向省局提出13家典当行退出建议，清退4家融资担保企业，有效防控行业风险。（杨　肖）

【金融领域安全生产】2020年，太原市金融办以“三零”单位创建为抓手，落实“深刻汲取教训，全面提升安全生产工作水平”集中教育整顿暨专项整治工作要求，抓好地方金融领域安全生产工作。举办全市地方金融行业安全生产培训，地毯式、全覆盖开展地方类金融机构安全生产隐患排查，规范企业安全生产经营行为。截至年底，全市地方金融机构未发生任何安全事故。（杨　肖）

银行业

·工商银行·

【普惠金融】2020年，中国工商银行山西省分行（以下简称工行山西分行）全面完成政府工作报告“大型商业银行普惠型小微企业贷款增速要高于40%”的要求。金融扶贫贷款余额44.44亿元，较年初净增4.97亿元，其中，扶贫小额贷款余额1.35亿元，投放1.18亿元。全年新拓小微企业客户（含e抵快贷）2219户，同比增长71%，年末小微企业有贷户1644户，较年初净增995户，全行有贷户净增户数占比达99.70%。实现银保监普惠口径有贷户4227户，较年初净增1912户，增幅83%。

在同业中率先提出支持小微企业稳企业保就业“六增、三降、三优、一控”13项工作措施。全年累计为2373户小微企业投放贷款55.93亿元，同比增长142%。借助“抗疫贷”产品积极支持防疫相关行业企业融资需求，疫情期间为11户疫情相关行业小微企业授信2800万元，其中10户企业提款2500万元。传导落实监管机构对中小微企业实施续贷政策要求，做好临时性还本付息工作，按照产品结构分别实施不同的续贷期限，为473户小微企业办理826笔续贷业务，续贷金额2.32亿元。

严格贯彻落实总省行和监管部门关于金融精准扶贫工作的要求，做好61个包干乡镇全面摸排，完成45179户建档立卡贫困户逐户走访、113386贫困人口逐人对接，新投放扶贫小额贷款11263万元（其中35万为边缘人口发放），并分别为100户贫困户延期代扣、51户贫困户贷款展期，做到“应贷尽贷、应贷快贷”，实现四年来累计投放扶贫小额贷款63827万元，惠及贫困户12894户，支持脱贫攻坚成效显著。分

2020年7月17日，工行干部职工赴某预备役高炮旅进行“八一”慰问
（工行山西分行供图）

类别、分模式强化贷后管理，整改1540万元扶贫小额贷款类“户贷企用”问题，化解4576万元贷款风险，收回43238万元贷款本金，续贷或展期扶贫小额贷款500万元，并在四大行中率先开展无责贫困户征信维护工作，累计完成1868户征信异议处理，有效支持全省脱贫攻坚工作。（孙 帆）

【个人贷款】2020年，工行山西分行坚持“重点区域、重点企业、重点项目”投放原则，以省城太原和二级分行所在城区为重点，聚焦总分行级重点开发商按揭资源争夺和规模配置保障，坚持不懈抓好项目储备、业务收单和贷款投放工作。全年总分行级优质开发商投放规模达64.82%，较年初上升0.49个百分点。主动应对房贷规模紧张的状况，参与住房正常贷款证券化，全年交割出表9期，金额21.40亿元，全部用于各期“鼓肚子”放款，一定程度上缓解规模紧张的压力。不占用房贷规模的个人商用房贷款，全年实现投放26笔，金额526万元。截至年底，个贷余额（个金口径）584.96亿元，比年初净增79.92亿元。其中，房贷余额575.50亿元，比年初净增79.41亿元;个人质押贷款（经营）余额为3.49亿元，比上年增加2.11亿元；质押贷款（消费）余额为2.01亿元，比上年增加635万元。（孙 帆）

【存款业务】2020年，工行山西分行推进三晋第一个人金融银行战略实施，坚持“以储蓄存款为纲”的发展逻辑，实施“强化目标、强化机制、强化主题”的三个强化工作机制，截至年底，储蓄存款时点增量为336亿元，同业排名第二。其中外汇存款2020年末时点余额为1.85亿美元，同业排名第二，占比为19.26%。时点增量为2668万美元，增量同业排名第二。全年个人金融资产达4388.34亿元，较年初净增330.85亿元，较同期多增94.90亿元。个人全量客户达1980.96万户，较年初净增93.51万户，较同期少增93.98万户。有效客户1382.57万户，占全量客户的69.80%，较年初净增75.77万户，较同期少增15.78万户。月日均资产5万以上客户134.25万户，较年初净增8.40万户。全年个人金融专业实现中收6.14亿元，同比减少0.18亿元，零售版块中收入达15.07亿元，占全行中收的70.48%，同比多增0.90亿元，四行排名首位。（孙 帆）

2020年12月3日，工行干部职工赴扶贫点向贫困户捐赠过冬棉被

（工行山西分行供图）

【资产质量管理】2020年，工行山西分行贯彻“未雨绸缪、见微知著、亡羊补牢、举一反三”的风险管理方针，严格落实“三道口、七彩池”的管控要求，实现信贷资产质量持续好转。科学编制《山西分行2020年—2022年投融资规划》，优化新建信贷关系客户准入和法人客户分类管理办法，全年完成60户新增法人客户分类、1330户存量法人客户分类审核工作。通过综合运用风险差异化预警、潜在风险贷款压降、法人大户风险会诊等措施，化解逾期贷款79.05亿元，有效防止贷款劣变。不断优化处置结构，强化重点大户及重点区域清收处置，全行不良贷款、不良率，分别较年初减少9.48亿元、下降0.37个百分点，实现连续三年双下降，达到历史最好水平。全年积极贯彻落实总行全面风险管理新理念、新制度、新要求，成立推进全面风险管理领导组，制订《山西分行推进全面风险管理实施方案》，明确全面风险管理工作的总体思路，落实全面风险管理“六方责任”，筑牢全面风险管理“三道防线”，按照“主动防、智能控、全面管”的管理路径，推进全面风险管理职责落实，实现风险管控能力的逐步提升。（孙 帆）

【网络金融发展】2020年，工行山西分行网络金融专业直接贡献中间业务收入2.92亿元，占到全行中收的13.70%，创历史同期最好水平，增幅8.21%，高于全行平均增幅2.69个百分点。互联网客户规模、活跃、交易额、收入等关键指标继续保持同业首位，互联网客户渗透率稳步提升。截至年底，个人手机银行月均动户数达到260.29万户，较上年净增48万户，增幅22.90%，动户率再上新台阶，达到23%，企业网上银行客户达到22.45万户，净增3.12万户，企业手机银行13.77万户，新增2.11万户。全年围绕复工复产，通过资源投入组织开展“三晋周周惠”活动、积极参与政府消费券发放等，助力消费提振经济。发挥融e购优势开展电商扶贫，全年实现消费扶贫交易5220万元。创新赋能

取得新成果。e差旅推广取得实效，交易金额1214万元，司法拍卖取得突破，累计交易7000万元，聚富通首个项目在太原落地投产。政府领域成功投产山西省直属机关事务管理局“智慧后勤”项目。教育领域构建银校合作新模式，成功与13所各类院校开展或达成合作。文化领域与山西省图书馆联合推出线上电子借阅。（孙　帆）

·建设银行·

【服务实体经济】2020年，中国建设银行山西省分行（以下简称建行山西分行）各项贷款新增183亿元，其中对公非贴贷款新增95.50亿元，集中支持先进制造业、基础设施建设、铁路、电力、新旧动能转换、国企国资改革等重大项目建设。普惠金融贷款累计投放312亿元，服务3万户小微企业。供应链融资累计投放120亿元，助力1300户民营小微企业扩大生产经营。“民工惠”累计投放20亿元，惠及农民工25万人次。与山西省工信厅、综改区管委会联合建设“创业者港湾”，打造小微企业创业创新孵化平台。在山西银保监局对省内72家金融机构开展的2019年度普惠金融服务评价中，排名第一，是唯一一家2A级机构。融资融智并举支持供给侧结构性改革，投行融资444亿元，其中承销非金融企业债164亿元，认购政府债218亿元，母子公司联动投放资金54亿元。国际业务投放181亿元，助力高水平对外开放。金融精准扶贫贷款余额60亿元，当年新增10亿元，增速19.50%，高于各项贷款平均增速12.40个百分点。（孙　帆）

【金融惠民服务】2020年，建行山西分行与山西大学签署建行大学合作办学协议，依托科技平台创设抗疫大讲堂、村口云讲堂，围绕“六大领域、十类客群”免费向小微企业家、个体工商户、双创人群、扶贫对象等提供金融知识培训班380期，覆盖11个地市，惠及民众45万人次。开展万名学子暑期下乡实践活动，引导高校毕业生参与乡村振兴。开放全辖418个网点，给快递小哥、交警、环卫工人、出租车司机等户外工作者提供歇脚的地方，传送善意和爱的精神，日均服务7000人次。通过“裕农通”和“晋社区”，构建“一平台五中心”，让两个平台成为农村和城市居民身边的政务中心、治理中心、金智惠民中心、金融服务中心和便民服务中心，助力社会治理。截至2020年底，“裕农通”平台实现全省行政村全覆盖，“晋社区”平台注册用户突破350万。（孙　帆）

【风险防控】2020年，建行山西分行对疫情期间暂时遇到困难但仍有发展前景的诚信客户承诺不抽贷、不停贷、不压贷，以多种融资方式累计帮助暂时受困企业办理延期还款140亿元，免收1000余户供应链企业的应收账款管理费1000万元，减免银行承兑汇票费用2800万元，账户结算类产品让利3100余万元。坚持“加快处置、反复摸排、调整结构、优化流程”的风险管控理念，处置不良贷款34亿元，不良贷款率大幅下降至0.67%，同时拨备覆盖率提升至288%，资产质量持续改善，风险抵补能力持续增强。全力维护山西信用环境和金融生态，推动化解临汾市投资集团有限公司21亿元债务违约风险。（孙　帆）

·中国银行·

【帮扶中小微企业发展】2020年，中国银行山西省分行（以下简称中行山西分行）出台《支持中小企业二十条》。聚焦融资难、融资贵，加大支持力度、强化资源配置、创新金融服务、开辟应急通道、健全保障措施。普惠型小微企业贷款增速165%，高于全行各项贷款平均增速158个百分点，增速排名四大行第一。其中，太原地区普惠型小微企业贷款增速162%，高于全行各项贷款平均增速154个百分点，增速排名四大行第一。结合小微企业发展需求，提升信用贷款、中长期贷款、续贷占比。持续落实小微企业减费让利措施，在小微企业贷款综合融资成本下降116BP的基础上，全年降幅123BP。全额承担小微企业贷款产生的不动产抵押登记费和评估费，降低企业财务成本。（宁裕东）

【助力省会首位度建设】2020年，中行山西分行落实与市政府签署的全面战略合作协议，围绕太原33项重点工程，

2020年9月1日，中行山西分行参与举办第三届中国国际进口博览会招商路演（太原）（中行山西分行供图）

将信贷资源投向重点发展领域，及时注入源头活水。实现贷款投放238亿元，其中全年新增投放108亿元。绿色信贷余额较年初新增12亿元。制造业贷款余额较年初新增21亿元，其中，中长期贷款余额较年初新增3亿元，中长期贷款新增额占新增制造业贷款的14%。承办市政府促“六新”项目融资对接会，入选首批市金融创新服务平台机构，与合成生物产业园区签署40亿元合作意向。连续3年携手太原企业参加中国国际进口博览会，帮助9家企业与外企达成合作意向2.30亿美元。（宁裕东）

【支持重点企业发展】2020年，中行山西分行帮助地区重点企业拓宽融资渠道，降低融资成本，资产保值增值，增强发展动力。加强与总部在本地区的国企改革重点集团客户对接，建立“总对总”合作关系，提供一揽子服务。在改革落地过程中，保证存量信用总量不落空、不断档。为相关企业发行债券24支，其中，发行220亿元，承销173亿元，发行境外债3亿美元。在受河南永煤债券违约事件影响背景下，率先为山西交通开发投资集团发行超短期融资券。其中，作为联席全球协调人，为龙投在香港债券市场发行3亿美元3年期高级无抵押美元债，该支债券为省内首单投资级境外债券。作为主承销商，为太钢（天津）融资租赁发行第一期资产支持票据金额3.17亿元，实现太钢租赁首次公开市场证券化融资。（宁裕东）

【体制机制建设】2020年，中行山西分行围绕“南移西进”的城市发展规划，优化网点布局，提升金融服务能力。截至年底，在市辖属所有市、区、县均设有分支机构，其中，小店区23个、杏花岭区14个、迎泽区12个、万柏林区9个、尖草坪区5个，古交市、清徐县、晋源区各1个。按照“实质重于形式”原则，落地数据治理、纪检监察、普惠金融、公司授信、运营中心5项体制机制改革。（宁裕东）

2020年7月24日，中行山西分行干部职工在武警驻晋某部队开展“八一”慰问（中行山西分行供图）

【消费金融发展】2020年，中行山西分行开展“惠聚中行日”商圈满减活动，活动覆盖王府井、茂业天地、万象城、万达、铜锣湾、柳巷6大主流消费商圈。截至年底，累计投放经营贷款3.60亿元、消费类贷款3亿元。（宁裕东）

·农业银行·

【信贷业务】2020年，中国农业银行股份有限公司山西省分行（以下简称农行山西分行）加大对重大项目营销支持。审批太原西北二环、中铁建设运城黄河大桥、垣曲抽水蓄能等项目贷款458亿元，出贷90亿元，重点工程和转型综改贷款余额增长9%，比各项贷款增幅高1.50个百分点。推荐焦煤集团、地铁一号线等8个重点企业或项目进入农总行首席专家牵头营销名单。大抓特抓“政府债券+”业务，累计承销政府债券217.96亿元，中标量排名18家金融机构第2位。对接专项债项目4个，配套融资余额61.03亿元，系统排名第6，带动存款22亿元，新开立对公账户28个。把发展个贷业务作为支持扩大内需、服务第三产业个体工商户的重要抓手和信贷业务上规模、降成本、增效益的主攻方向，实施“五轮驱动”战略。小口径个人贷款余额达到363.16亿元，比年初增加57.08亿元，市场份额、余额占比连续三年“双提升”。个人经营贷款增长3.34亿元，同比多增3.28亿元。（孙　帆）

【服务乡村振兴】2020年，农行山西分行聚焦山西省农村基础设施建设补短板和特色农业布局，加大信贷投放力度。重点支持农村地区风力发电、光伏发电、水利工程、供水供热项目建设，县域城镇化贷款增长23.45亿元，增幅8.89%。支持农产品稳产保供，贷款余额16.02亿元，增幅34.40%。支持农高区发展，建立联动服务机制，全年增加授信12亿元，投放7.34亿元。紧扣文旅战略性支柱产业，加大对5A景区、“三大板块”、乡村旅游信贷支持力度，贷款余额8.08亿元，较年初增长3.02亿元。向69户农家乐等乡村旅游经营户发放贷款1369万元。坚持首选各地优势特色农业发展最好的乡、最好的村、最好的户，推动“惠农e贷”扩面上量提质。全面推进农户信息建档和“信用村、信用户”创建，建档行政村5303个，建档预授信农户10.48万户，授信金额60.71亿元，评定信用村542个，信用户10387户，发放贷款2.96亿元。全年投放“惠农e贷”46.28亿元，同比多放17.02亿元。贷款余额30.09亿元，增长11.11亿元，增速58.54%，占全部农户贷款增量的93%。（孙　帆）

【数字化转型发展】 2020年，农行山西分行实施“决胜掌银”战略、掌银发展“一把手”工程，持续加快“跑马圈地”。截至年底，掌银客户总量758万户，比年初增加136万户，增量四行份额29.79%，存量份额22.81%，提升1.30个百分点。按照“简数据、广覆盖、低授信、不垒大户”的思路，加快拓展线上融资。至年底，“农银e贷”余额88.48亿元，增长82.36%，增量占各项贷款的26.74%，存量占比提升1.69个百分点。针对第三产业客户，创新推出“汾酒e贷”“出租e贷”“商户e贷”等“助业快e贷”分行特色场景。推进财政集中支付电子化改造，60家县域支行与当地财政、人行完成系统对接。取得医保电子凭证合作资格，激活12万张。开通灵活就业人员社保费七大缴费渠道，独家代理微信渠道，两个月缴费金额达18.75亿元，占税务部门总代征量的70%。加大“智慧党务”“智慧医疗”“智慧校园”等高频场景营销，全年新增互联网场景1041个，完成全年计划的300%。与77个县区签订农经信息化合作协议，在25个区县上线“三资”管理平台。改造升级惠农通服务点11995个，贫困县覆盖率81%。在异地移民搬迁集中安置点新安放电子机具110个，占符合安装条件地区的76%。全年新签订涉农代理项目31个。深入落实大数据战略，建立起数据驱动下的经营管理新模式。（孙　帆）

·交通银行·

【重点领域金融扶持】 2020年，交通银行山西省分行（以下简称交行山西分行）立足“两个循环”新发展格局，发挥自身优势，精准嵌入全省发展大局。紧抓全国唯一全省域、全方位、系统性的国家资源型经济转型综合配套改革试验区政策机遇，综合运用贷款、发债、租赁、股债结合、投贷联动等多种融资工具和手段，挖掘产业转型升级、新旧动能转换过程中企业需求，以综合服务方案助力实体经济发展。10月15日，交通银行山西省分行与山西综改区签署战略合作协议，累计批准额度逾800亿元，资金支持超500亿元，为园区重点企业提供支撑。表内重点项目储备涵盖交通运输、制造业、电力、热力、燃气及水的生产和供应业等多个行业。

（常永波）

【服务国资国企改革】 2020年，交行山西分行与省属18家国企均开展合作。为国有企业批复授信额度突破1000亿元。发挥交银集团综合化经营优势，运用并购融资、财务顾问等综合手段提升对国资国企改革的金融服务能力，通过投行业务为省属国企投放资金近200亿元。支持政府专项债、新基建、PPP、银团及政府重点项目，国有控股企业投放贷款近1000亿元，为企业发展提供支撑。（常永波）

【金融服务能力提升】 2020年，交行山西分行紧抓数字化转型机遇，寻求产品突破，提升服务质效。对接住房、医疗、教育、公共事业缴费、政府机构等重点行业客户的场景对接，实现医保电子凭证个人手机银行展码功能、“银校通”等系统上线。落实“六稳”“六保”要求，制造业贷款余额较年初增幅22.41%，制造业中长期贷款余额较年初增幅39.28%。民营企业贷款余额较年初增幅12.35%。绿色信贷余额较年初增幅3.15%。普惠“两增”口径贷款余额较年初增幅27%。个贷余额同比增幅22.03%。精准聚焦产品创新，综合开展资产证券化、并购贷款、权益型债券等创新业务，提供一揽子金融创新服务，实现当地多笔首单业务落地，拓宽实体经济融资渠道。（常永波）

·农业发展银行·

【助推转型发展】 2020年，中国农业发展银行山西省分行（以下简称农发行山西分行）聚焦转型发展主阵地综改示范区，与管委会签署战略合作协议，投放贷款13亿元，重点支持潇河、阳曲产业园区道路、装备制造和新材料厂房等建设。聚焦转型发展主战场各地开发区，对接“三个一批”项目，投放贷款26亿元，支持大同、阳泉、长治、运城等地开发区标准化厂房、综合管廊等建设。支持晋中国家农高区建设，发挥山西“农谷”建设领导小组成员单位职能作用，投放贷款11亿元，支持农谷大道、农民培训中心、人才公寓等项目建设。聚焦黄河长城太行三大旅游板块，审批贷款22亿元，重点支持三个一号旅游公路建设。聚焦全省龙头景区，投放贷款7亿元，突出支持五台山、平遥古城、王莽岭、娘子关等改造升级。聚焦2020年全省旅游发展大会，累计投放9亿元，支持主办地忻州秀容古城等景区建设。支持“特”“优”农业产业发展，专门出台特色粮食品种贷款办法，共向13户企业投放贷款0.50亿元，支持杂粮产业等有机旱作农业发展。对接药茶产业发展规划，向4户企业投放贷款1720万元，支持山西药茶产业发展。先后与山西金控、万家寨水控、神农科技等签署战略合作协议，向大地控股、文旅集团、山西金控整体授信90亿元，支持全省国资国企改革发展。

（孙　帆）

【支持“三农”发展】 2020年，农发行山西分行全力支持粮食安全，发挥粮食信贷资金供应主渠道作用，投放贷款33亿元，收储收购粮食160万吨，全力支持各级粮食储备体系建设和粮食宏观调控政策实施。落实藏粮于地战略，投放贷款8亿元，支持全省高标准农田建设。聚焦全省“四好农村路”建设、国省公路改造、城乡一体化、棚户区改造、农村人居环境改善等重点领域，投放贷款75亿元，助力农村现代化建设。特别是聚焦黄河流域生态保护，投放贷款55亿元，重点支持“两山七河一流域”生态保护与修复，审批贷款11亿元突出支持汾河流域综合治理。聚焦现代农业、农村流通体系、特色农业产业和生猪产业，累计发放农业现代化贷款43.60亿元，年末余额63亿元，较年初增加30亿元。支持生猪保供稳价，全面对接全省重点生猪产业企业，全年投放生猪贷款6.10亿元，支持牧原、大北农、新希望、新大象等41户生猪全产业链企业发展，年末生猪贷款余额5.80亿元，是年初的8.60倍，为猪肉保供稳价做出应有贡献。深入推进服务小微企业提升工程和“百行进万企”专项行动，与省农担和地方性融资担保公司合作，解决融资担保难题，全年投放普惠小微贷款5.50亿元，年末贷款余额净增2.79亿元，完成总行任务目标的121%。落实延期还本付息政策，全年为8个客户办理延期还本付息，涉及贷款2.60亿元。坚决落实减费让利政策，全年减免46项服务收费300余万元，通过优惠利率向企业让利2200余万元，有效助力实体经济复苏。 （孙 帆）

·邮政储蓄银行·

【聚焦转型发展】 2020年，中国邮政储蓄银行山西省分行（以下简称邮储银行山西分行）全面融入地方经济发展大局，投放各类贷款617.50亿元，其中投放重点项目与公司贷款398.40亿元，与山西转型综合改革示范区签订战略合作协议，对接申报综改区小牛线管廊项目以及区内优质企业综合授信等项目8项，授信67亿元，设立综改区支行，为入区项目和企业提供一揽子综合化金融服务。

对接走访六大煤企、金控集团、交控集团、太钢不锈、华远陆港等30多家国有企业，提供各类融资348.40亿元，增幅49%。丰富省属国企融资渠道，获批自主投资非标融资项目65亿元。加大中长期贷款投放，年末省属国企中长期贷款余额351.12亿元，占比80.22%。支持煤炭企业去杠杆、降负债，成功发行两期永续中票20亿元，配合焦煤集团降低资产负债率0.57个百分点。响应“国资国企节流降本”工作要求，全年省属国企公司贷款加权平均利率同比下降41BP。

聚焦重大项目建设，跟进太原地铁50亿元PPP项目。为省内43个重大传统产业升级改造项目、重大基础设施项目、战略新兴产业项目新增主体授信646亿元、债项授信614亿元。（孙 帆）

【服务乡村振兴】 2020年，邮储银行山西分行发挥服务“三农”的“国家队”作用金融，助力山西农业“特”“优”战略，年内涉农贷款净增24.50亿元，规模达189.40亿元，列省内六大行第一位。构建农户贷款、新型农业经营主体贷款、涉农商户贷款、县域涉农小微企业贷款、农业龙头企业贷款五大涉农贷款产品体系。整合原有小额贷款和个商贷款产品形成农贷通、商贷通、政贷通、网贷通等“四通”产品系列，实现“三农”贷款产品线上线下和服务客群的两个全覆盖。

与山西省人社厅携手开发专项金融产品“民薪保”。由银行对施工企业进行专项授信，对其范围内工程项目工资专户进行统筹保障，以专项产品支持农民工工资能够有钱发、按时发、足额发。为建筑类施工企业授信44.50亿元，代发农民工工资5.80万笔。 （孙 帆）

【服务民生】 2020年，邮储银行山西分行推动加载交通功能的第三代社会保障卡发行与实施，配合人社厅、交通厅搭建社保卡应用场景。搭建国库集中支付、惠民惠农一卡通、住房资金监管、医保电子凭证、“健康山西”、智慧医保、智慧农经等系统平台152个，新增农业农村、失地保险、医疗等机构账户2543户，落地社保卡、非税电子化、省级财政预算一体化、退役军人等19个重点项目。

基于互联网消费金融生态，首笔汽车租赁保理成功落地，通过“一点做全国”模式，拉动汽车消费需求。持续构建独具特色的O2O服务模式，促进线上渠道与线下网点联动，为客户打造线上线下互融互通的消费信贷服务体验。全年信用卡新客增加24.60万户，个人消费贷款放款30亿元。代理基金、保险、理财销售分别销售31亿元、54亿元、214亿元。

驻点对接不动产与公积金部门，重点做好百姓刚需支持，提供一站式便捷消费金融服务，住房贷款净增24亿元。合理控制房地产贷款增长，首套房户数占比一直保持90%以上，坚决抑制投资性购房需求。

以提升客户体验、提高网点效能为核心目标，建设16家城市特色支行、7家消费金融中心，增设对公功能网点19个。加快推进网点向维护客户关系、提供财富管理、满足客户综合金融需求的营销服务中心和客户体验中心转型，完成162个网点导入，综合型网点柜员综合化100%、柜员双持证率97%。服务态度类有责投诉同比下降80%。

（孙 帆）

·华夏银行·

【服务实体经济】 2020年，华夏银行太原分行领导带头开展营销，强化与全省重点区域、重点项目的走访和联系。分行先后与山西建投集团签订“总对总”战略合作协议，达成200亿元融资意向。与运城市人民政府签署战略合作协议，成功落地14.80亿城镇化建设贷款。介入山西国企改革，通过高效服务成功托管政府引导基金10支，规模58.04亿元。加大交通、文旅、重点园区建设等领域贷款项目的储备力度。

（孙　帆）

【金融发展模式拓展】2020年，华夏银行太原分行按照总行发展战略，做深做实发展新模式。不断优化“商行+投行”的作业模式，“贷、承、投、顾”协同，建立债券承销、债券投资、贷款发放的业务闭环，以三大业务、四个产品、五种模式为重点，打造金融市场创利中心。按照“贴着政府，融入主流”的营销思路，推进地方债、撮合业务以及市场化债转股等各类投行业务，做精做细投行业务。以“京津冀大气污染防治融资创新项目”为营销核心，深入推进绿色信贷、绿色债券等业务发展，发展绿色金融，全年绿色信贷新增投放11户，投放金额32.60亿元业务。

（孙　帆）

【零售转型】2020年，华夏银行太原分行召开专题党委会研究部署零售转型工作，强调以资产业务带动储蓄发展，与公司、普惠联动加强“三全”体系建设，培养高净值客户。在个贷中心增设个人按揭团队，提升个贷业务的规模和增长速度。组织开展持证（AFP）培训，全行专业持证人员比例提升至20%。推进零售化网点转型，确定9家支行为零售化转型网点。支持信用卡业务发展，全年新增发卡4.11万张。在基金销售中，汇添富基金单日销售6.49亿元，完成总行任务207.26%，系统排名第6。

（孙　帆）

【普惠金融】2020年，华夏银行太原分行坚持以金融服务实体经济和供给侧结构性改革为政策导向，加大对民营、小微及双创企业的授信支持力度。以“三个平台”和“五个产品”确立全行普惠金融业务发展模式。结合山西区域发展特点，推出“园区贷”，拓展优质客户群体。利用分行大型客户基础扎实的优势，发展供应链金融，与太重、省建投、恒大、美特好等大型企业开展良好合作。分行普惠口径小微企业贷款余额和普惠口径贷款增速均完成监管“两增”目标。

（孙　帆）

·晋商银行·

【概况】2020年，晋商银行股份有限公司发挥地方法人银行优势，筹措信贷资金，创新融资工具，在支持重大项目、密切政银企合作、践行普惠金融理念、助推民营和小微企业发展、改善民生中逐步壮大。截至年底，全行有分支机构161家，其中太原地区82家（含1家小企业金融服务中心、22家社区支行和小微支行），异地分行10家，异地支行69家（含29家社区支行）。

（闫　慧）

【企业经营发展】2020年，晋商银行股份有限公司资产总额突破2700亿元，各项存款余额突破1700亿元，各项贷款余额突破1300亿元，净利润突破15亿元。资本充足率11.72%，核心一级资本充足率10.72%，拨备覆盖率194.06%，拨贷比3.58%，主要监管指标符合监管要求。在英国《银行家》杂志发布的“2020年全球银行1000强”榜单中，排名晋升43位，位居第378位。在中国银行业协会发布的“2020年银行业100强榜单”中，排名第70位。监管评级继续保持2C等级。主体信用评级上升一个层级，达到AAA。在科技监管评级、基础类衍生产品交易业务资格、非金融企业债务融资工具B类主承销业务资格等方面，都取得较好成绩。

（闫　慧）

【服务地方经济】2020年，晋商银行股份有限公司发挥地方法人银行服务地方经济最直接、体现行业特色最明显的优势，精准对接实体经济发展需求，全力支持地方重点项目，出台《晋商银行支持我省打造“示范区”“排头兵”“新高地”战略目标的行动方案》《晋商银行支持山西能源革命、转型发展实施方案》《晋商银行绿色金融行动方案》等，统筹全行资源，凝聚全员力量，支持综改示范区建设、能源革命、重大项目、基础产业、国资国企改革、“六新”突破等领域，精准对接重大项目、重点企业资金需求，提供多样化融资，净增额全省排名第三。支持综改示范区建设，成功与综改示范区签署战略合作协议，强化银政企合作，创新信贷模式，提供综合化金融服务方案，为综改示范区城中村改造、河道治理、工业园区建设等提供信贷支持，支持转型综改融资余额68.14亿元，较年初增幅13.36%。聚焦省委国资国企改革重大战略部署，制订服务方案，对接联系，创新金融手

2020年，晋商银行参加山西省第十届节能环保、低碳发展博览会

（晋商银行供图）

段，运用信贷杠杆和融资工具，嫁接资本市场和省属国企，支持国有资本布局优化和专业化重组，全行国有企业贷款284.58亿元，较年初增加64.16亿元，增幅29.10%。支持“六新”融资贷款余额11.22亿元，较年初增加8.87亿元，增幅351.98%。支持山西省地方债发行工作，成功入围山西省第一批公开承销省政府债券承销团成员，累计认购山西省地方债8期，认购金额37.02亿元。（闫　慧）

【公司业务拓展】 2020年，晋商银行股份有限公司按照高效对接市场需求、高效提供金融产品的要求，在制订行动方案、加强产品创新上想在前面、谋在实处，针对支持能源革命、“六新”突破、国资国企改革等重大部署，有效指导条线和分支机构开展对接，先后推出园区贷、耕保贷、绿色创新投资等新产品，推广“通系列”贸易融资产品，加快供应链综合平台建设，形成公司业务板块统筹兼顾、协调发展的良好局面。成为山西省第一批公开承销省政府债券承销团成员，承销山西省地方债41.81亿元，全年新增公司客户超过5000户，与转型综改示范区、山西移动等一批客户建立全面合作关系，社保基金等财政类客户拓展成效明显。（闫　慧）

【零售业务发展】 2020年，晋商银行股份有限公司以深化条线改革为重点，业务转型、产品优化、渠道拓展等工作向前推进，条线组织推动效率明显提升，储蓄存款、个人客户数量、个人客户AUM显著增长，信用卡中间业务收入突破1亿元，个人贷款规模突破200亿元，以点带面、从线到片的大零售格局逐步形成。（闫　慧）

【小微业务拓展】 2020年，晋商银行股份有限公司凭借产品创新、考核激励、制度支持、风控保障等措施，推动小微业务发展，普惠小微贷款、“首贷户”贷款、信用贷款、创业担保贷款等取得增量扩面的进展。普惠型小微贷款“两增”“两控”序时目标达到预期，简押快贷余额较年初增加3.62亿元。（闫　慧）

【多元业务发展】 2020年，晋商银行股份有限公司推进投行业务发展，通过债券承销、银团并购、非标投放等方式，推动全行中收结构优化，电子渠道优化升级，逐步实现从功能全覆盖向体验新升级优化迭代，个人网银4.0全新发布，微信银行功能升级，手机银行持续优化，客户操作体检不断提升。构建金融+场景化生态圈，速e联贷产品秒级申请、秒级审批、秒级放款，推广三晋智慧社区产品，搭建三晋云缴费平台，建设完成晋云+互联网开放平台，整合重组晋商E付支付平台，创新直销银行产品种类。（闫　慧）

【绿色金融服务】 2020年，晋商银行股份有限公司聚焦绿色产业，做优绿色信贷，做精绿色产品，支持清洁能源、清洁生产、节能环保、生态环境和基础设施绿色升级等绿色产业发展，推动产业转型升级。作为中国清洁发展机制基金在山西唯一合作的法人银行，成功落地山西省首单绿色创新投资业务，为山西省首个国家天然气试点项目的生物质天然气及有机肥生态循环利用工程项目提供2500万元金融支持，通过绿贷通、绿直融等绿色产品向山西文旅集团提供14.82亿元资金支持，为潇河流域市区段综合治理工程PPP项目提供绿色信贷6.40亿元，为山西国际能源集团绿色转型提供绿色信贷2.93亿元，为汾阳市船重川投市政工程有限公司提供3亿元绿色信贷支持。全行绿色信贷余额59.90亿元，较年初增加20.92亿元，绿色融资余额81.94亿元，较年初增加30.34亿元。支持能源革命，推进煤炭产能减量置换和减量重组，支持传统能源领域绿色开采，推动产业转型升级，加大信贷支持力度，全年支持能源革命各类贷款余额546.64亿元，较年初增加128.68亿元，增幅30.79%。（闫　慧）

【金融风险防控】 2020年，晋商银行股份有限公司以完善全面风险管理体系为主线，坚持风险管控、制度修订、系统建设多管齐下，狠抓关键领域风险防控，前移管理关口，优化管理流程，夯实资产质量管理根基，风险管理水平显著提升。开展法律法规、案防合规、安全生产等知识培训，组织各类监督检查审计和整治清理工作，强化全员风险意识，树立合规理念，筑牢安全生产防线。（闫　慧）

【金融科研成果】 2020年，晋商银行股份有限公司在手机银行、直销银行两大移动端应用上通过植入SDK的方式，实现对客户端病毒、木马等恶意应用实施拦截，识别模拟器、虚拟机、双开、Root、攻击框架、内存调试等异常状态。利用机器学习技术，对海量样本设备信息进行分析，生成设备指纹计算模型，对用户设备实时生成唯一的身份ID，实现对终端设备安全状态的检测，实时检测终端环境安全状态，并进行终端安全风险动态预警。通过人与设备的强关联以及多重认证方式的保护，有效预防黑客的欺诈行为，保障客户切身利益，降低银行对反欺诈工作投入的资金成本与时间。

运用机器学习、知识图谱等认证技术，对采集到的设备、账号、App、时间、生物等多个核心维度风险数据分析建模，提取风险特征，提高银行对客户移动端支付安全的监测能力。利用大数据技术统计、分析、建模，呈现移动应用的安全态势，动态感知可疑设备，实时对客户进行预警安全威胁。（闫　慧）

【社保税银通平台】 2020年，晋商银行股份有限公司从满足社保费征收的不同业务场景入手，在渠道创新和新技术应用方面进行全新尝试。和属地监管机构深度合作，利用小额支付系统实现跨行资金扣收功能，改变银行只能为本行客户提供金融服务的传统模式。搭建全功能社保税银通平台，实现与税务机关、监管机构相关系统间的互联互通，自动完成交易场景的识别、交易路径的选择和交易资金扣划。依托社保税银通平台强大的渠道和业务整合能力，支持从税务机关发起的任意银行账户单笔扣收和批量扣收处理，实现社保费的自动扣划，为税收征管工作提供规范、便捷、高效的征缴模式。（闫　慧）

【支付风险监测】2020年，晋商银行股份有限公司支付风险监测平台将线上、线下金融及非金融交易的业务场景接入实时风险控制范围，设置动态安全策略模块并对高风险交易采取实时拦截措施。利用设备画像实现对终端的风险监测，采用大数据分析用户行为习惯模式，结合复杂网络全方位识别欺诈风险。（闫　慧）

【同城异地双平台建设】2020年，晋商银行股份有限公司的同城异地灾备双平台可通过4G无线网络接入方式提供支持。当分行主备线路故障时，选择4G线路作为营业网点的备份线路，实现关键生产业务在专线故障情况下的备份，保障关键业务零中断，提升网络可靠性。当网点主备线路故障时，使用热备4G路由器或者4G模块对支行业务进行恢复，保障支行业务快速恢复。

（闫　慧）

保险业

【防灾救险理赔】2020年3月至4月，山西省遭遇寒潮、发生大面积冻灾，小麦、苹果、梨、核桃等经济林和农作物受损严重。事故发生后中国人保财险山西省分公司立即启动大灾应急预案，及时组织全省理赔队伍，迅速开展现场查勘及灾害定损，开展防灾防损，对接农技部门和基层三农服务网点，协同乡镇农技站，广泛发布预警信息，针对不同作物的种植特点，通过烟熏、喷药、灌水等各种防冻措施，最大限度降低灾害影响。（孙　帆）

2020年9月20日，中国太平洋人寿保险股份有限公司山西分公司开展“晋善晋美、晋是最优”扶贫助农直播活动（太平洋寿险山西分公司供图）

【供给侧结构性改革】2020年，中国人寿保险股份有限公司山西省分公司（以下简称中国人寿山西分公司）优化业务结构，保障型占10年期以上期交比重达67%，同比增长10个百分点。续期保费占总保费比重69%。个人短险占短期险比重同比增长9个百分点，达到40%，调减4000万元的团补业务。银保渠道5年期占首年期交比重同比增长18个百分点。改善发展质量，退保率、死亡重疾给付控制率低于系统均值。根据总对省高质量发展评价结果，山西排全国第13位，较三季度提升4位。提升经营效益，大个险新单创费达5.30亿元，同比增长13.70%。各渠道长险首年佣金累计支出7.74亿元，同比增长4.52%。万元标保经营管理费用和销售费用分别同比下降14.86%和15.86%。团险渠道综合成本率103.80%，低于总公司110%的控制目标。

2020年，太平洋产险山西分公司支持传统产业转型升级，关注煤炭钢铁企业，在现有产品费率上满足企业的需求，对煤责、安责等产品实施符合市场需求费率，在风险管理范围内为企业提供风险保障。搭建核保对接与客户服务的风险管理服务平台，采取“业务—风勘—核保—服务”流程优化设计，总公司研究、编制20个行业的风险评估模型，标准化问卷即时评估，自动生成报告，多维雷达图，高风险警示，为核保提供精细化的指标。为32个煤矿企业、11个钢铁企业提供风勘服务并提出防灾防损的建议。为136个煤炭钢铁企业客户提供风险保障服务。（孙　帆）

【台骀山景区火灾受伤人员理赔】2020年10月1日，太原台骀山景区冰灯雪雕馆发生火灾后，中国人寿省、市、县三级机构联动，启动重大事故应急预案，分别成立专项事故工作组，工作组人员按照分工分赴事故现场。政府相关部门、事故救援指挥部等，给救援工作施以援手，采取主动寻找客户、开通报案受理和理赔特别通道、放宽身份证明、简化费用报销申请资料、取消伤残观察期、优化特殊案件身故证明、取消定点医院限制等措施，给事故救援和处理工作提供最大的帮助。最终确认属于省分公司有效保单客户4人，累计赔付10.01万元。

太平洋寿险山西分公司第一时间启动重大突发事件应急预案，启动理赔应急处理机制，开通绿色理赔通道。经多方走访及排查，核实到有2名公司客户遇难。10月10日，对2名客户进行赔付，赔付15.15万元。（孙　帆）

【客户服务】2020年，中国人寿山西分公司利用“指尖上”云端服务加快推动客户服务线上化。推广“中国人寿寿险”App，倡导客户足不出户就可自助办理续期交费、借款还款等90%保单服务。利用网上“空中客服”和“居家座席”模式，实现网上服务和人工座席居家远程接听客服热线，确保疫情期间7×24小时“不掉线”的联络服务，提供疫情专版IVR导航服务，前置热点，减少咨询疫情客户等待时长。“智能化”柜面服务，推广“先App、再电话、后临柜”服务新模式。推广“智能服务预约”服务，分流客户临柜时间，提前电话了解客户服务诉求，避免客户聚集，引导客户“刷一刷”“点一点”就可快速办理保险服务等，实现客户体验与服务安全双提升，稳定和保障公司疫情期间的持续经营。

2020年，中国太平洋人寿保险股份有限公司山西分公司慰问阳曲县泥屯镇石家庄村贫困村民

（太平洋寿险山西分公司供图）

2020年，平安人寿山西分公司推动“智慧客服”服务，依托生物认证、大数据、人机交互和远程视频等技术，客户通过金管家App等移动入口，即可随时随地办理理赔申请和保单信息确认等传统需要到柜面亲办的保险业务，90%以上的业务客户足不出户自助完成。在原有金管家App终端平台上线AI视频回访功能，解决原有客户时间冲突，不方便随时接听新契约回访电话的情况，客户可在签收回执当天通过AI视频回访完成新契约回访事宜，且该功能不受时间地点限制，为客户提供7×24小时服务模式，在疫情期间减少人员接触，为客户提供线上自助回访新模式。智慧核心能力覆盖从业务申请到智能推荐全流程，极大方便客户业务办理，提升客户体验。3月1日实施《银行保险违法行为举报处理办法》和《银行业保险业消费投诉处理管理办法》后，将消费者权益保护工作融入公司治理各环节，成立监管投诉改善专项小组，明确项目组职责。教育引导宣传金融消费者法定权利、宣导依法维权、持续推进各项智慧服务，为消费者提供优质的保险和金融生活服务，保护消费者合法权益。畅通投诉渠道，公开投诉流程，使金融消费者了解内部的投诉受理流程、处理机制（投诉电话、具体负责人等）和第三方（包括监管部门、消费者组织、仲裁机构、法院等）投诉受理处理渠道，提升投诉处理时效，提高客户满意度。

2020年，平安人寿山西分公司开展“众志成城抗疫情”公益献血活动

（平安人寿山西分公司供图）

2020年，太平洋产险山西分公司坚持以客户需求为导向，从产品、服务、品牌和渠道全方位发力，持续优化客户旅程体验，全力打响“太保服务”品牌。在集约化管理方面，优化单证管理模式、提升单证集约化管理水平，控制单证因“多、广、散”引发的风险，客户数据迁移项目落地，将全险种线上投保、理赔工具接入官微，上线随身客服，实现全年7×24小时客服在线服务。与安联健康合作上线健康服务项目，包括医疗挂号、在线问诊、药品查询等，丰富官微实用性功能。凭借“太好赔”特色服务项目，优化车险理赔流程，理赔周期缩短明显，客户体验得到提升。打造“太保服务+科技赋能”双向驱动，推出新平台、新技术、新工具等线上化理赔服务新模式，搭建“太保专享赔”小程序平台，实现远程视频查勘、快处

2020 年，平安人寿山西分公司慰问抗疫一线的环卫工人

（平安人寿山西分公司供图）

工具引导定损、在线多方调解等理赔全流程线上化服务功能，通过前沿科技应用让客户感受到服务新体验。

2020 年，太平洋寿险山西分公司优化客户服务，畅通服务通道。凡购买公司医疗险产品的客户，确诊新型冠状病毒肺炎的，理赔时公司做出“5 项取消”承诺（取消医院等级限制，取消等待期限制，取消特定传染病等免责事项，取消医保范围限制，取消医疗险免赔额、免赔天数、免赔比例）。开通 7×24 小时报案服务热线，提供理赔报案服务。开通理赔快速服务绿色通道，对确诊客户，主动预付理赔款，理赔时由公司确认与承保信息吻合，即可直接启动快速理赔服务。对疑似或确诊客户，主动安排理赔服务专员为客户的理赔需求进行全程指导和辅助。理赔服务中注重人文关怀，在尊重客户意愿的基础上，以客户接受的时间和方式及时支付赔款，兑现保单承诺。推行“太 e 赔”科技服务，让客户足不出户，通过拍扫理赔资料即可申请理赔。全年处理理赔案件 53871 件，赔付 5.63 亿元，理赔数额大幅增长。规模化应用保险科技，提升客户服务的科技内涵。“智云保”基于智能手机实现“微信社交 + 人工智能”远程展业模式。“云柜面”即时服务新模式的投入使用让每一个终端成为一个柜面，实现所有业务“一站式”办理。通过“太慧赔”服务的广泛使用，融合自助化移动端理赔工具及智能化、集约化后台作业模式，通过客户自助报案，索赔资料拍扫上传，后台集中作业，打造客户足不出户、赔款实时到账的自助理赔服务新体验。（孙　帆）

【中国平安人寿理赔服务】 2020 年，平安人寿山西分公司理赔案件 46262 件，赔付金额 4.60 亿余元，豁免保费 1.10 亿余元，理赔最高金额 444.40 万元，理赔客户服务满意度 95.50%，用实际行动兑现理赔服务承诺，为消费者带去更多简单快捷的服务体验。推行闪赔服务，运用人工智能和医院信息直连等科技优势，通过移动终端、影像技术、大数据应用等，实现手机在线申请理赔，30 分钟内赔款到账，减免 8 至 10 项理赔申请纸质资料，让客户享受到极致的“快”和“简单”。依托平安后援集中运营平台，落实理赔全流程各环节标准化作业流程，制订内部考核方案，激发全省理赔人员工作热情，加强专业技能培训和自身素质培养，缩短理赔服务时效，提供热心、贴心、暖心的理赔服务，落实理赔服务承诺。推动“重疾先赔”服务，针对不幸罹患重大疾病且急需治疗费用的客户的特色服务，投保 2 年以上的客户，首次确诊重大疾病后三日内报案，即可享受专人上门理赔，绿色通道快速审核，帮助客户及时拿到理赔金，全年完成 51 件重疾先赔，给付保险金 477 万余元。（孙　帆）

【社会服务】 2020 年，太平洋寿险山西分公司拓展保险保障功能，支持地方实体经济发展，服务民生保障和社会治理，为山西中小微企业正常运营及发展保驾护航。向疫情重灾区企业捐赠抗疫物品，向金融服务一线员工捐赠保险，新冠保障近 30 亿元。支持企业复工复产，联合中国银行、民生银行等为 450 家中小微企业提供含有新冠责任在内的保险保障，受众客户数近万个。为支持三农发展，承保近 9 万人，赔付 900 万元。与省计生协共同承办“疫情防控、爱心赠险、优生优育进万家”活动，全省赠险 2.10 万人次，为新生儿家庭及孕妇提供较全面的安全保障，体现保险作为“社会稳定器”的职责与使命。疫情期间，对意外险、长期疾病保险产品进行责任扩展。将责任扩展以及“五项取消限制”通过农信社、银行等合作渠道的文件、公众号和服务平台进行广泛传播，携手渠道服务客户，彰显太保服务品牌。（孙　帆）

公路交通

【概况】2020年，太原市交通运输局坚持以习近平新时代中国特色社会主义思想为指导，全面贯彻落实中共十九大和十九届二中、三中、四中、五中全会精神，贯彻落实习近平总书记视察山西重要讲话重要指示，贯彻落实省委十一届十次全会和市委十一届九次全会精神，坚持"四为四高两同步"工作思路和要求，做好"六稳"工作，落实"六保"任务，聚焦"六新"突破，统筹推进疫情防控与经济社会发展，加快推进交通运输高质量转型发展。（杨　婷）

【机构改革】2020年，太原市委编办印发《关于印发太原市交通运输局所属事业单位改革实施意见的通知》，明确太原市交通运输局所属5个事业单位（太原市汽车客运管理办公室、太原市道路运输管理局、太原市公路管理处、太原市交通建设工程质量安全监督站和山西省太原市地方海事局）全部撤销，新组建成立太原市交通运输发展中心（太原市轨道交通运营中心），为正处级公益一类事业单位。改革后，太原市交通运输局所属单位共2个，分别是太原市交通运输发展中心（正处级）、太原市交通运输综合行政执法队（副处级）。（杨　婷）

【交通强国建设】2020年，太原市交通运输局贯彻落实中共十九大作出的建设交通强国的战略决策部署，按照全省《贯彻落实〈交通强国建设纲要〉实施意见》要求，结合太原市交通运输实际，注重发挥省城区位优势，组织开展贯彻落实《交通强国建设纲要》实施意见起草工作，并形成初稿。着眼全省"一主三副六市域中心"空间布局，围绕山西中部盆地城市群一体化、太原都市区发展总要求，对太原市"十三五"期间交通运输发展脉络进行系统、科学梳理，初步形成太原市"十四五"交通运输规划中期成果，为全力推动全市交通运输事业高质量发展绘就蓝图、指明方向。

（杨　婷）

【交通基础设施建设】太原东二环高速公路。2020年10月26日全面通车运营，项目作为省"三纵十二横十二环"高速公路网络的重要组成部分，为扩展城市发展空间，提升太原都市区综合承载力，助推太原都市区和中部盆地城市群一体化发展提供有力保障和支撑。

太原西北二环高速公路。截至12月底，项目累计完成投资40.10亿元，项目的建设对拉大城市框架、拓展城市发展空间、优化省城路网布局，加快推进建设具有国际影响力的国家区域中心城市具有重要意义。

太原市汽车客运东南站。8月底完工，并进行竣工验收，投运后可实现高铁、长途客运、公交、地铁、出租车和社会车辆等多种交通方式的无缝衔接和高效换乘，为旅客提供"零距离换乘"的便捷出行体验。

太原东西山旅游公路。6月完工，建设里程93.50千米，投资3.89亿元，与2019年5月建成的西山旅游公路连接，实现全长229.50千米的太原环城旅游公路的全线贯通。

公交停保场。嘉节、胜利桥东、唐槐园、体育馆、长风东等5个公交场站建设有序推进。（杨　婷）

【"四好农村路"与"3+1"旅游公路建设】2020年，太原市交通运输局坚持"建管养运"全面发展的要求，持续加大"四好农村路"和"3+1"旅游公路建设。省交通厅下达太原市"四好农村路"建设任务为新改建574千米，完成投资1.50亿元，截至年底，完成建设里程657千米，为目标任务的114%，完成投资5.40亿元，为目标任务的360%。"3+1"旅游公路完成建设里程150千米，完成投资8.20亿元。开展"百乡千村万里美丽农村路"示范创建工作，推进农村公路市、县、乡、村四级"路长制"，健全农村公路管理养护体制，推动形成路联管、路全管、路共管、路常管的农村公路发展新格局。（杨　婷）

【运输结构调整】 2020年，太原市交通运输局根据省、市关于推进运输结构调整的决策部署，全力推进煤炭等大宗货物“公转铁”，截至11月底，太原市完成铁路货运量3741万吨。全市14户大宗货物大型工矿企业有13户拥有铁路专用线，9月26日，清徐精细化工园区晋煤铁路物流有限公司专用铁路改扩建工程开工建设，建成后全市年货运量150万吨以上的14户大宗货物大型工矿企业全部拥有铁路专用线。（杨　婷）

【公交都市创建】 2020年，太原市交通运输局组织实施创建验收攻坚行动，新开公交线路12条、优化调整35条。公交智能化系统建设完成，实现实时到站查询、线路规划等功能，智能化、精细化服务水平提升。1057台新能源公交车采购更新工作按计划有序推进，完成528台车辆采购任务。9月通过交通运输部“公交都市”创建验收专家组实地验收。（杨　婷）

【出租车行业改革】 2020年，太原市被省政府确定为出租车改革试点城市，市交通运输局会同省交通厅组织调研论证。太原市网络预约出租汽车合规化步伐不断加快，截至年底，有网约车平台企业30家，网约车驾驶员13266人，网约车12240辆。（杨　婷）

【轨道交通运营】 太原市交通运输局编制完成《太原市城市轨道交通运营突发事件应急预案》并以市政府名义印发，起草完成《太原市城市轨道交通运营管理办法》等配套政策文件，推进轨道交通2号线初期运营前安全评估工作，组织25名业内专家开展轨道2号线一期初期运营前安全评估预检查工作，年底，太原轨道交通2号线开通运营。（杨　婷）

【法治建设】 太原市交通运输局依托法宣在线平台开展日常学法，组织“12·4”宪法日宣传活动，健全行业法制建设，《太原市人民政府关于规范互联网租赁自行车发展的实施意见》《太原市公共自行车管理办法》两项法规通过市政府常务会审议并以市政府名义出台印发。发挥法律顾问作用，在做好行政复议和行政应诉工作的同时，实施重大行政决策、重点工程项目法律咨询全程覆盖，全年累计向法律顾问征询意见52项，提出意见建议70余条，出具律师合规性审查意见书21份，保证依法行政、依法履职。推进交通运输领域信用体系建设，开展“双随机一公开”工作，严格抓好事中事后监管工作落实，行业法制化建设水平不断提升。（杨　婷）

2020年9月13日，太原市举行绿色出行宣传月和公交出行宣传周启动仪式
（市交通运输局供图）

【文明交通综合治理】 2020年，太原市交通运输局狠抓行业管理正规化规范化发展，持续开展“礼让斑马线”“让出生命线”等文明交通活动，以行业的率先垂范引领全社会文明交通蔚然成风。持续加强共享单车规范管理，陆续清理、归集违规停放的共享单车8万余辆，探索共享单车管理新机制，构建共享单车企业包联负责（美团包联迎泽区、万柏林区，青桔包联尖草坪区、杏花岭区，哈罗包联小店区、晋源区）的共享单车运营管理机制，乱停乱放现象得到遏制，全市交通运输文明服务和管理水平持续提升。（杨　婷）

【打击非法营运】 2020年，太原市交通运输局会同公安交警部门建立联合打击非法营运长效机制，以火车站、机场为重点，持续开展全天候、不定时、不定点、不留死角的稽查，采取现场稽查和视频监管相结合的方式对出租车拒载、拼客、议价、甩客、故意绕行、乱停乱放等违规行为进行严厉查处，持续保持打击非法营运行为的高压态势。全年视频抽查车辆70500台次，查处违规车辆841台次，累计查处违规营运出租车2151台次，查扣非法营运车辆994台次，非法营运行为得到有效遏制。（杨　婷）

【绿色交通建设】 2020年，太原市交通运输局推动网约车新能源化改造与1057台新能源公交车采购更新工作，全面助力太原市打赢蓝天保卫战。推进绿色货运配送示范工程建设，完成《实施方案》编制，成立太原市创建城市绿色货运配送示范工程领导小组，各项创建工作有序推进。（杨　婷）

【智慧交通建设】 2020年，太原市交通运输局紧抓全省智慧交通试点市建设的契机，推动东山旅游公路建设与5G建设融合发展，成为全省智慧旅游公

路5G应用的示范标杆项目，助推交通与体育、文化和旅游产业的融合发展。公交智能化系统建设基本完成，公交电子站牌、公交App投入使用，方便市民出行。（杨　婷）

【交通污染防治】 截至2020年11月底，太原市淘汰国三及以下排放标准营运柴油货车5457辆。2020年，太原市交通运输局严密组织柴油货车和散装物料车联合执法行动，检测柴油货车17431辆、超限超载车辆874751辆、散装物料货车41042辆，车辆劝返和绕行12161辆，处罚车辆10537辆，处罚金额169.84万元。实施城六区土路扬尘治理，完成治理改造工程116项127.09千米，完成投资2.50亿元，通过连续两年持续实施路域环境整治，有效遏制城乡接合部土路扬尘污染，为全市环境质量提升和改善贡献力量。

推进太原绕城高速公路过境货车分流管控工作。按照省、市决策部署，会同省交通运输厅、省公安厅交管局、省交控集团等单位，全力组织实施太原绕城高速公路过境重中型货车分流管控工作，由省交通运输厅组织研究编制《太原市绕城高速公路过境货车分流管控方案》，投资3600万元，短短一个多月时间完成新建两条枢纽节点专项匝道，安装远端、近端引导标志标牌199块，组织区间节点服务区改造。并规范分流管控工作。12月3日，分流管控全面启动实施，为全市决战决胜蓝天保卫战奠定基础。（杨　婷）

【安全生产与治超工作】 2020年，太原市交通运输局深刻汲取浙江温岭“6·13”槽罐车爆炸事故、贵州安顺“7·7”公交车坠水事故、临汾市襄汾县“8·29”聚仙饭店坍塌、“10·1”台骀山冰雕馆火灾事故教训，牢固树立“安全第一、生命至上”的理念，强化红线意识、底线思维，坚持问题导向、目标导向、结果导向，持续抓好安全生产工作落实，全年全系统安全形势比较平稳，未发生一般以上交通运输安全生产责任事故。开展“夯基础、抓管理、强队伍、保安全、促发展”教育整顿暨专项整治工作，10月1日至12月底，累计组成1172个检查小组，出动检查人员3839人次，检查汽车站、危化品运输企业、交通工程建设工地、公交场站和运营公司、出租车运营公司、汽车维修场所、轨道交通等重点项目2459个，发现隐患问题506个，整改完成493个。推动“两客一危”车辆加装智能视频监控报警系统，至年底安装比例99.20%。开展农村公路平交路口“一灯一带”建设工作，完成632个平交路口减速带安装。

治超工作。树立“抓治超就是抓安全”的理念，与经政府公示的245家货运源头企业签订无“双超”承诺书，实行100%全覆盖巡检监管，确保超限车辆不出场。强化路面超限超载管控，规范治超检测站点运行管理，截至年底，全系统检测站点共检测车辆51.74万台次，其中非法超限超载车辆70辆，所辖区域车辆超限超载率为0.013%，非法超限超载率始终控制在0.20%的目标要求以内。（杨　婷）

·省公路局太原分局·

【概况】 2020年，山西省公路局太原分局投资2146万元完成6项养护工程，处治水毁54处，完成3座道班服务区改造、2座应急储备站点建设和9座桥梁护栏提升工作。截至年底，管养干线公路技术状况指数MQI为84.37，PQI为83.10，公路优良路率84.04%。（师彦晋）

【道路养护管理】 2020年，山西省公路局太原分局全面加强公路养护，巩固养护管理“八比八看”活动成果，抓好日常养护、预防性养护，推进科学养护、精准养护。履行路面PPP项目监管职责，成立监管领导组，出台分局《监管实施细则》等制度，建立分局、公路段两级监管体系和定期检查督导推进工作机制，围绕工程质量、进度、安全、资金四大环节，推动路面PPP项目优质高效实施。坚持管理与服务融合，协助项目公司办理交通组织设计绕行方案和施工路段交通管制审批，申报“战疫情稳投资补短板”项目贷款2000万元，助推境内项目建设开工和施工进展始终处于全省前列并按期优质高效完成。

备战迎“国评”工作。把迎检转化为提标进位过程，以最高标准、最佳状态、最好形象、最优成效迎接“国评”，分局参评路况检测70.51千米、外业现场观摩点2处，均通过评价考核。（师彦晋）

【公路项目建设】 2020年，山西省公路局太原分局优化太原地区干线公路网

2020年，山西省公路局太原分局进行3P路面施工（省公路局太原分局供图）

布局，做好落地项目开工建设和规划项目前期工作。履行监管职责，全力推动国道241、省道岚马线汾河水库段改建工程PPP项目进入实施阶段，累计完成投资3.25亿元。规划国道108绕城工程、国道307线南过境工程、国道339线仁义至镇城底段改线工程、省道314线双阳线东郭湫至西关口公路改建工程等储备项目全部列入“十四五”省级国土空间规划建设项目，完成项目建议书的编制，三个项目完成工可招标。（师彦晋）

【历史遗留问题化解】 2020年，山西省公路局太原分局推动岚古线施工合同纠纷化解，该案件历时10年，历经仲裁、市中院一审、省高院发回重审多次周折，2014年5月仲裁结果为1845万元，2016年12月对方提起一审判决为4794万元，2020年12月市中院重审判决认定工程造价1729万元，为分局避免重大经济损失。（师彦晋）

【公路治超检测】 2020年，山西省公路局太原分局共检测车辆303万辆，查处超限车辆501辆，超限超载率控制在0.02%以下。路政案件累计发生20起，结案率、查处率、赔偿率为100%，收赔偿费461万元。（师彦晋）

铁 路

【概况】 中国铁路太原局集团有限公司是全国铁路货运量最大、重载技术最先进的铁路局集团公司，是国家5A级综合服务型物流企业。主要担负山西省的客货运输任务和周边京、津、冀、蒙、陕等省市区的部分货运任务。截至2020年底，管辖大西高铁、张大客专、郑太高铁、石太客专、南同蒲、北同蒲、大秦、侯月、瓦日、石太、太中、朔准等干线和支线，有干部职工10.20万人。（燕保全）

【客运服务】 2020年，中国铁路太原局集团有限公司客车开行以变应变、精准调控，一日一图、应流开车，旅客发送量创历史新高，客运提质“十大工程”高标兑现。全年开行旅游专列11列，引流入晋旅游专列11列，成功冠名“山西药茶”“平遥牛肉”等精品列车20列。全面推行电子客票，管内103个客运站实现“一证通行”，实现运输合同凭证电子化，乘车凭证无纸化，退票、改签等业务实现线上、线下交叉办理，旅客进站乘车流程简化、进站效率提高，畅通体验提升。（燕保全）

2020年，山西省公路局太原分局对重要路段开展超限检测

（省公路局太原分局供图）

【货物运输】 2020年，中国铁路太原局集团有限公司深化铁路运输供给侧结构性改革，当好全国铁路货运增量“排头兵”，实行契约化、网格化、项目化、集中化“四化营销”，构建货源开发、生产组织、市场服务“三大体系”，多措并举推进公转铁，查定货运能力，提高组织标准，优化机车检修，实施扩能，货运增量3年行动收官。6月起，全局日装车连续攀升保持在33000车以上，大秦铁路日运量等9项指标43次创新高。（燕保全）

【安全生产】 2020年，中国铁路太原局集团有限公司直面安全风险变化，坚持强基达标、从严务实安全思路，实现安全生产1900天，胜利夺取第5个安全年。坚持高铁普速并重，狠抓外部环境整治，安全隐患全部清零，铁路安保区全部划定，推动《山西省铁路安全管理办法》颁布实施。抓实专项整治，制订实施安全生产专项整治3年行动计划，紧盯高铁、重载、人身等关键，深化专项整治12项，挂牌督办解决突出问题226件。完善群防群治奖励办法，发动职工和沿线群众，及时发现处置水害170件，成功应对60年来最大汛情。（燕保全）

【节支创效】 2020年，中国铁路太原局集团有限公司以国铁集团明确14项节支创效措施为牵引，创造性制订“四个清单”，实施清单化管理、项目化推进、机制化考核，分批明确25大类、61个项目、873条措施，超额完成全年节支任务。分类制订业务外包合同压减清单，开展两轮物资清查，推行“扫码出入库”，物资管理实现质的飞跃。深化设备修程修制改革，开展废旧钢轨回收，争取地方政策红利，提高直购电优惠单价，非运输企业“去虚减胖”，推动60个项目、183项创效清单落地。（燕保全）

【经营管理】 2020年，中国铁路太原局集团有限公司落实市场主体责任，加

2020年1月，太原铁路局欢送援鄂医护人员　（太原铁路局供图）

强法治化市场化集约化经营，确保国有资产保值增值。优化完善规范经营管理运行机制，常态化开展规范经营管理行为自查自纠，加大“小金库”等突出问题整治力度，开展验工计价、非运输业等专项审计，加强合同审查和依法维权，促进依法合规经营。加强全面预算管理，推动业财深度融合，发挥大秦上市公司平台融资优势，盘活国铁优质存量资产。实施太原枢纽客站整合，推进现代物流资源布局调整，建成7个“一区一点”货运业务办理中心。大力发展非煤、非大秦运输，路地战略合作、发展现代物流，开行中欧（中亚）班列，中鼎物流园年货物吞吐量突破900万吨，经营管理向质量效益集约型转变成效明显。（燕保全）

【企业治理】2020年，中国铁路太原局集团有限公司把握建立现代企业制度根本方向，加大改革创新力度，推进企业治理体系和治理能力建设。优化法人治理结构，修订完善董事会、总经理办公会议事决策机制，启动专职外部董事运行机制，发挥监事会作用，企业管理更加规范。加强制度机制建设，开展“打造管理强局、效益强局”大讨论大排查大整治，推进车间班组岗位和党支部标准化规范化建设，建立健全制度、评价、考核“三个体系”。深化“三项制度”改革，优化完善薪酬分配、工资决定、履职考评等机制，突出经营结果导向，加强过程考核约束，实行“以分计奖”，企业经营业绩考核“含金量”更高。加强关键岗位人员交流，“一段一策”培养选拔优秀年轻干部。推进劳动用工改革与劳动组织、生产组织、修程修制等改革。加大内部改革力度，推进集团公司机关内设机构优化、生产力布局调整、临汾综合段管理模式创新、太中铁路设备受托管理、货运领域专项改革。（燕保全）

【铁路工程建设】2020年，中国铁路太原局集团有限公司坚持计划先行、聚力攻坚，集大原控制性工程开工，雄忻高铁获批，全年按计划完成建设投资。郑太高铁高质量开通运营，联调联试首次拉通测试一、二级偏差全部清零，全线站区生产生活建筑“建维一体创精品工程”经验在全国铁路介绍推广。开通后日均发送7000人，上座率98%。坚持强基达标补短板，完成大秦线桥梁偏心落道整治施工，消除一批重大安全隐患，完成短平快7项，19条专用线竣工投产，增加年发运能力7900万吨。创新大秦线施工组织，设立前线指挥部，精准编制三日计划，创新施工汽车车辆使用，全面推广机械化施工，施工效率和质量大幅提高。（燕保全）

【中欧班列开行】2020年2月27日，中国铁路太原局集团有限公司开行中鼎物流园到哈萨克斯坦·阿拉木图、乌兹别克斯坦·塔什干的中亚班列和首次到波兰·马拉舍维奇的中欧班列。中亚班列编组45节，满载火车轮对、陶瓷餐具、发电机、煅烧高岭土等产品，经霍尔果斯出境，全程4621千米。中欧班列编组41节，满载汽车配件、法兰、服装、拖鞋等产品，经二连浩特口岸出境，途径蒙古、俄罗斯、白俄罗斯，全程9000千米。支持山西资源型地区经

2020年7月，太原铁路局和高铁旅客共贺党的生日　（太原铁路局供图）

济转型发展，太原局集团公司发挥中欧班列的大通道优势，对接市场需求，针对客户需求扩增中欧班列城市到站，开辟中鼎物流园至波兰马拉舍维奇中欧班列线路。常态化开行8条线路，达到每日开行一班中欧班列，车辆轮对、机电设备、汽车配件等“山西制造”借力中欧班列抵达“一带一路”沿线9个国家20多个城市。太原重工轨道交通设备有限公司生产机车车辆轮对是“山西制造”的代表，过去海运销往欧洲需要长达45天，现在搭乘中欧班列仅用18天，即可到达波兰马拉舍维奇、德国汉堡，压缩在途时间、缩短结算周期。集团公司依托中欧班列回程班列，将俄罗斯、白俄罗斯丰富的木材资源运回国内，在中鼎物流园进行木材交易，供应周边区域建筑市场。（燕保全）

2020年6月30日，集大原（集宁—大同—原平）高速铁路开工仪式举行（太原铁路局供图）

【瓦日铁路首开重载列车】 2020年4月11日1时35分，编组106辆、装载1.20万吨煤炭的71503次重载列车从瓦日铁路瓦塘站启动，驶向终点站日照南站。瓦日铁路继2018年1月首次开行单元万吨重载列车之后，再次刷新列车牵引新纪录。瓦日铁路西起山西省吕梁市兴县瓦塘镇，东至山东省日照港，横跨晋豫鲁3省13市47县，全长1269.80千米，设计年运量2亿吨，于2014年12月30日通车，是首条一次性建成的承载30吨轴重车辆重载铁路，也是太原局集团公司继大秦铁路后第二条重载运输通道。（燕保全）

【集大原高速铁路开工建设】 2020年6月30日，集大原（集宁—大同—原平）高速铁路开工仪式在朔州市朔城区南榆林乡南辛寨村西恒山隧道进口举行。集大原高铁是国家中长期铁路网规划“八纵八横”之呼南高速铁路通道的重要组成部分，项目总投资约339.30亿元。由国铁集团和内蒙古自治区、山西省共同建设，建设工期4年半。集大原高铁设计速度250千米/小时，基础设施预留提速条件。新建线路全长269.60千米，北接内蒙古自治区乌兰察布市，途径大同市、朔州市，南连忻州市并经由大西客专与太原贯通，全线设乌兰察布、丰镇西、大同南、怀仁东、应县西、山阴南、朔州东和代县西8座车站。（燕保全）

2020年12月12日，郑太高铁开通运营（太原铁路局供图）

【太原至呼和浩特首开直通动车】 2020年7月1日9时10分，冠名为“冠云号”的D2792次动车组列车从太原南站驶出，途经忻州西、原平西、应县、怀仁东、大同南、阳高南、天镇、怀安、乌兰察布等车站，开往内蒙古自治区首府呼和浩特。太原至呼和浩特间列车运行时间由普速列车10多个小时压缩至5小时左右。至此，太原与周边4个省会城市之间全部实现动车往返。太原至呼和浩特直通动车组列车的开行，为晋蒙两地开辟快捷交流通道，对创建国家全域旅游示范区，实现山西、内蒙古自治区高质量转型发展具有深远意义。（燕保全）

【公用型保税仓库启用】 2020年9月28日，太原海关向中鼎物流园颁发保税仓库注册登记证书，标志着中鼎物流园公用型保税仓库正式启用。保税仓库占地面积2100平方米，属于公用性质堆场型保税仓，是第7个公用型保税仓库。保税仓库的设立，可为企业提供多方位服务，具有增加营收和促进招商引资双重意义。利用中欧中亚班列和铁水联运通道，服务回程进口货物保税需求，辐射带动区域外贸型企业提速发展，减轻

企业资金占用压力，满足企业多批次、小批量采购等多样化需求，更好服务山西打造内陆地区对外开放新高地。（燕保全）

【郑太高铁开通运营】2020年12月12日，郑州至太原高速铁路太原至焦作段开通运营，太原至郑州高铁旅行时间压缩到最快2小时24分，比原先绕行石家庄节省1个多小时，比普速列车节省近9个小时。郑州至太原高速铁路是“八纵八横”高速铁路网呼和浩特至南宁通道重要组成部分，是晋东南太行革命老区首条高铁，也是首条纵贯太行山的高铁。太原至焦作段2016年6月开工建设，全长362千米，在山西境内326千米，设计速度每小时250千米。线路北起太原市，途经晋中市、长治市、晋城市，河南省焦作市，南至河南省会郑州市。境内设太原南、新鸣李、晋中、太谷东、榆社西、武乡西、襄垣东、长治东、长治县、高平东、晋城东等11座车站，其中太原南、新鸣李、晋中站为既有改建站，其余为新建站。郑太高铁开通运营，对巩固革命老区脱贫攻坚成果，加快促进与长三角、珠三角等区域经济社会交流，助力中部崛起，服务支撑山西高质量转型发展、构建内陆地区对外开放新高地具有积极作用和深远影响。（燕保全）

·太原市高速铁路投资有限公司·

【太原南站综合交通枢纽运营】2020年，太原市高速铁路投资有限公司总结运管经验，修订完善管理制度60余项。强化安全意识，开展安全生产检查，组织消防演练22次。为旅客提供导向问询、轮椅借用、雨伞租用、广播寻人寻物等优质服务，方便旅客出行。南站枢纽全年接待旅客1846.50万人次，车流量共计130.50万车次，全年安全运营。（李　娟）

【武宿（国际）机场三期改扩建项目】2020年，太原市高速铁路投资有限公司负责太原武宿（国际）机场三期改扩建项目前期征拆资金拨付和管理工作，截至年底，24.77亿元征拆资金到位，成立征拆工作领导组，配合小店区政府完成此次征地拆迁任务。（李　娟）

【国际商务港租金减免】2020年，太原市高速铁路投资有限公司严格落实上级文件要求，为入驻南站国际商务港的企业减免两个半月租金，共计1487.70万元。继续加大招商力度，全年租金及物业管理费收入共计约1943.21万元，完成续租商铺面积约2800平方米。（李　娟）

2020年，太原铁路局在疫情期间对高铁车厢进行全面消杀（太原铁路局供图）

【广场地下连接通道工程】2020年，太原南站东西广场地下连接通道衔接段工程属于南站东广场配套收尾工作，截至年底，土建结构施工完毕，机电安装工程完成80%，装饰装修工程完成75%，实现东西广场互通。（李　娟）

【西南环线项目审价入股】2020年，西南环项目竣工通车，年初开始审价工作，11月审价工作结束，拨付款项全部经审价公司确认、同意计列西南环公司股份，审价入股资金22.60亿元，资金审价率达100%。（李　娟）

【北营特勤消防站建设】2020年，太原消防支队北营特勤消防站完成主体封顶、二次结构、抹灰、地暖工程施工及外墙保温。配套公寓房完成1至16层主体结构、二次结构及抹灰工程。完成投资约2402万元，累计完成投资3268万元。（李　娟）

【物业服务】2020年，太原市高速铁路投资有限公司重点对小区工程质量及安全情况进行全面排查，共排查出工程质量问题8类105条，通知相关人员整改落实。排查出安全隐患185项，整改179项，6项持续整改中。协调街道、社区等部门，对安全隐患进行联合整治。对小区供暖设施、监控设施、楼宇设施进行维修维护，做好小区保安、保洁、绿化养护等日常工作，打造优美生活环境。与太原市处置不动产遗留问题办公室进行对接，加快推动许东佳苑、丽泽佳苑项目不动产证手续办理。（李　娟）

【安全生产】2020年，太原市高速铁路投资有限公司重点检查太原南站枢纽东西广场、太原南站国际商务港、回迁安置小区等145个区域，发现安全隐患273个，立行立改249个。强化安全教育，全年组织各类安全生产活动63场，

参培人员累计1000余人次。（李　娟）

民用航空

【概况】 山西航空产业集团有限公司（以下简称山西航产集团）由山西省民航机场集团公司改制而成，2017年12月27日正式挂牌成立，注册资本20亿元。2020年，实现营业总收入11.36亿元，其中主营业务收入实现5.40亿元（航空业务收入3.12亿元、非航空业务收入2.28亿元），其他业务收入5.96亿元。营业总成本13.72亿元。营业外收支净额-301.60万元。全年实现利润-1.90亿元，总资产报酬率为-5.20%。（张　芮）

【生产指标】 2020年，山西航产集团所辖太原武宿机场完成运输起降7.87万架次，旅客吞吐量901.32万人次，货邮吞吐量5.08万吨，同比分别增长-26.98%、-35.63%、-11.87%。多式联运累计运输旅客14.88万人次。其中空巴联运7.88万人次，空空中转6.78万人次，空铁联运0.22万人次。累计开通客运航线168条，货运航线2条，通航城市86个。在全国240个定期航班通航机场（不含港澳台地区）旅客吞吐量排名中太原武宿国际机场排名30位。（张　芮）

【航空安全】 2020年，山西航空产业集团开展"抓作风、强三基、守底线"行业安全整顿、"安全生产月""平安民航""民航服务质量品牌建设"等活动，强化各项安全保障措施，提升安全管理能力和水平。开展危险品运输、空中交通管理、房屋安全、消防安全等隐患排查，对隐患采取清单制管理，确保隐患有人查、整改有人盯、复查有人核。全年未发现重大隐患，排查一般隐患436条，整改428条，未整改8条，隐患整改率98.20%。（张　芮）

【航产转型发展】 2020年，山西航产集团实现省内机场一体化运营。同朔州市政府签订一体化管理战略协议，与大同、忻州、吕梁、临汾、运城五市政府签署机场一体化委托运营管理三方协议、补充协议，推进专业化管理平台一体化建设，以机务工程技术分公司为试点，基本实现全省机场机务人员和资产的统一管理及调配。整合省内通航机场，托管太原尧城机场、成立山西通用机场管理有限公司，合资成立无人机公司。启动山西通航运控中心二期规划建设，推进左云、右玉、沁源等地通用机场建设，与河曲县政府签订通用机场规划建设运营一体化协议。升级改造太原尧城机场，完成1.20万平方米机库建设。推进省内支线航班"公交化"，新开3条省内短途运输环飞航线及晋阳湖、绵山2个低空旅游项目。推动第三届中国通用航空创新创业大赛正式落户山西。与中国民航报社成功举办第二届民航通航发展大会。集中签约141部航校、通航飞机制造、中大型无人机研发制造、公务机运营维修基地、通航航材基地等7个重点项目。依托太原机场三期改扩建规划，谋划太原机场商业体系的布局和完善，与中北大学共建航空产业研究院，引入产学研联动创新优势，推动成员企业混合所有制改革，物流、配餐和科技公司，同行业内优质企业广东薛航、六味斋、中航信、云时代等商洽混合所有制改革事宜。（张　芮）

【滑行道改扩建工程】 2020年，太原机场总规获民航局批复，总规从上报到获批只用半年时间。工程预可研报告取得民航局行业意见，航站区规划及航站楼设计方案确定。太原机场飞行区西区滑行道改扩建工程于12月25日正式开工。（张　芮）

2020年12月25日，太原武宿国际机场飞行区西区滑行道改扩建工程开工（山西航产集团供图）

城乡规划

【城市规划设计】 2020年，太原市规划和自然资源局以“人民城市为人民，人民城市人民建”的理念加强对控规精细化管理，制订操作细则，推进控规修改制度化、标准化、科学化。结合《中部盆地城市群一体化发展规划》，编好编活国土空间规划，科学划定“三条红线”。实施城市“双修”战略，重塑汾河两岸整体设计，实施迎泽大街风貌整治，开展府城片区总体设计，对五一广场进行改造，提升建筑文化品位。（杨 莹）

【城市规划编制】 2020年，太原市规划和自然资源局围绕6大类22个重点片区开展研究，编制《太原市城市设计管理指导意见》《太原市建筑景观风貌规划管控导则》《太原市生态修复城市修补专项规划》。强化对市政规划方面专业考量，提升市政基础建设科学性，出台《关于城市停车场用地配套政策若干暂行措施》，直接或间接参与《太原、晋中市政基础设施一体化规划研究》《武宿地区市政基础设施建设规划》《太原市滨河自行车专用道规划设计方案》编制与审查工作。

同年，太原市住房和城乡建设局开展“加强规划管控、提升城市品质”研究，印发《加强城市风貌管控提升城市品质的指导意见》《建筑风貌规划管控通则（试行）》，建立案例库，实行“5+8”要素管控引导。完成《太原历史文化名城保护规划（2020—2035）》方案编制并启动报批。开展《历史文化名城保护信息化管理体系构建规划》等三个课题研究。修订完善《海绵城市建设实施方案》，指导推进海绵城市建设实施。（杨莹 雷宏伟）

城乡建设

【概况】 2020年，太原市住房和城乡建设局完成解放路改造、龙城大街东延、东峰路南延等23项主次干道建设以及钟楼片区、府城文道等44条小街巷改造，6座人行天桥年内完工。汾河四期水利工程、滨河自行车专道开工建设。地铁2号线一期工程实现通车试运行，1号线一期工程启动实施，《太原都市区轨道交通线网规划》编制完成。代建学校、医院等社会公益项目13个，市外国语学校、市第二外国语学校投入使用，市人民医院一期完成建设。（雷宏伟）

【城市环境改善】 2020年，太原市住房和城乡建设局出台老旧小区改造标准、既有住宅加装电梯工作实施意见、停车设施建设方案等指导性文件，改造老旧小区（片区）333个，建筑面积950.70万平方米，累计投资17亿元。加装电梯开工69部，履行申报44部。新增公共停车泊位1.40万余个。推进城中村改造，拆除旧村建筑面积68.14万平方米，开工安置房8580套，完成投资268亿元。（雷宏伟）

【村镇建设】 2020年，太原市住房和城乡建设局实施村镇建设，完成危房改造63户，实现农村危房“静态清零”。开展农村住房安全逐户排查和危房改造鉴定认定，为全市住房安全保障奠定坚实基础。申请中国传统村落保护资金，启动晋源区程家峪村传统村落保护项目建设，完成7个院落保护性修缮、4个中国传统村落挂牌、2个传统村落数字博物馆建设、4个传统村落规划编制。（雷宏伟）

【扬尘污染治理】 2020年，太原市住房和城乡建设局对属管建筑工地扬尘治理工作进行专项部署，监督强化“六个百分百”措施的落实，严格响应污染天气预警调度。推进“智慧工地”建设。中央生态环保督察回头看、省大气污染防治督察、市环改办反馈53项问题，全部整改完成。（雷宏伟）

城乡管理

【概况】 2020年，太原市城乡管理局以习近平新时代中国特色社会主义思想为指引，坚决贯彻中共十九大和十九届五中全会精神、习近平总书记视察山西重要讲话重要指示、省委“四为四高两同步”总体要求和思路，全面落实城市工作会议精神，遵循高质量党建引领、高质量创新发展工作总要求，完成全年各项工作，推动城乡管理服务工作上台阶上水平。（安峰 赵苡）

【机构改革】 2020年，太原市委城乡管理工委贯彻落实中央、省委、市委城市执法体制改革有关工作部署，推进城市执法体制改革。城乡管理综合执法体系基本确立，市城乡管理综合行政执法队完成组建，其管理体制、主要职责、机构规格、内设机构、派出机构、人员编制和领导职数明确，原市行政执法总队、市汾河蓄水工程管理监察队、市房地产监察队的人员转隶、档案交接工作完成。局属事业单位从23个调整为9个（太原市市容环境卫生中心、太原市城乡管理综合行政执法队、太原市市政公共设施建设管理中心、太原市城市排水管理中心、太原市城市照明管理中心、太原市市政公用事业管理中心、太原市城市综合管理服务指挥中心、太原市环卫产业管理中心、太原市环卫清洁和生活垃圾转运中心），机构数缩减14个、编制数缩减930名。（安峰 赵苡）

【城乡环境卫生整治】 2020年，太原市城乡管理局开展垃圾清零和全城大清洗专项行动，累计出动人员548.81万人次，车辆85.33万车次，机扫街巷742万千米，清理卫生死角14.07万处，清理建筑、装修、大件垃圾4.26万处、10.09万吨，收处生活垃圾169.90万吨、医疗废物0.78万吨、餐厨废弃物5.30万吨。

（安峰 赵苡）

【道路养护】 2020年，太原市城乡管理局完成迎泽大街、坞城南路等28条街道、34.50万平方米大面积养护。对新建路、五龙口等道路3898处、62481平方米进行小修保养。对东中环、平阳路等54421平方米破损便道进行维修。对东城巷、龙城大街等道路掘路进行修复，修复路面11867平方米。

（安峰 赵苡）

【排水管网养护和改造】 2020年，太原市城乡管理局疏通管道85万米，清掏检查井、进水井12.14万座（次），更换检查井盖、进水井箅437套（个），升降井2781座。对东中环、劲松北路等处管网进行改造，管道长6613米，安装防坠网1303个，安装进水井立箅16套，砌检查井、进水井15座，沉井2座，建临时泵站1座等。

（安峰 赵苡）

【管涵清淤】 2020年，太原市城乡管理局对桃园南路、文源巷、南中环街、城南退水渠、旧晋祠路、漪兴路、兴华街、十三冶、新建路、小返河、白龙庙街等22项大型管涵进行清淤，清淤泥20685立方米。（安峰 赵苡）

【桥梁维护加固检测】 2020年，太原市城乡管理局对滨河东路水西关人行天桥、滨河西路管线桥、柳溪街挡墙、龙城大街坞城路通道、迎泽桥、长风桥等227座桥梁的各类问题进行维修。

（安峰 赵苡）

【城市照明设施维护】 2020年，太原市着灯率达98.51%，设施完好率98.53%，故障处理及时率100%，保持国内一流设施管养水平。处理各类照明故障2531起，拆除照明灯杆道旗广告1.13万余块，拆除违规指示牌、灯箱等杂物1214处，改造主次干道53条，验收移交街道4条，接管照明设施4146套，新建照明工程，共计接管灯头4164套，电缆124.80千米，配变电设施35台。

（安峰 赵苡）

【池渠设施管理】 2020年，太原市城乡管理局强化巡管责任意识，执行市政池渠设施管理工作责任制，层层落实责任，细化工作任务，将设施巡管工作落实到具体责任人。全年设施完好率97.43%，巡视及时率、交办问题处理率等各项指标均达100%。建立健全设施管理各项制度，规范巡视管理程序，严格巡管量化考核，狠抓监督落实，以有效监督机制提高制度执行力。探索完善池渠设施保洁的长效机制。做好设施维护工作，强化对北张退水渠、许坦排洪渠等设施重点部位的管理保洁，同时对各缓洪池闸门启闭设备进行维护保养，确保设施防洪蓄洪功能的正常发挥。

（安峰 赵苡）

【焦炉煤气置换天然气】 2020年，太原市分46批、完成70万居民用户焦炉煤气置换天然气任务，保留连接清徐和阳曲两端焦化厂、长度120千米、管径800毫米煤气大通道，继续供应太钢、太重、重机等工业用户及通道两侧连带的36718户居民用煤气、年供气量1.50亿立方米。6月，市政府批准利用原管线、两段切断、就近联通天然气管线、按成本价收取掘路修复费用的组织实施方案。市财政投资1370万元，公开招标采购41106台带熄火保护装置台式灶具，全新配发至所有煤气用户；按单一来源方式采购城边村3924台煤气壁挂炉燃烧部分气质适应性改造，8月中旬完成采购。太原天然气公司制订周密安全置换方案，专门成立天然气置换应急控制工作组，主动对接协调工业用户及时完成内部设备改造，所属7个管理站全员参与，先后出动3000人次、用时58天、分四批分步分段分小区入户服务，按照省厅出台的三项强制标准一次性配发安全灶具、安装不锈钢波纹管和自闭阀，同步完成居民用户壁挂炉改造，整个置换过程实现零事故、零投诉、少扰民、保安全的工作目标。在规定时限10月31日完成41106户煤气居民用户（含太化自管煤气用户4388户）以及106户非居民煤气用户的天然气置换

2020年，太原市城乡管理局开展“创城”志愿者服务活动（市城乡管理局供图）

任务。市区焦炉煤气完全退出清零，开启天然气使用全覆盖新模式。为淘汰全市4.30米及以下4座环保不达标焦炉扫清障碍，实现年替煤量24万吨、年减少二氧化硫排放量58万吨。

（安峰　赵苡）

【市容环境整治】 2020年，太原市城乡管理局将机械清扫和人工保洁并重，扩大冲洗洗地范围，提高道路机械化清扫率，共出动人员502.10万人次、车辆77.50万车次，清扫街巷694.59万千米。开展垃圾分类，对标垃圾分类100%覆盖目标，以街办为单元，统筹城乡，整建制推进垃圾分类，建成区垃圾分类覆盖率达100%，无害化处理率达100%，资源回收率达35%。统筹布局垃圾分类硬件设施建设，生活垃圾焚烧发电厂BOT项目、循环经济环卫产业示范基地焚烧发电项目按期投产运行，处理能力达到4800吨，实现全市生活垃圾全焚烧、零填埋的目标。推进“厕所革命”，加快公厕建设管理力度，对标年初工作目标，超额完成113座公厕建设任务，新增开放公厕240座，指示牌1500块。开展“九乱”治理，推进背街小巷整治行动，完成981条街巷整治。开展两下、两进、两拆城市风貌专项整治，累计拆除各类违规户外广告24万块，管线下地356条277千米，净空净面效果显著，带动城市风貌提档升级。（安峰　赵苡）

【水环境治理】 2020年，太原市城乡管理局以“源头治理、雨污分流、终端处理、安全供水、节约用水、生态护水”为基本原则，制订《太原市城乡管理局水环境治理专项行动实施方案》，统筹兼顾雨水、污水、再生水、供水、节水五水共治。完成汾东污水厂一期二步建设、城南污水处理厂、汾东污水处理厂一期一步、阳光污水处理厂增量技改工程及汾东污水厂中途提升泵站工程。推进晋阳污水处理厂二期工程，完成建制镇六大污水处理项目建设，建成区污水处理厂实际污水处理量达110万吨/日。完成城南退水渠流域26条道路，龙城南北街、光明东街、唐槐西路、小沟坡东街等10条道路及国有企业移交11条道路，共38千米雨污分流改造。推进九院沙河、虎峪河西延等八河治理后续工程。加强对全市水体水系的常态化监管，引深黑臭水体治理，实施污水管网节点连通改造工程，结合汛期易积水点管网运行情况，完成17处易积水点改造。陆续展开雨污水错接、混接点剥离改造，污水全收集全处理和汾河断面消除劣V类水体目标任务全面完成。加大地表水利用力度，全年供水总量达2.91亿立方米，水质综合合格率、管网压力合格率等指标均达部颁标准。紧跟道路建设，敷设给水管线125千米，重点实施呼延水厂二期工程并投入试运行。强化再生水管网及配套设施建设，累计开工24项，完成19项。（安峰　赵苡）

【清洁供热全覆盖】 2020年，太原市城乡管理局实施阳曲大型燃煤热源厂等10项供热工程，新增集中供热能力500万平方米。新建改造供热管网133千米，集中供热扩网865万平方米，全市集中供热面积达到2.12亿平方米。按计划完成347个小区8.49万户居民“三供一业”维修改造。坚持热线全接通、问题妥善解决的原则，开展访民问暖行动，无人值守热力站达到1662座，大温差热力达到1289座，居住建筑供热计量收费比例达到40%。（安峰　赵苡）

【城市综合管理服务平台建设】 2020年3月，太原市被列入全国首批15个城市综合管理服务平台试点城市之一，按照“边建设、边完善”和“先联网、后提升”的发展思路，在原有数字化城市管理信息系统的基础上，推进“一库”“一图”“一平台”城市管理综合服务平台建设。（安峰　赵苡）

【重要工程项目】 太原市虎峪河道路快速化改造及综合治理工程（白家庄路—鸦崖底村）。道路全长5.40千米，建设内容包括道路立体改造、水系雨污分流、黑臭水体消除、河道挡墙新建、综合管网配套、景观绿化质、交通附属设施和照明通信工程等。沿线全线有下穿隧道4座、跨河铁路桥1座、跨河桥梁9座、雨污水管线21千米、电力排管8.60千米、防洪挡墙9.70千米、道路工程8千米。可研总投资15亿元，其中建安投资4.05亿元。上年完成建安投资1.44亿元，2020年内完成投资3.56亿元，累计完成投资5亿元。

九院沙河道路快速化改造及综合治理工程（白家庄路—狼坡生态园）。道路全长6.50千米，建设内容包括道路立体改造、水系雨污分流、黑臭水体消除、河道挡墙新建、综合管网配套、景观绿化质、交通附属设施和照明通信工程等。全线有雨水方涵1千米、河道挡墙8千米、雨水管道6千米、污水管线6.50千米、电力排管6.50千米、道路工程6.50千米。可研总投资10.03亿元，其中建安投资3.97亿元，2020年完成建安投资2.13亿元。

城南退水渠雨污分流工程。实施7个片区26条道路，建设各类管线61.22千米。其中，新建9.89千米雨水管线、10.56千米污水管线。突出“以水带下”，新建8.74千米电力排管、9.32千米联建管道、6.21千米照明管线。组织相关配套管网建设，采取新建管网、节点改造等方式，同步实施5.49千米供热管线、5.39千米燃气管线、5.62千米自来水管线。铺设沥青路面9.80万平方米、铺设便道6.60万平方米、砌筑侧石2.20万米，拔除电杆242根、拆除变压器13台、新建箱变21台、新建环网柜23台。工程实施后，使城南退水渠污水外溢汾河的问题得到根本控制，使区域内汛期严重积水的问题得到有效治理，使架空线缆的问题实现全部入地。截至2020年底工程基本竣工，投资估算合计约2.60亿元。

北张退水渠桥梁改造工程。对北张退水渠沿线影响行洪的11座阻水桥进行改造，消除安全隐患。结合完成渠道全线清淤治理工作，提高渠道行洪泄洪能力，解决节点阻水问题，同时对初期雨水污染进行治理，有效改善周边环境。

黑驼沟改造及黑驼沟缓洪池工程。设计新建黑驼沟缓洪池1座，建设工程占地面积5.50万平方米，设计池容11.90万立方米，包括土方工程、湖体工程、管涵工程、防渗工程及绿化景观工程等。黑驼沟改造工程上游段1.14千米设计为生态治理明渠，下游段264米设计为泄洪暗涵接南中环雨水。

七府坟缓洪池清淤治理工程。设计池容5.20万立方米。在2019年对该池清淤疏浚的基础上，2020年对该池进行升级改造，从而提升该池的调洪蓄洪功能。主要内容为：覆盖段新建行洪箱涵333米、新建缓洪池库区围堤797米，其中2#池508米、3#池289米、抢险道路1150米、挡水堰1座，工程6月20日完工，汛期正常投入运行。

胜利街缓洪池治理工程。设计池容6400立方米，主要对胜利街雨水系统内雨水进行缓洪，并排入北沙河。胜利街缓洪池治理工程内容为修建截污边沟、设置截污闸，扩大蓄水池容、硬化池底、修整边坡等，总投资809.52万元。完成截污涵225米，每40米设置1座检查井，设置清淤孔3座，清淤5590立方米。缓洪池东西两侧各埋设一根DN300的波纹管，总长度160米。

枣沟排洪渠水库段河道治理工程。位于卧虎山公路东侧枣沟村内，原由太钢集团管辖，该水库泄洪渠道破损严重，紧临道路，垃圾乱倾乱倒现象突出。11月着手对该水库泄洪渠进行砌护治理，修建围墙。完成挡墙砌护300余米，围墙200余米。完成投资96万元。

（安峰　赵苡）

2020年，太原供水集团抢修供水管道，保障居民正常用水

（太原供水集团公司供图）

市政建设

·城市供水·

【概况】 2020年，太原供水集团有限公司资产总额87.66亿元，总产值13亿元，拥有7座水厂和15座供水加压站，输配水管道2699千米。全年供水总量2.89亿立方米，日均供水量78.93万立方米。供水单位电耗491千瓦时/千立方米，同比增加15千瓦时/千立方米。销水量2.60亿立方米。水质合格率、管网压力合格率、供水设备完好率等指标均达到年初预定目标。（冯　玲）

【供水安全保障】 2020年，太原供水集团有限公司实施技术改造、更新改造和大修理项目，完成枣沟水厂、西山三加压站等供水厂站设施改造更新，维修更换老旧供水阀门14座，供水保障能力逐步提升。严格水源水、出厂水、管网水水质采样检测，强化水质监管、在线监测设备维护。水质监测中心投入启用。供水管线及附属设施“街长制”有效提升巡查质量。增建管网在线流量压力监测点6处，完成兰村水厂水源井水位远程监测建设、中北大学井房远程控制系统建设，增设视频会议分会场3个。完成夏季高峰供水、省市“两会”等保

供水任务。（冯　玲）

【供水全覆盖】2020年，太原供水集团有限公司敷设供水管线156.14千米，完成208国道（清东路—紫林醋厂）、清徐尧城机场配套给水管线工程，为省特色食品产业园区等重点项目奠定供水支撑。长风西街供水加压站业务楼封顶，小店维抢修中心地下结构完工。《太原供水重大场站及骨干网架布局研究》经市政府批准，西山地表水厂预可行研究报告获模拟批复，完成地块控规维护。新增总表用户1492户、户表用户2.73万户。关闭城市公共供水覆盖范围内6家单位6眼自备井。配合晋泉复流、晋源区“百村景区化”工程，实施水源置换、入户改造等，15个行政村接通自来水。（冯　玲）

【供水专业服务】2020年，太原供水集团有限公司处理城市供水热线派单，按时答复网民留言320件、人大代表建议及政协委员提案8件，转办各类来文648件。全面修订《太原供水集团有限公司供水服务规范》。试点推行户表用户支付扫码缴费功能，健全用户接水报装全流程服务机制，满足用户企业需求。完成“三供一业”驻并央企剩余职工家属区供水设施改造，累计完成庭院管线605.76千米，“一户一表”改造18.77万户。（冯　玲）

2020年，太原供水集团敷设供水管道工程现场　（太原供水集团公司供图）

【企业管理】2020年，太原供水集团有限公司出台、修订、实施《太原供水集团有限公司车辆管理办法》等7项制度。规范资产管理，加强信息化建设，提升国有企产使用效率。深化质量、环境、职业健康安全管理标准应用，完成主要岗位作业指导书和体系文件修订。“太原供水”GIS系统一体化管理稳步推进。开展安全生产专项整治三年行动和“三零”单位创建，进行“深刻汲取教训，全面提升安全生产工作水平”集中教育整顿暨专项整治，全年整改安全隐患等316处。实现物资材料仓库扫码出入库管理功能。依法严厉打击偷、盗水行为，追缴经济损失229万元。（冯　玲）

2020年，太原供水集团宣传一户一表改造工作　（太原供水集团公司供图）

·城市供热·

【概况】2020年，太原市热力集团有限责任公司全面统筹推进集中供热建设发展工作，全年完成建设投资20.48亿元，扩网新增供热面积631万平方米，新投运热力站49座，建设扩网支线12千米，配套建设供热一次管网70余千米。各项工作均取得新的突破，实现较快发展。（韩妍妍）

【热力供应准备】2020年，太原市热力集团有限责任公司投入资金1.80亿元，完成4座热源厂、1610座热力站、1452千米一次管网和5万余台（套）供热设施的精细化检修。组织完善智慧供热平台，优化系统调度指令、数据管理、能耗监测等多个功能模块。调动技术力量，提前统筹热源、气源、设施情况，倒排供热计划，编制完成负荷切换、冷态运行等多项技术运行方案。加大备品备件储备，对接燃气供应，协调保证购煤、储煤工作。各项前期基础工作准备扎实，提前10天开展“试供热”，为正式稳定供热打牢基础。（韩妍妍）

【热力供应能力提升】2020年，太原

市热力集团有限责任公司加强热源保障，健全与8个电厂沟通联络机制，提出负荷参数要求，协调保障热源输出。强化6座大型热源厂的深度挖潜及安全运行，协调增加气源，做好煤炭供应，确保热源厂最大限度发挥能力。同步建成投运东峰热源厂，新增供热能力1100万平方米，缓解东、南部地区热源压力。提前进行热源统筹，城南、城西、晋源的燃煤、燃气锅炉应需启动，23座分布式燃气调峰热力站分批次、分区域投入运行，有效提升热力供应能力。

（韩妍妍）

【供热精准调节】 2020年，太原市热力集团有限责任公司采暖季实行全热网统一调度指挥、有序调节。与气象、热源、电力、供水、供气等部门建立协调合作机制，提高预判、调节科学水平。组织加装室温监测装置，优化升级室温监控调节系统。建立调度工作票制度，严格规范指令操作，实现调度任务反馈闭环。各分公司加强对所属管网、设施的精细调节，加大“三供一业”改造用户的上门服务力度，消除冷热不均、管道集气等问题，针对不同类型建筑，加强楼、户温度的检测，做好热量平衡控制，确保不同用户的供热温度调节到位。

（韩妍妍）

【供热为民服务】 2020年，太原市热力集团有限责任公司集中力量，组织开展“访民问暖”工作，围绕“边、顶、底”等用户供热不利点进行问题消缺，累计走访小区2.10万余个，走访用户13万余户，解决4500余户供热问题。供热分公司设立便民暖心服务站，成立共产党员暖心服务队，拓展用户服务和供热宣传。主动对接城区政府、产权单位和物业公司，明确各自职责，加强供热管理和协调配合。建立舆情处理机制和新闻发言人制度，第一时间落实、解决、回应网络、媒体舆情问题1100余件（次），开展线下服务。设立供热故障报修电话，整合用户投诉处理渠道，用户投诉实现“多口入，一口出”，并得到及时有效处理。

（韩妍妍）

【供暖应急保障】 2020年，太原市热力集团有限责任公司加大抢修人员、车辆、器具的配备。全天候开展应急巡查值守，监控全网运行情况。各热网补水点实行科学调度，调峰热源和移动蓄热车随时待命，做好应急保障。领导干部实行带班制度，各级干部靠前指挥，督导检点运行工作。针对老旧小区、弃管小区，公司主动承担社会责任，协助解决各类不热问题，消除此类用户的供热短板，提升供暖保障质量。

（韩妍妍）

【热源建设】 2020年7月，阳曲热源项目开工兴建，项目为建设国内最大的清洁燃煤热源厂，工程手续基本齐备，长输管网完成规划及选址，全面转入施工阶段。城西燃气调峰热源厂工程进展顺利，正式开工并完成地基处理。

（韩妍妍）

【供热维修改造工程】 2020年，太原市热力集团有限责任公司在认真梳理总结工作经验的基础上，对供热维修改造流程进行合理调整，对薄弱环节制订针对性控制措施。改造中，坚持“一楼一策、一户一案”，文明改造，严控质量，严把进度。全年完成“三供一业”改造8.56万户，涉及304个小区，改造二次管网125千米，用户设施实现更新，具备分户独立管控和精细调节能力，打牢稳定供热基础。

（韩妍妍）

【供热设施改造升级】 2020年，太原市热力集团有限责任公司完成城南4台燃煤锅炉超低排放改造，燃煤锅炉具备调峰应急备用条件，并投入使用。推进实施大温差热力站改造工作。完成老旧管网改造9.80千米。配合地铁建设完成15个站点的供热设施改迁。新增计量收费面积236万平方米。

（韩妍妍）

【供热技术创新】 2020年，太原市热力集团有限责任公司组织开展太古热网回水余热回收、太古低海拔一级网泄漏监测系统、市区增强型（EGS）地热勘探等课题研究。推动构建集团智慧热网云平台。推进供热管网输送中水工程建设工作。研制两种利用热网热水通过相变材料实现蓄热的户用应急供热装置。推进实施基于用户路由器的蓝牙无线室温采集工作。公司人员主编、参编《供热系统在线水力分析技术标准》《供热二次网平衡调控技术标准》等国家标准规范。组织制定公司《集中供热用户系统入网技术要求》《热力站入网规范》。

（韩妍妍）

【供热安全管理】 2020年，太原市热力集团有限责任公司推进双重预防机制建设，对潜在风险进行重新梳理辨识，细化完善管控措施。结合安全生产专项整治三年行动，重点开展起重机械、高支模等危大工程的专项治理，加强对燃气锅炉、隧道、老旧供热管网等供热设施的安全监督检查力度，排查消除各类隐患。建立应急抢险装备储备库，提高应急抢险队伍素质，加强应急抢险能力建设。集团公司安全生产基础不断夯实，安全生产形势持续稳定。（韩妍妍）

【企业多元发展】 2020年，太原市热力集团有限责任公司贯彻“一业为主，多种经营”发展思路，鼓励子公司“走出去”，向市场迈进。热力设计公司全年完成设计任务338项，实现产值5830万元。实业公司生产保温管2万余支，计24万余米，实现产值9400万元，立足产品更新、产能升级、提升竞争力，新建喷涂缠绕保温管生产线。热达工程公司完成工程600余项，实现产值13713万元。热昌公司检测拍片20余万张，接口保温10余万个，实现产值2000余万元。并入集团公司的原太原市供热公司完成改制转型，成立太原市热兴能源发展有限责任公司，开展集中供热新能源利用工作。

（韩妍妍）

·城市投资管理·

【概况】 太原市龙城发展投资集团有限公司成立于2008年10月，是隶属于太原市政府的大型国有独资企业，是太原市重点构建的政府投资实施主体、重大项目建设主体和城市基础设施运营主体。公司注册资本172亿元，总资产953亿元，净资产341亿元，2020年总收入73亿元，利润2.30亿元。（张文慧）

【企业转型发展】 2020年，太原市龙城发展投资集团有限公司与大连诚高公司成立龙城清源公司，接管青龙污水厂项目，一期项目实现日处理污水2万吨，水质全部达标。与特来电新能源公司成立龙投特来电公司，布局智慧充电大数据产业板块，打造市域统一充电平台，统筹开展充电产业投资、建设、运营和增值服务等工作。推进智慧城市、数字政府建设及数据资产运营等工作，打造市级大数据综合运营商，助力数字经济发展。与山西云时代公司成立太原云时代公司，推进数字政府项目落地。

（张文慧）

【资产管理】 2020年，太原市龙城发展投资集团有限公司获穆迪、惠誉“双投资级”评级，国内AAA评级，成为全省首家同时获得国际投资级信用评级、国内最高信用评级的企业，发行首单低利率投资级境外美元债券。公司资产规模为954.43亿元，总负债611.82亿元，资产负债率64.10%，累计经营收入72.97亿元，利润2.37亿元。融资161.16亿元，平均融资成本3.86%，还本付息143.36亿元，其中本金119.61亿元、利息23.75亿元。（张文慧）

【国有资产增值】 2020年，太原市龙城发展投资集团有限公司盘活存量资产，实现国有资产增值保值。交付商业面积13.27万平方米，出租11.68万平方米，去化率为88%，商业资产收入6653万元。交付9036个车位，销售1758个，租赁704个，非人防车位销售去化率约26%，人防车位租赁去化率约33%，车位租售累计收入16847万元。接管物业项目42个，面积756.20万平方米。（张文慧）

【停车资源管理】 2020年，太原市龙城发展投资集团有限公司停车、充电业务收入7910万元，同比增长23%，利润1320万元，同比增长222%，充电业务扭亏为盈，利润大幅增长。运营停车场275处，车位29361个，同比新增车位1.60万余个。累计建设充电场站39处，交、直流充电桩3098台，变配电设备111台，总供电容量175750千伏安。建成龙投智慧停车云平台管理中心，实现停车无人值守、无感支付、有人服务。

（张文慧）

【教育产业项目合作】 2020年，太原市龙城发展投资集团有限公司由合资教育公司以企业公办园方式负责运营管理21所保障房配套幼儿园。与教育部科素中心联合打造全国青少年科学素养示范基地。（张文慧）

【代建项目】 2020年，太原市龙城发展投资集团有限公司交付保障房11413套，3893套主体封顶。一期停车楼项目开工9个，筹备二期停车楼项目建设。完成30个标段、38千米保障房配套路网建设。

（张文慧）

【机场三期周边建设项目】 2020年，太原市龙城发展投资集团有限公司累计签订机场三期周边拆迁补偿协议1007处，签约率93.40%，累计拆除957处院落，整体拆除率88.90%。推进PPP项目可研、方案及手续办理。完成横河地块回迁用地和配地经济测算，确定横河地块调整控规方向。（张文慧）

房产业

【概况】 2020年，太原市房产管理局学习贯彻习近平总书记视察山西重要讲话，贯彻落实党中央和省、市决策部署，迅速行动、担当作为，统筹推进疫情防控和房管工作，各项工作取得预期成效。（杜彦甲）

【机构改革】 2020年，太原市房产管理局整合太原市公房租赁管理中心、太原市公共租赁住房保障中心、太原市非住宅房产管理中心等3个单位，组建太原市房产租赁管理服务中心。整合太原市房产交易服务中心、太原市住房制度改革政策指导中心，组建太原市房产交易服务中心。整合太原市房屋征收补偿管理中心、太原市保障性住房建设中心，组建太原市住房保障和房屋征收补偿中心。太原市房屋专项维修资金管理中心，更名为太原市促进现代物业发展中心（太原市住房专项维修资金中心）。太原市房地产信息中心更名为太原市房地产市场监测和研究中心。太原市房地产开发公司更名为太原市房地产开发有限公司。太原市住宅解困合作社更名为太原市租赁住房建设投资有限公司。太原市房产管理局机关服务中心跨部门整合至太原市直属机关事务管理局所属太原市市级机关后勤保障中心。太原市房产管理局所属的太原市房地产监察队跨部门整合至太原市城乡管理局所属太原市城乡管理综合行政执法队。（赵 猛）

【房地产市场发展】 2020年，太原市房产管理局落实“房子是用来住的、不是用来炒的”定位，起草《太原市落实房地产市场平稳健康发展城市主体责任制实施方案》，推进房地产市场发展。全年新建商品房销售面积784.60万平方米，同比增长5.50%，（完成开发投资，商品房新开工面积），超额完成年度5%的目标任务。以市政府名义出台《新建商品房预售资金监管实施细则（试行）》，强化预售资金监管，防范房地产金融风险，优化房产交易服务，加大数据共享力度，为购房人提供电子化、无

障碍办理，提高房产交易服务水平。配合开展房产办证遗留问题办理，全力维护群众的房产权益。（高杨平）

【住房保障】2020年，太原市城镇棚户区住房改造新开工5587套、基本建成30618套（其中续建工程基本建成29135套），提前超额完成目标任务，开工量、建成量、投资量均排全省第一。发放公共租赁住房租赁补贴1718户、1178.92万元，超额完成省定1000户租赁补贴发放任务。移交公租房6个项目、547套。（王　峰）

【中央财政支持住房租赁试点】2020年，太原市以评审第一名的成绩，成功入围中央财政支持住房租赁市场发展第二批试点城市，为太原市未来三年获批24亿元中央财政奖补资金。市房产管理局推进试点工作，在较短时间内，共筹集31311套租赁住房房源（其中新建、改建9972套，盘活21339套），培育5家国营租赁企业，出台资金管理办法、奖补细则和企业备案等政策，第一批中央奖补资金获得市政府批示。出台《太原市加强房地产中介和住房租赁交易管理的实施意见》，规范租赁市场秩序。完成住房租赁公共服务平台、市场监管平台的开发测试工作，各项试点工作有序推进。（刘春丽）

【房屋征收安置】2020年，太原市国有土地上房屋征收项目7个，征收1844户，征收20.28万平方米。统一调配房源，向城区提供安置房屋19759套。将府东街东延市政工程项目和中冶迎新街红楼棚户区改造项目清零销号，为723户居民解决逾期未安置住房问题。（张晓明）

【物业行业管理】2020年，太原市房产管理局与市委组织部协同推进党建引领物业有关工作，联合出台《关于加强物业行业党建提升城市基层治理水平的若干措施（试行）》。启动《物业管理条例》修订工作。加强对城区物业管理部门的指导协调，维护业主权益。完善维修资金管理制度，推进审计整改，追缴回维修资金1.50亿元。强化事中事后监管，开展核定服务和服务区域备案，加快推进“三供一业”（企业的供水、供电、供热和物业管理）改造，推动“两进”工作。（刘宏伟）

【行业安全生产】2020年，太原市房产管理局及时完成直管公房维修，落实汛期24小时值班带班制度，及时排查消除安全隐患，全面防范安全责任事故发生。开展物业行业安全检查，提升物业企业安全生产和管理水平。10月，牵头负责国有土地上既有建筑安全隐患排查整治工作，按照市政府安排，切实压实责任，成立领导机构，印发工作方案，累计排查房屋1740.27万平方米，排查隐患110处，整改5处，受理办结全省网上交办事项82件。（温永刚　樊晓兵）

【历史文化街区改造】2020年，太原市房产管理局抓好历史文化街区改造扫尾工作，主要完成牺盟会旧址、新民街东花园、教场巷工程师楼和古圆通寺二期等4处文物的收尾工程。（乔迎新）

园林绿化

·综　述·

【概况】2020年，太原市园林局完成园林绿化投资42.45亿元，实施绿地面积402.74公顷，建成区内新增园林绿地面积216.13公顷。绿化覆盖率增加0.62个百分点，达44%。绿地率增加0.60个百分点，达38.90%。人均公园绿地面积增加0.30平方米，达12.25平方米。（孙李苗　张小宇　贺建荣）

【事业单位改革】2020年，太原市园林局按照《太原市从事生产经营活动事业单位改革实施方案》要求，配合做好市园林建筑设计研究院和市园林建设开发中心改革相关工作。按照《太原市深化市级事业单位改革实施方案》部署要求，结合园林工作实际，组织制定《太原市园林局所属事业单位改革实施意见》，并报市编委审定印发，将局属30个事业单位整合组建为7个，通过改革精简事业单位23个，精简事业编制705名，按照时间节点稳步推进改革。（孙李苗　张小宇　贺建荣）

【公园绿地建设】2020年，太原市园林局按照“四个紧盯三线作战”（紧盯重点工程，提质升效；紧盯重点领域，互联互助；紧盯重点问题，疏堵保畅；紧盯重点人员，表先批后。扎实做好服务一线、生产一线、保障一线“三线联动，共建共享”）工作要求，推进新建、改建公园绿地建设，合理改造提升、扩建老旧公园，有序建设新公园，加大建设力度。动物园提质扩容，植物园、摄乐公园、迎新公园、狄仁杰文化公园、“汾河晚渡”景点建成开放。双塔公园、五一广场改造、龙城公园项目进入建设期，海洋公园、南寨公园等项目进入前期手续办理阶段。（孙李苗　张小宇　贺建荣）

【道路绿化】2020年，太原市园林局高标准完成10.30公顷解放路（南内环街—花园后南街）道路改造绿化工程。完成军民融合6条路景观绿化，东峰路南延、龙城大街东延、南中环东延、中心街东延配套绿化工程和154.60公顷东北山旅游公路景观绿化工程扫尾工作。实施九院沙河西延、虎峪河西延、东中环北延配套绿化和百街小巷绿化工程。对地铁二号线沿线绿化进行高品质恢复。（孙李苗　张小宇　贺建荣）

【街头游园建设】2020年，太原市园林局以综合公园提升城市形象、街头游园方便群众生活为目标，遵循人文、生态景观相结合的原则，结合解放路、阳兴大道、晋阳街、卧虎山路等市政基础设施建设，因地制宜建设街头游园和绿地，完善节点景观。改造后解放路不到

9千米沿线建设游园绿地79个。

（孙李苗　张小宇　贺建荣）

【山体生态治理】 2020年，太原市园林局在实施东北山自行车比赛公路景观绿化工程，对35.19公顷山体破坏面进行生态修复。开启20公顷西北山山体生态修复工程前期工作。

（孙李苗　张小宇　贺建荣）

【城市美化建设】 2020年，太原市园林局按照省、市委统一安排，开展“玫瑰之城、浪漫之都”建设。成立领导小组，明确责任分工，在主要道路、河道沿岸、公园绿地等不同区域完成各类月季栽植267.19万株，实现景观美化、彩化效果。（孙李苗　张小宇　贺建荣）

【文化公园和智慧公园建设】 2020年，太原市园林局开展海棠、荷花、樱花、百合、牡丹、郁金香、月季、盆景等花事活动，结合各公园自身特色，开展狄仁杰碑廊、展厅、廉政荷花节、普法长廊、公共安全宣传基地等文化公园创建活动，推动普法、安全及生态知识普及宣传工作。启动智慧公园建设，编制《太原市智慧公园建设导则》。晋阳湖公园通过智慧景区建设工作，完成智慧导览平台建立、网络覆盖、子系统上线、安防系统、无接触防疫登记系统上线工作，逐步实现公园精细化管理数字化。

（孙李苗　张小宇　贺建荣）

【法治建设】 2020年，太原市园林局参与修订《太原市城市绿化条例》，并经市人大常委会、省人大常委会批准，于2021年1月1日起实施。该条例首次将习近平总书记“四治”理论纳入地方性法规，实现行业法律法规与时俱进，对园林绿化建设管理起到十分重要的作用。制定《公园配套服务项目经营管理办法（试行）》《园林绿化施工企业信用管理办法实施细则（试行）》等规范性文件，为园林建设、服务、管理等工作奠定坚实法治基础。

（孙李苗　张小宇　贺建荣）

【安全生产管理】 2020年，太原市园林局履行安全监管工作职责，加强组织领导，调整安全生产工作领导小组，开展“零事故”单位创建及专项整治三年行动。在园林系统开展“深刻汲取教训，提升安全生产工作水平”集中教育整顿暨专项整治，运用“7+3”工作法（“7”即七个到位：认识到位、力量到位、排查到位、整改到位、培训到位、演练到位、疫情防控到位。“3”即三项举措：制订工作方案、完善应急预案、落实岗位职责制度），对局属单位进行长效安全教育检查督导，对发现安全问题立行立改不留隐患。加大隐患排查整治力度，督促构建安全生产风险管控和隐患排查治理双重预防机制。关心职工班上班下工作生活，掌握干部职工思想动态。增强做好安全生产工作思想自觉和行动自觉，做到全年全系统安全生产无事故。　（孙李苗　张小宇　贺建荣）

2020年和谐公园鸟瞰　（市园林局供图）

·太原植物园·

【概况】 2009年12月，太原太山植物园筹建处成立。2015年11月更名为太原植物园。2017年，太原植物园开工建设。建设过程中治理95.70万平方米破损山体，拆除144个高耗能污染企业，梳理133万平方米坍塌地形，改造42万平方米煤坑沙坑。2020年10月1日，太原植物园试运营开园。

太原植物园位于晋源区太山脚下，东起晋阳大道，西至风峪沟口，南起太古公路，北至风峪沙河，总面积182公顷。建筑设计由奥地利DMAA建筑设计有限公司和德国瓦伦丁城市规划与景观设计事务所完成，景观设计由北京林业大学北林地景园林规划设计院完成。建设有主入口综合建筑、展览温室、盆景馆、滨水餐厅及科研中心5大建筑群和25个植物专类园，秉持现代化设计理念，利用原有地形，结合当地特有的人文风貌，打造出现代建筑标准下的三晋特色植物园。

（曹建庭　潘亮　李文龙）

【特色温室馆群】 2020年，太原植物园温室馆群由热带雨林馆、沙生植物馆和四季花卉馆3个单体温室组成，全部采用木结构穹顶建造，最大跨度88米，最高高度29米。

热带雨林馆占地面积5521平方米，依靠北侧原有山体地形，通过断崖、绝壁、峡谷、洞穴、飞瀑等造景手段展现出多元景观空间，山体最高处12米，配上峡谷、瀑布和溪流，整体布局收放结合，营造出自然多变的地形地貌

沙生植物馆占地面积2245平方米，收集展示300余种来自亚洲、非洲、美洲和澳洲的沙生植物，根据仙人掌类、多浆植物的原产地进行区块化景观布局，辅以原产地特色景观小品和造型装饰，打造出身临其境的沙漠风土人情。

四季花卉馆占地面积1470平方米，

2020 年太原植物园热带雨林馆　　（太原植物园供图）

设计引入沉降花园理念，道路串联出高中低三个景观层次，从北侧入口进入，通过二层观景平台到达整个展馆最底层，游客可以欣赏到 300 余种珍稀花卉、蕨类植物和荫生植物。

（吕剑南　冯凯　刘笛）

【植物资源保护利用】 2020 年，太原植物园为保护华北地区植物资源多样性，收集太行山、吕梁山特色植物为主的温带地区植物资源，引种驯化适合于当地的新优特品种，收集植物 4501 种。植物园科研团队系统调查收集全省珍稀濒危植物——南方红豆杉、山白树、翅果油、文冠果、软枣猕猴桃、丽豆等 83 种，发现省植物新记录 21 种，市植物新记录 31 种，填补全省两项空白。

（曹建庭　潘亮　李文龙）

【植物科普教育】 2020 年，太原植物园利用自身优势，发挥社会科普职能，打造科普教育实践基地，经专家评审，面向全省发布《太原植物园中小学生研学实践课程》，在植物科普教育品牌建立上迈出重要一步，平均每月接待 2000 余名中小学生，进行植物知识和植物文化科普。　（吕剑南　冯凯　刘笛）

轨道交通

【概况】 太原市轨道交通发展有限公司成立于 2012 年 5 月，为有限责任公司（国有控股），注册资金 70.83 亿元。作为市政府直属国有企业，全面履行轨道交通融资、建设、运营和资源开发“四位一体”职能。控制项目质量安全、投资、进度，负责广告、通信等其他特许经营权经营。负责轨道交通范围内通信系统的建设与经营。负责轨道交通项目控制范围内的土地利用与开发，以及轨道交通特许经营，地铁新建线路建设管理、劳务服务、仓储服务、技术服务、技术培训、信息咨询等。规划建设 1、2 号线，总里程 52.38 千米。2020 年，太原地铁 2 号线实现通车，1 号线一期工程进行绿化迁移、管线迁改、交通疏解等前期工作。　（徐　凯）

【工程建设】 2020 年 2 月 10 日，太原地铁 2 号线一期工程全面复工建设，2 号线一期工程全长 23.65 千米，设车站 23 座、车辆段 1 座、变电站 2 座、控制中心 1 座，总投资 208.64 亿元。5 月 4 日首列车抵达车辆段，8 月进入联调联试，9 月开始空载试运行，12 月 26 日通车试运营。

太原地铁 1 号线一期工程是东西向跨汾河，衔接迎泽和武宿两个市级中心以及太原站、太原南站两个铁路枢纽的一条骨干线路，全线长 28.74 千米。共设置车站 24 座，全部为地下站，设马练营车辆段 1 座，西山停车场 1 座，下元站主变和中心街东站主变 2 座，控制中心 1 座与线网共享。地铁 1 号线总投资 223.38 亿元，1 号线一期工程完成绿化迁移 95%，管线迁改 70%，9 座车站完成主体工程围挡施工，8 座车站进行绿化迁移、管线迁改、交通疏解等工作。

（徐　凯）

【运营服务】 2020 年，太原地铁全网运营线路 1 条，总运营里程 23.65 千米，总运营车站 23 座，网络换乘车站 3 座，最高运行速度 80 千米 / 时，定员数 55 人 / 千米。12 月 26 日至 12 月 31 日，运送乘客达 88.92 万人次。日均客运量达 14.82 万人次 / 日，单日最高日客运量达 21.17 万人次 / 日，线网日均客运周转量达 58.15 万人次千米 / 日。运营服务指标完成情况良好，运营安全全面受控。运营时间为 6：00—22：00。单程运行时间约 44 分钟，行车间隔为 7 分 30 秒，每站停车时间为 30 秒或 35 秒，全日开行 274 列次，其中载客 258 列次。采用里程分段计价票制，起步价 2 元可乘坐 5 千米，5 千米以上部分，票价每增加 1 元的晋级里程为 5—5—6—6—7 千米，全程最高 6 元。购票方式，可通过站内自动售票机购买人脸单程票、二维码单程票和普通单程票，也可从客服中心购买储值票、计次票等其他票种，支持现金支付、电子支付。　（徐　凯）

【资源经营】 2020 年，太原市轨道交通发展有限公司践行建地铁即建城市目标，从城市更新、新区开发、地下空间打造入手，推动“轨道 + 物业”TOD 开发。完成 1、3 号线沿线城市设计，并通过专家论证，共计 13 个 TOD 项目。首个 TOD（星空项目）5 月预售，实现“首开即回正”。组建市轨道交通智慧建造科技有限公司，开展 BIM、智能运维、专业培训等业务。组建太原中铁轨道交通文化传媒科技公司，开展“文化传承 + 商业运作”的全新尝试。推动光伏项目、地铁碳普惠项目及碳资产开发项目实施。

2020 年，地铁 2 号线车辆上线　　（市轨道交通公司供图）

在产业建设方面，隧道作业部分盾构机、齿轮箱、车轴由太重生产，电客车车体全部采用太钢不锈钢产品，牵引系统来自永济电机厂。省建投集团、市政等本地企业参与到地铁装修、钢筋、石材、铝板、玻璃等建材优先选择省内供应商。提高供货效率，降低成本，促进本土企业发展。（徐　凯）

【轨道交通创新驱动】2020 年，太原市轨道交通发展有限公司建成国内首例承载全自动运行系统城轨云平台。集全自动运行、互联网售检票、人脸识别和视频云存储等功能于一体。列车采用全自动运行最高等级 GOA4 级标准，以运营为导向的全生命周期的 BIM 技术应用在 2 号线全面落地，并在 1 号线同步推广。建立涉及人员、信息、设备、环境全域安全体系。通过新技术应用，实现自动售检票、无感进站，提升经营管理水平。将绿色理念和方法引入规划、设计、建设和运营中心。对 2 号线控制中心、贾家寨车辆基地按照海绵城市标准设计施工，线网控制中心获得国家绿建三星设计标志认证。将 2 号线体育馆站、电子西街站两站作为示范站，进行节能创新技术应用。利用车站空间和太原地铁听景 App 一体化运营，多维度展示太原及山西人文底蕴。通过 10 座特色站、9 座标准站、4 座裸装站，打造出 2 号线次序、逻辑、大气、舒朗的空间氛围，于细节处展现太原文化。（徐　凯）

【轨道交通人才保障】2020 年，太原市轨道交通发展有限公司对外通过项目合作、科研项目等方式吸引一批院士、专家教授参与到轨道交通建设运营中提高技术和管理水平，对内建立激励和约束并重、岗位与业绩挂钩的激励机制，强化人才培养，打造学习型企业。（徐　凯）

【轨道交通企业文化】2020 年，太原市轨道交通发展有限公司开展企业文化强化年活动。完成 VI 视觉识别系统的设计和制作。举办《企业文化的互动因素》《企业文化的要素与作用》培训和读书分享会，制作企业文化宣传片及视频彩铃，促进员工文化思想和企业文化理念相融合。（徐　凯）

【科研成果】2020 年，太原城轨云平台是全国首例承载全自动运行、首个线网级视频云存储、首个构建数据库服务 PaaS 层应用、首个构建容器云轨道交通线网级云平台，通过构建安全生产、内部管理和外部服务三张网络，综合承载轨道交通生产系统、企业办公系统、线网级 BIM 中心和门户网站等信息化系统的标准城轨云平台。

轨道交通 2 号线一期工程是首条线路即按 GOA4 最高级建设标准建设的全自动运行线路，即 FAO 线路，也就是无人驾驶线路。全自动运行线路以行车为核心，信号、车辆、综合监控、通信、站台门等系统深度融合，实现列车的自动唤醒、自动出库、自动运行、自动进站、自动开关车门、自动离站、自动折返，自动洗车、自动回库、自动休眠等自动功能，有效提升运行组织的灵活性和运能，降低人工与运营成本，提升乘客服务质量，提升城市轨道交通运行系统安全和效率，提高整体运营水平。

地铁人脸识别智慧售检票系统是采用基于全球领先的人像识别深度学习算

2020 年，太原市轨道交通公司进行列车检修调试　　（市轨道交通公司供图）

2020 年，太原公共交通控股（集团）有限公司智能调度系统工作场景

（市公交公司供图）

法，在学习网络训练中引入权重衰减概念，减小权重幅度，防止网络过拟合。学习模型不仅大幅提高人像识别算法的精度，也避免需要消耗大量时间进行人工特征提取，使在线运行效率大大提升，人脸识别时间不大于 300ms，人脸识别准确率≥ 99.99%。为给乘客提供多样化的出行体验，太原地铁上线全国首个人脸单程票票种，并实现戴口罩刷脸过闸功能。（徐　凯）

公交公司

【概况】 2020 年，太原公共交通控股（集团）有限公司有营运车辆 3725 台，折 4801.60 标台，运行线路 241 条，线路长度 3860.08 千米，线网长度 1241.15 千米。全面覆盖城六区，同步衔接清徐县、阳曲县、古交市以及晋中市榆次区和省高校新区。全市公交运营里程 1.02 亿千米，日均 27.99 万千米。运营趟次 345.62 万趟，日均 0.94 万趟。客运总量 2.55 亿人次，日均 69.61 万人次，IC 卡等移动乘车占比增加 92.67%。公共自行车系统累计开通服务点 1285 个，安装锁桩 5.90 万个，投放自行车 4.10 万辆。系统覆盖市建成区 220 平方千米。公共自行车骑行量 6097.99 万人次，日均 16.66 万人次，最高 26.59 万人次。日均单车周转 4.06 次，最高 6.49 次。日均免费租骑率 99.13 %，最高 99.65%。（郭志栋）

【运营服务保障】 2020 年，太原公共交通控股（集团）有限公司在智能调度系统的辅助下，深化客源需求为导向的供给侧结构性改革，优化人、车、线等资源配置，提升服务供给能力。在手机 App、微信小程序、站台屏显等终端，实现到站信息查询，便于乘客规划出行。主动对接综改示范区，以常规公交为主，网约定制、通勤包车等个性化服务为辅，助力省、市综改转型发展。响应民生需求，新开社区巴士、旅游专线等公交线路，优化线网结构。跟进路网建设，对城六区最后 19 个行政村公交盲点完成衔接，彻底实现城乡全覆盖，全面提升城乡均等化。在尧城国际通用航空飞行大会期间，首次搭建临时智调指挥中心，实时监控客流变化，提前干预可能发生的突发情况，累计派发接驳专线 3295 趟次，运行 2.74 万千米，服务 2.33 万人次，完成交通保障任务。提前布局地铁 2 号线与公交和公共自行车的无缝接驳，在解放路改造通车的第一时间恢复 48 条线路原线运行，并推进周边公共自行车服务站点复建工作。在东峰路南延、龙城大街东延等四条新建道路通车当天，同步开通太原与榆次之间距离最短、速度最快、用时最少的城际公交 916 路，方便周边群众出行，助推两地经济发展。（郭志栋）

【公交转型发展】 2020 年，太原公共交通控股（集团）有限公司争取政府专项债资金，推进公交车辆更新和场站建设等项目。在总结纯电动公交车运营情况的基础上，完善并提升新购 528 台纯电动公交车技术需求。为保证新购车辆顺利投产，完成体育馆、胜利桥东等在用公交场站的充电配套设施建设，共计充电停车位 200 个。推进长风东、长风西、嘉节、唐槐园等公交综合场站项目，累计占地面积 21.51 公顷。（郭志栋）

【安全生产】 2020 年，太原公共交通控股（集团）有限公司推进安全生产三年专项行动和“三零”单位创建，分析安全生产形势，夯实安全生产标准化、常态化。随着智能调度平台的交付启用，公交集团公司全面提升安全生产技术水平、完善场站安防监控，加强应急演练、完善应急预案。先后组织交通战备应急拉动，配合轨道交通组织应急疏散。各基层单位分别开展夜间车辆疏散、机关消防疏散等应急演练与培训。增强职工安全意识，提高应急处置和救援能力。客观评估应急预案执行情况，确保遇到突发情况能够按照预案，快速实施、措施到位。（郭志栋）

综　述

【概况】2020年，太原市生态环境保护局坚持以习近平生态文明思想为指引，以高质量转型绿色发展为理念，以“强力治气、系统治水”为重点，以开展系列专项攻坚行动为抓手，强举措、促成效、严执法，统筹做好疫情防控医废处置工作，完善工作机制、创新治理模式、强化督导帮扶，实现环境质量持续改善，9项环保约束性指标全部完成，中央和省环保督察交办问题全面完成整改，污染防治攻坚战圆满收官，环境治理体系和治理能力现代化成效初显。

（常明章）

【机构改革】2020年，太原市生态环境保护局设立太原市生态环境局太原西山生态文化旅游示范区分局，在内设机构环境影响评价与排放管理科加挂太原市生态环境局太原西山生态文化旅游示范区分局牌子，负责西山生态文化旅游示范区生态环境保护工作。设置太原市生态环境局山西转型综合改革示范区分局为太原市生态环境局派出机构。设置应急信访科为太原市生态环境局内设机构。太原市生态环境局不锈钢产业园区分局更名为太原市生态环境局太原中北高新技术产业开发区分局。太原市生态环境局所属事业单位改革：整合组建1个事业单位，太原市生态环境监测与科学研究中心。该中心整合太原市环境科学研究院、太原市机动车排气污染防治检测中心、太原市环境保护信息中心、古交市环境保护信息中心、清徐县环境保护信息中心、太原市生态环境局小店分局环境监测站、太原市生态环境局迎泽分局环境监测站、太原市生态环境局杏花岭分局环境监测站、太原市生态环境局尖草坪分局环境监测站、太原市生态环境局万柏林分局环境监测站、太原市生态环境局晋源分局环境监测站、太原市生态环境局古交分局环境监测站、太原市生态环境局清徐分局环境监测站、太原市生态环境局阳曲分局环境保护监测站、太原市生态环境局娄烦分局环境监测站、太原市生态环境局清徐消毒中心、太原市生态环境局清徐分局治理中心等17个事业单位。太原市环境保护宣传教育中心更名为太原市生态环境宣传教育中心。太原市环境监控中心更名为太原市生态环境监控中心（太原市大气环境监控中心）。新设立1个事业单位，太原市生态环境应急与安全管理中心。暂予封存1个事业单位，即太原市环境工程评估中心暂予封存。

（闫泳锦）

【空气质量】2020年1月1日至12月31日，太原市区优良天数为224天，优良率61.20%，优良天数比上年同期增加24天。环境空气质量综合指数5.91，同比下降7.50%。五项污染物平均浓度同比下降，降幅在22.70%～3.60%之间，O_3浓度同比持平。其他大气环境约束性指标，二氧化硫排放量较2015年下降比例为38%（目标为30%），氮氧化物排放量较2015年下降比例为35%（目标为30%），全面完成任务。摘掉最“土”城市的帽子，全市平均每月每平方千米降尘量稳定在9吨以下，在京津冀及周边“2+26”城市排名从曾经的倒数第一（第28名）上升至第5至14名。12月，全市降尘量降至3.30吨，为有监测数据以来，单月监测的最小值，创历史最好成绩。

（常明章）

【水环境质量】2020年1月至12月，汾河水库出口和上兰断面水质为Ⅱ类，国考温南社出境断面，水质由劣Ⅴ类显著改善为Ⅲ—Ⅳ类，化学需氧量、氨氮同比分别下降36.36%、83.30%，汾河流域太原段国考断面良好水体比例为67%，全部消除劣Ⅴ类水体，走在全省前列。其他水环境约束性指标，化学需氧量排放量较2015年下降比例为57.08%（目标为56.58%），氨氮排放量较2015年下降比例为52.14%（目标为23.97%），全面完成任务。太原市地表水环境质量改善率36.23%，在全国332个地级及以上城市中排名第6。

（常明章）

【生态环境保护工作机制完善】2020年3月，市委、市政府出台《太原市生态环境保护工作责任规定》，明确各级党委、政府和相关部门生态环境保护职责。5月，完成市、县、乡三级生态环境保护委员会设置，由党委和政府主要领导任双主任，分管领导和有关领导为副主任，有关部门为成员，加强对生态环境保护工作的领导，强化统筹协调和综合决策，形成工作合力。

建立市级领导包联帮扶机制。市委、市政府印发《关于完善市级领导同志包县（市、区）帮扶生态环境长效机制工作方案》，安排11个帮扶组和监督执纪组，分别由市委常委、市人大常委会主任、市政协主席带队并担任帮扶组组长，对各县（市、区）生态环境保护工作决策部署落实情况、生态环境保护工作责任落实情况、中央生态环境保护督察及督察"回头看"完成情况、突出环境问题清零情况等进行督导帮扶，高位推动全市污染防治攻坚行动。

（常明章）

【生态环境保护措施出台】2020年3月，太原市出台《空气质量改善奖惩办法（试行）》和《降尘奖惩办法（试行）》，明确方向目标，压实工作责任，强化压力传导。6月，省人大常委会批准《太原市机动车和非道路移动机械排气污染防治办法》，为做好机动车和非道路移动机械污染控制、治理以及监督检查等提供法律保障。10月起，全面实行"月攻坚、周例会、日调度、时调节"全流程、全方位大气污染防治闭环管理机制。11月，初步建成太原市生态环境一体化监管平台，出台《太原市大气环境管理责任量化评价办法》，形成全市齐抓共管、各负其责、各司其职的"治气"工作格局。（常明章）

【科研成果】2020年，太原市生态环境保护局编制完成《太原市2020—2022年强制性清洁生产审核工作规划》，组织专家进行审查，并按照规划安排，组织开展太原市强制性清洁生产审核工作。配合市科技局完成国家可持续发展议程创新示范区建设评估指标的收集、填报和审核工作。参与国家大气重污染成因与治理攻关"一市一策"跟踪研究太原工作组相关工作，为太原市大气污染治理提供支持。（郭红斌）

环境管理

【环保督察任务整改】2020年，太原市生态环境保护局以疑难问题帮扶、突出问题督办、完成整改验收销号为手段，推进中央和省环保督察交办问题整改。完成中央生态环境保护督察及督察"回头看"反馈问题整改任务12项，全面完成省级生态环境保护督察及督察"回头看"和省专项督察反馈问题整改任务5项。（李秀芝）

【生态环境执法】2020年，太原市生态环境保护局创新环境监管模式，推动科技治污、精准治污、依法治污。开展执法大练兵活动，锻炼队伍、提高素质、提升能力。加大生态环境执法力度，开展将突出环境问题清零进行到底等多个专项治理，查处打击违法行为364件，罚款1775万元，其中，按日连续处罚1件，查封扣押27件，移送行政拘留12件，涉嫌污染犯罪移送2件。派出22人次参加生态环境部组织的定点帮扶，5人受到通报表彰。12月，开展周边"1+30"城市强化督查帮扶工作，派出68人组成两支队伍，对晋中市、吕梁市开展定点督查，缓解南部地区秋冬季影响，当月环境空气质量居京津冀及周边"2+26"城市第7名，居全国168城市第91名，首次进入前100名，处于历史最好水平。（李秀芝）

污染防治

【蓝天保卫战】2020年，太原市生态环境保护局坚持空气质量改善优先原则，控煤、治污、管车、降尘多措并举，推进大气污染防治。先后关停港源、美锦、梗阳、西山煤气化二厂、三兴、隆辉、银焱、美锦煤焦化、亚鑫煤焦化等10家企业，压减产能912万吨/年，全市炭化室高度4.30米及清洁型热回收焦炉全部关停。全面完成太钢集团超低排放改造，成为全省首批A级企业，在全市起到示范带头作用，在全省率先完成钢铁和水泥企业超低排放改造。完成清徐县3家铸造企业电炉改造。完成106家企业挥发性有机物（VOCs）污染整治。完成农村清洁供暖改造11385户，减少燃煤5.70万吨，全市城六区、县（市）建成区清洁取暖覆盖率100%，农村地区煤改电、煤改气清洁取暖率85%以上，对暂未双改的农村偏远地区实施清洁煤取暖兜底，实现全市清洁取暖全覆盖。完成燃气锅炉低氮改造1004台，累计完成改造1783台。全年淘汰老旧柴油车6980辆，配置新能源环卫车辆644辆，更新新能源公交车528台。强化移动源管控，对3769台非道路移动机械进行监督监测，对731台高排放非道路移动机械进行清场处置，对国五重型柴油货车安装OBD在线监测与监控装置，实施机动车限行和重型车分流管控，在秋冬季实施20%机动车限行，对东南绕城高速过境货车分流管控。开展扬尘和"五堆"整治攻坚，实现污染大幅下降。对各县（市、区）空气质量改善情况和降尘量情况进行奖惩通报，并在媒体公示。54家涉VOCs企业完成源头替代，11家企业完成VOCs泄漏与检测修复，12家企业完成治污设施升级。市委、市政府先后召开秋冬防攻坚推进会、专题会、重点工作部署会和太原及周边"1+30"区域联防联控推进会，打赢秋冬防攻坚战。按照"两提"（提前两天响应，提高一级应对）原则，强化预警、调度和工作建议，秋冬防第一阶段下发调度令94期，依托大气一体化监管平台，实施"周预警、日调度、时调节"

和问题整改全监管闭环管理，科技管控成效明显。（李秀芝）

【碧水保卫战】2020年，太原市生态环境保护局以汾河太原段退出劣V类水体为核心，强力攻坚，系统治水。实施截污纳管，城南退水渠和晋阳街方涵污水分别进入城南和汾东污水厂进行处理，彻底解决城南地区污水直排问题。汾东、城南、阳光等污水处理厂扩容提质技改工程全部完工，全市生活污水日处理能力达到125万吨，实现建成区污水全收集、全处理，为全面消除劣V类水体奠定基础。高标准完成32个农村生活污水处理设施及配套管网建设，解决农村生活污水直排河流污染问题。强化农村污水处理站专业化运营，确保已建成102套农村污水处理设施稳定运行、达标排放。开展清徐县经济开发区、工业集聚区污水处理设施建设、太钢工业废水高浓度盐水治理和废水回用等工程，全面提升工业企业废水治理水平。在清徐县的4个主要入汾口建成千亩湿地工程，巩固提升韩武村断面水质稳定达标水平。在8个重点入汾河排污口全部安装自动监测设施，建立地表水断面—排污口—污染源清单化、链条化管理机制。20处黑臭水体达到国家“长治久清”标准。（李秀芝）

【净土保卫战】2020年，太原市生态环境保护局以土地安全利用为目标，合理分类，有序治土。完成全市耕地土壤环境质量类别划分，为安全利用奠定基础。完成37个地块采样调查，确定29家重点监管对象。完成蓝星化工、煤气化等污染土壤修复治理。全市受污染耕地安全利用率100%，污染地块安全利用率100%，在全省居领先水平。（李秀芝）

2020年10月15日，梗阳集团清徐焦化分公司90万吨4.3米焦炉关停仪式
（市生态环境保护局供图）

生态环境保护

【突出环境问题“清零”】2020年，太原市生态环境保护局对全市沥青拌合站开展专项检查，责令尖草坪区山西凯宇通商贸有限公司等5家企业限期整改、消除污染。开展水泥建材企业专项检查，责令42家企业对扬尘污染问题进行整改。开展焦化企业专项检查，责令美锦、梗阳等6家进行整改、指导消除污染，并进行督办。对汽车修理及4S店进行突击检查，现场帮助指导15家企业对存在问题的VOCs防治设施进行完善，消除污染，对偷排偷放、故意不使用环保治理设施、屡查屡犯、恶意排污企业进行严厉查处。对环境空气监测点位周边环境问题进行专项检查和治理，对6大类43项突出环境问题“清零”，完成整改任务2128个。（常明章）

【生态环境保护专项资金管理】2020年，太原市生态环境保护局印发《太原市市级生态环境保护相关专项资金管理办法（暂行）》和《太原市生态环境局生态环境保护相关专项资金项目管理制度（暂行）》，规范和加强生态环境保护相关专项资金的管理，提高财政资金使用效益。（常明章）

【医疗废物处置】2020年，太原市生态环境保护局印发《太原市应对新型冠状病毒感染的肺炎疫情医疗废物环境管理工作方案》，建立反应果断迅速、运转高效有序、执行坚决有力的组织调度指挥体系，对医疗废物处置单位和主要医疗机构进行现场检查督导，确保及时安全高效处置医疗废物，全年安全处置医疗废物8012吨。（李秀芝）

文　物

【概况】2020年，太原市文物系统全面贯彻落实习近平总书记关于文物工作的重要论述，坚持把保护放在第一位，聚焦让文物活起来，以省委“四为四高两同步”为引领，发动转型、项目、改革、创新“主引擎”，紧抓文物保护利用改革主线，牢牢守住文物安全底线，坚持历史文脉和城市建设相交融、内涵挖掘和活化利用相统一、古城特色和现代文明相辉映，高标准保护文物、高起点建设景区、高效能改造老城，提升文物治理体系和治理能力现代化水平，构建富有太原特色的文物创新生态体系，统筹推进疫情防控和文物事业高质量发展。（陈雅彬）

【《太原市博物馆促进条例》颁布实施】2020年4月21日，太原市第十四届人民代表大会常务委员会第三十次会议通过《太原市博物馆促进条例》，7月31日，山西省第十三届人民代表大会常务委员会第十九次会议批准，《太原市博物馆促进条例》于2020年9月1日正式施行。该《条例》明确国有博物馆和非国有博物馆依法享有同等法律地位。这是太原市文物局坚持立法领域先行先试，全国第二部博物馆领域地方性法规。是加强文物保护利用治理能力和治理体系法治化建设的太原模式山西模式，也是文物领域换道领跑的生动实践。（陈雅彬）

2020年12月28日，晋商博物院对外开放　（市文物局供图）

【天龙山石窟数字复原巡展】2020年，天龙山石窟数字复原巡展项目借助沉浸式影院、VR、3D打印等科技手段，展示出天龙山各时期石窟造像的原始风貌和艺术特色，以及近代文物流散史和当今数字复原成果。该展览是国际首例对因历史因素造成分离的石窟文物进行全方位虚拟复原的大型数字多媒体巡展项目，亮相法国、太原、上海等地。天龙山石窟数字复原巡展项目成为国家文物局海外藏中国文物石窟寺类数字复原展示示范项目、“弘扬优秀传统文化、培养社会主义核心价值观”主题展览推介榜唯一数字展、文化和旅游信息化发展典型案例。9月上线的线上展览获得广泛关注，点击量达100.81万人次。（陈雅彬）

【晋商博物院对外开放】12月28日，晋商博物院对外开放。晋商博物院既能领略传承千年的古代官衙的建筑魅力，又能感受称雄几百年的晋商文化。在众多文物中，由与晋商有关的文件、经典画作拼接而成的《辉煌晋商五百年史诗长卷图》引人注目。沉浸式体验馆内设有动静两幅万里茶道图，游客不仅可以

通过端详静态图上山西商人的穿着服饰、运输工具，了解当时的风土人情、贸易往来，更能通过触屏点击、互动交流，重走这条横跨欧亚的著名国际黄金商道。（陈雅彬）

【文物保护】 2020年，太原市文物局实施文物本体及周边环境整治20余项，做好可移动文物数字化扫描。编制上报全国重点文物保护单位项目计划书19份，整理填报市、县文物保护单位基础信息表400余份。实施文明守望工程，推动晋祠博物馆帮扶山西晋韵砖雕艺术博物馆工作。配合省文物局编写《山西珍贵文物档案》。支持晋源区、迎泽区等文物密集区创建文物保护利用示范区、文物科研保护基地，发挥示范作用。

压实文物安全主体责任，开展安全生产大检查和安全专项行动，检查巡查文保单位90余处，要求施工单位办理文物勘探手续6件。11个项目列入山西省文物保护单位三防项目实施计划。智慧用电安全建设项目进展迅速。加大违法查处力度，深化文物系统扫黑除恶专项斗争，下达责令限期改正通知书6份，立案办结违法案件2起。加强城市建设中的文物保护，落实土储前置考古，特别针对晋阳古城遗址建控地带项目建设完成控高指标初步研究，制定建设审批流程。开展考古调查81项、750万平方米，文物勘探30项、185万平方米，考古发掘11项，发掘古墓葬37座，完成4座墓葬搬迁保护。推进明清府城镇远桥遗址展馆与地铁2号线同步建设，实现“桥站共生”。（陈雅彬）

【特色博物馆建设】 2020年，太原市文物局组织梳理不可移动革命文物名录，打造红色博物馆。国民师范旧址革命活动纪念馆入选第三批国家级抗战纪念设施、遗址。整合国师纪念馆、八路军驻晋办事处旧址等红色资源，打造红色经典研学线路，编研申报党性教育精品课程，编演《穿越时空的对话》等红色情景剧、快板书，推出红色情景微课堂76场次，举办《共产党人的光辉榜样——刘少奇》等专题展、红色研学20余场次。

2020年5月18日，“力量和信心——抗击疫情见证物展”在双塔博物馆普光寺分馆开展（市文物局供图）

实施“中华文化走出去”天龙山石窟数字复原巡展项目。天龙山景区成为“蓝星球”科幻电影飞行基地，并在第二届蓝星球科幻电影周颁奖盛典中举办飞行基地授牌仪式。建设晋祠博物馆等5个数字博物馆。启动市级全域“智慧文物”数据信息管理平台建设，完成可研报告、资金申报和专家论证。

优化国有、非国有博物馆建设布局，盘活可移动文物资源，完成山西府衙环境综合整治配套工程，推进陈列布展和配套设施建设，晋商博物院对外开放。市博物馆被评定为国家二级博物馆，启动全国首座墓葬壁画专题遗址类博物馆北齐壁画博物馆建设。举办文物精品展10余场，打造青少年教育实践活动基地，推出教育实践活动400余场（项）。（陈雅彬）

【展览交流】 2020年1月19日，太原市文物局主办、市博物馆承办的《抟土成金——馆藏明清瓷器展》在市博物馆2层4号展厅展出。展览精选200余件明清瓷器精品，共分“仿古采今、蔚为大观”“古今之式、备诸巧妙”“图必有意、意必吉祥”三个单元进行展示。市文物局主办、市博物馆承办的《盛世华荣——邵仲节牡丹花鸟画展》在市博物馆2层3号展厅展出，展出87幅与牡丹主题相关的书画作品。

4月25日至5月5日，太原市文物局、双塔博物馆创新主办的《墨舞春晖——书坛六人捐赠双塔博物馆书法作品展》在双塔博物馆露天园内展出。

5月18日，太原市文物局、市卫健委联合主办，市双塔博物馆、时尚回响工作室、太原日报传媒集团、太原广播电视台融媒体中心、中国东方航空股份有限公司山西分公司承办的《力量和信心——抗击疫情见证物展》在双塔博物馆普光寺分馆开展。市文物局主办，市关帝庙文物管理所、山西籍塾阁文化发展有限公司承办的《古方志中的太原府展览》在太原市大关帝庙开展。该展分疆域地理、风俗物产、历史名人、关帝信仰四个板块，展出明代到民国年间30余部原版典籍。市文物局主办、晋祠公园承办的《黑金动脉——山西早期铁路旧影展》在教场巷日式住宅开展。展览实景复原铁路工程师楼，陈列山西修筑最早的铁路正太铁路和奠定山西铁路大框架、至今仍发挥效能的同蒲铁路展。

7月25日，太原市文物局、苏州市园林和绿化管理局主办，太原市晋祠博物馆和苏州市拙政园管理处（苏州园林博物馆）联合承办，苏州市狮子林管理处协办的“园韵文心——苏州园林文化特展”在晋祠博物馆傅山纪念馆开展，展期一个月，展品188件。展览分为园之史、园之观、园之趣三部分，介绍园林长物之园概史和园林长物的布局手法、园林建筑、叠山理水与园林逸趣，梳理苏州园林历史发展脉络。

8月15日，山西国民师范旧址革命活动纪念馆、刘少奇同志纪念馆联合承办的《共产党人的光辉榜样——刘少奇》图片展开展。展览以五大板块、146张图片，生动展现共产党人刘少奇的光辉一生。

9月29日，太原市文物局主办，市晋祠博物馆举办的《唐风晋韵——谢永发书画展》在晋祠博物馆浮屠院举行，捐赠书画作品85件。开幕式展出部分作品，并用LED播放全部作品。

10月23日至11月7日，太原市委宣传部、太原日报社、市文物局、市退役军人事务局主办，市关帝庙文物管理所、太原日报全媒体指挥中心、山西时尚回响城市文化交流中心承办的《致敬最可爱的人——纪念中国人民志愿军抗美援朝出国作战70周年图片展》在南肖墙关帝庙展出，8位志愿军老兵与观众一起回望峥嵘岁月，致敬英雄。

2020年6月13日，太原市文物局举办“传播文物价值，展现中华风采”公众考古开放日活动　（市文物局供图）

12月28日，在晋商博物院《天下晋商》专题展开展。主要分为序厅、晋商源流、海内称雄、汇通天下、万里茶道、晋商精神六个部分，概述晋商发展的重大事件和成果，全方面再现晋商纵横欧亚九千里、称雄商界五百年的辉煌业绩。　（陈雅彬）

【惠民宣传活动】 2020年6月13日文化和自然遗产日，太原市文物局主办、市考古所承办“传播文物价值，展现中华风采”公众考古开放日活动。公众参观晋阳古城二号建筑基址考古工地，并详细讲解考古发掘及考古成果。

7月3日，在大关帝庙，太原市文物局主办、市关帝庙文物管理所承办“走进大关帝庙·领略传统文化”传统民俗活动。

9月29日至10月15日，第十七届太原晋祠菊花文化节在晋祠公园晋文公祠前广场亮相。本届菊花文化节主展区位于晋文公祠前广场和东大门，共设4个大型花坛，体现欢乐、祥和、美丽、典雅的氛围和厚重的晋国历史文化。

9月30日，在龙山石窟，太原市文物局、山西省摄影家协会和晋源区政府主办，山西晚报·文博山西、太原日报报业集团视觉策划中心协办，市龙山文物保管所承办“兼容并蓄、生态龙山”第二届摄影大赛及短视频大赛暨第二届“竹报平安”文化节启幕。

10月16日，太原市文物局、晋源区人民政府主办，晋源区委宣传部、晋源区文化和旅游局、市龙山文物保管所承办的“魅力晋源·醉美龙山”第九届太原龙山红叶文化节在龙山景区昊天观举办。

11月22日，太原市文物局主办，晋祠博物馆承办的“游山西·读历史”主题文化活动——首届晋祠国风文化节开幕。本届文化节以“锦绣太原、晋祠国风”为主题，由开幕式、国风游园、国风快闪表演、国风表演、国风礼仪、国风市集六部分组成，共有19家全省国风文化相关单位与民间组织近百名传

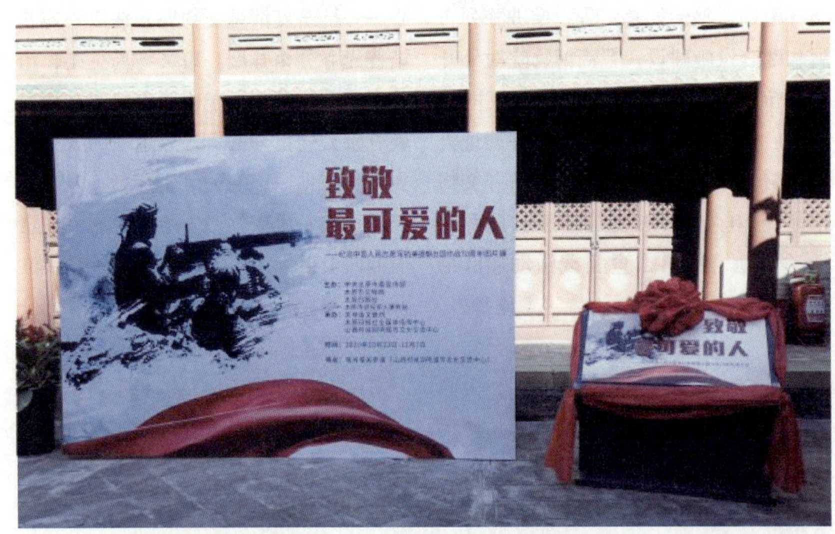

2020年10月23日至11月7日，“致敬最可爱的人——纪念中国人民志愿军抗美援朝出国作战70周年图片展”在南肖墙关帝庙展出　（市文物局供图）

统文化艺术家参加。

11月，太原市博物馆组织“传承好家训，培养好家风，重温傅山家风家训”的主题教育公益活动，讲述傅山先生的家风家训，组织非遗文化体验活动瓷器的修补——锔瓷。（陈雅彬）

【学术科研】2020年，太原市文物局出版《唐太宗晋祠铭》《翰墨托素心——柯璜书画作品选》《宝贤堂法帖研究》《抟土成金：明清瓷器展精品图录》等6篇文物专著。发表《浅谈中国近现代革命文物保护的现状与对策》《太原新见武周“晋祠华严石经”残碑》《北齐徐显秀墓壁画颜料的科学分析》《馆藏文物保存环境调查与监测分析》《山西太原东山古墓发现大型西汉墓园遗址》《浅析太原崛围山多福寺明代彩塑的整体审美特征》等53篇文章。

7月8日，太原市文物局在太原市博物馆举办考古名家常一民暨先秦太原学术研讨会，探讨文物保护利用新思路、新举措，为考古名家常一民名家工作室挂牌。

10月19日至10月22日，“文物赋彩小康，奏响文明华章”文创博览会、高端论坛暨全国重点文物保护单位（部分）第三十届学术研讨会在晋祠博物馆举行。（陈雅彬）

旅　游

【旅游景区提档】2020年，太原市文化和旅游局推动晋祠—天龙山创建国家AAAAA级景区，细化创建标准，编印创建指南，会同有关部门推进总体规划编制，相关资料上报省文旅厅。向省推荐24家A级景区和省级度假区。对AAA级及以下景区进行复核，督促AAAA级景区开展自查自纠。指导A级景区落实疫情防控、复工复业和免首道门票政策。推进国家全域旅游示范市创建，指导阳曲县通过全域旅游示范区初审，指导小店区等7县区高标准开展创建。完成27座旅游厕所建设任务。推荐阳曲县上安村等4个村申报AAAA级乡村旅游示范村、14个村申报AAA级示范村，娄烦县河北村、阳曲县上安村入选全国乡村旅游重点村名录，全域旅游建设水平显著提升。（吴　鹏）

【文旅产业项目发展】2020年，太原市文化和旅游局推动文化消费城市试点工作，推出文旅体惠民卡和“晋情来消费”文旅体消费券，累计投放消费券192.11万张，核销金额696.53万元，撬动消费3008.50万元。扶持店子底村和峰岭底村发展红色旅游，开展红色文化和乡村旅游培训9次。指导建设“晋造1898”工业文化园，推进晋源区工匠孵化园等项目建设。推荐26家企业申报文化产业发展专项资金、24个项目申报传统工艺美术保护发展资金、3个单位申报现代服务业奖励资金。推动太原植物园等重点文旅项目落地，产业项目引领步伐不断加快。（吴　鹏）

【文旅事业营销宣传】2020年，太原市文化和旅游局开展“游山西、读历史”活动，开展“山西人游太原”等线上宣传活动，300多万人次在线观看。在市电视台播出《文欣带你游太原》等栏目80余期，在5条市内公交线路投放形象宣传广告，向入并游客推送欢迎短信5000余万条，利用抖音推出文旅短视频，5天播放69万次。组织文旅企业赴厦门、杭州、扬州等地举办文旅推介会，推出精品线路60余条，27条被学习强国、光明网等媒体转载。编撰完成《畅游太原》丛书，启动拍摄文旅宣传片，入选“东亚文化之都”候选城市，太原知名度和美誉度持续提升。（吴　鹏）

【文旅市场秩序整治】2020年，太原市文化和旅游局安排执法人员9600余人次，检查文旅单位8200余家次，行政处罚13件、罚款66870元、责令整改65家，收缴查扣非法出版物3.50万余册，刑事立案1件，取缔非法网站1家。处理旅游投诉和案件850件，为游客争取赔偿188万元。推进“放管服效”改革，开展文旅市场秩序专项整治。（吴　鹏）

【文旅行业安全监管】2020年，太原市文化和旅游局开展景区、文化场馆安全风险隐患排查整治和“深刻汲取教训，全面提升安全生产工作水平”集中教育整顿，全力做好防汛抗旱、建筑物排查整治等专项行动，上报各类资料180余份，发布预警信息200余条，检查文旅企业1200余家次，对全行业安全监管水平持续提高。推进地面数字电视700兆赫频率迁移和地方节目转数停模工作，开展网络直播、非法境外卫星地面接收设施等专项行动，查处慧生活影视网涉嫌擅自从事互联网视听节目服务并违规转播境外广电频道问题，完成春节、“两会”等重要保障期广电传输保障，未发生广电安全播出问题。（吴　鹏）

综 述

【概况】2020年，太原市教育局坚持以习近平新时代中国特色社会主义思想为指导，全面加强党对教育工作的领导，全面贯彻党的教育方针，全面落实立德树人根本任务，统筹疫情防控和教育改革发展，努力办好新时代人民满意的太原教育。

太原市有各级各类学校1480所。其中，高校5所，中等职业学校23所，普通高中90所，普通初中131所，小学445所（另有小学教学点144个），幼儿园776所（另有附设幼儿班138个），特殊教育学校9所，工读学校1所。全市有各级各类学校在校生730432名，教职工71781人，其中专任教师54062人。（姜倩倩）

【教育改革】2020年，太原市委、市政府召开全市教育高质量发展推进会，号召举全市之力办教育，把教育改革发展纳入重要议事日程，专题研究新时代教师队伍建设、学前教育改革发展等教育领域重点工作，出台《关于办好新时代人民满意教育的若干意见》《关于全面深化新时代教师队伍建设改革的实施意见》《关于学前教育深化改革规范发展的实施意见》三个重要文件，完善教育高质量发展政策体系，推动太原教育跨越式高质量发展。"时代新人"思政课改革、"局管校聘""县管校聘"等重点改革事项成效明显。

招生考试制度改革。整合公安等八部门数据资源，推行小学入学网上统一办理，入学跑零次占比68%，入学跑一次占比22%，实现"数据多跑路，群众少跑腿"。中考、高考等9大类13次国家教育招生考试平安顺利完成，涉及考生22.80万名。

管办评分离改革。完成数学、体育与健康教学质量监测，覆盖728所义务教育学校，9万名学生和1万名教师参与。完善监测结果应用制度，在小店区召开国家义务教育质量监测结果应用推进会，推动义务教育向优质均衡迈进。

规范民办教育。取消民办义务教育学校面谈招生方式，报名人数超过招生计划的实行100%电脑随机录取。出台《民办中小学校记分管理办法（试行）》，严肃查处7所违规民办学校。开展校外培训机构专项整治，排查1165所培训机构，依法取缔133所，净化教育生态。（姜倩倩）

【依法治教】2020年，太原市教育局推进教育立法，推动出台《太原市中小学校幼儿园规划建设条例》，修订《太原市社会用字管理办法》。加强法治政府建设，建立健全行政执法三项制度，实现教育系统法律顾问全覆盖。实施"七五"普法规划和《青少年法治教育大纲》，开展"学宪法、讲宪法"主题系列活动，建立太原市青少年法治教育实践基地和太原市青少年禁毒教育基地，创建市级毒品预防教育示范学校33所。建强配齐"三支队伍"，实现法律顾问、法治副校长、法治课教师全覆盖。（姜倩倩）

【教学质量提升】2020年，太原市教育局围绕学生核心素养提高教学质量。高考成绩稳居全省前列，不含体育、艺术类考生，一本达线率18.20%，二本达线率41.60%。清华大学、北京大学录取太原考生占全省三分之一以上。中考550分以上考生分布在全市86%的初中学校。（姜倩倩）

【教育政策研究】2020年，太原市教育局推进"时代新人"思政课研究，在全学段、全学科、全员推广思政课，开展"时代新人"思政课集体备课和优秀教学设计评选，252所学校参与，评选出优秀设计334个，18个教学设计被省委宣传部列为重点课题，12个教案入选省级教学教案。以"区域推进协同育人工作机制和途径的实践研究"为题申报教育部"十四五"规划研究课题，走在全国前列。12月7日，在北京师范大学举行的"中国教育改革发展论坛

（2020）”大会上，太原市教育局获“教育政策研究基地”牌匾，是全国两家获此荣誉的单位之一。（姜倩倩）

【体育美育劳动教育】2020年，太原市教育局建立学生体质健康档案，创建足球特色学校（幼儿园）186所，十五中获全国学校排球联赛第二名。实施优秀文化艺术进校园“双百工程”，演出126场，惠及师生10万余名。开展艺术教育活动月，10万余名学生参与。探索劳动教育，选树“劳动小能手”400余名，50余万名学生参与“我是行动者”等校外劳动实践活动。（姜倩倩）

2020年，太原市教育局开设社会主义核心价值观系列课程（市教育局供图）

【教师队伍建设】2020年，太原市教育局通过校园招聘、人才引进等方式多渠道引进教师人才471名。印发《关于全面推进义务教育教师县管校聘管理改革工作的实施意见》，在全市全面实行义务教育教师“县管校聘”管理改革。8月，68所市直属学校改革任务全面完成，9056名教师参加竞聘。10县（市、区）基本实现学校按需设岗、按岗聘任、以岗定薪、岗变薪变，盘活教育资源，激发教师队伍活力。坚持把师德师风作为第一要求，落实落细新时代教师职业行为十项准则，全市所有在职教师建立师德承诺书和个人师德档案，完善师德考核长效机制，在各类评先评优、职称晋升等方面实行师德师风“一票否决”制。对违规违纪问题“零容忍”。对教师违规补课的举报“有报必查”，查证属实即严肃处理。实施太原市乡村教师支持计划，交流教师1260名，推动优秀教师向薄弱学校流动。严格落实乡村教师工资待遇，改善食宿条件，在专业技术职务晋升、评先选优等方面给予政策倾斜。坚持三年一轮的成长杯、敬业杯、升华杯“三杯竞赛”，完善“以赛促训、德能双升”教师培养长效机制。实施学校教育内涵提升工程，与北京师范大学合作举办47期培训，建设高素质专业化教师队伍。（姜倩倩）

【教育服务保障】2020年，太原市教育局扛起脱贫攻坚政治责任，聚焦控辍保学，残疾学生送教上门，义务教育巩固率达到99.60%。实施农村学生营养改善计划，惠及10万余名学生。下达各类奖助资金6.30亿元。印发《关于进一步做好中小学生减负工作的实施意见》，减轻学生、家长负担，人民日报、新华社、中国教育报进行专题报道，省教育厅在全省推广太原经验。市财政投入2116万元，小学生免费托管时间延长至1.50小时。实施“校校有食堂”行动试点，万柏林区12所学校通过新建食堂、配餐到校等方式满足学生用餐需求。投入2000万元，完成市属学校2300间教室照明改造，改善近视低龄化、重度化问题。投入70万元，全面加强学生心理健康工作，守护学生健康成长。推进中小学校联网攻坚行动，全市744所学校出口带宽均达100M以上，市属及10县（市、区）中小学多媒体教室覆盖率达100%。（姜倩倩）

2020年，太原市第五十九中开展成人礼宣誓活动（市教育局供图）

【校园安全】2020年，太原市教育局开展“三零”单位创建工作，化解矛盾3000多个，建设“智慧用电”系统1万余套，整改建筑领域安全隐患7180个，全市学校“三零”单位创建率达85%。开展“深刻汲取教训，全面提升安全生产工作水平”集中教育整顿暨专项整治，联合消防支队对市属学校进行全面检查，整改安全隐患3011个，打通生命通道。推进“三防”建设，实现6个

100%目标，开展消防安全培训、演练985次，全面提升本质安全水平，省、市、县三级“平安校园”达到1268所。（姜倩倩）

【社会实践育人共同体联盟建设】2020年，太原市教育局引导教育学生深刻认识中国特色社会主义制度的优越性，厚植爱国主义情怀，成为担当民族复兴大任的时代新人。推进社会实践育人共同体联盟建设，组织活动320场，147万人次参与。开展“万师访万家”活动，构建良好家校关系，推动形成“三全育人”良好局面。（姜倩倩）

【新时代人民教育基金会成立】2020年11月，由太原市教育局发起，经山西省民政厅审批的山西省太原市新时代人民教育基金会正式成立。基金会以开展助学、助教、奖学、奖教、改善办学条件等活动为宗旨，提高教师社会地位，激励学生奋发学习，促进教育事业发展。（姜倩倩）

【党建工作】2020年，太原市教育局召开教育系统党建工作推进会，以12个党建示范校建设为抓手，引领带动学校党建形成特色品牌。高校教师党支部配备“双带头人”书记43名，占比91.50%。向民办学校选派党组织书记28名，实现全覆盖。召开教育系统全面从严治党工作部署会，高质量完成25项党建重点工作。开展“三重温、学四史”学习教育活动，出台《太原市大中小学校落实意识形态责任制的实施意见》《落实意识形态责任制实施细则》，加强对课堂、讲坛、网络等意识形态载体监管，把教育系统建设成为坚持党的领导的坚强阵地。严肃查处“四风”问题，处置问题线索63件。开展领导干部违规入股企业问题专项清理，对400余名市管干部违规兼职问题进行全面排查整改。（姜倩倩）

基础教育

【学前教育】2020年，太原市有幼儿园728所（其中民办园283所），学前三年毛入园率95.91%，普惠园覆盖率达到90%，公办在园幼儿占比达到63%。新（改扩）建幼儿园27所，按照“准入一批、整改一批、取缔一批、建设一批”的原则，对400余所无证幼儿园全面治理，无证园基本清零。按照城镇小区配套园“依标配建、建成移交、规范使用”三大要求，对105所小区配建园进行全面治理，其中32所办成公办园，73所由教育部门委托办成普惠性民办园，治理完成率100%。认定普惠性民办幼儿园66所，新增普惠学位11553个，认定普惠性民办幼儿园260所，普惠性民办园就读幼儿达38468人。（姜倩倩）

2020年，太原第十三中学开展疫情防控培训（市教育局供图）

【义务教育】2020年，太原市教育局建设改造乡镇寄宿制学校10所。实施“全面改薄”工程，投入9600万元，新建校舍1.90万平方米，配齐教学设施设备，改善办学条件。深化办学模式改革，市外国语学校与万柏林区人民政府正式签署合作办学协议，原万柏林区开城街学校改办为太原市外国语学校开城校区。太原市外国语学校和四十九中联盟合作办学。晋源区教育局与山西省实验小学教育集团签署教育发展战略合作协议，共同加快晋源区第十实验小学的建设。小店区教育局为区域内9所小学、3所初中学校进行集团化学校挂牌。尖草坪区教育局与太原市外国语学校达成战略合作，在太原市尖草坪区三给片区三给村城中村改造项目内，打造太原市外国语学校双语实验小学和太原市外国语学校双语幼儿园两所优质学校，完善三给片区教育配套。全市优质教育资源总量持续提高，整体教育教学质量显著提升。（姜倩倩）

【高中教育】2020年，太原市教育局加快新校建设，太原市外国语学校、太原市第二外国语新校区投入使用，新增优质学位7200个。太原市被确定为首批20个新课程新教材实施国家级示范区，太原五中和省实验中学被确定为示范校，印发《国家级示范区建设工作三年规划（2020—2023年）》，召开示范区建设推进会，做好新课程新教材实施工作。实施航天科技拔尖人才培养工程，与中北大学、中国航天国际交流中心共同搭建航空航天科普教育平台，进山中学学生参与研制的全国中小学科普卫星八一03星“太原号”成功发射，航天科技特色学校建设迈出实质性步伐。（姜倩倩）

【职业教育】2020年，太原市教育局全面贯彻《国家职业教育改革实施方案》，太原城市职业技术学院等4所高

2020 年太原市各类教育学生数统计表

表 19

指　标	学校（所）	招生（人）	在校生（人）	毕业生（人）
高等教育	52	196456	604416	149952
研究生		14742	36696	9715
普通高等学校	45	145206	482167	122541
成人高等学校	7	36508	85553	17696
中等职业教育	48	19852	58553	20288
中等技术学校	32	12992	38748	14112
成人中等专业学校	2	2495	9057	3086
职业高中学校	14	4365	10748	3090
普通高中	90	25912	75695	26032
普通初中	131	44868	130284	40539
普通小学	445	65392	340782	48213
幼儿园	776	45923	117716	41599
特殊教育	9	244	1289	236

职学校的 15 个专业、太原市财贸学校等 10 所中职学校的 21 个专业被教育部遴选为第三批“1+X”证书制度试点。太原城市职业技术学院信息化管理、太原市财政金融学校计算机应用、太原市卫生学校护理、阳曲县高级职业中学校智能家居等 4 个实训基地被确定为省级高水平实训基地建设项目，小店区第一高级职业中学校的高星级饭店运营与管理专业确定为省高水平重点专业建设项目。开展 2020 年太原市职业院校技能大赛，19 所职业院校的 45 名教师和 635 名学生参加 24 个专业项目的比赛；在全国职业院校技能大赛中获三等奖 4 个，在省职业院校技能大赛中获得一、二、三等奖 200 个。（姜倩倩）

学校选介

·太原市育星幼儿园·

【教育教学】2020 年，太原市育星幼儿园打造“体能循环游戏区”，将走、跑、跳、钻、爬、攀等各项体能融入物化环境中，把户外运动自主权还给幼儿。“星宝巷子”里，水幕墙、巧手泥吧、木工坊、俄罗斯方块、魔术水道、实物涂鸦，让孩子们找到野趣、回归自然。“星宝探秘岛”四季均可玩沙，“星宝书屋”随时爱上阅读。区角创设、节日主题、作品墙展示、一班一特色，随处可留下孩子们活动的痕迹，随时可记录幼儿成长故事。军爸学堂、星宝遇上建军节、航天小百科、区域小军营等组成的系列活动成为育星为幼儿打好精神底色的国防微课。科学小实验，形成“气球、水、空气、碘伏、柠檬、鸡蛋、纸、泡泡等材料实验”和“密度、水的张力、摩擦力、热胀冷缩、平衡力、静电、沉浮等原理实验”两大系列，绘本教学、安全主题、故事大王日，一班一课程。整合家长资源成为教工瑜伽、幼儿体能拳、少儿形体舞蹈等主教练，为“星家驿站”积蓄后援。园长加入所有班级家长群，线上“专业引领”线下“谈心谈话”，为高质量家园共育搭建桥梁。（姜倩倩）

【幼儿园安全管理】2020 年，太原市育星幼儿园建立“双控体系”，明确“风险排查”和“隐患清零”两级管理，坚持“一个班子、一支队伍、一抓到底”工作机制。发挥考核“指挥棒”作用，全园 82 个安全点位两月一轮换，定人定岗每日研判，周一例会倒逼一岗双责履职。倾斜围墙、裂缝楼体、超负荷电压等安全隐患相继彻底解决，户外操场、老化电线等设施设备全面维修升级。标准化食堂建设成为示范点，“枫桥经验工作室”聘请金牌调解成为试点园。三警护校、家园护校、一键报警、高清监控、应急演练信号系统全面启动。3 个微型消防站、66 个防毒面罩、83 个灭火器、165 个护眼灯、276 块安全提示标志全部到位。安全第一课、安全教育主题日、致家长的一封信、法制副校长、思政课外辅导员全方位发挥“备则无患”宣传教育作用。（姜倩倩）

·太原市育红幼儿园·

【局管校聘改革】2020 年，太原市育红幼儿园深化管理体制改革，激发干事创业的内生动力。采用钉钉群线上集体学习 1 次、分批错峰学习 2 次、长期病事假人员专人讲解 2 次的方式，保证人人知晓领会文件精神。先后制订 4 项问卷调查表，充分了解园情，为实施方案的制订奠定基础。召开 3 次园长办公会，形成实施方案初稿，再由教代会讨论修改定稿后审核备案。通过岗位设置、组织竞聘、以岗定聘、结果公示系列流程，最终聘任 54 名教职工。（姜倩倩）

【教学特色发展】2020 年，太原市育红幼儿园秉承“让经典润泽生命，让艺术陶冶心灵”的办园特色，凸显教师专业优势，个人艺术特色活动持续开展。如歌唱、趣味韵律游戏、打击乐、非洲鼓、线描、创意手工、青花瓷艺、创意色彩等，通过学期末特色汇报，每位教师自主研究意识专业化成长不断提高，艺术素养及专业优势发展方向更加明确。大班幼儿开展的美术社团活动，通过传统水墨画、趣味手工等表现形式，提升幼儿艺术审美力和表现力。师幼共创戏剧特色主题教育，最大限度为幼儿创造自主参与、自由表达、合作分享、完善人格等多种机会，新年戏剧汇演让全体师幼享受戏剧教育魅力。（姜倩倩）

【幼儿教学活动】 2020年，太原市育红幼儿园坚持逐月开展以文明用语、文明进餐、讲卫生、会服务等文明主题教育活动，结合每周升国旗主题晨会，制定并细化督查标准，以环境育人、专项活动等推进落实。每月末组织各班级互相观摩交流，实现全园幼儿常规养成水平整体提高。依据指南，综合测评分析幼儿平衡、灵敏、力量、耐力等体能素质，两次体能测查结果为评估幼儿体能发展、科学合理开展运动与健康活动提供参照依据。本着早监测、早发现、早干预原则，定期对全园幼儿进行视力检测，建立视力档案，经全面测查，发现31名幼儿视力异常，11名幼儿戴眼镜，建立专案。采取眼保健操、科学饮食、用眼卫生、增加户外运动等防控措施将保护视力、健康用眼融入幼儿一日生活当中。坚持定期体检和营养分析，建立特异体质幼儿健康专案21份、体弱儿健康专案12份、心理健康管理专案15份。（姜倩倩）

【家园共育成长】 2020年，太原市育红幼儿园利用公众号平台开展“空中课堂”线上教学活动，围绕园本课程“玩转软陶”“图形世界”“我和数字”等十个主题，开展“亲子小喇叭、小巧手、小运动”为版块的趣味活动指导。针对大班开展家长篇、习惯篇、认知篇、艺术篇、亲子活动分享五个版块幼小衔接趣味课程，帮助家长科学指导疫情期间幼儿的生活、游戏和学习。组织“疫”样六一，“艺”彩纷呈音乐剧云展演活动，发布空中课堂公众号232篇，阅读量数万人次。丰富家园共育形式，定期召开家长会、家委会、膳委会，让家长参与幼儿园管理、膳食及安全等重大决策，向家长宣传办园理念和办园优势。发布“班级微记录”公众号24篇，以达到家园一致，同心育幼的目标。开展“家园齐光盘”、使用公筷、公勺打卡、评选“文明进餐家庭”等活动，大手拉小手共同助力文明城市创建。（姜倩倩）

【师幼应急自救】 2020年，太原市育红幼儿园各班开展安全第一课和安全教育平台主题教育活动，组织安全培训3次，应急疏散演练3次，提高师幼的安全意识及自护能力。邀请公安专家到园进行实地安全培训和指导，深化警园联动、社园机制的同时，稳步推进校园及周边治理工作，落实重点部位来离园专人定点巡逻及监控全覆盖，全年无安全事故。（姜倩倩）

·太原市第三实验小学·

【教学研究】 2020年，太原市第三实验小学校抓教研促课改，促进教学高质量发展。举办35岁以下青年教师课堂教学大赛，初步显现“课堂结构清晰、目标明确、设计问题开放、具有思维训练意识”等共性的优点，“教为主线、问题零碎、课程思政不明显”等共性不足，成为之后教研活动的研究重点和研讨难点。（姜倩倩）

【师德师风建设】 2020年，太原市第三实验小学校和教师签订师德师风责任书、承诺书。承诺绝不私自给学生有偿补课，绝不到校外培训机构代课。承诺不接受学生家长礼金礼物，不对学生进行侮辱或体罚。在推进思政课改革和学科思政化建设中，指导教师首先自己立德修身，讲政治，有信仰，倡导教师在日常生活点滴中塑造人格，实现自身品德升华。要求教师对学生成长的阶段特征进行研究，对自己学科中的德育因素进行挖掘，注重学科思政渗透，每堂课在立德树人方面确立明确目标，推进各学科共同承担思政影响、价值引领的立德树人根本任务。（姜倩倩）

【特色课程】 2020年，太原市第三实验小学校举行全校经典诵读暨英语剧展示活动，采用各班学生依次进入展示厅登台诵读，展演英语剧。只设评委，不设观众。电教中心全程录像，供全校观摩分享。既起到比赛展示的作用，又避免人员聚集。校社团在恢复托管教学后也进入常态化教学组织状态，初步衔接疫情防控前后的技能教学，基本达到组织有序、教学有案、培养有方的良性状态。（姜倩倩）

【安全意识教育】 2020年，太原市第三实验小学校教导处组织全国中小学消防公开课、四年级消防安全知识讲座、消防安全主题班会等，定期进行全校消防疏散演练，基本做到有序、安静、安全、快速的标准。组织“防控近视—保护视力”专题班会，让学生意识到保护

2020年，太原市第三实验小学举行少先队入队仪式　（市教育局供图）

视力的重要性。高年级进行网络安全班会，教会学生自觉抵制不良内容。校医室、心理咨询室开展特殊体质筛查、心理测评等工作，完成新生疫苗接种查验和补种工作及结核接触史问卷调查，组织全校学生体检、进行心理健康测评，落实困难家庭学生资助政策，做到关注每位学生的健康成长。（姜倩倩）

【线上教学】2020年，太原市第三实验小学校制订《线上教学工作方案》。2月10日，正式开始四至六年级直播教学。班级钉钉群、年级群、学校群迅速建立，教师们自行从网上下载各种教学资源，以年级为单位开展线上教研活动。一至三年级采用网上布置学习任务单的方法组织学习。为检验线上教学成果，组织线上测试，并及时进行反馈。5月12日结束直播课。5月18日四至六年级学生返校复课，6月2日一至三年级学生返校复课，教研室及时部署教学衔接工作，对学生进行心理疏导，鼓励学生更好地投入到校园学习中。（姜倩倩）

·太原市第五实验小学·

【局管校聘改革】2020年，太原市第五实验小学校部署并完成局管校聘工作。根据学校实际，制订局管校聘管理改革工作实施方案，精准设置74个岗位，激发教师队伍活力。（姜倩倩）

【课程改革】2020年，太原市第五实验小学校坚持科研强校战略，率先在全市开展"项目化学习"课题研究和"基于小学生自主设计公益活动的行为研究"课题研究。推进学校思政课改革，在学科教学中渗透思政元素研究方面进行努力探索。（姜倩倩）

【主题教育活动】2020年，太原市第五实验小学校利用每周一升旗仪式开展"践行社会主义核心价值观"、纪念"九一八"、纪念"五一二"、庆祝"教师节"、纪念"抗美援朝"主题教育活动。利用每班教室外墙宣传阵地开展"践行核心价值观""讲文明树新风""喜迎国庆""爱眼护眼""创城"等主题墙报展。邀请第一届老校长、老红军为孩子们做讲座。评选美德少年，树立青少年同伴榜样。围绕"少先队，行为规范月""童心爱音乐""劳动技能月""节能环保月"四个篇章开展"光荣的少先队"主题队会。长期开展"三爱三节"主题教育和廉洁教育，开展以学校学科大方向为主题的大型活动和丰富多样的少先队活动。通过各种活动开展，切实把"记住要求、心有榜样、从小做起、接受帮助"十六字要求落到实处，坚定学生做共产主义接班人的决心，使他们受到生动的爱国主义教育。（姜倩倩）

2020年，太原市实验小学举行升旗仪式（市教育局供图）

【教育课题研究】2020年，太原市第五实验小学校作为市教育科研基地校，开展以学生发展核心素养为基础的"五味"体验教育构建与实践研究，探索"五味"体验教育实施途径，构建具有本校特色的"五味"体验教育整体框架，促进小学生核心素养形成与发展。教师人人参与课题研究，着眼于研究学生、研究教学内容、研究学校发展的远景和文化的创生，专业素养得到提升。（姜倩倩）

【传统文化进课堂】2020年，太原市第五实验小学校开展"晨诵—早读—午写（午读）—暮讲"活动和图书漂流、教师会前读书分享活动，开展第23届推普周活动，通过演讲、讲故事、书法比赛等活动，让学生感受汉字文化和汉语的魅力，坚定师生文化自信。（姜倩倩）

【体卫艺教学】2020年，太原市第五实验小学校全面落实《国家学生体质健康标准》，确保学生每天一小时体育活动时间，开展"两球一棋一乐器"活动，组织全校34支球队、340多名运动员参加第七届"校长杯"校园足球联赛。抓好校园足球队和软垒队日程训练工作，成功申报软式棒垒球传统项目学校。开设以"劳动教育，促学生发展"为主题的40多门生命体验社团课程，引导学生树立"劳动最光荣、劳动最崇高、劳动最伟大、劳动最美丽"的劳动审美观，做到五育并举、全面发展。落实晨午检制度和请假报备制度，开展每年一次的学生体检工作和每学期一次的学生视力普查，做好春秋季传染病防控、艾滋病防控、禁烟等宣传工作，开展心理健康教育和辅导，保障学生身心健康。（姜倩倩）

【平安校园建设】2020年，太原市第五实验小学校开展"三零"创建工作，开展"深刻吸取教训，全面提升安全生产工作水平"集中教育整顿暨专项整治，对校园进行全方位摸排，发现问题及时整改。推进“三防”建设，消防安全培训和演练常态化。落实“三项任务、四项内容”，成立“枫桥经验工作室”且制度上墙，编制完成“一人一清单”，食堂管理规范化，完成“互联网＋明厨亮灶”等工作。全年安全投入14.29万元。（姜倩倩）

·太原市外国语学校·

【教育教学管理】2020年，太原市外国语学校严格落实课程标准，严格执行教学计划，形成系统教、学节奏，完善讲、记、练、测、改五个环节，形成教学闭环系统。实现对优生培养的评价和考核，建立年级组和备课组教学质量积分考核制度，用制度方式促使教师从听课中获得成长和提高。（姜倩倩）

【集团化办学模式】2020年，太原市外国语学校新设摄乐校区和开城校区两个新校区，四个校区以太外为根，移植和传承太外精髓。在课程设置与开发、教学研究与创新、学生发展与评价、师资培训与拓展、校园文化等方面实现资源共享。学校深化精细化管理，加大联考分析与评价，加大奖励力度，在师资配备和培养上由集团统一管理，科学分配，使得教师队伍梯队更加合理，学校教育教学水平高质量发展，推动学校转型发展持续发力。（姜倩倩）

【教师队伍建设】2020年，太原市外国语学校学习兄弟学校的成功经验，先后去榆次二中、万柏林实验中学、吕梁廷亮中学等学校交流取经。全校500余名教师听课共计34854节，平均每人每周10.67节，超节数2256人次。同课异构课201节，3259人次参与。举办17次特色讲座，450人次参与，邀请湖北周璐老师进行《高效课堂模式的构建与〈导学案〉使用策略》讲座，25位老师作为中研班活动主讲人参与到市教科研中心组织的活动中，496人次教师参加进行对外讲座27次，主讲教师33人，345人次参与，教育教学水平不断提升。

结合局管校聘工作，组织335名教职工进行竞聘上岗，对全校专业技术人员核岗324人，调整岗位136个，在教师、职工中形成能上能下、能进能出、优胜劣汰的用人机制，调动学校教师工作积极性，推动学校人事制度转变，激发学校内部活力，提高工作效率。

（姜倩倩）

【育人机制建设】2020年，太原市外国语学校发挥家长委员会沟通、服务、参与、管理作用，加强对抖音平台的运营，利用抖音进行摄乐校区建设、开城校区签约等学校重大事项，提升校区建设水平。与专业公司合作运营大鱼号、百家号等融媒体平台，推送“教师雨中背学生入校”等正能量，提升学校公众形象。利用微信公众号、美篇、抖音等平台传播能量，向家长、社会发布校园文化、校园活动等信息。与中国关心下一代工作委员会心理专家团队合作，对班主任和家长开展家庭教育专题培训，并对培训合格人员颁发家庭教育初级咨询师证书，活动受到老师和家长的欢迎。

（姜倩倩）

【学生综合素质培养】2020年，太原市外国语学校营造良好环境，努力打造品牌，带动学生综合素质提高。充分营造文化氛围，传承传统文化，举办以“展文化荟萃交融画卷，书中外友好交流篇章”为主题的第二十三届校园文化艺术节系列活动。进行主题为“整洁单车，洁净出行”的社会实践活动，开展“三晋百校 公益捐书”系列活动，共捐书769册。规范心理咨询，做好全校师生心理危机干预工作，针对问题学生实际情况划分等级，并制定相应的学生心理危机监护分级预警制度，心理咨询室全年接待师生194余人次，提供心理咨询服务。与韩国全罗南道全南外国语高中结成友好交流姊妹校，开展线上交流活动4次，深化两校间友谊。

（姜倩倩）

·太原五中·

【教学业绩】2020年，太原市第五中学校中高考再创佳绩，高考理科一本达线率94.90%，文科一本达线率79.50%。中考600分以上34人，达五中统招线162人，占报考总人数34%。（姜倩倩）

【教研模式创新】2020年，太原市第五中学校规范课堂教学各个环节，科学调整课时量和课容量关系，合理调节课时练难度与数量关系，精选复习资料，结合自编学案，科学布置学习任务。突破教研常规模式，教研总结以美篇形式呈现并发布。课题研究和教研活动相结合，开设学科公众号，组编教研月刊，提升教研水平。师徒结对，完成教学片断评析微课。毕业班工作精细化管理，确立“五抓五到位”的高三工作机制，任务到人。线上线下教学相结合，有计划、有考核、有落实。合理调整初三年级晚自习和体育锻炼时间。有序组织各类考试，及时进行分析定位。（姜倩倩）

【教学改革创新】2020年，太原市第五中学校完成《太原五中新课程新教材实施国家级示范校三年规划》和《太原五中新课程新教材实施国家级示范校2020年工作方案》，组编《太原五中新课程新教材实施国家级示范校教师培训手册》。组织各科教师参加国家新课程培训，研读国家课程改革文件，研讨高一年级课时设置、练考模式等细节问题。邀请新课程改革专家到校开展指导讲座，并定期开展新课程改革研讨会，鼓励教师开展课堂教学改革探究，组织教学公开展示十余次，其中大型课堂教学展示三次。

为适应国家“强基计划”，满足拔尖人才成长需要，增设强基课程，调整部分奥赛课程，并从学生选拔入手，保证课程开设质量。为促进学生全面、个性化发展，开设学科类、活动类两大类选修课程，并进行选课走班尝试。学科类选修课程涵盖高一全部文化课，基于学生兴趣和学科拓展开设。活动类选修课程，侧重体验、实践，覆盖艺术鉴赏类课程、乐器演奏、体育运动类、阅读、实验探究、生涯规划、模联学生社团等课程。（姜倩倩）

【思政课程教育】2020年，太原市第五中学校参与深化“担复兴大任、做时代新人”主题活动，在“时代新人”思政课集体备课优秀教学设计征集评选活动中，推出4位教师的思政教学设计，组织“在最好的学校，听最美的思政课”观摩课活动，将“爱我家乡、爱我文化、爱我祖国”的思政元素融入教学设计，推动思政课程与课程思政协同育人。（姜倩倩）

【爱国主义教育】2020年，太原市第五中学校以国旗下讲话、演讲比赛、读书活动、征文比赛、制作电子小报等多种形式，开展纪念活动，组织新团员入团仪式，牢记青春誓词。组织开展“学雷锋”活动、致敬战“疫”英雄主题活动，组织观看新编革命现代晋剧《高君宇与石评梅》，追寻英雄足迹，传承英雄精神。邀请杰出校友回访母校做报告，引导学生树立坚韧不拔、勇攀高峰的精神，强化学生青春使命感、社会责任感。（姜倩倩）

【多校区管理】2020年，太原市第五中学校管理制度实现全维覆盖，从学校制度设计、管理队伍建设、年级组管理、学科教学组织等方面重新设计、科学规划、民主协商，基本实现两个校区之间教学管理、教学流程、质量考核的统一。优势互补，提升核心竞争力，依托不同的地理位置、教学设施等，因地制宜，发挥各自特长，提升学校竞争力。各校区师资配置结构合理、梯度完整，学校教育教学质量稳步提升。利用信息化手段，微信、钉钉平台，抖音、B站等自媒体，实现教学资源共享、交流和利用。通过智学网平台，实现组卷、配套练习、网上批阅、多校区交叉阅卷等综合功能，整合教学资源，实现教学资源的优化配置、共享和使用。（姜倩倩）

【线上线下教学】2020年，太原市第五中学校停课不停学，学校及时做好网上授课的前期准备及安排，依托钉钉App平台“群直播”开展线上教学、答疑、作业落实，利用智学网教育云平台，进行周练、阶段检测、学生成绩数据分析等，掌握学情，落实教学目标。对线上教学进行管理和监督，并针对网络授课情况面向师生、家长进行问卷调查，广泛征求意见，及时调整线上教学安排，保证线上教学质量。各学科组开发太原五中校本课程之战“疫”系列，赢得学生喜爱、家长认可、社会赞誉，并在学习报《教育周刊》专题出版发行。16名教师参与《太原名师空中课堂》录制，提供优质课教育资源，承担五中社会责任。组织各学科教师参与“教研网”线上新课程新教材培训，线上线下相结合，提升教研质量。（姜倩倩）

中等教育

·太原市交通学校·

【思政教育】2020年，太原市交通学校坚持以培育和弘扬社会主义核心价值观为目标，以提高学生综合职业能力和素养为宗旨，利用重大节庆日开展爱国主义、集体主义思想教育，组织开展系列主题活动，将立德树人贯穿于教育教学中。

推进“时代新人”思政课建设，将增强爱国情感、弘扬民族精神作为教育着眼点，把学校思想政治工作落到实处。利用大课间时间，开展15场思政讲座。学校领导带头抓思政，为住校学生做专题讲座，勉励学生们珍惜时光、认真学习、坚持梦想、人人出彩。通过开展道德讲堂活动，规范学生行为，达到立行固本的目的。

德育“六化”以养成教育精细化为重点，规范学生管理。开展行为习惯养成月活动，加强入学制度教育。开展强化纪律教育月活动，全方位规范学生在校行为。在校园和食堂增设阳光大使团文明岗，开展光盘行动、垃圾分类教育等行为引导。评选出学校美德少年，以身边榜样引导学生向善。重奖学生中的“交校工匠”，引导和鼓励更多学生勤学苦练，争做匠人，成就自我。

创新德育载体，开展丰富多彩的活动。组织“康轩杯”第六届硬笔书法比赛，规范学生汉字书写，让学生在灵动笔划中体会书写汉字带来的快乐。开展“庆祝中华人民共和国成立71周年”和“迎中秋”手抄报展评活动，通过比赛，共抒爱国情怀，弘扬传统文化。组织“双百工程”之晋剧进校园专场活动，师生观看艺术家精湛表演，感受国粹的博大精深。（姜倩倩）

【教学教研改革】2020年，太原市交通学校完成省级示范校验收准备工作，与北京电子工业出版社合作，将省外专家引入学校、先进经验引入专业内涵建设，指导总结学校建设成果，形成1本正式出版教材和8本校本教材，建成数控专业、增材制造专业及机器人应用专业数字资源库。

开展“1+X”证书制度试点工作。对教育部第三批“1+X”证书制度试点项目进行申报，汽修专业智能网联汽车运营与维护、智能网联汽车装调与测试、计算机专业数字创意建模及数控专业数控车铣加工4个试点项目申报成功，在2019年申报成功的汽车维修项目基础上，有5个“1+X”证书制度试点项目。开展试点项目建设及考核工作，派出4位老师参加线下培训，并作为种子教师对本专业的试点建设工作提供建议、参与课程改革等。汽车维修试点课程融入日常教学中，开展专项实训教学。汽修专业共81名学生参加考核。与试点培训机构华中数控公司联系，确定此项目为山西省核心培训管理站点，并召开首次技术说明会，对全省该项目试点学校管理人员及核心教师进行培训，推动学校“1+X”项目试点工作开展。

开展专业建设调研，组织数控、汽修教研组赴武汉、广州、合肥等地的知名学校及相关企业调研，拓宽教师视野。组织计算机、美术教研组30余人次赴省内先进学校调研，明确两个专业的转型方向。（姜倩倩）

【承办参加技能大赛】2020年，由市教育局主办，太原市交通学校承办市技能大赛数控车、汽车二级维护及汽车机电维修3个赛项，共有4个学校76名选手参赛。组队参加市技能大赛8个项目的竞赛，获奖项42个。在省中职院校技能大赛中，41名师生分别参加15个项目竞赛，获一等奖2个、二等奖9个、三等奖13个。组织4名教师参加市“升华杯”教师课堂教学能力大赛。组织50名学生参加市第六届“伯乐杯”人文素养及创新思维知识竞赛，获英语学科二等奖。通过赛场练兵，锤炼技能技巧，展示教育教学改革成果。

（姜倩倩）

【实习就业管理】2020年，太原市交通学校加强实习就业管理，健全实习报备制度，为所有实习生购买实习责任保险，开展岗前培训、安全教育主题讲座，派专职实习指导教师对学生实习进行跟踪管理，与实习学生、用人单位签订《学生顶岗实习协议》，明确三方责任、权利和义务，维护三方合法权益，形成全员管理、全程管理、全方位管理的实习管理机制。（姜倩倩）

·太原市财政金融学校·

【概况】太原市财政金融学校创建于1955年，是一所具有60多年办学历史，特色鲜明的国家级重点中专学校。学校地处太原市杏花岭区羊市街19号和9号，一校两址。2020年，学校占地面积55亩。在校生1100余人，教职工197人，其中省、市学科带头人和教学能手80余人，双师型教师占专业教师的87%。学校开设有7大类12个专业：金融事务、会计事务、电子商务、计算机应用、艺术设计与制作、计算机网络技术、数字媒体技术应用、中餐烹饪、西餐烹饪、美发与形象设计、美容美体艺术、航空服务等。（姜倩倩）

【教育教学】2020年，太原市财政金融学校坚持从细节入手、从基础抓起、从管理做起、从特色凸现原则，开展好“晨誓”“三德歌”等德育主题活动，做到仪容仪表、早读午读、纪律卫生、迟到早退天天抓，促进学生行为规范养成。以服务师生为宗旨，以就业创业为导向，以提高质量为核心，依托山西省中等职业学校示范校建设，围绕三个重点建设专业、一个特色项目，辐射学校其他专业，提升学校教育教学质量。

（姜倩倩）

【教学信息化建设】2020年，太原市财政金融学校完成信息化建设改造，实现网络全覆盖，开发核心课程及配套数字化教学资源12门，建设相关的资源共享平台3个，制定18个信息化建设与管理制度，推进学校信息化教学工作的开展。提升专业内涵建设，重新修订3个重点专业、11个非重点专业人才培养方案，修订课程标准90门，编写校本教材12门，建成以学生综合职业能力培养为核心，基于“岗位工作过程为导向的、突出地方特色”的课程体系。（姜倩倩）

【思政课改革】2020年，太原市财政金融学校发挥教学指导委员会指导监督作用，重点强调课程思政在特殊课堂形式中的落实，线上教学开展期间学科指导委员成员共听课指导720余节，评选出优秀网课教师45名。组织全校教师公开课暨“三重温、学四史”进课堂教学设计和优秀课例展示活动，45岁以上和45岁以下教师，采用不同教学形式分层次开展思政课展示活动。健全教师培训机制，全面提高教师开展思政课的教学水平，31名教师参加职业院校素质提高计划远程培训，18名教师参加全国中等职业学校公共基础课课标培训并在校内进行二级培训。立足探索课堂教学模式改革，组织用忠诚担当书写勇毅前行专题学习，全校150余名教师参加并作为思政课重要内容贯穿到教学中去。（姜倩倩）

【校园安全管理】2020年，太原市财政金融学校把安全问题作为学校管理工作头等大事，打造安全和谐校园。加强安全管理，落实安全责任，制定《各岗位安全工作职责及安全管理制度》，编写《安全口袋手册》，层层签订安全工作目标责任书210余份。及时检查，每月对东、西两校区的185具灭火器、62个消火栓等灭火设施进行细致检查，及时发现安全隐患40余处。按要求安装各类安全设施，完成智慧用电系统、应急疏散演练信号系统安装，西校区食堂按照要求加装燃气探头、消防用烟感等设备，更换防火门，基本消除安全隐患。常态化组织安全教育，全年下发各类宣传材料2700余册，坚持开展每月一次安全疏散及应急演练共计9次，组织消防、交通、食品、防震、防溺水等系列安全主题教育活动10余场，完成安全知识相关板报4期，制作手抄报100余份，并开设“安全知识问答”“平安校园行”“交通安全知识”“反恐法知识”等相关主题班会。（姜倩倩）

高等教育

·太原学院·

【专业学科建设】2020年，太原学院落实关于高校“三个调整优化”重大战

2020年，太原学院参加"中铁工业杯"第九届全国大学生机械创新设计大赛决赛　（太原学院供图）

略部署，推进学院治理体系和治理能力现代化，以服务山西、太原转型发展为目标，明确学院发展定位和特色，使学院更好更快发展，通过广泛征求意见和综合研判，明确学院的办学定位、办学思想，即建设"以工为主，城市特色鲜明的地方应用型本科院校"。对教学系和科研单位进行压缩重组，调整后的党政管理机构21个，教学业务机构18个，教辅机构4个，科研机构1个，精简压缩4个教学系、2个科研单位。新增书法学、市场营销、舞蹈编导、新能源材料与器件等4个本科专业。使学院本科专业达到37个，其中全年招生专业36个。根据省教育厅关于开展普通本科专业设置工作要求，申报的新能源材料与器件专业开始招生。对现有相关专业修订人才培养方案，增设新能源方面课程。加大对新能源方面专业人才引进力度，加强对新能源专业发展需要的实训室、教学设备等教学资源的建设，满足新能源专业发展需要，培养更多服务地方经济发展需要的新能源方面人才。（杜　杰）

【学士学位评审与学员招生】2020年，太原学院物联网工程、园林、会展经济与管理、投资学4个学士学位授权专业顺利通过省学位办组织的授权审核，获得学士学位授予权。全年录取学生4893名。其中，本科生录取3300人，专升本410人，计划完成率100%。专科生录取1183人，计划完成率98.58%。（杜　杰）

【思政专题实践】2020年，太原学院以思政部、学生处、院团委、各系部等核心部门为主的党员教师，发挥专业和职业特长担任实践导师，指导学生开展思政专题实践等第二课堂活动。建立彭真生平暨中共太原支部旧址纪念馆、解放太原支前纪念馆等思政教育实践基地，思政课教师深入学生社团指导活动开展，带领学生前往爱国主义教育基地开展实践活动，加强爱国主义教育。组织在校大学生党员、预备党员、发展对象、入党积极分子深入静乐县定点扶贫村，走村入户开展社会调查，让学生了解民生疾苦，把个人成长融入脱贫攻坚伟大实践，培养学生关心社会、奉献社会的责任担当。（杜　杰）

【创新创业教育】2020年，太原学院理顺和完善创新创业组织体系，加大创新创业教育力度，建构从课程、培训到大赛链条式教育模式。指定专门教师对学生参加技能大赛进行指导，给予经费支持，学生专业素养和职业技能逐步提升，育人工作取得良好效果。在第九届全国大学生机械创新设计大赛决赛中，学院机电与车辆工程系学生设计制作的参赛作品"智能助老如厕代步装置"获全国一等奖。（杜　杰）

【学生就业指导】2020年，太原学院召开招生就业工作分析研判会，强化顶层设计，提出"231"工作思路：两项改革举措，即推进人才培养供给侧结构性改革，学科专业建设实行非均衡发展。创新人才培养模式，与企业实现合作共赢。三项具体做法，即加强团学工作，强化学生技能训练，提升学生的考研率。一项保障措施，即把每一个党政管理岗位都变成教育服务学生的窗口。从思政工作、学生个人、职业生涯规划、优化体制机制等方面，对就业工作作出具体要求和部署，学生就业率不断提高。2020届3956名毕业生通过各种形

2020年，太原学院举办毕业生双向选择洽谈会　（太原学院供图）

2020 年，太原学院参加第九届全国大学生机械创新设计大赛（太原学院供图）

式就业 1885 人，升学 924 人。（杜　杰）

【校园工程建设】 2020 年，太原学院适应学院发展和规模扩大，改善学生居住条件，学生公寓 1、2 号楼开工建设，学生公寓 7、8（含人防）、9 号楼启动招标有关事宜。其余二期工程建设项目按照市政府专题会议精神，协调相关部门完成用地调整，净用地达到评估指标要求 108.07 公顷。争取市财政投入 5 亿多元，补足教学科研建筑面积不足等短板指标。（杜　杰）

【数字化校园建设】 2020 年，太原学院实验实训设备采购值首次突破 1000 万元，教学仪器设备总值达到 7000 万元。建立虚拟化“云资源”平台，开通 VPN 系统，为数字化校园奠定良好基础。全年申报 173 项课题，其中国家级项目申报 51 项，省级及各类项目合计 122 项。（杜　杰）

·太原城市职业技术学院·

【优质校培育建设】 2020 年，太原城市职业技术学院围绕创建山西省优质高职院校的目标任务，强化推进优质校建设的紧迫感、责任感，围绕建设目标，根据项目建设计划及进度安排，把握优质校建设内涵与标准，全面推进相关项目建设工作，结合工作实际，修订、印发《科技成果转化管理办法》等 28 个制度性文件，明确各项工作管理流程，推进管理工作科学性、规范化，确保新冠疫情防控期间的项目建设工作进度，使学院在校园文化、内部治理体系、教科研团队、专业集群、办学条件、社会服务等方面的工作有章可循。根据《山西省高等学校所属企业体制改革工作方案》要求，推进所属企业体制改革工作。严格预算管理，制订《关于严肃财经纪律、进一步加强财务管理的实施方案》等，完善分级授权、分岗设权、分事行权的内控管理制度。印发《关于调整学术委员会成员的通知》，并召开成立大会。深化内部管理改革，强化制度管理，构建符合现代职业教育体系，科学规范、富有成效、充满活力的管理体制。（田　宁）

【学院办学特色】 2020 年，太原城市职业技术学院以学生为中心，以制度规范促进教师教学改革与能力提升。针对高职学生知识型学习能力偏弱现象及其不良习惯，突出师德师风在立德树人过程中的重要地位和作用，建立完善课堂教学规范管理机制。为保证疫情期间教学工作正常进行，推动“互联网+”课堂教学，加强信息化优质课堂教学资源建设与共享与信息化教学环境改造。专升本率再创新高，共有 427 人参加年度专升本考试，223 人各系学子通过努力，进入本科院校继续深造。人才培养质量显著提升，受到用人单位赞誉，满意率超 90%，学生实践能力和创新能力明显提升，省级技能竞赛参与师生人数及赛项数再创新高，共有 40 名教师、95 名学生报名参与 20 个赛项的比赛，获一等奖 3 项、二等奖 4 项、三等奖 9 项。作为第一批高本贯通试点院校，建筑工程技术专业开始招生，提升学院办学层次新进展。学院上榜全国高校 GDI 智库高职高专排行榜，位列山西省高职院校 13 名。（田　宁）

【育人平台建设】 2020 年，太原城市职业技术学院以增强服务区域经济社会发展能力为出发点，通过深化校企合作机制，打造一流专业群带动整体办学水平。主动对接省内装备制造、轨道交通及现代服务业发展，针对山西省装备制造业发展规划、太原市大力提升产业基础能力和产业链现代化水平打造新能源汽车、轨道交通等产业集群，为产业发展提供硬支撑，重点建设城市轨道交通、现代建筑、现代服务及现代装备制造四大专业群，引领带动专业整体水平全面提升。依托优势资源，申报建设工业机器人、云计算、建筑动画与模型制作等新兴专业，加快传统专业改造，按照新要求和专业认证标准优化其余 28 个专业培养方案，完成山西省现代学徒制试点年度检查和验收工作。按照教育部“1+X”证书要求修订人才培养计划，进行课证融通，将有关证书技能融入课程，建立质量评价新标准。已有 3 批共 15 个证书制度试点项目，从产教融合、团队培训、课证融通、书证融通、社会服务等方面进行探索与实践，将“1+X”证书制度试点与专业建设、课程建设、教师队伍建设等紧密结合。加强校企合作课程建设，构建应用型课程体系，全面优化校企合作育人模式，为应用型人才培养提供场景化的课程资源支持。优化课程体系，更新教学内容。组织相关专业教师进行课程建设，重点进行微课制作。校企合作开发教材，完成《工程量清单计价实务》等教材编写及核定工作。结合行业产业发展、技术进步、社会建设的现实要求和发展趋势，以社会需求和学生就业为导向，改革课程体系，优化人才培养方案。更新课程建设理念，加大应用型人才培养的课程资源建设。共享优质课程资源，完善各专业实训方案。推进 BIM综合虚拟仿真实训实习平台建设，投资45万元启动建设建筑动画与模型实训室。（田　宁）

【产教融合发展】2020年，太原城市职业技术学院深化产教融合，创新校企协同育人模式。加强专业课程资源、实训基地和双师结构教学团队建设，初步形成各专业培养特色，切实保证专业人才培养质量。落实“学生中心”理念，组织实施高水平重点专业和高水平实训基地建设项目申报工作，创新产教融合人才培养模式，实现各专业校企联合培养模式全覆盖，建立协调、灵活、高效的校企联合培养运行保障机制。通过校企联合，打造名校大企融合发展的新型发展平台。与国际著名品牌机器人安川合资的杭州凯尔达机器人科技股份有限公司授权服务商——山西悦道智能科技有限公司签署校企合作协议，共同建设工业机器人专业。与科大讯飞公司开展人工智能技术和行业发展合作，共同打造AI专业集群，培养社会急需的AI人才。共建蓝泰物业双元制订单班，形成校企共同教授专业课程的培育模式。与山西省住建厅、太原市工信局、太原轨道公司等部门开展深入合作，搭建BIM和PHM创新应用中心等一批共享型实践创新平台。与太原市轨道交通有限公司、同济大学合建BIM技术创新应用中心，共同参与太原轨道交通BIM系列企业标准、竣工交付平台及运营管理平台、山西省城市轨道交通信息模型系列地方标准编制等工作，提升教师对先进行业知识的掌握，提高教师的职业技能和承担科研课题的能力。与同济大学、太原轨道交通有限公司编写完成山西省住建厅《城市轨道交通建筑信息模型全生命期应用标准》等四部地方标准，并通过终审。太原轨道公司订单培养学子全部上岗，服务于城市轨道2号线。与太原城市工程建设有限公司、太原城市建设工程检测有限公司、香港鑫和投资有限集团有限公司、太原神剑建设监理有限公司、中国铝业山西分公司、太原都市时空装饰工程有限公司建立校企合作关系。管理工程系物业管理专业与3家行业内领军企业建立校企合作关系，与山西蓝泰物业集团、山西安逸物业、华润物业太原分公司开展深度的校企合作，实施由企业冠名的订单式人才培养、校外专家参与教学，师资共享，校内外实训基地共建共享。新增科研项目35项，发明专利授权量16个，转化科技成果1项，技术合同成交额2.50万元。（田　宁）

2020年，太原城市职业技术学院举行名师工作室开班仪式

（太原城市职业技术学院供图）

【人才引进与队伍建设】2020年，太原城市职业技术学院构建完善的人才工作领导体制和工作体系，针对市人才办划拨1000万元专项用于学院人才引进及培养工作，制定《人才引进基金使用与管理办法》，分别用于人才引进、人才培养、教学科研成果及人才发展平台建设，加大科研启动经费和人才培养经费支持力度，为人才在新环境中能够迅速投入教学科研工作提供有力保障。通过太原市人才引进项目，新招聘教师4名，并充实到学院重点岗位。在师风建设方面，出台《关于学术不端行为认定和处理规定》，从制度上监督教师学术研究活动。举办专场师德师风培训，通过在线学习的方式，组织教师进行师德师风学习，促进广大教师模范遵守职业行为准则规范。组织32名青年教师学习共三期30课时的教学能力大赛实战课程培训。在“双师型”教师队伍建设方面，探索“教产岗位互通、专兼教师互聘”的“双师型”教师培养模式。引进企业能工巧匠担任兼职教师，将专业技能与理论教学进行融通，建立一支校企互通、专兼结合的高水平“双师型”教学团队。（田　宁）

【招生就业】2020年，太原城市职业技术学院招生数量、生源质量和专升本升学率均显著提升，毕业生实现早就业、就好业，呈现出入口旺、出口畅的良好态势。全日制学生投档录取2301人，报到2130人，报到率为93%，高

2020 年，太原城市职业技术学院足球队获山西省大学生足球赛（高职组）亚军
（太原城市职业技术学院供图）

职扩招两批录取 507 人，报到 476 人，全年共招生 2606 人。制订《2020 年困难毕业生就业帮扶工作实施方案》。精确摸查，建立困难毕业生档案，发放扶助联系卡，做到一生一策、一生一档、一生一卡。与华民慈善基金会联系，申请与华民慈善基金会援助高校学生个性化就业咨询项目，为困难毕业生申请 40 个名额，提供但不限于就业形势分析、求职规划设计、面试指导、实习就业推荐等全程指导扶助。与百强就业平台联合推出“百日冲刺”网络招聘活动，全天候为毕业生提供就业岗位 1427 个。为 385 名家庭贫困毕业生发放 1000 元/人的求职补贴。与迅达电梯有限公司、蒙牛乳业（太原）有限公司等企业取得联系，为毕业生提供工作岗位。应届毕业生 1760 人，就业率为 79.26%。设计开发创新创业财务通识课等创业课程，优化完善通识教育、创新创业教育、专业教育三模块的课程体系，面向全院举办第二届“互联网 +”大学生创新创业大赛。（田　宁）

【奖助学金发放】 2020 年，太原城市职业技术学院春季学期评定和发放国家助学金 1264 名，金额 206.33 万元。秋季学期评定国家奖学金 6 名，金额 4.80 万元，国家励志奖学金 161 名，金额 80.50 万元，国家助学金 1182 名，金额 195.45 万元，全年发放国家奖助学金 487.08 万元。评定学院奖学金 280 人，发放奖金 69.60 万元。专项奖学金含集体奖和个人奖共计 39 项，发放奖金 11.51 万元。特困生 21 人，发放助学金 8.40 万元。为勤工助学岗位学子发放补助 7 万余元。认定贫困生共计 2696 人。做好大学生国家生源地助学贷款的申请工作。协助办理生源地助学贷款 1278 名，贷款金额 627.14 万元。（田　宁）

·太原旅游职业学院·

【学院专业建设】 2020 年，太原旅游职业学院推进旅游管理、酒店管理、旅游外语、旅游交通和旅游商贸五大专业建设。酒店管理专业高本贯通班成立并招生开班。成功申报表演艺术、研学旅行管理与服务两个新专业。成功获批教育部“1+X”职业技能等级证书试点院校及考核站点 5 个，组织举办“1+X”全国空中乘务职业技能等级考试、旅游类首个研学旅行策划与管理等 6 项职业技能等级证书考试，同北京社会管理学院共同开发婚庆专业“1+X”证书标准。全国高等职业教育旅游大类在线开放课程联盟与景区专业教学资源库建设与应用课程《华夏面食传承与创新》等课程建成并投入使用，对资源库中 38 门课程开展校际互选、学分互认工作，1 门课程申报省级在线精品课程。学院承办太原市导游大赛、山西省第二届导游大赛，举办职业院校技能大赛山西省第十四届职业院校导游、电子商务技能大赛。（李晓阳）

【招生就业】 2020 年，太原旅游职业学院完善招生信息发布平台，与 40 所中职学校签订“3+2”协议，超过历年合作规模。招生 2311 人，办学规模稳步增大。全年应届毕业生 1596 名，涉及 21 个专业，毕业生初次就业率 72.56%，年终就业率 84.15%。（李晓阳）

【教育教学管理】 2020 年，太原旅游职业学院制定并审核全院 27 个专业、540 门课程的课程标准，修改完善 2020 级人才培养方案，探索“2.5+0.5”学制改革。改进线上教学方法，线上教学与线下教学、实践教学相结合，校内在线开课 382 门，在线学习 440232 人次。开设 50 多门以职教云为平台的在线课程。完成高职评估数据的收集、整理、上报工作。（李晓阳）

【实训实习】 2020 年，太原旅游职业学院实习人数 2099 人，其中一年期实习 1332 人，半年期实习 767 人；大专实习生 1995 人，中专实习生 104 人。（李晓阳）

【教学环境建设】 2020 年，太原旅游职业学院为师生办的十件实事逐一落实，增添师生生活、学习的获得感和幸福感。基础设施建设逐步改善，教学环境逐步优化。4.50 万平方米新建项目稳步推进，主体工程全部封顶，旅游管理智慧教学中心、智慧物流平台等教学实验室和实训室提档升级，教学诊改平台、教务管理平台等教育教学软件平台建设和数据中心建设逐步推进。投入 60

2020 年 6 月 23 日，太原旅游职业学院与贝壳网举行校企合作签约仪式

（太原旅游职业学院供图）

余万元完成心理咨询中心改建，全省首个文旅融合的红色文化传承实践教育基地落成。完成“根”影壁、古井亭、历史名人雕像等修缮工程。维修行政楼、图书楼、食堂等消防系统。为满足疫情防控需要，引进疫情期间体育馆应急服务。初步完成省级园林单位申报工作，接受评审专家的首轮测评。（李晓阳）

【校企合作】2020 年，太原旅游职业学院与中国煤炭博物馆的合作入选全国旅游职业教育校企深度合作项目。与全国最大的房产交易平台贝壳网签约建立长期、紧密合作关系。和蓝泰集团有限公司合作，成立校企合作金钥匙蓝泰冠名班。与太原神聚公司共建校外双创基地。新增五台山易安客栈等 3 家民宿类实习单位。大数据技术应用专业与泰迪智能科技有限公司联合创办“泰迪·太原旅游学院”智能工作室，开始第一阶段的线上学习。金通旅游交通分院团队参加中国高等教育学会博览会校企合作、双百计划路演和答辩。承办由中国高等教育学会职业技术教育分会指导、全国高等职业教育在线开放课程联盟主办的全国高等职业教育旅游大类在线开放课程联盟师资培训班暨景区专业国家教学资源库建设与应用研讨会。（李晓阳）

【对外交流】2020 年，太原旅游职业学院与全国首家慈善职校——太原慈善职业技术学校签订教育合作协议。与国内一流旅游院校——浙江旅游学院继续对标，促进提升。承办首个由山西省高校侨联参与组织的“亲情中华·为你讲故事”网上夏令营山西太原营。参加教育部首期中外人文交流区域主题研修班。召开“云游山西·汉语课堂”教育项目暨对外汉语教材编写论证会，推进文本编写工作和视频录制工作。新聘德国籍英德双语教师 1 人，分别在应用外语系、旅游管理系以及酒店管理系开展语言教学工作。新增 1 个海外实习就业基地。（李晓阳）

【社会服务】2020 年，太原旅游职业学院参与山西省首批 AAA 乡村旅游示范村评审、乡村旅游扶贫示范村规划评审、省级会展业发展专项奖补资金评审，为“飞虹塔”杯山西省第二届金牌导游大赛考评服务，成功承办山西省第十四届职业院校技能大赛电子商务赛项教师组和学生组的比赛，协助太原市总工会承办太原市百万职工聚焦“六新”助力转型职业技能竞赛物流服务师比赛，为太原物流技能服务培训基地建设提供技术支持。为山西省体育彩票管理中心 1000 名参训人员举办 13 期职工素养提升培训，为晋源区文旅局培训政务导游 40 名，培训后完成全国农业考察会议任务，为山西省住房公积金中心 60 人进行窗口服务能力素养提升培训，为太原市财政局预算中心举办文明礼仪讲座，参训人员 100 人，承担晋源区 460 人次全面技能提升培训中的会计技能培训。（李晓阳）

·太原开放大学·

【概况】2020 年 12 月 23 日，太原广播电视大学正式更名为太原开放大学，加挂太原老年开放大学牌子。由太原市人民政府主办，市教育行政部门主管，

2020 年 6 月 12 日，太原开放大学与市政府警卫连签订双拥共建协议和官兵学历提升项目协议

（太原开放大学供图）

2020年7月30日，太原开放大学老年学院在巨轮街道小北关社区讲授“老年人玩转智能手机课” （太原开放大学供图）

业务上受国家开放大学和山西开放大学指导，是一所承担中专、大专、成人本科、研究生学历教育，非学历教育培训与社区教育工作的现代远程教育高等学校。全院有教职工111人，其中教师77人，硕士研究生学历及以上58人，占75%。副高级职称24人，中级职称19人。专职教师15人，兼职（双肩挑）教师62人。 （荆 伊）

【学历教育】 2020年，太原开放大学新增2个教学点，共有教学点12个（校本部、小店区、杏花岭区、万柏林区、晋源区、古交市、清徐县、阳曲县、娄烦县、教育培训、迎泽区、尖草坪区）和学习中心5个（太原实验学院、清徐、新东方烹饪、新华培训学校、正诚伟业）。学校有高中起点专科24个专业，专科起点本科17个专业。在校生数达9659人，网络教育（与中国医科大学等8所高校联合办学）114人。学历教育招生数6796人，农村干部学历提升工程招生437人，一村一名大学生计划招生36人，两项目自上年开始共招生1157人，基本实现全市每个行政村至少有一名大学生村干部的目标。（荆 伊）

【社区教育】 2020年，太原开放大学社区学院建立以1所社区大学、10所县（市、区）社区学院、104所街道（乡镇）社区学校、969所社区分校为主体的四级社区网络教育体系。11月，学院承办主题为“全民智学，助力‘双战双赢’”的全民终身学习活动周，线上“云学习”活动包括云会议、云讲堂、云展示、云阅读等。承办以“开放、共享、协作、发展”为主题，线上线下交流相结合的老年教育发展云论坛。全年开展线下“大讲堂”80场，线下“天天课堂”7589场、线上100余场，主题包括思政、抗疫人物、新常态下疫情防控知识、“厉行节约，反对浪费”等，累计280万人参加。编写《太原市社区教育工作手册》，出刊《太原全民终身学习》杂志4期，制作太原市历年终身学习品牌和百姓学习之星宣传片。 （荆 伊）

【老年教育】 2020年，太原开放大学利用网络平台开展老年教育直播课堂系列讲座，选送教师参与国开老年大学开设的乐学直播系列讲座，全年开展网络直播公益课17场，1318人关注报名，观看次数3790次。学院与太原老年之声FM97.5电台《社区讲堂》栏目联合开展广播课22节。课堂内容涉及智能手机使用、书法、孙辈艺术启蒙、太原街巷历史、素描、唐诗、膳食营养、钢琴、英语等。“老年人玩转智能手机”在线下走入社区，编撰印发科普手册。《膳食营养必修课》和《老年英语趣味入门》制作成微课程。学校与市老龄委、省现代教育远程协会联合设立老年教育学养结合专题性自建课题项目，结题山西现代远程教育学会老年科研课题4项，校级老年教育规划自建课题11项。 （荆 伊）

【教学改革与创新】 2020年，太原开放大学起草《基于学习需求分析下的定制化混合式教学模式实施方案（讨论稿）》，制订学习需求调查问卷，探索适合于不同学习中心、不同学员的教学模式。建设思政课程教学团队，开展思政课程集体评阅活动1次，73名教师参加思政课程与课程思政相关教学培训，申报和立项思政相关课题7项。推行国家开放大学公共英语多模态教学改革，探索“全线上、100%形成性考核、教学模式多样化”的实施方案，在针对全国试点学生开展的口语和词汇大赛中有10名学生获奖。2名教师获得优秀指导教师奖，学院获得“2020年国开大公共英语多模态教改第三批试点学生英语在线学赛活动优秀组织奖”。 （荆 伊）

【社会服务】 2020年，太原开放大学在市社科联主办的“2020年太原市哲学社会科学普及周”公益活动中，筹备5场直播课堂。全体教职工注册“太原志愿者”微信公众平台，开展助力疫情防控捐款、“中华慈善日”捐赠、“文明交通安全出行”“捡起小烟头，拾起大文明”“创建文明城市、宣传垃圾分类”“关爱特殊儿童”“传承雷锋精神、助力抗击疫情”等志愿服务活动，志愿服务时间达1754小时。承办市委组织部2020年度非定向选调生入职选岗会、中石化网络招聘会、全市教育系统离退休党员党史知识竞赛等活动。（荆 伊）

科技管理

【概况】 2020年，太原市全年获国家、省科学技术奖共170项，占全省79%。其中，获国家科技进步奖6项，是上年度获奖数量的6倍，占全省数量的75%。获山西省科学技术奖164项，比上年度增加39%，占全省数量的79%。（王　纬）

【科技创新主体培育】 2020年，太原市科技局支持中小微企业共抗疫情，下达5000余万元补助资金扶持262家科技型企业，保障企业主体运行，促进产业链供应链稳定。培育科技型企业，组织政策宣讲活动，科技型企业数量大幅度增加，科技型中小企业和高新技术企业突破万家，其中科技型中小企业8726家，占全省的86%，在省会城市中位列第三、在中部省会城市排名第一，是上年度的2.40倍。高新技术企业2132家，占全省的65%，是上年度的1.30倍。（王　纬）

【核心技术攻克】 2020年，中科院山西煤化所攻克生物质基电容炭中试制备技术，指标超越国外同类产品，实现关键核心材料进口替代，为国防军事装备提供可靠材料保障。太钢集团攻克千吨级TG800S碳纤维产业化制备关键核心技术，显著降低国内航天、航空、新能源等领域对国外同等级高性能碳纤维依赖。中北大学研制成功无线陶瓷高温压力传感器，实现1200℃环境下同测温度、压力参数，是高温传感器件“卡脖子”技术重大突破。（袁志红）

【重大新产品研发】 2020年，太原市科技局鼓励企业加大研发投入，落实支持科技创新和民营经济发展政策，引导537家企业研发投入56亿元，实现销售收入1341亿元。鼓励企业研发试制填补国内空白重大新产品，11家企业成功研制11个填补国内空白的重大新产品，实现销售收入2.90亿元。太原重工股份有限公司投入1亿元，研制的7.50米顶装焦炉成套设备，是国内自行设计最大、最先进顶装焦炉，获授权专利3件，对提升焦化行业整体水平，保障能源安全具有重要意义。（袁志红）

【创新平台载体建设】 2020年，太原市科技局聚焦半导体产业发展，重点引进中科院超晶格国家重点实验室团队、北京大学彭练矛院士团队，落地第一实验室。新增天骄科技园1家国家级和同创谷、山西谷源2家省级科技企业孵化器。智谷众创空间等11家升级国家备案众创空间，太航科技众创空间等34家新认定为省级众创空间。截至年底，拥有省级及以上重点实验室80家（其中国家重点实验室4家）、省级工程技术研究中心78家、省级及以上科技企业孵化器30家（其中国家级科技企业孵化器11家）、省级及以上众创空间135家（其中国家备案众创空间28家）。（袁志红）

【创新示范区建设】 2020年，太原市科技局围绕资源型城市转型升级主题，重点开展水资源节约和水环境重构、生产生活用能方式绿色改造两大行动，推进实施49项水生态恢复和大气质量改善工程项目，制约可持续发展的水、大气污染瓶颈取得突破，汾河流域地表水国考断面水质全部退出劣Ⅴ类，建成区黑臭水体全部消除，全年环境空气综合污染指数同比下降7.50%，市区优良天数224天，增加24天，优良率61.20%。探索形成水土保持矿山生态修复治理模式、水环境系统治理经验、水资源循环利用经验等一批可借鉴、可推广经验模式，受到国内外广泛关注。主动对接国家部委，高效节水和非常规水资源利用关键技术与示范项目获科技部定向支持资金2361万元，煤炭产业集聚区场地污染治理技术集成与工程示范获中央财政专项资金支持2558万元。（袁志红）

【农业科技创新】 2020年，太原市科技局加强农村科技特派员工作，组织全市选派农村科技特派员982人，深入田间地头开展农业科技入户、农业技术承包、星火科技培训、农业科技成果推广、新技术新品种引进等科技服务，促进贫困户增产增收。组织实施“三区”（边远贫困地区、边疆民族地区和革命老区）人才计划，针对娄烦县、阳曲县贫困地区农业现状和扶贫工作需要，完成保护地矮化大樱桃丰产栽培关键技术研究与示范等4项山西省“三区”人才计划项目，选派山西农业大学、省农科院、市种子站等单位“三区”人才24名，组成科技特派团，开展专业技术服务。开展农业科技服务，组织专家深入山西绿色山区农副产品销售有限公司、阳曲县万向农业科技有限公司等企业和园区，开展农业科技政策宣讲、农业科技成果推介、技术咨询指导等服务，加强农业科技培训。邀请农艺师张丽仙、李银生等专家在阳曲县吉家岗村、泥屯村开展农业化肥使用零增长相关技术、农业实用技术推广与应用培训2期，培训农民70余人次。（王　纬）

【关键核心技术量产】 2020年，中国电子科技集团第二研究所的“4H碳化硅单晶体衬底技术”获国家科学技术进步奖一等奖，达到国际先进水平，并通过山西烁科晶体有限公司实施成果转化，实现4英寸高纯半绝缘4H碳化硅衬底批量化生产，累计供片超过4万片，其系列产品彻底打破国外垄断。山西省测绘工程院建立的“基于精密数字高程基准的完整技术体系”获国家科学技术进步奖一等奖，成功取代水准测量测定，实现厘米级精度水平的地面点海拔高程卫星导航定位精准自动测定，广泛应用于地理测绘、空间规划、水利工程、交通建设、矿山开采、物探地质等行业。（袁志红）

【技术引领行业创新发展】 2020年，太钢不锈钢精密带钢有限公司落实习近平总书记视察该公司时关于“在不锈钢领域勇攀高峰”的指示，在攻克“0.02毫米不锈钢精密箔材‘手撕钢’”关键核心技术获全国冶金科技进步特等奖基础上，再攻难关，超越轧机设备设计极限厚度，研制出0.015毫米“手撕钢”，替代新能源汽车铝材保护层，对新能源汽车增储、轻量化具有重要意义。获中国工业大奖的“宽幅超薄精密不锈带钢工艺技术及系列产品”，拥有国家专利44项，引领世界不锈钢超薄带钢发展方向。太原锅炉集团与清华大学岳光溪院士科研团队合作研制“炉内燃烧控制超低排放循环流化床锅炉”达到国际领先水平，获中国电力科学进步一等奖，国际能源署将该成果列为循环流化床燃烧技术领域最重要进展之一，引领全球循环流化床燃烧技术发展，对促进燃煤发电装备和电力生产技术进步、推动能源革命和生态环境保护具有重要意义。（袁志红）

【技术转移人才培养】 2020年7月，太原技术转移促进中心被科技部火炬中心确定为全省首家国家技术转移人才培养基地。按照政府引导、市场主导的建设原则，技术转移促进中心聘请中国民营科技促进会会长、科技部火炬中心原副主任、高级工程师马彦民等9位专家，建立起专业化技术转移师资团队，举办2020年山西省技术经理人培训，培养一批懂市场、懂技术、懂政策、会服务技术转移人才，促进科技成果转化。（袁志红）

【科技政策体系建设】 2020年，太原市科技局坚持问题导向，加强顶层设计，推动科技体制机制改革，打造一流创新生态，全面塑造创新驱动发展新优势。出台《太原市人才科研项目经费使用“包干制”试点办法（试行）》，选择优秀毕业生科研项目作试点，实行科研诚信承诺制，赋予科研人员经费管理使用自主权，使科研人员潜心向学、创新突破。制定发布山西省首部《科技成果评价规范》地方标准，对科研成果质量、学术水平、实际应用和成熟程度等予以客观评价，促进成果转化。出台《太原市企业科技特派员制度（试行）》，选拔高校、院所科技人员入企提供服务，架起产学研协同创新桥梁。通过系统性、整体性、协同性改革，打造一流创新生态，塑造创新发展新优势。（王　纬）

气象服务

【重大天气过程预报】 2020年，太原市气象局做到重大灾害性、关键性、转折性天气不漏报，准确预报出1月4日至5日大范围强降雪天气过程和6月3日至4日持续高温天气。针对严重倒春寒天气，准确预报出3月25日至27日的大范围降水、大风和强降温天气过程，4月9日至11日的大范围雨雪、强降温天气过程，4月19日至22日的大风降温及霜冻过程。针对汛期降水异常偏多的天气特点，准确预报出8月4日至7日入汛后最强降水天气过程，以及14日至16日、17日至19日、22日至24日、9月13日至15日等较强降水天气过程。（赵　佳）

【气象服务】 2020年，太原市气象局决策气象服务精准及时，发布重要气象信息、月气候预测、农气旬报、疫情气象服务专报等决策服务材料447期。发布（解除）各类预警信号281期，发送各类预警短信34.50万余条，年度预警信号发布量提前345分钟，远超目标任务要求。精准服务尧城（太原）国际通用航空飞行大会、环太原国际公路自行车赛、太原国际马拉松赛、牛驼寨烈士公祭日活动等重大社会活动。

利用新媒体开展公众气象服务，“太原气象”微信公众号正式对外运行，与“太原气象”新浪微博共同作为气象预报预警信息及新闻宣传报道的新媒体平台。县级气象微信公众号建设推进有力，在打通“气象防灾减灾最后一公里”工作中发挥出明显作用。2020年，气象服务公众满意度达到92%，比目标任务高出9个百分点。

依托“云+端”模式，深化拓展与

生态环境、应急管理（消防）、规划与自然资源、住建、城管（热力）、交通（高速、交警管控）、农业、水务、园林、旅游等部门合作，立足基本业务，开发“气象+”服务产品，为城市内涝、环境空气质量、森林火险、地质灾害、热力供暖、道路交通、农业生产等提供精细化气象服务。在服务生态建设中，开展环境空气质量气象条件预报，加强与生态环境局常态化合作，每日开展联合会商、预警研判，重污染天气期间每日进行2至3次加密频次会商，每日制作提供《太原市大气扩散气象条件预报》，会同山西省太原生态环境监测中心站、市生态局修订完善《太原市重污染天气监测预警方案》，在改善空气质量、打赢蓝天保卫战工作中发挥出重要作用。

（赵　佳）

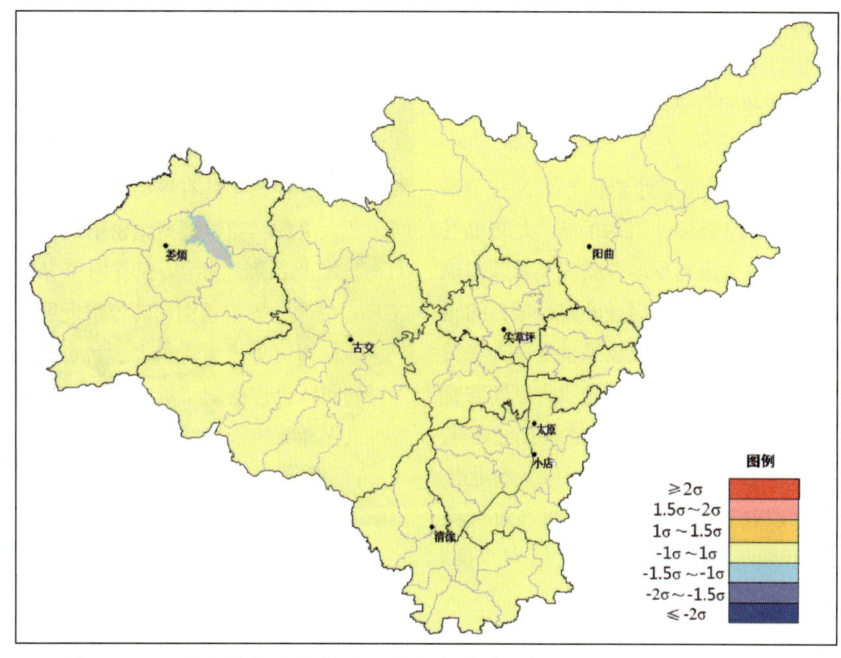

图9　2020年太原市平均气温距平分布图（℃）

【气象防灾减灾体系】 2020年，太原市气象局成立市较大气象灾害应急指挥部，启动四级应急2次，针对防汛应急减灾工作要求，向各县（市、区）政府、市直各有关单位印发《关于做好应对汛期强对流天气工作的通知》等安排部署文件7件。修订《太原市气象灾害应急预案》，明确指挥部各成员单位的工作职责，建立起气象防灾减灾快速反应机制。融入太原市自然灾害防治工作需求，开展对接九项重点工程的气象建设内容规划。

（赵　佳）

【人工影响天气】 2020年，太原市气象局新建清徐涧沟高炮作业点、阳曲东山林场作业烟炉、晋源区太山景区烟炉作业点。对13套火箭架、16门高炮进行年检，作业装备维护率100%。举办人影作业安全培训班2次，为57名学员颁发结业证书，持证上岗率100%，作业人员全部办理人身意外险。截至年底，全市组织开展人工增雨防雹作业79次，发射高炮弹370发、火箭113枚，燃烧碘化银烟条153根，争取省人影飞机加大太原区域内的作业力度，全年累计增雨量达到1.90亿立方米，对抗旱减灾、春播春耕、森林防（灭）火、改善空气质量和推进生态修复发挥重要作用。

（赵　佳）

图10　2020年太原市年降水量距平百分率分布图

【气象观测能力提升】 2020年1月至11月，太原市气象局国家气象自动站数据资料传输及时率达99.95%、资料可用性达99%，常规气象观测站资料传输及时率达99.71%、资料可用性达96%，高标准完成目标任务。4月1日，地面气象观测系统全面实现自动化。高度重视信息网络安全防范，制定《气象数据安全管理办法》，按要求进行信息系统的定级备案。

加强气象监测站点建设，在全市6个国家地面气象观测站建设完成天气现象视频监测系统及识别系统和多传感器温度雨量融合系统。在农试站建设农田气候综合探测仪（大田）和便捷式土壤水分测试仪。实现与民航山西空管分局

之间雷达数据共享工作。与太原铁塔公司签订战略合作协议，就云广播、监控系统建设、观测站维保等方面深化合作。（赵　佳）

【重点工程建设】2020年，太原市气象局完成太原新型多普勒天气雷达基础设施建设项目及附属设施建设项目的竣工财务决算并获省气象局批复，天气雷达完成现场测试验收。完成太原气象监测预警中心各业务平台建设。经国家气象中心评估，太原（清徐）农业气象试验站被认定为国家二级农业气象试验站。（赵　佳）

【气象科研创新】2020年，太原市气象局加强组织和制度保障，成立太原市气象局研究型业务建设领导小组，制订研究型业务建设工作计划，建立研究型业务工作责任清单，明确任务承担单位、主要责任人工作责任，细化目标任务。高度重视气象科研创新，制定《太原市气象局科研项目管理办法》，促进科研成果业务转化率提高。（赵　佳）

【气象法治建设】2020年，太原市气象局深入学习宣传贯彻习近平总书记法治思想，明确《太原市气象局主要负责人履行推进法治建设第一责任人职责2020年工作清单》。贯彻落实行政执法“三项制度”，对气象执法人员进行培训，提高执法能力和素质。充分利用“3·23”“12·4”等契机，组织全市气象部门开展形式多样的气象普法宣教活动。落实相对集中行政许可权改革要求，完成“互联网+监管”等审管衔接工作任务。《太原市雷电灾害防御条例》修改经市人大常委会同意，并报省人大常委会批准，于12月1日起公布施行。（赵　佳）

【安全生产】2020年，太原市气象局贯彻落实《地方党政领导干部安全责任制规定》，严格落实安全生产主体责任和监管责任。深入开展安全生产专项整治三年行动、安全发展城市创建和“零事故”创建工作。按要求严肃开展“深刻汲取教训，全面提升安全生产工作水平”集中教育整顿暨专项整治，重点开展人工影响天气领域安全隐患排查，组织安全生产大培训，切实履行易燃易爆等重点领域防雷安全监管和升放气球安全监管责任。（赵　佳）

2020年，太原市防震减灾中心举行抗震救灾演练　（市防震减灾中心供图）

地震监测

【机构改革】2020年，太原市防震减灾中心和市防震观测管理中心、太钢防震观测站、太重防震观测站、晋机防震观测站、太铁防震观测站等6个单位整合为新的太原市防震减灾中心，隶属于市应急管理局，为公益Ⅰ类事业单位，级别为正县级。（许梨花）

【地震灾害风险防治】2020年，太原市防震减灾中心根据《山西省防震减灾领导组办公室关于开展地震灾害风险评估工作的通知》和山西省地震局《关于印发〈市县级地震灾害风险评估工作实施细则（试行）〉的通知》，出台《太原市市县地震灾害风险评估工作实施方案》。实施方案从指导思想、任务要求、年度任务划分、工作要求等四个方面对风险评估工作做出详细规定。小店区、清徐县和阳曲县的地震灾害风险评估工作通过验收。其他县区的列入工作计划，配合牵头单位做好自然灾害风险普查、自然灾害监测预警信息化、灾害防治技术装备现代化及综合减灾示范社区创建等工程。完成前期准备工作，参与市减灾委员会办公室方案论证4次，全力促进项目推进。利用形成的区域活动构造探察、城市活断层探测、地震小区划及震害预测等项目成果，完成太原武宿国际机场总体规划2020年版等10个用地项目及城乡规划中有关地震风险征求意见的回复。（许梨花）

【地震前兆观测站点建设】2020年，太原市10个县（市、区）及综改示范区的地震前兆观测站（点）建设已全部完成，除清徐县三维断层观测仪、娄烦县电磁扰动仪和古交市竖直摆观测仪待验收外，其余全部投入正常运行，实现“一县一台”全覆盖目标。在“一县一台”基础上，太铁防震观测站新增气体监测仪，作为辅助观测以补充现有观测手段。太钢防震观测站新增电磁扰动仪，替换原有老旧电磁波观测仪，以保证监测质量。（许梨花）

【地震监测信息平台建设】2020年，太原市防震减灾中心与省地震局网络升级同步，完成市级地震监测信息网络提档升级。新增配服务器2台，分别对测震数据库和前兆数据库进行备份，为地震监测数据的安全、连续、可用提供保障。更新机房UPS设备，加强不间断供电保障。升级改造重机防震观测站机房，开通太钢防震观测站和太铁防震观测站数据专线。4个直属地震台站全部实现以数据专线与市防震观测管理中心互联互通。改造县级地震监测信息平台，完成万柏林区地震监测信息平台建设，并开通数据专线。建成小店区、阳曲县、古交市、娄烦县、万柏林区、综改示范区等6个县级地震监测信息平台。（许梨花）

【监测台网运行管理】2020年，太原市防震减灾中心上报设备故障停测申请。小店区地震台的水温水位观测仪、气象三要素观测仪、竖直摆钻孔倾斜仪先后出现故障，均及时编写仪器故障情况说明，上报省局监测预报处。全年纳入省级和市、县级考核的监测台站运行率为97.80%，达到省局95%以上的标准要求。加强信息节点及网络系统维护工作，填写上报信息节点日报告，定期对网络设备进行巡检，发现问题及时解决，确保信道畅通、信息节点运行正常，全年网络安全运行率98%以上。排查网络安全隐患，按照第三级网络安全等级保护标准，开展安全等级保护测评，及时排查网络安全隐患和漏洞，根据《网络安全等级保护太原市地震信息服务系统等级测评报告》，安装日志审计系统和运维审计系统等网络安全设备，强化网络安全。（许梨花）

【地震安全保障服务】2020年，太原市防震减灾中心出台《太原市2020年度震情监视跟踪工作方案》，加强宏微观异常收集、跟踪、落实与报送，保证震情值班24小时在岗在位，按要求做好地震前兆监测记录，确保及时捕捉震情信息，进行数据分析，并上报前兆异常与震情。做好节假日和重大活动期间地震安保工作，全国“两会”期间，印发《太原市防震减灾中心2020年全国“两会”地震安全保障服务实施方案》，提升地震安全服务质量。（许梨花）

【地震预警】2020年，太原市防震减灾中心根据省局统筹安排部署，选定娄烦县政府院、小店区北格地震台、杏花岭区中涧河乡王家山村、万柏林区官地广场、尖草坪区政府院、尖草坪区阳曲镇政府等6处场地作为地震预警基本站建设点。协助省局完成6处场地土地租赁合同的签订及协调对接。协助省地震局在26所中小学校安装预警终端设备。（许梨花）

【地震应急演练】2020年，太原市防震减灾中心开展各级各类演练1100余次，参加演练逾15万人次。演练范围涵盖地震系统、应急系统、在校学生、社区居民以及救援队伍，既有普通群众的应急撤离，也有专业队伍的应急救援，既有单一队伍的普通拉练，也有多个队伍的联动演练。（许梨花）

【观测环境保护】2020年，太原市防震减灾中心各地震监测台站管护人员及时掌握台站周围环境变化和观测仪器运转情况，发现问题及时报告。将台站仪器设备技术巡检以外包方式委托专业技术公司承担，按月巡检，确保仪器设备正常运转和观测环境不受破坏。全年仪器巡检36人次，巡检对电磁类、流体类、地应力类设备全覆盖，未发生破坏观测环境事件。（许梨花）

【震情会商及分析预报】2020年，太原市防震减灾中心严格执行《太原市防震减灾局震情会商改革方案》，坚持周、月、年度会商制度，认真分析观测资料，探索相关地震前兆信息，及时上报省局各类地震会商意见。报送省局宏微观异常零报告365份，周会商监测跟踪报告52份，月会商报告12份，以及《2020年山西省及太原盆地年中震情趋势会商报告》《2021年度山西省及太原盆地地震形势震情趋势分析报告》《2020年11月14日山西太原M2.9级地震紧急会商意见》。（许梨花）

【应急救援队伍建设】2020年，太原市防震减灾中心重新确立市级地震和地质灾害专项应急救援队伍。依托现有应急救援队伍，统筹考量专项技能、区域协作、综合素质等多方面因素，遴选、确定12支队伍作为应对地震和地质灾害突发事件的市级骨干力量。为救援队新配备3类20种设备（装备），包括视频生命探测仪、音频生命探测仪等高科技设备，价值近270万元。（许梨花）

【应急通信保障】2020年，太原市防震减灾中心全年卫星电话点名拨测

2020年，太原市防震减灾中心在和平公园开展主题党日活动

（市防震减灾中心供图）

6次，中心卫星电话点名拨测拨通率100%。做好山西地震视频会议系统联调及维护工作，每月与省地震局联调一次，全年完成12次联调，全年地震视频会议系统正常运行。（许梨花）

【应急响应】2020年11月4日，尖草坪区发生2.9级地震。地震发生后，市委、市政府、市应急管理局高度重视，第一时间作出指示。市防震减灾中心立即启动应急响应，采取包括发布地震信息、密切监视震情、召开紧急会商会、开展震情研判、迅速建立与十县（市、区）及“三网一员”的信息通道等系列震后应急处置措施，及时安抚群众情绪，确保市民生产生活秩序正常。

（许梨花）

【防震减灾主题宣传周活动】2020年“5·12”防灾减灾宣传周期间，太原市防震减灾中心开展以“守护生命、关注安全”为主题的系列宣传活动。深化“七进”活动，即防震减灾科普教育进学校、进社区、进乡村、进机关、进企业、进家庭、进公共场所。在机关、社区、农村、家庭和公共场所滚动播放《防震减灾科普动漫小提示》视频短片。组织参加全国防震减灾知识讲解大赛等活动。按照国家、省、市要求，参加全国第四届防震减灾讲解大赛网络直播预赛山西赛区的选拔赛。利用防震减灾宣传阵地，围绕“提升基层应急能力，筑牢防灾减灾救灾的人民防线”主题，开展防震减灾科普知识宣传。推进防震减灾示范创建和科普宣传教育基地建设。与教育部门联合开展防震减灾示范学校创建工作，与相关部门联合开展综合减灾示范社区、防灾减灾示范县和安全发展城市创建工作。协商各级防震减灾科普教育基地在“5·12”全国防灾减灾日期间面向全体市民开放。开展平安太原防灾减灾文化电影月活动。面向社会各阶层放映防震减灾文化宣传教育影片300场。在《太原日报》专版刊登《山西省地震预警管理办法》，并与太原电视台《太原新闻》栏目联合开展防震减灾科普知识进社区实地报道。制作防震减灾知识小问答宣传折页3.35万册，并向10县（市、区）及综改区免费发放。“7·28”防震减灾宣传周期间，由太原市应急局及市防震减灾中心主办，太原市青年宫承办，开展为期一周的防灾减灾主题宣传活动。“5·12”“7·28”活动周期间，全市共组织集中宣传活动30余次，主题讲座20余场，现场咨询500余场，发放各类宣传资料15万余册，主题展板1000余块。（许梨花）

大数据应用

【概况】2020年，太原市大数据应用局学习贯彻中共十九大和十九届二中、三中、四中、五中全会精神，习近平总书记视察山西重要讲话重要指示，对标先进地市，围绕职责厘清、政策供给、数字转型、示范应用等重点，统筹全市数字经济发展和智慧城市建设，助力太原市大数据转型发展。（崔兴平）

【政策支撑】2020年，太原市大数据应用局印发《太原市大数据应用平台项目建设管理试行办法》，发布《太原市人民政府关于加快推进我市数字经济发展的实施意见》政策解读，完成《太原市大数据应用“十四五”规划（初稿）》，《太原市大数据企业管理办法（试行）》征求意见，起草《太原市数字政府规划建设内容（2020—2022年）》《太原市加快数字政府建设实施方案》《太原市公共数据资源管理使用办法（草拟稿）》《太原市进一步加快智慧城市建设的若干意见（草拟稿）》等。（崔兴平）

【数字转型】2020年，太原市大数据应用局对全市大数据企业、大型数据中心、数字创意产业园区建设情况进行摸底，对总计划投资59.07亿元的42个大数据类重点项目全部实行平台在线监测，互联网和相关服务、软件和信息技术服务业企业营业收入增速1%，实现由负转正。为涉及物联网、智慧政务、环保等领域的10个大数据企业争取省级数字经济发展专项资金1096.56万元。推进新基建建设，上报新基建项目170个，推荐示范项目5个。加快推进5G应用，上报涵盖5G体验式场景、智慧城市、智慧交通等11大类项目42项。太原市大数据应用服务平台完成可研方案编制、项目评审，并进行前期立项工作。对接权威机构，推动全市信创评测工作规范有序开展。全市大数据专家库达到42人。（崔兴平）

【大数据示范应用】2020年，太原市大数据应用局配合清徐精细化工循环产业园区推动智慧城市县域试点示范项目建设，对接轨道办开展太原地铁App建设，与市应急局开展应急指挥大数据平台建设，对接市交警支队开展道路交通大数据关键技术示范应用项目，对接工商银行探索智慧城市统一支付平台建设。（崔兴平）

【政企合作】2020年，太原市大数据应用局探索开展政企合作，推动市龙投公司、云时代公司组建太原云时代技术有限公司，推动市政府与中国电子系统战略合作签约。与阿里、腾讯、华为、智华慧海、万达信息等各类大数据企业沟通联系，全力推动政府数据和社会数据的关联、融合与应用。（崔兴平）

【大数据宣传培训】2020年，太原市大数据应用局开展《山西省大数据发展应用促进条例》正式施行大型现场宣传，实施我为太原市大数据发展应用献计策网络有奖征集活动，在玉门河公园举办大数据让生活更美好活动，坐客太原综合广播直播间宣传大数据，得到广大群众的一致好评。与市总工会联合举办太原市百万职工聚焦“六新”助力转型职业技能竞赛数据分析师比赛，开办大数据技术创新与应用培训班，提升大数据专业人才队伍能力。（崔兴平）

综 述

【概况】2020年，太原市文化和旅游局以习近平新时代中国特色社会主义思想为指导，落实中共十九大和十九届二中、三中、四中、五中全会精神，深入贯彻习近平总书记视察山西重要讲话重要指示，坚持以人民为中心工作导向，坚持稳中求进工作总基调，推进疫情防控和文旅工作一体发展，实施八大行动计划，守住政治和安全“两条底线”，开创文旅融合发展新局面。（吴 鹏）

【文化艺术创作】2020年，太原市文化和旅游局组织创排、修改提升和复排晋剧《迎新街》《关公》等剧目，创作脱贫攻坚现代戏《圪梁梁上》等各类作品33部。完成中国首批地方戏工程录制和抗疫文艺作品征集编纂工作，晋剧《傅山进京》入选庆祝中国共产党成立100周年“百年百部”重点扶持作品。市晋剧院受邀参加中央“云端艺术季”录制，太原秧歌《翠屏山》参加戏曲盛典，市艺校参加赵树理杯曲艺说唱节目展演。举办第七届曲苑迎春晚会，开展免费送戏下乡和进景区、进校园、进军营活动1615场，完成优秀剧目展演7场。建立戏曲人才培养基地，推荐艺术人才参加国、省培训班，做好“名家传戏”工作，完成国有文艺院团社会效益评价考核，全市文艺创作持续繁荣。（吴 鹏）

【文化服务惠民】2020年，太原市文化和旅游局完成村（社区）综合性文化服务中心建设，推进县级文化馆图书馆总分馆制建设，建成县级图书馆9个、乡镇（街道）馆73个、村（社区）馆85个、特色分馆6个，建成县级文化馆10个、乡镇（街道）馆88个、村（社区）馆70个、特色分馆4个，覆盖城乡公共文化服务网络基本形成。评选省级群众文化惠民品牌2项，建成乡村群众文艺队伍428支，培养乡村文化带头人383名、乡土文化能人艺人171名。开展敬老月戏曲周等文化惠民活动107场、乡村文艺活动4622场、乡土文化能人艺人活动1330场、乡村文化带头人活动2552场。市群艺馆在网上开设9大门类40余门课程，收集抗疫优秀摄影书画作品百余幅。市图书馆开展阅读活动840场，接待读者149万人次，图书借还201万册次，新增4个分馆。太原美术馆策划举办展览19场，开展线上展览、公教活动178期，提高公共文化服务水平。（吴 鹏）

【“非遗”传承保护】2020年，太原市文化和旅游局开展市级“非遗”代表性项目名录推荐评审和“非遗”代表性传承人申报认定，开展“非遗”项目抢救性记录，加大传习所建设力度，举办“非遗”展演展示和传承人传习传播活动。对传承人培训教育，开展文化和自然遗产日系列活动，组织传统剪纸等12个项目参加“非遗”博览会，编辑出版《晋中文化生态保护实验区——太原非物质文化遗产项目代表性传承人图典》，“非遗”保护传承工作再上台阶。（吴 鹏）

大众传媒

·太原日报社·

【概况】太原日报社成立于1951年，1989年后改制成为自收自支事业单位，实行企业化管理。2009年4月，组建成立太原日报报业集团。集团实行党委领导下的社长（董事长）负责制，集团党委、董事会为一套人马两块牌子，下设总编辑委员会和太原日报传媒集团有限公司。总编辑委员会统筹集团新闻采编业务，太原日报传媒集团有限公司负责开展各项报业经营活动。（刘卫萍）

【机构改革】2020年12月16日，市委常委会审议《太原日报报业集团改革方案（送审稿）》，原则同意改革方案。保留太原日报社，不再加挂太原日报报业集团牌子，为市委直属事业单位，归口市委宣传部领导。将中国共产党太原日报报业集团委员会改为中国共产党太原日报社委员会，实行党委领导下的社长负责制。太原日报社为公益二类事业单位。（刘卫萍）

【重点宣传任务】 2020年，太原日报社围绕工业强市、人才兴市、城市“双修”、乡村振兴、军民融合等重大战略实施情况，聚焦学习贯彻习近平总书记视察山西重要讲话重要指示、全面建成小康社会、决战决胜脱贫攻坚、转型发展、创建文明城市、打赢三大攻坚战、“三零”单位创建、安全生产集中教育整顿暨专项整治等中心工作，及时跟进，认真选题，开设数十个专题专栏，推出大量弘扬正能量融媒产品，取得良好社会反响。（刘卫萍）

【传媒业务管理】 2020年，太原日报社始终把党的领导贯穿于各个环节。严把政治关，强化编委会把关定向作用，审稿制度由“三审”升级至“五审”。严把意识形态关，把旬调研制度落到实处，构建网络舆论信息收集与舆论态势研判预警机制，完善网络舆论引导应急机制，建立健全网络舆论引导监督考核机制以及构建网络舆论引导保障机制。加强党对经营工作的领导，传媒集团公司党委发挥把方向、管大局、保落实领导作用。各支部严格党的组织生活制度，把业务工作纳入日常管理。（刘卫萍）

2020年2月17日，太原日报社参加全市疫情防控干部突击队，下沉六城区一线开展管理服务（太原日报社供图）

【报业生产经营】 2020年，太原日报社按照采编经营两分开原则，以懂生产、懂经营、懂管理、懂市场为标准，选拔任命太原日报传媒集团公司总经理，与多家政企进行战略合作，申报省市文化产业项目，千方百计优化经营结构。打造电商发展新平台、拓展对外印制业务、狠抓安全生产和隐患整改。把新媒体创收放在突出位置，拓展新媒体创收空间，新媒体营收首次突破300万元。出台季度成本分析制度，开展节能降耗，全年节约成本费用700多万元，总收入1.61亿元。争取市财政支持7198万元，POD按需印刷项目列入全市“十四五”规划纲要，《太原日报》发行范围扩大到省直单位，发行量首次突破13万份，为近20年最高水平。报款收入攀升至6300余万元。（刘卫萍）

2020年12月19日，太原日报社与山西财经大学签订合作协议（太原日报社供图）

【媒体融合发展】 2020年，太原日报社坚持一体化发展、多平台整合，实现各种媒介资源、生产要素有效利用。在“抖音号”“头条号”“快手号”“澎湃号”等第三方平台开设官方账号，新媒体平台达到19个。经过精心打造，改版升级后的太原日报App以“锦绣太原”崭新形象亮相，成为宣传太原的新名片。策划推出的《光影太原》40期，图文并茂地塑造太原、宣传太原、展示太原，增强太原美誉度和影响力。搭建完善以“太原发布”为中心的融媒体传播矩阵，报、网、微、端、屏的“大宣传”格局全面形成。（刘卫萍）

·太原广播电视台·

【机构改革】 2020年，太原广播电视台将下属公司股权重组为新的市属太原文化广播电视融媒体集团有限公司，实行企业化运行。注销太原市广播电视网络传输管理中心等4家事业单位法人。太原舞蹈团实行转企改制。完成新调整隶属管理的太原教育电视台交接事宜。（赵　亮）

【产业发展】 2020年，太原广播电视台与央广签署战略合作协议，合作共建FM106.5频率，大幅提升节目覆盖。加快推进高清化改造项目，实现两大主频道的高清化播出。总投资近4900万元的4K超高清转播车购置及设备升级改造项目完成，直播、转播能力跻身业内一流行列。开展有线电视七套节目免费送活动，回流用户至54万户。（赵　亮）

【宣传报道】 2020年，太原广播电视台及时报道习近平总书记视察山西、太原市"两会"、创建全国文明城市、爱国卫生运动、生态环境保护、全市重点工程项目、"六稳六保"、疫情防控、脱贫攻坚、"三零"单位创建等重大主题，开设专题专栏，报道总量达10万余条次。在中央级媒体发稿87条，在省级媒体发稿461条，在今日头条、学习强国、央视频、新华现场云、城市交换云等新媒体平台发稿5441条。开设《坚定信心、打赢疫情防控阻击战》等专栏，制播疫情防控相关稿件64831篇，其中传统媒体26181篇、新媒体38650篇。制播各类防控疫情宣传片和公益广告80余篇，累计播出约3万余次，共计7100分钟。精心策划制作2小时的抗击疫情特别节目《最美是你》。（赵　亮）

【节目创排演出】 2020年，太原广播电视台推出《珍档记忆、锦绣太原》《1044听谁的》等创新节目，对《912第一观点》《107帮助热线》等名牌栏目改版升级。精办2020龙城春晚、春节团拜会、丰收节文艺晚会等活动，通过融媒矩阵全方位、多角度、深层次的呈现后取得良好反响。根据全市疫情防控总体安排，统筹规划全年工作，精心打磨舞剧《千手观音》、原创歌舞杂技剧《换了人间》。组织实施惠民演出上百场，送戏下乡。精心创排大型历史话剧《晋文公》正式公演。（赵　亮）

【媒体融合】 2020年，太原广播电视台全媒体矩阵不断丰富，今日头条官方号粉丝数从8月初的22万人增长到55.30万人，每日登上太原热议榜平均7条以上。融媒作品点击创新高，综合广播的抖音作品《钟南山团队首篇新冠病毒论文》点击量达到创纪录的8299.20万次。融媒直播登上大平台，"众志成城、抗击疫情"等直播节目入选央视频、新华社等国家级新媒体直播页面。（赵　亮）

【安全生产】 2020年，太原广播电视台将安全生产工作放在首位，加强对台内重要领域、核心部门、关键岗位干部职工的教育、管理和监督。严格执行新闻宣传"三级审查"、安全播出应急管理、意识形态工作安全督导等一系列工作制度，确保安全生产。（赵　亮）

文化场馆

·太原市图书馆·

【概况】 2020年，太原市图书馆接待读者154.30万人次，文献外借127.60万册次，采购图书40370种、83838册，接收捐书26025册。新办读者证27963张，线上线下接待读者咨询近700万人次，全年数字资源访问量800.90万次、下载量60.70万次。征集地方文献5147种、4755册。新增太图营地主题馆、山西晋阳技工学校服务点、退役军人服务中心分馆等。微信平台关注人数23万余人，太图官方微博阅读量达762.70万次。利用新媒体平台，建立以线上服务为主体、线下小型灵活多样式服务为辅助的全民阅读服务模式，开展阅读推广活动1389场。（张建荣　毛晓敏）

【图书云服务】 2020年，太原市图书馆加大对馆藏数字资源特色的宣传力度，为推荐和揭示本馆数字资源开展一系列创新的线上阅读推广。闭馆伊始即开展馆藏数字资源服务和内容的宣传与推介。首创秒懂经典、口述战"疫"、晒馆藏、网上读书会、太图直播间、太图微展厅、馆员每日讲故事、大咖云讲坛等系列线上阅读推广栏目。通过微信公众号和网络自媒体推送数字资源内容，开展线上云服务。全年开展线上阅读推广860场，点击观看量45.90万次。（张建荣　毛晓敏）

【马克思书房系列活动】 2020年，太原市图书馆马克思书房挖掘马克思主义馆藏资源，推出系列创新红色活动。在微信公众号上推出红色专藏有声阅读推广专题栏目"秒懂经典"。栏目利用马克思书房文献资源，由工作人员重新整

2020年12月31日，"一个人、一支笔、一座城"萧刚太原古建筑钢笔手绘作品展在市图书馆开展（市图书馆供图）

2020 年 4 月 23 日，太原市图书馆开展“书香太原——你选书、我买单”活动

（市图书馆供图）

合，为读者讲述不一样的伟人故事，分享耳熟却不能详的红色经典。以“图文 + 音频”通俗易懂的方式，定期在微信公众号推送文章，用“青春”的方式讲述马克思主义，使马克思、恩格斯走出政治课本，接地气、有生气、不高冷，鲜活地走进读者们的日常生活。推出少年公开课活动，每期课程以马克思书房珍贵文献为基础，由马克思书房工作人员以新时代为背景，创新教育教学形式，选取学生感兴趣的话题，撰写讲课文稿、制作 PPT，为青少年学生进行授课。通过听一听、读一读、说一说、看一看、想一想、写一写的方式，给学生创造学知识、讲感受、明事理的互动交流机会，使广大青少年学生在轻松愉快的氛围中，增进对马克思主义的认识，感受马克思主义思想的魅力。

（张建荣　毛晓敏）

【读书节活动】2020 年，由太原市文化和旅游局主办，太原市图书馆、太原图书馆学会承办，以“书香助力战‘疫’，阅读通达未来”为主题的第三届太图读书节启动。太原市图书馆创新线上阅读服务，发布“十三大阅读推广云矩阵”系列活动。活动全程采用线上云直播的方式进行，线上观看直播人数近千人。

（张建荣　毛晓敏）

【全民阅读活动】2020 年，太原市图书馆“阅三晋、行天下”全民阅读活动专项工作组首站推广讲演活动在大同市图书馆召开。“阅三晋、行天下”全民阅读活动是省文化和旅游厅群众文化服务品牌。由省文化和旅游厅安排部署，山西省图书馆、山西省图书馆学会组织协调，太原市图书馆承办，广泛发动全省各图书馆开展百馆荐书、百馆诵读接力，展示全省公共文化服务新面貌。通过有声诵读、戏剧表演、阅读脱口秀等方式分享阅读新体验，打造“阅赏 8 分钟”，让阅读融入百姓美好生活。联动全省 112 家公共图书馆，累计行程 4800 余千米，组织朗诵培训 19 场，推广案例培训讲演活动 14 场，组织线下阅读推广人活动展演 13 场，现场组织展演活动达 700 余人次。组织各地市、县级 18 家图书馆开展百馆诵读接力活动，对 20 余家图书馆特色空间进行拍摄推广，录制各类视频素材 3000 余分钟。线上线下组织开展推广活动，举办“阅三晋、行天下”诗乐会，发表“阅三晋、行天下”诵读接力、百馆荐书、特色空间等微信推文 120 余篇，线上浏览次数达 38266 次。共征集各类作品 347 件，入围决赛作品 69 件。

开展“书香太原——你选书、我买单”活动，共计参与活动人数 4547 人，借书 36850 册。读者选书、太图买单的采书量占全年采书量的 39.50%。

（张建荣　毛晓敏）

【营地主题图书馆】2020 年，太原市图书馆和太原市（阳曲）示范性综合实践基地合作共建、精心打造的全国首家营地主题图书馆正式开馆试运行。太图营地主题馆是阳曲县政府向太原市图书馆提出建设申请作为青少年素质拓展实践基地的一部分，建设在阳曲县大盂镇营响未来千曲国际教育基地内，上架经典成人适读图书和青少年儿童类读物 16000 余册。营地主题馆内设有少儿阅读区、青少年阅读区、活动区、演讲区、休闲区、茶吧，设有自助办证机、自助

2020 年 8 月 6 日，太原市图书馆马克思书房举办“少年公开课”活动

（市图书馆供图）

2020 年 4 月 23 日，太原市图书馆展出“纪·疫”太图抗击疫情征集资料实物展

（市图书馆供图）

借还书机等图书馆专用设备。与太图总馆采用信息互通、资源共享的模式，并纳入全省公共图书馆总分馆体系，实现一证通用、通借通还，为营地教育的青少年读者提供全自助便捷的办证、查询和图书借还服务。太图通过大数据分析平台，了解主题书房借阅情况，进行相应的图书流转和配送，实行动态管理。

（张建荣 毛晓敏）

【闭馆日专场服务】 2020 年，太原市图书馆安排闭馆日，为来自太原市灵星社区服务中心的自闭症儿童提供特色全馆专场服务。孩子们在工作人员的陪同下参观马克思书房，观看动画片《图书馆》，在数字体验区体验电子书流动触摸屏，并在少儿阅览室与父母及志愿者进行亲子共读，让他们心灵得到关怀的同时享受到阅读的乐趣。孩子们通过专场活动了解图书馆，发现并体验自助式使用图书馆的乐趣，增强在不同场合的社交技巧能力，感受社会融合活动的快乐。 （张建荣 毛晓敏）

【艾力更·依明巴海视察太原市图书馆】 2020 年 9 月 28 日，全国人大常委会副委员长艾力更·依明巴海率领全国人大常委会执法检查组在太原市图书馆，检查公共文化服务保障法实施情况，参观太原市图书馆，听取情况汇报。期间，在地方文献馆专门查找故乡的地方志，认为太原市图书馆全国县以上方志收藏完整，在全国地市级图书馆排名第一实至名归，肯定了太原市图书馆在依法推动公共文化服务工作中所做的大量工作和取得的显著成效。

（张建荣 毛晓敏）

【图书捐赠】 2020 年，太原市图书馆向山西省医科大学附属肺科医院（原太原市第四人民医院）、太原市中心医院、太原市疾病预防控制中心、太原市急救中心等新冠肺炎防治重点医院定向捐赠经典期刊、图书共计 90 种、600 余册，赠送《共产党宣言》等经典书籍与太原市图书馆文创产品，共商书香医院建设事宜。 （张建荣 毛晓敏）

【抗“疫”资料征集】 2020 年，太原市图书馆向社会发出抗击新冠肺炎疫情相关资料征集令，太原市图书馆线上线下多渠道收集、保存战“疫”相关的各级各类文献、音像资料和实物资料。征集的实物资料有医护人员“出征”的战旗、战袍、火神山通行证等，还有包括诗词、朗诵稿、歌词、剪纸、书法、绘画、摄影、雕塑、面塑等形式在内的文艺作品。形成包括图文、音视频在内的电子文献、数字信息 23434 条，收集到实物 3653 件，并按照国家图书馆制定的抗疫专题数据库加工标准建设进行分类保存。 （张建荣 毛晓敏）

·太原美术馆·

【机构改革】 2020 年，太原美术馆根据市政府事业单位机构改革文件要求，推进事业单位改革。与太原画院合并为太原美术馆（太原画院），内设办公室、艺术创作部、展览策划部、典藏研究部、公共教育部、学术发展部、传媒推广部、安全运营部等 8 个科室，编制 38 人。是太原市文化和旅游局所属事业单位。

（连 越）

2020 年 9 月 30 日，徐文达书法艺术回顾展在太原美术馆开幕

（太原美术馆供图）

【文化展览活动】2020 年，太原美术馆开展“我们的节日”春节、元宵节两节活动。精心策划“时代之美、艺韵山西”——2020 年欢乐中国年系列展览和系列公共教育活动。共有 8 场展览、10 场文化惠民活动和 8 场公共教育活动，如庚子鼠年迎新画展、太原百年影像展、母亲的花——民间晋绣展、山西省第四届文创产品展暨文化创意设计大赛、“我们的节日 · 我们的年”——木版上的年味儿年画展、诗意中国——中国历代优秀诗词书法展、鼠年画鼠漫画展、时代 · 境象——2020 山西首届青年艺术推广作品展、木版上的年味——绛州木版年画传承人吴百锁现场印制木版年画展演活动、“送万福进万家”迎新春送春联文化惠民活动分别走进太原市孟家井村和清徐县西谷乡西谷村、“子鼠绘新春”——太原美术馆免费赠书活动、“童心书写中国年”小小书法家迎新春送福字活动、迎春绘本分享会、非你莫“鼠”猜灯谜活动等。

4 月 15 日恢复开馆后，精心策划举办 11 场展览：同心抗疫漫画展、礼赞新时代最可爱的人——美术书法摄影作品展、“童真天趣、丹青初心”——张连瑞儿童系列作品展、笔墨丹青画初心——纪念建党九十九周年美术作品展、方寸之间——裴文奎中国画小品新作展、画说山西——大型图片实物展、“劝学杯”全国大中小学教师篆隶书法作品展、面中乾坤——山西面塑艺术展、“翰墨丹青寄初心，凝心聚力筑梦想”——庆祝中华人民共和国成立 71 周年暨第二届书画艺术展、徐文达书法艺术回顾展、首届山西工艺美术博览交易会。（连　越）

【线上展览活动】2020 年，太原美术馆为满足广大市民的精神文化生活需求，闭馆期间建立“太原美术馆——线上美术馆”，开展线上文化服务，以微信公众号为平台，通过网络展览、精品推送、作品征集、网络课堂等形式，为广大群众在疫情期间奉上美术佳作。

太原美术馆与山西漫画学会联合推出“众志成城、战胜疫情”漫画天地，网上征集作品，通过官方微信平台线上展出，每日推出漫画新作 3 至 5 幅，共推出 46 期，约 250 幅漫画。

中国书画家联谊会军旅书画家工作委员会和太原美术馆联合举办两期“众志成城、抗击疫情”——诗书画网上联展，通过太原美术馆微信公众号等网络平台发布。（连　越）

【作品典藏】2020 年，太原美术馆推进力群艺术作品项目的典藏进度，对临时库房藏品暂存区开展日常检查与消防设备更换等防护工作，制订第二库区装修建设方案。按照档案管理工作要求和藏品普查要求，对部门档案和藏品档案以及电子档案进行分类整理。新增藏品 210 件（套），对 672 件（套）典藏作品电子数据进行完善以及分类整理。（连　越）

【文创产品展】2020 年，太原美术馆研究和完善山西省文创产品展，举办山西省第四届文创产品展，吸引 160 余家文创企业和个人参展、初选出 260 多套优秀文创产品进行展示，并通过展览展示、展示销售、现场互动等活动，展示山西省文化创意产品发展情况。（连　越）

【媒体宣传】2020 年，太原美术馆利用室内外电子屏，及时面向大众更新展览活动资讯，加强文化宣传，提升美术馆公共文化服务质量，助力城市文明建设。开展疫情防控宣传工作，利用电子屏循环播放疫情防控知识和各类标语，及时传达中央、省、市疫情防控工作的相关精神。联络各大媒体，通过新传播方式扩大美术馆的宣传范围，提高宣传质量。新闻报道共计 1009 篇，其中微信 446 篇，官网 289 篇，微博 215 篇，抖音 9 篇，中国新闻网、《山西日报》等媒体发布 50 篇。（连　越）

2020 年 10 月 15 日，首届山西工艺美术博览交易会在太原美术馆开幕（太原美术馆供图）

· 山西博物院 ·

【机构改革】2020 年 4 月 1 日，山西博物院改革组建工作正式启动，成立院事业单位改革工作领导组，下设 4 个工作小组，制订改革工作方案，推进完成涉改单位 43 名在职人员、28 名退休人员和 15 名合同制人员划转安置工作，7674 份档案接收，4 家涉改单位经济责任审计以及除文物外资产清查工作。开展原山西省文物交流中心文物清点、包装等工作，完成 47183 件文物点交、包装工作。与原民俗馆、艺术馆对接，清理核实借展文物清单。配合省文物局完

2020 年，壁上乾坤——山西北朝墓葬壁画艺术展 （山西博物院供图）

成内设机构干部选任工作，开展职工岗位选择意向摸底，完成内设机构 210 名职工定岗定位，为新组建的山西博物院更好发挥新动能奠定基础。 （梁文青）

【展陈项目改造提升】 2020 年，山西博物院“晋魂”基本陈列“文明摇篮”“民族熔炉”两个展厅提升改造项目基本完成，进入调整完善阶段。山西青铜博物馆“吉金光华”基本陈列完成改陈提升。策划 10 个线下精品临时展览。参与外展 2 个，推出首个文物数字化展览。提高文物利用率，全年临时展览和交流展览展出文物共计 1414 件（组）。策划推出多个线上展览。运用智慧博物馆建设、展览数字化成果资源，利用官方网站、微博推出 16 个线上展览，观看量 30 万人次。整理推出“两分钟看展览”“感知晋魂”10 集短片视频。参加由国家文物局指导，九大博物馆联手在抖音平台推出“在家云游博物馆”直播、国家文物局与新华社共同推出“博物馆云展览”、沿黄九省区博物馆“云探国宝”直播活动，丰富观众参观体验。 （梁文青）

【青铜文化研究】 2020 年，山西博物院与北京大学考古文博学院、中国科学院自然史研究所等 5 家单位签署合作共建中国青铜器保护研究中心战略合作协议，与中国科学院自然科学史研究所合作开展《山西馆藏青铜器研究》项目。《山西省珍贵文物档案（青铜馆卷）》正式出版。编撰完成《山西青铜博物馆珍品集粹》，进入三校阶段。策划推出“晋界”讲坛之吉金光华专题讲座。承办国家文物局“文物进出境审核责任鉴定人员培训班”，提升文物进出境审核人员的青铜文物鉴别能力和保护水平，全国 60 名学员参加。确定山西青铜器、瓷器三维数字化标准制定工作协作单位，完成前期调研与分析，逐步将调研成果转化为数字化采集标准技术要求、操作要求、应用要求，完成标准征求意见稿。 （梁文青）

【藏品征集与保护】 2020 年，山西博物院征集井陉窑等窑口古代瓷器 31 件，接收原山西省文物交流中心并入文物 10 万件，院藏文物总数达到 531590 件，其中，一级文物 2137 件，二级文物 1680 件，三级文物 36469 件，接收社会各界捐赠的抗疫见证物 1977 件，接收房宗玉捐赠晋东南地区古建筑雕塑、壁画、石刻、会议场景等照片底片 3086 张，接收吴华新、吴明顺捐赠“西番莲嵌玉座钟”工艺品 1 件，接收袁旭临捐赠的书画作品 77 件 / 组，接收山西青年联合会捐赠“纪念中国人民志愿军抗美援朝出国作战 70 周年”书法册页 1 件。启动“晋魂”基本陈列、“吉金光华”基本陈列展览文物的日常保养、清洗工作，清洗保养打击文物犯罪收缴文物 638 件，修复文物 7 件，复制文物 27 件，完成 7 个文物保护修复项目，9 个预防性保护方案，10 个文物保护修复方案，参与 9 个市县级文物保护修复项目。加强古籍保护，核对完成普通古籍数据 91894 册，碑帖拓片 5297 册，民国图书 20566 册，院藏古籍善本保存状况及其装具类型调查研究等三个项目立项实施。 （梁文青）

【文物鉴定和定级】 2020 年，山西博物院配合打击文物犯罪专项行动，共接受办案机关委托 223 次，完成涉案物品 307688 件（组）鉴定工作。完成对山西晋德拍卖有限责任公司 8 场次 6979 件（套）拍卖标的审核工作。受太原晋商博物馆委托，对该馆所藏 608 件（套）文物进行定级，其中二级文物 21 件，三级文物 336 件（套）。完成对交城玄中寺寺藏 487 件珍贵文物核对工作。完成办理“山鹰之子安第斯文明展”157 件（组）展品延期出境手续工作。 （梁文青）

【公众服务与教育】 2020 年，山西博物院线下累计接待社会观众 523791 人次，提供讲解服务 2953 批次（其中志愿者讲解服务 1542 批次），咨询服务约 6 万余人次，发放免费参观资料约 26 万余份。开展“来博物馆约会吧”“晋界”“约读”“吉金读晋”等线上线下多种教育活动，策划启动“约走 · 黄河文化系列研学”品牌教育项目，完成“无边界历史教室”项目定位。 （梁文青）

【科学研究与学术交流】 2020 年，山西博物院被省科技厅批准纳入科研管理事业单位序列，完成“馆藏宋代染黄纸经籍的用纸研究”等 6 个项目申报省文物局文物科研项目，金属文物保护研究省级科研基地等 4 个科研基地申报工作。编辑出版展览图录5本，职工发表论文62篇，3个科研项目结项：山西省可移动文物数据动态管理系统、山西省可移动文物保护修复数据库系统、山西博物院藏善本古籍数字化保护。举办《黄河文明的标识学术研讨会》，邀请来自高校、研究机构的数十名专家学者深入研究探讨史前黄河文明，并采取一种开放形式，让更多观众现场旁听、参与。（梁文青）

【文创研发】2020年，山西博物院加强知识产权保护，完成“傅山书画”“宝宁寺水陆画”共207幅IP资源梳理。注册申请鸟尊立体商标（10个类别），申请具有代表性的9个系列创意元素版权保护，获得“山西省版权示范单位”称号。开展“有主题、成系列”展览配套文创产品研发工作，参与“山西省博物馆文创联展”“第七届中原文博会”“第五届吉林雪博会”。（梁文青）

【数字化建设】2020年，《山西博物院藏珍贵壁画和石质文物数字化保护》《山西省可移动文物保护修复数据库》《山西博物院公众信息服务系统建设》3个信息化项目结项，《山西省文物保护研究中心馆藏珍贵文物数字化保护》进入实施阶段。古籍数字化再生性保护和修复性保护一期结项，对院藏988册善本古籍进行数字化扫描和全文识别，对100册古籍进行修复。完成临时展览及文物数据采集。完成50件文物图片授权及费用收取工作。制订山西博物院智慧博物馆建设五年规划，启动《山西博物院智慧博物馆建设项目可行性研究报告》编制。（梁文青）

【对外交流与宣传】2020年，山西博物院官方网站、微博、微信发布推送1953余条，粉丝较去年增长24万余人。除“一网两微”宣传外，联合其他文博单位、社会媒体开展线上互动活动，围绕晋魂基本陈列、临时展览并结合国际博物馆日、国庆黄金周等，通过新媒体宣传手段多维度宣传，推出11场重大直播活动，直播观看量约409.20万人次。（梁文青）

【安全和运行管理】2020年，山西博物院强化安全值班管理和应急处突能力提升，落实24小时不间断值班管理制度。落实中层干部“1+3”岗位责任制和部门安全员安全责任，加强全员安全教育培训，开展消防演练、技能比武，树立“安全工作人人有责”意识和应急能力。完成安防系统改造提升项目，实现安消防管理有机统一。完成设施设备日常运行巡检和维护检修，确保系统正常运转。加强绿化、保洁、食堂管理，提升服务水平，规范管理固定资产，做好资产登记、清查、报废等工作。（梁文青）

2020年，市民参观“黄河文明的标识——陶寺·石峁的考古揭示”展（山西博物院供图）

·山西地质博物馆·

【概况】山西地质博物馆位于太原市万柏林区。2020年，共接待公众近36万人次，直接获评国家一级博物馆、被列为省内首个“国家生态环境科普基地”。（梁文青）

【地质研究成果】2020年，山西地质博物馆依托院士工作站，开展山西晚古生代锯齿龙类脊椎动物化石及地层系统调查、山西中上三叠统古生物化石调查两个重点调查项目，发表论文3篇，其中一篇发表在SCI。完成“两规范”（《铁、锰、铬矿地质勘查规范》和《高岭土、叶蜡石、耐火粘土矿产地质勘查规范》制修订工作，是1984年以来首次承担国家标准体系建设项目。编制13本科普图书即将出版印刷。组织专家对金矿资源储量核实报告进行评审，得到中国新闻社等媒体的关注报道，微博热搜话题“山西发现价值近160亿金矿”阅读量超3亿次。（梁文青）

【地质资料管理】2020年，山西地质博物馆实施山西省重要地质钻孔属性数据库建设项目、山西地质博物馆成果地质资料保护性修复项目。全面启用地质资料信息管理服务系统。向全国地质资料馆转送A类成果地质资料90档。向社会提供资料服务213人次，733份次，31572件次，数据量51.70GB。汇交入库钻孔数1041个。举办全国性矿产资源储量业务培训会，完成地质报告评审90份，建设项目压覆重要矿产资源评估（调查）报告评审34份，完成《山西省矿产资源报告》编制工作，完成地质勘查项目监理127次，派出监理人员404人次，野外验收项目19个，完成矿产

资源储量登记书审核、入库16份。（梁文青）

【智慧博物馆建设】2020年，山西地质博物馆形成“史前部落”观众互动体验区升级改造方案，官方网站访问量达300万次。微信公众号用户数48903人，自媒体发布各类通知、公告、宣传内容397篇，其中官网114篇，微信231篇，微博52篇。（梁文青）

社会科学研究

【机构改革】2020年，太原社会科学院根据《太原市机构改革方案》文件精神和市委组织部《太原市市级机构改革人员转隶通知书》要求，将其所属原市政府发展研究中心参公管理人员进行分流转隶，其中转隶到市委党校16人，转隶到市委党史研究室8人，调动到市委政研室1人。（连嘉琪）

【社科理论研究】2020年，太原社会科学院开展以《弘扬晋商精神推进太原经济高质量转型发展研究》《太原市打造一流创新生态路径研究》《高质量发展视域下太原实施城市“双修”战略研究》《挖掘傅山医药文化推进中医药产业化国际化研究》《太原市党建引领社区疫情防控的实践和探索研究》《优秀中青年领导干部培育选拔机制研究》等为主要研究方向的创新资金资助项目，均按时完成结项评审工作。聚焦经济社会发展的热点领域，确定《坚持新发展理念　推进经济转型高质量发展的太原实践研究》《提升太原现代农业产业化水平确保同步建成小康社会》《深度贫困地区脱贫攻坚的太原实践研究——以娄烦县为例》《贯彻“两山”理论，推动太原生态文明建设研究》《优化政治生态培育优秀年轻干部》等5项重大决策咨询课题。5个课题组外出开展课题调研10批次、42人次，范围涉及10省（区）18市。（连嘉琪）

【市情调研】2020年，太原社会科学院推动研究工作从理论型科研向实践型调研转型，实现调查研究常态化、制度化，明确《太原市践行“项目为王”要求推进项目建设研究》《太原转型发展中的人才兴市战略研究》《融合传统与现代文化元素打造历史文化街区研究》《太原市融入黄河、长城、太行三大旅游板块发展研究》《太原市以科技创新引领经济转型发展研究》《农村宅基地使用权流转法律问题研究——基于太原市的实践》等6个调研方向，根据专业及研究领域，将全院科研人员分为5个调研组，开展大调研活动。（连嘉琪）

【社科理论成果】2020年，太原社会科学院围绕习近平总书记视察山西重要讲话重要指示和省、市重要会议精神，结合实际调查研究，在山西日报理论版、太原日报理论版发表《科学统筹山西城乡发展，打造太原都市核心引擎》《坚持新发展理念太原经济发展取得新突破》《以科技创新实现“六新”突破》《做好山水文章再现锦绣太原》《深刻把握三新内涵，蹚出转型发展新路》《凝练文化特色，打造文旅产业融合品牌》《打造生命周期服务的创新生态》《贵州省生态文明建设的经验及对太原的借鉴》《用文化共振奏响创城强音》《一枚印章管审批，简政放权再提速》《柔性引才助力发展》等理论成果。（连嘉琪）

【社科普及活动】2020年，太原社会科学院为加强哲学社会科学普及工作，提高公民哲学社会科学素养，牵头与市委宣传部等20家单位建立太原市哲学社会科学普及工作联席会议制度。5月18日，以“全面建成小康社会，提高公众科学素养”为主题，与省社科联在山西国民师范旧址共同举办2020年山西省哲学社会科学普及周开幕式，组织科普基地和市属学会开展为期一周、14场普及周系列活动，通过多种形式宣传普及哲学社会科学知识，传播先进文化，弘扬科学精神，提高全民科学素质。举办民俗文化精品展览活动，宣传和弘扬传统文化。开展哲学社会科学普及征文活动，评出获奖作品12篇。（连嘉琪）

【社会科学普及项目】2020年，太原社会科学院拓展社科普及载体，扩大社会科学普及覆盖面，提升社科普及传播效力，举办主题论坛12场。创建第三批市级社科普及基地9家并完成基地命名工作，创建第二批社科共享书屋16家，加强社科普及资源整合，对于提升治理能力、提升全市人民社会科学素养意义重大。（连嘉琪）

【新媒体平台建设】2020年，太原社会科学院通过促进传统媒体和新媒体融合，借助网络、微信公众号、微博等新媒体平台，依托《并州智库》开展科普信息的立体传播。“两微”即“并州智库”微信公众号、微博。“一刊”即改版提质的《并州智库》，是展示理论成果的重要窗口，全年出版完成12期15万字，其中“学习宣传贯彻习近平总书记视察山西重要讲话重要指示”研究系列5期、“四为四高两同步”研究系列5期，真正做到围绕中心，服务大局。（连嘉琪）

【社科类社会组织发展】2020年，太原社会科学院推进实施“百会兴联”战略，加强对社科类社会组织政治引领、业务指导和服务工作，制定《太原市社会科学类社会组织会员管理办法（试行）》、印制“太原市社会科学类社会组织会员证”，组织指导各学会坚持“三个一”工作模式，完成社团年检工作，筹备成立学会6家，组织召开年度社科联学会工作会议。（连嘉琪）

综　述

【概况】 2020年，太原市医疗卫生机构总数达到4017个。其中，医院164个（公立医院省级13所、市级10所、县级23所、其他42所，民营医院76所），基层医疗卫生机构3809个（乡镇卫生院53个、村卫生室925个、社区卫生服务机构332个、门诊部288个、诊所2211个），专业公共卫生机构34个（疾控机构14个、行政执法机构5个、妇幼保健机构12个、专病防治机构1个、血液中心1个、急救中心1个），其他医疗卫生机构10个（包括医学科研机构、临床检验中心、体检中心、血透中心等）。卫生技术人员总数66539人，其中，执业（助理）医师25498人、注册护士32142人，千人口执业医师5.71人、护士7.20人。医疗卫生机构编制床位38780张，其中，医院床位37252张（公立医院32382张、社会办医院4870张），基层医疗卫生机构床位1128张，专业公共卫生机构400张，千人口床位数8.69张。　（宋晨曦）

【县域医疗卫生一体化改革】 2020年，太原市10县（市、区）医疗集团全部完成行政、人员、资金、业务、绩效、药械“六统一”管理，全部签订医保打包付费协议，杏花岭区、清徐县、阳曲县、古交市与省、市平台实现互联互通。跟进提升县级医院服务能力，实现二级甲等全覆盖。印发《关于进一步加强农村基层医疗卫生服务工作的通知》，从5方面规范诊疗服务行为，协调投入2210万元加强农村医卫机构标准化建设，乡镇卫生院、村卫生室达标率96%。加强二级以上医院对口帮扶，巩固“1+1+x”家庭医生签约服务模式，协调省、市三甲医院预留10%门诊号源。　（宋晨曦）

【公立医院综合改革】 2020年，太原市卫生健康委员会发挥市、区两级公立医院管委会作用，强化党委领导下院长负责制，完善议事决策机制，推动医院按章程管理。阳曲县人民医院、市中心医院的国家级、省级试点开局良好，累计有8所三级公立医院完成章程修订和备案工作。推进二级以上医院绩效考核，发挥“指挥棒”作用，倒逼医院加强管理。深化城市医联体建设，实现三级医院和县级综合医院“两个全覆盖”，市中心医院与小店区、山医大一院与万柏林区紧密型医联体成效明显。　（宋晨曦）

【医疗、医保、医药联动改革】 2020年，太原市卫生健康委员会印发《推广福建和三明医改经验的实施方案》，细化明确7方面17项任务。发挥市医改办综合协调作用，协同医保、财政等部门，全面取消公立医院医用耗材加成，动态调整医疗服务价格，优化医疗服务比价关系。落实按病种收付费改革政策，在3所医院试点开展按疾病诊断相关分组付费改革。推进药品集中带量采购，建立起短缺药品供应保障会商联动机制，完善保供稳价措施，保障群众用药需求。　（宋晨曦）

【行业综合监管】 2020年，太原市卫生健康委员会聚焦疫情防控、医疗执业、公共卫生等10个方面，12轮次开展监督检查和专项行动，日常监督覆盖率达100%。获批实施“信用+综合监管”国家级试点，围绕医疗机构和公共场所制定出台分类监管办法，同步建立基础信用数据库，按信用等级实施差异化监管，促进卫生健康综合监管法治化、规范化、常态化、信息化。（宋晨曦）

【医疗基础设施建设】 2020年，太原市卫生健康委员会推进“百院兴医”工程，申请专项债券16.10亿元，市中心医院汾东院区、市妇幼保健院长风院区全面启用，市人民医院新院区（一期）、市公共卫生中心加快收尾，市中医医院急诊楼、市血液中心综合楼和市第二人民医院门诊大厅及连廊加紧施工。采取一体化建设模式推进5所医院信息化建设项目，节约资金1.10亿元。完善全面健康信息平台，实现省、市互联互通。整合组建“太原云医院”，涵盖10所城市医院、255家基层医疗机构。支持社会办医，推动5所民营医院纳入全省社会办医重点支持临床专科建设计划，并争取国家、省卫健委支持，启动促进诊所发展试点工作，放宽社会办医环境，提升诊所规范化、标准化水平，推进医疗卫生供给侧结构优化。（宋晨曦）

【卫生健康服务管理】2020年，太原市卫生健康委员会在统筹做好疫情救治基础上，按照“一院一策、一科一策”原则，迅速恢复正常医疗秩序，满足群众看病就医需求。实施改善医疗服务行动计划，在37所医院上马区域临床路径管理系统，在10所医院试点DRGs住院服务绩效综合评价系统，规范临床诊疗行为。累计建成19个专科联盟、38个专科质控部，常态化加强医疗质量和安全，5所医院日间手术中心高效运行，完成手术684例。制订《太原市中医药振兴发展工程实施方案》，建成全国基层中医药工作先进单位3个，创建省级中医药特色基层机构14个，完善建设基层中医馆28个，中医药服务体系不断健全。推进《太原市医疗急救服务条例》立法。全国无偿献血人次数和采血量再创新高。12320热线提供预约、咨询等14项服务100万余人次。

（宋晨曦）

【卫健队伍建设】2020年，太原市卫生健康委员会坚持“科教兴医、人才强卫”，引进高层次人才61名，培养骨干人才480余名，招录卫技人员1200余名，累计培养农村定向学医人员240名、全科医生399名，2人获批享受国务院特殊津贴、1人成为山西省学术技术带头人。争取44个课题（项目）进入省级及以上医学科研行列，引进开发新技术新项目268项，新建成市级临床重点专科32个、医学重点学科20个、名医工作室85个，市中心医院建成全国首批放射与治疗临床医学研究中心核心单位，市第四人民医院成为山西医科大学附属肺科医院。推进省级继续教育项目进基层和医卫“双优”下基层，30个学科60余名专家线上线下培训33场，覆盖基层2万余人次，推广30余项适宜技术，辐射惠及百万患者。（宋晨曦）

【卫健系统治理】2020年，太原市卫生健康委员会深入学习贯彻习近平总书记法治思想，加强宪法、民法典、基本医疗卫生与健康促进法和《太原医疗急救服务条例》宣传贯彻，出台《卫生健康地方标准管理制度》，发挥法治引领保障作用。深入践行总体国家安全观，牵头建立公共卫生安全工作协调机制，先后4次跨部门会商研判，防范卫健领域风险向政治领域传导。开展“三零”单位创建，强化开门接访、主动下访、畅通渠道等制度做法，以“控新治旧”助推实现“零上访”。落实安全生产责任，全面开展集中教育整顿暨专项整治，多轮次全覆盖式督导推进，未发生重大安全事故。开展平安医院建设，紧密结合扫黑除恶专项斗争，加强二级以上医院智慧安防建设，严厉打击医闹等违法行为，保持涉医“零案件”。

（宋晨曦）

【重大疾病防控救治】2020年，太原市卫生健康委员会坚持因病施策，优化重大疾病防治策略，全市0—6岁儿童疫苗接种率持续保持95%。地方病防治攻坚行动收官，全面实现重点地方病控制和消除目标。艾滋病、结核病等重点传染病报告率、处置率100%。加快全国社会心理服务体系试点建设，并开通24小时援助热线，搭建起疫情防控心理防线。加强职业病防治，推进尘肺病防治攻坚行动，实现重点职业病监测县域覆盖率、重点行业职业病危害因素检测率、医疗卫生机构放射人员监测率均达100%，用人单位职业病危害项目申报率、接触职业病危害人员检查率均达96%。

（宋晨曦）

【重点人群健康服务】2020年，太原市卫生健康委员会推进健康扶贫，累计救治38种大病2230人次、“双签约”管理慢病17630人次、“三保险”“三救助”兜底保障重病87人次，贫困患者报销比例达到92%，阳曲县、娄烦县的18所乡镇卫生院、255所村卫生室全部达标。围绕“一老一小”，推进医养结合、安宁疗护国家级试点，出台《太原市医养结合标准体系》，制定《机构医养结合服务规范》《居家医养结合服务规范》《安宁疗护机构服务规范》《居家安宁疗护服务规范》等4个地方标准，全部医疗机构开通老年人就医绿色通道，61%二级以上综合医院设置老年科，养老机构医养结合服务覆盖率达85%，建成安宁疗护教育培训基地2个、试点单位14个。出台3岁以下婴幼儿照护服务发展试点方案，4家托育机构获评省级示范。坚守母婴安全底线，十部门联合印发实施方案，从6方面加强妇幼保健服务体系建设，超额完成3件省政府民生实事。落实计划生育奖扶政策73948人（户），实施“康乃馨关爱暖心工程”，投入120万元精准提供11项服务，全面覆盖计生特殊家庭1121户1712人。核查比对全员人口信息139.80万条，完成全国人口家庭动态监测任务。（宋晨曦）

【健康太原行动启动】2020年，太原市卫生健康委员会以市政府名义制定出台《健康中国·太原行动方案》，落地实施18个专项行动，精准对接人民群众对美好健康生活需要。发挥爱国卫生运动优势，开展“爱国卫生季”“三清五治”专项行动，成立省城健康科普巡讲团，200余名专家紧扣疫情防控制作推出28期网络直播，并组织健康教育“六进”活动18472次、服务100余万人次，全民健康生活方式实现县级全覆盖，全民健康素养水平达到20.20%，较上年提高2.60个百分点。

（宋晨曦）

妇幼保健

【概况】 太原市妇幼保健院（太原市儿童医院）始建于1984年，是一所集医疗、保健、科研、教学、康复、计划生育、健康管理七位一体的三级甲等妇幼保健院。医院由两院区组成，南内环院区位于南内环街149号，占地面积1.14公顷，总建筑面积2.24万平方米。长风院区位于长风西街113号，净用地16.67公顷，总建筑面积19.30万平方米，设置床位1000张，开放床位416张。有职工1166人，其中专业技术人员1026人。全院设置62个科室，其中业务科室45个。

2020年，医院门急诊人数为39.77万人次，出院人数为13768人，手术例数为6152例，分娩例数4982例，业务收入21364.40万元。（王　珑）

【妇幼公共卫生服务】 2020年，太原市妇幼保健院（太原市儿童医院）配合市卫健委筹备、建立孕产妇儿童救治队伍，做好疫情期间全市的孕产妇和儿童健康管理指导。推进免费婚前医学检查工作，将免费婚前医学检查工作列为10项民生实事之一。对升级后“太原市妇幼保健综合管理平台”运行情况进行监督管理，及时了解使用过程中的不足，为系统功能持续改进和完善奠定基础。开展预防艾滋病、梅毒和乙肝母婴传播工作的药品管理和信息上报。规范母婴阻断药品管理，重新制定乙型肝炎人免疫球蛋白领发流程，按照食药局相关规定进行药品领发。共领取乙型肝炎人免疫球蛋白980支，发放980支，领取苄星青霉素1200支，发放1200支。全市孕产妇HIV、梅毒、乙肝检测率为99.99%，孕早期检测率77.54%，艾滋病感染孕产妇及所娩儿童抗病毒药物应用率达100%。为农村妇女、贫困县农村妇女“两癌”免费检查。宫颈癌筛查35031人，乳腺癌筛查19537人，HPV筛查2000人。（王　珑）

【医联体帮扶】 2020年，太原市妇幼保健院（太原市儿童医院）建立远程医疗服务会诊平台，实行主治医师以上职称医生排班制，为基层医疗机构实行实时在线远程会诊服务。派出专家下基层176人次，诊疗患者535人次，电话指导47人次，开展新技术新业务3项，指导住院病人40人次。开展业务讲座培训、义诊、技术指导、健康教育38次，共服务1900人次。参与新增千医千村牵手医师16人，牵手医师45人。（王　珑）

【临床路径管理】 2020年，太原市妇幼保健院（太原市儿童医院）增加临床路径病种17个，共计45个病种。引入临床路径电子系统，在妇科、产科、儿科、新生儿科进行电子路径系统运行。全面列入临床路径管理病种患者共7725人，实际入路径7293人，入径率93.08%，完成路径6955人，完成率95.38%，均达到管理要求。（王　珑）

【妇幼医疗服务】 2020年，太原市妇幼保健院（太原市儿童医院）加强门诊流量实时监控及医疗资源合理调配，确保就诊秩序。加强门诊窗口限时服务管理，开足收费、取药及窗口，有效分流患者。借助“互联网医疗”优势，实现在线支付、微信支付、支付宝面对面支付、银联卡、省市医保卡、一卡通自助缴费及窗口支付，引导有序就医，实现非急诊患者全部“先预约、后就诊”的目标，门诊预约率达到94.60%，在线支付占门诊总收入90%。（王　珑）

2020年，太原市老龄委开展“敬老月”系列活动座谈会

（市老龄健康事业服务中心供图）

老年健康

【机构改革】 2020年，根据《中共山西省委机构编制委员会关于深化市县事业单位改革有关事项的通知》和《关于印发〈太原市深化市级事业单位改革实施方案〉的通知》精神，6月19日市委编委（市委深化党政机构改革领导小组）会议研究议定，太原市卫生健康委员会所属事业单位实施改革意见，太原市老龄工作委员会办公室调整组建太原市老龄健康事业服务中心。（李翠香）

【《太原市老年人疫情防控守则》出台】 2020年，太原市老龄健康事业服务中心按照市疫情防控领导组决策部署和市卫健委部署要求，考虑老年人免疫功能弱，是传染病易感人群和高危易发人群，制定出台《太原市老年人疫情防控守则》，分别从疫情形势、遵规守纪、生活起居、心态心理、饮食卫生、疾病防治、贡献余热、咨询求助等15个方

面进行规范要求。（李翠香）

【人口老龄化国情教育】 2020年，太原市老龄健康事业服务中心为增强全社会人口老龄化国情意识，贯彻落实中组部、中宣部和全国老龄办等14部委《关于开展人口老龄化国情教育的通知》精神，深化人口老龄化国情教育，开展“千人答卷万人参与”老龄化国情知识竞赛。协调有关领导和专家深入社区组织开展老龄化国情教育讲座，深入太钢老年大学、太原青创老年大学、太原安康通社区学院、太原广播电视大学（太原社区大学）和千峰北路老年书院，就新形势下人口老龄化形势、老年教育发展思路和举措进行专题调研，探索总结老年教育等方面的新经验、新做法。

（李翠香）

公共卫生

·太原市数字健康保障中心·

【概况】 2020年9月，太原市卫生健康信息中心正式成立，为正科级公益一类事业单位。核定全额事业编制16名，实有人员11名，其中硕士1名、本科6名、高中及专科4名。中级专技人员2名，初级专技人员6名，管理人员3名。12月9日，整合太原市卫生健康信息中心、太原市医疗卫生服务中心、太原市医疗资产管理中心3个事业单位，组建的太原市数字健康保障中心挂牌成立。

（陈雪娇）

【卫生健康统计培训】 2020年12月18日，太原市卫生健康信息中心受市卫健委委托，召开卫生健康统计培训会。会议邀请省卫健委统计信息中心卫生统计工作负责人，国家卫生网络统计直报系统工程师进行授课。10县（市、区）卫体局、二级及以上医院、基层医疗卫生机构统计工作负责人100余人参加培训。督促全市820所医疗卫生机构月报、4023所机构年报及时上报，数据质量持续向好。（陈雪娇）

·太原市计划生育协会·

【机构改革】 2020年5月，太原市召开全市计划生育协会工作会暨计生协机构改革动员会，安排全市计划生育协会工作，就机构改革工作进行动员部署。7月，召开全市县级计生协改革部署会，启动县级计生协改革。8月，经市委全面深化改革委员会同意，市政府办公室印发《太原市计划生育协会改革方案》。截至年底，全市10县（市、区）计生协改革全面完成。（姚伶伶）

2020年2月10日，太原市疾控中心样本检验组进行核酸病毒检测

（市疾控中心供图）

【特殊家庭帮扶】 2020年1月，太原市卫健委、太原市计生协联合出台《关于开展暖心行动的通知》。市计生协组织基层计生协工作人员、志愿者对城六区1600名计生特殊家庭成员进行电话关怀，了解生活状况和特殊时期困难和需求。帮助解决外出务工人员后顾之忧，为440名留守儿童发放价值6.20万余元慰问品。印发《关于成立计划生育特殊家庭心理干预专家组的通知》，由5名成员组成市级特殊家庭心理干预专家组，市、县两级特殊家庭心理干预专家组成员共35名。举办太原市计生特殊家庭心理服务能力提升培训班，聘请全国知名心理专家赵国秋教授对心理干预专家组成员及暖心家园负责人、志愿者等80余人进行培训。

（韩秦平　成翠萍）

【计生家庭保险保障】 2020年，太原市计生家庭意外伤害保险保障40887户，市、县财政共投入保费195.74万元。计生特殊家庭护理险保费保障计生失独家庭1772人，县级财政投入保费106.10万元。（韩秦平　成翠萍）

【青春健康同伴教育】 2020年，太原旅游职业学院、山西医科大学晋祠学院、山西应用科技学院、山西工程技术学院等4所高校中标中国计生协青春健康高校项目，开展青春健康校园文化节、主题教育活动、入班参与式互动、线上宣传等多种形式的青春健康同伴教育活动。

（韩秦平　成翠萍）

【生育关怀走访慰问】 2020年“两节”期间，太原市计生协共发放慰问金和慰问品合计价值4.80万余元，慰问救助以独生子女伤残死亡、城镇低保、家庭成员大病的困难计生家庭及基层计生工作者为主117户计生家庭。

（韩秦平　成翠萍）

疾病防控

【概况】 太原市疾病预防控制中心成

2020 年 3 月，太原市疾控中心人员查看学校防控物资储备和宿舍、教室、食堂及其他公共场所环境情况　（市疾控中心供图）

立于 2002 年，占地面积 6989 平方米，建筑面积 5960 平方米，其中实验室用房 2400 平方米。2020 年有职工 199 人，其中专技岗 171 人，管理岗 19 人，工勤岗 9 人。

截至年底，太原市疾控中心通过山西省市场监督管理局计量认证非食品类 12 大类，59 小类，500 个参数。食品资质认定 4 大类，73 小类，130 个参数。（张　静）

【传染病防控】 2020 年，太原市报告传染病发病率为 324.30/10 万，较上年同期下降 29.29%，处理传染病自动预警信号 947 条（不包括结核），较上年同期下降 17.87%。报告 22 起突发公共卫生事件及相关信息，均得到有效处置。有效处置食源性疾病暴发事件 6 起。

艾滋病疫情呈蔓延趋势，男男性行为人群（MSM）感染率为 24.45%，较上年上升 86.64%。截至年底，全市新发现艾滋病人及感染者 238 例（较上年同期下降 17.25%），首次随访完成率 99.60%，累计进行抗病毒治疗 2271 例，仍然在治 1903 例，当年死亡 31 例，对高危人群开展 28655 人次行为干预。

布病散发病例得到控制。太原市全年报告布病 147 例，无死亡病例，无暴发疫情，报告发病率为 3.29/10 万，较上年同期（1.58/10 万）增长 108.09%。（张　静）

【疫苗接种规划】 2020 年，太原市扩大国家免疫规划疫苗接种率以乡为单位 95% 以上。报告预防接种异常反应个案 250 例，较上年同期减少 37.20%。连续维持无脊灰状态 28 年，防控麻疹，实现消除目标，无麻疹聚集性疫情、无暴发疫情。3 月 1 日，恢复预防接种工作，加快疫苗迟种补种工作完成。开通疫苗可追溯系统，上半年实现疫苗全程可追溯。做好 Sabin 株脊髓灰质炎疫苗（Vero 细胞）安全性观察监测。承接国家病毒性肝炎免疫效果评价工作，为慢性病毒性肝炎防控提供有效现场数据。组织开展免疫规划疫苗精细化管理工作，收发疫苗 168.79 万支冷链运转 170 余趟次，安全行程近 13000 千米。（张　静）

【结核病防控】 2020 年，太原市肺结核患者非结防机构转诊总体到位率 98.40%，成功治疗率 96.03%，肺结核患者密接者筛查率 100%。结核病定点医院的病原学阳性率、新病原学阳性耐药筛查率、高危人群耐药筛查率分别为 39.19%、51.84%、63.33%。指导县级疾控中心对辖区 23 个学校散发师生病例开展密切接触者的筛查工作，发生疫情学校较上年减少 14 个。（张　静）

【地方病控消】 2020 年，太原市 10 个县（市、区）碘缺乏病保持消除状态，达标率 100%。4 个燃煤污染型氟中毒病区县保持消除状态，达标率 100%。6 个饮水型地方性氟中毒病区县均达到控制标准，达标率 100%。2 个饮水型地方性砷中毒病区县达到消除标准，达标率 100%。全部达到地方病攻坚目标责任书要求。（张　静）

【职业病防治】 2020 年，太原市备案职业健康检查机构有 25 家，职业病诊断机构有 5 家，职业病鉴定机构有 1 家，形成市—县—直报用户三级网报信息系统，运行正常。完成重点职业病监测与

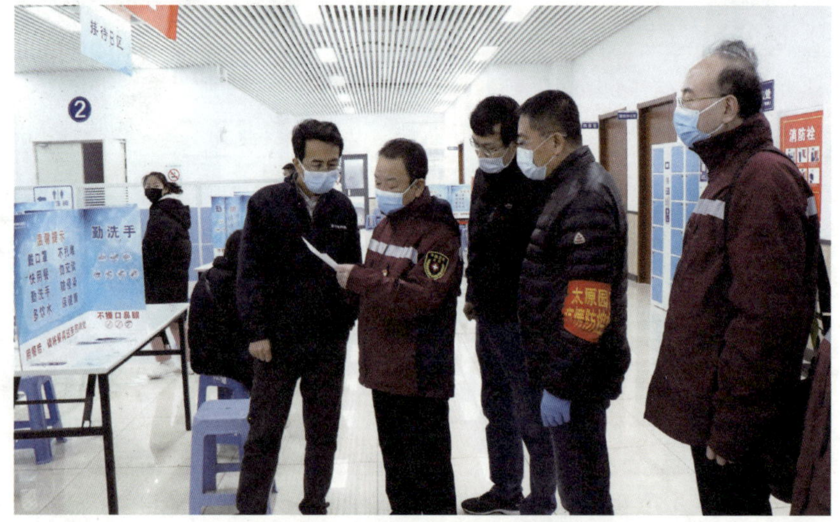

2020 年 3 月 2 日，太原市疾控中心指导富士康复工复产　（市疾控中心供图）

2020年9月25日，太原市疾控中心举办疾控系统应对秋冬季新冠肺炎疫情应急演练（市疾控中心供图）

风险评估，明确重点职业病危害因素种类及职业病发病情况。多途径开展尘肺病随访和回顾性调查，随访率92.66%，达到国家要求。（张 静）

【射线卫生防护】2020年，太原市疾控中心完成放射卫生监测项目，完成全省205家单位基本情况调查，检测医疗机构和非医疗机构70家188台。保持外照射个人剂量监测能力建设项目放射性职业病危害评价能力，完成个人剂量监测19家171人次及建设项目放射性职业病危害控制效果评价1个。（张 静）

【健康教育宣传】2020年，太原市疾控中心发放宣传品14800余份，开展微信有奖问答8次，参与群众达29000余人。通过微信志愿者平台参加活动人数达1500余人。坚持健康教育动漫创作，制作完成健康动漫《除四害》《防治紫癜》两部作品。创作健康教育微视频9个，制作微信宣传页8种。（张 静）

医疗急救

【概况】2020年，太原市急救中心救治转运患者67447次，完成火灾事故救援等突发事件应急救援工作262次救援963人，其中3人至5人突发事件247次救援839人，6人以上突发事件15次救援124人。完成社会服务278次，省市两会、马拉松等重大活动医疗保障437次。救助无主患者13人。“急救大篷车”驶入部队、机关、厂矿、社区、学校、农村等地，向民众普及急救知识与技能95场。建成首家妇幼急救站（省妇幼急救站），满足急危重儿童救治转运需求。举办聚焦“六新”助力转型院前急救技能竞赛，全面提升急救技能和应急救援能力。（杨 凯）

【急救政策法规出台】太原市急救中心于2016年启动《太原市医疗急救服务条例》起草和申报工作，2018年被市人大列为5年立法规划，2019年列为2020年立法项目。在《条例》起草过程中，主动参与市司法局和市人大法制委、教科文卫委组织起草讨论，坚持从急救工作实际出发，以问题为导向，解决医疗急救过程中存在具体问题。一直以来困扰急救发展难点、热点、堵点问题得以从立法层面予以解决，在急救中心及急救站（点）建设、财政经费保障机制、无主无助患者救助流程、医疗急救保障对象及范围、抬担难题、院前急救信息化建设、急救知识与技能的普及、三县一市纳入全市统一院前医疗急救体系以及在抗击新冠疫情期间暴露出来的应急体系建设短板、弱项等方面，经过20多次反复调研、考察、讨论，30多次修改，最终形成定稿并审议通过。（杨 凯）

【急救医疗服务】2020年，太原市急救中心在心内科、神内科、神经外科、妇产科、骨科、乳腺科、呼吸科、中医肿瘤科、针灸科柔性引进“一号难求”的省城顶级名医专家，经市卫健委批准成立5个名医工作室，推动加大“4+7”药品集中带量采购，就医量大幅增加，阿托伐他汀、阿卡波糖等药品受到群众欢迎，筹建疼痛科、睡眠科，关注百姓亚健康预防管理，提供节假日名优专家出诊服务，开通健康山西挂号平台预约服务及医保电子凭证支付通道等，让尖

2020年，太原市急救中心举办聚焦“六新”助力转型院前急救技能竞赛（市急救中心供图）

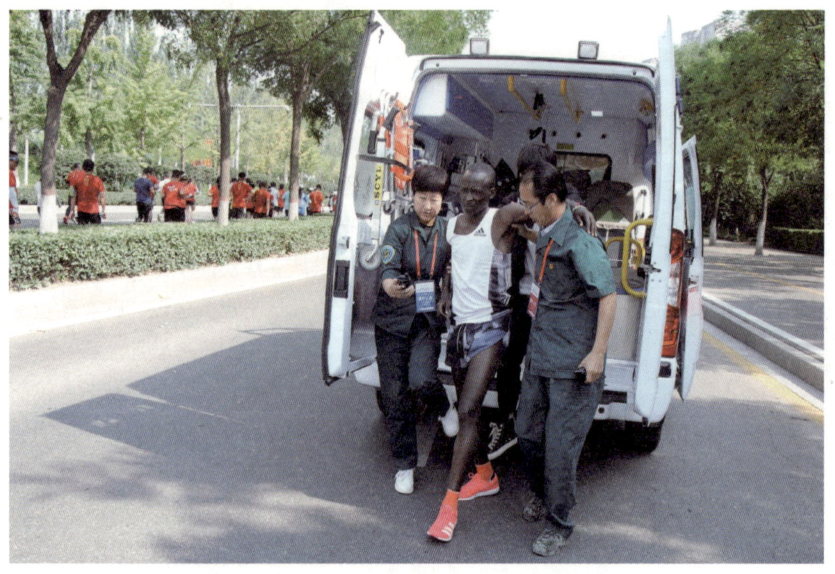

2020 年，太原市急救中心为太原国际马拉松提供医疗急救保障

（市急救中心供图）

草坪区居民在家门口“花二甲医院的费用，享受三甲医院优质医疗”。（杨　凯）

【基础设施建设】 2020 年，太原市急救中心建成 PCR 实验室，九院综合楼及配套工程建设项目按期推进。针对手续难办等问题多方沟通协调，反复多次讨论设计、施工等建设方案，克服冬季施工工程紧、难度大等问题，PCR 实验室在一个月内完成土建工程，九院综合楼及配套工程建设项目按期推进开工建设。全面更新、补充 400 万元设备，组织相关临床科室研讨，确保临床最紧缺、患者最急需的设备优先购置，全力保障常规手术、新技术、新项目等开展。（杨　凯）

中医中药

【概况】 2020 年，太原市中医医院发挥全市唯一一所中医综合医院优势，全面做好疫情防控工作，提升医疗服务整体水平，全年业务收入 1.12 万元，门诊人次 11.90 万，出院人次 5743 人，较好完成全年任务。（赵柏雯）

【信息化建设】 2020 年，太原市中医医院完成门诊结构化电子病历升级改造工作，将原有手写纸质病历改为电子病历，为医院科研教学提供数据支持。完成健康山西 App 中查询患者检验结果的功能。利用信息化手段改善优化群众看病就医服务流程，上线移动端应用，开展预约挂号、在线缴费、结果查询等移动端服务功能，开通电子医保卡在线支付功能等便民惠民功能，提高服务质量。（赵柏雯）

【重点专科学科建设】 2020 年，太原市中医医院有全国名老中医药专家传承工作室 3 个，省级名中医传承工作室 7 个，市级名医工作室 27 个，其中包含 2020 年新申报的市名医工作室（中医）7 个，市名医工作室（西医）2 个。加强重点学科建设，开展肺病科、心脑科、肛肠科、儿科 4 个市级重点学科建设工作。省级独立科研项目 5 项，申报省级课题 4 项。（赵柏雯）

【中医护理服务】 2020 年，太原市中医医院按照《2018 版优质护理服务评价细则》，落实责任制整体护理服务模式，优化护理流程、创新护理举措，加强中医重点专科建设，优化并推广《中医护理方案》，制订 27 个中医特色护理方案。开展护理科研，引导全院护士开展护理经验总结和论文撰写，共发表国家级论文 2 篇、省级论文 12 篇。开展经络拍打操、舌操、呼吸操等具有个性化中医特色健康教育和康复指导，向患者、家属和居民普及中医健康保健及康复知识。有 25 人参加中医疫病防治骨干人才培训、17 人参加省护理学会组织的各项培训，全年全院培训 24 次、年度考核 2 次，举办重症专科护士培训班，28 人完成培训及考核并发放院内合格证书。（赵柏雯）

【基层医疗帮扶】 2020 年，太原市中医医院选派 19 名医师参与对口支援工作，门诊诊疗 2924 人次，住院 119 人

2020 年，太原市急救中心省妇幼分站开站　（市急救中心供图）

次，会诊及疑难病例讨论55例，开展适宜技术30种，适宜技术应用1086人次，义诊1238人次，业务培训次数56次，教学查房次数179次。派出卫技专业人员42人，接诊1413人次，开展业务培训4次，义诊128人次。选派21名优秀医师与阳曲县、清徐县乡镇卫生医疗机构实现结对牵手工作，采取线上加线下方式进行，培训人数3414人次，服务总人数3637人次。（赵柏雯）

【中医健康宣传】2020年，太原市中医医院专家做客“山西健康之声”、太原广播电视台、太原老年之声广播等媒体，录制《吃出来的健康》《健康最重要》《防控疫情新优势，中医特色治未病》等节目15期。在微信公众平台开设《中医养生》和《李姐话健康》栏目，推送健康养生节目28期，播放中医养生视频17期。制作防疫小视频15条在抖音平台推送。全年共开展健康教育活动172次，受益人群8000余人，发放健康宣传资料10000余份。（赵柏雯）

献血供血

【概况】2020年，太原市血液中心全年收入13249.53万元，同比增长9.89%，支出11980.82万元，同比增长8.10%。除财政专项补助收入1576.80万元外，事业收支亏损308.20万元。（郭雅丽）

【机构改革】2020年，太原市红十字血液中心更名为太原市血液中心，并完成定职责、定编制、定内设机构工作，编制由130名变更为120名。（郭雅丽）

【献血用血服务】2020年，太原市血液中心采集全血102528人次，采血量199137.50单位，同比减少3.90%。临床用血210854单位，同比减少3.40%。机采血小板采集25187.50治疗量，同比增长32.50%，临床用量26720治疗量，同比增长38.10%，团体献血40139人次，占全血采集人次39.10%。（郭雅丽）

【无偿献血宣传】2020年，太原市血液中心借助微信公众平台、中心官网、官方微博、今日头条等媒体平台，开展无偿献血宣传活动展示、预约献血、结果查询、先进人物事迹宣传等，宣传无偿献血工作。微信公众号发布信息420条，微信朋友圈广告1100万条，短信发布600余万条，微博发布信息333条，抖音发布短视频125条，快手发布短视频125条，播放量达到35余万次，粉丝数量达到7500人。接受中央、省、市电视台、电台、各类报纸杂志、各网络新媒体采访报道1200余次。在传统媒体和新媒体刊播无偿献血宣传知识，刊登《山西晚报》2个专版、《人人健康》24期72个专版、《太原献血报》专刊12期48版、《太原无偿献血志愿者报》12期24版、《特别关注》8期32个专版。在200个社区设置400个无偿献血科普宣传栏，拍摄20部无偿献血宣传片。以春节、国庆节、“5·8”红十字日、“6·14”世界献血者日等节假日、纪念日为契机，开展“完美百城千店万人公益献血”等16次大型无偿献血专题宣传招募活动。自“太原志愿者”微信平台成立以来，注册志愿者285人，开展无偿献血等志愿服务活动87次，职工社会责任感和献血者满意度得到提高。（郭雅丽）

【临床供血保障】2020年，太原市血液中心加大采血工作力度，外采人员及中心党员干部职工通过延长工作时间、主动上街宣传等方式，挖掘工作潜力，完成工作任务，确保临床供血安全、有效、充足。除保证省城临床供血外，还支援北京、天津、内蒙古、安徽等省市2824个治疗量血小板。落实《太原市2020年无偿献血工作计划》，主动上门与机关、厂矿和大中专院校等单位联系沟通，深入365个团体单位宣传招募，并集中开展31次专题讲座，扩大无偿献血在社会的影响力。（郭雅丽）

【血液质量监控】2020年，太原市血液中心在建立ISO15189实验室认可质量体系文件基础上，结合机构调整、职责变化，对原有质量体系文件进行全面升级改版，包括质量手册、质量手册实验室分册、安全手册、程序文件45个，各科操作规程483个，医学伦理委员会制度汇编1册。邀请黑龙江、陕西血液中心专家参与中心内审工作。全年酶免检测标本117161人份，合格率98%。上报抗-HIV初筛阳性标本213例，确证阳性27例。按照《山西省卫生计生委办公室关于推进血站核酸检测工作省内全覆盖有关工作的通知》要求，对大同、朔州、忻州、吕梁、晋中等5个市中心血站血液标本进行核酸集中检测，检测核酸标本70013份，检出阳性样本20份，不合格率0.03%，用血安全性持续提升。全年关键设备质检1594台次，实施血液审核报废456批次，各类终产品质量抽检1724袋，血液安全性指标抽检合格率100%。完成国家卫健委、省临检质评中心及CITIC项目组组织的3个室间质量评价项目7次检测工作，结果100%符合要求。各种产品合格率均符合国家要求，根据全血成分血相关指标的趋势分析，检测结果均较为稳定。（郭雅丽）

【科研培训】2020年，太原市血液中心举办各类培训11期，内容涉及献血宣传招募新思路、医学伦理学、网络安全知识、传染病防控、健康教育、消防、普法知识等。申报并完成省级继续医学教育项目4项，市级继续医学教育项目3项。市卫健委批准2个重点学科、1个重点建设学科经过3年建设发展，接受专家组验收考核，基础输血学、输血管理学考核合格，输血技术学被评为优秀医学重点学科。完成全省各临床医院和各地市血站送检疑难标本，其中ABO和RhD血型鉴定1309例，ABO基因检测28例，RhD基因检测22例。抗体鉴定、红细胞配血和血小板配血5238人次，产前检测、新生儿溶血病检测、封

闭抗体检测488人次。完成中华骨髓库下达2500人份HLA基因高分辨检测任务，为提高血型检测水平作出贡献。（郭雅丽）

卫生监督

【概况】2020年，太原市卫生健康综合行政执法队监督检查医疗机构、公共场所、学校、饮用水、传染病防治、放射、职业、消毒及健康相关产品、计划生育、中医药服务等各类单位14080家，监督总户次数达17414户次，除职业卫生用人单位外，日常监督覆盖率达100%。全年查处案件381件，罚款总金额216.81万元，没收违法所得12.56万元。完成国家"双随机"监督抽检970户，任务完结率100%。（闫　虹）

【医疗行业监督检查】2020年，太原市卫生健康综合行政执法队加强对医疗行业的监督检查力度，强化医疗机构依法执业监督，对医疗机构连续进行多轮监督检查，确保医疗机构依法执业、疫情防控两不误。全年监管医疗机构3978家，监督覆盖率100%。查处医疗卫生违法案件65起，罚款21.86万元。参与委管医疗机构校验现场审查工作，对需要校验医疗机构进行现场评分及校验审查。加大消毒产品监督检查力度，共监督检查消毒产品生产企业20家，经营单位75家，查处违法案件8起，罚款2.10万元。对监管280家放射诊疗机构进行监督检查，监督覆盖率100%，查处违法案件13起，罚款1.60万元。协助市行政审批服务管理局完成11个放射性职业病危害放射防护预评价审核工作，完成对12个放射性职业病危害控制效果现场验收的工作，完成13个放射诊疗许可现场审核、设备变更工作。推进计划生育服务监督，以人类辅助生殖、产科、妇科等为重点，监督检查各类机构101家，监督覆盖率100%。集中开展血液透析专项执法检查、临床用血专项执法检查、口腔类医疗机构、健康体检机构、医疗美容机构及打击"两非"（非医学需要的胎儿性别鉴定和非法选择性别的人工终止妊娠）整治工作等专项行动。（闫　虹）

【公共卫生监督检查】2020年，太原市卫生健康综合行政执法队管辖公共场所单位数3274户，全年完成监督检查3274家，监督覆盖率达100%。查处违法案件90件，罚款12万元。开展控烟宣传和监督执法工作，累积处罚在禁烟场所抽烟经劝阻无效公民28人，处罚金1400元。更新集中式供水单位基本信息库，完善全市饮用水供水单位情况。监督检查市政供水厂、自建水厂、二次供水等生活饮用水单位634家，监督覆盖率100%，查处违法案件2起，罚款3.05万元。监管640所学校，监督检查640所，监督覆盖率100%，查处违法案件4起。开展校园内非卫生许可体育场馆监督管理、公共场所集中空调通风系统专项工作，对专项整治工作中存在问题的单位，责令进行整改并督促整改到位。（闫　虹）

【职业卫生监督检查】2020年，太原市卫生健康综合行政执法队监管职业健康检查机构18家、职业病诊断机构5家、用人单位973家。监督检查职业健康检查机构18家、职业病诊断机构5家、用人单位284家。职业健康检查机构立案4起，罚款2万元。用人单位立案104起，罚款141.15万元。受理职业病鉴定26起，除1起鉴定人主动放弃外其余全部办结。配合省卫生监督所完成22家技术服务机构随机监督任务。（闫　虹）

【"双随机"抽检】2020年，太原市卫生健康综合行政执法队根据国家、省、市"双随机、一公开"监管要求，对监管对象名录库和执法检查人员名录库实行动态管理，实时更新。对抽检中发现违法违规行为实行负面清单制度，加大行政处罚、黑名单等负面信息的披露力度，从制度上保障事后监管的公正、透明和公平，促进宽进与严管无缝对接。完成国家"双随机"监督抽检计划970户，任务完成率和完结率均为100%。（闫　虹）

【"信用+综合监管"】2020年，太原市卫生健康综合行政执法队按照《太原市卫生健康领域"信用+综合监管"试点工作方案》要求，在监管领域内医疗卫生和公共场所卫生两个专业中取得《医疗机构执业许可证》《中医诊所备案证》《公共场所卫生许可证》企事业单位中开展"信用+综合监管"工作，以监管单位信用信息在事前、事中、事后差别化分类监管为重点，通过设立专门"信用+综合监管"平台办公室，并开通专线与平台对接，为医疗卫生和公共场所卫生专业组开通账号和权限，进行信息核对等，逐步实现机构自治、行业自律、政府监管、社会监督信用全过程闭环管理，推动联合奖惩机制落地见效，促进卫生健康领域治理体系和治理能力现代化。（闫　虹）

【行业卫生专项整治】2020年，太原市卫生健康综合行政执法队针对"三小"（小美容美发店、小旅店、小浴室）行业特点，制定"三小"行业和经营性公共场所卫生监督检查标准，将禁烟、控烟工作作为创建全国文明城市重要抓手，坚持日常监督与专项治理并举，采取"拉网式"筛查、"地毯式"监管，实行"包保责任制"。在做好摸底阶段工作及要求各单位自查的基础上，针对排查出来重点区域、重点单位和薄弱环节，要求各单位严格按照国家卫生城市标准和"三小"行业相关卫生标准要求，分段分片集中整治。对全市1520户"三小"单位开展监督检查，共监督检查2209户次，达标总数1376家，不达标总数144家。立案11起，警告10户，罚款7000元。（闫　虹）

医院选介

·太原市人民医院·

【概况】2020年，太原市人民医院门诊16万人次，入院9211人次，手术台数2269台，平均住院日14.70天，床位使用率95.30%。全年业务收入1.65亿元，药品比例29.07%，资产负债率34.75%。（史新燕）

【医疗资源引进】2020年，太原市人民医院从上海同济医院、浙江大学附属第一医院、省人民医院、省眼科医院等国内省内先进医院柔性引进专家15人，成立名医工作室11个，与北京哈特瑞姆心脏医生集团合作成立心律失常中心。医院共建立1个院士工作站，23个名医工作室，引进国内知名专家38名，实现临床专业全覆盖。（史新燕）

【技术人才培养】2020年，太原市人民医院派出医护人员60余人赴上海瑞金、同济、东方肝胆外科医院，浙江大学附属医院等国内知名医院进修学习，高级职称医师、护理骨干基本全部进修。重视专科护士培养，3名护士取得老年专科和国际伤口治疗师资格。举办全市产科安全大会等线上、线下省、市级继续教育项目、院内讲座40余项，医务人员整体素质得到提升。（史新燕）

【医疗技术能力提升】2020年，太原市人民医院依托院士工作站、名医工作室、特聘专家，引进开展特色适宜技术，让广大患者在家门口享受到国内顶尖医疗服务。外聘专家门诊量3569人次，引进“经闭孔无张力尿道中段悬吊术”等新技术31项，开展三四级手术1128台，占手术总量的49.70%，医院服务能力得到提升。重点学科和科研实现突破，申报科研3项，其中“更年期多学科MDT综合管理模式应用”通过省卫健委审核立项，医务人员发表论文53篇，其中国家级7篇。（史新燕）

【医疗质量安全管理】2020年，太原市人民医院以医保DRGs付费试点工作为抓手，围绕“关注患者安全、关注医疗质量、关注制度落实”，修订完善《全面质量管理与持续改进实施方案》，突出基础和重点环节医疗质量。临床路径开展16个专业，105个病种，电子病历系统达到3级标准。实行“7S”管理，设立静脉治疗等12个专项组，成立品管“基石圈”，夯实基础护理，为患者提供同质化医疗服务。（史新燕）

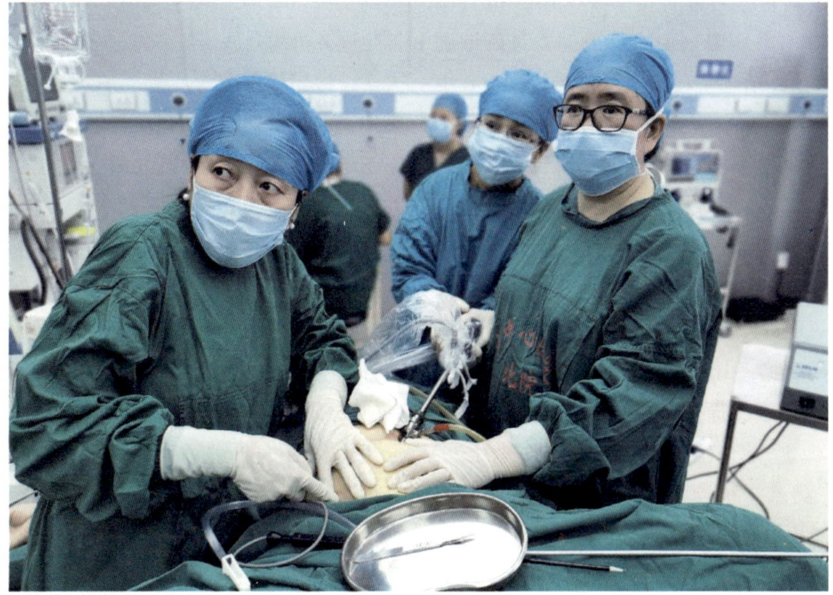

2020年，太原市人民医院专家为患者进行微创手术（市人民医院供图）

【医疗服务】2020年，太原市人民医院成立PICC护理门诊，开展妇产科日间病房和日间手术，投入1600多万元购置64排螺旋CT、1.5T核磁等医疗设备，完成住院楼及医疗用房二期改造项目。加强平安医院建设，开展安全生产集中教育整顿及专项整治、“三零”单位创建、扫黑除恶专项行动。加强信息化建设，完成影像科PACS系统建设，开通异地门诊、住院直接结算系统，健康山西App问诊专区，实现数据互通，应用协同。全年网上预约挂号6000余人次，35个学科198名医护人员提供在线问诊，问诊量4473人次。开展安全应急演练30余次，启动西排危旧房屋加固修缮工作，更换泡沫彩钢房1200余平方米。（史新燕）

【基层医疗帮扶】2020年，太原市人民医院深化与公安监管部门合作，新增太原市第一看守所、杏花岭区检察院、公安迎泽分局办案中心医疗保障工作，入监体检1401人次，提供门诊服务5.80万人次。以晋源区医疗集团建设为重点，帮扶基层。完成与晋源区卫体局管理交接，完善管理制度，开设基础账户，加强“阳光采购”，集团内实行药品采购一体化管理。帮扶基层医疗卫生机构140家，建立“对口支援微信群”，为200多家基层医疗机构提供远程会诊。派出专家7502人次，诊疗患者4.50万余人次，开展新技术新项目25项，远程会诊1000余人次，承担基层卫生人才能力提升培训，培训基层医务人员450人，提升基层医务人员能力和水平。（史新燕）

·太原市第二人民医院·

【概况】太原市第二人民医院位于杏花岭区府西街西端、滴汾桥东，始建于1954年，是一所集医疗、科研、教学、预防、康复、保健为一体的二级甲等综合医院。2020年，医院占地面积1.10万平方米，建筑面积2.90万平方米。在岗职工908人，其中卫技人员765人（占职工总数84.30%）。编制床位710张，实际开放床位602张，科室设置63个。全年门急诊170837人次，出院人数8100人次，平均住院日12.18天，手术例数2244例，病床使用率44.64%。

（张建子）

【医疗安全管理】 2020年，太原市第二人民医院对医疗安全核心制度、终末病历、运行病例等进行督控检查。病案专管员每月对全院疑难、危重、输血、死亡等病历进行重点监控，针对问题立即整改，将PDCA循环落到实处。强化临床路径监管，开展14个专业182个病种，截至年底进入临床路径3414例，变异46例，入径率98.02%，完成率94.35%。加大单病种管理监管力度，将每月单病种考核结果与绩效挂钩。按照《医院临床合理用药量化考核细则》，通过抗菌药物使用、特殊药物使用、处方点评细化考核到科室。发挥临床药学师作用，对检查中发现的问题进行汇总反馈整改。通过市卫健委大型医院巡查、精麻药品检查及市卫生监督所依法执业检查。

（张建子）

【医疗护理服务】 2020年，太原市第二人民医院签订护理管理目标责任书，做到任务明了、目标明确。开展优质护理服务，落实责任制整体护理，患者对护理工作满意度≥99%。强化护理质控管理体系，设立14个护理质控专项组，深入科室督导、检查、解决质量问题。完善护理敏感质量指标数据监测统计分析、采集、监测方法，每季度按时向平台上报医院各项数据。加强关键环节管控，全部实现集束化管理。全年招聘护士30名，通过开展多层次、多形式护士规范化培训，培养合格护理队伍人才。

（张建子）

【感控质量管理】 2020年，太原市第二人民医院按照《医院感染控制质量考核标准》督促排查感染防控隐患问题，使感控质量得到持续性改进。在全面综合性监测的基础上开展重点部位目标性监测工作，完成现患率调查：医院感染现患率为0.67%，例次现患率也为0.67%。按照《医务人员手卫生规范》要求，通过强化督促检查，全院医护人员的手卫生依从性有一定提高。开展必要环境卫生学监测，消毒灭菌效果监测196份，合格187份，合格率95.41%。开展感染病例监测，全年调查住院病人7949例，发生院内感染22例，感染率0.28%。漏报调查病例总数1041例，发现漏报0例次，迟报3例次。（张建子）

【科教兴院】 2020年，太原市第二人民医院开展新技术、新项目8项，分别为普外科腹腔镜下胰十二指肠切除术、内镜黏膜下剥离术，眼科眼底相干光层析血管成像术，检验科PCR分子实验室、呼吸道七项，康复科慢阻肺康复，神经内科急性缺血性脑卒中静脉溶栓治疗，老年病科经鼻高流量在老年COPD合并呼吸衰竭患者中应用。落实《山西省继续医学教育实施细则的通知》要求，修订和完善制度12项，完善工作流程7项。全年有665人参加继续医学教育学习，合格率99.85%，覆盖率100%。新申报山西省卫健委科研课题3项，结题1项。撰写论文6篇（其中可视国家级4篇，省级论文2篇）。全年选派35名医务人员分别到北京同仁医院、上海瑞金医院、上海同济医院、浙大一院、上海东方肝胆、上海华东医院、山大二院等省内外三甲医院进行长短期进修。共接收山西中医药大学、晋祠学院、山西中医学校（原山西职工医学院）、太原卫校45人到院实习。

（张建子）

【重点学科建设】 2020年，太原市第二人民医院在资金、人才培养、设备上予以老年医学科、超声诊断科及护理部倾斜。根据老年人多病共存特点，确定以老年综合评估为抓手，多学科综合诊断治疗，挽救患者生命，提升患者生活质量。超声诊断科牵头成立太原市超声医学质控部。推动优质护理服务，遵循“以人为本”理念，夯实基础、注重专科，将基础护理、专科护理和人文关怀贯穿护理全过程，形成“重基础、重人文、重服务”良好氛围。（张建子）

【特色医疗服务】 2020年，太原市第二人民医院普外科治疗肝内外胆管巨大嵌顿结石达到市级领先水平。开展骨科新项目，应用伊利扎洛夫外固定技术治疗痉挛性脑瘫和马蹄内翻足取得良好效果。完善不孕不育名医工作室、骨质疏松研究中心、血管外科研究中心、老年听力眩晕研究中心、老年眼底病研究中心，推进安宁疗护、老年康复工作，在心内介入、外科微创方面实现突破。

（张建子）

【基层卫生服务】 2020年，太原市第二人民医院桃园二社区卫生服务站服务高血压居民319人，管理人数186人，糖尿病居民有126人，管理人数95人。辖区老年人930人，老年人免费体检241人次。开展中医特色诊疗服务、慢病管理等。为辖区内行动不便老人定期上门开展送医送药服务。派驻28名医师到三桥、新华、滨河、民航4个社区卫生服务机构开展帮扶工作，接诊3554人次，慢病指导755人次，协助录入健康档案867份，随访942人次，健康讲座101次，培训医务人员933人次。举办5次义诊活动，服务居民310人次，免费测量血压200余人次，发放宣传资料700余份。全年派驻28名医生深入清徐县东于镇中心卫生院和阳曲县西凌井乡卫生院开展帮扶181次，派出医师1063人次，共接诊患者1673人次，对卫生院医务人员进行业务培训53次，培训人数398人次。派出32名医师分别与阳曲县、清徐县32名村医结对牵手，服务总人数2089人次，对村民进行健康教育384次。（张建子）

·太原市第三人民医院·

2020年5月22日，太原市第三人民医院赴市消防救援支队开展抗击疫情携手共建活动（市第三人民医院供图）

【概况】 太原市第三人民医院（太原市传染病医院、太原市肝病研究所）位于太原市迎泽区新建南路与双塔西街交汇处，始建于1950年，是山西省公共卫生临床中心、山西医科大学附属传染病医院。设有18个临床科室、10个医技科室。医院编制床位850张，实际开放床位650张，有各类卫生专业技术人员616人。

2020年，全院门诊接诊97310人次，入院人数7450人次，出院患者7439人次，手术例数571例，床位使用率65.40%，医院总收入为21605.59万元，医疗收入16755万元。（艾　洁）

【学科发展建设】 2020年，太原市第三人民医院提高医师对内科疾病的规范诊疗水平和综合救治能力，结合工作实际，出台《内科基础专业疾病临床学组分组实施方案》，根据专业划分6个内科学组，加强对内科基础疾病的学习。强化临床医师轮转其他传染病科相关制度规定，培养和训练医师解决传染病急危重症临床实践能力。全年组织重点科室主任开展肝脏肿瘤MDT讨论、会诊46次，为136人次患者制定最佳治疗方案。（艾　洁）

【医疗服务改善】 2020年，太原市第三人民医院开通互联网“线上问诊”咨询功能，组织院内109名医师全天候为有需求患者提供在线免费咨询服务。开通医保脱卡支付（电子社保卡支付）功能，方便患者支付结算。开展移动办公，简化临床用药审批、肿瘤MDT诊疗、重大手术审批流程。加强检查检验结果互认，全年检验互认10人次，减免6230元。检查互认6人次，减免4400元。一站式救助15人次，减免44849元。推动预约服务全覆盖，全年通过网络或电话预约总人数为72518人，占比74.52%。复诊人数为58663人，占总预约人数的80.89%。（艾　洁）

2020年7月8日，太原市第三人民医院赴国民革命军第八路驻晋办事处旧址开展“追寻红色记忆，践行革命传统”爱国主义教育活动（市第三人民医院供图）

【护理服务管理】 2020年，太原市第三人民医院开展护理志愿服务活动30次，参加人数174人次，累计服务435小时，服务对象2637人。102名护理志愿者取得“中国科协与红十字护理协会联手推出普及版心肺复苏技术”资质认证书，并完成200人专项培训任务。（艾　洁）

【临床路径管理】 2020年，太原市第三人民医院出院患者7439人次，应入径例数3528人，实际入径例数3017人，完成路径例数2585人，变异76人，退出432人。完成路径病例平均住院日17.75天，未完成路径病例平均住院日29.01天，临床路径入径率85.52%、完成率85.68%、覆盖率40.56%。召开3次临床路径委员会及3次路径专管员会议，通报路径实施各项指标及数据，分析临床路径实施的现状、存在问题，并制定整改措施。开展实施25种临床路径病种，提高临床路径覆盖率。每月重点对临床路径实施科室入径标准掌握情况、入径流程熟悉程度、入径患者管理

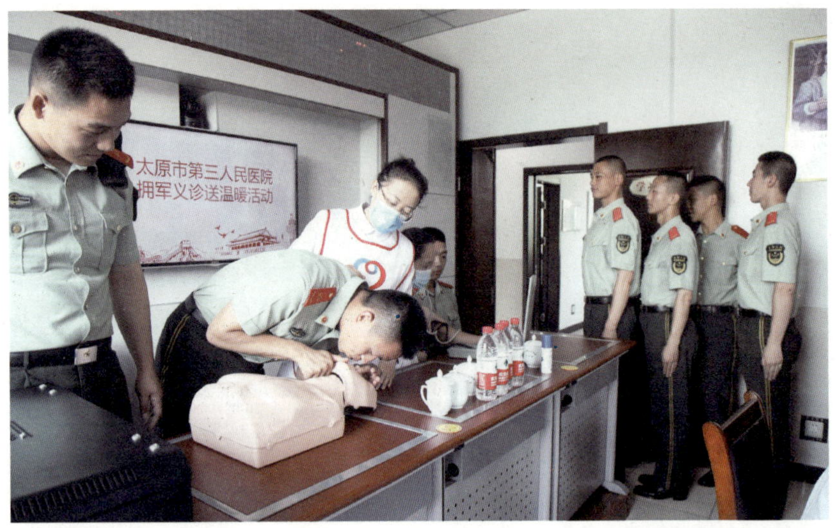

2020年7月21日，太原市第三人民医院开展“拥军义诊送温暖”双拥共建活动　（市第三人民医院供图）

以及变异及退出病例的分析等情况进行督查，发现问题，督促整改。按月对科室临床路径实施效果及质量进行绩效考核，提高考核占比，突出重点工作管理。（艾　洁）

【医疗资源帮扶】 2020年，太原市第三人民医院与首都医科大学附属北京佑安医院签署《远程医疗协作网合作协议》，开展远程病例会诊及授课2次。对医联体单位阳曲县医疗集团5家乡镇卫生院开展农村巡回医疗乡镇医院帮扶，派出医师20人，支援194人次。“千医千村牵手”和“对口支援”惠基层，派出服务医师9人，服务99人次，其中现场诊疗68人次，培训31人次。医院对派出人员到岗情况不定期督导检查，每月对千医千村手册内容统一检查。（艾　洁）

·太原市第四人民医院·

【概况】 2020年，太原市第四人民医院门诊接待患者109825人次，较上年同期增长79.62%。出院患者4547次，较上年同期减少2.29%。（闫利勤）

【重点医院改扩建工程】 2020年，太原市第四人民医院落实中央和省、市决策部署，履行省、市呼吸道传染病定点医院职责，3月启动省级重点医院建设筹划工作。医院成立推进建设省级重点医院领导小组。落实“战平结合”“平战结合”部署，落实中央补短板、堵漏洞、强弱项，全面提升防控和救治能力指示精神和省委、市委的部署，以“省级重点、中部一流、国家先进”为目标，制定医院《五年（2020—2024年）建设发展规划》。聚焦重大传染性疾病预防预警和医疗救治，参照先进地区配置水平，统筹推进工程规划设计、基础设施建设、人才引进培养、科研能力提升、医疗设备配置、政策资金保障等工作，推进总体规划实施。（闫利勤）

【医教研防协同发展】 2020年2月21日，山西省机构编制委员会批准太原市第四人民医院加挂山西医科大学附属肺科医院牌子，8月6日举行挂牌仪式。市第四人民医院对接开展医科大教学医院工作，年内组织申报年度国家基金、硕士生指导教师、临床教学人员高等学校教师资格，参加临床教师教学基本功竞赛，将院校人才、科研、教学优势转化为临床实践的高端医疗服务能力。通过国家药物临床试验机构资格认定。省科技厅、省卫健委下发《关于批准建设重大传染病疾病防控与诊治山西省重点实验室的通知》，参与科研协同攻关。12月与山西大学生物医学研究院举行长期科研战略合作备忘录签订仪式暨国际留学生联合培养基地，成立吴长新博士工作站。院校联手加快提高应对突发重大公共卫生事件和科研水平能力，搭建技术创新平台，建立人才培养基地，协助攻关技术难题，形成医疗救治与科研相结合长效机制。

12月2日，中央人才工作协调小组专家、省人民政府特聘专家、复旦大学博士生导师、清华大学生物学博士黄竞荷教授到院学术交流指导，就提高基础医学研究能力和科室诊疗水平进行学术交流合作。开展“名医工作室”临床带教、科研教学各项工作，落实特聘专家

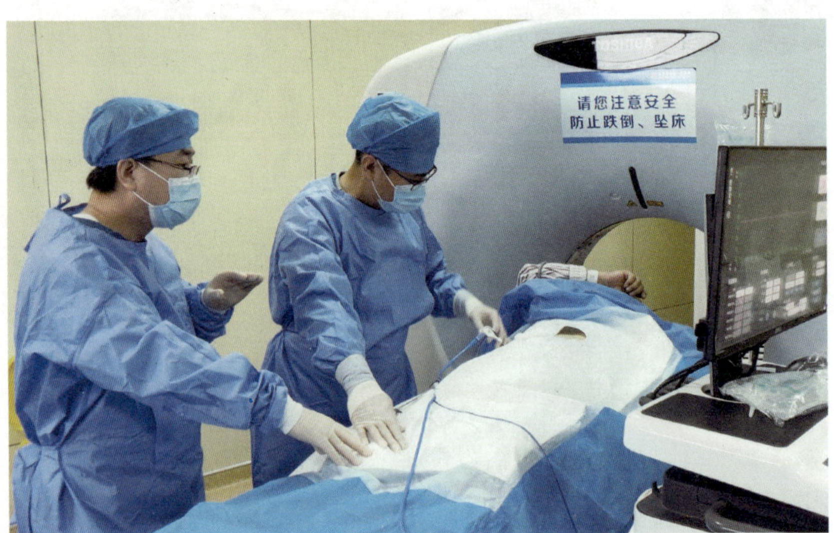

2020年12月20日，太原市第三人民医院首次成功开展CT引导下肝癌微波消融手术　（市第三人民医院供图）

2020 年 12 月，太原市第四人民医院改扩建工程（传染病诊治楼）奠基

（市第四人民医院供图）

指导提升临床和科研工作水平，通过特聘专家坐诊、临床检查、疑难病例讨论、学术讲座等一系列临床诊疗活动，促进医院学科建设和人才培养，充实医院发展后劲，也为省内结核病患者提供更加优质医疗服务。年内科研立项 11 项，科研结题 1 项。与上海肺科医院协作开展课题 1 项。发表省级以上论文 110 篇，开展新技术、新项目 20 项，专利 4 项。菌阴结核科、影像科、护理学获批太原市医学重点学科，检验科获批市重点专科。选派 4 名骨干赴上海肺科医院等医院进修学习。（闫利勤）

【专科医院建设】 2020 年，太原市第四人民医院履行省医学会结核病学专委会、省结核病质控中心、省市结核病质控部和省医师协会感染病分会艾滋病防治专委会职责。10 月 23 日，组织召开省结核病专科联盟理事会议，承办以“防痨抗疫、精准规范”为主题的省医学会结核病学专委会学术会议，当选省医学会结核病学专委会青年委员会主委单位，深化结核病防控制度化与规范化运行发挥组织保障作用，采取线上 + 线下会议形式，邀请全国知名专家和省内结核病知名专家授课，为结核病专业发展集合高端青年医学人才，提供人才储备。省结核病质控中心与省疾控中心联合开展为期两个月的结核病诊疗质量督导检查，参与《患者安全案例》编写，为促进结核病诊疗同质化，指导临床工作实践发挥作用。（闫利勤）

【诊疗体系建设】 2020 年，太原市第四人民医院坚持医疗专家会诊制度，组织院内专家会诊 166 人次。与北京市胸科医院开通结核病远程医疗咨询会诊平台。完成三级公立医院绩效考核数据统计采集上报及运行评价，召开国家监测 26 项指标和医疗安全事件分析专题会，加大质量管理持续改进力度。根据市城市公立医院管委会《关于确定市直医院 2020 年度绩效考核指标的通知》要求，细化分解 37 项考核指标，制定年度医院总体质量与安全管理目标，落实《医疗质量安全事件报告暂行规定》，对医院运行、医疗质量与安全监测指标实施持续性质量评价监测，对质量缺陷进行追踪整改。加强医疗核心制度落实，出台《医疗质量安全核心制度落实实施方案（试行）》，加大对临床医师考核检查力度，开展运行病历考核，加强对病情告知的督查力度。实施临床路径电子化运行管理，纳入临床路径 20 个病种。制定《基本用药目录》，合理调配紧缺药品及消杀用品，确保抗击疫情临床需求。开展抗菌药物临床应用指标监测，执行药品“两票制”（药品生产企业到流通企业开一次购销发票，流通企业到公立医疗机构开一次购销发票）采购。开展双向转诊、优先就诊、优先住院。（闫利勤）

【护理专业服务】 2020 年，太原市第四人民医院实施《2020 年优质护理服务细化量化目标与措施》，推行医护一体化管理模式，规范无陪护病房管理，提高患者对护理服务满意度。制定《新冠肺炎护理应急工作手册》、护理应急工作制度 20 项、工作流程 40 项、护理常规 6 项、岗位职责 10 项，开展全员专项培训和分层培训，提高团队应对能力。加强陪侍人管理和病区流动人员管控，落实“一患一陪护”，降低交叉感

2020 年 8 月 6 日，山西医科大学附属肺科医院揭牌仪式举行

（市第四人民医院供图）

2020年12月11日，太原市第四人民医院国际留学生联合培养基地、博士工作站揭牌仪式举行（市第四人民医院供图）

染风险。（闫利勤）

【医疗服务保障】2020年，太原市第四人民医院确保重症救治楼负压系统正常运行，启用感染性疾病楼负压设施，确保新冠肺炎医疗救治场所正常运行，完成同济楼改造、应急转运专线路面施工、CT核磁间布局改造、检验科楼板加固、感染楼围挡安装、重症救治楼电梯更换、新建医疗垃圾站等7项局部改造和建设项目。为防治楼应急公寓配备安装齐全的生活辅助设施。购置核磁、CT、彩超、冷冻氩气一体机、全自动生化免疫流水线、血液净化设备、有创呼吸机等医疗设备。实施PCR实验室改扩建，改善诊疗设施设备条件，提升核酸检测能力和公共卫生应急能力。（闫利勤）

【数字信息化建设】2020年，太原市第四人民医院安装移动云视讯、华为云视讯远程会议系统、心医国际远程会诊系统，为医疗会诊提供信息保障支持。开通医保电子凭证支付功能。完成电子病历等级自评上报、电子病历数据完善升级。部署实施临床路径系统、DRGS系统、感染楼和防治楼门禁系统。完成重症管理系统、合理用药管理系统、两票管理系统、物资管理系统、心电管理系统、一卡通自助机管理系统、DRG绩效综合评价系统、动力环境监测系统的二级等保备案工作。开展HIS、LIS、CIS、PACS三级信息系统等保测评工作。信息系统提升项目，1月取得立项批复，5月取得初步设计批复，进入财审及招投标阶段。（闫利勤）

·太原市精神病医院·

【概况】2020年，太原市精神病医院医疗收入9425.82万元，门（急）诊人数10.26万人次，入院人数2265人次，出院人数2268人次，平均住院日80.53天，病床周转次数3.63次，病床使用率83.58%，固定资产15765.77万元，较上年增长6.65%。（刘　玮）

【医疗质量管理】2020年，太原市精神病医院制订《三级公立医院绩效考核实施方案》，开展数据填报、汇总、分析、反馈，及时上报国家卫健委。加强制度化管理，制定医疗制度6项、科研制度7项，新增教学医院管理制度4项，修订科研奖励办法1项。每月定期组织召开医疗质量管理委员会议。编印《医疗质量管理工作简报》12期，规范医疗行为。医联体建设、专科联盟工作持续推进。与市急救中心、市万柏林区精神病医院签订医联体协议，完成与市人民医院医联体日常会诊相关工作安排，截至年底有医联体单位23家。举办市精神科质控部暨精神专科联盟培训会议，30家联盟单位技术骨干80余人参加。（刘　玮）

【医疗护理服务】2020年，太原市精神病医院推进优质护理服务，为所有临床科室安装巡视器，保障患者住院安全。“5·12”国际护士节前，院领导班子带着礼品、慰问信、蛋糕，慰问坚守在护理岗位上护士。开展山西省科技志愿服务智惠行动——心肺复苏急救技能培训系列活动，分3次活动对324名医护人员、民众进行注册、培训、考核，

2020年3月25日，太原市精神病医院新冠肺炎隔离病区建立（市精神病医院供图）

并为考核合格的医护人员颁发合格证书。推进心肺复苏普及进万家精准健康工程，太原市精神病医院南丁格尔志愿护理服务支队开展培训5次，参培600余人。（刘　玮）

【医教研协同发展】2020年，太原市精神病医院首次组织参加以同等学历申请硕士学位外国语水平和学科综合水平全国统考报名工作、山西医科大学接收同等学力人员申请临床医学博士专业学位工作。获批山西省“四个一批”科技兴医创新计划项目（生物精神病学重点实验室）1项，获批医科大课题建设项目校级精品课程2项、校级教改项目2项。申报省级科研项目立项6项，院级科技创新基金项目立项5项。发表论文54篇，其中SCI论文4篇，国家级17篇，省级33篇，医学论著12项。（刘　玮）

【社会心理服务体系构建】2020年，太原市精神病医院推进构建覆盖城乡一体社会心理服务建设工作平台，全市10个县（市、区）、105个乡镇（街道）、1518个村（社区）统一加挂心理服务室牌匾。推动全省各级各类学校心理健康服务体系的建设，为全省中小学建立心理辅导室提供支持和帮助，主持编制适合中小学心理健康教材，建有心理辅导室的中小学在全省占比达到72%。协助完善高等院校心理健康教育与咨询中心（室）建设，按照师生比不低于1∶4000配备心理专业教师高校有5所，开设相关心理健康教育课程，开展心理辅导与咨询等活动。完善医疗卫生机构心理健康服务。全省二级以上综合医院开设心理门诊比例达到50%，精神科（门诊）实现县域全覆盖。精神卫生专业执业医师数增加275名，达到每10万人口6.22名，精神卫生专业人员紧缺状况得到缓解。（刘　玮）

【严重精神障碍管理】2020年，太原市严重精神障碍患者报告患病率为

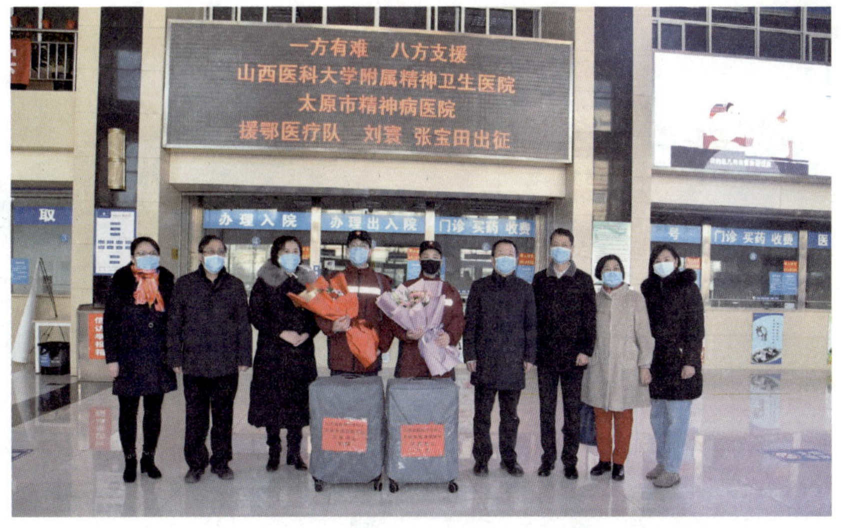

2020年2月15日，太原市精神病医院2名医护人员参加援鄂医疗队
（市精神病医院供图）

4.29‰、规范管理率为77.35%、服药率为81.25%、规律服药率为57.98%、精神分裂症服药率为79.29%、面访率为86.67%，各项指标完成情况均达到“十三五”规划纲要确定的目标。（刘　玮）

·太原市第八人民医院·

【概况】2020年，太原市第八人民医院总收入6967.27万元，医疗总收入5665.85万元，门诊人数42904人，入院人数4369人，手术例数673例。床位周转次数15.09次，使用率51.53%。平均住院日12.39天。（董　慧）

【临床路径管理】2020年，太原市第八人民医院细化14个路径文本，并对有关业务科室医务人员进行相关培训，持续对临床路径各项指标进行绩效考核。临床路径管理开展11个专业，40个病种。全年出院患者4311人次，应入径例数为423例，实际入径例数为400例，入径率95.10%。完成例数为370例，完成率87.50%，覆盖率9.28%。（董　慧）

【医疗对口支援】2020年，太原市第八人民医院派出742人次医务人员支援对口基层医院，派出人员涉及专业有内科、外科、中医、妇产科、儿科、骨科、影像等，其中高级职称人员10名，中级职称32名。全年为当地门诊患者服务人次为3207人次，开展进村巡回医疗87次，入村入户60余次，开展健康宣教12次，参加培训人员238人次，开展业务培训12次。派出医务人员68人次对口支援迎泽区中心医院，从妇产、中医、呼吸3个科室开展工作。配合乡卫生院各项工作，为当地60岁以上广大农民群众进行健康体检及健康科普知识宣教，体检人数达2600余人次，发放健康资料1200余份，帮助基层卫生服务站逐步建立和完善各项工作制度及规范。（董　慧）

【基础设施建设】2020年，太原市第八人民医院完成5000万元医疗设备资金申请。老年病科、外科、骨科病房改造更换全新的病房设备带供氧负压系统，老年病科配备摇床，为手术病人配备病人接送对接车，内科各科室、心电图室、体检中心、外科、骨科增加多参监护仪及十二数字式心电图设备。神经内科配备远红外发生器、动态血压仪、间歇性脉冲加压抗栓系统，麻醉科新购置麻醉机，检验科配备生物安全柜，胃镜室配备酸化水纯水机等洗消设备。（董　慧）

体育
Sports

综述

【概况】2020年，太原市体育局深入学习贯彻习近平总书记视察山西重要讲话重要指示，贯彻落实省委“四为四高两同步”总体思路和要求，坚持以人民为中心发展体育事业，推进体育山西、健康山西、幸福山西建设，以“百馆兴体”为牵引，构建群众体育事业新格局，紧盯重点目标任务，推动竞技体育取得新进展，激发体育产业活力，培育经济社会发展新动能，体育在激发社会活力、促进全民健康、助力经济社会发展、提高城市知名度、美誉度和影响力等方面的作用日益凸显。（刘潇涵）

【品牌赛事】2020年，太原市成功举办第二届环太原国际公路自行车赛。本届赛事汇集来自国内10支顶级车队的120名优秀运动员，赛段总长近600千米、转场近1200千米，还有800余名自行车爱好者与专业运动员一同骑游。

10月18日，以“唐风晋韵·激情太马”为主题的2020太原国际马拉松赛在中国（太原）煤炭交易中心鸣枪开赛。近150名精英选手和4500名山西籍大众选手沿着汾河岸畔奋力奔跑，展开比拼。（刘潇涵）

【反兴奋剂工作培训会】2020年8月14日，太原市体育局以视频形式参加全省反兴奋剂工作培训会，会议传达全国反兴奋剂工作会议和国家体育总局夏季项目训练工作座谈会上总局领导讲话精神。主会场还举行现场反兴奋剂宣誓仪式。会议播放国家体育总局关于反兴奋剂的培训视频，培训内容分《以案为鉴，预防和避免兴奋剂违规》和《以兴奋剂入刑为抓手，完善反兴奋剂法律体系》两大板块。（刘潇涵）

【体育系统志愿服务】2020年，太原市体育局、太原市文明办和太原市公安局交警支队共同组织开展文明交通安全出行志愿服务活动。市体育局机关与基层单位太原市体育运动学校、太原市第二少年运动学校、太原市第三少年运动学校、太原市第二十三中、太原市体育工作队、太原市业余游泳学校、太原市体育小学进行为期10天的文明交通安全出行志愿服务。9月12日，市体育局机关党委组织发动机关各科室20名党员干部，下沉到结对共建社区迎泽区朝阳四社区，围绕环境卫生整治，开展当好文明创城环境卫生员结对帮扶志愿活动。（刘潇涵）

2020年2月24日，太原市体育局慰问杏花岭社区疫情防控一线工作者
（市体育局供图）

群众体育

【概况】2020年，太原市体育局组织

群众春季全民健身活动、“我爱足球”足球比赛等全民健身系列活动。组织“体育山西、健康山西、幸福山西”全民健身骑游活动。按照“一县一品”理念指导各县（市、区）因地制宜开展富有特色、群众喜闻乐见的全民健身活动100余场，参与人数3万多人次。深入小店区、迎泽区、尖草坪区，举办科学健身大讲堂，引导群众掌握正确健身方法，形成科学健身习惯。（刘潇涵）

【迎新年登高活动】 2020年1月1日，太原市体育局、太原市体育总会主办的迎新年登高活动在五龙城郊森林公园健身步道举行，1200余名健身爱好者共同以登山健身的方式迎接新年。（刘潇涵）

【第八届太原半程马拉松线上活动】 2020年6月30日，太原市体育局、太原市体育总会主办，太原市田径协会、太原市田径协会长跑分会承办的第八届太原半程马拉松线上活动结束。活动历时15天，30余个跑团以及广大市民积极参与，报名人数突破3000人。活动以纪念毛泽东“发展体育运动，增强人民体质”题词68周年为主题，鼓励市民积极参与全民健身活动，引导广大群众以居家锻炼和户外活动相结合的方式积极参与体育锻炼，树立运动、健康、快乐的新理念。通过开展线上马拉松活动，宣传和推广马拉松体育名片，提高广大市民主动参与体育健身的意识，在全市营造出浓厚的全民健身氛围。

（刘潇涵）

【全民健身骑游活动】 2020年7月11日，太原市“体育山西、健康山西、幸福山西”全民健身骑游活动启动。活动旨在通过举办群众性骑游活动，带动影响广大群众投身到健康的文化体育活动中，做强体育产业，发展体育事业，更好地服务和推动高质量转型发展。

（刘潇涵）

【全民健身日活动】 2020年8月8日是第十二个“全民健身日”，太原市体育局在杏花岭区北方广场举办太原市2020年“全民健身日”活动暨全民健身社区行系列活动启动仪式，省城200余名健身爱好者参与。活动以“推动全民健身，助力全民小康”“体育山西、健康山西、幸福山西”“强健体魄　阳光生活　共享健康”为主题。来自全市的200余名健身爱好者组团亮出“绝活”——花式毽球、太极拳、少儿武术、扇子舞等群众喜闻乐见的项目，受到在场观众的热捧。（刘潇涵）

2020年7月11日，太原市“体育山西、健康山西、幸福山西”全民健身骑游活动启动（市体育局供图）

【魔方十周年赛】 2020年10月2日，太原市魔方运动协会举办的“2020年魔域文化山西省魔方十周年赛”在南中环清控创新基地报告厅举行。比赛共有300名选手参加比赛，其中90%以上的参赛选手为小学生。此次比赛第一次将12岁以下儿童作为比赛的“主力军”，促进孩子们敢于拼搏、努力进步的竞赛精神，增加孩童选手之间互相交流的机会。（刘潇涵）

【太极拳展演专场活动】 2020年10月8日，由太原市体育总会主办，市太极拳研究会承办的“体育山西　健康山西　幸福山西”太极拳展演——晋祠公园专场活动在晋祠公园晋文公祠门前广场举行，共有来自全市太极拳研究会的10个辅导站、150名会员参加。展示活动以陈式、杨式、武当、傅山、王心武太极拳、养生健身气功等门派拳术为主，通过拳、剑、刀、扇、棍等器械诠释中华传统文化的深刻内涵。（刘潇涵）

【太原市第八届武术锦标赛（套路）比赛】 2020年10月8日，太原市第八届武术锦标赛（套路）比赛在晋阳湖公园举行。本次赛事由太原市武术运动协会主办，晋阳湖公园管理处、太原市感觉盛世冠恒酒店有限公司、山西脉鲸文化传媒有限公司、山西优珍食品饮料有限公司协办。太原市武术协会各团体会员单位及市、区、（县）武术协会、各武术馆校、俱乐部，省城各大中学校、厂矿、机关、企事业单位武术组织28支队伍259人，参加长拳类、南拳类、太极拳类和传统项目太极拳类、心意拳类、三皇炮锤类和单器械、双器械、软器械和对练项目、集体项目共8大类50多个项目的比赛。（刘潇涵）

【象棋、跳绳、踢毽子大赛太原市复赛】 2020年10月24日，山西省十大群众文化活动全省象棋、跳绳、踢毽子大赛太原市复赛在滨河体育中心举办。各县（市、区）通过举办海选赛选拔出优秀选手并组成代表队，本次比赛从各代表队中决出优胜者代表太原市参加山西省的总决赛。（刘潇涵）

【太原市第四届乒乓球全民公开赛】2020年，由太原市体育总会主办，太原市乒乓球协会承办，花园体育文化中心协办的“乒动龙城　协同惠民”2020太原市第四届乒乓球全民公开赛暨百团大战于11月28日至29日在花园文化中心举行，来自太原市及周边的117支队伍参加比赛。（刘潇涵）

【太原市首届“龙城杯”魔方公开赛】2020年12月5日，由太原市体育总会主办，市魔方运动协会、汕头魔域文化有限公司协办的“体育山西、健康山西、幸福山西”2020年太原市首届“龙城杯”魔方公开赛在滨河体育中心结束。本次赛事设立二阶、三阶、金字塔、斜转4个项目，分成人组、青年组、儿童组3个组别。比赛吸引来自大连、青岛等全国各地魔方培训学校、高校社团近百名爱好者参加。（刘潇涵）

【太原市第八届武术锦标赛（散打）比赛】2020年12月12日，“体育山西、健康山西、幸福山西”太原市第八届武术锦标赛（散打）比赛在山西尚武搏击俱乐部结束。本次比赛吸引来自各武馆、武校、武术俱乐部的12支代表队的80余名运动员参赛。比赛共设30公斤级至75公斤级+男、女27个级别组和10岁至17岁4个年龄组。（刘潇涵）

竞技体育

【概况】2020年，太原市体育局结合省第十六届运动会项目特点，重新调整项目布局，召开市体育局冬训动员大会，增强训练热情，提升备战能力，力争实现金牌、总分、输送“三个第一”的既定目标。建立反兴奋剂“五明确一预案”。按照“一赛事一方案”要求，承办6项省级青少年体育比赛和4项市级体育比赛。（刘潇涵）

【组织参加全国比赛】2020年10月5日，经过3天角逐，全国蹦床锦标赛在天津闭幕。本次赛事有12支来自全国的最顶尖队伍，300余名运动员参加。按照全运会设项要求增设青年组，全国蹦床锦标赛也第一次增设青年组。太原市蹦床队廉时栋、张欣欣、姚瑾琪、王子瑄4名运动员入选山西队大名单参加比赛并获得优异成绩。廉时栋获得成年组网上团体冠军。青年组蹦床网上个人项目，张欣欣获得冠军，姚瑾琪获得亚军，王子瑄获得第四名。

全国国际式摔跤锦标赛暨奥运会资格选拔赛于10月6日至18日在浙江温州举行，来自全国的57支队伍1600余名运动员参加。太原市培养输送山西省队运动员钱海涛获得古典式摔跤87公斤级铜牌。

全国男子举重锦标赛暨东京奥运会模拟赛于10月22日至25日在浙江开化举行。市体工队共派出5名男队员参赛，在男子67公斤级比赛中，小将王忠以抓举141公斤，挺举175公斤，总成绩316公斤获总成绩第三名。在81公斤级的比赛中，吴贵颠、漆力文表现出色，分别达到本人训练最好成绩。

11月8日，由国家体育总局射击射箭运动管理中心主办，海南白沙黎族自治县旅游和文化广电体育局、海南省射箭协会、海南省体育赛事中心、白沙家国文化体育有限公司承办的2020年全国射箭冠军赛在海南省白沙黎族自治县落幕。在各项目总决赛中，太原运动员任沿舟夺得男子个人淘汰赛冠军。在男女混合团体项目比赛中，任沿舟与另一名太原选手吕娜团结合作，夺得该项目亚军。

11月29日，2020年全国国际式摔跤冠军赛在河南焦作太极体育中心体育馆落幕。在古典式摔跤项目比赛中，太原市培养输送山西省队的运动员钱海涛、吴昊洋表现出色，分别获得87公斤级第二名、77公斤级第三名的成绩。（刘潇涵）

【组织参加全省比赛】2020年10月6日，山西省击剑俱乐部联赛（盐湖站）在运城市盐湖区举行。本次赛事由山西省击剑协会主办，运城市盐湖区体育事业发展中心承办，运城市盐湖区挥锋体育俱乐部有限公司协办，是本年度举办的击剑项目首场重要赛事，来自全省各地的100余名运动员参加。比赛共设有U6、U8、U10、U12、U14、U16、U17+

2020年8月8日，太原“全民健身日”活动暨全民健身社区行系列活动启动（市体育局供图）

等7个组别。太原市剑锋击剑俱乐部（太原市击剑队战略合作单位）30余名运动员经过连续作战、顽强拼搏，获得5金、4银、7铜，团体总分第一的成绩。

山西省空手道锦标赛于10月21日至25日在长治市襄垣县举行，共有来自全省10支代表队的200多名运动员参加比赛。太原市运动员在本次比赛中共获得7金、6银、10铜，团体总分第一名的成绩。

山西省拳击冠军赛于10月23日至29日在晋中市榆社县举行，来自全省10个市的150余名运动员参加比赛。太原市拳击队共派出18名运动员参加比赛，获得5金、5银、5铜，团体总分第一名的成绩。

山西省体操青少年冠军赛于11月14日至18日在大同市体育中心体操馆举行。比赛为期5天，共有来自全省各市7支代表队的80余名运动员参加。市体校派出近30名队员参赛，获得9金、13银、8铜的成绩。

11月22日，由山西省体育局主办，山西省体操武术运动中心、山西省全民健身中心、吕梁市体育局承办的2020年山西省蹦床冠军赛在吕梁市体育馆落幕，比赛共吸引来自全省各市的近百名运动员参加。市体育运动学校共派出45名运动员参赛，获得蹦床项目30枚金牌中的21枚金牌、团体总分第一名的成绩。

12月5日至6日，山西省跳水冠军赛在大同市体育中心游泳馆举行。来自太原、晋城等5个市的38名运动员参加比赛。市游泳运动学校共派出16名运动员代表太原市参加18个小项的比赛。市游泳学校以6金、11银、7铜和总分247分的成绩取得金牌及总分两个第一。（刘潇涵）

【首届击剑城市邀请赛】 2020年1月13日，首届击剑城市邀请赛在中国（太原）煤炭交易中心开幕，经过激烈角逐，共决出各项赛事的34个冠军、54个亚军、78个季军。本次比赛由太原市体育局、太原市击剑协会主办，太原奥特迈击剑俱乐部承办，太原国强青少年体育俱乐部协办。比赛设男女幼儿组、U6、U8、U10、U12、U14、17+等7个组别进行，项目有个人赛和团体赛。

（刘潇涵）

【航空模型锦标赛】 2020年10月2日，全省航空模型锦标赛在太原尧城机场飞行表演飞机跑道决出胜负。本次比赛是尧城飞行大会13项主题活动之一，由山西省航空运动管理中心、山西省航空运动协会主办，山西迪奥普科技有限公司承办。比赛设遥控电动滑翔机（P5B）、一对一遥控空战（P3Z）、遥控直升机任务飞行（P3R–T）、遥控电动绕标竞速（P3U–P）、遥控固定翼钻龙门5个项目。吸引来自6个地市15支代表队201名运动员参与。（刘潇涵）

体育设施

【概况】 2020年，太原市体育局全面启动体校、二十三中、体工队、体育小学维修改造，对二体校、三体校进行房屋结构鉴定，解决千名运动员吃、住、学、训及重大安全隐患问题。将和平南路游泳场和老军营游泳场改造纳入“百馆兴体”工程计划，完成国家篮球（太原）训练基地项目规划选址和土地等前期手续并制订可行性研究报告，推进太原市游泳训练基地建设选址，全市体育基础设施建设持续向好。（刘潇涵）

【智能化体育公园投入使用】 2020年6月22日，太原市首个智能化体育公园在清徐城北体育公园投入使用。体育公园总投资6340余万元，总面积5.25公顷，是山西省品质最高、功能最齐全、设施最完善、植物种类最多的城市运动公园。（刘潇涵）

体育产业

【概况】 2020年，太原市体育局调整成立体育产业科，提升体育产业工作效率和工作成效。编制太原市体育设施专项规划并纳入太原市城市空间规划，通过规划引领，为全市体育事业预留更多的发展空间。与山西丰瑞达文化集团有限公司合作推动太原市智慧体育云平台建设项目。推进完成76块社会足球场建设任务，完成率为104%，超额完成任务。开展体育经营单位营业收入和工资增速统计、体育场地统计。推进体育彩票销售网点向商超布局，在原有330个网点的基础上，新增销售网点547个，体彩共销售7.10亿元。（刘潇涵）

【体育赛事展交会】 2020年1月10日，艾斯弈体育赛事博览会暨2020首届体育赛事展交会在中国（太原）煤炭交易中心举行。作为国内首个集赛事展示、赛事交流、赛事交易于一体的专业赛事展交平台，共有274项赛事得到宣传推介，134项赛事顺利签约，签约率达49%。开启属于山西体育赛事发展的新征程。本次赛事签约，可为组织各类比赛吸引资金6000余万元。（刘潇涵）

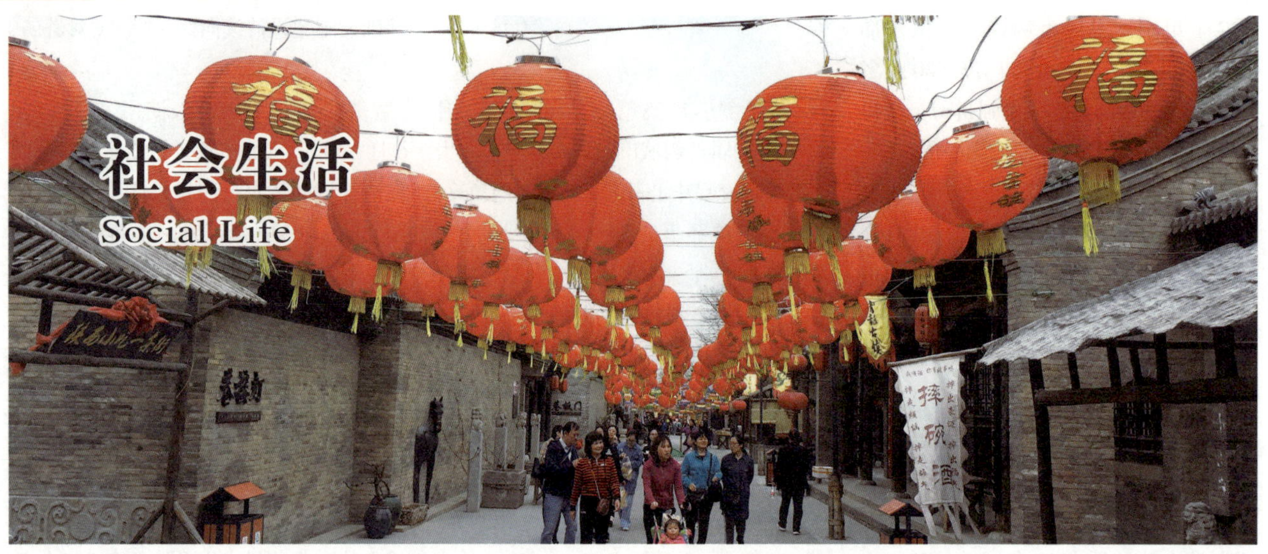

综　述

【机构改革】 2020年，事业单位改革后，太原市民政局有直属事业单位14个，直属企业2个。事业单位中副县级单位5个（双塔革命公墓、救助站、儿童福利院、社会福利精神康宁医院、社区工作服务中心），正科级单位8个（按摩医院、永安殡仪馆、龙山殡仪馆、福彩中心、救助中心、老年公寓、福利生产中心、康养中心），规格未定事业单位1个（慈善职业技术学校）。直属企业2个（龙山墓园、永安园）。

（杨永亮）

2020年，太原市第一届"人人持证、技能社会"职业技能大赛开赛

（市人社局供图）

【欠薪专项行动】 2020年，太原市人力资源和社会保障局（以下简称太原市人社局）开展根治欠薪专项行动，工资支付保障制度实现全覆盖，成为全省唯一连续三年农民工工资支付考核A级等次的城市。同时，开展大规模人才引进工作，人才政策进入全国第一方阵。

（张　凯）

【居民收入与消费】 2020年，太原市居民人均可支配收入35473元，比上年增长5.70%。按常住地分，城镇居民人均可支配收入38329元，增长5.40%，城镇居民人均消费支出20559元，下降3.50%；农村居民人均可支配收入19655元，增长7%，农村居民人均消费支出13969元，增长5.60%。城乡居民收入比为1.95∶1，比上年缩小0.03个百分点。

（刘建程）

【安全生产】 2020年，太原市民政局深入学习贯彻习近平总书记关于安全生产的重要指示要求，全面贯彻中央和省、市关于安全生产的各项工作部署，按照安全生产"三必管"（管行业必须管安全、管业务必须管安全、管生产经营必须管安全）原则，强化安全监管、隐患治理、责任落实，有效防范化解民政系统重大安全风险。加强对养老服务机构、殡葬机构、社会（儿童）福利机构、救助管理机构等的安全生产监管。针对民政服务对象自身防护能力弱、民政服务机构点多线长面广的实际，在全市民政系统和民政服务机构组织开展安全生产专项整治三年行动和建设领域安全隐患排查专项行动。深入开展"深刻汲取教训，全面提升安全生产工作水平"集中教育整顿暨专项整治工作，作为全市18个重点行业——"一老一小"民政服务机构安全风险隐患排查整治专项行动的牵头部门，按照属地管理、分级负责、分类整治、疏堵结合、部门联动、注重实效的原则，在全市开展全覆盖、无死角的安全隐患排查治理活动，夯实基层基础、压紧各方责任、提高处

置能力，把各类风险隐患消除在萌芽状态，实现全市民政领域全年安全无事故的目标。（杨永亮）

劳动就业

2020 年，太原市人社局开展保障农民工工资支付系列主题活动

（市人社局供图）

【就业创业】 2020 年，太原市人社局实施农民工返岗"点对点"服务行动，政府组织和企业包车 263 辆运送 4489 名农民工返岗复工。成立 24 小时重点企业用工调度保障工作专班，为富士康输送员工 6.19 万人。开展"筑梦太原、竞业职场"大型系列网络招聘活动、"春风行动"等线上线下招聘活动 332 场，累计提供就业岗位 26.40 万个。对辖区毕业生求职创业补贴实行网上申报审核，为 2.50 万余人发放求职创业补贴 2536 万元。调整落实就业见习相关政策，全年拨付见习补贴 430.20 万元。开展第四届"中国创翼"创业创新大赛太原选拔赛暨 2020 年山西省星火项目创业大赛，太原共有十个项目获奖。推进和完善创业载体建设，创业园区基地先后为 850 家企业、4000 余人次提供创业服务。全市创业带动就业人数 22752 人。全面落实创新担保贷款政策，为 989 名个人、204 户小微企业出具贷款资格证明。推进就业扶贫，贫困劳动力免费职业培训，落实建档立卡贫困人员保费代缴工作，对娄烦县、阳曲县招聘事业单位人员给予政策倾斜，为定点帮扶村引进芙蓉种养殖、绿盛园种植等产业项目，巩固脱贫成果。（张　凯）

【职业技能提升培训】 2020 年，太原市人社局出台《太原市推进职业技能提升培训实施方案》，融合线上线下培训方式，全市职业技能提升培训人数 81382 人、就业重点群体及贫困劳动力培训人数 38742 人、创业培训人数 1939 人、企业职工培训人数 40701 人，分别完成目标任务的 132.10%、107.60%、121.20%、169.60%。全面提升持证率、就业率、增收率上下功夫，对吸纳就业困难群体就业的企业给予"以工代训"职业培训补贴，对于受疫情影响出现暂时生产经营困难的，给予企业"以工代训"稳岗培训补贴，全年完成 323 户企业"以工代训" 31210 人。加快形成技能就业、技能增收、技能成才的良好氛围，成功举办太原市首届人人持证、技能社会职业技能大赛，选拔出 54 名并州技术能手。组队参加第二届全省职业技能大赛，收获 10 个项目冠军，冠军人数蝉联全省第一。（张　凯）

【人才保障转型发展】 2020 年，太原市人社局完善人才政策体系，搭建人才工作平台，推动人才政策落地。设立首个留学人员服务工作站。推荐山西东杰智能物流股份有限公司等 4 家单位参加博士后科研工作站建站申请。围绕全市企业技术创新全覆盖，承办 120 人参加的山西省技术经理人高级研修班。审核发放上年度入选国家省人才工程人才培养单位奖励等各类资金补助共计 531 万元。开展才聚三晋、晋展其才宣传月活动，为 20638 名到并就业高校毕业生和高技能人才发放各类补助（贴）2.93 亿元，为 2921 名本土人才发放能力素质提升补助 6000 万元。配合市人才办引进高层次专业人才 1267 人。扩大事业

2020 年 8 月 5 日，太原市引进高层次专业人才综合素质测评考务会举行

（市人社局供图）

单位用人自主权，太原学院自主招聘博士研究生10名、硕士研究生36名。畅通职称评审渠道，下放职称评审权限，行业自主组织评审高级职称404人，较上年度提高3%，加快重点领域人才培养建设步伐。（张　凯）

【劳动者权益保护】 2020年，太原市人社局发挥协调劳动关系三方机制作用，强化争议调处，维护劳动者合法权益。在小微企业和私营企业开展完善劳动合同制度专项行动，全市企业劳动合同签订率保持在90%以上。处置僵尸企业及厂办大集体改革安置职工2740人。举办呵护农民工从“薪”开始保障农民工工资支付系列活动，推动《保障农民工工资支付条例》落地见效，农民工工资保证金等“六项制度”全覆盖，连续四年实现欠薪案件“三个清零”。（张　凯）

社会保障

【全民社保体系建设】 2020年，太原市人社局坚持兜底线、织密网、建机制，努力使惠及百姓的社会保障水平迈上新台阶。全市参加城镇职工基本养老保险174.19万人、城乡居民基本养老保险78.89万人、失业保险109.75万人、工伤保险131.92万人，分别完成全年目标任务的111.40%、102%、105.50%、100.30%，各项保险参保人数均超额完成任务。全市共为43.24万名企业离退休人员发放养老金186.46亿元，阶段性实施失业保险扩围政策，为5979名失业人员发放失业保险金5277.04万元，为36819人次发放失业补助金4005.91万元，100%按时足额发放。实施失业保险惠企利民政策，发放稳岗返还补贴2.81亿元、应急稳岗返还补贴1.18亿元。严格执行社会保险费减免缓政策，为41695户企业减轻负担42.39亿元。（张　凯）

【民生收入保障】 2020年，太原市人社局发挥职能作用，加大工资分配调控，全年城镇居民人均可支配收入38329元，增长5.40%，绝对值和增幅均位居全省榜首。企业和机关事业单位退休人员基本养老金分别实现16连涨和5连涨，月人均增资分别为181元和176.47元。落实城乡居民基本养老保险基础养老金正常调整机制。加强对企业执行最低工资标准监督检查，对53个工种发布年度劳动力市场工资指导价位，与上年相比中位数平均增长208元/月，增长6.13%，完成事业单位上年度考核增资和本年度绩效工资总量审核核准工作。市直中小学班主任津贴由每月500元提高至1000元，并在原基础上提高20%的绩效工资总量，保障义务教育阶段教师工资待遇水平。（张　凯）

【社会保险】 2020年，太原市企业职工参加养老保险（不含离退休人员）113.38万人，参加基本医疗保险378.52万人，参加失业保险109.75万人，参加工伤保险131.92万人，参加生育保险116.46万人。年末城市低保覆盖人口2.06万人，农村低保覆盖人口3.69万人，3722人纳入农村五保供养，全年发放最低保障资金4亿元。年内新建城乡日间照料中心14个，社区养老服务中心7个。（刘建程）

民政事务

【区划地名管理】 2020年，太原市命名（更名、起止点变更、注销）道路101条，设置地名标志782个，维护地名标志1299个（次），门牌编码205个。有序开展行政区域界线联检工作，其中市界1条（太原晋中线），县界4条（小店迎泽线、杏花岭尖草坪线、万柏林晋源线和清徐古交线）。加快地名普查成果转化，编辑《太原市地名志》《太原市街巷地名录》，整理《地名普查档案》，完成《太原市街巷地名图册》《太原市行政区划简册》印制。推进乡级行政区划调整工作。（杨永亮）

【乡级行政区划调整】 2020年，太原市乡镇区划调整工作涉及6个县（市、区），其中杏花岭区撤销中涧河乡、小返乡，合并设立中涧河镇，并调整中涧河镇、涧河街道、杨家峪街道的行政区域。尖草坪区撤销马头水乡，整建制并入柴村街道。万柏林区撤销王封乡、化客头街道，合并设立王化街道。阳曲县

2020年太原市婚姻登记情况表

表20

	结婚登记数（对）	初婚人数（人）	再婚人数（人）			离婚登记数（对）
				#女	恢复结婚（对）	
总　计	23323	36864	9782	1705	1705	9877
市本级	28	53	3			4
小店区	4508	7157	1859	388	388	1724
迎泽区	3412	5473	1351	171	171	1536
杏花岭区	3336	4935	1737	284	284	1806
尖草坪区	1688	2599	777	134	134	775
万柏林区	3792	5953	1631	263	263	1720
晋源区	1250	2045	455	84	84	454
清徐县	2087	3555	619	96	96	599
阳曲县	1110	1673	547	115	115	400
娄烦县	798	1265	331	82	82	377
古交市	1314	2156	472	88	88	482

撤销北小店乡，整建制并入西凌井乡。娄烦县撤销庙湾乡，整建制并入杜交曲镇。古交市撤销阁上乡，整建制并入嘉乐泉乡。截至年底，各县（市、区）完成动员部署等工作。（杨永亮）

【婚姻登记服务】 2020年，太原市民政局开展婚姻登记机关行风建设，着力解决婚姻登记领域群众反映强烈的突出问题，改进婚姻登记机关作风，提高服务质量。加强婚姻登记信息化建设，婚姻信息系统全面升级改造，人脸识别、人证比对、全网核对、信息自动导入等新技术手段广泛运用。启动婚姻登记历史数据补录“清仓见底”行动，加快婚姻信息数据库建设，截至2020年底，完成婚姻历史信息补录52万条，为群众办事提供满意的信息支撑。做好日常婚姻登记工作，全年办理婚姻登记2.90万对，其中结婚登记2.10万对，离婚登记8814对。（杨永亮）

【殡葬管理】 2020年，太原市民政局加强宣传工作，联合中央电视台、人民日报等20余家媒体密集宣传，印制宣传资料45万余份，制作宣传标语横幅4000余条，弘扬文明、绿色、生态的殡葬理念。强化殡葬行业监督管理，开展安葬（放）设施违规建设经营专项摸排和违建墓地专项整治成果巩固提升活动，殡葬基础服务设施台账逐步健全。全市117个乡镇（街道）、1541个村（社区）全面开展摸排，摸排经营性公墓10个、公益性公墓8个，经营性骨灰堂3个、历史形成的集中安葬点339个。夯实殡葬基础设施建设，提升基层殡葬服务能力，清徐县殡仪馆年末完成主体工程，古交市、娄烦县殡仪馆项目加快选址立项工作。高标准完成双塔革命公墓树葬墓迁葬工作，累计迁葬1500余穴，服务群众2.20万余人次，收到锦旗10面。加快推进殡葬信息化建设，新的殡葬系统全面上线运行。严格落实殡葬惠民政策，全年惠及人民群众1.10万人，支出惠民资金1121万元。（杨永亮）

【移风易俗】 2020年，太原市民政局针对疫情特殊情况，科学安排传统节日群众祭扫活动，清明节全面禁止现场祭扫，各殡葬服务单位统一开展小型集体代祭活动，并为所有已落葬墓穴敬献鲜花。三大节日，累计接待群众祭扫67万余人次，整个保障活动文明、安全、有序。周密组织街头禁烧活动，政府投入250万元，免费为群众提供160万条环保焚烧袋，全市共设立859个社区环保焚烧袋发放点，每天出动社区干部、安保人员1.10万人，全市街头烧纸现象得到有效治理。在“我的太原”App上开通“云追思”平台，引导群众网上祭扫，全市新增用户58596人，创建追思小屋1.10万个，累计点击量26.70万人次，网上祭扫取得突破性进展。（杨永亮）

优抚安置

【概况】 2020年，太原市退役军人事务局开展权益维护、就业创业、优待抚恤、军休褒扬、服务体系建设等主要工作，三基建设、双拥创建、移交安置、社保接续四项工作在全省做经验交流发言，完成全省系统“三基建设”现场观摩推进会承办任务，实现“作示范、勇争先、站前列”工作目标，赢得全市广大退役军人认可。（吕　岳）

【退役军人服务保障组织管理】 2020年，太原市退役军人事务局加强行政机关建设，对照规范化管理和效能建设要求，建立6个方面103项内部管理制度。编制《一目录三手册》，完善基础数据，规范档案资料，严格痕迹管理，完善限时办结制、首问负责制、服务承诺制等7项制度，提高精细化管理水平。搭建市、县、乡、村四级“两中心两站”服务平台，建立11个退役军人服务中心、1574个退役军人服务站。以创建新时代枫桥式和全国示范型退役军人服务中心（站）为抓手，打造1个精品型、5个标杆型、76个示范型服务中心（站）。探索“社会力量+”服务退役军人模式，在机关、学校、政法系统、金融系统、事业单位、国有、民营企业等139家退役军人人数较多单位，成立退役军人服务站。实现党建、服务、保障“三延伸”，从横向打通服务保障“最后一公里”。（吕　岳）

【退役军人政策制度体系建设】 2020年，太原市退役军人事务局贯彻落实中

2020年9月3日，太原市退役军人事务局承办山西省2020年度退役士兵光荣返乡欢迎仪式（市退役军人事务局供图）

2020 年 9 月 11 日，太原市退役军人事务局举行欢送新兵入伍系列活动

（市退役军人事务局供图）

央、省委关于加强新时代退役军人工作意见精神和市委、市政府、太原警备区联合印发的《加强新时代退役军人工作实施方案》，构建“党委统一领导、政府统筹协调、部门各负其责、形成强大合力”工作格局。围绕贯彻国家、省部署，结合实际，市委办公室、市政府办公室、太原警备区政治工作处联合印发《太原市烈士纪念设施规划建设修缮管理维护总体实施方案》，全面提高依法行政能力。制发《太原市退役军人服务中心（站）规范建设与工作运行指导手册（试行）》，汇集规范化建设、工作流程、服务规范、任务清单、表格范本，系统化、全方位指导基层各项退役军人事务工作，推动全市基层站点实现服务保障工作一体化、规范化、高效化。研究编制全市退役军人事务“十四五”规划，推进市本级 4 个、县级 9 个重大项目录入国家重大项目库，合计入库金额 9.50 亿元。（吕　岳）

【双拥创建】 2020 年，太原市退役军人事务局制定市双拥工作领导小组《工作职责》《工作规则》《市双拥办职责和工作制度》《太原市拥军支前军地协调机制》，推动全市双拥工作经常化、制度化、规范化，确保各项工作任务落到实处。

修订完善《太原市双拥单位考核验收评分标准》《双拥单位考核验收工作方案》，把新时代加强退役军人工作要求纳入双拥创建重要内容，把退役军人服务体系建设纳入服务工作中，使双拥单位创建更加符合新时代要求。双拥考核主要领导亲自带队检查，坚持公开公平公正，突出工作实绩导向，实行届期制，动态管理，优者上，平者下，取消、降格 38 个单位，调动全市各级各部门参与双拥工作的积极性，提升双拥单位创建水平，促使全市双拥单位创建工作制度化、规范化、标准化、日常化。制订“双向任务”清单。建立完善具有太原特色双拥工作“双清单”制度措施办法，军队、地方互列清单，明确在双拥工作中需要对方协助解决具体事项，规范化、制度化解决军地双方面临的实际困难和问题。双拥创建活动频繁，双拥共建成果凸显，各级共举行双拥活动近万次，军民共建活动 6500 余次，走访慰问 160 户边海防官兵家庭，解决 169 名现役军人子女入园入学问题。对 19 名援鄂现役军人家庭进行慰问，帮助他们解决实际困难。通过报刊、电视等新闻媒体广泛开展国防双拥宣传，加强“113”双拥主题宣传品牌建设，重新修缮双拥路、新建鱼水园，增强双拥宣传效果，增加户外大型固定双拥宣传内容，营造浓厚创建氛围。（吕　岳）

【退役军人安置】 2020 年，太原市退役军人事务局为完善退役士兵“阳光安置”工作，出台《关于进一步做好由政府安排工作退役士兵就业安置和服务管理工作的实施方案（试行）》，压实各级安置主体责任，突破安置瓶颈，拓宽安置渠道，提高安置质量。军转干部 1 ∶ 1 配套公务员岗位，安置量占全省 29%。退役士官安置岗位比例为 1.60 ∶ 1，事业单位占比 65%，较上年提高 16 个百分点。安置随军随调家属 39 人，接收军队离退休干部 77 人。（吕　岳）

【退役军人适应性教育培训】 2020 年，太原市退役军人事务局利用省城智力资源优势，与山西大学、省委党校等合作开展退役军人待安置工作期间适应性培训。邀请省、市专家、教授及优秀

2020 年 10 月 22 日，太原市“2020 年退役军人及军属就业创业服务月”活动在森栖谷退役军人就业创业服务中心启动（市退役军人事务局供图）

退役军人代表进行授课辅导与经验交流。通过培训引导退役军人树立知识为王、终身学习观念，帮助退役军人加快角色转变，加快适应社会，完成由军队人才向地方人才快速转变，为退役后工作、生活打下坚实基础。（吕 岳）

【退役士兵待安置期间待遇保障】 2020年，太原市退役军人事务局严格按要求开展退役士兵待安置期间生活费发放及养老、医疗保险接续工作，确保其待遇不断档，保障其合法权益。退役士兵待安置期间生活费、保险接续均实现按月保障。其中发放生活费共计135.20万元，缴纳养老保险84.30万元、医疗保险70.80万元。（吕 岳）

【退役军人就业创业教育培训】 2020年，太原市退役军人事务局以提高就业质量为导向，以能力提升为核心，建立学历教育与职业技能培训并行并举的退役军人教育培训体系。加大教育力度，推进高等职业教育为重点的学历教育，完成退役军人提升学历资格审查工作。普及适应性培训，为上年自主就业退役士兵提供线上线下适应性培训，实现自主就业退役士兵适应性培训全覆盖。组织职业技能培训，为退役军人提供特色化、精细化、针对性强的培训服务，组织各县区退役军人事务部门确定多家培训机构，举办多场专业培训班。依托省就业创业平台和人才大市场等多个网络平台，举办多场以“求职不出门、工作送到家”为主题的网络招聘会和微直播。累计6000余名退役士兵在线求职，招聘企业100余家，企业收到投放简历300余人次，达成意向190人。举办太原市2020年退役军人及军属就业创业服务月启动仪式，联合社会力量，征集100余家招聘企业，涵盖多个领域，提供8000余个就业岗位，有350余人达成就业意向。为符合创业条件的退役军人提供优质服务，通过军创政策咨询平台，引导有创业意愿退役军人完成项目评估、导师指导、贷款办理、工商服务等工作。建立退役军人创业导师库，在全市范围内对具有一定影响的退役军人企业家进行考察、评估，确定5名退役军人创业导师，对有创业愿望退役军人进行一对一指导，带动300余人就业。完成退役军人孵化基地建设，成立森栖谷退役军人就业创业服务中心，指导退役军人就业创业工作，以森栖谷项目为创业中心、以优秀退役军人个体创业带动广大退役军人实现就业。（吕 岳）

2020年4月3日，太原市退役军人事务局在太原解放纪念馆开展“致敬·2020清明祭英烈”代祭扫活动（市退役军人事务局供图）

【退役士兵社保接续】 2020年，太原市退役军人事务局出台《关于推进部分退役士兵社会保险接续社保缴费工作的通知》《关于部分退役士兵社会保险接续社保缴费工作几个问题的意见》，解决工作瓶颈。部分退役士兵社保接续累计接待来电、来访近6万人次，累计受理申报22876人，涉及原安置单位1255个。完成初审人数17238人。出具《山西省社会保险政策性缴费征集（查询）单》17237人，办结完成率99.99%。完成基本养老保险补缴15574人，缴费完成率90.35%。共计补缴1.26亿元。（吕 岳）

【退役军人信息采集】 2020年，太原市退役军人事务局常态化开展退役军人信息采集工作，全年采集退役军人及其他优抚对象信息17.30万条，为全市退役军人及其他优抚对象家庭发放悬挂光荣牌。（吕 岳）

【退役军人优待抚恤】 2020年，太原市退役军人事务局严格抚恤补助资金发放，及时足额通过社会化手段发放到重点优抚对象手中，下拨优抚对象抚恤补助资金9486.11万元。办理机关工作人员及离退休人员死亡一次性抚恤金56人。“八一”期间对全市驻并官兵进行走访慰问。完成“两参”退役人员信息核实工作和残疾军人等人员证件换发。（吕 岳）

【军转干部服务管理】 2020年，太原市退役军人事务局完成自主择业干部年度注册认证工作。按时发放自主择业干部退役金3556万元，调整补发退役金2290万元。做好企业军转干部解困工作，核发企业军转干部生活困难补助费1080万元。（吕 岳）

【军休服务管理】 2020年，太原市退役军人事务局加强党建工作和文化建设，严格落实政治待遇和生活待遇，各军休所休干党支部严格执行党的组织生活制度，按期召开组织生活会并进行民主评议党员，党组织书记为基层党员讲党课，通过制度规范、组织生活、主题

活动、形象作为、精准服务等，不断提升军休人员获得感和荣誉感。及时为上年接收的43名军休人员办理落户手续。（吕　岳）

【英烈祭扫纪念活动】2020年，太原市退役军人事务局在各类平台发布《关于开展“致敬·2020清明祭英烈”网上祭扫活动的通告》，指导各烈士纪念设施严格执行上级关于烈士祭扫工作各项要求，确保烈士亲属和祭扫群众安全，宣传英烈事迹和褒扬纪念工作成果。连续两年完成省城各界向烈士敬献花篮仪式活动。（吕　岳）

社区建设

【城乡社区治理】2020年，太原市民政局完成村规民约、居民公约修订完善工作。草拟《太原市社区治理三年行动计划（2020—2022）》并报送市委组织部。对接市人大常委会启动《太原市社区治理条例》立法工作。加强“3·15”“7·15”农村村务公开民主管理工作，农村治理得到加强。深化农村扫黑除恶专项斗争，审查村委干部2984名，清理93名，同步配齐77名，其余依法补选。建立社区工作者岗位与等级相结合的薪酬职级体系，形成薪酬自然增长机制，联合印发《关于加强社区工作者职业薪酬体系建设的实施意见》。明确社区工作者的选拔任用、考核评议、教育培训、人员管理、退出机制等内容。建立健全社区工作者档案管理制度，建立全市统一的社区工作者档案信息管理台账，对社区工作者实行统一规范管理。按照发布信息、个人报名、资格审查、笔试、面试、体检、公示、培训、分配上岗的程序，面向全市公开招聘218名社区专职社工。易地扶贫搬迁村和合并村的后续社会治理工作和国有企业退休人员社区服务相关工作有序推进。（杨永亮）

【社会组织管理服务】2020年，太原市民政局规范开展社会组织日常监管，完成年度检查。社会组织“两个覆盖”（社会组织党的组织和党的工作两个全覆盖）清零工作基本完成，批复4家社会组织成立党组织的申请，充分发挥社会组织党建引领作用。培育发展社区社会组织，印发《太原市民政局关于重点培育发展社区社会组织的实施意见》。加强信息化建设，正式开通省内首家社会组织公共服务平台网站。（杨永亮）

【社会工作】2020年，太原市民政局宣传国际社工日基本知识，扩大社会工作知晓度和社会影响力。开展第二批太原市社会工作名师名家工作室评选工作，选拔第二批社工骨干人才16名。针对留守、困境儿童等特殊群体，开展用爱守护希望帮扶活动。疫情期间，积极组织开展心理援助服务活动和线上心理健康知识讲座，志愿服务累计3.04万小时。（杨永亮）

社会救助

【城乡低保和临时救助】2020年，太原市有城市低保对象1.34万户、2.11万人，累计救助金额9043万元，人均补助712元。有农村低保对象2.42万户、3.57万人，累计救助金额1.12亿元，人均补助518元。临时救助城乡困难群众1.22万人次，发放临时救助金1574.34

2020年太原市社会救济、收养对象情况表

表21

指　标	城市居民最低生活保障人数（人）	农村居民最低生活保障人数（人）	城市发放最低保障资金（万元）	农村发放最低保障资金（万元）	农村集中五保供养人数（人）	农村分散五保供养人数（人）	收养类单位数（个）	收养类单位床位数（张）	收养救助人数（人）
总　计	20643	36909	17951	22070	2246	1476	21	3774	10368
市本级	0	0	0	0	0	0	3	518	8273
小店区	651	527	735	477	56	102	1	200	43
迎泽区	1240	314	1343	240	4	14	0	0	0
杏花岭区	3049	956	2847	754	21	27	0	0	0
尖草坪区	4277	3586	3687	2438	63	231	1	231	46
万柏林区	2106	1932	2161	1523	18	23	1	52	17
晋源区	926	8657	691	4396	48	107	1	108	50
清徐县	648	3764	563	2587	337	141	4	405	241
阳曲县	3202	4199	2546	2710	482	681	6	686	478
娄烦县	2348	10026	1639	5110	905	0	3	1070	905
古交市	2196	2948	1740	1835	312	150	1	504	315

万元。发放价格临时补贴1418万元，累计惠及困难群众30万人次。以政府补助、工会赞助、企业资助、社会捐赠的方式实施“爱心奶”工程，五类特困群体每人每天一盒奶，覆盖全市2.50万余人，困难群众获得感、幸福感进一步增强。（杨永亮）

【流浪乞讨救助】 2020年，太原市民政局推进生活无着落的流浪乞讨人员救助管理服务质量大提升专项行动，完善救助管理工作体制机制，推进救助管理服务质量提档升级，太原市救助管理站新站项目基本完工。持续开展“冬送温暖、夏送清凉”专项救助活动，加强街面主动巡查，全年累计救助6625人次，救助寻亲619例，政府安置长期滞站人员53人。（杨永亮）

【儿童和残疾人保障】 2020年，太原市民政局全面实施事实无人抚养儿童保障政策，全年新增事实无人抚养儿童186人，发放保障资金186万元。健全农村留守儿童关爱保护和困境儿童保障工作领导协调机制，加强儿童工作的组织领导。完善基层儿童保障队伍建设，117名儿童督导员、1541名儿童主任全部录入系统，夯实基层儿童工作力量。与司法部门联合开展服刑在押和强制隔离戒毒人员事实无人抚养未成年子女关爱保障活动，全市排查65人次，依法纳入保障系统。加强儿童福利院养、治、教、康、安能力建设，探索孤残儿童社会工作安置服务模式，特教学校中职教育日趋完善，促进孤残儿童融入社会。推进“儿童之家”建设，阳曲县建成“儿童之家”21个，实现“儿童之家”村级全覆盖。全面落实“孤儿助学”“明天计划”，累计保障孤儿大学生67人，发放助学金67万元。实施“明天计划”手术27例，支出资金92.40万元。开展残疾人“两补”清零活动，全年保障困难残疾人14.99万人次，发放保障金759万元；重度残疾人护理补贴37.90万人次，发放保障金1930.80万元。同年，太原市社会（儿童）福利院和太原市社会福利精神康宁医院迁建项目基本完工。（杨永亮）

社会福利

【慈善福利事业】 2020年，太原市销售各类福利彩票7.20亿元，筹集市本级公益金6500万元。慈善总会和慈善学校严格按照巡察整改有关要求落实整改工作。完成全国人大常委会副委员长白玛赤林带队的全国人大常委会执法检查组对太原市慈善法的执法检查迎检工作。全市接收捐赠款物1842.85万元，救助1823.43万元，重点用于疫情防控有关工作。同年，慈善学校完成教育目标和教学任务。（杨永亮）

【养老服务】 2020年，太原市民政局出台《太原市养老服务工作2020年行动计划》，牵头草拟《关于推进养老服务发展的实施意见》和《关于加快推进全市居家和社区养老服务健康发展的实施意见》并上报市政府，夯实政策基础。市级老年福利院抓紧建设。各县（市、区）老年福利院建设取得不同程度进展。小店区进入设计招投标阶段，晋源区完成主体结构，清徐县主体竣工，尖草坪区、阳曲县完成改造，迎泽区、杏花岭区、古交市、娄烦县、万柏林区抓紧推进。太原市社区养老产业孵化园（社区社会组织孵化园）和滨河果岭社区养老服务中心、五龙湾社区日间照料中心正式投入运营，7个城镇社区养老服务中心建设完成并投入使用。推进政府购买居家养老服务，按照每人每月100元的标准，覆盖1.10万名困难老人，全年服务150万人次，受到老年群体赞誉。落实社区适老化改造项目，投入600万元，改造300个楼（院）道和3600户家庭，改善老人居家生活环境。提高经济困难老年人生活补贴和护理补贴标准，提升养老院服务质量。开展消防安全联合检查，提升养老服务水平。太原市农村敬老院集中供养率全国领先，养老机构运营补贴标准全国一流。

同年初，太原市被确定为全国首批智慧健康养老试点示范基地。在太原市社区养老服务信息平台的基础上，结合物联网、智能AI等技术，匹配居家、社区智能化养老服务功能扩展，满足老年人多样化、个性化的养老服务需求。市民通过“12349”社区服务热线、自助终端、手机终端等多种方式，享受安全、高效、专业、便捷的各类社区居家养老服务。服务平台整合各类社区服务机构480个，收录老年人基础信息39.70万余条，面向老年人提供助急、助医、助餐、助浴、助洁、助购（行）等各类居家养老服务内容，通过服务热线提供居家养老服务300余万人次，为全国智慧健康养老应用提供宝贵的试点经验。在全省推进社区居家养老和康养产业发展会议上，太原市居家养老经验全省交流推广。（杨永亮）

【白玛赤林在太原调研慈善法执法检查情况】 2020年8月，全国人大常委会副委员长白玛赤林率全国人大常委会执法检查组到山西开展慈善法执法检查，并对太原市慈善法执法情况进行检查。白玛赤林强调，中共十八大以来，中国慈善领域的法治建设不断推进。特别是慈善法的颁布，使慈善事业法治化程度进一步提升。但是，随着慈善事业的快速发展，也暴露出一些问题。因此，既要总结经验，也要找准存在的短板和不足，切实促进法律实施、改进慈善工作，营造良好慈善法治环境。人大执法检查是依法行使宪法法律赋予的监督权，是推动党中央决策部署贯彻落实、确保宪法法律全面有效实施、确保人民权益得到维护和实现的重要手段。9月5日是“中华慈善日”，通过这次执法检查，深入查找问题，督促有关部门加强和改进法律实施工作。总结好经验好做法，把执法检查作为集中学法、普法的过程，推动慈善法的宣传普及。（杨永亮）

住房公积金

【概况】 太原市住房公积金管理中心成立于2003年6月，是直属于太原市人民政府的事业单位，主要负责太原地区住房公积金、公房出售收入等住房资金管理工作。2020年，中心下设铁路分中心、山西焦煤集团分中心（未移交）、省直机关分中心（未移交），机关党委和稽查队、12个处室、12个分理处。从业人员331人，其中在编220人，非在编111人。（杨静　苏琦）

2020年，太原市住房公积金推进组合贷大厅建设。图为建设银行服务大厅
（市住房公积金管理中心供图）

【公积金业务运行】 2020年，太原市住房公积金管理中心归集住房公积金151.89亿元，同比增长13.15%。办理各类住房公积金提取94.48亿元，同比增长16.17%，当期提取率62.20%。发放个人住房公积金贷款2.40万笔，金额116.55亿元，同比增长5.73%、3.02%。实现住房公积金增值收益7.62亿元，同比增长15.21%，增值收益率1.67%。

截至年底，中心实缴单位11557个，实缴职工96.15万人。累计归集住房公积金1192.18亿元，提取710.09亿元，提取率59.56%，归集余额482.09亿元。累计为183642户家庭发放个人住房公积金贷款671.41亿元，贷款余额471.94亿元，个贷率97.89%。累计上缴城市廉租住房补充资金28.37亿元。

（杨静　苏琦）

【公积金年度结息】 2020年6月30日，太原市住房公积金管理中心对职工缴存的住房公积金进行年度结息，共为13019个缴存单位134.39万名缴存职工结息6.31亿元。职工住房公积金账户存款利率按一年期定期存款基准利率1.50%执行。利息划入每位住房公积金缴存职工的个人住房公积金账户，个人住房公积金利息收入免缴个人所得税。

（杨静　苏琦）

【公积金政策调整】 2020年，太原市范围内住房公积金缴存单位和灵活就业人员缴存基数，按照太原市统计部门公布的上年太原市城镇非私营单位就业人员平均工资80060元计算，年度缴存基数上限为20016元。下限为太原市最低工资标准（小店区、迎泽区、杏花岭区、尖草坪区、万柏林区、晋源区、古交市1700元，清徐县1600元，阳曲县1500元，娄烦县1400元）。缴存比例下限为5%，上限为12%，单位可在上下限区间内自主确定，单位和个人应当执行同一缴存比例。

生产经营困难企业，可以按照《太原市单位申请降低住房公积金缴存比例或者缓缴相关事项的规定》申请降低缴存比例或者缓缴。灵活就业人员应当按照《灵活就业人员住房公积金缴存和使用规定》规定标准执行。（杨静　苏琦）

【公积金业务规范发展】 2020年，太原市住房公积金管理中心推行公积金行业标准，印发《关于使用身份证件号码作为住房公积金个人账号的通知》，全面规范个人账号识别，调整购房提取识别标志，对5.70万余条零余额账户、一人多户、身份信息不完整数据进行整改完善，全面提升数据质量。

调整提取范围，出台《关于调整住房公积金提取范围的通知》，取消支付物业费、住房面积每平方米1000元装修费用和单位发生撤销、解散、破产情形的住房公积金提取。职工购买、建造、翻建、大修自住住房可提取金额不大于实际支付购房款。

明确购房套数认定标准，出台《关于明确购房套数认定标准的通知》，明确申请贷款职工购房套数认定标准为购房家庭成员名下实际拥有成套住房数量及成套住房贷款次数，对二套房贷款利率实行首套房贷款利率的1.1倍，停止向购买第三套及以上住房的职工受理和发放住房公积金贷款。（杨静　苏琦）

【公积金业务简化办理】 2020年，太原市住房公积金管理中心对柜台提取业务申请材料，取消申请租赁商品住房提取的政府房产主管部门出具的距申请日12个月内的申请人及配偶名下无房产的证明（古交市、娄烦县、阳曲县除外）和解除劳动关系提取的解除（终止）劳动关系协议。

借款职工在办理商品房贷款及个人住房组合贷款报备材料中，不再需要借款职工提供预（销）售许可证复印件。

对租赁商品房提取的无房证明、申请公积金贷款的房产证明和省外缴存职工办理贷款的异地公积金缴存使用情况证明三项证明事项施行告知承诺制，用承诺代替证明，让信用代替跑腿，最大限度地为缴存职工节约办事时间成本。

（杨静　苏琦）

【公积金担保难题化解】 2020年，太原市住房公积金管理中心出台《关于办理变更担保方式相关工作的通知》，为借款人在贷款期间因保证人不能履行担保义务或发生房屋拆迁等情况提出变更担保方式提供便利。 （杨静 苏琦）

【逾期贷款清收】 2020年，太原市住房公积金管理中心实施“强化风控、降低风险”百日行动方案，收回5期以内逾期贷款1087笔525.01万元，6期及以上逾期贷款229笔10391万元，逾期率由4.31‰下降到1.85‰。

（杨静 苏琦）

【公积金跨省通办】 2020年，太原市住房公积金管理中心在16个分理处（管理部）设置“跨省通办”窗口，指定“跨省通办”业务联系人，在全国住房公积金监管平台开设业务权限。住房公积金缴存信息查询、正常退休提取住房公积金、出具贷款职工住房公积金缴存使用证明、提前结清贷款等业务实现全程网办。 （杨静 苏琦）

【公积金政务服务】 2020年，太原市住房公积金管理中心落实服务绩效由企业和群众来评判工作要求，以缴存单位和缴存职工办理住房公积金业务事项的便利度、快捷度、满意度为衡量标准，构建中心住房公积金政务服务“好差评”评价体系，形成缴存单位和缴存职工积极参与、社会各界广泛评价、住房公积金服务及时改进的良性互动局面，促进中心政务服务质量有效提升。

（杨静 苏琦）

【综合服务平台运用】 2020年，太原市住房公积金管理中心完善综合服务平台功能，提升使用效率，为数字治理下的“放管服”改革提供被行业认可的“太原经验”。中心住房公积金综合服务平台注册人数89.01万人，线上办理公积金业务207.34万笔，金额335.94亿元，线上办理笔数占到业务总笔数94%以上，真正做到线上业务办理“不断档”，服务缴存职工“不打烊”。（杨静 苏琦）

【公积金信息化建设】 2020年，太原市住房公积金管理中心实现对全省不动产登记、不动产税务、婚姻登记等数据共享，并实时应用到省内跨地市购房提取业务办理中，解决异地购房信息缺失、核查周期较长的问题。通过全省住房公积金数据互联共享平台，共发起数据查询197811次，促进数据共享运用。与光大银行合作，将“云缴费”网络缴款平台与中心网厅对接，实现单位汇补缴业务线上缴款。 （杨静 苏琦）

医疗保险

【概况】 2020年，太原市医保局以“打造人民满意的太原医保”为目标，坚持“保障基本、促进公平、稳健持续”总原则，突出主责抓党建，千方百计惠民生，攻坚克难抓改革，敢于担当抓监管，统筹推进常态化疫情防控和医保事业发展，完成各项工作任务。 （杨 星）

【医保基金征缴及待遇保障】 2020年，太原市参保人数379.15万人，其中城镇职工177.13万人，城乡居民202.02万人，全市参保率达到98%以上。全市医保基金当期收入81.26亿元，支出66.72亿元，累计结余123.95亿元。提高城乡居民待遇保障水平，城乡居民医保财政补助人均提高30元，由520元提高到550元，报销比例保持在75%左右。开展“高血压、糖尿病”门诊用药保障，累计6万人次受益，门诊累计费用763.40万元，医保支付298.89万元。公务员医疗费用补助待遇提质增效，公务员医疗费用负担减轻。落实医保扶贫政策，完成脱贫攻坚问题清零任务。全市5.60万名农村建档立卡贫困人口全部纳入医疗保障，住院待遇享受7938人次，基本医保支付4390.19万元，报销比例93.15%。城乡医疗救助“一站式”结算，救助14233人次，救助金额2360.03万元。此外，按照政策对企业参保单位职工基本医保单位缴费部分实行减半征收，减征4.80亿元。（杨 星）

【国家医保基金智能监控示范点建设】 2020年，太原市医保局全面规划智慧医保建设，配套开发医保智能进销存管理、生物识别就医认证两大智能监控子系统，实现对定点药店的进、销、存全过程实时动态监管，门慢、门特等享受特定待遇医保患者指静脉实名认证和视频监控，各类处方和表单实时上传，防止和查堵串换药品、刷卡套现、冒名顶替等违规行为。医保智能药品进销存管理子系统覆盖全市所有定点药店，医保智能生物识别就医认证子系统覆盖45

2020年6月4日，太原市医疗保障局与晋中市医保局签订两市药品医用耗材联合集中采购合作框架协议 （市医保局供图）

家血液透析和门特药医院、药店。打造医保智能审核子系统，完成公开招标并加快建设，实现数据质量监管、事前提醒提示、事中监控预警、事后审查稽核、考核评价管理等功能，减轻医务人员工作负担，发现并纠正违规行为。10月1日，医保智能公共服务子系统正式上线，集“我要办”“我要查”“我要看”“我要评”“我要问”五大功能于一体，将医保经办服务事项清单和办事指南全部纳入系统建设，实现28个事项、37个流程的网办，网办率由22%提升到60%以上，解决老百姓排长队、多跑路的问题。建成医保智能监控室，引入第三方投资硬件设备92.80万元，政府支持购买15名工作人员，发挥在基金监管、费用监控、稽核审查等方面的枢纽作用。（杨　星）

【医保支付方式改革】2020年，太原市医保局完善复合式医保付费模式，重点开展按疾病诊断相关分组（DRGs）付费省级试点工作，10月，在5个试点城市中率先实现实际付费。助推县乡医疗卫生机构一体化改革，完善县级医疗集团“总额预算、结余留用、合理超支分担”打包付费模式，探索开展“按人头打包付费”，并推行城乡居民医保门诊医疗服务“按人头包干付费”，助力分级诊疗制度和家庭医生签约服务制度建设，提高基层医疗服务水平。（杨　星）

【打击欺诈骗保】2020年，太原市医保局出台《太原市2020年医疗保障基金监管工作方案》《关于建立太原市打击欺诈骗取医疗保障基金专项行动局（委）际领导小组工作机制的通知》《太原市医疗保障定点医药机构监管考核信用等级评价办法》，试行对定点医药机构按照信用等级分级分类监管，不断完善监管机制。发挥医保智能监控室作用，推广应用医保智能监控系统，通过大数据分析筛查，为基金监管提供信息化支撑，提升监管效能。探索引入第三方机构参与基金监管，聘请商业保险公司参与定点医药机构全覆盖式现场检查和专项治理抽查复查，引入会计师事务所审计专家开展经办机构抽查复查。强化监督力度，发挥部门协同监管作用，向纪检监察部门报告157家次定点医院违规问题、移送欺诈骗保问题线索6条，向市卫健委移送违规违法问题1个，向市场监管局移送违规违法问题1个，向市公安局移送欺诈骗保案件线索1条，曝光典型案例72起，在定点医药机构起到震慑作用。推进打击欺诈骗保专项行动，通过开展自查自纠、全覆盖现场检查、抽查复查及国家、省飞行检查等多形式检查，实现医保经办机构和定点医疗机构自查自纠率100%，定点医药机构监督检查率100%。全年协议处理违规定点医药机构2066家，其中解除医保服务2家，暂停医保服务4家，处理率达90%以上，累计追回医保基金本金及违约金6838.74万元。（杨　星）

2020年10月20日，太原市医疗保障局召开“以医保智能化助推服务管理精细化”新闻发布会，太原市医保智能公共服务系统全面上线（市医保局供图）

【医药招标采购】2020年，太原市医保局落实国家组织药品集中带量采购和使用共3个批次112个品种，平均降幅达56%，最高降幅达到96.73%，节约药费2222.13万元。落实省组织28种药品和13个冠脉支架中选品种集中带量采购和使用工作，节约费用1479.37万元。开展驻并医疗机构低值医用耗材集中带量采购工作。率先实现省内市际（太原、晋中、忻州、吕梁）联合带量采购模式。开展4个批次，节约费用1.03亿元。集中带量采购切实降低药品耗材价格，减轻群众就医费用负担。（杨　星）

【医保服务水平】2020年，太原市医保局出台《太原市医疗保障经办政务服务事项清单》和办事指南，首次全面归科归类细分出30项经办服务事项和“40+15”项办事指南，实现政务服务“六统一”。实现医保服务“网上办”“掌上办”。投入使用医保电子凭证，实现医保服务由“卡”时代正式迈向“码”时代，医保服务更加便捷高效。下放17项服务管理权限，提升基层经办服务水平，鼓励引导实现“一个平台、多点服务”的经办模式。加强全市医疗保障经办服务窗口规范化建设，在国家医保局组织的第三方群众现场满意度评价中，满意率达92%。出台《太原市医疗保障定点医药机构监管考核操作规程（试行）》，解决经办机构监管考核多头管理、多头执法、管理脱节的历史问题，有效防止医疗机构内外勾结欺诈骗保行为。接受国家医保局对医保经办机构的飞行检查，对存在5方面问题，细化为14项33条内容进行整改。完善规章制度59项，加强经办机构规范化建设。（杨　星）

综　述

【概况】 2020年，太原市应急管理局统筹推进常态化疫情防控、安全风险防范化解、自然灾害防治和应急处置救援工作，开展安全生产专项整治三年行动、安全发展城市和“零事故”创建工作，聚焦重点行业领域，压实安全责任，夯实基层基础，全市安全生产形势持续平稳。

同年，全市发生各类生产安全亡人事故44起61人，同比事故起数减少13起，死亡人数减少1人，分别下降22.81%、1.61%，实现“双下降”。发生一起重大事故，即10月1日迎泽区台骀山景区重大火灾事故，该事故造成13人死亡。（王进文）

【应急专家服务】 2020年，太原市应急管理局探索建立专家技术服务保障机制，出台《太原市应急管理专家聘用暂行规定》和《太原市应急管理专家聘用工作机制》，建立涵盖矿山、化工等108个专业的安全应急专家库，入库专家362名。引进太原理工大学和中煤地华盛水文地质勘察有限公司两家单位，对全市重点煤矿进行瓦斯治理和防治水专家技术服务，累计服务397矿次，提出建议2021条。在市、县两级应急系统建立煤矿五人小组和危化专家组，探索建立社会化服务支撑保障体系。（王进文）

【应急信息化建设】 2020年，太原市应急管理局推进应急管理信息化建设，全面联通指挥信息网，实现国家、省、市、县四级贯通。完善重大危险源企业监测预警系统，3家一、二级危险化学品重大危险源企业监测预警系统完成接入工作。建立完善全市尾矿库安全生产风险监测预警系统，实现省、市、县三级应急管理部门和尾矿库企业在线监测系统四级联网功能，实现重要部位在线视频监控，提高尾矿库安全风险监测预警能力。推进应急管理综合应用平台建设，应急指挥大厅环境基础建设、监测平台、网络安全、显示、中控系统安装完成，智慧用电平台成功建立，系统集成建设和安全生产风险监测预警系统建设有序进行，11家企业接入系统实时监控。（王进文）

【应急队伍培训】 2020年，太原市应急管理局强化安全教育，开展地方党政领导干部和监管部门干部安全生产专题培训。组织市、县、乡三级党政领导干部专题培训，市委党校专题培训考核4期696人，县区培训841人。以相关行业安全知识为主，开展行业（领域）培训，将相关行业领域和通用安全知识一

2020年10月21日，小店区真武路天然气泄漏事故处置现场

（市应急管理局供图）

2020 年 9 月 28 日，王封煤矿冒顶事故处置　（市应急管理局供图）

同纳入干部专题培训，共计培训 4574 人。组织生产经营单位培训，52.26 万名从业人员参加。开展 8 期线下应急管理干部专题培训以及 4 期线上全国应急管理干部网络专题培训班，分别培训 667 人次、1531 人次。开展企业三项岗位人员培训考核，全年考核合格 28304 人，其中主要负责人 1743 人、安全生产管理人员 3970 人、特种作业人员 22591 人（煤矿 1827 人）。　（王进文）

【应急能力建设】 2020 年，太原市应急管理局完善应急体制机制，推进各项应急预案编制，全年完成 23 部专项应急预案编制工作，发布《太原市突发公共卫生事件应急预案》《太原市突发地质灾害应急预案》等 6 部应急预案。结合安全生产月活动、季节性突发事件及国内外典型突发事件，先后安排地震灾害、洪涝灾害、危险化学品事故、森林火灾、尾矿库排险等突发事件应急处置演练活动 448 次。依托现有重点行业领域应急救援队伍，确定自然灾害类、事故灾难类的重点行业领域市级区域应急救援队伍 21 支。建立市、县、主体、煤矿四级应急救援联动机制，将青年救援队、蓝天救援队、化兴危险化学品应急救援队等社会救援力量和 2240 名乡村社区安全员、1120 名气象义务信息员、1100 余名地质灾害防治人员、500 余名森林防火联防队员纳入调度指挥体系。与 12 家企业签订物资储备责任书，常年储备食品及饮用水等 9 类、26 种生活必需品，完善应急物资动态储备机制。

创建全国综合减灾示范社区 41 个、省综合减灾示范社区 130 个，建成标志明显的城市紧急避难场所 500 余处。全年报送防震减灾会商报告 67 份，零异常报告 365 份，仪器巡检 36 人次，监测台站运行率 97.80%，网络安全运行率 98% 以上，达到 95% 的要求。

（王进文）

防震减灾

【自然灾害防治】 2020 年，太原市应急管理局推进自然灾害防治九项重点工程建设，建立自然灾害风险会商制度，组织召开全市自然灾害防治工作联席会议和联络员会议，印发《2020 年自然灾害防治重点工程工作要点》和《自然灾害监测预警信息化工程总方案》。成立市自然灾害综合风险普查办公室，着手组织开展第一次全国自然灾害综合风险普查。　（王进文）

【专项排查检查】 2020 年，太原市应急管理局全面落实森林草原防火责任制，联合市公安局、规划与自然资源局、能源局、气象局、供电公司组成 5 个专项督导组，开展森林防火百日专项行动，切实做到山有人看，林有人护，责有人担。

组织开展林区输电线路安全隐患专项排查，严厉打击野外用火行为，先后出动警力 1000 余人次，执法人员 800 余人次，查处违法案件 4 起，行政处罚 8 人，治安处罚 3 人，及时处置森林火灾 3 起，火情 8 起，接报处置森林火情 40 余起。

组织开展汛前巡查排险，完成 6 处水毁工程修复和太榆退水渠改造等一系列重点工程建设，排查整改影响河道行洪安全的“四乱”问题 58 处，其他安全隐患 522 处。发送预警信息 5 万余条，及时启动应急响应，调度会商雨情水情汛情，督促落实防汛责任。统筹协调出动防汛抢险应急队伍 7243 人。

排查整治地质灾害隐患点 805 处，高陡边坡 519 处，确定隐患点 425 处，纳入治理 17 处，搬迁 8 处，采取日常监测等措施 400 处。　（王进文）

安全监管

【安全生产监督管理】 2020 年，太原市应急管理局坚持安全监督检查全覆盖，开展重点领域专项整治及重点时段、重要节点、节假日安全检查，全面开展安全隐患排查整治，着力提高安全水平。全市累计排查一般隐患 102966 条，整改 96183 条，排查重大隐患 32 条，整改 29 条，责令停产整顿企业 343 家，暂扣吊销证照 26 家，关闭取缔企业 75 家，行政罚款 2453.94 万元。（王进文）

【煤矿安全管理】 2020 年，太原市应急管理局推动全市煤矿安全生产标准化创建达标和科技强安专项行动，有 9 座矿井达到一级标准化，15 座矿井达到二级标准化，建成智能化采煤工作面 2 个和无人值守硐室 76 个。开展全市洗

（选）煤企业安全管理认定工作，33座洗（选）煤企业通过安全管理认定。严格落实危化行业标准化创建、持续运行、到期复评工作，301家危化企业达到三级以上标准化。（王进文）

【安全责任保险】2020年，太原市应急管理局与8家保险公司组成的共保体签订合作协议，启动高危行业领域安责险，在煤矿、非煤矿山等5大高危行业领域全面推行，全市32座正常生产经营的煤矿全部实行。参与信用信息共享平台建设，全年在“信用太原”平台发布双公示信息185条，发布制度信息3条，动态信息46条，及时将安全生产信用信息纳入企业和从业人员诚信记录，完善综合信用档案内容，助力安全生产监管。（王进文）

【安全生产专项整治】2020年，太原市应急管理局开展安全生产专项整治三年行动，召开专题会议安排部署，成立工作专班，并结合实际增加餐饮业专项整治。发挥17个专项应急指挥部和12个安全生产专业委员会作用，牵头负责、对口推进本行业本领域专项整治三年行动，确保任务分解到人。督促市直各部门结合职责任务，制订各自专项整治方案和重点攻坚任务清单，确保专项整治工作落到实处。（王进文）

【“零事故”单位创建】2020年，太原市应急管理局推动“零事故”单位创建工作。市安委办制订印发《全市“零事故”创建工作实施方案》，制定联合会商、联合督导等工作制度，制作“四清单”“两张图”，明确时间进度和任务分工，细化工作措施。全市选树268个“零事故”创建示范点，通过典型引领，先进示范，推动企业落实主体责任，强化本质安全水平。全市725个村中707个实现“零事故”，700个社区中670个实现“零事故”，村（社区）达标率96.63%；企事业单位“零事故”达标率99.98%，均达到“零事故”创建工作要求。（王进文）

【集中教育专项整治】2020年10月8日，台骀山景区重大火灾事故发生后，市委、市政府召开“深刻汲取教训，全面提升安全生产工作水平”集中教育整顿暨专项整治动员部署会，印发总体工作方案和18个重点行业领域风险隐患排查整治专项方案，确定由市应急管理局牵头成立工作专班。专项整治期间，全市累计出动检查组48638次，检查人员15530人次，检查企业（单位）129017家次，排查出一般安全隐患55712条，重大安全隐患6条，责令停产整顿企业285家，暂扣吊销证照10家，关闭取缔企业63家，行政罚款645.94万元。（王进文）

【安全生产宣传】2020年，太原市应急管理局在线上线下广泛开展宣传活动。安全生产宣传月期间，全市设立14个咨询点，省、市50余家单位设置咨询台，摆放宣传展板121块，发放宣传资料70余万份，开展安全演练56场。“5·12”防灾减灾和“7·28”防震减灾宣传周期间，全市组织集中宣传活动30余次、主题讲座20余场，现场咨询500余场，发放各类宣传资料15万余册，主题展板1000余张。中央、省级媒体累计刊发太原安全生产相关新闻120篇次，市级媒体刊发播报安全生产相关新闻1967篇次。（王进文）

消防救援

【概况】2020年，太原市消防救援支队检查单位12324家，督促整改火灾隐患或违法行为6794处，责令“三停”单位128家，临时查封85处，罚款872.10万元，开展消防产品专项监督抽查114次，印发消防产品现场判定不合格通知书130份。

全年接警出动5053起，出动车辆11806辆，出动警力65843人次，抢救被困人员472人，疏散被困人员1395人，抢救财产价值449万元。其中，发生火灾2264起，死亡20人（含刑事2人），受伤16人，直接财产损失1525.80万元，过火面积69848平方米，受灾户数288户，受灾人数270人。抢险救援1641起，公务执勤191起，社会救助602起，其他355起。（孟名彦）

【消防救援演练】2020年，太原市消防救援支队立足全灾种、大应急任务需求，推进新时期应急救援体系重整、制度重构、能力重塑，坚持党委议训、主

2020年，太原市消防救援支队开展蓝色之光演练（市消防救援支队供图）

官抓训、机关领训、全员参训的实战导向，制订出台《体能达标实施方案》，修订《执勤训练奖惩实施办法》，在全省率先组建无人机分队，先后举办基层指挥员、安全员、攻坚组培训班，潜水员、冲锋舟驾驶员培训班，累计开展机关体能训练70余次，考核10次，岗位练兵5次，比武竞赛2次。针对类型灾害事故特点，坚持实兵实装、实地实战，分别就高层、地震、化工、水域、隧道、防疫等科目开展实战演练12次，大队、站级辖区熟悉5500余次，重点单位演练3800余次。强化作战训练安全专项整治工作，构建支队、大队、消防站三级安全管控组织机构和责任体系，制订《作战训练安全任务清单》，组织7项紧急避险和安全救助操法训练，掀起讲安全教育、学安全知识、练安全操法的全员保安全热潮。从地震、交通、气象、文物等行业领域聘请14名专家，组建成立太原支队灭火救援专家组。与市气象局、山西康汇航空运营有限公司签订战略合作协议，完成三县一市接处警并线工作，将青年救援队、蓝天救援队等社会救援力量纳入全市调度指挥体系，全市实行119集中接警模式，全方位增强太原支队应急救援专业化水平。完成“蓝色之光·2020”地震救援大型综合实战演练、“蓝色使命·2020”抗洪抢险实战演练，成功处置“3·19”五台山风景名胜区山火、“4·21”杏花岭区东坪村库房火灾、“10·13”清徐亚鑫焦化厂煤气柜火灾等一系列急难险重的灾害事故。

2020年，太原市消防救援支队无人机分队在尧城机场开展现场教学

（市消防救援支队供图）

1月13日，太原市消防救援支队全勤指挥部组织全市26个消防救援站的指导员和班长骨干深入辖区266米超高层建筑信达国际金融中心，开展实地熟悉和测试演练工作。1月17日，组织指战员开展坍塌事故现场模拟演练，共调集支队重型地震搜救队及辖区消防站指战员70余名。3月27日，市消防救援支队在阳煤集团太原化工新材料有限公司开展煤化工灭火救援联合实战演练。演练调集南部战区东湖、东于、徐沟、晋祠4个消防救援站和石油化工专业队，以及应急、公安、交通、医疗、环保等5家联动单位共计25台车、92人参加演练。支队灭火救援指挥部、应急通信保障分队遂行出动。4月10日，完成总队“2020·蓝色之光”地震救援大型综合实战演练工作。4月27日，市消防救援支队2019—2020冬训实战化比武竞赛开幕，各消防大队、消防站参赛代表队领队、参赛运动员、裁判员、工作人员等360人参加开幕式。此次比武竞赛根据全年计划和冬训训练内容，将比赛内容设为大队科目的有3000米长跑。消防站体能科目，背负空气呼吸器跑5000米、绳索攀爬、百米负重、单杠卷身上。团队科目，4×100米接力和10×400米接力。（孟名彦）

2020年，太原市聚焦“六新”助力转型森林消防技能竞赛

（市应急管理局供图）

【消防救援无人机分队组建】 2020年，太原市消防救援支队在全省率先组建无人机分队。全市抽调7名业务骨干，前往清徐尧城机场参加为期21天的无人机操手培训。培训采用理论授课和室外实操相结合的方式，利用尧城机场培训基地模拟训练设施和场地开展现场教学，通过专业系统的培训，培养学员理论水平及实践能力。（孟名彦）

【"96119"并线】 2020年6月18日，太原市"96119"火灾隐患举报投诉热线正式并入"12345"便民服务热线，优化火灾隐患举报和受理核查流程，有效整合行政资源，提高工作效率，更好地服务群众，最大限度提高公共消防安全水平。（孟名彦）

【消防救援安全宣传】 2020年6月16日，太原市消防救援支队组织参与安全宣传咨询日活动，扩大消防宣传的覆盖面和影响力，营造浓厚的消防宣传氛围。活动现场，宣传人员以家庭防火为主要内容，通过设立消防宣传咨询台，摆放宣传展板，发放宣传材料，发动群众关注"太原消防"官方抖音、微信、微博等方式，向群众宣传普及消防安全知识和消防法律法规。（孟名彦）

【消防救援案例】 2020年3月19日18时10分，五台山风景名胜区台怀镇佛母洞锦绣索道停车场附近发生山火。太原市消防救援支队迅速组织精干力量，21辆消防车124名指战员于20日8时集结出动，经过33个小时的连续奋战，完成本次跨区域灭火救援任务。

2020年3月19日，太原市消防救援支队参加五台山山火救援

（市消防救援支队供图）

4月7日21时30分，万柏林区西铭路西山名筑小区好运来面食馆发生火灾。接警后，南社消防救援站立即响应、迅速集结，出动4辆消防车、20名指战员赶赴现场处置，支队调集5辆消防车、28名指战员赶赴现场增援，经过一个小时的鏖战，大火成功被扑灭，最大限度地降低火灾造成的损失及影响。

4月21日22时24分，杏花岭区东坪村一库房发生火灾。接警后，太原市消防救援支队迅速调派解放路、大东关、不锈钢园区等13个消防站、37辆消防车、160名指战员赶赴现场处置。经过7个小时的全力奋战，22日凌晨5时内部明火基本扑灭，现场转入残火清理阶段。

5月11日3时27分，小店区学府东街东中环交叉口富力金禧城C区工地地下车库内木板失火。接警后，先后调集15个消防救援站、42辆消防车、252名指战员赶赴现场处置。经过6个小时的全力奋战，明火被全部扑灭，参战力量陆续整理归建。

8月14日18时01分，小店区晋阳街坞城中路文锦世家H座1单元电缆井发生火灾。支队指挥中心先后调集4个消防救援站、10台消防救援车辆、47名消防指战员迅速赶赴现场进行处置。经过近2个小时战斗，于19时54分成功扑灭火灾，累计成功营救、疏散被困群众55名至安全地带，无一伤亡。

10月1日13时04分，台骀山景区发生火灾。接警后，太原支队先后调集17个消防救援站、40辆消防车、240名指战员到场处置。总队、支队两级全勤指挥部遂行出动。至18时30分，整个灭火救援行动结束。

10月13日14时25分，清徐县307国道亚鑫焦化厂煤气柜出现裂缝，并有明火。接到报警后，太原支队指挥中心调集14个消防站、44辆消防车、205名指战员到场处置。经过8小时不间断对罐体冷却和火势压制，在两辆液氮车向罐体内注入液氮后，22时30分明火被扑灭。（孟名彦）

人物
Personage

新任市领导

张新伟，1965年5月出生，男，汉族，山西芮城人，在职研究生学历，管理学博士，享受国务院特殊津贴专家，1984年7月加入中国共产党，1985年7月参加工作。曾任山西财经大学研究生处处长、校学位办主任，太原高新技术产业开发区管委会主任、晋源区委书记，省科技厅党组成员、副厅长，省科技厅党组书记，省科技厅党组书记、厅长。2020年10月任太原市委副书记、代市长、市政府党组书记。

2020年全国劳动模范和先进工作者

贺启华

贺启华，男，1955年出生，中共党员，大学专科学历，现任富士康（太原）科技工业园副总经理。

贺启华为富士康科技集团在山西产业布局，助力山西省经济发展做出重要贡献。2004年，他投身富士康园区规划建设项目实施。本着边建设、边投产、边认证出货的原则，于2008年建成面积161.53公顷、总建筑面积159万平方米、有179栋建筑单体的园区，为山西省最大外商投资企业富士康落户太原提供硬件保障。为推动太原园区产业升级，他与省、市政府接洽，引进高、精、尖、新产业产品群落户园区。2012年、2016年，先后引进“高端智能手机生产线”“全球手机维修中心”两大项目落户太原。自2015年，园区工业总产值以百亿元年增长速度发展。2019年，实现工业总产值815亿元，出口68亿美元，累计投资达244亿元。园区的稳定发展为山西省经济增长、人员就业、转型升级发挥重要的示范带动作用，辐射带动周边配套企业和服务业的全面发展，成为山西省高质量发展的新动力。富士康园区多次被山西省、太原市评为山西省A级出口创汇优秀企业、山西省转型发展百强企业、高新技术优秀企业等称号。贺启华先后获得太原市优秀共产党员、太原市劳动模范、太原市特级劳动模范、山西省劳动模范、山西省三晋英才等荣誉称号。2020年获全国劳动模范称号。

郑梅梅

郑梅梅，女，1971年出生，大学本科学历，现任太原市晋源区怡花种植专业合作社副社长。

郑梅梅依托太原市晋源区怡花种植专业合作社，引领晋源区花卉产业持续做大做强成为新型支柱产业。培育新奇特优花卉品种，科学示范种植，助力晋源花卉小镇建设，致力公益爱心事业，产品远销20多个省市，形成产、研、销一体化格局。其间，她带领研发团队，建成省内一流1000余平方米的花卉组培繁育中心，主持研发的“一种适用于瓶装植物的专用营养液”“一种使用激素含量控制蝴蝶兰高增殖合格率的方法”获国家发明专利，30余个标准和项目全部通过验收。其中东关花卉示范园区建成12500平方米连栋温室和139个高等级日光温室，年产果蔬350吨、草花80余万盆，带动4个村、500多户、5000多名农民从事花卉行业，年产值1600余万元。升级线上线下消费平台，在广州，昆明建立物流仓，销售额猛增。抗疫期间，郑梅梅向晋源区红十字会捐赠10万元和价值12万元物资，为打赢防控阻击战做出积极贡献。她是“全国合作社示范社”太原市晋源区怡花种植专业合作社带头人、太原市人大代表，曾获山西省三八红旗手、山西省特级劳模、全国绿化奖章等。2020年获全国劳动模范称号。

赵爱斌

赵爱斌，男，1971年出生，农工党党员，主任医师，现任太原市第四人民医院重症医学科主任。

赵爱斌长期从事结核病、人感染禽流感、甲流等传染病危重症救治工作，参与2003年“SARS”，2009年H1N1、甲流感，2017年的H7N9禽流感危重症的救治，有丰富的公共卫生应急疫情救治经验。在2020年新冠疫情防控中，担任山西省救治专家组成员、太原市救治专家组组长和收治全省新冠肺炎确诊重型危重型患者的应急一病区负责人。他把人民群众的健康和生命放在首位，发扬特别能吃苦、特别能战斗的精神，千方百计集聚最优医疗力量、使用最佳救治设备、发挥最大聪明才智，团结带领救治团队，日夜坚守在新冠肺炎危重症救治第一线。在提高鉴别诊断能力和救治水平方面，他刻苦学习，快速掌握新冠肺炎的相关方案、指南、流程，掌握临床特征和变化特点，追踪学习国内外最新动态和经验分享，结合实际，分类把握救治重点。严格管理并规范执行转诊、救治规程，每日组织专家会诊，研判病情，逐一评估，严密监护，精准施治，辅之以心理疏导和干预，千方百计提高危重型患者救治成功率，为实现山西省确诊患者“零死亡”做出突出贡献。他曾被省卫生计生委列入“百千万卫生人才培养工程”骨干精英人才人选，被省人力资源和保障厅、省卫生健康委员会授予“山西省卫生计生系统先进个人”。2020年获全国先进工作者称号。

安慧霞

安慧霞，女，1972年出生，中共党员，研究生学历，现任太原市万柏林区兴华礼仪幼儿园总园长。

作为“不忘初心、牢记使命”的宣传员及省特级劳模，安慧霞践师者初心，担幼教使命。她首开山西省公办幼儿园集团化管理先河，在全省幼儿园中率先实行人才管理、信息管理和资源管理的创新管理理念，实施园长职级制、教师星级制、同工同酬制、分园目标考核制等动态机制建设。紧踏国家节拍，立足山西、辐射中国、放眼世界。在管理3所公办幼儿园的基础上，将先进教育理念延伸到4所村公办园，帮扶3所普惠性民办园，形成“3+4+3”集团化管理模式，先后作为领航者在省、市召开集团化办园现场会。她主持国家、省级课题，受邀教育部园长培训中心到全国各地进行管理理念交流，接待商务部在非洲的援外项目及法国、新加坡、海南、四川、福建、河北等国内外各级参观访问、管理经验交流、园长跟岗挂职，受益园长及教师达上万余人。她是中共太原市第九、十、十一届党代表，曾获得省特级劳模、省先进教育工作者、省优秀园长等荣誉称号，国家级、省级、市级集体和个人课题18个。撰写的专著《发芽的太阳》，通过大量生动感人的故事，深刻讲述学前教育工作者的心路历程，产生良好的社会反响，多篇论文在国家级核心刊物发表。2020年获全国先进工作者称号。

温中慧

温中慧，女，1977年出生，中共党员，大学专科学历，现任太原公共交通控股（集团）有限公司第一汽车分公司四车队18路驾驶员（五星级）。

温中慧从走上驾驶员岗位起，没有接到过乘客的一次批评和投诉，收到乘客百余件表扬信，车上的意见本里，全是乘客对她工作的肯定。她总是以微笑面对乘客，以“对待乘客热心，帮助乘客诚心，照顾乘客细心，服务乘客真心”为服务准则，以“领导放心、乘客舒心、同事一心”为工作宗旨，受到乘客的一致赞扬。2019年出行率达到136%，安全运行33120千米，完成任务139%，行车1806趟。在新型冠状病毒疫情防控阻击战关键时期，温中慧向党组织上缴特殊党费300元。作为疫情防控突击队的一员，做到随叫随到。在服务好每一位乘客的同时，做好各项疫情消毒工作，为乘客提供安心的出行保障。曾先后获得太原市五一劳动奖章、山西省五一劳动奖章、山西省优秀公交驾驶员、山西省特级劳动模范、全国五一巾帼标兵、山西省“三晋英才”支持计划拔尖骨干人才等荣誉称号。2020年获全国劳动模范称号。

朱少辉

朱少辉，男，1980年出生，中共党员，研究生学历，高级工程师，现任太原重型机械集团有限公司太原重工技术中心风电所设计员。

作为太重转型新能源领域、开发风电产品的专业技术带头人，大型风力发电机组山西省科技创新重点团队核心成员，他主持完成十余个重点科技项目，技术准备累计产值近40亿元，设计降成本上亿元。主持山西省重点研发计划“2MW低风速长叶片双馈风力发电机组研制”，实现订货300余台，产值20多亿元。担任山西省重点研发计划“5MW海上高效永磁风力发电机组的研制”主任设计师，担任山西省重大专项“大型海上风力发电机组及关键零部件”主任设计师，自主研发国内首套台风型8MW中压中速永磁海上风电机组，整体性能达到国际先进水平，获得山西省科技厅资金支持上千万元。2014—2015年获称全国青年岗位能手。2018年获得山西省五一劳动奖章。2019年获得全国五一劳动奖章、山西省劳动模范，入选山西省“三晋英才”计划。2020年获全国劳动模范称号。“1.5MW风力发电机组研制”获2012年山西省科学技术奖二等奖，“3MW低温高速永磁风力发电机组研制”获2016年山西省科学技术奖一等奖，“风电机组塔筒密封结构设计”获首届中国创新方法大赛山西赛区二等奖。授权专利21项，发表论文7篇。

马黎明

马黎明，男，1982年出生，中共党员，大学本科学历，高级技师，现任山西西山煤电股份有限公司镇城底矿通风科监控队副队长。

马黎明在工作中精益求精，追求极致，对安全仪器的电路元件做到“一摸准”，对主要参数和技术性能指标做到“一口清”，对查找和排除故障做到“一手灵”。他编制《KJ75N安全生产监控系统培训材料》，自制“煤矿安全监控系统模拟实验台”，研制语音报警断电功能测试仪、矿用风筒风量一体化开关传感器项目等50余项创新成果，《一种矿用监控传感器升降吊管装置》获得国家专利。在多年的工作中，他带领监控队修复各类传感器1000多台，排除监控系统故障及事故隐患500多起，为企业节约费用100余万元。2012年、2015年两次获得山西省五一劳动奖章，2012年获得山西省技能大赛安全仪器监测工第一名，2013年获得全国技能大赛安全仪器监测工第五名，2014年获得全国青年岗位能手称号。2015年获得山西省技能大赛安全仪器监测工第二名、“三晋技术能手”“山西省享受政府津贴高级技师”荣誉称号。2016年获“第五批煤炭行业技能大师”称号。2017年马黎明创新工作室被命名为山西省职工（劳模）创新工作室。2018年获全国煤炭工业劳动模范、全国煤炭行业技能大师工作室，太原市“时代新人·晋阳工匠”，2019年获山西省特级劳模、三晋英才、大国工匠、全国向上向善好青年爱岗敬业、中国创新方法大赛山西赛区一等奖等荣誉称号。2020年获全国劳动模范称号。

2020年全国模范人民调解员

左宝凤

左宝凤，女，1962年出生，中共党员，2014年参加调解工作，现任职于清徐县劳动争议人民调解委员会。

左宝凤在劳动部门工作36年，长期从事劳动仲裁工作，以高度的事业心和责任感，坚持原则，秉公办案，处理过大量劳动争议案件，受到当事人的一致好评，多次获得省、市、县政府、劳动部门的表彰。她在25年的劳动争议案件调解工作中，一直把当事人的事情当做自己的事情做，贴心服务，耐心讲解政策法规，通过不断探索，总结出一套行之有效的调解工作法，通过“背对背”“面对面”等方式化解争议纠纷，使近年来案件调解成功率达到100%，切实维护双方当事人的合法权益，也成为深受群众和企业所信赖的人民调解员。2020年获全国模范人民调解员称号。

王本清

王本清，男，1964年出生，中共党员，1993年参加调解工作，现任职于太原市万柏林区道路交通事故纠纷第一人民调解委员会。

在人民调解工作中，王本清积极参加坚持发展“枫桥经验”实现矛盾不上交和涉新冠肺炎疫情矛盾排查化解工作，利用所学法律知识和多年参加调解实战经验，参与城中村改造和日常矛盾就排查化解活动。亲自带领调解员参加小王村、大王村、后王村、前北屯、后北屯等10多个城中村拆迁改造的调解工作，取得很好的效果。牵头推动调解组织建设，通过人民调解进公安、进信访、进法院等形式，组织建立9个派驻公安派出所工作室，在区信访大厅设立信访事项调解室，与万柏林区法院、万柏林区交警一大队、省保险协会共同建设道路交通事故调处中心，成效显著。2020年获全国模范人民调解员称号。

孙爱军

孙爱军，男，1972年出生，中共党员，2012年参加调解工作，现任职于娄烦县娄烦镇人民调解委员会。

孙爱军于2015年争取县司法局和娄烦镇党委、政府的支持，实现近100平方米的办公场所，并配备2名专职人民调解员，配齐办公设施，使得司法所工作顺利展开。当年年底完成协调民事纠纷50起，干群矛盾49起，协助政府调解重点工程征地协议120多起，从而缓解政府工作压力，促进

政府工作效率。三年内协调案件494件，有效维护人民群众的合法权益。之后从2018年起的三年时间里，调解案件180件，成功173件。通过多年的调解实践，他总结出成功调解的经验，并时刻提醒自己力戒急躁、敷衍、动怒，做到嘴勤、手勤、腿勤。2020年获全国模范人民调解员称号。

白鲜花

白鲜花，女，1976年出生，中共党员，2007年参加调解工作，现任职于太原市迎泽区柳巷街道起凤街社区人民调解委员会。2017年被聘为太原市迎泽区人民法院特邀调解员。2019年成立以个人名字命名的鲜花工作室，成为首席调解员，被聘为山西省高级人民法院特邀调解员，被山西省人民调解协会选举为理事。

白鲜花在工作中着力开展非诉讼纠纷解决综合平台，形成多链条驱动的非诉纠纷解决综合体系。依托太原市迎泽区法院、行直律师事务所，相互衔接、方便分流，最大限度地发挥非诉讼纠纷解决机制的作用。在起凤街社区成立法官工作室，把人民调解组织向多领域延伸。利用互联网现代化信息工具，安装公共法律服务平台，让居民更方便快捷地享受法律服务。探索研究新形势下人民调解工作的内在运行规律和有效途径，充分发挥人民调解融"情、理、法"于一身的优势，创造性运用"熟、理、情、德、防、活、了"七字调解法开展人民调解工作，逐步探索建立一整套行之有效的人民调解工作方法体系。2020年获全国模范人民调解员称号。

苏丽平

苏丽平，女，1978年出生，中共党员，2016年参加调解工作，现任职于山西省广东商会商事纠纷人民调解委员会。

苏丽平热心商会工作，以身作则，三年时间为商会会员提供法律咨询和服务达60余件，其中有会员家属车祸事故后的法律帮助和协调，有会员和仲裁委员会的纠纷问题的处理。尤其是在成立人民调解委员会后，参与法院分派的案件和会员及会员企业的案件调解工作，其中有会员单位的遗产纠纷案件，有会员家属特殊意外死亡的案件，被省高院和迎泽区人民法院聘为特邀调解员。作为广调委副主任，苏丽萍充分发挥积极性、主动性和创造性，不断规范和强化制度建设、业务培训、品牌创新等各项工作，取得阶段性成果。2020年获全国模范人民调解员称号。

2020年山西省五一劳动奖章获得者名单

一线职工和专业技术人员（16名）

王慧峰　山西太钢医疗有限公司首席专家（太原市劳动模范）

王慧军　山西西山煤电股份有限公司镇城底矿综采准备队队长（太原市五一劳动奖章）

李　锋　太原重型机械集团公司太原重工起重机分公司车工（太原市劳动模范）

侯立国　太原煤气化神州煤业公司综掘队井下电钳工（太原市劳动模范）

郝卫华　山西大众电子信息产业集团有限公司工模具分公司数齿组组长（山西省三晋英才）

刘文胜　中车太原机车车辆有限公司车辆开发部部长（太原市劳动模范）

侯　飞　国网太原供电公司输电运检室行政事务综合管理工程师（时代新人·晋阳工匠）

关　岭　太原公共交通控股（集团）有限公司第二汽车分公司817路驾驶员（全国优秀工会积极分子）

尚绳义　太原供水集团有限公司草坪制水分公司维修工段段长（时代新人·晋阳工匠）

冯关儒　太原市热力集团有限责任公司计划统计处处长（太原市五一劳动奖章）

侯　强　山西云时代技术有限公司数字政府事业部经理（山西省优秀科技工作者）

曹国全　古交市千峰精煤有限公司千峰矿掘进队队长（太原市五一劳动奖章）

欧阳满祥　富士康（太原）科技工业园太原模具制造处设备维护课课长（时代新人·晋阳工匠）

张龙龙　太原市城乡规划设计研究院战略所工程师（山西省建筑业五一劳动奖章）

王永强　山西乐村淘网络科技有限公司副总裁（农业大数据论坛领军人物）

池雪峰　太原四联重工股份有限公司产品研发部部长（民营区"五小竞赛"三等奖）

企业负责人（1名）

阮国松　山西鸿翔一心堂药业有限公司总经理（山西省医药流通协会"突出贡献奖"）

农民工（3名）

苑玉正　太原市政建设集团有限公司农民工队长（时代新人·晋阳工匠）

段贵军　太原市晋源区金胜镇护林防火队队长（太原市五一劳动奖章）

苗鹏飞　太原市龙聚煤炭有限公司储煤场负责人（太原市龙聚煤炭有限公司先进工作者）

机关事业单位人员（9名）

翟玉兰　太原市农业科学研究院植保科科长（全省干部驻村帮扶工作模范）

吴素贤　国家税务总局太原市税务局局长（优秀公务员）

孙国锋　阳曲县农业农村局党组书记、局长（全国农业农村系统先进个人）

王　慧　娄烦县第二中学年级主任（太原市劳动模范）

张　慧　太原市第二实验中学校教师（太原市劳动模范）

李新华　太原市中心医院党委委员、院长（太原市五一劳动奖章）

阴剑兵　太原市公安局尖草坪分局汇丰派出所所长（严厉打击经济犯罪破案会战成绩突出奖）

张鹏鹏　太原市交警支队事故处警务技术四级主管（山西省公安系统优秀人民警察）

李雁梅　太原市人民医院呼吸科副主任医师（山西省卫生健康系统骨干精英人才）

2020年太原市劳动模范名单

特级劳动模范（30名）

张　浩　男　43岁　中共党员　山西太钢不锈钢股份有限公司营销中心营销管理部品牌营销管理室主任（太钢特级劳动模范）

曹勇鹏　男　37岁　中共党员　山西焦煤集团有限责任公司杜儿坪煤矿调度三室工程师（山西焦煤特级劳动模范）

马　强　男　46岁　群众　太原重型机械集团有限公司太原重工技术中心起重所设计员（山西省三晋英才）

王文俊　男　33岁　预备党员　国网太原供电公司配电运检室配电运检五班副班长（国网山西省电力公司劳动模范）

秦玉仙　女　36岁　中共党员　太原供水集团有限公司计量检测中心检测工段副段长（山西省五一巾帼标兵）

张　乐　男　31岁　群众　太原公共交通控股（集团）有限公司电车分公司五车队602路驾驶员（公交集团劳动模范）

张琪欣　男　52岁　中共党员　太原市热力集团有限责任公司第五供热分公司经理（太原市五一劳动奖章）

杨　宁　男　34岁　中共党员　山西云时代技术有限公司事业处工程师（晋阳工匠、三晋英才）

刘建宝　男　48岁　中共党员　太原市市容环境卫生机械清洁队队长（省二等功、市一等功、二青会先进个人）

林　林　女　52岁　群众　太原市成成中学校教师（太原市优秀教师、“十佳”班主任）

韩　蕾　女　38岁　中共党员　太原市妇幼保健院产科副护士长（全省卫生系统青年岗位能手）

刘　微　女　37岁　中共党员　清徐县人民医院护士（清徐县优秀共产党员）

侯丽琳　女　43岁　中共党员　太原市小店区平阳路街道亲贤社区党委书记（山西省最美社区干部）

曹　平　女　46岁　中共党员　太原市杏花岭区巨轮街道富力华庭社区党支部书记兼主任（杏花岭区委宣传部评为舆情信息工作“先进个人”）

侯爱荣　女　44岁　中共党员　阳曲县扶贫开发办公室党组书记、主任（省扶贫系统先进工作者、省巾帼建功标兵）

高　林　男　46岁　中共党员　娄烦县扶贫开发办公室主任（山西省脱贫攻坚创新奖）

刘智军　男　47岁　中共党员　阳曲县黄寨镇录古咀村民委员会主任（山西省脱贫攻坚奖奋进奖）

尤同义　男　59岁　中共党员　娄烦县天池店乡南岔村农民（太原市五一劳动奖章）

王留金　男　55岁　中共党员　太原聚兴劳务有限公司劳务队长（公司优秀农民工）

阴剑兵　男　42岁　中共党员　太原市公安局尖草坪分局汇丰派出所所长（太原市公安局“严厉打击经济犯罪破案会战”成绩突出奖）

王景春　男　40岁　中共党员　山西转型综合改革示范区总工会副主席（太原市优秀工会工作者）

隋坤哲　女　49岁　中共党员　太原市万柏林区教育局信息装备中心主任（山西省电化教育优秀工作者）

文建业　男　48岁　中共党员　太原市迎泽区住房和城乡建设局局长（太原市担当作为先进典型）

靳　睿　男　42岁　中共党员　太原市晋源区晋祠镇党委书记（太原市担当作为先进典型）

杨　霞　女　46岁　中共党员　山西锦波生物医药股份有限公司研发总监（山西杰出青年创业奖、三晋英才）

郭　强　男　39岁　中共党员　太原市保安服务有限公司党委书记、董事长（山西省三晋英才、山西省功勋企业家）

白晓雷　男　43岁　中共党员　太原市尖草坪区城乡管理局

局长（山西省城市管理先进个人、二青会三等功）

刘荣亮　男　48岁　中共党员　太原华润煤业集团有限公司党委书记兼总经理（山西省三晋英才）

赵玉娥　女　57岁　群众　山西绿色山区农副产品销售有限公司董事长（山西省脱贫攻坚奖奉献奖）

吴京京　男　37岁　中共党员　山西海帆京泓体育咨询有限公司首席运营官（新浪中国杰出贡献教育人物、教育金鼎奖十大风云人物）

太原市劳动模范（120名）

李保才　男　56岁　中共党员　山西太钢不锈钢股份有限公司炼钢二厂党委书记、厂长（太钢特级劳动模范）

林　媛　女　38岁　中共党员　山西太钢不锈钢股份有限公司技术中心硅钢室主任（太钢特级劳动模范）

高长涛　男　36岁　中共党员　山西太钢不锈钢股份有限公司炼铁厂四烧作业区副主管（太钢特级劳动模范）

李　健　男　51岁　中共党员　西山煤电（集团）有限责任公司党委副书记、副董事长、总经理（太原市五一劳动奖章）

赵志明　男　47岁　中共党员　山西西山煤电股份有限公司马兰矿选煤厂主洗车间主任（西山煤电集团公司劳动模范标兵）

温　芳　女　33岁　中共党员　西山煤电（集团）有限责任公司西山煤电职工总医院器械科检验师

徐培义　男　31岁　群众　太原重型机械集团有限公司太原重工轨道交通设备有限公司车轮二厂热处理工部钳工（山西省首届职业技能大赛钳工三等奖）

张望元　男　46岁　中共党员　太原煤气化集团华苑煤业公司董事长、经理（太原煤气化集团公司劳动模范）

杨正纲　男　46岁　中共党员　太原煤气化东河煤矿调度室主任（太原煤气化集团公司劳动模范）

杜文博　男　35岁　中共党员　太原煤气化炉峪口煤矿采煤一队队长（太原煤气化集团公司劳动模范）

李维伟　男　37岁　中共党员　太重煤机有限公司技术中心采煤三所所长（太重集团劳动模范）

刘玉红　男　48岁　群众　大唐山西发电有限公司太原第二热电厂发电部专工（二电厂劳动模范）

张　靓　男　48岁　中共党员　中车太原机车车辆有限公司生产制造部部长（中车太原公司劳模）

赵延玲　男　54岁　群众　中车太原机车车辆有限公司货车车间检修管备组组长（中车太原公司劳模）

张栋超　男　30岁　群众　太原市政建设集团有限公司工长（太原市二青会个人一等功）

范国森　男　34岁　群众　中国电信股份有限公司太原分公司网优中心网络优化片区组组长（中国电信集团青年岗位能手）

张　炜　男　40岁　中共党员　国网太原供电公司营业及电费室营业及抄表七班班长（国网太原供电公司劳动模范）

刘　伟　男　34岁　中共党员　太原东山李家楼煤业有限公司瓦斯抽采队队长（东煤集团劳动模范）

安慧珍　女　43岁　中共党员　山西大众电子信息产业集团有限公司第一研究所结构室技术员（太原市五一巾帼标兵）

张卫争　男　38岁　群众　中国移动通信集团山西有限公司太原分公司网络代维管理（太原市个人一等功）

姚建华　男　40岁　群众　太原供水集团有限公司清徐供水分公司热线组组长（集团公司劳动模范）

贾桂芬　女　54岁　中共党员　太原市热力集团有限责任公司党委委员、工会主席（全国优秀工会工作者）

寇　枫　女　47岁　农工党　太原市热力集团有限公司审计处处长（太原市热力集团劳动模范）

乔　明　男　51岁　中共党员　太原公共交通控股（集团）有限公司第一汽车分公司党委副书记、经理（公交集团十佳党员）

王二中　男　41岁　中共党员　太原建工集团有限公司项目技术负责人（太原市个人一等功）

康吉维　男　50岁　群众　中国邮政集团公司太原市分公司古交公司寄递事业部投递员（市局优秀投员）

李　华　男　41岁　群众　中国联合网络通信有限公司太原市分公司政企创新业务支撑中心小CEO（山西省分公司杰出好员工）

王智勇　男　43岁　群众　阳曲县旭易城市环境服务有限公司环卫作业队队长（市容环卫先进工作者）

苏爱成　男　50岁　群众　古交市千峰精煤有限公司井下机修队队长（本单位劳动模范）

王合心　男　49岁　中共党员　太原市小店区环卫清运队队长（太原市城市美容师）

高计华　男　41岁　群众　山西晋达客运有限公司汽车客运东站保德汽车客运联营车队司机（优秀工会积极分子）

商利军　男　43岁　群众　蓝泰集团清洗清洁山西有限公司员工（优秀城市美容师）

王　强　男　30岁　中共党员　山西水塔醋业股份有限公司深沉液态发酵车间主任（时代新人晋阳工匠）

成效伟　男　51岁　中共党员　太原市宁化府益源庆醋业有限公司生产车间主任（工会积极分子）

杨　庆　男　35岁　群众　太原市康镁科技发展有限公司精加工车间技术部主管（山西省三晋英才）

薛东兴　男　49岁　中共党员　江苏南通二建集团有限公司

山西分公司太原项目部技术负责人（启东市住建系统和集团公司“先进工作者”“科技创新能手”）

高　锐　男　45岁　中共党员　太原市供水服务有限公司设备研发中心主任（山西省机冶建系统五一劳动奖章）

王永红　男　49岁　群众　山西东杰智能物流装备股份有限公司重点实验室主任（中国城市停车设施建设领军人物）

桑少华　男　36岁　群众　太原日德泰兴精密不锈钢股份有限公司研发部部长（先进个人、优秀技术员）

郝智锋　男　32岁　民建　山西蒙山旅游开发有限公司游客服务中心主任（晋源区创业创新能手）

席瑞华　男　34岁　中共党员　山西呈华建筑工程有限公司副总经理（山西呈华建筑工程有限公司安全生产工作先进个人）

孟宪有　男　55岁　中共党员　太原矿山机器精密铸造有限公司副总经理（本单位优秀共产党员、精神文明标兵）

苗　枫　女　28岁　群众　山西君雁药业有限责任公司现代物流技术开发部技术负责人（太原市五一巾帼标兵）

苗博恩　男　27岁　群众　太原市龙聚煤炭有限公司副经理（本单位先进工作者）

李　慧　女　43岁　中共党员　山西省太原化工物资总公司党委副书记（太原市五一劳动奖章）

尹　毅　男　42岁　中共党员　太原市东都服装有限公司党支部书记、副总经理（迎泽区“优秀党务工作者”）

李海清　女　58岁　中共党员　山西美特好连锁超市股份有限公司执行董事长（山西省连锁协会颁发年度风云人物）

冯　琳　女　42岁　群众　山西丰瑞达企业形象设计有限公司副总经理（山西省巾帼建功标兵）

杨艾东　男　49岁　中共党员　阳曲县汇民村镇银行党支部书记、董事长（村镇银行最佳派驻人员奖）

李瑞琪　男　49岁　中共党员　太原市第一建筑工程集团有限公司党委委员、工会主席（优秀工会工作者、安康杯标兵个人）

姚文静　女　36岁　群众　山西汇众汽车家园有限公司产品经理（省巾帼建功标兵）

苏　阳　男　33岁　中共党员　太原市消防救援支队组织教育处二级助理员（多次荣立三等功）

高建华　男　50岁　中共党员　太原化学工业集团有限公司总经理（阳煤集团优秀共产党员）

胡富申　男　53岁　中共党员　中化二建集团有限公司党委书记、董事长（山西省功勋企业家、山西青年五四奖章）

吕晋宇　男　40岁　民进　山西元工电力工程设计有限公司董事长（中国青年创业奖、山西省新兴产业领军人才）

刘鹏飞　男　50岁　中共党员　太原市龙城发展投资集团有限公司党委书记、董事长、总经理（太钢集团劳动模范）

张大川　男　55岁　中共党员　太原热力设计院（有限公司）总经理（太原市住建委评为“优秀共产党员”）

崔　跃　男　45岁　群众　山西傲赢旅游科技有限公司董事长（中国技能大赛雕塑一等奖；三晋技术能手）

王　宇　男　45岁　群众　禧佑源航空科技集团有限公司董事长（山西省优秀企业家）

闫斌喜　男　50岁　群众　山西喜禄商贸有限公司董事长（海尔公司增值服务精耕细作奖、最佳合作客户）

杨全柱　男　51岁　中共党员　山西仁泽医药集团有限公司董事长（山西十大人物、万柏林区卫生系统先进个人）

雷俊德　男　56岁　群众　山西味道园餐饮文化管理有限公司董事长（山西省酒店业功勋人物、太原市功勋企业家）

焦晓霞　女　43岁　民盟　山西京楼文化传媒有限公司董事长（山西省第十二届德艺双馨优秀教师；山西省黄河流域“红梅奖”）

满富宝　男　49岁　中共党员　太原市农业生产资料公司经理、党总支副书记（太原市安全生产先进个人）

梁学娟　女　50岁　群众　太原市晋源区姚村镇枣元头村梨多鲜采摘农场负责人（太原市优秀女企业家、巾帼创业标兵）

李小兵　男　46岁　群众　清徐县清德铺村红薯协会会长（中国甘薯产业博览会“甘薯大王”、中原脱毒甘薯产业发展研讨会“最美红薯人”称号）

阴栓玉　男　51岁　群众　古交市栓玉种植养殖专业合作社理事长（时代新人）

吴翠萍　女　47岁　预备党员　阳曲县清风良业种养殖专业合作社社长（阳曲县十大放心农产品品牌）

李　炳　男　26岁　群众　太原市尖草坪区碧林龙农业开发有限公司负责人

闫士文　男　50岁　群众　古交市榛实种植专业合作社社长（省农业厅创业创新带头人）

高胜利　男　59岁　群众　清徐县徐沟镇西楚王村村民（山西省技术发明三等奖。）

罗区怀　男　62岁　中共党员　娄烦县马家庄乡杜家庄村农民

李慧峰　男　37岁　中共党员　娄烦县静游镇曼咀岩村村委

主任

冯海荣　男　56岁　群众　阳曲县东黄水镇吉家岗村民委员会主任（山西省脱贫攻坚奖奋进奖）

范秋旺　男　42岁　群众　太原市万柏林区王封乡圪垛村村主任（参加农村农业部农村实用人才带头人培训）

赵长青　男　49岁　中共党员　太原市迎泽区郝庄镇占道村主任（全市优秀党务工作者）

樊金锁　男　58岁　中共党员　太原市小店区西草寨村党支部书记（科技创新山西省最美创新人物）

张　鹏　男　44岁　群众　山西易通建筑劳务有限公司劳务队长（优秀劳务队伍）

周栋明　男　48岁　群众　中化二建集团有限公司恒逸（文莱）PMB石油化工项目土建施工队队长（中化二建集团有限公司劳动模范）

张耀德　男　44岁　中共党员　太原闫润明食品研发工作室研发部主任（山西省青年岗位能手）

李泽强　男　37岁　中共党员　太原传化公路港物流有限公司货运部主管（区优秀工会积极分子）

谭　皓　男　33岁　中共党员　太原市中医医院肾病科主治中医师（太原市医师协会“太原市2019年度十佳青年医师提名奖”称号）

郭勇智　男　45岁　中共党员　太原市农业农村局扶贫处主要负责人（全市担当作为方面表现突出干部）

雷君慧　男　36岁　中共党员　太原市气象台副台长（市气象局派驻娄烦县庙湾乡双井村第一书记）（太原市脱贫攻坚领导小组评为优秀第一书记）

汪国涛　男　48岁　中共党员　市委党校对外培训处处长（市委党校驻下冶南村第一书记）（扶贫工作先进个人）

赵　燕　女　42岁　中共党员　太原市万柏林区小井峪街道办事处主任（优秀领导干部）

张代军　男　53岁　中共党员　太原市第十九中学校党总支副书记、校长（山西省教科文卫体系统五一劳动奖章）

靳明保　男　44岁　中共党员　太原市第二十七中学校副校长（太原市五一劳动奖章）

裴伟俭　男　51岁　中共党员　太原市人民医院院长（太原市“担当作为”先进典型）

王　磊　男　34岁　中共党员　太原市体育运动学校蹦床教研组组长（太原市青年岗位能手）

赵秀山　男　45岁　中共党员　太原市群众艺术馆老年艺术大学校长（省教科文卫系统五一劳动奖章）

穆锦峰　男　32岁　民革　山西转型综合改革示范区阳曲产业园区事业服务中心干事（太原市总工会“优秀工会工作者”）

李雁鸿　女　40岁　中共党员　太原市晋源区一电学校校长（山西省三晋英才）

闫文俊　男　51岁　中共党员　古交市医疗集团中心医院院长（全国县域优秀院长）

黄铁明　男　48岁　中共党员　太原市迎泽区卫生健康和体育局局长（太原市担当作为先进典型、二青会三等功）

范月卿　女　54岁　中共党员　太原市小店区农业农村局党委书记、局长（山西省五一巾帼标兵）

郭　琴　女　51岁　中共党员　太原市小店区八一小学校党支部书记、校长（太原市首批中小学名校长、全国先进个人一等奖）

刘志荣　女　49岁　中共党员　太原市杏花岭区后小河小学教育集团校长（山西省五一劳动奖章获得）

辛春刚　男　43岁　中共党员　太原市杏花岭区城乡管理局局长（杏花岭区优秀领导干部）

靳昌茂　男　48岁　中共党员　太原市民政局龙山墓园主任（民政系统优秀个人）

王海滨　男　51岁　中共党员　太原市数字化城乡管理指挥中心书记、主任（山西省三晋英才）

尹　钥　男　46岁　中共党员　太原市城市建设管理中心支部书记（山西市政工程优秀项目经理）

任永刚　男　40岁　中共党员　太原市统计局综合科科长（山西省统计系统先进工作者）

赵计划　男　42岁　中共党员　太原市工信局运行监测与交通物流科科长（市经信委评为优秀共产党员、担当作为干部）

张智弘　男　50岁　中共党员　太原市交通运输局党组成员、副局长（太原市担当作为表现突出干部）

王　炜　男　38岁　中共党员　太原市水利技术推广服务站副站长（山西省三晋英才）

闫爱平　男　55岁　中共党员　山西转型综改示范区对外联络宣传中心副主任（山西转型综合示范区2019年度重点工作突出贡献奖）

许国平　男　51岁　中共党员　山西转型综改示范区潇河产业园区事业服务中心主任（综改示范区“改革创新、担当作为”优秀个人）

王新德　男　45岁　中共党员　娄烦县娄烦镇党委书记

杨志军　男　56岁　中共党员　国家税务总局太原市税务局稽查局副局长（全国打虚打骗先进个人、全省打击发票违法犯罪活动先进个人）

王云峰　男　39岁　中共党员　太原市政法委维稳指导科科长（个人三等功）

张 剑 男 46岁 中共党员 太原市中级人民法院立案一庭庭长（太原市中级人民法院记个人三等功）

滑晓艳 女 35岁 中共党员 太原市小店区人民检察院第三检察部三级员额检察官（“小店区直机关单位先进个人”“先锋党员”）

张宝平 男 51岁 群众 太原市杏花岭区市容环境卫生中心机械清扫队副队长

王志华 男 59岁 中共党员 太原市公安局警务保障部部长（优秀公务员）

郝有福 男 45岁 中共党员 太原市万柏林区万柏林街道彭村社区居委会党支部书记（万柏林区委优秀共产党员）

吕 芳 女 48岁 中共党员 太原市尖草坪区汇丰街道办事处槐园社区居民委员会党支部书记兼主任（太原市巾帼建功标兵）

梁靖雅 女 37岁 中共党员 太原市晋源区晋源街道新城社区居民委员会党支部书记兼主任

王亚鑫 女 33岁 中共党员 清徐县东湖街道清源路社区居民委员会党支部书记（太原市优秀党务工作者）

邢润柱 男 57岁 中共党员 太原市杏花岭区杨家峪享堂社区居民委员会党支部书记兼主任（杏花岭区特级劳模）

第三届“晋阳工匠”命名名单

王 伟 山西云时代技术有限公司政务云公司网络信息安全员

李 晶（女） 太原重型机械集团有限公司太原重工能源中心计算机程序设计员

杨 瑜 太原钢铁（集团）有限公司不锈冷轧厂冷轧带钢剪切工

白 强 太原重型机械集团有限公司太原重工矿山设备分公司模具工

周 浩 申通快递有限公司太原分公司物流服务师

康 微（女） 太原市数字化城乡管理指挥中心网新帮德信息采集项目城市管理网格员

刘智勇 山西元工通用航空技术有限公司无人机装调检修工

柴卫国 山西西山煤电股份有限公司西曲矿锚杆支护工

陈怡光 中国移动通信集团山西有限公司太原分公司信息通讯网络运营管理员

郭俊陆 山西老陈醋集团有限公司“美和居老陈醋酿制”技艺国家级非遗传承人

张 弋 山西云时代技术有限公司政务云公司数据分析师

卞春有 太原市信义原文化发展有限责任公司木雕工艺美术师

陈泽民 太原重型机械集团有限公司太原重工起重机分公司焊工

崔 跃 山西傲赢旅游科技有限公司“清式传统家具（宫廷家具）制作”技艺市级非遗传承人

单 璐 太原重型机械集团有限公司太原重工齿轮传动分公司钳工

谭 凯 太原市恒义诚甜食店（老鼠窟）“老鼠窟元宵制作”技艺省级非遗传承人

樊仲祥 太原重型机械集团有限公司太原重工理化检定中心设备无损检测工

郝建国 太原市宁化府益源庆醋业有限公司食醋酿造师

高 猛 太原钢铁（集团）有限公司不锈冷轧厂电工

郭 斌 太原重型机械集团有限公司太原重工电气分公司模具工

李 军（女） 太原双合成食品有限公司烘焙师

郭秉峰 中国联合通信网络有限公司太原市分公司信息通信网络终端维修员

郭喜梅（女） 太原市木与人文化科技有限公司漆器工艺美术师

郭销元 中国联合通信网络有限公司太原市分公司计算机及外部设备装配调试员

李慧青（女） 山西净业社文化传播有限公司“山西彩塑（李氏技艺）”技艺省级非遗传承人

韩 涛 太原重型机械集团有限公司太原重工轨道交通设备有限公司CAD机械设计

韩福元 晋祠桂花元宵文化研究会元宵制作技艺市级非遗传承人

郝红胜 太原市政建设集团有限公司市政工程现场安全员

贺兴华 太原重型机械集团有限公司太原重工矿山设备分公司模具工

贺义利 太原钢铁（集团）有限公司炼钢二厂连铸操作工

金 钰 山西灰鲸餐饮文化有限公司西式烹调师

康凯凯 西山煤电（集团）有限责任公司镇城底矿井下安全检查员

李 进 山西科准工程检测有限公司网络信息安全员

李 琦 太原市晋源区李琦工艺葫芦店葫芦雕刻工艺美术师

李光明 太原市四海机电设备厂中式烹饪师

李汉想 山西云时代技术有限公司政务云公司计算机程序设计员

李焕丽（女） 山西天地煤机装备有限公司计算机程序设

计员
李建康　西山煤电（集团）有限责任公司马兰矿采煤机司机
李建维　太原广播电视台有线电视机线员
李锦文　太原市思斋刻瓷文化艺术有限公司刻瓷工艺美术师
李雁斌　太原钢铁（集团）有限公司代县矿业公司球团焙烧工
祁伟成　山西古典艺术研究院（有限公司）“古建筑模型制作”技艺国家级非遗传承人
李永兴　太原重型机械集团有限公司太原重工轨道交通设备有限公司电工
刘　凯　太原钢铁（集团）有限公司不锈冷轧厂冷轧带钢剪切工
刘　艳（女）山西穗华物流园有限公司物流服务师
刘　钊　太原重型机械集团有限公司太原重工轨道交通设备有限公司电工
李玉鹏　山西珐华琉璃艺术研究院有限公司高级技师
刘剑锋　太原重型机械集团有限公司太原重工轨道交通设备有限公司检测员
刘晓东　山西新东方烹饪职业培训学校西式烹调师
马桂忠　西山煤电（集团）有限责任公司西曲矿锚杆支护工
马新民　山西省百姓渔村酒店管理有限公司中式烹调师
苏　丹　太原钢铁（集团）有限公司岚县矿业公司球团焙烧工
邵　烽　山西大酒店餐饮部中式烹调师
索志英（女）太原市四海机电设备厂花艺师
王　强　太原重型机械集团有限公司太原重工轨道交通设备有限公司检测员
王　博　太原博艺思达文化传播有限公司“太原传统面塑”技艺省级非遗传承人
王　伟　太原公交公共自行车服务有限公司公交自行车组装工
王美萱（女）山西和瀑玺晋式刺绣有限公司“晋式传统刺绣”技艺省级非遗传承人
王素兵　太原重型机械集团有限公司太原重工包装储运分公司计算机程序设计员
王文英（女）太原慈善职业技术学校调酒师
王天荣　太原市政建设集团有限公司市政工程测量放线员
王新杰　太原重型机械集团有限公司太原重工核电容器分公司焊工
王亚军　太原市众森雕塑文创科技有限公司雕塑师
王尹贵　太原钢铁（集团）有限公司炼钢二厂连铸操作工
魏月美（女）山西凯森养老服务有限公司家政服务员
邢晓秀（女）元香社山西文创科技有限公司高级香道师
徐　鹏　中国电信股份有限公司太原分公司计算机及外部设备装配调试员
肖　刚　太原市肖刚文化艺术传播有限公司手绘瓷工艺美术师
许　啸　太原重型机械集团有限公司太原重工理化检定中心设备无损检测工
闫润明　太原闫润明食品研发工作室食品雕刻师
白艳红　山西宇信缝制机械有限公司缝制机械维修与装配工
杨　刚　山西百姓渔村酒店管理有限公司中式面点师
杨斌全　山西敲门砖数字文化创意股份有限公司平面设计师
陈　冲　西山煤电（集团）有限责任公司新产业有限公司雕刻工艺美术师
杨花花（女）太原市数字化城乡管理指挥中心网新帮德信息采集项目城市管理网格员
杨晓莉（女）红马甲集团股份有限公司家政服务员
杨元恒　太原市育英中学风筝制作师
要金海　太原市东方之光大型花灯有限公司花灯制作工艺美术师
张　搏　中国移动通信集团山西有限公司太原分公司信息通讯网络运行管理员
贾银永　太原市贾氏泥塑文创科技有限公司泥塑工艺美术师
叶尧良　山西叶山木雕艺术装饰有限公司木雕工艺美术师
尹春雨　西山煤电（集团）有限责任公司马兰矿井下安全检查员
尹艳芳（女）太原市娄烦县静游镇上静游村刺绣师
余训彪　鸿富晋精密工业（太原）有限公司模具工
岳桂花（女）太原市新奇花面塑文创科技有限公司面塑技艺工艺美术师
张　彪　太原重型机械集团有限公司太原重工轨道交通设备有限公司电工
高　宁（女）太原高氏刺绣文化艺术发展有限公司刺绣师
张　浩　山西斫音文创科技有限公司乐器制作师
朱晓强　太原重型机械集团有限公司太原重工铸锻件分公司电工
张　放　太原黄河印社文化艺术有限公司钮印工艺美术师
张福龙　太原并州饭店烘焙师
贾亚丹（女）太原市四海机电设备厂花艺师
朱小刚　山西众瑞人力资源管理有限公司动物疫病防治员
张华彬　山西新东方烹饪职业培训学校中式烹调师
张军军　中国联合通信网络有限公司太原市分公司信息通信网络终端维修员
赵　遥　太原市挽袖坊坝文创科技有限公司乐器制作师
陈　旭　山西青龙影业有限公司拓迹工艺美术师
郑春练　山西新东方烹饪职业培训学校烘焙师
张　帅　太原市四海机电设备厂汽车维修工
李和平　山西晋作家具有限公司古典家具设计师

太原市支援湖北疫情防控医务人员名单

秦睿君　太原市中心医院　天门市妇幼保健院、天门市中医医院
梁萃蓉　太原市中心医院　天门市妇幼保健院、天门市中医医院
王　蔚　太原市中心医院　武汉市硚口武体方舱医院、武汉市蔡甸区袁家台方舱医院
张融玮　太原市中心医院　武汉光谷科技会展中心方舱医院
周　峰　太原市中心医院　武汉市优抚医院
李　明　太原市中心医院　武汉市优抚医院
王好君　太原市中心医院　武汉大学中南医院、雷神山医院
秦晋梅　太原市中心医院　武汉大学中南医院、雷神山医院
杨　婵　太原市中心医院　武汉大学中南医院、雷神山医院
林世钦　太原市中心医院　武汉大学中南医院、雷神山医院
王建华　太原市中心医院　武汉大学中南医院、雷神山医院
郭虹霞　太原市中心医院　武汉大学中南医院、雷神山医院
侯　丽　太原市中心医院　武汉大学中南医院、雷神山医院
张　丽　太原市中心医院　武汉大学中南医院、雷神山医院
高芸君　太原市中心医院　武汉大学中南医院、雷神山医院
庞　宇　太原市中心医院　武汉大学中南医院、雷神山医院
郭惠艳　太原市中心医院　武汉大学中南医院、雷神山医院
张鸿翔　太原市中心医院　武汉大学中南医院、雷神山医院
姚晓凡　太原市中心医院　武汉光谷科技会展中心方舱医院、武汉市蔡甸区袁家台方舱医院、武汉市东西湖隔离点
杨立明　太钢总医院　仙桃市第一人民医院
陈　静　太钢总医院　仙桃市第一人民医院
李俊英　太钢总医院　武汉市硚口武体方舱医院、武汉市蔡甸区袁家台方舱医院
杨　鹏　太钢总医院　武汉光谷科技会展中心方舱医院
孟伟娜　太钢总医院　武汉市优抚医院
孟庆荣　太钢总医院　武汉市优抚医院
谢丽萍　太钢总医院　武汉大学中南医院、雷神山医院
苏　林　太钢总医院　武汉大学中南医院、雷神山医院
周壮英　太钢总医院　武汉大学中南医院、雷神山医院
王跃敏　太钢总医院　武汉大学中南医院、雷神山医院
刘　焱　太钢总医院　武汉大学中南医院、雷神山医院
孟振娟　太钢总医院　武汉大学中南医院、雷神山医院
秦　娜　太钢总医院　武汉大学中南医院、雷神山医院
常　帅　太钢总医院　武汉大学中南医院、雷神山医院
孙艳艳　太钢总医院　武汉大学中南医院、雷神山医院
靖　维　太钢总医院　武汉大学中南医院、雷神山医院
杨　洋　太钢总医院　武汉大学中南医院、雷神山医院
李　欢　太钢总医院　武汉大学中南医院、雷神山医院
郑晓慧　太钢总医院　武汉光谷科技会展中心方舱医院
王　卓　西山煤电职工总医院　仙桃市第一人民医院
段　敏　西山煤电职工总医院　武汉市硚口武体方舱医院、武汉市蔡甸区袁家台方舱医院
张立文　西山煤电职工总医院　武汉光谷科技会展中心方舱医院
段勤功　西山煤电职工总医院　武汉大学中南医院、雷神山医院
李俊慧　西山煤电职工总医院　武汉大学中南医院、雷神山医院
高慧娟　西山煤电职工总医院　武汉大学中南医院、雷神山医院
裴淑君　西山煤电职工总医院　武汉大学中南医院、雷神山医院
赵晶燕　西山煤电职工总医院　武汉大学中南医院、雷神山医院
李雅丽　西山煤电职工总医院　武汉大学中南医院、雷神山医院
王　喆　西山煤电职工总医院　武汉市汉阳体校方舱医院
张　璠　太原市第三人民医院　天门市妇幼保健院、天门市中医医院
李迎春　太原市第三人民医院　武汉市硚口武体方舱医院、武汉市蔡甸区袁家台方舱医院
李　婷　太原市第三人民医院　武汉光谷科技会展中心方舱医院
王　健　太原市第三人民医院　武汉市优抚医院
段建萍　太原市第三人民医院　武汉大学中南医院、雷神山医院
赵　芳　太原市第三人民医院　武汉大学中南医院、雷神山医院
张亚斌　太原市第三人民医院　武汉大学中南医院、雷神山医院
柳　蓉　太原市第三人民医院　武汉大学中南医院、雷神山医院
张　靖　太原市第三人民医院　武汉大学中南医院、雷神山医院
樊晓芳　太原市第三人民医院　武汉大学中南医院、雷神山医院
阎丽娟　太原市第三人民医院　武汉大学中南医院、雷神山

医院
张秀春　太原市第三人民医院　武汉大学中南医院、雷神山医院
王　霞　太原市第三人民医院　武汉大学中南医院、雷神山医院
李　峰　太原市第三人民医院　武汉大学中南医院、雷神山医院
田　娟　太原市第三人民医院　武汉大学中南医院、雷神山医院
武志岗　太原市第三人民医院　武汉市汉阳体校方舱医院
韩　蕾　太原市妇幼保健院　武汉市硚口武体方舱医院、武汉市蔡甸区袁家台方舱医院
张晓芬　太原市妇幼保健院　武汉光谷科技会展中心方舱医院
雷鹏举　太原市妇幼保健院　武汉光谷科技会展中心方舱医院
刘　寰　太原市精神病医院　武汉光谷科技会展中心方舱医院
张宝田　太原市精神病医院　武汉光谷科技会展中心方舱医院
谭　皓　太原市中医医院　武汉市硚口武体方舱医院、武汉市蔡甸区袁家台方舱医院
任翾宇　太原市中医医院　武汉光谷科技会展中心方舱医院
郎　璇　太原市人民医院　武汉市硚口武体方舱医院、武汉市蔡甸区袁家台方舱医院
李雁梅　太原市人民医院　武汉光谷科技会展中心方舱医院
王惠敏　太原市人民医院　武汉市优抚医院
李建华　太原市人民医院　武汉大学中南医院、雷神山医院
张　云　太原市人民医院　武汉大学中南医院、雷神山医院
李　娇　太原市人民医院　武汉大学中南医院、雷神山医院
胡　宁　太原市人民医院　武汉大学中南医院、雷神山医院
郑　毓　太原市人民医院　武汉光谷科技会展中心方舱医院、武汉市蔡甸区袁家台方舱医院、武汉市东西湖隔离点
卜平亮　太原市第二人民医院　武汉市硚口武体方舱医院、武汉市蔡甸区袁家台方舱医院
李　强　太原市第二人民医院　武汉光谷科技会展中心方舱医院
刘梦华　太原市第二人民医院　武汉大学中南医院、雷神山医院
齐　蓉　太原市第二人民医院　武汉大学中南医院、雷神山医院
强　璐　太原市第二人民医院　武汉大学中南医院、雷神山医院
阎　洁　太原市第二人民医院　武汉大学中南医院、雷神山医院
王海生　太原市第二人民医院　武汉光谷科技会展中心方舱医院
李　玉　太原市第八人民医院　武汉市硚口武体方舱医院、武汉市蔡甸区袁家台方舱医院
韩秀红　太原市第八人民医院　武汉光谷科技会展中心方舱医院
韩　婷　太原市疾病预防控制中心　仙桃市疾控中心
赵永慧　山西省煤炭中心医院　武汉市硚口武体方舱医院、武汉市蔡甸区袁家台方舱医院
米冬梅　山西省煤炭中心医院　武汉光谷科技会展中心方舱医院
权　慧　山西省煤炭中心医院　武汉大学中南医院、雷神山医院
李　涵　山西省煤炭中心医院　武汉大学中南医院、雷神山医院
邬慧玲　山西省煤炭中心医院　武汉大学中南医院、雷神山医院
杨晓雨　中铁十七局集团有限公司中心医院　武汉市硚口武体方舱医院、武汉市蔡甸区袁家台方舱医院
任志强　中铁十七局集团有限公司中心医院　武汉光谷科技会展中心方舱医院
王瑞敏　中铁十七局集团有限公司中心医院　武汉市优抚医院
屈　峰　中铁十七局集团有限公司中心医院　武汉大学中南医院、雷神山医院
王赞仙　中铁十七局集团有限公司中心医院　武汉大学中南医院、雷神山医院
薄海萍　中铁十七局集团有限公司中心医院　武汉大学中南医院、雷神山医院
林宝霞　中铁十二局集团中心医院　武汉市硚口武体方舱医院、武汉市蔡甸区袁家台方舱医院
刘湘鲁　中铁十二局集团中心医院　武汉光谷科技会展中心方舱医院
刘　涛　中铁十二局集团中心医院　武汉市优抚医院
智彩霞　中铁三局集团中心医院　武汉市硚口武体方舱医院、武汉市蔡甸区袁家台方舱医院
刘宏斌　中铁三局集团中心医院　武汉光谷科技会展中心方舱医院
金红霞　西山煤电古交矿区总医院　武汉市硚口武体方舱医院、武汉市蔡甸区袁家台方舱医院
李彩芹　西山煤电古交矿区总医院　武汉光谷科技会展中心方舱医院

任　娟　西山煤电古交矿区总医院　武汉大学中南医院、雷神山医院
王丽丽　西山煤电古交矿区总医院　武汉大学中南医院、雷神山医院
郭滢滢　西山煤电古交矿区总医院　武汉大学中南医院、雷神山医院
蔡　勇　西山煤电古交矿区总医院　武汉大学中南医院、雷神山医院
韩迎春　西山煤电古交矿区总医院　武汉大学中南医院、雷神山医院
胡　敏　太原市太航医院　武汉市硚口武体方舱医院、武汉市蔡甸区袁家台方舱医院
王　娅　太原市太航医院　武汉光谷科技会展中心方舱医院
刘晓芳　中化二建集团医院　武汉市硚口武体方舱医院、武汉市蔡甸区袁家台方舱医院
郝　瑞　中化二建集团医院　武汉光谷科技会展中心方舱医院
庞智龙　中化二建集团医院　武汉市汉阳体校方舱医院
张　旭　太原和平医院　武汉市硚口武体方舱医院、武汉市蔡甸区袁家台方舱医院
郝晓辉　太原和平医院　武汉光谷科技会展中心方舱医院
杜　欣　太原化学工业集团有限公司职工医院　武汉市硚口武体方舱医院、武汉市蔡甸区袁家台方舱医院
郭　新　太原化学工业集团有限公司职工医院　武汉光谷科技会展中心方舱医院
刘　涛　中国辐射防护研究院附属医院　武汉市硚口武体方舱医院、武汉市蔡甸区袁家台方舱医院
王海燕　中国辐射防护研究院附属医院　武汉光谷科技会展中心方舱医院
王福良　太原市第七人民医院　武汉市优抚医院
黄志娟　太原煤气化职工医院　武汉光谷科技会展中心方舱医院
杨雅菁　太原市小店区人民医院　武汉市硚口武体方舱医院、武汉市蔡甸区袁家台方舱医院
任淑媛　太原市小店区人民医院　武汉光谷科技会展中心方舱医院
张双平　太原市迎泽区中心医院　武汉市优抚医院
陈　宏　太原市迎泽区中心医院　武汉市汉阳体校方舱医院
潘彦姣　太原市杏花岭区中心医院　武汉市硚口武体方舱医院、武汉市蔡甸区袁家台方舱医院
薛彩霞　太原市杏花岭区中心医院　武汉光谷科技会展中心方舱医院
闫豫萍　太原市万柏林区医疗集团中心医院　武汉市硚口武体方舱医院、武汉市蔡甸区袁家台方舱医院
任利红　太原市万柏林区医疗集团中心医院　武汉光谷科技会展中心方舱医院
张　萍　太原中西医结合医院　武汉市硚口武体方舱医院、武汉市蔡甸区袁家台方舱医院
于　欣　太原中西医结合医院　武汉光谷科技会展中心方舱医院
马艳红　古交市中心医院　武汉市硚口武体方舱医院、武汉市蔡甸区袁家台方舱医院
武旭光　古交市中心医院　武汉光谷科技会展中心方舱医院
王称义　古交市中心医院　武汉光谷科技会展中心方舱医院、武汉市蔡甸区袁家台方舱医院、武汉市东西湖隔离点
李耀峰　古交市中心医院　武汉光谷科技会展中心方舱医院、武汉市蔡甸区袁家台方舱医院、武汉市东西湖隔离点
褚建梅　古交市妇幼保健院　武汉光谷科技会展中心方舱医院
刘　微　太原市清徐县人民医院　武汉市硚口武体方舱医院、武汉市蔡甸区袁家台方舱医院
任丽红　太原市清徐县人民医院　武汉光谷科技会展中心方舱医院
陈素霞　太原市阳曲县人民医院　武汉市硚口武体方舱医院、武汉市蔡甸区袁家台方舱医院
张　媛　太原市阳曲县人民医院　武汉光谷科技会展中心方舱医院
赵　斌　太原市阳曲县人民医院　武汉光谷科技会展中心方舱医院
刘晓芳　太原市娄烦县人民医院　武汉市硚口武体方舱医院、武汉市蔡甸区袁家台方舱医院
马艳丽　太原市娄烦县人民医院　武汉市硚口武体方舱医院、武汉市蔡甸区袁家台方舱医院

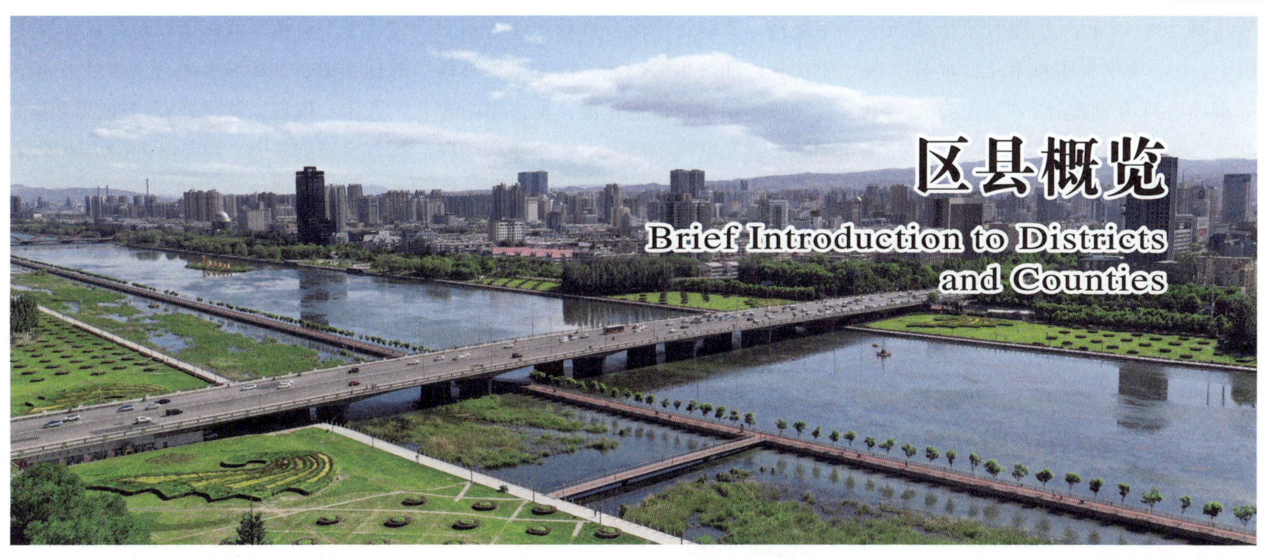

小店区

【概况】 区名来历。小店区因小店村而得名。村落形成于北宋初年，宋太平兴国四年（979 年）毁晋阳城后，该地成为新建的平晋县城向西通往晋阳故城之汾河渡口要地。初有小片客栈，后商贾汇集成村，因店小且多，故称小店。明嘉靖《太原县志》载：“小店堡，本永安堡，乃四达道也。”后设镇。1997 年，太原市调整辖区行政区划，新设小店区，区政府驻小店镇。

位置境域。小店区位于太原市东南部，晋中盆地北端。地理坐标为北纬 37° 36′ ~ 37° 49′，东经 112° 24′ ~ 112° 43′。东与晋中市榆次区接壤，南与清徐县毗邻，西与晋源区、万柏林区隔汾河相望，北至南内环街与迎泽区相连。境域东西最宽 15.69 千米，南北最长 22.53 千米，总面积 295 平方千米，建成区面积 50 平方千米。

建置沿革。境域春秋属晋，韩、赵、魏三家分晋后属赵，秦属太原郡晋阳县，治所在今晋源区古城营一带。之后分别隶属晋阳县、太原县、平晋县、阳曲县、晋源县。1949 年太原解放后，新置内、外各 4 个区，境域属外一区、外二区和晋源县。1950 年 2 月，太原市 8 个区并为 4 个区。之后，境域先后分属第四区、第七区，小店区、南城区，南城区、郊区，南城区，小店农村人民公社和双塔、柳巷城市人民公社，南城区、晋源区，南城区、郊区。1970 年 3 月太原市撤销郊区建置，新置南郊区、北郊区，境域属南郊区，区政府驻小店镇。1997 年 12 月 12 日，太原市调整辖区行政区划，新设小店区。1998 年 1 月 1 日，小店区挂牌成立。2020 年，区政府驻昌盛西街。

区划与人口。2020 年，小店区辖坞城、营盘、北营、平阳路、黄陵、小店、龙城 7 个街道和西温庄、刘家堡 2 个乡，北格 1 个镇，共 136 个社区，29 个行政村。全区常住人口 113.98 万人，其中男性 50.56 万人，女性 55.92 万人，性别比（女 =100）为 103.82。城镇人口 105.19 万人，乡村人口 8.79 万人，城镇化率 92.29%。

地形地貌河流。境域地势东北高，西南低。东北部隆起分布黄土丘陵，向盆地倾斜；中西部为汾河冲积平原。境内平均海拔 800 米以上，最高峰石嘴山海拔 1218.60 米，最低处南马村汾河滩海拔 763 米。境内河流有汾河（境内长 31 千米）、潇河（境内长 18.20 千米）。

名胜古迹。境内有郑村烈士陵园、小店区革命烈士纪念馆等革命烈士纪念。可供游览和观赏的风景名胜有华辰农耕园、唐槐公园、学府公园、迎宾公园、圆照寺公园、音乐广场、昌盛游园等。其中华辰农耕园位于张花村，占地面积 66.67 公顷，是一个集生态观光、旅游、休闲、娱乐、度假和体验为一体的乐园。唐槐公园位于狄村村北，是为纪念唐代名相狄仁杰而建，园内千年古槐相传为狄仁杰之母手植。

主要经济指标。2020 年，小店区地区生产总值完成 531.80 亿元，同比增长 2.60%。其中：第一产业完成 4.40 亿元，同比增长 2.80%，第二产业完成 111.60 亿元，同比增长 1.90%，第三产业完成 415.90 亿元，同比增长 2.80%。社会消费品零售总额完成 485.00 亿元，同比下降 5.90%。固定资产投资完成 195.45 亿元，同比增长 9.70%。一般公共预算收入完成 23.72 亿元，同比下降 2.70%。一般公共预算支出完成 47.16 亿元，同比增长 2.60%。城镇居民人均可支配收入 39978 元，同比增长 5.90%。农村居民人均可支配收入（六城区）22631 元，同比增长 5.80%。 （侯盼洁　庞爱军）

【深化改革】 2020 年，太原市小店区深化“简政放权、放管结合、优化服务”改革，加强事中事后监管能力建设。按照“一朵云、一张网、一平台、一系统、一城墙”总体要求，推进“数字政府”建设。加快相对集中行政许可权改革，高效运行“一枚印章管审批”，审批环节压减20%以上，办理时限压减50%以上，232项审批事项和220项公共服务事项办理全面提速，“马上办、网上办、一次办”成为常态。

重点领域改革取得突破。完成26个党政机构改革，打造简约高效的“5+2”基层管理体制，深化10个领域的综合行政执法改革，主要机构及其职能同市级保持基本对应和有效衔接。推进事业单位机构改革。深化投融资体制改革，全面实施预算绩效管理。强化对政府债务的管控，推动政府债务公开制度化、常态化。完成部分社保费和部分非税收入征管职能划转工作，全面落实减税降费政策，累计减免5.36亿元，激发市场主体活力。完成国有企业退休人员社会化管理改革，接收退休人员5.20万人。（侯盼洁　庞爱军）

【转型发展】2020年，太原市小店区聚焦“六新”谋转型，壮大经济新动能，打造山西信创产业园，集聚龙芯中科、中标软件、山西百信等17家信创应用企业。加快推进16万平方米信创产业园建设，以诚迈软件、阿凡达机器人为牵引，发展人工智能产业链，新兴产业集群初步形成。盯紧世界、国内、民企“三个500强”，强化总部经济、数字经济、产业链招商，推动产业结构调整优化。加快中源创能、令德生物等科技领域签约项目落地建设，推进与中建国际、盛弘电气等高牵引性企业洽谈合作。新签约金融科创城等8个项目，投资额447亿元。

以“五大平台”为引领，双创载体突破100家，在全市率先完成660个5G基站建设。挖掘六大商圈特质，组织20家大型限上商贸企业异业合作。出台促进夜间经济、扶持限上商贸业等一系列拉动消费政策，天美、王府井、沃尔玛等一批高品质大型商超品牌影响力得到提升。

出台稳就业促消费保民生系列扶持政策措施。为各类企业减免房租、管理费8400余万元。协调保障11万余人安全有序返岗。搭建银企“金桥”，助力600余户中小企业融资6.60亿元，协调解决拖欠民企账款1840余万元。推进“网上办”改革，政务服务事项85%实现网上办理，新注册成立企业2.60万户。（侯盼洁　庞爱军）

【乡村振兴】2020年，太原市小店区推进乡村振兴，农业现代化取得新进展。抓好粮食生产“三稳”工作，粮食播种面积4.20万亩。建成高标准农田7500亩，蔬菜播种面积约2.69万亩。建成4个有机旱作封闭示范片区。发展蘑菇小镇、东辉城乡融合发展农业示范产业园、民晟新能源农业产业园。建成侯家寨彩椒基地、刘家堡番茄基地等10个农业产业项目。

集中开展村庄清洁专项行动，推动“六乱”治理，围绕生态好、环境美、产业兴、百姓富，推进11个美丽乡村建设，获评全省实施乡村振兴战略优秀县区。王吴村入选2020年中国美丽休闲乡村。改造农村厕所2.30万座。打造12千米集生态保护、休闲观光、人文体验于一体的汾河生态治理景观工程。

农村土地承包经营权确权登记完成25个村，确权面积5.90万亩。97个村（居）、组农村集体产权制度改革全面完成。健全村级重要事项、重大问题村党组织研究讨论机制。发挥红白理事会作用，规范整治农村婚丧大操大办、高额彩礼、铺张浪费、厚葬薄养等不良习俗。挖掘培育乡村特色文化内涵，打造刘家堡村美丽乡村升级版，助推乡村旅游高质量发展。完成农村社区综合服务设施建设，引导管理服务向农村基层延伸，为农民提供“一门式办理”“一站式服务”，构建线上线下相结合的乡村便民服务体系。（侯盼洁　庞爱军）

2020年，小店区推进乡村振兴。图为小店区北格镇张花村华辰农耕园（小店区委党史研究室供图）

【城乡建设】2020年，太原市小店区聚焦协调发展，城市综合承载功能提升。服务综改区建设。推进综改区征地拆迁工作，累计完成征地拆迁1866.67公顷、迁坟7312座，服务五大中心、12条道路顺利实施。推进磁悬浮Z3线前期工作，加快大运东路、潇河北路等路网建设。全面承接涉及综改区范围内64项行政审批事项办理，区域内行政管理平稳衔接。统筹做好综改区征地拆迁、职工子女入学、职工住宿民生保障等社会事务管理，在违法建设、流动人口、信访维稳等社会管理重点难点问题上提供行政助力。

城中村改造。如期完成南王名、北王名、高中整村拆除，推进武宿机场三期改扩建。推进寇庄长治路片区棚改项目。基本建成保障性安居工程2144套。既有居住建筑节能改造135万平方米。保障龙城大街东延等38项省市重点项目建设。轨道交通2号线、东峰路南延建设通车。建设人行过街天桥3座，学府智能停车楼等10个停车场投入运营。

老旧小区改造完成189个。小区拆除各类违规广告牌约1.20万个，拆除面积7.70万平方米。新建公厕25座。做好区域供热保障，落实供热补贴政策，涉及面积430万平方米。打造城市综合管理服务平台，扩大监管覆盖面，推进城市管理数字化、精细化。垃圾分类整建制全面铺开。开工建设民航路、十里长桥垃圾中转站。完成19个美丽乡村的环卫市场化改革。（侯盼洁　庞爱军）

【民生事业】2020年，太原市小店区聚焦保障和改善民生，人民群众生活质量和水平提高。社会保障能力稳步提升，出台小店区优先稳就业促消费保民生行动计划17条，做好农民工、退役军人等重点群体就业，城镇新增就业1.28万人，“零就业”家庭实现动态清零。完成城乡劳动力建档立卡36.80万人，高校毕业生建档立卡3.80万人，企业养老、失业、工伤保险参保人数分别达到11万人、7.80万人、8.90万人。全面落实稳岗补贴，发放补贴1121.40万元，惠及3.13万人。城乡低保标准由每人每月650元提高至每人每月700元。

学校教育。推进学前教育优质普惠性发展，城镇小区配套幼儿园全部实现普惠化，普惠性学位达3万余个，认定209个幼儿家庭看护点。改扩建正阳街小学、恒大小学西校区、警民小学，新增优质学位1650个。扩建北格一中，实现全寄宿。全面推行“区管校聘”改革，完成校长职级制改革。推进国家义务教育高质量发展促进工程。

医疗卫生。以“大健康”视野，关注生命全周期、健康全过程，为人民群众创造良好的健康环境。推进区人民医院、中医院建设，改扩建小店、黄陵等社区卫生服务中心。发挥医疗集团资源优势，全面提升医疗质量和水平。加强公共卫生防疫和重大传染病防控，为6.54万名中小学师生免费接种流感疫苗，为4.90万名重点人群接种新冠疫苗。新生儿疾病免费筛查2000余名。60岁~64岁老年人免费体检1.60万余名。建立居民电子健康档案83万人。推进家庭医生签约服务，家庭医生签约24万人。扩大医保受益面，糖尿病、高血压门诊用药纳入医保报销范围。

文化体育。完成公共数字文化服务平台建设，让居民足不出户就能享受到方便、快捷的公共文化服务。推进书香小店建设，新建3个城市书房和5个社区、农村综合阅览室。提档升级40个基层文化服务中心，完善区、街道（乡镇）、社区（农村）三级综合文化服务网。160个村（社区）综合文化服务中心达到省级标准。完成文化惠民演出送戏下乡128场。认定94项非物质文化遗产项目，总量位居全市第一。推进全民健身工程，建成国际自行车赛道，建成11个普惠性足球场。

（侯盼洁　庞爱军）

【生态环境】2020年，小店区聚焦绿色发展，持续改善环境质量。大气治理。深化区领导带队检查制度，开展工业企业及施工工地污染防治专项检查。高压打击“散乱污”企业，严控98家企业VOCs排放。185个建筑工地实施“红绿牌”动态管理，监管实现精准化、效率化。定期检测柴油货车，完成非道路移动机械摸底排查，共清场186台。完成燃气锅炉低氮改造214台，超额完成燃气锅炉低氮改造“清零”任务。完成“煤改气”“煤改电”633户。

污水治理。推进太榆退水渠改扩建二期工程拆迁工作。强化入河排污口整治，提标扩建19座污水处理站，15座雨水泵站、8个地下水饮用水源地的水质纳入常态化巡查监管。坚持河渠清“四乱”工程，共清理垃圾2.45万立方米，清淤5800立方米。全面消除劣V类水体。完成77处农田退水口节制闸的新建和改造。

园林绿化。立足东山地区资源优势，新增造林绿化100公顷。促进旅游、康养等诸多业态发展，打造秀美东山。保障龙城公园建设。打造“玫瑰之城、浪漫之都”，新栽月季10万株。新建嘉节、省政府西侧等5个游园，新增东润小区西侧等5块街头绿地，完成平阳西一路、彩虹街等5条林荫路建设，新增绿化6.70万平方米。培育省级园林居住区1个，市级园林化居住区6个。

（侯盼洁　庞爱军）

【社会治理】2020年，太原市小店区聚焦“三零”创建，构建基层社会治理新格局。坚持发展新时代“枫桥经验”，巩固发展网上信访主渠道，畅通和规范群众诉求表达。筹建道路交通事故调处中心。落实“零案件”单位创建。全面推行“全科网格”服务管理工作，配齐配强网格员，整合社会综合治理、“12345”政务服务热线等平台资源，实现“多网合一”。加强网格化巡逻防控工作，做到“白天见警车，晚上见警灯”，增强群众安全感。大马、小马、马练营等流动人口多、社会治安乱的重点“城中村”片区开展综合整治。推广“智慧安防”小区建设，在363个居民小区出入通道双向安装人脸识别设备。在337个停车场安装车辆识别设备951套。推进“零事故”单位创建。落实《地方党政领导干部安全生产责任制规定》，12个安全生产专业委员会实体化运行。全年安全生产事故起数和死亡人数实现“双下降”。打造山西煤机、平阳街办南环社区等一批安全创建正面典型。“深刻汲取教训，全面提升安全生产工作水平”集中教育整顿暨专项整治行动深入推进。部署25项专项整治行动，累计排查单位26867家次，发现一般隐患12037项，整改11788项，重大隐患4项，停产整顿5家。开展消防网格化建设，3个小型消防站建设取得实质性进展。推行安全风险分级管控和隐患排查治理双重预防机制，344 家企业、8856 处风险实施动态管控，提升安全风险防控能力。“1+17”应急指挥体系和“1+37”应急预案体系基本建立。

提高基层治理效能，建立“吹哨报到、接诉即办”城市治理智慧系统，推动社会治理和服务重心下移。以首开社区为样板，全面推广“红色物业”“红色业委会”，打通服务群众“最后一米”。以黄陵社区为试点，新建大马、殷家堡等 10 个智慧社区，创新社区治理信息化模式。以王吴村为示范，凝聚引导社会力量投身乡村建设，提升自治、法治、德治相结合的乡村治理能力。整合综治、应急、环保等基层治理资源，构建“多网合一、一网统筹”的综合网格平台，以小网格撬动大治理。

（侯盼洁　庞爱军）

2020 年，迎泽区建立健全矛盾纠纷多元化解体系。图为迎泽区矛盾纠纷多元调解中心

（迎泽区委党史研究室供图）

迎泽区

【概况】 区名来历。迎泽区因境内有明太原城“迎泽门”而得名。迎泽门俗称大南门，洪武九年（1376）太原城扩建时所建。太原城两个南门分别名为迎泽、承恩，南门是正门，是迎接皇帝的诏书、钦差之类的门。太原两座南城门迎泽、承恩之名来自《南风歌》：“南风之熏兮，可以解吾民之愠兮！南风之时兮，可以阜吾民之财兮！”这首相传是舜帝时代歌颂南风造福于运城盐池人民的民歌，大意是说世间万物都承迎南风的恩泽。于是，两座南门分别被命名为迎泽门和承恩门。1997 年，太原市调整辖区行政区划，将南城区改为迎泽区。

位置境域。迎泽区位于太原市市区东中部，地理坐标为北纬 37° 47′ 56″ ~ 37° 55′ 35″、东经 112° 31′ 07″ ~ 112° 46′ 58″。东接晋中市寿阳县，南与太原市小店区、晋中市榆次区毗邻，西隔汾河与万柏林区相望，北与太原市杏花岭区相邻。

建置沿革。民国十六年（1927）太原设市前，今迎泽区境域分属阳曲县、太原县。建市后分属太原市、阳曲县。1954 年设太原市南城区。1996 年，南城区辖柳巷、文庙、庙前、迎泽、桥东、双塔、坞城、北营、老军营 9 个街道，335 个居民委员会。1998 年以原南城区为主体，调整组建迎泽区。今区政府驻云路街。

区划与人口。2020 年，迎泽区辖迎泽、柳巷、文庙、桥东、庙前、老军营 6 个街道办事处和郝庄镇 1 个镇，社区居委会 91 个，村民委员会 11 个，行政村 10 个。全区常住人口 59.42 万人。

地形地貌河流。迎泽区位于太原市中南部汾河以东的河谷平原，地面平坦，地势北高南低、东高西低，微向西南倾斜，地形从东到西逐步倾斜。境内平均海拔高度 800 米以上。东部土石山区，包括郝庄镇孟家井全部、观家峪村以东部分，海拔高度 1000 ~ 1500 米，主峰罕山为 1591.40 米；中部黄土丘陵地区，包括郝庄镇中部，海拔高度 900 ~ 1000 米；西部冲积平原区，包括郝庄镇西部及市区，海拔 800 ~ 900 米。

名胜古迹。境内全国重点文物保护单位有：王家峰墓群、永祚寺、崇善寺大悲殿、纯阳宫、文庙、大关帝庙、清真寺、山西大学堂旧址、中共太原支部旧址。省级文物保护单位有：孟家井瓷窑遗址、东太堡遗址、太原文瀛湖辛亥革命活动旧址。有迎泽公园、汾河公园、文瀛公园、碑林公园等游园。

主要经济指标。2020 年，迎泽区地区生产总值增长 7%，服务业增加值增长 7.50%，规模以上工业增加值增长 5%，社会消费品零售总额增长 8%，固定资产投资增长 8%，一般公共预算收入增长 3%，约束性指标任务全面完成。

（杨水云）

【传统产业转型发展】 2020 年，迎泽区坚持转型为纲，走以质取胜的内涵式发展道路，做优做强实体经济，着力推动产业结构转型升级，加快构建多元发展、多极支撑的现代产业新体系。加快推进钟楼高品质步行街改造工程，坚持高起点规划、高标准改造、高水平运营，盘活历史资源，整治片区环境，提升街区活力，恢复昔日繁华。继承弘扬传统工艺，建立“中华老字号”网店，打造非遗传承人艺术工作坊、展示馆。发展夜间经济、假日经济，打造“深夜食堂”等特色市场，提高消费便利度和活跃度。提档朝阳商圈，发挥服装产业集聚优势，借助云技术资源，构建“智慧商圈”。搭建电子商务、智慧物流、创客基地、综合服务四个平台，拉长补强产业链，打造省级服装新零售服务业集聚区。以双塔为核心，挖掘永祚历史遗存，以“十晋十美”为主题，布局集文化传承、现代娱乐、潮流商业等于一体的双塔商业中心，推动服务业整体升级。发挥中正天街的示范引领作用，鼓励企业积极参与，深入挖掘市场潜力、扩大服务供给，打造一批文化气息浓郁、环境品质舒适的特色街区。（杨水云）

【新兴产业培育】 2020年，迎泽区实施创新驱动战略，与京津冀、东部沿海等地区对接，承接产业转移，加快转型升级步伐。发展楼宇经济，依托中泰广场、林业大厦等楼宇，培育发展一批功能齐备、产业明晰的“金融楼”“科技楼”“信息楼”。推进园区建设，以生物医药、电子芯片、智能制造为主导，加快国家火炬计划迎泽特色产业基地（二期）建设，同步实施山西申威安全可信产业园、中鲁现代物流园等项目建设，构建百亿级人工智能产业集群。

（杨水云）

【创新产业发展】 2020年，迎泽区发挥省级双创示范基地的带动作用，坚持前端高起点谋划、中端高水平建设、后端高标准运营，重点实施双创综合服务、新业态培育等“六大工程”，构建完整的产业、创业孵化链。引进、培育5个双创支撑平台和30家高新技术企业，引导社会资源向创业创新平台集聚。推进“产学研用”深度融合，支持鼓励企业与医科大、日化所、林科院等高校、科研机构合作，共建试验基地、研发中心，共享科技成果转化资源。以楼宇总部基地、产业园区为载体，充分发挥比较优势，深挖产业潜力，重点发展一批新兴产业。建立完善鼓励创新、合理容错机制，落实科技奖励政策，强化金融、用地等方面的要素保障，鼓励支持科技企业健康发展。实施“柔性人才、项目引才”，发挥中心城区资源优势，运用好人才公寓，落实好住房、子女就学、家属随迁落户等政策。开展人才工作宣传年活动，弘扬企业家、科学家、工匠精神，有效激发人才的创新活力，营造创新氛围。（杨水云）

【民营经济发展】 2020年，迎泽区坚持“两个毫不动摇”，落实支持民营经济发展、减税降费政策措施，持续办好惠企实事，营造公平竞争环境，破除企业发展的“玻璃门”“旋转门”“弹簧门”。加大对中小微企业的扶持力度，减少疫情带来的影响。培育“专精特新”企业，打造更多民营企业“小巨人”，培养并推荐企业进入全省上市后备资源库。鼓励民营企业参与区属企业改革、民生社会事业项目建设，强化政策支持保障，为企业创新提供全生命周期服务。深化商事制度改革，拓展企业投资项目承诺事项，推进“证照分离”，激发社会领域投资活力。（杨水云）

【文旅产业发展】 2020年，迎泽区实施“文旅+”战略，紧扣“安顺诚特需愉”六字要诀，优化旅游产业发展环境、市场环境、消费环境，加快全域旅游发展步伐。打造太原府城游升级版，高标准配建旅游集散中心，搭建集旅游咨询、休闲购物等于一体的服务平台，实现全域统筹、科学引导、智慧服务；开发研学游、红色游等旅游产品，做大做强旅游品牌。推进农业与旅游、文化、康养等产业深度融合，以台骀山、森栖谷景区为引领，连片建设辉煌未来城、中医药花卉特色小镇等，聚力打造田园综合体，擦亮迎泽全域旅游“新名片”。

（杨水云）

【重点项目建设】 2020年，迎泽区坚持项目为王，紧盯招商引资和项目建设两个关键，突出招大引强，把项目建设作为硬任务、硬指标、硬抓手，强力度推进，全要素保障，将迎泽区打造成投资新洼地、项目聚集区。牢固树立抓项目就是抓发展、大项目推动大发展的理念，瞄准国家战略，加强分析研判，发挥好市场在资源配置中的作用，以项目建设促增长、提质量、增后劲。围绕高端装备制造、信息技术等领域，谋划一批含金量、含新量高的重点项目，以新项目延伸产业链、提升附加值。强化分类指导，健全项目监管机制，围绕“五个一批”动态管理，加大服务保障力度，加快推进盛科金融中心、红星爱琴海、中铁·诺德城、恒伦数字口腔产业中心等项目建设。（杨水云）

【基础设施建设】 2020年，迎泽区启动府城历史文道迎泽示范段保护工程，完成文庙、皇庙、皇华馆周边关联文道修缮，提升沿线传统民居环境质量。开

2020年6月，迎泽区网格员和民警、彩虹社工进行禁毒宣传

（迎泽区委党史研究室供图）

展钟楼街片区25条街巷综合改造，完成11.20万平方米房屋征收及整治工作，实施迎泽大街、五一广场提质改造，推进沿街综合整治。加快解放路、地铁1号线等重点工程房屋征收，同步完成解放路沿线立面整治。推进城中村拆迁“清零”和回迁安置，全面启动桃园四巷、康乐街片区路网改造。实施307国道—孟小线等5条“四好农村路”和张新线、松小线旅游公路支线建设，完成马庄路—观枣线市政化改造，加快环太原国际公路自行车赛道建设，完善东部山区路网体系，夯实东山发展基础。

（杨水云）

【城市精细化管理】2020年，迎泽区开展城市品质提升行动，提高城市管理水平。高质量推进垃圾分类工作，加快垃圾分类综合分拣中心、大型生活垃圾转运站建设，发挥示范片区带动作用，引导群众践行绿色生活方式，形成可复制可推广的经验和模式。落实“两扫全保”制度，提高路面洁净度。推进“两下两进两拆”专项整治，实现净空净面、有序整洁。实施背街小巷、文明交通等“九乱”整治及“十大提升行动”，新建一批公厕、便民市场，新增停车位。高标准完成老军营小区、解放路沿线、文道周边、双东南片区509栋楼、257万平方米的综合改造。落实“门前五包”“小巷管家”等全民参与机制，助力文明城市创建。（杨水云）

【生态环境保护】2020年，迎泽区全面完成中央、省市环保督察反馈意见整改任务，确保所有问题销号清零。决战蓝天保卫战，落实大气污染防治行动计划，严控扬尘污染，深入开展柴油货车、非道路移动机械污染治理，持续整治“散乱污”企业，推进“煤改电”“煤改气”工程，完成燃气锅炉低氮改造任务。打好碧水保卫战，对菜园街等51条街巷实施雨污分流改造，推进海绵城市建设。持续完善河（湖）长制，实施南沙河上游综合治理、马庄水库景观化改造工程。打好净土保卫战，完成国土空间规划编制，加大耕地保护力度，推进农用地分类处置，加强危险废弃物规范化管理。恢复太长线输气管道沿线植被，提档绿化4个村庄，打造绿色生态屏障。加大东山路域环境建设，高标准开展道路周边22万平方米环境整治，形成环境优美、功能完备的生态景观廊道，打造网红打卡地。推进国家生态园林城市创建，加大绿化彩化力度，全年栽植各类花卉10万株，增加以月季、玫瑰为主的景观花卉，助力全市打造“玫瑰之城、浪漫之都”。做好城市道路绿化，新建一批游园、绿地，创建一批省市级园林化单位和居住区。启动占地面积89.60公顷的双塔公园建设，创优休闲宜居环境。

（杨水云）

【保障就业服务】2020年，迎泽区推进人人持证、技能社会建设，实施全民技能提升工程，为7600人提供技能培训，建立从培训到就业“一条龙”服务模式，推荐就业率不低于25%。健全政府推动、企业主导、市场引导的工作体系，开通线上公共就业服务平台，抓好高校毕业生、退役军人、农民工等重点群体就业，全年新增就业1.50万人，确保零就业家庭动态清零。落实根治拖欠农民工工资各项制度，切实维护劳动关系和谐稳定。（杨水云）

【全民参保计划】2020年，迎泽区推进全民参保计划，扩大社会保险参保人群和险种覆盖面，为参保居民每年购买16元意外伤害补充医疗保险，将居民基础养老金标准提高15元。完善养老服务体系，加强城企联动，推进养老服务中心、日间照料中心建设，持续开展老旧小区适老化改造，为老年人提供方便可及的养老服务。健全退役军人服务保障体系，做好困难退役军人帮扶救助。持续提高低保标准，保障困难群众基本生活。（杨水云）

【教育事业发展】2020年，迎泽区推动教育高质量发展，落实立德树人根本任务，加强理想信念教育，做好新时代教育工作。强化优质教育资源供给，高标准完成36中二期、37中二期等学校改扩建工程，启动小五台小学二期、桃南小学综合楼改扩建项目，持续改善办学条件；扩大学前教育普惠资源，新建一批幼儿看护点，新增公办幼儿园5所，认定扶持普惠性民办园6所。推动教育信息化和教学深度融合，应用“智慧教室”，打造创客教育品牌。深化教育综合改革，全面推行局管校聘、区管校聘。加大人才引进力度，建设高素质专业化教师队伍。将公办小学免费托管时间适当延长，有效解决放学早、接送难、无人管的问题。（杨水云）

【“健康迎泽”建设】2020年，迎泽区贯彻预防为主的卫生与健康工作方针，针对疫情防控新形势，持续补短板、堵漏洞、强弱项，健全公共卫生服务体系，完善应急响应机制，做好应急物资储备，坚决守好公共安全防线。坚持深化医药卫生体制改革，强化家庭医生团队建设，创新预约诊疗等服务，改善辖区居民就医体验。以迎泽区列为全省老年人健康管理服务试点为契机，逐步开展65周岁以上失能、半失能老年人上门护理服务，建立可复制可推广的为老服务新模式。加快推进以康养为特色，建筑面积4.20万平方米、编制300张床位的区中心医院建设。广泛开展全民健身，打造15分钟社区便民健身圈。（杨水云）

【文化事业发展】2020年，迎泽区坚持以社会主义核心价值观为引领，贯彻落实《新时代公民道德建设实施纲要》，加强爱国主义、集体主义、社会主义教育，持续引深时代新人工作，凝聚向上向善的正能量。构建现代公共文化服务体系，推进建筑面积2.50万平方米，集文化馆、图书馆、美术馆等为一体的文化中心建设。丰富群众文化生活，组织

开展抗日战争胜利75周年等纪念活动，举办各类文化惠民活动。传承非遗文化，做好文物保护利用。（杨水云）

【安全应急保障】2020年，迎泽区压实党政领导责任、部门监管责任和企业主体责任，推动全方位、全过程、全链条责任落细落实。全面开展安全生产专项整治三年行动，推进非煤矿山、道路交通、危险化学品、消防、燃气、建筑施工、特种设备等重点领域专项整治，坚决遏制重特大事故发生。完善安全应急响应机制，配齐配强专业队伍，新建3个消防站点，提高防灾减灾救灾能力。落实“四个最严”要求，加强食品药品安全监管，确保人民群众饮食用药安全。（杨水云）

杏花岭区

【概况】区名来历。杏花岭区因境内有“杏花岭”而得名。明代太原城晋王府有一处花园，园内多植杏树，且地势较高，故名“杏花岭”。太原解放后建有杏花岭街，设有杏花岭办事处。1997年，太原市调整行政区划，以“杏花岭”为名，将北城区改为杏花岭区。

位置境域。杏花岭区位于太原市市区东北部，地理坐标为北纬37° 30′ 36″ ～37° 34′ 48″，东经112° 18′ 36″ ～112° 27′ 36″。东与晋中市寿阳县交界，东南、南与迎泽区相邻，西南、西隔汾河与万柏林区相望，西北与尖草坪区接壤，北、东北与阳曲县毗连。辖区东西最宽19千米，南北最长13千米，总面积170.20平方千米。

建置沿革。区境在明清及民国初属阳曲县管辖，阳曲县署即设在今境内府西街（旧县前街）。民国十六年（1927）太原设市后，今境域分属太原市、阳曲县。1954年设北城区，1960年撤销北城区分设巨轮、尖草坪和向阳三个人民公社，1961年撤社恢复北城区。1997年太原市调整行政区划时，以北城区为主体改设杏花岭区。今区政府驻胜利街。

区划与人口。2020年，杏花岭区辖2个乡，10个街道，120个社区，28个村。全区常住人口77.95万人，其中男性39.18万人，女性38.77万人，性别比（女性=100）101.07。城镇人口73.13万人，乡村人口4.82万人，城镇化率93.82%。

地形地貌河流。境域地处太原盆地东北部，地势东北高、西南低，大致可分为山区、丘陵区和平原区。最高峰后李家山位于小返乡，海拔1670米；最低点城西水系，位于鼓楼、三桥街道，海拔800米。境内河流总长58.30千米，多年平均河川径流量0.05亿立方米。汾河为境内最大河流，流长4千米，流域面积170.20平方千米，主要支流有涧河、北沙河、小返河3条。

名胜古迹。境内全国重点文物保护单位有：唱经楼、天主教堂、山西督军府旧址。省级文物保护单位有：山西国民师范革命活动旧址、赵树理旧居、山西省立川至医学专科学校旧址。有国家AAAA级景区2个（太原动物园、东湖醋园），有国家级工农业旅游示范点1个（东湖醋园），有全国百家红色旅游基地2个（太原解放纪念馆、山西国民师范旧址），有太原市农业旅游示范点2个（长沟生态园、采薇庄园），有庙碉城郊森林公园、长沟城郊森林公园、榆林坪城郊森林公园、后沟城郊森林公园4处。

主要经济指标。2020年，杏花岭区完成地区生产总值749.69亿元，同比增长0.30%。社会消费品零售总额完成252.87亿元，同比下降7.40%。三次产业结构比为0.10 ∶ 20.50 ∶ 79.40。固定资产投资完成107亿元，同比增长5.10%。一般公共预算收入完成14.82亿元，同口径比上年下降4.50%。城镇居民人均可支配收入完成39625元，同比增长5.70%。（陈雯雯）

【深化改革】2020年，杏花岭区“放管服效”改革不断深化，相对集中行政许可权、企业投资项目承诺制、支持孵化科创型企业等改革事项全面落地。开展“一枚印章管审批”工作，企业开办全面实现“一日办结”。严格规范审批程序，实现服务窗口一次性清单告知。20个部门195项审批事项全部划转到区行政审批服务管理局，所有投资项目审批事项均纳入省投资项目在线审批监管平台进行授权办理，入库率达100%。国资国企改革有序推进，开展国企退休人员社会化管理，对接企业624家，接收退休人员81373人，党员19568人，完成率100%。推进农村集体产权制度改革，完成农村闲置宅基地、闲置住宅盘活利用和农民持有集体资产股份继承、有偿退出两项省市试点任务，5个农村集体经济组织资产清查数据录入全国平台，44个村（社区）集体经济组织完成银行开户。教育、医疗“两个集团”改革深化铺开，义务教育县管校聘、区乡医疗卫生机构一体信息化建设等重点“子项目”有效完成。（陈雯雯）

【产业转型发展】2020年，杏花岭区谋划实施“六新”项目28个，投资5.58亿元。429个5G基站网络建设任务全部完成。数字经济创新产业园、京东（山西）数字经济产业园、中国1898“太原兵工厂”文化产业园等载体性、牵引性重点项目成功落地，京东（山西）数字经济产业园有13家企业入驻。申报“专精特新”企业10家，培育高新技术企业89家，2家科技企业在新三板挂牌上市，521家科技型中小企业纳入国家信息库，技术合同交易额达18.32亿元以上。转型项目纳入省项目管理库项目57个，新开工项目29个，竣工投产项目13个，重点工程完成投资17.63亿元，完成率114.40%。晋商博物院正式对外开放，府城文道建设加快，古圆通寺、镇远桥回迁复原完成。与融信地产、中投中智、雪松控股、中兵勘察设计研究院、香港铜锣湾等企业对接25次，就“飞地经济”、融信时光城、中国1898“太原兵工厂”文化产业园等项目进行实质性对接，签约8个项目，计划投资总额161.64亿元。

（陈雯雯）

【城乡建设】 2020年，杏花岭区完成东峰路北延、中华老字号酿造小镇配套路网及府城文道改造等项目征拆工作，解放路、东中环北延建成通车。回迁安置稳步推进，解决141户各类改造动迁遗留难题，新开工保障住房1468套，基本建成7048套。启动7个城中村安置房建设，回迁854套，在建6082套，基本建成3654套。全区完成旱西关南二条等4个片区和231个老旧小区整治，97个小区356栋楼完成节能改造，加装11部电梯。完成69条背街小巷整治。施划停车位3055个，新建公共停车空间6处2141个停车位，有效解决停车难问题。率先在全市完成垃圾分类整街制推进、市场化推动。推进数字化城管建设，便民服务工作。培育采薇山庄、龙角山生态休闲农业等精品休闲点，扶持推动东涧河洪子峪蔬菜种植基地西红柿种植、鸡妈妈蛋鸡养殖、水沟村葡萄基地、河里头大樱桃基地等精品农业园建设。启动23个农村人居环境整治（美丽乡村建设）项目，超额完成农村户厕改造任务，完成4个村饮水安全工程，新建蓄水池5座，对30个村60座人畜饮水蓄水池全面清理消毒。完成11条16.05千米城乡接合部土路及破损路面整治项目和“四好农村路”25千米，农村公路好路率达83%以上，优良率达85%以上。

（陈雯雯）

【生态环境建设】 2020年，杏花岭区实施大规模国土绿化彩化财化行动，打造王家山森林运动公园，完成东山旅游公路通道绿化、提档绿化35.59公顷，全年完成提档绿化7047.03亩。坚持空气质量改善优先原则，综合指数下降率和PM10、SO_2、CO三项污染物指标改善率在6个城区排名第1，全年优良天气达到242天，比上年同期增加22天，6项主要污染物全部实现同比下降。

（陈雯雯）

【民生事业】 2020年，杏花岭区加大民生投入，民生支出27亿元，增幅24.20%，占一般公共预算支出82.50%。推进“人人持证、技能社会”建设，技能提升培训9452人，新增就业15630人，就业形势保持总体稳定。为三无人员、孤儿、留守儿童、老年人、残疾人等各类特困人员累计发放各类补贴5584.30万元。启动6个社区养老服务设施和1所老年福利院建设。全面启动23个农村人居环境整治（美丽乡村建设）项目。完成4个村的饮水安全工程。

（陈雯雯）

【安全生产与平安建设】 2020年，杏花岭区统筹推进安全生产专项整治3年行动、全国安全发展示范城市和“三零”单位创建。开展“深刻汲取教训，全面提升安全生产工作水平”集中教育整顿暨专项整治，聚焦20个重点行业领域和人员密集场所，全面排查整治安全隐患。各类生产安全亡人事故数和人数均下降20%。建立常态化开展扫黑除恶制度机制，严厉打击各类违法犯罪活动，防范新型网络犯罪，开展矛盾纠纷排查，维护公共安全和社会安宁。全年刑事类警情同比下降14.70%，“两抢一盗”类警情同比下降29.20%。（陈雯雯）

尖草坪区

【概况】 区名来历。尖草坪区因境内有“尖草坪”而得名。明太原城北有一片荒地，又多生野草，据说这些野草名叫菅草，因“菅”是生僻字，当地人们误传成尖草，所以就称这一带为尖草坪。1998年设尖草坪区。

位置境域。尖草坪区位于太原市区北部，东、北与阳曲县为邻，东、南与杏花岭区相连，南、西与万柏林区接壤。地理坐标为北纬37° 52′ 49″ ~ 38° 04′ 42″，东经112° 20′ 34″ ~ 112° 38′ 32″。辖区东西最宽26千米，南北最长22千米，总面积295.70平方千米。区人民政府驻柴村迎宾路。

建置沿革。区境在太原建市前属阳曲县。民国十六年（1927）太原设市后，分属太原市、阳曲县。1970年3月设立北郊区，1998年设尖草坪区。

区划与人口。2020年，尖草坪区辖马头水、柏板、西墕3个乡，向阳、阳曲2个镇，柴村、汇丰、光社、尖草坪、迎新街、古城、南寨、上兰、新城9个街道，共14个乡级政区，下设77个居民委员会、55个村民委员会。全区常住人口53.05万人。

地形地貌河流。境域地处太原盆地北部，海拔780 ~ 1865米。东、西、北三面环山，汾河纵贯南北，地势北高南低，分为山地、丘陵、平原3种类型。境内河流属黄河流域，河流总长54.90千米。其中，汾河长16.20千米，流域面积539平方千米；杨兴河长18.50千米，流域面积94平方千米；泥屯河长12千米，流域面积19平方千米；凌井河（柏板河）长8.20千米，流域面积21平方千米。

名胜古迹。境内境内有省级风景名胜区崛崓山风景名胜区1处，省级以下风景名胜区5处。全国重点文物保护单位3处：窦大夫祠、净因寺、多福寺。

主要经济指标。2020年，尖草坪区地区生产总值完成363.99亿元，增速1.30%。固定资产投资完成140.60亿元，同比增长10.80%。社会消费品零售总额完成103.02亿元。服务业增加值完成112.27亿元。一般公共预算收入完成10.45亿元。城镇居民人均可支配收入同比增长4.90%。

（张　虹）

【乡村振兴发展】 2020年，尖草坪区推进农村人居环境整治工作。投资3.50亿元完成16个示范村整治工程，完成农村无害化卫生厕所建设8106座，提质改善农村管道、电网、道路、立面、绿化等基础配套。利用西山自然风光及旅游资源，规划新发展果园2000亩，打造山区和丘陵地有机旱作苹果生产基地。中下温村景盛鹏飞花卉基地、文化产业小镇，将乡村美景与文化融为一体，休闲观光与农家体验合二为一，以特色农业产业带动实现农民增收致富。打造文化旅游新品牌，投资近1.30亿元实施“崛嵋增红”项目，造林2553公顷，植树200多万株。总投资14亿元的汾河四期公园开工建设。（张　虹）

【转型产业融合】2020年，尖草坪区梳理产业规划、编制招商图谱，开展以商招商、小分队招商、产业链招商、敲门招商，全年签约项目43个，总额366.20亿元。提供“土地等项目”“拿地就开工”“拎包就入住”的优惠条件，全年开工118项，总投资1816.57亿元。将所有项目纳入“工作项目化”管理，区级领导人人包联包项目，全年投产项目60项，实现总投资163.07亿元。坚持尖草坪区和中北高新区全领域大融合，长城电源、石墨烯、碧水源、科比特、喆航等项目相继落地，国科大及其配套中小幼、市卫校、人才公寓等重大项目陆续开工建设，全年高新区给尖草坪区分税9279万元，支持尖草坪区各项民生事业4742万元。建立服务企业指挥部，成立企业家协会，开展“百名干部入百企”帮扶活动。组织政银企对接会，为企业协调融资贷款近5亿元。（张　虹）

【宜居城市建设】2020年，尖草坪区围绕河西、河东、上兰3个产城融合板块，聚焦全生命周期“15分钟生活圈”进行规划设计，在三给片区规划46所学校、2个医院、7个公园、2个派出所、7个社区服务中心，各类公共服务配套近9万平方米。三给等5村8854套安置房建设接近尾声。多福南街、汾西北路、金桥北街东延、迎新北巷、迎新路北段、迎新街西段、迎新西一条、迎新南一巷西段等8条道路基本完工，多福北街、多福东路，镇城大街、中北东街、公园南街、傅山园西路、康西路、柏板路等“三纵三横”道路全部建成通车。万科、旭辉等商业地产项目进展顺利，南固碾、北固碾、赵庄、光社等城改项目稳步推进，小东流回迁住宅主体完工，七平房、怡和天润园交房，下兰、新城、南寨、圪垛、新店、东张、赵道峪、上兰、西村等完成城改前期摸底测算。投资13.81亿元的6075套城镇保障性安居工程基本建成。摄乐公园、迎新公园开园迎客，南寨公园二期、体育公园等办理前期手续阶段，全区新增公园绿地面积31.20公顷。（张　虹）

【生态环境治理】2020年，尖草坪区一体推进治山、治水、治气、治城，加强生态环境保护工作。推进山水林田湖草生态保护修复工程，用4个月时间完成西山、北山破坏面生态修复主体工程。推进12项水污染治理重点工程，改善水环境质量。落实河（湖）长制，完成13条河（渠）、池确权划界测绘和专家评审，汾河流域国考上兰断面全部达到Ⅱ类及以上标准。推进工业企业治理，严控柴油车辆和非道路移动机械，推行“阳光运输”和环保交运，协调推进“公改铁”工程建设，全区二级以上优良天气248天，同比增加22天。以创城为抓手，推进“三清”“五治”“两下两进两拆”专项行动，完成128条背街小巷、210个老旧小区、12个集贸市场和国际自行车赛道、晋东小商品市场整治工作。改造苗圃、友喜、兴安苑3个老旧小区。（张　虹）

【民生事业发展】2020年，尖草坪区教育事业全线提质，杨家村幼儿园，万科、富力、融创配套小学，一外摄乐校区开学，区实验小学、机关幼儿园全面完工，柏板小学、阳曲中学、西墕小学3所寄宿制学校全速推进建设，省实验、青年路、外国语、太师三附小等优质教育资源相继入驻。推进卫生事业发展，区中心医院新院建设项目有序推进，汇丰社区卫生服务中心新建项目开工。182支“家庭医生团队”一线履职，实现公共卫生服务全覆盖。文化事业打造品牌，按照“一室一场一队伍”标准，集中力量建设20个村级综合文化服务中心，新建20个图书馆、文化馆分馆，重点建设10个省级典型基层综合文化服务中心，打造地方特色文化活动品牌。加大对退役军人、困难职工等群体的服务保障，健全由政府主导、民政负责、相关部门协同配合工作机制，全年发放社保金10.90亿元、低保金6127.40万元、医疗救助金742.78万元。

（张　虹）

【文明城市创建】2020年，尖草坪区提出“创城+”，即“2+9+10+16+30”工作思路（两个革命、九乱整治、十个一批、十六大重点、三十个重点部位）。将全年整治任务建立整治台账，将整治类别责任、具体点位责任、每条标准责任全部细化分解到人，时间全部倒排，并纳入项目化管理。开展结对包联，文明单位包联部分背街小巷、老旧小区、社区点位，定期组织干部到点开展打扫卫生、政策宣传、业务服务等志愿活动。全区60个文明单位和3251名农村（社区）工作人员参与“靓丽星期五”创城志愿服务活动。组建354人文明巡访管理员队伍，劝导制止不文明行为，维护公共秩序，收集热点重点问题，及时提出意见建议。开展“草坪说事”志愿实践活动，选派808名机关干部，通过巡访方式，每名干部就近包联1至2个网格，与居民群众拉家常，在生活小区、街头巷尾、商场超市等公共场所广泛征求群众意见建议，做到访民情、知民意、解民忧。发挥“清理垃圾、维护秩序、开展宣传、文明引导、沟通协调”五大职能，劝导各类不文明行为。打造选树亮点，为发挥典型带动和辐射作用，开展文明示范街巷评比活动，以“整洁美观、规范经营、出行通畅、宜居宜业”为标准，推选出11条文明示范街巷。开展文明示范小区评选活动，以基础设施完备、园林绿化维护到位、静态交通管理有序、小区公共管理严格、居民文明有礼、宣传氛围浓厚为总体标准，推选出 14 个文明示范小区。开展文明示范集贸市场评选活动，以集贸市场内外基础设施完备、门前三包到位、市场内外环境整洁、规范服务文明经营、宣传氛围浓厚、工作人员熟悉应知应会内容为总体标准，推选出第一批文明示范集贸市场 5 个。全年整治老旧小区 210 个。采用政府出资购买社会服务的方式把 86 个无物业小区引入管理监督机制。完成 130 个背街小巷和 12 个集贸市场整治。清理垃圾 22.23 万立方米，清理广告 35.35 万条，清理立面 2.72 万平方米。线缆入地 13.20 万米，架空线缆梳理 11.82 万米。新建停车场 14 个，新增停车位数量 6349 个。拆除违建 3.18 万平方米。设置禁烟标志 3000 个。粉刷立面 37.91 万平方米。清理修建绿化带 7.24 万平方米。新增公益广告牌匾 9045 个。硬化路面 22.19 万平方米。更换或新增分类垃圾桶 3345 个。（张　虹）

万柏林区

2020 年，万柏林区加强服务型、效能型政府建设。图为万柏林区政务服务中心综合服务台（万柏林区委党史研究室供图）

【概况】 区名来历。因区境内有较大的居民聚落（现为街道名称）“万柏林”而得名。民国年间，执政山西的阎锡山将此处选定为自己的墓地，唯感不足的是地表林木稀疏，于是决定在这里广植柏树，以备将来辟建陵园。因种植柏树多达万棵以上，故名“万柏陵”。中华人民共和国成立后，此地建立了晋机、重机、汾机等大型机器厂，逐步发展起来，“万柏林”泛指这一地区。1954 年，太原市设 4 个郊区，此地曾以“万柏林”作为区名。1997 年，太原市调整行政区划，以河西区为主体成立万柏林区。

位置境域。万柏林区地处太原市城区西部、太原盆地西沿。东滨汾河与杏花岭区、迎泽区隔河相望，东南隔汾河与小店区相望，南与晋源区接壤，西南、西、西北与古交市相连，北与尖草坪区、阳曲县交界，东北与尖草坪区为邻。地理坐标为北纬 37° 44′ 40″ ~ 37° 55′，东经 112° 21′ 53″ ~ 112° 31′ 31″。辖区东西最宽 24.60 千米，南北最长 22.40 千米，总面积 305 平方千米。

建置沿革。境区在明、清时分属太原府阳曲、太原两县管辖。民国十六年（1927）太原设市后，又分属太原市和阳曲县、太原县。1954 年设万柏林区。1957 年划归太原市郊区。1958 年以原万柏林区境域为主成立河西区。1997 年改设万柏林区。

区划与人口。2020 年，万柏林区下辖王封乡 1 个乡，千峰、下元、小井峪、和平、万柏林、兴华、南寒、白家庄、杜儿坪、西铭、东社、化客头、长风西街、神堂沟 14 个街道，15 个行政村、121 个社区。全区常住人口 95.12 万人。

地形地貌河流。万柏林区西部为南北走向的太原西山，山峦起伏，沟壑纵横；中部为丘陵，连绵起伏；东部为汾河平川，平坦宽阔。地势西高东低，由西向东逐渐倾斜，地形分为山地、丘陵、平川，依次呈阶梯状分布，海拔高度在 776 ~ 1865.80 米之间。境内最高峰庙前山主峰位于杜儿坪街道，海拔 1865.80 米；最低点汾河河滩位于长风西街街道南屯村，海拔 776 米。

主要经济指标。2020 年，万柏林区完成地区生产总值 486.04 亿元，规模以上工业增加值 90.61 亿元，固定资产投资 223.20 亿元，社会消费品零售总额 183.23 亿元，一般公共预算收入 20.13 亿元。（梁文青）

【政府效能建设】 2020 年，万柏林区优化营商环境，落实一枚印章管审批，推进集中行政许可权改革，营业执照办理和重点项目审批时限进一步压缩，服务型、效能型政府建设成效显著。发挥政府督查办和“13710”作用，围绕重点项目等中心工作抓落实。严格落实中央八项规定精神，认真履行“一岗双责”，推进党风廉政建设，整治“四风”，严控“三公”经费支出，保障重点工程建设和民生事业发展。（梁文青）

【项目建设】 2020 年，万柏林区推进片区建设及重点工程项目，123 个重点项目总投资 2303 亿元。加快传统产业改造升级步伐，太重集团被国家知识产权局认定为国家知识产权示范企业，冶金起重机技术条件系列标准获得首届山西省标准创新贡献一等奖。中车太原公司获批国家级企业技术中心。（梁文青）

【新兴企业建设】 2020 年，万柏林区发挥双创载体示范带动作用，培育创新生态，猪八戒网山西总部、今日头条创作中心（太原）正式开园运营。完成425座5G网络基站建设任务。制定出台《关于深化创新创业建设科技产业聚集区的若干意见》《鼓励楼宇经济发展专项扶持办法》，精心构建汾河西岸金融集聚区，全区5000平方米以上重点商务商业楼宇达45家（57栋），入驻企业1836家，一批现代服务业标杆项目为万柏林区高质量转型发展注入强大活力。开展“三个一批”活动，新城吾悦、井峪新城等一批重点项目建设顺利推进。成功举办中国未来独角兽高峰论坛。鼓励企业做强做大做优，为新入统68家社零企业、实现社零增长的25家企业发放奖励金229万元。（梁文青）

【文旅产业发展】 2020年，万柏林区加快发展文化旅游产业，举办“邀约春天，共赢未来”万柏林区文旅网络招商推介会，签约金额达68亿元。一线天景区规划建设、圪垛村古村落修复、西山枫情大地生态国际智谷建设工程取得进展。狼坡（狮子崖）提档升级，AAA级景区申报工作有序推进，玉泉山樱花、西山旅游公路知名度逐步提高。（梁文青）

【生态保护】 2020年，万柏林区践行“两山”理论，加快实施汾河中上游山水林田湖草生态保护修复工程，全区范围内总投资6.64亿元的10个试点项目主体工程顺利完成。（梁文青）

【游园绿地建设】 2020年，万柏林区加大游园绿地建设力度，完成游园建设6个，绿地6块，建成区城市绿化覆盖率达44.83%，全区森林覆盖率达39.19%。（梁文青）

【环境治理】 2020年，万柏林区坚决打好蓝天碧水净土保卫战，完成秋冬季大气污染综合治理任务，环境空气质量持续改善，全区空气质量综合指数和优良天数均在城6个区排名第一。（梁文青）

【基础设施建设】 2020年，万柏林区西机东路大修工程竣工通车，虎峪河、九院沙河西延道路改造完工。轨道交通1号线、千峰路南延、南屯路北延等新建工程顺利实施。新开工保障房建设446套，连同往年共建成1850套，累计完成投资1.31亿元。石膏矿、大众、太重周边等棚户区改造相继启动。（梁文青）

【文明城市创建】 2020年，万柏林区开展创城“八大行动”，推进“九乱整治”“三清五治”和“两下两进两拆”专项行动，开展爱国卫生季活动，文明交通、农村环境等综合整治成效显著。推进老旧小区整治与改造、“三供一业”改造、既有建筑节能改造。深化环卫体制改革，加强对社会化公司管理路段的巡查督导，促进环卫工作提档升级。在兴华、千峰、神堂沟、万柏林4个街道率先试点垃圾分类工作。（梁文青）

【教育改革】 2020年，万柏林区深化校（园）长职级制改革，完善教师分配激励机制，创新办学模式，与山大附中、太原市外国语学校、省实验小学等名校合作，优质教育资源覆盖面不断扩大，教育质量稳步提高。（梁文青）

【医疗改革】 2020年，万柏林区推进医疗卫生体制改革，以山医大一院万柏林分院为龙头，分级诊疗链条日益完善，基层服务和应对突发重大卫生事件能力有效提高。（梁文青）

【社会保障】 2020年，万柏林区推进居家和社区养老服务工作，神堂沟街道西峪社区等4个城镇社区养老幸福工程项目顺利完成，下元街道和万柏林街道入选全国智慧养老示范街道。城乡低保标准由650元提高至700元，全区就业形势保持稳定，社会保障实现全覆盖。推进退役军人服务保障体系建设和各项优抚优待政策的落实，区退役军人服务中心和15个乡（街）退役军人服务站全部建成，小井峪街道退役军人服务站被评为全国标杆型退役军人服务站。推进农村集体产权制度改革，探索采煤沉陷区治理新模式，培育具有万柏林区特色的农业新业态，努力使广大居民群众搬得出、住得稳、过得好。（梁文青）

【党的建设】 2020年，万柏林区坚持党建引领，抓好党内政治生态建设，干部队伍能力素质提升，反腐败斗争压倒性胜利不断巩固发展。推行街道大工委、社区大党委制，全区非公组织党组织覆盖率达96%，社会组织党组织覆盖

2020年9月，万柏林区化客头街道开展农民丰收节活动

（万柏林区委党史研究室供图）

率达100%，全区31个党（工）委，下设1240个基层党组织，其中二级党委108个、党总支18个、党支部1114个。党员28771名，其中女党员10549名，占党员总数的36.67%，少数民族党员121名。（梁文青）

晋源区

【概况】 区名来历。晋源区因晋水而名。1947年，设晋源县。之所以用晋源区作为新成立的区名，一是历史上“晋源”做过区名，知名度高，指位性强；二是该区政府建在“晋源镇”附近，行政区划名称与驻地名称相一致，很好找。也有提议使用“晋阳”“晋祠”，因“晋阳”泛指古太原，属于“大”地名，使用在区名上不妥。用“晋祠”，该区政府又不驻在“晋祠”镇，因而弃用。1998年设立晋源区。

位置境域。晋源区位于太原市西南，东隔汾河与小店区相望，南、西与清徐县、古交市接壤，北与万柏林区相连。地理坐标为北纬37° 37′ ~ 37° 39′，东经112° 19′ ~ 112° 33′。南北长约23.30千米，东西宽约20.30千米，总面积289平方千米。

建置沿革。晋源区为古晋阳城所在地，有2500多年的建城史，是中华王氏、张氏的开姓立祖之地。古晋阳城始建于公元前497年前的春秋时期，位于今晋源区古城营村一带，因其在晋水之北而名“晋阳”。从战国末至五代的1500年间，曾是太原地区的政治中心。从秦置晋阳县到宋毁晋阳城，多为州郡治所乃至国都。北宋太平兴国四年（977），宋太宗赵光义灭北汉毁晋阳城，废晋阳、太原二县，于汾河东新置平晋县。1949年太原解放后，境域初为晋源县，属汾阳专区，1951年划归太原市。之后区境先后分属太原市六区、七区，晋源区，太原市郊区，南郊区。1998年设立晋源区。

区划与人口。2020年，晋源区辖金胜、晋祠、姚村3个镇，义井、罗城、晋源3个街道，55个行政村、52个社区。全区常住人口31.64万人。

2020年的晋源区蒙山景区　　（晋源区委党史研究室供图）

地形地貌河流。境内地势西北高东南低，西部丘陵山区与东南部平川区大体各占一半。丘陵山区海拔1100 ~ 1500米，林草覆盖度高，林地占全区面积的绝大部分。东部平川区海拔760 ~ 790米，地平水浅，土地肥沃，有“北国鱼米乡”之称。晋祠的难老泉、善利泉自古闻名于世，5.10平方千米的晋阳湖是华北最大的人工湖。

名胜古迹。境内全国重点文物保护单位有10处：晋祠、龙山石窟、晋阳古城遗址、天龙山石窟、明秀寺、晋源阿育王塔、晋源文庙、太山龙泉寺、童子寺遗址、蒙山开化寺遗址。著名的晋祠古建筑群云集中国古建楼、台、殿、阁、亭、榭、轩等建筑，有圣母殿、鱼沼飞梁、献殿等古建国宝，难老泉、宋塑、周柏等“晋祠三绝”。龙山石窟为国内仅存的道教石窟，天龙山森林公园是太原市唯一的国家级森林公园。

主要经济指标。2020年，晋源区实现地区生产总值80.09亿元，同比增长3.80%。其中：第一产业实现增加值3.63亿元，同比增长4.10%。第二产业实现增加值26.08亿元，同比增长7.60%。第三产业实现增加值50.38亿元，同比增长1.90%。三次产业占全区GDP的比重依次为4.50 ∶ 32.60 ∶ 62.90。完成全社会固定资产投资额121.99亿元，同比增长9.50%。实现社会消费品零售总额46.49亿元，同比下降6%。全区财政一般公共预算收入累计完成6.46亿元，同比下降30.80%。一般公共预算支出累计完成205059万元，同比下降30.20%。城镇居民人均可支配收入为38468元，同比增长5.30%。（王利明）

【农业发展】 2020年，晋源区推进乡村振兴，农业调产1.18万亩，新增大田花卉、中药材等特色作物2000亩。举办农民丰收节、插秧文化节、晋祠大米推介会。全年实现农林牧渔业总产值6.67亿元，同比增长3.80%，其中：农业产值4.88亿元，同比增长7%。林业产值0.20亿元，同比下降26.50%。牧业产值1.10亿元，同比增长1.10%。渔业产值0.04亿元，同比增长18.90%。农林牧渔服务业产值0.46亿元，同比增长0.30%。

全区经济作物播种面积1188公顷。其中：油料播种面积715.50公顷，减少409.70公顷。中草药材播种面积94.70公顷，与上年持平。蔬菜播种面积1090.60公顷，增加58.50公顷。水果播种面积393.30公顷，减少

78.22公顷。（王利明）

【工业和建筑业】2020年，晋源区完成规模以上工业总产值19.50亿元，同比增长6.60%。全年实现规模以上工业增加值4.78亿元，同比增长10.40%。其中：热力生产和供应实现增加值1.66亿元，同比增长2.90%；专用设备制造业实现增加值0.10亿元，同比下降52.80%。通用设备制造业实现增加值0.57亿元，同比增长28%。有色金属压延加工实现增加值0.06亿元，同比增长13.40%。石膏、水泥制品业实现增加值0.64亿元，同比下降18.20%。化学药品制剂制造业实现增加值1.39亿元，同比增长59.90%。饲料加工实现增加值0.10亿元，同比增长23.90%。

全区完成建筑业总产值102.18亿元，同比增长21.70%。实现建筑业增加值13.74亿元，按不变价计算，同比下降5.70%。全区拥有资质的建筑业企业78家，增加14家，其中特级资质建筑企业1家。（王利明）

【固定资产投资】2020年，晋源区完成全社会固定资产投资额121.99亿元，同比增长9.50%。

第一产业投资完成1.99亿元，同比增长25.70%。第二产业投资完成2.07亿元，同比增长16.50%。第三产业投资完成117.93亿元，同比增长9.10%。国有投资完成6.01亿元，同比下降51.80%。非国有投资完成115.98亿元，同比增长17.20%。全年房地产开发完成投资额86.85亿元，同比下降5.70%。全年全区固定资产投资施工项目127个。其中，新开工60个，全部建成投产项目11个（不含房地产），新增固定资产30.06亿元。（王利明）

【零售消费品】2020年，晋源区实现社会消费品零售总额46.49亿元，同比下降6%。其中，实现限额以上社会消费品零售额27.97亿元，同比增长2.80%，实现限额以下社会消费品零售额18.52亿元，同比下降16.70%。按行业划分，全年全区实现批发业零售额6.10亿元，同比增长21.70%。实现零售业零售额35.10亿元，同比下降8.50%。实现住宿业零售额0.91亿元，同比增长60.20%。实现餐饮业零售额4.38亿元，同比增长20.70%。

按限上消费商品类别划分，汽车类占比最大，其占全区限上社会消费品零售额的比重为85.30%，其次是服装类、石油类、五金类等。（王利明）

【服务业发展】2020年，晋源区实现服务业增加值50.38亿元，同比增长1.90%。全年批发零售业增加值10.03亿元，占全区服务业增加值比重为19.90%，同比下降0.80%。交通运输业、仓储邮政业增加值2.44亿元，占全区服务业增加值的比重为4.80%，同比下降4.40%。住宿餐饮业增加值1.66亿元，占全区服务业增加值比重为3.30%，同比下降13.70%。金融业增加值1.13亿元，占全区服务业增加值比重为2.20%，同比增长2.40%。房地产业增加值13.63亿元，占全区服务业增加值比重为27.10%，同比增长1.80%。营利性服务业增加值2.68亿元，占全区服务业增加值比重为5.30%，同比增长1.90%。非营利性服务业增加值18.58亿元，占全区服务业增加值比重为36.90%，同比增长6.90%。农林牧渔业服务业增加值0.22亿元，营利性服务业增加值2.68亿元，占全区服务业增加值比重为0.50%，同比增长0.30%。（王利明）

图11　2016—2020年固定资产投资增速比较图

【教育科技】2020年，晋源区签约引进省实验小学和山大附属中学，市二外晋源校区开学招生。截至年底，全区有幼儿园76所，在园幼儿8157人。小学38所，在校生总数17722人。普通初中6所，在校生总数5189人。普通高中1所，在校生总数1444人。中等职业教育学校1所，在校生总数244人。全区学前教育毛入园率105.83%，小学学龄儿童净入学率100%，高中阶段毛入学率96.91%。

全区有效发明专利71个，授权专利135个，申请专利201个。全区共申请注册商标1241件，核准1449件。全区注册商标拥有量共计3040件。

（王利明）

【文化旅游】2020年，晋源区有文化馆1个，公共图书馆1个，综合文化站6个，122个基层综合文化服务中心，6个文化站点。全区实现旅游总收入90.69亿元，同比下降55.50%。接待游客803.96万人次，同比下降49.40%。

（王利明）

【卫生健康】2020年，晋源区推进医

2020 年 1 月 19 日，晋源区举办晋祠大米品牌推介会

（晋源区委党史研究室供图）

疗集团建设，市区人民医院基本具备开诊条件。截至年底，有卫生机构（含诊所、村卫生室）265 个，其中，专业公共卫生机构 3 所（疾控、监督、妇幼），镇级医疗机构 7 所，村卫生室及社区卫生服务站 103 所（85 个卫生室、18 所社区服务站），个体诊所 147 所，厂矿、学校、企业内设医务室 10 所。床位 249 张。卫生机构有医师 660 人，卫生院有卫生技术人员 64 人。社区卫生服务中心（站）有卫生技术人员 223 人，专业公共卫生机构技术人员 34 人。适龄儿童国家免疫规划疫苗接种率 95%，累计为城乡居民建立健康档案 21.34 万份，建档率 91.30%。卫生室达标率 90.60%。（王利明）

【公共预算收入】2020 年，晋源区财政总收入累计完成 25.10 亿元，同比下降 34.10%。全区财政一般公共预算收入累计完成 6.46 亿元，为调整预算数 6.40 亿元的 100.90%，同比下降 30.80%。

税收收入累计完成 56108 万元，为调整预算数 56100 万元的 100%。非税收入累计完成 8461 万元，为调整预算数 7900 万元的 107.10%。（王利明）

【一般预算支出】2020 年，晋源区财政一般公共预算支出累计完成 205059 万元，同比下降 30.20%。其中一般公共服务支出 31124 万元，国防支出 593 万元，公共安全支出 3866 万元，教育支出 31890 万元，科学技术支出 992 万元，文化旅游体育与传媒支出 1931 万元，社会保障和就业支出 34851 万元，卫生健康支出 15209 万元，节能环保支出 7885 万元，城乡社区支出 39529 万元，农林水支出 21758 万元，交通运输支出 4754 万元，资源勘探工业信息等支出 1183 万元，商业服务业等支出 38 万元，自然资源海洋气象等支出 687 万元，住房保障支出 4544 万元，灾害防治及应急管理支出 2008 万元，其他支出 2062 万元，债务付息支出 148 万元，债务发行费用支出 7 万元。全区财政八项支出累计完成 165346 万元，占一般公共预算支出的 80.60%，同比下降 25%；全区民生类支出累计完成 164068 万元，占一般公共预算支出的 80%，同比下降 34.70%。（王利明）

【社会保障】2020 年，晋源区城镇居民人均可支配收入为 38468 元，同比增长 5.30%。年末参加城镇职工基本养老保险 28409 人，增加 4603 人。参加城乡基本养老保险 92052 人，增加 4993 人。参加失业保险 14601 人，增加 2309 人。参加工伤保险 19325 人，增加 8323 人。

城乡居民基本医疗保险参保人数 155074 人。累计享受基本医疗补偿待遇的人数 274152 人次，补偿金额 2369.21 万元。累计享受医疗救助待遇的困难群众 2457 人次，支出医疗救助资金 575.80 万元。享受资助参保的困难群众 11878 人，缴纳基本医保费用 316.97 万元。

全区累计为城市低保对象 7317 户 11120 人发放低保金 690.93 万元。累计为农村低保对象 58016 户 95548 人发放低保金 4395.93 万元。帮扶困难残疾人 18497 人，发放生活补贴 92.49 万元，帮扶重度残疾人 26575 人，发放护理补贴 132.88 万元。发放临时救助金 125.24 万元，救助 559 人次。全年共募集善款 51.39 万元，支出 26.10 万元，救助困难群众 241 人。特困供养人员共计 158 人，发放供养资金 233.39 万元。为 10 名散居孤儿发放养育金 11.10 万元，为 27 名事实无人抚养儿童发放养育金 18.86 万元。（王利明）

【生态环境治理】2020 年，晋源区坚持治山、治水、治气、治城一体推进，打好蓝天、碧水、净土保卫战，全年空气质量优良天数达 222 天，二级天数增加 27 天，重污染天数减少 6 天，综合污染指数为 6.09，同比下降 6.70%。PM2.5 平均浓度下降 5%，SO_2 平均浓度下降 18.20%，CO 均值浓度同比下降 5%，NO_2 均值浓度同比下降 8.20%，空气质量持续改善。推进 6 条河道综合整治，全面封堵入河排污口，水体生态不断改善。推进晋祠泉域水源置换，整体实现“同城、同源、同质、同价”供水。（王利明）

【产业转型升级】2020 年，晋源区围绕布局创新平台、打造新兴业态，聚焦新基建、新技术、新材料、新装备，推动“三带六园”领航发展，累计签约项目 30 个，签约总投资达 100.58 亿元，落地项目和入驻企业 689 个。在全市率

先高标准建成2.30万平方米智创基地，大地紫晶等16家创新企业入驻，实现4个月引进到运营“晋源速度”。谋划打造北部晋阳湖数字经济研发集群、南部姚村智能制造产业集群，组织承办中国（太原）人工智能大会，引进阿里云等20家数字产业龙头企业。（王利明）

【营商环境优化】 2020年，晋源区实施人才强区战略，制订人才引进、家属安置、子女就学等一系列政策措施，在全市率先建成6.30万平方米人才公寓。出台《晋源区促进“三带六园”发展财政奖补办法》，参加厦洽会、进博会等招商活动，引资引技引智成果丰硕，一流创新生态加快构建。以打造“六最”营商环境为目标，深化“一枚印章管审批”，实施审批“五减”专项行动，开展审批帮办精准服务，开设“周末不打烊”办事窗口，建设“一站式”智能服务平台，营商环境持续优化。（王利明）

古交市

【概况】 市名来历。原称交城，因处汾河、孔河交汇地而名。隋开皇十六年（596）在此置交城县。唐武后天授二年（691），长史王及善移县治于山南却波村，此地遂称故交城，简称故交。故、古词义相通，渐演变为古交。清道光《交城县志》载，古交废县城，“在县东北九十里故交村南水泉寨下（今古交市水泉寨公园），故老相传现在水泉寨关帝庙即县之南关”。清为古交镇，1988年改名古交市。

位置境域。古交市位于太原市境西部，吕梁山脉关帝山东翼与云中山南端交接处，地理坐标为北纬37°40′～38°10′，东经111°43′～112°21′。东与万柏林区、晋源区为邻，东南与清徐县毗连，南、西南和吕梁市交城县接壤，西同娄烦县相依，北与忻州市静乐县衔境，东北与阳曲县交界。全境东西最宽约49千米，最窄约20千米，南北长约53千米，全境总面积1512.98平方千米。

建置沿革。境域春秋属晋，战国属赵，汉、魏、晋及北朝均为晋阳西陲。隋开皇十六年（596）设交城县，县治在今古交镇。唐天授二年（691），县治移于却波村（今交城县城）。先天二年（713）置卢川县（今古交市炉峪口），开元二年（714）省。之后，古交地区一直隶属于交城县和阳曲县。中华人民共和国建立后，为开发古交地区的煤炭资源，于1958年划交城县、阳曲县的17个乡置太原市古交工矿区。1988年撤区，改设古交市。

区划与人口。2020年，辖邢家社、原相、常安、岔口、阁上、嘉乐泉、梭峪7个乡，马兰、河口、镇城底3个镇，西曲、东曲、桃园、屯兰4个街道办事处，53个社区居委会，108个行政村。全区常住人口21.08万人。

地形地貌河流。境内山岭连绵，沟壑纵横，地势西高东低。东有石千峰，东南有庙前山、老爷岭，西有铁史沟山岩、黄爷山，西南有狐爷山，北有嘴贝山，东北有福福山。最高为铁史沟山岩，海拔2324米；最低为扫石一带的汾河峡谷谷底，海拔870米。山地丘陵占全市总面积的95%以上，河谷平原仅占4%。境内有大小河谷200余条。汾河由西向东穿越全境，两侧有半沟、大川、原平、屯兰、天池、狮子等河川与之交汇。

名胜古迹。境内有全国重点文物保护单位有2处：古交遗址、古交千佛寺。还有河南旧石器遗址、李家社旧石器遗址、石千峰旧石器遗址、晋大夫狐突墓、福祥寺、安家沟观音堂、睦联坡狐爷庙、麻会圣母庙、三家村关帝庙、西仙洞、东仙洞、睦联坡烈士陵园等。境内的汾河段建成全长7.50千米、占地面积122.50万平方米的汾河景区。

主要经济指标。2020年，古交市实现地区生产总值60.57亿元，比上年增长3.80%。其中：第一产业增加值2.34亿元，同比增长3.60%；第二产业增加值37.31亿元，同比增长6%；第三产业增加值20.92亿元，同比增长1.40%。社会消费品零售总额37.72亿元，比上年下降8.10%。固定资产投资30.18亿元，比上年增长8%。一般公共预算收入12.83亿元，比上年下降20.40%。一般公共预算支出28.23亿元，比上年增长22.40%。城镇常住居民人均可支配收入35361元，同比增长5.60%。农村常住居民人均可支配收入18300元，同比增长6%。（赵志英）

2020年，古交市加强生态环境建设。图为水泉寨公园一角

（古交市委党史研究室供图）

【转型发展】2020年，古交市坚持“项目为王”，全年计划项目122个，26个重点转型项目全部开复工，完成固定资产投资30.17亿元。统筹做好“煤”与“非煤”，压减煤炭产能159万吨，退出焦化产能160万吨，淘汰落后洗选煤产能5396万吨。中电投岔口风电建成投产。西山华通水泥砂石骨料、粉煤灰综合利用等大宗固废利用项目有序推进。宝能住宅科技产业园项目一期标准地出让，为开工建设做好准备。（赵志英）

【改革创新】2020年，古交市全面落实减税降费政策，深入开展入企帮扶行动，帮助企业保经营、渡难关。推进投资项目承诺制改革，坚持重点项目市长督办制和周报制，助力项目建设跑出“加速度”。推进相对集中行政许可权改革，审批事项平均承诺时限压缩30%以上。坚持创新为上，推进规上企业技术创新全覆盖。省科协授予的全省首家海外智力服务山西专家工作站在古交挂牌。完成“小升规”13户。招商引资签约资金达54.70亿元。（赵志英）

【城市建设】2020年，古交市国土空间规划、“城市双修”专项规划取得进展。优化调整生态红线，释放金牛森林公园压覆资源面积1892公顷。推进西北二环高速古交段、屯村—太克线、古岔线改建等道路建设工程，新建汽车客运站主体基本完成。东部新城火山片区12个项目加快实施。涉及2万余户“三供一业”分离移交任务基本完成。建成90个5G基站，实现主城区5G全覆盖。高标准改造9个老旧小区、整治14条背街小巷，全面启动垃圾分类工作，“两下两进两拆”取得初步成效，城市更新有序推进。建制村全部通客车，太原至古交首条城际高速公交917线路顺利开通。（赵志英）

【生态环境保护】2020年，古交市推动煤炭、电力、水泥等行业提标改造，重点工业企业全部实现超低排放。实施矾石沟、石阡沟黑臭水体治理，完成清洁供暖改造年度任务。建设营造林3.36万亩，森林覆盖率18.77%。全年二级以上天数、环境综合指数、汾河省考断面水质等指标均取得历史最好成绩。基本完成大川河城区段河道综合治理、无主矸石山治理、铁磨沟黑臭水体治理等一批山水林田湖草项目，汾河三期河道治理工程扎实推进。谋划“五水同治”规划9个治理项目。编制古交市全域生态保护修复整体规划，推动全域生态治理修复项目化建设。（赵志英）

【乡村振兴】2020年，古交市推进榛子、沙棘、中药材3个万亩产业园建设，新增榛子种植面积4400余亩、中药材2800余亩，种植优种沙棘5400亩，逸香茶叶公司被评为全省药茶原料标准化生产示范基地，和谐源建成全省最大林麝特色繁殖基地。复耕复垦撂荒地1.20万亩。全面完成农村集体产权制度改革国家试点任务，145个村（居）挂牌成立集体经济组织。高标准打造4个乡村振兴示范村，岔口乡关头村入围全省第二批AAA级乡村旅游示范村，创建28个美丽村庄和108个清洁村庄，改造提升农村户厕5425座，农村人居环境得到改善。（赵志英）

【社会事业】2020年，古交市推进“人人持证，技能社会”，开展职业技能培训6000余人次，城镇新增就业3610人。投入5.05亿元发展教育，建设职教中心和2所公办幼儿园。深化县乡医疗卫生一体化改革，被评为山西省县域医疗卫生一体化改革示范县。推进中医药振兴工程，通过省级中医药工作先进市复审。建成3个标准化足球场。实现乡镇文化馆分馆和村（社区）综合文化服务中心全覆盖，建成首个城市书房。城乡低保标准分别提高至每月700元和580元。完成第七次全国人口普查入户登记工作。（赵志英）

【安全生产】2020年，古交市推进安全生产专项整治三年行动和“三零”单位创建。开展打非治违“春夏行动”和安全整治“春雷行动”，开展“深刻汲取教训，全面提升全市安全生产水平”集中教育整顿暨专项整治行动，全力抓好煤矿、非煤矿山、森林防火、道路交通、人员密集场所、危化品等重点领域安全，全年未发生较大及以上安全生产事故。国家、省、太原市交办信访案件办结率100%，化解信访积案146件。扫黑除恶专项斗争战果显著，依法打掉恶势力团伙1个，破获刑事案件3起。（赵志英）

2020年，古交市西北二环建设现场（古交市委党史研究室供图）

【政府效能建设】2020年，古交市推

进法治政府建设，出台《古交市行政执法终身负责制实施办法》，行政案件出庭应诉率达100%。主动接受人大法律监督、政协民主监督，办理人大代表建议125件，政协提案170件。树牢“过紧日子”思想，“三公”经费压减37.18%。严格执行党风廉政建设各项规定，服务、法治、效能、阳光政府建设全面提速。（赵志英）

清徐县

【概况】县名来历。清徐县古称梗阳，始建于春秋，隋开皇十六年（596）置清源县。金大定二十九年（1189）于县之东境置徐沟县。1952年7月，清源、徐沟两县合并，取两县县名首字，称为清徐县。

位置境域。清徐县位于太原市南端。东与晋中市榆次区、太谷区为邻，西与吕梁市交城县、文水县、古交市接壤，南与晋中市祁县衔境，北与小店区、晋源区毗连。地理坐标为北纬37°28′~37°47′，东经112°10′~112°38′。县境南北长约35.80千米，东西宽约40.50千米，总面积609.13平方千米。县城清源镇距省会太原35千米。辖区总人口35.46万人。

建置沿革。清徐置县，始于春秋后期。《左传》载：鲁昭公二十八年（前514），晋灭祁氏，分其地为七县。其中梗阳县，县邑故址位于今县城南关，涂水县，则为今徐沟一带。隋开皇十六年（596），新置县于梗阳旧城，以城西北有清源水，名清源县。金大定二十九年（1189年，亦说金大定二年，即1162年）。抗日战争期间，清徐建有双重政权。民国二十七年（1938），中共领导抗日军民成立清（源）、太（原）、徐（沟）抗日民主县政府，属晋绥边区第八专署。民国三十七年（1948），清源、徐沟两县解放，属晋中行署二专区。1949年1月，清源、徐沟两县划归太原市二专区。1952年7月，清源、徐沟两县合并，取两县县名首字，定名清徐县，仍属榆次专署管辖。1959年1月，清徐县划归太原市。

2020年6月22日，清徐县城北体育公园开园　　（清徐县委办公室供图）

区划与人口。2020年，清徐县辖1个街道、4个镇、5个乡：东湖街道、清源镇、徐沟镇、东于镇、孟封镇、马峪乡、柳杜乡、西谷乡、王答乡、集义乡。共139个行政村，31个社区。全县常住人口34.45万人。

地形地貌河流。境域呈西北高东南低地势，由西北而东南依次分为山区、洪积扇区和冲积平原区三大地貌单元，其中山区面积占26.20%，洪积扇区占11.70%，冲积平原区占62.10%。最高处为庙前山，主峰海拔1865米；最低处常丰村，海拔约760米。境内地表水资源由大气降水、灌区配水、县外河渠退水和山区小泉小水四部分组成。有汾河等大小河流16条，均属黄河水系。平川地区有湖泊多处，著名的有天然湖东湖和人工湖清泉湖、清泉西湖。

名胜古迹。境内全国重点文物保护单位有3处，西马峪狐突庙、清源文庙、清徐尧庙；省级重点文物保护单位有3处，都沟严香寺、东马峪香岩寺（俗名无梁殿）、小峪沟清泉寺。风景名胜游览区有龙林山、清泉湖旅游区、三国演义城、白石沟生态旅游区等。

主要经济指标。2020年，清徐县地区生产总值完成194.80亿元，同比增长5.10%。固定资产投资完成120.70亿元，同比增长107.60%。社会消费品零售总额完成48.40亿元，同比下降6.90%。城镇常住居民人均可支配收入完成36856元，同比增长5.40%。农村常住居民人均可支配收入完成21988元，同比增长6.10%。一般公共预算收入完成13.20亿元，同比下降7.80%。

（崔志明　杨晓霆）

【农业发展】2020年，清徐县粮食播种面积17260公顷，产量9.26万吨。果树面积4633.33公顷，水果总产7.98万吨。肉类总产15984吨，蛋类总产4814.45吨，奶类总产6180吨。蔬菜播种面积7666.67公顷，产量44万吨，其中设施播种面积4353.33公顷，产量26.60万吨。633.33公顷高标准农田建设项目基本完成。创建设施蔬菜有机肥替代化肥示范县，项目实施总规模333.33公顷。完成5个畜禽规模养殖场的粪污处理配套设施完善项目以及1个畜禽粪污集中处理点建设项目，规模养殖场畜禽粪污处理设施装备配套率达到100%。

（崔志明　杨晓霆）

【乡村振兴发展】2020年，清徐县加大农村人居环境整治力度，开展“拆违治乱、清垃圾、清塘沟、清畜禽废物”村庄清洁行动，环境整治取得较好成果。推进农村户厕改造，8个乡镇105个村已全部完成。加快美丽乡村建设，马峪乡都沟村成功申报市美丽宜居示范村。高花村等10个村获市级美丽乡村。完成农村集体产权制度改革，抓好农民合作社和家庭农场两类农业经营主体发展。举办京东直播活动、油菜花文化旅游节、杜村首届红枣丰收节、特优新农产品展销活动、特色美食技能大赛暨小吃文化节活动，创新方法增加农民收入。（崔志明　杨晓霆）

【重点项目建设】2020年，清徐县储备重点项目216个，开复工82个、建成投产23个，在全市“三个一批”项目观摩中屡获好评，全年招商引资综合考核位列全市第一。发展特色农业，建成高标准农田633.33公顷，发展设施蔬菜141.53公顷、葡果133.33公顷，新增粮食种植面积306.67公顷，华北地区最大叶菜农业项目“万亩供港蔬菜种植观光基地”落户投产，成功摘得“省级特色农产品（清徐葡萄）优势区”荣誉称号。推进工业转型升级，以清徐经济开发区为主阵地、主引擎，精细化工循环产业园完成投资170亿元，针状焦、高纯氢等新材料、新能源项目加快推进，部分生产设施实现试生产，开发区总体评价在省级工业类开发区中位列第一。特色食品产业集聚区开工建设，获中国食醋行业最高荣誉“中国醋都·清徐”称号。提升现代服务业发展水平，推进双湖城、万科如园等31个房地产项目建设，高标准打造精品旅游线路4条，高质量培育“互联网+”新业态，全年电子商务交易额达22亿元，同比增长27.90%，经济多元发展新格局加快构建。（崔志明　杨晓霆）

【生态建设】2020年，清徐县造林绿化1600公顷，实施改线307国道、清东路等10条95.50千米通道景观绿化整治工程，率先启动“汾河百公里中游示范区（清徐段）”项目，新（改、扩）建人工湿地66.80公顷，治理水土流失266.67公顷。靶向攻坚精准治污，建成投运污水处理厂2个，对15个村庄生活污水进行治理，汾河出境断面水质如期退出劣Ⅴ类。全面关停淘汰4.30米以下焦炉及清洁型热回收焦炉，淘汰落后焦化产能542万吨，关停社会独立型煤炭洗选企业13家。全年Ⅱ级以上优良天数229天，同比增加18天。新型城镇化建设补短板、强弱项工作加快推进，育青路等29条新（改）建道路启动实施，文源路、开西路等22条道路建成通车，首座人行天桥竣工亮相，城北体育公园、清泉湖北岸公园、东湖公园建成开园，白石河景观桥成为一道新的风景线。启动实施44个老旧小区整治改造，全面完成27252座改厕任务，城乡一体化发展实现规模、质量双提升。

（崔志明　杨晓霆）

【科技创新】2020年，清徐县投入科研经费1500余万元，支持市场主体开展研发活动，培养企业自主创新能力。中冶大连焦耐院驻山西办事处、太原理工大学六味斋食品研究院揭牌成立。水塔醋业、紫林醋业、康镁科技、三高能源获工信部专精特新“小巨人”称号。全县省级众创空间达到5家，省级技术中心增至8个，市级技术中心建成7个，拥有各类专利283个，其中发明专利授权31个。全年引进高层次专业人才150余名，高新技术企业从业人员3382人，尊重人才尊重创造蔚然成风。

（崔志明　杨晓霆）

【民生事业】2020年，清徐县抓好重点群体就业，城镇新增就业3115人。与幼专组建“幼教联盟”，学前教育改革作为标杆在全市推广，高中教育实现集团化办学。4个PCR核酸检测实验室、6个社会足球场建成使用。累计清理拖欠民营企业中小企业账款9536万元，救助困难群众1153人，采煤沉陷区搬迁安置全面收官，人民群众满意度不断提高。（崔志明　杨晓霆）

阳曲县

【概况】县名来历。阳曲之名始于西汉，“河千里一曲，曲当其阳”，故名阳曲，史称“三晋首邑”。

位置境域。阳曲县位于太原市境北部，忻定盆地与晋中盆地之间，地理坐标为北纬37° 56′ ~ 38° 25′，东经112° 12′ ~ 113° 09′。东邻阳泉市盂县，东南与晋中市寿阳县相连，南与尖草坪区、杏花岭区交界，西南与万柏林区接壤，西与古交市相邻，西北与忻州市静乐县相连，北、东北分别与忻州市忻府区、定襄县接壤。辖区东西最

2020年，太原市“走向我们的小康生活·送戏下乡”在侯村乡启动

（阳曲县委党史研究室供图）

宽 82 千米，南北最长 54 千米，总面积 2084.06 平方千米。

建置沿革。县境春秋时属晋之盂地，战国时为赵地，秦时设盂县、狼孟县。东汉建安二十年（215），原阳曲县治由今定襄县滹沱河之阳待阳村一带迁至今太原市尖草坪区阳曲镇一带，新置阳曲县。此后数百年间，阳曲县名时废时复，县治、境域也多次迁徙、变动。隋朝文帝姓杨恶其“曲”改阳曲县为阳直县，开皇十六年（596）又更名汾阳县，唐武德七年（624）复改阳曲县。其间曾分置盂县、抚城县、乌河县、洛阴县。唐贞观十七年（643），侨置于阳曲境内的燕然县并入阳曲县，自此县境统称阳曲县。明清至抗日战争前，阳曲县是山西首县，全省的政治、经济文化中心。民国年间曾为山西省会，其地域包括现在的阳曲县、尖草坪区、杏花岭区、迎泽区和古交市的大部地区，以及忻府区、定襄县、万柏林区、小店区的一些地方。以后，由于行政建置和区划的多次变更，辖区约三分之一的地域划出。1958 年，阳曲县由忻县专区划归太原市。今县政府驻黄寨镇新阳西大街。

区划与人口。2020 年，阳曲县下辖黄寨、泥屯、大盂、东黄水 4 个镇，高村、侯村、凌井店、杨兴、西凌井、北小店 6 个乡，124 个行政村，11 个居委会。全县常住人口 12.85 万人。

地形地貌河流。县境地处忻定盆地与晋中盆地之脊梁地带，山岭起伏，沟壑纵横，东、西、北三面较高，中南面较低。全县山区占 54.37%，丘陵占 34.96%，平川占 10.67%。最高峰柳林尖山海拔 2101.90 米，最低点杨兴河流域青龙镇出境处海拔 830 米。

名胜古迹。境内全国重点文物保护单位有 6 处：不二寺、帖木儿塔、大王庙（无梁殿）、辛庄开化寺、前斧柯悬泉寺、阳曲轩辕庙。

主要经济指标。2020 年地区生产总值完成 62.19 亿元，增速 -0.20%。固定资产投资完成 88.75 亿元，增速 59.70%。社会消费品零售总额完成 13.70 亿元，增速 -3.60%。一般公共预算收入完成 5.61 亿元，增速 -14.20%。城镇居民人均可支配收入完成 28061 元，增速 5.10%。农村居民人均可支配收入完成 11846 元，增速 10.20%。

（崔振刚）

2020 年 9 月 16 日，阳曲县在万向农业科技园举行庆祝农民丰收节活动

（阳曲县委党史研究室供图）

【改革创新】 2020 年，阳曲县全面推进“互联网 + 政务服务”，加快“数字阳曲”建设，178 个行政许可事项实现网上办理。182 个村集体经济组织全部完成清产核资和数据录入，土地确权登记颁证成果得到巩固。全年签约项目 12 个，总投资约 105.90 亿元，推动经济高质量转型发展专项工作考核全市排名第一。各类市场主体注册数累计达 1.42 万家。持续开展便民办税春风行动，为 73 家企业协调争取信用融资 1.70 亿元。搭建创新服务平台，阳兴众创空间注册入驻 88 户，49 家企业进入国家科技型中小企业信息库，众瑞宝、逸峰源、佳十环保获批“专精特新”企业。

（崔振刚）

【产业转型升级】 2020 年，阳曲县完成粮食种植面积 33.90 万亩、产粮 9.70 万吨。“首邑田园”小米入选全国乡村特色产品。万向农业田园综合体、绿色山区农业产业化联合体等项目取得明显成效。山西合成生物产业生态园区、未来城市、鑫方盛产业基地等项目落地建设。粮食物流产业园一期、晋能风电、申通快递物流科技产业园等 128 个项目全部完工。上安村入选第二批全国乡村旅游重点村，龙头驱动、多点迸发的文旅融合发展格局逐步形成。（崔振刚）

【基础设施建设】 2020 年，阳曲县实施北二环高速、太原集中供热阳曲热源厂等省、市重点工程。17 条共计 71.30 千米的“四好农村路”建设任务全部完成。投资 5767 万元对 20 个老旧小区实施全方位改造。新开工城镇棚户区住房改造 70 套、安置住房 318 套。新建污水处理厂主体完工并投入运营。农村户厕改造任务超额完成。探索农村生活垃圾处理新模式，阳曲县被列为 2020 年全国农村垃圾分类和资源化利用示范县。

（崔振刚）

【民生事业】 2020 年，阳曲县实施就业优先战略，组织 83 家企业提供就业岗位 2910 个。投资 2500 余万元，完成泥屯小学等 3 所学校新改扩建及 38 所旱厕的无害化改造。新建金鑫幼儿园、阳曲县实验幼儿园，新增公办学位 180 个。深化县域综合医疗改革，县医院获中国县级医院现代化管理制度示范奖。

县中医院新门诊住院大楼配套及附属工程完工并搬迁投用。发放城乡低保、临时救助等社会救助资金 7253 万元，为 1121 名重点优抚对象发放生活补助金 673 万元。对全县 3 所农村敬老院实施公建民营改革。持续丰富群众精神文化生活，开展免费送戏下乡 140 余场，“文化惠民基层行”演出近百场。（崔振刚）

【生态建设】 2020 年，阳曲县深入推进安全生产专项整治三年行动，督查检查企业 2332 家，排查治理一般隐患 884 条。持续加强“散乱污”企业和扬尘面源综合治理，全年二级以上优良天数同比增加 26 天，PM2.5 平均浓度同比下降 10.53%。启动实施杨兴河人工湿地二期工程，杨兴河出境断面水质实现稳定达标。全年完成营造林 1.33 万公顷，全民义务植树 260 余万株，建设绿化美丽乡村 10 个，马驼村、店子底村、六固村被评为国家森林乡村。（崔振刚）

【脱贫成果巩固】 2020 年，阳曲县投入 1.76 亿元，实施重点扶贫项目 88 个。6000 余名建档立卡贫困户通过“龙头企业 + 合作社 + 贫困户”等方式参与到产业发展当中。公益岗位累计带动 6286 名贫困人口户均增收 6000 元以上。光伏发电收益分配到户 1882.35 万元。实施 30 个村集体经济项目，收入全部实现 10 万元以上目标。高质量通过脱贫工作成效“一查一考”，成绩在全省名列前茅。（崔振刚）

娄烦县

【概况】 县名来历。娄烦县因境内古代属楼烦国而得名。娄烦古称楼烦，原是一个不落名称，后演变为地域概念，成为历史上郡、县、乡名称。唐龙纪元年（889）置楼烦县。之后，时废时置。1971 年，重置娄烦县，属吕梁地区。1972 年，划归太原市管辖，县城所在地为娄烦镇。

位置境域。娄烦县位于太原市西北部山区，地理坐标为北纬 37° 51′ ~ 38° 13′，东经 111° 30′ ~ 112° 02′。东邻古交市，南毗吕梁市交城县，西依吕梁市方山县，北与吕梁市岚县、忻州市静乐县接壤。辖区东西最宽 48 千米，南北最长 44 千米，总面积 1276 平方千米。县城距太原市区中心 119 千米。

建置沿革。境域西周时属楼烦国，汉属太原郡汾阳县。隋大业四年（608）置楼烦郡，境域属楼烦郡静乐县。唐贞元十五年（799）置楼烦监。龙纪元年（889）置楼烦县，并特置宪州于楼烦监，统楼烦、天池、玄池三县，州治在今娄烦县汾河水库淹没区。宋咸平五年（1002），楼烦县改属岚州，元代废县入管州。明洪武二年（1369）娄烦为镇，设巡检司，属静乐县。清沿明制。中华人民共和国成立后，娄烦地属静乐县。1971 年 5 月建娄烦县，属吕梁地区。1972 年改属太原市。今县政府驻南大街。

2020 年，娄烦县加强生态环境建设。图为娄烦县湿地公园

（娄烦县委党史研究室供图）

区划与人口。2020 年，娄烦县辖 3 镇 4 乡、11 个居委会、105 个行政村。全县常住人口 9.12 万人。

地形地貌河流。娄烦县地处吕梁山区中部，四面环山，地形复杂，山脊与毗邻县形成天然分界线。境内东西部群山叠嶂，南北部丘陵起伏，整个地势西北高、东南低。山地、丘陵占总面积的 90% 以上。最高处赫赫岩山海拔 2708 米，最低处龙尾头山谷峡底海拔 1030 米，平均海拔 1200 米。主要河流有汾河、岚州河、监河、南川河、西川河、天池河、细米河等，总流域面积 922.80 平方千米，其中汾河在境内长 42 千米，流域面积 47700 公顷。

名胜古迹。境内有全国重点文物保护单位 1 处：娄烦古城遗址。省级文物保护单位有 2 处：高君宇故居、山城峁新石器遗址。高君宇故居也是全国爱国主义教育基地。有米峪镇战斗纪念地、水峪事件殉难烈士纪念地等太原市爱国主义教育基地。境内汾河水库为省级风景名胜区，云顶山为国家级森林公园、省级自然保护区。此外还有龙和山（花果山）、石峡温泉、石门景观、双井瀑布、圣水柏塔、白岭仙葩、娄烦森林公园、涧河公园等风景名胜。

主要经济指标。2020 年，娄烦县地区生产总值增长 4.50%，服务业增加值增长 3%，规模以上工业增加值增长 7.30%，固定资产投资增长 9.20%，一般公共预算收入增长 8.10%，农民人均可支配收入增长 11.40%，社会消费品零售总额下降 7.50%，全县经济稳定增长。

（李爱民）

【全面深化改革】 2020年，娄烦县加强党对改革工作的领导，5次研究审议全面深化改革事项，研究制订《中共娄烦县委全面深化改革领导小组2020年工作要点及责任分工》。党政主要领导带头领办改革事项22项。建立4类16个抓改革台账，推动各项改革任务落实。推进重点领域改革，农村承包地确权登记颁证工作基本完成，确权到户面积25.50万亩，土地承包经营权证书颁发率95%。推进农村集体产权制度改革，赋码登记集体经济组织155个、清产核资4.20亿元，完成身份确认10.20万人，折股量化21个村组经营性资产1930.50万元，通过市级第三方评估验收。深化相对集中行政许可权改革，办事环节精简30%以上，办理时限压缩至法定时限的35%以内。推进县乡医疗卫生机构一体化改革，机关事务集中统一管理改革成效明显。围绕现代产业、民生改善、脱贫攻坚、生态建设等方面，与京东集团等龙头企业对接洽谈，开展战略合作。数字农业京东农场、中国农业公园、京东娄烦消费扶贫等一批项目启动实施，娄烦直通太原的高速公路列入省“十四五”建设规划。招商引资项目当年签约率、当年开工率完成市下达任务，开工项目计划投资完成3亿元，到位资金1亿元。（李爱民）

【重点项目】 2020年，娄烦县牢固树立“项目为王”的理念，召开全县项目建设推进会。完善党政领导坐班对接重点项目常态化制度，29名县级领导包联234个重点产业项目、重点工程、重点企业，全程帮扶、督导推动。落实省、市“三个一批”项目建设要求，深化转型项目建设年行动，安排实施48个重点项目，总投资80.60亿元，开复工率100%，其中转型项目14个，开复工率100%，列入省、市项目库的31项重点项目，开工建设30项，开复工率97%。争取上级预算内项目和债券项目6个，总投资1.40亿元，高质量发展动能和活力持续释放。（李爱民）

2020年9月，娄烦县孔雀小镇开园　（娄烦县委党史研究室供图）

【农业产业发展】 2020年，娄烦县谋划建设总投资1.25亿元现代农业产业园。与京东物流签署合作协议，共同打造县域京东农场示范基地，推动数字农业发展。完成有机旱作农业种植15万亩，新增农业生产托管服务面积5.70万亩，实施渗水地膜谷子种植9.20万亩、测土配方施肥技术示范5300亩，试验推广农业新品种13个。农产品“三品一标”认证44个。加快新能源产业发展，30兆瓦云鼎光伏电站并网发电，全县光伏电站总规模突破120兆瓦，年收益超过1亿元。推进全国电子商务进农村综合示范工作，网络交易额突破3亿元，其中农产品上行1000余万元。发展全域旅游，孔雀小镇、美美公社等一批景点初具规模，建成23个乡村旅游示范点、1个全国乡村旅游重点村。多形式、多层次开展旅游营销，接续举办农民丰收节、乡村文化旅游节。（李爱民）

【生态建设】 2020年，娄烦县设立县、乡、村三级林长，构建森林资源管理新机制。加快国土绿化进程，在增绿、增色、增景、增量、增效上发力。全年完成投资1.10亿元，高标准实施营造林12533公顷，全县绿化率达57.20%，森林蓄积量突破200万立方米。推进汾河中上游山水林田湖草生态保护修复工程试点项目，岚河娄烦段水质改善、汾河干流水质改善工程建成投运，新增湿地133公顷。启动县城污水处理厂新建项目，加快推进静游镇、杜交曲镇两个建制乡镇污水处理厂建设。按时完成东升煤焦落后产能淘汰，提标改造县热源厂，拆除污染设施127处，清洁化改造企业17个，抓好扬尘、VOCs排放治理。实施“煤改电”4931户，清洁煤配送1.30万户。落实河（湖）长制，加强对22个入河排污口的监督管理。开展国家二次污染源普查。汾河水库水质、国考断面出境水质达标率100%。（李爱民）

【社会事业】 2020年，娄烦县坚持把维护人民群众生命安全和身体健康放在首位，第一时间成立县疫情防控工作领导小组，先后69次研究部署，加强统一领导指挥。全县坚持联防联控、群防群控、严防严控，健全完善防控责任机制，做好“外防输入、内防反弹”各环节工作，疫情防控取得“零输入、零感染”的重大战略成果。

提升公共服务水平，县城二级汽车站主体完工，提质改造8个老旧小区，既有建筑节能改造2万平方米，改扩建5G基站32个。县城建成区绿化覆盖率 45.70%、绿地率 43.70%，人均公园绿地面积 13.70 平方米。开工建设国道 241、省道岚马线汾河水库段改线工程，提升县乡公路 109 千米，新建国练村、顺道村两座桥梁，改建农村户厕 3626 个。办好民生实事，投资 1.30 亿元的君宇实验学校投入使用，探索“名校+新校”模式，办学体制破冰前行，老百姓在家门口就能享受优质教育资源。落实绩效工资两个 20%，教师待遇人均每月提高 800 元。标准化改造 8 个乡镇卫生院，乡镇、村级卫生室药品种类分别达 200 种、50 种以上。实施“人人持证、技能社会”工程，完成职业技能培训 1946 人，新增就业 1001 人，城镇登记失业率 3% 以下。投资 1.16 亿元，基本解决困扰 3000 余名困难职工多年来养老保险、医疗保险历史遗留问题。多举措丰富群众文化生活，举办“全面小康·美丽娄烦”群众职工系列文体活动，开展春季全民健身运动，进行送戏下乡、公益电影等惠民演出 1301 场。更新农家书屋 142 个。

维护社会安全稳定，牢固树立总体国家安全观，创建“三零”村（社）52 个、企事业单位 1787 个，开展信访稳定“控新治旧”10 项行动，信访总量下降 70%，市级以上交办案件办结率 100%。深化安全生产专项整治三年行动，抓好“深刻汲取教训，全面提升安全生产工作水平”集中教育整顿暨 28 个专项整治工作，排查整治隐患 3723 个。深化扫黑除恶专项斗争，“六清”全部清仓见底，历年逃犯全部抓获，现行命案全部侦破，全县警情同比下降 15.60%，群众安全感不断增强。

（李爱民）

【民主法治建设】 2020 年，娄烦县召开县十六届人大五次会议，出台《关于新时代加强和改进人大工作的意见》，支持人大及其常委会依法履职，围绕国民经济和社会发展计划执行、财政预决算执行和国有资产管理加强监督，对疾病预防控制、土壤污染防治等情况进行视察调研。听取审议“一府一委两院”专项报告 17 项，依法做好人事任免工作，办理代表议案 29 件，开展代表联络站（点）建设和四级人大代表进站联系人民群众活动，代表工作得到加强和改进。支持政协依章工作，出台《关于新时代加强和改进人民政协工作的实施意见》，制订协商计划。支持县政协围绕脱贫攻坚、乡村振兴等开展协商议政活动，高质量办理委员提案 26 件。成立政协智库。开展社情民意信息提升月活动，13 篇社情民意信息被市级以上采用，其中全国政协单篇采用 1 篇。巩固发展统一战线，坚持与各民主党派、工商联、无党派人士协商通报制度，强化党外知识分子、新的社会阶层联系工作。推进法治娄烦建设，建成娄烦公共法律服务实体平台，实施免费法律咨询便民工程。建设示范化司法所 3 个，建成全县首个专门型的未成年人法治教育基地，苇院坪村、国练村被评为全省民主法治示范村。8 个乡镇法官工作室全部挂牌，刑事案件律师辩护、不捕不诉案件检察公开听证实现全覆盖。探索“司法救助+社会救助”模式，实现应救必救。乡镇权责清单全面推行，新时代“枫桥经验”不断创新发展，调处矛盾纠纷 863 件。

（李爱民）

【思想政治宣传】 2020 年，娄烦县落实意识形态工作责任制，做好意识形态分析研判工作，按时向市委报告意识形态工作情况。坚持正确舆论导向，开展“晴朗”“净网”行动，筛查属地网站 55 个、微信公众号 153 个、微博 1052 个、贴吧 6 个，加强对全县 1266 个新媒体账号、17 个政务新媒体监管力度，妥善处置网络舆情 43 起。实施“清源 2020”“固边 2020”等 5 个专项行动，净化全县文化市场。推进文明创建，以开展最美时代新人等活动为载体，广泛推动社会主义核心价值观融入各方面。抓好文明村镇、道德模范等创评活动。县级新时代文明实践中心建成启用，乡镇、村（社区）文明实践站所实现全覆盖。建立县级领导包联督办县城街（巷）、乡（镇）创城工作机制，深化推进文明城市创建“九大行动”。围绕庆祝建党 99 周年、纪念中国人民抗日战争暨世界反法西斯战争胜利 75 周年、农民丰收节、国家扶贫日等重大主题，组织开展“战脱贫·歌盛世·颂党恩”红歌合唱等 11 大项 19 小项活动。“娄烦融媒”上线运行，与省、市实现互联互通，县级融媒体中心建设通过省、市验收。中央、省市主流媒体刊载娄烦新闻 1200 余条，娄烦对外影响力有效增强。

（李爱民）

【脱贫成果巩固】 2020 年，娄烦县保持县、乡、村三级作战指挥体系不变，统筹脱贫攻坚，压紧“三落实”，稳定“四不摘”，做到“巩固拓展”两促进、“减贫防贫”两手抓、“整改防范”两手硬。全县 119 个村 12365 户 37730 名建档立卡贫困人口全部脱贫，绝对贫困和区域性整体贫困问题全面消除，如期完成脱贫攻坚目标任务。

（李爱民）

文 献

关于太原市 2019 年国民经济和社会发展计划执行情况与 2020 年国民经济和社会发展计划草案的报告
——在太原市第十四届人民代表大会第五次会议上
（2020 年 4 月 27 日）

太原市发展和改革委员会主任　何爱萍

各位代表：

受市人民政府委托，现将太原市 2019 年国民经济和社会发展计划执行情况与 2020 年国民经济和社会发展计划草案提请市十四届人大五次会议审议，并请市政协委员和其他列席人员提出意见。

一、2019 年国民经济和社会发展计划执行情况

过去一年，在市委的坚强领导下，全市上下坚持以习近平新时代中国特色社会主义思想为指导，深入贯彻党的十九大和十九届二中、三中、四中全会精神以及习近平总书记“三篇光辉文献”精神，认真落实中央、省委和市委各项决策部署，依据市十四届人大四次会议批准的国民经济和社会发展计划，以供给侧结构性改革为主线，坚持稳中求进工作总基调，全力做好稳增长、促改革、调结构、惠民生、防风险、保稳定各项工作，努力克服经济下行压力加大和不确定因素增多的影响，全市经济社会持续健康发展，计划执行情况总体良好。地区生产总值（GDP）完成 4028.51 亿元，比上年增长 6.6%，在全省 11 市中居第 2 位。三次产业分别增长 2.1%、5.9% 和 7.1%，对经济增长的贡献率分别为 0.37%、34.06% 和 65.57%，三次产业增加值占 GDP 的比重为 1.1 ∶ 37.7 ∶ 61.2。

（一）产业转型升级步伐加快，经济结构持续优化

转型项目建设扎实推进。全力做好转型项目建设年各项工作，严格落实市党政领导坐班及协调例会、领导包联、观摩督导等各项行之有效的制度机制，列入省级项目管理库的 727 个项目中，677 个项目已开工或复工，开复工率为 93%，45 个项目已竣工；省市重点工程项目开复工率 100%，累计完成投资 349.21 亿元，完成年度目标任务的 102.6%。在深化转型项目建设年的带动下，全市固定资产投资完成 1341.67 亿元，增长 10.2%。三次产业投资分别增长 26.1%、20.0% 和 8.0%，工业投资增长 19.4%，工业技改投资增长 82.5%，工业投资中非传统产业投资增速高于传统产业 26.6 个百分点；民间投资增长 20.2%，投资结构优化反转态势进一步巩固，有效投资带动作用持续增强。

工业结构发生积极变化。坚定不移实施工业强市战略，制定出台装备制造、新材料、信息技术三大产业指导意见和《太原市推进工业高质量发展实施方案》，工业转型升级步伐加快，重点项目进展顺利。太钢高端冷轧取向硅钢、中电科碳化硅、太原酒厂搬迁改造等项目开工建设，金能薄膜太阳能、大众不锈钢笔尖国产化、太钢棒线材生产线智能化升级

改造等项目进入设备安装阶段，阳煤太化气化炉、京丰轨道交通电务装备制造基地厂房、明豪汽车模具、国营金阳高性能永磁材料、百信自主安全计算机一期等项目建成投产。全市培育省级“专精特新”企业113户，规模以上工业企业净增55户。规模以上工业增加值增长4.5%，其中，装备制造业增加值增长8.6%，高出规模以上工业增速4.1个百分点；战略性新兴产业增加值占规模以上工业增加值的比重由上年的14.9%提高到15.5%。

现代服务业发展壮大。加强支持现代服务业发展的政策供给，服务业增加值完成2467.39亿元，增长7.1%。积极推动内贸转型升级，社会消费品零售总额完成1952.81亿元，增长7.8%。太原首批入选2019年国家物流枢纽建设名单，成功获批建设国家跨境电子商务综合试验区，连锁便利店综合发展指数位居全国第一。晋商银行在港交所主板上市，“新三板”挂牌企业达到54家，“晋兴板”挂牌企业达到88家，金融机构人民币贷款余额增长9.5%，高出存款余额增速4.2个百分点，金融服务实体经济能力持续增强。晋祠、天龙山、太原古县城等景区建设有序推进，大型水上实景演艺项目《如梦晋阳》成为城市新名片，全年实现旅游总收入1171.83亿元，增长17.7%。成功举办太原能源低碳发展论坛、2019尧城（太原）国际通用航空飞行大会等大型展会，荣获2019年度“中国最具竞争力会展城市”。

（二）城市功能品质全面提升，文明创建成效显著

重大基础设施加快推进。轨道交通2号线实现“轨通”“电通”，1号线正式开工建设。太原铁路枢纽西南环线竣工通车，汽车客运东南站主体完工。太长高速退城改造完成，东二环高速加快建设，西北二环高速纳入“国高网”并开工建设，城市发展框架进一步拉大。迎宾桥、通达桥、晋阳桥、滨河东路南延、晋阳大道、天龙山旅游通道、火车站东广场及配套路网、新店街快速路等27项重大道桥工程全面竣工，军民融合基地“两纵两横”、南上庄片区4条规划路、马道坡街基本完工，全市交通路网进一步优化。坚持高起点设计、高标准建设，新建扩建网球中心、水上运动中心、青运村、滨河体育中心等15个体育场馆及配套设施，西山旅游公路暨自行车赛道竣工投运。

城市配套设施持续完善。积极推进供水、供热和污水管网建设，新建改造城市供水管线115.5公里，新建污水管网104.7公里，改造雨污合流管网82.4公里；新建改造供热管网565.1公里，新增集中供热能力1060万平方米。着力解决停车难问题，太原智慧停车云平台上线运行，新增公共停车泊位2.3万余个。“公交都市”创建取得新进展，省体育中心停保场、松庄、柴村、新城公交场站投入使用，新增公交专用道50余公里，全市公交线路达到211条。《太原市海绵城市建设管理条例》经省人大常务委员会批准后施行，海绵城市建设面积完成52.8平方公里。

精细化管理水平不断提高。围绕二青会、文明创城、城市品质提升，持续深化“九乱整治”和“两下两进两拆整治”，实施城市景观照明亮化美化及道路维修养护工程，推动“公厕革命”，累计拆除各类违法广告3.48万块、违法建设512处，清理各类小广告166万处，实施线缆下地15.25公里，完成示范街巷整治118条，建成公厕127座，背街小巷市容明显提升，城市面貌焕然一新。全面推进垃圾分类工作，收运体系初步建立，全市垃圾无害化处理率达到100%。

（三）现代农业体系加快构建，美丽乡村焕发生机

农业供给侧结构性改革多点发力。持续实施“一减五增”行动，调减籽粒玉米18.31万亩，新增蔬菜1.37万亩、葡果1.2万亩、杂粮9.9万亩、药材1.57万亩、花卉1.4万亩。积极推进养殖业健康发展，对24个畜禽养殖场进行了标准化改造，自动饲喂、环境控制、疫病防控水平得到提升。加快建设南部城郊农业示范区、北部有机旱作特色农业示范区，全市50亩以上设施蔬菜基地发展到120个，娄烦县集中连片发展有机旱作马铃薯5万亩，“阳曲小米”品牌走向全国。全市农业产业化龙头企业发展到147家，紫林、六味斋入选山西食品工业领军品牌10强，东湖、晋泉、宁化府入选山西食品工业特色品牌10强。休闲农业和乡村旅游经营主体发展到429个，年接待游客突破210万人次。

农村人居环境整治深入推进。大力实施“百村示范、千村整治”工程，以“三清一改”为重点，清理各类垃圾62万吨，改造农村户厕4.2万座，累计创建省级美丽乡村30个、市级美丽乡村57个，农村环境实现由“脏乱差”向“净齐美”转变。扎实开展农村危房改造，188户改造任务全部完成。完成“四好农村路”建设994公里、“3+1”旅游公路152公里，阳曲县被评为全国“四好农村路”建设示范县，晋源区被评为全省“四好农村路”建设示范区。

脱贫攻坚成效显著。以解决“两不愁三保障”为重点，推动脱贫攻坚与乡村振兴有机衔接，全年脱贫850人，贫困发生率由2018年的0.18%下降至0.08%，荣获“2019年度中国全面小康特别贡献城市奖”。建成20个集中安置点，圆满完成7385人易地扶贫搬迁任务。58座光伏扶贫电站全部并网运营，覆盖157个贫困村和102个非贫困村，惠及1.89万名贫困人口。累计资助贫困大学生和中职中技、高职贫困学生9143名，发放资助金2237.6万元。城六区、综改示范区、不锈钢园区投入帮扶资金1.57亿元，实施惠民项目773个，帮助销售农产品714万斤。

（四）改革创新步伐不断加快，开放发展成果丰硕

重点领域改革扎实推进。制定出台我市能源革命综合改革试点实施方案，提出32项重大举措、71项工作任务，煤炭先进产能占比达到76.2%，新能源发电装机总规模达到

49.96万千瓦，增长25.6%。国企改革稳步推进，组建国有资本投资运营公司，“三供一业”资产移交完成100%。开发区改革创新步伐加快，综改示范区形成一批可复制可推广的制度性成果，清徐经济开发区、不锈钢园区“三化三制”改革基本完成。“放管服效”改革力度持续加大，“3390”改革目标全面完成，“一枚印章管审批”顺利实施，“网上申报”审批服务事项达到80%以上，办理时限在法定基础上压缩59%，营商环境便利度综合排名全省第一。深化财税体制改革，全面落实国家减税降费政策，全年新增减税降费72.98亿元，一般公共预算收入完成386.62亿元，增长3.6%。医疗卫生体制改革不断深化，在全省率先完成县乡医防融合改革任务，城六区医疗集团全部实现“六统一”管理，县域综合医改“阳曲样板”“清徐经验”全国推广，阳曲县人民医院、市中心医院分别列为现代医院管理制度国家和省试点。

创新创造活力充分释放。扎实推进国家可持续发展议程创新示范区建设，太原可持续发展标准体系框架初步构建，高效节水和非常规水资源利用项目获科技部立项。持续投入10亿元科技创新资金和10亿元人才专项资金，支持企业研发创新，全市新增中车太原机车、东杰智能、北方机械3户国家企业技术中心，新增省级企业技术中心5户；新建院士工作站5个、引进院士专家团队44个；科技型中小企业和高新技术企业分别增长86.5%和68.0%。鼓励企业开展核心技术攻关，研发试制填补国内空白的重大新产品26项，年产10亿粒国产不锈钢笔头等一批自主创新科技成果中试熟化项目进展顺利，太钢“手撕钢”获冶金科学技术特等奖，山西电机“YE4系列电机”获中国机械工业科技一等奖。加快实施智能制造，新增东杰智能、汾西重工2个省级智能制造示范企业。大力引进和集聚创新资源，中科院山西先进计算中心、清华大学山西清洁能源研究院、山西高等创新研究院等新型研发机构建成投运，中国科学院大学太原能源材料学院正式奠基，上海圭目机器人、滴滴出行等10余家知名高新技术企业入驻太原同创谷。出台《太原市事业单位引进高层次人才实施办法》，使用全额事业编一次性引进高层次人才853名，全年累计迁入各类人才及家属7万余人。

对外开放迈出新步伐。深入实施外贸主体攻坚培育三年行动计划，全市有进出口实绩的企业比上年增加64户，外贸进出口总额完成1119.56亿元，增长3.1%，古交市外贸进出口实现破零。积极融入“一带一路”国家战略，对“一带一路”沿线国家进出口总额254.97亿元，增长8.2%；在境外设立企业95家，对外直接投资7.98亿美元，占全省的24.4%。累计开行中欧班列128列，开通国际及地区客运航线168条、货运航线1条；开通“太原—芝加哥”国际航空直达邮路，直达美国全境的国际邮件时限缩短2天以上。中国（太原）跨境电子商务综合试验区和武宿综保区进境冰鲜水产品、水果指定口岸查验场成功获批，跨境电商公共服务平台二期建设完成。积极参加进博会、中博会、厦洽会等重要展会，举办太原市（上海）招商引资推介会暨长三角区域合作对接会，持续加大招商引资力度，全市招商引资签约项目173个，签约总额2880亿元，完成年度目标任务的125.2%；当年签约当年开工率68.8%，超出年度目标任务（30%）38.8个百分点。新设外商投资企业20户，增长53.9%；实际利用外商直接投资额9732.6万美元，增长10.3倍。

（五）环境质量改善发力攻坚，“美丽太原”魅力彰显

大气污染防治强力推进。坚持“控煤、治污、管车、降尘”多管齐下，全力开展“秋冬防”、扬尘降尘等大气污染防治攻坚行动，完成3.48万户“煤改电”“煤改气”及3.15万户清洁煤取暖任务，实现了全市清洁取暖全覆盖；太钢超低排放改造基本完成，二电厂铁路运煤专线投入使用；继续淘汰老旧燃油机动车，超额完成省淘汰国Ⅲ及以下营运柴油货车任务，1000辆纯电动新能源公交车上线运行；全面开展城乡接合部、渣土消纳场所、建筑工地等扬尘专项整治，7—11月份连续5个月降尘幅度在“2+26”城市中排名第一，PM10平均浓度从3月开始连续10个月同比下降，全年下降10.1%。

水和土壤保护成效显著。消除劣Ⅴ类水体攻坚效果显现，汾河小店桥断面退出劣Ⅴ类，温南社、韩武村和白石南河美锦桥断面水质明显好转。不锈钢产业园区、汾东、清徐、杨家堡等10座污水处理厂提效改造工程全部按期完成，北郊污水处理厂中水全部回用太钢，市区生活污水基本实现全收集、全处理，建成区20处黑臭水体全部消除。土壤污染防治工作有序推进，4个土壤修复与综合治理重点项目中，太化004和一电厂一期项目修复治理工作已完成，太原煤气化（集团）工厂区项目改造场地污染治理修复、冶峪河道路快速化改造及综合治理工程正在加快推进。

生态建设进一步加强。高质量推进造林绿化和公园绿地建设，完成造林19.18万亩，北山生态园被授予国家级“互联网＋全民义务植树”基地。太原动物园提质扩容、晋阳湖公园一期、太原古县城护城河公园、滨河体育公园、汾河治理美化三期工程建成开放，太山、天龙山等景观工程基本完工，太原植物园、摄乐公园、狄仁杰文化公园等项目加快建设，建成区绿化覆盖率、绿地率分别达到43.38%和38.3%，人均公园绿地面积达到12.78平方米，获评“全国绿化模范城市”“中国美丽城市”荣誉称号。

（六）各项社会事业全面进步，民生保障更加有力

就业增收和社会保障体系不断完善。持续加大就业创业工作力度，精准帮扶就业困难人员，对高校毕业生求职创业进行补贴，全民技能提升工程培训8.51万人，城镇新增就业9.93万人，创业带动就业2.6万人，农村劳动力转移就业1.37

万人，城镇登记失业率3.17%，控制在4.2%的年度目标以内，就业形势保持稳定。加大工资分配调控，认真落实最低工资、企业工资集体协商制度，扎实推进机关事业单位工资改革，巩固脱贫攻坚成效，城乡居民收入稳步提高，城镇常住居民人均可支配收入36362元，增长8.0%；农村常住居民人均可支配收入18377元，增长9.0%。城镇职工基本养老、城乡居民基本养老、失业、工伤保险参保人数全部超额完成年度目标任务，职工和居民医疗保险基本实现全民参保。

重点民生工程进展顺利。棚户区住房改造新开工1.38万套，保障性安居工程基本建成4.72万套，分别完成全年任务的234%和103%。强力推动解决不动产登记遗留问题，办理不动产登记5.1万套。加快建立养老和救助服务体系，老年福利院主体封顶，“一园两中心”社区养老项目基本完成，建成社区养老服务中心23个，社区日间照料中心14个，农村老年人日间照料中心15个，社会（儿童）福利院、康宁医院、救助管理站迁建项目均完成主体工程。采煤沉陷区治理工作进展顺利，新建安置房竣工率96.0%，货币补偿安置协议签订率95.2%，综合排名全省第一。“爱心奶”工程覆盖全市2.7万特殊困难群体，平价商店惠民力度进一步加大，启动困难补贴与物价上涨联动机制，为困难群众发放补贴约2800万元，居民消费价格指数（CPI）上涨2.7%，控制在3%左右的目标以内。

各项社会事业全面进步。加大民生投入力度，全年民生支出486.27亿元，占一般公共预算支出的比重持续稳定在80%左右。推进学前教育普惠发展，新改扩建公办幼儿园9所，普惠性幼儿园在园幼儿比例提高至85.6%。扩大优质社会资源供给，五中、成成中学新校区投入使用，新增优质学位7200个。太原市被省政府确定为产教融合型试点城市，职教小镇建设有序推进。推进优质医疗资源下沉，建成跨区域医联体25个、专科联盟18个，实现了市管三级医院和县级综合医院“两个全覆盖”。实施“互联网+医疗健康”行动，接入医疗机构1404所，累计提供诊疗服务1236万人次。实施文艺精品打造工程，晋剧《起风街》荣获第十六届中国戏剧节优秀剧目奖，晋剧《关公》等作品荣获国家级荣誉19项。完成庆祝新中国成立70周年等群众文化系列活动2195场，惠及群众179.85万人次。成功举办第二届全国青年运动会、2019环太原国际公路自行车赛暨中国太原国际自行车周等重要体育赛事，拜仁太原足球学校开工奠基，太原国际马拉松赛正式成为国际田联金标赛事，二青盛会的成功举办进一步提升了太原的影响力和美誉度。安全生产形势持续稳定向好，亡人事故起数和死亡人数分别下降26.25%和24.71%。

在肯定成绩的同时，我们清醒地认识到，我市经济社会发展中还存在较多短板和不足，经济发展不平衡不充分问题尚未根本解决：一是经济总量不大、产业结构不优问题仍然突出，支撑转型升级的大项目好项目依然不多，产业多元化格局尚未形成，实现高质量发展任重道远；二是创新能力不强、新旧动能转换不快，创新资源集聚整合能力还不高，人才吸引力还不强，一流的创新生态仍有待加速构建；三是城市综合承载力、区域竞争力仍有较大差距，基础设施和公共服务设施还不够完善，对全省的支撑引领作用和辐射带动力有待增强；四是改革步伐不快、开放层次偏低，行政效能和营商环境仍需进一步优化提升，民营经济发展活力有待进一步激发；五是环境质量改善形势依然严峻，工业综合能耗不降反升，市区空气质量优良天数比例和PM2.5浓度下降幅度未完成省下达任务。

二、2020年经济社会发展的总体要求和主要目标

2020年，是全面建成小康社会和“十三五”规划收官之年，是第一个百年奋斗目标的实现之年。做好今年工作至关重要。

（一）经济社会发展计划安排的总体要求

坚持以习近平新时代中国特色社会主义思想为指导，全面贯彻党的十九大和十九届二中、三中、四中全会精神，深入贯彻习近平总书记“三篇光辉文献”精神特别是关于疫情防控和经济社会发展系列重要讲话精神，增强“四个意识”、坚定“四个自信”、做到“两个维护”，认真落实中央和省委、市委经济工作会议部署，按照“四为四高两同步”总体思路和要求，紧扣全面建成小康社会目标任务，坚持稳中求进工作总基调，坚持新发展理念，坚持供给侧结构性改革，坚决打好三大攻坚战，全面做好“六稳”“六保”工作，统筹推进稳增长、促改革、调结构、惠民生、防风险、保稳定各项工作，提高首位度，不断增强人民群众获得感、幸福感、安全感，努力打造具有国际影响力的全国区域中心城市，确保“十三五”规划圆满收官，确保我市与全国全省同步全面建成小康社会，奋力谱写文明开放富裕美丽太原新篇章。

（二）经济社会发展的主要目标

预期性指标：地区生产总值增长7%左右，规模以上工业增加值增长7.5%，固定资产投资增长8%，社会消费品零售总额增长7.5%，一般公共预算收入增长3%，城乡常住居民人均可支配收入分别增长6.5%和6.5%以上，居民消费价格涨幅控制在3.5%左右，城镇新增就业8.3万人，城镇登记失业率控制在4.2%以内。

约束性指标：万元地区生产总值能耗、万元地区生产总值用水量、万元地区生产总值二氧化碳排放量、城镇棚户区住房改造开工数量、农村贫困人口脱贫人数、市区空气质量优良天气率、PM2.5浓度下降比例、达到或好于Ⅲ类水体比例、劣Ⅴ类水体比例和二氧化硫、化学需氧量、氨氮、氮氧化物4项主要污染物减排幅度完成省下达的目标任务。

三、2020年经济社会发展的主要任务和措施

面对经济下行压力加大和新冠肺炎疫情的叠加影响，2020年我市经济社会发展的不确定因素明显增多，完成全年各项目标任务更加艰巨。全市上下必须坚决贯彻落实中央、省、市各项决策部署，准确把握“四为四高两同步”总体思路和要求，紧扣全面建成小康社会和“十三五”规划目标任务，突出重点、统筹兼顾，科学防控、精准施策，全面推动各项任务举措落实落地，在常态化疫情防控中加快生产生活秩序全面恢复，力争把疫情造成的损失降低到最低限度，努力实现全年经济社会发展的各项目标。

（一）聚力打造多元产业格局，助推高质量转型升级

坚持“转型为纲”的引领作用，加快新兴产业培育壮大，促进传统产业提质增效，构建现代产业体系，打造全省产业高地，确保经济实现量的合理增长和质的稳步提升。

推动工业高质量发展。大力实施工业强市战略，坚定先进装备制造、信息技术、新材料和绿色能源等产业发展主攻方向，着力推动战略性新兴产业和传统优势产业集群化集约化发展。实施智能制造工程，加快以东杰智能为骨干的城市智能停车装备产业发展，培育2个省级及以上智能制造试点示范企业，推动宝能新能源汽车、中煤科工智能制造基地、阿凡达机器人、迈杰模具二期工程等项目及早开工，着力抓好太航飞行仪表、中车太原大养机械和城轨车辆造修、智奇轮轴智能工厂等项目建设进度，力争京丰电务、禧佑飞机拆解基地、江铃重汽氢能源卡车、山西宇傲汽车部件生产、城轨车辆造修等项目建成投产，打造先进装备制造产业集群。全力推动自主可控计算机产业发展，长城计算机基地上半年竣工投产，中科曙光二期工程年内完工，百信电子信息产业园年内投产；加快龙芯山西信创基地迁移适配平台、中电科电子信息产业园、山西申威安全可信产业园、综改区深圳出口型电子信息产业园、中国电信太原数据中心等项目建设进度，支持信创产业加快发展，打造信息技术产业集群。加快太钢高端碳纤维千吨级基地三期、锦波Ⅲ型人源胶原蛋白、中电科碳化硅、上海轻合镁合金、阳煤太化己内酰胺、长韩锂电池负极新材料等项目建设进度，推进绿宇再生新材料项目按期投产、国营金阳钕铁硼永磁性材料等完工项目早日入统，打造新材料产业集群。着力抓好西山国家新能源示范区建设，积极推进焦炉煤气制氢等氢能产业发展，加快阳曲杨兴、古交邢家社、娄烦马头山等风力发电项目建设，全市新能源发电装机力争达到100万千瓦，山西臣功新能源年内建成投产，打造绿色能源产业集群。大力推动传统产业改造升级和绿色发展，继续关停淘汰过剩焦化产能，组织实施一批重大技术改造项目，打造西山煤电产业转型示范样板区，建设清徐精细化工循环产业园区，加快年产70万吨中厚板生产线智能化升级、太原酒厂整体搬迁改造等项目建设进度，太钢高端冷轧取向硅钢项目完成主体设备安装，棒线材生产线升级改造项目年内投产。

推动服务业品质化发展。系统谋划推进生产性服务业发展，以我市入选国家物流枢纽为契机，着力构建高质量物流产业体系，加快形成以中鼎、传化、中鲁等物流园为核心的物流产业集群；大力发展楼宇总部经济，鼓励支持跨国公司、国内上市企业在太原设立地区总部、分支机构或运营中心，引进推动国产基础软硬件企业区域总部落地，加快推进汾东片区总部经济项目建设；做大做强转型综改示范区咨询中介产业园，重点发展战略规划、管理咨询、检验检测认证等商务咨询服务，争取引进四大会计师事务所等高能级机构，培育山西焦煤人力资源服务公司等本土高端服务龙头企业；推动会展业发展，着力办好中国（山西）特色农产品交易博览会、2020（尧城）太原国际通用航空飞行大会暨国际通用航空博览会等特色展会，全面推进尧城通航小镇建设。多样化发展生活性服务业，积极推动各类商场、市场复工复市，大力提升长风商务区、亲贤街、万达广场、中正天街、北美N1等重点商圈和特色街区服务功能，加快远大购物广场、苏宁广场、新城吾悦广场、爱琴海购物公园、双塔商业中心等城市综合体项目和悦榕庄等酒店建设；推动夜经济发展，晋阳里对外营业，全面打造以晋阳湖为中心的吃住游购娱一体化综合商业圈；着力推动实体零售和本土电商深度融合、转型升级，加快释放消费潜力，推进现代流通供应链试点体系建设，促进电子商务与快递物流协同发展；全力打造全域旅游品牌，高标准推进“晋祠—天龙山”国家5A级景区、青龙古镇国家4A级景区创建申报工作，推进晋阳湖、双塔景区、晋阳古城遗址国家考古遗址公园建设，太原古县城、华夏历史文明传承园年内对外开放；以国际自行车赛道、国家级登山步道等体育运动设施为依托，打造具有国际影响力的体育旅游目的地。

推动农业特色化发展。推进以小店汾东片区为示范的南部城郊农业示范区建设，形成布局合理、功能多样、产业融合、城乡一体化的城郊农业新格局。创建北部有机旱作农业标准化生产基地和农业封闭示范片，构建具有区域特色的有机旱作农业生产体系、管理体系、经营体系。优化农业结构，新发展设施蔬菜3000亩以上，加快养殖业规模健康发展，推动农业发展由增产向提质转变。加快特色小镇、田园综合体、农业园区、现代农业产业园建设，推进阳曲现代农业示范区、万向农业科技园、晋源花卉小镇等重点标杆项目建设。加强农产品品牌化建设，加快“三品一标”认证，着力打造阳曲小米、娄烦山药蛋、清徐葡萄、古交榛子等优势品牌。依托水塔、六味斋、九牛牧业等农业产业化龙头企业，做大做强食醋、肉乳制品、干鲜果、精品菜、优质杂粮五大精深加工产业集群。借助现代信息技术和平台，大力推动农业智

慧化、高效化发展，提升农村电子商务发展水平。

（二）狠抓优质项目落地建设，强化有效投资关键支撑

突出“项目为王”的鲜明要求，坚持把项目作为投资的载体、产业的支撑和转型的关键，高点谋划，高位推动，高效施工，形成经济社会高质量发展的强大支撑。

加大项目谋划引进力度。聚焦产业转型升级主攻方向，瞄准未来产业发展趋势，围绕城市建设重点，紧扣民生事业需求，完善项目谋划储备机制，建立重大转型项目和省市重点工程项目库，扎实做好项目前期工作，谋划实施一批重大产业转型项目、城乡基础设施项目和民生项目。压实招商引资主体责任，强化招商引资政策供给，围绕引进龙头企业和完善上下游产业链，精准绘制招商图谱，锁定目标企业，积极探索开展以商招商、产业链招商、股权招商等市场化招商方式，加快引进培育一批带动性强、贡献率高、前景广阔的大项目好项目新项目，促进上下游企业集群发展。制定普惠性支持奖励政策，对重大项目和重点产业实行一企一策、一链一策，提高引进项目签约落地率和储备项目转化率，形成浓厚的招商氛围，构建完整产业生态。

加快推动转型项目建设。坚持党政领导包联服务转型项目、坐班及协调例会制度，定期开展督导观摩，分类指导、梯次推进，常态落实、精准调度，严格落实转型项目建设各项工作机制，集中力量打好转型项目建设攻坚战。按照“投产一批、开工一批、签约一批、包装一批、招商一批”的思路，健全项目开发策划、动工建设、竣工投产的接续机制，深化细化全过程跟踪服务，科学合理安排工期，组织开展前期手续办理和集中开工、竣工等专项行动，加快重大转型项目和重点工程项目建设，推动落地项目早日开工、在建项目按期投产达效，确保顺利完成年度建设计划，形成对经济增长的有力支撑。着力拓宽项目融资渠道，积极争取中央预算内投资、专项建设资金，用足用好市工业转型升级、新动能发展等引导扶持资金，积极争取2020年省级技术改造专项资金。

做大做强项目承载平台。把各开发区作为重大转型项目建设的主战场，增强招商吸引力和产业集聚力，深化“三化三制”改革，全力做好园区承载、项目集聚、企业引领这篇大文章。持续优化空间布局，加快基础设施、公共服务设施和标准化厂房建设，为项目落地、产业集聚、人才引进创造充足空间载体。进一步加大综改示范区机制创新、要素投入和招商引资力度，重点抓好凯赛生物材料产业园、飞机再制造中心、中煤科工智能制造基地等重大项目的签约落地。大力推进不锈钢产业园区智能制造工业园、中德工业产业园等项目落地。加快清徐经济开发区建设，严格执行入区项目准入标准，推动开发区循环化改造和资源循环利用，引导区内企业向绿色、低碳、循环方向发展。在西山生态文化旅游示范区谋划建设一批新能源产业项目，发挥好国家新能源示范园区作用。

（三）着力打造一流创新生态，持续激发微观主体活力

坚持“创新为上”的理念，把培育一流创新生态作为基础性战略性工作，用足用好科技创新和人才专项资金，全力打造创新高地和人才高地，形成市场主体创新活力充分涌流、创新潜力不断激发、创新动力竞相迸发的浓厚氛围。

加快搭建创新平台。实施企业技术中心赶超计划，加大企业技术中心建设力度，指导无线电一厂、东煤集团建立市级企业技术中心，新增市级及以上企业技术中心20户，三级企业技术中心数量达220户以上。加强制造业创新中心建设，成立“中科院物联网研究发展中心太原创新中心”，支持产学研合作建设10个省级以上技术创新平台，推动太原锅炉集团争创国家企业技术中心以及省级企业工程研究中心。实施成果转化促进工程，建立技术成熟度评价机制，减少科技成果转化风险；设立国家科技成果转化基金太原子基金，突破科技成果转化资金瓶颈。大力推动大众创业万众创新，充分发挥山西智创城等双创载体的示范引领作用，以小店区、万柏林区、迎泽区、晋源区4个省级双创示范基地为抓手，支持国家和省级众创空间、科技企业孵化器提质增效，加快打造双创升级版。

持续培育壮大创新主体。落实企业技术创新发展三年行动计划，加快完善科技型企业培育体系，重点扶持优秀科技型企业做优、做大、做强，高新技术企业达到1800家以上，入库科技型中小企业达到4000家以上。降低企业创新成本，扩大创新券使用范围，力争全年支持中小微企业、创客等开展创新创业活动500项。实施企业创新能力提升工程，加强政府资金引导和扶持，鼓励企业加大研发投入，推动规上工业企业研发机构、研发活动全覆盖；研发试制填补国内空白的重大新产品10项，支持太钢“中国造”氢气瓶研发生产、山西煤化所碳基功能复合材料技术开发，推动重大关键技术攻关取得突破。

全力打造创新人才队伍。按照“一园多区”功能布局规划建设太原人力资源服务产业园，力争上半年建成开园，建设辐射全市、全省的人力资源服务产业集群，争取入选国家级产业园，营造一流人力资源服务生态环境。持续深化人才发展体制机制改革，实施“柔性引才、项目引才”，落实好人才引进生活补贴、住房补贴实施办法，大力推进人才公寓建设，激发本土人才活力，加快创新人才集聚。试行科技人才科研项目经费“包干制”改革，充分激发科研人员创新创造活力。

推动军民融合创新发展。积极创建省、国家军民融合创新示范区，打造军民融合“太原模式”。编制太原北部军民融合创新基地起步区控制性详规，加快起步区市政道路、山西省军民融合创新发展研究院建设。搭建太原市军民融合创

新服务平台，构建信息、人才、技术军民融合协同创新服务模式。主动对接大型军工企业集团、科技型军民融合企业和配套企业，打造军民融合优势产业集群。积极推进火工区搬迁工作，促进火工品生产技术提档升级。

（四）全面推进城乡融合发展，加快提升综合承载能力

以“打造具有国际影响力的全国区域中心城市”为目标，协同推进城乡建设，完善城市功能，提高城市品质，提升城市能级，不断提高省会城市的宜居宜业度和核心竞争力。

大力推进基础设施建设。全力服务保障太焦高铁（太原段）建设，确保年内竣工通车。加快轨道交通1号线一期建设，确保2号线一期工程年内实现试运行，做好3号线和磁悬浮轨道交通项目前期工作。推动西北二环高速建设，力争东二环年内通车。支持武宿机场三期改扩建工程，推进阳曲通用机场前期工作。继续推进龙城大街东延、东中环北延等项目建设，启动千峰路南延、天龙山路东延、人民南路建设、五一广场节点改造、解放路改造等项目建设，太原南站东西广场实现全面贯通，汽车客运东南站8月建成投运，东西山旅游公路全部完工。加快太原北500千伏、晋安220千伏、东黄水220千伏等输变电工程建设，6月底前力争新建、改建5G基础网络基站2900座以上。完善城市配套基础设施，加快推进晋源东区地下综合管廊二期、长风西街供水加压站、小店维抢修基地、东峰燃气调峰热源厂等项目建设。大力推进海绵城市建设，提高城市排水、防涝、防洪和防灾减灾能力。

持续提升城市品质形象。强化城市风貌管控，启动钟楼街、桥头街、海子边片区综合改造，打造古典韵味与时代韵律协调统一的“国家高品位步行街”。稳步开展生活垃圾分类，全面建成生活垃圾分类体系，实现全程分类收集运输，全市生活垃圾综合处理能力达到8000吨/日。以文明创城为抓手，全面提升城市管理精细化水平，继续深入开展“九乱整治”和“十三个专项行动”，推进“两下两拆两进”工作，各城区高标准打造若干示范街，年内全面完成背街小巷、老旧小区、集贸市场整治，全力向全国文明城市冲刺。

加快乡村振兴步伐。以“百村示范、千村整治”工程为抓手，以“三清五改五化”为重点，全力推进美丽乡村建设，巩固小店、晋源、阳曲农村人居环境整治示范县创建成果，推荐阳曲县申报全国农村人居环境整治示范县。高标准完成6.8万座户厕改造任务，一至三类地区户用厕所无害化普及率分别达到90%、85%、65%以上。全面推进“四好农村路”建设以及撤并建制村通客车工作，切实提升农村地区通达度。做好集体产权制度改革的收尾工作，推进盘活农村闲置宅基地试点示范。

（五）坚定用好改革关键一招，加快释放市场潜能活力

坚持“改革为要”的方法途径，主动承担能源革命综合改革试点的重要国家使命，积极推进具有基础性、牵引性重大改革，打造一流营商环境，深度挖掘市场潜力，向改革要发展动能。

全面推进能源革命综合改革。建立健全能源革命综合改革市县及部门联动机制，统筹落实我市实施方案，推动“四个革命、一个合作”在我市率先破题、落地见效，努力为全省探路领跑、作出示范。深化能源供给侧结构性改革，严控煤炭产能，提高有效供给，推动煤炭清洁高效开发，大力发展先进产能，建设智能煤矿和生态矿区，支持煤化工和煤基新材料产业发展。加大新能源开发力度，积极推进风电、光伏、氢能、生物质能等新能源项目建设。实施节能“双控”行动，统筹推进用能权有偿使用和交易，加大煤炭消费减量替代力度，推动形成集约高效的能源消费方式。建成区公交车全部更换为新能源汽车，年内全面实现绿色公共出行。依托能源创新资源集聚优势，积极与高等院校、科研机构建立能源战略合作关系，力争在能源绿色开采、煤基资源转化、氢能源及燃料电池开发利用等方面取得突破。设立能源革命重大专项，组织实施10项以上能源革命重大科技项目，突破关键技术瓶颈，开展先进成果应用示范，引领能源产业向高端迈进，打造能源革命创新高地。办好太原能源低碳发展论坛、中国（太原）国际能源产业博览会，打造全省国际能源交流合作中心。

深入推进重点领域改革。加快国资国企改革，稳步推进党政机关与所属企业脱钩改革，年底基本实现经营性国有资产集中统一监管；推进61户厂办大集体与主办国有企业彻底分离，加快企业混合所有制改革，启动建设太原东山煤炭工业影视文化旅游小镇，扎实推进“三供一业”维修改造和市政移交。着力营造一流营商环境，加大“放管服效”改革力度，深化相对集中行政许可权改革，全面实施“一枚印章管审批、一个系统管监管、一个平台管交易、一条热线管便民”，“一朵云、一张网、一平台、一系统、一城墙”政务信息化总体架构基本形成，不断提升企业和群众办事便利度和满意度。加快社会信用体系建设，完善守信联合激励和失信联合惩戒机制，基本建成覆盖全社会的征信系统框架，以良好信用环境助力企业发展。建立数字政府协同建设运行机制，建设太原市大数据应用服务平台，形成人口、宏观经济等基础数据库和主题数据资源库，推动政府数据汇聚共享、业务协同和资源整合，为政府治理、公共服务提供高效有力的决策支持。大力推动金融体制改革，建立太原市综合金融服务平台，完善政府性融资担保体系，持续加大金融资源引导和后备上市企业培育力度，不断提升金融服务实体经济水平。

大力支持民营经济发展。认真落实支持和服务民营经济发展意见“30条”、加强和改进服务民营企业工作“10条”、应对新冠肺炎疫情支持中小微发展“10条”等政策意见，强

化对困难行业和中小微企业的扶持，维护好民营经济体的合法权益。加大规模以上企业培育力度，全年培育“小升规”企业95户。建立健全市级“专精特新”中小企业培育库，培育一批具有竞争力的“专精特新”和“小巨人”企业。严格执行国家减税降费政策，做好清理拖欠民营企业账款工作，建立清欠长效机制，减轻企业经营负担。加大财政投入力度，建立完善各项奖补激励机制，支持企业利用多层次资本市场拓宽融资渠道，有效解决小微企业融资难、融资贵问题。

（六）牢牢把握重大战略机遇，着力提升开放发展能级

深度对接国家开放战略和区域发展战略，努力打造开放高地，以开放拓展新空间、集聚新优势，推动实现高水平崛起。

主动对接和融入国家战略布局。依托新一代信息技术和现代综合交通体系推动沿“线”开放，深度融入“一带一路”、促进中部地区崛起、京津冀协同发展、黄河流域生态保护和高质量发展等国家区域发展战略。强化组织领导和协调服务，搭建对接合作交流平台，以科技、产业、人才、会展、教育、医疗、能源等领域为重点，深化与京津冀、长三角、粤港澳大湾区的合作，承接好东部沿海地区及北京非首都功能产业转移。

加快推进中部盆地城市群一体化。制定实施我市一体化规划和年度行动计划，围绕“一核一轴”空间布局，瞄准建设具有国际影响力的全国区域中心城市，推动太原都市区一体化发展。借助省级综合协调平台，完善市级沟通对接机制，加强与省直部门和晋中、忻州、吕梁三市的全方位衔接，推动山西中部盆地城市群共建共享和互动发展。推进龙城大街东延、秋郭路、化章街—龙湖大街、坞城路—大运路—太太路、马练营路—安宁街等道路建设，尽快打通交接区域道路断点。调整优化太原—晋中区域公交线网、站场和公交换乘枢纽，扩大“同城化公交”覆盖面与规模。统筹综改示范区太原区域、晋中区域产业发展规划，探索共建潇河现代产业新城。加强与中部盆地城市群其他城市在产业、投资、土地、招商引资政策等方面的协调，探索建立共建园区及项目的利益共享机制，构建互利共赢发展新格局。

全面提升开放发展水平。全面实施准入前国民待遇加负面清单管理制度，复制推广自贸区经验，提升贸易便利化水平。加大外贸新主体孵化培育力度，建立国际注册认证、展会洽谈等精品课程的孵化模式与培育机制。提升开放平台功能，完善武宿综合保税区功能，加快中国（太原）跨境电商综合试验区建设，引进国际知名电商企业，加大跨境电商政策扶持力度，进一步完善政策体系和配套条件，推动跨境电商产业化、规模化、集群化发展。支持引导外贸企业巩固欧美、日韩等传统市场，积极开拓“一带一路”等新兴市场。

（七）全力改善省城环境质量，建设一流生态宜居城市

坚持问题导向、结果导向，以铁腕治污改善环境质量，坚决打好污染防治攻坚战，高标准保护生态环境，积极探索绿水青山就是金山银山转化路径，促进人与自然和谐共生。

坚决打赢蓝天保卫战。严格落实“秋冬防”攻坚行动26项措施，做好“抑尘、减煤、治企、控车”工作。严格落实“六个百分之百”防控措施，扩大裸露地面整治，开展城乡接合部土路治理，提升控尘整体水平。强化散煤污染治理与管控，对禁煤区实施“一清二拆”，继续实施“煤改电”“煤改气”工程，年内县城建成区基本实现清洁取暖全覆盖，农村地区力争达到85%以上。深化工业企业污染综合治理，年内完成美锦钢铁超低排放改造，所有燃气锅炉实现低氮排放；建设VOCs监控平台，实时监控重点行业排放情况。巩固“散乱污”企业整治成果，实现“散乱污”企业动态清零。深化机动车污染整治，优化运输结构，阳煤太化和龙泉煤矿等年内实施铁路运输；强化柴油货车污染治理，完成国Ⅲ及以下排放标准营运中型和重型柴油货车淘汰任务，推进国家绿色货运配送示范工程创建工作。严格落实“1+30”城市联防联控机制，完善一体化监管平台建设，确保统一预警调度、统一协同应急减排。

坚决打好碧水净土保卫战。严格落实河（湖）长制，深化饮用水源地、城市污水、工业废水、农村生活污水治理，启动汾河清徐段、杨兴河二期湿地工程和蓄水美化工程，实施汾河河道生态补水，加强入汾排污口监管与整治，全面解决污水直排汾河问题，6月底前实现汾河出境断面全部退出劣Ⅴ类。全面落实控源截污纳管、河渠清淤清垃圾等措施，消除城市黑臭水体。加强土壤污染风险管控，完成太化、太原煤气化、南堰污水处理厂等4个土壤修复与综合治理试点项目，进一步推进农用地分类管理，确保受污染耕地安全利用率达到90%左右，污染地块安全利用率达到90%以上。

强化自然生态保护修复。全力推进山水林田湖草生态保护修复工程项目试点工作，完成20公顷西山山体修复工程。有序推进新建改建市政道路配套绿化，完成东西山旅游公路（防火通道）、军民融合区6条道路配套绿化工程。启动晋阳湖公园（二期）、双塔公园、龙城公园、太原海洋公园、南寨公园、迎新公园和汾河生态景观带四期建设，动物园提质扩容（含散放区）、狄仁杰文化公园、太原植物园、摄乐公园4项续建公园建设项目建成对外开放，栽植各类品种玫瑰、月季等花卉100万株，建成区绿化覆盖率增加0.6%，人均公园绿地面积增加0.3平方米。

（八）扎实办好重要惠民实事，不断增进民生福祉

坚持以人民为中心的发展思想，统筹做好保障和改善民生各项工作，切实提升人民群众的获得感幸福感安全感。

力保就业增收等基本民生。全面落实“免、减、缓、返、补”阶段性政策，加大援企稳岗力度，建立创业带动就业、

多渠道灵活就业机制，强化公共就业服务四级平台建设，突出抓好高校毕业生、农民工、残疾人等重点群体就业工作，扎实推动全市退役军人就业创业孵化基地建设，打好稳就业“组合拳”，形成政府激励创业、社会支持创业、劳动者勇于创业的格局。全面落实机关事业单位工资制度，加强企业工资分配调控，不断完善工资支付保障机制，稳步提高最低工资、低保标准等保障水平，促进城乡居民收入持续稳定增加。完善社会保障体系，持续推进机关事业单位养老保险制度改革，统筹城乡社会救助体系，不断完善最低生活保障制度，兜牢社会保障底线。

坚持教育优先发展。大力推进学前教育普惠发展，公办园在园幼儿占比和普惠性幼儿园覆盖率分别达到63%、90%。推动义务教育均衡发展，加快推进一外、二外等学校新校、乡镇寄宿制学校和乡镇小规模学校建设，进一步缩小城乡和校际差距，扩大优质教育资源覆盖面。加快推进产教融合试点城市建设工作，整合发展职业教育，打造省城职教小镇。着力提升高等教育发展质量，推进中国科学院大学太原能源材料学院项目建设，力争2022年投入使用。

全力建设“健康太原”。持续推进“百院兴医”工程，力争市人民医院新院区一期工程年底前投用、二期工程年底前主体封顶，市中医医院门诊楼、市血液中心业务综合楼力争10月份完工。启动实施医疗服务能力提升工程，大力提升市中心医院等医疗机构技术服务水平，加强全市妇幼保健和社会心理服务体系建设。完善疾病和重大疫情防控体制机制，健全公共卫生应急管理体系，提高应对突发重大公共卫生事件的能力水平，坚决守住严防境外疫情输入底线。实施中医药振兴工程，推进基层中医馆和傅山园、正和堂等中医药产业园区建设。兴建一批政府托底型示范性养老机构，提档升级一批民办养老机构，打造一批高标准社区养老服务中心和日间照料中心，做实做好医养结合、安宁疗护、失能老年人健康评估和服务、老年人心理关爱项目4个国家级试点工作，均衡发展养老事业。

积极发展住房、文化等其他社会事业。继续推进城中村、棚户区改造，加快整村拆除和回迁安置房建设，棚户区住房改造新开工2533套，保障性安居工程基本建成2.9万套，多渠道增加公租房等住房供应。加快基层综合性文化服务中心建设，打造晋剧《迎新街》、话剧《晋文公》等一批文艺精品。扎实推进太原体育训练中心、国家篮球（太原）训练基地、太原市游泳运动学校迁建等文体项目建设，办好各类具有国际影响力的大型赛事。完善基层退役军人服务体系，加强市县乡村四级退役军人服务中心（站）建设。扎实做好保供稳价工作，加强粮食市场价格监测和监管，继续做好猪肉、果蔬等副食品生产流通组织，保障市场供应和价格基本稳定。及时启动价格补贴联动机制，强化对困难群众的基本生活保障。扎实做好国防动员、双拥、民族宗教、外事侨务、援疆等各项工作，大力发展妇女、儿童、残疾人和红十字等社会事业。

千方百计防范和化解各类风险。积极防范化解金融领域重大风险，加快农信社改制化险工作，帮助企业化解退市风险，加强防范和处置非法集资工作，推动陈案积案化解。强化政府债务管理，稳妥有序化解地方政府隐性债务风险，牢牢守住不发生系统性区域性债务风险的底线。推进平安省城建设，深化扫黑除恶专项斗争，切实维护社会和谐稳定。全面落实党政领导干部安全生产责任制，坚持不懈抓好安全生产，深化煤矿、非煤矿山、危化品、道路交通、建筑施工、消防、特种设备等重点行业专项整治，完善风险化解和隐患治理双重预防机制，突出抓好森林草原防火、地质灾害防治和防汛工作。深化应急管理体制改革，完善理顺应急救援机制，全面提升应急响应能力和防灾救灾水平。

（九）决战决胜全面小康，高标准编制“十四五”规划

聚焦全面建成小康社会总体目标要求，细化任务，压实责任，靶向攻坚、精准发力，尽快补齐短板弱项，同时把打赢脱贫攻坚战作为底线任务和标志性指标，增强交总账意识，严格落实“四不摘”重大要求，加强返贫监测预警和动态帮扶，确保稳定脱贫不返贫，持续巩固脱贫攻坚成果，确保我市与全国、全省同步建成全面小康社会。扎实做好“十三五”规划实施情况总结评估，认真开展“十四五”规划前期重大课题和基本思路研究，深入谋划“十四五”时期的重大工程、重大项目、重大政策，抓好专项规划编制，根据市委提出的“十四五”规划建议，做好全市国民经济和社会发展“十四五”规划纲要的编制工作，为未来发展提供有力的战略支持和规划指引。

各位代表，做好2020年经济社会发展各项工作，任务艰巨，责任重大。我们将高举习近平新时代中国特色社会主义思想伟大旗帜，在市委的坚强领导下，自觉接受市人大的监督，虚心听取市政协的意见和建议，开拓创新、砥砺前行，全力促进经济社会持续健康发展，确保全面建成小康社会和“十三五”规划圆满收官，奋力谱写文明开放富裕美丽太原新篇章！

关于太原市2019年全市和市本级预算执行情况与2020年全市和市本级预算草案的报告

——在太原市第十四届人民代表大会第五次会议上

（2020年4月27日）

太原市财政局局长　王国柱

各位代表：

受市人民政府委托，现向大会报告太原市2019年全市和市本级预算执行情况与2020年全市和市本级预算草案，请予审议，并请市政协委员和其他列席人员提出意见。

一、2019年全市和市本级预算执行情况

2019年是中华人民共和国成立70周年，是全面建成小康社会的关键之年。一年来，在市委的坚强领导下，全市各级各部门坚持以习近平新时代中国特色社会主义思想为指导，全面贯彻党的十九大和十九届二中、三中、四中全会精神，深入学习贯彻习近平总书记“三篇光辉文献”精神，认真落实党中央、国务院和省委、省政府以及市委的决策部署，认真执行市人大各项决议，坚持稳中求进总基调，贯彻新发展理念，按照高质量发展要求，加力提效落实积极的财政政策，实施更大规模减税降费，奋力推进经济转型发展和民生改善，规范财政收支管理，持续深化财税体制改革，较好完成了市十四届人大四次会议确定的目标任务，全市财政预算平稳运行，财政改革发展有序推进，奋力谱写文明开放富裕美丽太原新篇章取得新成效。

（一）2019年全市预算执行情况

1. 全市一般公共预算执行情况

2019年全市预算经市十四届人大四次会议审查批准后，各县（市、区）人民代表大会相继批准了本级预算，市政府于4月将汇总的全市预算报送市人大常委会备案。备案预算为：全市一般公共预算收入401.92亿元，支出615.67亿元。预算执行中，全面落实新出台的减税降费政策，部分县（市、区）陆续调整了收入预算，调整后的全市一般公共预算收入为383.66亿元。同时，因新增上级补助收入、省转贷政府债券等因素，支出预算变动为661.42亿元。

实际执行结果，全市一般公共预算收入386.62亿元，为预算的100.8%，增长3.6%；一般公共预算支出610.55亿元，为预算的92.3%，增长12.6%。

2019年，市本级和各县（市、区）均实现当年收支平衡，略有结余。除按规定结转下年专款50.87亿元外，净结余和超收等15.33亿元全部建立预算稳定调节基金。年末全市预算稳定调节基金余额33.41亿元。

主要收入项目完成情况：税收收入301.77亿元，增长1.6%。其中，增值税104.1亿元，下降2.8%；企业所得税39.38亿元，下降0.5%；个人所得税9.06亿元，下降37.2%；资源税8.79亿元，增长39.2%；城市维护建设税23.39亿元，下降7%；房产税13.93亿元，下降11%；印花税9.55亿元，增长2.1%；土地增值税37.27亿元，下降6.3%；车船税7亿元，增长3.8%；契税41.21亿元，增长80.5%。非税收入84.85亿元，增长11.2%。

主要支出项目执行情况：教育支出83.06亿元，为预算的97%，增长2.8%；科学技术支出23.2亿元，为预算的91.8%，同口径增长11.9%；文化旅游体育与传媒支出19.49亿元，为预算的78.5%，同口径增长9.4%；社会保障和就业支出75.43亿元，为预算的96.1%，增长4.2%；卫生健康支出36.55亿元，为预算的94.8%，同口径增长5.9%；节能环保支出17.04亿元，为预算的66.5%，同口径与上年持平；城乡社区支出149.28亿元，为预算的99.5%，增长30.4%；农林水支出31.68亿元，为预算的76.4%，增长14.6%；交通运输支出22.93亿元，为预算的88%，增长34%。其中，教育、社会保障和就业、卫生健康等民生支出486.27亿元，比上年增长12.1%，民生支出占一般公共预算支出的比重继续稳定在80%左右。

转移支付执行情况：2019年，省对我市转移支付133.36亿元，增长10.8%。其中，一般性转移支付95.39亿元，同口径增长15.8%；专项转移支付37.97亿元，同口径增长4%。市对县（市、区）转移支付130.74亿元，增长20%。其中，一般性转移支付68.25亿元，增长44.8%；专项转移支付62.49亿元，增长1.1%。

2. 全市政府性基金预算执行情况

2019年，全市政府性基金收入558.39亿元，为调整后预算的97.5%，增长49.2%。其中，国土收入543.31亿元，城市基础设施配套费收入13.85亿元，污水处理费收入1.35亿元。政府性基金支出582.36亿元，为预算的90.7%，增长37.2%。

3. 全市国有资本经营预算执行情况

2019年，全市国有资本经营预算收入1.14亿元，国有资本经营预算支出11.58亿元。

4. 全市社会保险基金预算执行情况

2019 年，全市社会保险基金收入 325.26 亿元，社会保险基金支出 313.34 亿元。当年收支结余 11.92 亿元，年末滚存结余 274.49 亿元。

5. 政府债务情况

2019 年，省转贷我市新增政府债券规模 106.1 亿元，重点用于支持城市基础设施建设、社会事业类基本建设、脱贫攻坚等公益性项目，缓解了我市建设资金不足的困难，有力地促进了全市经济社会发展。同时，争取省转贷政府再融资债券 23.5 亿元，用于到期政府债券展期，优化政府债务期限结构，减缓了当前偿债压力，降低了债务风险。

2019 年省财政核定我市政府债务限额为 590.64 亿元，截至 2019 年底，全市政府债务余额 565.33 亿元。其中，市本级（含开发区）政府债务余额 548.02 亿元，县（市、区）政府债务余额 17.31 亿元。全市政府债务率 46.2%，政府债务余额低于政府债务限额，政府债务风险总体可控。

（二）2019 年市本级预算执行情况

1. 市本级一般公共预算执行情况

2019 年，经市十四届人大四次会议审查批准市本级一般公共预算收入预算 202.2 亿元，支出预算 296.9 亿元。预算执行中由于下达县区转移支付、省转贷政府债券（预算调整方案于 2019 年 8 月经市十四届人大常委会第二十四次会议审查批准）等增减因素，支出预算相应变动为 280.77 亿元。实际执行结果，市本级一般公共预算收入 202.66 亿元，为预算的 100.2%，同口径增长 3.3%；一般公共预算支出 264.57 亿元，为预算的 94.2%，增长 5.9%。收支相抵，除按规定结转下年专款 16.2 亿元外，净结余和超收等 6.99 亿元全部建立预算稳定调节基金。年末市本级预算稳定调节基金余额 10.34 亿元。

主要收入项目完成情况：税收收入 143.84 亿元，下降 0.1%。其中，增值税 44.67 亿元，下降 4.4%；企业所得税 22.1 亿元，下降 2%；个人所得税 4.96 亿元，下降 32.9%；资源税 1.77 亿元，增长 4.5%；城市维护建设税 10.8 亿元，下降 7.5%；房产税 6.2 亿元，下降 18.6%；印花税 3.7 亿元，下降 0.1%；土地增值税 21.19 亿元，下降 6.2%；车船税 3.73 亿元，下降 0.8%；契税 22.37 亿元，增长 67.1%。非税收入 58.82 亿元，增长 12.5%。

主要支出项目执行情况：

教育支出 30.27 亿元，为预算的 98.8%，同口径增长 8.4%。其中，保障义务教育、职业教育和学前教育等方面支出专项资金 3.76 亿元，新校建设支出 4.04 亿元，校舍维修和教学设备购置等方面支出 1.39 亿元。

科学技术支出 6.1 亿元，为预算的 98.6%，同口径与上年持平。其中，建立产业投资基金支出 5 亿元，科技研发项目奖补支出 6652 万元，科学技术普及支出 1745 万元，基础科学研究支出 1148 万元。

文化旅游体育与传媒支出 15.57 亿元，为预算的 76.4%，同口径增长 15.4%。其中，二青会体育场馆建设改造、青运村运行、二青会开闭幕式等体育方面支出 5.38 亿元，千年府衙综合整治、太山天龙山景区文物保护、博物馆建设等文物方面支出 4.59 亿元，公共文化旅游服务体系建设等支出 1.65 亿元，文化文艺表演支出 7201 万元。

社会保障和就业支出 33.01 亿元，为预算的 97.5%，增长 18.4%。其中，机关事业单位基本养老保险基金补助支出 9.22 亿元，省级统筹的企业职工基本养老保险基金市级补助支出 1.63 亿元，各项就业补助支出 1.01 亿元，企业改革补助支出 3.34 亿元。

卫生健康支出 19.17 亿元，为预算的 97.5%，同口径增长 6.4%。其中，城乡居民基本医疗保险基金补助支出 9.53 亿元，各类人员参加医疗保障支出 4.11 亿元，公立医院重点工程建设等项目支出 2.17 亿元，基本公共卫生服务支出 1.33 亿元。

节能环保支出 3.05 亿元，为预算的 73.4%，同口径与上年持平。其中，“煤改气”、“煤改电”供热改造工程支出 1.3 亿元，大气污染防治支出 4383 万元。

城乡社区支出 64.07 亿元，为预算的 99.8%，增长 10%。其中，108 国道、新店街、马道坡街等城市道路改造和养护支出 16.65 亿元，环境卫生整治支出 11.38 亿元，供热补贴支出 9.93 亿元，园林绿化养护支出 9.43 亿元，污水污泥处置支出 6.37 亿元，公共设施维修养护支出 3.64 亿元。

农林水支出 3.85 亿元，为预算的 97.3%，同口径增长 4.3%。其中，汾河三期水利工程建设支出 2.04 亿元，乡村振兴及高标准农田建设支出 1527 万元，林业改革发展支出 1650 万元。

交通运输支出 14.8 亿元，为预算的 88.6%，增长 21.7%。其中，公共交通运营补贴支出 6.25 亿元，太焦铁路资本金支出 2.57 亿元，太原东西山旅游公路支出 1.42 亿元，环城旅游公路暨自行车赛道绿化工程支出 8056 万元，成品油价格改革补助支出 3533 万元。

住房保障支出 16.9 亿元，为预算的 96.8%，增长 189.1%。其中，棚户区改造支出 15.05 亿元。

2. 市本级政府性基金预算执行情况

2019 年，市本级政府性基金收入 492.77 亿元，为调整后预算的 100.2%，增长 50.5%。其中，国土收入 481.29 亿元，城市基础设施配套费收入 10.41 亿元，污水处理费收入 1.2 亿元。市本级政府性基金支出 262.94 亿元，为预算的 93.1%，增长 23%。其中，国土收入安排支出 184.4 亿元，城市基础设施配套费安排支出 5.31 亿元，主要用于城市基础设施建设；专项债券安排的支出 60.05 亿元，主要用于土地储备、棚户区改造及市属医院重点建设项目等；污水处理费支出 1.2 亿元，全部用于污水污泥处置。

3. 市本级国有资本经营预算执行情况

2019 年，市本级国有资本经营预算收入 1 亿元，国有资本经营预算支出 8.04 亿元。主要用于中央和省属企业“三供一业”支出 6.13 亿元，市属国有企业厂办大集体改革补助资金 1.02 亿元。

4. 市本级社会保险基金预算执行情况

2019 年，市本级社会保险基金收入 262.21 亿元。其中，企业职工基本养老保险基金收入 155.98 亿元，机关事业单位基本养老保险基金收入 16.25 亿元，职工基本医疗保险（含生育保险）基金收入 64.33 亿元，城乡居民基本医疗保险基金收入 15.71 亿元，工伤保险基金收入 3.13 亿元，失业保险基金收入 6.8 亿元。

市本级社会保险基金支出 234.45 亿元。其中，企业职工基本养老保险基金支出 150.64 亿元，机关事业单位基本养老保险基金支出 14.36 亿元，职工基本医疗保险（含生育保险）基金支出 50.59 亿元，城乡居民基本医疗保险基金支出 12.26 亿元，工伤保险基金支出 3.44 亿元，失业保险基金支出 3.16 亿元。当年收支结余 27.76 亿元，年末滚存结余 231.51 亿元。

（三）2019 年开发区预算执行情况

1. 综改示范区预算执行情况

2019 年，综改示范区（太原市域，下同）一般公共预算收入 36.63 亿元，为调整后预算的 100.3%，增长 6%；一般公共预算支出 53.79 亿元，为预算的 97.9%，增长 26.7%。

综改示范区政府性基金收入 48.6 亿元，为预算的 97.2%，增长 23%；政府性基金支出 57.41 亿元，为预算的 99%，增长 7.8%。

2. 不锈钢园区预算执行情况

2019 年，不锈钢园区一般公共预算收入 2.71 亿元，为调整后预算的 102.1%，下降 14.7%；一般公共预算支出 3.65 亿元，为预算的 74.9%，增长 136.5%。

不锈钢园区政府性基金收入 1.33 亿元，为预算的 33.2%，下降 48.9%；政府性基金支出 0.99 亿元，为预算的 54.4%，下降 75.9%。

以上有关预算执行明细详见《太原市 2019 年预算执行情况及 2020 年预算（草案）》表一至表十。

（四）落实市十四届人大四次会议预算决议情况

严格落实市十四届人大四次会议预算决议和市人大财政经济委员会的审查意见，狠抓预算执行，严格预算管理，深化财政改革，不断提升财政资源配置效率和资金使用效益，持续提升依法理财、科学理财水平。

1. 加力提效落实积极财政政策，多措并举确保财政持续稳定运行

将更大规模减税降费作为实施积极财政政策的头等大事。坚决落实落细国家和省新出台的降低增值税税率、小微企业普惠性税收减免、个人所得税专项附加扣除、降低社保费率等政策，减税降费效果持续加大，与减税政策相关税种增幅呈现回落态势，全市新增减税降费 72.98 亿元。全面清理规范行政事业性收费，加强非税收入收缴管理，确保各项减税降费政策实打实、硬碰硬，有力促进经济平稳运行，提升市场信心，让企业和人民群众有实实在在的获得感。大规模减税降费加大了预算平衡难度。市财政认真落实中央和省市各项要求，提出一揽子抓好财政收支预算管理、支持减税降费政策的具体措施，全力确保财政收支平衡和预算稳定运行。加强财政收支预算管理，最大限度弥补减收，在年初压减一般性支出 5% 的基础上持续加压，收回部门单位长期沉淀闲置的以及年底前难以使用的资金，压减和盘活的资金全部用于落实市委、市政府重大战略部署，支持民生改善和重点项目建设。

2. 着力支持转型综改，助力全市经济高质量发展

加大产业项目扶持力度。围绕工业强市，保持战略定力，进一步加大财政政策支撑和资金保障。下达工业转型升级资金 3.7 亿元，重点用于扶持煤焦冶电等传统产业改造升级，促进产业迈向价值链高端。加快产业投资基金实体化运作，积极引导社会资金投向先进装备制造、新材料合成加工和信息技术产业，大力支持新能源汽车产业发展。支持创新驱动战略。下达 8.5 亿元科技创新专项资金，支持科研院所、科技创新基地和科技人才队伍建设，重点支持龙芯安全可靠科技攻关基地项目、院士工作站和国家级科研项目及重点实验室建设。全面落实人才兴市战略。下达人才专项资金 3.5 亿元，用于引进高精尖缺人才和创新团队，对落实人才政策好、研发经费投入强度大的企业单位给予奖励。

3. 持续巩固成果，全力支持打赢“三大攻坚战”

有效防控地方政府债务风险。切实加强政府债务管理，严格实行政府债务限额管理，积极争取省转贷政府债券，用于二青会场馆、医院重点建设项目等社会事业类基本建设。健全政府债务风险化解和应急处置机制，稳妥有序化解存量债务，有力地降低了我市政府债务风险。支持打好精准脱贫攻坚战。市本级安排专项扶贫资金 1.49 亿元，增长 10%。下达乡村振兴战略资金 3.08 亿元，统筹推进脱贫攻坚与乡村振兴战略，整合各类涉农资金，紧盯“两不愁三保障”，大力支持易地搬迁、产业扶贫、农村饮水安全工程等。进一步加强扶贫资金监管力度，构建扶贫资金动态监控平台，切实提高资金使用效益。支持打好污染防治攻坚战。持续加大大气、水、土壤等环境整治投入力度。下达黑臭水体治理、太榆退水渠建设等各类水污染治理资金 15.53 亿元。及时拨付扬尘

污染防治、散煤治理、老旧柴油车报废补贴等大气污染防治资金9.48亿元，推动省城生态环境质量持续改善。

4. 加强保障和改善民生，进一步增进民生福祉

支持教育优先发展。继续把促进基础教育均衡发展和提升教育质量作为重点，下达专项资金5.9亿元，认真落实城乡义务教育学生阶段各项补贴、中等职业学校免学费、学前教育幼儿资助政策。下达资金5.58亿元，支持五中、成成中学新校区正式招生和外国语学校等新改扩建。安排专项经费保障公办小学放学后免费托管服务，惠及全市28万户家庭。促进就业创业。及时拨付各类就业创业补贴资金5.15亿元，在重点支持解决公益性岗位人员、高校毕业生、退役军人等群体就业的基础上，加强职业技能培训，多方面保障促进创业。推进养老服务体系建设。扶持社会办养老服务机构发展，支持社区养老服务中心和老年日间照料中心建设。提高社会保障标准。城乡医保财政补助标准由每人每年490元提高到520元，城乡低保保障标准平均每人每月分别提高56元和60元，继续提高对优抚对象、残疾军人、社会散居和福利机构供养的孤儿补助，兜牢困难群众基本生活底线。提升全民健康水平。及时拨付资金支持公立医院重点建设，确保公立医院取消药品加成补助政策落实到位。推进城市品质提升。抓住二青会展示城市美好形象的机遇，进一步加大基础设施和公共服务设施建设投入力度。下达专项资金8.57亿元，支持二青会比赛场馆周边道路养护、绿化等基础设施建设。积极支持背街小巷和老旧小区改造、环境卫生整治和城市公共设施养护，全面提升城市承载力和宜居度。提升公共文化服务水平。支持公共文化服务体系建设，实施“三馆一站”免费开放、农村电影放映等文化惠民工程；支持千年府衙、天龙山景区提质等重点文物保护工程项目建设，努力增强城市软实力。节俭高效举办二青盛会。拨付资金3.41亿元，支持滨河体育中心改造扩建、太原市网球中心等比赛场馆建设。拨付专项资金4.83亿元，确保青运村建设、二青会开闭幕式、太原赛区竞技体育项目比赛圆满进行，赛事保障工作受到省委、省政府表彰嘉奖。

5. 全面深化财税体制改革，积极构建现代财政制度

继续深化财税体制改革。及时解决市对县（市、区）财政体制调整后出现的新情况、新问题，确保新的财政管理体制平稳运行。进一步推动市县两级财政事权和支出责任划分改革，印发《市与县（市、区）财政事权和支出责任划分改革实施方案》《太原市基本公共服务领域市级与县（市、区）共同财政事权和支出责任划分改革方案》，推动形成合理授权、依法规范、权责匹配、运转高效的财政事权和支出责任划分体系。健全预算管理制度。出台《关于加快财政支出执行进度提高财政资金使用效益的通知》，对各县（市、区）和市直单位的财政支出进度进行考核督促，加大结转结余资金清理力度，盘活财政存量资金，切实提高财政资金使用效益。加大预决算公开力度，进一步加大公开内容和范围。规范市级行政单位资产配置标准，加强市直机关差旅伙食费和市内交通费收交管理。全面推开财政电子票据改革。积极探索推行政府采购新型采购人制度。进一步规范市级财政专户资金竞争性存放管理。全面实施预算绩效管理。出台《全面实施预算绩效管理着力提高财政资金使用效益的实施意见》，加快构建全方位、全过程、全覆盖的预算绩效管理体系。进一步加强国有金融资本管理。出台《关于完善国有金融资本管理的工作措施》，规范明确了国有金融资本出资人职责，理顺国有金融资本管理体制。加快构建我市政府性融资担保体系，努力缓解小微企业融资难融资贵问题，支持实体经济发展。

在肯定成绩的同时，我们也清醒地认识到，财政运行中还存在一些突出矛盾和问题。比如，减税降费政策下，挖掘收入潜力、弥补减收的举措不多；预算编制科学性还不够，预算标准体系和项目库建设还需进一步加强；优化支出结构的力度还不够大，支出进度不快；预算绩效激励约束作用还不够强，部门和单位资金使用效益不高的情况依然存在等等。针对不足，我们将直面问题、深入研究、下功夫解决，更好地为全市经济社会发展提供坚实的财政保障。

二、2020年全市和市本级预算草案

（一）编制2020年预算草案的指导思想和原则

2020年全市财政预算编制的指导思想是：以习近平新时代中国特色社会主义思想为指导，全面贯彻党的十九大和十九届二中、三中、四中全会精神，深入贯彻习近平总书记“三篇光辉文献”精神，坚决贯彻党的基本理论、基本路线、基本方略，增强“四个意识”，坚定“四个自信”，坚决做到“两个维护”，认真落实中央、省委和市委关于经济工作的总体部署，紧扣全面建成小康社会目标任务，统筹推进疫情防控和经济社会发展工作，在疫情防控常态化前提下，坚持稳中求进工作总基调，坚持新发展理念，坚持以供给侧结构性改革为主线，坚定贯彻“四为四高两同步”的总体思路和要求，大力提质增效落实积极的财政政策，优化财政支出结构，坚持过“紧日子”思想，严格压缩一般性支出，加大对中心工作和重点领域的保障力度，支持打好“三大攻坚战”，做好“六稳”“六保”工作，深化财税体制改革，全面实施预算绩效管理，推动疫情防控和经济社会发展“双战双胜”，确保全面建成小康社会目标实现和“十三五”规划圆满收官，努力打造具有国际影响力的全国区域中心城市，奋力谱写文明开放富裕美丽太原新篇章。

落实上述指导思想，贯彻《预算法》，2020年全市财政预算编制遵循以下原则：一是收入预算要坚持实事求是、科

学预测的原则。收入预算安排要与经济社会发展相适应，与财政政策相衔接，既充分考虑新冠肺炎疫情、减税降费政策等因素对财政收入的影响，又要立足高质量发展带来的收入新动能，积极稳妥预测收入。二是支出预算要坚持以收定支、量入为出的原则。统筹兼顾，着力优化结构，切实兜牢“三保”底线，加大对重点领域和关键环节的保障力度，全面落实政府过“紧日子”的要求，继续压缩一般性支出，压减非刚性、非重点支出。三是预算执行要坚持先有预算、后有支出的原则。强化预算硬约束，重大建设项目要开展财政承受能力评估，做到量力而行，精打细算。四是全面实施预算绩效管理。做到花钱要问效、有效多安排、低效多压减、无效要问责，切实提高财政资金配置效率和使用效益。五是积极财政政策要大力提质增效。要始终把支持转型综改摆在财政工作的核心位置，坚持抓纲举目、战略引领，以项目建设促增长、提质量、增后劲。积极争取更多地方政府债券资金，带动有效投资。六是筑牢底线，有效防控财政风险。加强政府债务限额管理和预算管理，严格按照政府举债程序和资金用途使用债券资金，到期的还本付息资金要足额列入预算，有效防范化解债务风险。

（二）2020 年全市预算草案

1. 全市一般公共预算

综合分析财政收支形势，经济下行压力犹存，新冠肺炎疫情、减税降费政策延续及翘尾影响，全年财政收入增速仍将放缓；但同时落实减税降费政策，更好释放市场主体活力，将为财政增收注入新动力，特别是市委、市政府深入推进工业高质量发展，谋划布局了一批重大项目，加快推进转型项目建设，精准有效开展招商引资，这将提供更多新的税源。基于上述考虑，2020 年全市一般公共预算收入安排 398.34 亿元，增长 3%。

按照 2020 年收入计划和现行财政体制测算，2020 年全市一般公共预算当年财力约为 491 亿元。按照收支平衡的原则，一般公共预算支出相应安排 491 亿元，由市县两级财政分别安排。

中央和省提前安排我市 2020 年一般公共预算转移支付 91.5 亿元，其中，一般性转移支付 78.98 亿元，专项转移支付 12.52 亿元。市本级提前下达县（市、区）2020 年转移支付 47.34 亿元，其中，一般性转移支付 44.37 亿元，专项转移支付 2.97 亿元。市县两级财政已按《预算法》要求将上级提前安排的转移支付编入本级预算。

2. 全市政府性基金预算

2020 年，全市政府性基金收入预算安排 450.81 亿元。按照收支平衡原则和预算管理有关规定，政府性基金支出预算安排 420.81 亿元，由市县两级财政分别安排，按规定用途使用。

中央和省提前安排我市 2020 年政府性基金专项转移支付 1.83 亿元，市本级提前下达县（市、区）2020 年专项转移支付 1.23 亿元。市县两级财政已按《预算法》要求将上级提前安排的转移支付编入本级预算。

3. 全市国有资本经营预算

2020 年，全市国有资本经营收入预算安排 5435 万元，支出预算安排 4235 万元，同时，按照规定调入一般公共预算 1200 万元。

4. 全市社会保险基金预算

2020 年，全市社会保险基金收入预算安排 126.16 亿元，支出预算安排 120.38 亿元，当年收支结余 5.78 亿元，年末滚存结余 209.19 亿元。

上述全市预算草案为代编预算，各县（市、区）预算待同级人民代表大会批准后，市政府将汇总全市预算报市人大常委会备案。

（三）2020 年市本级预算草案

1. 市本级一般公共预算

2020 年，市本级一般公共预算收入安排 208.74 亿元，增长 3%。按现行财政体制测算，2020 年市本级当年一般公共预算财力为 215 亿元，加上从预算稳定调节基金调入 8 亿元、从政府性基金收入调入 15 亿元和国有资本经营收入调入 0.12 亿元，共计 23.12 亿元纳入年初预算统筹安排。2020 年市本级当年一般公共预算可用财力为 238.12 亿元。按照收支平衡原则，市本级一般公共预算支出相应安排 238.12 亿元。

按照政府收支分类科目，一般公共预算支出预算安排情况为：

——一般公共服务支出安排 11.16 亿元，比上年增加 2363 万元，增长 2.2%。主要包括市委、人大、政府、政协等基本公共服务与管理部门的支出。

——国防支出安排 1555 万元，与上年持平。主要包括太原警备区等方面的补助支出。

——公共安全支出安排 15.77 亿元，比上年增加 1712 万元，增长 1.1%。主要包括公安、司法等部门维护社会公共安全方面的支出。重点安排公安部门业务费 1.84 亿元，公安部门业务技术用房和公共视频图像运维资金 7369 万元，交警监控信号及设施维护 9053 万元等。

——教育支出安排 35.89 亿元，比上年增加 2 亿元，增长 5.9%。主要包括教育部门及所属各类学校普通教育、职业教育、特殊教育等方面的支出。重点安排新校建设 5 亿元，校舍维修、教育教学设备购置和信息化建设 1.76 亿元，提高教师待遇 7159 万元等。

——科学技术支出安排 10.69 亿元，与上年持平。主要包括科技、科协等部门科学技术管理、技术研究开发、科学技术普及等方面的支出。重点安排科技创新专项资金 10 亿元，用于加快建设国家可持续发展议程创新示范区、提升企业自主创新能力，推进产学研合作和科技成果转化等。

——文化旅游体育与传媒支出安排5.93亿元，同口径增长6%。主要包括文化旅游、文物、体育、广播电视等方面的支出。重点安排农村文化体育设施配套资金、运动员伙食补助、文化产业资金、文物维修保护费等。

——社会保障和就业支出安排32.33亿元，比上年增加2.26亿元，增长7.5%。主要包括人力资源和社会保障管理事务、民政管理事务、退役军人事务、企业改革补助、就业补助、残疾人事业、最低生活保障、机关事业单位养老保险等方面的支出。重点安排机关事业单位养老保险缴费及基金缺口补助资金18.58亿元，就业补助配套资金1.82亿元，以前年度退役士兵接续社会保险费1.77亿元，企业基本养老保险基金缺口补助1.53亿元，市属国有企业“三供一业”分离移交1亿元，社区办公经费及社区干部补助1.87亿元，社区惠民资金5978万元，困难群众救助市级补助3445万元，为困难群体送温暖献爱心行动补助3207万元，城乡居民养老保险财政补助3258万元等。

——卫生健康支出安排9.24亿元，比上年增加1.2亿元，增长15%。主要包括卫生健康管理事务、计划生育、公立医院、公共卫生和行政事业单位医疗等方面的支出。重点安排机关事业单位医疗保险费3.79亿元，离休干部医药费及特困企业离休干部“两费”1.4亿元，城乡居民医保配套资金9752万元，公立医院改革补助8437万元，基本公共卫生配套资金3186万元，计划生育家庭奖励扶助资金1948万元等。

——节能环保支出安排6.05亿元，比上年增加1099万元，增长1.8%。主要包括环保部门的运行支出以及污染防治、节能减排等方面的支出。重点安排省城环境综合整治专项资金5亿元。

——城乡社区支出安排35.09亿元，比上年增加2.3亿元，增长7.1%。主要包括城建系统各部门运行及城市基础设施维护养管方面的支出。重点安排供热企业补贴5.5亿元，污水污泥处置费5.8亿元，晋阳湖、迎泽公园等绿化养管费4.75亿元，城乡清洁工程1.2亿元等。

——农林水支出安排7.46亿元，同口径增长5.1%。主要包括农业、林业、水利、扶贫等方面的支出。重点安排乡村振兴资金3.15亿元，精准扶贫资金1.65亿元，全市生猪生产配套补贴资金740万元等。

——交通运输支出安排8.01亿元，比上年增加8528万元，增长11.9%。主要包括交通运输管理和公共交通运营补贴等方面的支出。重点安排公交公司运营补贴及公共自行车运行补贴6.03亿元，农村公路安全生命防护工程2830万元等。

——资源勘探工业信息等支出安排10.63亿元，比上年增加1.94亿元，增长22.3%。主要包括工业和信息产业监管、支持中小企业发展管理等方面的支出。重点安排工业转型升级资金10亿元（含富士康等企业政策性奖励资金2亿元，民营企业应急还贷资金2亿元等）。

——商业服务业等支出安排869万元，与上年持平。主要包括商业服务业等方面的支出。

——金融支出安排692万元，主要用于金融事业运行方面的支出。

——自然资源海洋气象等支出安排1.44亿元，同口径与上年持平。主要包括自然资源、气象等公益服务事业方面的支出。重点安排“数字太原”“智慧太原”相关平台建设、系统维护以及基础数据测绘资金2583万元等。

——住房保障支出安排2.32亿元，比上年增加1282万元，增长5.9%。主要包括保障房方面的支出。重点安排保障性安居工程支出1亿元等。

——粮油物资储备支出安排8379万元，比上年增加3670万元，增长77.9%。主要包括粮油事务、重要商品储备方面的支出。重点安排粮食风险基金2900万元，各类物资储备及预防资金5000万元等。

——灾害防治及应急管理支出安排2.07亿元，比上年增加1706万元，增长9%。主要包括安全生产监管、应急管理事务、消防事务、煤矿安全和自然灾害防治等方面的支出。重点安排消防业务费1.21亿元，安全生产专项工作经费1350万元等。

——预备费安排2.09亿元，与上年持平。

——其他支出安排34.06亿元，比上年减少13.32亿元，减少28.1%。重点安排新动能发展资金5亿元，统筹用于促进现代服务业发展、金融业发展、招商引资、大众创业万众创新、大数据发展、安可工程、市属国有企业改革和处理遗留问题、处置国有僵尸企业和国有企业退休人员社会化管理人员费用等方面。人才专项经费10亿元（含新增一般债券3亿元），社会事业类建设项目1亿元，创城奖补资金1亿元，三基建设资金1.4亿元等。

——债务付息支出安排6.74亿元，比上年增加7365万元，增长12.3%。主要安排到期省转贷一般政府债券付息资金。

中央和省提前安排市本级2020年一般公共预算转移支付共计44.15亿元。其中，一般性转移支付34.6亿元，专项转移支付9.55亿元。主要包括卫生健康8.85亿元，社会保障和就业6.48亿元，教育5.28亿元，住房保障3.49亿元等。

经汇总，2020年市本级行政事业单位使用一般公共预算资金安排的“三公”经费预算为12278万元，较上年减少154万元，下降1.2%。其中，因公出国（境）费280万元，与上年持平；公务接待费1644万元，下降1.3%；公务用车购置及运行维护费10354万元，下降1.3%。

2. 市本级政府性基金预算

2020年，市本级政府性基金收入预算安排357亿元。其中，国土收入350亿元，城市基础设施配套费收入6亿元，污水处理费收入1亿元。

按照收支平衡原则和预算管理有关规定，市本级政府性基金支出预算安排327亿元，主要内容如下：

——国土收入安排支出320亿元。其中，城中村、棚户区等征地拆迁成本性返还121.5亿元，西南环铁路枢纽工程等项目和到期政府债券还本付息29.98亿元，隐性债务化解45.64亿元，解放路改造工程、双塔公园建设工程、老旧小区整治等城市基础设施建设122.88亿元等。

——城市基础设施配套费安排支出6亿元，统筹用于城市基础设施建设。

——污水处理费安排支出1亿元，统筹用于省城环境综合整治。

中央和省提前安排市本级2020年政府性基金专项转移支付0.6亿元，主要用于体育事业等彩票公益金项目。

3. 市本级国有资本经营预算

2020年，市本级国有资本经营收入预算安排4900万元，全部为利润收入和股利股息收入。支出预算安排3700万元，用于资本金注入3400万元，解决历史遗留问题及改革成本支出300万元。按照规定调入一般公共预算1200万元。

4. 市本级社会保险基金预算

2020年，市本级社会保险基金收入预算安排103.22亿元。其中，企业职工基本养老保险基金自2020年起实行省级统筹管理，预算安排情况不在市县级反映；机关事业单位基本养老保险基金收入14.98亿元；职工基本医疗保险（含生育保险）基金收入60.38亿元；城乡居民基本医疗保险基金收入16.3亿元；工伤保险基金收入5.33亿元；失业保险基金收入6.23亿元。

支出预算安排97.26亿元。其中，机关事业单位基本养老保险基金支出16.8亿元；职工基本医疗保险（含生育保险）基金支出56.21亿元；城乡居民基本医疗保险基金支出17.24亿元；工伤保险基金支出3.01亿元；失业保险基金支出4亿元。当年收支结余5.95亿元，年末滚存结余186.92亿元。

5. 省提前下达政府债券资金情况

2020年1月，省提前下达我市2020年新增政府债券限额82.89亿元，其中：一般债券限额35亿元，专项债券限额47.89亿元。按照政府债券分配的有关要求并结合市本级预算统筹安排压力较大的实际情况，将提前下达的35亿元新增一般债券用于市本级项目，提前下达的新增专项债券中36.01亿元用于市本级项目，其余提前下达的新增专项债券11.88亿元用于有关县区和综改示范区项目。

（1）一般债券资金安排情况：

——教育支出安排9.5亿元，用于新校建设项目及中国科学院大学太原能源材料学院建设项目等。

——社会保障和就业支出安排1.84亿元，用于市社会（儿童）福利院迁建项目，市社会福利精神康宁医院迁建项目和市光荣院新建项目等。

——农林水支出安排5.4亿元，用于太榆退水渠改扩建工程项目，汾河干流支流人工湿地工程项目等。

——交通运输支出安排5.9亿元，用于太原东西山旅游公路工程项目，环城旅游公路及公路自行车赛道建设项目和航空博物馆建设项目等。

——其他支出安排12.36亿元，用于人才公寓建设3亿元，市属医疗机构建设、公检法技术用房、文化文物及其他社会事业类基本建设项目9.36亿元等。

（2）专项债券资金安排情况：

——其他支出安排36.01亿元，用于市属医疗机构重点建设项目和设备购置14.42亿元，市老年社会福利院新建项目0.6亿元，市晋剧艺术研究院丁果仙大剧院改扩建项目1亿元，市文物局晋祠环境综合整治二、三期等项目0.92亿元，市文物局徐显秀墓保护和展示项目0.3亿元，市公交公司新能源纯电动车购置及场站建设项目10.83亿元，市供水集团加压站建设等项目0.84亿元，市热力公司管网改造等项目7.1亿元。

（四）2020年开发区预算草案

1. 综改示范区预算

2020年，一般公共预算收入安排38.46亿元，增长5%，按现行财政体制测算，当年财力为37.99亿元。按照收支平衡原则，一般公共预算支出相应安排37.99亿元。

政府性基金收入预算安排65亿元。按照收支平衡原则，政府性基金支出预算安排65亿元。

2. 不锈钢园区预算

2020年，一般公共预算收入安排2.84亿元，增长5%，按现行财政体制测算，当年财力为0.82亿元。按照收支平衡原则，一般公共预算支出相应安排0.82亿元。

政府性基金收入预算安排2.89亿元。按照收支平衡原则，政府性基金支出预算安排2.89亿元。

以上有关预算草案安排明细详见《太原市2019年预算执行情况及2020年预算（草案）》表十一至表二十四。

根据《预算法》规定，预算年度开始后，在本级人民代表大会批准预算前，可安排有关支出。截至2020年3月底，市本级一般公共预算支出累计执行67.64亿元。特别是年初新冠肺炎疫情暴发以来，通过压缩一般性支出、调整优化支出结构、积极争取上级补助资金和动支预备费等多种方式，切实保障疫情防控和支持企业复工复产等方面的资金需求。截至2020年3月底，市本级疫情防控资金累计执行9774.4

万元，其中：医疗系统疫情防控设备和防控物资购置、患者救治费用和医护人员补助等方面支出 8384.78 万元，支持企业复工复产 250 万元，公安、教育等方面防疫支出 1139.62 万元。

三、完成 2020 年预算任务的主要措施

2020 年是全面建成小康社会和“十三五”规划收官之年，既是攻坚年，也是决胜年。同时，受经济下行压力加大和新冠肺炎疫情的叠加影响，经济发展面临的挑战前所未有，财政收支矛盾更为突出。尤其是年初新冠肺炎疫情暴发，在给企业生产带来困难，造成财政增收压力的同时，还必须加大财政支出，加强疫情防控经费保障，出台阶段性、有针对性的减税降费措施，推动企业复工复产，缓解企业经营困难，进一步要求积极的财政政策大力提质增效。为此，全市上下必须充分估计困难、风险和不确定性，切实增强紧迫感，按照省委“四为四高两同步”的总体思路和要求，坚持过“紧日子”思想，进一步优化财政支出结构、提高资金配置效率，紧扣全面建成小康社会目标任务，在疫情防控常态化前提下，做好“六稳”“六保”工作，加大补短板强弱项力度，努力提升财政治理效能，全力推动疫情防控和经济社会发展“双战双胜”。

（一）统筹做好疫情防控和经济社会发展工作

支持打赢疫情防控的人民战争、总体战、阻击战。合理筹集调度资金，加大资金投入，在积极争取中央、省补助的基础上，市本级在预算中专门安排 8000 万元用于疫情防控经费保障。截至 3 月底，全市已经累计投入新冠肺炎疫情控防治经费 2.3 亿元，其中：中央补助 3755 万元，省级补助 5553 万元，市级投入 5713 万元，县（市、区）级投入 7934 万元。重点做好医疗救治、医务人员和防疫工作者补助、疫情防控所需设备、物资采购等经费保障。认真贯彻落实疫情防控经费保障、财政补助、税收优惠、金融支持、政府采购等相关政策措施，统筹做好资金调度，优先保障和拨付疫情防控资金，加快支出进度，提高资金使用效益。推进疫情防控期间政府采购项目电子化实施，建立采购“绿色通道”。

大力提质增效落实积极的财政政策。坚持项目为王，发挥财政政策逆周期调节和财政资金撬动作用，用好地方政府专项债券，推动在建工程建设和具备条件项目及早开工，积极促进有效投资。巩固和拓展减税降费成效。坚决落实落细各项减税降费政策，通过减轻企业、个人负担，进一步激发市场活力、培育内生动力，促进疫情防控和拉动经济增长。坚决贯彻执行中央和省市出台的对疫情防控重点保障企业和个体工商户、小微企业复工复产的税收优惠政策，落实各项阶段性减免和缓缴社会保险费政策，为企业纾解困难、推动企业有序复工复产。认真落实涉企收费清单制度，严肃查处政策执行不力、增加企业负担、损害群众利益等行为，持续发挥减税降费政策效应。

支持企业复产增效，全力推动工业高质量发展。紧紧围绕市委、市政府确定的工业强市战略，加大财政政策支撑和资金保障。安排工业高质量发展专项资金，推动培育壮大高端装备制造业、新一代信息技术产业、新材料产业和绿色能源产业集群。充分发挥财政资金激励作用，大力推动我市各类企业复工复产，从工业转型升级发展资金中设立企业复产达效、增产增效奖励专项，对企业进行奖励，加快恢复我市规模以上工业企业生产能力。继续支持加快产业基金运作，撬动更多社会资本投入先进制造业、现代服务业、文化旅游等产业项目。支持提升公共文化服务质量，激励引导文旅产业融合发展。大力支持能源革命综合改革试点，加快推进军民融合创新示范基地建设，促进军民融合技术成果转化和项目实施。

支持创新驱动战略。全面贯彻全省科学技术大会精神，倾力打造一流创新生态，培育壮大转型发展新动能。加大科技创新和人才引进投入，支持科研院所、科技创新基础平台和科技人才队伍建设。大力支持实施“111”、“1331”、“136”工程，继续支持与中科院、C9＋高校等科研院校深度合作，加速推动产学研成果转化。加快推进国家可持续发展议程创新示范区建设，大力支持煤基资源转化、氢能源及燃料电池开发等创新技术突破，对企业参与重大科技专项或重点研发计划给予补贴或奖励。全面落实人才兴市战略，加快推进人才公寓建设，加大人才支持力度，大力推动中国科学院大学太原能源材料学院建设。

支持民营经济发展。全面落实支持和服务民营经济发展意见 30 条、加强和改进服务民营企业工作 10 条，综合运用税收优惠、融资增信、以奖代补等方式，鼓励金融机构加大对民营企业特别是中小微企业的支持力度。落实好中小微疫情防控重点保障企业的贷款贴息政策。发挥好政府性融资担保政策功能，用好应急还贷资金等个性化金融服务，缓解融资难融资贵问题。落实好各项财政资金奖补政策，加快清理政府部门拖欠民营企业、中小企业账款。发挥政府采购的政策导向作用，利用信息化手段营造最优营商环境。

（二）牢固树立过“紧日子”思想，扎实做好预算收支管理，确保财政稳定运行

加大开源节流力度。继续落实落细各项减税降费政策，强化收入征管，税务部门要堵塞税收征管漏洞，提高税收征管效能，防止“跑冒滴漏”。财政部门要盘活长期低效运转和闲置的存量资金，继续清理结转结余资金，加大预算稳定调节基金调入规模，提高国有资本经营预算调入比例，加强政府性基金预算与一般公共预算的统筹衔接，多渠道缓解财政收支压力。抓住中央大幅增加地方政府债券特别是专项债

券的机遇，坚持“资金跟着项目走”，加快项目储备，优化债券投向结构，落实好扩大专项债券使用范围等政策，积极争取更多省转贷政府债券资金支持我市经济社会发展。

扎实做好财政节支工作。在今年财政收支矛盾突出的情况下，必须坚持量入为出，更加注重优化支出结构。继续大幅压减非刚性、非重点项目支出，严控行政事业单位开支，压缩“三公”经费。压减出来的资金，用于加大对教育、疫情防控、“三大攻坚战”等重点领域的保障力度。严把支出政策关口，强化财政可承受能力评估。要大力硬化预算约束，严格执行人大审查批准的预算，从严控制预算调剂事项。预算执行中，把“不追加作为原则，追加作为例外”，除中央和省市重大决策部署外，原则上不开新的支出口子。要加强预算管理，预算执行中要加大存量资金和资产盘活力度，对不具备实施条件、项目进展缓慢以及预计难以支出的项目，按规定收回资金统筹用于重点支出。同时，按照县级为主、省级兜底的原则，坚持把“三保”放在地方财政支出的优先位置，坚决兜牢“三保”底线。

（三）决战完胜全面小康，坚决支持打赢“三大攻坚战”

决战完胜脱贫攻坚战。打赢脱贫攻坚战是全面建成小康社会的底线任务和标志性指标。强化“军令状”和“交总账”意识，围绕“四个不摘”要求，聚焦“两不愁、三保障”，稳定各项扶贫政策，巩固脱贫成果。市本级安排脱贫攻坚资金1.63亿元，增长10%。继续推动贫困县涉农资金整合，提高贫困县自主安排统筹使用资金的能力，全面加强财政扶贫资金监管，强化扶贫项目资金绩效管理，提高项目实施效果。积极保障贫困劳动力就业全覆盖，疫情期间，对与贫困县劳动力签订用工协议的农业产业化龙头企业、农民专业合作社等各类农业经营组织，给予一次性吸纳就业补助。对人力资源服务企业、职业培训机构等市场主体开展贫困劳动力有组织劳务输出的给予职业介绍补贴。大力推动乡村振兴，加快提升都市现代农业质量效益，继续加大“菜篮子”工程资金保障力度，确保菜、肉、蛋市场供应和价格基本稳定。对贫困县喷制奶粉的生鲜乳企业和生猪养殖场，给予奶牛生鲜乳补贴、能繁母猪存栏补贴。三县一市实现的国土收入要对农村农业倾斜。扎实推动美丽乡村建设，大力支持拆违治乱、垃圾污水治理和户厕改造等专项行动。

坚决打好污染防治攻坚战。坚持方向不变、力度不减，聚焦重点地区、重点领域，集中资金支持打好大气、水、土壤污染等战役，巩固和扩大污染防治成效。支持打赢蓝天保卫战，“控煤、治污、管车、降尘”并举，扎实做好北方地区冬季清洁取暖试点工作。大力支持统筹推进“五水同治”、黑臭水体治理、汾河出境断面全部退出劣V类等环境保护工程，支持推进土壤污染治理和修复，做好中央和省环保督查问题整改工作。统筹山水林田湖草一体化保护和修复，加强自然灾害防治体系建设。

全力防范化解政府债务风险。坚持以稳为主、稳中求降的政策取向，化解政府债务风险。健全规范举债融资机制，严格落实债务限额管理和预算管理要求，严格保障到期债券利息支付，严禁借债付息。全面做好债券资金使用、监督、管理等方面的工作，积极争取更大规模的政府新增债券，为全市经济社会发展提供更多的资金保障。加强隐性债务风险管理，采取有力措施保障政府隐性债务化解资金安排和落实，稳妥有序化解地方政府隐性债务风险，牢牢守住不发生系统性区域性政府债务风险的底线。

（四）兜实兜牢民生底线，进一步提升人民群众获得感幸福感安全感

支持办好新时代人民满意教育。持续优化教育支出结构，财政教育投入进一步向教育基本公共服务、教师队伍、高水平发展倾斜，加快教育现代化，建设教育强市。巩固城乡义务教育经费保障机制，加快义务教育薄弱环节改善和能力提升。进一步保障义务教育教师待遇，确保义务教育教师平均工资收入水平不低于当地公务员平均工资收入水平。大力支持小学生延长免费托管、提高校园保安待遇、改造学校照明设备等惠民政策落地落实。

促进就业创业。把稳就业作为重中之重，完善就业创业扶持政策，保障就业资金持续稳定投入，加大对创业工作的投入力度，支持做好高校毕业生、农民工、退役军人等重点群体就业工作，对就业困难人员托底帮扶，实现零就业家庭动态清零。全面开展职业技能提升行动，进一步强化产教融合、供需对接，实行订单式、菜单式培养，多方面保障促进就业创业。

提高社会保障标准，兜底困难群众基本生活。根据疫情形势不断变化，加大低收入群体特别是困难群体的保障力度，阶段性提高社会救助和保障标准与物价上涨挂钩联动机制的每月价格临时补贴标准。将受疫情影响的困难群众纳入低保、特困人员供养和临时救助等政策保障援助范围，千方百计保障困难群体的基本生活。做好社会救助兜底工作，支持完善社会救助、社会福利、慈善事业、优抚安置等制度。继续提高退休人员基本养老金标准和城乡居民基础养老金最低标准。推进完善统一的城乡居民基本医疗保险制度和大病保险制度。

加强医疗卫生服务。继续加大公立医院重点建设项目资金保障力度。足额安排资金确保公立医院取消药品加成补助政策落实到位，继续提高基本公共卫生服务经费和城乡居民医疗保险财政补助标准，筹集安排更多的资金，保障医疗卫生事业的健康发展。

推进提升城市治理能力，不断创造高品质生活。进一步统筹财力，加大基础设施和公共服务设施建设投入力度。加

快推进东二环、西北二环高速公路和地铁1、2号线建设，支持解放路等城市路网改造，加快打造现代化交通枢纽。支持城中村、棚户区改造和保障性安居工程建设，加快建立多主体供应、多渠道保障、租购并举的住房制度。积极推进垃圾污染处理、综合管廊建设和老旧小区改造，全面提升城市承载力和宜居度。

提升公共文化服务水平。支持完善公共文化服务体系，深入实施文化惠民工程，加强文物保护和文化遗产保护传承，努力增强城市软实力。大力支持晋祠—天龙山5A级景区创建、晋阳古城遗址公园和双塔公园建设，积极推动明太原县城、山西府衙和华夏文明传承园年内开放。全力保障文明城市创建、治安综合治理等经费，确保社会和谐稳定。

（五）着力推进财政体制改革，加快建立完善现代财政制度

围绕推进国家治理体系和治理能力现代化，以制度建设为主线，增强改革定力，创新改革举措，加快改革步伐。

积极完善财政体制。按照中央和省的统一部署，加快推进医疗、教育、科技、交通运输领域财政事权和支出责任划分改革。科学谋划和编制财政“十四五”规划，全面贯彻新发展理念和高质量转型发展要求，紧扣转型发展出雏形的阶段性战略目标，聚焦市委、市政府部署的重点工作任务，把财政工作目标任务举措谋深谋细谋实。

加快推进财政法治建设。将加强财政法治建设与深化财政体制改革有机结合起来，坚持运用法治思维和法治方式推进改革。牢固树立预算法治意识，全面落实预算法，自觉接受人大依法开展预算监督，主动接受社会各界监督，持续提升依法理财水平。深化财政领域“放管服效”改革，助力优化营商环境，加快推进法治政府建设。

健全预算管理制度。深化预算编制改革，完善预算支出标准定额体系和支出标准应用机制。进一步完善项目库建设，做好项目储备，从源头解决“资金等项目”的问题。加强项目预算评审，严格项目入库管理，提升财政预算的科学管理水平。强化预算执行动态监控，严格规范资金支付和清算业务，加强预算执行和财政资金安全管理。积极推进政府购买服务工作。加快构建优质优价优效的现代政府采购制度体系。

全面实施预算绩效管理。建立完善预算绩效责任约束机制，按照《全面实施预算绩效管理着力提高财政资金使用效益的实施意见》要求，强化绩效导向，预算单位所有列入财政预算管理的资金必须按照要求设定绩效目标，对新出台的重大政策、项目开展事前绩效评估，将评估结果作为申请预算的重要参考。扩大绩效目标编报范围，积极开展部门整体绩效目标试点，提升绩效目标约束力。加强绩效运行监控，开展绩效自评和重点评价，健全绩效评价结果反馈和整改制度，大力削减低效无效支出，建立起鲜明的奖优罚劣激励约束机制。切实做到花钱要问效、有效多安排、低效多压减、无效要问责，加快推动全方位、全过程、全覆盖的预算绩效管理体系。

加强国有金融资产监管。履行好国有金融资本出资人职责，理顺国有金融资本管理体制，更好地服务全市重大战略实施。优化国有金融资本管理制度，健全国有金融企业公司法人治理结构。健全国有金融企业风险监测预警机制，防范财政金融风险。

着力强化财政管理监督。结合财政核心业务一体化系统、信息数据库建设和内控内审等工作，建立健全财政资金分配使用全程留痕、责任可追溯的监管机制。发挥财政监督在完善预算管理中的作用，大力推进预决算公开规范化、常态化、制度化。健全完善专项检查机制，聚焦重点行业和突出问题，加大监督检查处理力度。

各位代表，全面完成全年收支预算和财政改革发展工作，任务艰巨、使命光荣。我们将高举习近平新时代中国特色社会主义思想伟大旗帜，全面贯彻落实市委决策部署，自觉接受人大监督，认真听取政协意见建议，以只争朝夕、不负韶华的精神状态，以奋发进取、攻坚克难的使命担当，扎实做好各项财政工作，全力推动疫情防控和经济社会发展“双战双胜”，为谱写新时代中国特色社会主义太原篇章作出新的更大的贡献！

法规选登

太原市博物馆促进条例

（2020年4月21日太原市第十四届人民代表大会常务委员会第三十次会议通过

2020年7月31日山西省第十三届人民代表大会常务委员会第十九次会议批准）

目　录

第一章　总　则

第一条　为了促进博物馆发展，发挥博物馆功能，传承中华优秀传统文化，弘扬社会主义核心价值观，提高公民思想道德和科学文化素质，增强文化自信，根据《中华人民共和国文物保护法》《中华人民共和国公共文化服务保障法》《博物馆条例》等法律法规，结合本市实际，制定本条例。

第二条　本市行政区域内促进博物馆发展以及相关保障、管理和服务等活动，适用本条例。

本条例所称博物馆，包括各类博物馆、纪念馆、展览馆、陈列馆等（以下统称博物馆）。

《博物馆条例》以及有关法律、行政法规、山西省人大及其常委会地方性法规等上位法对博物馆有规定的，适用上位法规定。

第三条　博物馆发展应当遵循政府主导、社会参与、便民惠民的原则，丰富人民群众精神文化生活。

第四条　市、县（市、区）人民政府应当将促进博物馆发展纳入国民经济和社会发展规划，协调解决博物馆发展中的重大问题。

第五条　市、县（市、区）人民政府文物主管部门负责本行政区域内博物馆的监督管理工作。

市、县（市、区）人民政府发展和改革、教育、科技、公安、民政、财政、规划和自然资源、住房和城乡建设、城乡管理、交通运输、文化和旅游、行政审批、园林、税务等部门在各自职责范围内做好博物馆的管理工作。

第六条　市、县（市、区）人民政府应当将国有博物馆的运行经费和非国有博物馆的补助经费列入本级财政预算。

非国有博物馆的举办者应当保障博物馆的正常运行经费。

第七条　国有博物馆和非国有博物馆依法享有同等法律地位。

第二章　促进和保障

第八条　市人民政府文物主管部门应当会同规划和自然资源部门，根据国民经济和社会发展规划、国土空间规划编制博物馆发展规划，报市人民政府批准后实施。

博物馆发展规划应当纳入国土空间规划。

编制博物馆发展规划应当根据本市国民经济和社会发展水平、藏品资源、文化特色和公众精神文化需求等，科学确定博物馆发展方向、数量、种类、规模和布局等，使本市博物馆充分展示三晋文化、晋阳文化、晋商文化、红色文化、工业文化、醋文化等地方文化特色，建立门类齐全、具有地方特色的博物馆体系。

博物馆发展规划经批准后，不得擅自变更；确需变更的，应当按照原审批程序报批。

第九条　市、县（市、区）人民政府应当在国土空间规划中合理安排博物馆建设用地。建设用地符合国家《划拨用地目录》规定的，经依法批准，可以以划拨方式取得国有土地使用权。

以划拨方式取得土地使用权的博物馆，不得擅自改变土地的使用性质和用途，不得将划拨土地的使用权进行抵押。博物馆终止的，依法收回该地块的土地使用权。

第十条　市、县（市、区）人民政府应当结合自然、历史、文化、科技等资源设立博物馆，至少设立一座国有博物馆。

市、县（市、区）人民政府应当制定扶持政策，鼓励支持企业、事业单位、社会团体和公民等社会力量依法利用具有历史文化内涵和属性的古建筑、名人故居、工业遗产、红色遗址、近现代建筑等设立博物馆。

市、县（市、区）人民政府文物主管部门应当为申请设立博物馆的企业、事业单位、社会团体、公民等提供指导和服务。

第十一条　市、县（市、区）人民政府可以利用文物保护单位中属于国家所有的纪念建筑、古建筑等辟建专题博物馆，可以在旅游景区、工业遗产旧址和文化产业园区内规划建设博物馆。

第十二条　市、县（市、区）人民政府对已经建成或者尚在建设中的博物馆，应当完善周边市政设施，改善安全、卫生等环境状况。

第十三条　任何单位和个人不得擅自拆除博物馆，不得擅自改变博物馆的功能、用途或者妨碍其正常运行，不得侵占、挪用博物馆依法管理和使用的资产。

因城乡建设确需拆除博物馆或者改变其功能、用途的，应当依照有关法律、行政法规的规定重建或者迁建，并坚持先建设后拆除的原则。重建或者迁建的博物馆的设施配置、建筑面积、展厅面积等不得低于原有标准。

第十四条　市、县（市、区）人民政府可以发起设立博物馆发展社会基金。

鼓励自然人、法人或者非法人组织依法设立博物馆发展社会基金。

第十五条 市、县（市、区）人民政府应当在场地优惠、购买服务、财政扶持、税收优惠等方面，依法制定具体措施，支持非国有博物馆发展。

非国有博物馆向公众免费或者优惠开放的，由市、县（市、区）人民政府给予补助。具体补助标准由市人民政府文物主管部门会同财政部门制定，报市人民政府批准后实施。

符合条件的非国有博物馆可以享受国家规定的土地、税收、规费等优惠，用水、用电、用气、供暖价格执行居民标准。

第十六条 市、县（市、区）人民政府文物主管部门应当对博物馆工作人员进行专业培训，提升其专业技能和服务水平。

博物馆专业技术人员评定专业技术职称，由统一的评审机构按照统一的评审程序和统一的评审标准，实行统一评审管理。

第十七条 博物馆之间应当建立健全资源共享机制，通过博物馆联盟、对口帮扶、总分馆制、藏品借用等方式，促进博物馆共同发展。

鼓励博物馆与非遗传承人、工艺美术创作者等合作，通过在博物馆内设立特色展厅等方式，促进博物馆发展。

第十八条 鼓励博物馆通过合作、授权、独立开发等途径开发文化创意产品。

鼓励和引导社会资本投入博物馆文化创意产品开发。

市、县（市、区）人民政府文物主管部门应当为博物馆开发、经营文化创意产品提供指导。

第十九条 鼓励自然人、法人或者非法人组织通过捐赠资金、藏品、设备等方式，支持博物馆发展。

接受捐赠的博物馆应当出具接受捐赠凭证，定期编制受赠目录，并向社会公布。博物馆使用受赠藏品时，应当根据捐赠人的意愿标明其来源。

第三章 管理与服务

第二十条 博物馆的设立、变更、终止依照《博物馆条例》办理。

未经依法登记的博物馆，不得以博物馆名义进行活动。

第二十一条 市人民政府文物主管部门应当定期公布本市博物馆名录。名录应当载明其名称、地址、设立主体、基本陈列概况、类别、开放时间、联系方式等内容。

第二十二条 博物馆实行统一标识管理。

市、县（市、区）人民政府文物、公安、交通运输、住房和城乡建设、民政等部门应当将博物馆标志纳入路标、路牌、公共交通、地图等城市标识系统，加强监督管理。

第二十三条 博物馆应当通过多种方式对本馆及举办的陈列展览、社会教育、特色人文等重要活动进行宣传，扩大观众覆盖面，提升博物馆的社会影响力。

第二十四条 博物馆应当依法建立健全法人治理结构。

博物馆馆长应当具备相应的专业知识和工作经验。

第二十五条 博物馆应当根据服务时间、馆舍规模、藏品数量、参观人数等因素配备工作人员。

第二十六条 博物馆应当根据办馆宗旨、性质和任务，编制藏品征集规划和年度计划，并及时向社会公布。

国有博物馆应当将藏品征集规划草案和年度计划草案报送本级人民政府文物主管部门。市、县（市、区）人民政府文物主管部门应当统筹博物馆拟征集的藏品，对藏品规划草案和年度计划草案提出调整意见。

市人民政府文物主管部门应当制定藏品征集管理办法，内容应当包括藏品征集的标准、流程、渠道和经费使用、管理等。

第二十七条 国有博物馆因紧急情况需要征集预算外藏品的，市、县（市、区）人民政府文物主管部门可以向本级人民政府申请专项经费，财政部门应当依法予以安排。

第二十八条 博物馆应当加强对藏品知识产权的管理，建立健全知识产权管理体系和风险防范机制。

第二十九条 博物馆应当根据自身实际，运用云计算、大数据、人工智能等现代信息技术，开展社会教育和服务活动，提升影响力和传播力。

博物馆依法享有对本馆藏品进行数字化、智能化创作成果产生的知识产权，任何单位和个人不得侵犯。

博物馆可以依法将数字化、智能化成果用于陈列展览、文化创意产品开发、科学研究等。

第三十条 博物馆应当依法建立志愿服务机制，组织志愿者参与博物馆的宣传、导览等工作。

第三十一条 市、县（市、区）人民政府教育部门应当会同文物主管部门制定相应的政策措施，对学校利用博物馆资源开展的教育教学、社会实践活动给予鼓励与支持。

市、县（市、区）人民政府科技、文化和旅游等部门应当支持、指导博物馆申报科学普及、研学旅行等基地。

鼓励各类院校、科研机构与博物馆建立合作关系，结合单位教育计划、课程设置和教学需求，充分利用博物馆资源开展教育教学、科研、社会实践活动，博物馆应当给予支持与帮助。

第三十二条 市、县（市、区）人民政府文物主管部门应当会同有关部门依法建立博物馆信息共享机制，将博物馆的登记、备案情况以及对博物馆的违规惩戒等信息进行共享。

第四章 法律责任

第三十三条 国有博物馆有下列行

为之一的，由市、县（市、区）人民政府文物主管部门责令限期改正；情节严重的，依法对直接负责的主管人员和其他直接责任人员追究责任：

（一）未出具接受捐赠凭证或者未编制、公布受赠目录的；

（二）未编制、公布藏品征集规划和年度计划的；

（三）未建立健全藏品知识产权保护制度或者未建立知识产权管理体系和风险防范机制的；

（四）法律法规规定的其他行为。

第三十四条　未经依法登记，擅自以博物馆名义进行活动或者被撤销博物馆登记的博物馆继续以博物馆名义进行活动的，由登记管理机关依法予以处罚。

第三十五条　市、县（市、区）人民政府文物主管部门和其他有关部门及其工作人员玩忽职守、滥用职权、徇私舞弊的，对直接负责的主管人员和其他直接责任人员依法给予处分；构成犯罪的，依法追究刑事责任。

第五章　附　则

第三十六条　博物馆藏品属于文物的，按照文物保护相关法律法规执行。

第三十七条　本条例自2020年9月1日起施行。

太原市城市绿化条例

（2001年12月20日太原市第十届人民代表大会常务委员会第三十六次会议通过

2002年1月19日山西省第九届人民代表大会常务委员会第二十七次会议批准

根据2010年9月29日山西省第十一届人民代表大会常务委员会第十九次会议批准的2010年6月23日太原市第十二届人民代表大会常务委员会第二十四次会议通过的《太原市人民代表大会常务委员会关于修改部分地方性法规的决定》第一次修正

根据2016年3月30日山西省第十二届人民代表大会常务委员会第二十五次会议批准的2015年12月30日太原市第十三届人民代表大会常务委员会第三十七次会议通过的《太原市人民代表大会常务委员会关于集中修改〈太原市老年人权益保障办法〉等五部地方性法规的决定》第二次修正

2020年8月26日太原市第十四届人民代表大会常务委员会第三十三次会议修订

2020年9月30日山西省第十三届人民代表大会常务委员会第二十次会议批准）

目　录

第一章　总　则

第一条　为了发展城市绿化事业，保护和改善生态环境，建设整洁、优美、宜居的现代化城市，再现锦绣太原城盛景，推进高质量发展，增强太原的吸引力、影响力，促进生态文明建设，根据有关法律法规的规定，结合本市实际，制定本条例。

第二条　本条例适用于本市城市规划区内城市绿化的规划、建设、保护和管理等活动。

第三条　市、县（市、区）人民政府应当把城市绿化建设作为城市基础设施和生态环境建设的组成部分，纳入国民经济和社会发展规划，保障城市绿化建设和管理所需经费。

第四条　城市绿化应当遵循治山、治水、治气、治城一体推进理念，坚持以人为本、生态优先、政府主导、社会参与；坚持绿化、美化与彩化相协调，生态、景观与文化相统一；坚持科学规划、因地制宜、建管并重、严格保护的原则。

第五条　城市绿化应当保护和利用原有山体、湿地、古树名木以及历史文化遗址等自然、人文资源，形成具有太原历史文化特色的生态园林。

城市绿化应当科学配置植物，坚持平面绿化和立体绿化相结合，逐步建成总量适宜、分布合理、植物多样、美观宜人、生态良好的城市绿地系统。

第六条　市人民政府城市绿化主管部门负责全市城市绿化的组织、检查、指导、协调和监督工作。

县（市、区）人民政府城市绿化主管部门负责本行政区域内的城市绿化工作。

各类园区管理委员会负责本园区的绿化工作。

乡（镇）人民政府、街道办事处负责本辖区内的城市绿化管理工作，并指导协调驻地单位完成社区和单位内部的绿化任务。

政府有关部门依照各自职责做好城市绿化的有关工作。

第七条　政府鼓励和加强绿化科学研究和成果转化，推广先进技术和材料，加强生物多样性保护。

第八条　市、县（市、区）人民政府及其有关部门应当加强绿化科学知识、法律法规的宣传，提高公民履行绿化义务和保护绿化成果的意识。

第九条　单位和个人有保护树木花草以及城市绿化设施的义务，有制止、举报损害树木花草以及城市绿化设施行为的权利。

政府鼓励单位和个人投资、捐资建纪念林、种纪念树，认养树木花草，兴建、养护城市公园绿地以及其他城市绿地。

第十条　市、县（市、区）人民政府应当对在城市绿化规划、建设、保护、管理和科研工作中做出显著成绩的单位和个人，给予表彰和奖励。

第二章 规划和建设

第十一条 市、县（市）人民政府应当组织城市绿化主管部门、规划和自然资源部门，依据国土空间总体规划编制城市绿地系统规划，并向社会公布。

任何单位和个人不得擅自改变城市绿地系统规划。确需改变的，应当报原批准机关审批。

第十二条 市、县（市、区）人民政府城市绿化主管部门应当根据城市绿地系统规划编制本行政区域内的城市绿化年度实施计划，经本级人民政府批准后实施。

第十三条 市人民政府城市绿化主管部门应当会同有关部门加强汾河太原城区段、晋阳湖片区、东西北山等重点区域及周边规划管控，保护其自然环境和生态系统。

第十四条 市人民政府城市绿化主管部门、规划和自然资源部门应当会同有关部门，依托水系、道路、公园绿地、防护林带等自然资源和线性廊道，将生态、文化、交通等要素有机结合，统筹规划和建设纵横贯通的绿道网络，为公众提供便捷舒适的慢行、健身、休闲空间。

第十五条 新建、改建、扩建各类城市建设项目的绿化用地标准应当按照下列规定执行：

（一）居住区、学校、医院、休（疗）养院、机关团体、公共文化活动场所、部队等单位绿地不低于其总占地面积的百分之三十五；

（二）城市景观道路绿地面积占道路比率不低于百分之四十；红线宽度大于五十米的道路绿地面积占道路比率不低于百分之三十；红线宽度在四十至五十米的道路绿地面积占道路比率不低于百分之二十五；红线宽度小于四十米的道路绿地面积占道路比率不低于百分之二十；河道两岸绿地宽度单侧不低于十二米；

（三）商业中心、交通枢纽绿地不低于其总占地面积的百分之二十五；

（四）产生有毒有害气体以及污染物的单位绿地不低于其总占地面积的百分之三十，并根据国家标准设立不少于五十米的防护林带；

（五）城市道路林荫路推广率不低于百分之八十五。

城中村、棚户区等涉及旧城区改造的新建工程配套绿地面积，按照前款各项规定的指标可以降低百分之五。

第十六条 市、县（市）人民政府规划和自然资源部门应当按照本条例规定的配套绿化用地标准审批建设项目。对达不到绿化用地标准的，不得批准。

第十七条 城市绿化工程应当依法进行招投标和工程质量监督，确保城市绿化工程质量。

第十八条 城市新建、改建、扩建项目，需要绿化的，其建设投资中应当包括配套的绿化建设资金。

第十九条 工程建设项目的配套绿化工程应当与主体工程同时规划、同时设计、同时施工、同时验收。

绿化配套工程确因情况特殊不能与主体工程同时竣工的，经市人民政府城市绿化主管部门同意，可以推迟，但不得晚于主体工程竣工后的第一个绿化季节。

第二十条 建设单位按照规划代征的城市公共绿化用地，应当自土地手续办理完毕之日起三十日内移交市、县（市）人民政府城市绿化主管部门组织建设和管理。

代征的城市公共绿化用地不得挪作他用。

第二十一条 工程建设项目的附属绿化工程设计方案，按照基本建设程序审批时，市、县（市）人民政府城市绿化主管部门应当参加审查。

建设单位必须按照批准的绿化工程设计方案组织施工，不得擅自更改设计方案。设计方案确需改变时，应当经原批准机关审批，但不得减少绿化面积和降低绿化用地标准。

第二十二条 工程建设项目因客观环境限制绿化用地达不到规定标准的，经市人民政府批准，建设单位应当缴纳缺建绿地补偿金。

补偿金包括当年基准地价、绿地建设经费和五年养护费用。

第二十三条 城市绿化工程实行质量负责制和责任追溯制度。具体办法由市人民政府制定。

城市绿化工程建设单位应当督促勘察、设计、施工、监理等单位履行法定责任和义务，并建立各方责任主体质量责任信息档案。

第二十四条 新建、改建、扩建各种管线应当遵守下列规定：

（一）地下管线外缘与行道树树干外缘的水平距离不小于零点九五米；

（二）架设电杆、设置消防设备等，与树干外缘的水平距离不小于一点五米；

（三）既有树木上方建设架空电力线路的，应当保持安全距离，高压输电线距树木的高度不得少于九米；既有架空电力线路下方进行绿化的，种植自然生长最终高度符合电力设施安全保护距离的植物；

（四）其他新建架空线的高度以及已建成的地上地下设施未达到前项规定的，应当统筹兼顾，按照国土空间规划的要求，制定保护措施。

管线架设先于城市树木种植的，由城市绿化主管部门负责修剪；管线架设晚于城市树木种植的，由管线管理单位负责修剪。

第二十五条 开发和利用城市绿地地下空间，应当征求市、县（市）人民政府城市绿化主管部门意见，不得影响植物生长、绿地使用功能和游憩安全。

第二十六条 取得土地使用权后暂时不能开工的建设用地，应当建设临时绿地。临时绿地应当设置明显标志。

第二十七条 城市苗圃、草圃、花圃等生产绿地的建设，应当适应城市绿化建设的需要，其面积不得低于城市建成区总面积的百分之二。

第三章　保护和管理

第二十八条　城市绿地实行绿线管理制度。

市、县（市）人民政府城市绿化主管部门应当会同规划和自然资源部门划定城市绿线，按照职责分工分别负责城市绿线的监督管理工作。

划定的城市绿线应当向社会公布，并严格执行，接受社会监督。

第二十九条　下列区域应当划定城市绿线：

（一）现有的和规划的公园绿地、生产绿地、防护绿地、附属绿地以及其他绿地；

（二）城市规划区内的河流、湖泊、水塘、湿地、山体等城市景观生态控制区域；

（三）城市规划区内的风景名胜区、散生林植被规定的保护范围等；

（四）其他对城市生态和景观产生积极作用的区域。

第三十条　市、县（市）人民政府城市绿化主管部门应当会同规划和自然资源部门确定永久保护绿地，向社会公布，并在保护绿地的显著位置设立告示牌。

居住区附属绿化工程竣工后，建设单位应当制作绿地平面图标牌，在居住区的显著位置进行永久公示。

第三十一条　鼓励和推行以建筑物、构筑物为载体的立体绿化。

鼓励露天停车场建设成为生态停车场。

第三十二条　城市绿地养护管理按照下列分工负责：

（一）城市公园绿地、风景林地、防护绿地、行道树以及干道绿化带，由城市绿化主管部门负责；

（二）单位自建的公园和附属绿地，由单位负责；单位管界内的防护绿地，由单位按照国家有关规定管理；城市苗圃、草圃和花圃等生产绿地，由其经营单位管理；

（三）实行物业管理的居住区的绿地，由物业服务企业负责；未实行物业管理的居住区的绿地，由产权单位负责，无法确定产权单位的，由乡（镇）人民政府、街道办事处负责；

（四）建设工程范围内保留的树木，在建设期间由建设单位负责。

第三十三条　市、县（市）人民政府城市绿化主管部门、其他养护单位以及个人，应当按照城市绿化养护标准和技术规范，对管辖范围内的树木花草和绿化设施进行养护和管理。

第三十四条　市、县（市）人民政府城市绿化主管部门应当建立健全植物疫情监测预警预防控制体系，编制绿化防灾应急预案，加强绿化植物的病虫害防控。

植物检疫机构应当依法做好绿化植物的检疫工作。

第三十五条　任何单位和个人不得擅自占用城市绿化用地；占用的城市绿化用地，应当限期归还。

因建设或者其他特殊需要临时占用城市绿化用地的，经城市绿化主管部门同意，并按照有关规定办理临时用地手续。临时占用城市绿化用地不得超过两年。临时占用绿地期满后，占用人应当按照原设计恢复绿地。

临时占用城市绿化用地的，应当补偿；造成损失的，应当承担赔偿责任。

临时占用城市绿化用地的具体办法由市人民政府制定。

第三十六条　任何单位和个人不得擅自砍伐或者移植城市规划区内的树木。

有下列情形之一的，经市人民政府城市绿化主管部门批准可以砍伐：

（一）严重影响居住安全，且无移植价值的；

（二）妨碍交通、对人身安全或者其他设施构成威胁，且无移植价值的；

（三）发生检疫性病虫害的；

（四）树龄、树容已达到更新期的；

（五）因抢险救灾或者处理突发事件确实需要的；

（六）因树木生长抚育需要，且无移植价值的；

（七）因城市建设或者其他原因确需移植，且无移植价值的。

有下列情形之一的，经市人民政府城市绿化主管部门批准可以移植：

（一）严重影响居住安全的；

（二）对人身安全或者其他设施构成威胁的；

（三）因城市建设或者其他特殊需要的。

市人民政府城市绿化主管部门应当自受理砍伐、移植树木申请之日起五个工作日内作出批准决定；不予批准的，应当书面说明理由。

第三十七条　砍伐、移植城市道路、公园绿地的树木不满五十株的，由市人民政府城市绿化主管部门批准；五十株以上的，由市人民政府城市绿化主管部门组织专家论证，提出审核意见，报市人民政府批准；砍伐、移植城市道路、公园绿地以外的树木的，由市人民政府城市绿化主管部门批准。

每砍伐一株树，应当到城市绿化主管部门指定地点补栽胸径八厘米以上的同种或者等值树木不少于十五株，也可以出资由城市绿化主管部门按照相关技术规范与标准补栽。

第三十八条　任何单位和个人不得擅自修剪城市规划区内的树木。

有下列情形之一的，经县（市、区）人民政府城市绿化主管部门批准可以修剪：

（一）影响架空线使用安全的；

（二）遮挡交通信号灯、交通标志的；

（三）影响他人采光、通风及安全，利害关系人提出修剪要求的；

（四）其他影响公共利益和公共安全确实需要修剪的。

管护单位修剪树木时，应当按照兼

顾公共利益、公共安全和树木正常生长的原则进行修剪。修剪费用应当由管护单位和产权单位承担。

县（市、区）人民政府城市绿化主管部门应当自受理修剪树木申请之日起五个工作日内作出批准决定；不予批准的，应当书面说明理由。

第三十九条　因救灾、抢险确需立即砍伐、移植、修剪树木的，除古树名木外，可先行处理并及时恢复。但应在险情排除后的十日内，向市、县（市、区）人民政府城市绿化主管部门报告。

第四十条　新建、改建、扩建城市基础设施时，应当避让树木。确实无法避让的，建设单位应当在城市绿化主管部门指导下采取保护措施，所需费用由建设单位承担。

第四十一条　市、县（市、区）人民政府城市绿化主管部门应当加强对移植、砍伐城市树木、临时占用城市绿化用地的监管。

第四十二条　禁止下列损害城市绿化及其设施的行为：

（一）损毁草坪、花坛、绿篱，攀折树枝，采摘花果；

（二）在树木上拴绑铁丝绳索、刻画钉钉、扯挂标语，包裹树木；

（三）在绿地内晾晒物品，停放车辆，摆摊设点，挖坑取土，堆放物料，燃烧废弃物；

（四）在景观水体内擅自放生鱼类等活体动物；

（五）攀登建筑和雕塑、攀爬树木；

（六）在河湖等景观水面钓鱼、网鱼、电鱼、游泳、滑冰等；

（七）在绿地内倾倒含有融雪剂的积雪等有害物质；

（八）在绿地、水面排放污水、倾倒垃圾；

（九）在绿地内擅自设立广告牌和标语牌；

（十）损坏绿化设施和水面救援设施；

（十一）其他损害城市绿化及其设施的行为。

第四十三条　因交通、生产等事故损坏城市树木花草和绿化设施的，事故责任人应当依法承担赔偿责任。

第四章　法律责任

第四十四条　违反本条例规定，建设单位未在规定期限内按照批准的绿化计划完成绿化的，由市、县（市）人民政府城市绿化主管部门责令限期完成；逾期不完成的，可以处绿化工程造价百分之五以上百分之十以下罚款。

第四十五条　违反本条例规定，建设单位未按照规定将代征绿地移交的，由市、县（市）人民政府城市绿化主管部门责令限期交回；逾期未交回的，处每日每平方米0.5元的罚款。

第四十六条　违反本条例规定，开发和利用绿地地下空间，影响植物正常生长、绿地使用功能或者游憩安全的，由市、县（市）人民政府城市绿化主管部门责令限期改正；逾期不改正的，处两万元以上十万元以下罚款；造成损失的，应当赔偿。

第四十七条　违反本条例规定，建设单位未按照要求公示绿地平面图的，由市、县（市）人民政府城市绿化主管部门责令限期改正；逾期不改正的，处五千元罚款。

第四十八条　违反本条例规定，擅自占用城市绿化用地的，由市、县（市）人民政府城市绿化主管部门责令限期退还，按照原设计恢复绿地，可以并处一万元以上三万元以下罚款；造成损失的，应当赔偿。

第四十九条　违反本条例规定，擅自砍伐、移植或者修剪城市树木的，由市、县（市）人民政府城市绿化主管部门责令停止侵害，赔偿损失，并按照下列规定处理：

（一）擅自砍伐或者移植致死城市树木的，每砍伐或者移植致死一株，责令补栽胸径八厘米以上的同种或者等值树木不少于十五株，并视情节轻重，处砍伐或者移植致死树木价值三倍以上五倍以下罚款；

（二）擅自移植城市树木的，在原地补栽胸径八厘米以上的同种或者等值树木，并视情节轻重，处移植树木价值三倍以上五倍以下罚款；

（三）擅自修剪城市树木的，处每株五百元以上一千元以下罚款；经评估丧失景观价值的依照本条第一项执行。

上述行为违反治安管理的，由公安机关依照《中华人民共和国治安管理处罚法》的有关规定处罚；构成犯罪的，依法追究刑事责任。

第五十条　违反本条例规定，损害城市绿化及其设施的，由市、县（市）人民政府城市绿化主管部门责令停止侵害，并处二千元以上五千元以下罚款；造成损失的，应当赔偿。

第五十一条　城市绿化主管部门和城市绿地管护单位等负有管理责任的工作人员玩忽职守、滥用职权、徇私舞弊的，依法给予处分；构成犯罪的，依法追究刑事责任。

第五章　附　则

第五十二条　本条例所称城市绿地，包括公园绿地、居住区绿地、生产绿地、防护绿地、风景林地、道路绿地以及单位附属绿地。

本条例所称城市绿化设施，包括亭、廊、花架、喷泉、假山、石桌、石凳、护栏、围墙、园路、雕塑、雕刻以及其他景观建筑。

本条例所称绿线，是指根据国土空间规划和城市绿化的需要，对各类城市绿地以及对城市生态和景观产生积极作用的区域明确予以界定，并进行严格保护和管理的控制线。

第五十三条　本条例规定的行政许可、行政处罚事项，市人民政府依法决定由行政审批服务管理部门、城市管理综合行政执法部门行使的，分别由行政审批服务管理部门、城市管理综合行政执法部门实施。

第五十四条　对古树名木的保护和管理依照有关法律法规和《太原市古树名木保护条例》的规定执行。

第五十五条　本条例自2021年1月1日起施行。

太原市城市供水管理办法

（1999年6月25日太原市第十届人民代表大会常务委员会第十七次会议通过

1999年8月16日山西省第九届人民代表大会常务委员会第十一次会议批准

根据2010年9月29日山西省第十一届人民代表大会常务委员会第十九次会议批准的2010年6月23日太原市第十二届人民代表大会常务委员会第二十四次会议《关于修改部分地方性法规的决定》第一次修正

根据2020年11月27日山西省第十三届人民代表大会常务委员会第二十一次会议批准的2020年10月29日太原市第十四届人民代表大会常务委员会第三十六次会议《太原市人民代表大会常务委员会关于修改〈太原市城市供水管理办法〉等五件地方性法规的决定》第二次修正）

目　录

第一章　总　则

第一条　为加强城市供水管理，发展城市供水事业，保障城市生活、生产和其他各项用水，维护供用水双方的合法权益，根据有关法律、法规的规定，结合本市实际，制定本办法。

第二条　在本市行政区域内从事城市供水工作的单位和使用城市供水的用户，均应当遵守本办法。

第三条　本办法所称城市供水是指城市公共供水、自建设施供水和二次供水。

城市公共供水，是指城市公共供水企业以公共供水管道及其附属设施向单位和居民提供生活、生产和其他各项用水。

自建设施供水，是指城市的用水单位以其自行建设的供水管道及其附属设施主要向本单位提供生活、生产和其他各项用水。

二次供水，是指将城市公共供水或者自建设施供水管道的水另行加压、储存，再向水站或者用户提供用水。

第四条　城市供水应当坚持合理开发水源和计划用水、节约用水相结合，优先保障生活用水，统筹兼顾工业用水和其他用水的原则。

第五条　市城市供水主管部门负责全市城市供水管理工作。

市供水节水机构负责对城市公共供水、城市自建设施供水企业以及二次供水进行日常管理。

各县（市）城市供水主管部门负责本行政区域内的城市供水管理工作。

规划和自然资源、水务、卫生健康、生态环境等有关部门按照各自职责共同做好城市供水管理工作。

城市公共供水企业负责自来水生产、供应和管理城市供水设施。

第六条　城市公共供水企业和自建设施供水企业应当从总收入中提取一定比例资金，列入成本，用于城市供水科学技术研究推广，提高城市供水现代化水平。

第七条　市、县（市）人民政府对在城市供水工作中做出显著成绩的单位和个人给予表彰和奖励。

第二章　供水水源

第八条　在城市饮用水水源保护区内，禁止下列行为：

（一）排放污水或者使用未经处理的污水灌溉；

（二）使用剧毒或者高残留农药；

（三）倾倒或者存放工业废渣、垃圾、粪便及其他有害废弃物；

（四）人工养殖或者放养家禽、家畜；

（五）使用炸药、毒品捕杀水生动物；

（六）破坏护岸林和水源保护植被；

（七）爆破、开山采石、烧制石灰；

（八）危害水质和影响水量的其他行为。

第九条　城市饮用水水源保护区内不得新建、改建、扩建可能污染城市供水水源的工程。严重污染水源的企业，应当限期治理或者搬迁。

第十条　城市供水水源应当优先利用地表水源，严格控制使用并保护地下水源。

在城市饮用水水源保护区内，未经城市供水主管部门审核和水行政主管部门批准，不得擅自凿井取水；对已建成的严重影响城市公共水源开采量的自备水源井，应当限量取水，直至关闭。

第三章　供水工程

第十一条　城市供水工程建设应当按照城市供水发展规划及其年度建设计划进行。

新建、改建、扩建城市供水工程应当按规定权限，经市、县（市）城市供水主管部门以及有关部门审核批准。

第十二条　因基本建设等需要临时用水的，应当到县级以上人民政府城市供水主管部门申请临时用水计划指标，持批准文件到城市公共供水企业办理有关手续。

第十三条　城市供水工程建设资金

以国家投资为主，并鼓励社会、企业和外商参与投资。

第十四条 城市供水工程的设计、施工和监理，应当由具有相应资质等级的单位承担，并遵守国家有关技术标准和规范。

禁止无证或者超越资质证书规定的经营范围承担城市供水工程的设计、施工和监理业务。

第十五条 城市供水工程竣工后，应当按照国家规定组织验收；未经验收或者验收不合格的，不得投入使用。

第十六条 市、县（市）人民政府应当在挖掘现有城市公共供水设施潜力的基础上，有计划地更新改造和新建供水设施，提高城市综合供水能力。

第十七条 用户新装、改装内部供水管道和计量水表的，应当向城市供水企业提出申请。

第十八条 建筑物对水压要求超过城市供水管网水压标准的，建设单位应当按照有关建设标准和工程技术规范配套建设二次供水设施，并经验收合格后方可与城市公共供水管网连接使用。

第十九条 在城市公共供水区域内，未经批准不得擅自建设供水水源工程；已建成的供水水源工程应当纳入城市公共供水系统统一管理、调配。

第四章 供水经营

第二十条 城市公共供水企业和自建设施对外供水的企业，应当经市场监管部门登记注册后，方可从事经营活动。自建设施企业对外供水，应当服从城市供水主管部门的统一安排调配。

第二十一条 城市公共供水企业和自建设施对外供水的企业，应当建立健全水质检测制度，按照国家规定的检测项目和检测频率对供水水质进行检测，确保城市供水水质符合国家生活饮用水卫生标准，并定期向社会公布。

第二十二条 城市公共供水企业和自建设施对外供水的企业，应当定期对供水管网进行测压、检漏、调整，确保供水管网压力符合国家规定的要求。

第二十三条 城市公共供水企业和自建设施对外供水企业，应当保持不间断供水。由于工程施工、设备维修等原因确需暂停供水的，应当经城市供水主管部门批准并提前二十四小时通知用户；因发生灾害或者紧急事故，不能提前通知的，应当在抢修的同时通知用户，并报告城市供水主管部门。

第二十四条 城市公共供水企业和自建设施对外供水的企业，应当严格按照国家规定，实行职工持证上岗制度。

从事直接制水的工作人员，应当建立健康档案，定期体检。取得健康合格证的，方可从事直接制水工作。

第二十五条 使用城市供水应当签订供用水合同。

第二十六条 城市公共供水企业应当按照价格主管部门确定的城市供水价格收取水费。

居民用水实行阶梯式供水价格制度，非居民用水实行超定额累进加价制度。

不同性质的用水应当单独安装水表。

第二十七条 居民用水应当抄表到户，计量收费。新建居民住宅应当在住宅单元的公共部位分户安装计量水表。

现有居民供水通过改造逐步实行水表出户、抄表到户。

第二十八条 水表发生故障无法抄表计量的，当月水费按前三个月平均用水量计收。

因用水单位和个人造成无法抄表计量的，城市公共供水企业有权要求其限期改正；逾期不改正的，当月用水量按水表额定流量计收水费。

第二十九条 城市公共供水企业和自建设施对外供水的企业，应当做到计量水表准确，误差符合国家规定的标准。

用户对计量水表准确度有异议的，可向城市供水企业提出校表申请。城市供水企业自接到申请十五日内，应当组织法定的水表鉴定部门校验。校验合格，用户应当承担校验费并按原计量数交纳水费；校验不合格，校验费和超出国家规定的误差标准的水费由城市供水企业承担。

第三十条 用户应当按照合同约定以及规定的水价标准和计量数值按时缴纳水费，不得拖欠和拒绝缴纳；逾期不缴纳的，城市公共供水企业应当及时催缴，并通知用户。

无正当理由拒不缴纳水费的，供用水双方应当按照合同约定执行。

第三十一条 安装二次供水设施应当经城市供水主管部门批准，其设施必须定期清洗、消毒，水质要定期化验；对造成水质污染、危害公共供水管网均衡水压的二次供水设施，应当限期治理。二次供水设施不得与城市供水管道直接连通。

第三十二条 二次供水设施外围三米内不得有污水管道，四米内不得有化粪池，十米内不得有渗水厕所、污水渗水坑、垃圾堆放点等污染源。

第三十三条 禁止在公共供水管道上直接装泵抽水。

严禁盗用、转供城市公共供水。

第三十四条 市政、园林绿化、环境卫生用水应当向城市供水企业办理申请手续，并交纳水费。

城市消火栓属消防专用，非火警不得擅自使用，消防单位应当将灭火取水地点、时间及用水量通报城市供水企业。

第三十五条 城市公共供水企业和自建设施对外供水的企业，应当建立健全用户用水档案。

第三十六条 城市供水企业应当接受用户监督。用户对供水服务有异议的，可以向城市公共供水企业、城市供水节水机构或者城市供水主管部门投诉。

第五章 供水设施保护

第三十七条 城市供水企业应当定期检查维修所属供水设施，确保安全运行。管理和维护按产权归属划定，也可按合同的约定。

第三十八条　严禁破坏、盗窃和擅自拆除、改装、迁移城市供水设施。

因建设确需改装、迁移或者拆除城市供水设施的，建设单位应当报经规划和自然资源主管部门、城市供水主管部门批准，并会同供水企业采取相应的补救措施。

第三十九条　在城市水源输水管道及其附属设施垂直面及两侧五十米内，城市配水管道及其附属设施垂直面及两侧各五米内，禁止爆破、挖坑取土、堆放垃圾、物料，修建建（构）筑物及其他危害供水设施安全的行为。

第四十条　城市供水管道及其附属设施发生故障需要抢修时，可先行施工，并及时补办有关手续，有关部门应当给予配合，保证抢修及时进行。

第四十一条　工程施工影响城市供水设施安全的，建设单位或者施工单位应当与城市供水企业商定保护措施，城市供水企业监督实施。抢修供水设施确需拆除妨碍抢修的地上建（构）筑物的，拆除时应通知所有权人，抢修结束后，除违章建（构）筑物外，应当予以修复或补偿。

第四十二条　城市消火栓由城市公共供水企业负责管理、维护。维修经费由城市维护费列支。

第四十三条　二次供水设施运行和维护，应当符合专业化要求。鼓励供水企业对新建居民二次供水设施进行统建统管，对经改造后的既有居民二次供水设施进行托管并负责运行维护。

第四十四条　二次供水设施运行维护单位应当严格执行二次供水有关法律法规和标准规范，建立健全管理制度；城市供水节水机构应当加强对二次供水设施运行维护单位的日常管理。

第四十五条　任何单位和个人都有保护城市供水设施的义务，对违反本办法规定的行为，有权制止和检举。

第六章　法律责任

第四十六条　城市供水企业违反本办法规定，有下列行为之一的，由城市供水主管部门责令限期改正，可以处以五千元至三万元罚款：

（一）供水水质、水压不符合国家规定标准的；

（二）擅自停止供水或者未履行停水通知义务的；

（三）未按照规定检修供水设施或者在供水设施发生故障后未及时抢修的；

（四）城市供水设施故障修复后，未及时恢复供水的。

第四十七条　违反本办法规定，有下列行为之一的，由城市供水主管部门责令停止违法行为，可以处以三千元至三万元罚款：

（一）违反城市供水发展规划及其年度建设计划兴建城市供水工程的；

（二）未按照国家规定的技术标准和规范进行城市供水工程设计或者施工的；

（三）无证或者超越资质证书规定的经营范围进行城市供水工程设计或者施工的。

第四十八条　违反本办法规定，有下列行为之一的，由城市供水主管部门责令限期改正，可以处以五百元至五千元罚款；造成损害的，责令赔偿：

（一）在城市公共供水管道及其附属设施的安全保护范围内进行危害供水设施安全活动的；

（二）擅自拆除、改装或者迁移城市公共供水设施的；

（三）在二次供水设施安全保护区内，设置污水管道、化粪池、渗水厕所及堆放垃圾等污染源的。

第四十九条　违反本办法规定，有下列行为之一的，由城市供水主管部门责令其限期改正，可以处以二千元至一万元罚款；造成损失的，责令赔偿：

（一）盗用城市供水的；

（二）擅自安装二次供水设施或者将二次供水设施与城市供水管道直接连通的；

（三）在城市公共供水管道直接接装泵抽水的；

（四）非火警擅自使用城市公共消火栓的。

第五十条　违反本办法规定，城市供水主管部门和其他有关部门的工作人员在城市供水管理工作中玩忽职守、滥用职权、徇私舞弊的，依法给予处分；构成犯罪的，依法追究刑事责任。

第七章　附　则

第五十一条　本办法自公布之日起施行。

太原市城市节约用水条例

（1996年8月30日太原市第九届人民代表大会常务委员会第三十四次会议通过

1996年12月3日山西省第八届人民代表大会常务委员会第二十五次会议批准

2003年10月30日太原市第十一届人民代表大会常务委员会第十三次会议修订

2004年1月10日山西省第十届人民代表大会常务委员会第八次会议批准

根据2010年9月29日山西省第十一届人民代表大会常务委员会第十九次会议批准的2010年6月23日太原市第十二届人民代表大会常务委员会第二十四次会议通过的《太原市人民代表大会常务委员会关于修改部分地方性法规的决定》第一次修正

根据2016年1月20日山西省第十二届人民代表大会常务委员会第二十四次会议批准的2015年11月6日太原市第十三届人民代表大会常务委员会第三十五次会议通过的《太原市人民代表大会常务委员会关于集中修改部分地方性法规的决定》第二次修正

根据2020年11月27日山西省第十三届人民代表大会常务委员会第二十一次会议批准的2020年10月29日太原市第十四届人民代表大会常务委

员会第三十六次会议《太原市人民代表大会常务委员会关于修改〈太原市城市供水管理办法〉等五件地方性法规的决定》第三次修正）

第一条 为加强城市节约用水管理，保护和合理利用水资源，促进国民经济和社会可持续发展，根据《中华人民共和国水法》和有关法律、法规的规定，结合本市实际，制定本条例。

第二条 凡在本市各级城市规划区内使用公共供水和自建供水设施取用地下水、地表水及再生水的单位和个人，均应当遵守本条例。

第三条 市城市节约用水主管部门负责城市节约用水工作，业务上受市水务主管部门的指导。

市供水节水机构负责城市节约用水的日常管理。

各县（市）城市节约用水主管部门按照职责分工，管理本辖区内的城市节约用水工作。

第四条 本市优先保障城市居民生活用水，统筹兼顾工业和其他用水。对各行业和居民生活用水实行总量控制、定额管理和分类定价。严格限制高耗水产业的发展。

第五条 市、县（市）人民政府应当加强对城市节约用水工作的管理，开展城市节约用水宣传教育，提高公民的节约用水意识。

任何单位和个人都有节约用水的义务，并有权对违反节约用水的行为进行检举。

第六条 政府鼓励和支持城市节约用水科学技术研究和新产品研制开发，推广应用先进技术，提高节约用水科学技术水平。

第七条 城市用水总需求超过总供给能力时，为确保城市居民生活用水，经市人民政府批准，城市节约用水主管部门可以对部分用水单位采取限制用水和调整计划用水指标的措施。

第八条 新建、改建、扩建的建设项目应当在可行性研究阶段编制节约用水报告。未编制节约用水报告的不得立项、不得办理用水计划。

新建、改建、扩建工程项目应当制订节水措施方案，配套建设节水设施，节水设施应当与主体工程同时设计、同时施工、同时投产使用。城市节约用水主管部门应当对节水措施方案提出意见。建设项目竣工后，城市节约用水主管部门应当对节约用水设施进行验收。未经验收或者验收不合格的，不得投入使用，供水企业不得供水。

投入使用的节约用水设施，未经批准不得停止使用。

第九条 不得销售和使用国家、省、市明令淘汰的用水设备和器具。

第十条 新建、改建、扩建工程符合下列条件之一的，应当建设和使用中水设施：

（一）居民小区建筑面积五万平方米以上；

（二）其他建设项目建筑面积在三千平方米以上，且设计用水量每日五十立方米以上。

中水建设应当与主体工程同时设计、同时施工、同时交付使用。中水设施的建设应当报城市节约用水主管部门审核、验收。中水设施的运行使用应当接受城市节约用水主管部门监督。

车辆清洗、园林绿化、道路清洁应当使用中水。有条件的间接冷却水、工艺用水、锅炉用水、冲厕用水、基建施工等也应当使用中水。

现有各类建筑物应当按计划逐步建设中水设施。

第十一条 城市用水实行计划管理。

城市节约用水主管部门应当会同有关部门组织制定城市节约用水规划，报市人民政府批准后实施；未经批准机关同意任何单位和个人不得随意变更。

城市节约用水主管部门根据年度用水计划，结合行业的综合用水定额和单项用水定额以及用水性质、近期水平衡测试报告对用户下达用水计划，并定期进行考核。

第十二条 城市用水实行持证用水制度。

对新建、改建、扩建工程项目，新增用水计划指标的，由城市节约用水主管部门核准。

第十三条 政府和企业应当加强污水净化处理设施的建设，提高水的重复利用率。工业用水重复利用率达不到要求的，应当扣减计划用水指标。

第十四条 对非居民用水实行超定额累进加价收费制度。超定额用水的，由城市节约用水主管部门定期核定。城市公共供水企业负责收取超定额加价水费。依照下列规定征收超定额用水加价水费：

（一）超出定额用水不足百分之二十的水量部分，按现行水价加一倍征收；

（二）超出定额用水百分之二十及以上不足百分之四十的，按现行水价加二倍征收；

（三）超出定额用水百分之四十及以上不足百分之六十的，按照现行水价加三倍征收；

（四）超出定额用水百分之六十及以上的，按现行水价加四倍征收。

对高耗能、高污染、产能严重过剩的限制类、淘汰类等行业用水实行严于前款规定的累进加价制度。

第十五条 收取的超定额用水累进加价水费主要用于城市供水管网以及户表改造、完善计量设施、水质提升、用水单位节水技术改造、节水技术工艺推广等。

第十六条 用水单位应当严格执行计划用水指标，不得擅自转供水。需向其他单位和个人临时转供水的，应当经城市节约用水主管部门批准。

第十七条 城市供水企业、自建供水设施单位和用水单位，应当按照批准的计划用水性质供水和用水。确需改变供、用水性质的，应当经城市节约用水主管部门批准。

第十八条 城市节约用水主管部门

应当依据省人民政府公布的行业综合用水定额，结合本市实际，加强对行业综合用水定额和单项用水定额的管理。

第十九条　建筑施工及其他临时用水，应当到城市节约用水主管部门办理用水许可手续。

第二十条　用水单位应当采取一水多用、循环用水等措施；间接冷却水不得直接排放。

对有条件使用再生水而不使用的，城市节约用水主管部门可以核减用水计划。

第二十一条　市、县（市）人民政府应当制定对污水、中水、雨水和矿井水等非常规水资源开发利用项目的扶持政策，鼓励非常规水资源的开发、利用。

有条件的及新建、改建、扩建单位均应当采取雨水控制与利用工程措施，充分利用天然降水，减少常规水使用量。

第二十二条　用水单位应当按照国家标准每三年进行一次水平衡测试。企业产品结构或者生产工艺发生变化以及改变用水性质时，应当及时复测。

第二十三条　供水、用水单位应当在供水和用水设备上安装计量水表，进行供水和用水单耗考核。

第二十四条　供水企业和自建供水设施的单位应当加强供水设施的维修管理，降低水的漏失率，漏失率不得高于国家有关规定。

用水单位应当加强用水设施的维修管理，杜绝用水设施跑水、冒水、滴水、漏水。

第二十五条　供水、用水单位应当向城市节约用水主管部门填报年、季、月度供水和用水统计报表。

供水单位应当依据注册水表将纳入考核的各用户的用水量按月报送城市节约用水主管部门。

第二十六条　违反本条例规定，供水、用水单位未报送统计报表的，由城市节约用水主管部门责令限期改正；逾期不改正的，处五千元以上一万元以下的罚款。

第二十七条　违反本条例规定，新建、改建、扩建的工程项目未按照规定配套建设节约用水设施或者节约用水设施经验收不合格的，由城市节约用水主管部门限制其用水量，并责令其限期完善节约用水设施，可并处五千元以上三万元以下的罚款。

第二十八条　违反本条例规定，对用水设施不及时维修和管理不善，造成用水跑、冒、滴、漏的，由城市节约用水主管部门给予警告；逾期不改正的，按照每处处以一千元以上五千元以下罚款。

第二十九条　违反本条例规定，擅自停止使用节水设施的，由城市节约用水主管部门责令限期改正；逾期不改正的，处一万元以上五万元以下罚款。

第三十条　违反本条例规定，城市节约用水主管部门和其他有关部门的工作人员在城市节约用水工作中玩忽职守、滥用职权、徇私舞弊的，依法给予处分；构成犯罪的，依法追究刑事责任。

第三十一条　本条例自2004年5月1日起施行。

太原市发展新型墙体材料条例

（2014年12月31日太原市第十三届人民代表大会常务委员会第二十六次会议通过

2015年1月23日山西省第十二届人民代表大会常务委员会第十八次会议批准

根据2020年11月27日山西省第十三届人民代表大会常务委员会第二十一次会议批准的2020年10月29日太原市第十四届人民代表大会常务委员会第三十六次会议《太原市人民代表大会常务委员会关于修改〈太原市城市供水管理办法〉等五件地方性法规的决定》修正）

目　录

第一章　总　则

第一条　为了保护环境，改善生态，综合利用资源，促进新型墙体材料健康发展，根据《中华人民共和国循环经济促进法》以及其他有关法律、法规的规定，结合本市实际，制定本条例。

第二条　本条例适用于本市行政区域内新型墙体材料的研发、生产、销售、使用和监督管理活动。

本条例所称新型墙体材料，是指符合国家产业政策，具有资源综合利用、节约能源、保护土地和环境、改善建筑功能等特性，以非黏土为主要原料生产的，用于建筑物墙体的建材产品。

第三条　在本市城市规划区域内所有建筑工程应当使用新型墙体材料。

在本市城市规划区域内禁止生产、销售、使用黏土砖。

在本市城市规划区域外生产、销售、使用黏土砖的，按照国家和省规定执行。

第四条　在本市城市规划区域内生产、使用新型墙体材料，应当执行国家和省、市有关节约能源、保护环境的规定和标准。

第五条　发展新型墙体材料应当遵循资源综合利用、节能环保、因地制宜、安全适用和技术创新的原则，坚持政府引导、市场调节，以城镇为重点，逐步向农村推广。

第六条　市人民政府应当加强发展新型墙体材料的组织领导，将发展新型墙体材料纳入国民经济和社会发展规划，协调解决新型墙体材料发展中的重大问题。

市、县（市）人民政府应当将新型墙体材料管理经费纳入本级财政预算。

县（市）人民政府应当组织相关部门和乡（镇）人民政府、街道办事处落实发展新型墙体材料的工作。

第七条　市人民政府经济和信息化管理部门是本市新型墙体材料的行政主管部门，其所属的新型墙体材料管理机构负责发展新型墙体材料的日常管理工作。

县（市）人民政府新型墙体材料行政主管部门，负责本行政区域内发展新型墙体材料的管理工作。

发展和改革、财政、规划和自然资源、生态环境、住房和城乡建设、市场监管、税务等部门按照各自职责，做好发展新型墙体材料的有关工作。

第八条　市、县（市）人民政府新型墙体材料行政主管部门应当建立举报投诉制度，及时受理，依法处理举报投诉事宜。

任何单位和个人有权对违法生产、销售、使用新型墙体材料以及违法生产、销售、使用黏土砖等行为进行举报投诉。

第二章　生产与销售

第九条　公民、法人或者其他组织可以依法申请注册新型墙体材料生产企业。

新设立的新型墙体材料生产企业应当符合法律、法规规定，符合国家产业政策和环保政策，符合市人民政府产业结构调整政策和发展新型墙体材料产业的要求。

现有新型墙体材料生产企业应当根据国家产业政策，按照市人民政府发展新型墙体材料的要求，加强技术改造，增强科技含量，提高产品质量，提升企业发展素质。

新型墙体材料行政主管部门应当制定发展新型墙体材料的有关政策，引导和鼓励现有生产企业整合提升，淘汰落后产能，依法查处非法生产企业。

第十条　鼓励新型墙体材料生产企业利用粉煤灰、煤矸石、脱硫石膏等无害化工业废弃物和建筑固体废弃物生产新型墙体材料。

鼓励新型墙体材料生产企业因地制宜生产混凝土结构、钢结构和现代木结构等装配式建筑部品部件，推行装配式建筑一体化集成设计，推动装配式建筑部品部件、光伏发电复合墙板等产品的应用。

鼓励推进预拌混凝土、预拌砂浆与装配式建筑部品部件产业链融合发展。

第十一条　新型墙体材料生产企业生产新型墙体材料产品应当按照国家标准、行业标准或者地方标准组织生产。生产的产品没有国家标准、行业标准或者地方标准的，应当制定企业标准，报市场监管部门备案。

禁止生产没有产品标准或者达不到产品标准的新型墙体材料。

禁止生产有毒有害的新型墙体材料。

第十二条　新型墙体材料生产企业应当加强产品质量管理，对其产品质量负责，严格产品出厂检验。新型墙体材料生产企业应当在其产品上标明标志。

第十三条　鼓励新型墙体材料生产企业开展对新型墙体材料新产品、新技术、新工艺的研究开发，支持新型墙体材料生产企业与科研机构、高等院校研究开发科技含量高、拥有自主知识产权的新产品、新工艺、新技术。

新型墙体材料生产企业应当遵守国家有关知识产权方面的法律、法规，不得假冒他人专利生产新型墙体材料。

第十四条　在本市城市规划区域外禁止新建黏土砖生产企业。禁止对现有黏土砖生产企业进行扩建。

第十五条　本市建立新型墙体材料产品销售指导目录。

市新型墙体材料行政主管部门应当建立信息平台，多渠道多形式适时发布新型墙体材料产品销售指导目录。

第十六条　鼓励销售或者购买新型墙体材料产品销售指导目录中的产品。

销售者应当建立进货检查验收制度，验明产品质量检验合格证明和其他标志。

第十七条　销售者应当提供产品的质量检验合格证明。

第十八条　销售者应当遵守法律、法规，诚信经营，公平交易，禁止恶意竞价销售。

第十九条　新型墙体材料生产企业生产产品、销售者销售产品，不得掺杂、掺假，不得以假充真、以次充好，不得以不合格产品冒充合格产品。

第三章　使　用

第二十条　在本市城市规划区域内，所有新建、改建、扩建的建筑工程应当按照要求保质保量使用新型墙体材料。

在本市城市规划区域外，属于政府投资和补贴的建筑工程应当按照要求保质保量使用新型墙体材料。

在本市城市规划区域外，非政府投资和补贴的建筑工程提倡使用新型墙体材料，逐步减少使用黏土砖。

第二十一条　建设单位对建筑工程使用新型墙体材料负总责。建设单位或者施工单位应当按照施工图设计文件要求购买、使用新型墙体材料。建设单位不得要求设计单位、施工单位在设计、采购、施工中使用黏土砖。

设计单位在建筑工程设计中应当按照国家、省和本条例有关规定，采用新型墙体材料，注明规格、型号、性能等技术指标，不得使用黏土砖。

施工单位应当按照施工图设计文件、施工技术标准等要求使用新型墙体材料。新型墙体材料进场应当进行检验，未经检验或者检验不合格的不得使用。

监理单位应当按照施工图设计文件

要求，对工程施工中使用新型墙体材料的情况进行监理，施工单位没有按照设计使用或者使用不符合要求的，应当予以制止，并向住房和城乡建设行政部门报告。不得将不合格的新型墙体材料按照合格签字。

第二十二条　建设单位应当在工程主体竣工后墙体隐蔽前，按照属地原则，向市新型墙体材料管理机构或者县（市）新型墙体材料行政主管部门申请现场验收使用新型墙体材料情况。市新型墙体材料管理机构或者县（市）新型墙体材料行政主管部门应当自接到申请之日起五个工作日内完成现场验收，并出具验收报告。

第二十三条　在本市城市规划区域内因保护文物或者其他特殊情况需要使用黏土砖的，应当经市新型墙体材料行政主管部门批准。

第四章　服务与管理

第二十四条　在新型墙体材料专项基金取消前，已缴纳专项基金的建设单位，在建筑工程中按照设计要求全部使用新型墙体材料的，市新型墙体材料管理机构或者县（市）新型墙体材料主管部门应当全额返退建设单位缴纳的专项基金；部分使用新型墙体材料的，按照使用情况同比例返退建设单位。

第二十五条　市人民政府应当设立发展新型墙体材料专项资金。

第二十六条　发展新型墙体材料专项资金用于下列事项：

（一）新型墙体材料生产技术改造和设备更新的贴息和补助；

（二）新型墙体材料新产品、新工艺及应用技术的研究开发和推广应用补助；

（三）新型墙体材料示范项目和农村新型墙体材料示范房建设及示范工程的补贴；

（四）发展新型墙体材料的宣传和培训；

（五）与发展新型墙体材料有关的其他支出。

第二十七条　市新型墙体材料行政主管部门应当适时举办新产品、新技术、新工艺推介活动，交流情况、发布信息、总结经验。

第二十八条　市、县（市）新型墙体材料行政主管部门应当加强对发展新型墙体材料相关法律、法规、政策和知识的宣传，增强全社会对新型墙体材料的了解，营造新型墙体材料发展的良好环境。

第二十九条　市新型墙体材料管理机构应当对新型墙体材料生产、销售、使用情况进行统计，综合分析。市新型墙体材料行政主管部门应当根据综合分析报告，加强宏观调控，防止产能过剩。

第三十条　市、县（市）新型墙体材料行政主管部门或者新型墙体材料管理机构应当建立新型墙体材料企业诚信档案，定期公布企业诚信信息。

第三十一条　市、县（市）新型墙体材料行政主管部门应当加强管理，组织管理机构及相关部门对新型墙体材料的生产、销售、使用情况进行监督检查，及时查处违法行为。

第三十二条　市场监管部门应当加强对生产销售的新型墙体材料产品质量的监督管理，对新型墙体材料产品质量进行监督抽查，依法查处生产销售不合格产品的行为。

第三十三条　住房和城乡建设行政部门应当加强建筑工程使用新型墙体材料情况的监督管理，依法查处设计、施工、监理中的违法行为。

第三十四条　规划和自然资源行政部门应当加强黏土砖生产企业取土行为的监督管理，依法查处违法取土行为。

第三十五条　新型墙体材料行业协会应当发挥桥梁纽带作用，适时通报行业信息；规范行业人员行为，引导企业诚信守法经营；抵制恶意竞争，维护新型墙体材料行业健康发展。

第五章　法律责任

第三十六条　违反本条例规定，在本市城市规划区域内生产、销售或者使用黏土砖的，由市、县（市）新型墙体材料行政主管部门责令限期改正；有违法所得的，没收违法所得；逾期继续生产、销售的，由市场监管部门依法吊销营业执照。

第三十七条　违反本条例规定，在新型墙体材料中掺杂、掺假，以假充真，以次充好，或者以不合格产品冒充合格产品的，由市场监管部门按照职责分别责令停止生产、销售，没收违法生产、销售的产品，并处违法生产、销售产品货值金额百分之五十以上三倍以下的罚款；有违法所得的，并处没收违法所得；情节严重的，依法吊销营业执照；构成犯罪的，依法追究刑事责任。

第三十八条　违反本条例规定，假冒他人专利生产新型墙体材料的，除依法承担民事责任外，由专利管理部门责令改正并予公告，没收违法所得，可处违法所得四倍以下的罚款；没有违法所得的，可处二十万元以下的罚款；构成犯罪的，依法追究刑事责任。

第三十九条　违反本条例规定，施工单位未按要求对进场的新型墙体材料进行检验的，由住房和城乡建设行政部门责令改正，处十万元以上二十万元以下的罚款；情节严重的，责令停业整顿；造成损失的，依法承担赔偿责任。

第四十条　违反本条例规定，监理单位未按要求对工程施工中使用新型墙体材料情况进行监理、将不合格的新型墙体材料按照合格进行签字的，由住房和城乡建设行政部门责令改正，处五十万元以上一百万元以下的罚款；造成损失的，承担连带赔偿责任。

第四十一条　市、县（市）新型墙体材料行政主管部门及其管理机构和有关行政执法部门的工作人员滥用职权、玩忽职守、徇私舞弊的，依法给予处分；构成犯罪的，依法追究刑事责任。

第六章 附 则

第四十二条 本条例自2015年6月1日起施行。

太原市雷电灾害防御条例

（2015年11月6日太原市第十三届人民代表大会常务委员会第三十五次会议通过

2016年1月20日山西省第十二届人民代表大会常务委员会第二十四次会议批准

根据2020年11月27日山西省第十三届人民代表大会常务委员会第二十一次会议批准的2020年10月29日太原市第十四届人民代表大会常务委员会第三十六次会议《太原市人民代表大会常务委员会关于修改〈太原市城市供水管理办法〉等五件地方性法规的决定》修正）

目 录

第一章 总 则

第一条 为了加强雷电灾害防御，有效避免和减轻雷电灾害损失，保障人民生命财产和公共安全，根据《中华人民共和国气象法》《气象灾害防御条例》《山西省气象灾害防御条例》等法律法规，结合本市实际，制定本条例。

第二条 本市行政区域内从事雷电灾害防御活动，适用本条例。

第三条 雷电灾害防御工作坚持以人为本、科学防御、政府主导、部门联动、社会参与的原则。

第四条 市、县（市、区）人民政府应当加强对雷电灾害防御工作的领导，建立健全雷电灾害防御工作的协调机制，将雷电灾害防御工作纳入公共安全监督管理的范围，为雷电监测、预报、预警、预防体系建设提供资金保障。

第五条 市、县（市、区）气象主管机构负责指导、组织和管理本行政区域内的雷电灾害防御工作。

未设气象机构的市辖区，由区人民政府指定有关部门负责雷电灾害防御工作。

发展与改革、住房和城乡建设、教育、公安、财政、文化和旅游、规划和自然资源、应急管理、市场监管、房产管理等部门按照各自职责，做好雷电灾害防御的相关工作。

第六条 市、县（市、区）气象主管机构、教育、文化和旅游以及新闻媒体等单位应当采取多种形式向社会宣传普及雷电灾害防御知识，增强公众防御雷电灾害意识，提高避险避灾、自救互救的能力。

第七条 市、县（市、区）人民政府应当组织气象主管机构及有关部门制订本行政区域内的雷电灾害应急预案，并向社会公布。

第二章 监测预警与防雷工程

第八条 市、县（市、区）人民政府应当组织气象主管机构及有关部门按照布局合理、资源共享、有效利用的原则，组建雷电监测网，研究、开发和利用先进雷电灾害防御技术。

第九条 市、县（市、区）气象主管机构应当加强雷电和雷电灾害的监测、预报和预警系统建设，提高雷电预报预警的准确性、时效性。

广播电视、报纸、网络等媒体和通信运营单位应当及时将气象主管机构提供的预报、预警信息向社会发布。

第十条 单位和个人应当保持和保护雷电监测和预警设施的正常运行和安全，维护雷电监测的探测环境。

第十一条 市气象主管机构应当根据本行政区域内雷电灾害发生的频次，划分风险等级区域，并加强对风险等级较高区域的防御工作的指导。

第十二条 下列建（构）筑物、场所或者设施应当按照国家或者行业规定的技术标准和技术规范安装防雷装置：

（一）《建筑物防雷设计规范》规定的一、二、三类防雷建（构）筑物及其附属设施；

（二）电力、通信、广播电视、医疗卫生设施，重要的导航场所和设施；

（三）重要的计算机设备和网络系统、程控系统、卫星接收系统；

（四）学校、机场、车站、宾馆、证券市场、体育场馆、影剧院等人员密集场所和露天大型娱乐设施；

（五）粮食、石油、化工、易燃易爆物品的生产、经销等重要物资储存场所；

（六）高层建筑（一般在30米以上的）以及其他易遭雷击的建筑物和设施；

（七）不可移动易遭雷击的文物建筑；

（八）易遭雷击的古树名木；

（九）法律、法规规定应当安装防雷装置的其他场所和设施。

前款规定范围以外的场所和设施，根据雷电灾害防御安全的需要，可以安装防雷装置。

第十三条 新建、改建、扩建建（构）筑物场所或者设施的防雷装置，应当与主体工程同时设计、同时施工、同时投入使用。

第十四条 防雷工程专业设计单位应当按照国家或者行业规定的防雷技术标准和技术规范进行设计。

第十五条 油库、气库、弹药库、化学品仓库和烟花爆竹、石化等易燃易爆建设工程和场所，雷电易发区内的矿区、旅游景点或者投入使用的建（构）筑物、设施等需要单独安装雷电防护装置的场所，以及雷电风险高且没有防雷标准规范、需要进行特殊论证的大型项目，其雷电防护装置的设计审核和竣工验收由市、县（市、区）气象主管机构负责。

第十六条　房屋建筑、市政基础设施、公路、水路、铁路、民航、水利、电力、核电、通信等建设工程的主管部门，负责相应领域内建设工程的防雷管理。

第十七条　建设工程设计、施工、监理、检测单位以及业主单位等承担防雷工程质量安全责任。

第十八条　防雷产品应当符合国家质量技术标准，附有产品合格证书和使用说明书。禁止生产、销售、使用不合格的或者国家明令淘汰的防雷产品。

第三章　检测维护与调查鉴定

第十九条　从事防雷检测的单位，应当取得气象主管机构颁发的资质证书。

第二十条　投入使用的防雷装置实行定期检测制度。防雷装置应当每年检测一次，对易燃易爆等危险环境场所的防雷装置应当每半年检测一次。

第二十一条　防雷检测单位在检测中发现防雷装置存在安全隐患的，应当及时通知被检测单位，并向相应防雷管理机构报告。

第二十二条　防雷装置的使用单位应当制定雷电灾害防御安全管理制度，指定专人负责防雷装置的日常维护，及时消除安全隐患。

第二十三条　雷电灾害发生后，市、县（市、区）人民政府应当立即采取措施，启动雷电灾害应急预案，组织有关单位展开应急救援。

有关单位和个人应当配合雷电灾害救援工作，为实施救援工作提供便利条件。

第二十四条　市、县（市、区）人民政府和气象主管机构应当及时组织雷电灾害调查、鉴定，报上一级人民政府和气象主管机构。

市、县（市、区）气象主管机构应当定期统计分析本行政区域内发生的雷电灾害情况，提出雷电灾害防御建议，报同级人民政府和上一级气象主管机构。

遭受雷电灾害的单位和个人，应当如实提供有关情况，主动配合气象主管机构做好雷电灾害的调查与鉴定工作。

第四章　法律责任

第二十五条　违反本条例规定，有下列行为之一的，由市、县（市、区）气象主管机构按照权限责令限期改正，给予警告，可以并处以五万元以上十万元以下罚款；给他人造成损失的，依法承担赔偿责任：

（一）不具备防雷装置检测资质，擅自从事相关活动的；

（二）超出防雷装置检测资质等级，从事相关活动的。

第二十六条　违反本条例规定，有下列行为之一的，由相应防雷管理机构按照权限责令限期改正，给予警告，可以并处以一万元以上五万元以下罚款；给他人造成损失的，依法承担赔偿责任：

（一）防雷装置设计未按国家有关规定审核或者审核未通过，擅自施工的；

（二）防雷装置未按国家有关规定验收或者未取得验收合格文件，擅自投入使用的。

第二十七条　违反本条例规定，有下列行为之一的，由相应防雷管理机构按照权限责令限期改正，给予警告，可以并处以一千元以上三千元以下罚款；给他人造成损失的，依法承担赔偿责任：

（一）应当安装防雷装置而拒不安装的；

（二）已有防雷装置，拒绝进行检测或者经检测不合格又拒不整改的。

第二十八条　市、县（市、区）气象主管机构、其他国家机关及其工作人员徇私舞弊、玩忽职守、滥用职权的，依法给予行政处分；构成犯罪的，依法追究刑事责任。

第五章　附　则

第二十九条　本条例所称防雷装置，是指接闪器、引下线、接地装置、电涌保护器及其连接导体等构成的，用以防御雷电灾害的设施或者系统。

本条例所称防雷工程，是指通过勘察设计和安装雷电灾害防御装置形成的雷电灾害防御工程实体。

第三十条　本条例自2016年5月1日起施行。

太原市养老机构条例

（2015年12月30日太原市第十三届人民代表大会常务委员会第三十七次会议通过

2016年3月30日山西省第十二届人民代表大会常务委员会第二十五次会议批准

根据2020年11月27日山西省第十三届人民代表大会常务委员会第二十一次会议批准的2020年10月29日太原市第十四届人民代表大会常务委员会第三十六次会议《太原市人民代表大会常务委员会关于修改〈太原市城市供水管理办法〉等五件地方性法规的决定》修正）

目　录

第一章　总　则

第一条　为了规范养老机构的运营管理，促进养老机构的发展，保障入住老年人和养老机构的合法权益，根据《中华人民共和国老年人权益保障法》等法律、法规，结合本市实际，制定本条例。

第二条　本市行政区域内养老机构的规划建设、机构设立、扶持发展、服务规范、运营管理和监督检查，适用本条例。

第三条　本条例所称养老机构是指依法办理登记，为老年人提供全日集中住宿和照料护理服务，床位数在10张以上的机构。养老机构包括公益性养老机构和经营性养老机构。

第四条　养老机构的发展坚持政府主导、社会参与、市场运作、保障基本、统筹兼顾的原则。

第五条　市、县（市、区）人民政府应当将养老机构发展纳入国民经济和社会发展规划，根据社会经济发展和社会养老需求状况，研究、制定扶持政策，保障经费投入，促进养老服务业与经济社会协调发展。

第六条　市、县（市、区）民政部门负责本行政区域内养老机构的指导、监督和管理。

发展和改革、教育、公安、财政、人社、规划和自然资源、生态环境、住房和城乡建设、城乡管理、卫生健康、审计、应急管理、市场监管、医疗保障等有关部门，按照各自职责做好养老机构的服务和监督管理工作。

第七条　市、县（市、区）人民政府应当通过投资兴办养老机构、购买服务等方式，为无劳动能力、无生活来源又无法定赡养人、扶养人，或者法定赡养人、扶养人无赡养、扶养能力的老年人提供基本养老服务保障。

政府兴办的养老机构，应当建立健全公开、公平、公正的收入住制度，向社会公开床位资源信息，在满足特困人员集中供养需求的基础上，优先保障孤老优抚对象和经济困难的孤寡、失能、高龄、计划生育特殊家庭等老年人的服务需求。

第八条　鼓励和支持社会力量举办养老机构。

市、县（市、区）人民政府应当通过公建民营、民办公助、合作经营、委托管理等形式，加强向社会资本开放，充分发挥市场机制作用，创新养老机构运营管理模式。

市、县（市、区）人民政府应当加强护理型养老床位建设，促进医养结合型养老机构发展。

第九条　鼓励养老机构加入养老服务行业协会。

养老机构行业协会应当加强行业自律和诚信建设，引导和规范养老机构提供符合社会需求的养老服务，调解养老机构运营、服务过程中产生的争议，维护入住老年人和养老机构的合法权益。

第十条　鼓励公民、法人和其他组织向养老机构捐赠和提供志愿服务。

第二章　规划建设

第十一条　市、县（市、区）民政部门应当会同发改、规划、国土等部门，依据国民经济和社会发展总体规划、城市总体规划和土地利用总体规划，根据辖区人口、公共服务资源、养老服务需求等因素，编制养老服务设施布局专项规划，合理布局养老机构，确定养老机构配套建设标准。

养老服务设施布局专项规划经同级人民政府批准后执行。

第十二条　市、县（市、区）人民政府应当将养老机构等养老服务设施建设用地纳入土地利用总体规划和年度计划，保障用地需求。

非营利性养老机构建设用地，可以依法使用国有划拨土地或者农民集体所有的土地；营利性养老机构建设用地，可以参照同类地段工业用地价格，以出让等方式取得。

鼓励将闲置的其他公益设施建设用地依法调整为养老机构建设用地。

养老机构建设用地，非经法定程序不得改变用途。

第十三条　养老机构设施建设应当符合国家、省、市有关养老机构的建设标准、规范和要求。

第十四条　新建居住区按照养老服务设施布局专项规划需要建设养老机构的，建设单位应当按照建设要求和标准，同步建设、同步验收、同步交付使用养老机构用房。

第十五条　已建成居住区养老机构用房未达到规划要求和标准的，市、县（市、区）人民政府应当通过配置、置换、租赁等方式或者在旧城改造过程中配建相应的养老机构。

第十六条　鼓励符合要求或者改造后符合要求的医院、宾馆、学校或者其他类型场所转用为养老机构。

第十七条　任何组织和个人不得擅自改变养老服务设施使用性质，不得侵占、破坏养老服务设施。

第三章　机构设立

第十八条　设立养老机构，应当符合有关法律法规规定条件和养老服务设施布局专项规划，并依法办理登记。

第十九条　设立养老机构应当按照下列规定，办理相关登记手续：

（一）设立公益性养老机构，符合事业单位登记条件的，依法在编制部门办理事业单位法人登记，符合民办非企业单位登记条件的，向市、县（市、区）民政部门办理登记；

（二）设立经营性养老机构，依法在市、县（市、区）市场监管部门办理登记；

（三）具备法人资格的医疗机构申请设立养老机构的，按照国家有关规定办理。

第二十条　登记部门应当将申请设

立养老机构需要提交的材料目录和申请书示范文本，在办事服务窗口及政务网站上公开。

第二十一条 登记部门应当自受理申请之日起二十日内，对申请人提交的材料进行书面审查并实地查验。符合条件的，予以登记；不符合条件的，应当书面通知申请人并说明理由。

第二十二条 养老机构的名称、住所、法定代表人或者主要负责人、服务范围等事项发生变更的，应当自变更之日起三十日内到原登记机关办理变更手续。

第二十三条 养老机构暂停或者终止服务的，应当提前六十日书面告知入住老年人及其代理人，向所在地民政部门提出老年人安置方案，妥善安置收住的老年人，并依照规定向原登记机关办理手续。有关部门应当为养老机构妥善安置老年人提供帮助。

第二十四条 登记部门应当建立健全养老机构设立、变更、终止信息公示制度，并在办事服务窗口和政务网站公布相关信息，提供查询服务，接受社会监督。

第二十五条 养老机构登记后即可开展服务活动，并依照有关规定向市、县（市、区）人民政府民政部门备案。

第四章 扶持发展

第二十六条 养老机构依法享受国家规定的税收减免优惠。

第二十七条 对非营利性养老机构建设全额免征行政事业性收费，对营利性养老机构建设减半征收行政事业性收费。

第二十八条 对养老机构的供电、供水、供热、燃气、排污等配套工程，经营性企业应当按照有关规定给予优惠。

养老机构使用水、电、热、燃气享受居民使用价格；养老机构使用有线电视、宽带互联网，按照有关规定享受付费优惠。

第二十九条 养老机构可以按照国家和省有关规定设置配套医疗机构，符合条件的纳入医保定点范围。

社区卫生服务机构应当与其服务区域内的养老机构建立合作机制，按照协议为养老机构收住的老年人提供基本医疗服务；发生的医疗费用，按照老年人参加的城乡医疗保险的规定结算。

鼓励医疗机构和养老机构之间建立业务协作机制，开通预约就诊绿色通道，为养老机构入住的老年人提供慢性病管理和康复护理服务。

第三十条 市、县（市、区）人民政府应当按照有关规定，对养老机构给予建设和运营等补贴，补贴资金应当纳入财政预算。

第三十一条 鼓励金融机构创新养老服务金融产品和服务方式，对养老机构合理安排信贷资金，给予利率优惠，拓宽信贷抵押担保物范围。

第三十二条 市人民政府应当推动建立老年人长期医疗照护保险制度，鼓励养老机构投保责任保险以及入住老年人投保个人意外伤害保险。

第三十三条 市、县（市、区）人民政府应当建立养老机构人才引入、培养、使用、评价、激励机制；依法规范养老机构用工，对取得国家养老护理员职业资格证书的从业者，应当按照规定给予奖励或者补贴。

鼓励高等院校、职业技术学校和职业培训机构设置养老服务专业或者培训项目，培养养老服务专业人才。

第三十四条 政府应当通过购买服务等方式，鼓励有条件的养老机构利用专业设施、场地、人员和技术等资源优势，为符合条件的城乡困难老人提供日托照料护理和上门助餐、助浴、助洁、助医等服务，培训和指导社区养老服务组织和人员。

第五章 服务规范

第三十五条 养老机构应当根据老年人能力评估标准和入住老年人的身体健康状况，确定照料护理等级。

入住老年人身体状况发生变化需要变更照料护理等级的，应当重新进行评估并经入住老年人或者其代理人确认。

入住老年人或者其代理人对养老机构确定的照料护理等级有异议的，可以委托第三方专业机构进行照料护理等级评估。

第三十六条 养老机构发现老年人为疑似患有传染病或者严重精神障碍的，应当通知其代理人或者经常联系人，协助其依照传染病防治、精神卫生等相关法律法规的规定处理，并报告住所地县（市、区）民政、卫生部门。

第三十七条 养老机构应当与入住老年人或者其代理人签订服务合同，明确各自的权利、义务和争议的处理方式，依法保障各方合法权益。

第三十八条 养老机构应当按照服务合同载明的照料护理等级以及约定内容，向入住老年人提供相应服务。

养老机构提供的服务应当符合国家、省和市有关行业标准及规范要求。

第三十九条 养老机构应当为入住老年人提供符合国家标准和建设规范的住房，配备日常生活用具和安全保护设施、设备，并建立卫生消毒制度，定期对入住老年人日常起居和活动场所及使用物品进行清洁、消毒。

第四十条 养老机构提供的饮食应当符合食品安全有关要求、有利于入住老年人营养平衡、符合民族风俗习惯，并满足入住老年人因健康原因对饮食的需求。

老年人与工作人员的膳食制作和用餐应当分开。养老机构应当对老年人膳食经费实行分账管理。

第四十一条 养老机构应当为入住老年人建立健康档案，定期检查身体，宣传日常保健知识，做好疾病预防工作。

第四十二条 养老机构应当为入住老年人疾病诊疗提供便利条件。

对突发危重疾病的入住老年人，养

老机构应当及时通知其代理人或者经常联系人并转送医疗机构救治；入住老年人的代理人或者经常联系人应当依法履行相应义务。

第四十三条　养老机构应当组织开展适合入住老年人的文化、娱乐和健身活动，丰富入住老年人精神文化生活，并为参与活动的入住老年人提供安全防护措施。

第四十四条　养老机构应当根据需要为入住老年人提供情绪疏导、心理咨询、危机干预等精神慰藉服务。

第四十五条　养老机构及其工作人员应当尊重入住老年人的人格尊严，禁止散布、泄露入住老年人的个人信息与隐私，禁止歧视、侮辱、虐待或者遗弃入住老年人。

第六章　运营管理

第四十六条　养老机构应当建立健全日常运营、人力资源、财务收费、信息档案等管理制度，制订并公开服务标准、工作流程和应急预案。

第四十七条　养老机构应当按照标准和规范配备管理人员、服务人员以及其他专业人员。

养老机构应当依法与工作人员签订劳动合同或者聘用合同，依法参加社会保险。

第四十八条　养老机构应当加强对工作人员的专业技能培训和职业道德教育。

养老机构中从事照料护理、康复医疗、社会工作等服务的专业技术人员应当具备相应的专业技术资质。

第四十九条　养老机构中从事护理、餐饮等工作的人员应当具有有效的健康证明并定期进行健康体检；对患有可能影响入住老年人身体健康疾病的，应当及时调整工作岗位。

第五十条　入住老年人应当遵守法律、法规以及养老机构管理制度。

入住老年人的亲属、代理人或者经常联系人应当依法履行对老年人经济上供养、生活上照料和精神上慰藉的义务。

第五十一条　政府投资兴办的公益性养老机构收费标准实行政府定价或者政府指导价；其他养老机构自主确定收费标准。

养老机构配套设置的医疗机构开展医疗服务，执行医疗服务价格管理的有关规定。

养老机构应当将收费项目、收费标准等内容在收费场所显著位置进行公示，建有门户网站的同时在网站进行公示，接受社会监督。公示内容包括养老机构基本设施与条件、服务内容与等级、收费项目与标准等事项。

第五十二条　养老机构应当建立健全财务制度，加强财务管理，使用规范的财务票据，每年定期公布财务情况。

养老机构应当建立入住老年人膳食、医疗等费用账目，并定期向入住老年人或者其代理人公开。

公益性养老机构应当将供养标准和资金使用情况向社会公开，接受社会监督。

第五十三条　养老机构应当建立健全消防、设施设备、食品药品等安全管理制度，实行二十四小时值班，定期开展安全检查，消除安全隐患。

养老机构应当依法履行消防安全职责，健全消防安全管理制度，实行消防工作责任制，配置消防设施、器材并定期检测、维修，开展日常防火巡查、检查，定期组织消防安全教育培训和灭火、应急疏散演练。

属于消防安全重点单位的养老机构应当确定消防安全管理人，并报告所在地消防救援机构。

养老机构内设食堂的，应当取得市场监管部门的食品经营许可，严格遵守相关法律法规和食品安全标准，执行原料控制、餐具饮具清洗消毒、食品留样等制度。

养老机构应当依法制订自然灾害、事故灾难、公共卫生事件等突发事件应急预案，定期开展应急演练，建立定期评估制度，并及时修订。

突发事件发生时，养老机构应当立即启动应急预案，根据突发事件应对管理职责分工向有关部门报告，并将应急处理结果报所在地民政部门。

第五十四条　养老机构接受捐赠款物的使用和管理，应当依照有关公益事业捐赠的法律、法规执行，并接受有关部门和社会、捐赠人的监督。

第五十五条　养老机构应当定期向入住老年人或者其代理人通报养老机构服务情况、入住老年人健康状况，听取意见、建议，核实处理有关问题。

第七章　监督检查

第五十六条　民政部门依法对养老机构的名称、住所、法定代表人或者主要负责人、服务范围等变化情况进行监督检查。民政部门实施监督检查时，养老机构应当予以配合，并如实提供有关材料。

市、县（市、区）民政部门应当对本行政区域内养老机构日常管理提供相应的指导和服务，对养老机构的场所设施、人员配备、服务范围、服务质量等进行监督和检查，并建立养老机构监管信息公示制度。

养老机构应当于每年三月三十一日前将上一年度工作报告提交民政部门，年度工作报告内容包括服务范围、服务质量、运营管理等情况。

第五十七条　民政部门应当定期开展养老服务行业统计工作，养老机构应当及时准确报送相关信息。

民政部门应当建立养老机构评估制度，定期组织有关方面专家或者委托第三方专业机构对养老机构的人员、设施、服务、管理、信誉等情况进行综合评估。

评估结果应当对外公示，并作为对

养老机构资助、考核评价的依据。

第五十八条　公安、卫生健康、生态环境、应急管理、市场监管等部门按照各自职责依法加强对养老机构相应的安全指导和监督检查。

人社部门应当依法对养老机构的劳动用工和医保定点政策执行情况进行监督检查。

价格主管部门应当依法对养老机构的服务收费进行监督检查，查处价格违法行为。

审计部门应当依法对非营利性养老机构的财务状况以及政府补助资金的使用情况和营利性养老机构的财政投入部分进行审计监督，并向社会公布审计结果。

第五十九条　民政部门应当加强养老服务领域诚信建设，对存在严重失信行为的养老机构及人员按照国家有关规定实施联合惩戒。

第六十条　民政部门应当建立对养老机构管理的举报和投诉制度。

民政部门接到举报、投诉后应当及时核实、处理，并将处理结果告知投诉人、举报人。

第八章　法律责任

第六十一条　违反本条例规定，养老服务设施的经营管理者擅自改变养老服务设施使用性质的，由民政部门责令改正，退还补贴资金等有关补助费用，处以三万元以下罚款。

第六十二条　违反本条例规定，未经登记设立养老机构或者养老机构变更住所后未变更登记手续的，由登记机关责令限期改正；符合养老机构设立条件的，依法补办相关手续；逾期达不到法定条件的，责令停办并妥善安置收住的老年人；造成损害的，依法承担法律责任。

第六十三条　违反本条例规定，养老机构名称、法定代表人或者主要负责人、服务范围等事项发生变更，未办理变更手续的，由民政部门责令限期改正；逾期不改正的，处以三万元以下罚款。

第六十四条　违反本条例规定，养老机构暂停或者终止服务未妥善安置收住老年人的，由民政部门责令改正，处以二千元以上一万元以下罚款；情节严重的，处以一万元以上三万元以下罚款。

第六十五条　养老机构有下列行为之一的，由民政部门责令改正；拒不改正的，处以二千元以上一万元以下罚款；情节严重的，处以一万元以上三万元以下罚款：

（一）违反本条例规定，公益性养老机构无正当理由拒绝收住政府供养老年人的；

（二）违反本条例规定，养老机构发现其收住的老年人患有传染病或者严重精神障碍未依法采取相应措施、也未按照规定向住所地县（市、区）民政、卫生和健康部门报告的；

（三）违反本条例规定，未与入住老年人或者其代理人签订服务合同的；

（四）违反本条例规定，未按照标准和规范配备管理人员、服务人员以及其他专业人员的；

（五）违反本条例规定，从事照料护理、康复医疗、社会工作等服务的专业技术人员不具备相应专业技术资质的。

第六十六条　有下列行为之一的，由有关行政管理部门责令改正，并依照相关法律、法规规定予以处理：

（一）违反本条例规定，擅自改变养老机构建设用地用途的；

（二）违反本条例规定，新建居住区的建设单位未按照规划、建设要求和标准配套建设养老机构服务用房的；

（三）违反本条例规定，养老机构提供的饮食不符合食品安全有关要求的；

（四）违反本条例规定，散布、泄露入住老年人的个人信息与隐私，或者歧视、侮辱、虐待、遗弃入住老年人的。

第六十七条　有关行政管理部门及其工作人员，在养老机构管理工作中玩忽职守、滥用职权、徇私舞弊的，对直接负责的主管人员和其他直接责任人依法给予处分；构成犯罪的，依法追究刑事责任。

第九章　附　则

第六十八条　本条例自2016年5月1日起施行。

太原市医疗急救服务条例

（2020年10月29日太原市第十四届人民代表大会常务委员会第三十六次会议通过

2020年11月27日山西省第十三届人民代表大会常务委员会第二十一次会议批准）

目　录

第一章　总　则

第一条　为了规范医疗急救行为，提高医疗急救服务能力和水平，健全医疗急救体系，促进医疗急救事业发展，保障公民生命健康权益，根据有关法律法规，结合本市实际，制定本条例。

第二条　本市行政区域内的医疗急救服务及其监督管理适用本条例。

第三条　医疗急救服务是政府主办的公益性事业。

医疗急救服务应当遵循以人民为中心、生命至上的理念，坚持统一调度、救急就近、合理施救的原则。

第四条　市、县（市、区）人民政

府应当加强对医疗急救服务工作的领导，将医疗急救事业纳入国民经济和社会发展规划，所需经费纳入财政预算，保障医疗急救事业发展。

第五条　市、县（市、区）卫生健康主管部门负责本行政区域内的医疗急救服务工作。

发展改革、教育、科技、工信、公安、民政、财政、人社、规划和自然资源、住建、交通、文旅、应急、体育、医保等部门，在各自职责范围内做好医疗急救服务相关工作。

第六条　本市医疗急救呼叫号码为"120"。每年1月20日为本市医疗急救宣传日。

卫生健康主管部门、红十字会、市急救中心等有关部门、组织应当积极开展医疗急救培训，普及急救知识。

广播、电视、报刊、网络等媒体应当定期开展医疗急救公益性宣传，普及医疗急救知识和技能。

各类学校应当将医疗急救知识和技能培训纳入地方课程专题教育内容，在专业组织的指导下，开展适合学校实际和学生特点的针对性培训，提高学生的安全意识和自救、互救能力。

第七条　市、县（市、区）人民政府应当采取扶持、委托、购买服务等多种方式，引导和促进社会力量参与医疗急救事业。

鼓励公民、法人或者其他组织通过公益捐赠、志愿服务等方式，参与医疗急救服务工作，支持医疗急救事业。

第八条　鼓励科研机构、高等院校和医疗机构开展医疗急救和急诊医学相关研究，提高医疗急救和急诊医学科学技术水平。

本市支持中医药诊疗技术和方法在医疗急救服务中的推广和应用，支持医疗急救使用先进医疗科学技术。

第九条　市、县（市、区）人民政府对在医疗急救服务工作中做出显著成绩的单位和个人，应当按照相关规定予以表彰和奖励。

第二章　体系建设

第十条　本市医疗急救体系包括：

（一）急救中心；

（二）急救网络医院；

（三）急救站；

（四）其他设置急诊科室的医疗机构；

（五）市疾病预防控制中心、市中心血站等其他负有医疗保障责任的机构；

（六）专业性救护组织、社会性救护组织。

市、县（市、区）人民政府应当推动多方位、立体化医疗急救体系建设。

第十一条　市卫生健康主管部门应当会同规划和自然资源部门根据本市医疗机构设置规划，综合考虑城乡布局、区域人口数量、服务半径、交通状况、医疗机构分布情况、接诊能力和传染病患者转运、隔离以及综合封闭管理等因素，编制本市医疗急救网络设置规划，报市人民政府批准后实施。

县（市、区）人民政府负责组织医疗急救网络设置规划在本行政区域内的实施，至少设置一个具有标准化洗消功能的县级急救中心（站）。

县级急救中心（站）负责本行政区域内医疗急救服务的组织、指挥、调度工作，并接受市急救中心的业务指导以及统一指挥调度。

第十二条　市卫生健康主管部门根据医疗急救网络设置规划、医院专科情况等确定急救网络医院，并将急救网络医院名单向社会公告。急救网络医院应当按照其职责达到急救中心（站）基本要求。

急救中心（站）应当符合医疗机构基本标准，并按照相关规定审批登记。

第十三条　市卫生健康主管部门应当组织对全市医疗急救工作进行评估考核，统筹、协调重大社会活动医疗急救保障工作和突发事件紧急医疗救援工作。

第十四条　市急救中心应当履行下列医疗急救职责：

（一）负责本市医疗急救的指挥调度；

（二）实施院前医疗急救；

（三）承担重大社会活动医疗急救保障工作和突发事件紧急医疗救援工作；

（四）承担传染性疾病、特殊性疾病的转送任务；

（五）招募、培训医疗急救志愿者；

（六）负责对急救网络医院和急救站专业人员、急救辅助人员的培训以及考核；

（七）负责对社会公众开展急救技能培训和知识的宣传普及；

（八）负责医疗急救信息登记、汇总、保管和上报；

（九）法律法规规定的其他职责。

第十五条　急救网络医院应当履行下列医疗急救职责：

（一）接受市急救中心的统一指挥调度和业务管理，实行每天二十四小时应诊；

（二）实施医疗急救；

（三）承担市急救中心指派的重大社会活动医疗急救保障和突发事件紧急医疗救援任务；

（四）登记、管理和报告医疗急救信息；

（五）支持社会急救公益性服务；

（六）法律法规规定的其他职责。

第十六条　公民、法人或者其他组织发现需要急救的患者，有义务拨打医疗急救呼叫电话，并提供必要帮助。

鼓励具备医疗急救专业技能的个人在急救人员到达前，对急、危、重症患者实施紧急现场救护，其紧急现场救护行为受法律保护。

鼓励社会组织通过商业保险、奖励等形式，支持和引导市民参与紧急现场救护。

第十七条　各级各类应急救援队伍应当掌握基本医疗急救知识和技能；设置应急救援队伍的单位应当每年定期组织有关人员参加基本医疗急救知识和技能培训，提高应急救援队伍的医疗急救能力。

第十八条　依法成立的志愿者组织可以招募、组织志愿者开展医疗急救公益性宣传、普及医疗急救知识、辅助医疗急救等志愿服务活动。

单位和个人可以通过志愿者组织参与医疗急救志愿服务活动。志愿者组织应当为志愿者提供医疗急救志愿服务所需的安全、卫生、医疗、保险等条件和保障。

第十九条　市卫生健康主管部门应当指导有关单位在机场、地铁车站、火车站、汽车客运站等公共场所配置自动体外除颤仪等医疗急救器械。

前款规定以外的影剧院、体育场馆、学校、景区、宾馆等公共场所应当根据安全保障需要配置医疗急救器械和药品，配备自动体外除颤仪，定期组织员工学习医疗急救设备的使用与医疗急救知识和技能，提高医疗急救保障能力。

已配置自动体外除颤仪的公共场所经营管理单位，应当在开放或者营业时间安排掌握自动体外除颤仪使用技能的工作人员在岗。

第三章　服务管理

第二十条　市人民政府应当建立“120”“110”“122”“119”“12345”等公共服务平台的急救联动机制。

市卫生健康主管部门应当组织制定医疗急救服务规范和质量控制标准。

急救中心（站）、急救网络医院应当按照医疗急救服务规范和质量控制标准，制定相应管理制度，定期组织急救业务培训。

第二十一条　市急救中心应当根据人口规模、急救呼叫业务量，设置相应数量的专线电话线路，并配置专门的调度人员二十四小时接听急救呼叫电话，统一受理全市呼叫。

调度人员应当掌握医疗急救网络设置基本情况和医疗机构接诊能力，及时接听急救呼叫电话，对呼叫人提供的地址、联系方式以及患者的主要症状进行登记，即时根据有关标准以及急救派诊流程派出救护车。

第二十二条　急救人员应当及时接听调度派车电话，根据指令在规定时间内出车，及时与患者或者其家属取得联系，询问病情、酌情指导自救。到达现场后，根据患者病情采取相应的急救措施。

患者或者家属应当及时告知救治人员既往病史、疑似病症等真实情况，应当接受、配合医疗卫生机构为预防、控制、消除传染病危害依法采取的调查、检验、隔离治疗等措施。

患者家属、现场其他有关人员应当协助配合抬运患者。

急救现场为患者所在单位、居住小区或者公共场所的，其有关工作人员应当协助急救人员做好相关工作。

第二十三条　急救人员因不能与急救呼叫的患者取得联系或者无法进入其住宅等现场开展急救的，可以立即向消防救援等单位报告，请求协助进入现场。消防救援等单位应当及时赶赴现场予以协助。

对有危害社会治安行为、涉嫌违法犯罪或者依法需要提供保护性措施的患者，急救人员应当在提供医疗急救服务时，及时通知当地公安机关或者有关专业机构，由公安机关或者有关专业机构依法采取相应措施。

第二十四条　患者有下列情形之一的，由急救人员按照具有相应救治能力为主、兼顾就近的原则送往医疗机构进行救治。

（一）病情危急、有生命危险的；

（二）疑似感染传染性疾病的；

（三）所处区域为疫区或者来自疫区的；

（四）疑似严重精神障碍的、有伤人或者自伤风险的；

（五）法律法规规定的其他情形。

有前款第二项、第三项情形的，急救人员应当及时按程序上报疾病预防控制机构。

非急救医疗转运可以由社会力量通过专门的转运车辆提供。具体管理办法根据需要由市人民政府制定。

第二十五条　急救患者被送达医疗机构后，急救人员应当与接诊医生、护士交接急救患者病情、初步诊疗以及用药情况等信息。收治急救患者的医疗机构应当坚持首诊负责制，及时收治急救患者，不得以任何理由拒绝或者推诿，不得占用救护车的设施、设备。

患者伤病情稳定要求转院并自行联系转至其他医疗机构治疗的，首诊医疗机构不得拒绝，并应当予以配合，由急救中心（站）、急救网络医院实施转运；患者因情况特殊或者首诊医疗机构不具备相应救治能力，需要转运至其他医疗机构救治的，由首诊医疗机构判断并负责转运，急救中心（站）、急救网络医院提供车辆协助。

第二十六条　医疗机构应当设置专线电话，并保持二十四小时畅通，保证与卫生健康主管部门、急救中心（站）、急救网络医院及时沟通医疗急救相关信息。

第二十七条　市卫生健康主管部门应当根据区域服务人口、服务半径、交通状况、急救中心（站）、急救网络医院、医疗机构分布情况以及业务需求增长量等因素，合理确定救护车配备数量。

急救中心（站）应当按照国家有关标准建立救护车定期查验和报废制度，确保车况和车载医疗设备、物品处于正常待用状态。

第二十八条　救护车应当符合国家标准，有明显行业统一规定的医疗急救标志以及名称，按照有关规定安装定位系统、车载信息系统、通信设备，配备警报器、标志灯具、急救设备和药品，并喷涂急救字样、标志和呼叫号码等。

第二十九条　每辆救护车应当配备医师、护士、驾驶员、担架员等急救人员，配带相应的急救药品和设备设施。

第三十条　从事医疗急救服务工作的医师、护士等卫生技术人员，应当依法取得相应执业资格；驾驶员应当取得与准驾车型相符的驾驶执照。急救人员上岗前均需通过岗前培训并考核合格。

本市建立急救医师联动培养机制。市卫生健康主管部门负责组织院前急救医师、院内急救医师与其他相关科室医师的联动培养工作，组织相关专业医师到院前医疗急救机构或者急诊科室工作，将医疗卫生人员到急救岗位轮岗锻炼，作为职称评定、职业发展和表彰奖励等方面的重要条件。具体办法由市卫生健康主管部门制定。

第三十一条　市医疗保障部门应当会同市卫生健康、发展改革、财政等部门，根据医疗急救成本和居民收入水平等因素确定医疗急救收费项目和标准，经依法批准后向社会公布。

医疗急救发生的医疗费用应当按照规定纳入市城乡居民、城镇职工医疗保险的报销范围。

第三十二条　急救中心（站）应当按照规定标准收取费用，在救护车明显位置粘贴价格公示，标明收费项目名称、标准以及价格举报电话，不得因收费问题拒绝或者延误救治。

第三十三条　患者及其家属应当按照医疗急救收费标准支付费用。

患者及其家属因自身原因拒绝接受已派出的救护车提供医疗急救服务的，应当支付已经发生的救护车使用费。

第三十四条　急救中心（站）、急救网络医院不得擅自停业、终止提供医疗急救服务工作。

急救中心（站）、急救网络医院因故停业、终止提供医疗急救服务工作的，除不可抗力外，应当至少于停业、终止前两个月向卫生健康主管部门报告，卫生健康主管部门接到报告后，应当采取必要措施确保该区域内的医疗急救服务工作不受影响。

第三十五条　市人民政府应当加强医疗急救信息化建设，运用移动通信数据、云计算、大数据、人工智能等现代信息技术，实现医疗急救调度系统、特殊人群识别系统、导航系统与医疗机构实时传输患者信息的区域协同系统等的信息化。

市卫生健康主管部门应当会同其他相关部门对医疗急救的相关信息资源进行整合，建立信息共享、互联互通的急救医疗公共信息和指挥基础平台。

第三十六条　市、县（市、区）人民政府应当加强医疗急救的应急储备。应急储备应当满足突发事件医疗急救需要。急救中心（站）、急救网络医院应当加强应急储备物资管理，确保应急储备物资处于备用状态。

第四章　服务保障

第三十七条　急救中心（站）、医疗机构、急救人员依法开展医疗急救服务受法律保护。公民、法人或者其他组织应当尊重、配合开展医疗急救服务，合理、规范、有序使用医疗急救资源，自觉维护医疗急救秩序。

第三十八条　任何公民、法人或者其他组织非因医疗急救需求不得擅自调用救护车，因重大活动等确需救护车进行保障的，应当向卫生健康主管部门提出申请，按照收费标准支付费用或者依据有关规定执行。

第三十九条　救护车执行医疗急救任务享有下列权利：

（一）依法安装使用警报器、标志灯具；

（二）使用公交专用车道、消防车通道、应急车道；

（三）在确保安全的前提下，不受行驶路线、行驶方向、行驶速度和信号灯的限制；

（四）在禁停区域或者路段临时停车；

（五）免交收费停车场停车费和高速公路车辆通行费；

（六）法律法规规定的其他权利。

非承担医疗急救任务的救护车不享有前款规定权利。

第四十条　机动车、非机动车驾驶人在行驶中遇有执行医疗急救任务的救护车，应当采取让行、停车、减速等方式主动避让。因避让违反道路交通安全法律法规的，经公安机关交通管理部门核实确认后可以免予追究相关责任。

行人应当主动避让执行医疗急救任务的救护车。

对不按照规定为执行医疗急救任务的救护车让行的车辆和行人，可以记录相关情形，作为公安机关交通管理部门责任追究的依据。

第四十一条　患者确无能力支付医疗急救费用的，急救中心（站）、急救网络医院和有关医疗机构在实施救治后，可以依据国家和地方有关规定向疾病应急救助基金、道路交通事故社会救助基金、城乡医疗救助基金等申请补助。

第四十二条　公民、法人或者其他组织向医疗急救事业进行公益捐赠的，依法享受相应的企业所得税和个人所得税优惠政策。

对急救中心（站）、急救网络医院符合现行税收政策规定取得的医疗急救收入以及自用的房产、土地、车船，依法享受减免税优惠。

第四十三条　市、县（市、区）人民政府应当加强急救人员队伍建设。

市、县（市、区）卫生健康主管部门应当会同人力资源和社会保障、财政、编制等部门，制定急救人员招聘引进标准、培养和职业发展规划，建立与医疗急救工作特点相适应的急救人员岗位轮转机制和薪酬待遇、职称晋升等激励、保障机制。

第四十四条　市、县（市、区）人民政府应当将下列事项所需经费纳入本级财政预算：

（一）急救中心的人员经费；

（二）急救中心（站）以及指挥调度系统的建设和运行经费；

（三）医疗急救信息化平台的建设和运营经费；

（四）救护车、车载设备、器材、相关设施的配置、维护、更新经费；

（五）在公共场所配置医疗急救设备和器材经费；

（六）医疗急救应急药品和其他急救物资的储备经费（含突发公共卫生事件的应急物资和防护用品经费）；

（七）医疗急救知识与技能的宣传、培训、演练经费；

（八）政府及其部门主办或者协办的重大社会活动医疗急救保障和突发事件紧急医疗救援经费；

（九）其他医疗急救经费。

第四十五条　市、县（市、区）人民政府应当支付抬担服务费用。

每个医疗急救出诊车组配2名担架员，向患者免费提供搬抬和协助现场急救服务。

第四十六条　相关部门和单位应当为医疗急救工作提供下列保障：

（一）公安机关负责依法查处侵害急救人员、患者人身安全和扰乱医疗急救秩序的违法行为；公安机关交通管理部门应当保障执行急救任务的救护车优先通行，快速到达指定地点；

（二）民政部门负责及时对属于社会救助对象的患者进行认定和救助；

（三）规划和自然资源部门根据医疗急救网络设置规划负责依法保障土地；

（四）通信运营企业应当保障“120”急救电话通信畅通，根据需要及时向急救中心（站）、急救网络医院提供呼叫人位置等信息和技术支持；

（五）建设单位新建高层住宅每栋楼每单元应当配置一台可容纳担架的电梯。

第四十七条　禁止下列扰乱医疗急救秩序的行为：

（一）冒用急救中心（站）、急救网络医院以及“120”的名称和标志从事医疗急救相关活动；

（二）恶意拨打“120”电话或者擅自占用“120”专用急救呼叫号码和线路；

（三）违反规定擅自配置、使用救护车提供医疗急救服务；

（四）拒不避让或者阻碍执行医疗急救任务的救护车通行；

（五）威胁、危害急救人员人身安全，侵犯急救人员人格尊严；

（六）扣留、抢夺或者损毁救护车、急救设施设备、病历资料等；

（七）其他非法扰乱医疗急救秩序的行为。

第五章　法律责任

第四十八条　违反本条例规定，急救中心（站）、急救网络医院未按照规定履行医疗急救职责的，由卫生健康主管部门责令限期改正；情节严重的，对直接负责的主管人员和其他责任人员依法给予处分。

第四十九条　违反本条例规定，有下列情形之一的，由卫生健康主管部门处一万元以上五万元以下罚款：

（一）医疗机构不按照规定与急救中心（站）、急救网络医院交接患者信息或者拒不接收转运的患者；

（二）急救中心（站）、急救网络医院擅自停业、终止服务。

第五十条　违反本条例规定，不主动避让执行医疗急救任务的救护车的，依法进行处罚。

第五十一条　违反本条例规定，冒用急救中心（站）、急救网络医院名义从事医疗急救相关活动或者擅自配置、使用救护车提供医疗急救服务的，由卫生健康主管部门会同市场监督管理、公安机关交通管理等部门依照各自职责予以查处，没收违法所得及其药品、器械，并处五万元以上十万元以下罚款；非法安装警报器、标志灯具的，由公安机关交通管理部门依法处理。

第五十二条　违反本条例规定，恶意拨打“120”电话或者擅自占用“120”专用急救呼叫号码和线路，威胁、危害急救人员人身安全，侵犯急救人员人格尊严等扰乱医疗急救工作秩序的，构成违反治安管理行为的，由公安机关依照《中华人民共和国治安管理处罚法》予以处罚；构成犯罪的，依法追究刑事责任；造成人身、财产损害的，依法承担民事责任。

第五十三条　违反本条例规定，卫生健康主管部门和其他有关行政部门的工作人员，滥用职权、玩忽职守、徇私舞弊的，对直接负责的主管人员和其他直接责任人员依法给予处分；构成犯罪的，依法追究刑事责任。

第六章　附　则

第五十四条　本条例所称医疗急救，是指对急、危、重症患者以及灾害性、突发性事件伤病员进行的院前医疗急救、院内医疗急救和社会急救活动。

本条例所称院前医疗急救，是指由急救中心统一指挥调度，在患者送达医疗机构救治前，开展的以现场抢救、转运途中紧急救治以及监护为主的医疗活动。

本条例所称院内医疗急救，是指设置急诊科室的医疗机构为急、危、重症患者提供紧急救治和监护的医疗活动。

本条例所称社会急救，是指由非医疗急救人员现场实施的救护患者的活动。

本条例所称急救网络医院，是指由市卫生健康主管部门按照规定的条件和程序确定的，接受急救中心指令，承担急救任务的医疗机构。

本条例所称急救站，是指急救中心、急救网络医院根据相关规划分别设置在急救网络医院内部或者指定地点，具体开展医疗急救服务的单位。

第五十五条　本条例自2021年1月1日起施行。

调研报告

关于全市应对疫情影响推进复工复产政策制定落实情况的报告

（2020年4月19日）

新冠肺炎疫情发生以来，太原市坚决贯彻习近平总书记重要讲话和重要指示批示精神，全面落实党中央决策部署、省委“四为四高两同步”总体思路和要求，统筹推进疫情防控和经济社会发展，全力推进复工复产，强化政策供给、压实工作责任，多点发力、积极应对，力争把疫情造成的损失降到最低。当前，全市复工复产大力推进，经济社会秩序加快恢复。在市政府办公室收集汇总全市复工复产政策制定落实情况的基础上，市委办公室和市委政研室就全市复工复产政策制定和落实情况做了进一步梳理分析。现将有关情况汇报如下：

一、政策制定情况

截至目前，全市各级各部门累计出台各类支持复工复产政策文件110个，其中市级层面8个、市直部门51个、十县（市、区）46个、综改示范区5个。

（一）市级层面出台8个文件。分别是《关于做好疫情防控期间企业复工复产工作的通知》《关于科学有序加快推进各类市场主体复工复产的若干措施》《关于应对新型冠状病毒感染肺炎疫情支持中小微企业发展的意见》《关于深入开展市级领导干部包联帮扶企业项目工作的通知》《关于做好2020年度市党政领导坐班对接项目工作的通知》《关于进一步深入开展领导干部包联帮扶企业项目工作的通知》《关于做好复工复产交通运输服务保障工作的通知》《关于进一步做好应对疫情能源供应保障工作的通知》。

（二）市级和市直部门共出台59个文件，从内容上分为五大类：

一是建立工作机制。出台3个文件，主要围绕疫情防控和复工复产建立领导干部包联帮扶企业项目、党政领导坐班对接项目、一校三专班等机制。

二是行业企业指导。出台16个文件，其中综合性3个、行业指导11个（建筑业2个、房地产业3个、快递物流业3个、餐饮业2个、旅游业1个）、支持中小微企业发展2个。

三是加强要素保障。出台13个文件，其中关于财政金融支持3个、能源保障1个、用地保障1个、促进返岗就业3个、降低企业负担5个（减免租金1个、减免电费1个、减免社会保险缴费1个、减征职工基本医疗保险1个、阶段性缓缴住房公积金1个）。

四是优化服务保障。出台13个文件，其中关于组建突击队1个、激励党员干部1个、招商引资1个、行政审批2个、环保服务1个、法律服务3个、安全生产4个。

五是做好民生保障。出台14个文件，其中关于恢复生产生活秩序7个（保障市场供应1个、保障开学4个、恢复接诊1个、恢复交通1个）、社会救助1个、帮扶退役军人3个、脱贫攻坚3个。

（三）十县（市、区）出台46个文件。主要内容为承接落实省市复工复产政策措施。其中，关于脱贫攻坚工作，娄烦县出台新冠肺炎疫情防控期间做好就业扶贫、促进农产品销售奖补等5个方面的文件，阳曲县出台《就业扶贫车间建设实施方案》。

（四）综改示范区出台5个文件。其中，2个专门支持富士康太原园区复工复产。

二、政策落实情况

从督查情况看，这些政策文件的出台，充分体现了市委市政府贯彻落实党中央及省委要求坚决打赢疫情防控阻击战的决心和信心，为全市各行业各领域复工复产、全社会恢复正常生产生活秩序提供了有力的制度保障。具体工作成效体现在以下五个方面：

（一）坚持以上率下，用心上心加大包联帮扶。在抓好疫情防控的同时，市委市政府高度重视复工复产，出台《关于进一步深入开展市级领导干部包联帮扶企业项目工作的通知》《关于做好2020年度市党政领导坐班对接项目工作的通知》，要求持续做好市级领导包联帮扶企业工作，帮助企业和项目提高复工复产效率。罗清宇书记、李晓波市长率先垂范、亲力亲为，多次深入企业、项目了握情况，为企业献策解困；36名市级领导同志共深入402个重点企业、142个重大产业项目、102个重点工程，积极开展包联帮扶，督导检查疫情防控，推进复工复产。十县（市、区）领导干部共包联帮扶2241个企业和项目。市直机关抽调825名干部，组成8支突击队，下沉基层一线开展帮扶。截至目前，市、县两级领导干部深入企业、项目开展包联帮扶共计2580次，解决问题1040个，正在协调解决问题496个。

（二）聚焦企业项目，精准施策助推复工复产。坚持目标导向、问题导向、结果导向，出台《关于科学有序加快推进各类市场主体复工复产的若干措施》，尊重规律、精准施策，全力推动各类企业和项目复工复产。全市905个建设项目开复工600个，29个省级重点工程项目和108个市级重点工程项目开复工86个（省级18个，市级68个）。突出工业支撑作用，出台《指导帮扶规上工业企业达产达效工作方案》，千方百计促进低产和零产企业达产。富士康3月中旬已全员返岗，产能全部恢复，太钢、太重等特大企业全面复产。全市433户规上工业企业复工率95.6%，达到上年同期水平。突出服务业拉动作用，出台《关于应对疫情影响支持个体工商户健康发展的若干措施》《关于开展“助力加油行动”支持餐饮复工的通告》，对大型商超、便利店、农产品批发市场、商贸物流、住宿餐饮等企业开展常态化帮扶。目前，全市主要396家重点商贸流通企业和外资外贸企业复工率100%，863户限额以上批发零售业企业复工率95%，244户限额以上住宿餐饮企业开工率83%，成品油零售企业复产复工率100%。有序引导餐饮业复市，协调网络交易第三方平台开通复工餐饮单位入网经营及外卖业务绿色通道，下单率94.3%。突出农业基石作用，统筹部署春耕备耕、"菜篮子"稳产保供、农资储备、生猪产能恢复等春季农业生产工作，及早下达农业生产资金，优先用于扶持新型农业经营主体恢复生产。全市243家农业企业复工率98.8%，解决就业1.42万人。加大对中小微企业扶持力度。出台《关于应对新冠肺炎疫情支持中小微企业发展的意见》，明确金融支持、援企稳岗、社会保险、减免房租和税费等10项支持政策，推动中小微企业复工复产。

（三）加强资金支持，多措并举提供有力保障。持续加强调度引导，加大要素供给力度，着力降低生产经营成本。一是发挥财政作用。统筹做好财政资金调度，全市累计投入新冠肺炎疫情防控防治经费2.29亿元。出台《太原市工业转型升级发展资金疫情期间规上企业复产增效奖励办法》，对贡献突出的规上企业给予20—500万元奖励。出台《减免中小微企业房屋租金的实施细则》，为承租国资委监管企业的中小微企业减免两个半月房屋租金3亿元。二是落实减税降费。落实落细税收减免政策，累计为464户企业减免增值税1149万元。经初步核算，预计年内落实房地产企业所得税计税毛利优惠政策将为房地产企业减免税收约22亿元。减免缓社会保险费企业34422户、31亿元。加大失业保险援企稳岗力度，延长政策执行期限，放宽裁员率标准，累计发放稳岗补贴487户、6524人、161.12万元。三是加强金融支持。出台《关于加强金融保障服务全力应对新冠肺炎疫情支持中小企业发展的实施方案》，建立融资企业库和银行—企业一对一服务制度，引导各大金融机构多管齐下支持疫情防控、企业复工。疫情发生以来，全市本外币各项贷款余额14491.32亿元，同比增长7%，占同期全省各项贷款余额的50%；新增贷款428.2亿元，占同期全省增量的55.5%。

（四）打通难点梗阻，切实有效激发市场活力。针对企业在复工复产过程中反映的物流不畅、员工返岗难、审批受限等现实需求，加强具体指导，创新服务方式，积极为企业排忧解难。一是协调解决用工问题。成立疫情期间服务重点企业复工复产工作专班，组织开展"春风行动"网上招聘会，为2555家用人单位发布岗位信息14.1万个。出台《关于建立"点对点"服务协作机制做好农民工返岗复工服务保障工作的紧急通知》，建立农民工返岗复工"点对点"人社、公安、交通、卫健"四位一体"服务协作机制，累计组织261辆专车"点对点"运送4448名农民工返岗复工。二是畅通运输渠道。制订《关于做好复工复产交通运输服务保障工作的若干措施》，积极畅通物流供应链、企业生产链、城市生活链，将各类应急物资、生活物资、重点生产物资、防疫物资和生产原材料、"菜篮子"产品、春耕生产物资等纳入应急绿色通道保障范围，实施优先保障，全面助力和支持经济社会迅速恢复生产。实行"入企特派员"制度，帮助企业沟通协调物资生产与运输问题。三是创新服务方式。出台《关于疫情防控期间实行审批服务事项"线上办、不见面"办理的通告》《关于疫情防控期间公共资源交易活动有关事项的通知》，依托在线平台加快审批。开展"非接触式"办税业务，全市纳税人网上申报率达99.86%。

（五）全力保障民生，扎实有序推动秩序恢复。始终把人民放在心中最高位，高度关注、切实回应和保障改善民生，加快恢复正常生活秩序。高三开学稳妥有序。全面落实省委"十个到位"要求，出台《太原市普通高中学校高三年级开学准备工作方案的通知》，坚持"一校一方案""一校两预案""一校三专班"，3月25日，全市79所学校安全有序开学，21830名高三学生、2158名专任教师、3628名管理服务人员错峰有序入校；其他年级开学正在筹备中。医疗门诊恢复正常。出台《关于加强分区分级精准防控全面恢复正常医疗秩序的通知》，47家二级以上公立医院、52所乡镇卫生院、社区、村卫生服务场所恢复正常医疗秩序。市场供应有序恢复。蔬菜批发市场、大型超市、连锁便利店2000余个门店实现正常经营。29家大型商场（5000平方米以上）全部开业。7674户餐饮单位开业。晋祠等32个A级景区对外开放。交通运输正常运营。道路运输领域恢复开通客运班线140条，城市客运领域除2条旅游公交线路外全部恢复运行，城市公交、巡游出租车、网约出租车、邮政快递领域全部恢复运行。脱贫攻坚持续巩固。出台《关于应对疫情决战完胜脱贫攻坚进一步加强就业扶贫的工作方案》等文件，加强产业扶贫、积极帮助贫困户就业，帮助建档立卡贫困户19217人在疫情期间就业（其中阳曲县5821人、娄烦县13396人），贫困户就业率同比增加11.7%。

三、政策研究分析

我市现有推动复工复产的政策文件，多数是在各级各部门紧急对冲疫情带来不利影响的情况下制定出台的。随着疫情防控进入常态化，相关政策措施还需因时因势而动，提高与经济社会发展的契合度。

（一）部分政策需长期坚持。主要是关于复工复产服务保障的政策。在国际疫情持续蔓延、世界经济下行风险加剧的情况下，全市企业复工复产提速扩面临不少难点堵点，短期内很难完全解决。要继续发挥好领导干部包联帮扶、要素保障、防疫物资统筹供应、不见面审批办理等政策的保障作用，切实帮助企业及时有效疏通生产经营中的各类

"肠梗阻"，确保有原料可供应、有资金可周转、有需求可支撑，让企业不仅动起来更要转得好。要用足用好各项减免政策，让社保费减免、医保减征、公积金缓缴、房租减免、水电费减免等政策举措实实在在地帮助企业减轻负担。

（二）部分政策需优化整合。有些部门和县区在政策制定和落实上存在多头发文、内容重复、以文件落实文件等问题，致使有些文件难以发挥应有的指导作用，甚至因过多过滥扰乱了基层工作、加重了基层负担。要优化整合支持中小企业发展、退役军人帮扶救助、教育、脱贫攻坚、降低企业负担等政策措施，提高政策的含金量和执行力。内容相近、能归并的尽量归并，可发可不发、没有实质性内容的一律不发，严禁照抄照搬照转上级文件、以文件"落实"文件。要统一市域范围内的防控标准，为复工复产创造畅通环境。疫情防控结果决定着复工复产的进度和生产生活秩序恢复的程度，尤其在太原承担分流北京国际航班政治任务的背景下，对疫情的防控须臾不能松懈。也正因此，尽管中央明确要求低风险区企业自主决定经营时间，我市仍有部分地方对人员、交通等的限制没有相应调整或落实有偏差，有的小区晚上8、9点就进入封闭状态，非常影响生产、生活、人员有序畅通流动。夺取疫情防控和经济社会发展双胜利，应因地制宜、因时制宜，及时调整或取消前期应急防控时采取的、与目前恢复生产生活秩序不相适应的措施，采取更有针对性和实效性的防控措施。

（三）部分领域存在政策短板。结合国家要求、省会城市特点和外地做法综合分析，我市现有复工复产政策体系中还存在一定的漏洞和短板。比如，在助推中小微企业发展方面，措施很多，但受惠面不广。目前实施的减免经营用房租金仅限于租用国有资产经营类用房，所占比例较小，多数中小微企业享受不到。受诸多条条框框限制，复工复产金融保障服务基本和大多数小微企业无缘。要充分考虑到中小微企业个头虽小、但数量众多，提供了大量就业岗位，是稳增长、惠民生的重要基础，针对受影响较大的困难行业出台更多针对性的措施，使其迅速复苏。再如，推动服务业复工复产还需出台硬措施。据统计，全市13365家餐饮店复工复产率不足30%，餐饮业发展步履维艰，其他服务行业也面临严重危机，有的只是单纯开了门，有的开门不久重新关了门。激活服务业发展，需把复工复产和扩大内需结合起来，把被抑制被冻结的消费释放出来，把在疫情防控中催生的新型消费、升级消费培育壮大起来，促进消费回补与潜力释放。近期，外地纷纷出台鼓励和引导居民消费的举措，苏州、石家庄、济南、长沙等地大力发展夜经济，山东、江苏、浙江、江西等7个省20多个地市发放多种形式的"消费券"，我市可以结合市情有效学习借鉴。还有，加快推动"云经济""宅经济"发展。据统计，今年2月份国内疫情最严重的时候，全国各省财政收入均下降，其中湖北降幅98.3%、山西降幅39.9%，而浙江仅下降1.3%，重要原因就是以数字经济为代表的现代服务业发挥了重要作用。我市美特好超市也反应很快，疫情之初便迅速转型，推出线上线下结合业务，主动把菜果粮和日用品送上门，既支持了疫情防控工作，也变危为机，疫情发生以来美特好线下所有门店的销量翻了1倍以上，线上会员增长了40多万。随着疫情防控常态化，"云经济""宅经济"已成为发展主流和对冲疫情负面影响的有力举措，我市可以考虑加快出台这方面的扶持政策，引导企业把握机会，主动开展"云上业务"，探索新商业模式，开辟新市场空间，在危机之中获得新生。

（四）政策落地需加强宣传。在对上百个政策文件汇总梳理的过程中，通过和部门、基层干部、企业工作人员沟通交流，发现不少文件止于"内部空转"，没有第一时间将政策信息传导到市场主体，基层和企业知晓率不高，优惠政策没有落到实处，未真正转化为帮扶效能。

四、下步建议

当前，疫情防控已进入常态化。常态化意味着持久战，防控需要新思维。下步要在现有政策的基础上，深入贯彻落实党中央和省委要求，结合外地的好经验好做法，精准出台契合防控形势、适用有效的政策措施，健全完善全市复工复产政策体系，让政策真正成为经济发展的强大助推器，牢牢把握发展主动权。

（一）加强对政策的整合和宣传

1. 加强统筹整合。在政府官网建立发布复工复产政策的统一平台，学习外地做法（附件2：郑州复工复产政策文件汇编），编制《太原市复工复产政策操作指南》，将市级和市直各部门出台的复工复产政策文件汇集于此，去粗存精、优化整合、留下"干货"，明确政策要点、服务对象、服务部门、联系人和联系方式，方便群众了解和咨询。

2. 加强宣传解读。充分利用电视广播、微信公众号、手机APP等媒介，多渠道、多平台对复工复产政策进行宣讲，确保受惠对象应知尽知、应享尽享。举办企业复工复产政策培训会，指导社区干部和联企干部深入企业开展政策宣讲、分析评估政策执行情况、回应企业实际需求、研究应对措施，帮助企业渡过生产经营难关。

（二）加强对政策的优化和完善

1. 统一全市范围内的疫情防控要求。由市疫情防控领导小组办公室发布全市疫情防控常态化措施指南，统一对复工复产、复商复学、社区和公共场所的防控，以及外来务工人员核酸检测及费用承担、群众日常体温监测、绿码认证等各方面防控工作作出明确要求。

2. 明确具体优惠举措。在继续落实各项减免政策的基础上，对疫情期间为中小微企业减免租金的市属国有企业，在项目建设审批、科技创新、技术升级改造、援企稳岗、减税降费方面出台优惠政策和资金支持。在支持市场主体采取包车方式"点对点"接回健康状况良好的员工方面，明确监测要求和政府补贴方式，切实发挥稳岗就业作用。

3. 加大清欠民营企业和中小微企业账款力度。由工信部门牵头，对我市清欠政策进一步明确，力争政府机关、事业单位和大型企业欠款在 2020 年 6 月底前清零，防止中小微企业出现资金链断裂的问题。

4. 加强基层工作力量。由组织、财政等部门共同研究出台更多向基层倾斜、给基层支持、在一线考察使用干部的有力举措，尤其在资金、人才等方面拿出实际举措，有效加强基层力量，提升基层治理能力，筑牢疫情防控堡垒。加大政策倾斜力度，鼓励高校应届毕业生到基层一线就业。对于特殊就业困难群体，开发疫情防控临时社区工作岗位，帮助他们临时就近就业。

（三）加强对项目的谋划和布局

1. 积极争取上级政策支持。紧盯国家应对疫情防控的政策支持领域和资金投向，力争更多的太原市企业列入全国疫情防控和民生保障重点企业名单，争取各类资金支持政策，保障重点项目融资。

2. 着力发展新基建。在常态化疫情防控下统筹经济社会发展的大背景下，抓住国家政策窗口期，结合"十四五"规划制定，加快 5G 网络、数据中心、城际高速铁路和城市轨道交通、新能源充电桩等新基建建设，助力太原经济高质量发展。

（四）加强对消费的刺激和支持

1. 鼓励发行"消费券"。由商务部门牵头，参照外地做法，通过派发"消费券"的方式引导民众扩大消费，帮助餐饮娱乐、文化旅游、住宿、体育健身、商业零售等行业尽快走出经营困境，加快实现促进消费回补和潜力充分释放。

2. 发展新消费模式。由商务部门牵头，出台鼓励引导政策，推动线上消费与线下消费深度融合发展，大力发展无接触配送、无人零售、直播零售等消费新方式，充分发掘"云经济""宅经济"对冲疫情负面影响的政策举措。

3. 发展"夜经济"。在推动文明城市创建的同时，考虑疫情期间经济发展需要，在保证食品安全、不影响交通和环境卫生的前提下，引导发展"夜经济"。由市商务局、市文明办等部门和各区研究拿出相关政策措施，开辟挖掘合适场所，发展夜间特色休闲街区；在居民生活区周边公共空地等区域，允许企业和个体工商户采取"店铺外摆""露天市场"等方式营业，帮助企业克服短期困境，激发城市活力，拉动城市消费。

（五）加强对中小微企业的援助和帮扶

1. 关注困难企业。由交通、农业、住建、商务等相关部门进行全面精准摸底，对受疫情影响较大的长途客运业、农产品深加工企业、中小型建筑业以及服务业等行业企业进行精准扶持，帮助解决市场需求不足、员工不能及时返岗、生产所需原料供应不足、生产资金缺乏、融资困难、生产经营成本提高等问题。

2. 破解资金制约。在落实好现有财税金融扶持政策的基础上，加强政府融资担保公司建设，充分发挥政府性融资担保增信、分险、赋能作用，围绕破解中小微企业融资难题，强化银担业务协作，降低担保费率，适度放宽融资政策限制，引导金融机构将资金投向更多中小微企业。

3. 加快政策兑现。对于已有的各类奖补和减免政策，相关部门要健全完善资金审核绿色通道，加快资金审核进度，及早兑现支持中小微企业发展专项资金和优惠政策，满足企业眼前急需。

（六）加强对政策的督导和评估

1. 建立政策督导机制。加强对政策执行情况的监督检查，及时研究解决政策执行中的困难问题，总结推广经验做法，确保各类政策落地兑现。特别要对减税降费政策落实情况进行逐一摸底，对还没有落实到位的，明确责任时限，加快政策兑现。

2. 建立政策评估机制。完善问题反馈和效果评估的措施办法，对各项政策执行落实情况进行全面评估，符合防控形势的，继续坚持和巩固；对不符合防控形势、制约复工复产的，及时纠正和完善。

（中共太原市委政策研究室）

关于加快"六新"突破的专题调研报告

（2020 年 7 月）

为深入学习贯彻习近平总书记视察山西重要讲话重要指示，落实省委十一届十次全会精神，市委政研室充分借鉴北京、上海、重庆、杭州、昆明等地的经验做法，对我市发改、工信、科技、住建等相关单位开展书面调研，形成了《聚焦"六新"加快转型　率先蹚出一条新路》专题调研报告。

一、深刻领会"六新"的重大意义

习近平总书记时隔三年再次亲临山西视察，并发表重要讲话，作出重要指示，这在我省我市发展史上具有重要里程碑意义。习近平总书记高瞻远瞩，定向领航，鲜明提出"在新基建、新技术、新材料、新装备、新产品、新业态上不断取得突破"的重大要求。"六新"内涵丰富、博大精深，是习近平总书记关于创新驱动、科技强国、人才强国战略思想的重要组成部分和最新理论成果，为山西乃至全国科技创新和产业发展指明了前进方向，明确了战略任务。省委十一届十次全会明确提出，"聚焦'六新'率先突破，应当成为而且必须成为山西在转型发展上率先蹚出一条新路来的方向目标、路径要求和战略举措。"太原作为省会城市，理应发挥高校科研院所、高新技术企业、高素质人才等创新要素集聚的相对优势，充分利用近年来实施工业强市战略所积累的产业基础，紧跟国际科技发展前沿，洞察全球产业变革态势，以抢滩占先、换道领跑的竞争姿态，努力在新兴产业上占据主动，在未来产业上把握先机，奋力在全省“六新”攻坚战、决胜战中当好冲锋尖兵。

二、“六新”形势、现状及存在的问题

“六新”代表着先进生产力变革趋势，代表着新兴产业、未来产业发展方向，是现代化经济体系的重要组成部分，是综合实力和战略竞争力的重要标志，具有无比广阔的发展前景。

（一）关于新基建。与“铁公基”传统基建相比，新基建不仅仅是基础设施，也是数字技术，还是先进产业。新基建新在信息，主要体现在5G、人工智能、工业互联网等新一代信息技术演化生成的信息基础设施方面。我市2019年被列为全国首批50个5G商用城市之一，在二青会上实现了国内大型综合性运动会的首次5G应用，目前已开通5G基站3944座，终端用户达29万；搭建了全省首个煤机行业5G+工业互联网平台；中科曙光的超算中心、国科晋云先进计算产业基地、中电科创新产业园等一大批信创项目落地见效，长城“智能云”网信产品也于近期正式下线。全市信创产业产值占全市工业总产值的26.5%，信创产业对全市经济的支撑引领作用更加明显。新基建重在融合，主要体现在应用互联网、大数据支撑传统基础设施转型升级形成的融合基础设施方面。比如：地铁、充电桩、智能电网等。目前，我市地铁2号线一期工程进展顺利，实现了“轨通”“电通”，通过车辆智能运维系统可实时掌握列车运行状态及列车故障等信息，可实现智能化运营。我市建立的北斗交通大数据、自然资源云管理、应急管理信息化综合应用等数据平台，已广泛应用到智慧城市建设当中。新基建强在创新，主要体现在支撑科学研究、技术开发、产品研制的创新基础设施。从国内看，北京、上海、合肥、深圳是我国四大综合性国家科学中心，位于创新基础设施建设的顶端，南京、武汉、西安、成都等科教重城紧跟其后，大科学装置、国家实验室、技术研发中心对这些城市的科技引领、创新发展发挥了重要作用。我市现拥有国家重点实验室4家，省级重点实验室76家，省级工程技术研究中心78家，分别占全省的80%、79%、60%，在全省属于绝对领先地位，但与国内先进城市相比差距巨大，在中部6省中均排在末位，这也是我市创新能力不足的根源之一。

（二）关于新技术。新技术的特征表现在绿色、智能、泛在、精密等方面，当前热点前沿技术主要集中在新一代信息技术、生命科学技术、先进制造技术、能源技术等领域。近年来，我市连续三年，每年安排10亿元科技专项资金支持科技创新，全市高新技术企业由2017年的626家增至1616家，科技型中小企业由2017年的321家增至2019年的3581家，涌现了一批重大自主创新成果。在能源技术方面，阳煤集团联合清华大学历经十余年自主研发出的“晋华炉”，荣获日内瓦国际发明展金奖，获得了12个国家和地区发明授权，对改造传统煤化工和发展新型煤化工产业意义重大。太锅集团与岳光溪院士合作，突破了低热值煤循环流化床锅炉关键技术，对低热值燃料的清洁发电利用具有很好的示范作用和推广应用前景，在国际上产生了巨大反响。在生命科学技术方面，锦波生物在首次解析了人Ⅲ型胶原蛋白中央功能区域的高分辨率原子结构，解决了人源性、水溶性、高活性、无免疫原性等技术瓶颈，取得了国际开创性的技术突破。但也要看到，我国在关键核心技术受制于人的局面还没有得到根本性改变，特别是高端技术瓶颈仍然突出。同全省一样，我市在新技术方面更多的是技术应用与跟随，在技术的研发上缺乏主导性，在技术成果上缺乏首创性和突破性，量子信息技术、区块链技术等一些热点尖端技术还存在空白。

（三）关于新材料。新材料产业是战略性、基础性产业，是未来高新技术产业发展的基石和先导。美国、日本和欧洲等发达国家和地区仍然是新材料产业的创新主体，长期占据着垄断地位，而我国多数领域仍处于追赶状态，不少领域差距明显，一些关键材料“卡脖子”问题依然存在。目前，我国各地都在抓紧布局新材料产业，形成了环渤海、长三角、珠三角为轴心，东北、中西部特色突出的集群产业分布。在这方面，我省、我市有基础、有优势、有前景，一些领域已经处于全国乃至世界领先水平。2019年，我市新材料产业实现产值900亿元，初步形成了特种金属材料、化工新材料、碳基新材料、生物基新材料四大特色领域，培育出一批新材料龙头企业和标志性项目。在特种金属材料方面，太钢拥有全球单厂规模最大、技术装备水平最高的不锈钢生产线，“手撕钢”为世界首创。在化工新材料方面，清徐精细化工循环产业园形成了“煤—苯—己内酰胺/乙二酸—尼龙6/尼龙66”完整的产业链条。在碳基新材料方面，山西煤化所T-1000级超高强度碳纤维核心技术实现突破，山西钢科T800高性能碳纤维实现百分百国产化。在生物基新材料方面，锦波生物实现人源胶原蛋白产业化，合成生物产业园区、合成生物全产业链开放发展自贸区正在谋划建设。此外，在半导体材料方面，我市还拥有国内最大的碳化硅材料产业基地（中国电科山西碳化硅产业基地）；烁科晶体有限公司4英寸碳化硅衬底，已经处于国内领先水平，国内市场占有率达到50%。

（四）关于新装备。装备制造业是现代产业体系的脊梁，承担着为国民经济各部门提供工作母机、带动相关产业发展的重任，是支撑国家综合国力的重

要基石。新装备的特点主要表现在，综合技术含量高、处于价值链高端、占据产业链核心地位。改革开放40年来，我国装备制造业发展迅速，在航天航空、高铁核电、移动通信、新能源汽车等领域取得重大突破，但在高端数控机床、航空发动机、光刻机等方面受制于人。近年来，我市在产业转型过程中，装备制造业表现比较突出，现有轨道交通规上企业14家、煤机装备规上企业21家，年产值实现122亿元，产业链条进一步延伸，规模集聚效应进一步显现。但也要看到，我市高端装备制造企业少，企业技术创新主体地位不突出，在网络协同、个性化定制、远程运维服务等智能制造方面还有明显不足。

（五）关于新产品。新产品之所以不同于老产品，就是其蕴含着新技术、新设计、新材料、新工艺等这些全新内涵，突出表现在“四高”，即科技含量高、品牌附加值高、产业关联度高、市场占有率高。从过去看，我市曾一度拥有着许多品牌产品，比如：春笋牌电视机，产品销往全国13个省市，被当时的国家电子部认定为金牌产品；华杰电子表，1989年产量达到3000万只，占据了当时80%的国内市场，销往海外二十多个国家和地区；还有太原洗涤剂厂生产的“芳芳”牌洗涤产品、华光鞋油厂生产的蝴蝶牌鞋油等等。但是由于不注重技术研发、不紧跟市场节奏，产品更新换代不及时，导致品牌甚至有的企业都消失了。从当前看，传统锅炉融入“循环流化床”技术后，就变成了流态重构、节能环保的先进产品，太原锅炉集团也从20世纪90年代的“低谷”中一路翻身，摆脱亏损后产值节节攀升，成为锅炉行业依靠新技术新产品实现跨越式发展的典型案例。水塔醋业集团，一手抓调味醋产品的升级换代，大规模生产绿色醋、有机醋；一手抓保健醋的深度开发，开发生产醋饮品、保健醋、醋日化品、醋护肤品，产品链不断延长，价值链不断提升，企业也实现了长足的发展。要清醒看到，我国已经是世界最大的制造业产出国和货物贸易国，我省、我市的一些产品也已进入国家若干高新技术产业链、供应链大循环当中，但总体仍然处于产业链前端和价值链中低端。

（六）关于新业态。新业态就是新的生产经营形态、经济模式，主要以技术创新、产业融合、产业链整合、区域分工及企业组织方式变革推动形成。在今年统筹疫情防控和经济社会发展过程中，出现了无接触配送、远程医疗、远程办公、在线教育等新业态。这些新业态打破了产业隔阂，实现跨界融通，改变了传统模式和商业模式，催生了新的经济增长点。近期，科技部提出，将加大对新业态、新模式的引导和技术支撑力度。北京、杭州等地出台了关于加快培育壮大新业态新模式促进经济高质量发展的若干意见。可以预见，在疫情防控常态化前提下，新业态将迎来重大发展机遇，加速发展壮大。

三、关于我市推进“六新”发展的建议

省委提出的14个战略性新兴产业，市委坚持的工业强市、创新驱动发展战略，明确的三大主攻方向，完全符合“六新”的时代内涵和本质要求，是我们推动“六新”发展的关键着力点。我们要以超前规划引领“六新”，围绕“六新”突破，高质量编制“十四五”规划，引领、推动“六新”突破，把我市打造成具有国际影响力的国家区域中心城市、再现‘锦绣太原城’盛景。以转型项目支撑“六新”，坚持“项目为王”理念，把“六新”落脚到项目上，开展补充式、填空式攻关，实施项目化、清单化管理，接续向前、滚动推进，用一个个、一批批项目的落地投产见效来推动“六新”突破。以创新生态涵养“六新”，坚持“创新为上”，大力实施创新驱动，深入推进人才兴市，充分发挥企业和科研院所的主体作用，使成果变产品、产品变产业，以全生命周期服务的创新生态来保障“六新”发展。以双创活力激发“六新”，按照“政府引导、市场化运作”模式，千方百计提高基数、创优服务，在金融科技、人力资源、成果转化、减税降费、权益保护等方面提供全方位支持，不断激发全社会创业创新的活力。以一流标准提升“六新”。坚持一流标准、世界标准定位，鼓励大胆先行先试，持续深化标准化改革，以标准化人才培养、标准化战略性研究、标准体系建设等工作保障“六新”质效。

聚焦“六新”蹚新路，既要保持虚怀若谷、学习借鉴的谦逊态度，加快补齐短板，更要增强先行先试、敢为人先的胆识气魄，主动拥抱新一轮科技革命，在换道抢滩、并跑领跑中赢得发展先机。

一要在新基建上抢布局。当前，世界各国都在加快布局新基建，我国2018年经济工作会以来多次进行部署，并进一步加大了推进力度，北京、重庆、昆明、杭州等多地出台了新基建重大项目建设行动方案，都在发力抢占新基建技术高地。我市虽然在这方面取得了一定的成绩，5G建设、充电桩等局部性工作甚至走在全国前列，但整体上的差距仍非常明显，创新基础设施方面更是亟须补课。我们必须树立“抢”的意识，紧紧抓住国家“十四五”期间进一步加大新基建力度的契机，滚动实施新基建重要项目建设及储备，加快布局和持续推进新基建。要加快布局推动武宿国际机场改扩建、太原铁路枢纽、轨道交通等重大交通基础设施建设，构建立体联网、内外联通、多式联运、有机接驳的交通运输体系，有序提升城市公共充电桩覆盖能力，强化公共道路基础设施智能化改造，不断提升太原综合交通枢纽地位；加快布局推动推进5G网络、数据中心等基础设施建设，实现中心城区、周边重点区域及景区5G网络连续覆盖和商用，推动5G场景应用和产品服务创新，争取走在全国前列不掉队；加快布局推动一批国家级、省级重点实

验室、实验平台、大科学装置等创新基础设施，同时深化科技创新体制改革，积极打造基础研究、前沿创新、深度融合的协同创新体系，进一步激发我市创新动能。

二要在新技术上敢起步。要认识到，在技术研发上，不怕没有，就怕不起步，不敢不愿起步就永远都是“0”。必须牢牢坚持自主创新的战略基点，拓宽视野、瞄准前沿，保持对国内外前沿技术创新成果的高度敏锐性，把握规律、把握趋势、立足实际，注重从应用性研究发力，加快攻克一批“卡脖子”的新技术，以创新引领发展。要打造创新平台，推进中试基地、检测平台、科技大装置等科技资源共享，加快谋划建设国家碳纤维及其复合材料技术创新中心、国家信创技术创新中心及一批国家重点实验室，切实保障创新要素供给。要加大科技攻关，聚焦新一代信息技术、生命科学技术、先进制造技术、能源技术、新材料等领域，加强基础应用研究，集中攻关一批关键共性技术、前沿引领技术，全面提高我市自主创新能力，抢占科技制高点。要加强研发合作，加强与中科院、C9高校、国家级实验室以及本地院所全方位合作，建设实验室、中试基地、技术创新中心、工程技术研究中心、产业技术创新战略联盟等技术创新平台，集聚创新资源，寻求智力支撑，共享科技成果。

三要在新材料上大提升。近年来，在坚持新材料产业主攻方向的不断努力下，我们在技术积累、产业集聚、规模效益上都取得了长足的进步，部分领域完全有能力参与国际竞争。我们要坚持主攻方向不动摇，发挥比较优势，乘势而上、再接再厉，争取在新材料产业发展上有大的提升。要以科技创新为驱动，加大新材料技术攻关，争取在高强度碳纤维、高模量碳纤维核心技术、生物基新材料应用技术、第三代半导体材料等关键战略材料等方面取得突破。要以项目建设为支撑，重点依托太钢T800碳纤维、中电二所碳化硅、阳煤化工新材料等项目，推进石墨烯、碳纤维、己内酰胺、尼龙66等前沿新材料产业化、规模化发展。要以园区基地为载体，加快推进“太钢—古交铝镁合金产业园”、生物基新材料产业基地、清徐精细化工循环产业园等产业园区建设，打造高端新材料产业集群。

四要在新装备上再进位。要围绕提高产业基础能力，发挥我市装备制造业比较优势，以技术链和项目链为重点，推进我市新装备产业向价值链中高端迈进。重点依托太重、晋西、智奇等龙头企业，加快推进轨道交通产业发展，形成集工程施工、设备制造、运营维护为一体的服务体系，打造全国重要的轨道交通装备制造基地；重点依托山西钢科、康镁科技、太航等重点企业，以航空制造、航空维修、零部件加工、飞行培训等为主导，打造太原通用航空产业基地；重点依托山西电机、太原锅炉、太重风电、中电科新能源等企业，推动节能和新能源装备产业发展；重点依托天地煤机、太重煤机、山西煤机等企业，突破煤机信息化系统关键技术，全面提升煤机系统集成创新能力，建设集研发、制造、检测、综试、技术交易及配套服务为一体的产业体系，打造世界一流的煤机装备产业基地。

五要在新产品上树品牌。要加快“四高”新产品的研发、转化、制造，力争产出一批具有核心竞争力、带有杀手锏性质的拳头产品，产出一批智能、绿色、时尚、实用的民用产品，产出一批高精尖的军民两用产品，打出太原品牌，打响太原制造。要注重产品的研发转化，一代成熟产品推出后，第二代、第三代产品的研发必须紧跟，第一时间推进技术向产品、产品向产业的转化，切实把技术研发能力转变成现实生产力。要紧跟市场的需求变化，完善创新产销对接促进机制，坚持以产品质量为重，突出高端化、智能化、绿色化和个性化，准确把握市场需求，拓展产品的市场应用，以市场定产品，以产品博市场。要放大产品的品牌效应，支持“晋品晋材晋用”，打造企业供需对接和技术洽谈交流的平台，深化上下游企业协同合作，培育本土高端产品品牌。同时，积极组织和参与产品博览会、推介发布会，把我市的好产品、好企业更好地推向全国、推向世界。

六要在新业态上善培育。要努力在危机中育新机、于变局中开新局，进一步培育壮大各类新业态创新发展，打造经济新的增长点，为高质量发展赋能，为高品质生活添彩。要厚植新业态发展根基。加大力度推进基础设施建设、数据开放共享和应用场景拓展，扩大5G网络建设规模，推进大数据平台建设，加快实施智慧政务、数字国土、智慧交通、智慧环保建设，打造智慧城市，筑牢新业态发展根基。要挖掘新消费发展潜力。着眼于更好满足人民群众多元化、品质化消费需求，活跃夜间消费、假日消费、绿色消费，提升智能家电、智慧家居消费，拉动城乡消费；鼓励和培育发展网络零售、无接触配送等疫情期间催生的新型消费，打造消费促进升级版。要营造新业态发展环境。加快打造数字政府，在更大范围内实现“一网通办”，大力推进“不见面”审批，在政策支持、财政金融、减税降费、权益保护等方面提高服务水平和服务效率，为新业态发展营造良好环境氛围。

（中共太原市委政策研究室）

国民经济和社会发展统计资料

太原市部分年份国民经济主要指标统计表

表 22

指　标	1985	1990	1995	2000	2005	2010	2015	2019	2020
年末户籍常住人口（人）	2344452	2612087	2827710	3087491	3403874	3654990	3673857	3835038	3887949
按性别分									
男性	1258322	1384876	1490281	1607655	1766902	1867963	1858619	1921740	1942918
女性	1086130	1227211	1337429	1479836	1636972	1787027	1815238	1913298	1945031
按城镇、乡村分									
城镇人口	1425235	1636344	1832597	2039240	2389268	2630159	2919276	3047307	3094732
乡村人口	919217	975743	995113	1048251	1014606	1024831	754581	787731	793217
社会从业人员（人）	1377500	1592200	1773000	1611200	1616195	1915100	2241600	2581200	2612300
按三次产业分									
第一产业	235500	248400	258000	276800	271587	263900	253200	240000	256800
第二产业	770000	853400	872000	611500	530983	619300	653300	652200	623400
第三产业	372000	490400	643000	722900	813625	1031900	1335100	1689000	1732100
按城镇、乡村分									
城镇从业人员						1380800	1743500	2111500	2191600
农村从业人员	351000	385000	434000	503753	502875	534300	498100	469700	420700
城镇非私营单位在岗职工工资总额（万元）	115920	257007	609421	724376	1378220	3147504	6229561	7929931	8603420
城镇非私营单位在岗职工年平均工资（元）	1199	2351	5538	8394	18547	38838	60515	80060	88650
城镇居民人均可支配收入（元）	646	1573	3939	6019	10476	17258	27727	36362	38329
城镇居民人均消费性支出（元）	585	1357	3409	5341	7806	12106	15455	21305	20559
# 食品	308	653	1588	1750	2412	3710	3585	4508	4819
衣着	112	241	514	564	1050	1234	1589	1687	1547
居住		36	194	388	857	1172	3355	5183	5292
农村常住居民人均可支配收入（元）	526	763	1444	2643	4402	7611	13626	18377	19655
农民人均生活消费支出（元）				1634	2601	3879	10124	13228	13969
# 食品烟酒				696	909	1312	2578	3361	3745
衣着				204	350	493	893	1052	1098
居住				225	334	642	2787	3183	3406
地区生产总值（万元）	442126	939154	2224624	3791880	8688745	17863125	26637573	40161904	41532510
第一产业	28885	58755	118405	154936	201903	275372	295133	301348	322364
第二产业	295782	520827	1073679	1616655	4148132	7978454	9955897	15186360	15041892
工业	239985	453958	921038	1316136	3292470	6148833	7181041	10703993	10715305
建筑业	55797	66869	152641	300519	855662	1829621	2774856	4482367	4326587
第三产业	117459	359572	1032540	2020289	4338710	9609299	16386543	24674196	26168254
人均生产总值（元/人）	1905	3648	7954	12460	25396	46359	61821	90421	
地区生产总值指数（%）	105.4	109.1	113.8	108.7	115.4	108.0	109.1	106.6	102.6
第一产业	91.7	126.8	102.6	106.8	101.1	104.0	101.4	102.3	103.7
第二产业	105.5	107.9	114.5	108.5	116.5	107.8	106.2	105.9	103.0

续表

指　标	1985	1990	1995	2000	2005	2010	2015	2019	2020
工业	106.4	102.0	116.2	108.9	117.8	107.5	105.9	104.9	103.3
建筑业	99.5	150.1	99.9	105.1	112.2	108.7	106.9	108.6	102.3
第三产业	108.2	109.3	114.1	109.1	116.1	108.4	111.6	107.1	102.3
全社会固定资产投资额（万元）	194510	262924	701894	1047702	4385077	9164811	20256080	13416671	14934531
全社会新增固定资产（万元）	126292	212335	517719	876782	1193234	4114718	9597538	7030761	2994536
商品零售价格总指数（以上年价格为 100）	112.0	100.7	114.5	96.0	100.2	102.6	98.6	101.5	100.5
食品类		99.7	124.2	93.8	103.7	108.2	100.3	106.2	108.2
服装鞋帽类		106.9	119.1	100.6	96.3	96.9	103.3	101.3	101
纺织品类		106.9	120.1	94.9	98.0	109.6	98.4	98.8	99.4
中西药品及医疗保健用品类		99.1	114.3	101.3	98.7	105.8	101.0	101.5	98.4
文化和体育用品类		93.3	104.0	99.3					
文化办公用品类					99.4	97.6	97.4	101	102.9
体育娱乐用品类					99.1	97.9	99.1	101.3	101
日用品类		99.8	109.0	98.0	100.7	99.0	99.4	101.3	100.2
家用电器及音像器材类		93.1	102.2	95.6	97.3	92.6	97.6	99.7	98.2
燃料类		119.9	105.9	107.6	112.8	117.0	88.1	96.0	90.3
建筑材料及五金电料类	112.0	100.4	102.8	99.4	102.1	97.7	98.0	100.9	100.6
居民消费品价格总指数（以上年价格为 100）		101.7	116.8	103.6	101.1	103.0	100.4	102.7	102.6
食品烟酒								105.8	107.6
衣着								101.4	101.1
居住								101.9	99.6
生活用品及服务								101.2	100.5
交通和通信								99.3	95.8
教育文化和娱乐								103.7	102.1
医疗保健								100.6	107.4
其他用品和服务								102.4	100.5
服务项目类价格总指数（以上年价格为 100）		110.2	107.3	162.1	102.9	102.4	100.6	102.1	102.1
农林牧渔业总产值（万元，按当年价格计算）	38744	73925	193432	246156	344060	495463	535860	573503	672356
农业产值	28489	47608	120504	163107	199305	285840	296341	298794	345695
林业产值	2266	1877	4382	4020	12088	48552	66397	91351	111988
牧业产值	7942	22069	66859	77344	114172	137081	135255	139981	168746
渔业产值	47	662	1687	1685	2689	3212	3179	3216	3927
农林牧渔服务业产值					15806	20778	34688	40161	42000
农林牧渔业总产值指数（以上年价格为 100）	100.6	108.3	102.2	106.9	101.3	108.3	101.6	103.3	103.6
农业产值		107.9	95.9	110.1	99.6	108.6	100.2	106	107.0
林业产值		93.0	106.8	102.4	74.7	110.1	103.4	104.6	104.3
牧业产值		110.8	112.8	102.8	104.9	106.6	103.3	97.4	100.9

续表

指　标	1985	1990	1995	2000	2005	2010	2015	2019	2020
渔业产值		116.5	103.6	103.7	107.6	111.0	94.8	100.3	105.7
农林牧渔服务业产值					100.8	109.1	104.6	101.6	102.2
主要农作物播种面积（千公顷）	145.34	145.72	139.23	136.82	118.56	102.20	90.35	81.55	82.26
粮食	107.61	116.25	107.93	100.35	83.48	81.42	75.39	62.92	63.50
棉花	0.23	0.12	0.86	0.83	0.22	0.06	0.004	0.001	0.0003
油料	22.70	13.52	13.90	11.05	5.05	2.58	1.50	1.55	0.87
主要农产品产量									
粮食（吨）	304534	387806	334171	294557	291865	279264	275393	224230	245320
棉花（吨）	133	96	849	998	276	80	8	1	0.8
油料（吨）	16756	13882	6636	10557	3845	2840	2381	2437	1506
肉类（吨）	12001	17109	33603	47606	65135	49975	37711	22245	24860
禽蛋（吨）	7428	20003	35272	44361	43165	36412	30869	30426	30933
工业企业单位数（个）	1560	1981	2033	383	489	480	408	527	622
按经济类型分									
国有经济	289	331	335	178	95	37	19	6	7
集体经济	1270	1638	1601	89	60	40	16	10	7
其他	1	12	97	116	334	403	373	511	608
按轻重工业分									
轻工业	713	877	727	128	111	107	81	90	94
重工业	847	1104	1306	255	378	373	327	437	528
工业企业总产值（万元，按1990不变价格计算）	620037	1276457	2588265	3105189	9213954	20003397	21592702	32749621	34166940
按经济类型分									
国有经济	536776	1063635	2008511	697609	715540	662004	1215862	1776380	1530790.9
集体经济	81674	204830	443982	197970	164977	147631	60132	89061	28902
其他	1587	7992	135772	2209610	8333437	19193762	20316708	30884180	32607246.7
按轻重工业分									
轻工业	150649	334579	449580	528811	703205	1400948	1470754	1592258	1769032.2
重工业	469388	941878	2138685	2576378	8510749	18602449	20121948	31157363	32397907.4
主要工业产品产量									
原煤（万吨）	2140	2840	3133	2544	4482	3775	3988.88	3572.83	4133.44
发电量（万千瓦时）	347800	367800	873200	1135500	1594000	2038000	2574800	3189973	3240629
粗钢（万吨）	152.73	190.24	238.82	249.90	353.34	850.00	1078.60	1307.56	1285.77
生铁（万吨）	110.97	160.00	241.00	292.00	394.22	696.90	777.37	1032.35	963.64
焦炭（万吨）	152.56	386.33	893.24	836.00	1201.00	1268.00	1029.40	1123.38	1039.35
水泥（万吨）	76.20	73.94	148.70	170.00	272.65	582.50	478.07	608.29	744.79
太原地区铁路货运量（万吨）	2398	3295	3735	4278	6113	5064	4414	3887	4125.93
太原地区铁路客运量（万人次）	814	878	992	864	1074	2210	2598	3096	1822.31
邮电业务总量（万元）	1470	3890	36723	238105	540873	1452903	1072137	5102438	6520856
社会消费品零售总额（万元）	229781	456637	1116123	1894200	3840302	8258458	15407962	19528098	16551130.7
外商直接投资（万美元）	43	141	4500	7280	16490	58501	85049	9717	10199.48
接待海外旅游人数（人次）	9695	13519	23594	47886	100859	283194	210065	257960	5434
接待国内旅游人数（万人次）	173	277	462	860	1408	1995	4892	9630	3593.5

续表

指　标	1985	1990	1995	2000	2005	2010	2015	2019	2020
一般公共预算收入（万元）	50872	92130	134263	214828	569525	1384809	2742403	3866164	3784351
一般公共预算支出（万元）	32519	61055	146653	245873	718390	1896358	4199913	6105530	6473448
# 基本建设支出	4657	4674	11529	5392	25197				
文教科卫支出	7645	15259	35510	53994	141640	532802	1086343	1623110	1785097
# 教育事业费支出				35688	92774	359491	620878	830649	915507
学校数（所）	2057	2009	1967	1890	1400	1003	792	814	807
# 普通高等学校	9	12	13	12	32	42	43	45	45
中等技术教育	41	46	48	47	28	30	32	32	32
普通中学	278	223	235	237	251	230	224	227	221
小学	1664	1646	1575	1503	1003	607	416	448	445
在校学生数（人）	451732	442897	518546	649236	980584	1154723	1158152	1191316	1254738
# 普通高等学校	26976	32463	44480	72689	265535	329712	546581	562081	604416
中等专业学校	17711	29323	43323	83107	53475	76540	56392	41002	38748
普通中学	151704	126591	131401	173635	222462	239953	206557	201073	205979
小学	241219	232653	269039	295062	317752	267325	275621	325286	340782
专任教师数（人）	31419	36427	39028	43109	55733	63377	65596	71532	72225
# 普通高等学校	4910	6031	6056	6669	16223	20912	23771	24862	25337
中等专业学校	2369	3221	3543	3373	1623	2266	2689	2529	2463
普通中学	10159	11203	11663	13775	16005	17134	18792	19930	19865
小学	12526	13415	14747	16637	17388	17079	16379	19986	20243
毕业生数（人）	96239	102370	111805	131606	223103	323154	313479	296621	298478
# 普通高等学校	4997	8088	12421	12572	53735	97398	151583	146376	149952
中等专业学校	4956	10037	11635	15027	16252	26875	24587	15284	14112
普通中学	36732	40519	32638	44537	64141	71310	73908	68051	66571
小学	45648	37058	45576	48260	49201	52792	36073	46483	48213
卫生机构数（个）	932	998	972	1002	1954	2527	2791	3898	4025
# 医院	194	220	221	131	194	191	185	158	164
卫生机构床位数（张）	18332	22944	24082	24817	23652	27771	36760	39358	43166
# 医院	16721	21248	22174	19317	21736	24703	34828	38039	41821
卫生技术人员（人）	24328	27780	30101	28418	29549	39930	52662	62575	66540
# 医院	15732	19429	21594	21855	22728	28529	39463	45264	47725

注：1. 2015 年以前城镇、乡村人口数分别为农业、非农业人口数。

2. 本表地区生产总值、社会消费品零售总额 2005 年至 2008 年为第二次经济普查调整后口径。

3. 2014 年以前农村常住居民人均可支配收入为农民人均纯收入。

4. 2016 年国家对城镇居民消费品价格指数八类指标进行调整。

5. 工业企业单位数、工业企业总产值 2000 年以前为乡及乡以上口径，以后为规模以上工业口径，2005 年起为当年价。

6. 2011 年起固定资产投资起点由计划总投资 50 万元以上的项目提高到 500 万元以上，且没有全社会固定资产统计指标；2017 年国家统计局确定山西为投资改革试点省份，固定资产投资额的统计方法由原来的以形象进度法为主改为以财务支出法为主。

7. 2011 年邮电业务总量采用新口径计算。

8. 2005 年起社会消费品总额不含未通过市场直接向消费者出售的产品。

9. 2005 年以前外商直接投资包括间接投资。

10. 教育指标中不包括幼儿园。

11. 卫生指标中不含村卫生室数。

12. 原煤、洗煤、焦炭、发电量产量为规模以上工业企业数据。

太原市部分年份地区生产总值（按当年价格计算）统计表

表 23

年份	地区生产总值（万元）	第一产业	第二产业	#工业	第三产业	人均 GDP（元/人）
1952	23254	5462	8478	6693	9314	281
1957	56180	6503	31848	22952	17829	418
1962	57561	5693	32500	30383	19368	389
1965	90129	9243	63524	59517	17362	573
1970	112489	10879	83496	80874	18114	654
1975	143898	15360	102906	99874	25632	752
1978	186758	11036	140152	123482	35570	937
1980	222998	13961	156965	138361	52072	1075
1985	442126	28885	295782	239985	117459	1905
1990	899479	58755	508609	452736	332115	3494
1995	2224624	118405	1073679	921038	1032540	7954
1997	3109548	155584	1418799	1133271	1535165	10710
1998	3339078	162090	1494830	1197383	1682158	11339
1999	3474002	145302	1518154	1232320	1810546	11666
2000	3791880	154936	1616655	1316136	2020289	12460
2001	4322231	143440	1872487	1508556	2306304	12886
2002	4816953	175155	2026922	1605436	2614876	14280
2003	5862436	179952	2612951	2077981	3069533	17290
2004	7311548	209264	3454979	2750001	3647305	21466
2005	8688745	201903	4148132	3292470	4338710	25396
2006	10053796	195406	4678854	3787308	5179536	29263
2007	12823898	198578	6447711	5441087	6177609	37172
2008	14773818	220763	7298986	6096955	7254069	42646
2009	14883130	265360	6564449	5066154	8053321	42686
2010	17863125	275372	7978454	6148833	9609299	46359
2011	20588146	295946	9262084	7073148	11030116	48247
2012	22650706	307458	9875906	7595557	12467342	51640
2013	23685445	306541	9914094	7361012	13464810	52713
2014	24662542	313190	9897081	7280527	14452271	53862
2015	26637573	295133	9955897	7181041	16386543	57080
2016	27445085	299564	10100470	7039321	17045051	57349
2017	32873376	302490	12690838	9276135	19880048	66847
2018	37452336	292756	14013700	10183000	23145880	74173
2019	40161904	301348	15186360	10703993	24674196	77373
2020	41532510	322364	15041892	10715305	26168254	78734

注：1.2001 年起人均 GDP 为按抽样调查总人口计算，其余年份为按公安户籍人口计算。

2.1990 年至 2018 年为第四次经普调整后数据。

3. 根据第七次全国人口普查要求，重新修订了全市 2011 年至 2019 年人口历史数据，因此，表中对 2011 年至 2019 年人均 GDP 的历史数据同时进行了修订。

太原市全社会用电量统计表

表 24　　　　单位：万千瓦时

指　标	2020	2019
全社会用电量总计（包含省返线损、省调厂用电）	2940204.75	2879514.46
全社会用电总计		
省返线损		126205.05
省调厂用电		246867.68
全社会实用电总计	2641683.76	2592128.55
A. 全行业用电合计	2177750.62	2155147.64
第一产业	8791.36	10196.83
第二产业	1596383.54	1562615.21
第三产业	572575.72	582335.60
B. 城乡居民用电合计	463933.14	436980.91
城镇居民	395574.76	379514.31
乡村居民	68358.38	57466.60
全行业用电分类	2177750.62	2155147.64
一、农、林、牧、渔业	20558.95	23185.82
1. 农业	5895.17	6634.06
2. 林业	876.83	1186.40
3. 畜牧业	1951.05	2296.56
4. 渔业	68.31	79.80
5. 农、林、牧、渔专业及辅助性活动	11767.59	12988.99
其中：排灌	11521.12	12654.85
二、工业	1537826.49	1502030.95
（一）采矿业	233986.48	241933.71
1. 煤炭开采和洗选业	183769.76	193062.91
2. 石油和天然气开采业	34.28	43.70
3. 黑色金属矿采选业	47865.17	45229.05
4. 有色金属矿采选业	316.20	493.65
5. 非金属矿采选业	647.41	2075.63
6. 其他采矿业	1353.67	1028.78
（二）制造业	1152884.17	1117623.94
1. 农副食品加工业	4105.99	4472.94
2. 食品制造业	8782.19	8073.72
3. 酒、饮料及精制茶制造业	4654.18	4104.63
4. 烟草制品业	1872.73	2019.87
5. 纺织业	606.48	1480.14
6. 纺织服装、服饰业	167.89	183.46
7. 皮革、毛皮、羽毛及其制品和制鞋业	19.61	15.82
8. 木材加工和木、竹、藤、棕、草制品业	693.85	598.40
9. 家具制造业	1406.29	1353.74
10. 造纸和纸制品业	1592.46	1826.62
11. 印刷和记录媒介复制业	1622.55	1993.99
12. 文教、工美、体育和娱乐用品制造业	244.68	249.02
其中：体育用品制造	55.66	87.74
13. 石油、煤炭及其他燃料加工业	84989.45	75316.43

续表

指　标	2020	2019
其中：煤化工	68225.90	66430.88
14. 化学原料和化学制品制造业	77006.05	74728.68
其中：氯碱		
肥料制造	17.13	19.55
15. 医药制造业	3134.88	3226.22
其中：中成药生产	209.22	216.76
生物药品制品制造	197.11	156.56
16. 化学纤维制造业	5391.47	221.42
17. 橡胶和塑料制品业	8581.82	8639.35
其中：橡胶制品业	5502.25	5993.69
塑料制品业	3079.57	2645.66
18. 非金属矿物制品业	71971.29	70602.68
其中：水泥制造	52660.99	55817.52
玻璃制造	852.60	214.96
陶瓷制品制造	753.59	802.12
碳化硅	10.41	13.32
19. 黑色金属冶炼和压延加工业	697796.90	682291.46
其中：钢铁	697793.40	682235.51
铁合金冶炼	3.50	55.95
20. 有色金属冶炼和压延加工业	6493.34	8898.12
其中：铝冶炼		26.37
稀有稀土金属冶炼	666.81	1126.08
21. 金属制品业	37641.81	38455.13
其中：结构性金属制品制造	9760.01	10336.74
22. 通用设备制造业	27359.90	24911.03
23. 专用设备制造业	16819.86	15849.22
其中：医疗仪器设备及器械制造	74.47	20.49
24. 汽车制造业	1524.04	1914.55
其中：新能源车整车制造		
25. 铁路．船舶．航空航天和其他运输设备制造业	10803.30	12779.04
其中：铁路运输设备制造	9874.40	10964.76
城市轨道交通设备制造	9.13	119.47
航空、航天器及设备制造	2.41	6.34
26. 电气机械和器材制造业	3943.87	4333.02
27. 计算机、通信和其他电子设备制造业	60210.39	57023.96
其中：计算机制造	18.53	
通信设备制造	192.24	14.27
28. 仪器仪表制造业	229.70	89.17
29. 其他制造业	6385.22	4468.55
30. 废弃资源综合利用业	5334.52	5867.86
31. 金属制品、机械和设备修理业	1497.46	1635.68
（三）电力、热力、燃气及水生产和供应业	150955.85	142473.30
1. 电力、热力生产和供应业	112630.28	105358.32
其中：电厂生产全部耗用电量	19088.15	20598.67

续表

指 标	2020	2019
线路损失电量	64486.65	61951.77
2. 燃气生产和供应业	5395.48	7846.16
3. 水的生产和供应业	32930.08	29268.82
三、建筑业	60054.50	62219.95
1. 房屋建筑业	40165.23	40970.84
2. 土木工程建筑业	7899.20	7263.50
3. 建筑安装业	4244.03	4319.53
4. 建筑装饰、装修和其他建筑业	7746.04	9666.07
四、交通运输、仓储和邮政业	96660.76	100809.59
1. 铁路运输业	34935.46	35472.27
其中：电气化铁路	16837.01	15882.63
2. 道路运输业	5712.06	4317.17
其中：城市公共交通运输	2426.23	863.46
3. 水上运输业		9.91
4. 航空运输业	3358.54	3184.56
5. 管道运输业	32192.77	35994.58
6. 多式联运和运输代理业	312.84	341.90
7. 装卸搬运和仓储业	18343.56	19554.77
8. 邮政业	1805.53	1934.42
五、信息传输、软件和信息技术服务业	40431.29	34043.68
1. 电信、广播电视和卫星传输服务	23606.55	21843.94
2. 互联网和相关服务	13717.28	9314.84
其中：互联网数据服务	3216.06	2078.26
3. 软件和信息技术服务业	3107.46	2884.90
六、批发和零售业	142990.71	144815.86
其中：充换电服务业	34789.92	31777.41
七、住宿和餐饮业	33782.52	38568.46
八、金融业	6617.07	7033.11
九、房地产业	34363.39	34557.03
十、租赁和商务服务业	37690.06	37102.06
其中：租赁业	419.39	350.51
十一、公共服务及管理组织	166774.88	170781.14
1. 科学研究和技术服务业	11735.50	11781.43
其中：地质勘查	375.54	486.76
其中：科技推广和应用服务业	2043.07	2306.60
2. 水利、环境和公共设施管理业	31514.85	28952.44
其中：水利管理业	3699.95	4598.52
其中：公共照明	19118.25	17957.56
3. 居民服务、修理和其他服务业	15241.03	17211.01
4. 教育、文化、体育和娱乐业	48034.14	54699.63
其中：教育	35139.47	40886.67
5. 卫生和社会工作	26950.87	24033.52
6. 公共管理和社会组织、国际组织	33298.50	34103.12
补充指标		
开采专业及辅助性活动	1353.67	1028.78

2011—2020年太原各县（市、区）城镇化率（修订推算数）统计表

表25　　单位：%

	2011年	2012年	2013年	2014年	2015年	2016年	2017年	2018年	2019年	2020年
太原市	83.44	84.15	84.91	85.48	86.10	86.66	87.21	87.73	88.50	89.06
小店区	91.00	91.27	91.63	91.90	92.15	92.37	92.59	92.81	93.22	93.52
迎泽区	96.62	96.77	96.98	97.14	97.30	97.41	97.52	97.63	97.89	98.09
杏花岭区	92.93	93.02	93.16	93.27	93.37	93.44	93.51	93.58	93.70	93.81
尖草坪区	93.13	93.25	93.44	93.59	93.74	93.83	93.92	94.02	94.26	94.44
万柏林区	97.33	97.61	97.98	98.25	98.53	98.73	98.93	99.14	99.57	99.88
晋源区	66.63	68.92	71.38	73.25	75.30	77.04	78.82	80.46	83.04	84.93
清徐县	29.75	31.29	33.01	34.29	35.70	36.93	38.16	39.28	41.05	42.34
阳曲县	33.50	35.99	38.65	40.66	42.87	44.77	46.70	48.50	51.30	53.34
娄烦县	37.60	39.16	40.91	42.21	43.64	44.86	46.10	47.25	49.07	50.40
古交市	72.04	72.46	72.95	73.32	73.75	74.10	74.46	74.76	75.31	75.72

2011—2020年太原各县（市、区）人口性别比（修订推算数）统计表（一）

表26　　单位：人、%

	2011年			2012年			2013年			2014年			2015年		
	男	女	性别比（女=100）	男	女	性别比（女=100）	男	女	性别比（女=100）	男	女	性别比（女=100）	男	女	性别比（女=100）
太原市	2211088	2118629	104.36	2248604	2194375	102.47	2313462	2230211	103.73	2341817	2272114	103.07	2411740	2307806	104.50
小店区	449040	415835	107.99	471552	447202	105.44	507188	462026	109.77	519129	487056	106.58	541327	517693	104.57
迎泽区	284223	308016	92.28	282264	310135	91.01	294895	297708	99.05	288956	303829	95.10	289216	303686	95.24
杏花岭区	332331	329022	101.01	338336	337712	100.18	338719	350877	96.53	341325	356718	95.68	358465	351901	101.87
尖草坪区	219446	211585	103.72	222672	222395	100.12	229651	225442	101.87	236854	225352	105.10	244568	229156	106.73
万柏林区	406380	366619	110.85	413410	380375	108.68	413621	397847	103.96	424639	398853	106.46	439727	403053	109.10
晋源区	117659	114793	102.50	122140	120269	101.55	128220	123105	104.15	131896	125641	104.98	136580	130443	104.71
清徐县	175678	168233	104.43	173927	170026	102.29	175437	168569	104.07	175198	168857	103.75	176288	167822	105.05
阳曲县	63349	57729	109.74	63108	58763	107.39	64508	58138	110.95	64470	59015	109.24	65128	59226	109.97
娄烦县	55015	49175	111.88	53785	48826	110.15	52125	48990	106.40	51586	47411	108.80	51269	46253	110.84
古交市	107967	97622	110.60	107410	98672	108.85	109098	97509	111.88	107764	99382	108.43	109173	98572	110.76

2011—2020年太原各县（市、区）人口性别比（修订推算数）统计表（二）

表26-1　　单位：人、%

	2016年			2017年			2018年			2019年			2020年		
	男	女	性别比（女=100）	男	女	性别比（女=100）	男	女	性别比（女=100）	男	女	性别比（女=100）	男	女	性别比（女=100）
太原市	2476655	2375060	104.28	2541388	2442213	104.06	2600211	2514742	103.40	2661234	2570522	103.53	2729423	2589099	105.42
小店区	571499	551986	103.53	601743	586838	102.54	637188	617607	103.17	669532	649192	103.13	702259	662601	105.99
迎泽区	290951	302302	96.24	292557	300945	97.21	294816	298997	98.60	295529	298478	99.01	296279	298005	99.42
杏花岭区	366941	361714	101.44	374759	371701	100.82	380507	380469	100.01	386254	385484	100.20	392588	388439	101.07
尖草坪区	251377	236981	106.07	259648	241327	107.59	265851	248226	107.10	271771	253283	107.30	277996	253292	109.75
万柏林区	450394	414670	108.61	460467	428857	107.37	464926	450074	103.30	474940	463070	102.56	487495	465781	104.66
晋源区	143809	134624	106.82	150375	139338	107.92	156382	144663	108.10	160537	148398	108.18	167494	151153	110.81
清徐县	176359	167841	105.07	175819	168471	104.36	175099	169242	103.46	176912	167512	105.61	178318	166208	107.29
阳曲县	65146	60201	108.21	65985	60317	109.40	66313	60838	109.00	67583	60460	111.78	68487	60184	113.80
娄烦县	50650	45702	110.82	50334	44877	112.16	49385	44468	111.06	48789	43628	111.83	47643	43423	109.72
古交市	109530	99038	110.59	109700	99543	110.20	109744	100158	109.57	109385	101019	108.28	110864	100013	110.85

2011—2020 年太原各县（市、区）人口数（修订推算数）统计表

表 27　　单位：人

	2011 年	2012 年	2013 年	2014 年	2015 年	2016 年	2017 年	2018 年	2019 年	2020 年
太原市	4329717	4442979	4543673	4613931	4719546	4851715	4983601	5114953	5231756	5318522
小店区	864875	918754	969214	1006185	1059020	1123485	1188581	1254795	1318724	1364860
迎泽区	592239	592399	592603	592785	592902	593253	593502	593813	594007	594284
杏花岭区	661353	676048	689596	698043	710366	728655	746460	760976	771738	781027
尖草坪区	431031	445067	455093	462206	473724	488358	500975	514077	525054	531288
万柏林区	772999	793785	811468	823492	842780	865064	889324	915000	938010	953276
晋源区	232452	242409	251325	257537	267023	278433	289713	301045	308935	318647
清徐县	343911	343953	344006	344055	344110	344200	344290	344341	344424	344526
阳曲县	121078	121871	122646	123485	124354	125347	126302	127151	128043	128671
娄烦县	104190	102611	101115	98997	97522	96352	95211	93853	92417	91066
古交市	205589	206082	206607	207146	207745	208568	209243	209902	210404	210877

备注：按照国家统一的历史数据修订原则和方法，结合我市经济社会发展和人口变动情况，对全市分县（市、区）2011—2019 年及 2020 年总人口、城镇（乡村）人口、男性（女性）人口等主要总量指标进行了修订和推算。

2011—2020 年太原各县（市、区）城镇人口数（修订推算数）统计表

表 28　　单位：人

	2011 年	2012 年	2013 年	2014 年	2015 年	2016 年	2017 年	2018 年	2019 年	2020 年
太原市	3612871	3738784	3858200	3943882	4063732	4204538	4346276	4487146	4630192	4736415
小店区	787078	838591	888138	924659	975938	1037818	1100563	1164513	1229249	1276350
迎泽区	572250	573293	574735	575860	576922	577916	578812	579728	581503	582904
杏花岭区	614627	628892	642461	651098	663303	680877	698051	712084	723100	732644
尖草坪区	401440	415046	425261	432601	444092	458250	470540	483310	494942	501722
万柏林区	752397	774852	795116	809121	830432	854120	879851	907086	933930	952109
晋源区	154894	167080	179408	188658	201080	214518	228365	242206	256555	270611
清徐县	102330	107639	113573	117993	122864	127129	131397	135274	141403	145889
阳曲县	40567	43867	47408	50215	53316	56123	58989	61662	65692	68627
娄烦县	39180	40187	41371	41788	42563	43228	43896	44350	45353	45893
古交市	148108	149337	150729	151889	153222	154559	155812	156933	158465	159666

2011—2020 年太原各县（市、区）乡村人口数（修订推算数）统计表

表 29　　单位：人

	2011 年	2012 年	2013 年	2014 年	2015 年	2016 年	2017 年	2018 年	2019 年	2020 年
太原市	716846	704195	685473	670049	655814	647177	637325	627807	601564	582107
小店区	77797	80163	81076	81526	83082	85667	88018	90282	89475	88510
迎泽区	19989	19106	17868	16925	15980	15337	14690	14085	12504	11380
杏花岭区	46726	47156	47135	46945	47063	47778	48409	48892	48638	48383
尖草坪区	29591	30021	29832	29605	29632	30108	30435	30767	30112	29566
万柏林区	20602	18933	16352	14371	12348	10944	9473	7914	4080	1167
晋源区	77558	75329	71917	68879	65943	63915	61348	58839	52380	48036
清徐县	241581	236314	230433	226062	221246	217071	212893	209067	203021	198637
阳曲县	80511	78004	75238	73270	71038	69224	67313	65489	62351	60044
娄烦县	65010	62424	59744	57209	54959	53124	51315	49503	47064	45173
古交市	57481	56745	55878	55257	54523	54009	53431	52969	51939	51211

太原市部分年份人民物质文化生活情况统计表

表 30

指　标	单位	1985	1990	1995	2000	2005	2010	2015	2019	2020
一、城乡居民收入										
农民人均纯收入	元	526	763	1444	2643	4402	7611	13626	18377	19655
城镇居民人均可支配收入	元	646	1573	3939	6019	10476	17258	27727	36362	38329
城镇非私营单位在岗职工平均工资（含铁路驻并单位）	元	1199	2351	5538	8394	18547	38838	60515	82860	88650
二、每百户居民拥有耐用消费品（抽样）										
电冰箱										
城镇居民	台	2	52	68	90	96	98	93	98	98
农民	台	/	2	12	27	34	53	68	82	87
彩色电视机										
城镇居民	台	17	84	98	115	119	110	104	100	99
农民	台	3	9	36	65	85	105	105	100	101
洗衣机										
城镇居民	台	64	95	88	94	99	97	97	99	99
农民	台	12	33	50	59	64	89	91	98	96
三、每千人拥有卫生技术人员和医疗卫生床位数										
每千人拥有卫生技术人员	人	10.4	10.6	10.6	9.6	9	10.9	11.3	12.1	12.6
每千人拥有医疗卫生床位数	张	7.8	8.8	8.5	8	7	7.6	7.9	7.6	8.2
四、储蓄										
城乡居民储蓄存款年末余额	亿元	11.29	48.7581	197.5385	419.63	1183.9536	2386.79	3432.12	3886.61	4581.44
平均每人储蓄存款余额	元	486	1894	7064	13788	30110	61943	73544	75127	86850

注：1.2014 年农民人均纯收入为农村居民人均可支配收入。

2.2013 年起城镇居民每人居住面积为建筑面积。

3. 城镇非私营单位在岗职工平均工资 2019、2020 年数据不再包含铁路驻并单位。

4. 根据第七次全国人口普查要求，重新修订了全市 2011 年至 2019 年人口历史数据，因此，表中对 2015 年、2019 年每千人拥有卫生技术人员和医疗卫生床位数、平均每人储蓄存款余额的历史数据同时进行了修订。

2020 年太原市居民人均消费性支出统计表

表 31　　单位：元

项　目	城镇居民	农村居民
合　计	20559	13969
食品烟酒	4819	3745
衣着	1547	1098
生活用品及服务	1413	695
医疗保健	2136	1549
交通通信	2525	1880
教育文化娱乐	2392	1377
居住	5292	3406
其他用品和服务	435	219

2020年太原市规模以上工业企业主要产品产量统计表

表32

指　标	单位	2020	2019
原煤	万吨	4133.44	3572.83
洗煤	万吨	2934.50	2611.95
#洗精煤（用于炼焦）	万吨	1879.43	1638.73
发电量	亿千瓦小时	324.06	319.00
鲜、冷藏肉	吨		457.30
配混合饲料	万吨		2.97
白酒（折65度，商品量）	千升	16153.00	12372.69
啤酒	千升	134944.00	130222.67
饮料	万吨	27.16	30.08
卷烟	亿支	151.00	153.00
家具	万件	0.56	0.64
焦炭	万吨		1123.38
饮料酒	千升	151097.00	142595.36
单色印刷品	令	686951.00	867122.74
多色印刷品	对开色令	2967278.20	3773470.00
涂料（油漆）	万吨	2.32	4.52
橡胶轮胎外胎	万条	77.83	82.09
水泥	万吨	712.79	608.29
商品混凝土	万立方米	163.72	121.04
镁合金	吨	6016.00	4811.00
生铁	万吨	963.64	1032.35
粗钢	万吨	1285.77	1307.56
钢材	万吨	1234.09	1242.00
铁合金	万吨	0.12	0.16
金属镁	万吨	0.83	0.72
钕铁硼	吨	1440.00	1144.00
电站锅炉	蒸发量吨	15324	14962
金属切削机床	台	89	12
起重机	吨	43854.00	35330.00
采矿专用设备	吨	111379	87136
交流电动机	万千瓦	246	204
乳制品	万吨	19.87	16.40
食醋	万吨	37.49	39.11
粗苯	万吨	5.11	6.57
车轮	万吨	17.48	14.90
车轴	万吨	6.64	9.05
汽车	辆		1215
智能手机	万台	2261.35	1862.20
自来水生产量	亿立方米	4.00	4.03

2020 年太原市公路通车里程统计表

表 33

指　标	单位	2020	比 2019 年增长（%、百分点）
公路通车里程	千米	7243.08	-5.0
按隶属关系分			
国道	千米	624.72	0.0
省道	千米	258.73	2.3
县公路	千米	991.30	-0.4
乡公路	千米	1697.53	-0.2
村道	千米	3576.72	-9.5
专用公路	千米	94.08	-1.0
按等级分			
等级里程	千米	7217.20	-4.0
高速	千米	292.75	2.0
一级	千米	245.75	7.2
二级	千米	940.51	0.2
三级	千米	1307.87	1.5
四级	千米	4430.32	-7.2
等外里程	千米	25.88	-74.6
等级公路占总里程比重	%	99.6	1.0
按铺装质量分			
有铺装路面里程	千米	6720.923	7.7
占总里程比重	%	92.8	13.3
简易铺装路面里程	千米	320.98	-52.9
占总里程比重	%	4.4	-50.5
未铺装路面里程	千米	201.17	-71.1
占总里程比重	%	2.8	-69.6
百平方千米公路网密度	千米	103.65	-5.0

2020 年太原市邮电业务量统计表

表 34

指　标	单位	2020	2019	比 2019 年增长 %
邮电业务总量	万元	6520856	5102438	27.8
邮政业务总量	万元	572000	425000	34.6
电信业务总量	万元	5948856	4677438	27.2
全市电话用户	户	9794343	9114985	7.5
固定电话用户	户	677201	769075	-11.9
# 公用电话	户	10367	144313	-92.8
移动电话用户	户	9117142	8345910	9.2
#3G 用户	户	13	58133	-100.0
4G 用户	户	6181148	6879429	-10.2
互联网用户	户	2440022	2240860	8.9
# 宽带用户	户	2417750	2218562	9.0

2020年太原市文化事业情况一览表

表35

指 标	单位	2020
影剧院数	个	51
影厅数	座	367
专业、民营艺术表演团体	个	21
# 演职人员	人	1832
博物馆	个	19
图书馆	个	12
图书馆藏书量	万册	659.09
文化宫	个	4
文化馆（包括群众艺术馆）	个	12
少年宫	个	3

2020年太原市各类学校及各级教育基本情况表

表36　　单位：人

指 标	学校（所）	在校生数	招生数	毕业生数	教职工数	
						# 专任教师数
高等教育	52	604416	196456	149952	35637	25337
研究生教育		36696	14742	9715		
普通高等教育	45	482167	145206	122541	35070	25000
成人高等教育	7	85553	36508	17696	567	337
中等职业教育	48	58553	19852	20288	5606	4181
中等技术教育	32	38748	12992	14112	3611	2463
成人中等专业教育	2	9057	2495	3086	1023	873
职业高中教育	14	10748	4365	3090	972	845
技工学校	31	43210	16705	13087	2943	2208
普通中学	221	205979	70780	66571	28056	19865
高中	90	75695	25912	26032		7710
初中	131	130284	44868	40539		12155
小学	445	340782	65392	48213	19666	20243
幼儿园	776	117716	45923	41599	19128	10106
特殊教育	9	1289	244	236	458	325
工读学校	1	509	185	131	76	66

2020 年太原市中学基本情况表（一）

表 37　　单位：人

指　标	学校（所）	班数（个）			在校生数			招生数		
		合计	高中	初中	合计	高中	初中	合计	高中	初中
总　计	221	4828	1689	3139	205979	75695	130284	70780	25912	44868
1. 教育部门办	166	3315	1237	2078	145083	58229	86854	51882	20347	31535
地方企业办										
民办	53	1495	452	1043	60352	17466	42886	18713	5565	13148
其他部门办	2	18		18	544		544	185		185
2. 城区	154	3656	1388	2268	158998	62995	96003	55569	21649	33920
镇区	33	736	211	525	31062	9018	22044	10177	3043	7134
乡村	34	436	90	346	15919	3682	12237	5034	1220	3814
3. 小店区	42	1056	371	685	45877	16025	29852	15675	5396	10279
迎泽区	19	676	269	407	30768	12377	18391	10963	4289	6674
杏花岭区	36	736	275	461	30740	12168	18572	10767	4102	6665
尖草坪区	21	334	127	207	13611	5880	7731	4674	2127	2547
万柏林区	26	626	226	400	27489	10300	17189	10090	3505	6585
晋源区	14	304	91	213	13131	4274	8857	4458	1444	3014
清徐县	23	409	144	265	17906	6316	11590	5832	2150	3682
阳曲县	13	289	69	220	10426	2883	7543	3301	975	2326
娄烦县	5	106	31	75	4557	1360	3197	1328	448	880
古交市	22	292	86	206	11474	4112	7362	3692	1476	2216

2020 年太原市中学基本情况表（二）

表 37-1　　单位：人

指　标	毕业生数			教职工数	专任教师			代课教师	兼任教师
	合计	高中	初中		合计	高中	初中		
总　计	66571	26032	40539	28056	19865	7710	12155	349	53
1. 教育部门办	45344	18831	26513	17163	14381	5720	8661	349	0
地方企业办									
民办	21033	7201	13832	10798	5443	1990	3453		53
其他部门办	194		194	95	41		41		
2. 城区	51254	21572	29682	21332	15343	6368	8975	154	53
镇区	10266	3361	6905	3857	2867	981	1886	57	
乡村	5051	1099	3952	2867	1655	361	1294	138	
3. 小店区	14984	5485	9499	7302	4213	1674	2539		33
迎泽区	9291	4111	5180	3215	2717	1209	1508		
杏花岭区	10520	4460	6060	4389	3234	1409	1825	30	
尖草坪区	4577	2081	2496	2029	1520	564	956	9	
万柏林区	8781	3618	5163	3173	2670	966	1704	6	20
晋源区	3999	1430	2569	1723	1217	457	760	130	
清徐县	5844	2183	3661	2164	1783	678	1105	174	
阳曲县	3202	992	2210	1976	1017	278	739		
娄烦县	1617	479	1138	546	363	128	235		
古交市	3756	1193	2563	1539	1131	347	784		

注：按教育局资料分类整理

2020 年太原市小学基本情况表

表 38 单位：人

指 标	学校（所）	班数（个）	在校生数	招生数	毕业生数	教职工数	专任教师	代课教师
总 计	445	9018	340782	65392	48213	19666	20243	1297
1. 教育部门办	410	7732	296485	56135	42940	16940	16669	1297
地方企业办								
民办	28	1176	40005	8383	4633	2467	3295	
其他部门办	7	110	4292	874	640	259	279	
2. 城区	275	6707	277865	54079	38735	15200	15636	1137
镇区	59	1128	41263	7841	5491	2586	2494	12
乡村	111	1183	21654	3472	3987	1880	2113	148
3. 小店区	76	2233	93097	18876	10684	3177	3944	
迎泽区	37	860	35844	6774	5453	2119	2050	161
杏花岭区	58	1259	52734	10143	7767	3001	3059	512
尖草坪区	43	760	25952	4854	3805	1688	1725	134
万柏林区	63	1382	57934	11769	8502	4509	4030	
晋源区	42	615	21641	4126	2897	1150	1195	472
清徐县	70	806	22207	3912	3723	1616	1698	14
阳曲县	17	350	9499	1599	1660	530	770	
娄烦县	10	247	6449	956	1006	528	568	4
古交市	29	506	15425	2383	2716	1348	1204	

注：按教育局资料分类整理

2020 年太原市幼儿园基本情况表

表 39 单位：人

	幼儿园（所）	班数（个）	在园幼儿	教职工数	# 专任教师	保育员
总 计	776	5063	117716	19128	10106	3494
1. 教育部门办	68	834	20152	2229	1311	272
集体办	301	1134	25956	3174	1933	421
地方办	61	526	15242	2363	1282	457
事业单位办	17	162	4755	734	364	141
部队办	3	14	353	119	51	17
民办	318	2300	47981	10083	4967	2116
其他部门办	8	93	3277	426	198	70
2. 城区	511	3721	89820	15843	8143	2951
镇区	113	707	17236	2333	1318	443
乡村	152	635	10660	952	645	100
3. 小店区	161	1169	21621	4423	2276	865
迎泽区	82	536	13199	2425	1294	396
杏花岭区	102	711	16760	3216	1587	576
尖草坪区	69	508	11409	1917	991	364
万柏林区	82	647	16653	2927	1526	577
晋源区	85	347	7338	1159	682	182
清徐县	99	560	12179	1371	872	204
阳曲县	48	148	3171	518	256	109
娄烦县	14	121	2508	335	181	75
古交市	34	316	6878	837	441	146

注：按教育局资料分类整理

2020 年太原市卫生机构、床位和人员情况一览表

表 40

指标	机构数（个）	床位数（张）	卫生人员（人）										
			合计	卫生技术人员（人）							其他技术人员	管理人员	工勤技能人员
				小计	执业医师	执业助理医师	注册护士	药师（士）	检验师	见习医师			
总　计	4025	43166	78432	66540	23557	1941	32142	2599	2488	431	3046	3461	4317
一、医院	164	41821	56524	47725	15739	388	24535	2168	1798	382	2584	2758	3457
综合医院	70	24087	33887	28858	9580	173	15027	1183	1174	298	1371	1596	2062
中医医院	19	3431	4591	3925	1313	56	1734	410	128	12	220	195	251
中西医结合医院	4	1692	2013	1796	636	21	863	79	67	34	51	58	108
专科医院	68	12411	15904	13065	4188	138	6861	491	427	38	916	890	1033
护理院	3	200	129	81	22		50	5	2		26	19	3
二、基层医疗卫生机构	3810	938	17840	15778	6773	1513	6644	371	174	32	168	349	476
社区卫生服务中心（站）	332	184	4536	4098	1609	186	1978	146	78	11	102	157	179
卫生院	53	703	822	734	265	133	175	44	20	12	13	34	41
村卫生室	925		1736	670	154	494	22						
门诊部	288	51	3380	3138	1340	179	1427	49	70	2	18	100	124
诊所、医务室	2212		7366	7138	3405	521	3042	132	6	7	35	58	132
三、专业公共卫生机构	41	407	3107	2493	877	31	809	56	347	17	218	246	150
疾病预防控制中心	14		854	658	346	20	19	7	212	4	67	84	45
专科疾病防治院（所、站）	2	10	173	138	50	1	78	2	5		10	20	5
健康教育所（站、中心）	1		23	13	4		2				7	3	0
妇幼保健院（所、站）	10	397	1345	1151	382	8	581	45	88	13	75	68	51
妇幼保健院	6	397	1230	1055	324	4	562	44	77	13	69	57	49
妇幼保健所	3		89	74	47	3	14	1	7		6	7	2
妇幼保健站	1		26	22	11	1	5		4			4	
急救中心（站）	1		129	95	51		30				6	4	24
采供血机构	1		263	198	44	2	99	2	42		45	4	16
卫生监督所（中心）	12		320	240							8	63	9
四、其他卫生机构	10		961	543	168	9	154	4	169		76	108	234
卫生监督检验所（站）	1		66	66	1	4			61				
医学科学研究机构	1		57	48	16			4	4		5	4	
临床检验中心（所、站）	4		394	173	29	1	42		95		42	35	144
其他	4		444	256	122	4	112		9		29	69	90

2020年小店区国民经济主要指标

表41

指 标	计量单位	数值
一、基本情况		
行政区域面积	平方千米	290
乡	个	2
镇	个	1
街道办事处	个	7
二、人口与就业		
户籍户数	户	216775
户籍人口	人	721511
三、综合经济		
(一)地区生产总值	万元	10636837
第一产业增加值	万元	44124
第二产业增加值	万元	4920153
第三产业增加值	万元	5672560
(二)财政、金融		
一般公共预算收入	万元	237205
一般公共预算支出	万元	471608
四、农业		
(一)生产条件		
耕地面积	公顷	9690
耕地灌溉面积	公顷	6880
高标准农田面积	公顷	2320
(二)农作物播种面积	公顷	6810.8
粮食作物播种面积	公顷	2439.4
其中:小麦	公顷	39.0
玉米	公顷	1856.8
大豆	公顷	23.9
油料播种面积	公顷	92.5
蔬菜播种面积	公顷	1715.2
(三)农产品产量		
粮食总产量	吨	9796.6
其中:小麦	吨	196.7
玉米	吨	7486.8
大豆	吨	62.3
油料产量	吨	374.8
园林水果产量	吨	1229
肉类总产量	吨	3064
其中:猪肉	吨	1752.1
牛肉	吨	207.4
羊肉	吨	102.8
禽肉	吨	1001.7
禽蛋产量	吨	4491.9
奶类产量	吨	31220.2
蔬菜产量	吨	89643
水产品产量	吨	20
(四)农产品质量		
“三品一标”农产品	个	90

续表

指　标	计量单位	数值
“三品一标”农产品基地面积	公顷	2151.2
五、工业		
规模以上工业企业	个	51
规模以上工业总产值	万元	819416
其中：农产品加工业产值	万元	21737
六、交通、通信		
公路里程	千米	323
七、贸易、外经		
社会消费品零售总额	万元	4850340
其中：限额以上消费品零售额	万元	2959216
出口总额	万元	89619
八、固定资产投资		
固定资产投资	万元	1954506
房地产开发投资	万元	1377320
九、教育、科技、文化、卫生		
普通中学	所	42
小学校	所	76
普通中学专任教师	人	4213
小学专任教师	人	3944
普通中学在校学生	人	45877
小学在校学生	人	93097
全年专利授权	件	3726
公共图书馆图书藏量	千册	160.0
体育场馆	个	12
医疗卫生机构床位	床	6776
医疗卫生机构技术人员	人	12520
其中：执业（助理）医师	人	5132
十、居民生活		
城镇居民人均可支配收入	元	39978
十一、社会保障		
提供住宿的社会工作机构	个	1
提供住宿的社会工作机构床位	床	200
城镇职工基本养老保险参保人数	人	156371
城乡居民基本养老保险参保人数	人	99891
城乡居民基本医疗保险参保人数	人	409752
失业保险参保人数	人	91591
城镇居民最低生活保障人数	人	651
农村居民最低生活保障人数	人	527
十二、附记指标		
森林面积	公顷	1761
污水处理厂	座	3
农村义务教育专任教师本科及以上学历比例	%	96.3
涉农产业园区	个	52

2020年迎泽区国民经济主要指标

表42

指　标	计量单位	数值
一、基本情况		
行政区域面积	平方千米	105
镇	个	1
街道办事处	个	6
二、人口与就业		
户籍户数	户	163138
户籍人口	人	549606
三、综合经济		
（一）地区生产总值	万元	9021875
第一产业增加值	万元	3383
第二产业增加值	万元	1098716
第三产业增加值	万元	7919776
（二）财政、金融		
一般公共预算收入	万元	178011
一般公共预算支出	万元	305853
四、农业		
（一）生产条件		
耕地面积	公顷	692
耕地灌溉面积	公顷	170
（二）农作物播种面积	公顷	112.3
粮食作物播种面积	公顷	102.3
其中：玉米	公顷	49.7
大豆	公顷	3.6
蔬菜播种面积	公顷	10.0
（三）农产品产量		
粮食总产量	吨	117.6
其中：玉米	吨	64.9
大豆	吨	3.2
园林水果产量	吨	37.1
肉类总产量	吨	98.3
其中：牛肉	吨	17
羊肉	吨	23
禽肉	吨	45.9
禽蛋产量	吨	399.1
蔬菜产量	吨	281.5
水产品产量	吨	48
（四）农产品质量		
“三品一标”农产品	个	1
“三品一标”农产品基地面积	公顷	60.0
五、工业		
规模以上工业企业	个	15
规模以上工业总产值	万元	873135
其中：农产品加工业产值	万元	495284

续表

指　标	计量单位	数值
六、交通、通信		
公路里程	千米	106
七、贸易、外经		
社会消费品零售总额	万元	3702167
其中：限额以上消费品零售额	万元	1715762
亿元及以上商品交易市场	个	4
出口总额	万元	159647
八、固定资产投资		
固定资产投资	万元	1149450
房地产开发投资	万元	849387
九、教育、科技、文化、卫生		
普通中学	所	19
小学校	所	37
普通中学专任教师	人	2717
小学专任教师	人	2050
普通中学在校学生	人	30768
小学在校学生	人	35844
全年专利授权	件	1369
公共图书馆图书藏量	千册	112.9
剧场、影剧院	个	5
体育场馆	个	1
医疗卫生机构床位	床	9970
医疗卫生机构技术人员	人	15721
其中：执业（助理）医师	人	5616
十、居民生活		
城镇居民人均可支配收入	元	39683
十一、社会保障		
提供住宿的社会工作机构	个	1
提供住宿的社会工作机构床位	床	20
城镇职工基本养老保险参保人数	人	84814
城乡居民基本养老保险参保人数	人	28493
城乡居民基本医疗保险参保人数	人	184136
失业保险参保人数	人	43571
城镇居民最低生活保障人数	人	1240
农村居民最低生活保障人数	人	314
十二、附记指标		
森林面积	公顷	2882
农村义务教育专任教师本科及以上学历比例	%	95.3

2020 年杏花岭区国民经济主要指标

表 43

指　标	计量单位	数值
一、基本情况		
行政区域面积	平方千米	146
乡	个	2
街道办事处	个	10
二、人口与就业		
户籍户数	户	193570
户籍人口	人	622500
三、综合经济		
（一）地区生产总值	万元	7496941
第一产业增加值	万元	6451
第二产业增加值	万元	1534724
第三产业增加值	万元	5955766
（二）财政、金融		
一般公共预算收入	万元	148247
一般公共预算支出	万元	327349
四、农业		
（一）生产条件		
耕地面积	公顷	913
耕地灌溉面积	公顷	30
（二）农作物播种面积	公顷	543.5
粮食作物播种面积	公顷	491.7
其中：玉米	公顷	132.0
大豆	公顷	101.9
油料播种面积	公顷	2.7
蔬菜播种面积	公顷	49.1
（三）农产品产量		
粮食总产量	吨	999.5
其中：玉米	吨	379.1
大豆	吨	155.3
油料产量	吨	2.7
园林水果产量	吨	1134.8
肉类总产量	吨	407.2
其中：猪肉	吨	238
牛肉	吨	10.1
羊肉	吨	31.1
禽肉	吨	127.9
禽蛋产量	吨	1527.3
蔬菜产量	吨	1881.7
（四）农产品质量		
“三品一标”农产品	个	6
“三品一标”农产品基地面积	公顷	120.3
五、工业		
规模以上工业企业	个	30

续表

指　标	计量单位	数值
规模以上工业总产值	万元	531619
其中：农产品加工业产值	万元	36567
六、交通、通信		
公路里程	千米	137
七、贸易、外经		
社会消费品零售总额	万元	2083413
其中：限额以上消费品零售额	万元	1010856
出口总额	万元	137364
八、固定资产投资		
固定资产投资	万元	1048775
房地产开发投资	万元	868264
九、教育、科技、文化、卫生		
普通中学	所	36
小学校	所	58
普通中学专任教师	人	3234
小学专任教师	人	3059
普通中学在校学生	人	30740
小学在校学生	人	52734
全年专利授权	件	913
剧场、影剧院	个	1
体育场馆	个	3
医疗卫生机构床位	床	13304
医疗卫生机构技术人员	人	17649
其中：执业（助理）医师	人	6389
十、居民生活		
城镇居民人均可支配收入	元	39625
十一、社会保障		
提供住宿的社会工作机构	个	8
提供住宿的社会工作机构床位	床	854
城镇职工基本养老保险参保人数	人	91083
城乡居民基本养老保险参保人数	人	38614
城乡居民基本医疗保险参保人数	人	182824
失业保险参保人数	人	50353
城镇居民最低生活保障人数	人	3049
农村居民最低生活保障人数	人	956
十二、附记指标		
森林面积	公顷	5582
农村义务教育专任教师本科及以上学历比例	%	80.0

2020年尖草坪区国民经济主要指标

表44

指 标	计量单位	数值
一、基本情况		
行政区域面积	平方千米	296
乡	个	3
镇	个	2
街道办事处	个	9
二、人口与就业		
户籍户数	户	115577
户籍人口	人	336150
三、综合经济		
（一）地区生产总值	万元	3639853
第一产业增加值	万元	27605
第二产业增加值	万元	2489504
第三产业增加值	万元	1122744
（二）财政、金融		
一般公共预算收入	万元	104522
一般公共预算支出	万元	240674
四、农业		
（一）生产条件		
耕地面积	公顷	4577
耕地灌溉面积	公顷	4370
（二）农作物播种面积	公顷	4094.5
粮食作物播种面积	公顷	3354.3
其中：玉米	公顷	2213.4
大豆	公顷	368.4
油料播种面积	公顷	67.3
蔬菜播种面积	公顷	637.1
（三）农产品产量		
粮食总产量	吨	12598.8
其中：玉米	吨	9997.1
大豆	吨	826.1
油料产量	吨	136.7
园林水果产量	吨	17608
肉类总产量	吨	402.9
其中：牛肉	吨	72.6
羊肉	吨	113.9
禽肉	吨	128.2
禽蛋产量	吨	705.1
奶类产量	吨	14334.4
蔬菜产量	吨	40303.5
水产品产量	吨	131
（四）农产品质量		
“三品一标”农产品	个	28
“三品一标”农产品基地面积	公顷	1354.6
五、工业		
规模以上工业企业	个	98

续表

指　标	计量单位	数值
规模以上工业总产值	万元	9669871
其中：农产品加工业产值	万元	17128
六、交通、通信		
公路里程	千米	235
七、贸易、外经		
社会消费品零售总额	万元	1030213
其中：限额以上消费品零售额	万元	83208
出口总额	万元	570847
八、固定资产投资		
固定资产投资	万元	1585652
房地产开发投资	万元	856598
九、教育、科技、文化、卫生		
普通中学	所	21
小学校	所	43
普通中学专任教师	人	1520
小学专任教师	人	1725
普通中学在校学生	人	13611
小学在校学生	人	25952
全年专利授权	件	1177
公共图书馆图书藏量	千册	149.4
剧场、影剧院	个	1
体育场馆	个	2
医疗卫生机构床位	床	2590
医疗卫生机构技术人员	人	4313
其中：执业（助理）医师	人	1653
十、居民生活		
城镇居民人均可支配收入	元	37912
十一、社会保障		
提供住宿的社会工作机构	个	1
提供住宿的社会工作机构床位	床	231
城镇职工基本养老保险参保人数	人	60636
城乡居民基本养老保险参保人数	人	80506
城乡居民基本医疗保险参保人数	人	207256
失业保险参保人数	人	23541
城镇居民最低生活保障人数	人	4277
农村居民最低生活保障人数	人	3586
十二、附记指标		
森林面积	公顷	7141
污水处理厂	座	3
农村义务教育专任教师本科及以上学历比例	%	75.6
涉农产业园区	个	2

2020年万柏林区国民经济主要指标

表45

指 标	计量单位	数值
一、基本情况		
行政区域面积	平方千米	289
乡	个	1
街道办事处	个	14
二、人口与就业		
户籍户数	户	184506
户籍人口	人	606125
三、综合经济		
（一）地区生产总值	万元	4860403
第一产业增加值	万元	3202
第二产业增加值	万元	2412100
第三产业增加值	万元	2445101
（二）财政、金融		
一般公共预算收入	万元	201345
一般公共预算支出	万元	357662
四、农业		
（一）生产条件		
耕地面积	公顷	1709
耕地灌溉面积	公顷	500
（二）农作物播种面积	公顷	290.0
粮食作物播种面积	公顷	266.0
其中：玉米	公顷	107.3
大豆	公顷	19.9
蔬菜播种面积	公顷	20.3
（三）农产品产量		
粮食总产量	吨	644.4
其中：玉米	吨	280.0
大豆	吨	32.7
园林水果产量	吨	142.7
肉类总产量	吨	26.6
其中：牛肉	吨	12.3
羊肉	吨	4.8
禽肉	吨	6
禽蛋产量	吨	137.7
奶类产量	吨	111.7
蔬菜产量	吨	326.6
水产品产量	吨	15
（四）农产品质量		
“三品一标”农产品	个	4
“三品一标”农产品基地面积	公顷	133.3
五、工业		
规模以上工业企业	个	29
规模以上工业总产值	万元	2641440

续表

指　标	计量单位	数值
六、交通、通信		
公路里程	千米	209
七、贸易、外经		
社会消费品零售总额	万元	1832288
其中：限额以上消费品零售额	万元	874090
亿元及以上商品交易市场	个	3
出口总额	万元	45675
八、固定资产投资		
固定资产投资	万元	2408187
房地产开发投资	万元	1756246
九、教育、科技、文化、卫生		
普通中学	所	26
小学校	所	63
普通中学专任教师	人	2670
小学专任教师	人	4030
普通中学在校学生	人	27489
小学在校学生	人	57934
全年专利授权	件	2074
公共图书馆图书藏量	千册	55.0
剧场、影剧院	个	2
体育场馆	个	13
医疗卫生机构床位	床	5557
医疗卫生机构技术人员	人	10130
其中：执业（助理）医师	人	3958
十、居民生活		
城镇居民人均可支配收入	元	37979
十一、社会保障		
提供住宿的社会工作机构	个	3
提供住宿的社会工作机构床位	床	172
城镇职工基本养老保险参保人数	人	75620
城乡居民基本养老保险参保人数	人	65526
城乡居民基本医疗保险参保人数	人	263771
失业保险参保人数	人	43815
城镇居民最低生活保障人数	人	2106
农村居民最低生活保障人数	人	1932
十二、附记指标		
森林面积	公顷	10961
农村义务教育专任教师本科及以上学历比例	%	95.2

2020年晋源区国民经济主要指标

表46

指 标	计量单位	数值
一、基本情况		
行政区域面积	平方千米	290
镇	个	3
街道办事处	个	3
二、人口与就业		
户籍户数	户	69512
户籍人口	人	219848
三、综合经济		
（一）地区生产总值	万元	800874
第一产业增加值	万元	36310
第二产业增加值	万元	260814
第三产业增加值	万元	503750
（二）财政、金融		
一般公共预算收入	万元	64569
一般公共预算支出	万元	205059
四、农业		
（一）生产条件		
耕地面积	公顷	4410
耕地灌溉面积	公顷	3740
高标准农田面积	公顷	881
（二）农作物播种面积	公顷	2224.2
粮食作物播种面积	公顷	1036.2
其中：稻谷	公顷	175.2
玉米	公顷	638.7
大豆	公顷	102.1
油料播种面积	公顷	47.7
蔬菜播种面积	公顷	1090.6
（三）农产品产量		
粮食总产量	吨	4711.5
其中：稻谷	吨	1028.1
玉米	吨	2904.0
大豆	吨	221.2
油料产量	吨	10.2
园林水果产量	吨	2343.9
肉类总产量	吨	1491.0
其中：猪肉	吨	575.1
牛肉	吨	123.5
羊肉	吨	85.0
禽肉	吨	707.4
禽蛋产量	吨	4002.0
奶类产量	吨	8470.8
蔬菜产量	吨	74716.3
水产品产量	吨	282
（四）农产品质量		
“三品一标”农产品	个	10
“三品一标”农产品基地面积	公顷	503.7

续表

指　标	计量单位	数值
五、工业		
规模以上工业企业	个	24
规模以上工业总产值	万元	195447
其中：农产品加工业产值	万元	8100
六、交通、通信		
公路里程	千米	241
七、贸易、外经		
社会消费品零售总额	万元	464916
其中：限额以上消费品零售额	万元	279743
出口总额	万元	4337
八、固定资产投资		
固定资产投资	万元	1219936
房地产开发投资	万元	868471
九、教育、科技、文化、卫生		
普通中学	所	14
小学校	所	42
普通中学专任教师	人	1217
小学专任教师	人	1195
普通中学在校学生	人	13131
小学在校学生	人	21641
全年专利授权	件	183
公共图书馆图书藏量	千册	57.0
体育场馆	个	2
医疗卫生机构床位	床	700
医疗卫生机构技术人员	人	1860
其中：执业（助理）医师	人	814
十、居民生活		
城镇居民人均可支配收入	元	38468
十一、社会保障		
提供住宿的社会工作机构	个	1
提供住宿的社会工作机构床位	床	108
城镇职工基本养老保险参保人数	人	28345
城乡居民基本养老保险参保人数	人	92052
城乡居民基本医疗保险参保人数	人	155886
失业保险参保人数	人	14597
城镇居民最低生活保障人数	人	926
农村居民最低生活保障人数	人	8657
十二、附记指标		
森林面积	公顷	7594
自然保护区面积	公顷	2866.7
污水处理厂	座	1
农村义务教育专任教师本科及以上学历比例	%	94.1
涉农产业园区	个	5

2020年古交市国民经济主要指标

表47

指　标	计量单位	数值
一、基本情况		
行政区域面积	平方千米	1512
乡	个	7
镇	个	3
街道办事处	个	4
二、人口与就业		
户籍户数	户	77580
户籍人口	人	212734
三、综合经济		
（一）地区生产总值	万元	605742
第一产业增加值	万元	23444
第二产业增加值	万元	373142
第三产业增加值	万元	209156
（二）财政、金融		
一般公共预算收入	万元	128259
一般公共预算支出	万元	282252
年末金融机构各项存款余额	万元	2043200
其中：住户储蓄存款余额	万元	1719100
年末金融机构各项贷款余额	万元	1117300
四、农业		
（一）生产条件		
耕地面积	公顷	20685
耕地灌溉面积	公顷	780
高标准农田面积	公顷	1696
（二）农作物播种面积	公顷	7901.3
粮食作物播种面积	公顷	7000.3
其中：玉米	公顷	917.0
大豆	公顷	1602.0
油料播种面积	公顷	132.4
蔬菜播种面积	公顷	474.4
（三）农产品产量		
粮食总产量	吨	14412.8
其中：玉米	吨	2656.7
大豆	吨	1020.5
油料产量	吨	208.2
园林水果产量	吨	1055.6
肉类总产量	吨	3163.9
其中：猪肉	吨	1553.7
牛肉	吨	157.2
羊肉	吨	451.2
禽肉	吨	996.6
禽蛋产量	吨	3127.3
奶类产量	吨	328.1
蔬菜产量	吨	31998.2
水产品产量	吨	172.5
（四）农产品质量		
“三品一标”农产品	个	50

续表

指　标	计量单位	数值
“三品一标”农产品基地面积	公顷	2974.6
五、工业		
规模以上工业企业	个	40
规模以上工业总产值	万元	1222352
六、交通、通信		
公路里程	千米	698
固定电话用户	户	6815
移动电话用户	户	262450
互联网宽带接入用户	户	42560
七、贸易、外经		
社会消费品零售总额	万元	377171
其中：限额以上消费品零售额	万元	17699
出口总额	万元	14
八、固定资产投资		
固定资产投资	万元	301751
房地产开发投资	万元	11225
九、教育、科技、文化、卫生		
普通中学	所	22
小学校	所	29
普通中学专任教师	人	1131
小学专任教师	人	1204
普通中学在校学生	人	11474
小学在校学生	人	15425
全年专利授权	件	50
公共图书馆图书藏量	千册	67.0
剧场、影剧院	个	1
体育场馆	个	2
医疗卫生机构床位	床	1426
医疗卫生机构技术人员	人	1771
其中：执业（助理）医师	人	721
十、居民生活		
居民人均可支配收入	元	30897
城镇居民人均可支配收入	元	35361
农村居民人均可支配收入	元	18300
十一、社会保障		
提供住宿的社会工作机构	个	1
提供住宿的社会工作机构床位	床	504
城镇职工基本养老保险参保人数	人	32622
城乡居民基本养老保险参保人数	人	57164
基本医疗保险参保人数	人	147537
其中：城乡居民基本医疗保险参保人数	人	121576
失业保险参保人数	人	30254
城镇居民最低生活保障人数	人	2196
农村居民最低生活保障人数	人	2948
十二、附记指标		
森林面积	公顷	43483
污水处理厂	座	5
农村义务教育专任教师本科及以上学历比例	%	80.7

2020 年清徐县国民经济主要指标

表 48

指　标	计量单位	数值
一、基本情况		
行政区域面积	平方千米	608
乡	个	5
镇	个	4
二、人口与就业		
户籍户数	户	124963
户籍人口	人	340859
三、综合经济		
（一）地区生产总值	万元	1948319
第一产业增加值	万元	101008
第二产业增加值	万元	1154627
第三产业增加值	万元	692684
（二）财政、金融		
一般公共预算收入	万元	132304
一般公共预算支出	万元	376911
年末金融机构各项存款余额	万元	3029514
其中：住户储蓄存款余额	万元	2200620
年末金融机构各项贷款余额	万元	2059566
四、农业		
（一）生产条件		
耕地面积	公顷	25144
耕地灌溉面积	公顷	25070
高标准农田面积	公顷	12774
（二）农作物播种面积	公顷	23643.1
粮食作物播种面积	公顷	17071.6
小麦	公顷	28.8
玉米	公顷	12846.8
大豆	公顷	320.8
油料播种面积	公顷	86.1
棉花播种面积	公顷	0.3
蔬菜播种面积	公顷	6148.1
（三）农产品产量		
粮食总产量	吨	79112.2
其中：小麦	吨	157.3
玉米	吨	59561.7
大豆	吨	856.7
油料产量	吨	194.4
棉花产量	吨	0.8
园林水果产量	吨	48789.8
肉类总产量	吨	10025.0
其中：猪肉	吨	6875.5
牛肉	吨	569.3
羊肉	吨	858.0
禽肉	吨	1715.5
禽蛋产量	吨	7627.4
奶类产量	吨	5018.2
蔬菜产量	吨	340010.3
水产品产量	吨	1500
（四）农产品质量		

续表

指　标	计量单位	数值
“三品一标”农产品	个	104
“三品一标”农产品基地面积	公顷	13471.7
五、工业		
规模以上工业企业	个	81
规模以上工业总产值	万元	3341111
其中：农产品加工业产值	万元	159791
六、交通、通信		
公路里程	千米	546
固定电话用户	户	7100
移动电话用户	户	386500
互联网宽带接入用户	户	118100
七、贸易、外经		
社会消费品零售总额	万元	484379
其中：限额以上消费品零售额	万元	70625
出口总额	万元	12554
八、固定资产投资		
固定资产投资	万元	1090533
房地产开发投资	万元	68303
九、教育、科技、文化、卫生		
普通中学	所	23
小学校	所	70
普通中学专任教师	人	1783
小学专任教师	人	1698
普通中学在校学生	人	17906
小学在校学生	人	22207
全年专利授权	件	154
公共图书馆图书藏量	千册	127.4
剧场、影剧院	个	1
体育场馆	个	1
医疗卫生机构床位	床	862
医疗卫生机构技术人员	人	1219
其中：执业（助理）医师	人	664
十、居民生活		
居民人均可支配收入	元	25385
城镇居民人均可支配收入	元	36856
农村居民人均可支配收入	元	21988
十一、社会保障		
提供住宿的社会工作机构	个	7
提供住宿的社会工作机构床位	床	784
城镇职工基本养老保险参保人数	人	41495
城乡居民基本养老保险参保人数	人	172857
基本医疗保险参保人数	人	287987
其中：城乡居民基本医疗保险参保人数	人	258762
失业保险参保人数	人	20277
城镇居民最低生活保障人数	人	648
农村居民最低生活保障人数	人	3764
十二、附记指标		
森林面积	公顷	8913
污水处理厂	座	5
农村义务教育专任教师本科及以上学历比例	%	85.2
涉农产业园区	个	85

2020年阳曲县国民经济主要指标

表49

指 标	计量单位	数值
一、基本情况		
行政区域面积	平方千米	2084
乡	个	6
镇	个	4
二、人口与就业		
户籍户数	户	63578
户籍人口	人	153049
三、综合经济		
（一）地区生产总值	万元	621886
第一产业增加值	万元	64172
第二产业增加值	万元	394678
第三产业增加值	万元	163036
（二）财政、金融		
一般公共预算收入	万元	56073
一般公共预算支出	万元	190253
年末金融机构各项存款余额	万元	980685
其中：住户储蓄存款余额	万元	744668
年末金融机构各项贷款余额	万元	628768
四、农业		
（一）生产条件		
耕地面积	公顷	28354
耕地灌溉面积	公顷	1760
高标准农田面积	公顷	5685
（二）农作物播种面积	公顷	25613.1
粮食作物播种面积	公顷	22066.8
其中：玉米	公顷	12216.0
大豆	公顷	1161.4
油料播种面积	公顷	84.3
蔬菜播种面积	公顷	1897
（三）农产品产量		
粮食总产量	吨	100397.9
其中：玉米	吨	70400.7
大豆	吨	4300.3
油料产量	吨	120.9
园林水果产量	吨	3003.3
肉类总产量	吨	4630.0
其中：猪肉	吨	2878.1
牛肉	吨	413.3
羊肉	吨	869.5
禽肉	吨	437.5
禽蛋产量	吨	7386.2
奶类产量	吨	5294.7
蔬菜产量	吨	74256.9
水产品产量	吨	45.5
（四）农产品质量		
“三品一标”农产品	个	58
“三品一标”农产品基地面积	公顷	6727.2
五、工业		
规模以上工业企业	个	52

续表

指　标	计量单位	数值
规模以上工业总产值	万元	812415
其中：农产品加工业产值	万元	262420
六、交通、通信		
公路里程	千米	751
固定电话用户	户	9916
移动电话用户	户	156211
互联网宽带接入用户	户	33685
七、贸易、外经		
社会消费品零售总额	万元	136951
其中：限额以上消费品零售额	万元	52203
出口总额	万元	7765
八、固定资产投资		
固定资产投资	万元	385752
房地产开发投资	万元	71304
九、教育、科技、文化、卫生		
普通中学	所	13
小学校	所	17
普通中学专任教师	人	1017
小学专任教师	人	770
普通中学在校学生	人	10426
小学在校学生	人	9499
全年专利授权	件	46
公共图书馆图书藏量	千册	62.7
剧场、影剧院	个	2
体育场馆	个	2
医疗卫生机构床位	床	1590
医疗卫生机构技术人员	人	959
其中：执业（助理）医师	人	344
十、居民生活		
居民人均可支配收入	元	17481
城镇居民人均可支配收入	元	28061
农村居民人均可支配收入	元	11846
十一、社会保障		
提供住宿的社会工作机构	个	2
提供住宿的社会工作机构床位	床	766
城镇职工基本养老保险参保人数	人	20234
城乡居民基本养老保险参保人数	人	81410
基本医疗保险参保人数	人	131710
其中：城乡居民基本医疗保险参保人数	人	117890
失业保险参保人数	人	8359
城镇居民最低生活保障人数	人	3202
农村居民最低生活保障人数	人	4199
十二、附记指标		
森林面积	公顷	54086
自然保护区面积	公顷	24920
污水处理厂	座	1
农村义务教育专任教师本科及以上学历比例	%	80.2
涉农产业园区	个	51

2020年娄烦县国民经济主要指标

表50

指　标	计量单位	2020
一、基本情况		
行政区域面积	平方千米	1289
乡	个	5
镇	个	3
二、人口与就业		
户籍户数	户	52803
户籍人口	人	125567
三、综合经济		
（一）地区生产总值	万元	310226
第一产业增加值	万元	24880
第二产业增加值	万元	151134
第三产业增加值	万元	134212
（二）财政、金融		
一般公共预算收入	万元	45680
一般公共预算支出	万元	210901
年末金融机构各项存款余额	万元	607461
其中：住户储蓄存款余额	万元	424485
年末金融机构各项贷款余额	万元	418989
四、农业		
（一）生产条件		
耕地面积	公顷	19454
耕地灌溉面积	公顷	1200
高标准农田面积	公顷	2217
（二）农作物播种面积	公顷	11031.7
粮食作物播种面积	公顷	9668.5
其中：玉米	公顷	928.9
大豆	公顷	965.6
油料播种面积	公顷	352.2
蔬菜播种面积	公顷	224.5
（三）农产品产量		
粮食总产量	吨	22529.2
其中：玉米	吨	3335.6
大豆	吨	1955.4
油料产量	吨	458.5
园林水果产量	吨	1255.7
肉类总产量	吨	1613.8
其中：猪肉	吨	943.9
牛肉	吨	228.4
羊肉	吨	298.5
禽肉	吨	125.9
禽蛋产量	吨	1529.3
蔬菜产量	吨	12018.3
水产品产量	吨	481
（四）农产品质量		
“三品一标”农产品	个	55

续表

指　标	计量单位	2020
“三品一标”农产品基地面积	公顷	3009.2
五、工业		
规模以上工业企业	个	15
规模以上工业总产值	万元	305603
六、交通、通信		
公路里程	千米	421
固定电话用户	户	4864
移动电话用户	户	116780
互联网宽带接入用户	户	35237
七、贸易、外经		
社会消费品零售总额	万元	46791
其中：限额以上消费品零售额	万元	6670
八、固定资产投资		
固定资产投资	万元	146018
九、教育、科技、文化、卫生		
普通中学	所	5
小学校	所	10
普通中学专任教师	人	363
小学专任教师	人	568
普通中学在校学生	人	4557
小学在校学生	人	6449
全年专利授权	件	18
公共图书馆图书藏量	千册	55.8
医疗卫生机构床位	床	391
医疗卫生机构技术人员	人	397
其中：执业（助理）医师	人	207
十、居民生活		
居民人均可支配收入	元	15742
城镇居民人均可支配收入	元	24146
农村居民人均可支配收入	元	9490
十一、社会保障		
提供住宿的社会工作机构	个	4
提供住宿的社会工作机构床位	床	1071
城镇职工基本养老保险参保人数	人	13701
城乡居民基本养老保险参保人数	人	65522
基本医疗保险参保人数	人	112242
其中：城乡居民基本医疗保险参保人数	人	101459
失业保险参保人数	人	5991
城镇居民最低生活保障人数	人	2348
农村居民最低生活保障人数	人	10026
十二、附记指标		
森林面积	公顷	26404
自然保护区面积	公顷	50029.2
污水处理厂	座	1
农村义务教育专任教师本科及以上学历比例	%	74.6

索 引

Index

说 明 （1）本索引以人名、地名、机构名称、活动名称、事件（事物）名称等为主题词进行检索。（2）本索引按主题词首字汉语拼音字母顺序排列（数字开头主题词另排序），主题词后面的数字和字母分别表示所在页码和分栏位置（abc表示本页码左中右三栏）。（3）本索引主题词主要选自本年鉴正文部分，文献、大事记、附录以及图表、照片不在索引范围内。

A

B

C

D

E

F

G

H

J

K

L

M

N

P

Q

R

S

T

W

X

Y

Z

撰稿人员名单

（以姓氏笔画为序）

马　卓　马　婕　马玉花　马彦博　马晓芳　王　飞　王　冰　王　纬　王　珑　王　艳
王　峰　王　婷　王　静　王小鑫　王元亮　王仙平　王旭东　王进文　王利明　王羿舒
王景峰　毛晓敏　毛晓潭　文雪皓　艾　洁　左洁麓　田　宁　史新燕　白　洋　白　雪
冯　凯　冯　玲　冯尔姝　冯启仁　宁裕东　成翠萍　师秋娟　师彦晋　吕　岳　吕剑南
乔迎新　任　旭　任铁强　刘　玮　刘　笛　刘　蓉　刘卫萍　刘宏伟　刘林贵　刘昌作
刘建程　刘春生　刘春丽　刘彦男　刘晓云　刘潇涵　闫　虹　闫　慧　闫利勤　闫晨阳
安　峰　许　鹏　许亚飞　许梨花　孙李苗　孙胜利　苏　琦　杜　杰　杜彦甲　杜新娟
李　丹　李　凯　李　欣　李　娟　李　瑾　李　璟　李　巍　李文龙　李方圆　李向高
李志强　李秀芝　李玲玉　李彦昭　李晓阳　李爱民　李维秀　李翠香　李慧慧　李增明
李鑫蕊　杨　肖　杨　杰　杨　凯　杨　星　杨　莉　杨　莹　杨　婷　杨　静　杨水云
杨永亮　杨晓霆　杨雅芹　杨筱云　连　伟　连　越　连嘉琪　吴　鹏　何　洁　何晨光
侣　敏　宋晨曦　张　芮　张　凯　张　虹　张　洋　张　梦　张　媛　张　静　张小宇
张文慧　张秀慧　张林琪　张建子　张建月　张建荣　张春亮　张晓华　张晓明　张爱生
张颐纯　张新源　陈　瑶　陈永维　陈美琴　陈雪娇　陈雯雯　陈雅彬　邵　琼　武佳玲
林　谦　尚瑞年　岳　佳　金　强　周　睿　周倩卉　庞爱军　孟　飞　孟名彦　孟秀君
孟美芬　赵　苡　赵　佳　赵　亮　赵　猛　赵文平　赵志英　赵柏雯　赵晋春　郝乐乐
郝亚婷　郝学慧　郝嘉艳　荆　伊　段新虎　侯盼洁　饶文波　姜倩倩　姚伶伶　贺建荣
贺晓君　秦学敏　袁志红　耿剑锋　贾国强　贾瑞卿　徐　凯　高　鹏　高文武　高旭刚
高杨平　高丽珍　高悦怡　高鹏飞　郭　微　郭　潮　郭丰远　郭天文　郭东辉　郭红斌
郭志栋　郭勇智　郭晓东　郭骏浩　郭雅丽　涂志康　桑建微　黄　敏　曹建庭　常　洁
常永波　常明章　常晋爱　崔　佳　崔兴平　崔志明　崔建高　崔振刚　符晓伟　梁文青
梁玉梅　董　莉　董　慧　董雪轩　董朝慧　韩妍妍　韩秦平　景春勇　傅永东　温永刚
谢徐宁　谢海运　雷宏伟　路　晶　解利伟　蔺　芳　樊迎新　樊晓兵　潘　亮　潘君艳
燕保全　薄　菲　霍永刚　魏建峰